Knud Andresen
Gebremste Radikalisierung

Hamburger Beiträge
zur Sozial- und Zeitgeschichte

Herausgegeben von der
Forschungsstelle für Zeitgeschichte in Hamburg

Band 56

Redaktion: Joachim Szodrzynski

Knud Andresen

Gebremste Radikalisierung

Die IG Metall und ihre Jugend 1968 bis in die 1980er Jahre

WALLSTEIN VERLAG

Bibliografische Information der Deutschen Nationalbibliothek
Die Deutsche Nationalbibliothek verzeichnet diese Publikation in der Deutschen Nationalbibliografie; detaillierte bibliografische Daten sind im Internet über http://dnb.d-nb.de abrufbar.

www.wallstein-verlag.de
Vom Verlag gesetzt aus der Adobe Garamond
Titelfoto: Gewerkschaftsjugend beim Antikriegstag in der Grugahalle, Essen, 26. September 1981 (Foto: Manfred Scholz/Fotoarchiv Ruhr Museum)
Druck und Verarbeitung: Hubert & Co, Göttingen
ISBN 978-3-8353-1918-9

Inhalt

Einleitung

Es ist inzwischen ein Allgemeinplatz geworden, dass es zwar »ganze Kellergewölbe« mit Literatur über die Entstehung der Arbeiterklasse und ihr Wirken in Kaiserreich und Weimarer Republik gibt, aber kaum Literatur zur Erosion derselben in der Bundesrepublik.[1] Dies gilt in gewisser Weise auch für Bürgertum, konservatives oder katholisches Milieu,[2] aber es ist auffällig, dass die lange Zeit vom Marx'schen historischen Optimismus beseelte Arbeiterklasse und ihr spezifisches ›Klassenbewußtsein‹, das Teile der Arbeiterschaft politisch, aber auch habituell prägte, als soziales Phänomen wie als diskursive Referenz nahezu vollständig verschwunden sind. Zwar ist von einer »relativen Eigenständigkeit der politischen Geschichte der Arbeiter gegenüber ihrer Sozialgeschichte« auszugehen.[3] Gleichwohl ist es lohnend, um über die sozialgeschichtlichen Wandlungen der Arbeiterschaft mittelbar etwas zu erfahren, nach politischen Aushandlungsprozessen und Selbstverständigung bei den politischen Repräsentanten der Arbeiterbewegung zu fragen. Diese sind mehr noch als in der Sozialdemokratie oder in dem in der Bundesrepublik bald marginalisierten Kommunismus[4] in den Gewerkschaften zu finden. Die Gewerkschaften verstanden sich als Traditionswahrer und zugleich Erneuerer der politischen Arbeiterbewegung, und die Spur der sozialen Erosion lässt sich gut an den Transformationen der politischen Repräsentation aufnehmen. Dies erfolgt in der vorliegenden Arbeit über das Wirken der Jugend der IG Metall[5] in der Zeit zwischen 1968 und Mitte der 1980er Jahre. Manchmal wird von den langen 1970er Jahren gesprochen, aber

1 Dietmar Süß, Kumpel und Genossen. Arbeiterschaft, Betrieb und Sozialdemokratie in der bayerischen Montanindustrie 1945 bis 1976, München 2003, S. 1; die Arbeit ist zugleich eine hervorragende Studie über die ›Entproletarisierung‹ in zwei Betrieben vgl. als kritische Reflexion der Literatur: Thomas Welskopp, Mißglückte Bildungsromane, Naturgeschichten, inverse Heldenepen und Reiseberichte aus dem Land der ›guten Wilden‹: Zur ›Poetik‹ der älteren Arbeitergeschichte, in: Jan-Otmar Hesse/Christian Kleinschmidt/Karl Lauschke (Hrsg.), Kulturalismus, Neue Institutionenökonomik oder Theorienvielfalt. Eine Zwischenbilanz der Unternehmensgeschichte, Essen 2002, S. 87-116; Gerhard Schildt, Die Arbeiterschaft im 19. und 20. Jahrhundert, München 1996, S. 104; als knappen, aber konzisen Überblick über die bundesdeutsche Entwicklung: Helga Grebing, Geschichte der deutschen Arbeiterbewegung. Von der Revolution 1848 bis ins 21. Jahrhundert, Berlin 2007, bes. S. 176-225.

2 Vgl. zum Katholizismus die instruktive Arbeit: Wilhelm Damberg, Abschied vom Milieu? Katholizismus im Bistum Münster und den Niederlanden 1945-1980, Paderborn 1997.

3 Klaus Tenfelde, Vorwort, in: Ders. (Hrsg.), Arbeiter im 20. Jahrhundert, Stuttgart 1991, S. 9-14, hier S. 11.

4 Zum Einflussverlust der KPD in den 1950er Jahren vgl. Till Kössler, Abschied von der Revolution. Kommunisten und Gesellschaft in Westdeutschland, 1945-1968, Düsseldorf 2005.

5 Im Folgenden wird von der IG-Metall-Jugend gesprochen, wenn diese Gruppe im Besonderen gemeint ist; aber auch die DGB-Jugend sowie die Jugendverbände der anderen

in der gegenwärtigen zeitgeschichtlichen Debatte steht der Umbruchcharakter des Jahrzehnts im Vordergrund.[6] Der Untersuchungszeitraum orientiert sich an der Entwicklung der IG-Metall-Jugend, die vom linken Aufbruch nach 1968 bis Mitte der 1980er Jahre geprägt wurde. Die Zäsuren des Jahrzehnts hinterließen auch in der IG-Metall-Jugend ihre Spuren, in denen sich eine Öffnung zu den Neuen Sozialen Bewegungen parallel zu einem Bedeutungsverlust der Gewerkschaftsjugend als Ort eines sozialen Milieus vollzog.

Eine linke Politisierung in der Gewerkschaftsjugend nahm einen scheinbar widersprüchlichen Weg. Unter den gewerkschaftlich engagierten Jugendlichen – die immer nur einen kleinen Teil der gesamten Mitgliedschaft ausmachten – war nach 1968 ein Politisierungsschub zu beobachten, dessen Exponenten an Radikalität und utopischen Idealen der alten Arbeiterbewegung anzuknüpfen versuchten. Ein Spannungsfeld ergab sich daraus, dass die damit verbundenen Suchbewegungen vor dem Hintergrund eines sozialen Wandlungsprozesses erfolgten: Junge Beschäftigte nutzten Optionen, die sich mit der Bildungsexpansion und der Konsumgesellschaft ergaben; sie formulierten jugendkulturell inspirierte Ansprüche und Erwartungen, die generationelle Konflikte in den Gewerkschaften und Betrieben auslösten. Zwischen 1968 und 1985 prägten linke Utopien ebenso wie praktische Interessenvertretungsarbeit die Jugend der IG Metall – und des DGB sowie anderer Einzelgewerkschaften – im Betrieb, die sich in den verrechtlichten Bahnen der industriellen Beziehungen bewegte. Der klassenkämpferische Habitus verlor im Laufe der 1970er Jahre an Bedeutung. Hatten marxistische Deutungsperspektiven nach 1968 – gemischt mit studentischen Einflüssen insbesondere in der gewerkschaftlichen Bildungsarbeit – schnelle Verbreitung gefunden, erwies sich das Aufkommen der Neuen Sozialen Bewegungen und eines alternativen Milieus ebenso wie die strukturelle Verlängerung der Jugend im Zuge der Bildungsexpansion als neue Herausforderung für die Jugend der IG Metall.[7] Ein jugendlicher Radikalisierungsschub

Einzelgewerkschaften gehören mit in die Untersuchung; wenn es um generelle Aussagen geht, wird von der »Gewerkschaftsjugend« geschrieben.

6 Konrad H. Jarausch, Verkannter Strukturwandel. Die siebziger Jahre als Vorgeschichte der Probleme der Gegenwart, in: Ders. (Hrsg.), Das Ende der Zuversicht? Die siebziger Jahre als Geschichte, Göttingen 2008, S. 9-26, hier S. 13; vgl. in demselben Band mit dem Schwerpunkt auf einen Wandel seit 1973: Anselm Doering-Manteuffel, Langfristige Ursprünge und dauerhafte Auswirkungen. Zur historischen Einordnung der siebziger Jahre, ebd., S. 313-329.

7 Vgl. zur Vermessung der disparaten Szenen der 1970er Jahre die Sammelbände: Sven Reichardt/Detlef Siegfried (Hrsg.), Das Alternative Milieu. Antibürgerlicher Lebensstil und linke Politik in der Bundesrepublik Deutschland und Europa 1968-1983, Göttingen 2010; Cordia Baumann/Sebastian Gehrig/Nicolas Büchse (Hrsg.), Linksalternative Milieus und Neue Soziale Bewegungen in den 1970er Jahren, Heidelberg 2011; in europäischer Perspektive: Axel Schildt/Detlef Siegfried (Eds.), Between Marx and Coca-Cola. Youth Cultures in Changing European Societies, 1960-1980, New York/Oxford 2006. Sven Reichardt, Authentizität und Gemeinschaft. Linksalternatives Leben in den siebziger und frühen achtziger Jahren, Frankfurt a. M. 2014; zur Verlängerung der Jugend und zum Strukturwandel vgl. Wilfried Ferchhoff/Thomas Olk, Jugend im internationalen

Anfang der 1980er Jahre beeinflusste die Praktiken der Gewerkschaftsjugend, war aber kaum noch an betriebliche Erfahrungen gebunden. Die Untersuchung der mit diesen Entwicklungen verbundenen Durchmischungen zwischen politischen Gruppen und der Gewerkschaftsjugend ermöglicht, das Spannungsfeld von jugendlichen Aktivitäten, Reaktionen der gewerkschaftlichen Funktionäre und betrieblicher Konfliktpartner auszuleuchten und nach den Wirkungen zu fragen, die eine gewerkschaftlich *gebremste Radikalisierung* jugendlicher Erwartungshaltungen hatte.

Dafür werden drei Bereiche miteinander in Beziehung gesetzt, in denen die Jugend der IG Metall wirkte. Als strukturelle Rahmung geht es um Wandlungen in der industriellen Berufsausbildung und die Auseinandersetzungen um die Berufsbildungsreformen, die seit den 1960er Jahren vor dem Hintergrund technischer und pädagogischer Modernisierungen stattfanden[8], verbunden mit jugendlichen Demokratisierungsforderungen. In der politisch-organisatorischen Sphäre sind Aushandlungsprozesse in der IG Metall und den Betrieben zu untersuchen, und schließlich außerbetriebliche soziale Praktiken, die Verbindung – oder auch: Durchmischung – mit politischen Jugendkulturen und Neuen Sozialen Bewegungen. Es geht dabei um mentalitätsgeschichtliche Auswirkungen: Wie tarierte sich in einer unruhigen, von Demokratisierungs- und Emanzipationserwartungen geprägten Jugend das Verhältnis zu den Gewerkschaften aus, die mit den verrechtlichten Konfliktformen der industriellen Beziehungen eine pragmatische Richtung eingeschlagen hatten und zugleich die Signaturen der alten Arbeiterbewegung noch mit sich trugen? Führten jugendkulturelle Distinktionen – auch als Ausdruck neuer Konsumchancen – nicht eher zu generationellen Friktione, als dass sie zu einer sozialen Einheit beitrugen?

Diese Fragen werden vor dem Hintergrund der sozialstrukturellen und mentalitätsgeschichtlichen Wandlungen in der Bundesrepublik untersucht, die auch die meisten westeuropäischen Länder – mit Zeitverzögerungen auch die osteuropäischen Länder – vollzogen.[9] Daher sollen zunächst die sozialgeschichtlichen Veränderungen des Arbeiterlebens in der Bundesrepublik charakterisiert werden. Anschließend sind die mentalitätsgeschichtlichen Auswirkungen von Individualisierung und Wertewandel und die Rolle der Jugend in diesen Prozessen zu diskutieren.

Mit dem Ausbau der Konsumgesellschaft, sozialen Sicherungen in wohlfahrtsstaatlichen Systemen und einer größeren sozialen und räumlichen Mobilität erfolgte eine Vermischung der vorher sozial und regional schärfer abgegrenzten gesellschaftlichen Gruppen. Der politische Kampfbegriff der Klassengesellschaft wirkt aus diesen Gründen heutzutage anachronistisch, auch wenn er als analytische Kategorie in den Sozialwissenschaften nicht verschwunden ist, ja

Vergleich. Sozialhistorische und sozialkulturelle Perspektiven, Weinheim/München 1988.

8 Marius R. Busemeyer, Wandel trotz Reformstau. Die Politik der beruflichen Bildung seit 1970, Frankfurt a. M. 2009.

9 Hartmut Kaelble, Sozialgeschichte Europas. 1945 bis zur Gegenwart, Bonn 2007.

vielleicht sogar eine Renaissance erlebt – allerdings eher im Sinne Max Webers als teleologisch im Sinne von Karl Marx.[10] Der Konflikt zwischen Arbeit und Kapitel besteht weiter, aber er kann nicht – und konnte nie – als der alleinige gesellschaftliche Konflikt gelten, wohl aber als Kennzeichen und dominierendes Deutungsmuster der politischen Arbeiterbewegung.[11] Die fundamentalen Veränderungen in der Arbeiterschaft im 20. Jahrhundert waren in ihren sozialen und kulturellen Ausprägungen kaum zu übersehen. Bildete die Arbeiterschaft im Kaiserreich und – wenn auch bereits abnehmend – in der Weimarer Republik das zahlenmäßig größte desintegrierte Sozialmilieu, war die Nachkriegszeit von der Integration in den demokratischen Kapitalismus geprägt. Mit der Ausweitung der Konsumchancen – die bei Arbeiterhaushalten eher für die späten als die frühen 1950er Jahre anzunehmen ist – war auch zu beobachten, dass sich »der ehemals starre und feste Aggregatzustand der Gesellschaft« zunehmend »verflüssigte«.[12] Der »sozialgeschichtliche Kontinuitätsbruch« in der bundesdeutschen Boomphase führte zu einem – so das markante Wort Josef Moosers – »Abschied von der Proletarität«.[13] Die lebensweltliche Bedeutung der Zugehörigkeit zur Arbeiterklasse ging zurück[14], der »proletarische Habitus« lockerte sich schon

10 So hält Rainer Geißler an dem Klassenbegriff bei seiner Analyse der Sozialstruktur der Bundesrepublik fest und attackiert Abwendungen davon mit polemischer Note: Rainer Geißler, Das mehrfache Ende der Klassengesellschaft, in: Jürgen Friedrichs/M. Rainer Lepsius/Karl Ulrich Mayer (Hrsg.): Die Diagnosefähigkeit der Soziologie (Kölner Zeitschrift für Soziologie und Sozialpsychologie, Sonderheft 38), Wiesbaden 1998, S. 207-233. Vgl. als neuere, neomarxistisch inspirierte Versuche, einen Klassenbegriff in der Sozialwissenschaft zu verteidigen: Lars Kohlmorgen, Regulation, Klasse, Geschlecht. Die Konstituierung der Sozialstruktur im Fordismus und Postfordismus, Münster 2004; Hans-Günter Thien (Hrsg.), Klassen im Postfordismus, Münster 2010. Vgl. den Essay von Wehler, in dem er die fortdauernde Bedeutung einer Klassenhierarchie und der Unterschicht betont: Hans-Ulrich Wehler, Die Bundesrepublik: das einzige Land der Welt ohne Unterschichten? In: Ders., Land ohne Unterschichten, neue Essays zur deutschen Geschichte, München 2010, S. 13-18 sowie aktuell der meinungsstarke, statistikgesättigte Band: Ders., Die neue Umverteilung – Soziale Ungleichheit in Deutschland, München 2013.

11 Eberhard Schmidt, Arbeiterbewegung, in: Roland Roth/Dieter Rucht (Hrsg.), Die sozialen Bewegungen in Deutschland seit 1945. Ein Handbuch, Frankfurt a. M./New York 2008, S. 157-186, hier S. 158.

12 Michael Wildt, Das Ende der Bescheidenheit. Wirtschaftsrechnungen von Arbeitnehmerhaushalten in der Bundesrepublik Deutschland 1950-1963, in: Klaus Tenfelde (Hrsg.), Arbeiter im 20. Jahrhundert, Stuttgart 1991, S. 573-610, hier S. 610.

13 Josef Mooser, Arbeiterleben in Deutschland 1900-1970. Klassenlagen, Kultur und Politik, Frankfurt a. M. 1984, S. 227; den Begriff »Abschied von der Proletarität« prägte ein Aufsatz von Mooser aus demselben Jahr: Josef Mooser, Abschied von der ›Proletarität‹. Sozialstruktur und Lage der Arbeiterschaft in historischer Perspektive, in: Werner Conze/Rainer M. Lepsius (Hrsg.), Sozialgeschichte der Bundesrepublik Deutschland. Beiträge zum Kontinuitätsproblem, Stuttgart 1983, S. 143-186.

14 Mooser, Arbeiterleben, S. 227. Skeptisch gegen den Aufstieg durch höhere Bildungsabschlüsse, zumindest für die 1950er Jahre: Peter Ahlheit u. a., Gebrochene Modernisierung – Der langsame Wandel proletarischer Milieus. Eine empirische Vergleichsstu-

in den 1960er Jahren.[15] Die charakteristischen negativen Merkmale der Arbeiterexistenz wie Unmittelbarkeit der Versorgung, räumliche Enge in den Wohnungen, Mobilitätsbeschränkungen, geringe Vermögensanhäufung und schwere körperliche Arbeit bestimmten das Leben der Arbeiterfamilien weniger. Den an diese Merkmale angeschlossenen Begriff der Proletarität verstand Josef Mooser als einen »Strukturbegriff, in dessen Definition die Steuerungs- und Sicherheitssysteme des Sozialstaates noch nicht enthalten sind«.[16]

Wie wandelten sich mit dem langsam ansteigenden Besitz die Wahrnehmungen in der Arbeiterschaft? Industriesoziologische Untersuchungen der 1950er und 1960er Jahre beschrieben vor allem den Rückgang utopischer Heilserwartungen, wie sie lange mit dem Sozialismus verbunden waren. Paradigmatisch war der von Helmut Schelsky geprägte Begriff der »nivellierten Mittelstandsgesellschaft«, auch wenn er damit einen Distinktionsverlust für die bürgerlichen Schichten meinte.[17] Gegen die damit einhergehende These einer *Verbürgerlichung* der Arbeiter betonten Heinrich Popitz und Hans Paul Bahrdt in ihrer Untersuchung zum Gesellschaftsbild bei Arbeitern in der Hüttenindustrie Mitte der 1950er Jahre noch, dass eine fortdauernde dichotomische Gesellschaftssicht die Arbeiterschaft präge, in der eine ablehnende Haltung gegenüber *denen da oben* dominiere.[18] In einem längeren Zeitrahmen hat der Soziologe Ditmar Brock die Lebensführung der Arbeiter von 1850 bis 1980 in einer subjektiven Perspektive untersucht.[19] Auch er sieht die 1950er Jahren als Zäsur, in der sich ein auf »individuelle Interessen hin strukturiertes Grundverarbeitungsmuster«

die ost- und westdeutscher Arbeitermilieus in den 1950er Jahren, Band 1: Soziologische Rekonstruktionen, Bremen 1999, S. 44.

15 Klaus Schönhoven, Aufbruch in die sozialliberale Ära. Zur Bedeutung der 60er Jahre in der Geschichte der Bundesrepublik, in: *Geschichte und Gesellschaft* 25 (1999), S. 123-145, hier S. 136.

16 Mooser, Arbeiterleben, S. 15.

17 Helmut Schelsky, Die Bedeutung des Schichtungsbegriffs für die Analyse der gegenwärtigen Gesellschaft, in: Ders., Auf der Suche nach der Wirklichkeit. Gesammelte Aufsätze, Düsseldorf/Köln 1965, S. 331-336, hier S. 332. Vgl. zur Entwicklung der meist gewerkschaftsnahen Angestellten- und Industriesoziologie in den fünfziger Jahren: Hannes Platz, ›Die White-Collars in den Griff bekommen‹. Industrieangestellte im Spannungsfeld wissenschaftlicher Expertise und gewerkschaftlicher Politik, in: *Archiv für Sozialgeschichte* 50 (2010), S. 271-288; Jens Adamski, Ärzte des sozialen Lebens. Die Sozialforschungsstelle Dortmund 1946 bis 1968, Bochum 2011.

18 Heinrich Popitz/Hans Paul Bahrdt u. a., Das Gesellschaftsbild der Arbeiter. Soziologische Untersuchungen in der Hüttenindustrie, Tübingen 1957; vgl. dazu mit weiteren Literaturangaben und dem kritischen Hinweis, dass die in den Untersuchungen behaupteten resignierten Arbeiter sich in den lebensgeschichtlichen Interviews nicht widerspiegeln: Bernd Parisius, Arbeiter zwischen Resignation und Integration. Auf den Spuren der Soziologie der 50er Jahre, in: Lutz Niethammer (Hrsg.), ›Hinterher merkt man, daß es richtig war, daß es schiefgegangen ist‹. Nachkriegserfahrungen im Ruhrgebiet. Lebensgeschichte und Sozialkultur im Ruhrgebiet 1930-1960, Bonn 1983, S. 107-147.

19 Ditmar Brock, Der schwierige Weg in die Moderne. Umwälzungen in der Lebensführung der deutschen Arbeiter zwischen 1850 und 1980, Frankfurt a. M./New York 1991.

in der Arbeiterschaft durchgesetzt habe. Dafür machte Brock zwei wesentliche Gründe aus: Zum einen die »Zurückdrängung kollektiver politischer oder gewerkschaftlicher Perspektiven zugunsten individualisierter Handlungs- und Lebensbewältigungsmuster«, zum anderen »die Bedeutungszunahme der privaten Lebenssphäre und der privaten Entwicklungsinteressen auf Kosten kollektiver Bindungen, Lebensformen und Emanzipationsinteressen«.[20] Brock arbeitet überzeugend heraus, dass die sozialen Veränderungen Auswirkungen auf die Wahrnehmungen in der Arbeiterschaft selbst hatten, eines der hervorstechenden Merkmale bundesdeutscher Geschichte.[21] Die soziale Trennschärfe zwischen den Klassen ging verloren, »die konfliktbeladene Symbiose von Arbeiterkultur, bürgerlicher Kultur und bäuerlicher Kultur« geriet in der ökonomischen Boomphase als gesellschaftliche Formation an den »Rand der Geschichte«.[22] Dieser Prozess ist ein mittelbares Thema des Buches. Denn Teile der Jugend der IG Metall und im DGB versuchten nach 1968, als kollektive Wahrnehmung den Klassenkonflikt zu etablieren. Die Spannungen ergaben sich aus den Versuchen, kollektive Interessen zu formulieren und damit zugleich Rahmen für die Individualisierung der Lebensführung zu setzen. In welchem Verhältnis standen die reformulierten politischen Intentionen zur alltäglichen Arbeit in den Betrieben, wie wurde die Kommunikation organisiert und welche Schwerpunkte gelegt? Diese Fragen werden insbesondere mit Blick auf die Modernisierung der Berufsausbildung konturiert.

Nun ließe sich vermuten, dass mit dem Ende des Booms Anfang der 1970er Jahre und den ökonomischen Krisen seit 1973 klassenkämpferische Wahrnehmungen in der Arbeiterschaft wieder an Zuspruch gewonnen hätten. Wenn überhaupt von einem stärker klassenkämpferischen Impuls in der bundesdeutschen Industriearbeiterschaft gesprochen werden kann, dann lag dieser zwischen den spontanen Septemberstreiks 1969 bis zum Streiksommer 1973, bei denen – neben hohen Lohnforderungen – auch Migrantinnen und Migranten die Arbeitskämpfe prägten.[23] Der soziale Aufstieg der industriellen Facharbeiterschaft hingegen wurde von den Wirtschaftskrisen nicht dauerhaft unterbrochen.

20 Ebd., S. 200 f.

21 Vgl. mit ähnlichen Deutungen: Werner Abelshauser, Deutsche Wirtschaftsgeschichte seit 1945, München 2004, S. 327-329; Gerold Ambrosius/Hartmut Kaelble, Einleitung: Gesellschaftliche und wirtschaftliche Folgen des Booms der 1950er und 1960er Jahre, in: Hartmut Kaelble (Hrsg.), Der Boom 1948-1973. Gesellschaftliche und wirtschaftliche Folgen in der Bundesrepublik Deutschland und in Europa, Opladen 1992, S. 7-32, hier S. 17-19; Während der Preisindex der Lebenshaltungskosten im Zeitraum 1950-1965 um 38,3 Zähler stiegen, verzweieinhalbfachte sich das Realeinkommen der Industriearbeiter fast um 137,4 Zähler. Vgl. Werner Abelshauser, Die langen fünfziger Jahre. Wirtschaft und Gesellschaft der Bundesrepublik Deutschland 1959-1966, Düsseldorf 1987, S. 79, Tabelle 3.

22 Ambrosius/Kaelble, Einleitung, S. 21 und 23.

23 Peter Birke, Wilde Streiks im Wirtschaftswunder. Arbeitskämpfe, Gewerkschaften und soziale Bewegungen in der Bundesrepublik und Dänemark, Frankfurt a. M./New York 2007, bes. S. 274-304.

Für die Diskussion um die historiographische Einordnung der 1970er Jahre haben Anselm Doering-Manteuffel und Lutz Raphael mit ihrer These vom »Strukturbruch« ein Deutungsangebot vorgelegt: Ohne feste kalendarische Zäsur, aber meist mit dem Ölpreisschock und der Weltwirtschaftskrise von 1973 verbunden, hätten der bald einsetzende Siegeszug der Mikroelektronik, der Niedergang von Traditionsindustrien sowie die Zunahme von Dienstleistungstätigkeiten zu einem »sozialen Wandel von revolutionärer Qualität« geführt, während finanzpolitisch die Abkehr von keynesianischen Regulierungsvorstellungen eingeläutet wurde.[24] Diese Entwicklung hatte Auswirkungen auf Einstellungen und Mentalitäten, die auch in der Krise von Massenkonsum und sozialstaatlicher Absicherung geprägt blieben. Für den europäischen Raum ist der Rückzug des Keynesianismus und ein Aufschwung neoliberaler und monetaristischer Paradigmen ausgemacht worden, die beide Jahrzehnte als »turning points« charakterisieren und mit dem Rückgang der Arbeiterkultur, dem Aufstieg des Individualismus und Machtverlusten der Gewerkschaften einhergingen.[25]

Die ökonomischen Probleme seit 1973 führten auf Seiten der bundesdeutschen Gewerkschaften zusammen mit der versandenden Reformeuphorie der sozialliberalen Koalition zu einer Orientierung auf tarifliche oder betriebliche Regelungen.[26] Der soziale Status der männlichen Facharbeiter blieb weit weniger bedroht als die Gruppe der Empfänger staatlicher Transferleistungen und der im Niedriglohnbereich Beschäftigten, die sich politisch und gesellschaftlich langfristig als eher desintegriert erwiesen, mit zum Teil erheblichen migrantischen Anteilen, in den Sozialwissenschaften neuerdings unter dem Schlagwort Prekariat

24 Anselm Doering-Manteuffel/Lutz Raphael, Nach dem Boom. Perspektiven auf die Zeitgeschichte seit den 1970er Jahren, Göttingen, 2008, S. 10. Ebenfalls die 1970er Jahre als Zäsur und Epochenschwelle bei: Konrad H. Jarausch (Hrsg.), Das Ende der Zuversicht? Die siebziger Jahre als Geschichte, Göttingen 2008; jüngere Forschung weist darauf hin, dass es langgestreckte Wandlungsprozesse waren, die nicht allein in den 1970er Jahren zu verorten sind: vgl. aus dem Trierer und Tübinger Forschungsumfeld die Skizzen einzelner Projektergebnisse: Morten Reitmayer/Thomas Schlemmer (Hrsg.), Die Anfänge der Gegenwart. Umbrüche in Westeuropa nach dem Boom, München 2014; Knud Andresen/Ursula Bitzegeio/Jürgen Mittag (Hrsg.), Nach dem Strukturbruch? Kontinuität und Wandel von Arbeitsbeziehungen und Arbeits(welten) seit den 1970er Jahren, Bonn 2011.

25 Vgl. die Diskussion um die beiden Jahrzehnte in: The 1970s and 1980s as a Turning Point in European History? With Contributions from Göran Therborn, Geoff Eloy, Hartmut Kaelble, Philippe Chassaigne and Andreas Wirsching, in: *Journal of Modern European History* 9 (2011), Nr. 1, S. 7-26.

26 Michael Schneider, Kleine Geschichte der Gewerkschaften. Ihre Entwicklung in Deutschland von den Anfängen bis heute, Bonn 2000, S. 370-375; Klaus Kempter, Gefolgschaft, Kooperation und Dissens. Die Gewerkschaften in der sozialliberalen Ära 1969-1982, in: Oliver von Mengersen u. a. (Hrsg.), Personen – Soziale Bewegungen – Parteien, Beiträge zur Neuesten Geschichte (Festschrift für Hartmut Soell), Heidelberg 2004, S. 281-298.

zusammengefasst.[27] Die Facharbeiter- und Handwerkerschaft als das historische Kernklientel der politischen Arbeiterbewegung gehörte hingegen schon in den 1970er Jahren zu den etablierten gesellschaftlichen Statusgruppen, und konnte soziale Sicherungen wie zum Beispiel eine Frühverrentung oder Betriebsrenten in Anspruch nehmen.[28] Allerdings gehörten Arbeiterfrauen, Vertriebene und seit den 1960er Jahren die Arbeitsmigranten zu den weiterhin deutlich benachteiligten Gruppen.[29] Die soziale Heterogenität zwischen Meistern, Facharbeitern und an- und ungelernten Arbeitern führte zu sozialen Spreizungen, verbunden mit einem absoluten Rückgang der Arbeiterschaft insgesamt.[30] Nicht mehr Ausbeutung, sondern der soziale Ausschluss einer sozial, kulturell und habituell disparaten Personengruppe zeigt sich heute als drängendes gesellschaftliches Problem.[31] Der soziale Wandel der Arbeiterschaft ist daher sozialgeschichtlich nicht als lineare Aufstiegsgeschichte in der Bundesrepublik zu erzählen, sondern als soziale und kulturelle Ausdifferenzierung einer vorher in einem engeren sozialen Beziehungs- und Beeinflussungsgeflecht stehenden Bevölkerungsgruppe.

Wandel der Arbeiterschaft meint aber über diesen sozialgeschichtlichen Prozess hinaus auch Transformationen der politischen Arbeiterbewegung, in denen sich die Wandlungen des sozialen Milieus widerspiegeln.[32] Auch wenn die alte politische Arbeiterbewegung in kleinen Bereichen noch als »Milieu-Mythos« weiterlebt[33] oder ihr politisches Erbe für die Sozialdemokratie und Gewerk-

27 Zum sozialen Profil des sogenannten Prekariats: Robert Castel/Klaus Dörre (Hrsg.), Prekarität, Abstieg, Ausgrenzung. Die soziale Frage am Beginn des 21. Jahrhunderts, Frankfurt a. M./New York 2009.

28 Schildt, Arbeiterschaft, S. 53.

29 Als Überblick: Hans-Ulrich Wehler, Deutsche Gesellschaftsgeschichte, Vierter Band: Vom Beginn des Ersten Weltkrieges bis zur Gründung der beiden deutschen Staaten 1914-1949, München 2008, S. 157-160; Gerade ausländische und weibliche Beschäftigte in der Industrie, vor allem als ungelernte Beschäftigte, verloren prozentual und absolut. War die Beschäftigung im produzierenden Gewerbe von 1970 bis 1987 um 16,5 Prozent zurückgegangen, waren es bei Frauen 24 Prozent, bei ausländischen Beschäftigten 23,6 Prozent. Zahlen nach Lutz Raphael, Flexible Anpassungen und prekäre Sicherheiten. Industriearbeit(er) nach dem Boom, in: Reitmayer/Schlemmer, Anfänge, S. 51-64, hier S. 59.

30 Während in den 1950er Jahren noch über 50 Prozent der Beschäftigten als Arbeiter galten, waren es im Jahr 2000 nur noch 30,7 Prozent. Wehler, Gesellschaftsgeschichte, S. 160.

31 Vgl. den essayistischen Versuch eines Profils bei: Heinz Bude, Die Ausgeschlossenen. Das Ende vom Traum einer gerechten Gesellschaft; München 2008; grundlegend für die französische Analyse: François Dubet/Didier Lapeyronnie, Im Aus der Vorstädte. Der Zerfall der demokratischen Gesellschaft, Stuttgart 1994.

32 Die Forschergruppe um Michael Vester kam in ihren umfangreichen Milieustudien Anfang der 1990er Jahre zum Schluss, dass eine Krise der politischen Repräsentation des Arbeitermilieus zu beobachten sei, aber nicht dessen Verschwinden. Vgl. Michael Vester u. a., Soziale Milieus im gesellschaftlichen Strukturwandel. Zwischen Integration und Ausgrenzung, vollst. über., erw. u. akt. Aufl., Frankfurt a. M. 2001, S. 13.

33 Jürgen Zinnecker, Milieuauflösung und Generationenwandel. Zwei Deutungsmuster der Wende in den sechziger Jahren und deren Verknüpfung, in: Mathias Frese/Julia

schaften noch bedeutsam ist[34], ging ihre frühere Bedeutung als lebensweltliche Verbindung einer sozial ähnlich gelagerten Gruppe und als Stichwortgeber für kollektive Deutungsmuster verloren. Dies betraf die Gewerkschaften[35], die sich auflösenden proletarischen Wohnvierteln[36] und die Arbeitswelten selbst. Arbeit und der Betrieb als sozialer Ort seien nicht mehr »Ausgangspunkt kultureller, organisatorischer und politischer Aggregatbildung und kollektiver Deutung«, vermutete Claus Offe schon 1980.[37] Der Charakter von Facharbeit in der industriellen Produktion hat sich seit den 1970er Jahren durch den Einzug der Mikroelektronik und den Rückgang körperlicher Schwerstarbeit – lange das prägende Kennzeichen des Arbeiterlebens – verändert. Die Arbeit »neuen Typs« ist mehr von »Überwachen, Steuern, Optimieren« geprägt.[38] Demgegenüber steht ein Niedriglohnsektor, dessen Beschäftigte zu den Erben der politischen Arbeiterbewegung kaum Verbindungen haben und deren gewerkschaftliche Organisierung sich als schwierig erweist[39], wie auch hochaggregierte »Expertensysteme« von besser bezahlten Dienstleistern, die nicht mehr vorrangig in betrieblichen Machtbeziehungen tätig sind, auch wenn sie ähnlich asymmetrischen Marktbedingungen unterliegen.[40]

Paulus/Karl Teppe (Hrsg.), Demokratisierung und gesellschaftlicher Aufbruch. Die sechziger Jahre als Wendezeit der Bundesrepublik, Paderborn ²2005, S. 759-775, hier S. 767.

34 Vgl. aktuell mit Forschungsperspektiven: Anja Kruke, Sonderfall Europa – Skizze einer kleinen Geschichte der Arbeiterbewegung, in: *Aus Politik und Zeitgeschichte* 40-41 (2013), S. 3-11 sowie als konzisen Überblick auch über die bundesdeutsche Entwicklung: Grebing, Geschichte, S. 176-225.

35 Dies ist anschaulich an der Entwicklung der 1. Mai-Kundgebungen zu verfolgen, die sich von gewerkschaftlichen Heerschauen in den 1950er Jahren, einem Aufschwung Ende der 1970er Jahre schließlich zu eher überschaubaren Ereignissen weniger aktiver Gewerkschafter entwickelten. Vgl. mit weiterführender Literatur: Knud Andresen, Wandel einer sozialen Bewegung. Gewerkschaftliche Mai-Kundgebungen in Hamburg. Stichtag: 1. Mai 1969, in: Forschungsstelle für Zeitgeschichte (Hrsg.), 19 Tage Hamburg. Ereignisse und Entwicklungen der Stadtgeschichte seit den fünfziger Jahren, Hamburg 2012, S. 145-159.

36 Adelheid von Saldern, Häuserleben. Zur Geschichte städtischen Arbeiterwohnens vom Kaiserreich bis heute, Bonn ²1997, S. 417.

37 Claus Offe, ›Arbeitsgesellschaft‹: Strukturprobleme und Perspektiven, Frankfurt a. M. 1980, S. 21.

38 Doering-Manteuffel/Raphael, Strukturbruch, S. 36; vgl. Lutz Raphael, Transformations of Industrial Labour in Western Europe: Intergenerational Change of Life Cycles, Occupation and Mobility 1970-2000, in: *German History* 30 (March 2012), S. 100-119, hier S. 119.

39 Zur neueren Diskussion vgl. Peter Birke, Die große Wut und die kleinen Schritte. Gewerkschaftliches Organizing zwischen Protest und Projekt, Hamburg 2010.

40 Vgl. Thomas Welskopp, Der Wandel der Arbeitsgesellschaft als Thema der Kulturwissenschaften – Klassen, Professionen und Eliten, in: Handbuch der Kulturwissenschaften, Band 3: Themen und Tendenzen, hrsg. von Friedrich Jaeger und Jörn Rüsen, Stuttgart 2004, S. 225-246, bes. S. 240-245.

Edward P. Thomson hat in seinem grundlegenden Werk *The making of the english working class* herausgestellt, dass die Bedeutung von sozialen Praktiken für die Entstehung und Persistenz der Arbeiterklasse, ja aller Klassen wichtig sei. Klasse sei eine »Beziehung« und damit ein historisches Phänomen, keine Struktur oder Kategorie, die überzeitlich existiert und aus dessen Existenz sich ein Klassenbewusstsein gesetzmäßig ableiten ließe. Vielmehr gelte: »Die Beziehung muß sich immer in realen Menschen und in einem konkreten Kontext verkörpern.«[41] Thompson, einer der Theoretiker der New Left in England, setzte sich über soziologische Forschungen hinweg, die sich aber insbesondere in ihren marxistischen Varianten mit der »Beschreibung der konkreten Gestalt der Klassen auf der Handlungsebene« immer schwertaten und »nur begrenzt Erkenntnisse über Lebenslage, Lebensstil und spezifische Milieus hervorbringen« konnten.[42] Thompson insistierte auf einem historischen Argument, dem auch die vorliegende Arbeit verpflichtet ist: Die Erosion einer sozialen historischen Konstellation spiegelt sich auch in den Versuchen, sie aufzuhalten. Daher wird Arbeiterklasse in dieser Arbeit weder als Struktur verstanden, deren Erweckung durch das richtige Bewusstsein eintreten würde, noch als rein empirisches Merkmal, bei der die Wahrnehmungen, Deutungsmuster sozialen Praktiken und die kulturelle Vielfalt des individuellen Lebens hinter langen Statistikreihen verschwinden. Der Begriff und darum gruppierte Deutungen und Wahrnehmungen sind eine diskursive Referenz mit performativer Wirkung. Wenn in den 1970er Jahren marxistische und klassenkämpferische Deutungsmuster in den Gewerkschaften wieder an Bedeutung gewannen, ist es naheliegend, nach den damit einhergehenden Beziehungen zu fragen. Welche Anschlüsse wurden gesucht, und wie wirkte eine politische Radikalisierung auf die Praktiken der jungen Gewerkschafterinnen und Gewerkschafter? In welchen Spannungsfeldern von Traditionen der Arbeiterbewegung, neuen sozialen Bewegungen, jugendkulturellem Aufbegehren und dem dominierenden Leben als Facharbeiter bewegten sich die Praktiken und Diskussionen in der und um die IG-Metall-Jugend?

Neben dem Prozess der sozialen Ausdifferenzierung der Arbeiterschaft und einem damit verbundenen Wandel der Arbeitswelten sind zwei weitere gesellschaftliche Basistrends zu erwähnen, die mit den sozialgeschichtlichen Wandlungsprozessen verwoben waren: Die Individualisierung und der Wertewandel. Beide werden meist in engem Zusammenhang gesehen. Sie lassen sich aber auch als äußere und innere Form gesellschaftlicher Einstellungen interpretieren. Die Individualisierung bedeutete eine Lösung des Einzelnen aus engeren sozialen Milieus und das Beschreiten neuer sozialer Pfade. Dies betraf alle sozialen Gruppen. Ein wichtiges Element war die Bildungsexpansion, die in den 1970er Jahren ihre Wirkung entfaltete. Die Individualisierung ist verbunden mit einer stabilen

41 Edward P. Thompson, Die Entstehung der englischen Arbeiterklasse, Frankfurt a. M. 1987, S. 7; englisch 1963 u. d. T.: The Making of the English Working Class, London 1963.

42 Kohlmorgen, Regulation, S. 11.

Konsumgesellschaft.[43] Dominierend in der sozialwissenschaftlichen Forschung – und von der zeitgeschichtlichen aufgegriffen – wurde seit den 1980er Jahren die von Ulrich Beck skizzierte Risikogesellschaft. Er vermutete weitreichende Folgen einer Individualisierung: »Eine wesentliche Besonderheit des Individualisierungsschubs in der Bundesrepublik liegt in seinen *Konsequenzen*: Es wird nicht mehr durch eine soziale Bezugseinheit im Reproduktionsbereich aufgefangen. Sehr schematisch gesprochen: An die Stelle von Ständen treten nicht mehr soziale Klassen, an die Stelle von sozialen Klassenbindungen tritt nicht mehr der stabile Bezugsrahmen der Familie. *Der oder die Einzelne selbst wird zur lebensweltlichen Reproduktionseinheit des Sozialen.*«[44] Die soziologische Forschung bestätigte vor allem, dass in den westlichen Gesellschaften ein erheblicher Zuwachs an individuellen Gestaltungsräumen in der Lebensführung erfolgte. Für Beck gingen die individuell geprägten Lebensführungen einher mit einem Rückgang von soziokulturellen Bindungen.[45] Auch Wolfgang Schulzes These der Erlebnisgesellschaft zielte auf eine zunehmende Individualisierung: »Innnenorientierte Lebensauffassungen, die das Subjekt selbst ins Zentrum des Denkens und Handelns stellen, haben außenorientierte Lebensauffassungen verdrängt. Typisch für Menschen unserer Kultur ist das Projekt des schönen Lebens. Worauf sie hinauswollen, scheint auf den ersten Blick zu disparat, um soziologische Bedeutung zu haben. Doch es gibt einen gemeinsamen Nenner: Erlebnisrationalität, die Funktionalisierung der äußeren Umstände für das Innenleben.«[46] Hiermit ist eine neue Subjektivität angesprochen, in der sich der Einzelne disziplinierenden Anforderungen kollektiver Vergemeinschaftungen im abnehmenden Maße unterwerfen mag. Dies ist für die politische Arbeiterbewegung und die Gewerkschaften in mehrfacher Hinsicht von Bedeutung. Die kollektive Interessenvertretung war nicht allein einengend, sondern auch handlungsentlastend und bot Schutz; sie forderte aber vom Einzelnen auch Unterordnung und Akzeptanz von spezifischen Gruppenzwängen. Damit verbunden war ein hohes Arbeitsethos der gewerkschaftlichen Aktivisten. Aus diesem Spannungsfeld erwuchsen im Untersuchungszeitraum spezifische Mobilisierungsprobleme der IG-Metall-Jugend.

Dies führt zum zweiten gesellschaftlichen Basistrend, dem Wertewandel. Geprägt wurde der Begriff durch den amerikanischen Politologen Ronald

43 Vgl. zum Begriff Konsumgesellschaft und den 1970er Jahren als »Sattelzeit« zwischen einer expandierenden und stabilen Konsumgesellschaft bis zur Boomphase und einer sich auf hohem Niveau sozial spreizenden Konsumgesellschaft und neu entstehenden Unsicherheiten über Wohlstandsverluste Wolfgang König, Die siebziger Jahre als konsumgeschichtliche Wende in der Bundesrepublik, in: Jarausch, Ende, S. 84-99.

44 Ulrich Beck, Risikogesellschaft. Auf dem Weg in eine andere Moderne, Frankfurt a. M. 1986, S. 209.

45 Ulrich Beck, Jenseits von Stand und Klasse. Soziale Ungleichheit, gesellschaftliche Individualisierung und die Entstehung neuer sozialer Formationen und Identitäten, in: Reinhard Kreckel (Hrsg.), Soziale Ungleichheiten. Sonderband 2 der Sozialen Welt, Göttingen 1983, S. 35-74.

46 Wolfgang Schulze, Die Erlebnisgesellschaft, Frankfurt a. M. 1992, S. 35.

Inglehart, der anhand von Befragungen unter europäischen Jugendlichen 1970 zwei Hypothesen als zentral für den von ihm als »silent revolution« bezeichneten Prozess des Wertewandels annahm: In der Jugend als formativer Lebensphase würden Werteinstellungen gebildet, die das gesamte weitere Leben prägen. Werteinstellungen bei Jugendlichen könnten so als Indikatoren eines langfristigen Wandlungsprozesses verstanden werden. Zudem ging er davon aus, dass nach Befriedigung der drängendsten materiellen Bedürfnisse nach dem Krieg der Wunsch nach individueller Freiheit, Selbstverwirklichung und Partizipation in den Vordergrund rückte. Diese von Inglehart als postmaterialistisch bezeichneten Werte nahmen seiner Ansicht nach zu, da insbesondere Jugendliche hiervon geprägt seien.[47] Die Befunde der Umfrageforschung schienen seine Annahmen zu stützen: zumindest in den 1970er und 1980er Jahren war ein Anstieg postmaterialistischer Werteinstellungen bei einem Viertel der Bevölkerung zu beobachten, wohingegen der Typus des »Materialisten«, der vor allem durch Pflichterfüllung und Disziplinwerte geprägt war, auf rund 18 Prozent abnahm. Wenig überraschend, dass Mischformen aus beiden Wertvorstellungen immer weit über die Hälfte der Bevölkerung prägten.[48] Es gab erhebliche Vorbehalte gegen Ingleharts Thesen, da seine Grundannahmen zu eindimensional seien, auch bezüglich der Persistenz des jugendlichen Einstellungswandels. Helmut Klages, der in den 1970er Jahren die These des Wertewandels aufgriff, diagnostizierte einen Wertewandelschub, der vor allem in höheren Schichten als einer Avantgarde-Gruppe stattfand.[49] Klages unterschied zwischen Pflicht- und Akzeptanzwerten und Freiheits- und Selbstentfaltungswerten, wobei er davon ausging, dass die letzteren zunahmen.

Weniger der Wertewandel selbst als die möglichen Auswirkungen wurden schon in den 1970er Jahren diskutiert. Elisabeth Noelle-Neumann warnte 1975 mit ihrem Buch *Werden wir alle Proletarier?* vor einem Werteverfall des Arbeitsethos. Nicht eine materielle Verelendung, sondern die Abkehr vom bürgerlichen Arbeits- und Leistungsethos auch bei Selbstständigen und Angestellten machte die bekannte Demoskopin aus.[50] Der Verlust von Leistungsorientierung und

47 Ronald Inglehart, The Silent Revolution. Changing Values and Political Styles, Princeton 1977.

48 Stefan Hradil, Vom Wandel des Wertewandels. Die Individualisierung und eine ihrer Gegenbewegungen, in: Wolfgang Glatzer/Roland Habich/Karl Ulrich Mayer (Hrsg.), Sozialer Wandel und gesellschaftliche Dauerbeobachtung, Opladen 2002, S. 31-47, hier S. 37.

49 Vgl. insbesondere: Helmut Klages, Wertorientierungen im Wandel. Rückblick, Gegenwartsanalyse, Prognosen, Frankfurt a. M. 1984; Klages wandte sich auch gegen die Begriffe Risikogesellschaft und Postmoderne. Vgl. Helmut Klages, Traditionsbruch als Herausforderung. Perspektiven der Wertewandelgesellschaft, Frankfurt a. M. 1993, S. 9-22.

50 Elisabeth Noelle-Neumann, Werden wir alle Proletarier? Wertewandel in unserer Gesellschaft, Zürich [2]1979, zur Einführung des Titels S. 7. Vgl. auch: Elisabeth Noelle-Neumann, Werden wir alle Proletarier? In: *Die Zeit* Nr. 25, 13.6.1975, sowie die Leserbriefe in *Die Zeit*, Nr. 30 vom 18.7.1975.

bürgerlichen Werten sei zwischen 1967 und 1972 erfolgt, von ihr demonstriert an geänderten Erziehungsidealen und Einstellungen gegenüber der Arbeit. So hielten die »Arbeit ordentlich und gewissenhaft zu tun« 1967 noch 76 Prozent der Arbeiterschaft für besonders wichtig, fünf Jahre später nur noch 61 Prozent; bei den jungen Arbeitern sank der Wert von 71 auf 52 Prozent.[51] Noelle-Neumann interpretierte diese Befunde als Ausdruck des verlorenen Respekts vor Besitz und einer auf Freizeit orientierten Lebensführung. Die Werte würden sich egalisieren, und zwar im negativen Sinne.[52] Der angebliche »Leistungsverfall« bestätigte sich allerdings nicht. Karl Martin Bolte resümierte Anfang der 1990er Jahre, dass in der Soziologie eine »wesentliche Akzentverschiebung« stattgefunden habe. Auch postmaterialistische Werte und hedonistische Interessen seien mit Leistungs- und Karrierevorstellungen vereinbar.[53] Die von Noelle-Neumann und anderen Apokalyptikern befürchtete Job-Einstellung gegenüber der Arbeit, die nur noch als seelenleere Geldtätigkeit ausgeübt werde, erwies sich nicht als zutreffend.[54] Allerdings steht der Nachweis von Werteinstellungen vor besonderen methodischen Problemen. Die Auswertungen von Umfragen, auch über einen längeren Zeitraum mit ähnlicher Fragestellung, geben zwar Hinweise auf sich ändernde Einstellungen, sind aber eher Ausgangspunkt für weitere Forschungen als deren Schlusspunkt.[55] In einer Studie zum Verhältnis der Jugend zur Arbeit kamen Göttinger Sozialwissenschaftler 1988 zum Ergebnis, dass Arbeit weniger ein Kristallisationspunkt für soziale und politische Identitäten sei, aber »in den persönlichen Identitätsentwürfen hat die Erwerbsarbeit für die Mehrheit der Jugendlichen einen hohen Stellenwert«.[56] Der von konservativen Kreisen befürchtete Werteverfall – oft ein nachwirkender Reflex auf 1968 – bezog sich auf neu formulierte Werte und Normen, ein Prozess, der auch politisch nicht mehr umkehrbar war. Die geistig-moralische Wende mit dem Regierungsantritt von Helmut Kohl 1982 war eher eine »Wenderhetorik«, Wertverschiebungen konn-

51 Ebd., S. 11 und S. 13.

52 Eine Zusammenfassung der Kritik und kontroverse Diskussionen über Ab- und Zunahme der »Arbeitsfreude« bei: Elisabeth Noelle-Neumann/Burkhard Strümpel, Macht Arbeit krank? Macht Arbeit glücklich? Eine aktuelle Kontroverse, München 1985².

53 Karl Martin Bolte, Wertewandel – Lebensführung – Arbeitswelt, München 1993, Zitat S. 1.

54 Verbunden mit einer Kritik an den Gewerkschaften als Vertretung nur für die bereits Beschäftigten und der Diagnose einer zunehmenden Arbeitsunzufriedenheit aufgrund fehlender Mitsprachemöglichkeiten Anfang der 1980er Jahre vgl. Michael von Klipstein/Burkhard Strümpel (Hrsg), Der Überdruss am Überfluss. Die Deutschen nach dem Wirtschaftswunder, München 1984.

55 Sehr anschaulich die Auswertung von Fragereihen bei: Tobias Sander, Der Wertewandel der 1960er und 1970er Jahre und soziale Ungleichheit – Neue Befunde zu widersprüchlichen Interpretamenten, in: *Comparativ. Zeitschrift für Globalgeschichte und vergleichende Gesellschaftsforschung* 17 (2007), Nr. 1, S. 101-118.

56 Martin Baethge/Brigitte Hantsche/Wolfgang Pelull/Ulrich Voskamp, Jugend: Arbeit und Identität, Lebensperspektiven und Interessenorientierungen von Jugendlichen, Opladen 1988, S. 5.

ten nicht administriert und durchgesetzt werden.[57] Aber fraglich bleibt, ob der Wertewandelschub tatsächlich in der diskutierten Form stattfand, insbesondere bei Werteinstellungen zur Arbeit. Jörg Neuheiser hat anhand der oppositionellen Plakat-Gruppe bei Daimler-Benz in Untertürkheim in den 1970er Jahren darauf hingewiesen, dass auch diese Gruppe von einer »langlebige(n) Logik der ›guten Arbeit‹, die um Qualität und Fachkenntnis kreiste, und mit Vorstellungen von Würde der Arbeit, von Stolz auf die erbrachte Leistung und spezifischen Berufserfahrungen verbunden war«.[58] Die Gewerkschaften prägte durchgängig ein positiver Bezug auf einen Arbeitsbegriff, der Stolz und Identität über eigene Leistungen ausdrückte. Auch in der Politisierung der Gewerkschaftsjugend schienen linke Deutungsmuster und Wahrnehmungen zu erstarken, die sich nicht nur positiv auf Facharbeit bezogen, sondern auch von Disziplin und Einsatzbereitschaft geprägt waren. Welchen Einfluss hatte die Wechselwirkung mit politischen Jugendkulturen? Griffen die Jugendvertreter im Betrieb besondere jugendliche Bedürfnisse auf? Vergrößerte sich möglicherweise die Distanz zwischen Aktivisten und postmaterialistisch eingestellten jungen Beschäftigten?

Angesichts der neueren historischen Forschungen muss der Wertewandel eher als ein spezifischer Diskurs zwischen den 1960er und 1980er Jahren verstanden werden. Es geht nicht um einen linearen Prozess, insbesondere, weil in den 1990er Jahren der Rekurs auf ältere Werte zu erfolgen schien – die vielleicht gar nicht verschwunden waren. Hartmut Kaelble hat vorgeschlagen, Epochen des Wertewandels schärfer abzugrenzen. Die »Konzepte des Postmaterialismus, der Individualisierung und der Säkularisierung« sind seiner Ansicht nach im europäischen Raum vor allem für die Zeit zwischen den 1960er und 1980er Jahren zu verorten. Eine Trendveränderung ist seit den 1990er Jahren zu erkennen, in denen zum Beispiel das Leistungsprinzip oder hierarchische Betriebsstrukturen ebenso wie Familienwerte wieder größere Zustimmung erlangten.[59] Auch der Rückgang von kirchlicher Religiosität hat sich nicht linear fortgesetzt, schon gar nicht hinsichtlich einer Nichtgläubigkeit.[60] Nicht eine lineare Verbreitung von Selbstentfaltungswerten ist historiographisch zu untersuchen, sondern auch der Zusammenhang von sozialwissenschaftlich erzählter Konstruktion eines Wertewandels, der in Umfragen eher bestätigt statt belegt wurde. Es ist – so Andreas

57 Andreas Wirsching, Abschied vom Provisorium. Geschichte der Bundesrepublik 1982-1990, München 2006, S. 54.

58 Jörg Neuheiser, Der ›Wertewandel‹ zwischen Diskurs und Praxis. Die Untersuchung von Wertvorstellungen zur Arbeit mit Hilfe von betrieblichen Fallstudien, in: Bernhard Dietz/Christopher Neumaier/Andreas Rödder (Hrsg.), Gab es den Wertewandel? Neue Forschungen zum gesellschaftlich-kulturellem Wandel seit den 1960er Jahren, München 2014, S. 141-167, hier S. 166. Der Band präsentiert Ergebnisse des Mainzer Forschungsverbundes zum Wertewandel und vermittelt zwischen den Positionen.

59 Kaelble, Sozialgeschichte, S. 132-136, Zitat S. 135. Vgl. Andreas Rödder/Wolfgang Elz (Hrsg.), Alte Werte – Neue Werte. Schlaglichter des Wertewandels, Göttingen 2008; Hradil, Wandel.

60 Vgl. Thomas Großbölting, Der verlorene Himmel. Glaube in Deutschland seit 1945, Göttingen 2013.

Rödder als erstes Resümee der historischen Wertewandelforschung – eher von verschiedenen, vor allem sektoralen Wertewandelprozessen um 1970 herum auszugehen. Werteinstellungen zur Arbeit waren davon weniger betroffen als Wandlungen von Familienwerten.[61]

Ein Wertewandel ist schwieriger nachzuweisen als die Individualisierung. Aus ihr folgten Pluralisierungen der Lebensstile, mit denen ein Rückgang von Bindungen an das soziale Herkunftsmilieu und eine durch größere Ausbildungsvielfalt und soziale Absicherung nach individuellen Präferenzen gestaltete Lebensführung möglich war. Dies ist eine eher äußere Form, die nicht allein auf geänderte Werte zurückzuführen ist, sondern mit sozioökonomischen Prozessen im Zusammenhang steht. Dabei erscheint die Annahme fraglich, dass Erwerbsarbeit durch Konsum als wichtiges Element personaler Identitätsstiftung ersetzt wurde.[62] Berufsarbeit hatte für die soziale Positionierung wie auch die personale Identität zu allen Zeiten einen hohen Stellenwert.[63] Die in den 1960er Jahren in der industriesoziologischen Forschung aufgekommene Instrumentalisierungsthese gegenüber der Arbeit, derzufolge wohlhabende Arbeiter kollektive Werte zugunsten einer materiellen Aufstiegsperspektive aufgeben, ist seit Ende der 1970er Jahre von der Industriesoziologie selbst wieder revidiert worden.[64] Arbeit blieb weiterhin die entscheidende Ressource zur sozialen Positionierung und zur personalen Identitätsbildung.

Dies gilt auch für die Aktiven der IG-Metall-Jugend im Untersuchungszeitraum, Sie durchliefen ganz überwiegend eine Berufsausbildung als Facharbeiter, und bei ihnen galten Selbstdisziplin und Einsatzbereitschaft für die gewerkschaftlichen Aufgaben als hohe Werte. Die aktiven Gewerkschafter – zumal mit zunehmenden ehrenamtlichen Funktionen in Gremien – prägte meist ein hoher zeitlicher Einsatz, wie es in der Arbeiterbewegung Tradition war. Dieser Einsatz war auch eine spezifische Form der Selbstbestätigung durch Arbeit. Der Dis-

61 Andreas Rödder, Wertewandel in historischer Perspektive: Ein Forschungskonzept, in: Dietz/Neumaier/ Rödder, Wertewandel, S. 17-39.

62 So die Argumentation bei Andreas Wirsching, Konsum statt Arbeit? Zum Wandel von Individualität in der modernen Massengesellschaft, *Vierteljahrshefte für Zeitgeschichte* 57 (2009), Nr. 2, S. 171-199; dagegen aber: Neuheiser, »Wertewandel«.

63 Vgl. Jörg Neuheiser/Andreas Rödder, Eine Geschichte vom Werteverfall? Die Deutschen und ihre Einstellungen zur Arbeit, in: Stiftung Haus der Geschichte der Bundesrepublik (Hrsg.), *Hauptsache Arbeit. Wandel der Arbeitswelt nach 1945. Begleitbuch zur Ausstellung.* Bonn 2009, S. 30-37, hier S. 37; Jürgen Kocka, Thesen zur Geschichte und Zukunft der Arbeit, in: *Aus Politik und Zeitgeschichte* B 21 (2001), S. 8-13.

64 Vgl. John H. Goldthorpe u. a.: The affluent worker: industrial attitudes and behaviour, Cambridge ²1970, S. 174-186; für Deutschland Horst Kern/Horst Schumann, Industriearbeit und Arbeiterbewusstsein, Frankfurt a. M. 1970 (zwei Teile). Kern hat in einem Rückblick die Rücknahme seiner frühen Thesen zur Instrumentalisierung ausgeführt: Horst Kern: Proletarisierung, Polarisierung oder Aufwertung der Erwerbsarbeit. Der Blick der deutschen Industriesoziologie seit 1970 auf den Wandel der Arbeitsstrukturen, in: Jürgen Friedrichs/M. Rainer Lepsius/Karl Ulrich Mayer (Hrsg.), Die Diagnosefähigkeit der Soziologie (*Kölner Zeitschrift für Soziologie und Sozialpsychologie*, Sonderheft 38), Wiesbaden 1998, S. 113-129.

tinktionsgewinn erwuchs aus der Legitimation, für andere etwas zu erreichen. Aus Problemen der Ansprache und Mobilisierung von jungen Beschäftigten, die mit einem solchen Arbeitsstil zusammenhingen, lassen sich Hinweise über Werteinstellungen und Konflikte gewinnen. Auch bildete das alternative Milieu, das mit der Gewerkschaftsjugend in einer Wechselbeziehung stand[65], eine neue Semantik von Arbeit aus, die mit dem erst langsam aufbrechenden gewerkschaftlichen Fortschrittsoptimismus haderte.[66] Die mit dem alternativen Milieu aufkommende Kritik an Normalarbeitsverhältnissen traf allerdings den Kern der von den Gewerkschaften getragenen industriellen Beziehungen.

Methodisch orientiert sich die vorliegende Arbeit an den Überlegungen von Neuer Politikgeschichte und einer Kulturgeschichte des Politischen. Die lange als Kern der Geschichtswissenschaft geltende Politikgeschichte hatte seit den 1970er Jahren ihre Vorrangstellung verloren, da die Konzentration auf politische Entscheidungsträger zu viele gesellschaftliche Aspekte außer Acht ließ.[67] Es wäre für die Gewerkschaftsjugend auch wenig hilfreich, politische Konzeptionen vor allem auf ihre Wirkmächtigkeit zu untersuchen. Die Konferenzbeschlüsse der IG-Metall-Jugend hatten oft genug nur einen symbolischen oder provokativen Wert in einem Wechselspiel von jugendlicher Radikalität und Expertenwissen der Führungsgruppen. Thomas Mergel hat die kulturhistorische Erweiterung von Politik definiert als »soziales Handeln, als ein Netz von Bedeutungen, Symbolen, Diskursen, in dem – oft widersprüchliche – Realitäten konstruiert werden«.[68] Politik ist daher in erster Linie Kommunikation, in der Akteure von unterschiedlichen Machtpositionen aus symbolische Handlungen wie auch Interessen artikulieren. Die IG-Metall-Jugend steht in einem Dreieck von betrieblichen Machthierarchien in der Berufsausbildung, organisationspolitischen Anforderungen und politisierten Jugendkulturen. In diesem Kommunikationsraum entwickelten die Akteure ihr politisches Selbstverständnis. Stimmungen aus den Betrieben wurden ebenso aufgegriffen wie versucht wurde, bewusstseinsbildend

65 Gewerkschaftsjugend und Alternativbewegung. Protokoll eines Forums im Haus der Gewerkschaftsjugend November 1980, hrsg. vom DGB-Bundesvorstand, Abteilung Jugend, Düsseldorf o. J. (1981); Gudrun Küsel (Hrsg.), APO und Gewerkschaften. Von der Kooperation zum Bruch, Berlin-West 1978.

66 Darauf machen aufmerksam: Winfried Süß/Dietmar Süß, Zeitgeschichte der Arbeit: Beobachtungen und Perspektiven, in: Andresen/Bitzegeio/Mittag, Strukturbruch, S. 345-365, hier S. 354. Die Geschichte alternativer Betriebe als Anpassungsprozess und Wegbereiter des Neoliberalismus beschreibt exemplarisch Arnt Neumann, Kleine geile Firmen. Die Entwicklung der Alternativprojekte im Widerspruch zwischen Revolte und Anpassung, Hamburg 2008.

67 Vgl. als Überblick dieser Entwicklung: Peter Borowsky/Rainer Nicolaysen, Politische Geschichte, in: Hans-Jürgen Goertz (Hrsg.), Geschichte. Ein Grundkurs, Hamburg [3]2007, S. 527-541; Ute Frevert, Neue Politikgeschichte: Konzepte und Herausforderungen, in: Dies./Heinz-Gerhard Haupt (Hrsg.), Neue Politikgeschichte. Perspektiven einer historischen Politikforschung, Frankfurt a. M./New York 2005, S. 7-26.

68 Thomas Mergel, Überlegungen zu einer Kulturgeschichte der Politik, in: *Geschichte und Gesellschaft* 28 (2002), S. 574-606, hier S. 604.

auf junge Beschäftigte einzuwirken. Die Aktivisten versuchten eigene wie wahrgenommene Bedürfnisse in eine politische Organisationssprache zu übersetzen. Daher geht es nicht um eine Organisationsgeschichte im Sinne ihrer Beschlüsse und politischen Statements, sondern um die Analyse diskursiver Muster und spezifischer sozialer Praktiken. Bereits Karl-Heinz Boeßenecker hat darauf hingewiesen, dass die Beschlusslage des DGB für die einzelnen Mitglieder schon in den 1950er Jahren kaum eine lebenspraktische Bedeutung hatte.[69] Die innerhalb der Gremien der IG Metall und des DGB intensiv ausgetragenen Debatten um einzelne Positionen und generelle Trends waren Ausdruck politischer Deutungen innerhalb der aktiven Gewerkschafterinnen und Gewerkschafter, nicht aber Positionen der Mitgliedschaft. Dies gilt auch für die nach 1968 einsetzende Politisierung. Damit einhergehende Radikalisierungen werden im Zusammenhang von kulturellen Vermittlungsformen und den Sozialisationsbedingungen der beruflichen Ausbildung analysiert, aber die Diskurse hatten auch ein Eigengewicht als Verständigungen und Distinktionen in den Gewerkschaften wie dem linken Umfeld, in dem sich die meisten Aktivisten bewegten.

Allerdings fehlte bislang eine Arbeit an der Schnittstelle von verbandlicher Jugendarbeit, jugendkultureller Entwicklung und strukturellen Veränderungen der Berufsausbildung. Diese drei Aspekte sollen zueinander ins Verhältnis gesetzt werden: Welche politischen Kommunikationsformen und Deutungen bestimmten die Akteure, welche sozialen Praktiken folgten daraus? Zwar betonte die ältere Gewerkschaftsgeschichte, eine Geschichte der einfachen Leute zu erzählen. Dennoch sprach die Betonung der führenden Funktionäre – deren Namen häufig eine »Ära« bezeichneten – und die Konzentration auf Konferenzbeschlüsse und große Arbeitskämpfe eher für konventionelle historische Zugänge.[70] Für eine Neue Politikgeschichte sind Wahrnehmungs- und Deutungsperspektiven zu berücksichtigen, die unter jugendlichen Mitgliedern verbreitet waren. Welche politischen Vorstellungen wurden formuliert und wie wurden diese zwischen den verschiedenen Akteuren verhandelt? Die IG-Metall-Jugend, zu der auch die verantwortlichen Funktionäre gehören, wird als Ort von »kommunikative(n) Verdichtungen« der abhängig beschäftigten Jugendlichen und jungen Erwachsenen verstanden.[71] Aus Publikationen der IG-Metall-Jugend und in den internen Auseinandersetzungen lassen sich diese Verdichtungen herauslesen. Sie sind Teil eines Diskurses, in dem das Interesse der Organisation formuliert wurde, aber auch Kritik und utopische Entwürfe von engagierten jugendlichen Gewerkschaftsmitgliedern eingingen. Zum politischen Kommunikationsraum der IG-Metall- und der gesamten Gewerkschaftsjugend gehören

69 Karl-Heinz Boeßenecker, Der DGB und seine Jugendarbeit in Köln nach 1945. Eine Lokalstudie gewerkschaftlicher Organisationsprozesse, Bonn 1985, S. 414.

70 Vgl. als frühe Kritik: Gerhard Beier, Glanz und Elend der Jubiläumsliteratur. Kritische Bestandsaufnahme bisheriger Historiographie der Berufs- und Industriegewerkschaften, in: *Gewerkschaftliche Monatshefte* Nr. 10 (1968), S. 607-614; systematisch: Welskopp, Bildungsromane.

71 Mergel, Überlegungen, S. 597.

auch Lieder, Karikaturen und Veranstaltungen. Auch diese Quellen sind in die Analyse der politischen Praxis einbezogen, nicht als schmückendes Beiwerk, sondern als Ausdruck politischer Deutungsperspektiven und subjektiver Zugänge.

Jugend, Neue Soziale Bewegungen und Gewerkschaften

Dieser Aspekt führt zu einem weiteren Schwerpunkt der vorliegenden Arbeit, die Verbindungen zwischen Gewerkschaftsjugend, Neuen und orthodoxen Linken und den Anfang der 1970er Jahre aufkommenden Neuen Sozialen Bewegungen und dem alternativen Milieu. In ihrem Selbstverständnis repräsentierten die Gewerkschaften die älteste und zahlenmäßig größte soziale Bewegung, die Arbeiterbewegung. Als Mitgliederorganisationen sind in den Gewerkschaften starke Elemente von Bewegung wirksam, die vom persönlichen Einsatz, demokratischen Ansprüchen und gemeinsamen Kundgebungen geprägt sind. Als Interessenvertretung benötigen sie aber auch Experten und ein Führungspersonal, das sich von den Mitgliedern habituell entfernt und die Masse der Mitglieder als Drohpotential bei Verhandlungen benötigt. Die Gewerkschaftssoziologie versuchte in den 1970er Jahren mit dem Begriff der »intermediären Organisation« diesen strukturellen Widerspruch zu erklären. Gewerkschaften sind Vermittlungsorganisationen zwischen den Interessen der Beschäftigten und den Kapitalinteressen. Diese Funktion führt zu handlungsspezifischen Begrenzungen. Die Mobilisierungsfähigkeit für Arbeitskämpfe und ein qualifizierter Organisationsgrad generieren eine Verhandlungsmacht, die aber erst mit der Repräsentationsfunktion wirksam wird, d.h., wenn Gewerkschaften ihre Mitglieder von Verhandlungsergebnissen überzeugen bzw. darauf bauen können, dass diese zustimmen werden.[72] Die Vermittlungsfunktion ergibt sich nicht allein aus Organisationslogiken; sie hat sich auch dadurch entwickelt, dass zum Beispiel die Selbsthilfe – wie Sterbekassen und Einkaufsgenossenschaften – in der Bundesrepublik als Mitgliedermotiv an Bedeutung verlor; Anfang der 1980er Jahre führten schließlich die Skandale um die Neue Heimat und Coop zu einem faktischen Ende der gewerkschaftlichen Gemeinwirtschaft.[73] Aber die lange Geschichte als Arbeiterbewegung und die Notwendigkeit, in den tariflichen Verhandlungsroutinen immer wieder die Mobilisierung ihrer Basis zu

72 Walther Müller-Jentsch, Gewerkschaften als intermediäre Organisation, in: Ders., Arbeit und Bürgerstatus. Studien zur sozialen und industriellen Demokratie, Wiesbaden 2008, S. 51-78, hier S. 69; zuerst erschienen unter demselben Titel in: *Kölner Zeitschrift für Soziologie und Sozialpsychologie*, Sonderheft 24/1982, S. 408-432.

73 Resümierend: Peter Kramper, Das Ende der Gemeinwirtschaft. Krisen und Skandale gewerkschaftseigener Unternehmen in den 1980er Jahren, in: *Archiv für Sozialgeschichte* 52 (2012), S. 111-138; vgl. grundlegend zur Neuen Heimat: Peter Kramper, NEUE HEIMAT. Unternehmenspolitik und Unternehmensentwicklung im gewerkschaftlichen Wohnungs- und Städtebau 1950-1982, Stuttgart 2008.

organisieren, sind als Argumente angeführt worden, weiterhin von einer sozialen Bewegung zu sprechen.[74]

Die in den 1970er Jahren aufkommenden Neuen Sozialen Bewegungen – heute in den Geschichtswissenschaften eher unter dem Begriff alternative Milieus beforscht – trugen die Abgrenzung zur alten sozialen Bewegung schon im Namen.[75] Die Gewerkschaften werden gemeinhin den Neuen Sozialen Bewegungen seit den 1970er Jahren entgegengestellt, ja eine deutliche Abgrenzung zu den Gewerkschaften und Parteien der Arbeiterbewegung kennzeichnet diese angeblich überhaupt erst.[76] Dabei wird jedoch übersehen, dass die Verbindungen und Mischungen zwischen Neuen Sozialen Bewegungen und den Gewerkschaften im Untersuchungszeitraum vielfältig waren. Dafür gibt es mehrere Gründe. Zum einen waren die Gewerkschaften ein Quell materieller Ressourcen, um Veranstaltungen, Konzerte oder Tagungen zu finanzieren; zum anderen war insbesondere bei jüngeren Mitgliedern ein Interesse an neuen gesellschaftlichen Impulsen vorhanden, die sich nicht immer an die Abgrenzungen seitens der Gewerkschaftsführungen hielten. Dies galt auch vor Ort. Lokale Bündnisse zu einzelnen Themen oder Demonstrationen setzten sich oft aus Gewerkschaftsvertretern, Gruppen der Neuen Linken, Jusos, Landesjugendringen, orthodoxen Kommunisten, undogmatischen Linken und weiteren politischen Gruppen zusammen. Hier entstanden lokale Kommunikationsräume, in denen grundsätzliche Differenzen zumindest zeitweise zurückgestellt wurden. Michael März hat von einem »linken Spektrum« gesprochen, das sich zwischen Sozialdemokraten über die DKP bis zu illegalen Gruppen verorten ließ.[77] März fragte dabei nach inhaltlichen Schnittmengen. Die schienen zwischen einer undogmatischen Linken, die sich in der Tradition der Kritischen Theorie sah, maoistischen

74 Schmidt, Arbeiterbewegung, S. 158. Die soziale Bewegungsforschung hat sich selbst gegenüber den Gewerkschaften eher skeptisch gezeigt, vgl. mit Schwerpunkt auf die USA: Rick Fantasia/Judith Stepan-Norris, The Labor Movement in Motion, in: David A. Snow/Sarah A. Soule/Hanspeter Kriesi (Eds.), The Blackwell Companion to Social Movements, Malden MA/Oxford 2006, S. 555-575.

75 Als frühe politologische Deutungen: Karl-Werner Brand/Detlef Büsser/Dieter Rucht, Aufbruch in eine andere Gesellschaft. Neue Soziale Bewegungen in der Bundesrepublik, Frankfurt a. M. 1983; Joachim Raschke, Soziale Bewegungen. Ein historisch-systematischer Grundriß. Frankfurt a. M. 1985; als Überblick: Roth/Rucht, Bewegungen.

76 So einer der Nestoren der bundesdeutschen Bewegungsforschung: Karl-Werner Brand, Kontinuität und Diskontinuität in den neuen sozialen Bewegungen, in: Roland Roth/Dieter Rucht (Hrsg.), Neue soziale Bewegungen in der Bundesrepublik Deutschland, Bonn ²1991, S. 40-53, hier S. 42. Ulrike Wasmuht wies dagegen schon 1989 darauf hin, dass sich soziale Bewegungen durch eine Konstanz auszeichnen und das Attribut »neu« eher als zeitliche denn als inhaltliche Absetzung zu verstehen sei. Ulrike C. Wasmuht, Zur Untersuchung der Entstehung und Entwicklung sozialer Bewegungen. Ein analytischer Deskriptionsrahmen, in: Dies. (Hrsg.), Alternativen zur alten Politik? Neue soziale Bewegungen in der Diskussion, Darmstadt 1989, S. 159-176, hier S. 162.

77 Er untersucht diese Verbindungen anhand mehrerer Kongresse Ende der 1970er Jahre. Michael März, Linker Protest nach dem Deutschen Herbst. Eine Geschichte des linken Spektrums im Schatten des ›starken Staates‹ 1977-1979, Bielefeld 2012, S. 45-54.

K-Gruppen oder Spontis und Alternativbewegung manchmal gering, mehr noch gegenüber der orthodoxen Linke, als die die Deutsche Kommunistische Partei (DKP) mit ihrer Jugendorganisation Sozialistische Deutsche Arbeiterjugend (SDAJ) galt. Diese gängige Unterteilung war vom Verfassungsschutz vorgenommen worden und spiegelte sich in den ersten Forschungen zu linken Protestbewegungen nach 1968 wider.[78] Aber jenseits der unterschiedlichen inhaltlichen Ausrichtungen und mit Härte geführten ideologischen Debatten zwischen den Gruppen – die in die Gewerkschaftsjugend hineinwirkten – existierte ein Beziehungs- und Kommunikationsgeflecht der verschiedenen Gruppen, die zu einzelnen Anlässen zusammenarbeiteten. Es gab personelle Verbindungen, auch die DKP und ihre Organisationen speisten sich personell aus den Ausdifferenzierungsprozessen nach 1968.[79] Das linke Spektrum zumindest außerhalb der SPD und der Gewerkschaften, gilt nicht zu Unrecht als wichtiges – wenn auch nicht einziges – Personaltableau der frühen Grünen.[80]

Die Verrechtlichung der industriellen Beziehungen, die formalisierte Mitgliedschaft und die Herausbildung einer professionellen Führungsschicht galten in den Neuen Sozialen Bewegungen als Negativmerkmal der Gewerkschaften, auch wenn sie im Laufe ihres Bestehens meist selbst Institutionalisierungsprozesse durchliefen.[81] Allerdings, und dies ist eine These der vorliegenden Arbeit,

78 Gerd Langguth, Protestbewegung. Entwicklung, Niedergang, Renaissance: Die neue Linke seit 1968, Köln 1983. Unter K-Gruppen sind zu verstehen: Die 1968 gegründete KPD/ML, die 1970 gegründete KPD/AO (ab 1971 ohne AO), der aus dem Hamburger SALZ hervorgegangene KB und der 1973 aus mehreren lokalen Gruppen, mit Schwerpunkt Heidelberg und Bremen, hervorgegangene KBW. Dazu kamen noch einige kleinere Gruppen, wie der vorwiegend in Bayern auftretende Arbeiterbund für den Wiederaufbau der KPD sowie der KABD.

79 Die gemeinsame Herkunft wird anschaulich von 16 ehemaligen Bremer Schülerinnen und Schülern erzählt, geboren zwischen 1950 und 1955. Neun von ihnen waren in der DKP oder dem MSB, die anderen in K-Gruppen oder weiteren sozialistischen Vereinigungen. Siehe Irmela Hannover/Cordt Schnibben, I Can't Get No. Ein paar 68er treffen sich wieder und rechnen ab, Köln 2007. Vgl. mit weiterführender Literatur: Knud Andresen, Vier Möglichkeiten, die Geschichte der DKP zu erzählen: politische Erinnerungen ehemaliger DKP-Funktionäre, in: *Jahrbuch für historische Kommunismusforschung* 2014, S. 29-45.

80 Eine ältere politologische Deutung dieser Verbindung mit dem Fluchtpunkt der Grünen bei: Andrei S. Markovits/Philipp Gorski: Grün schlägt Rot. Die deutsche Linke nach 1945, Hamburg 1997; deutlich werden die personellen Verbindungen im Gründungsprozess der Grünen, vgl. Silke Mende, ›Nicht rechts, nicht links, sondern vorn‹. Eine Geschichte der Gründungsgrünen, München 2011.

81 Als »ehernes Gesetz der Oligarchie« bereits anhand der deutschen Arbeiterbewegung im späten Kaiserreich organisationsoziologisch formuliert von: Robert Michels, Soziologie des Parteiwesens in der modernen Demokratie. Untersuchungen über oligarchische Tendenzen des Gruppenlebens, Leipzig 1911; auf die Notwendigkeit in der Arbeiterbewegung, dass ihre leitenden Personen sich habituell von der Basis entfernen müssen, um als Verhandlungspartner anerkannt zu werden, hat schon 1925 hingewiesen: Theodor Cassau, Das Führerproblem innerhalb der Gewerkschaften, Berlin 1925; die umfangreiche organisationssoziologische Forschung hat die Herausbildung einer

war die Grenze zwischen alter und neuer sozialer Bewegung in den 1970er Jahren durchlässiger, als oft angenommen wird. Einen Schnittpunkt wiesen zum Beispiel die neue Frauenbewegung und die gewerkschaftliche Frauenarbeit aus. Wenn auch mit vielen Vorbehalten, prägten Diskussions- und Austauschprozesse beide Seiten.[82] Wird die Jugend der Gewerkschaften betrachtet, so fallen Austausch und Durchmischungen mit dem linken Spektrum und den Neuen Sozialen Bewegungen besonders ins Auge. Im Untersuchungszeitraum war die Gewerkschaftsjugend beeinflusst von jugendkulturellen Lebensstilen und politischen Deutungsmustern der Jahre um 1968 und dem roten Jahrzehnt.[83] Die politische Entwicklung der IG-Metall-Jugend stand in engem Zusammenhang mit der Neuen Linken und den Neuen Sozialen Bewegungen. Wolfgang Schroeder hat darauf hingewiesen, dass sich daraus in den 1970er Jahren spezifische Dynamiken und Konflikte zwischen Teilen der Mitgliedschaft und den Führungsebenen ergaben, etwa über den Einfluss orthodoxer Kommunisten in der gewerkschaftlichen Bildungsarbeit. Allerdings sieht Schroeder eine missglückte Öffnung gegenüber den Neuen Sozialen Bewegungen, da eine »innergewerkschaftliche Re-Ideologisierung« und antikapitalistische Bewegung der marxistischen Linken in den Gewerkschaften organisatorische Erneuerungen eher hemmte.[84] Aber die Perspektive kann auch umgedreht werden, dann bedeuten die 1970er Jahre eine Integration radikaler Strömungen in die Gewerkschaften, die auf die Organisation selbst zurückwirkte. Dieser Austauschprozess wird in der Arbeit näher beleuchtet.

Detlef Siegfried hat anschaulich demonstriert, wie ertragreich es sein kann, Demokratisierungsbegehren und Konsumentwicklung in den Jugendkulturen der 1960er und frühen 1970er Jahre zusammen zu untersuchen. Es waren zwei

Führungsschicht in vielen Fällen bestätigt, für die neuen Sozialen Bewegungen vor allem als Institutionalisierung: Dieter Rucht/Barbara Blattert/Dieter Rink, Soziale Bewegungen auf dem Weg zur Institutionalisierung. Zum Strukturwandel ›alternativer‹ Gruppen in beiden Teilen Deutschlands, Frankfurt a. M./New York 1997; kritisch gegenüber einer Fixierung ist: Darcy K. Leach, The iron law of what again? Conceptualizing oligarchy across organizational forms, in: Sociological Theory 23 (2005), S. 312-337. In der populären Wahrnehmung der Gewerkschaften ist der Gegensatz zwischen bürokratischer Führungsschicht und Mitgliederinteressen weit verbreitet, vgl. als aktuelles und ärgerliches Beispiel: Robert Lorenz, Gewerkschaftsdämmerung. Geschichte und Perspektiven deutscher Gewerkschaften, Bielefeld 2013.

82 Vgl. hierzu mit einigen Hinweisen: Sybille Plogstedt, ›Wir haben Geschichte geschrieben‹. Zur Arbeit der DGB-Frauen (1945-1990), Gießen 2013 (bes. S. 349-373 über Zusammenarbeit und Konflikte mit der DGB-Führung 1980 über den Frauentag am 8. März).

83 Prägend für den Begriff mit einem Panorama der Neuen Linken, allerdings ohne Gewerkschaften: Gerd Koenen, Das rote Jahrzehnt. Unsere kleine deutsche Kulturrevolution 1967-1977, Köln 2001.

84 Wolfgang Schroeder, Gewerkschaften als soziale Bewegung – soziale Bewegung in den Gewerkschaften in den Siebzigerjahren, in: *Archiv für Sozialgeschichte* (2004), Nr. 44, S. 243-265, hier S. 244.

Seiten einer jugendkulturell inspirierten Entwicklung.[85] Diese Perspektive lässt sich als Frage auch an Organisationen herantragen: Welche Verbindungen, welche Durchmischungen sind zwischen Neuer Linker bzw. Neuen Sozialen Bewegungen und Gewerkschaftsjugend zu beobachten? Prägten Themen und Ereignisse junge Aktivisten der politischen Arbeiterbewegung und die Stimmung in den Betrieben? Dass es in dieser Hinsicht Fehlperzeptionen gab, ergibt sich bereits für den Zusammenhang von *1968* mit der Arbeiterbewegung. Wenn die Frage nach den Verbindungen auf die männliche Industriearbeiterschaft gerichtet wird – und diese war um 1970 in der Neuen Linken wie auch in späteren Darstellungen meist mit der Arbeiterklasse gemeint – fällt der Befund über die Verbindungen für die Bundesrepublik wenig ergiebig aus. Populär wird ein geringes Verständnis der Arbeiterschaft an anschaulichen Beispielen erzählt. So berichtete der CDU-Politiker und frühere Rektor der Bochumer Universität, Kurt Biedenkopf, 2008 eine Anekdote, mit der das Verhältnis der Arbeiter zu den protestierenden Studenten scheinbar umfassend skizziert wird. Als das Rektorat der neugegründeten Bochumer Universität besetzt wurde, rief der Betriebsratsvorsitzende des Opel-Werkes von Bochum bei Biedenkopf an und bot seine Hilfe an, die Besetzer aus dem Rektorat zu werfen, was Biedenkopf ablehnte.[86] Solch griffige Anekdoten scheinen das Verhältnis von *1968* und Arbeiterschaft zu beschreiben, wohl auch ein Grund, warum es zu dieser Verbindung kaum Literatur gibt. Eine Ausnahme bildet Gerd-Rainer Horn, der dafür streitet, die Jahre um 1968 als eine Chiffre für Arbeitskämpfe insbesondere in Europa zu verstehen, die einen Zeitraum von 1962 bis 1976 umfassten. Die Streiks und spontanen Aktionen, vor allem in Italien und Frankreich, sieht er als Kern der *Jahre um 1968*: Es ging um Selbstermächtigung der Arbeiterschaft, die »ihre Angst gegenüber Vorarbeitern, Abteilungsleitern, leitenden Angestellten, usw.« verloren hätten.[87] Allerdings fällt die Bundesrepublik aus dieser Betrachtung weitgehend heraus. Zwar gab es nach 1969 einen Anstieg von wilden Streiks bis 1973 ebenso wie hohe Lohnabschlüsse, aber der Einfluss der studentischen Neuen Linken ist hierbei eher gering zu veranschlagen.[88] Marica Tolomelli hat die Verbindungen von Arbeiter und Studenten in der Bundesrepublik und Italien vergleichend untersucht. Für die Bundesrepublik bricht sie im Mai 1968 ab, als das Bündnis von

85 Detlef Siegfried, Time is on my Side. Konsum und Politik in der westdeutschen Jugendkultur der 60er Jahre, Göttingen 2006.

86 So in der Sendung »Zeitzeugen im Gespräch« des Deutschlandfunks: »Ich wollte nie Berufspolitiker werden.« Deutschlandfunk, 26.6.2008. http://www.dradio.de/dlf/sendungen/zeitzeugen/825285/ (Abruf 3.5.2010).

87 Gerd-Rainer Horn, Arbeiter und ›1968‹ in Europa. Ein Überblick, in: Bernd Gehrke/Gerd-Rainer Horn (Hrsg.), 1968 und die Arbeiter. Studien zum ›proletarischen Mai‹ in Europa, Hamburg 2007, S. 27-50, Zitat S. 44; vgl. Gerd-Rainer Horn, The Spirit of 68. Rebellion in Western Europe and North America. 1956 – 1976, Oxford 2007.

88 Peter Birke, Der Eigen-Sinn der Arbeitskämpfe. Wilde Streiks und Gewerkschaften in der Bundesrepublik vor und nach 1969, in: Gehrke/Horn, 1968 und die Arbeiter, S. 53-75. Birke hat diese Überlegungen in einem transnationalen Vergleich ausführlicher bearbeitet: Birke, Streiks, S. 245-248.

Studentenbewegung und Gewerkschaften gegen die Notstandsgesetze zerfiel. Sie blickt vorwiegend auf die Verbindungen zwischen der IG-Metall-Führung und dem Sozialistischen Deutschen Studentenbund (SDS) und kommt zum Schluss, dass in der Bundesrepublik die Verbindungen von den Organisationsführungen geprägt waren, während in Italien – während der heißen Phase der Studentenunruhen 1969 – Studenten- und Arbeiterbewegung gerade an der Basis enger zusammenarbeiteten.[89]

Möglicherweise ist die Frage aber falsch gestellt. Denn dass die männliche Industriearbeiterschaft, deren Facharbeiter den gewerkschaftlich organisierten Kern der IG Metall bildeten, in den Protestereignissen um 1968 aufging, war aus mehreren Gründen nicht zu erwarten. Zum einen lag es an den Vorbehalten seitens der Studierenden gegenüber einer durch Konsum angeblich politisch vernebelten Arbeiterschaft. Hinzu kam, dass 1968 auch als Jugendrevolte zu deuten ist, in der sich eine jüngere Generation auf die Suche nach neuen Lebensformen und sozialen Praktiken begab.[90] Die Arbeiterschaft war in ihren Vergemeinschaftungsformen stärker auf Tradition und Zwang im privaten Leben orientiert. Es war nicht allein die immer wieder auftauchende Skepsis, dass die Studierenden bald als Vorgesetzte in den Betrieben auftauchen würden, sondern auch die Ablehnung von jugendkulturellen Distinktionen wie längeren Haaren, lässigerer Kleidung oder neuen Umgangsformen.

Um dem Einfluss von linken Vorstellungen und Demokratisierungsströmen auf die Arbeiterschaft nachzugehen, ist es daher sinnvoll, nach jugendkulturellem Aufbegehren in Betrieben und Gewerkschaften zu fragen. Dies war vor allem die 1969 aufkommende Lehrlingsbewegung, die für die Gewerkschaften Chancen und Risiken zugleich bot. Während der DGB anfangs versuchte, die Impulse aufzugreifen und zur Belebung der eigenen Jugendarbeit zu nutzen, blieb die IG Metall zurückhaltender und begründete ihre Orientierung auf eine betriebliche Jugendarbeit noch einmal neu. Die Lehrlingsbewegung war Teil einer Politisierung der Gewerkschaftsjugend, die bereits zeitgenössisch so benannt wurde. Klaus Tenfelde sprach einmal davon, bei der Auflösung des Arbeitermilieus nach 1968 sei eine kurze Zwischenphase eingetreten, bei der »das alte Milieu einen Lidschlag der Entwicklung noch einmal als Integrationsfaktor und antikapitalistisches Band der Solidarität beschworen wurde: Manche Jungsozialisten, heute gelten sie als wohletabliert und führend, gedachten, noch einmal das Milieu und zumal seine Organisationen zu beleben.«[91] Der ironische Zungenschlag Tenfeldes beruhte auf der Vorstellung, die Orientierung vieler 1968er auf die Arbeiterbewegung sei überwiegend eine Marotte von Studenten und Oberschülern gewesen. Dies scheint angesichts mancher Aufsteigerbiographien zwar auf den ersten Blick einleuchtend, obwohl selbst diese Behauptung

89 Marica Tolomelli, ›Repressiv getrennt‹ oder ›organisch verbündet‹. Studenten und Arbeiter 1968 in der Bundesrepublik Deutschland und in Italien, Opladen 2001.

90 Vgl. als konzisen internationalen Überblick: Norbert Frei, 1968. Jugendrevolte und globaler Protest, München 2008.

91 Tenfelde, Milieus, S. 25.

nicht für alle Studierenden in den Betrieben zutraf.[92] Es übersieht aber die Wirkung eines jugendkulturellen Aufbruchs bei jungen Beschäftigten und der Gewerkschaftsjugend. Welche Themen kamen auf, welche Wirkungen hatten antiautoritäre Strömungen in den Betrieben? War auch in den Betrieben und in den Gewerkschaften eine Politisierung von Alltagspraktiken zu beobachten? Kann hier von einem Nachwirken von 1968 gesprochen werden, das die Gewerkschaftsjugend prägte?

Um die bisher aufgeworfenen Fragen zu klären, bietet sich die Jugend der IG Metall aus mehreren Gründen an. Die IG Metall hielt trotz des überparteilichen Charakters der Einheitsgewerkschaft nach dem Zweiten Weltkrieg in ihrer Tradition an der sozialistischen Arbeiterbewegung fest.[93] Zudem repräsentierte sie einen großen Teil des klassischen Industrieproletariats in der metall- und eisenverarbeitenden Industrie und war daher bevorzugtes Objekt für Gruppen der Neuen Linken, die sich nach 1968 in der »proletarischen Wende« der Arbeiterklasse zuwandten. Politisch der Sozialdemokratie eng verbunden, vollzogen die Gewerkschaften zwar mit dem DGB-Grundsatzprogramm von 1963 eine ähnliche Anpassung an die bundesdeutschen politischen Strukturen wie die Sozialdemokratie mit dem Godesberger Programm 1959, aber eine auf grundlegende gesellschaftliche Reformen zielende Rhetorik prägte die Gewerkschaften weiterhin, insbesondere auch die als links geltende IG Metall.

Die Bedeutung der Jugend in den gesellschaftlichen Wandlungsprozessen ist bereits herausgestellt worden. Jugend gilt als einer der Schlüsselbegriffe des 20. Jahrhunderts. Zum einen symbolisch als Vorbote einer neuen Zeit, zum anderen als Krisenbegriff einer verlorenen Generation.[94] Zugleich ist Jugend keine anthropologische Konstante, sondern unterliegt historischen Wandlungsprozessen und sozialen Differenzierungen.[95] Bereits die Eingrenzung des Alters

92 Vgl. als erste Versuche, den Weg der revolutionären Kader in den Betrieben über die 1970er Jahre hinaus mit Interviews zu erkunden: Jan Ole Arps, Linke Fabrikintervention in den 70er Jahren, Berlin/Hamburg 2011; sowie die autobiographischen Skizzen linker Betriebsaktivisten, wobei einige ihre christliche Motivation hervorheben: Jochen Gester/Willi Hajek (Hrsg.), 1968 – und dann? Erfahrungen, Lernprozesse und Utopien von Bewegten der 68er-Revolte, Berlin 2002.

93 Vgl. die offiziöse Geschichte der IG Metall in den Bänden: Fünfundziebzig Jahre Industriegewerkschaft 1891 bis 1966. Vom Deutschen Metallarbeiter-Verband zur Industriegewerkschaft Metall, Frankfurt 1966 (Text Fritz Opel und Dieter Schneider); 90 Jahre Industriegewerkschaft 1891 bis 1981. Vom Deutschen Metallarbeiter-Verband zur Industriegewerkschaft Metall, Köln 1981 (Text Fritz Opel und Dieter Schneider, der Fortschreibung: Kurt Thomas Schmitz).

94 Für die Weimarer Republik: Barbara Stambolis, Mythos Jugend. Leitbild und Krisensymptom. Ein Aspekt der politischen Kultur im 20. Jahrhundert, Schwalbach 2003.

95 Klaus-Jürgen Scherer, Jugend und soziale Bewegung, Opladen, Berlin 1988, S. 31 f.; immer noch grundlegend: Michael Mitterauer, Sozialgeschichte der Jugend, Frankfurt a. M. 1986; John. R. Gillis, Geschichte der Jugend, Tradition und Wandel im Verhältnis der Altersgruppen und Generationen in Europa von der zweiten Hälfte des 18. Jahrhunderts bis zur Gegenwart, Weinheim und Basel 1980; Giovanni Levi/Jean-Claude Schmitt (Hrsg.), Geschichte der Jugend. Von der Aufklärung bis zur

bereitet Schwierigkeiten: War lange das Alter zwischen 14 bis 18 die vorherrschende Orientierung, wurde zum Beispiel unter Jugendarbeitslosigkeit lange die Altersspanne von 15 bis 20 Jahre erfasst, später auf 25 Jahre ausgeweitet. Die 1970er Jahre waren von einer Verlängerung der Jugend geprägt, die mit dem Begriff der Postadoleszenz verbunden wurde: während sich die Phase der ökonomischen Unabhängigkeit durch zunehmend spätere Eintritte in die Arbeitswelt nach hinten verschob, traten Phasen kultureller, politischer und sexueller Unabhängigkeit von den Eltern zunehmend in früheren Lebensphasen ein.[96] Daniel Bell hatte in seiner Arbeit zur nachindustriellen Gesellschaft nicht nur auf die künftige Bedeutung wissensbasierter technischer Innovationen und die Zunahme von Dienstleistungstätigkeiten hingewiesen, sondern sah auch mit dem »Aufkommen einer weitgreifenden Jugendbewegung« neue Erwartungen an »Selbstverwirklichung und Entfaltung der eigenen Person«.[97] Inwiefern dieser Effekt auch für die Jugendlichen und jungen Erwachsenen in den Arbeitswelten zutraf, wurde bei Bell nicht diskutiert.[98] Erkennbar waren Verschiebungen in den Erwerbsquoten: In der Altersgruppe der 15-24-Jährigen waren 1970 noch 67 Prozent, 1990 noch 60 Prozent erwerbstätig.[99] Allerdings war die Quote um 1980 zeitweilig unter 60 Prozent gefallen. Noch deutlicher wird der Wandel, wenn die Altersspannen geteilt betrachtet werden: Waren 1970 noch 44 Prozent der 15-19-Jährigen erwerbstätig (einschließlich der Auszubildenden), waren es 1980 noch 28 Prozent, während die Quote für die 20-24-Jährigen im selben Zeitraum nur von 74 auf 72 Prozent sank.[100] In den 1970er Jahren verlor der Betrieb als Sozialisationsort für Jugendliche an Bedeutung, zumindest für die unter 18-Jährigen wurde die schulische Sozialisation dominierend.

Für die Jugend der Gewerkschaften gab es Altersgrenzen, mit denen die Zugehörigkeit festgelegt wurde. Wie bis 1971 bereits der DGB, setzte die IG Metall bis 1980 die Altersgrenze bei 21 Jahren fest und hob sie dann auf 25 Jahre an, eine späte Reaktion auf die Verlängerung der Jugend. Es war allerdings lediglich ein formales Kriterium, auf das sich die Angaben zu Mitgliederzahlen bezogen. In der politischen Praxis waren – besonders bei den Funktionären und Aktiven –

Gegenwart, Frankfurt a.M. 1997; als konzise Zusammenfassung: Winfried Speitkamp, Jugend in der Neuzeit. Deutschland vom 16. bis zum 20. Jahrhundert, Göttingen 1998.

96 Als Überblick: Jugendwerk der Deutschen Shell (Hrsg.), Jugend '81. Lebensentwürfe, Alltagskulturen, Zukunftsbilder, Band 1, Hamburg 1981, S. 100-109; Mitterauer, Sozialgeschichte, S. 93; Klaus Dörre/Paul Schäfer, In den Straßen steigt das Fieber. Jugend in der Bundesrepublik, Köln 1982, S. 24-26.

97 Daniel Bell, Die nachindustrielle Gesellschaft, Reinbek bei Hamburg 1979, S. 354 und S. 29.

98 Vgl. die Kritik an Jugendstudien bei: Martin Baethge/Harald Schomburg/Ulrich Voskamp, Jugend und Krise – Krise der Jugendforschung, Frankfurt a. M./New York 1983.

99 Thomas Raithel, Jugendarbeitslosigkeit in der Bundesrepublik. Entwicklung und Auseinandersetzung während der 1970er und 1980er Jahre, München 2012, S. 22 f.

100 Baethge u. a., Jugend, S. 219.

auch Personen an der gewerkschaftlichen Jugendarbeit beteiligt, die bereits nahe am vierten Lebensjahrzehnt standen.

Zur Literatur

Die umfangreiche, häufig spezielle Literatur wird in den einzelnen Kapiteln genannt. An dieser Stelle soll ein Blick auf die Forschung zur gewerkschaftlichen Jugendarbeit geworfen werden. Es liegen lediglich einige ältere Arbeiten zu den frühen Jahren der Bundesrepublik vor, in denen Organisationsprobleme und das »Ende der Arbeiterjugendbewegung« in den alten sozialdemokratischen Milieus dargestellt wurden.[101] Für spätere Jahrzehnte in der Bundesrepublik gibt es nur eine sozialwissenschaftliche Übersichtsdarstellung von Stephan Klecha über die IG-Metall-Jugend in der Bundesrepublik. Klecha strukturiert seine Erzählung anhand von drei politischen Zeitabschnitten: Den Wirtschaftswunderjahren, den Jahren von Aufbruch und Konflikt zwischen 1968 und Mitte der 1980er Jahre sowie der Jugend in der Krise seit dieser Zeit. Diese grobe politische Einteilung verbindet er mit drei Generationen in der IG-Metall-Jugend, für jede hat er Interviews mit Akteuren geführt. Die Arbeit bietet eine Übersicht und Chronologie, folgt aber weitgehend den Aussagen der Interviewten. Die IG Metall versteht Klecha als lernende Organisation, er gibt Hinweise auf gesellschaftliche Rahmenbedingungen und sieht im zerfallenden Milieu einen Grund für die Mobilisierungsschwierigkeiten.[102]

Bei den großen Überblicksdarstellungen zur Gewerkschaftsgeschichte ist Jugend meist nur eine Referenz für Problemgruppen, eine eigenständige Würdigung erfolgt in der Regel nicht,[103] auch nicht in dem profunden Handbuch von Wolfgang Schroeder und Bernhard Weßels.[104] Das geringe Interesse an gewerkschaftlicher Jugendarbeit könnte mit zwei populären Narrativen begründet werden. Die Jugend der Gewerkschaften – und spezieller, der IG Metall – sei für ein Verständnis gewerkschaftlicher Geschichte letztlich zu unbedeutend, um ausführlich behandelt zu werden. Die zweite Antwort verbindet sich mit einer Kritik an der bürokratischen Organisation der Gewerkschaft: Die nachlässige

101 Harald Schlüter, Vom Ende der Arbeiterjugendbewegung. Gewerkschaftliche Jugendarbeit im Hamburger Raum 1950-1965, Frankfurt a. M. u. a. 1994; Klaus Brülls, Neuaufbau oder Wiederaufbau, Gewerkschaftsjugend in der britischen Zone 1945-1950, Marburg 1985; Boeßenecker, DGB.

102 Stephan Klecha, Die IG Metall und ihre Jugendarbeit. Generationskonflikte, Netzwerke, Wirkungen, Berlin 2010.

103 Schneider, Geschichte; Erich Matthias/Klaus Schönhoven (Hrsg.), Solidarität und Menschenwürde. Etappen der deutschen Gewerkschaftsgeschichte von den Anfängen bis zur Gegenwart, Bonn 1984; Hans Otto Hemmer/Kurt Thomas Schmitz (Hrsg.), Geschichte der Gewerkschaften in der Bundesrepublik Deutschland. Von den Anfängen bis heute, Köln 1990.

104 Wolfgang Schroeder/Bernhard Weßels (Hrsg.), Die Gewerkschaften in Politik und Gesellschaft der Bundesrepublik Deutschland. Ein Handbuch, Wiesbaden 2003.

Behandlung belegt die anhaltende Ignoranz der Gewerkschaften gegenüber ihrer Jugend. Eine solche Deutung fußt auf einem verbreiteten Narrativ über die Geschichte der Gewerkschaftsjugend im 20. Jahrhundert: Diese sei immer nur Nachwuchsschmiede für Funktionäre gewesen, und nur in der Gründungsphase der Arbeiterjugendbewegung im späten Kaiserreich und mit der Lehrlingsbewegung um 1970 sei eine Aufbruchsstimmung vorhanden gewesen, deren unabhängiger Charakter aber von der bürokratischen Organisation zerstört worden sei.[105]

Diese Deutung entstammt den 1970er Jahren selbst und hat ihre Ursprünge in einer Kritik an Organisationsfetischismus und Reformismus[106] oder entstammte Erfahrungen in der Lehrlingsbewegung. Insbesondere zwei der Initiatoren der Hamburger Lehrlingsbewegung, Manfred Wilke und Reinhard Crusius, haben die publizistische Deutung über die Gewerkschaftsjugend mit geprägt und das Narrativ des Niederganges der Jugendarbeit populär gemacht.[107] Sie waren über den zweiten Bildungsweg an die Hamburger Akademie für Wirtschaft und Politik (ab 1970: Hochschule für Wirtschaft und Politik, HWP) gekommen, beeinflussten die Entstehung der Hamburger Lehrlingsbewegung und repräsentierten selbst die Durchmischung von Studenten- und Lehrlingsbewegung.[108] Das Narrativ vom kontinuierlichen Niedergang der gewerkschaftlichen Jugendarbeit findet sich bis heute in der soziologischen Literatur.[109] Diese Deutung muss mit Vorsicht betrachtet werden. Krisensymptome gewerkschaftlicher

105 So eine organisationssoziologische Arbeit auf der Grundlage der Literatur zur Gewerkschaftsjugend im 20. Jahrhundert: Oliver Bierhoff, Organisation und generationale Ordnung. Zur Organisationsgeschichte der Gewerkschaftsjugend, Münster 2007. (Dissertation im Internet: http://miami.uni-muenster.de/servlets/DerivateServlet/Derivate-3711/diss_bierhoff.pdf, Datum 16.5.2008.

106 Hellmut Lessing, Jugendpflege oder Selbsttätigkeit. Eine historische Untersuchung zum Verhältnis von Reformismus und Jugendarbeit, Frankfurt a.M. 1976.

107 Reinhard Crusius/Manfred Wilke, Jugend ohne Beruf – Gewerkschaft ohne Jugend. Gewerkschaftliche Jugend- und Berufsbildungspolitik von 1977 bis 1981, Frankfurt a.M. 1981 sowie die Vielzahl von Artikeln und Publikationen der beiden Autoren – auch zusammen mit anderen – aus den 1970er Jahren, die in den einzelnen Kapiteln aufgegriffen werden.

108 Vgl. u.a. Reinhard Crusius/Oskar Söhl/Manfred Wilke, Praxis und Theorie gewerkschaftlicher Lehrlingspolitik – dargestellt am Beispiel des Hamburger Jour Fix, Offenbach/Hamburg 1971; Crusius/Wilke, Jugend, bes. S. 22-25; Crusius und Wilke verantworteten auch zusammen mit anderen Autoren die sogenannte »Hamburger Lehrlingsstudie«, die seit November 1970 von der Hochschule für Wirtschaft und Politik betrieben wurde. Vgl. Reinhard Crusius, Der Lehrling in der Berufsschule: fachliche Unterweisung und politische Bildung im Urteil der Lehrlinge (unter Mitarb. von W. Laatz), München 1973. Fünf Bände: Band 1: Der Lehrling in der Berufsschule; Band 2: Der Lehrling im Betrieb (1973); Band 3: Berufswahl und Berufszufriedenheit der Lehrlinge (1974); Band 4: Fortbildungsinteresse und Zukunftserwartung der Lehrlinge (1974); Band 5: Krankenpflegeschüler in der Ausbildung (1974).

109 So bereits eine zeitnahe Auswertung, die sich auf Crusius und Wilke stützt und eher ein Statement als Analyse ist: Lonny Fuhlert/Margot Weblus, Lehrlingsbewegung in der BRD, Berlin 1974; Bierhoff, Organisation.

Jugendarbeit gab es zu fast allen Zeiten reichlich, und gerade deswegen erscheint es erklärungsbedürftig, warum es trotz ständig postulierter Schwierigkeiten und Probleme dennoch eine aktive Gewerkschaftsjugend gab.

Konträr muten die im Rahmen der IG Metall verfassten lokalen Rückschauen an, in denen die Jugendarbeit eingepasst wurde in die Gesamtdarstellung einer guten Arbeit für die Beschäftigten. Immerhin wurde diese harmonisierte Sicht in einigen Rückblicken seit den 1990er Jahren aufgebrochen und innergewerkschaftliche Konflikte einbezogen.[110]

Die industrie- und jugendsoziologischen sowie berufspädagogischen Arbeiten zur berufstätigen Jugend analysierten seit den 1970er Jahren die strukturellen Veränderungen wie die Ausdehnung des Jugendalters und die Entstrukturierung des Übergangsregimes von der Schule in den Beruf.[111] Sie bieten – mit methodischen Einschränkungen – einen Zugang zu den wissenschaftlichen Diskussionen über die Berufsausbildung und ihre Reformmöglichkeiten.

Zu den Quellen

Da das Ziel der Arbeit die Darstellung der bundesweiten Entwicklungen in der Gewerkschaftsjugend der IG Metall ist, bilden die wesentliche Quellengrundlage die Bestände der IG Metall im Archiv der sozialen Demokratie (AdsD) in Bonn. Aus den umfangreichen, mit der Zunahme der Kopiermöglichkeiten durchaus auch redundanten Quellenbeständen lassen sich Diskussionen innerhalb der Abteilung Jugend der IG Metall nachvollziehen, aber auch Erkenntnisse über die lokale Arbeit gewinnen. Als Appellinstanz unterer Gliederungen, mit Berichten über lokale Vorkommnisse und durch die Betreuung der Gesamtjugendvertretungen und den Diskussionen im Jugendausschuss der IG Metall kann die organisationspolitische Bandbreite gut dokumentiert und in ihren lokalen und betrieblichen Verwurzelungen nachvollzogen werden. Auch finden sich viele Hinweise auf soziale Praktiken der IG-Metall-Jugend und kulturelle Einflüsse. Es existiert allerdings eine etwas ungleiche zeitliche Überlieferung. Der Schwerpunkt umfangreicher und systematischer Aktenüberlieferung von Ortsjugendausschüssen und Verwaltungsstellen erfolgte erst ab Mitte der 1970er

110 Vgl. Arp Kreßin, Mit uns die Zukunft? Die Jugendarbeit, in: IG Metall Verwaltungsstelle Hamburg (Hrsg.), »Wartet nicht auf andere, packt jetzt selbst mit an«: Texte, Dokumente und Fotos der IG Metall in Hamburg 1945 bis 1995, Hamburg 1995, S. 160-169; Frieden – Arbeit – Menschenwürde: Leben für die Zukunft. Spurensicherung: Die IG Metall Nürnberg zwischen 1945 und 1983. Geschichte erlebt und erzählt von Horst Klaus und Paul Ruppert, hrsg. von der Verwaltungsstelle der IG Metall Nürnberg, Hamburg 2010.

111 Hilfreich: Wilfried Kruse, Die Qualifikation der Arbeiterjugend. Eine Studie über die gesellschaftliche Bedeutung ihrer Veränderung, Frankfurt a. M. 1976; aus bildungshistorischer Perspektive zeichnet die Reform der Berufsbildung nach: Busemeyer, Wandel.

Jahre. Aus den Konzeptpapieren, Diskussionsunterlagen und Materialien lassen sich Themenstellungen und betriebliche Konflikte rekonstruieren. Ein regionaler Schwerpunkt hat sich für Hamburg und die norddeutsche Region durch die regionale Aktenüberlieferung des DGB und der IG Metall an die Forschungsstelle für Zeitgeschichte ergeben. Ergänzend wurden zu den Akten der IG Metall auch Überlieferungen der DGB-Vorstandsabteilung Jugend, die auch im AdsD liegen, sowie der IG Bergbau und Energie und der IG Chemie Papier Keramik (IG CPK) im Archiv für Soziale Bewegungen in Bochum eingesehen.

Ausgewertet wurden gewerkschaftliche Publikationen, die DGB-Wochenzeitung *Welt der Arbeit*[112], die IG-Metall-Funktionärsschrift *Der Gewerkschafter*, das Theorieorgan des DGB, die *Gewerkschaftlichen Monatshefte*, die DGB-Jugendzeitung *'ran*, und die *Solidarität*, die für Jugendfunktionäre vom DGB publiziert wurde. Zudem die SDAJ-Zeitung *Elan* und linksradikale Zeitungen aus den maoistischen K-Gruppen. Die Mitgliederpresse der Gewerkschaften wurde in der Regel kostenlos über die Betriebe oder per Postversand verteilt; die Frage der Rezeption war ein immer wiederkehrendes Thema, da die Wirkung ihrer vielen Publikationen den Vorständen der Gewerkschaften eher unklar war.[113] Der IG-Metall-Vorstand beauftragte 1970 und 1977 das Bonner Infas-Institut mit Erhebungen über den *Gewerkschafter* und die zweiwöchentlich erscheinende Mitgliederzeitung *Metall*. Zu zwei Dritteln gaben die befragten Funktionäre an, den *Gewerkschafter* zu lesen.[114] Für aktive Gewerkschafterinnen und Gewerkschafter spielten die Publikationen für ihre Meinungsbildung eine Rolle, auch weil unter ihnen die Skepsis verbreitet war, andere Medien berichteten nicht »objektiv« über gewerkschaftliche Themen.[115] 1972 gab es 81 gewerkschaftliche Publikationen mit einer Auflage von 8,5 Millionen Exemplaren, 1981 waren es 15 Millionen Exemplare bei ca. 300 Publikationen aus dem gesamten gewerkschaftlichen Umfeld. Allerdings ist diese Steigerung nicht mit einer vertieften Rezeption gleichzusetzen, insbesondere, weil viele Mitglieder die Publikationen als das sahen, was sie auch waren: Verbandseigene Publikationen, in denen kontroverse Diskussionen selten aufkamen.[116] Aber gerade weil es sich um eine Verbands-

112 Die Wochenzeitung des DGB hatte Ende der 1970er Jahre eine Auflage von 186.000 Exemplaren und wurde überwiegend kostenlos an DGB-Funktionäre versandt. Vgl. Wilmont Haacke, Deutsche Wochenblätter der Gegenwart, *Aus Politik und Zeitgeschichte* B 40 (1979), S. 3-27, hier S. 3.

113 Vgl. Jürgen Prott, Gewerkschaftspresse: Gegenöffentlichkeit durch Mitgliederzeitschriften, Marburg 1991, S. 20f.

114 Infas-Report, Informationsbedürfnisse von Mitgliedern und Funktionären der Industriegewerkschaft Metall, Bonn-Bad Godesberg Dezember 1977/Januar 1978, S. 51-65. (Standort: FZH II Mm 121).

115 Dieser Frage stimmten 1977 über 50 Prozent der Gewerkschaftsmitglieder zu. Vgl. Infas-Report, S. 8.

116 Vgl. zu den Zahlen und zur Deutung: Maria Kniesburges, Die Funktion der Gewerkschaftspresse im Rahmen innergewerkschaftlicher Diskussion und Willensbildung – Am Beispiel der IG Metall-Mitgliederzeitung Metall, Göttingen 1984, S. 39f. und S. 268-273.

presse handelte, lassen sich aus den Publikationen gewerkschaftliche Positionen bestimmen, die manchmal offen, häufiger implizit Konflikte erkennen lassen. *Der Gewerkschafter* und auch *Welt der Arbeit* hatten dabei auch eine vermittelnde und aufklärende Funktion zwischen den Generationen, oft warben sie um Verständnis für jugendliche Anliegen. Die *Solidarität* war eine Monatsschrift des DGB für in der Jugendarbeit tätige Funktionäre, über die Grenzen der Einzelgewerkschaften hinaus. Die Berücksichtigung von *Elan* ist auf den ersten Blick erklärungsbedürftig, da die Sozialistische Deutsche Arbeiterjugend (SDAJ) keine Gewerkschaftsorganisation war. Als ein der DKP nahestehender Verband 1968 gegründet, griff ihre Zeitung, die monatlich erschien, bevorzugt Themen aus den Gewerkschaften und der Jugendkultur auf. Bestände der Redaktion der *Elan* und des SDAJ-Landesverbandes Hamburg – mit bundesweiten Überlieferungen – konnten im Hamburger Institut für Sozialforschung eingesehen werden. So war es möglich, eine Überlieferung mit einzubeziehen, die einige Konflikte aufhellt. Dies gilt auch für die sogenannten K-Gruppen, deren strategisches Ziel seit 1969 die Transformation der Gewerkschaften zu Klassenorganisationen war. Die umfangreichsten Bestände von Publikationen aus diesem Spektrum bietet das APO-Archiv an der FU Berlin. Damit verbunden ist die Internet-Datenbank »Materialien zur Analyse von Opposition« (MAO), auf der Publikationen der K-Gruppen aufbereitet und als Scans zur Verfügung gestellt werden.[117]

Einen weiteren Zugang bietet die sozialwissenschaftliche Literatur der Zeit. Auch wenn diese als Quellen zu verstehen sind, finden sich bei qualitativen Befragungen und Prognosen über Jugend in den Arbeitswelten doch eine Vielzahl von Hinweisen auf die lebensweltliche Praxis.[118] Wegen der neomarxistischen Renaissance und den deutlichen Sympathiebekundungen für ihr Untersuchungsobjekt muss die zeitgenössische sozialwissenschaftliche Literatur allerdings in mehrfacher Hinsicht gelesen werden. Als Fundort für statistische Aussagen und Zustandsbeschreibungen, als Nachhall der Befragten und schließlich als eigene historische Quelle, deren zeitgebundener Duktus und über wissenschaftliche Normen hinausgehende politische Erwartungen und Vorstellungen mit eingeflossen sind.

117 http://www.mao-projekt.de/ (Abruf 7.11.2013).

118 Vgl. die Diskussion in den Vierteljahrsheften, bei der Graf und Priemel für eine sehr strenge Historisierung, Dietz und Neumaier für eine angemessene Nutzung plädieren. Rüdiger Graf/Kim Christian Priemel, Zeitgeschichte in der Welt der Sozialwissenschaften. Legitimität und Originalität einer Disziplin, in: *Vierteljahrshefte für Zeitgeschichte* 59 (2011), Nr. 4, S. 479-508; Bernhard Dietz/Christopher Neumaier, Vom Nutzen der Sozialwissenschaften für die Zeitgeschichte. Werte und Wertewandel als Gegenstand historischer Forschung, in: *Vierteljahreshefte für Zeitgeschichte* 60 (2012), Nr. 2, S. 293-304.

Aufbau der Arbeit

Wie können die umfangreich entfalteten gesellschaftlichen Entwicklungslinien mit der historischen Praxis der IG-Metall-Jugend verbunden werden? Die Erosion der Arbeiterklasse wird anhand von drei Handlungsfeldern untersucht: Der industriellen Berufsausbildung als beruflicher Sozialisationsinstanz, Organisationsaspekten der IG Metall und Beispielen sozialer Praktiken der IG-Metall-Gewerkschaftsjugend in den Betrieben zwischen 1968 und 1984. Die in der IG-Metall-Jugend verbreiteten politischen Deutungen und Wahrnehmungen sowie deren Wandlungen werden dabei herausgearbeitet. Es gibt drei chronologische Hauptkapitel (Kapitel 2-4), deren Unterkapitel den drei Untersuchungsfeldern folgen. Die zeitlichen Einschnitte orientieren sich an Periodisierungen der Jugendkulturen: Einer Politisierungsphase zwischen 1968 und 1973, einer zumindest scheinbaren politischen Resignationsphase von 1974 bis 1979 und einem erneuten jugendlichen Politisierungsaufschwung zwischen 1980 und 1984.[119]

Nach der Einleitung folgt eine Übersicht über den organisatorischen Aufbau der IG-Metall-Jugend mit biographischen Angaben zu den Akteuren in der Abteilung Jugend des IG-Metall-Vorstandes. Damit soll einerseits eine orientierende Übersicht über das verwickelte und schwer zu durchschauende Organisationsgestrüpp der IG-Metall- und DGB-Jugend geleistet werden. Die biographischen Skizzen der Abteilungsmitarbeiter konturieren das soziale Profil dieser zentralen Akteursgruppe.

Das erste Kapitel behandelt in einem Überblick die Entwicklung der Gewerkschaftsjugend in den 1950er und 1960er Jahren. Darin wird gezeigt, dass die Politisierungsphase nach 1968 auch mit einer vorherigen Latenzphase in den 1960er Jahren zusammenhängt, in dem bereits der alte jugendpflegerische Ansatz unter zunehmende Kritik geriet.

Das zweite Kapitel widmet sich der gebremsten Radikalisierung in der Jugend der IG Metall und den Verbindungen zu den Ereignissen um 1968 und schließlich der Lehrlingsbewegung, die zwischen 1969 und 1972 zur Herausforderung für die Gewerkschaften wurde. Für die betriebliche Entwicklung wird der Aspekt der Pfadabhängigkeit der verrechtlichten gewerkschaftlichen Arbeit in den Vordergrund gestellt. Der strukturelle Gegensatz zwischen Bewegungscharakter und institutioneller Verankerung steht in engem Zusammenhang mit den verrechtlichten Konfliktstrukturen in den industriellen Beziehungen. Schließlich wird nach der Politisierung des Lebensstils gefragt.

Das dritte Kapitel erfasst die Zeit nach der Politisierungsphase 1973 bis ungefähr 1979. Die Debatte um eine Reform der Berufsausbildung versandete und die Jugendarbeitslosigkeit führte zu einer semantischen Verschiebung des Begriffes Jugend. Statt Synonym für Veränderung und Aufbruch wurde

119 Detlef Siegfried: ›Einstürzende Neubauten‹. Wohngemeinschaften, Jugendzentren und private Präferenzen kommunistischer ›Kader‹ als Formen jugendlicher Subkulturen, in: *Archiv für Sozialgeschichte* 44 (2004), S. 39-66, hier S. 41.

sie zu einem Synonym für Unsicherheit und Zukunftsangst, nicht allein bei den Gewerkschaften. Gleichzeitig ermöglichten die Durchmischungen der Gewerkschaftsjugend mit studentischen und linksradikalen Gruppen Mobilisierungserfolge und überdeckten strukturelle Probleme, die bald als »Krise der Gewerkschaftsjugend« zu einem dominierenden Thema unter aktiven Gewerkschaftern wurden. Die Konzentration der IG Metall auf betriebliche Jugendarbeit und Forderungen aus dem Bereich des DGB nach neuen Formen offener Jugendarbeit führten ab 1977 zu erbitterten Konflikten zwischen verschiedenen Gewerkschaften. Diese Kontroverse, unter dem Schlagwort »kommunistischer Unterwanderung« bald bestimmend für die öffentliche Wahrnehmung der Gewerkschaftsjugend, war nicht nur ein Organisationskonflikt. Darin wurde auch das grundsätzliche Selbstverständnis über den politischen Charakter der Gewerkschaften verhandelt.

Im vierten Kapitel, der Zeit zwischen 1980 und 1985, ist die Suche nach Neuorientierungen in der Jugendarbeit zu beobachten. Diese Suche erfolgte weniger in der betrieblichen Arbeit als im Engagement junger Gewerkschafter in den sozialen Bewegungen der Zeit, insbesondere der Friedensbewegung, die einen Politisierungsschub bewirkte. Angesichts neuer jugendkultureller Ausdrucksformen erwies sich in diesen Jahren, dass die Jugend der IG Metall eher in den Formen der Neuen Sozialen Bewegungen agierte, während in den Betrieben ein Einflussverlust durch einen Rückgang von Jugendlichen unter 18 Jahren zu verzeichnen war. Das kurzzeitige Aufblühen von gewerkschaftlichen Jugendgruppen Anfang der 1980er Jahre lag weniger an einer politischen Unruhe in den Betrieben, als an der Orientierung der aktiven Gewerkschaftsjugendlichen an den Neuen Sozialen Bewegungen und der Verflüssigung starrer Gremienarbeit. Die Arbeiterklasse als performative Referenz spielte keine Rolle mehr. Eingegangen wird auf die Versuche, mittels einer intensiven Beschäftigung mit der Geschichte der Arbeiterklasse eine Kompensation für den lebensweltlichen Verlust zu erreichen.

Die Darstellung endet Mitte der 1980er Jahre. Zwar erhielten sich das Eigengewicht der Organisation und der Einfluss in den Betrieben, vor allem durch die Jugendvertretungen. Die politische Dynamik, die in dem gewerkschaftlichen Konfliktjahrzehnt davor zu beobachten war, ging allerdings verloren.

Organisation und Aufbau der Jugendarbeit der IG Metall im Untersuchungszeitraum

Die IG-Metall-Jugend wie die Gewerkschaftsjugend im DGB und anderer Einzelgewerkschaften war ein organisatorisches Hybrid, ein von außen oft nur schwer zu durchschauender Dschungel von Gremien, Einzelgruppen, Konferenzen und Aktionsbündnissen. Die Gewerkschaftsjugend war und ist eine sogenannte Personengruppe innerhalb der IG Metall. Zwar verstand sich die IG-Metall-Jugend selbst als politischer Jugendverband, aber diese Selbstzuschreibung war brüchig. Denn als wesentliches Kriterium für einen Jugendverband gilt die Freiwilligkeit der Mitgliedschaft.[120] Der Gewerkschaftsjugend konnte man jedoch nicht beitreten und auch nicht aus ihr austreten, sondern der Eintritt erfolgte in eine Gewerkschaft, die dann durch eine Altersgrenze die Zugehörigkeit zur Gewerkschaftsjugend bestimmte. Das Engagement innerhalb der Gewerkschaftsjugend gründete aber auf Freiwilligkeit, insofern traf dies Kriterium – in Abgrenzung zu Zwangsinstitutionen wie Schule – für die Jugendarbeit zu. Durch die feste Einbindung in die Organisationsstruktur hatte die IG-Metall-Jugend ebenso wenig wie die DGB-Jugend eine autonome Strategiefindung, sondern die Rückkopplung mit den Organisationsgremien bestimmte die Arbeit. Allerdings bestanden auf lokaler Ebene Spielräume für eigenständige Positionierungen. Die Bezeichnung als Jugendpflegeverband hatte vor allem taktische Gründe, da der Erhalt von Mitteln des Bundesjugendplans davon abhing. 1967 erhielt die Gewerkschaftsjugend 14,5 Prozent der finanziellen Zuwendung des Bundesjugendplans, die kirchlichen Jugendverbände hingegen 56 Prozent. Andere Verbände der Arbeiterjugend wie Falken oder Naturfreunde erreichten nicht die finanzielle Bedeutung der Gewerkschaftsjugend.[121]

Im Folgenden soll ein Überblick über die Strukturen und organisatorischen Besonderheiten der IG-Metall- und DGB-Jugend gegeben werden, damit die folgenden Kapitel auch für diejenigen nachvollziehbar sind, die sich im Dschungel der Organisation nicht auskennen. Hierbei liegt der Schwerpunkt auf der Phase von Ende der 1960er Jahre bis zu den wichtigsten Veränderungen bis in die 1980er Jahre. Ebenfalls werden die Mitarbeiter der Abteilung Jugend beim Vorstand der IG Metall vorgestellt. Diese Funktionäre waren als zentrale Akteure die Koordinations- und Appellstelle für die Organisation. Anhand ihrer Karrierewege wird eine Typologie der Funktionärskarrieren entfaltet.

Die IG-Metall-Jugend, die in der Bundesrepublik immer die größte Gruppe innerhalb der Gewerkschaftsjugend stellte, hatte ihre Basis in den Betrieben. Dort lag ihr Machtpotential und wurden die Mitglieder angesprochen. Auch in der jugendpflegerischen Phase der 1950er und frühen 1960er Jahre war der

120 Boeßenecker, DGB, S. 2, FN 1; vgl. auch Carl Wolfgang Müller/Helmut Kentler/Klaus Mollenhauer/Helmut Giesecke, Was ist Jugendarbeit? Vier Versuche zu einer Theorie, München 1964, S. 43, S. 99 f., S. 141 f.

121 Entwurf Aktennotiz Otmar Günther an Georg Benz, Sparmaßnahmen beim DGB – Einschränkung der DGB-Jugendarbeit, 13.3.1967, in: AdsD, 5/IGMA-450-20015.

Ort für die Mitgliedergewinnung der Betrieb. Es waren vorwiegend größere und mittlere Industriebetriebe, in denen die IG Metall etabliert war. In der IG Metall war das Selbstverständnis, auch eine Kampforganisation zu sein, stärker verbreitet als bei Gewerkschaften, die sich bereits in den 1960er Jahren eher als Dienstleister für ihre Mitglieder verstanden.[122] Strukturiert war die Jugendarbeit nach einem demokratischen Wahlprinzip: Die unterste Ebene, idealtypisch eine Betriebsgruppe mit Jugendvertretern, entsandte Delegierte in die Ortsjugendkonferenz, auf der die Mitglieder des Ortsjugendausschusses (OJA) gewählt wurden. Auf der Ortsjugendkonferenz wurden auch die Delegierten für die Bezirksjugendkonferenz gewählt, aus dessen Kreis der Bezirksjugendausschuss (BJA-IGM) gewählt wurde. Deren Vorsitzende waren Mitglieder des Jugendausschusses beim Vorstand der IG Metall (JA-IGM), dem faktisch einflussreichsten Gremium in der IG-Metall-Jugend. In diesem Gremium bestand ein deutlicher Überhang an hauptamtlichen Funktionären, die dem Jugendalter oft schon entwachsen waren. Gewählt wurde der Jugendausschuss auf der Jugendkonferenz der IG Metall.

Regional gliederte sich die IG Metall in der Bundesrepublik seit 1949 in neun Bezirke, hinzu kam die Verwaltungsstelle Berlin, die keinem Bezirk zugeordnet war. Die Bezirke wurden nach den Städten benannt, in denen die Bezirksleitungen ihren Sitz hatten. Die Bezirke waren nicht identisch mit den Bundesländern, sondern hatten aus organisationspolitischen Gründen unterschiedliche Zuschnitte.

Tabelle 1: Die Bezirke der IG Metall und ihre regionale Verteilung bis 1986[123]

Bezirke	Aufteilung nach Bundesländern
Hamburg	Schleswig-Holstein, Hamburg, Bremen und nordwestliches Niedersachsen
Hannover	Östlicher Teil von Niedersachsen
Münster	Nördliches Nordrhein-Westfalen, Münsterland
Essen	Westliches Ruhrgebiet in Nordrhein-Westfalen
Hagen	Östliches Ruhrgebiet, Sauerland in Nordrhein-Westfalen
Köln	Südliches Nordrhein-Westfalen
Frankfurt	Bundesländer Hessen, Rheinland-Pfalz und Saarland
Stuttgart	Baden-Württemberg
München	Bayern
Verwaltungsstelle Berlin	(West)Berlin

122 Wolfgang Streeck, Gewerkschaftliche Organisationsprobleme in der sozialstaatlichen Demokratie, Königsstein/Taunus 1981, S. 254f. Dieses Selbstverständnis hieß nicht, mit den Unternehmen nicht eng zu kooperieren. 1976 wurde bereits bei fast 30 Prozent der Mitglieder der Beitragseinzug über die Lohnbüros der Unternehmen vorgenommen. Ebd. Damit verlor die Mitgliederansprache durch Vertrauensleute bei der Beitragskassierung erheblich an Bedeutung.

123 Stand 1985, zitiert nach: Geschäftsbericht des Vorstandes der IG Metall 1983 – 1985, S. 161.

1986 erfolgte eine Neugliederung, bei der die vier nordrhein-westfälischen Bezirke zu einem Bezirk zusammengefasst wurden. Hingegen war die Zahl der Verwaltungsstellen als der untersten lokalen Organisationsebene kontinuierlich rückläufig. Waren es 1950 noch 216, ging ihre Zahl auf 187 im Jahr 1964 zurück. 1973 waren es noch 175, 1985 schließlich 159 Verwaltungsstellen.[124] Allerdings lag der Rückgang nicht an einem Mitgliederverlust, sondern es ging zumeist um eine effektivere Verwaltungsarbeit durch die Zusammenlegung von zu klein gewordenen Verwaltungsstellen. Das unterste Gremium in der Jugendarbeit, der Ortsjugendausschuss, war an die Verwaltungsstellen gebunden. Allerdings gelang es der IG Metall zu keiner Zeit, in jeder Verwaltungsstelle einen aktiven OJA zu installieren. Zu Hochzeiten Anfang der 1980er Jahre gab es in 151 von damals 160 Verwaltungsstellen einen OJA.[125] Es gab mehrere Möglichkeiten, in der IG-Metall-Jugend mitzuarbeiten. Man konnte in einer Betriebsgruppe aktiv sein, die meist in größeren Betrieben entstanden. Ebenso war die Wahl zum Vertrauensmann oder -frau ein häufiger Einstieg in gewerkschaftliche Arbeit. Als Jugendvertreter konnte eine Wahlfunktion nach dem Betriebsverfassungsgesetz eingenommen werden. Idealtypisch war dies der Ausgangspunkt für die Mitarbeit im Ortsjugendausschuss. Allerdings kam es auch vor, dass im Ortsjugendausschuss politisch interessierte junge IG-Metall-Mitgliedern tätig waren, die nicht aus den Betrieben entsandt wurden.

Es ist den Gewerkschaften in den 1970er Jahren nicht nur von linker Seite vorgeworfen worden, dass sie ein Demokratiedefizit hätten, da die hauptamtlichen Funktionen vom Vorstand besetzt wurden.[126] In der IG Metall war die Ein-

124 Zahlen nach Geschäftsberichte des Vorstandes der IG Metall: 1950-1952, S. 296; 1962-1964, S. 77; 1971-1973, S. 204; 1983-1985, S. 165.

125 Vorlage für die Jugendsachbearbeitertagung 1982 vom 6.1.1982, in: AdsD, 5/IGMA-22-493.

126 So forderte Fritz Vilmar 1971, die Tätigkeit von hauptamtlichen Funktionären auf sechs Jahre zu befristen und alle lokalen Funktionen wählen zu lassen. Fritz Vilmar, Basisdemokratische Gewerkschaftsreform, in: *Gewerkschaftliche Monatshefte* Nr. 4 (1971), S. 219-225; vgl. auch mit deutlicher Kritik an vorgeblich undemokratischen Strukturen, einer Intransparenz der gewerkschaftlichen Willensbildung und dem Charakter als »Funktionärsverband«: Manfred Wilke, Die Funktionäre. Apparat und Demokratie im Deutschen Gewerkschaftsbund, München 1979, S. 199. Die Kritik am Funktionär hatte längere Traditionen aus Teilen der Arbeiterbewegung, aber auch von Arbeitgeberseite. Das Eigeninteresse an seinem Arbeitsplatz würde den Funktionär sklavisch an seine Organisation binden und zu einer Entfremdung von Funktionären und Organisationsbasis führen. Vgl. zur Sozialgeschichte des Funktionärs in verschiedenen Verbänden den Band: Till Kössler/Helke Stadtland (Hrsg.), Vom Funktionieren der Funktionäre. Politische Interessenvertretung und gesellschaftliche Integration in Deutschland nach 1933, Essen 2004; auch die Untersuchung von Witjes zum gewerkschaftlichen Führungspersonal in vier Gewerkschaften konzentrierte sich auf die große Machtstellung der Vorstände und dem geringen Einfluss der Basis: Claus Winfried Witjes, Gewerkschaftliche Führungsgruppen. Eine empirische Untersuchung zum Sozialprofil, zur Selektion und Zirkulation sowie zur Machtstellung gewerkschaftlicher Führungsgruppen, Berlin 1976.

stellung von Sekretären auf der örtlichen Ebene jedoch keine reine »Wahl- oder Ernennungsfunktion«, sondern »durch komplizierte Konsultations-, Vorschlags- und Bestätigungsverfahren« geprägt, die letztlich Wahl- und Ernennungsfunktionen miteinander verknüpften.[127] Die hauptamtlichen Funktionäre waren die Gruppe der wichtigsten Entscheidungsträger innerhalb der IG Metall. Häufig wurden darunter alle Funktionsträger der Gewerkschaften gefasst, also auch ehrenamtliche Funktionäre wie organisierte Betriebsräte, Mitglieder der Tarifkommissionen oder der Ortsverwaltungen. Der eigentliche Kreis war kleiner: »Gewerkschaftsfunktionäre im engeren Sinne sind insofern hauptamtliche Angestellte der Organisation, die auf den verschiedenen Ebenen selbstständig mehr oder weniger umfassende verbandliche Aufgaben wahrnehmen, also neben den Verbandsführungen die Gruppe der sogenannten politischen Sekretäre.«[128] Diese Gruppe umfasste 1976 in der IG Metall rund 740 Personen, die als die eigentlichen Funktionäre gelten können. Sie bildeten rund ein Drittel der hauptamtlichen Beschäftigten der IG Metall. Deren Gesamtzahl war seit den 1950er Jahren kontinuierlich gestiegen, von 1.050 1951 über 1.837 1970 auf 2.571 1982, 1998 waren es 2.784 IG-Metall-Angestellte. Es verschoben sich jedoch die Einsatzorte mit einer Tendenz zur Zentralisierung: 1951 waren noch 82,9 Prozent in den Verwaltungsstellen tätig, 6,5 Prozent bei den Bezirksleitungen und 10,7 Prozent in der Vorstandsverwaltung. 1970 lagen die Verwaltungsstellen bei 66,9 Prozent, die Bezirksleitungen bei 5,1 Prozent und die Vorstandsverwaltung bei 23,7 Prozent. Hinzu gekommen waren die Bildungsstätten, in denen 1970 4,3 Prozent der Beschäftigten der IG Metall tätig waren. Dieses Verhältnis galt auch in den 1980er Jahren, mit leichten Rückgängen bei Bezirksleitungen und Verwaltungsstellen und einem Anstieg der Beschäftigten in den Bildungsstätten auf 13 Prozent. Die Angestellten der IG Metall waren zu rund zwei Dritteln in der Verwaltung oder im technischen Bereich tätig.[129]

Die Zahl der allein mit Jugendarbeit betrauten Sekretäre war gering: 1970 waren 23 von rund 500 Sekretären in den Verwaltungsstellen allein für Jugendarbeit zuständig, die Mehrzahl erledigte die Jugendarbeit nebenbei.[130] 1978 gab es 174 Sekretäre in den Verwaltungsstellen und Bezirksleitungen, die für Jugendarbeit zuständig waren, aber meist noch weitere Aufgabenbereiche betreuten. Darunter befand sich keine Frau, und nur in den Verwaltungsstellen Wolfsburg und Stadthagen waren ausländische Sekretäre in dieser Funktion tätig.[131] Die

127 Streeck, Organisationsprobleme, S. 152.

128 Karl Lauschke, Weder Kämpfer noch Bürokrat oder Dienstleister. Zum Wandel der Gewerkschaftsfunktionäre in der zweiten Hälfte des 20. Jahrhunderts, in: Kössler/Stadtland, Funktionäre, S. 221-238, hier S. 222 f.; vgl. mit Zahlen für die 1990er Jahre: Jürgen Prott, Funktionäre in den Gewerkschaften, in: Schroeder/Weßels, Gewerkschaften, S. 223-242, hier S. 225-228.

129 Lauschke, Kämpfer, S. 223.

130 Siegfried Müller an Horst Klaus, 8.6.1970, in: AdsD, 5/IGMA-22-0076.

131 Rudi Behrendt, Aufstellung der für die Jugendarbeit in den Bezirksleitungen und Verwaltungsstellen der IG Metall zuständigen Kolleginnen und Kollegen, 13.2.1978, in: AdsD, 5/IGMA-22-0339.

lokalen Jugendsekretäre betreuten die Jugendvertretungen und unterstützten die Ortsjugendausschüsse in ihrer Arbeit, zudem vertraten sie die Verwaltungsstelle in den bezirklichen Ausschüssen. Auf Sacharbeitertagungen – in Nord- und Süd-Konferenzen getrennt – wurde diese Gruppe jährlich über aktuelle Entwicklungen informiert. Es konnte viel ausmachen, ob ein Sekretär eingesetzt war, dem die Jugendarbeit am Herzen lag, oder ob – insbesondere bei kleineren Verwaltungsstellen im ländlichen Raum – ein älterer Bevollmächtigter dies als eine unter vielen Aufgaben zu bewältigen hatte.[132] Einen Zuwachs erhielt die Jugendarbeit über die Einstellung von Jugendbildungsreferenten, die ab Ende der 1960er Jahre in größeren Verwaltungsstellen oder den Bezirksleitungen erfolgte. Die Stellen wurden über befristete Finanzierungen aus Landes- oder Bundesmitteln bezahlt.[133] Hierdurch erhöhten sich die Chancen für studierte Quereinsteiger, die nicht immer aus der gewerkschaftlichen Arbeit kamen. Während in den 1970er Jahren die Verantwortung für die Jugendarbeit in den Bezirksleitungen über längere Zeit an denselben Sekretär gebunden war, war die Jugendarbeit in den Verwaltungsstellen häufig das Aufgabengebiet eines neuen Sekretärs und wechselte, wenn ein neuer Sekretär kam.[134] Zwischen 1982 und 1984 wechselte zum Beispiel die Zuständigkeit in zwei Bezirksleitungen und 38 – knapp einem Viertel – der Verwaltungsstellen.[135]

Die Dominanz der hauptamtlichen Funktionäre zeigte sich im Jugendausschuss beim Vorstand der IG Metall. Bis Anfang der 1970er Jahre bestand dieses wichtigste Entscheidungsgremium ausschließlich aus hauptamtlichen Sekretären, die für Jugendarbeit zuständig waren oder von anderen Vorstandsabteilungen – so Frauen, Angestellte, Handwerk und Berufsbildung – und den Bildungsstätten entsandt wurden. Der zuständige Sekretär der Bezirksleitung war zugleich Vorsitzender des Bezirksjugendausschusses der IG Metall.[136] Als sich bei den Wahlen Anfang 1969 abzeichnete, dass auch ehrenamtliche Mitglieder für den Vorsitz kandidieren würden, hielt der Jugendausschuss fest: »Deshalb sollte unter allen Umständen angestrebt werden, daß der für die Jugendarbeit zuständige Bezirkssekretär auch als Bezirksjugendausschußvorsitzender gewählt

132 So 1980 in der Verwaltungsstelle Bocholt. Vgl. Volker Kotnig, Darstellung gewerkschaftlicher Jugendarbeit am Beispiel der Verwaltungsstelle Bocholt, Dortmund 9.7.1984, S. 2, in: AdsD, 5/IGMA-22-0949.

133 Häufig waren es Mischfinanzierungen, so war das hessische Sozialministerium 1979 bereit, eine neue Stelle zu 70 Prozent zu finanzieren, die IG-Metall sollte den Rest aufbringen. Hans Pleitgen an Georg Benz, Norbert Fischer, Hans Mayr und Hans Preiss, 20.3.1979, in: AdsD, 5/IGMA-0141.

134 Vgl. Interview mit Werner Holzwarth, Bevollmächtigter der IG Metall-Verwaltungsstelle Bretten-Bruchsal 1972 bis 1984, mit Knud Andresen, 29.6.2011. Transkript in der WdE in der FZH; Beispiel eines Dortmunder Sekretärs bei Lauschke, Kämpfer, S. 226.

135 Fluktuation unter den für Jugendarbeit zuständigen Sekretären in den Verwaltungsstellen und Bezirksleitungen in der Zeit von 1982 bis 1984, Abt. Jugend, 6.9.1984 Richter, in: AdsD, 5/IGMA-22-1084.

136 Klecha, IG Metall, S. 46.

wird.«[137] Als diese Idee einer gelenkten Wahl in den 1970er Jahren nicht mehr umzusetzen war, reagierte die IG Metall mit einer personellen Erweiterung des Jugendausschusses. Mit einer neuen Richtlinie vom 1. Juli 1974 waren nun – neben Vertretern von Vorstandsabteilungen und der Abteilung Jugend – die überwiegend ehrenamtlichen Vorsitzenden der Bezirksjugendausschüsse sowie die zuständigen Bezirkssekretäre zusammen in dem Gremium vertreten.[138] Damit wurde die Entwicklung nachträglich gerechtfertigt. Von 1971 bis 1980 stieg so der Kreis der Teilnehmer des Jugendausschusses von 22 auf 49 Personen, von denen nicht alle stimmberechtigt waren.[139] Der Jugendausschuss tagte mehrmals im Jahr. 1966 war für eine bessere Koordination und Vorbereitung der Arbeit eine »Kleine Kommission« gebildet worden, die Mitte der 1970er Jahre wieder aufgelöst wurde. Der Jugendausschuss besaß kein eigenständiges politisches Mandat, sondern hatte die Aufgabe, den Vorstand zu beraten. Für die innerorganisatorische Willensbildung war die Durchführung der alle drei Jahre stattfindenden Jugendkonferenzen wichtig. Der Jugendausschuss bestimmte die Antragsberatungskommission, die eingehende Anträge der unteren Gliederungen sammelte, vorsortierte und auf der Konferenz eine Stellungnahme zu den Anträgen abgab. Die Jugendkonferenzen erhielten ihre Bedeutung vor allem dadurch, dass die Beschlusslage der jeweiligen Konferenz die allgemeine Richtung für die Jugendarbeit vorgab. Die hauptamtlichen Sekretäre nahmen mit Gaststatus an den Jugendkonferenzen teil. Ihre Präsenz bei Gremiensitzungen und Konferenzen der Jugend trug dazu bei, dass Entscheidungen in der Regel im Sinne des IG-Metall-Vorstandes getroffen wurden. Es wäre allerdings verkürzt, die Rolle der Sekretäre im Wesentlichen als Kontrolle zu verstehen. Die ehrenamtlichen Mitglieder erwarteten meist die Unterstützung durch die Hauptamtlichen, die Anträge formulierten oder Einladungen und Protokolle erstellten. Darüber hinaus konnten sie Einblicke in interne Diskussionen geben. Der zentralistische Aufbau der IG Metall mit einem richtungsweisenden Vorstand und hierarchischer Struktur bedingte ein vermachtetes Denken, in dem es wichtig war, Wissen über Entscheidungen und Diskussionen aus der Vorstandsverwaltung zu erhalten. Der Kontakt zu den Hauptamtlichen auf lokaler Ebene konnte also auch zur Orientierung in der Organisation dienen.

Das Sozialprofil der gewerkschaftlichen Sekretäre war über lange Zeit erstaunlich stabil. Die meisten hatten keine spezifische Ausbildung für ihren Posten – mit einer gewissen Ausnahme der Rechtssekretäre, die meist juristisch vorgebildet waren –, sondern kamen über die sogenannte Ochsentour in die Funktionen, ein Karrieremuster, dem noch in den 1990er Jahren rund drei von vier örtlichen Gewerkschaftssekretären entsprachen: Während der Ausbildung

137 Protokoll über die Sitzung des Jugendausschusses am 13. und 14. März 1969 in Schliersee, in: AdsD, 5/IGMA-22-157.

138 Geschäftsbericht des Vorstandes der IG Metall 1973-1976, S. 370.

139 Protokoll über die Jugendausschußsitzung am 9/10. September 1971, in: AdsD 5/IGMA-22-0176; Protokoll der Sitzung des Jugendausschusses am 20/21. Mai 1980 in Frankfurt, in: AdsD, 5/IGMA-22-0458.

oder danach engagierte sich der Betreffende auf betrieblicher und örtlicher Ebene in den Gewerkschaften und arbeitete sich in der Hierarchie nach oben, bis eine hauptamtliche Tätigkeitsaufnahme erfolgte. Häufig begannen die Aktivitäten schon in der Jugendarbeit.[140] Das heißt, dass für diesen Personenkreis der erlernte Beruf »nicht mehr als eine Art arbeitsrechtliche und existenzsichernde Hülle« war, in der man sich auf die eigentlich angestrebte Tätigkeit als Sekretär vorbereitete.[141] Die Sekretäre mussten das gewerkschaftliche Spannungsfeld, als freiwillige Mitgliederorganisation einerseits den Charakter einer sozialen Bewegung zu haben, und andererseits als Verhandlungspartner gegenüber Arbeitgebern bürokratische Strukturen mit Entscheidungskompetenzen aufzubauen, persönlich ausfüllen. Dies erfolgte oft mit Bauchschmerzen und persönlichen Verrenkungen.[142] Die von Jugendgremien erhobenen Forderungen führten immer wieder zu Konflikten um die Durchsetzbarkeit von Ansprüchen und dem Austarieren von Basisforderungen und übergeordneten Organisationsinteressen.

Der typische Verlauf des Karriereweges der gewerkschaftlichen Vorstandsmitglieder, die bis in die 1970er Jahre fast ausnahmslos ihren Aufstieg als Sekretäre begonnen hatten, wurde wie folgt charakterisiert: »Er stammt aus einer Arbeiterfamilie und absolvierte nach dem Besuch einer Volks-, Real- oder Handelsschule eine[r] Lehre [...]. In seinem Beruf, der bereits in den Organisationsbereich jener Gewerkschaft fällt, in der er auch später seine Funktionärslaufbahn beginnt und in der Regel auch Vorstandsmitglied wird, war er zwischen 10 und 15 Jahre tätig. Er tritt sofort nach dem Verlassen der Schule, noch während seiner Berufsausbildung, der Gewerkschaft bei und übernimmt bald darauf ehrenamtliche Aufgaben. Im Betrieb wird er in die Jugendvertretung, den Betriebsrat oder zum gewerkschaftlichen Vertrauensmann gewählt. Nach dem Besuch der Akademie der Arbeit beginnt er im Alter von knapp 30 Jahren seine hauptamtliche Tätigkeit zunächst auf örtlicher Ebene oder in den Bezirksverwaltungen. Er steigt dann in verantwortliche Positionen in den Bezirken oder der Hauptverwaltung auf.«[143] Dieses Profil begann sich in den 1970er Jahren zu verschieben, da höhere Bildungsabschlüsse bei Vorstandsmitgliedern zunahmen. Hatten von den Vorstandsmitgliedern aller Gewerkschaften bis 1955 noch 76,3 Prozent die Volksschule besucht, 14,5 Prozent die Realschule und 9,2 Prozent Abitur abgelegt, waren es im Zeitraum 1966-1976 nur noch 51,9 Prozent mit Volksschule/Hauptschulabschluss, 25 Prozent mit Realschule und 23,1 Prozent mit Abitur. Zwischen Handel/Dienstleistungsgewerkschaften und

140 Prott, Funktionäre, S. 229.

141 Jürgen Prott/Axel Keller, Hauptamtliche – Zerreißproben örtlicher Gewerkschaften, Münster [2]2002, S. 51.

142 Lauschke, Kämpfer, S. 228 f.; allg. zu dem organisationssoziologischen Spannungsfeld: Streeck, Organisationsprobleme.

143 Reinhard Jühe, Soziale Herkunft und Aufstieg von Gewerkschaftsfunktionären. Eine empirische Untersuchung, Köln 1977, S. 51. Vgl. auch für die Vorstände von IG BE, IGM, HBV und DPG zwischen 1945 und 1972: Witjes, Führungsgruppen, bes. S. 91-104.

den Industriegewerkschaften zeigten sich deutliche Unterschiede: hatten bei ersteren 37,3 Prozent einen Volksschulabschluss, waren es bei den Industriegewerkschaften 70 Prozent. Es überwogen auch mit 69 Prozent die Herkünfte aus Arbeiter-, zumeist Facharbeiterfamilien.[144] Hier spiegelten sich eher die ausdifferenzierteren Bildungswege des erodierenden Arbeitermilieus wider als eine Professionalisierungstendenz.[145] Diese Tendenz zeigte sich bei einer Untersuchung der Vorstandsmitglieder aller DGB-Gewerkschaften. 1993 hatten als höchsten Bildungsabschluss nur noch 38,24 Prozent lediglich die Volksschule, während 24,7 Prozent ein Studium absolviert hatten. Das Verhältnis von Arbeitern, Angestellten und Beamten hatte sich ebenfalls verschoben, nur noch knapp die Hälfte der Vorstandsmitglieder gab als Vorberuf »Arbeiter« an.[146] Auf der Ebene der Sachbearbeiter kam es in den 1970er Jahren bereits häufiger vor, dass zum Beispiel studentische Teamer aus der Bildungsarbeit in den gewerkschaftlichen Apparat wechselten.[147]

Die Karrierewege hauptamtlicher Gewerkschafter differenzierten sich seit den 1970er Jahren aus, blieben aber weiterhin von der klassischen Ochsentour des frühen gewerkschaftlichen Engagements geprägt, insbesondere in der IG Metall.[148] Der Anteil von Quereinsteigern mit Abitur im ersten Bildungsweg nahm zu, blieb aber noch Anfang der 1990er Jahre mit insgesamt 13,3 Prozent bei allen DGB-Gewerkschaften gering. Gut ein Drittel machte eine berufliche Ausbildung und qualifizierte sich dann beruflich oder an den gewerkschaftsnahen Hochschulen weiter. Es war die Erosion des soziokulturellen Milieus, dem die Mehrzahl der Gewerkschaftssekretäre entstammte, die zu Verhaltensunsicherheiten führte. Der Typus eines modernen Gewerkschaftssekretärs war gegenüber dem traditionellen Typus, der besonders in der IG Metall lange dominierte, durch geringere Organisationsbindung und eine damit verbundene geringere Opferbereitschaft gekennzeichnet.[149]

Einen ersten Schub beim Anstieg des Qualifikationsniveaus der gewerkschaftlichen Sekretäre erfolgt in den 1970er Jahren. Die manchmal als Vorwurf formulierte »Akademisierung« der Gewerkschaften war das Ergebnis eines langsam steigenden Qualifikationsniveaus.[150] Es ergab sich aber auch aus dem ge-

144 Zahlen nach Jühe, Herkunft, S. 12-15.

145 Lauschke, Kämpfer, S. 235.

146 Allerdings stammen diese Zahlen aus veröffentlichten Quellen der Gewerkschaften und sind daher eher Tendenzangaben; Horst-Udo Niedenhoff, Die Bundesvorstände des DGB und seiner 16 Einzelgewerkschaften. Eine empirische Studie über Zukunft, Bildung und Karriere der Spitzenrepräsentanten des DGB (Beiträge zur Gesellschafts- und Bildungspolitik 190), Köln 1993, S. 27.

147 Vgl. unten die biographischen Angaben zu Gisela Dudenhöfer-Gaul/Niclas, die 1977 als Sachbearbeiterin in der Abteilung Jugend der IG Metall anfing.

148 Niedenhoff, Bundesvorstände, S. 14f.

149 Prott/Keller, Hauptamtliche, S. 51.

150 Dabei war zu beachten, dass viele mit akademischer Ausbildung mit großer politischer Motivation in die Gewerkschaftsarbeit eintraten. Vgl. Streeck, Organisationsprobleme, S. 151.

werkschaftlichen Interesse an wissenschaftlicher Expertise. Die Sekretäre hatten häufig an der Akademie der Arbeit oder der Dortmunder Sozialakademie Lehrgänge absolviert, die auf gewerkschaftliche Funktionärskarrieren vorbereiteten, oder die Hamburger Hochschule für Wirtschaft und Politik besucht, an der ein Studium ohne Abitur möglich war.[151] Problematisch blieb, dass für die hauptamtliche Arbeit im zunehmenden Maße akademische Fähigkeiten wichtig wurden, zugleich aber innerhalb der Gewerkschaften selbst akademische Ausbildungen eher seltener erwähnt wurden.[152] Das Spannungsfeld zwischen Bindung an die Basis und sich durch fachliche Kompetenzen ergebende Distanzierungen, auch um gegenüber den Verhandlungspartnern kompetent und souverän aufzutreten, blieb ein strukturelles Problem der Gewerkschaften im Untersuchungszeitraum.

Die zentrale Schaltstelle für die Jugendarbeit der IG Metall war die Abteilung Jugend beim Vorstand der IG Metall in Frankfurt. Zwischen 1965 und 1984 wurde sie von drei auf sechs unbefristete Stellen und zusätzliche Bürokräfte aufgestockt.[153] Die Abteilung erarbeitete Konzeptionen, koordinierte die Diskussionen in der Organisation, war Anlaufstelle für Anfragen aus den Verwaltungsstellen und organisierte zentrale Aktivitäten der IG-Metall-Jugend. Merkmal der hohen Arbeitsbelastung in den 1970er Jahren war auch eine rege Reisetätigkeit, da die Mitarbeiter Sitzungen von Gesamtjugendvertretungen, Bezirksjugendkonferenzen, OJA-Seminare, Arbeitstagungen und Ausschusssitzungen in der gesamten Bundesrepublik wahrzunehmen hatten. Der Ausbau der Abteilung ergab sich aus der Aufgabenerweiterung durch das Betriebsverfassungsgesetz von 1972. Die dadurch geschaffenen Gesamtjugendvertretungen von Großunternehmen mit mehreren Standorten – 1973 waren es bereits über hundert – wurden von der Abteilung Jugend betreut, wenn die Standorte über mehrere Bezirke verteilt waren. Zudem wurden tarifliche und betriebliche Fragen wichtiger.[154] Die Abteilung entsandte – neben dem zuständigen Vorstandsmitglied – Vertre-

151 Dies waren bei DGB-Sekretären Mitte der 1970er Jahre immerhin 41 Prozent. Wilke, Funktionäre, S. 216. Prott hat 1996 festgestellt, dass 27,5 Prozent einer Stichprobe von Funktionären eine der drei Einrichtungen besucht haben. Er vermutet, dass rund jeder dritte Absolvent der Akademie der Arbeit eine Gewerkschaftskarriere aufnahm. Prott, Funktionäre, S. 230.

152 Vgl. Werner Mühlbradt, Doktoren auf dem Vormarsch? Wissenschaftler in der Arbeitnehmerorganisation: Ratgeber oder Graue Eminenzen?, *Die Zeit*, Nr. 45, 29.10.1976, S. 28 über das WSI des DGB und Einstiege aus dem Institut in Gewerkschaftsvorstände. Der Anteil von studierten Mitgliedern war im DGB-Vorstand höher als in den Einzelgewerkschaften, Mitte der 1970er Jahre gehörten ihm nur noch zwei Vertreter der klassischen Arbeiterberufe an. Vgl. Ulrich Borsdorf, Historische Wandlungsprozesse im gewerkschaftlichen Führungspersonal, in: *Gewerkschaftliche Monatshefte* Nr. 19 (1978), S. 602-616, hier S. 613 f. Borsdorf erwartete bereits eine zunehmende Akademisierung aufgrund der Bildungsexpansion; vgl. Niedenhoff, Bundesvorstände, S. 27.

153 Aufteilung der Aufgabenbereiche in der Abteilung Jugend, 3.9.84, in: AdsD, 5/IGMA-22-1096.

154 Abteilung Jugend, Arbeitsbereiche/Aufgabenverteilung, Sommer 1973 sowie Erläuterungen zu Inhalt, Umfang und Stellenwert der Arbeitsbereiche sowie zum erforder-

ter in den Bundesjugendausschuss des DGB und profilierte so die Jugendpolitik der IG Metall gegenüber den anderen Gewerkschaften. Als weisungsgebundene, nicht gewählte Mitarbeiter des Vorstandes wurden die Angehörigen kooptiert. Zwischen 1965 und 1984 waren vierzehn als »Sachbearbeiter« bezeichnete Sekretäre für die Abteilung Jugend tätig.

Die Mehrzahl der Sekretäre hatte eine betriebliche Ausbildung und sich dann über ehrenamtliche Tätigkeiten in den Gewerkschaften für eine hauptamtliche Stelle qualifiziert, aber vier der Sekretäre waren nicht über den betrieblichen Weg gekommen, sondern über ein Studium mit Tätigkeiten in der gewerkschaftlichen Bildungsarbeit. Nur zwei Personen schieden aus der hauptamtlichen Arbeit bei der IG Metall gänzlich aus: Gert Lütgert wurde 1970 Abgeordneter der SPD im hessischen Landtag, Gisela Niclas beendete ihre Tätigkeit 1987 und engagierte sich lokalpolitisch für die SPD in Erlangen. Die anderen zwölf Mitarbeiter verblieben entweder mit anderen Aufgaben bei der Vorstandsverwaltung oder wurden Bezirkssekretäre oder Bevollmächtigte. Die hauptamtliche Arbeit für die Gewerkschaften war in der Regel eine Lebensstellung, da eine Rückkehr in den eigentlichen Ausbildungsberuf sehr selten vorkam.[155]

Die zentralen Akteure der Abteilung sollen kurz vorgestellt werden, um ein biographisch grundiertes Bild zu gewinnen. Verantwortlich für die Jugendarbeit im Vorstand war ab 1964 Georg – ausgesprochen wurde es bayerisch Schorsch – Benz, der diese Aufgabe von Heinz Dürrbeck übernommen hatte. Jugendarbeit wurde traditionell dem jüngsten Vorstandsmitglied übertragen. Benz durchbrach diese Regel, er blieb bis zu seinem altersbedingten Ausscheiden aus dem Vorstand 1983 für Jugendarbeit zuständig. Benz gehörte zum linken Flügel im IG-Metall-Vorstand und prägte mit seiner charismatischen und burschikosen Art die Jugendarbeit der IG Metall. Sein Karriereweg zum hauptamtlichen Funktionär entsprach dem typischen Bild der Hauptamtlichen seiner Generation. Geboren wurde er 1921 in Würzburg als zweitältestes von sechs Kindern, der Vater war Schneidermeister und verstarb 1931. 1936, nach dem Besuch der Volksschule, begann Georg Benz eine Lehre als Modelltischler in Würzburg und wurde 1941 eingezogen. An der Ostfront verwundet, war er bei Kriegsende im Lazarett und konnte erst 1949 seine Arbeit bei seiner früheren Firma wieder aufnehmen. 1949 trat er auch in die IG Metall ein und wurde zum Vertrauensmann gewählt. Im selben Jahr wurde er in der Ortsverwaltung Würzburg als Jugendleiter eingesetzt. 1950 zum Betriebsrat gewählt, wurde er 1953 Bevollmächtigter der Verwaltungsstelle Würzburg und damit hauptamtlicher IG-Metall-Funktionär. 1956 wurde er Sekretär in der Bezirksleitung München und war u. a. für Jugendarbeit zuständig. Engagiert und ehrgeizig, wurde Benz schließlich 1964 vom Beirat der IG Metall in den geschäftsführenden Vorstand gewählt. Dort war er neben der Jugend bis 1970 auch für Berufsbildung und Werbung zuständig, schließlich bis

lichen Zeitaufwand, undatiert, ohne Unterzeichner (1973), beide in: AdsD, 5/IGMA-22-0076.

155 Prott, Funktionäre, S. 229.

zu seinem Ausscheiden für Jugend, Betriebsräte und Betriebsverfassungsrecht.[156] Die politische Positionsbestimmung von Benz ist nicht einfach. SPD-Mitglied seit 1953, war er rhetorisch begabt und ein beliebter Redner. Die Zuschreibung als links erfordert jedoch auch für die IG Metall eine präzisere Beschreibung. Benz beherrschte eine klassenkämpferische Rhetorik, agierte aber vor allem organisationsloyal und in der konkreten Betriebspolitik pragmatisch. Für ihn blieb der positive Bezug auf die Geschichte der Arbeiterbewegung prägend: »Die Gewissheit, an der Seite des geschichtlichen Fortschritts zu kämpfen, ist eine der Quellen, aus denen wir Gewerkschafter unsere Energie schöpfen«, führte er 1976 aus.[157] Es war vor allem sein friedenspolitisches Engagement Anfang der 1980er Jahre, welches ihm über die Organisation hinaus die Zuschreibung als Linker eintrug. Im Oktober 1981 sprach er auf der ersten großen Friedensdemonstration in Bonn als Privatmann. Im Vorfeld hatte der DGB der Gewerkschaftsjugend untersagt, zur Teilnahme aufzurufen. Für seinen Auftritt wurde er im Vorstand der IG Metall scharf kritisiert[158], innerhalb der IG-Metall-Jugend trugen seine Aktivitäten jedoch zu seiner Popularität bei.

Die Abteilung Jugend war bei der Vorstandsverwaltung der IG Metall in Frankfurt a. M. 1949 eingerichtet worden, zuerst mit einem, ab 1952 dann mit zwei Sachbearbeitern.[159] 1965 waren drei Sachbearbeiter tätig: Otmar Günther, Gerd Lütgert und Siegfried Müller. Leiter der Abteilung war der 1930 geborene Otmar Günther. Als Eugen Loderer im September 1968 zum zweiten Vorsitzenden gewählt wurde, arbeitete Günther fortan als Abteilungsleiter für ihn persönlich. Seine von Loderer unterstützte Kandidatur für den Vorstand scheiterte 1977 auf dem Gewerkschaftstag, als ein Gegenkandidat aufgestellt wurde. Nach dieser Niederlage wurde Günther Arbeitsdirektor bei der Krupp AG.[160]

Der 1935 in Herne geborene Siegfried Müller hatte Stahlschlosser gelernt und war bei den Falken und der IG-Metall-Jugend in Herne aktiv gewesen. 1953 zum Jugendvertreter und 1961 zum Betriebsrat gewählt, wurde er im Mai 1962 Jugendsekretär in Bochum und kam im August 1964 als Sachbearbeiter in die Abteilung Jugend. Vor allem mit organisatorischen Aufgaben befasst, wurde er nach neun Jahren Leiter der Abteilung Ausländische Arbeitnehmer in der Vorstandsverwaltung, auf diesem Posten blieb er bis zur Verrentung 1994.

Der dritte Sachbearbeiter war der 1939 in Frankfurt a. M. geborene Gert Lütgert. Er hatte nach dem Realschulabschluss eine Lehre im Öffentlichen Dienst gemacht und war ab 1960 zuständig für Jugendbildungsarbeit bei der

156 Angaben nach: Georg Benz, ›Wer in der Politik Verantwortung trägt, kann nicht bequem sein‹. Gespräche mit und Texte von Georg Benz, hrsg. von Manfred Heckenauer, Dietmar Hexel, Horst Klaus und Werner Vitt, Marburg 1994, S. 221 f.

157 Georg Benz, Begrüßungsansprache Lohr, 1.10.1976 zur 25-Jahrfeier der Bildungsstätte in der Stadthalle Lohr, in: AdsD, 5/IGMA-22-499.

158 Klaus Kempter, Eugen Loderer und die IG Metall. Biografie eines Gewerkschafters, Filderstadt 2003, S. 419-423.

159 Klecha, IG Metall, S. 67.

160 Kempter, Loderer, S. 215, 382 f., 442.

von Gewerkschaften und Volkshochschulen getragenen Bildungsvereinigung Arbeit und Leben in Hessen, 1963 wechselte er von dort in die Abteilung Jugend. Lütgert machte neben der Gewerkschaftsarbeit eine politische Karriere. Seit 1968 für vier Jahre Bezirksvorsitzender der Jusos in Hessen-Süd, wurde er 1970 in den Hessischen Landtag gewählt, dem er bis 1995 angehörte. Er arbeitete weiterhin für die Abteilung Jugend, war aber durch sein Landtagsmandat zeitlich eingeschränkt und schied 1977 aus der Abteilung aus. Er bildete eine Schnittstelle für die Abteilung zur hessischen Landespolitik und brachte mehrere Anträge im hessischen Landtag ein, die auf Initiativen der Abteilung zurückgingen.[161]

Nach dem Weggang von Otmar Günther wurde als Nachfolger der 1930 in Lauban/Niederschlesien geborene Horst Klaus Anfang Oktober 1968 Leiter der Abteilung. Klaus entstammte einer sozialdemokratischen Familie, die nach dem Krieg von Niederschlesien nach Nürnberg ging. Er begann 1944 eine Mechanikerlehre, die er kriegsbedingt nicht beenden konnte, lernte nach dem Krieg in Nürnberg Maschinenschlosser und war in der Gewerkschaftsjugend aktiv. 1956 wurde er Jugendsekretär in der Verwaltungsstelle Nürnberg, 1964 zuständig für Bildung und Organisation. Nach Frankfurt holte ihn Georg Benz. Ende 1973 wechselte er erneut und wurde 1. Bevollmächtigter in Nürnberg und ehrenamtliches Mitglied im Vorstand der IG Metall, 1983 wurde er in den geschäftsführenden Vorstand gewählt und bis 1986 zuständiges Vorstandsmitglied für Jugend, dem Vorstand gehörte er bis 1992 an.[162] Ihm folgte Ende 1973 als Leiter der Abteilung der 1944 geborene Bernhard Wurl, der aus dem Bezirk Essen kam. Wurl gehörte ab 1976 dem Juso-Bundesvorstand an und übernahm 1979 die Leitung der Abteilung Betriebspolitik beim Vorstand. Durch diese Funktion übernahm er auch einen Aufsichtsratsposten bei der Daimler-Benz AG seit 1985.

Als vierter Sachbearbeiter wurde Mitte 1973 Rudi Behrendt eingestellt, da nach dem neuen Betriebsverfassungsgesetz der Ausbau von Gesamtjugendvertretungen erfolgte und die bezirksübergreifenden Gesamtjugendvertretungen von der Abteilung Jugend betreut wurden, eine Aufgabe, die mit drei Sachbearbeitern nicht mehr zu leisten war.[163] Behrendt, 1941 in Simonsdorf bei Danzig geboren, ging mit seiner Familie erst nach Mecklenburg und schließlich nach

161 Benz nannte 1972 drei wöchentliche Arbeitstage für die Abgeordnetentätigkeit von Lütgert. Georg Benz an die geschäftsführenden Vorstandsmitglieder, 21.2.1972, in: AdsD, 5/IGMA-22-0076.

162 Vgl. seine autobiographische Skizze: Horst Klaus, Arbeit – Frieden – Menschenwürde. Ein politischer Lebenslauf, in: Frieden – Arbeit – Menschenwürde: Leben für die Zukunft. Spurensicherung: Die IG Metall Nürnberg zwischen 1945 und 1983. Geschichte erlebt und erzählt von Horst Klaus und Paul Ruppert, hrsg. von der Verwaltungsstelle der IG Metall Nürnberg, Hamburg 2010, S. 65-163, zu seiner Zeit in der Abteilung Jugend S. 108-123.

163 Die Forderungen nach personeller Aufstockung wurden schon Anfang 1972 erhoben. Zeitweilig behalf man sich auch mit Praktikanten der Stiftung Mitbestimmung. Aktennotiz Horst Klaus an Georg Benz, 14.2.1972: Personelle Verstärkung der Abteilung Jugend, in: AdsD, 5/IGMA-450-20016; Georg Benz an die geschäftsführenden Vorstandsmitglieder, 21.2.1972, in: AdsD, 5/IGMA-22-0076.

Essen, wo er die Volksschule beendete und 1956 eine Lehre als Elektro-Installateur in einem Handwerksbetrieb absolvierte und anschließend in verschiedenen Betrieben in seinem Beruf arbeitete. Behrendt war Kriegsdienstverweigerer und leistete 1964/65 seinen Zivildienst ab. Schon 1969 war er ehrenamtliches Mitglied im Bundesjugendausschuss des DGB und sollte in den Jugendausschuss der IG Metall kooptiert werden.[164] 1970 wurde er Sekretär bei der IG-Metall-Verwaltungsstelle Heidelberg und für Jugend zuständig, bis er nach Frankfurt ging. 1959 war er der IG Metall beigetreten, zeitweilig Jugendvertreter und in Essen Mitglied des Ortsjugendausschusses von 1961 bis 1970, ab 1962 als Vorsitzender. Entsprechend war Behrendt Mitglied der Ortsverwaltung Essen, des DGB-Kreisjugendausschusses und ab 1966 des Bezirksjugendausschusses der IG Metall im Bezirk Essen. 1960 in die SPD eingetreten, übernahm er auf lokaler Ebene in Essen Parteifunktionen.[165] Behrendt blieb bis April 1978 in der Abteilung tätig, dann wechselte er in die Abteilung Betriebsräte/Betriebsverfassungsrecht/Mitbestimmung '76, die ebenfalls von Georg Benz verantwortet wurde.[166]

Als fünfter Sekretär wurde im Mai 1974 Holger Balke eingestellt. Balke, 1942 in Berlin geboren, hatte BWL und Rechtswissenschaften studiert und war ab 1971 Referent für Jugendbildung und Internationales beim DGB-Bundesvorstand, Abteilung Jugend. Von dort wechselte er 1974 zur IG Metall. 1980 ging er in die Bezirksleitung Stuttgart, ebenfalls als Jugendsekretär, sodass er weiterhin dem Jugendausschuss der IG Metall angehörte. Er verstarb dort als Bezirkssekretär 2003.[167]

Ab Oktober 1976 war der 1947 geborene Horst Richter zusätzlich bei der Abteilung tätig. Richter, bereits in Berlin ehrenamtlicher Delegierter der IG Metall, wurde 1975 als Jugendbildungsreferent des DGB in Niedersachsen zum hauptamtlichen Gewerkschaftsfunktionär. Er übernahm nach Wurls Ausscheiden 1979 die Leitung der Abteilung, die er bis 1990 innehatte; danach blieb er in der Vorstandsverwaltung tätig.

1977 war mit Gisela Dudenhöfer-Gaul (ab 1979: Gisela Niclas) erstmals eine Frau als Sachbearbeiterin in der Abteilung Jugend eingestellt worden. Niclas, 1948 geboren, kam nicht aus der betrieblichen Gewerkschaftsarbeit. Nach dem Abitur 1967 hatte sie eine Ausbildung als Sozialarbeiterin an der Staatlichen Höheren Fachschule für Sozialarbeit in Frankfurt begonnen. Während der Ausbildung trat sie der ÖTV bei, gründete eine gewerkschaftliche Gruppe an der

164 Siegfried Müller an Georg Benz, 20.5.1969, Teilnahme Rudi Behrendt mit beratender Stimme an den Sitzungen des Jugendausschusses der IG Metall, in: AdsD, 5/IGMA-450-20015.

165 Angaben nach Lebenslauf Behrendt von 1973, in: AdsD, 5/IGMA-22-0076.

166 Georg Benz an die Verwaltungsstellen, Bezirksleitungen und Bildungsstätten der IG Metall, 3.4.1978, in: AdsD, 5/IGMA-09-0274.

167 Angaben nach Autorenangaben, *Gewerkschaftliche Monatshefte* Nr. 11 (1971), S. 673 und Geschäftsbericht Bezirksleitung der IG Metall Baden-Württemberg: Für Beschäftigung und soziale Gerechtigkeit, 54. Bezirkskonferenz Sindelfingen 24. Juni 2003, S. 2.

Schule mit und war als Teamerin in der IG Metall-Bildungsarbeit tätig. Nach Tätigkeiten als Sozialarbeiterin arbeitete sie ab 1972 bei der Verwaltungsstelle Stuttgart mit Zuständigkeiten für Bildung und Jugend und wechselte 1977 zur Abteilung Jugend.[168] Dort war sie bis 1987 tätig und zog dann nach Erlangen, wo sie 1990 als Sozialdemokratin zur zweiten Bürgermeisterin und Sozialreferentin gewählt wurde.

1978 kam Harald Schartau in die Abteilung Jugend. Er durchlief den für die 1970er Jahre typischen Aufstieg über den zweiten Bildungsweg. 1953 in Duisburg geboren, hatte er von 1968 bis 1971 bei der Mannesmann AG in Duisburg eine Lehre als Chemielaborant absolviert, anschließend die Dortmunder Sozialakademie besucht und eine Zeit lang als Sachbearbeiter der Personalwirtschaft bei Mannesmann gearbeitet. Von 1973 bis 1976 studierte er an der HWP und war 1977/78 Jugendbildungsreferent beim DGB in Nordrhein-Westfalen. 1978 wechselte er zur Abteilung Jugend der IG Metall, wo er bis 1984 tätig war. Er wurde dann Bezirkssekretär in Essen und Dortmund, 1997 Bezirksleiter der IG Metall für Nordrhein-Westfalen und übte von 2000 bis 2005 Ministerämter in der Landesregierung aus. Als SPD-Landesvorsitzender trat er nach der Wahlniederlage 2005 zurück und wechselte als Arbeitsdirektor 2009 zur Georgsmarienhütte Holding GmbH.[169]

1979 kamen zwei neue Sekretäre in die Abteilung. Kay Ohl, 1954 geboren, war bei den Falken und Jusos politisch aktiv. Er lernte bei der Siemens-AG Mess- und Regeltechniker und studierte anschließend Elektrotechnik an der Fachhochschule Hamburg. Im März 1978 wurde er Jugendsachbearbeiter der IG Metall im Bezirk Hamburg. Nach seinem Wechsel zum Vorstand 1979 arbeitete er bis 1984 in der Abteilung Jugend, dann bis 1992 in der Abteilung Tarifpolitik. Danach war er Tarifsekretär des Bezirkes Frankfurt, bis er 2007 Leiter des Funktionsbereiches Tarifpolitik der IG Metall beim Vorstand wurde.

Der zweite 1979 eingestellte Sekretär war Thomas Händel. 1953 geboren, hatte Händel bei Grundig in Fürth von 1970 bis 1973 eine Lehre als Elektromechaniker gemacht und arbeitete anschließend als technischer Sachbearbeiter. Sein Vater war der ehemals 1. Bevollmächtigte der IG Metall in Fürth, Händel wurde 1970 Mitglied der IG Metall und bald Vertrauensmann, 1971 Vorsitzender der Jugendvertretung, 1974 Mitglied der Ortsverwaltung der IG Metall in Fürth, 1975 KJA-Vorsitzender. 1977 ging er zur Akademie der Arbeit nach Frankfurt, wo er nach dem Studium noch eine Zeit lang als Assistent für den Lehrbetrieb, unter anderem für Wolfgang Abendroth, arbeitete und dann in die Abteilung Jugend wechselte. 1987 wurde er 1. Bevollmächtigter in der Verwaltungsstelle Fürth. Er war 2004 führend – mit anderen süddeutschen IG Metall-Funktionären – an der

168 Georg Benz an Kollegen Abt. BR/BVR/M'76 und Jugend zur Kenntnis, 22.8.1977, in: AdsD, 5/IGMA-22-0370.

169 Angaben nach der Biographie der Landtagsabgeordneten Nordrhein-Westfalen, http://www.landtag.nrw.de/portal/WWW/Webmaster/GB_I/I.1/Abgeordnete/Ehemalige_Abgeordnete/details.jsp?k=01508 (Abruf 3.5.2012)

Gründung der Wählergemeinschaft Arbeit und Soziale Gerechtigkeit beteiligt.[170] 2009 wurde er Europaabgeordneter für die Partei Die Linke.

1984 verließen Kay Ohl und Harald Schartau die Abteilung. Es kamen Reinhold Götz und Reinhard Hahn. Götz, 1954 in Mannheim geboren, hatte nach dem Besuch des Wirtschaftsgymnasiums an der Universität Mannheim Wirtschaftspädagogik studiert und wurde anschließend hauptamtlicher Sekretär. Seit 1970 Mitglied der SPD, wurde er zum Leiter der Abteilung Jugend, Reinhard Hahn leitete die Abteilung als sein Nachfolger von 1995 bis 1999.

Aus diesen knapp skizzierten Lebensläufen sind verschiedene Muster erkennbar. Insbesondere seit den 1970er Jahren hatten die Mitarbeiter zunehmend akademische Qualifikationen erworben, allerdings mit betrieblichen Vorerfahrungen. Die Tatsache, dass unter den 14 Sachbearbeitern nur eine Frau war, verweist auf die männlich dominierte Mitgliedschaft der IG Metall und die nur langsame Öffnung für weibliche Sekretäre in höheren Positionen. Dass Gisela Niclas dabei aus der gewerkschaftsnahen Studentenbewegung kam, war für weibliche Quereinsteiger eher der Normalfall. Im Durchschnitt waren die Sekretäre bei Beginn ihrer Tätigkeit in der Abteilung Jugend 29 Jahre alt und 36jährig, wenn sie den Posten wieder verließen. Gegenüber der zu betreuenden Klientel der IG-Metall-Jugend war der Abstand noch nicht allzu ausgeprägt. Die qualifizierte Tätigkeit in der Abteilung Jugend mit Vermittlungsaufgaben auch gegenüber den anderen Abteilungen in der Vorstandsverwaltung und älteren Betriebsräten erforderte Erfahrungen in gewerkschaftlichen Feldern. Überwiegend in den 1960er Jahren politisch aktiv geworden, gehörten sie zu einer Alterskohorte, die in den 1970er Jahren eine Verjüngung des Funktionärsstamms bewirkte und deren »Beteiligungs- und Demokratievorstellungen anspruchsvoller ausfielen«.[171]

Die Jugendarbeit des DGB unterlag regional anderen Zuschnitten als die der IG Metall. Der DGB war in Landesbezirke aufgeteilt, die sich an den Bundesländern orientierten. Ausnahmen bildeten der Landesbezirk Nordmark, in dem Schleswig-Holstein und Hamburg zusammengefasst wurden, und Niedersachsen, dem Bremen mit zugeordnet war. Die unterste Einheit im DGB war der Kreis, der von einem Kreisvorstand geleitet wurde. Zwischen Kreis und Landesbezirk existierte noch eine Einteilung in Regionen, meist die Zusammenfassung mehrerer Kreise. Die unterste Ebene der DGB-Jugendarbeit war der Kreisjugendausschuss (KJA), der sich aus Vertretern der Einzelgewerkschaften zusammensetzte. Jedoch gelang es zu keiner Zeit, überall einen arbeitsfähigen Kreisjugendausschuss zu etablieren, insbesondere kleinere Kreise auf dem Land hatten häufiger Probleme. Der Kreisjugendausschuss wurde von der Kreisjugendkonferenz gewählt. Da die Einzelgewerkschaften ab Mitte der 1950er Jahre die Jugendarbeit dominierten, waren Aktivitäten der DGB-Jugend nur

170 Vgl. Oliver Nachtwey, Im Westen was Neues? Die Entstehung der Wahlalternative Arbeit & soziale Gerechtigkeit, in: Tim Spier u. a. (Hrsg.), Die Linkspartei – Zeitgemäße Idee oder Bündnis ohne Zukunft? Wiesbaden 2007, S. 155-184, hier S. 167.

171 Schroeder, Gewerkschaften, S. 243.

möglich, wenn sich aktive Mitglieder aus den Einzelgewerkschaften zur Mitarbeit bereitfanden. Hier war ein strukturelles Spannungsfeld angelegt. Gerade die IG Metall konzentrierte sich auf ihre eigene Jugendarbeit und betrachtete die DGB-Jugendarbeit teilweise als lästige Pflicht. Hingegen war für kleinere Gewerkschaften und auch in ländlichen Regionen eher die DGB-Jugend die örtlich dominierende Gruppe, da die Einzelgewerkschaften nicht genügend aktive Mitglieder hatten, um die parallelen Strukturen zu besetzen. Auf der nächsten Stufe stand die Landesbezirksjugendkonferenz, die alle drei Jahre stattfand und den Landesbezirksjugendausschuss wählte. Die ebenfalls alle drei Jahre stattfindende Bundesjugendkonferenz wählte den Bundesjugendausschuss. Wie bei der IG Metall dominierten auf dieser Ebene hauptamtliche Mitarbeiter, die bei den Landesbezirksleitungen oder in der Abteilung Jugend beim DGB-Bundesvorstand beschäftigt waren.

Die Gewerkschaftsjugend war organisatorisch betrachtet ein Hybrid, da unterschiedliche Gruppierungen darin zusammenfinden konnten. Alle gewerkschaftlichen Jugendgruppen wurden von den entsprechenden Erwachsenengremien kontrolliert und mussten sich mit den für sie zuständigen Stellen abstimmen. Die Verantwortung lag bei den lokalen Sekretären, die gegenüber der Gesamtorganisation teilweise erhebliche Gestaltungsspielräume hatten.[172] Diese Handlungsspielräume sollen in den folgenden Kapiteln deutlich werden.

172 Prott, Funktionäre, S. 228.

1. Jugendpflege? Die IG-Metall-Jugend bis Ende der 1960er Jahre

Die Gewerkschaftsbewegung hatte zu den Jugendlichen in ihren Organisationen im 20. Jahrhundert überwiegend ein zwiespältiges Verhältnis, das häufig mit dem Gegensatz zwischen jugendlicher Selbsttätigkeit und organisationsbezogener Jugendpflege beschrieben wurde.[1] Ein kurzer Abriss hierzu soll die vor allem in den 1970er Jahren verbreiteten negativen Erzählungen zur Geschichte der Gewerkschaftsjugend nachvollziehbar machen.

Die Geschichte der organisierten Arbeiterjugend innerhalb der Arbeiterbewegung ist jung. Im 19. Jahrhundert gab es keine eigenständigen Organisationsformen der gewerkschaftlichen Jugend. Dies hing auch mit den von der bürgerlichen Jugend unterschiedlichen Vorstellungen von Jugend zusammen. Im Bürgertum oder Adel galt die Jugendzeit als ein soziales Moratorium, das zum Beispiel durch ausgedehnte Bildungsreisen oder Aktivitäten während des Studiums als eine Orientierungsphase genutzt wurde. In der Arbeiterjugend war die sehr viel frühere Eingliederung in den Arbeitsprozess charakteristisch, die »proletarische Jugendphase« war vor allem eine berufliche Lernphase, da bereits mit 14 oder 15 Jahren eine Arbeitsaufnahme erfolgte.[2] Dabei war die Lehre im Kaiserreich und der Weimarer Republik nur für eine Minderheit der Einstieg in die Arbeitswelt, die Mehrzahl arbeitete als an- und ungelernte Arbeiter.[3] Auch das Alter der führenden Funktionäre der frühen Gewerkschaftsbewegung, die zumeist Mitte bis Ende zwanzig waren, mag dazu beigetragen haben, dass eine aus der Organisation sich ergebende Notwendigkeit der Organisierung der Jugend nicht gesehen wurde.[4]

Erst ab 1904 begann man, die Arbeiterjugend in eigenen Organisationen zu erfassen. Dabei standen zwei Zentren im Vordergrund: In Berlin gründete sich, nach dem Selbstmord eines Lehrlings, ein eigenständiger Lehrlingsverein. In Mannheim war es der sozialdemokratische Stadtabgeordnete Ludwig Frank, der einen Verein von Arbeiterjugendlichen begründete. Da in Preußen bis 1908 ein rigides Vereinsrecht galt, das Jugendlichen – die hier die Lebensspanne von

1 Crusius/Wilke, Jugend; Lessing, Jugendpflege; Bierhoff, Organisation.

2 Dörre/Schäfer, Straßen, S. 22; Gillis, Geschichte, S. 186.

3 1907 waren rund 20 Prozent, 1925 rund ein Drittel der berufstätigen Jugendlichen Lehrlinge. Vgl. Rotraud Tilsner-Gröll, Die Jugendbildungsarbeit in den freien Gewerkschaften 1919-1933, Frankfurt a.M. 1982, S. 1 und S. 65-67; im Krieg ging der Anteil sogar noch zurück: vgl. Richard Weidemann, Die proletarische Jugendbewegung im Kriegsjahr 1917/18, in: Jungvolk. Ein Almanach für die arbeitende Jugend 1919, hrsg. von der Zentralstelle für die arbeitende Jugend, o. O, o. J. (Berlin 1918), S. 69-74, hier S. 70.

4 Vgl. zum jungen Alter der Gewerkschaftsmitglieder im Kaiserreich: Klaus Schönhoven, Expansion und Konzentration. Studien zur Entwicklung der Freien Gewerkschaften im Wilhelmischen Deutschland 1890 bis 1914, Stuttgart 1980, S. 68-74.

14 bis 18 Jahren umfasste – politische Betätigungen verbot, stand bei den Aktivitäten der norddeutschen Richtung die Auseinandersetzung mit den Arbeitsverhältnissen im Vordergrund, während sich in der süddeutschen Richtung eine stärker politische, insbesondere antimilitaristische Prägung herausbildete. Beide Gruppierungen waren als unabhängige Vereine organisiert, aber der Sozialdemokratie und den Freien Gewerkschaften eng verbunden. Ab 1906 diskutierten die Führungsgremien von SPD und Gewerkschaften intensiv die Frage, ob es einen einheitlichen und eigenständigen Jugendverband geben solle. Carl Legien, Vorsitzender der Generalkommission der Gewerkschaften Deutschlands, machte für die Gewerkschaften mehrmals deutlich, dass er eine selbstständige Organisation der jugendlichen Arbeiter für falsch halte, da Konkurrenzen und Spaltungen in den Gewerkschaften zu befürchten seien.

Anfang 1908 wurde ein neues Reichsvereinsgesetz erlassen, das Jugendlichen generell die Zugehörigkeit zu politischen Vereinen untersagte. Dieses »Sozialistengesetz der Jugend« (Karl Korn) war Antrieb für einen Kompromiss, auf den sich Gewerkschaften und SPD noch im selben Jahr einigten: Sie gründeten zunächst die »Zentralstelle der arbeitenden Jugend Deutschlands« unter der Leitung von Friedrich Ebert, deren Aufgabe Robert Schmidt von der Generalkommission auf dem Hamburger Gewerkschaftskongress 1908 wie folgt skizzierte: »Um das Interesse der Jugend für die Arbeiterbewegung zu wecken, bedarf es keiner Vereine. Die Aufgabe ist zu lösen durch Kommissionen von Erwachsenen, die in den einzelnen Städten gebildet werden unter Beteiligung aus den Kreisen der Jugendlichen. Diese Kommissionen sollten auch den Lehrlingsschutz, den Arbeiterschutz, überhaupt alles was die Jugend angeht, übernehmen.«[5] Dieser Beschluss war innerhalb der Jugendvereine zwar umstritten, wurde aber schließlich umgesetzt: Die meisten bestehenden Jugendvereine lösten sich auf, einige wenige blieben auf lokaler Ebene bestehen.[6] Die verschiedenen Jugendvereine wurden als lokale Jugendausschüsse eingerichtet, in denen je fünf Vertreter der Partei, der Gewerkschaften und der Jugendlichen – gemeint waren in der Regel junge Funktionäre oder Jugendleiter – zusammenarbeiteten. Mitgliederlisten gab es nicht; die Literatur benutzt deshalb vor allem die Auflage der von der Zentralstelle herausgegebenen Zeitung *Arbeiter-Jugend* als Indikator für die Verbreitung der Bewegung: Anfang 1914 ging das Blatt an rund 108.300 Abonnenten und 837 Jugend-Ausschüsse.[7]

Die organisierte Arbeiterjugend war geprägt von Bildungsenthusiasmus. In der *Arbeiter-Jugend* dominierten klassische Bildungsthemen. Dazu gehörten Forderungen nach Abstinenz von Alkohol und Tabak oder Kampagnen gegen

5 Vgl. Karl Korn, Die Arbeiterjugendbewegung. Eine Einführung in ihre Geschichte, Ausgabe in einem Band, Berlin 1924, S. 119-129, Zitat von Schmidt S. 126.

6 So die Entwicklung in Köln, wo der eigenständige Jugendverein schließlich 1912 polizeilich aufgelöst wurde. Alexander Christov, ›Wir sind die junge Garde des Proletariats!‹ Arbeiterjugendbewegung im Kölner Raum 1904-1919, Siegburg 2007.

7 Korn, Arbeiterjugendbewegung, S. 273.

»Schundliteratur«.[8] Im Laufe des Ersten Weltkrieges kam es zur Spaltung der organisierten Arbeiterjugend. Mit Zentren in Süddeutschland und Berlin traten Jugendgruppen gegen die »Zentralstelle« auf und orientierten sich an der Zeitschrift *Jugend-Internationale* von Willy Münzenberg, die aus der Schweiz vertrieben wurde.[9] Allerdings war die Schwächung der Gruppen der Zentralstelle nicht so bedeutsam, wie es später behauptet wurde.[10] Insbesondere die marxistische Literatur rückte die Rolle der Jugendgruppen bei der Entwicklung des Widerstands gegen die sozialdemokratische Burgfriedenspolitik in den Vordergrund. Für die orthodox-marxistische Geschichtsschreibung lag hier ein wichtiger Fokus, konnte sie doch so die SPD und ihre angeblichen Bemühungen um eine Entpolitisierung der Jugendgruppen anprangern.[11] Zu dieser Interpretation gehörte es auch, einen ständig steigenden Kampfwillen bei der Arbeiterjugend zu vermuten, obwohl gleichzeitig konstatiert werden musste, dass es auch der linken Jugendbewegung nicht gelang, die »Massen der Arbeiterjugend zu erfassen«.[12] Es waren aber nicht allein ideologisch vorgeprägte Deutungen, die zu Verzerrungen in der historischen Wertung führten; auch das Sujet selbst erwies sich als sperrig. Die Arbeiterjugendbewegung erreichte immer nur eine Minderheit der Arbeiterjugend. Auskünfte über ihre Entwicklung sollten also nicht als die Geschichte aller jugendlichen Arbeiterinnen und Arbeiter verstanden werden. Dennoch sprachen Autoren wie Hellmut Lessing in den 1970er Jahren durchgängig von den »eigentlichen Interessen der Arbeiterjugend«, die von den Gewerkschaften ignoriert worden seien.[13] Allerdings blieb undeutlich, was mit diesen Interessen gemeint und ob nicht letztlich die Erwartung damit verbunden war, die Gewerkschaften würden zum Sammelpunkt mehr oder weniger aller Arbeiterjugendlichen werden. Es wird im Weiteren noch häufiger darauf zurückzukommen sein, dass Konflikte um die Orientierung der Gewerkschaftsjugend auch Konflikte darum waren, wer mit größerem Recht für die Mehrheit

8 Vgl. dazu: Heinrich Eppe, Selbsthilfe und Interessenvertretung: Die sozial- und jugendpolitischen Bestrebungen der sozialdemokratischen Arbeiterjugendorganisationen 1904-1933; Erich Eberts: Arbeiterjugend 1904-1945. Sozialistische Erziehungsgemeinschaft – Politische Organisation, Frankfurt a. M. 1980; als lokale Studie: Christov, Garde.

9 Jochen Zimmer, » … an der grauen Stadt vorüberzieh'n!« Kurzer Lehrgang der Geschichte der sozialdemokratischen Jugendgruppen, in: Ders. (Hrsg.), Lagerfeuer im Atomzeitalter. Gewerkschaftliche und sozialdemokratische Jugendgruppen unter Einfluss der APO, Duisburg 2009, S. 13-78, hier S. 26.

10 Korn, Arbeiterjugendbewegung, S. 367-369; Richard Weidemann, Die proletarische Jugendbewegung im dritten Kriegsjahr, in: Jungvolk. Ein Almanach für die arbeitende Jugend 1918, hrsg. von der Zentralstelle für die arbeitende Jugend, o. O., o. J. (Berlin 1917), S. 30-35, hier S. 32.

11 Rudolf Falkenberg u. a. (Autorenkollektiv), Geschichte der deutschen Arbeiterjugendbewegung 1904-1945, Dortmund 1973 (Lizenz der DDR-Ausgabe).

12 Walter Sieger, Das erste Jahrzehnt der deutschen Arbeiterjugendbewegung 1904-1914, Berlin (DDR) 1958, S. 195.

13 Lessing, Jugendpflege, S. 99.

der Arbeiterjugend sprechen und die eigentlichen Interessen am effektivsten vertreten würde.

Mit der Novemberrevolution und dem Beginn der Weimarer Republik war die organisierte Arbeiterjugend in drei politische Richtungen analog zur USPD, KPD und SPD zerfallen.[14] Die »Zentralstelle« wurde 1919 auf- und durch den Verband der Arbeiter-Jugend-Vereine, später der Sozialistischen Arbeiterjugend, abgelöst, der Teil der Mehrheitssozialdemokratie war. Die Gewerkschaften hatten sich ab 1917 aus der Jugendarbeit zurückgezogen, um parteipolitische Neutralität zu wahren. Mehrheitlich der Mehrheitssozialdemokratie nahestehend, galt eine parteipolitische Neutralität gegenüber den drei Arbeiterparteien, allerdings waren Abgrenzungen seitens der Gewerkschaftsführungen insbesondere zur kommunistischen Jugend kennzeichnend.[15]

Es etablierte sich in der Weimarer Republik schließlich eine Arbeitsteilung zwischen den Arbeiterjugendorganisationen von SPD und Gewerkschaften: Die Sozialistische Arbeiterjugend agierte im politischen Raum, die Gewerkschaftsjugend vor allem im beruflichen und ökonomischen. Der Allgemeine Deutsche Gewerkschaftsbund (ADGB) hatte auf seinem Gründungskongress 1919 den reichsweiten Aufbau von eigenen Gewerkschaftsjugendgruppen beschlossen. Einige Einzelgewerkschaften hatten schon vor dem Krieg eigene Jugendabteilungen aufgebaut, aber eine Systematisierung ihrer Arbeit erfolgte erst in der Weimarer Republik.[16] 1922 wurde Walter Maschke, im Zentralverband der Angestellten für die Jugendarbeit zuständig und bereits vor 1914 der Zentralstelle als Jugendvertreter angehörend, Reichssekretär für Jugendarbeit beim ADGB, eine Position, die er bis zum Ende der Weimarer Republik ausübte. Bis 1922 hatten insgesamt 29 gewerkschaftliche Verbände eigenständige Jugendabteilungen, von denen elf eigene Jugendzeitungen herausgaben[17], bis 1929 waren es 15 Gewerkschaften mit eigenen Zeitungen.[18] Die Gewerkschaftsjugendgruppen wurden von den Einzelgewerkschaften geführt, aber in Ortsjugendkartellen des ADGB organisiert, die insbesondere in einigen Großstädten aktiv waren.[19] Die

14 Dies waren die Frei-Sozialistische Jugend (USPD), der Verband der Arbeiter-Jugend-Vereine, später Sozialistische Arbeiterjugend (MSPD) und der Kommunistische Jugend-Verband Deutschlands (KPD), der jedoch verschiedene Vorläufer, teilweise auch unter dem Namen Frei-Sozialistische Jugend, hatte.

15 Eine Ausnahme bildete allein die kurzzeitige Zusammenarbeit 1920 im Reichsausschuss der arbeitenden Jugend, in dem auch der kommunistische Jugendverband mitarbeitete, jedoch bald wieder ausschied.

16 Vgl. den veröffentlichten Konferenzband: Konferenz zur Besprechung von Fragen der gewerkschaftlichen Jugendarbeit. Abgehalten am 19. und 20. August 1921 in Kassel, Berlin 1921 (Verlagsgesellschaft des ADGB).

17 Ebd., S. 8; Tilsner-Gröll, Jugendbildungsarbeit, S. 104-106.

18 Walter Maschke, Jugendbewegung und Jugendfürsorge (Freie Gewerkschaften in Deutschland), in: Ludwig Heyde (Hrsg.), Internationales Handwörterbuch des Gewerkschaftswesens, Berlin 1932, 2. Band, Teil 1, S. 881-886, hier S. 883.

19 Vgl. für Berlin: Detlef Prinz/Manfred Rexin (Hrsg.), Gewerkschaftsjugend im Weimarer Staat, Köln 1983; sowie Roland Gröschel, ›… wir kämpfen, weil wir gläubig

Jugendarbeit konnte zwar auch soziale Praktiken wie vor allem das gemeinsame Wandern umfassen, aber häufig konzentrierten sich die Aktivitäten auf berufliche Fragen der jeweiligen Gewerkschaft. Gerade Verbände, die über eine ausgeprägte Berufstradition verfügten, hatten schon früh Jugendabteilungen begründet und versuchten auf die jugendlichen Mitglieder im Sinne der jeweiligen Berufstradition einzuwirken.

Gegenüber den politischen Arbeiterjugendorganisationen rückten die Gewerkschaften die ökonomischen Verbesserungen in den Vordergrund. Walter Maschke betonte in einem Jahresbericht des Verbandes der Arbeiterjugendvereine die gewerkschaftliche Distinktion und den Vorrang ihrer ökonomischen Arbeit: »[…] denn wer nicht weiß, wie er in den nächsten 24 Stunden seinen Hunger stillen kann, wird sicher nichts für Volkstänze oder gar für das Studium des wissenschaftlichen Sozialismus übrig haben«.[20] Prägend für die Jugendarbeit war die Konzentration auf sozialpolitische Lobbyarbeit und die Jugendpflege.[21]

Ein besonderes Merkmal der deutschen Gewerkschaftsbewegung war die Verrechtlichung der Arbeitsbeziehungen, auch im Bereich der Jugend. Bereits auf dem ersten Kongress des ADGB 1919 war die Forderung nach einem Berufsbildungsgesetz erhoben worden. Nach der ersten Lesung des Gesetzes 1928 wurde es schließlich aufgrund der Wirtschaftskrise zurückgestellt und in der Weimarer Republik nicht mehr verabschiedet.[22] Zwar gab es zeitgenössische Forderungen, die Arbeiterjugendorganisationen nicht allein als Nachwuchsreserve für zukünftige Funktionäre zu betrachten und jugendliche Freiräume zu ermöglichen.[23] Aber die Konzentration auf berufliche, rechtliche und ökonomische Fragen und die enge Bindung an die Gesamtorganisation blieb richtungsweisend und

sind …‹. Notizen zur Geschichte der Berliner Arbeiterjugendbewegung, in: Gert-Joachim Glaessner/Detlef Lehnert/Klaus Sühl (Hrsg.): Studien zur Arbeiterbewegung und Arbeiterkultur in Berlin, Berlin 1989, S. 147-170; zum Frankfurter Raum mit Schwerpunkt auf die Weimarer Republik: Arbeiterjugendbewegung in Frankfurt 1904-1945. Materialien zu einer verschütteten Kulturgeschichte, eine Ausstellung im Historischen Museum Frankfurt, Frankfurt a. M. 1978; Fritz König/Paul Grünewald, Arbeit um den Preis eines Brötchens. Gewerkschaftsjugend gegen Lehrlingsausbeutung, in: Franz Neuland/Albrecht Werner-Cordt (Hrsg.): Die junge Garde. Arbeiterjugendbewegung in Frankfurt a. M. 1904-1945, Gießen 1980, S. 163-174 und Paul Grünewald, Solidarität im weißen Kragen. Die ZdA-Jugend Frankfurt, in: ebd., S. 175-184.

20 Von Weimar bis Bielefeld. Ein Jahr Arbeiterjugendbewegung, bearbeitet von Erich Ollenhauer, Berlin 1921, S. 105.

21 Lothar Kamp, Gewerkschaftsjugend in der Nachkriegszeit. Zwischen Tradition und Neuorientierung, Frankfurt a. M. 1986. (Endbericht des Projektes Geschichte der Gewerkschaftsjugend 1945-1956, Projektleiter Prof. Dr. Iring Fetscher, gefördert von der Stiftung Volkswagenwerk, Band 1), S. 20-26.

22 Kathleen Thelen, How Institutions Evolve. The Political Economy of Skills in Germany, Britain, The United States, and Japan, Cambridge 2004, S. 90; Eppe, Selbsthilfe, S. 213-220.

23 Vgl. Georg Engelbert Graf, Jung und Alt in der proletarischen Jugendbewegung, Heft 4, Proletarische Jugend. Sammlung Sozialistischer Jugendschriften, 3. Aufl., Berlin 1922.

machte die Gewerkschaftsjugend für die Mehrzahl der Arbeiterjugendlichen weniger interessant. Weitere Faktoren erschwerten eine Ausbreitung der Gewerkschaftsjugend: Detlef Peukert hat darauf hingewiesen, dass die Trennung zwischen Gelernten und Ungelernten eine der wichtigen Grenzen in der Lebenswelt der Arbeiterjugend war und die Arbeiterjugendbewegung aus dem Kreis der Ungelernten nur wenig Zuspruch fand.[24] Die gewerkschaftliche Jugendarbeit war daher vor allem für aufstiegsorientierte Lehrlinge bedeutsam.[25] Hinzu kam, dass die jugendbewegten Strömungen der Weimarer Republik in den Gewerkschaften weniger Nachhall fanden. Sozialdemokratie und Gewerkschaften galten als Altherrenvereine, während KPD und NSDAP das Bild einer jugendlichen Bewegung zu vermitteln suchten.[26] Das wenig jugendliche Image der Gewerkschaften verstärkte sich dadurch, dass die älteren Funktionäre in der Weimarer Republik an einem »selbstgerechten Patriarchalismus« gegenüber der Jugend festhielten.[27] In ihrem Verständnis waren die Jugendlichen vor allem unfertige Erwachsene, die durch entsprechende Schulungen für die notwendigen Aufgaben vorzubereiten seien. Der Jugendmythos, der die Weimarer Republik so nachhaltig prägte, erfasste die Gewerkschaften in einem erheblich geringeren Maße.[28]

Die größten Mobilisierungserfolge verzeichneten die Gewerkschaften in den Verbänden, die eine starke Berufstradition mit Herkünften aus dem Handwerk hatten. Die größte jugendliche Mitgliedschaft hatte der Deutsche Metallarbeiter Verband (DMV), aber bereits der große Verband der Fabrikarbeiter, in dem keine Lehrlinge organisiert waren, verzichtete auf eigenständige Jugendarbeit.[29] Der DMV praktizierte auch – wie sonst nur noch der Zentralverband der Angestellten (ZdA) – die Wahl der Gruppenleiter durch die Jugendlichen selbst. Aber die sozialen Praktiken bestanden wie in anderen Gewerkschaften vor allem in Aktivitäten mit Bildungsanspruch wie Wanderungen, Vorträgen und Schulungen. Die Zahl der Jugendgruppen im DMV stieg auf rund 180 Anfang der 1930 Jahre bei rund 70.000 nominellen Mitgliedern.[30] Insgesamt blieb der Organisationsgrad der jugendlichen Beschäftigten in der Weimarer Republik hinter dem

24 Detlef Peukert, Jugend zwischen Krieg und Krise, Lebenswelten von Arbeiterjungen in der Weimarer Republik, Köln 1987, S. 234.

25 So gab es 1907 (Reichsberufszählung) zwar 807.310 Lehrlinge, aber dies waren nur 23,9 Prozent der rund 3.382.649 Millionen jugendlichen Erwerbstätigen. Zahlen bei: Karlwilhelm Stratmann, ›Zeit der Gärung und Zersetzung‹. Arbeiterjugend im Kaiserreich zwischen Jugend und Beruf. Zur berufspädagogischen Analyse einer Epoche im Umbruch, Weinheim 1992, S. 129.

26 Siegfried Weichlein, Milieu und Mobilität: Generationelle Gegensätze in der gespaltenen Arbeiterbewegung der Weimarer Republik, in: Klaus Schönhoven/Bernd Braun (Hrsg.): Generationen in der Arbeiterbewegung, München 2005, S. 165-192.

27 Klaus Tenfelde, Jugend und Gewerkschaften in historischer Perspektive, in: *Gewerkschaftliche Monatshefte* Nr. 3-4 (1981), S. 129-143, hier S. 141.

28 Vgl. Stambolis, Mythos.

29 Tilsner-Gröll, Jugendbildungsarbeit, S. 100.

30 Klecha, IG Metall, S. 39.

der Erwachsenen zurück und erreichte nie mehr als zehn Prozent[31], während der allgemeine Organisierungsgrad 1925 fast 40 Prozent betrug.[32] Dieses Verhältnis sollte der Normalfall in der gewerkschaftlichen Geschichte bleiben.

Mit dem Verbot der Gewerkschaften 1933 endete auch die gewerkschaftliche Jugendarbeit. Es war für die Gewerkschaften nicht möglich, ihre auf Massenbasis angelegten Organisationsstrukturen in der Illegalität aufrechtzuerhalten, im Wesentlichen richtete sich der gewerkschaftliche Widerstand in Deutschland auf die Aufrechterhaltung von persönlichen Verbindungen von Funktionären im In- und Ausland. Explizit gewerkschaftliche Jugendgruppen traten hierbei nicht in Erscheinung.[33] Jugendliche Gewerkschafter waren beteiligt an den Aktionen der Sozialistischen Arbeiterjugend (SAJ) und der kommunistischen Jugendorganisationen. Die SAJ versuchte vor allem die Verbindungen zwischen den Mitgliedern zu halten, allerdings endete diese Arbeit meist Ende der 1930er Jahre.[34]

Der gewerkschaftliche Wiederaufbau nach 1945 und die Arbeit in den 1950er Jahren fanden unter neuen Bedingungen der jugendkulturellen Entwicklungen statt. Bevor die Organisationsgeschichte nachgezeichnet wird, sollen die strukturellen Voraussetzungen jugendkultureller Entwicklungen und die zeitgenössischen Reflexionen in der Jugendsoziologie diskutiert werden.

Die Nachkriegszeit und die frühen 1950er Jahre waren neben der schwierigen Versorgungs- und Wohnungslage auch von der »Berufsnot« der Jugendlichen geprägt, 1950 wurde eine Viertelmillion Arbeitsloser unter 25 Jahren gezählt.[35] Allerdings ging die Arbeitslosigkeit unter den Jugendlichen schnell zurück. Bereits 1953 waren in der Gruppe der 15-24-Jährigen 80 Prozent in Arbeit, davon 69 Prozent der 15-17-Jährigen.[36] Die Wochenarbeitszeiten betrugen bis 1960

31 Ebd., S. 38.

32 Schneider, Geschichte, S. 165.

33 Michael Schneider, Unterm Hakenkreuz. Arbeiter und Arbeiterbewegung 1933 bis 1939, Bonn 1999, S. 841-849 und S. 1023-1029. Vgl. Willy Buschak, Arbeit im kleinsten Zirkel. Gewerkschaften im Widerstand gegen den Nationalsozialismus, Essen 2015; ein jüngeres Projekt zu Biographien verfolgter Gewerkschafter belegt, dass vor allem Funktionäre der Gewerkschaften verhaftet wurden, die zwischen 1890 und 1905 geboren waren. Siegfried Mielke (Hrsg.), Gewerkschafter in den Konzentrationslagern Oranienburg und Sachsenhausen. Biographisches Handbuch, Band 1, Berlin 2002, S. 18. Vgl. Siegfried Mielke/Stefan Heinz (Hrsg.): Funktionäre des Deutschen Metallarbeiterverbandes im NS-Staat. Widerstand und Verfolgung, Berlin 2012.

34 Mit weiterer Literatur vgl. Birgit Retzlaff, Mitglieder der Sozialistischen Arbeiterjugend SAJ im Widerstand gegen den Nationalsozialismus, in: Heinrich Eppe/Ulrich Herrmann (Hrsg.): Sozialistische Jugend im 20. Jahrhundert. Studien zur Entwicklung und politischen Praxis der Arbeiterjugendbewegung in Deutschland, Weinheim/München 2008, S. 225-244.

35 Axel Schildt, Von der Not der Jugend zur Teenager-Kultur: Aufwachsen in den 50er Jahren, in: Ders./Arnold Sywottek (Hrsg.), Modernisierung im Wiederaufbau. Die westdeutsche Gesellschaft der 50er Jahre, Bonn 1993, S. 335-348, hier S. 336.

36 Zinnecker, Jugendkultur, S. 313; vgl. auch Hedwig Rudolph, Sozialisierung zum Lohnarbeiter. Die Berufsbildungspolitik der fünfziger Jahre, in: Gero Lenhardt (Hrsg.), Der

48 Stunden, dann senkte ein neues Jugendarbeitsschutzgesetz die wöchentliche Arbeitszeit auf 40 Stunden. Branchenspezifische Unterschiede spielten jedoch eine wichtige Rolle. Während in der Metallindustrie die 5-Tage-Woche als Regelarbeitszeit bereits Ende 1956 eingeführt wurde[37], waren es vor allem Gastronomie, Bäckerhandwerk und Landwirtschaft, in denen es zu regelmäßigen Verstößen gegen die Schutzbestimmungen und zu überlangen Arbeitszeiten kam.[38] Auch das von den Gewerkschaften geforderte generelle Verbot der Samstagsarbeit für Jugendliche wurde 1960 nicht eingeführt, vor allem wegen Bedenken aus dem Dienstleistungsbereich. Die frei disponierbare Zeit für die Arbeiterjugendlichen blieb gegenüber Schülern weiterhin geringer.[39] Durch die zunehmende freie Zeit wuchs dem Wochenende, insbesondere dem Samstag, eine neue Bedeutung zu. Dabei prägte die freie Zeit in den 1950er Jahren eine »Dominanz der Häuslichkeit«.[40]

Die Zunahme von freier Zeit wie auch ein Anstieg der Geldmenge, die Jugendlichen zur Verfügung stand, forcierte seit Mitte der 1950er Jahre die Ausbreitung von neuen Jugendkulturen, wobei zweien besondere Bedeutung zukam: den Halbstarken und den Teenagern. Mit beiden Gruppen verband sich eine erhebliche Ausweitung des Konsums. 1959 hatten die 14- bis 19-Jährigen eine monatliche Summe von 40 DM zur Verfügung, insgesamt jährlich rund vier Milliarden DM. Dabei sparten die Jugendlichen, wie auch ältere Bevölkerungsgruppen, häufig auf langlebige Konsumgüter, bei männlichen Jugendlichen war das vor allem das Moped, bei weiblichen der Plattenspieler und der Fotoapparat.[41] Der Anstieg des Konsums gerade bei Jugendlichen wird von Kaspar Maase als Teil der Verwestlichung interpretiert, mit erheblichen Auswirkungen auf das soziale Gefüge der Gesellschaft. Er sieht einen »zivilen Habitus«, der sich mit der amerikanischen Popular-Kultur in den 1950er Jahren etablierte. Dieser habe drei Komponenten gehabt: zum einen wirkten

hilflose Sozialstaat. Jugendarbeitslosigkeit und Politik, Frankfurt a. M. 1979, S. 95-129, Zahlen zum Rückgang der Jugendarbeitslosigkeit S. 98-101.

37 Das sogenannte Bremer Abkommen vom Juli 1956 sah die schrittweise Herabsetzung der Arbeitszeit auf 45 Wochenstunden vor. Schneider, Geschichte, S. 291.-293; Matthias Frese, »Samstags gehört Vati mir«. Arbeit und Freizeit von Frauen und Männern in der gewerkschaftlichen Diskussion der frühen Bundesrepublik Deutschland (1949-1965), in: *Westfälische Forschungen* 45 (1999), S. 73-101; Irmgard Herrmann-Stojanov, Die Entstehung einer neuen Zeitinstitution, in: Friedrich Fürstenberg/Irmgard Herrmann-Stojanov/Jürgen P. Rinderspacher (Hrsg.), Der Samstag. Über Entstehung und Wandel einer modernen Zeitinstitution, Berlin 1999, S. 69-100, bes. S. 80.

38 Schlüter, Ende, S. 65-67; zur Einführung des Jugendarbeitsschutzgesetzes 1960 und Verstöße dagegen vgl. Jens Harro, Jugendarbeitsschutz. Von den Anfängen der Industrialisierung bis zur Gegenwart, Frankfurt a. M./New York 1980, S. 119-137.

39 Siegfried, Time, S. 39; insgesamt zur Ausweitung der Freizeit und die Auswirkung zur Entwicklung der Jugendkulturen: ebd., S. 36-50.

40 Axel Schildt, Moderne Zeiten. Freizeit, Massenmedien und ›Zeitgeist‹ in der Bundesrepublik der 50er Jahre, Hamburg 1995, S. 110.

41 Schildt, Not, S. 343f.

die kommerziellen Orientierungen der »[...] deutschen Tradition entgegen, sich ›idealistisch‹ auf Prinzipien und ideologische Freund-Feind-Polarisierungen zu verpflichten, und erleichterten den entspannteren, kompromißbereiten Umgang mit gesellschaftlichen Interessenkonflikten«. Zum anderen hätten die lockeren und flexibleren Umgangsformen dazu beigetragen, die »symbolische Distanz« zwischen den sozialen Gruppen zu verringern, und drittens hätte die vor allem im proletarischen Milieu verbreitete Rezeption amerikanischer Kulturelemente der Massenkultur zu höherer Legitimität verholfen und so die »sozialen Machtbalancen« verschoben.[42] Detlef Siegfried hat hingegen deutlich gemacht, dass Konsum und Politik in den 1960er Jahren gerade nicht einen Gegensatz darstellten, sondern es vielmehr zu einer »Parallelität von zunehmender Konsumtion und Politisierung« kam. Dabei waren die jugendlichen »Hauptträger« dieser Entwicklung eher unter Oberschülern, Realschülern und jungen Angestellten zu finden als in der jugendlichen Arbeiterschaft.[43] Allerdings ist für die Gesamtheit der jugendlichen Freizeitkulturen festgestellt worden, dass sich in den 1950er Jahren ein »Übergang vom moralischen zum kommerziellen Code in der Jugendfrage« schon andeutete.[44] Dies betraf auch die Arbeiterjugend. Während die ›Teenagerkultur‹ eher weiblich geprägt war und klassenübergreifend auftrat[45], dominierten bei den Halbstarken männliche Arbeiterjugendliche. Unter dem Rubrum der »Halbstarkenkrawalle« in der zweiten Hälfte der 1950er Jahre gelten sie als Teil der jugendlichen Protestformen mit aufgeregter medialer Begleitung, wurden aber rückblickend zu »kulturellen Ikonen« jener Jahre.[46] Aber über die eigentliche Phänomenologie hinaus ist die Bindung der Halbstarken und des Rock 'n' Roll an die Arbeiterjugend interessant.[47] Wie Kaspar Maase hervorhebt, war der an amerikanischen Vorbildern orientierte Stil zwar ausgesprochen »machistisch«, allerdings in lässiger und ziviler Orientierung, mit der eine soldatische Männlichkeit aufgeweicht wurde.[48] Neben dem Rock 'n' Roll für die Arbeiterjugend war Jazz in den 1950er Jahren ein jugendkulturelles Distinktionsmerkmal, welches jedoch an der »Realschullinie« trennte und vor allem von Oberschülern

42 Kasper Maase, BRAVO Amerika. Erkundungen zur Jugendkultur der Bundesrepublik in den fünfziger Jahren, Hamburg 1992, Zitate S. 15 und 17. Maase hat seine These in längerer Perspektive ausgeführt in: Kasper Maase, Grenzenloses Vergnügen. Der Aufstieg der Massenkultur 1850-1970, Frankfurt a. M.1997.

43 Siegfried, Time, S. 13 und S. 10.

44 Rolf Lindner, Teenager – Ein amerikanischer Traum, in: Willi Bucher/Klaus Pohl (Hrsg.): Schock und Schöpfung. Jugendästhetik im 20. Jahrhundert, Darmstadt und Neuwied 1986, S. 278-283, hier S. 282.

45 Vgl. zusammenfassend Siegfried, Time, S. 150-158; mit vergleichender Perspektive USA und Bundesrepublik: Sebastian Kurme, Halbstarke. Jugendprotest in den 1950er Jahren in Deutschland und den USA, Frankfurt a. M./New York 2006, S. 263-280.

46 Kurme, Halbstarke, S. 20; Schildt, Zeiten, S. 152.

47 Auch wenn es nicht allein Arbeiterjugendliche waren, die sich an den Halbstarkenkrawallen beteiligten, ist ihre Dominanz bei den Aktivitäten eindeutig. Vgl. Kurme, Halbstarke, S. 304-308 mit weiteren Literaturverweisen.

48 Maase, Bravo, S. 120.

als eigener Stil praktiziert wurde, wobei es auch immer Überschneidungen in den Musikpräferenzen gab.[49] Die Halbstarkenkrawalle sind als sozialer Protest gewertet worden. Dabei stand jedoch weniger eine Klassenauseinandersetzung als ein generationeller Konflikt im Vordergrund. Die wenigen Hinweise auf weitere Lebensläufe von sogenannten Halbstarken sprechen dafür, dass die meisten der Beteiligten nach einer wilden Jugendphase eher ein geregeltes Leben führten.[50]

Der Zusammenhang von neuen Formen jugendkultureller Praktiken und dem Wandel des alten Arbeitermilieus wurde unter gewerkschaftlichen Funktionären der Jugendarbeit schon früh diskutiert. 1952 führte ein Dozent der Heimvolkshochschule Hustedt, Werner Dietrich, aus, dass die Aufgaben der Gewerkschaftsjugend sich nicht mehr auf Schulungen für den Klassenkampf beschränkten, da der »Eintritt in die Gewerkschaft für die allermeisten kein innerlich bindendes Erlebnis« mehr sei. Die politischen und sozialen Erfahrungen des proletarischen Milieus fehlten: »Was der junge Arbeiter damals von Hause aus mitbrachte: das proletarische Lebensgefühl und das pathetische Bewußtsein, die Tradition weitertragen zu müssen, ist im jungen Arbeiter von heute so gut wie erloschen.«[51] Entsprechend seiner Idealisierung der alten Arbeiterbewegung forderte Dietrich für die Gewerkschaftsjugend das Gemeinschaftserleben in Gruppen, womit die Zusammengehörigkeit gestärkt werden sollte. Damit wurde eher ein Anschluss an Formen der Jugendarbeit in der Weimarer Republik gesucht. Dietrich konstatierte auch, dass die Gewerkschaften sich von einer Bewegung zu einem Interessenverband entwickelt hätten, wodurch die Opferbereitschaft gesunken sei. Höhere soziologische Weihen bekamen diese Debatten durch die Untersuchung einer Forschergruppe um Helmut Schelsky. Er hatte bereits von 1950 bis 1952 im Auftrage des DGB die Arbeitslosigkeit von Jugendlichen untersucht.[52] Im Folgeauftrag untersuchte Schelsky 1953/54 die Situation der gegenwärtigen Arbeiterjugend.[53] Seinen Überlegungen einer

49 Maase, Bravo, S. 177-185.

50 Kurme, Halbstarke, S. 280. Dass Lehrlinge bei Krupp sich gegenüber Halbstarken skeptisch zeigten, wurde anhand der Werkszeitschrift nachgezeichnet. Vgl. Ralf Stremmel, Weder Politprotest noch Krawall, weder Halbstarker noch 68er. Auf der Suche nach dem Selbstverständnis der schweigenden Jugend, in: Detlef Briesen/Klaus Weinhauer (Hrsg.), Jugend, Delinquenz und gesellschaftlicher Wandel. Bundesrepublik Deutschland und USA nach dem Zweiten Weltkrieg, Essen 2007, S. 27-41.

51 Beide Zitate: Werner Dietrich, Die psychologischen Grundlagen der Jugendarbeit. Referat auf der zentralen Arbeitstagung des DGB-Bundesvorstandes im November 1952 »Grundlagen gewerkschaftlicher Jugendarbeit«. Abgedruckt bei: Kamp, Gewerkschaftsjugend, S. 216-224, Zitate S. 220 und S. 221.

52 DGB-Bundesvorstand (Hrsg.), Arbeitslosigkeit und Berufsnot der Jugend, 2 Bände, erarbeitet von der Sozialwissenschaftlichen Arbeitsgemeinschaft zur Erforschung von Jugendfragen unter der wissenschaftlichen Leitung von Professor Dr. Helmut Schelsky, Köln 1952.

53 Helmut Schelsky (Hrsg.), Arbeiterjugend Gestern und Heute. Sozialwissenschaftliche Untersuchung von Heinz Kluth, Ulrich Lohmar und Rudolf Tartler, Heidelberg 1955.

Entgrenzung der alten Schichtstrukturen folgend, wertete Schelsky die Ergebnisse der Untersuchungen dahingehend, dass weder dem Begriff des »Arbeiters« noch dem der »Jugend« eine »einheitliche und in sich strukturell bündige soziale und menschliche Seinsform« zugrunde liege.[54] Besorgnis hatte schon 1953 Karl Bednarik ausgelöst, der anhand von Beobachtungen in Wien einen neuen Typus des Arbeiterjugendlichen ausmachte, der ziellos seine Zeit verbringe und sich in Kleidung und Musikpräferenz an amerikanischen Vorbildern orientiere.[55] Für die Forschergruppe um Schelsky bezeichnete Rudolf Tartler die Warnungen Bednariks als Gefahr, »im Auffälligen das Normale zu sehen«. Der Durchschnitt der Arbeiterjugendlichen kleide sich weiterhin unauffällig und ziele habituell nicht allzu stark auf Distinktion. Ein Gegensatz zwischen den Generationen sei keine Problematik mehr, resümierte Tartler.[56] Heinz Kluth übernahm es, die Entwicklung des Begriffes Arbeiterjugend kritisch zu hinterfragen. Bereits in der Weimarer Republik sei letztlich davon Abstand genommen worden, da die »Erfolge der Arbeiterbewegung« die Grundlagen ihrer Ideologie zerstört hätten. Auch die organisierte Arbeiterjugendbewegung nutzte Begriffe wie »erwerbstätige Jugend« oder »arbeitende Jugend«, woran Kluth ein langsames Verschwinden eines Klassenbewusstseins ebenso ausmachte wie an dem Anstieg von Angestellten.[57] Kluth plädierte letztlich dafür, nicht mehr von signifikanten Unterschieden zwischen Arbeitern und Angestellten auszugehen, sondern von individualisierten Biographien: »Der Jugendliche von heute erlebt sein Schicksal nicht mehr als Gruppenschicksal« war seine Schlussfolgerung.[58] Für dieses optimistische Resümee machte Kluth geltend, dass bei den Selbstbeschreibungen der Jugendlichen nur sehr selten der Begriff »Arbeiter« genannt wurde, hingegen die Berufsbezeichnungen im Vordergrund des Selbstverständnisses standen. Schließlich diskutierte Ulrich Lohmar die Situation der arbeitenden Jugendlichen und ihrer Organisationen. Die Falken wie die Gewerkschaftsjugend würden die Demokratie anerkennen und in ganz unpathetischer Weise für Reformen eintreten. Ihre Absicht sei die Interessenpolitik, und ihre Mitglieder betrachteten die Mitarbeit als »Ergänzung zum persönlichen Raum«, nicht mehr als umfassenden Lebensbereich.[59]

Die Ergebnisse dieser Studie wurden eine Zeit lang auf gewerkschaftlichen Schulungen und Bezirkskonferenzen diskutiert. Allerdings betonten ehemalige Funktionäre, der Ansatz sei zu abstrakt gewesen und bei vielen aktiven Gewerkschaftsjugendlichen herrschte das Verständnis vor, sie seien mit Beschreibungen

54 Helmut Schelsky, Einführung, in: Schelsky, Arbeiterjugend, S. 9-15, S. 11.

55 Karl Bednarik, Der junge Arbeiter von heute. Ein neuer Typ, Stuttgart 1953.

56 Rudolf Tartler, Die soziale Gestalt der heutigen Jugend und das Generationsverhältnis in der Gegenwart, in: Schelsky, Arbeiterjugend, S. 263-338, hier S. 289.

57 Heinz Kluth, Arbeiterjugend. Begriff und Wirklichkeit, in: Schelsky, Arbeiterjugend, S. 16-174, hier S. 47-52.

58 Kluth, Arbeiterjugend, S. 121.

59 Ulrich Lohmar, Die arbeitende Jugend im Spannungsfeld der Organisationen in Gesellschaft und Staat, in: Schelsky, Arbeiterjugend, S. 175- 262, hier S. 227.

der Arbeiterjugend als konsum- und aufstiegsorientiert nicht gemeint. Auch Kritik an Schelskys Rolle im Nationalsozialismus trug mit dazu bei, ihn nicht mehr im gewerkschaftlichen Umfeld mit Untersuchungen zu beauftragen.[60] Die Skepsis gegenüber Thesen, die eine Auflösung der Arbeiterjugend beschrieben, blieb in den Gewerkschaften vorherrschend.[61] Weiterhin galt die Klassengesellschaft als Strukturierungsmerkmal der Gesellschaft mit dem grundlegenden Konflikt zwischen Arbeit und Kapital. Rückläufig waren aber eine aus dieser gesellschaftlichen Strukturierung abgeleitete klassenkämpferische Rhetorik und damit verbundene sozialistische Utopien. Einen prominenten Fürsprecher erhielt man durch den linkskatholischen Publizisten Walter Dirks, der Schelskys Thesen der »nivellierten Mittelstandsgesellschaft« angesichts des Metallarbeiterstreiks in Schleswig-Holstein 1956/57, der über mehrere Wochen mit dem Ziel geführt wurde, die Lohnfortzahlung im Krankheitsfall auch für Arbeiter durchzusetzen,[62] zurückwies: »Die vorherrschende Meinung, das ›Klassenbewußtsein‹ der Arbeiter sei in der konsum-orientierten Massengesellschaft mit ihren genormten Kleinbürger-Idealen untergegangen, ist in Schleswig-Holstein nicht bestätigt worden.«[63] Der damalige IG-Metall-Bezirksleiter für Hamburg, Heinz Ruhnau, griff diese Beobachtung auf und stellte auch für die Jugend und junge Erwachsene fest, dass sie in den Gewerkschaften engagiert seien und sich im Metallarbeiterstreik solidarisch zeigten. Allerdings habe sich die Begründung für die gewerkschaftliche Solidarität gewandelt: »Die Solidarität entspringt nicht mehr nur dem Gefühl, sondern vielmehr einer vernunftgemäßen Überlegung. Man könnte fast von einer ›rationalen Solidarität‹ sprechen«, resümierte er seine Beobachtungen, die implizit an Schelskys Begriff der skeptischen Generation anknüpfte.[64]

60 Vgl. die Diskussion um Schelsky und die Rezeption bei: Peter Syga, Protokoll einer Tagung mit gewerkschaftlichen Jugendsekretären der Nachkriegszeit im November 1984 in der DGB-Bundesjugendschule Oberursel, Frankfurt a. M. 1986, S. 68-85.

61 Franz Theunert, Die Arbeiterjugend als soziale Gruppe, in: *Gewerkschaftliche Monatshefte* Nr. 8 (1956), S. 488-491. Theunert hielt gegen die Untersuchung der Forschergruppe von Schelsky fest, dass auch schon im Kaiserreich sich nur wenige selbst als »Arbeiter« bezeichnet hätten.

62 Zum Ablauf des Streiks, der eines der prominentesten Beispiele gewerkschaftlicher Erinnerungspolitik ist, vgl. Irene Dittrich/Wilfried Kalk, Wir wollen nicht länger Menschen zweiter Klasse sein – Der Metallarbeiterstreik in Schleswig-Holstein 1956/57, in: Demokratische Geschichte. Jahrbuch für Schleswig-Holstein 2 (1987), S. 351-394; Friedrich Stamp, Arbeiter in Bewegung. Die Geschichte der Metallgewerkschaften in Schleswig-Holstein, Malente 1997, S. 213-254; mit Schwerpunkt auf die Ereignisse in Flensburg: Michael Joho, Die Geschichte der Metallarbeiterbewegung und ihrer Gewerkschaften in Flensburg, hrsg. von der IG Metall Verwaltungsstelle Flensburg, Flensburg/Hamburg 1992, S. 522-608.

63 Walter Dirks, Der lange Streik. *Frankfurter Hefte* 12 (April 1957), Nr. 4, S. 234. Die soziologische Kritik an Schelskys Thesen bei: Ralf Dahrendorf, Soziale Klassen und Klassenkonflikt in der industriellen Gesellschaft, Stuttgart 1957.

64 Heinz Ruhnau, Jugend und Klasse, in: Werden. Jahrbuch für die Deutschen Gewerkschaften, Köln 1959, S. 124-129, hier S. 128. Zum Begriff der skeptischen Generation:

Es waren also zum Teil soziologische Diskussionen, die Ende der 1950er Jahre dazu beitrugen, die Arbeit der Gewerkschaftsjugend neu auszurichten. Dabei galten gerade die Auswirkungen der Konsumgesellschaft in der Jugendarbeit als zwiespältig. Einerseits war die Erhöhung der Löhne – und damit auch der Lehrlingsvergütungen – ein dauerhaftes Ziel, wobei es vor allem in der Metallindustrie gelang, die Lehrlingsvergütung als tarifliche Leistung zu vereinbaren, während im Handwerk weiterhin von einem Erziehungsverhältnis ausgegangen wurde und entsprechend nur »Erziehungsbeihilfen« gezahlt wurden.[65] Dennoch erfolgte eine langsame Erhöhung, mit der insbesondere in der Metallbranche die Attraktivität der Ausbildungsstellen wuchs. Ziel der Gewerkschaften war es, gerade auch ihren Mitgliedern durch höhere Entlohnung Zugänge zur Konsumgesellschaft zu schaffen. Zugleich sollte allerdings eine als »sinnvolle« und »schöpferisch« bezeichnete Freizeitgestaltung der Jugendgruppen im Mittelpunkt stehen[66] und damit ein Kontrapunkt zur »Vergnügungs- und Freizeitindustrie« gesetzt werden. Die Forderung nach kulturellen und politischen Bildungsaspirationen und moralisch »sauberen« Haltungen prägte den jugendpädagogischen Diskurs der Gewerkschaften und der Arbeiterbewegung seit dem Kaiserreich.[67] Aber es wurden in den 1950er Jahren weniger die Abgrenzung von »Schund und Schmutz« oder die lange Zeit propagierte Abstinenz von Tabak und Alkohol in den Vordergrund gestellt. Vielmehr verschob sich die Argumentation auf die sich auch im Freizeitbereich ausweitenden Konsummöglichkeiten und – wie meist befürchtet – einer damit verbundenen Amerikanisierung. Die zeitweilige Zunahme von Neigungsgruppen Mitte der 1950er Jahre, in denen häufig Sing-, Musik- oder Tanzgruppen gebildet wurden, war zwar ein Trend zu jugendpflegerischen Aktivitäten, aber die dominierende Form der Jugendarbeit war die überbetriebliche Gewerkschaftsgruppe, die gesellschaftliche und kulturelle Themen aufgriff.[68]

Die jugendkulturelle Entwicklung brachte die Gewerkschaftsjugend – wie die verbandliche Jugendarbeit insgesamt – in Mobilisierungsschwierigkeiten. Schlüter resümiert, dass die Gewerkschaftsjugend sich Ende der 1950er Jahre den Jugendlichen als »altmodisch, bieder und prüde präsentierte«.[69] Trennungslinien verliefen zum Beispiel an der Frage von Musikstilen. Die IG Metall versuchte schon früh, jugendliche Musikpräferenzen in ihre Arbeit zu integrieren. Seit 1954 richtete sie den »Jugendwerbemonat« im Oktober eines Jahres aus, mit

Helmut Schelsky, Die skeptische Generation. Eine Soziologie der deutschen Jugend, Düsseldorf/Köln 1957.

65 Geschäftsbericht des Vorstandes der IG Metall, 1956-1957, S. 168.

66 Schlüter, Ende, S. 247; Geschäftsbericht 1956/57 der IG Metall, Frankfurt a. M. 1958, S. 161.

67 Eberts, Arbeiterjugend, S. 42; Udo Wichert, Gewerkschaften und Jugend in der Weimarer Republik, in: Detlef Prinz/Manfred Rexin (Hrsg.), Gewerkschaftsjugend im Weimarer Staat, Köln 1983, S. 23-44, hier S. 34; vgl. Eppe, Selbsthilfe.

68 Schlüter, Ende, S. 253; dagegen: Brülls, Neuaufbau, S. 198.

69 Schlüter, Ende, S. 346.

dem vor allem die neuen Lehrlinge für die Organisation gewonnen werden sollten. Bald nur noch als »Jugendmonat« firmierend, schickte die IG Metall seit 1956 eine Jugendrevue auf Tournee durch die Bundesrepublik, mit der versucht wurde, sich der populären Kultur anzunähern. Bekannte Künstler traten auf, Kabarett-Elemente wurden in die Jugendrevue einbezogen. 1957 organisierte die IG Metall erstmals in der Dortmunder Westfalenhalle den Auftakt als eine Großveranstaltung mit rund 15.000 Besuchern. Künstler waren u.a. die Berliner »All-Star-Band«, das Ensemble der Kabarett-Gruppe Stachelschweine, die Schlagersängerinnen und -sänger Conny Froboess, Britt Jordan und Billy Mo sowie der Schauspieler Ekkehard Fritsch. Zufrieden wurde im Geschäftsbericht notiert: »Der Beifall der Jugendlichen und die zahlreichen Briefe von Teilnehmern haben bewiesen, daß diese moderne Art der Jugendwerbung als gelungen bezeichnet werden kann.«[70] Die Revuen waren erste Versuche, von den traditionellen Formen wie den noch bis 1955 praktizierten Sonnenwendfeiern Abstand zu nehmen. Von der »weitgehend organisationsbezogenen Festkultur« entwickelte die IG Metall ihre Feiern »hin zu Großveranstaltungen mit vorwiegend unterhaltendem Charakter«.[71] Schwieriger war der Umgang mit neuen Musikstilen. Jazz wurde ab Ende der 1950er Jahre akzeptiert und als Musik der Unterdrückten die Verwendung in der gewerkschaftlichen Jugendarbeit gefordert, aber das Verhältnis zum Rock 'n' Roll blieb bis in die frühen 1960er Jahre ambivalent. Er wurde eher ignoriert, ab 1963/64 zeigte sich dann ein gelassenerer Umgang. 1966 organisierte die IG-Metall-Jugend in Hamburg bereits das dritte »Betriebsjugend Band Festival«, auf dem acht Bands mit englischen Namen aus Hamburger Metallbetrieben im Gewerkschaftshaus auftraten[72], in Recklinghausen wurde im selben Jahr ein Beatfestival organisiert, an dem zahlreiche Amateurbands teilnahmen.[73] Auch modisch war die Distanz zur Jugendkultur von Skepsis geprägt, noch in den 1950er Jahren wurden bei Frauen Jeans und Hosen abgelehnt. Hier setzte Anfang der 1960er Jahre allerdings ein entspannter Umgang ein.[74]

Zum Jahrzehntwechsel gingen die traditionellen Jugendtreffen und -lager zurück. Die als Urlaubsmöglichkeiten angebotenen Zeltlager standen bald in Konkurrenz zu Camping-Urlauben und wurden daher weniger in Anspruch genommen.[75] Von den Bezirken ausgerichtete Zeltlager und Jugendtage erlebten

70 Geschäftsbericht des Vorstandes der IG Metall 1956-1957, S. 164.

71 Schlüter, Ende, S. 289.

72 Es waren: The New Earls/Deutsche Werft; The Gad-Flys/Howaldt; The Limited 5/Howaldt; The Sound Dreaks/Kolbenschmidt; The Darks/MAN; The Carrion Kids/WHK Peters; Cavern Cats/Siemens; The Earls/Valvo. Veranstaltungsplakat zum 29.10.1966, in: FZH, AO 554-6-66 Gewerkschaften Hamburg/Nordmark Jugendgruppen Einzelgewerkschaften.

73 Der Beat ist mehr als das große Geschäft. Notizen zum Beat-Festival in Recklinghausen, in: *Welt der Arbeit*, Nr 6, 10.2.1967, S. 10.

74 Vgl. Schlüter, Ende, S. 344-348.

75 Ebd, S. 292-298. Die NGG schloss ihr Jugendlager Ende der 1960er Jahre aufgrund fehlender Nachfrage. Willy Buschak, Von Menschen, die wie Menschen leben wollten.

einen entsprechenden Rückgang, Anfang der 1960er Jahre fanden bei der IG Metall solche nur noch in den Bezirken Köln, Stuttgart und Hannover sowie auf lokaler Ebene statt, wobei sich ab 1962 mit Aktionen zum Antikriegstag am 1. September eine neue politische Aufladung im Zeichen der Entspannungspolitik abzeichnete.[76] Das von den DBG-Bezirken Nordmark, Berlin, Niedersachsen und Nordrhein-Westfalen geplante Pfingstjugendtreffen 1965 in Hannover – unter dem Motto »zielstrebig – kritisch –erfolgreich« – war mit fast 3.000 Besuchern noch einigermaßen gut besucht – neun Jahre zuvor waren es in derselben Stadt jedoch fast 30.000 jugendliche Gewerkschafterinnen und Gewerkschafter gewesen. 1965 wurde zwar auf strikte Trennung von Mädchen und Jungen bei der Unterbringung geachtet, geschlechtstypisch übernachteten die Mädchen in Jugendherbergen, die Jungen in Zelten, dennoch waren einige neue Akzente nicht zu übersehen. So wurden die Jungen mit »Jazz-Rhythmen« geweckt, eine Diskussionsveranstaltung mit dem Politologen Peter von Oertzen zu den Notstandsgesetzen war überfüllt.[77] Der Bezirk Bayern verschob 1967 seine geplanten Jugendtage über Pfingsten und organisierte ein eintägiges Bezirksjugendtreffen gegen die Notstandsgesetze, das für Norddeutschland geplante Treffen im selben Jahr fand gar nicht mehr statt.[78] Mitte der 1960er Jahre war die Jugend der IG Metall, wie die DGB-Jugend insgesamt, auf der Suche nach neuen Formen. Allerdings war die Mehrzahl der Mitglieder in lokalen Jugendgruppen tätig, in denen sich neben traditionellen Formen der Neigungsgruppen neue Elemente der Jugendkultur abzeichneten.

Blicken wir an dieser Stelle noch einmal zurück auf die organisationsgeschichtliche Entwicklung der gewerkschaftlichen Jugendarbeit. Nach 1945 erfolgte der gewerkschaftliche Wiederaufbau überwiegend durch ehemalige Funk-

Die Geschichte der Gewerkschaft Nahrung-Genuss-Gaststätten und ihrer Vorläufer, Köln 1985, S. 472.

76 Vgl. Geschäftsbericht des Vorstandes der IG Metall 1965-67, S. 352 f. Der 1. September war 1962 erstmals von der Gewerkschaftsjugend durchgeführt worden. Hierüber gab es einen Beschluss der DGB-Bundesjugendkonferenz von 1962. Der DGB-Bundesvorstand bestand aber darauf, dass allein die Gewerkschaftsjugend für die Organisation verantwortlich war und nur lokale Veranstaltungen durchzuführen seien. Es bestand die Befürchtung, dass linke Gruppen die Veranstaltungen, die meist als »Mahnstunden« organisiert wurden, stören könnten. So resümierte Horst Kahl, Jugendsekretär in Hamburg, zur Veranstaltung am 1. September 1964: »Bei der Veranstaltung stellte sich tatsächlich heraus, daß ein nicht geringer Teil der Veranstaltungsteilnehmer aus den linksgerichteten Gruppierungen kam. Leider muß diese Tatsache festgestellt werden.« Bericht über die Veranstaltung am 1. September 1964 »Mahnstunde zum 25. Jahrestag des Ausbruches des 2. Weltkrieges«, in: FZH, 554-6-669 Gewerkschaften Hamburg/Nordmark Jugend Aktionen Antikriegstag.

77 Jugend mit klarem Blick, *Hannoversche Presse*, 8.6.1965, sowie weitere Presseberichte und Vorbereitungen in: FZH, 556-6-0 Gewerkschaften – Jugend – Bundesjugendtreffen. Peter von Oertzen (1924 bis 2008) war einer der profiliertesten linken Intellektuellen in der SPD.

78 Aktennotiz Gert Lütgert an Georg Benz, Sitzung des BJA München, 20.3.1967, in: AdsD, 5/IGMA-450-20015.

tionäre der Weimarer Republik, dies galt auch für die Jugendarbeit. Es gab keine allgemeine Bewegung von Jugendlichen zu den Gewerkschaften, die mit expliziten Forderungen auftrat. Allerdings wurde der Jugend zumindest rhetorisch eine neue Rolle zugeschrieben und die Gewerkschaftsjugend als Gestalter einer neuen Zeit angesprochen, die eine »quasi missionarische Aufgabe« habe, nun die Zukunft zu bauen.[79] Zugleich herrschte bei den Funktionären, die schon vor 1933 aktiv gewesen waren, eine Skepsis gegenüber der Jugend vor, die überwiegend als nationalsozialistisch indoktriniert galt. Auch aus diesem Grunde wurde die Unterordnung unter die Vorgaben der älteren Funktionäre verlangt.[80] Die mittlere Funktionärsgeneration, die vor 1933 die Gewerkschaftsbewegung nur als Kind oder Jugendlicher erlebt hatte und von den Erfahrungen als Frontsoldaten geprägt war, akzeptierte dieses Vorgehen überwiegend, wohl auch, weil sie ihre Rolle im Nationalsozialismus kaum thematisieren wollte.[81] Es etablierte sich innerhalb der Gewerkschaften ein generationsübergreifender Diskurs der Einheit der Organisation, womit eine Orientierung an die Jugendarbeit der Weimarer Republik verbunden war. Die Jugend sollte von der älteren Generation lernen, die ältere Generation mit Nachsicht auf die Begeisterungsfähigkeit der Jugend reagieren.[82] Diese integrierende Argumentationsfigur der Nachsichtigkeit gegenüber der ungestümen Jugend war gewiss keine Eigenart der Arbeiterbewegung, sondern prägte institutionelles Sprechen über die Jugend in der Bundesrepublik allgemein.[83] Im gewerkschaftlichen Verständnis gab es jedoch eine spezifische Aufladung. Jugend hieß nicht unbedingt, von einer Selbstständigkeit oder Autonomie auszugehen. Angesichts des transitorischen Charakters der Jugend betonten die Funktionäre die Orientierung an den »alten Kämpfern«. So hob 1946 ein hessischer Jugendfunktionär hervor: »Die Alten haben uns eins voraus: sie sind schon jung gewesen. Ihre Erfahrung soll uns als Grundlage dienen und für unsere Arbeit richtungsgebend sein.«[84] Ein solches Verständnis von Vergemeinschaftung in der Arbeiterbewegung zielte auf kollektive Aktionen, Solidarität

79 Boeßenecker, DGB, S. 256. Vgl. allgemein zu diesem Anspruch an die Jugend: Friedhelm Boll, Jugend im Umbruch vom Nationalsozialismus zur Nachkriegsdemokratie, in: *Archiv für Sozialgeschichte* 37 (1997), S. 482-520.

80 Kamp, Gewerkschaftsjugend, S. 31-35. Diese Skepsis prägte auch die frühe Bildungsarbeit. Bernd Faulenbach, Die DGB-Bundesschulen in der Nachkriegszeit, in: Paul Ciupke/Franz-Josef Jelich (Hrsg.), Ein neuer Anfang. Politische Jugend- und Erwachsenbildung in der westdeutschen Nachkriegsgesellschaft, Essen 1999, S. 179-190, hier S. 182 f.

81 Kamp, Gewerkschaftsjugend, S. 36-38.

82 Ebd., S. 41-43.

83 Vgl. Franz-Werner Kersting, ›Unruhediskurs‹. Zeitgenössische Deutungen der 68er-Bewegung, in: Mathias Frese/Julia Paulus/Karl Teppe (Hrsg.), Demokratisierung und gesellschaftlicher Aufbruch. Die sechziger Jahre als Wendezeit der Bundesrepublik, Paderborn ²2005, S. 715-740; zur verständnisvollen Reaktion auf die frühen Studentenunruhen vgl. Frei, 1968, S. 127 f.; mit polemischem Grundton, aber anschaulichen Beispielen von Reaktionen führender Politiker auf die Unruhen 1967/68: Götz Aly, Unser Kampf. 1968, Frankfurt a. M. 2008, S. 33-37.

84 Zitiert bei: Kamp, Gewerkschaftsjugend, S. 41.

und Stärkung der Organisation. Dies galt auch nach 1945 und wurde zu einem der stärksten Integrationsdiskurse innerhalb der Gewerkschaftsbewegung. Es wird für spätere Abschnitte der bundesdeutschen Geschichte zu zeigen sein, dass es zwar zu partiellen Aufkündigungen dieses Diskurses innerhalb der Organisation kam, aber letztlich hierin das stärkste Argument bestand, das gerade nach der Erfahrung des Nationalsozialismus nicht angezweifelt wurde: die Einheit der Organisation und in einem weiteren Sinne der Arbeiterklasse zu gewährleisten. Damit war auch die Bahn vorgegeben, in der auf jugendliche Kritik an der Organisation reagiert werden sollte. Aber mehr als innerorganisatorische Kritik war es die vorher skizzierte gesellschaftliche Entwicklung der Arbeiterjugend, mit der das Einheits-Argument obsolet zu werden drohte.

Der organisatorische Aufbau gewerkschaftlicher Jugendarbeit erfolgte in den ersten Nachkriegsjahren von oben, das heißt, ältere Funktionäre boten Zusammenkünfte mit Freizeitgestaltung oder bildendem Charakter an.[85] Es hing von lokalen Zufällen ab, ob zum Beispiel alliierte Stellen Jugendgruppen gegenüber offen waren oder ob es einen älteren Funktionär gab, der Zeit hatte und Jugendarbeit für wichtig hielt. Eine über größere Räume sich erstreckende Jugendarbeit setzte erst 1947 ein. Dabei war anfangs nicht geklärt, ob ein Gesamtbund der Gewerkschaften oder die Einzelgewerkschaften die Jugendarbeit organisieren sollten. Die nach einer Gewerkschafts-Tagung im September 1947 erarbeiteten »Grundsätze und Richtlinien für die gewerkschaftliche Jugendarbeit« (sogenannte Salzgitter-Richtlinien) favorisierten die Leitung durch einen gewerkschaftlichen Gesamtbund; entsprechend sollten Jugendgruppen auf Ortsebene und nicht in den Betrieben aufgebaut werden.[86] Letztlich blieb die Kompetenzfrage zwischen Gesamtbund und den Einzelgewerkschaften in der Schwebe, ab Mitte der 1950er Jahre war ein Ausbau der Jugendarbeit der Einzelgewerkschaften in Abgrenzung zum DGB zu beobachten.[87] Auf dem Gründungskongress des DGB 1949 in München war beschlossen worden, im Bundesvorstand einen Verantwortlichen für Jugend einzusetzen und eine eigene Hauptabteilung beim Bundesvorstand einzurichten. Diesen Posten übte bis 1956 der 1915 geborene Willi Ginhold aus. Er wurde 1956 nicht wieder in den Bundesvorstand gewählt, danach gab es keinen eigenen Vorstandsposten für Jugend mehr, vielmehr wurde die Aufgabe einem Vorstandsmitglied übertragen.[88]

85 Brülls, Neuaufbau, S. 131; für den Hamburger Raum: Schlüter, Ende, S. 138-150; eher pejorativ: Reinhard Crusius, Berufsbildungs- und Jugendpolitik der Gewerkschaften. Struktur und Verlauf bei DGB und einigen Einzelgewerkschaften 1945-1981, Frankfurt a. M./New York 1982, S. 99-102; für Dortmund: Ernst Söder, Dein Leben ist mehr als Arbeit. Von den Anfängen bis ins Jahr 2000, Essen 2001, S. 14-16 und S. 20-21.

86 Boeßenecker, DGB, S. 260.

87 Ebd., S. 278.

88 So die Ausführungen von Willi Ginhold später in: DGB-Bundesvorstand, Abt. Jugend (Hrsg.), Treffen der Gründer der Gewerkschaftsjugend. Protokoll eines Treffens im Haus der Gewerkschaftsjugend April 1981, Düsseldorf 1981, S. 32-33; Endbericht des Projektes Geschichte der Gewerkschaftsjugend 1945-1956, Band 3: Interviews, bearbeitet von Lothar Kamp, Frankfurt a. M. 1987, S. 25 f. und S. 37-39.

Die erste Bundesjugendkonferenz des DGB beschloss 1950 »Leitsätze für die gewerkschaftliche Jugendarbeit«, in der eine beratende Rolle der Jugendgremien für die Gesamtorganisation festgelegt wurde. Als Altersgrenze für die Zugehörigkeit wurden 21 Jahre festgelegt, allerdings durften die Leiter älter sein. Dies war eine Ausweitung der Altersgrenze, da die Jugendarbeit in der Weimarer Republik und auch kurz nach dem Krieg auf 14- bis 18-Jährige gezielt hatte. Die Interessenvertretung der Jugend erfolgte nur innerhalb der Organisation, nach außen übernahmen dies weiterhin der Bundesvorstand des DGB oder die Führungsgremien der entsprechenden Einzelgewerkschaften.[89] Eine politische Autonomie blieb der Gewerkschaftsjugend verwehrt, sie fungierte als Personengruppe, eine organisatorische Konstruktion, die auch für Angestellte, Frauen und Handwerk galt. Diesen Personengruppen wurden eigene Gremien, Konferenzen und Abteilungen bei den Gewerkschaftsvorständen zugestanden, aber keine unabhängige Vertretung nach außen.

Auf der ersten Bundesjugendkonferenz des DGB 1950 verwahrten sich insbesondere die Delegierten der IG Metall gegen einen »vollständigen Souveränitätsanspruch« des DGB gegenüber den Einzelgewerkschaften.[90] Die Einzelgewerkschaften und insbesondere die IG Metall beharrten auf einer eigenständigen Arbeit gegenüber dem DGB. Letztlich waren in allen Gewerkschaften die Jugendgruppen als Schonraum für die Jugendlichen konzipiert, der trotz anderslautender Äußerungen kaum ein Ort des Willensbildungsprozesses in der Organisation war, sondern der Nachwuchsrekrutierung und der Schaffung von Gemeinschaftserlebnissen dienen sollte.[91]

Diese Ausrichtung zeigte sich auch in der Debatte um die Frage, ob Betriebs- oder Ortsjugendgruppen das organisatorische Rückgrat bilden sollten. Dies war auch eine inhaltliche Richtungsentscheidung, denn mit der Entscheidung für Ortsgruppen sollten Gemeinschaftserlebnisse unabhängig von Einzelbetrieben organisiert werden. Dabei spielten Ängste vor einer kommunistischen Infiltration in den Betrieben ebenso eine Rolle wie vor »betriebsegoistischen« Haltungen und einer zu starken Einflussnahme durch Betriebsleitungen.[92] In der Folge wurden betriebliche Gruppen in Ortsgruppen überführt, obwohl betriebliche Gruppen weiterhin existierten. Es etablierten sich drei Gruppenformen: neben den verbleibenden betrieblichen Jugendgruppen gab es überbetriebliche Jugendgruppen der Einzelgewerkschaften sowie sogenannte Neigungsgruppen, in denen Hobbys oder berufliche Fragen im Vordergrund standen. Für ältere

89 Boeßenecker, DGB, S. 261; Klecha, IG Metall, S. 47 f.

90 Schlüter, Ende, S. 176 f.

91 Brülls, Neuaufbau, S. 165-168; Kamp, Gewerkschaftsjugend, S. 49 f. Als lokales Beispiel: Haus der Gewerkschaftsjugend (Hrsg.), Mit Hordentopf und Rucksack. Zur Geschichte der Gewerkschaftsjugend in Nürnberg und Coburg nach 1945, Oberursel 1986.

92 Schlüter, Ende, S. 239-242; die Befürchtung eines großen Einflusses der Betriebsleitungen: Endbericht des Projektes Geschichte der Gewerkschaftsjugend 1945-1956, Band 4: Syga: Protokoll , S. 87.

Jugendliche wurden auch Arbeitskreise junger Gewerkschafter geschaffen, die jedoch weniger Diskussionszirkel als Freizeitgestaltungsgruppen waren.[93] Auch die IG Metall konzentrierte sich zunehmend auf überbetriebliche Jugendgruppenarbeit. Dies zeigt die Entwicklung der Orts- und Betriebsjugendgruppen bis Mitte der 1960er Jahre.

Tabelle 2: Entwicklung der Jugendgruppen der IG Metall 1950-1957 (Angaben zum Jahresende, sonst vermerkt)[94]

Jahr	Ortsjugend-Gruppen	Betriebs-Jugendgruppen
1.1.1950	236	286
1.1.1951	237	416
31.12.1951	329	365
1952	386	412
1953	428	349
1954	623	221
1955	641	196
1957	874 (1)	152
1959	945	135
1961	991	113
1964	514 (2)	125
1967	700 (3)	k. A.

(1) Hiervon waren 327 sogenannte Neigungs- und Hobbygruppen
(2) Hiervon waren 192 Neigungsgruppen
(3) Hiervon waren 198 Neigungsgruppen und 76 Arbeitskreise junger Gewerkschafter

Den markanten Rückgang der Betriebsjugendgruppen Mitte der 1950er Jahre förderten die gewerkschaftlichen Führungsgruppen, da es das Ziel gewerkschaftlicher Arbeit sei, die jugendlichen Arbeitnehmer aus der betrieblichen Einflusssphäre zu befreien. Für 1957 notierte der Geschäftsbericht der IG Metall: »Bei den 152 Betriebsjugendgruppen handelt es sich um solche, die ihre Arbeit in engster Verbindung mit ihrer Ortsverwaltung, aber in betrieblichen Räumen durchführen.«[95] Der Anstieg der Ortsjugendgruppen wie auch der

93 Schlüter, Ende, S. 244 f.

94 Angaben nach: Geschäftsberichte der IG Metall 1950-1952, S. 152 f.; 1953-1954, S. 137; 1954-1955, S. 132, 1956-1957, S. 161; Für 1959-1964: Klecha, IG Metall, S. 82; für 1967: Manuskript Abt. Jugend: Jugend der IG Metall in Zahlen und Stichworten, 26.9.1967, in: AdsD, 5/IGMA-22-164. Abweichende höhere Angaben macht: Boeßenecker, DGB, S. 312 auf der Grundlage von DGB-Arbeitsberichten des DGB-Bundesvorstandes. Er rechnet für 1957 337 Neigungsgruppen extra und kommt so auf höhere Zahlen. Dies nimmt er ebenfalls für 1964 und 1967 an.

95 Geschäftsbericht der IG Metall 1956-1957, S. 161.

Zahl der jugendlichen Mitglieder schien das Vorgehen zeitweilig zu bestätigen. Repräsentierten 1950 98.793 jugendliche Mitglieder gerade 8,6 Prozent der Gesamtmitgliedschaft, so stieg ihre Zahl bis 1961 auf 292.318, ein Anteil von 15,8 Prozent (vgl. Tabelle 2). Allerdings setzte danach ein absoluter und prozentualer Rückgang ein, der erst 1970 gestoppt werden konnte.

Der Anstieg der Mitgliederzahlen und der Ortsgruppen täuschte aber hinsichtlich der Bindungen der Mitglieder an die Gewerkschaften. Die Gruppen bestanden oft nicht dauerhaft und entfalteten nur wenig gewerkschaftliche Aktivitäten.[96] Schlüter resümiert für die Hamburger Region: »Beschreibungen der Gewerkschaftspresse, die die Gruppen zu festen ›Jugendgemeinschaften‹ oder gar zu gewerkschaftlichen Kampfgemeinschaften stilisierten, drückten eher Wunschvorstellungen aus, eine realistische Darstellung der Praxis waren sie kaum.«[97] Die jugendpflegerischen Freizeitaktivitäten stifteten nur im geringen Maße dauerhafte Gemeinschaftserlebnisse.

Daher kursierten neue Vorschläge, in die auch die soziologischen Diskussionen um die Entwicklung der Jugend Eingang fanden. Sehr weit ging in der Funktionärszeitschrift des DGB *Solidarität* 1959 Paul Steinmetz, der statt der traditionellen Jugendgruppenarbeit eine gänzlich neue Konzeption vorschlug. Es sollten gewerkschaftliche Jugendhäuser eingerichtet werden, um gegenüber anderen Freizeitangeboten attraktiv zu bleiben und dem nachlassenden Bedürfnis nach fester Gemeinschaftsbindung zu entsprechen. »Es müßte eine Art ›Klubhaus‹ sein, mit vielen Räumen und Freizeitmöglichkeiten. In ihm müßte sich unter der Leitung eines jungen, dafür geeigneten und ausgebildeten Gewerkschafters die gesamte gewerkschaftliche Jugendarbeit konzentrieren«, schlug Steinmetz vor.[98] Sein Vorschlag zielte auf ähnliche Entwicklungen in der staatlichen Jugendarbeit, die zum Beispiel in Hamburg mit dem Ausbau der Häuser der Jugend Ende der 1950er Jahre offene Jugendarbeit betreiben wollte.[99] Verbandspolitisch zeigte sich die Öffnung in der Erklärung von St. Martin des Deutschen Bundesjugendringes 1962, in der mehr Formen offener Jugendarbeit auch in den Verbänden gefordert wurde. Als »vergesellschaftete Jugendarbeit«

96 Schlüter, Ende, S. S. 281-286; Boeßenecker, DGB, S. 299; als Beispiel einer Verwaltungsstelle mit diskontinuierlichen Gruppen seit den späten 1950er Jahren: Joho, Geschichte, S. 681 f.

97 Schlüter, Ende, S. 286.

98 Paul Steinmetz, Gewerkschaftliche Jugendarbeit heute, in: *Solidarität* (1959), Nr. 1, S. 3-9, S. 4. Bereits 1956 hatte der Dortmunder DGB-Jugendsekretär Werner Haak »Jugendklubs nach amerikanischem Muster« gefordert, um der Jugend mehr Raum für eigene Freizeitgestaltung zu geben. Vgl. »Plädiert für Jugendklubs«, *Welt am Sonntag*, 4.8.1956, abgedruckt bei: Söder, Leben, S. 156.

99 Axel Schildt, »Heute ist die Jugend skeptisch geworden«. Freizeit und Jugendförderung in Hamburg in den 1950er Jahren, in: *Zeitschrift des Vereins für Hamburgische Geschichte* 82 (1996), S. 123-160.

sollte nicht mehr ein »autonomes Jugendreich« angestrebt, sondern die gesellschaftliche Integration und Unterstützung in den Blick genommen werden.[100]

Auch die katholische Jugendarbeit erlebte Ende der 1950er Jahre einen Einbruch der Mitgliederzahlen und versuchte, den Individualisierungstrends der Gesellschaft mit neuen Formen der Jugendarbeit zu begegnen.[101] Eine stärker links orientierte politische Bildungsarbeit gegenüber der bisherigen Jugendpflege war auch bei der Sozialistischen Jugend – Die Falken anzutreffen, vielerorts in Verbindung mit der Gewerkschaftsjugend.[102] Die traditionelle Jugendpflege erschien vielen jugendpolitischen Funktionären nicht mehr zeitgemäß. Die in Verbänden organisierte Jugend nahm zwischen 1953 und 1967 erheblich ab: bei den konfessionellen Verbänden von zwölf auf sieben Prozent aller Jugendlichen, bei den politischen Jugendverbänden und der Gewerkschaftsjugend ging der Anteil von vier auf zwei Prozent zurück. Einzige Ausnahme bildete die Mitgliedschaft in Sportvereinen, die von 15 auf 23 Prozent anstieg[103], was als eine »Versportung« insbesondere der männlichen Jugend verstanden worden ist.[104]

Allerdings fanden weitgehende Vorschläge wie die von Steinmetz keinen nachhaltigen Widerhall, sein Vorschlag deutete aber eine zunehmende Skepsis gegenüber traditionellen Formen der Jugendgruppenarbeit bei den verantwortlichen Funktionären an.[105] In der Jugendarbeit rückten um 1960 schließlich zwei Aspekte in den Vordergrund: Die Bildungsarbeit und eine erneute Stärkung der Betriebsarbeit. Die betriebliche Orientierung betraf vor allem die IG Metall, welche die größte jugendliche Mitgliedschaft aller DGB-Gewerkschaften hatte[106], aber auch die Deutsche Postgewerkschaft (DPG) und die Gewerkschaft der Eisenbahner Deutschlands (GdED), die sich ebenfalls stärker auf betriebliche Gruppen stützten. Andere Gewerkschaften, deren jugendliche Mitgliederzahl zurückging wie bei IG Bau Steine Erden (BSE), Gewerkschaft Holz und Kunststoff (GHK) und Nahrung Genuß und Gaststätten (NGG) oder deren

100 Richard Münchmeier, Die Vergesellschaftung der Jugendverbände. Von den fünfziger Jahren bis zur Politisierung, in: Lothar Böhnisch/Hans Gängler/Thomas Rauschenbach (Hrsg.), Handbuch Jugendverbände. Eine Ortsbestimmung der Jugendverbandsarbeit in Analysen und Selbstdarstellungen, Weinheim und München 1991, S. 86-92, hier S. 90 f.; Schlüter, Ende, S. 319; allgemein zur Öffnung in der Jugendpflege auch Julia Ubbelohde, Der Umgang mit jugendlichen Normverstößen, in: Ulrich Herbert (Hrsg.), Wandlungsprozesse in Westdeutschland. Belastung, Integration, Liberalisierung, Göttingen 2002, S. 402-435, hier S. 419-422.

101 Vgl. Edward Ruff, Die Transformation der katholischen Jugendarbeit im Erzbistum Köln 1945-1965, in: Klaus Tenfelde (Hrsg.), Religiöse Sozialisationen im 20. Jahrhundert. Historische und vergleichende Perspektiven, Essen 2010, S. 59-73; Damberg, Abschied, S. 341-348.

102 Zimmer, Stadt, S. 70-74.

103 Mitterauer, Sozialgeschichte, S. 232 f.

104 Schildt, Not, S. 342.

105 Schlüter, Ende, S. 310 f.; für die Jugendarbeit der NGG, deren traditionelle Formen ebenfalls ab Anfang der 1960er Jahre zurückgingen: Buschak, Menschen, S. 467-472.

106 Er stieg von knapp 30 Prozent Anfang der 1950er Jahre auf fast 35 Prozent 1955. Vgl. Geschäftsberichte der IG Metall 1953-1954, S. 135 und 1954-1955, S. 131.

Organisationsgrad gering war, wie bei der Gewerkschaft Handel, Banken und Versicherung (HBV), begannen sich vor allem auf die Jugendbildungsarbeit zu konzentrieren.[107]

Tabelle 3: Mitglieder der IG Metall bis 21 Jahre in ausgewählten Jahren 1950-1970 zum 31.12. eines Jahres[108]

Jahr	Mitglieder bis 21 Jahre	Anteil an der Gesamtmitgliedschaft
1.1.1950	98.793	8,6%
1.1.1951	124.421	9,2%
1.1.1952	196.703	12,7%
1952	211.646	13,2%
1953	211.325	13,4%
1954	225.892	14,0%
1955	240.074	15,5%
1956	257.406	15,5%
1957	280.015	15,8%
1961	292.318	15,8
1964	267.356	14,00%
1967	229.796	11,9%
1968	(1)	
1970	295.613	13,3%

Dass es sich bei diesen Zahlen um Schätzwerte handelte, lässt sich für 1968 gut belegen. Da es keine zentrale Mitgliederkartei der IG Metall für die Jugend gab, wurden die Angaben der unteren Organe zusammengerechnet. Die Abteilung Kasse ging davon aus, dass real die Zahl der jugendlichen Mitglieder nur 255.000 betrüge, aber ohne zentrale Mitgliederkartei eine präzise Erfassung nicht möglich sei. Die Abteilung Jugend befürchtete, beim Delegiertenschlüssel für DGB-Konferenzen zu verlieren, daher schlug Otmar Günther vor, die Mitgliederzahl für 1967 auf 280.456 gegenüber dem DGB festzulegen und eine Korrektur erst 1969 vorzunehmen, weil in dem Jahr keine DGB-Konferenzen geplant waren.[109]

Die zunehmende Skepsis gegenüber der traditionellen Jugendpflege drückte die IG Metall in ihren Geschäftsberichten in den 1960er Jahren deutlich aus. Inso-

107 Schlüter, Ende, S. 357.

108 Angaben ohne Wehrpflichtige nach: Geschäftsberichte der IG Metall 1950-1952, S. 152 f.; 1953-1954, S. 135; 1954-1955, S. 130 f.; 1956-1957, S. 161; 1962-64, S. 378; 1968-1970, S. 355.

109 Otmar Günther an Georg Benz, 11.3.1968, in: AdsD, 5/IGMA-450-20015.

fern war die spätere Behauptung, die Gewerkschaftsjugend habe sich durch eine Fortführung der traditionellen Jugendpflege selbst in eine tiefe Krise zum Ende der 1960er Jahre manövriert, zu kurz gegriffen.[110] War in den 1950er Jahren der Rückgang von Betriebsjugendgruppen noch begrüßt worden, so wurden diese nun zum Schwerpunkt der Arbeit erklärt. Auf einer Klausurtagung des IGM-Jugendausschusses im Dezember 1959 führte der zuständige Sachbearbeiter der Abteilung Jugend der IG Metall, Manfred Leiss, aus: »Der Betrieb ist der Ort, an dem der junge Arbeitnehmer auf überschaubarem Raum den Wirtschaftsmächten begegnet.« Die Jugendleiter wurden kritisiert, zu sehr auf traditionelle Jugendpflege zu setzen. Vielmehr sollten Betriebsgruppen ausgebaut werden.[111] Im Februar 1960 lag dem Jugendausschuss ein »Aktionsplan für betriebliche Jugendarbeit« vor, in dem vor allem die systematische Erfassung von Jugendvertretern und eine an konkreten Forderungen in den Betrieben orientierte Politik angestrebt wurde. Allerdings gab es nie einen förmlichen Beschluss für diesen Richtungswechsel, da vermutlich mit zu großen Widerständen aus dem Kreis der Jugendleiter zu rechnen war.[112] Der Bedeutungsverlust war dennoch in den folgenden Jahren nicht zu übersehen. 1964 wurde im Geschäftsbericht hervorgehoben: »Besondere Aufmerksamkeit verdienen unsere betrieblichen Gruppen. Ihre Arbeit ist betriebsnah und damit auf die Arbeitsverhältnisse bezogen.« Hingegen erhielten die Neigungsgruppen nur noch eine Hilfsfunktion für die eigentlichen gewerkschaftlichen Aufgaben: »Es muß immer wieder darauf hingewiesen werden, daß ihre Arbeit nur ein Teil unserer gewerkschaftlichen Arbeit ist. Die Neigungsgruppen sollen dazu beitragen, die Jugendgruppenarbeit attraktiver zu gestalten und in der Öffentlichkeit um Sympathie für unsere Organisation zu werben.«[113]

Trotzdem erwies sich diese Neuorientierung seitens der Jugendfunktionäre nicht als ein Wendepunkt in der Jugendarbeit, im Gegenteil: Es nahmen sowohl die Mitgliederzahlen wie auch die Orts- und Betriebsgruppen der IG Metall (vgl. Tabellen 1 und 2) nach 1962 ab. Dies mag sich teilweise aus dem Rückgang von Jugendlichen unter 18 Jahren in den Betrieben erklären, der sich durch die geburtenschwächeren Nachkriegsjahrgänge und durch die Einführung des 9. Schuljahres in einigen Bundesländern ergab.[114] Der Anteil an der Gesamtmitgliedschaft sank vom Höchststand 1961 mit 15,8 Prozent auf 11,9 Prozent 1967, und das in einer Zeit, in der die IG Metall insgesamt einen – allerdings diskonti-

110 Diese Einschätzung war Anfang der 1970er Jahre auch in den Gewerkschaften selbst verbreitet. Vgl. Oswald Todtenberg, Neue Formen gewerkschaftlicher Jugendarbeit, in: *Gewerkschaftliche Monatshefte* Nr. 11 (1971), S. 643-661, hier S. 657.

111 Zitat bei: Schlüter, Ende, S. 361 f.

112 Ebd., S. 362 f.

113 Geschäftsbericht IG Metall 1962-1964, S. 327 und S. 328. Den Rückgang der Gruppenaktivitäten in Nürnberg in den Rückblicken ehemaliger Beteiligter in: Haus der Gewerkschaftsjugend, Hordentopf, S. 70 f.

114 Aktennotiz Otmar Günther an Georg Benz, 3.9.1965, in: AdsD, 5/IGMA-450-20015.

nuierlichen – Anstieg der Mitgliedschaft erlebte.[115] Ausdruck eines sich bereits in den 1960er Jahren wandelnden Verständnisses in der IG Metall zur Jugendarbeit war unter anderem, dass im Geschäftsbericht ab 1964 bis weit in die 1970er Jahre hinein keine Aufstellung über Jugendgruppen der IG Metall mehr gegeben wurden. 1967 wurde nur knapp notiert: »Bei den Neigungs- und Hobbygruppen ist ein Rückgang zu verzeichnen.«[116] Diese Entwicklung betraf nicht nur die IG Metall. Die Zahl aller gewerkschaftlichen Jugendgruppen – also im DGB und in den Einzelgewerkschaften – blieb in den 1960er Jahre zwar relativ konstant zwischen 4.362 im Jahre 1961 und 4.651 im Jahr 1967 – bei langsamer Abnahme der Neigungsgruppen und einem steigenden Anteil von DGB-Gruppen –[117] 1968 waren es noch 3651 Jugendgruppen.[118]

Einher mit der betrieblichen Orientierung ging die Stärkung der Jugendvertreter, einer Gruppe, die sich für die IG Metall als ihre eigentliche Machtbasis in den Betrieben erweisen sollte. Bereits in der Nachkriegszeit war die Integration von Jugendlichen in die Interessensvertretungen angestrebt worden. In einigen Betrieben bestimmten eigene Wahlordnungen zur Betriebsratswahl, dass ein Vertreter der Jugend als Minderheitenvertreter automatisch dem Betriebsrat angehören sollte[119], einige Ländergesetze sahen Jugendvertretungen vor.[120] Reine Jugendvertretungen blieben jedoch die Ausnahme. Die IG Metall zählte 1951 lediglich 331 Jugendvertreter in ihrem Organisationsbereich. Unter 18-Jährige hatten in der Regel kein Wahlrecht zum Betriebsrat.[121] Mit dem Betriebsverfas-

115 Nach einem leichten Rückgang von 1962 auf 1963 übersprang die IG Metall 1965 die Zwei-Milionen-Marke. Nach einem erneuten leichten Rückgang durch die Wirtschaftskrise 1966/67 hatte die IG Metall mehr als zwei Millionen Mitglieder dauerhaft erreicht. Vgl. zur Mitgliederentwicklung: Vorstand der IG Metall (Hrsg.), Kampf um soziale Gerechtigkeit, Mitbestimmung, Demokratie und Frieden. Die Geschichte der Industriegewerkschaft Metall seit 1945, Köln 1989, S. 279. Allerdings ging der Organisationsgrad der Beschäftigten in der Metallindustrie trotz eines Anstiegs zurück. Vgl. Stefan Müller, Gewerkschafter, Sozialist und Bildungsarbeiter. Heinz Dürrbeck 1912-2001, Essen 2010, S. 264.

116 Geschäftsbericht des IG Metall-Vorstandes 1965-1967, S. 373.

117 Boeßenecker, DGB, S. 312.

118 Geschäftsbericht des Bundesvorstandes des DGB 1965 bis 1968, Düsseldorf o. J., S. 541 f., eigene Berechnung.

119 1948 hob der DGB Niedersachsen hervor, dass bei Betriebsratswahlen zur Förderung der Demokratisierung ein Jugendvertreter bei mehr als 20 Jugendlichen im Betrieb in den Betriebsrat zu wählen sei. Vgl. »Rundschreiben des DGB-Bezirk Niedersachsen, Bezirksvorstand, an die Kreissausschüsse des DGB im Bezirk Niedersachsen, Hannover 15.April 1948: Betr. Betriebsrätewahl 1948«, in: Archiv des Betriebsrates bei Volkswagen Braunschweig, Akte »BR-Wahlen 1948-1959« (heute im Unternehmensarchiv Volkswagen in Wolfsburg); Schlüter, Ende, S. 375 f. für die Deutsche Werft in Hamburg; Lessing, Jugendpflege, S. 150.

120 Dies galt für Baden, Schleswig-Holstein, Bremen und Württemberg-Hohenzollern; die anderen Länder übernahmen die Regelungen des Betriebsrätegesetzes von 1920, in dem keine Vertretung für Jugendliche vorgesehen war. Vgl. Heinz Peter Moritz, Die Stellung der Jugendvertretung im Rahmen der Betriebsverfassung, Berlin 1973, S. 9-11.

121 Geschäftsbericht IG Metall 1950-1952, S. 153.

sungsgesetz von 1952 wurden lokale Regelungen hinfällig und Jugendvertretungen rechtlich vorgesehen. Von nun an konnten die unter 18-Jährigen eine Jugendvertretung wählen, deren Mitglieder zwischen 16 und 24 Jahre sein konnten. Gewählt werden konnte ab fünf beschäftigten Jugendlichen im Betrieb.[122] Die IG Metall verzeichnete bei der ersten Wahl 1953 – bei einer zweijährigen Amtszeit – mehr als eine Verzehnfachung der Jugendvertreter. Nun wurden 3.897 Jugendvertreter in ihrem Organisationsbereich gewählt, von denen 85,1 Prozent der IG Metall angehörten.[123] Allerdings blieb das Betriebsverfassungsgesetz hinsichtlich der Aufgaben der Jugendvertretung undeutlich. Jugendvertreter gehörten nicht dem Betriebsrat an und hatten daher nicht deren arbeitsrechtlichen Schutz. Sie sollten bei Fragen der jugendlichen Arbeitnehmer zu Betriebsratssitzungen beratend hinzugezogen werden, betriebliche Initiativen konnten nur über dieses Gremium eingeleitet werden.[124] Es war daher von den Stimmungen in den einzelnen Betrieben abhängig, ob die Jugendvertretung einen mitgestaltenden Einfluss im Betriebsrat nehmen konnte. Angesichts einer Amtszeit von zwei Jahren und einer geringen Wiederwahlquote war zudem die Fluktuation sehr hoch, wodurch die Etablierung der Jugendvertretungen erschwert wurde. An lokalen Fallbeispielen konnte gezeigt werden, dass die Jugendvertreter, selbst wenn sie nicht nur für Jugendthemen an Betriebsratssitzungen teilnahmen, nicht als gleichberechtigte Verhandlungspartner akzeptiert waren.[125]

Tabelle 4: Jugendvertreter im Organisationsbereich der IG Metall und ihre Berufsstruktur 1951-1969[126]

Jahr	Erfasste Betriebe	Gewählte JV	Davon organisiert	Erstmals gewählt	Arbeiter	Angestellte	Davon weiblich
1951	k. A.	331	k. A.	k. A.	k. A.	k. A.	k. A.
1953	k. A.	3.897	85,1%	k. A.	k. A.	k. A.	k. A.
1955	1.890	3.516	81%	80%	3.252	264	184
1957	2.566	4.884	80,8%	80%	4.493	391	362
1959	2.815	5.137	80,7%	80,2%	4.757	380	k. A.
1961	3.032	5.117	79,8%	83,2%	2.106	282	k. A.
1963	2.814	4.929	77,9%	80,9%	1.680	282	409
1965	k. A.	5.223	k. A.	k. A.	1.654	285	229
1967	2.822	5.036	83%	71%	1.431	266	254
1969	2.896	4.938	81%	84%	1.320	275	k. A.

122 Kamp, Gewerkschaftsjugend, S. 135.
123 Geschäftsbericht IG Metall 1953-1954, S. 138.
124 Schlüter, Ende, S. 188-194.
125 Ebd., S. 375-380.
126 Angaben nach Geschäftsberichten des IG Metall-Vorstandes 1950-1952, S. 153;19 53-1954, S. 138; 1956-1957, S. 165; 1963-64 S. 337 f.; 1965-67, S. 357 1968-1970, S. 357.

Von 1951 bis 1969 stieg die Zahl der alle zwei Jahre gewählten Jugendvertreter kontinuierlich an und lag schließlich bei rund 5.000. Die soziale Zusammensetzung spiegelte zugleich die Mobilisierungspotentiale der IG Metall wider. Männliche Arbeiter dominierten, darunter zum einen die gewerblichen Lehrlinge, zum anderen die sogenannten Jungarbeiter. Bei diesen handelte es sich zumeist um ausgelernte Facharbeiter, während un- oder angelernte jugendliche Arbeiter kaum aktiv waren. Dies korrelierte damit, dass die größte Altersgruppe der gewählten Jugendvertreter immer zwischen 18 und 21 Jahre lag, während 16- bis 18- und 21- bis 24-Jährige erheblich weniger Jugendvertreter stellten.[127] Auch der Anteil der jugendlichen Angestellten an den Jugendvertretern war äußerst gering. Sein Höchststand lag 1957 bei 8,1 Prozent, der Tiefstand 1967 bei 5,2 Prozent. Zwar gelang es der IG Metall, ihren Anteil an Mitgliedern im Angestelltenbereich zu erhöhen wie auch den Organisationsgrad in diesem Bereich, aber der insgesamt schnell wachsende Anteil von Angestellten in der Metallindustrie konnte nie eingeholt werden.[128] Bei jugendlichen Angestellten konnte der Anteil in der IG-Metall-Jugend von 5,8 Prozent 1961 auf 7,6 Prozent 1967 nur unwesentlich gesteigert werden.[129] Dieser geringe Zuwachs erfolgte zudem aufgrund einer Zunahme von weiblichen Angestellten. Der Anteil weiblicher Jugendlicher insgesamt lag in der IG Metall 1957 noch bei rund 20 Prozent und sank dann kontinuierlich auf 12,9 Prozent 1967.[130] Dieser Rückgang war jedoch zwischen den beruflichen Statusgruppen unterschiedlich: Während der Anteil weiblicher Arbeiterinnen von 38.976 (1961) auf 19.633 (1967) sank, verdoppelte sich fast die Zahl weiblicher Angestellter, von 4.439 auf 8.386 im selben Zeitraum. Innerhalb der jugendlichen Angestellten bildeten weibliche Angestellte fast 50 Prozent der Mitgliedschaft.[131] Diese Veränderungen verweisen auf Umbrüche innerhalb der Beschäftigtenstruktur in der Metallindustrie, in der die Zahl angelernter jugendlicher Arbeitskräfte abnahm, während Ausbildungsverhältnisse ausgebaut wurden. Bei den Arbeiterinnen handelte es sich überwiegend um angelernte Beschäftigte. Der Anteil weiblicher Lehrlinge im gewerblichen Bereich von Metallindustrie und -handwerk war äußerst gering und auf fünf Lehrberufe begrenzt.[132] Dabei war die größte Gruppe der Technischen Zeichnerinnen in Büros

127 Vgl. Geschäftsberichte des IG Metall-Vorstandes 1956-1957, S. 165; 1963-1964 S. 337 f.; 1965-1967, S. 357; 1968-1970, S. 357; Schlüter, Ende, S. 369 f.

128 Müller, Bildungsarbeiter, S. 171-174.

129 Geschäftsberichte des IG Metall-Vorstandes 1962-1964, S. 378; 1968-1970, S. 355, eigene Berechnungen.

130 Geschäftsberichte des IG Metall-Vorstandes 1956-1957, S. 161 und 1968-1970, S. 355.

131 Geschäftsberichte des IG Metall-Vorstandes 1956-1957, S. 161 und 1968-1970, S. 355.

132 Zum 31.12.1963 waren bei Metallerzeugern und Metallbearbeitern von 20.191 Lehrlingen gerade 133 Frauen, bei Schmieden, Schlossern, Mechanikern und verwandten Berufen von 264.865 nur 2.717 Frauen. Statistisches Jahrbuch für die Bundesrepublik Deutschland, 1965, S. 164. Den größten Frauenanteil in gewerblichen Lehrberufen bildeten die Technischen Zeichnerinnen. 1968 waren es 4597 Mädchen, die diesen Ausbildungsgang absolvierten, insgesamt 1966: 16.772 Lehrlinge, gefolgt von 772 Goldschmiedinnen und 96 Uhrmacherinnen. Dazu kamen noch 243 Physiklaboran-

tätig und habituell eher den Angestellten zuzurechnen. Der Anteil weiblicher Lehrlinge wuchs auch im Bereich der Bürokräfte. Dies entsprach dem allgemeinen Trend der Zunahme weiblicher Lehrlinge, die bereits Ende der 1950er Jahre fast im Verhältnis 1 zu 2 zu männlichen Lehrlingen lagen.[133] Den größten Anteil bei diesem Anstieg hatten jedoch Ausbildungen im Dienstleistungsbereich, wozu neben der Hauswirtschaft insbesondere Assistenztätigkeiten in den Freien Berufen wie Rechtsanwaltsgehilfin oder Arzthelferin gehörten. Der Anteil weiblicher Jugendvertreter in der IG Metall blieb gering. Er lag in den 1950er Jahren bei rund zehn und sank bis 1967 auf fünf Prozent. Auch bei Organisationsvertretungen kamen Frauen fast nicht vor, so waren von den 218 Delegierten und Gastdelegierten der IG-Metall-Jugendkonferenz 1968 nur zehn Frauen.[134] Der Anteil lag noch unter dem prozentualen Mitgliederanteil.

Seit Ende der 1950er Jahre wurde auch eine Neuorientierung der gewerkschaftlichen Bildungsarbeit diskutiert. Die gewerkschaftliche Jugendbildungsarbeit hatte lange Zeit die Schulung des Funktionärsnachwuchses zur Aufgabe. Die ersten IG-Metall-Schulungsheime waren Heidehof bei Dortmund und Lohr am Main, 1955 und 1956 kamen zwei neue Jugendheime im bayerischen Schliersee und Usseln im Rothaargebirge hinzu. Bereits hierdurch wurden die Schulungskapazitäten ausgebaut, 1961 ergänzte die Jugendbildungsstätte Pichelssee in Berlin das Angebot.[135] Die Bundesjugendschule des DGB in Oberursel bei Frankfurt, an der ebenfalls IG-Metall-Seminare durchgeführt wurden, hatte 1954 ihre Arbeit aufgenommen.[136] Neben Freizeit- und Erholungsmaßnahmen für Jugendliche fanden in diesen Bildungsstätten die zentralen Schulungen statt. 1956 waren es 417 jugendliche Funktionäre, die zentrale Internatslehrgänge besuchten, 1959 562, 1964 dann 516.[137] Erst in den Folgejahren stiegen die Teilnehmerzahlen auf

tinnen und 160 Werkstoffprüferinnen. Zudem waren Mädchen häufiger in Anlernberufen vertreten. Angaben nach Geschäftsbericht des IG Metall-Vorstandes 1968-1970, S. 310 f., Angaben zu 1966: Geschäftsbericht 1965 bis 1967 der Abteilung Jugend und Berufsausbildung, in: Protokoll 8. Ordentliche Jugendkonferenz 1968, S. 377; 1969 waren – nach Angaben des Deutschen Industrie- und Handelstages (DIHT) – 772 Mädchen in Handwerksberufen in der Ausbildung – davon 590 als Goldschmiedinnen – sowie 6.690 in industriellen Berufen, davon Technische Zeichnerinnen mit 4.651 und als Anlernberuf mit verkürzter Ausbildung die Teilzeichnerin mit 1.239 Mädchen. Dem standen 387.898 Jungen in der Ausbildung im Metallbereich gegenüber. Bericht über die Jugendarbeit 1968-1970, in: Protokoll 9. Ordentliche Jugendkonferenz der IG Metall, S. 132-137.

133 Schildt, Not, S. 337.

134 Protokoll 8. Ordentliche Jugendkonferenz der IG Metall, S. 280-289.

135 Geschäftsberichte des IG Metall-Vorstandes 1956-1957, 162 f.; Klecha, IG Metall, S. 76 f.

136 Neben Oberursel wurde auch eine Bundesschule des DGB in Hattingen aufgebaut, die von der Gewerkschaftsjugend genutzt wurde. Vgl. Faulenbach, DGB-Bundesschulen, 180 f.

137 Müller, Bildungsarbeiter, S. 253; Geschäftsbericht des Vorstandes der IG Metall 1962-1964, S. 206.

1.297 im Jahr 1967.[138] In den Schulen wurden die Teilnehmer faktisch kaserniert, es galt eine strenge Hausordnung. Didaktisch waren die Seminare geprägt von Frontalunterricht und strikten zeitlichen Vorgaben. Zudem wurden die Leistungen der Teilnehmer benotet. Dieses Vorgehen war durch einen Rahmenplan des DGB, auch auf Betreiben der IG Metall, 1958 empfohlen worden, um die Erfolge der Seminare zu kontrollieren.[139] Es war als Kompromiss zwischen Funktionärsschulung und allgemeiner politischer Bildung konzipiert und sollte eine bessere Koordination der einzelgewerkschaftlichen Bildungsangebote ermöglichen.[140]

Es waren aber vor allem die in den Verwaltungsstellen durchgeführten Wochenendschulungen und einzelne Abendveranstaltungen, die eine größere Zahl von Mitgliedern erreichte. Für den Zeitraum von 1962 bis 1964 wurden 8.233 Schulungs- und Bildungsveranstaltungen mit 174.839 Teilnehmern durchgeführt. Jugendpflegerische Veranstaltungen besuchten im selben Zeitraum rund 611.595 Teilnehmer, wobei hier jedes Treffen einer IG-Metall-Gruppe gezählt wurde und daher von einem großen Anteil an Mehrfachnennungen auszugehen ist.[141] Solche beeindruckenden Zahlen verdecken allerdings, dass die Bindung der jugendlichen Gewerkschaftsmitglieder meist nicht dauerhaft war. Karl-Heinz Boeßenecker hat die Aktiven in der Gewerkschaftsjugend in Köln 1950 auf rund 18 bis 20 Prozent geschätzt.[142] Die Mehrzahl der nominellen Mitglieder war durch gewerkschaftliche Aktivitäten kaum zu erreichen, sondern betrachtete die Gewerkschaftsmitgliedschaft als Notwendigkeit.

Für die IG Metall waren es vor allem Heinz Dürrbeck, seit 1954 im geschäftsführenden Vorstand für Angestelltenarbeit und Jugend und ab 1962 auch für die Bildungsarbeit zuständig, und ab 1960 Hans Matthöfer als Sachbearbeiter der Abteilung Bildungspolitik des Vorstandes, die eine betriebsnahe Bildungsarbeit mit stärker antikapitalistischer Ausrichtung, lokalen Bildungsausschüssen und der Installierung lokaler Bildungsobleute forcierten.[143] Linke Sozialdemokraten, die in den Gewerkschaften eine politische Heimat fanden, gehörten – wie Hans Matthöfer und auch Heinz Dürrbeck – zu den Förderern einer politischen Bildungsarbeit gegenüber der zweckorientierten Funktionärsschulung[144], zugleich unterstützten sie auch den Sozialistischen Deutschen Studentenbund (SDS) nach dem Ausschluss aus der SPD auf unterschiedliche Weise.[145] Stefan Müller

138 Bericht über die Jugendarbeit 1968-1970, in: Protokoll 9. Ordentliche Jugendversammlung IG Metall 1971, S. 37.

139 Müller, Bildungsarbeiter, S. 259-262; Klecha, IG Metall, S. 77-79.

140 Schlüter, Ende, S. 394 und 412.

141 Alle Zahlen: Geschäftsbericht des IG Metall-Vorstandes 1962-64, S. 328.

142 Boeßenecker, DGB, S. 272 f.

143 Vgl. Müller, Gewerkschafter, S. 249-333; Werner Abelshauser, Nach dem Wirtschaftswunder. Der Gewerkschafter, Politiker und Unternehmer Hans Matthöfer, Bonn 2009, S. 130-140.

144 Müller, Bildungsarbeiter, S. 269.

145 So soll Hans Matthöfer nach der Trennung allen SDS-Vorstandsmitgliedern eine Praktikantenstelle bei der IG Metall angeboten haben, um ihre materielle Absicherung zu ermöglichen. Vgl. Abelshauser, Matthöfer, S. 136.

bemerkte einen »Aufbruch in der gewerkschaftlichen Bildungsarbeit zu Beginn der 1960er Jahre«, mit dem auf gesellschaftliche Wandlungsprozesse reagiert wurde.[146] Politisch wirkte sich hier die programmatische Neuausrichtung der Sozialdemokratie mit dem Godesberger Programm aus. Die gewerkschaftliche Bildungsarbeit sollte politisches Bewusstsein schaffen. Vor allem mit didaktischen Experimenten sollten neue Formen zur Bewusstseinsbildung erprobt werden. Dazu gehörten kleine Arbeitsgruppen und Gruppendiskussionen gegenüber dem bislang üblichen längeren Einzelvortrag eines Referenten.[147] In den 1960er Jahren erfolgte ein Ausbau der Bildungskapazitäten, der vor allem Vertrauensleuten und Betriebsräten der IG Metall zugutekam, die eine betriebsnahe Politik umsetzen sollten. Zwar stieg die Zahl der Jugendlichen in zentralen Lehrgängen auf rund 778 im Jahr 1967, aber der prozentuale Anteil sank fast um die Hälfte.[148] Vorangetrieben wurde die Neuausrichtung der Bildungsarbeit der IG Metall in den 1960er Jahren aus der Vorstandsverwaltung, wobei Linkssozialisten wie Matthöfer, der intellektuelle Beraterkreis um den Vorsitzenden Otto Brenner und der linke Flügel im Vorstand eine Neuausrichtung der IG Metall erreichen wollten.[149] Hierfür suchten Matthöfer und andere IG-Metall-Mitglieder in Frankfurt Unterstützung bei sozialistisch orientierten jungen Sozialwissenschaftlern wie Oskar Negt, Jürgen Seifert oder Peter von Oertzen.[150]

Anders verhielt es sich bei der Entwicklung der Bildungskonzeption der IG Chemie-Papier-Keramik (CPK), die explizit auf die Jugendarbeit zielte. Die IG CPK hatte eine ungleich geringere jugendliche Mitgliedschaft als die IG Metall.[151] Die ab 1960 vor allem von dem für Jugend zuständigen Vorstandmitglied der IG CPK Werner Vitt, dem hessischen Bezirksjugendsekretär Jochen Müller und dem Bundesjugendsekretär Hinrich Oetjen[152] diskutierte Neukonzeption basierte ebenfalls auf einem mehrstufigen Modell, aber mit erheblichen didaktischen und inhaltlichen Neuerungen. Einflussreich war die 1959 von Helmut

146 Müller, Bildungsarbeiter, S. 269.
147 Ebd., S. 273-283.
148 Ebd., S. 298.
149 Zu den intellektuellen Beratern Otto Brenners gehörte neben Fritz Opel auch Werner Thönnessen; auch Hans Matthöfer war über eine linke Politisierung an der Universität zur IG Metall gekommen. Zum linken Flügel im Vorstand zählte 1962 neben Heinz Dürrbeck auch Fritz Strothmann, 1962 kam Georg Benz hinzu, der bis 1983 die Jugendarbeit verantwortete. Auch Jakob Moneta, seit 1961 Chefredakteur der Zeitschrift *metall,* war ein profilierter Linker. Vgl. als Skizze der Vorstandsverwaltung Ende der 1960er Jahre: Kempter, Loderer, S. 211-214.
150 Vgl. Tolomelli, Studenten, S. 141-142.
151 Die IG CPK hatte 1970 76.012 Mitglieder bis 25 Jahre. Reinhard Jühe u.a., Gewerkschaften in der Bundesrepublik Deutschland. Daten, Fakten, Strukturen, Köln 1982, S. 90.
152 Hinrich Oetjen, 1933 geboren, war ab 1957 Jugendsekretär des DGB im Kreis Hameln, dann von 1960 bis 1963 Bundesjugendsekretär der kleinen Gewerkschaft Leder und ab 1963 Bundesjugendsekretär der IG CPK. 1970 wurde er Leiter der Bundesjugendschule in Oberursel und einer der zentralen Akteure in der Gewerkschaftsjugend in den 1970er und 1980er Jahren.

Kentler – damals noch Student der Psychologie – veröffentlichte Schrift *Jugendarbeit in der Industriewelt*, in der ein unvoreingenommener Zugang zu Jugendlichen durch offene Gestaltungsmöglichkeiten als Mittel gegen eine Entfremdungserfahrung gefordert wurde.[153] An der Entwicklung der neuen Bildungskonzeption in der IG CPK waren auch Studierende und Sozialwissenschaftler beteiligt, die aus dem SDS kamen oder ihm nahestanden.[154] Wichtigste Neuerung war Teamer-Arbeit. Die Jugendlichen sollten durch Diskussionen ihrer alltäglichen Probleme ein kritisches Gesellschaftsbewusstsein entwickeln.[155] Die Neukonzeption wurde auch damit begründet, dass Jugendliche mehr Geld zur Verfügung hätten, von der Werbung bearbeitet und bescheidene berufliche Aufstiege zur Scheinzufriedenheit und geringerem gewerkschaftlichem Engagement führen würden. Daher sollte weniger die organisationspolitische Schulung als vielmehr die allgemeinpolitische Bildung im Vordergrund stehen. Man ging davon aus, dass die eigentlichen Interessen der Jugendlichen von der »Freizeitindustrie« verschleiert würden. Hinrich Oetjen begründete dies auf der Jugendkonferenz IG CKP im Mai 1963: »Die standortgemäßen Bedürfnisse sind heute ja so überdeckt durch manipulierte Bedürfnisse und außerordentlich schwer zu fassen. Wir haben uns die Aufgabe gestellt, diese Schleier aufzureißen und die Gesellschaft durchschaubar zu machen.«[156] Mit den Themenkreisen »Arbeit – Freizeit – Gesellschaft« sollten die ersten beiden Stufen auf Orts- und Bezirksebene geschult werden, die beiden letzten dann auf Bundesebene. Oetjen räumte 1966 ein, dass es nur 115 Teilnehmer an den beiden letzten Stufen gegeben habe, aber Bildungsarbeit könne keine »Massenbewegung« sein, sondern müsse auf die Schulung von Multiplikatoren setzen.[157] Anfang der 1970er Jahre wurde dieser Ansatz im Rahmen der Lehrlingsbewegung kritisiert, da es nur darum ginge, »Kerne« klassenbewusster Arbeiter zu erhalten, womit keine Massenaktionen herbeizuführen seien[158], die »Bildungsarbeit [also; d. V.] als Praxisersatz« fungie-

153 Helmut Kentler, Jugendarbeit in der Industriewelt – Bericht von einem Experiment, München 1959.

154 Tolomelli, Studenten, S. 143 f.; Hinrich Oetjen, APO, Gewerkschaften und Intellektuelle, in: Hans-Erich Bremes/Maria Schumacher (Hrsg.), Mit der Vergangenheit in die Zukunft. Felder gewerkschaftlicher Politik seit 1945, Münster 1989, S. 51-67.

155 Vgl. die Rückblicke zweier Beteiligter: Hinrich Oetjen, Die Zusammenarbeit von Studenten und Gewerkschaftern in der Jugendbildung und der Notstandsbewegung, in: Küsel, APO, S. 29-44; und Jochen Müller, 1967/68: Das Ende einer erfolgreichen Kooperation, in: ebd., S. 45-47. Referat von Jochen Müller: Veränderung und Praxis der gewerkschaftlichen Jugendbildungsarbeit in den 60er Jahren und Unterschiede zur außerschulischen Bildung, in: Arbeitstagung: Krise der Formen der Jugendarbeit, vom 1.10.1978 bis 6.10.1978, hrsg. vom Haus der Gewerkschaftsjugend, Oberursel 1979, S. 13-22.

156 Zitiert nach Schlüter, Ende, S. 399.

157 Ebd., S. 407.

158 Helga Deppe-Wolfinger, Arbeiterjugend – Bewußtsein und politische Bildung, Frankfurt a. M. 1972, S. 272.

re.[159] Aber anfangs schien der neue Ansatz Möglichkeiten zur Überwindung der Schwierigkeiten in der gewerkschaftlichen Jugendarbeit zu bieten. 1965 übernahmen der DGB und die meisten Einzelgewerkschaften das Bildungskonzept für ihre Jugendarbeit. Die von der IG Metall konzipierte Stufenbildung hatte gegenüber der IG-CPK-Konzeption eine stärkere Ausrichtung auf den Betrieb und die Aufgaben von Jugendvertretung und Betriebsrat, ging aber auch davon aus, dass »(o)hne intensive politische und soziologische Schulung« die Mitglieder nicht imstande seien, »die komplizierten und verschleierten Konflikte der Industriegesellschaft zu erkennen und in gewerkschaftspolitische Aktivität umzusetzen«.[160] Jugendliche sollten zum eigenständigen Denken befähigt werden und ein organisationspolitisches und rechtliches Grundwissen vermittelt bekommen, welches dann in Diskussionen zu vertiefen sei.[161] Das Konzept umfasste vier Stufen: die Grundstufe sah vor, in fünf Wochenendlehrgängen, lokal oder bezirklich organisiert, die Grundlagen zu erarbeiten. Die Inhalte der nachfolgenden drei Stufen sollten zentral in den Bildungsstätten vermittelt werden, wobei auf der zweiten Stufe die Themen der Grundstufe vertieft und auf der dritten Stufe vor allem eigenständiges Arbeiten vermittelt werden sollte. Auf der vierten Stufe ging es darum, die Umsetzung in die gewerkschaftliche Praxis aufzugreifen.[162] Vor allem auf der Grundstufe wurde eine Reihe von didaktischen Neuerungen eingeführt, z. B. das Wissen als »Information« zu vermitteln, die »durch eigenes Überlegen zur Erkenntnis vertieft wird«. Formen waren das Gespräch, die Kleingruppenarbeit, um die Angst vor dem Sprechen in Gruppen zu überwinden, und die selbstständige Lösung von Aufgaben. An einem »Wandtuch« sollten die Teilnehmer Ergebnisse visualisieren und bearbeiten. Möglichst nicht ein Referent, sondern ein »Team« übernahm die Leitung, das aus gewerkschaftlichen Praktikern – meist einem Jugendvertreter und einem Mitglied der Verwaltungsstelle – und einem Studenten bestand. Gerade Studierende, die nach einer Lehre den zweiten Bildungsweg beschritten hatten, eigneten sich besonders für diese Position.[163] Die Didaktik war beeinflusst von der zeitgleichen Diskussion in der allgemeinen Pädagogik, mit dem Fokus, einer Entfremdungserfahrung entgegenzuwirken. Die Funktionäre der Abteilung Bildung und Abteilung Jugend beim Vorstand der IG Metall gingen davon aus, die Bildungsarbeit müsse bei einem »Nullpunkt« der Teilnehmer ansetzen, denn durch monotone Arbeit, unzureichende Schulbildung und die Verlockungen der Freizeitindustrie sei der

159 Reinhard Crusius/Heinz Gott/Manfred Wilke, Thesen zum Verhältnis gewerkschaftlicher Jugendpolitik und gewerkschaftlicher Jugendbildungsarbeit, in: *Gewerkschaftsspiegel* (1971), Nr. 6, Sonderdruck S. 4 (PA Wilke).

160 Material zum Stufenplan der Jugendbildungsarbeit der Industriegewerkschaft Metall, o. O., o. D. (Frankfurt 1966), in: IGM-ZB, GFL 741/19, S. 1.

161 Deppe-Wolfinger, Arbeiterjugend, S. 275.

162 Material zum Stufenplan der Jugendbildungsarbeit der Industriegewerkschaft Metall, o. O., o. D. (Frankfurt 1966), in: IGM-ZB, GFL 741/19, S. 3.

163 Material zum Stufenplan der Jugendbildungsarbeit der Industriegewerkschaft Metall, o. O., o. D. (Frankfurt 1966), in: IGM-ZB, GFL 741/19, S. 3-15.

»Industriejugendliche« deformiert und passiv.[164] Dem gelte es entgegenzuwirken. Die Grundstufe unterteilte sich in fünf Wochenendlehrgänge, zuerst wurde »Arbeit und Freizeit« behandelt, dann das »Spannungsfeld Betrieb«, »Die Gesellschaft, in der wir leben«, »Die Aufgaben der Betriebsjugendvertretung und das Jugendarbeitsschutzgesetz« und schließlich »Aufgaben der Gewerkschaften heute und die Jugendarbeit der IG Metall«. Die Teilnehmer sollten erkennen, dass ihre Freizeit manipuliert sei und nicht ihren eigenen Wünschen entspreche. Ihre Stellung als Lehrlinge oder Jungarbeiter in der kapitalistischen Gesellschaft verhindere ihre Eigenständigkeit. Die »konformistischen, manipulierten Freizeitgewohnheiten« gelte es zu erkennen, die »Instrumente und Methoden der Freizeitmanipulation« und deren Nutznießer zu durchschauen, denn: »Erst in einer sozialen Demokratie ist Freizeit menschlich, im Sinne von Selbstbestimmung, möglich.«[165] Diese Versprechung wurde dann an dem Freizeitverhalten dargelegt, das als »Rückzug ins Private«, »Gartenzwerg-Idylle« sinnlose »Zerstreuung«, »Geltungskonsum« durch immer mehr neue Produkte negativ dargestellt wurde. Durch die Analyse der *Bild-Zeitung*, der *Bravo*, von Schlagertexten, Werbung, den Vertriebsstrukturen der Plattenindustrie und der Pressekonzentration von Springer sollte deren machterhaltende Funktion deutlich werden: »Die Bild-Zeitung trägt wie Schlager und Werbung zur Entpolitisierung und zur Verschleierung der tatsächlichen Verhältnisse bei, indem sie ein falsches Bild von der Wirklichkeit zeichnen.«[166] Diese Hilfe zur Enträtselung der Welt sollte gegen Ohnmachtsempfindungen wirken und das Selbstbewusstsein stärken. Mit den Angriffen auf vorgeblich sinnlose Freizeitgestaltung standen solche Ansätze zum einen in der Tradition der Bildungsbemühungen der Arbeiterjugendbewegung, zum anderen in der Konsumkritik der Neuen Linken. Unter das Schlagwort Freizeitindustrie fielen auch jugendkulturelle Stilelemente wie Musikkonsum, »Herumhängen« oder Tanzen. Gerade bei Jugendlichen beliebte Beschäftigungen gerieten so unter Eskapismus-Verdacht: »Tanz als monoton wiederholte maschinenähnliche Körperbewegung nach ohren- und geistbetäubenden Rhythmen. Ähnlich die Funktion der überlauten Musikboxen in Wirtshäusern: Maschinen zur Verhinderung des Nachdenkens und des Gesprächs. Passive Beteiligung am Sport: Unterhaltsamer Zeitvertreib durch die Identifikation mit den wettkämpferischen Leistungen anderer«[167], hieß es im Leitfaden als Zielvorgabe. Am Ende des ersten Wochenendlehrganges sollte daher über »konstruktive humane Möglichkeiten nicht-gelenkter, also wahrhaft freier Erfüllung der Zeit« gesprochen werden. Diese sollten »nonkonformistische Aktivitäten« umfassen, klangen aber mehr nach staatsbürgerlichem Musterverhalten: »Beteiligung am Prozeß der Demokratie: In gewerkschaftlichen und politischen Gruppen, Partei-

164 Ebd., S. 5.

165 Ebd., S. 31 und 32.

166 Material zum Stufenplan der Jugendbildungsarbeit der Industriegewerkschaft Metall, o. O., o. D. (Frankfurt 1966), in: IGM-ZB, GFL 741/19, S. 83.

167 Material zum Stufenplan der Jugendbildungsarbeit der Industriegewerkschaft Metall, o. O., o. D. (Frankfurt 1966), in: IGM-ZB, GFL 741/19, S. 35.

arbeit, Teilnahme an öffentlichen Foren, Veranstaltungen, Versammlungen, Demonstrationen, Teilnahme an Diskussionsgruppen und Arbeitsgemeinschaften, Beteiligung an der Meinungsbildung durch Briefe an die Presse, Rundfunk, Fernsehen, die Abgeordneten des Wahlkreises usw.« Dazu gehörten auch bewusster Konsumverzicht, Weiterbildungsmöglichkeiten und aktive Teilnahme am Sport- und Kulturleben.[168]

In zwei Berichten über vierzehntägige zentrale Schulungen von Jugendfunktionären in Berlin-Pichelssee schrieben Teamer über die Erfahrungen mit den neuen Vermittlungsmethoden. Schwierigkeiten bestanden in teilweise geringer Vorqualifikation – gemeint waren Wochenendschulungen oder andere gewerkschaftliche Lehrgänge – und Altersspreizungen. Sie empfahlen zur Orientierung ein Alter von ungefähr 18 Jahren. Gegenüber dem Einsatz von einzelnen Referenten sei ein festes Team günstiger für den Gruppenbildungsprozess. Allerdings führe die »Methode des Lehrgesprächs« durch die »ununterbrochen nötige Konzentration zu schneller Ermüdung«.[169] Das gelte auch für die Teamer, daher seien drei Teamer notwendig, um sich abzuwechseln. Bei den Teilnehmern bestünde eine Abneigung gegen Literatur, die auch nach dem Lehrgang nicht überwunden sei; vielmehr werde erwartet, dass Handlungshilfen für die alltägliche Arbeit zur Verfügung gestellt würden. Die Teamer versuchten, diese Erwartungshaltung zu unterlaufen und gaben an, nur als Berater bei Diskussionen einzugreifen. Auch die Trennung von Freizeit- und Arbeitsphasen im Lehrgang sollte aufgehoben werden. Die Teamer berichteten nicht ohne Stolz, mit Tagesprotokollen und Berichten die Arbeit auch in die Pausen zu verlagern, was zu einer freiwilligen Mitarbeit führe. Erwünscht war die begeisterte Mitarbeit und negativ wurde vermerkt, dass anfänglich die Teilnehmer »Verhaltensweise der Lernschule« praktizierten, so wenn sie »im Stundenrhythmus auf die Einhaltung der Pausen« drängten oder die »Pausen durch Tricks« hinauszögerten.[170] Auch erwarteten einige Teilnehmer, Wissen für das eigene Vorankommen zu sammeln und hätten sich dünkelhaft gegenüber Kollegen verhalten. »Die beschriebene Hoffnung auf Individualisierung durch ein Konkurrenzverhalten gegenüber anderen muß dabei zerstört werden«, formulierten die Teamer ihre Erwartungen.[171] Als Anfang 1969 Überlegungen aufkamen, wie in der gewerkschaftlichen Erwachsenenbildung auch in der Jugendbildung nur zwei statt drei Teamer einzusetzen, widersprach die Abteilung Jugend vehement mit dem Hinweis, dass die Teilnehmer für »politische Bildung« interessiert werden sollen und oft überwältigt seien von neuen Erkenntnissen. Die drei Teamer müssten daher auch in den Pausen und

168 Ebd., beide Zitate S. 36 und S. 37.

169 Zwei Erfahrungsberichte über die Teammethode in Lehrgängen für Jugendfunktionäre I in der Zeit von Januar bis März 1967 im Jugendbildungsheim Berlin, Aug. 1967, Diskussionsbeiträge IGM-Vorstand, Abt. Bildungswesen, Bericht I, S. 4, in: AdsD, 5/IGMA-07-2063.

170 Ebd., Bericht II, S. 5.

171 Ebd., Bericht II, S. 7.

an den Abenden für Diskussionen zur Verfügung stehen.[172] Offenbar waren die Erwartungen an die Bildungsarbeit bei den engagierten Teamern sehr hoch. Trotz auftretender Probleme war dabei zu beobachten, dass die aktiven Mitglieder der IG-Metall-Jugend sich einer Politisierung öffneten.

Dass die Gewerkschaftsjugend eine politisch wahrnehmbare Gruppe auch außerhalb der Betriebe war, hatte sich in den 1950er Jahren insbesondere bei der Frage der Wiederbewaffnung gezeigt. In diesem Bereich waren zwar auch junge Kommunisten aktiv, aber ab 1950 wurde eine »Politik demonstrativer Ausgrenzung und partieller Einbindung« von den Gewerkschaften gegenüber kommunistischen Funktionären betrieben. Die KPD verlor zwischen 1948 und 1954 ihren Einfluss im gewerkschaftlichen Apparat, da ihre Mitglieder hauptamtliche Positionen aufgeben oder die KPD verlassen mussten; aber die einfache Mitgliedschaft in der KPD führte nicht automatisch zum Ausschluss. Es gab Integrationsangebote und die Bereitschaft, ehemalige Kommunisten wieder in die Gewerkschaften aufzunehmen; auch wurden bekannte Kommunisten in den Betrieben akzeptiert.[173] Antistalinismus bzw. Antikommunismus war für die westdeutschen Gewerkschaften ein politisch konstituierendes Element. Versuche des Freien Deutschen Gewerkschaftsbundes (FDGB) in den 1950er und frühen 1960er Jahren, die westdeutschen Gewerkschaften zu beeinflussen, waren wenig erfolgreich.[174]

Die Spannung zwischen Mitgliedschaft und Gewerkschaftsführung in der Frage der Wiederbewaffnung ergab sich aus einem widersprüchlichen Verhalten der DGB-Führung. Faktisch hatte sie seit 1950 Adenauers Kurs auf einen deutschen Wehrbeitrag mit einem bedingten Nein unterstützt bzw. hingenommen, in dem soziale Verbesserungen mit einer Zustimmung zum Wehrbeitrag verbunden wurden.[175] Innerhalb der Gewerkschaften war es – neben einigen DGB-

172 Siegfried Müller an Georg Benz, 13.2.1969: Zusammensetzung der Teams bei Jugendlehrgängen; Gert Lütgert an Georg Benz, 17.2.1969, beide in: AdsD, 5/IGMA-450-20015.

173 Kössler, Abschied, S. 297-314 mit vielen Beispielen, Zitat S. 314.

174 Vgl. für die frühen 1950er Jahre: Josef Kaiser, »Der politische Gewinn steht in keinem Verhältnis zum Aufwand«. Zur Westarbeit des FDGB im Kalten Krieg, in: Jahrbuch für Kommunismusforschung 1996, S. 106-131; vgl. mit einer Vielzahl von Dokumenten: Hans-Peter Müller/Manfred Wilke, SED-Politik gegen die Realitäten. Verlauf und Funktion der Diskussion über die westdeutschen Gewerkschaften in SED, KPD und DK 1961 bis 1972, Köln 1991.

175 Michael Werner, Die ›Ohne mich‹-Bewegung, Münster 2006, S. 163; Anfänge westdeutscher Sicherheitspolitik 1945-1956, Band 3: Die NATO-Option, verf. von Hans Ehlert u. a., München 1993, S. 355; Ernst-Dieter Köpper, Gewerkschaften und Außenpolitik. Die Stellung der westdeutschen Gewerkschaften zur wirtschaftlichen und militärischen Integration der Bundesrepublik in die Europäische Gemeinschaft und die NATO, Frankfurt a. M./New York 1982, S. 214-216; Knud Andresen, Zwischen Protest und Mitarbeit. Die widersprüchlichen Potentiale gewerkschaftlicher Friedenspolitik 1950-1955, in: Detlef Bald/Wolfram Wette (Hrsg.), Alternativen zur Wiederbewaffnung. Friedenskonzeptionen in Westdeutschland 1945-1955, S. 53-70 mit weiterführender Literatur.

Landesverbänden wie Bayern – insbesondere die Gewerkschaftsjugend, die mit Aktionen und Demonstrationen gegen die Wiederbewaffnung protestierte und 1954 einen DGB-Beschluss gegen die Wiederbewaffnung erreichte, der jedoch von der Gewerkschaftsführung nur dilatorisch behandelt wurde. Mit der Einrichtung der Bundeswehr 1955 konzentrierten sich die DGB-Jugendgremien auf die Durchsetzung und Ausgestaltung der Wehrdienstverweigerung. Die Zahl der Wehrdienstverweigerer lag zwischen 1956 und 1967 bei rund 4.000 Männern jährlich, von denen ein Großteil aus christlicher Motivation verweigerte. Neben fehlender Kenntnis des Verweigerungsvorganges war es wohl trotz der Kampagne gegen die Wiederbewaffnung die insgesamt positive Einstellung in der Bevölkerung gegenüber dem Militär, insbesondere aber das negative Bild der Wehrdienstverweigerung. Der Zivildienstleistende galt vielen als unmännliche Figur, und Jugendliche befürchteten berufliche Nachteile bei einer Wehrdienstverweigerung. Andererseits bot die Bundeswehr fachliche Qualifikationen, die für das berufliche Weiterkommen von Interesse sein konnten.[176] Entsprechend war auch der Anteil der männlichen IG-Metall-Mitglieder hoch, die ihren Wehrdienst ableisteten. Waren es 1957 erst 1.933, gingen 1964 schon 24.261 Mitglieder in den Wehrdienst. Nur ein kleiner Teil leistete Zivildienst.[177] Die Gewerkschaften besaßen zwar eine antimilitaristische Tradition, die aber nicht mit einer pazifistischen zu verwechseln ist. Da ihre eigene Rhetorik von Kampfmetaphern geprägt war, scheinen Vorbehalte gegenüber der Bundeswehr, die bei Jugendfunktionären und Aktivisten vorhanden waren, weniger auf die Mitglieder zugetroffen zu haben. Das Verhältnis zur Bundeswehr entspannte sich erst langsam, in den frühen 1960er Jahren wurde die Betreuung der wehrdienstleistenden Mitglieder durch die Gewerkschaften übernommen.[178]

Allerdings blieben antimilitaristische Aktionen ein Handlungsfeld der Gewerkschaftsjugend. 1962 wurden Anträge auf der DGB-Bundesjugendkonferenz zurückgewiesen, die weiterhin die Ablehnung der Bundeswehr festschreiben wollten. Beschlossen wurde, am 1. September anlässlich des Kriegsausbruches 1939 örtliche Kundgebungen durchzuführen, um sich »gegen die Rüstungspolitik in aller Welt« zu wenden und eine Entspannungspolitik zu fordern.[179] In den Gewerkschaftsvorständen gab es Irritationen über den Beschluss, daher fanden erst 1964 zum 25. Jahrestag des Kriegsbeginns in den DGB-Bezirken

176 Zu den Zahlen und Motivbündeln Patrick Bernhard, Zivildienst zwischen Reform und Revolte. Eine bundesdeutsche Institution im gesellschaftlichen Wandel 1961-1982, München 2005, S. 51-59.

177 Geschäftsbericht des Vorstandes der IG Metall, 1961-1964, S. 71.

178 Christian Götz, Gewerkschaften und Bundeswehr, in: *Gewerkschaftliche Monatshefte* Nr. 10 (1965), S. 592-599.

179 Antrag M 1 und Antrag Nr. 70 ›Kundgebungen gegen die Rüstungspolitik‹, Protokoll 5. Bundesjugendkonferenz des Deutschen Gewerkschaftsbundes, 13.-14. April 1962 in Berlin, Düsseldorf o. J., S. 231 f., 255 und 317 f.

größere Kundgebungen statt[180], die schließlich zum festen Bestandteil des gewerkschaftlichen Traditionskalenders wurden.[181] 1969 organisierte die IG Metall eine größere Veranstaltung im Ruhrgebiet, auch um auf »gegenwärtige und zukünftige Probleme« hinzuweisen.[182] Dass jedoch die überwältigende Mehrheit der Mitglieder nicht den Kriegsdienst verweigerte, verweist darauf, dass es ein kleinerer Kreis von Aktiven und Funktionären war, der sich antimilitaristischen und linken Strömungen gegenüber aufgeschlossen zeigte.[183] So brachte die Jugendbildungsarbeit einige dazu, sich an den Ostermärschen zu beteiligen und politische Diskussionen zu führen.[184] Durch Doppelmitgliedschaften gehörte die Gewerkschaftsjugend mit politischen Jugendverbänden wie den Falken, der Naturfreundejugend oder den Verbänden der Kriegsdienstverweigerer zu den frühen Kreisen der entstehenden Neuen Linken. Die Diskussionen richteten sich darauf, in einer links beeinflussten Sozialdemokratie und in Abgrenzung zu den real-sozialistischen Ländern einen sozialistischen Mittelweg für die Bundesrepublik zu entwickeln.

Prägnant hat Harald Schlüter davon gesprochen, dass die Entwicklung der Gewerkschaftsjugend in den 1950er Jahren als Ende der Arbeiterjugendbewegung zu verstehen sei. Diesem Befund ist insofern zuzustimmen, als die traditionellen Formen der Jugendpflegearbeit an ihre Grenzen stießen. Innerhalb der Arbeiterschaft, und gerade auch in der jüngeren Generation, entsprachen die früheren utopischen Erwartungen kaum noch der Lebensführung.[185] Es gab bei abnehmenden kollektiven utopischen Deutungen aber immer noch einen lebensweltlichen Zusammenhalt in den Betrieben, der nicht vernachlässigt werden sollte. Die Freizeitangebote der Gewerkschaftsjugend waren, nicht zuletzt mangels anderer Angebote für junge Beschäftigte atraktiv. Aber mit steigenden Einkünften, einer höheren gesellschaftlichen Akzeptanz der Arbeiterschaft und sozialen Aufstiegsmöglichkeiten erweiterten sich Handlungsräume in neuen Jugendkulturen und Freizeitangeboten. Die bereits Ende der 1950er Jahre begonnene Diskussion um eine Neubestimmung der Jugendarbeit sowohl in der IG Metall als auch im DGB fand vor dem Hintergrund weiterhin praktizierter traditioneller Jugendgruppenarbeit statt. Es verbanden sich Rückgriffe älterer Funktionäre auf Traditionsreste der alten Arbeiterbewegung mit strukturell konservativen kulturellen und moralischen Vorstellungen, die in den 1950er Jahren noch

180 Sitzung des IG Metall-Vorstandes am 19. Juni 1963, in: AdsD, 5/IGMA, IG Metall-Vorstand, 0114.

181 Götz, Gewerkschaften, S. 596.

182 Gert Lütgert an Georg Benz, 7.5.1969: Anti-Kriegstag 1969, in: AdsD, 5/IGMA-450-20015.

183 So das DGB-Bundesvorstandsmitglied Werner Hansen 1962. Protokoll 5. Bundesjugendkonferenz des Deutschen Gewerkschaftsbundes, 13.-14. April 1962 in Berlin, Düsseldorf o. J., S. 164.

184 Hans-Otto Wolf, Die ›reine‹ Theorie hilft uns nicht, in: Küsel, APO, S. 106-114, hier S. 106.

185 In theoretischer Perspektive: Brock, Weg, S. 194-201.

einen Nachhall bei Jugendlichen fanden. Allerdings ist die Vorstellung einer Massenbewegung der Gewerkschaftsjugend in den 1950er Jahre ein »Mythos«, denn die politische Programmatik hatte letztlich für den Einzelnen nur geringe Bedeutung; »Lebens- und Orientierungshilfen, gemeinsame Freizeitveranstaltungen, persönliche Stabilisierung in Konfliktlagen durch die Einbindung in die Gruppengemeinschaft, aber auch Kompensation mangelnder Bildungschancen durch Schulungsveranstaltungen waren die wesentlichen Merkmale der Praxis gewerkschaftlicher Jugendarbeit.«[186] Der Mitgliederrückgang in den 1960er Jahren gründete eher in der Distanz vieler Jugendlicher gegenüber verbandlicher Jugendarbeit als in organisationsinternen Entpolitisierungsstrategien. Insofern sind auch Deutungen, dass die Springener Sparbeschlüsse von 1967, mit denen die lokalen Jugendsekretäre des DGB eingespart wurden, zum Niedergang der Jugendarbeit geführt hätten, überzogen[187], zudem ermöglichten Finanzierungen aus Bundesmitteln und die Einstellung von Jugendbildungsreferenten bald eine Kompensation.[188] Die Bereitschaft, sich innerhalb der Gewerkschaftsjugend zu engagieren, hing von mehr ab als von der Zahl gewerkschaftlicher Jugendsekretäre. Sie fußte vielmehr auf dem Interesse an Politik im Betrieb, einem Verbundenheitsgefühl mit einer politischen Bewegung und sozialen Distinktionsgewinnen durch eine Mitgliedschaft. Diese Parameter nahmen nach 1968 in einem vorher nicht für möglich gehaltenen Maße zu. Dazu trug bei, dass für einen Teil der Funktionäre und Engagierten innerhalb der Gewerkschaftsjugend in den 1960er Jahren eine Annäherung an Vorstellungen einer Neuen Linken erfolgte. In dem Neben- und Miteinander von Gewerkschaftsjugend, Falken, den Naturfreunden und linken Studierenden kristallisierten sich politisch interessierte und neuen Ideen gegenüber aufgeschlossene Gruppen und Einzelpersonen innerhalb der Gewerkschaften heraus.[189] In den 1960er Jahren war damit eine Abkehr vom antitotalitären Grundkonsens in den Gewerkschaften und einer

186 Boeßenecker, DGB, S. 415.

187 Bierhoff, Organisation, S. 132; Crusius/Wilke, Beruf, S. 21; Klecha, IG Metall, S. 121 f. Diese Maßnahme betraf übrigens auch andere Personengruppen, insbesondere die Frauen- und Ausländerarbeit, die fast »nahezu zum Erliegen« kam. Karin Hunn, ›Nächstes Jahr kehren wir zurück …‹ Die Geschichte der türkischen ›Gastarbeiter‹ in der Bundesrepublik, Göttingen 2005, S. 126; vgl. als Übersicht der Sparmaßnahmen: »Keinem fielen die Kürzungen leicht«, *Welt der Arbeit* Nr. 15, 14.4.1967, S. 2.

188 Aktennotiz Otmar Günther an Georg Benz, 6.3.1967, in: AdsD, 5/IGMA-22-0164; Diskussionsvorlage zu Tagesordnungspunkt 2) Gewerkschaftliche Jugendarbeit zur 68. Sitzung des Bundes-Jugendausschusses, 2. Mai 1967, in: AdsD, 5/IGMA-22-1847. Franz Woschech urteilte 1971: »Die Springener Beschlüsse waren sicher eine der dümmsten Maßnahmen, die der Deutsche Gewerkschaftsbund […] getroffen hat.« Es gingen 34 Jugendsekretäre, 15 dieser Stellen seien aber bereits wieder besetzt. Unkorrigiertes Wortprotokoll der DGB-Bundesjugendkonferenz vom 18. und 19. 11.1971 in Dortmund, S. 60 f., in: AdsD, DGB-Archiv, Abt. Jugend, 5/DGAU-0154.

189 Vgl. zu diesem Zusammenhang mit Beiträgen und Diskussionen von Zeitzeugen: Zimmer, Lagerfeuer.

offeneren Haltung gegenüber den sozialistischen Ländern verbunden.[190] Anträge auf gewerkschaftlichen Kongressen nahmen zu, die eine Aufhebung des DGB-Kontaktverbotes gegenüber DDR-Gruppen forderten.[191]

In der gewerkschaftlichen Jugendarbeit wurden bereits vor 1968 neue Strategien als Reaktion auf eine sich ändernde Sozialstruktur in der Gesellschaft diskutiert. Die 1960er Jahre waren für die IG-Metall-Jugend eine Latenzphase für die Politisierungswelle nach 1968.

190 Vgl. für die Falken-SJD aus der Sicht von Beteiligten: Heinz Westphal/Jürgen Gerull, Das ›Referat Mitteldeutschland‹ der Sozialistischen Jugend Deutschlands – Die Falken, in: Eppe/Herrmann, Jugend, S. 268-274; Bodo Brücher, Der steinige Weg der Annäherung von ›Falken‹ und FDJ in den 60er Jahren, in: ebd., S. 275-319.

191 Problematisch war dies insbesondere im Zusammenhang mit Reisen zu Gedenkstätten nationalsozialistischer Verbrechen in den sozialistischen Ländern. Vgl. zu den Berliner Falken: Michael Schmidt, Die Auseinandersetzung mit dem Nationalsozialismus in der politisch-pädagogischen Praxis der Sozialistischen Jugend Deutschlands – Die Falken. Am Beispiel der Gedenkstättenfahrten des Landesverbandes Berlin in den 1950er und 1960er Jahren, in: Eppe/Herrmann, Jugend, S. 245-267.

2. Gebremste Radikalisierung – Die Gewerkschaftsjugend im Spannungsfeld einer unruhigen Jugend 1968 bis 1972

In den späten 1960er und frühen 1970er Jahren wandelte sich die gewerkschaftliche Jugendarbeit in einem erstaunlichen Maße. In dieser Phase kritisierten vor allem politisierte jugendliche Mitglieder die traditionelle Jugendpflegearbeit, die auch bei den Funktionären kaum noch Unterstützung fand. Dies ging einher mit einem Politisierungsschub bei jugendlichen Gewerkschaftern, der zu Auseinandersetzungen in den Jugendgruppen und mit dem gewerkschaftlichen Apparat führte. Auch in den Betrieben kam es zu einem jugendkulturell geprägten Aufbegehren, das Verwirbelungen des häufig noch autoritären Betriebsklimas verursachte. Jugendliche traten mit mehr Selbstbewusstsein auf und forderten eine würdige Behandlung. Da das institutionelle Gefüge der Gewerkschaften eine integrierende Funktion hatte, wird die sich in dieser Phase vollziehende politische Entwicklung der Gewerkschaftsjugend als gebremste Radikalisierung bezeichnet. Die Radikalisierung der Außerparlamentarischen Opposition, insbesondere der Studentenbewegung, wurde bei aller Sympathie seitens der Gewerkschaften skeptisch beurteilt.[1] Dennoch wurden die bundesdeutschen Gewerkschaften von den »Jahren um 1968« (Gerd-Rainer Horn) stärker beeinflusst als gemeinhin angenommen. Weil diese Jahre auch eine jugendkulturelle Revolte waren, ist es lohnend, Veränderungen gerade in der Gewerkschaftsjugend zu betrachten.

Dafür sollen zuerst die strukturellen Bedingungen und Reformdebatten untersucht werden, die in der Berufsausbildung bestanden. Für die Mehrzahl der Arbeiterjugendlichen vollzog sich in der beruflichen Ausbildung ein Integrationsprozess in eine soziale Statusgruppe, allerdings zeigte sich in der Berufsausbildung in den 1960er Jahren ein Modernisierungsstau. Anschließend wird die Politisierung anhand der Lehrlingsbewegung und der Einfluss auf die gewerkschaftliche Jugendarbeit beschrieben. Im dritten Unterkapitel werden die Reaktionen des gewerkschaftlichen Apparates auf die Unruhe der Jugend untersucht. Zwei weitere Unterkapitel beleuchten die Auswirkungen auf die betriebliche Arbeit und lebensweltliche Aspekte.

1 Anschaulich drückte die Hoffnung auf eine Erneuerung der Gewerkschaften und die Enttäuschung über die Radikalisierung der Studenten aus: Egon Lutz, Ist die APO am Ende? Ein paar bittere Bemerkungen über die Studentenrebellion der letzten Monate, in: *Gewerkschaftliche Monatshefte* Nr. 9 (1968), S. 546-551.

2.1. Mangelnde Modernisierung – Zur Situation der Berufsausbildung der 1960er Jahre

Bereits 1952 stellte ein Beobachter fest, dass die bundesdeutsche Lehrlingsausbildung eher zur Wirtschaft als zum Erziehungswesen gehöre, die Lehrlinge »Arbeiter und keine Schüler« seien.[1] Allerdings formulierten Sozialwissenschaftler erst in den 1960er Jahren ein Unbehagen an der beruflichen Bildung, und die Modernisierung der Berufsausbildung floss in die allgemeine Bildungsreformdebatte ein. Vor allem Forderungen nach Chancengleichheit in der Bildung hatten zu einer Diskussion über Bildungsformen und -inhalte geführt. In der damaligen Bildungsforschung war es insbesondere die Figur des katholischen Landmädchens, dessen Bildungschancen als exorbitant niedrig bezeichnet wurden.[2] Darüber waren mit einer »Art Bildungsverbot« die Töchter von Arbeitern belegt, von denen 1961 gerade 2,5 Prozent eine höhere Schule besuchten.[3] Die Bildungsreformdebatte kreiste daher auch um den Stellenwert der Berufsausbildung in einer Gesamtbildungskonzeption.[4] Allerdings sind die Debatten zur beruflichen Bildung in der Forschung zur Bildungspolitik zumeist nur eine Randnotiz, von der Berufspädagogik abgesehen.[5] Zeitgenössisch wurde unter dem Schlagwort Chancengleichheit nicht allein eine größere Durchlässigkeit zu den weiterführenden Schulen verhandelt, sondern gerade auch die Integration der lange Zeit von der Bildungspolitik vernachlässigten Berufsausbildung.

Es waren zwei Bücher, die eine Diskussion um die Reform der Berufsausbildung Mitte der 1960er Jahre forcierten. Die erste basierte auf einer Artikel-Serie über berufliche Perspektiven im Zeitalter der technischen Rationalisierung in der Zeitschrift *Stern*, die federführend von dem Münchner Soziologen Burkhart Lutz verfasst und 1964 und 1965 in drei Bänden zusammengefasst und veröffentlicht wurde.[6] Die Serie konzipierte die Redaktion der Zeitschrift *Stern*, Lutz

1 Berufserziehung und Lehrlingsausbildung in Deutschland. Gutachten im Auftrag des amerikanischen Hohen Kommissars, hrsg. vom Amt des Hohen Kommissars für Deutschland, Frankfurt a.M. 1952, S. 38, zitiert nach Heinz Pütt, Stufenausbildung. Anspruch und Wirklichkeit einer beruflichen Ausbildungsform, Essen 1976, S. 15.

2 Karl Erlinghagen, Katholisches Bildungsdefizit in Deutschland, Freiburg 1965.

3 Helge Pross, Über die Bildungschancen von Mädchen in der Bundesrepublik, Frankfurt a.M. 1969, S. 56, Zitat S. 18. Vgl. mit ähnlichen Ergebnissen für Katholiken allgemein: Traute Nellessen-Schumacher, Sozialstruktur und Ausbildung der deutschen Katholiken, Weinheim/Berlin/Basel 1969.

4 Vgl. Bildungsbericht '70. Bericht der Bundesregierung zur Bildungspolitik, hrsg. vom Bundesminister für Bildung und Wissenschaft, Bonn 1970.

5 So zum Beispiel bei Wilhelm Rudloff, der die bildungspolitischen Diskussionen der 1960er und 1970er Jahre zu Recht als Teil der Sozialpolitik versteht, aber die berufliche Bildung dabei nicht einbezieht. Vgl. Wilfried Rudloff, Bildungspolitik als Sozial- und Gesellschaftspolitik. Die Bundesrepublik in den 1960er und 1970er-Jahren im internationalen Vergleich, in: Friedhelm Boll/Anja Kruke (Hrsg.), Der Sozialstaat in der Krise. Deutschland im internationalen Vergleich, Bonn 2008, S. 237-268.

6 Burkart Lutz/Leo Bauer/Jürgen von Kornatzki, Berufsaussichten und Berufsausbildung in der Bundesrepublik. Eine Dokumentation des *Stern*, 2 Bände, Hamburg 1964; dies.:

wurde im Oktober 1963 als Experte hinzugezogen. Im Fokus der Kritik stand die Handwerkerausbildung, die als rückständig und unzureichend bezeichnet wurde. Als zukunftsfähig erschien eine Ausbildung in der Großindustrie, die auf die technische Komplexität zukünftiger Produktionstechnologien vorbereite. Die Bundesregierung reagiere nicht auf den drohenden Verlust von technischen Kompetenzen bei der Berufsausbildung. In der Hoffnung auf einen technischen Fortschritt wurden die Eltern ermahnt: »Lassen Sie Ihre Kinder so lange wie möglich zur Schule gehen. Jedes theoretische Wissen, das Ihr Kind erwerben kann, ist eine Kapitalanlage, die sich auszahlt; murren Sie deshalb nicht, wenn nach dem 9. nun auch das 10. Volksschuljahr eingeführt werden soll. Lassen Sie Ihr Kind, wenn es das Zeug dazu hat, auf die Mittelschule, auf die Oberschule oder auch auf die Universität gehen. Wenn Sie dieses Opfer bringen, werden Sie erreichen, was Sie sicher wollen: ›Mein Kind soll es einmal besser haben‹. Wenn Sie für Ihre Kinder den Besuch der höheren Schule oder der Universität nicht finanzieren können: Beschaffen Sie Ihnen eine Lehrstelle in der Großindustrie oder bei einem Meister, der einer überbetrieblichen Lehrausbildung angeschlossen ist.«[7] Im internationalen Vergleich wurden insbesondere die französische Ausbildung in staatlichen Lehrwerkstätten und eine Planungspolitik der Regierung als positives Beispiel hervorgehoben. Gefordert wurden eine umfassende Planungsaktivität der Bundesregierung und eine Stufenausbildung für alle Lehrberufe. Zur Schulung ihrer Funktionäre übernahm die IG Metall größere Mengen der beiden Bücher.[8]

Für die wissenschaftliche Diskussion war es das 1965 von den Bildungssoziologen Wolfgang Lempert und Heinrich Ebel herausgegebene Buch über die Lehrzeitdauer, mit dem sich ein Paradigmenwechsel vor allem in der Berufspädagogik ankündigte.[9] Bei Befragungen hatten die Autoren festgestellt, dass Lehrlinge häufig Nebentätigkeiten ausübten und die deutschen Jugendlichen im internationalen Vergleich zu früh in die Ausbildung kämen und zu lange in ihr verblieben. Die Autoren plädierten für eine Modernisierung der Ausbildung, in der nicht spezialisierte Berufe, sondern Grundlagenkenntnisse zu vermitteln wären: »Nicht auf fertige Erfahrungen, sondern auf die Fähigkeit, Erfahrungen zu machen, kommt es an. Dazu aber verhilft vor allem eine möglichst breite und systematische theoretische und praktische Grundausbildung.«[10] Ihre Thesen

Berufsaussichten und Berufsbildung in der Bundesrepublik, Band 3: Ergebnisse der neuen *Stern*-Untersuchung 1966, Hamburg 1966.

7 Macht endlich Experimente! *Stern* (1964), Nr. 52, abgedruckt bei Lutz/Bauer/Kornatzki, Berufsaussichten, Band 2, S. 226-234, hier S. 231.

8 Es waren jeweils 60 Exemplare. Aktennotiz Manfred Leiss an Georg Benz, 14.1.1965 sowie Horst Lemke an Georg Benz, 13.1.1966, beide in: AdsD, 5/IGMA-450-20015.

9 Wolfgang Lempert/Heinrich Ebel, Lehrzeitdauer, Ausbildungsplan und Ausbildungserfolg, Freiburg 1965.

10 Ebd., S. 20. Die Kritik war in den frühen 1960er Jahren bereits zum Teil formuliert worden, so die hohe Ausbildungsquote im Handwerk und die Verbreitung überholter Handwerksberufe bei: Detlef Kantowsky, Zur Typologie jugendlicher Berufswechsler,

richteten sich auch gegen eine Berufspädagogik, die sich lange Zeit in ausgetretenen Pfaden bewegte und in Traditionen der Weimarer Republik stand. Noch in den 1950er Jahren versuchte Eduard Spranger, bereits in der Weimarer Republik einer der führenden Pädagogen, mit der Trias »Landmann«, »Handwerker« und »Händler« berufliche Archetypen zu identifizieren. Das wesentliche Ziel der Berufspädagogik war es Spranger zufolge, die »berufliche Tüchtigkeit« der Jugendlichen zu erreichen und den für sie passenden Lebensberuf auszuwählen.[11] Im Laufe der 1960er Jahre begann sich die Berufspädagogik aus ihrer »Schattenexistenz« gegenüber den Universitäten zu lösen.[12] Die gewerbliche Lehrerausbildung, lange an Berufspädagogischen Instituten ohne Promotionsrecht angesiedelt, wurde zumeist in bestehende Universitäten integriert.[13]

Kern der berufspädagogischen Bestrebungen war es, die beruflichen Mobilitätschancen für Jugendliche zu erhöhen und berufliche Weiterqualifizierungen nach der Erstausbildung auszubauen.[14] Die wissenschaftliche Berufspädagogik entwickelte sich zu einem Motor der Modernisierung der Berufsausbildung, wobei als Ziele Chancengleichheit und Emanzipation im Vordergrund standen.[15] Dabei war die Sympathie vieler Wissenschaftler für die Arbeiterinnen und Arbeiter und auch für die Gewerkschaften unübersehbar. Wolfgang Lempert skizzierte diese Haltung 1974: »Berufliches Handeln ist soziales Handeln, Interaktion im Gefüge beruflicher Rollen und Ränge; Aktion eher für eine Minderheit von Privilegierten, die meist nicht nur die angenehmere Arbeit verrichten, sondern obendrein auch noch höhere Belohnungen davontragen; Reaktion, weniger noch: passive Ausführung fremder Anweisungen und Anpassung an

in: Theodor Scharmann (Hrsg.), Schule und Beruf als Sozialisationsfaktoren, Stuttgart 1966, S. 222-235.

11 Antonius Lipsmeier, Berufsbildung, in: Handbuch der deutschen Bildungsgeschichte, Band VI: 1945 bis zur Gegenwart, Erster Teilband: Bundesrepublik Deutschland, hrsg. von Christoph Führs/Carl-Ludwig Franck, München 1998, S. 447-489, S. 472 f.; für die Berufspädagogik im Kaiserreich mit einigen Korrekturen Stratmann, Zeit.

12 Hanns-Peter Bruchhäuser, Heinrich Abel. Eine deutsche Karriere, Magdeburg 2009, S. 13.

13 Karlwilhelm Stratmann, Die historische Entwicklung der GewerbelehrerInnenausbildung, in: Josef Rätzel (Hrsg.), Gesellschaftlicher Wandel und Gewerbelehrerausbildung. Analysen und Beiträge für eine Studienreform, Asbach/Bergstraße 1994, S. 6-9; das Frankfurter Berufspädagogische Institut wurde 1963/64 an die TU Darmstadt angegliedert. Vgl. Bruchhäuser, Abel, S. 528.

14 Vgl. Friedemann Stoß, Übergangsmuster im Wandel – von der einen Berufswahl zur gestuften Abfolge von Entscheidungen über Ausbildung und Beruf, in: Ditmar Brock u. a. (Hrsg.), Übergänge in den Beruf. Zwischenbilanz der Forschung, Weinheim/München 1991, S. 56-68, bes. S. 56-61.

15 Vgl. u. a. Wolfgang Lempert, Leistungsprinzip und Emanzipation. Studien zur Realität, Reform und Erforschung des beruflichen Bildungswesens, Frankfurt a. M. 1971; Martin Baethge, Ausbildung und Herrschaft. Unternehmerinteressen in der Bildungspolitik, Frankfurt a. M. 1970; Wolfgang Dietrich Winterhager, Lehrlinge – die vergessene Majorität, Weinheim u. a. [2]1972, Erstauflage 1970; Wolfgang Lempert, Berufliche Bildung als Beitrag zur gesellschaftlichen Demokratisierung, Frankfurt a. M. 1974.

vorgegebene Normen, dagegen eher für die Majorität.« Diese »grundgesetzliche Ungleichheit« müsse durch die »Demokratisierung der Wirtschaft« abgebaut werden, dies könne aber nur »durch die abhängig Arbeitenden bewirkt, und da der Einzelne allein wenig auszurichten vermag, nur durch kollektive Aktionen vorangetrieben werden«.[16] Die Gewerkschaften avancierten so zu einem natürlichen Bündnispartner kritischer Strömungen in der Bildungsforschung.

Der Deutsche Bildungsrat kritisierte in seinem Gutachten 1969 die bundesdeutsche Praxis der Berufsausbildung. Sie sollte als staatliche Aufgabe verstanden und die Hegemonie der Wirtschaftsverbände eingeschränkt werden. Als Ziel definierte der Bildungsrat unter der Leitung des Kieler Historikers Karl Dietrich Erdmann: »In wirtschafts- und gesellschaftspolitischer Sicht ist die Ausbildung der Lehrlinge als eine Grundinvestition im Hinblick auf wirtschaftliches Wachstum und daher als eine Gemeinschaftsaufgabe zu betrachten.« Zentrales Ziel war hierbei die »Überwindung des Gegensatzes zwischen allgemeiner Bildung und beruflicher Ausbildung«.[17] Möglichst zügig sollten die Planmäßigkeit der Ausbildung, eine bessere pädagogische Qualifikation und eine umfangreiche theoretische Fundierung auch in allgemeinbildender Hinsicht erreicht werden. Diese Leitmotive bestimmten die politischen Reformdiskussionen Anfang der 1970er Jahre.

Woran entzündeten sich die Vorwürfe einer mangelnden Modernisierung und fehlenden Zukunftsfähigkeit? Hierzu sind zuerst einige Bemerkungen zur Entwicklung der spezifisch deutschen Tradition der Berufsausbildung notwendig. Sie entstammte der Meisterlehre des mittelalterlichen Handwerks. Ein in der Regel männlicher Jugendlicher lernte bei einem Meister das entsprechende Handwerk und konnte nach verschiedenen Initiations- und Selektionsstufen ebenfalls zum Meister aufsteigen. Durch die im 19. Jahrhundert zunehmende Gewerbefreiheit geriet die an Zunftstrukturen orientierte Ausbildung unter Druck. Die Gewerbeordnung des norddeutschen Bundes von 1869 dokumentierte die Wandlungen: Das Lehrverhältnis war nun ein privatrechtliches Arbeitsverhältnis, welches auch durch den Lehrling gelöst werden konnte. Die 1897 erfolgte Novellierung der Gewerbeordnung stärkte erneut das Handwerk als die zentrale Institution für die Lehre, auch die – zu der Zeit noch wenigen – Lehr-

16 Lempert, Bildung, S. 149 f.

17 Deutscher Bildungsrat, Empfehlungen der Bildungskommission. Zur Verbesserung der Lehrlingsausbildung, Verabschiedet auf der 19. Sitzung der Bildungskommission am 30./31.1.1969, Bonn ^{2}1970, S. 5 und S. 9; als Gegenposition der Wirtschaftsverbände: Ideologie und Wirklichkeit. Zu den Empfehlungen der Bildungskommission ›zur Verbesserung der Lehrlingsausbildung‹. Stellungnahme der Spitzenorganisationen der gewerblichen Wirtschaft, Mai 1969, Bonn o. J. (1969); Dr. Ludwig Losacker, Direktor des Deutschen Industrieinstituts, Köln: Bildungskommission auf Holzwegen, *Industriekurier*, 15.4.1969; Zur Position des Bildungsrates in der Reformdebatte um berufliche Bildung vgl. Ingrid Lisop, Zur Rolle der Berufsbildung in den bildungspolitischen Reformgutachten der Bundesrepublik Deutschland, in: Rolf Arnold u. a. (Hrsg.), Weiterungen der Berufspädagogik. Von der Berufsbildungstheorie zur internationalen Berufsbildung, Stuttgart 1997, S. 97-113, bes. S. 104-106.

linge in der Industrie mussten von den Handwerkskammern geprüft werden. Diese Beschränkung wurde erst 1935 aufgehoben.[18] Seit Ende des 19. Jahrhunderts etablierte sich eine Zweiteilung der Ausbildung: Neben dem Betrieb als Lernort wurden Berufsschulen eingerichtet, die jedoch lange Zeit in der Berufsausbildung stark vernachlässigt wurden. Diese Zweiteilung war – und ist bis heute – ein spezifisches Merkmal der Berufsausbildung in Deutschland und den deutschsprachigen Ländern. Ab 1964 wurde vom Dualen System gesprochen[19], in dem idealtypisch die praktische Unterweisung im Betrieb, die theoretische in der Berufsschule erfolgen sollte. Dieses Modell war auch als eine traditional-korporatistische Antwort auf die Industrialisierung verstanden worden, während sich in England im 19. Jahrhundert eine stärker marktorientierte Ausbildung mit wenigen staatlichen Eingriffen etablierte, in Frankreich ein etatistisch-bürokratisches Modell mit Schwerpunkt auf die Ausbildung in staatlichen Schulen.[20]

In der deutschen Berufsausbildung dominierte lange Zeit das Handwerk, erst in der Weimarer Republik begann ein Ausbau von Ausbildungsplätzen auch in der Industrie, wodurch sich Konflikte zwischen Handwerk und Industrie verschärften. Trotz aller Konflikte waren sich die Verbände von Handwerk und Industrie überwiegend einig, Ansprüche der Gewerkschaften auf Mitbestimmung und Reform der Berufsausbildung abzuwehren.[21] Die Gewerkschaften sprachen angesichts einer Nutzung der Handwerkslehrlinge als günstige Arbeitskräfte und einer oft schlechten Behandlung von der »Lehrlingszüchterei«, wobei es ihnen nicht gelang, gesetzliche Standards für die Berufsausbildung zu verankern. Seit 1919 stand ein Berufsausbildungsgesetz auf der Forderungsagenda der Gewerkschaften. Ein 1928 von der SPD in den Reichstag eingebrachter Gesetzentwurf wurde aufgrund der Wirtschaftskrise nicht mehr zur Abstimmung gebracht,

18 Dem war ein Streit zwischen Handwerks- und Industrieverbänden seit der Weimarer Republik vorausgegangen. Insbesondere die Industrieverbände forderten eine Ablösung von der Kontrolle durch die Handwerkerkammern. Vgl. Wolf Dietrich Greinert, Berufsqualifizierung und dritte Industrielle Revolution. Eine historisch-vergleichende Studie zur Entwicklung der klassischen Ausbildungssysteme, Baden-Baden 1999, S. 79-81; vgl. zur Geschichte als Überblicke: Johannes Großewinkelmann, Zwischen Werk- und Schulbank. Duales System und regionale Berufsausbildung in der Solinger Metallindustrie 1869-1945, Essen 2004, S. 52-57; Kruse, Qualifikation, S. 82-90; Thelen, Institutions, S. 41-79; Dirk Konietzka, Ausbildung und Beruf. Die Geburtsjahrgänge 1919-1961 auf dem Weg von der Schule in das Erwerbsleben, Opladen/Wiesbaden 1999, S. 45-52.

19 Im Gutachten des »Deutschen Ausschuß« für das Erziehungs- und Bildungswesen, Gutachten über das berufliche Ausbildungs- und Schulwesen vom 10. Juli 1964, S. 500, hier zitiert nach Großewinkelmann, Zwischen Werk- und Schulbank, S. 13; Oskar Anweiler, Bildungspolitik, in: Geschichte der Sozialpolitik in Deutschland seit 1945, Band 5: 1966-1974. Bundesrepublik Deutschland: Eine Zeit vielfältigen Aufbruchs, Bandherausgeber Hans Günter Hockerts, Baden-Baden 2006, S. 709-753, S. 731; Karlwilhelm Stratmann/Manfred Schlösser: Das Duale System der Berufsausbildung. Eine historische Analyse seiner Reformdebatten, Frankfurt a. M. 1990, S. 140-145.

20 Vgl. als Übersicht Greinert, Berufsqualifizierung, insbesondere S. 26-45.

21 Thelen, Institutions, S. 86 f.; Stratmann/Schlösser, System, S. 35-40.

die Reformforderungen versandeten.[22] Das nationalsozialistische Regime hatte innovative Einflüsse auf die Struktur der Berufsausbildung, insbesondere indem die Ausbildung zum Facharbeiter explizit gefördert und der Konflikt zwischen Handwerk und Industrie beigelegt wurde. Dies erfolgte mit einer deutlichen ideologischen Ausrichtung auf die Berufserziehung, die zum Beispiel mit dem »Reichsberufswettkampf« propagandistisch aufgewertet wurde. Handwerk und die Industriebetriebe blieben im Wesentlichen für die Durchführung verantwortlich.[23]

Nach dem Zweiten Weltkrieg wurde das Duale System in Deutschland beibehalten.[24] Die Industrie baute die Ausbildungskapazitäten aus, aber der relational größte Anteil der Berufsausbildung lag weiterhin im Handwerk, dessen berufliche Erziehungsideale als »Leitbild der deutschen Berufsausbildung« galten. Dabei stand nicht die fachliche Qualifikation im Vordergrund, sondern der Erwerb von Arbeitstugenden. »Die Erziehungsfunktion, die sich das Handwerk zuschrieb, wurde […] Erziehung zum rechten Staatsbürger schlechthin, versehen mit dem Glorienschein sittlicher Legitimation und damit zugleich missionarischer Zukunftsträchtigkeit der Welt gegenüber.«[25] Allerdings hielten Lempert und Ebel schon 1965 fest, dass die traditionelle Meisterlehre nur ein »Wunschbild« sei.[26] Gerade im Handwerk war die Einstellung verbreitet, dass zwischen Arbeit und Beruf ein elementarer Unterschied bestünde: Während Arbeit gewissermaßen nur die niedrig anzusetzende Erwerbstätigkeit zum Lebenserhalt sei, würde mit dem Beruf eine sittliche Reifung angestrebt: Berufsbildung sei gerade nicht intellektuelle Bildung, sondern Charakterstärkung, betonte einer der Theoretiker des Handwerks, Wilhelm Wernet. Die handwerkliche Ausbildung wirke einer »Versachlichung des Menschen« entgegen, die in der naturwissenschaftlich-instrumentalen Produktionsweise zur Entmenschlichung führe; im Handwerk dagegen könne man noch Mensch sein.[27] Solche theoretischen Überhöhungen, geprägt von Kritik an der modernen Industriegesellschaft und der drohenden Konkurrenz der Großindustrie gleichermaßen, wurden in dem sozial zerklüfteten Handwerk zwischen Kleinstbetrieben und großen Handwerksfirmen, deren Bedeutung zunahm, gewiss nicht von jedem geteilt[28],

22 Großewinkelmann, Werk- und Schulbank, S. 182-186; Thelen, Institutions, S. 90.

23 Schneider, Hakenkreuz, S. 363-377; Großewinkelmann, Werk- und Schulbank, S. 203-223; Thelen, Institutions, S. 232.

24 Knapp für die Nachkriegszeit: Crusius, Berufsbildungs- und Jugendpolitik, S. 89-91; Thelen, Institutions, S. 242-248.

25 Gisela Stützt, Das Handwerk als Leitbild der deutschen Berufserziehung, Göttingen 1969, S. 14.

26 Lempert/Ebel, Lehrzeitdauer, S. 59.

27 Wilhelm Wernet, Das Erziehungs- und Bildungssystem des Handwerks. In: Ders., Über die Lehrlingshaltung im Handwerk in wirtschaftlicher Sicht, Münster 1958, S. 54-62. Abgedruckt bei: Stütz, Handwerk, S. 158-168. Wernet, 1901 geboren, war ab 1958 Direktor des Handwerkswissenschaftlichen Instituts in Münster.

28 Vgl. Bernd Holtwick, Der zerstrittene Berufsstand. Handwerker und ihre Organisationen in Ostwestfalen-Lippe (1929-1953), Paderborn 2000; den Wandlungsprozess für

aber in der Debatte um die Reform der Berufsausbildung übernahmen die Theoretiker und Funktionäre des Handwerks eine zumeist obstruktive Rolle.[29] Denn trotz ökonomischer und technischer Veränderungen im Handwerk gingen viele Verbands- und Handwerksfunktionäre noch Ende der 1960er Jahre davon aus, dass ein grundsätzlicher Wandel der Berufsausbildung nicht notwendig wäre, da das »deutsche System« erfolgreich sei.[30] Im Handwerk waren Anfang der 1960er Jahre rund 30 Prozent der Beschäftigten Lehrlinge, hingegen in der Industrie, die überwiegend für den eigenen Facharbeiterbedarf ausbildete, nur knapp zehn Prozent.[31] Die Handwerkslehrlinge bildeten deshalb auch ein Reservoir für industrielle Tätigkeiten, rund die Hälfte bis zwei Drittel verließ ihren Lehrbetrieb und wechselte häufig als angelernte Arbeiter in Industriebetriebe.[32] Dies führte seitens der Gewerkschaften und bei kritischen Sozialwissenschaftlern wiederholt zu dem Vorwurf, bei dieser Erwerbsstruktur würden die Lehrlinge im Handwerk überwiegend als billige Arbeitskräfte eingesetzt und nicht fachlich ausgebildet.[33] Vertreter des Handwerks argumentierten, dass grundlegende Arbeitstugenden gelernt würden, die auch für die Industriearbeit nützlich seien.[34]

Offener für Reformen positionierten sich die Unternehmerverbände von Industrie und Handel innerhalb der Bildungsdebatte. Federführend war hier der Deutsche Industrie- und Handelskammertag (DIHT). Die Industrie- und Handelskammern waren Körperschaften öffentlichen Rechts, der DIHT als Dachverband hingegen als Verein organisiert.[35] Der DIHT sah im Dualen System eine bewährte und sinnvolle Ausbildungsform, die unter Dominanz der Selbstverwaltungsorgane der Wirtschaft weiterzuführen sei, da Nachwuchs mit beträchtlichem finanziellem Aufwand ausgebildet werde. Skepsis bestand insbesondere gegenüber Forderungen, bereits in der Volksschule mit dem Fach

Bayern analysieren ausführlich: Christoph Boyer/Thomas Schlemmer, ›Handwerkerland Bayern‹? Entwicklung, Organisation und Politik des bayerischen Handwerks, in: Thomas Schlemmer/Hans Woller (Hrsg.), Bayern im Bund, Band 2: Gesellschaft im Wandel 1949 bis 1973, München 2002, S. 87-178.

29 Vgl. die abwehrenden Reaktionen des Handwerks auf die *Stern*-Untersuchung 1964 in: Lutz/Bauer/Kornatzki, Berufsaussichten, S. 303-320.

30 Adolf Kell, Die Vorstellungen der Verbände zur Berufsausbildung, Band 1, Berlin 1970, S. 43 f. dort auch eine Vielzahl von Belegen aus der Literatur zum Handwerk.

31 Lutz/Bauer/Kornatzki, Berufsaussichten, Band 1, S. 230.

32 1961 war bei rund 30 Prozent der Arbeitsplatzwechsler in der nordrhein-westfälischen Metallindustrie der neue Beruf ein Anlernberuf, verbunden mit der Aufgabe des erlernten Berufes. Burkart Lutz/Friedrich Weltz, Der zwischenbetriebliche Arbeitsplatzwechsel. Zur Soziologie und Sozioökonomie der Berufsmobilität, Frankfurt a. M. 1966, S. 29.

33 Hans-Jürgen Haug/Hubert Maessen, Was wollen die Lehrlinge? Frankfurt a. M./Hamburg 1971, S. 97-99.

34 Lutz/Bauer/Kornatzki, Berufsaussichten, Band 3, S. 90 f.

35 Als Überblick zum DIHT (heute DIHK abgekürzt) vgl. Manfred Groser/Detlef Sack/Wolfgang Schroeder, Die Industrie- und Handelskammern im politischen System Deutschlands, in: Wolfgang Schroeder/Bernhard Weßels (Hrsg.), Handbuch Arbeitgeber- und Wirtschaftsverbände in Deutschland, Wiesbaden 2010, S. 66-84.

Arbeitslehre die Berufswelt zu thematisieren oder die Berufsschule zeitlich auszuweiten.[36] Mit der Einführung des neunten Schuljahres, ab 1964 für alle Bundesländer verpflichtend[37], kamen Klagen seitens der Wirtschaftsverbände über eine mangelnde Ausbildungsreife auf, da die Schüler in Fächern wie Rechnen oder Deutsch schlecht abschnitten.[38] In größeren Unternehmen bestand das Interesse, die fachliche Ausbildung gegenüber dem Erziehungsprinzip zu stärken. Reformmodelle – insbesondere die bei Krupp in Essen ab 1965 eingeführte Stufenausbildung – wurden in größeren Industriebetrieben erprobt. Diese ermöglichten mit Lehrwerkstätten eine von der Produktion getrennte Ausbildung. Zudem war die Reformbereitschaft von Personalverantwortlichen in größeren Betrieben höher.[39]

Für die Gewerkschaften war die Berufsbildung eines ihrer wichtigen sozialpolitischen Handlungsfelder. Reinhard Crusius hat ihre Politik dahingehend beurteilt, dass die Chancen für eine aktive Gestaltung der Berufsbildungspolitik nicht wahrgenommen wurden und nur eine Expertenpolitik verfolgt wurde, jedoch keine Mobilisierung der jugendlichen Mitgliedschaft erfolgte.[40] Diese Kritik ist sicherlich überzogen, denn die Gewerkschaften verstanden sich als sozialpolitische Interessensvertreter auch der Lehrlinge, nicht als ihr Bewegungszentrum. Die IG Metall veröffentlichte 1960 eine erste Untersuchung über die »Berufsausbildung in der industriellen Gesellschaft«, um ihre Forderungen darzulegen.[41] Die Schrift wurde zweimal nachgedruckt und erreichte eine Gesamtauflage von 35.000 Exemplaren.[42] Dabei zielte der Verfasser, der Berufspädagoge Heinrich Abel, angesichts der Automatisierung und Rationalisierung in der industriellen Produktion bereits auf Modernisierungen.[43] Auf der

36 Vgl. Kell, Vorstellungen, Band 1, S. 70-84.
37 Kruse, Qualifikation, S. 53 f.
38 Stellungnahme des DIHT: Verlängerung der Schulzeit hatte wenig Erfolg, in: Wirtschaft und Berufserziehung 1967, S. 98; Eberhard Hennig, Schulkenntnisse bei Lehrbeginn: trübe Erfahrungen eines Lehrherrn, in: Wirtschaft und Berufserziehung 1968, S. 83-86.
39 Vgl. die positive Beschreibung des Ausbildungsleiters bei Ford in Köln seitens der Gewerkschaften: Junge Leute Heute, in: *Der Gewerkschafter* 16, Nr. 5, Mai 1968, S. 176-178; zu Reformvorstellungen im Management von Industriebetrieben vgl. Revolte der Manager, in: *Stern* (1965), Nr. 51, abgedruckt bei: Lutz/Bauer/Kornatzki, Berufsaussichten, Band 3, S. 187-194.
40 Crusius, Berufsbildungs- und Jugendpolitik, S. 115 f.
41 Heinrich Abel, Berufsausbildung in der industriellen Gesellschaft, Schriftenreihe der IG Metall Nr. 37, Frankfurt a. M. [2]1960.
42 Aktennotiz Manfred Leiss an Georg Benz, 18.8.1964, in: AdsD, 5/IGMA-450-20015.
43 Heinrich Abel (1908-1965) war zuerst Berufsschullehrer und ab 1937 als Referent in der Reichsjugendführung der Hitlerjugend tätig. In Stalingrad in Kriegsgefangenschaft geraten, engagierte er sich im Nationalkomitee Freies Deutschland und im Bund Deutscher Offiziere. 1950 aus der Kriegsgefangenschaft entlassen, wurde er 1951 in Braunschweig erneut Berufsschullehrer, zugleich war er seit 1951 in der GEW aktiv und begründete 1952 die *Berufspädagogische Zeitschrift* der GEW mit; 1955 Dozent am Berufspädagogischen Institut in Frankfurt a. M., ab 1964 Professor an der TU Darm-

Grundlage des zu der Zeit populären Werkes von Jean Fourastié über die *Hoffnung des 20. Jahrhunderts* ging Abel von einer immensen Ausweitung der Dienstleistungstätigkeiten aus.[44] Technischer Fortschritt und Rationalisierung in der Produktion galt vielen Funktionären in der IG-Metall-Vorstandsverwaltung als Weg zur Verbesserung der Lebensqualität.[45] Abel erwartete ebenso von der Automatisierung einen Rückgang der unqualifizierten Tätigkeiten; daraus folgerte er die Neuausrichtung der Berufsausbildung. Der Ausbau automatisierter Arbeitsabläufe werde eine steigende berufliche Mobilität zur Folge haben, die einen umfassend gebildeten Menschen benötige. Die Berufsausbildung müsse daher auch um allgemeinbildende Inhalte erweitert und als öffentliche Aufgabe wahrgenommen werden. Fünf Jahre später wurden diese Reformforderungen in einer erweiterten Auflage erneuert. Insbesondere unterstrich Abel die Notwendigkeit, ein einheitliches Berufsbildungsgesetz zu schaffen, da allein fünf verschiedene Gesetze die Ausbildungstätigkeiten unmittelbar regelten.[46] Der DGB forderte in seinem neuen Grundsatzprogramm von 1963 eine grundlegende Reform des Bildungs- und Erziehungswesens. Die berufliche Bildung sollte zur öffentlichen Aufgabe werden, für die die Wirtschaft mit der betrieblichen Ausbildung einen Teil erfülle, jedoch keinen Anspruch auf Hegemonie besäße.[47]

Aus Sicht der IG Metall und des DGB lag eines der größten Probleme in der Berufsausbildung in der Dominanz der Arbeitgeberverbände. Für die Ausbildung zuständig waren die Selbstverwaltungsorgane der Wirtschaft, vor allem die Industrie- und Handels- und die Handwerkskammern. Neben den 81 Industrie- und Handelskammern und 45 Handelskammern, die 1969 existierten, waren weitere Träger für einzelne Berufsbereiche zuständig.[48] Diese zerklüftete Struktur erschwerte einheitliche Regelungen für die Berufsausbildung. Zwar wurde die Erstellung der Berufsbilder als ordnungspolitische Maßnahme durch das Bundeswirtschaftsministerium vorgenommen, aber die Durchführungsverantwortung lag bei den Arbeitgebern, koordiniert durch die »Arbeitsstelle für

stadt. Er publizierte vielfältiges Material zur Berufspädagogik. Allerdings blieben seine Aktivitäten in der HJ und auch in der sowjetischen Kriegsgefangenenschaft weitgehend ausgeblendet, er galt als eine »Lichtgestalt der westdeutschen Berufspädagogik«, auch bei vielen seiner Schüler. Vgl. zu seiner Biographie: Bruchhäuser, Abel, Zitat S. 13.

44 Fourastié war ein französischer Ökonom, vgl. Jean Fourastié, Die große Hoffnung des 20. Jahrhunderts, Köln 1954.

45 Vgl. Rüdiger Hachtmann, Gewerkschaften und Rationalisierung: Die 1970er Jahre – ein Wendepunkt?, in: Andresen/Bitzegeio/Mittag, Strukturbruch, S. 181-209. Zu den hohen Erwartungen, die u. a. Hans Matthöfer und andere in der IG Metall an die umwälzenden Folgen der Automatisierung hatten vgl. Abelshauser, Matthöfer, S. 103-121.

46 Heinrich Abel, Berufsausbildung und beruflicher Bildungsweg. Eine Dokumentation, Schriftenreihe der IG Metall Nr. 51, Frankfurt a. M. o. J. (1966).

47 Kell, Vorstellungen, Band 1, S. 121-123.

48 Dazu gehörten: Landwirtschaftskammern, Ärzte- und Rechtsanwaltskammern u. ä., staatliche und private Berufsfachschulen, kommunale Ausbildungszentren, Bundesbahn und Bundespost, Deutsche Lufthansa, staatliche Verwaltungen, Institutionen im Sozialbereich, Bergbau, Fluss- und Seeschifffahrt und private Haushalte. Vgl. Crusius, Lehrlingsstudie, Band 1, S. 31 f.

betriebliche Berufsausbildung«, getragen von der Bundesvereinigung Deutscher Arbeitgeberverbände (BDA), dem Bundesverband der Deutschen Industrie (BDI), dem DIHT in Bonn sowie im Handwerk durch das »Institut für Berufserziehung im Handwerk« in Köln. Dabei war ein Teil der erarbeiteten Vorgaben zwingend, ein Teil nur Empfehlungen.[49] Bis 1969 gab es eine Vielzahl von Bestimmungen, die im Ausbildungsbereich Anwendung fanden. Seit 1956 waren gewerkschaftliche Vertreter in den Berufsbildungsausschüssen der einzelnen Kammern – wie auch Berufsschullehrer – mit vertreten, aber diese Gremien hatten nur beratende Funktion.[50]

Allerdings gab es auf der gewerkschaftlichen Funktionärsebene auch einen pragmatischen Umgang mit der Situation, insbesondere weil viele betriebliche Funktionäre die Vorteile des Dualen Systems begrüßten. Die Übernahme der Ausbildung in die öffentliche Hand sollte daher nicht unbedingt zu einer Auflösung des Dualen Systems führen, sondern zum Ausbau der Mitbestimmung und einer damit verbundenen öffentlichen Kontrolle. Mit Lehrwerkstätten sollte die Ausbildung möglichst aus dem Produktionsprozess ausgegliedert und von pädagogisch geschulten Fachausbildern vorgenommen werden.[51] 1964 wurden 17 Prozent aller gewerblichen Lehrlinge aus Industrie und Handwerk in betrieblichen und überbetrieblichen Lehrwerkstätten ausgebildet. Von den gewerblichen Lehrlingen in der Industrie waren es jedoch 42 Prozent, überwiegend in Großbetrieben mit mehr als 1.000 Beschäftigten.[52] In Lehrwerkstätten bestand die Chance, eine systematische Grundlagenbildung zu erfahren, pädagogisch geschulte Ausbilder einzusetzen und eine an der Praxis orientierte Ausbildung durchzuführen.[53] Für 1971 lag die Zahl einschließlich der überbetrieblichen Lehrwerkstätten, die im Handwerk und Baugewerbe eingerichtet wurden, um Ausbildungsdefizite in den Kleinbetrieben auszugleichen und in denen die Auszubildenden meist nur einige Wochen verbrachten, bei insgesamt 3.204.[54] In der Industrie allein waren es 1974 rund 1.720 Lehrwerkstätten, davon 1.151 in der Metallindustrie.[55] Der Ausbau der Lehrwerkstätten erschien als ein Weg, um die Anforderungen einer auf Automation und technische Innovationen ausgerichteten Industrie zu erfüllen. In den Gewerkschaften war bereits Ende der 1960er Jahre die Vorstellung verbreitet, Arbeitsplatzwechsel und berufliche Mobilität

49 Crusius, Lehrlingsstudie, Band 1, S. 34.

50 Haug/Maessen, Lehrlinge, S. 68.

51 Kell, Vorstellungen, Band 1, S. 129f.

52 Deppe-Wolfinger, Arbeiterjugend, S. 113.

53 Abel, Berufsausbildung und beruflicher Bildungsweg, S. 29-32; die bessere Ausbildung in Lehrwerkstätten bestätigte eine Erhebung Berliner Maschinenschlosser, die 1959 ihre Lehre beendeten. Die Lehrwerkstätten waren überwiegend in Großbetrieben eingerichtet. Vgl. Lempert, Bildung, S. 159-168.

54 Reinhard Kwetkus, Jugendliche ohne Mitbestimmung. Zur Situation Auszubildender in der Bundesrepublik Deutschland, Frankfurt a. M. o. J. (1981), S. 81.

55 Greinert, Berufsqualifikation, S. 83.

würde zur allgemeinen Erfahrung werden, die Ausbildung müsse dafür die Grundlagen legen.[56]

Neben Lehrwerkstätten war eine weitere, in den 1960er Jahren intensiv diskutierte Reformmaßnahme die Stufenausbildung als Schritt zu einer modernen Berufsausbildung. Grundgedanke war, statt einer Vielzahl von Berufen die Lehre mit einer Grundausbildung für Branchen zu beginnen, und darauf aufbauend in weiteren Stufen Spezialisierungen durchzuführen.[57] Die IG Metall hatte Überlegungen für eine so gegliederte Ausbildung schon nach dem Krieg unterstützt. 1948 hatten im »Braunschweiger Plan« an der IHK Braunschweig Berufspädagogen und Betriebsvertreter ein solches Modell für den Metallbereich entwickelt.[58] Der Plan war jedoch eher »Denk- und Anregungsmodell«, denn erst 1965 wurde bei Krupp in Essen ein Stufenausbildungsmodell im Metallbereich erprobt.[59] Der Personaldirektor von Krupp, Erhard Reusch, begründete dies ganz im Sinne der Reformbemühungen: »Ausbildungsziel kann heute nicht mehr ein ›Beruf‹ im traditionellen Sinn sein. Erforderlich ist vielmehr ein Standard an Wissen und Können, der eine möglichst hohe Anpassungsfähigkeit an sich ändernde oder neue Arbeitsanforderungen sichert.«[60] Der Krupp-Stufenplan war ab 1962 entwickelt worden und hatte zum Ziel, mit einer umfassenden Grundausbildung auch die berufliche Mobilität der Lehrlinge zu ermöglichen.[61] Allerdings war mit dem Kriterium der »Eignung« auch die Gefahr der Selektion gegeben: nach der gemeinsamen einjährigen Grundausbildung konnten Jugendliche als sogenannte Betriebswerker in der Produktion eingesetzt werden, ohne weitere Qualifikationsstufen zu durchlaufen. Daher kritisierten Lehrlingsvertreter wie Gewerkschafter diese verkürzte Ausbildung, da sie nur eine auf einen einzigen Betrieb gerichtete Ausbildung bedeute.[62] Allerdings ergab eine ausführliche Untersuchung der Lehrlinge bei Krupp eine hohe Zufriedenheit mit der lange Zeit einzigen kontinuierlich durchgeführten Stufenausbildung.[63]

56 Drauflosgelernt – und nicht mal richtig. Das Betriebsinteresse rangiert weiter eiskalt vor einer vernünftigen Ausbildung der Lehrlinge, in: *Welt der Arbeit* Nr. 4, 27.1.1967, S. 6. Vgl. die graphische Gestaltung und Schwerpunktsetzung im gewerkschaftlichen Jahrbuch *werden* 1969, mit denen die notwendige Modernisierung veranschaulicht werden sollte. Jahrbuch für die Gewerkschaften, Köln 1969, hrsg. von Hans Dohrenbusch und Eduard Wald.

57 Der Begriff »Stufenausbildung« kommt fast ausschließlich in der Berufsausbildung vor, auch wenn die Vorstellung der Bildung in Stufen ältere bildungstheoretische Konzeptionen umfasst. Zur Begriffsklärung vgl. Pütt, Stufenausbildung, S. 13 f.

58 Vgl. zur Entstehung und inhaltlichen Konzeption ebd., S. 36-43.

59 Lipsmeier, Berufsausbildung, S. 455

60 Stifte erster Klasse, in: *Der Spiegel* Nr. 15, 7.4.1965, S. 56 f.; prinzipiell zu den Anforderungen für Unternehmer, bei Rationalisierungen die sozialen Interessen der Beschäftigten zu berücksichtigen vgl. Claus J. Tully, Rationalisierungspraxis. Zur Entideologisierung eines parteilichen Begriffs, Frankfurt a. M./ New York 1982.

61 Vgl. zur Entwicklung und Konzeption Pütt, Stufenausbildung, S. 47-57; kritisch zum Krupp-Plan als Selektionsverfahren: Deppe-Wolfinger, Arbeiterjugend, S. 121-124.

62 Pütt, Stufenausbildung, S. 58 mit Literaturbelegen.

63 Pütt, Stufenausbildung, Zusammenfassung S. 218-221.

Die IG Metall hatte 1964 einen eigenen Plan zur Stufenausbildung vorgelegt, der 1966 noch präzisiert wurde. Es sollten 40 Lehrberufe zusammengefasst werden und nach einer einjährigen Grundausbildung mit dem Abschluss Metallwerker enden. Die zweite Stufe ermöglichte den Titel Facharbeiter, die Spezifizierung im dritten Jahr sollte zum Qualifizierten Facharbeiter führen. Der wesentliche Unterschied zum Krupp-Modell bestand darin, dass alle Jugendliche im Betrieb eine Ausbildung beginnen sollten, damit es keine ungelernten Arbeiter mehr gäbe, sowie in einer engen Abstimmung mit der Berufsschule und einer stärkeren Gewichtung theoretischer Kenntnisse.[64] Der Vorschlag der IG Metall stand jedoch nie zur Realisierung an, es war ein Versuch, für die Metalllehrlinge eine allgemeine Anhebung des Ausbildungsniveaus zu erreichen.[65] Eine Zusammenfassung von Metalllehrberufen und die Ausrichtung auf eine Grundausbildung erfolgten in der Metallindustrie erst 1985 nach langjährigen Verhandlungen und Diskussionen zwischen Arbeitgebern und der IG Metall.

Die wichtigste parlamentarische Weichenstellung in der Berufsausbildung war die Verabschiedung des Berufsbildungsgesetzes (BBiG) im Juni 1969 durch den Bundestag. Vorausgegangen war eine fast zehnjährige parlamentarische Vorarbeit. 1959 hatte der DGB einen ersten Gesetzesentwurf vorgelegt. Alle drei Fraktionen (CDU/CSU, SPD und FDP) des Fünften Bundestags legten 1965 Entwürfe vor, 1966 – noch vor der Großen Koalition – wurde der Ausschuss für Arbeit mit der Frage betreut. Zu der dreijährigen Tätigkeit gehörte auch eine Reihe von Anhörungen, bei der viele Bedenken vor allem vonseiten des Handwerks berücksichtigt wurden.[66] Das Ziel einer Grundlagenbildung war im Gesetz aufgenommen, in §1, Abs. 2 hieß es: »Die Berufsausbildung hat eine breit angelegte berufliche Grundbildung und die für die Ausübung einer qualifizierten beruflichen Tätigkeit notwendigen fachlichen Fertigkeiten und Kenntnisse in einem geordneten Ausbildungsgang zu vermitteln.«[67] Zur Unterstreichung des Bildungsgedankens wurde nur von »Auszubildenden« gesprochen.[68] Die Gewerkschaften und Reformbefürworter aus der Berufspädagogik zeigten sich über das Gesetz enttäuscht. Der Geltungsbereich war im Wesentlichen auf industri-

64 Vgl. Pütt, Stufenausbildung, S. 64-72; Deppe-Wolfinger, Arbeiterjugend, S. 124-130; DGB-Bundesvorstand, Abteilung Berufliches Bildungswesen (Hg.): Stufenausbildung in der Diskussion, Düsseldorf 1965.

65 Aktennotiz Horst Lemke an Georg Benz, 29.10.1966 sowie Horst Lemke an Georg Benz 21.9.1967, beide in: AdsD, 5/IGMA-450-20015.

66 Claus Offe, Berufsbildungsreform. Eine Fallstudie über Reformpolitik, Frankfurt a. M. 1975, S. 51-58; Thelen, Institutions, 255 f.

67 Abgedruckt bei: Horst Haase/Heinz Richard/Horst Wagner, Berufsbildungsgesetz (BbiG), mit schriftlichem Bericht des Bundestagsausschusses und mit Erläuterungen, Köln ²1974, S. 9.

68 Anweiler, Bildungspolitik, S. 733; Offe, Berufsbildungsreform, S. 59. Die Implementierung solcher neuer Fachausdrücke vollzieht sich langsam. Der Begriff ›Lehrling‹ hat sich bis heute umgangssprachlich gehalten. In der vorliegenden Arbeit werden die beiden Begriffe verwendet, insbesondere, wenn – wie in der Lehrlingsbewegung – explizit an dem alten Begriff festgehalten wurde.

elle Auszubildende beschränkt, die jedoch nur ein Viertel aller Auszubildenden ausmachten. Ausgenommen vom Gesetz blieben Ausbildungsverhältnisse im öffentlichen Dienst, der Seeschifffahrt, den beruflichen Vollzeitschulen und vor allem im Handwerk. Hier galt weiterhin die Handwerksordnung; auch Anlernlinge, Umschüler und Praktikanten fielen nicht unter den Geltungsbereich. Ebenso fehlte eine Verpflichtung zur didaktischen und curricularen Integration von Berufsschule und Betrieb, beide Lernorte existierten weiterhin nebeneinander. Der Rechtsstatus der Auszubildenden blieb zweigeteilt: Als Schüler unterlagen sie öffentlich-rechtlichen Bestimmungen, als Arbeitnehmer im Betrieb jedoch privatrechtlichen Arbeits- bzw. Ausbildungsverträgen.[69] DGB und IG Metall kritisierten daher das neue Gesetz.[70] Horst Lemke von der Abteilung Berufsbildung beim Vorstand der IG Metall hielt fest, letztlich werde nur der bestehende Zustand gesetzlich festgeschrieben: »Nach ihrem Gesetz wird der Bildungsweg, der hauptsächlich von Arbeiterkindern begangen wird, durch Einrichtungen bestimmt, in denen hauptsächlich die Unternehmen zu entscheiden haben. Dagegen erhalten Unternehmerkinder in der Regel eine Ausbildung in öffentlichen Bildungseinrichtungen.«[71] Auch Georg Benz attackierte das Gesetz als unzulänglich, verwies gleichzeitig – eine gewisse Eigenart gewerkschaftlicher Rhetorik – auf Erfolge. Vor allem die Einrichtung des Bundesinstituts für Berufsbildungsforschung sei eine gewerkschaftliche Forderung, die mit dem neuen Gesetz erfüllt werde.[72]

Die Arbeitgeberverbände attackierten die Kritik an der Selbstverwaltung der Wirtschaft, begrüßten aber das Gesetz mit Vorbehalten: »Trotz gewisser Bedenken gegen einige Bestimmungen kann das neue Gesetz in seiner Tendenz grundsätzlich begrüßt werden«, hieß es in einer Stellungnahme des BDA.[73] In der Folge avancierte eine grundlegende Reform des Berufsausbildungsgesetzes zu einer der zentralen gewerkschaftlichen Forderungen in der Berufsausbildung. Die Reformdebatte wurde seitens der Interessengruppen und der Wissenschaft intensiv geführt, 1975 scheiterten schließlich die Reformversuche an den parlamentarischen Mehrheitsverhältnissen. Das BBiG ist als »Zäsur« gewertet worden, denn die Einrichtung des Bundesinstituts für Berufsbildungsforschung und die nun institutionalisierte Beteiligung der Gewerkschaften an den Berufsausbildungsausschüssen schränkten die alleinige Zuständigkeit der Arbeit-

69 Vgl. Kruse, Qualifikation, S. 140-148; Offe, Berufsbildungsreform, S. 59-65.

70 Als Überblick der Kritik: Deppe-Wolfinger, Arbeiterjugend, S. 130-143; Reinhard Crusius, Kritik des Berufsbildungsgesetzes, in: Zur Situation der Berufsausbildung. Zwei Beiträge zur Diskussion von Werner Geiling und Reinhard Crusius, hrsg. vom DGB-Bundesvorstand Abt. Berufliche Bildung, Düsseldorf 1970, S. 107-143.

71 Horst Lemke, Nach der Verabschiedung des Berufsbildungsgesetz, in: *Der Gewerkschafter* 17, Nr. 8, August 1969, S. 304-307, hier S. 307.

72 Georg Benz, Bundestag entschied gegen die berechtigten Ansprüche der Jugend, in: *Der Gewerkschafter* 17, Nr. 7, Juli 1969, S. 245.

73 K. W. Herbst, Bundesvereinigung der Deutschen Arbeitgeberverbände: Befriedigendes Gesetz, in: *Der Arbeitgeber* Nr. 10-11 (1969), S. 378.

geberverbände ein.[74] Das BBiG stabilisierte langfristig das duale System der Berufsausbildung und bildete »den Rahmen für eine erstaunliche Modernisierung des westdeutschen Ausbildungswesens« in den folgenden Jahrzehnten.[75] Diese Modernisierung verlief nicht konfliktfrei, weil es unterschiedliche Auslegungen einzelner Bestimmungen gab. Dazu gehörten zum Beispiel Kostenübernahme von Ausbildungsmaterial, die Führung von Berichtsheften während der Arbeitszeit oder die Ausrichtung an einem vorher ausgearbeiteten Ausbildungsplan. Während Unternehmerverbände die Regelungen restriktiv auslegten, war für gewerkschaftliche Jugendgruppen der Bezug auf diese Bestimmungen und die Forderung nach Kostenübernahme durch die Unternehmen nahezu konstitutiv.[76] Mit der Reform des Betriebsverfassungsgesetzes 1972 erhielten der Betriebsrat und auch die Jugendvertretung Mitspracherechte bei der betrieblichen Berufsausbildung.

Welche Auswirkungen hatten die Reformdebatten und die gesetzlichen Veränderungen auf die Berufsausbildung? Anfang der 1970er Jahre begann eine stärkere Regulierung von Ausbildungsgängen, die vorher in der industriellen Arbeit häufig durch einfaches Nachmachen vermittelt worden waren und die einem proletarischen Arbeitshabitus von körperlicher Arbeit entsprachen. In der Stahlindustrie war die Einführung geregelter Ausbildungsgänge Anfang der 1970er Jahre ein wichtiger Schritt zum ›Abschied vom Malocher‹. Der Beruf des Stahlkochers war vorher gekennzeichnet durch Anlernverhältnisse mit schwerster körperlicher Arbeit, er wurde zu einem geregelten Ausbildungsgang in der Verfahrenstechnik. Nicht mehr »Vormachen« und »Nachmachen« war die Maxime der Berufssozialisation, sondern eine »verfahrens- und produktspezifische Ausbildung« rückte in den Vordergrund.[77] Diese Aspekte können – mit aller Vorsicht – generalisiert werden und standen mit dem BBiG im Zusammenhang. Das BBiG schrieb die Einführung von Ausbildungsplänen vor, in denen

74 Busemeyer, Wandel, S. 79.

75 Wolf-Dietrich Greinert, Geschichte der Berufsausbildung in Deutschland, in: Rolf Arnold/Antonius Lipsmeier (Hrsg.), Handbuch der Berufsbildung, Opladen 1995, S. 409-417, hier S. 414.

76 Deppe-Wolfinger, Arbeiterjugend, S. 137-139; vgl. Kapitel 2.2. dieser Arbeit.

77 Wolfgang Hindrichs et al., Der lange Abschied vom Malocher. Sozialer Umbruch in der Stahlindustrie und die Rolle der Betriebsräte von 1960 bis in die neunziger Jahre, Essen 2000, S. 16f.; vgl. Wilfried Kruse/Gertrude Kühnlein/Ursula Müller, Facharbeiter werden – Facharbeiter bleiben. Betriebserfahrungen und Berufsperspektiven von gewerblich-technischen Auszubildenden in Großbetrieben, Frankfurt a. M. 1981. Im Hinblick auf die Auswirkungen für die Aufstiegschancen von Angelernten bei der Implementierung des Ausbildungsberufes Hüttenfacharbeiter waren kaum Konflikte vorhanden, da die älteren Angelernten bereits spezifische betriebliche Aufstiege erlebt hatten. Vgl. Ingrid Drexel/Christoph Nuber, Qualifizierung für die Industriearbeit im Umbruch. Die Ablösung von Anlernung durch Ausbildung in Großbetrieben von Stahl und Chemie, Frankfurt a. M. u. a. 1979. Der Beruf des Hüttenfacharbeiters als Ausbildungsberuf wurde erst Anfang Januar 1966 – mit Zustimmung der IG Metall – eingeführt, 1968 waren es ca. 100 Lehrlinge. Aktennotiz Horst Lemke an Georg Benz, 5.4.1968, in: AdsD, 5/IGMA-450-20015.

verbindlich festzulegen war, was in der Ausbildung vermittelt werden sollte, außerdem sollte die pädagogische Qualifikation der Ausbilder erhöht werden.

Diese Veränderungen gehörten zu einem bisher wenig beachteten Teil der Bildungsexpansion, die sich auch in der Ausdifferenzierung von schulischen Qualifikationswegen zeigte. Bereits in den 1950er Jahren wurde versucht, die schulische Bildung zu verbreitern, ab 1960 stieg die Zahl der Gymnasiasten langsam an. Jedoch standen den knapp 300.000 Studierenden, die 1968 gezählt wurden, in der Altersgruppe der 15- bis 25-Jährigen rund 4.939.000 Millionen erwerbstätige Personen gegenüber; davon 1.345.685 Millionen in einem Lehrverhältnis.[78] Kennzeichen war das verhältnismäßig junge Eintrittsalter der Lehrlinge: über 90 Prozent begannen ihre Lehre mit einem Volksschulabschluss, also in der Altersspanne von 14 bis 16 Jahren.[79] Die wachsende Zahl von Schülerinnen und Schülern an weiterführenden Schulen korrelierte in den Jahren 1967 bis 1973 mit einem Rückgang der abhängig Beschäftigten in der Altersgruppe der 15- bis 20-Jährigen. Waren 1967 noch 61 Prozent abhängig beschäftigt, davon 60 Prozent in der Ausbildung, waren es 1973 noch 47 Prozent, von denen 66 Prozent eine Ausbildung machten. Der Anteil von Auszubildenden an der gesamten Bevölkerung in dieser Altersgruppe ging von 37 auf 31 Prozent zurück.[80] Entsprechend stiegen die Schülerzahlen an Realschulen und Gymnasien von 1967 bis 1973 um rund 30 Prozent, während der Anteil dieser Altersgruppe an der Wohnbevölkerung nur um elf Prozent gestiegen war.[81] Zwar blieb der absolute Anteil der Auszubildenden ungefähr auf demselben Niveau, aber mit dem Ausbau des sogenannten zweiten Bildungswegs fächerte sich die Bandbreite schulischer Qualifikationsmöglichkeiten für Ausgelernte und Berufstätige erheblich auf. Dazu gehörten die Berufsfachschulen, in denen als Vollzeitschule insbesondere kaufmännische, hauswirtschaftliche oder feinmechanische Berufe erlernt wurden. Mit den Berufsaufbauschulen führten die Kultusminister der Länder 1959 einen Schulzweig ein, in dem mit unterschiedlichen beruflichen Schwerpunkten die Fachschulreife erlangt werden sollte. Diese Möglichkeit war vor allem für Ausgelernte mit Volksschulabschluss interessant. Allerdings war bereits 1965 der Höhepunkt mit 53.000 Schülern erreicht, 1973 waren es nur noch 34.260 Schüler in Voll- und Teilzeit.[82] Einen anderen Weg boten die

78 Angaben nach Statistischem Jahrbuch der Bundesrepublik Deutschland 1969.

79 1960 waren bei einer Befragung noch 54 Prozent 14 Jahre, 24 Prozent 15 Jahre und 22 Prozent 16 Jahre und älter bei Beginn der Lehre. Lempert/Ebel, Lehrzeitdauer, S. 220. Durch die Ausweitung des 9. Schuljahres erfolgte bereits ein Anstieg des Eintrittsalters. Wulf Schönbohm, Linksradikale Gruppen im Lehrlingsbereich, in: *Aus Politik und Zeitgeschichte* Nr. 51 (1972), S. 3-29, hier S. 5.

80 Angaben nach Erhebungen im Mikrozensus. Statistisches Jahrbuch der Bundesrepublik Deutschland 1975, S. 104.

81 1967: 693.250 Realschüler und 1.190.155 Gymnasiasten, 1973 waren es 1.043.570 Realschüler und 1.686.620 Gymnasiasten. Statisches Jahrbuch für die Bundesrepublik Deutschland 1967, S. 75 und 1975, S. 98.

82 Lipsmeier, Berufsbildung, S. 466 f. Zahlen für 1973: Statistisches Jahrbuch für die Bundesrepublik Deutschland 1973, S. 100.

Abendschulen und die seit den 1950er Jahren ausgebauten Kollegs, auf denen das Abitur nachgeholt werden konnte. Von 1968 bis 1973 erhöhte sich die Schülerzahl von 21.296 auf 35.417 Personen.[83] Durch die Fachschulen bestand für über 18-Jährige die Möglichkeit, nach der Berufsausbildung oder praktischer Arbeitserfahrung einen qualifizierenden Abschluss zu erwerben, ein Angebot, das von über 100.000 Personen wahrgenommen wurde. Neben Schulen des Gesundheitswesens waren es vor allem Technikerschulen, die auf den Besuch von höheren Technikerschulen oder Ingenieurschulen vorbereiteten. 1968 besuchten rund 60.000 überwiegend ältere Schülerinnen und Schüler diese Schulform, die in sechs Semestern eine berufsbezogene Vertiefung ermöglichte. Der Frauenanteil lag knapp über einem Prozent.[84] Eine einschneidende Veränderung erfolgte 1968: die Kultusministerkonferenz hatte ins Auge gefasst, die Ingenieurschulen und höheren Technikerschulen in Akademien umzuwandeln, Ende 1968 legten die Ministerpräsidenten jedoch fest, sie in Fachhochschulen umzuwandeln.[85] Damit galten sie nicht mehr als Teil der beruflichen Schulbildung, sondern als Teil der praxisnahen Wissenschaft. Die Zahl der Studierenden lag 1972 bei rund 94.000.[86] Mit der Einrichtung von Fachhochschulen ging im beruflichen Schulwesen eine Oberstufe für Facharbeiter verloren. Um diese Lücke zu schließen, wurden ab 1969 sogenannte Fachoberschulen bzw. Fachgymnasien eingerichtet, auf denen die Zulassungsvoraussetzung für den Besuch der Fachhochschule erworben werden konnte.[87] 1972 waren an dieser Schulform bereits 115.000 Schüler; da hierzu u.a. auch die Erzieherinnenausbildung gehörte, lag der Frauenanteil bei gut einem Drittel.[88]

Diese Auffächerung von Schulformen ist als Prozess der »institutionellen Differenzierung« bezeichnet worden, da innerhalb des beruflichen Schulwesens seit den späten 1960er Jahren eine nahezu unüberschaubare Vielzahl neuer Schulformen entstand, zudem durch die föderale Struktur der Bildungseinrichtungen noch mit länderspezifischen Eigenarten.[89] Der Weg zu einer akademischen Ausbildung für Nicht-Abiturienten war zwar immer noch hürdenreich, aber die Optionen erweiterten sich. In Hamburg planten 1970 vier von zehn Lehrlingen, diesen Aufstiegsweg bis zu einem Studium zu nutzen. Die Studie fragte aber nicht nur nach beruflichen, sondern auch nach kulturellen Motiven.

83 Statistisches Jahrbuch für die Bundesrepublik Deutschland 1970, S. 73 und 1975, S. 100 f.

84 Statistisches Jahrbuch für die Bundesrepublik Deutschland 1970, S. 74.

85 Vgl. als regionale Studie: Werner Mayer, Bildungspotential für den wirtschaftlichen und sozialen Wandel. Die Entstehung des Hochschultyps ›Fachhochschule‹ in Nordrhein-Westfalen, Essen 1997, zum Ministerpräsidentenbeschluss S. 161-165; Lipsmeier, Berufsbildung, S. 459.

86 Statistisches Jahrbuch für die Bundesrepublik Deutschland 1975, S. 108. Der Frauenanteil lag bei Studierenden an der Fachhochschule bei rund 17 Prozent, da pädagogische Fachschulen ebenfalls zu Fachhochschulen wurden.

87 Lipsmeier, Berufsbildung, S. 459.

88 Statistisches Jahrbuch für die Bundesrepublik Deutschland 1975, S. 100.

89 Lipsmeier, Berufsbildung, S. 482.

Viele Lehrlinge gaben an, dass sich mit dem Studium ihre eigene Jugendphase verlängern würde.[90]

Die Ausweitung der beruflichen Mobilität durch eine Erstausbildung und der erweiterten schulischen und fachhochschulischen Formen gehört zu den langfristig wichtigen soziokulturellen Faktoren im sozialen Wandlungsprozess der Arbeiterklasse. Lange Zeit war die Vererbung der Berufstätigkeiten ihr Kennzeichen gewesen. Soziale Aufstiege hat es seit dem Kaiserreich gegeben, insbesondere innerhalb einer Fabrik vom ungelernten Arbeiter zum Vorarbeiter oder Meister oder in eine selbstständige Handwerkertätigkeit.[91] Veränderungen in den beruflichen Lebensverläufen ab den 1960er Jahren waren vor allem durch die Ausweitung des tertiären Sektors zu erklären. Aufstiege aus der Unter- oder Mittelschicht ergaben sich durch mehr Angestellten- und einfache Beamtenberufe und nicht aus einer Aufgabe von Berufsprivilegien der oberen Schichten. Die Nachfrage nach Berufen mit akademischer Qualifikation stieg in allen westlichen Industrieländern sprunghaft an und bot neue Aufstiegschancen. Hinzu kam, dass die sozialen Sicherungssysteme die individuellen Lebensrisiken minderten.[92] Bis in die 1960er Jahre erfolgte der soziale Aufstieg in Angestelltenberufe oder in den öffentlichen Dienst durch Arbeitersöhne aber in einem geringen Maße. Die Selbstrekrutierung der Facharbeiterschaft verlief kontinuierlich: Zwischen 50 und 60 Prozent der Söhne von Facharbeitern, die zwischen 1850 und 1949 geboren worden waren, wurden ebenfalls Facharbeiter, während der Anteil von Söhnen ungelernter Arbeiter, die Facharbeiter wurden, von 22 auf 46 Prozent stieg. Bei ungelernten Arbeitern fiel der Selbstrekrutierungsgrad von 59 auf 35 Prozent. Bei Angestellten und Beamten stieg der Anteil von Söhnen mit Facharbeiter-Vätern von 21 auf 39 Prozent, während der Anteil von Söhnen Ungelernter in derselben Gruppe sich nur von 15 auf 17 Prozent erhöhte. Die frühere Option, vom Arbeiter zum Bauern zu wechseln, entfiel in der Bundesrepublik fast vollständig, in die Selbstständigkeit – zumeist als kleine Handwerker – gingen in der Bundesrepublik nur noch fünf Prozent gegenüber 15 Prozent im Kaiserreich.[93] In den 1970er Jahren zeigten sich Veränderungen gegenüber dem lange vorherrschenden Muster: 1978 waren rund 29,5 Prozent der Söhne von ungelernten Arbeitern in Beamten- und Angestelltenpositionen aufgestiegen, bis in den gehobenen und höheren Dienst. 63,3 Prozent der Söhne von Facharbeitern erreichten diese Positionen, von ihnen blieb nur jeder dritte Arbeiter.[94] Verbunden mit diesen Aufstiegen erhöhte sich die Zahl von Arbeiter-

90 Heinz Eskamp, Fortbildungsinteresse und Zukunftserwartungen der Lehrlinge, Band 4 der Hamburger Lehrlingsstudie, München 1974, S. 43-45.

91 Vgl. Hartmut Kaelble, Soziale Mobilität und Chancengleichheit im 19. und 20. Jahrhundert, Göttingen 1983, S. 65-69 mit Diskussion der Forschungsliteratur zur sozialen Mobilität allgemein; Mooser, Arbeiterleben, S. 118 speziell für die Arbeiterschaft.

92 So die zentrale Argumentation für die ›postindustrielle Gesellschaft‹ bei: Kaelble, Mobilität, S. 35- 40.

93 Zahlen nach Mooser, Arbeiterleben, S. 114

94 Mooser, Arbeiterleben, S. 115.

kindern an höheren Schulen und Universitäten. Diese blieb zwar verglichen mit ihrem Anteil an der Gesamtbevölkerung immer noch gering, steigerte sich aber: 1961 waren acht Prozent der über 15-jährigen Arbeiterkinder auf dem Gymnasium oder der Universität, 1975 waren es 28 Prozent.[95]

Die intergenerationelle Mobilität war begleitet von den Bestrebungen für eine Modernisierung der Berufsausbildung und damit besseren Chancen, soziale Aufstiege innerhalb des gewählten Berufsfeldes zu erreichen. Allerdings spielte in den Reformdiskussionen Mitte der 1960er Jahre Initiativen und Aktivitäten von Jugendlichen keine große Rolle. Zwar stützten Beschlüsse der IG-Metall-Jugendkonferenzen eine Reform der Berufsausbildung, aber im Wesentlichen führten Experten und Funktionärskreise die Diskussionen.[96] Es waren nur wenige engagierte Gewerkschaftsjugendliche, die dies mit weitergehenden politischen Deutungsmustern verbanden. Dieses änderte sich jedoch nach 1968, als ein immenser Politisierungsprozess die Gewerkschaftsjugend prägte.

95 Mooser, Arbeiterleben, S. 116.

96 Vgl. die Aufstellung der Aktivitäten der Abteilung Jugend 1966-1967 zum Berufsbildungsgesetz, die vor allem Gespräche mit Bundespolitikern und Experten erfasst. Aktennotiz Otmar Günther an Georg Benz, 5.2.1968, in: AdsD, 5/IGMA-450-20015.

2.2. Unruhe unter den Lehrlingen – Die Lehrlingsbewegung und die Politisierung der Gewerkschaftsjugend

Der Hannoveraner Psychologie-Professor und Jugendforscher Walter Jaide überraschte 1970 die interessierte Öffentlichkeit mit einer Untersuchung über die politische Einstellung der berufstätigen Jugend. Diese sei mit etwa 70 Prozent immer noch die »größte Sozialgruppe [...] in der Jugendpopulation der Bundesrepublik« und in Befragungen nicht nur in der Bundesrepublik vernachlässigt.[1] Jaide konstatierte einen »zähe(n) Meinungsimmobilismus weiter Kreise der werktätigen Jugend« und konnte keine ausgeprägte linke oder linksextreme Einstellung in der Jugend ausmachen, obwohl immerhin 18 Prozent den »linksextremen Ansichten« der Studenten zustimmten. Die berufstätige Jugend neige zu restaurativen oder gar faschistoiden Einstellungen, die von Autoritarismus geprägt seien.[2] Seine Deutung verbreitete sich schnell. Für die IG Metall war es Anlass für Reformforderungen in der Bildungspolitik.[3] Jaides Befund war umso überraschender, als die öffentliche Wahrnehmung 1970 in eine entgegengesetzte Richtung ging. Unter den Lehrlingen wurden Unzufriedenheit mit ihrer Berufsausbildung und eine hohe Aktionsbereitschaft konstatiert.[4] Wie lässt sich dieser Widerspruch erklären? Zum einen lag es daran, dass Jaides Befragungen unter niedersächsischen Berufsschülern aus dem Jahr 1968 stammten, also aus einer Zeit, in der Lehrlinge noch nicht im größeren Umfang durch politische Aktionen hervorgetreten waren. Befragungen aus dem Jahre 1970 machten ein erheblich größeres politisches Interesse bei Lehrlingen aus.[5] Zum anderen war die Politisierung der Lehrlinge, die nun allerorten als Thema in den Vordergrund rückte, keine Massenbewegung, sondern wurde von einem aktivistischen

1 Walter Jaide, Jugend und Demokratie. Politische Einstellungen der westdeutschen Jugend, München 1970, S. 18.

2 Ebd. Dies hatte Jaide auch insbesondere für junge Arbeiterinnen ausgemacht und in einer Extra-Veröffentlichung dargestellt. Walter Jaide, Junge Arbeiterinnen. Eine Analyse der Einstellungen und Verhaltensweisen einer unterprivilegierten Schicht unserer Gesellschaft, München 1969.

3 Bezüge auf Jaides Forschungen zum Beispiel bei: Wie »links« sind unsere Teens? in: *Welt der Arbeit* Nr. 45, 7.11.1969, S. 13; Hamburger Gewerkschaftsjugend fordert Gesetz zum Bildungsurlaub von den Fraktionen der Hamburger Bürgerschaft, in: *Das Junge Wort* 11/4/0991, 23.9.1970; Kurzer Marsch nach rechts. Kritische Jugend nur noch eine Legende – Eindeutiger Trend zur Reaktion, in: *Welt der Arbeit* Nr. 38, 17.9.1971, S. 7; Manfred Knopf, Weder Rocker noch Revolutionäre, in: *Der Gewerkschafter* 18, Nr. 11, November 1970, S. 426-427; vgl. auch den Hinweis auf Jaides Untersuchung in den Unterlagen der Abteilung Jugend der IG Metall: Stichpunkte zum Gespräch Jugendausschuß – Vorstand am 9.2.1971, in: AdsD, 5/IGMA-22-0220.

4 Dumpfe Masse, in: *Der Spiegel* Nr. 53, 29.12.1969, S. 39; Nach den Studenten – Aufstand der ›Stifte‹, in: *Süddeutsche Zeitung*, 21.3.1970, Die Stifte schlagen zurück, in: *Stern*, 29.3.1970, Nr. 14, S. 82-86; Lehrlinge: Tiefes Dunkel, in: *Der Spiegel* Nr. 18, 27.4.1970, S. 54-78.

5 Jürgen Daviter, Der Lehrling im Betrieb (mit einem Beitrag von Reinhard Crusius und Manfred Wilke), München 1973, S. 237-241.

Teil der berufstätigen Jugend und deren Unterstützer getragen. Jaide erläuterte gegenüber dem *Gewerkschafter* seine Thesen und hob hervor, dass der durchschnittliche Werktätige die »Avantgardisten« auch in der Gewerkschaftsjugend oft nur schwer verstehen könne. Hinzu kämen die altersheterogene Struktur in den Betrieben und ein geringerer Informationshorizont bei berufstätigen Jugendlichen.[6]

Trotz der düsteren Befunde Jaides zeigte sich Ende der 1960er Jahre eine Zunahme an Aktivitäten und linken Deutungsmustern bei berufstätigen Jugendlichen. Begleitet von Diskussionen um die Reform der Berufsausbildung, thematisierten politisch aktive Lehrlinge öffentlich ein autoritäres Klima in den Betrieben ebenso wie als entwürdigend empfundene Behandlungen. Sie hofften darauf, über das öffentliche Sprechen unzufriedene Jugendliche zu mobilisieren und antikapitalistische Deutungen, insbesondere der Ausbildung als Ausbeutung, zu verbreiten. Dieser Aktivitätsschub erfolgte in einem Spannungsfeld zwischen radikalisierten Studenten und neuen linken Gruppen, unzufriedenen Lehrlingen und etablierten gewerkschaftlichen Strukturen. Ab 1970/71 kam es vermehrt zu innerlinken Fraktionskämpfen in und um die Gewerkschaftsjugend. Der gewerkschaftliche Funktionärsapparat reagierte anfänglich verunsichert, stabilisierte jedoch ab 1971 seine Umgangsweisen mit der unruhigen Jugend. Die mit der Politisierung einhergehende Radikalisierung von Jugendlichen in den Gewerkschaften wurde in diesem Spannungsfeld gebremst.

Politisierung bemaß sich dabei nicht allein am Grad der revolutionären Phantasie, die bald vierlorts anzutreffen war. Sie zeigte sich vor allem in politischen Deutungen alltäglicher Konflikte, sozialer oder kultureller Praktiken. Der prägende Begriff, mit dem die Politisierung einherging, war Demokratisierung. Die Forderung nach Mitsprache in allen Lebensbereichen und insbesondere die Thematisierung von sozialen Praktiken, in denen sich Jugendliche und junge Erwachsene nicht anerkannt fühlten, verweisen darauf, welchen Einfluss Demokratisierung damals hatte.[7] Weniger eine politische Organisationsfrage war damit verbunden, als vielmehr die Forderung nach Anerkennung, Wahrnehmung und Akzeptanz. Radikalisierung konnte sich in zweierlei Hinsicht ausprägen: als politische Radikalisierung sowie als soziale Radikalisierung, in der Nonkonformität konflikthaft ausgetragen wurde, häufig auch an politische Erscheinungen angelagert.[8] In den politisierten Jugendkulturen waren beide Formen verbreitet. Demokratisierung und Politisierung als Deutungs- und Wahrnehmungsmuster können als Frames verstanden werden, als Deutungsrahmen politischer und gesellschaftlicher Prozesse in einer sozialen Bewegung.[9] Die

6 »Den jungen Leuten wird eine oberflächliche Zufriedenheit suggeriert«, sagte Professor Jaide, in: *Der Gewerkschafter* 19, Nr. 4, April 1971, S. 128-131, hier S. 129.

7 Siegfried, Time, S. 19 mit Umfrageergebnissen.

8 Klaus Tenfelde, Proletarische Provinz. Radikalisierung und Widerstand in Penzberg/Oberbayern 1900-1945, München u.a. 1982, S. 5-6.

9 Grundlegend hierzu: David A. Snow/Robert D. Benford, Master Frames and Cycles of Protest, in: Aldon D. Morris/Carl McClurg-Mueller (Eds.), Frontiers in Social

beiden Frames markierten einen Aufbruchsprozess der Gewerkschaftsjugend, der im Zusammenhang mit den Jahren um 1968 stand.[10] Zumeist wird der Einfluss der Ereignisse um 1968 auf die berufstätige Jugend in der Bundesrepublik skeptisch beurteilt.[11] Auch in der öffentlichen Wahrnehmung wurde zeitgenössisch hervorgehoben, dass im Sommer 1968 kaum Aktivitäten vorkamen: »[...] Tatsache ist jedenfalls, dass auf dem Höhepunkt der Schüler- und Studentenrevolte in Berufsschulen und Lehrbetrieben Ruhe und Ordnung herrschten«, hielten 1970 sympathisierende Journalisten fest.[12] Dies traf zwar nicht ganz zu, da zum Beispiel während der Demonstrationen gegen die Notstandsgesetze im Mai 1968 auch in einigen Betrieben die Arbeit niedergelegt wurde.[13] Zudem waren die Demonstrationen des Jahres 1968 keine reinen Studentenproteste, auch wenn Angaben über den Anteil von Arbeiterjugendlichen an den damaligen Unruhen bisher nur bruchstückhaft vorliegen. Im Gegensatz zu der in der Forschungsliteratur verbreiteten Konzentration auf studentische Aktivitäten ist davon auszugehen, dass bei Demonstrationen auch ein nicht geringer Teil der nichtakademischen Jugend beteiligt war. Für die Springerblockade in Hamburg im April 1968 oder die Demonstration am Tegeler Weg in Berlin im November 1968 ist vermerkt, dass unter anderem Rocker beteiligt waren.[14]

Eine aktive Rolle der nichtakademischen Jugend während der Proteste wird zumeist heruntergerechnet. Häufiger zitiert wird eine Umfrage, nach der im Juli 1968 53 Prozent der Studierenden, aber nur fünf Prozent der nichtstudentischen Jugendlichen an Protesten beteiligt waren, eine Relation, mit der die geringe Rolle der Arbeiterjugendlichen quantitativ belegt zu sein scheint.[15] Aber in absoluten Zahlen stellt sich Rechnung anders dar: die rund 313.000 Studierenden bildeten etwa zehn Prozent der Altersgruppe 20 bis 25 Jahre. Die

Movement Theory, New Haven and London 1992, S. 133-155. Frame ist als Begriff deskriptiver als das normativ aufgeladene und auf Aspekte von Herrschaftsstabilisierung orientierte Konzept der ›kulturellen Hegemonie‹ von Antonio Gramsci. Vgl. dazu Ernesto Laclau/Chantal Mouffe (Hrsg.), Hegemonie und radikale Demokratie. Zur Dekonstruktion des Marxismus, Wien 1991.

10 Die Periodisierungsvorschläge von 1968 als langgefassten Zeitraum bei: Horn, Arbeiter; sowie die beiden Sammelbände: Christina von Hodenberg/Detlef Siegfried (Hrsg.), Wo »1968« liegt. Reform und Revolte in der Geschichte der Bundesrepublik. Göttingen, 2006 und Martin Klimke/Joachim Scharloth (Eds.), 1968 in Europe. A History of Protest and Activism, 1956-77, Basingstoke 2008.

11 So bei Manfred Görtemaker, Geschichte der Bundesrepublik Deutschland. Von der Gründung bis zur Gegenwart, München 1999, S. 476.

12 Haug/Maessen, Lehrlinge, S. 9.

13 Vgl. dazu Birke, Streiks, S. 182-190.

14 Ein Bericht der politischen Polizei hielt für 1968 in Hamburg fest: »An gelegentlichen Exzessen waren neben radikal eingestellten Studenten vielfach Linksextremisten aus Kreisen außerhalb des studentischen Bereichs sowie Randalierer und sogenannte Rocker beteiligt.« Staatsarchiv Hamburg (künftig STAHH), 331-4, F-165: Bericht über Demonstrationen 1.1.1968 bis 31.12.1968.

15 Görtemaker, Geschichte, S. 476; aus linker und kritischer Perspektive gegenüber den Gewerkschaften als Institution: Schmidt, Arbeiterbewegung, S. 168.

nichtakademische Jugend umfasste in derselben Altersspanne rund 3,7 Millionen Personen, von denen fünf Prozent eine Zahl von 185.000 Beteiligten ergäbe. Zeitnahe Berechnungen gingen davon aus, dass an Demonstrationen bis Anfang 1968 rund 160.000 Studierende und Oberschüler, aber auch rund 140.000 Nichtakademiker beteiligt waren.[16] Bei aller Skepsis gegenüber statistischen Berechnungen – so sind die jüngeren Schülerinnen und Schüler nicht mit einberechnet – kann davon ausgegangen werden, dass die Zahl der aktiven nichtakademischen Jugend nicht gering war. Dafür sprechen auch Hinweise aus den Verurteilungen nach Ausschreitungen. Für die Teilnahme an den Osterdemonstrationen in Hamburg 1968 wurden 60 Personen verurteilt. Davon waren zwar 28 Studenten und Schüler, aber auch fünf Lehrlinge, zwölf Angestellte, sieben Handwerker, vier Arbeiter und ein Beamter.[17] Bei den Demonstrationen gegen Fahrpreiserhöhungen im Januar 1968 in Bremen waren die fünf direkt nach den Unruhen Verurteilten ausschließlich Arbeiter. Die Aktionen gingen zwar von Schülern aus, aber bald beteiligten sich auch gewerkschaftliche Jugendgruppen und Rocker an den einwöchigen Auseinandersetzungen.[18] Die IG-Metall-Jugend in Bremen hob ihre Beteiligung hervor, verurteilte aber zugleich das Verhalten der »Rowdys«.[19] Nach einer ersten Zusammenstellung der Bundesregierung über Ermittlungsverfahren nach den Osterunruhen 1968 – die nach den Schüssen auf Rudi Dutschke am 11. April 1968 stattfanden – resümierte Innenminister Ernst Benda im Bundestag: »[...] diese Aufgliederung scheint mir zu zeigen, wie falsch es wäre, die Gewaltaktionen als Studentenunruhen zu bezeichnen.« Denn unter den 827 Personen, gegen die Ermittlungsverfahren eingeleitet wurden, waren zwar 286 Studenten, die damit die größte Gruppe bildeten, aber auch 92 Schüler, 185 Angestellte, 150 Arbeiter, 31 sonstige Berufe und 97 ohne Beruf.[20] Demonstrationen waren schon vor 1969 für einen Teil der nichtakademischen Jugend attraktiv. Die Offenheit gewerkschaftlicher Jugendgruppen gegenüber linker Politisierung und Radikalisierung und das Aufkommen der Lehrlings-

16 Vgl. die Berechnungen bei Max Kaase, Die politische Mobilisierung von Studenten in der BRD, in: Klaus R. Allerbeck/Leopold Rosenmayr (Hrsg.), Aufstand der Jugend? Neue Aspekte der Jugendsoziologie, München 1971, S. 155-177, hier S. 167, eigene Berechnungen. Görtemaker, der sich auf diesen Aufsatz stützt, zitiert übrigens fehlerhaft, da sich die Angaben für die Nichtakademiker auf Januar/Februar 1968 beziehen, während die Studierenden im Sommer noch einmal befragt wurden und sich bei ihnen ein Anstieg von 36 Prozent auf 53 Prozent finden lässt, die sich an Demonstrationen beteiligen. Für die Nichtakademische Jugend ist dies nicht mehr untersucht worden.

17 Polizei-Kriminalamt K4: Informationsbericht Osterdemonstration 1968 in Hamburg. Übersicht über die bisher gegen Demonstranten durchgeführten Gerichtsverfahren, 3.11.1969, in: STAHH, 331-4-F-165: Bericht über Demonstrationen 1.1.19168 bis 31.12.1968.

18 Detlef Michelers, Draufhauen, Draufhauen, Nachsetzen! Die Bremer Schülerbewegung, die Straßenbahndemonstrationen und ihre Folgen 1967/70, Bremen 2002, S. 90.

19 Sieg der Demokraten, in: IG Metall Jugendkurier, 1. Ausgabe Jahrgang 1968 (Bremen), S. 6-7, in: AdsD, 5/IGMA-22-0661.

20 Verhandlungen des Deutschen Bundestages, 5. Wahlperiode. Stenographische Berichte Band 67, Bonn 1968, 169. Sitzung am 30. April 1968, S. 8991.

bewegung standen in einem engen Zusammenhang. Dieser soll im nächsten Abschnitt verfolgt werden.

2.2.1. *Die APO als Bündnis – Vorlauf der Lehrlingsbewegung 1968/69*

Wie bereits erwähnt, hatte sich in der Gewerkschaftsjugend insbesondere durch die Jugendbildungsarbeit ein neuer Kreis von ehrenamtlichen Funktionären gebildet, die Vorstellungen der Neuen Linken gegenüber aufgeschlossen waren. Zumeist verstand man sich als Teil der Außerparlamentarischen Opposition (APO), wozu auch Verbindungen und personelle Überschneidungen zu Organisationen wie den Falken, Naturfreunden oder dem Verband der Kriegsdienstverweigerer beitrugen.[21] Dabei standen weniger betriebliche Auseinandersetzungen als allgemeinpolitische Themen im Vordergrund. Insbesondere die Kampagne gegen die Notstandsgesetze bildete einen wichtigen Schnittpunkt. Die Gewerkschaften sahen sich in der Debatte um die Notstandsgesetze, die seit 1960 geführt wurde, als Garanten eines demokratischen Staates. Die IG Metall hatte sich gegen die geplanten Notstandsgesetze ausgesprochen. Zuerst schloss der IG-Metall-Vorsitzende Otto Brenner einen politischen Streik nicht aus, rückte aber von dieser Position ab, um auf dem Bundeskongress des DGB 1962 auch moderate Stimmen für eine Ablehnung der Notstandsgesetze zu gewinnen.[22] Während der DGB-Bundesvorstand sich den Positionen der SPD-Bundestagsfraktion annäherte und eine Mitgestaltung an der Gesetzgebung anstrebte, waren es neben der IG Metall gerade die gewerkschaftlichen Jugendorganisationen, die 1965 und 1966 auf einer Ablehnung jeglicher Notstandsgesetze beharrten.[23] Der Jugendmonat der IG Metall stand 1967 unter dem Motto »Für Demokratie – Gegen Notstandsgesetze«. Die von der Münchner Dramaturgin Therese Angeloff gestaltete Revue bezog Stellung und tourte durch die Republik.[24] Die

21 Vgl. den instruktiven Sammelband mit Einzelstudien und Rückblicken: Zimmer, Lagerfeuer.

22 Michael Schneider, Demokratie in Gefahr? Der Konflikt um die Notstandsgesetze, Bonn 1986, S. 74 und S. 92-98.

23 Ebd., S. 168 f.

24 Vgl. Jugendmonat der IG Metall, *Münsterländische Volkszeitung*, 20.9.1967. Die Sozialistin Angeloff (1911-1985) arbeitete erst als Schauspielerin und konnte, als Halbjüdin eingestuft, ohne längere Inhaftierung die nationalsozialistische Zeit überleben. 1955 gründete sie in München das Kabarett »Kleine Fische« und erhielt ab 1966 von der IG Metall, die sie in ihrer Autobiographie als »Oase in der Wüste des Kapitalismus'« bezeichnete, jährlich die Aufträge zur Gestaltung der Jugendtournee. Nachdem sie im Oktober 1968 ein Lied im Programm brachte, in dem der Einmarsch in Prag nicht verurteilt wurde, habe sie keine Aufträge der IG Metall mehr erhalten, was jedoch nicht zutrifft. 1971 wurde sie Mitglied der DKP. Vgl. Therese Angeloff, Meine Seele hat ein Holzbein. Ein Werdegang mit Gedichten, Liedern, Bildern und Kabarett-Texten, München 1982, Zitat S. 283, zur Tätigkeit für die IG Metall und zum Prag-Lied S. 283-286 und S. 300-305. Zur erstmaligen Auftragserteilung an Angeloff für den Jugend-

Bewegung gegen die Notstandsgesetze erwies sich zwischen 1965 und 1968 als wesentliche Schnittstelle zwischen Gewerkschaften und Studentenbewegung. Insbesondere der vom Kuratorium »Notstand der Demokratie« organisierte Kongress gleichen Namens in Frankfurt a. M. im Oktober 1966 markierte hier einen wichtigen Impuls. Die IG Metall übernahm die Finanzierung des Kongresses, der in Zusammenarbeit von SDS und anderen Studentenorganisationen, aber auch der Naturfreunde und des Verbandes der Kriegsdienstverweigerer durchgeführt wurde. Die sich bis zur Verabschiedung der Notstandsgesetze im Mai 1968 anschließende Kampagne war in der Bündniszusammensetzung fragil, denn neben der DGB-Führung war auch die IG-Metall-Führung zu Modifikationen an den Notstandsgesetzen bereit. Hingegen war vor allem für die studentischen Vertreter und für Teile der Gewerkschaftsjugend die konsequente Ablehnung bestimmend.[25]

Die Kampagne gegen die Notstandsgesetze war ein wichtiges Element bei der Politisierung der Jugend, gerade auch der IG-Metall-Jugend.[26] Diese war in lokalen Konstellationen auch Teil der APO-Szene, woraus sich auch eine Radikalisierung in den Gewerkschaften ergeben konnte. Die in Hamburg, Kiel und Lübeck aktive »Arbeitsgemeinschaft junger Gewerkschafter« begründete ihre linke Fraktionierung innerhalb der Gewerkschaften Anfang 1969 damit, dass die Kampagne gegen die Notstandsgesetze sie politisiert und ihnen zugleich die Schwäche der Gewerkschaftsführung gezeigt habe.[27] Zusammenarbeit und Kontakte zwischen Studenten und Gewerkschaftern erfolgten 1968 auch im Verständnis, zwei Bewegungen zu repräsentieren. Ein Bericht über eine Veranstaltung in Mannheim, wo Gewerkschaftsfunktionäre im Republikanischen Club mitarbeiteten[28], zeigte dabei auftretende Probleme. Eine Diskussion am 24. April

monat 1966 vgl. Aktennotiz Siegfried Müller an Georg Benz, 28.3.1966, in: AdsD, 5/IGMA-450-20015.

25 Schneider, Demokratie, S. 174-188; S. 255-261; zur von Verfolgungserfahrungen im Nationalsozialismus geprägten Haltung von Otto Brenner vgl. Jens Becker/Harald Jentsch, Otto Brenner. Eine Biografie, Göttingen 2007, S. 253-268; vgl. Hamburger Arbeiter- und Studentenausschuss. Information II. Mit diesem Flugblatt riefen vor allem Betriebsräte, Jugendvertreter und Gewerkschaftsfunktionäre, zum Teil von der SDAJ, zu Aktionen gegen die Notstandsgesetze im Mai 1968 auf. Abgedruckt in: Lutz Schulenburg, Das Leben ändern, die Welt verändern! 1968 Dokumente und Berichte, Hamburg 1998, S. 174-176; einen impressiven Einblick einiger Beteiligter, wenn auch sehr stark auf den SDS bezogen, in die Diskussionsbeiträge in: Haus der Gewerkschaftsjugend Oberursel (Hrsg.), Zwischen Kooperation und Konfrontation. Beiträge zur Geschichte von außerparlamentarischer Bewegung und Gewerkschaften, Redaktion Hans-Hermann Hertle/Wolfgang Günther, Marburg 1988.

26 Schneider, Demokratie, S. 260; vgl. auch Boris Spernol, Notstand der Demokratie. Der Protest gegen die Notstandsgesetze und die Frage der NS-Vergangenheit, Essen, 2008, S. 75-88.

27 Klaus Marquadsen, Das ›Mahler-Papier‹ und die AJG, AJG-Info-Paper März '69, S. 3, in: STAHH, 136-37 507: Arbeitskreis Junger Gewerkschafter 1969.

28 Ulrich Nieß/Michael Caroli (Hrsg.), Geschichte der Stadt Mannheim, Band 3: 1914-2007, Heidelberg u. a. 2009, S. 540.

1968 im Mannheimer Gewerkschaftshaus war vom DGB-Kreisausschuss Mannheim organisiert worden, um eine Haltung der Gewerkschaften zu den Osterunruhen zu diskutieren. Der DGB-Kreisvorsitzende Max Jäger verwies darauf, dass in den Betrieben die Stimmung sich oft gegen die Studenten richte. Er hob hervor, dass die Kritik am DGB als autoritärer Institution die Zusammenarbeit erschwere, daher hätten sie auch studentische Redner zum 1. Mai abgelehnt, wie es der DGB bundesweit getan habe.[29] Einige Betriebsräte kritisierten das vorsichtige Verhalten der Gewerkschaftsführung und machten – darin war man sich mit dem SDS-Vertreter Uwe Greinert einig – die *Bild*-Zeitung und den Springer-Konzern für eine aufgehetzte Stimmung verantwortlich. Der SDS-Sprecher Uwe Greinert betonte, dass die Gewalt bei den Osterunruhen von der Polizei ausgegangen sei. Das spätere Vorstandsmitglied der Sozialistischen Deutschen Arbeiterjugend (SDAJ) Dieter Keller sprach sich für eine Zusammenarbeit mit den Studenten aus und forderte ein Rederecht am 1. Mai. Thematisiert wurde auch eine soziale Differenz zwischen Arbeiterschaft und Studenten: Ein Betriebsrat betonte, in der Belegschaft herrsche die Stimmung vor, Studenten würden bald mit einem akademischen Titel in den Betrieben gegen die Arbeitnehmer stehen.[30] So begründete sich eine soziale Distinktion seitens der älteren Arbeiterschaft gegenüber radikalen Studenten, denen vorgeworfen wurde, als Bürgersöhne nur eine radikale Phase zu durchlaufen.[31] Auf Drängen der lokalen IG Metall wurde für den 27. Mai 1968 vom DGB-Kreisvorstand Mannheim eine Kundgebung gegen die Notstandsgesetze beschlossen, die in Tumulten mit linken Studierenden endete.[32] Dass es bei der Zusammenarbeit zwischen Gewerkschaftsgruppen und Studierenden zu Konflikten kam, war keine Ausnahme. Als eine Demonstration gegen den Vietnamkrieg im März 1968 in Sulzbach-Rosenberg, organisiert von der örtlichen IG Metall-Jugend, von einigen Studierenden übernommen werden sollte, kam es fast zu Handgreiflichkeiten. Die programmatischen Unterschiede und vor allem die gewerkschaftliche Distanz zu Regelverletzungen und spontanen Aktionen waren nur schwer zu überbrücken.[33]

Zentral verhandelt wurden die Fragen der Zusammenarbeit mit Studenten und der APO auf der 8. Jugendkonferenz der IG Metall vom 9. bis 10. Mai 1968

29 Vgl. hierzu: Keine Studenten auf 1. Mai-Demonstrationen. Nachrichtendienste der Bundespressestelle des DGB 116/68, 18. April 1968, S. 76 f.

30 Die Angaben nach einem Bericht an die KPD in Ostberlin: Zur Information, An Thomas, o. D., in: Bundesarchiv (BA), BY 1, 4178.

31 Bei einer Befragung von 402 Arbeitern nach den Septemberstreiks 1969 wurde eine völlige Ablehnung von Studentenprotesten nur bei 14 Prozent festgestellt, Zustimmung gab allerdings nur bei 13 Prozent; die große Mehrheit stand den Ereignissen ambivalent gegenüber, überwiegend wurde die Gewalt abgelehnt. Auch die Enttäuschung über die zukünftige Elite wurde geäußert. Michael Schumann u. a., Am Beispiel der Septemberstreiks – Anfang der Rekonstruktionsperiode der Arbeiterklasse?, Frankfurt a. M. 1971, S. 144-158 und S. 267 f.

32 Vgl. die Dokumente bei: Josef Kaiser, Jetzt erst recht! Dokumente zur Geschichte der Arbeiterbewegung in Mannheim 1945-1990, Mannheim 1992, S. 413-416.

33 Vgl. zu dieser Episode Süß, Kumpel, S. 317-319.

in Köln. Otto Brenner hatte sich in seinem Eröffnungsreferat gegen die Verurteilung der Studenten gewandt. Die Gesellschaft sei von reaktionären wie fortschrittlichen Elementen geprägt, dies müsse bei der Bewertung der politischen Situation berücksichtigt werden. Die unruhige Jugend gehöre zu den fortschrittlichen Tendenzen und bilde keine Gefahr für die Demokratie. Aber nicht die Zerstörung des Parlamentes, sondern die Beeinflussung der parlamentarischen Entscheidungen müsse das Ziel der Unruhe sein. Brenner erinnerte daran, dass die Gewerkschaften immer »Träger des Kampfes um Fortschritt, Demokratie und Menschenwürde« gewesen seien und es in ihrer Geschichte auch Phasen »überschäumender, spontaner Aktivität« gegeben habe; jedoch auch Phasen des Stillstandes. Daher sei ein langer Atem für dauerhafte Reformen notwendig.[34] In seinem Schlusswort warnte Brenner davor, die Gewerkschaften als Parteiersatz zu verstehen. Ihre Aufgaben seien im ökonomischen Bereich angesiedelt, und was nicht tarifvertraglich geregelt werden könne, liege in der Verantwortung von Parteien und Parlamenten. Brenner warnte auch davor zu glauben, die Bundesrepublik befände sich in einer revolutionären Situation: »Das ist eine große, verhängnisvolle Illusion. Wir haben zurzeit weder objektiv noch subjektiv in der Bundesrepublik Deutschland jene revolutionäre Situation, von der der eine oder andere träumen mag. Darauf können und werden wir uns niemals einlassen. Uns bleibt nur der Weg der demokratischen Reformen.«[35] Zwar hatte kein Redner eine revolutionäre Situation beschworen, aber auf der Konferenz gab es Kritik an der Gewerkschaftsführung und der Sozialpartnerschaft. Insbesondere attackierten Redner die Mitarbeit der IG Metall in der Konzertierten Aktion[36], allerdings wurde der Antrag auf Ausstieg nicht angenommen, sondern nur als Material an den Vorstand übersandt.[37]

Die Konferenzteilnehmer beschlossen die weitere Zusammenarbeit mit Studenten in der Bildungsarbeit ebenso wie die Solidarität mit studentischen

34 Rede Otto Brenners auf der 8. Jugendkonferenz der IG Metall-Jugend, in: Protokoll 8. Ordentliche Jugendkonferenz der Industriegewerkschaft Metall für die Bundesrepublik Deutschland, Köln 9. und 10. Mai 1968 o.O. o.J. (Frankfurt 1968), Zitate S. 61. Vgl. paraphrasiert: Karl-Heinz Briam, Die Jungen sind keine Gefahr für die Demokratie. Otto Brenner vor der Jugendkonferenz der IG Metall, in: *Welt der Arbeit* Nr. 20, 17.5.1968, S. 8.

35 Protokoll der 8. Jugendkonferenz der IG Metall, S. 106; in Teilen auch abgedruckt in: Otto Brenner antwortet auf Fragen der Jugend, in: *Der Gewerkschafter* 16, Nr. 6, Juni 1968, S. 204 f., S. 205.

36 Die Konzertierte Aktion als Beratungsgremium zwischen Bundesregierung, Arbeitgeberverbänden und Gewerkschaften war nach der Rezession 1967 eingerichtet worden; für linke Kritik galt es als Beleg für die reformistische Politik der Gewerkschaftsführungen. Die Treffen hatten jedoch überwiegend symbolischen Charakter; der ursprünglich angestrebte Einfluss auf ökonomische Entwicklung konnte nicht erreicht werden. Vgl. Andrea Rehling, Die konzertierte Aktion im Spannungsfeld der 1970er Jahre: Geburtsstunde des »Modell Deutschland« und Ende des modernen Korporatismus, in: Andresen/Bitzegeio/Mittag, Strukturbruch, S. 65-86, zur linken Kritik S. 73-78.

37 Protokoll der 8. Jugendkonferenz der IG Metall, S. 215-222.

Demonstrationen. Angesichts des Vorgehens der Polizei bei den Osterunruhen müssten die Herrschenden kritisiert werden, hingegen die Kritik an überzogenen Forderungen der Demonstranten zurückstehen, hieß es dazu. Das Zusammengehen von Studenten und Arbeitern wurde gefordert, um gegen eine Kapitalkonzentration in der Wirtschaft gemeinsam zu agieren: »Alle demokratischen und sozialistischen Kräfte der Jugend stehen zusammen im Kampf gegen alle Gegner von Demokratie und Fortschritt!« hieß es programmatisch in einer Entschließung.[38] Kritisiert wurde das Verhalten des Berliner DGB-Vorsitzenden Walter Sickert. Der Berliner DGB hatte eine Demonstration gegen den Vietnam-Kongress des SDS im Februar 1968 organisiert. Die Konferenz forderte Sickerts Rücktritt, allein einige Berliner Vertreter versuchten den Beschluss zu verhindern.[39] Sickerts schroffe Ablehnung der studentischen Aktivitäten wurde auch von westdeutschen Gewerkschaftsfunktionären offen kritisiert.[40] Wenig umstritten wie die Beschlüsse zu den Berliner Ereignissen waren auch die Beschlüsse zum Umgang mit der DDR. Zwar wurde nicht die völkerrechtliche Anerkennung gefordert, aber die »Realität« beider deutscher Staaten sei das Ergebnis »des von den deutschen Faschisten begonnenen 2. Weltkrieges«. Die friedliche Zusammenarbeit sollte ebenso vorangebracht werden wie Gruppenreisen seitens des DGB auch in die DDR. Die Fahrten zu Gedenkstätten der deutschen Konzentrationslager sollten auch nach Buchenwald gehen.[41] Die ›Realität zweier deutscher Staaten‹ war in den 1960er Jahren ein verbreitetes Schlagwort in der Linken, um eine faktische Anerkennung der DDR zu begründen. In diesen Anträgen zeigte sich nicht allein die Zustimmung zur Entspannungspolitik, sondern auch eine Abkehr des lange intensiv gepflegten Antistalinismus in den Gewerkschaften.

Die Kampagne gegen die Notstandsgesetze, die Forderung nach einer neuen Ostpolitik wie auch Aktivitäten gegen den Vietnamkrieg trugen zur Politisierung der IG-Metall-Jugend bei. Aber über diese Themen hinaus rückten auch klassenbezogene Deutungen in den Vordergrund. Ein Delegierter der IG-Metall-Jugendkonferenz forderte, mit der Bildungsarbeit verschüttetes Klassenbewusstsein wieder zu wecken. Er erwartete, dass sich aus dem kritischen Denken ein entsprechendes Bewusstsein entwickele, »oder wie wir es nennen; daß sich hieraus ein Klassenhandeln entwickelt«.[42] Das Selbstverständnis vieler Delegierter, Teil der APO zu sein, zeigte sich in der Diskussion um die Demons-

38 Ebd., S. 263.

39 Ebd., S. 239-241 und S. 275.

40 Rebellion für Räte-Demokratie? Welt der Arbeit-Interview mit Walter Sickert, Vorsitzender des DGB-Landesbezirks und Präsident des Berliner Abgeordnetenhauses, in: *Welt der Arbeit* Nr. 32, 11.8.1967, S. 8; als Reaktion auf das Interview: Leserbrief: Skandal-Aktion gegen Berliner Studenten. Von Anton Werner, Gewerkschaftssekretär, Klein-Krotzenburg im Landkreis Hessen, in: *Welt der Arbeit* Nr. 35, 1.9.1967, S. 6; Lutz, Ist die APO am Ende? S. 549.

41 Protokoll der 8. Jugendkonferenz der IG Metall, S. 196-201 und S. 261 f.

42 Ebd., S. 152.

trationen zu den Notstandsgesetzen, die direkt nach der Konferenz stattfanden. Während der DGB zum 11. Mai – parallel zur Lesung des Gesetzesentwurfes im Bundestag – eine Kundgebung in der Dortmunder Westfalenhalle plante, um Konfrontationen zu vermeiden, mobilisierten die radikalen Teile der APO zu einer Demonstration am selben Tag in Bonn. Die getrennten Demonstrationen wurden gemeinhin als symbolisches Ende der Zusammenarbeit von Gewerkschaften und radikaler Studentenbewegung verstanden.[43] Allerdings beteiligte sich die Jugend der IG Metall an der Bonner Demonstration. Ein Delegierter der IG-Metall-Jugendkonferenz bemerkte, die »meisten der hier anwesenden Delegierten sind neben ihrer gewerkschaftlichen Funktion auch noch in der Außerparlamentarischen Opposition tätig«. Daher erwartete er, dass die von den Gewerkschaften in Dortmund organisierte Kundgebung gegen die Notstandsgesetze weitgehend ohne die gewerkschaftliche Jugend stattfinden werde.[44] Dies war keine Einzelmeinung auf der Konferenz. Die Mehrzahl der Delegierten der IG-Metall-Jugendkonferenz, die zu dieser Frage sprachen, verkündete ihre Teilnahme an der Bonner Demonstration. Die Konferenz beschloss die Teilnahme und stellte sich so gegen die Politik der DGB-Führung.[45] Der Bruch zwischen Gewerkschaften und Studentenbewegung fand vor allem in den Führungsgremien der Gewerkschaften statt, nicht unbedingt in der Gewerkschaftsjugend.

Allerdings lässt sich dieser Bruch nicht allein den Gewerkschaftsführungen anlasten. Der Konflikt um die Demonstrationen gegen die Verabschiedung der Notstandsgesetze im Mai 1968 trug seinen Teil dazu bei, da die offizielle Gewerkschaftsführung mit ihrer Dortmunder Kundgebung – aus Sicht der radikalisierten Teile der APO – die Bewegung gespalten hatte. Aber es waren auch die radikale Begrifflichkeit und die Angriffe auf die Gewerkschaften als Teil des Establishments, die zu Friktionen führten.[46] In gemeinsamen Seminaren von SDS und IG Metall traten 1968 Spannungen auf, unter anderem, weil Studenten für die Zerschlagung und Reorganisation der Gewerkschaften eintraten. Ein Misstrauen unter Gewerkschaftsfunktionären zeigte sich, als Gert Lütgert vorgeworfen wurde, er habe auf einem Seminar der IG Metall nicht widersprochen, als einige Studenten die Zerschlagung der Gewerkschaften forderten.[47] Lütgert

43 Aus linker Perspektive: Peter Schütt, Antinotstandskampagne. Die Gewerkschaften an der Grenze zur Staatsbejahung?, in: Sven Gustav Papcke (Hrsg.), Anpassung oder Widerstand? Gewerkschaften im autoritären Staat, Frankfurt a. M. 1969, S. 96-114.

44 Beitrag Peter Korytowski aus Wetzlar, in: Protokoll 8. Ordentliche Jugendkonferenz der IG Metall, S. 70 f.

45 Vgl. Protokoll der 8. Jugendkonferenz, S. 63-91 und S. 278. Als knappe Skizze über den Verlauf der Demonstration: Horst-Pierre Bothien, Protest und Provokation. Bonner Studenten 1967/1968, Essen 2007, S. 55-59.

46 Vgl. als lokales Beispiel für Hannover: Anna Christina Berlit, Notstandskampagne und Roter Punkt. Die Studentenbewegung in Hannover 1967-1969, Bielefeld 2007, S. 103-107; als allgemeine, abgewogene Position: Lutz, Ist die APO am Ende? S. 546-551.

47 Werner Teichmann (Vwst. Gelsenkirchen) an Georg Benz, 15.10.1969, in: AdsD, 5/IGMA-22-0161. Ebenfalls wurde in einem Protokoll von Dr. Peter-Christian Witt vom

verwahrte sich gegen diese Vorwürfe. Das Seminar diente erfahrenen und neuen Teamern der Bildungsarbeit dazu, in einem einwöchigen Seminar neueste Entwicklungen zu diskutieren. Theoretische Grundlage waren Bücher von André Gorz und Oskar Negt.[48] Lütgert hob in seiner Rechtfertigung hervor, dass nach den Ereignissen um die Notstandskampagne die »jungen Leute« auch »etwas Dampf« ablassen sollten. Zwar sei über die Arbeiterbewegung kritisch diskutiert, aber eine Zerschlagung der Gewerkschaften sei nicht gefordert worden. Dieser Konflikt verweist auf die Anspannungen bei manchen Funktionären, die sich noch auf der Suche nach einem angemessen Umgang mit den neuen Forderungen befanden, die an die Gewerkschaften gestellt wurden. Die Stellungnahme von Lütgert war nicht nur Abwehr, sondern markierte auch eine offene Haltung der Jugendfunktionäre der IG Metall.

Infolge der studentischen Radikalisierung wurden die gewerkschaftlichen Distanzierungen schärfer. Ein Leser der *Welt der Arbeit* empörte sich, dass Rudi Dutschke die Gewerkschaften als Teil der Klassenherrschaft beschreibe: »Die APO, die sich so oft als ›Befreier‹ der arbeitenden Menschen aufspielt, entpuppt sich bei näherem Hinsehen als Gewerkschaftsfeind.«[49] Es war insbesondere der ›traditionalistische‹ Flügel des SDS, der sich 1968 an der neugegründeten DKP orientierte und deren Bindung an die Gewerkschaften übernahm. Die IG Metall hielt trotz der Kritik daran fest, für ihre Seminare in der Bildungsarbeit studentische Teamer zu verwenden. Der organisatorische Bruch betraf vor allem die Unterstützung von studentischen Organisationen durch die Gewerkschaften. Anfang 1969 brach zum Beispiel der Kontakt zum verband deutscher studentenschaften (vds) ab[50], erst im Mai 1971 gab es wieder ein Treffen zwischen der nun DKP-orientierten Führungsriege des vds und der DGB-Abteilung Jugend. Die DGB-Vertreter, darunter das Bundesvorstandsmitglied Franz Woschech, blieben reserviert und wollten zu dem Zeitpunkt die Förderungswürdigkeit des vds nicht wieder beantragen. Woschech unterstrich, dass »der Konsolidierungsprozeß des vds Unterstützung finden sollte, um eine

Juli 1969 (!) scharfe Kritik an Lütgert geäußert. Dieses Protokoll ist nicht überliefert. Vgl. Gert Lütgert an Georg Benz, 26.9.1969: Seminar der IG Metall in Gmünd am Tegernsee im August 1968, in: AdsD, 5/IGMA-450-20015.

48 André Gorz, Strategie der Arbeiterbewegung im Neokapitalismus, Frankfurt a. M. 1967; Oskar Negt, Soziologische Phantasie und exemplarisches Lernen. Zur Theorie der Arbeiterbildung, Frankfurt a. M. 1968. Angaben nach Gert Lütgert an Georg Benz, 26.9.1969: Seminar der IG Metall in Gmünd am Tegernsee im August 1968, S. 2, in: AdsD, 5/IGMA-450-20015.

49 Leserbrief: Können die Gewerkschaften mit der APO eine Ehe eingehen? in: *Welt der Arbeit*, 20.12.1968, S. 12.

50 Die Fronten geklärt. DGB sprach mit dem Verband Deutscher Studentenschaften, in: *Welt der Arbeit* Nr. 5, 31.1.1969, S. 8; Hannes Schmidt, Rechts von ultralinks. Über die Ziele der Studentenverbände VDS und ADS, in: *Welt der Arbeit* Nr. 29, 18.7.1969, S. 8.

erneute Polarisierung der Hochschule und eine Neuauflage studentischen Extremismus['] zu verhindern«.[51]

Ende 1968 war für die Gewerkschaftsführungen nicht allein eine studentische Radikalisierung eine Herausforderung, jugendliche Unruhe kam auch in den Betrieben auf. Diese »Lehrlingsbewegung« wurde von verschiedenen Organisationen und Strömungen geprägt, die auf die Gewerkschaftsjugend einwirkten. Neben jüngeren Funktionären und Aktivisten, die sich antiautoritären Deutungsmustern zuwandten, waren es vor allem zwei Gruppierungen, die eine wichtige Rolle spielten. Zum einen wandten sich radikalisierte Studenten nach 1968 wieder vermehrt der Arbeiterschaft zu und versuchten, Einfluss auf Lehrlinge und junge Beschäftigte zu nehmen. Zum anderen stellte die SDAJ einen wichtigen, gewiss auch ambivalenten Aktivposten der Gewerkschaftsjugend für den gesamten Untersuchungszeitraum dar. Dies wirft zugleich die Frage nach einem kommunistischen Einfluss auf die Gewerkschaftsjugend auf. Daher soll zunächst die Entstehung und frühe Entwicklung der SDAJ skizziert werden, anschließend die Einflussnahme von studentischer Seite.

Die SDAJ behauptete bei ihrer Gründung im Mai 1968 in Essen, sie sei ein von der Kommunistischen Partei Deutschlands (KPD) unabhängiger Verband. Zuerst war es für die SDAJ durch das fortbestehende KPD-Verbot notwendig, sich nicht in die Gefahr eines Verbotes als Nachfolgeorganisation zu begeben. Mit der Gründung der Deutschen Kommunistischen Partei (DKP) im September 1968 war diese Gefahr zwar gebannt, aber die SDAJ behauptete weiterhin ihre politische Unabhängigkeit. Die enge Verbindung zur DKP war dennoch hinlänglich bekannt und führte in der Regel dazu, dass Landesjugendringe und der Bundesjugendring die Mitgliedschaft der SDAJ verweigerten.[52] Bereits die Gründung des Verbandes war vollständig von der KPD gesteuert worden.

Die KPD unterhielt auch in der Illegalität eine zentrale Jugendabteilung und regionale Jugendkommissionen. Die Parteigremien waren in Ostberlin angesiedelt. Ihren größten Einfluss hatte die KPD über die Jugendzeitung *Elan,* die seit 1958 als sozialistische Wochenzeitung in Dortmund erschien. 1968 verzeichnete

51 Ergebnisprotokoll über das Gespräch der Abteilung Jugend mit Vorstandsmitgliedern des vds am 26. Mai 1971, in: AdsD, 5-DGAU-402.

52 So wurde die SDAJ im Frühjahr 1970 nicht in den bayerischen Landesjugendring aufgenommen und nicht in den Bundesjugendring, obwohl sich eine Vielzahl der angehörigen Gruppen – zu denen auch die Gewerkschaftsjugend zählte – dafür ausgesprochen hatte. Vgl. *Das Junge Wort* 11, 6. Mai 1970, Rubrik 1, S. 1099 sowie 26. Mai 1970, Jg. 11, Rubrik 1, S. 1107. Bis 1975 beantragte die SDAJ zehnmal die Aufnahme in den Bundesjugendring, die jedes Mal abgelehnt wurde. Sie gehörte bis 1975 nur drei Landesjugendringen – Saarland, Bremen und Hamburg – sowie rund 50 Stadt- und Kreisjugendringen an. Vgl. Sozialistische Deutsche Arbeiterjugend und Jugendringe. Eine Dokumentation, in: JW-Dienst/Exclusiv-Bericht Nr. 147, 1. Februar 1976, in: Forschungsstelle für Zeitgeschichte (künftig FZH).

sie rund 3.000 Abonnenten.[53] Da die Zahl der in der KPD engagierten jungen Mitglieder nur wenige Hundert betrug, fasste Ende 1966 das Politbüro der KPD den Beschluss, ihrer Jugendarbeit eine Neuorientierung zu geben: Es sollten Jugendclubs eingerichtet werden, um Einfluss zu gewinnen. Im November 1967 waren immerhin 18 Clubs unter direktem Einfluss der KPD, zu zehn weiteren gab es enge Verbindungen.[54] Die Jugendclubs waren für die KPD ein Versuch, neue Formen der Jugendarbeit auszuprobieren. Der Kontakt zur Arbeiter- und Gewerkschaftsjugend sei dadurch verbessert worden, wurde Ende 1967 resümiert. Allerdings fiel den Funktionären auch auf, dass vor allem Schüler und Angestellte die Clubs nutzten, die als Erfolg gemeldeten Aufnahmezahlen in die KPD betrugen für 1967 gerade mal 22 Personen.[55] Im Oktober 1967 gründete sich unter Anleitung des KPD-Aktivisten und späteren ersten Vorsitzenden der SDAJ Rolf Jürgen Priemer ein Arbeitskreis politischer Jugendklubs in Nordrhein-Westfalen.[56] Angesichts der politischen Unruhe in der westdeutschen Jugend diskutierte die Abteilung Jugend der KPD schon im Spätsommer 1967 den Plan, einen eigenen politischen Jugendverband zu gründen.[57] Im Dezember 1967 ging dann dem Politbüro der KPD eine Beschlussvorlage zu, in der die Gründung eines sozialistischen Jugendverbandes vorgeschlagen wurde. Zwar besäße die Partei Einfluss in einigen Organisationen wie dem SDS, den Falken, Natur-

53 Arbeitsbüro (Jürgen Kossack), Berlin 26.1.1968: Erste Diskussionsgrundlage für eine Analyse über die politische und ideologische Einflussnahme der KPD auf die Jugend, in: BA, DY 30, IV 2/10.03/194.

54 Der regionale Schwerpunkt der Clubs lag im Ruhrgebiet, es waren in der gesamten Republik: Club Störtebeker in Hamburg, Club für internationale Begegnungen in Bremen, jugendclub independent in Dortmund, Jugendclub inter in Herten, Jugendclub Liberté in Bochum, Jugendclub International in Essen, Club aktuell in Duisburg, Club Aktuell in Hagen, Jugendclub Limbo in Velbert, Jugendclub Overcome in Hilden, Club elan in Köln, Club égalité in Frankfurt, Jugendclub elan 67 in Mannheim, Club 65 in Führt, Club Liberté in Nürnberg, Drei-Groschen-Keller-Club in München sowie zwei Clubs ohne Namen in Koblenz und Peine. Direkten oder indirekten Einfluss gab es bei zehn weiteren Jugendclubs, dies waren: Club Voltaire in Stuttgart, Club 7 der Deutschen Postgewerkschaft in Hamburg, 19-Uhr-Club der IG Metall in Essen, Club Aktuell der Falken in Hamburg-Altona, Junges Forum Essen – Falken-Club, Club der Naturfreundejugend Solingen, DGB-Jugendclub Solingen, Club der Naturfreunde Hamburg, Hoechster Jugendclub e. V., Club 67 in Forchheim. Vgl. Steffens [d. i. Abteilung Jugend] – Streng vertraulich! – Information über den Stand der Arbeit mit den Jugendklubs, 2.11.1967, in: BA, BY 1, 3872.

55 Steffens [d. i. Abteilung Jugend] – Streng vertraulich! – Information über den Stand der Arbeit mit den Jugendklubs, 2.11.1967, in: BA, BY 1, 3872.

56 Steffens [d. i. Abteilung Jugend] Notizen über das Clubleitergespräch am 28.10. im Essener Jugendzentrum vom 31.10.1967, in: BA, BY 1, 3872.

57 Steffens [d. i. Abteilung Jugend] – Streng vertraulich – Vorstellungen über die Weiterentwicklung der Jugendpolitik und Jugendarbeit unserer Partei. Möglichkeiten für die Entwicklung eines sozialistischen Zentrums unter der Jugend in der Bundesrepublik, im September 1967, in: BA, BY 1, 3886; Arbeitsbüro KPD, Kurzinformation Betr. Bildung einer sozialistischen Jugendorganisation in Westdeutschland, 30.11.1967, in: BA, DY 30, IV 2/10.03/194.

freunden, sozialistischen Schülerorganisationen und Teilen der Gewerkschaftsjugend. Aber um marxistisch-leninistische Positionen öffentlich zu vertreten, sei ein eigener Verband notwendig. Allerdings sollte die Partei im Umgang mit der Jugend auch lockerer werden.[58] Als problematisch wurde schon 1967 betrachtet, dass sich der Einfluss überwiegend auf Schülerinnen und Schüler erstrecke. Aus den strategisch anvisierten Großbetrieben wurde daher nur ein geringer Anteil an Mitgliedern erwartet.[59]

Am 27. und 28. Januar 1968 trafen sich 53 der KPD angehörende oder nahestehende Personen in Leverkusen, um die Gründung eines Jugendverbandes vorzubereiten. In der von Rolf Jürgen Priemer versandten Presseerklärung wurde als Name »Ausschuss zur Gründung einer Revolutionären sozialistischen Jugendorganisation« gewählt. In dem Aufruf zur Gründung fanden sich bereits die politischen Eckpunkte des Verbandes umrissen: Solidarisierung mit antikolonialen Befreiungsbewegungen, politische Freiheit durch die Wiederzulassung der KPD, gegen Notstandsgesetze und für Frieden, u.a. durch Anerkennung der DDR. Es sollte eine sozialistische Gesellschaftsordnung in der Bundesrepublik errichtet werden. Nur implizit stellten die Verfasser den Bezug zur Arbeiterklasse her, indem sie ein verschwommenes Bild von »hundert Familien« bemühten, die nicht nur über das Land herrschten, sondern auch die Jugend unterdrückten: »Hundert Familien entscheiden über unsere Arbeit, welche Gesetze gemacht werden, […] sie bestimmen durch den Besitz der Meinungsindustrie, welche Schlager wir hören und welche Mode up to date ist.«[60] Trotz solcher Anklänge an jugendkulturelle Impulse war die Mobilisierung in der unruhigen Studentenschaft und der Jugend schwierig. Die Federführung der KPD war von Anfang an deutlich, und die pragmatischen Forderungen im Gründungsaufruf minderten die Attraktivität für radikalere Akteure. Ein Informant der KPD berichtete nach Ost-Berlin, dass einige prominente SDS-Mitglieder sich am Rande des Berliner Vietnamkongresses im Februar 1968 über den Gründungsaufruf amüsiert hätten, da dieser mit der Forderung nach Verkürzung statt Abschaffung der Wehrzeit oder der Senkung statt Streichung der Rüstungsausgaben ein Programm rechts von der FDP darstelle.[61]

KPD und SED fürchteten jedoch eher, dass sich ein neuer Verband zu sehr jugendkultureller Politisierung und Radikalisierung öffnen könnte.[62] Ende März

58 Axel [d.i. Herbert Mies]/ Steffens [d.i. Abteilung Jugend] Vorlage an das Politbüro: Zur Schaffung eines Jugendverbandes, 15.12.1967, in: BA, BY1, 3886.

59 Kurzinformation, Arbeitsbüro KPD, Jürgen Kossack, 30.11.1967, in: DY 30/IV 2/10.03/194, Bl. 1.

60 Aufruf zur Gründung einer Revolutionären Sozialistischen Jugendorganisation, Leverkusen 28.1.1968, in: BA, DY 30, IV 2/10.03/194, Bl. 14.

61 Gespräch mit R[udi]. Dutschke, K[]. Steinhaus, u.a., nicht antikommunistischen SDS-lern aus Marburg und Frankfurt, 21.2.1968 (ohne Unterzeichner), in: BA, BY 1, 4059.

62 Arbeitsbüro KPD, Kurzinformation Betr. Bildung einer sozialistischen Jugendorganisation in Westdeutschland, 30.11.1967, in: BA, DY 30, IV 2/10.03/194.

1968 trafen sich in Ostberlin Mitglieder des Politbüros der KPD, des Gründungsausschusses und der Sozialistischen Einheitspartei Deutschlands (SED), um die Entwicklung bei den Gründungsvorbereitungen zu diskutieren. Der Jugendverband sollte offen auftreten: »Die Aufgabe besteht darin, daß diese Organisation breit geöffnet sein muß für alle Jugendlichen, die mit diesem System nicht einverstanden sind und die etwas Anderes wollen.« Dies solle auf »jugendgemäße Art« erfolgen; das freundschaftliche Verhältnis zur KPD zugleich deutlich gemacht werden. Der Gründungsaufruf, den offenbar der Kreis um Priemer selbst verfasst hatte, wurde kritisiert, da er zu viele Unklarheiten enthalte und »Illusionen über die Wunder der Technik« erzeuge. Schließlich war das bestimmende Thema der Verbandsname. RSJ wurde verworfen, da er »besonders unter der Arbeiterjugend kein Verständnis« finden würde. Schließlich einigte man sich auf den Namen »Marxistische Arbeiterjugend«. Festgelegt wurde auch, dass die Gründung »unter allen Umständen am Vorabend des 150. Geburtstages von Karl Marx« stattfinden sollte.[63] Entsprechend der gelenkten Vorbereitungen machte die Abteilung Jugend schon Anfang April 1968 zehn Personalvorschläge für die Landesvorsitzenden und den geschäftsführenden Vorstand[64], die Referate des Gründkongresses wurden im Politbüro der KPD gegengelesen.[65]

Die Gründungsversammlung im Schloss Borbeck am 4./5. Mai 1968 in Essen war aus Sicht der KPD erfolgreich. Knapp 1.000 Personen hatten den Gründungsaufruf unterschrieben. Zentral initiierte Regionalkomitees bestanden – außer in Niedersachsen – in allen Bundesländern, dazu kamen noch 18 städtische Gründungskomitees. Sie entsandten bereits 214 Delegierte, weitere 181 Gastdelegierte waren mit vor Ort. Die Verbundenheit mit der KPD bezeugte ein Redebeitrag von Herbert Mies und entsprechende Grußadressen von den Jugendverbänden der Sowjetunion, der DDR und Ungarn. Insbesondere wurde in Ostberlin positiv vermerkt, dass mehr Arbeiterjugendliche und betriebliche

63 Arbeitsbüro KPD: Information zu Problemen des neuen Jugendverbandes in Westdeutschland, 29.3.1968, in: BA, DY 30, IV 2/10.03/194. Die Beratungen fanden am 23. und 24.3.1968 statt. Teilnehmer waren u. a. Max Reimann, Willi Mohn, Jupp Angenfort und Herbert Mies für das Politbüro, für den Gründungsausschuss Rolf Jürgen Priemer, Walter Möbius, Gerd Bauer, Wolfgang Gehrcke, Wolfgang Rosenbaum und ein ›Herbert‹ aus Niedersachsen sowie Siegfried Rantsch und Gerhard Mayer für das Arbeitsbüro KPD. Vgl. hs. Notiz »Beratung mit der Spitze der neuen Jugendorganisation«, BA, DY 30, IV 2/10.03/194, Bl. 38. Dagegen nannte das Zentralsekretariat der FDJ am 10. April 1968 die zu gründende Jugendorganisation noch »Revolutionäre Sozialistische Jugendorganisation«, für deren Gründungskongress die Songgruppe »Oktoberklub« entsandt werden sollte. Vgl. Vorschlag für den Einsatz von Mitgliedern des Oktoberklubs in Westdeutschland, SAPMO-BArch, DY 24/6210, o. Bl. Abgedruckt in: Michael Herms/Karla Popp, Westarbeit der FDJ 1946 bis 1989. Eine Dokumentation, Berlin 1997, S. 354 f.

64 Steffens – Vertraulich – Betrifft: Jugendverband, 3.4.1968, in: BA, BY 1, 3886; vgl. für die Vorstandsmitglieder: Anhang A, Der bei acht Enthaltungen gewählte erste Bundesvorstand der SDAJ setzt sich folgendermaßen zusammen: o. O, o.D, BA, DY 30, IV 2/10.03/194, Bl. 26 f.

65 Vertraulich – Vorlage an das Politbüro, Steffens, 16.4.1968, in. BA, BY 1, 3886.

Jugendvertreter aktiv seien.[66] Herbert Mies schrieb nach der Gründungskonferenz an den KPD-Vorsitzenden Max Reimann und das Politbüromitglied Willi Mohn, dass viele »gute, junge Menschen« dabei gewesen wären, die der DDR verbunden seien. Die Linie sei »im Wesentlichen richtig und so, wie von uns konzipiert«. Negativ vermerkte Mies, dass es sich um eine »Organisation mit einem außerordentlich starken Drang nach innerer Demokratie« handele und zum Teil »Einflüsse bürgerlicher und pseudo-marxistischer Theorien« vorhanden seien. Aber er resümierte: »Insgesamt kann man m. E. sehr befriedigt sein. Es war der Anfang. Dieser war besser als ich erwartet hatte. Unsere Führungskräfte, Freunde in Essen, haben gut gearbeitet.«[67]

Einen Schönheitsfehler bei der Gründungskonferenz stellte der Versuch Westberliner Trotzkisten dar, einen Delegiertenstatus zu erreichen. Sie kamen aus der Berliner Schülergruppe »Neuer Roter Turm«, deren Angehörige auch bei den Berliner Falken aktiv waren. Anfang 1968 hatte sich die Gruppe entschlossen, ihre entristische Politik gegenüber der SPD aufzugeben und einen revolutionären Jugendverband zu gründen.[68] Die Aktivisten standen in Kontakt zu den versprengten Mitgliedern der trotzkistischen IV. Internationale in der Bundesrepublik. Aus ihren Suchbewegungen erwuchs schließlich der Jugendverband Spartacus. Anfang 1968 nahmen die Aktivisten den Gründungsaufruf der späteren SDAJ ernst und wandten sich an Rolf Jürgen Priemer mit der Bitte, als Delegierte an dem Gründungskongress teilnehmen zu können. Priemer reagierte mit der prinzipiellen Haltung, dass Westberlin kein Teil der Bundesrepublik sei und sie daher nicht Delegierte sein könnten. Als fünf Berliner – unter ihnen als prominentes Mitglied des Neuen Roten Turmes Peter Brandt, der Sohn des damaligen Außenministers und SPD-Vorsitzenden Willy Brandt – am 4. Mai nach Essen kamen, wollte die Konferenzleitung ihnen nur einen Beobachterstatus einräumen. Dieses Angebot lehnten die Berliner ab und kritisierten auf einer Pressekonferenz den SDAJ-Gründungskongress und trugen so dazu bei, die gesteuerte Gründung bekanntzumachen.[69] In Mannheim versuchten unabhängige Jugendliche eine SDAJ-Gruppe aufzubauen, wurden jedoch von der Bundesorganisation rausgedrängt. Die Gruppe kritisierten dieses Vorgehen als

66 Steffens, Vertraulich: Information über den Verlauf des Gründungskongresses der SDAJ, 7.5.1968, in: DY 30, IV 2/10.03/194, Bl. 44-53.

67 Brief von Axel [d. i. Herbert Mies] an Arnold [d. i. Max Reimann] und Albert [d. i. Willi Mohn], Abschrift, 7.5.1968, in: BA, BY 1, 4061. Dagegen betonte Herbert Mies in seiner Autobiographie die Unabhängigkeit des Verbandes und dass er bei den Gründungsvorbereitungen nur »beratend« zur Seite gestanden habe. Herbert Mies, Mit einem Ziel vor Augen. Erinnerungen, Berlin 2009, S. 255 f.

68 Vgl. Rundbrief der Zentral-Redaktion, November 1968, Nr. 5/68, in: FU Berlin, UA-APO, Nr. 1099-Spartacus.

69 Rolf Jürgen Priemer an Peter Brandt, Jochen Ebmeier, Maria Jänicke, Peter Strehlow, Wolfgang Zeller in Berlin, Dortmund, o.D, in: BA, BY 1, Nr. 3886. Herbert Mies greift die Anwesenheit von Peter Brandt in seiner Autobiographie auf und nennt ihn »Revoluzzer«, zugleich belege seine Anwesenheit aber das »große öffentliche Interesse« und die »Aufbruchsstimmung« im Lande. Mies, Ziel, S. 256.

allgemeines Phänomen der Gründungsphase: »Linientreue Genossen wurden beauftragt, im Kreise der Gewerkschaftsjugend für die Idee einer ›revolutionären‹ Jugendbewegung Propaganda zu betreiben.« Sobald unabhängige Personen zu den Initiativausschüssen kamen, seien diese wieder aufgelöst worden. Die Mannheimer SDAJ-Gruppe mahnte eine revolutionäre Politik an, die SDAJ würde nur einen »Kaffeeklatschsozialismus« betreiben.[70] Trotz der offenkundigen Bindung an die KPD und der Verdrängung kritischer Stimmen war die SDAJ erfolgreich im Aufbau neuer Gruppen und erlebte einen raschen Mitgliederanstieg. Auf ihrer ersten Bundesvorstandssitzung im Mai 1968 in Mörfelden zeigte sich Priemer zufrieden mit der Entwicklung. In allen Bundesländern gab es nun Landesverbände, wobei das Saarland mit nur 16 Mitgliedern das Schlusslicht bildete. Schwerpunkte waren Hamburg, wo bereits 100 Mitglieder in sieben Gruppen arbeiteten, und Nordrhein-Westfalen. Dort wurde bis zum September 1968 die Zahl von tausend Mitgliedern angestrebt.[71] Zwar führte die sowjetische Niederwerfung des Prager Frühlings im August 1968 zu Kritik innerhalb des Verbandes und zu Austritten. Aber die Führung blieb auf Kurs und versuchte, kritische Diskussionen zu vermeiden.[72] Die Konsolidierung der SDAJ fiel in eine Phase der APO, die durch vielfältige Suchbewegungen nach neuen Organisations- und Aktionsformen geprägt war. Die neue Organisation erwies sich als attraktiv für Jugendliche, die sich engagieren wollten. Zudem setzte die SDAJ schon in den ersten Jahren auf ein buntes Angebot mit Partys, Aktionen und einfachen Schlagworten. Ihre Zielgruppe blieben Arbeiterjugendliche, auch wenn die Attraktivität insbesondere für ältere Schülerinnen und Schüler hoch blieb. Verbindungen zur Gewerkschaftsjugend wurden gesucht, und eine Reihe von Jugendvertretern trat der SDAJ bei.[73] In den Folgejahren sollte sich die SDAJ – bei aller Distanz seitens der Gewerkschaftsführungen – als wichtiger Akteur in der Jugendarbeit erweisen. Sie war trotz ihrer programmatischen Orientierung auf die DDR und die Sowjetunion ein Teil des APO-Milieus und mit der Gewerkschaftsjugend verbunden. An der Entstehung der Lehrlingsbewegung hatte die SDAJ dann auch einen wichtigen Anteil.

Im Gegensatz zur SDAJ entwickelten sich Gruppen aus der Studenten- und Schülerrevolte vielfältiger. Der SDS zerfiel bald nach dem Ende der Notstandskampagne 1968, und es begann ein Jahr mit vielfältigen Suchbewegungen, an

70 Analyse über die Entstehung der Sozialistischen Deutschen Arbeiterjugend SDAJ Modellfall Mannheim – Beispiel der Unabhängigkeitsbestrebungen innerhalb der Sozialistischen Deutschen Arbeiterjugend Ortsgruppe Mannheim, herausgegeben vom Vorstand der SDAJ Ortsgruppe Mannheim, in: BA, BY 1, 3886. Über die Konflikte in der SDAJ berichtete auch die Presse. Vgl. Friede und Eierkuchen, in: *Der Spiegel* Nr. 42, 14.10.1968.

71 Protokoll Bundesvorstandssitzung der SDAJ am 23. Mai 1968 in Mörfelden, in: BA, BY 1, 3886.

72 SDAJ zu den Ereignissen in der ČSSR, in: *SDAJ-Info* Nr. 1, 14.10.1968, in: Hamburger Institut für Sozialforschung (künftig HISA), Bestand SDAJ, Ordner 2.

73 Vgl. als Beispiel lokaler Berichterstattung zur SDAJ: Von Gewalt halten sie nichts, in: *Geesthachter Zeitung*, 3.4.1969.

dessen Ende der Aufstieg maoistischer K-Gruppen und die Herausbildung subkultureller Strömungen standen. In der Literatur zur Studentenrevolte finden sich kaum ausführlichere Darstellungen über diese Zeit. Zumeist wird ein neuer Bezug auf die Arbeiterklasse vonseiten des SDS und anderen Gruppierungen als Ausdruck des intellektuellen Verfalls gewertet und nur knapp erwähnt.[74] Ausgangspunkt war nach den Osterunruhen im April 1968 und dem Ende der Notstandskampagne eine neue Orientierung auf die Arbeit in den Betrieben. Dabei sind zwei Vorgehensweisen erkennbar. Zum einen wurde versucht, in Kontakt mit Lehrlingen und jungen Arbeitern und Arbeiterinnen zu kommen, die Interesse an studentischen Aktionen bekundeten. Zum anderen wurde mit sogenannten Betriebsuntersuchungen begonnen, selbst in die Betriebe zu gehen, um dort zu agitieren. Bei beiden Vorgehen begründeten die studentischen Aktivisten ihre Distanz gegenüber den Gewerkschaften immer auch analytisch. Karl Heinz Roth, einer der SDS-Vordenker in Hamburg, erstellte 1969 eine Analyse, in der er nicht allein die Interessen der Unternehmer, sondern auch der Gewerkschaften kritisierte. Die gewerkschaftlichen Forderungen seien nicht fortschrittlich, sondern dienten der »Immobilisierung« der jungen Arbeiter. Der DGB verfolge mit seiner Reformpolitik nur selbstsüchtige Interessen, um sich als Institution zu etablieren.[75] Der gewerkschaftliche Apparat galt als Teil des Establishments und wurde ebenso attackiert wie die Forderung nach Modernisierung der Berufsausbildung, die wiederum konstitutiv für die Gewerkschaftsjugend und die SDAJ war. Die Modernisierung der Berufsausbildung, so wurde argumentiert, sei ein Beispiel für systemimmanenten Reformismus der Gewerkschaften.[76]

Es wurden Basisgruppen aufgebaut, die seit dem Sommer 1968 vor allem in den Hochburgen der Studentenbewegung auftauchten. In Berlin gab es 1968 zwölf Basisgruppen, in denen sich nicht allein Studierende engagierten, sondern auch Falken, Mitglieder der SED-Westberlin und junge Arbeiterinnen und Arbeiter. Diese Gruppen zerfielen zumeist im Herbst 1968. Sie hatten unterschiedliche Schwerpunkte: zum Teil ging es um Aktionen gegen zu hohe Mieten, um Agitation von Lehrlingen und Schülern im Sinne einer Aufklärungsarbeit oder

74 So auch bei der informierten Studie von Koenen, Jahrzehnt, S. 136f. Als Dogmatisierung und Verlust von intellektueller Neugierde interpretiert die Entwicklung der K-Gruppen: Jens Benicke, Von Adorno zu Mao. Über die schlechte Aufhebung der antiautoritären Bewegung, Freiburg 2012.

75 Karl Heinz Roth, Unwissen als Ohnmacht. Grundrisse einer Analyse der Wissenschafts- und Bildungspolitik des bundesrepublikanischen Herrschaftskartells, Berlin 1970. Vorab in Teilen abgedruckt: Thesen zu einer Analyse des Bundesrepublikanischen Machtkartells. Zur Lage und zu den Auseinandersetzungen um eine Reorganisation der Lehrlingsausbildung, in: *SDS-Info* Nr. 20 (September 1969), S. 3-10, Zitat S. 8f., in: HISA, A-ZS 0728. In eine ähnliche Richtung wurde in einem Sammelband junger Sozialwissenschaftler argumentiert: Sven Gustav Papcke (Hrsg.), Anpassung oder Widerstand? Gewerkschaften im autoritären Staat, Frankfurt a. M. 1969.

76 Helmut Schauer, Wie und wofür kämpft der DGB in der Berufsausbildung? in: *Sozialistische Correspondenz*, Anfang September 1969, Nr. 11, S. 3-9, in: HISA, ZS 727.

Verbindungsaufnahmen in Betriebe.[77] So schilderte ein jüngerer Vertrauensmann der IG Metall, dass er als Beschäftigter der AEG-Telefunken in Berlin 1968 an Demonstrationen gegen den Vietnam-Krieg teilnahm und Studenten kennenlernte. Im Laufe des Jahres 1968 bauten sie eine Betriebsgruppe in zwei Abteilungen der AEG-Telefunken auf und konnten Verbesserungen in der Arbeitsorganisation erreichen. Die sie dabei unterstützenden Studenten kamen von der Stadtteilgruppe Wedding. Nachdem ihre Abteilung aufgelöst worden war, engagierten sich einige aus der Betriebsgruppe weiterhin politisch im Betrieb, einigen schlossen sich maoistischen Gruppen an.[78]

Beispiel für eine APO-orientierte Gruppe innerhalb der Gewerkschaften war die Arbeitsgemeinschaft junger Gewerkschafter in Hamburg und Kiel. Deren Gründer lernten sich im Republikanischen Club in Hamburg kennen und versuchten, ihre Tätigkeit in den Gewerkschaften neu zu bestimmen. Die kleine Gruppe – ihre Zahl hat 25 Personen wohl nie überstiegen – entwickelte ein theoretisch ambitioniertes Konzept, innerhalb der Gewerkschaften für eine antiautoritäre Ausrichtung zu arbeiten. Auf einem ersten Treffen im Januar 1969 formulierten sie ihr Programm für eine radikale Politik in den Gewerkschaften. Die Gewerkschaften würden zu wenig für die Jugend tun und seien zu angepasst. Aber es sollte in den Gewerkschaften keine linke Fraktion gebildet werden, sondern die AJG sollte über gemeinsame Schulungen und einen Infodienst Aktionen in Betrieben stimulieren. Die Besetzung von gewerkschaftlichen Gremien sei kein strategisches Ziel, auch wenn die Arbeit auf der Grundlage des DGB-Grundsatzprogrammes erfolge.[79] Strategisch wichtig sei die Zurückdrängung der hauptamtlichen Funktionäre. Um deren vorgeblich gefährlichen Einfluss zu skizzieren, berichtete Karl-Werner Beszus von der AJG in Kiel über ein »Lehrstück«: Der Kieler OJA der IG Metall hatte im Juni 1968 beschlossen, auf der DGB-Landesjugendkonferenz des Bezirkes Nordmark zwei Anträge auf Anerkennung der DDR und Aufhebung des »Kontaktverbotes« gewerkschaftlicher Gruppen in die sozialistischen Länder zu stellen. Angesichts des Einmarsches in Prag wollten einige IG Metaller – für Beszus nur »Karrieristen« – die Anträge zurückziehen. Auf der Konferenz am 28. September 1968 wurde die Anerkennung der DDR in einem Initiativantrag formuliert. Der Bezirksjugendsekretär Gerd Lilienfeld des DGB habe sich als »demagogischer Volksredner« erwiesen und einige Unterzeichner des Initiativantrages dazu gebracht, ihre Unterschrift zurückzuziehen. »Die kleinen Arschkriecher beugten sich der Autorität«, kom-

77 Vgl. Karl-Heinz Schubert, Aufbruch zum Proletariat, in: *Kalaschnikow – Das Politmagazin*, Ausgabe 10, Heft 1/98, S. 87-99, insb. S. 88 f.

78 Siegfried Mason, Betriebliche Aktionen – Studentischer Protest. Ereignisse in einem Berliner Großbetrieb während der APO-Zeit, in: Küsel, APO, S. 96-105. Als Hinweis auf das Engagement der Weddinger Basisgruppe bei AEG-Telefunken vgl. Schubert, Aufbruch, S. 89.

79 Flugblatt: Arbeitsgemeinschaft Junger Gewerkschafter: Thesenentwurf für einen Aktionsplan (handschriftlich vermerkt: 27.3.1969), in: STAHH 136-37, 507: Arbeitskreis Junger Gewerkschafter 1969.

mentierte Beszus. Der Antrag auf Anerkennung der DDR wurde zwar abgelehnt, aber mit einem knappen Ergebnis. Von den 29 Teilnehmern waren immerhin neun dafür, und sieben enthielten sich. Beszus resümierte: »Wir lassen uns noch viel zu leicht beschwatzen, die Hauptamtlichen haben die Zügel noch viel zu fest in der Hand, die Opposition ist aber latent vorhanden und auf der Konferenz waren wir nicht clever genug.«[80] Das »Lehrstück« war die Entlarvung der Funktionäre als Reformisten und Reaktionäre. Es ging um provokative Vorstöße, mit denen auch die eigene Radikalität dokumentiert werden sollte.

Der aggressive Stil der AJG führte zu Konflikten mit Funktionären, so wurden nach Darstellung der Gruppe Stipendien verweigert und Ausschlussverfahren eingeleitet. Auf einem Wochenendseminar der AJG im März 1969 forderte die Hamburger Gruppe, »Überspitzungen« in der Argumentation gegen die Gewerkschaftsfunktionäre zu vermeiden und in ihrem Info-Dienst aus »taktischen Gründen« einen sachlichen Stil zu pflegen. Die AJG sollte nicht als Parallelorganisation zur Gewerkschaftsjugend aufgebaut werden.[81] In Hamburg verbanden sich Teile der AJG schließlich mit dem Sozialistischen Lehrlingszentrum (SLZ), das aus dem Umfeld des Hamburger SDS Ende 1968 entstanden war.[82] In einem gemeinsam herausgebrachten Info-Dienst kritisierte das SLZ im Mai 1969 eine rein »aktionistische« Strategie und forderte zuerst Schulung, um Kader heranzubilden. SDAJ und auch die Gewerkschaftsjugend seien reformistisch und revisionistisch, eine Zusammenarbeit daher nur bei aktuellen Anlässen möglich.[83] Während die AJG nur noch eine Zeitung im August 1969 herausbrachte und danach nicht mehr in Erscheinung trat, spaltete sich das SLZ bzw. bald als Sozialistisches Arbeiter- und Lehrlingszentrum (SALZ) firmierend, im Jahre 1969 an der Frage, ob der Schwerpunkt auf Kaderbildung oder eine Massenmobilisierung zu legen sei.[84] Aus den Überresten der Spaltungen erwuchs schließlich der maoistische Kommunistische Bund (KB), der seinen Schwerpunkt in Hamburg hatte und sich gegenüber anderen maoistischen Gruppierungen ob dem Anteil

80 Karl-Werner Beszus, Lehrstück zur Entlarvung des bürokratischen Apparates Gewerkschaft, AJG-Info-Paper März '69, S. 1a, in: STAHH 136-37, 507: Arbeitskreis Junger Gewerkschafter 1969.

81 Bericht über ein Wochenendseminar der AJG am 8/9.3.1969 in Hamburg, AJG-Info-Paper März '69, S. 5-7, in: STAHH 136-37, 507: Arbeitskreis Junger Gewerkschafter 1969.

82 Als Selbstdarstellung der frühen Entwicklung: Entwicklung und Praxis des Sozialistischen Lehrlingszentrums (SLZ), in: *Arbeiterpolitik. Informationsbriefe der Gruppe Arbeiterpolitik* 10, 20.6.1969, Nr. 3, S. 8 f.; Rubrik Termine, in: *APO-Press, Hamburger Informationsdienst* Nr. 1, 27.1.1969, S. 8 und Nr. 2, 10.2.1969, S. 9.

83 Lehrlingsdemonstration in Hamburg sowie Warum und Wie Zusammenarbeit mit der SDAJ und der Gewerkschaftsjugend?, AJG/SLZ, info-paper Mai 1969, S. 3. und S. 4, in: STAHH 136-3, 425.

84 SALZ-Auseinandersetzung, in: *APO-Press, Hamburger Informationsdienst* Nr. 17, 29.9.1969, S. 28-36; Flugblätter: »Stellungnahme der Kommune Hochallee zu den Ereignissen am 31.8.1969« und »Zur Frage der Spaltungen im SALZ« (November 1969), in: STAHH 136-3, 492: APO-Aktivitäten zur Lehrlingsfrage 1968-1970.

von Lehrlingen in den ersten Gruppen aus der Lehrlingsbewegung stets etwas zugutehielt.[85]

Die Wahrnehmung von betrieblichen Auseinandersetzungen war in der Neuen Linken eine »Mischung aus Projektionen, Phantasien, Wunschträumen und Analogien« gewesen.[86] Ein Beispiel hierfür war eine Veranstaltung des SLZ im März 1969 in der Hamburger Universität. Behandelt wurde die Kampagne des SDS gegen Vorbeugehaft, und es kamen rund 600 »Lehrlinge, Jungarbeiter und Schüler«. Allerdings verunglückte die Veranstaltung, wie die Initiatoren berichteten. Es seien zu viele Referate gehalten worden: »Überraschend verlangte nach den Referaten die Hälfte der Anwesenden eine Demonstration. Es zeigte sich, daß das Vermögen, aus Informationen praktische Konsequenzen zu ziehen, bei jungen Arbeitern größer ist als bei Schülern oder Studenten, der Weg von vermittelter Theorie zur Praxis kürzer.«[87] Darauf waren die Veranstalter nicht vorbereitet, die Veranstaltung verlor sich in Diskussionen. Aus der Gegenüberstellung von aktionistischen Fähigkeiten junger Arbeiter zu intellektueller Behäbigkeit von Studenten wird die Projektion erkennbar, die sich auf Angehörige der Arbeiterklasse richtete.

Das Jahr 1969 war für die zerfallende Studenten- und Schülerbewegung von Suchbewegungen geprägt, in denen sich das Ensemble der Neuen Linken der 1970er Jahre formte. Jugendliche Beschäftigte erschienen als vielversprechende Ansprechpartner in der Arbeiterschaft, die studentische Agitation mit der Mischung aus sexueller Befreiung, antiautoritärer Rebellion und revolutionärer Strategie weckte Interesse. Allerdings waren auch Konflikte vorgezeichnet, da Studenten unter revolutionärer Politisierung oft etwas anderes verstanden als Lehrlinge, für die sich auch eine neue soziale Welt eröffnete. In Berlin erprobten Ende 1968 die Basisgruppen den Aufbau von gewerkschaftsunabhängigen Betriebsgruppen und forderten statt der Mitbestimmung die »Arbeiterkontrolle« in den Vordergrund zu rücken. Darunter wurde eine unter anderem an Rosa Luxemburg geschulte Position verstanden, nach der sich in spontanen Aktionen das Klassenbewusstsein entwickeln und dann in selbstorganisierten Räten die zunehmende Kontrolle über die Produktion entfalten sollte.[88] Für die Betriebsbasisgruppen formulierte Eike Hemmer, Mitglied der Berliner Kommune 2, für den Weg in die Betriebe: Die Studenten sollten »Primärerfahrungen am Arbeitsplatz« verallgemeinern und so ein sozialistisches Bewusstsein entwickeln.

85 Vgl. Das SALZ, Organisation der Lehrlinge und Jungarbeiter, in: Lehrlingszeitung [künftig LZ], Jg. 1 (1971), Nr. 2, S. 12; David Templin, ›Lehrzeit – keine Leerzeit!‹ Die Lehrlingsbewegung in Hamburg 1968-1972, Hamburg 2011, S. 88-93.

86 Birke, Streiks, S. 246.

87 Vorbeugehaft-Teach-In der Hamburger Lehrlinge, in: *APO-Press* Nr. 5, 24.3.1969, S. 17.

88 Schubert, Aufbruch, S. 91. Luxemburgs Arbeiten zur Spontaneität der Massen und der Notwendigkeit von Organisation wurden 1970 in einer populären Ausgabe bei rororo verlegt: Rosa Luxemburg. Schriften zur Theorie der Spontaneität, Reinbek bei Hamburg 1970.

Dazu sollten die Studierenden selbst in die Betriebe gehen.[89] Einige der Berliner Basisgruppen und Teile des SDS schufen sich Anfang 1969 mit der *Roten Presse Korrespondenz* ein Organ, in dem die linken Fraktionierungsdebatten ausgetragen wurden, wobei ein Teil für den Aufbau einer zentralen Organisation plädierte, ein anderer für eine koordinierte Arbeit der Betriebsbasisgruppen. Die Ereignisse während des Septemberstreiks 1969 machten in Berlin und anderswo jedoch deutlich, dass faktisch kaum Einfluss bestand, um betriebliche Aktionen zu initiieren.[90] Zudem erlebten die Basisgruppen, dass gerade nichtstudentische Aktivisten von neuen Organisationen wie der Roten Garde der KPD/ML oder der trotzkistischen Gruppe Spartacus angezogen wurden.[91] Am Ende des Jahres zeigte sich nicht nur in Berlin ein verwirrendes Bild mit den neuen Parteien KPD/ML und der sich abzeichnenden Gründung der KPD/AO, trotzkistischen Gruppen wie der Gruppe internationaler Marxisten [GIM] und ihrer Jugendorganisation Spartacus und einer Vielzahl kaum zu überschauender Diskussionszirkel, die sich nun vor allem auf die Kaderarbeit und einen leninistisch orientierten Parteiaufbau konzentrierten.

Diese Entwicklung war auch in Frankfurt a. M. zu beobachten, der zweiten Hochburg des SDS und des Basisgruppenkonzeptes.[92] Nach den Schüssen auf Benno Ohnesorg am 2. Juni 1967 hatte sich eine Gruppe »Universität und Betriebe« gebildet, in der junge Gewerkschaftsfunktionäre, junge Arbeiter und Studenten zusammenarbeiteten, diese wurde zur »Basisgruppe Betriebe« des Frankfurter SDS.[93] Diese Gruppe verstand die Bundesrepublik als Klassengesellschaft, in der strukturelle Gewalt auf Arbeitnehmer ausgeübt werde.[94] In Frankfurt versuchte ab August 1968 eine Gruppe im Stadtteil Bornheim, Lehrlinge gezielt anzusprechen. Die Gruppe ging davon aus, dass Kontaktaufnahmen scheiterten, wenn nur sehr allgemein »die Arbeiter« agitiert würden.[95] Bis Anfang 1969 bildeten sich mindestens neun Stadtteilbasisgruppen.[96] Die studentischen Aktivisten sprachen die Lehrlinge vor allem in der »Freizeitsphäre« an,

89 Eike Hemmer, Freiräume für Gegenmacht, in: FU-Spiegel Nr. 67, hrsg. vom AStA der FU Berlin, 1968. Zitiert nach: Schubert, Aufbruch, S. 91.

90 Schubert, Aufbruch, S. 94 f.; diese Einschätzung für die Bundesrepublik: Birke, Streiks, S. 243-247.

91 Schubert, Aufbruch, S. 93. Rote Garden: Hung-Wei-Bing, in: Der Spiegel Nr. 37, 8.9.1968, S. 68.

92 Vgl. als Überblick für den Frankfurter Raum: Klaus Hendrich, Lehrlinge und Politik, in: *Aus Politik und Zeitgeschichte* B 41 (1970), 10.10.1970, S. 3-48, hier S. 22-24.

93 Oswald Todtenberg/Arno Ploog, Du gehörst dir und nicht den Bossen, ein Buch für Lehrlinge, Frankfurt a. M.1971, S. 114 f.

94 So der Frankfurter Delegierte Harald Flaßbeck auf der 8. Jugendkonferenz der IG Metall im Mai 1968 über die Gruppe, in: Protokoll 8. Ordentliche Jugendkonferenz der Industriegewerkschaft Metall, S. 83.

95 So die Stadtteilbasisgruppe Bornheim bei der Beschreibung ihrer Entstehungsgeschichte: Frankfurt: Stadtteilbasisgruppen, *SDS-Info* Nr. 20 (September 1969).

96 Flugblatt »Der Ostermarsch ist tot – Organisiert Euch in Basisgruppen«, in: Wolfgang Kraushaar (Hrsg.), Frankfurter Schule und Studentenbewegung. Von der Flaschenpost zum Molotowcocktail, 1946 bis 1995, Hamburg 1998, Band 2: Dokumente, S. 583 f.

weil man das Klima in den Betrieben als zu repressiv für die revolutionäre Arbeit einschätzte.[97] Es wurden Häuser der Jugend oder kirchliche Freizeitangebote genutzt, die Seeckbacher Basisgruppe organisierte zum Beispiel einen »Go-In mit einem Kasten Bier in den Jugendkreis der evangelischen Gemeinde Seeckbach«, bei dem einige jugendliche Arbeiter zur Mitarbeit gewonnen werden konnten.[98] Zwar gelang es, durch direkte Ansprache und »kollektive Teilnahme an Tanzveranstaltungen« Jugendliche für die politische Arbeit zu interessieren, auch eine Berufsschulklasse von Fotografen gründete nach einer Diskussionsveranstaltung mit Studenten eine eigene Basisgruppe.[99] Aber die erstaunlich offenen und psychologisierenden Berichte der Basisgruppen thematisierten auch immer wieder die kulturellen und habituellen Schwierigkeiten zwischen Studenten und jungen Arbeitern, die bei der Arbeit zutage traten.

In Frankfurt störten Antiautoritäre, SDAJ und Angehörige der Gewerkschaftsjugend im April 1969 eine Freisprechungsfeier verschiedener Innungen im Palmengarten. Als die rund 100 Demonstranten die Bühne besetzten und die Internationale anstimmten, wurden sie von Handwerkern und Ausbildern heruntergeprügelt.[100] Im Mai 1969 misslang die Störung einer Freisprechungsfeier der Frankfurter IHK, bei der ein Polizeieinsatz Störungen verhinderte; von den 600 Lehrlingen waren auch nur 50 zu Störungen bereit.[101] Die im Mai 1969 begonnene »Heimkampagne«, die sich auf Lehrlings- und Erziehungsheime konzentrierte, sollte zum Markenzeichen der Frankfurter Arbeit werden. Lehrlingsheime bestanden bei den Farbwerken in Frankfurt Höchst. Dort waren mehr als 2.000 Lehrlinge beschäftigt, von denen rund 600 in Lehrlingsheimen wohnten. Zugleich gab es Aktionen in Erziehungsheimen, u. a. im hessischen Staffelberg bei Biedenkopf gelegen und vom Landeswohlfahrtsamt betrieben. In allen Heimen galten strenge Hausordnungen. Es gelang den Basisgruppen in mehreren Heimen, Konflikte zuzuspitzen und die Heimleitungen zu Zugeständnissen zu bewegen. Dabei wurde auf das Grundgesetz Bezug genommen, um eine Lockerung der Heimreglements zu begründen. Die Heimordnungen wurden als Verstöße gegen die Freizügigkeit und die Privatsphäre bezeichnet, da zum Beispiel

97 Rainer Delp, Anmerkungen zur Frankfurter Basisarbeit und Jungarbeiter-Agitation. ›Strategiepapier‹ zur Fortführung der Betriebs-, Stadtteil- und Basisgruppenarbeit, in: *SDS-Info* Nr. 11/12 (2.5.1969), S. 39-41. Abgedruckt bei: Kraushaar (Hrsg.), Frankfurter Schule, S. 618-620.

98 Bericht der Stadtteilbasisgruppe Seckbach/Frankfurt, *Sozialistische Correspondenz-Info* Nr. 11, S. 10-11, in: HIS A-ZS 0727.

99 Zitat Frankfurt: Stadtteilbasisgruppen, *SDS-Info* Nr. 20 (September 1969), S. 11-14, S. 13; zur Fotografenklasse: Frankfurt: Über die Arbeit der Lehrlinge an der Gutenberg-Berufsschule, in: ebd., S. 15-17.

100 Demonstranten wurden aus dem Saal geprügelt, in: *Frankfurter Rundschau*, 26.4.1969; Prügelei bei der Freisprechung, in: *Frankfurter Allgemeine Zeitung*, 26.4.1969; Handwerker schritten zur Selbsthilfe, in: *Neue Presse*, 26.4.1969.

101 Stadtteilbasisgruppen, *SDS-Info* Nr. 20 (September 1969), S. 11-14, S. 13. Vgl. Ulrich Eisenbach, Duale Berufsausbildung in Hessen. Entstehung und Entwicklung seit dem 19. Jahrhundert, Darmstadt 2010, S. 346.

Besuche ab einer bestimmten Tageszeit nicht erlaubt waren.[102] Es gelangen Mobilisierungserfolge, die jedoch die Initiatoren selbst überrollten. Offensichtlich war das Engagement der Lehrlinge nicht nur im Sinne einer »revolutionären Disziplin« zu haben. Die Arbeitsgemeinschaft der Farbwerkslehrlinge sei zwar antiautoritär, aber zu stark auf den subjektiven Faktor konzentriert, wie studentische Unterstützer kritisierten: »Vögeln macht Frei [...]. Diese Fetischisierung des individuellen Lustanspruchs wurde für einen Teil der Lehrlingsopposition zur Voraussetzung bei ihrer Bestimmung der politischen Arbeit.« Notwendig sei aber die langfristige revolutionäre Disziplin.[103] Dieser Widerspruch beschäftigte eine Reihe der studentischen Gruppen. Eine Stadtteilbasisgruppe skizzierte im Juni 1969: »Wenn man Lehrlingen in der Agitation klarmacht, daß objektiv eine Abschaffung der Arbeit möglich ist und im Kapitalismus der einzelne zu überflüssigen Arbeitsleistungen gezwungen wird, entsteht verständlicherweise der Wunsch, diese Befreiung hier und jetzt zu vollziehen. So ist es verschiedentlich vorgekommen, daß Lehrlinge, die aus politischen Gründen aus ihrem Betrieb rausflogen, sich keine neue Stelle suchten und sich mit Gammeln und Hasch eine Subkultur aufbauten, in der sie dann meist unpolitisch wurden.« Dies war nur eine Seite des Mobilisierungsproblems: Lehrlinge in den Basisgruppen waren auch häufig daran interessiert, ihr Abitur zu machen und »durch die privilegierte Stellung der Schüler und Studenten ihre Fähigkeiten zu entfalten«.[104]

In den Farbwerken Höchst wurde versucht, bei der Neuwahl der Jugendvertretung die politisch radikalen Positionen zu festigen. Die DKP-Betriebsgruppe lehnte die Aktivitäten ab, insbesondere nach einer Veranstaltung der Lehrlinge mit Ulrike Meinhof im September 1969. Denn die Lehrlingsgruppen konzentrierten sich auf Ausbildungsaspekte und jugendkulturelle Fragen und erhielten daher kaum Unterstützung von älteren Betriebsangehörigen.[105] Die Arbeit in den Lehrlingsheimen sei zu stark auf generationelle Konflikte konzentriert.[106] In dieser Kritik formte sich ein wichtiges Argument in den Gewerkschaften, dass Protestaktionen der Lehrlinge die Distanz zwischen den Generationen vergrößerten.

In den Erziehungsheimen waren die Folgen studentischer Agitationsarbeit anders gelagert. Ein Teil der Heimbewohner zog nach Frankfurt, wo sie in studen-

102 Vgl. das Flugblatt »Gilt das Grundgesetz in den Wohnheimen der Farbwerke Hoechst?«, in: Zur Höchster Lehrlingsbewegung. Auszüge aus einer vom RC Höchst herausgegebenen Dokumentation, *Sozialistische Correspondenz-Info* Nr. 14, 27.9.1969, S. 12-22, S. 15 f., in: HISA A-ZS 0727.

103 Zur Höchster Lehrlingsbewegung. Auszüge aus einer vom RC Höchst herausgegebenen Dokumentation, in: *Sozialistische Correspondenz-Info* Nr. 14, 27.9.1969, S. 13.

104 Beide Zitate in: Frankfurt: Stadtteilbasisgruppen, in: *SDS-Info* Nr. 20 (September 1969), S. 14.

105 »Der Farbwerker«, Betriebszeitung DKP Höchst, September 1969, in: http://www.mao-projekt.de/BRD/HES/DA/Frankfurt_IG_Chemie.shtml (Abruf 15.11.2008).

106 Einer der Hoechst-Lehrlinge wurde im Juni 1969 nach den Protesten entlassen, wobei sein ›ungebührliches Benehmen‹ als Begründung angeführt wurde: Keiner so schwer, in: *Der Spiegel* Nr. 49, 1.12.1969, S. 74.

tischen Wohngemeinschaften unterkamen. Allerdings gelang die Politisierung dieser zumeist aus schwierigen sozialen Verhältnissen stammenden Jugendlichen nur bedingt, es kam zu Spannungen in den studentischen Treffpunkten.[107] Bei der Unterstützung für die jugendlichen Heimbewohner waren auch die späteren RAF-Gründer Andreas Baader, Gudrun Ensslin und Ulrike Meinhof beteiligt, die eine Randgruppenstrategie verfolgten und den Bestrebungen skeptisch gegenüberstanden, den Entflohenen eine Lehrstelle zu besorgen.[108] Aber gerade diese Bestrebungen halfen, staatliche Unterstützug für die Projekte zu erlangen. Es gelang, Jugendliche in städtischen Wohnungen unterzubringen und einen Trägerverein zu gründen. Die Wohngruppenbetreuung wurde innerhalb weniger Jahre zur bundesweiten Alternative gegenüber der Heimunterbringung.[109] Die Stadtteilbasisgruppen wurden 1969 schließlich von dem Gründungsfieber der maoistischen Gruppierungen erfasst. Insbesondere die KPD/ML mit ihren Roten Garden fand in Frankfurt Zuspruch, binnen weniger Monate seien im Herbst 1969 rund 500 Personen im »ML-Block« unterwegs gewesen.[110]

Auch in anderen Städten versuchten studentische Aktivisten über Basisgruppen, Lehrlinge für die politische Arbeit zu gewinnen. So hatte der SDS in Tübingen nach der Kampagne gegen die Notstandsgesetze eine Betriebsgruppe gegründet, der auch eine »Handvoll Lehrlinge« angehörten. Neue Gruppen entstanden in den umliegenden Orten, und die Tübinger SDS-Gruppe initiierte ein »Zentrales Aktionskomitee«, das die verschiedenen Gruppen koordinieren sollte. Aber problematisch blieb der dominierende Einfluss von Studenten und Oberschülern, der die Lehrlinge »majorisiert«, was sich vor allem als kommunikatives Problem entpuppte: »[...] sie kommen nicht dazu, ihre Bedürfnisse und Probleme zu artikulieren und ihre passive Konsumentenhaltung zu durchbrechen, es wird über ihre Köpfe hinweg diskutiert und entschieden« resümierte die Tübinger SDS-Gruppe.[111] Zwar bildete sich eine eigene Lehrlingsgruppe, aber im September 1969 setzte man in Tübingen vor allem auf die Schulung

107 Mekka für Ausreißer. Erfahrungen mit Lehrlingskollektiven, in: *Welt der Arbeit* Nr. 8, 20.2.1970, S. 11; Koenen, Jahrzehnt, S. 192.

108 Mario Krebs, Ulrike Meinhof. Ein Leben im Widerspruch, Reinbek bei Hamburg 1989, S. 185-189.

109 Vgl. dazu mit Beispielen aus Nordrhein-Westfalen: Michael Köster, Holt die Kinder aus den Heimen! – Veränderungen im öffentlichen Umgang mit Jugendlichen in den 1960er Jahren am Beispiel der Heimerziehung, in: Frese/Paulus/Teppe (Hrsg.), Demokratisierung, S. 667-681 sowie: Manfred Liebel/Herbert Swoboda/Heinz Bott/Elisabeth Knöpp (Hrsg.), Jugendwohnkollektive. Alternative zur Fürsorgeerziehung? München 1972 sowie als Überblicksartikel: Sven Steinacker, » ... daß die Arbeitsbedingungen im Interesse aller verändert werden müssen!!!« Alternative Pädagogik und linke Politik in der Sozialen Arbeit der sechziger und siebziger Jahre, in: Sven Reichardt/Detlef Siegfried (Hrsg.), Das Alternative Milieu. Antibürgerlicher Lebensstil und linke Politik in der Bundesrepublik Deutschland und Europa 1968-1983, Göttingen 2010, S. 353-372.

110 Koenen, Jahrzehnt, S. 194-197; hierzu auch: Hendrich, Lehrlinge, S. 29 f.

111 Tübingen: ZAK, in: *SDS-Info* Nr. 20 (September 1969), S. 23-25, S. 24.

anhand der marxistischen Klassiker. Im nahe gelegenen Heidelberg gingen die Initiativen von einer SDS-Betriebsprojektgruppe aus. Sie versuchte interessierte Lehrlinge und Jungarbeiter für betriebliche Aktionen zu gewinnen und störte die 1. Mai-Veranstaltung des DGB 1968. Aber es ging um mehr: »Die Aktivität der Lehrlinge beschränkte sich aber keineswegs auf betriebsspezifische Forderungen, die Gefahr laufen, sich in integrierbaren gewerkschaftlichen Forderungen zu verdinglichen.« Insbesondere bei den Heidelberger Straßenbahnkrawallen hätten sich Lehrlinge durch Aktionismus hervorgetan. Die Agitation sei zu stark auf die Schule beschränkt worden. Daher wurde in Heidelberg im Sommer 1969 von Studenten ein Sozialistisches Arbeiter- und Lehrlingszentrums initiiert, um Lehrlinge gesondert zu erfassen. Insbesondere die Abgrenzung von studentischen Verhaltensweisen wurde immer wieder hervorgehoben. So hieß es aus Heidelberg: »Der studentische Genosse, der sich zu einer permanenten und verbindlichen Mitarbeit entschieden hatte, wurde nach der letzten Sitzung wegen seiner vielen Fremdwörter, die er nicht erklärte und uns so unverständlich waren, kritisiert.«[112]

Die genaue Zahl von SDS-beeinflussten Gruppen mit Lehrlingen kann nicht angegeben werden. Eine vor allem aus Materialien des Verfassungsschutzes und linken Publikationen 1970 entstandene Warnschrift vor linker Unterwanderung in den Betrieben nannte Gruppen in Hannover, München, Ulm und Göttingen, die vom SDS beeinflusst gewesen seien.[113] Die Mehrzahl von Lehrlingsgruppen aber zum Beispiel in Nordrhein-Westfalen war nach dieser Quelle von der SDAJ beeinflusst.[114] Insbesondere der fluide Charakter der Gruppen, die häufig einen schnellen Personenwechsel erlebten, erschwert eine exakte Festlegung. Aber die inhaltliche Ausrichtung der Basisgruppen mit studentischem Einfluss ist erkennbar. In erster Linie wurde die Distanz zu den Gewerkschaften und ihrer Jugendarbeit betont; die Gewerkschaften galten als Teil des Establishments und sozialdemokratisch dominiert. Die Übernahme von Funktionen in den gewerkschaftlichen Gremien war kein strategisches Ziel. Vorrangig sollte ein Bewusstsein über die ausgebeutete Lage der Arbeiterinnen und Arbeiter geschaffen werden. Lehrlinge und junge Arbeiter waren die Adressaten, da sie offener waren als erwachsene Arbeitnehmer. Über die Frankfurter Situation wurde bemerkt: »Nur ganz wenige Arbeiter haben sich der sozialistischen APO angeschlossen, sind ins antiautoritäre Lager übergelaufen. Meist sind es Lehrlinge und Jungarbeiter.«[115]

112 Heidelberg: Zur Lehrlingsarbeit, in: *SDS-Info* Nr. 20 (September 1969), S. 29-33, Zitate S. 31 und S. 33. Das Heidelberger SALZ wurde nur bei einem Arbeitgeberbericht über Lehrlingsgruppen genannt, nicht in den Adresslisten der Bewegungsliteratur. Vermutlich hat es sich in die Vorgruppen des späteren KBW in Heidelberg aufgelöst.

113 Als kurzer Hinweis auf die Hannoveraner Basisgruppen, die sich 1969 in drei Strömungen spaltete: Berlit, Notstandskampagne, S. 104-106.

114 Johann-Ludwig Dortans, Arbeiterjugend zwischen Revolution und Reform, Die Radikalisierungsversuche der Neuen Linken und der Kommunisten, Köln 1970, S. 28.

115 Helmut Fritz, Wir jungen Proletarier. Lehrlinge und Jungarbeiter organisieren sich in ›Stadtteilbasisgruppen‹ – Ein Bericht in Selbstzeugnissen, in: *Deutsche Jugend* (1969), Nr. 6, S. 255-262, hier S. 255.

Aus Sicht studentischer Aktivisten waren es jedoch nicht die »normalen Arbeiter«, zu denen Kontakte entstanden, sondern bereits gewerkschaftlich Organisierte oder DKP-nahe Personen.[116] Diese Wertungen basierten auf der Trennung zwischen einem gewissermaßen echten Kern der Arbeiterschaft, dessen Klassenbewusstsein es zu erwecken galt, und bereits politisch interessierten Jugendlichen, die aber nicht mehr zum Kern gerechnet wurden. Soziale, kulturelle und schließlich auch generationelle Heterogenität der Arbeiterschaft wurde so überdeckt. Wenn auch in Teilen der mobilisierten Arbeiterjugend ein gemeinsamer Vorrat an Überzeugungen und Wahrnehmungen vorhanden war, sagte dies wenig über die eigentlichen Interessen der gesamten Arbeiterschaft aus. Dieser Begriff war und blieb eine Argumentationsfigur, mit der politische Erwartungen formuliert wurden.

Die Mobilisierungserfolge der Basisgruppen blieben quantitativ gering, und seit dem Sommer 1969 betonten die meisten Gruppen den Vorrang der theoretischen Schulung an kommunistischen Theoretikern und eines Organisationsaufbaus gegenüber der Agitationsarbeit mit Lehrlingen. Daher war ein Teil der Aktivisten an dem Gründungsprozess der verschiedenen K-Gruppen beteiligt. Der Streit um die richtige Organisationsform führte häufig zu Trennungen und Spaltungen innerhalb der Gruppen. Zugleich boten die maoistischen Gruppierungen ein klar strukturiertes Gerüst an, in dem die Verrätselung der Welt theoretisch gelöst schien. Die K-Gruppen sollten schließlich in der ersten Hälfte der 1970er Jahre zum konflikthaften Faktor in der Gewerkschaftsjugendarbeit werden. Sie brachten – noch stärker als die SDAJ – den politischen Willen für eine voluntaristische »Rekonstruktion der Arbeiterklasse« und eine politische Radikalisierung mit. Dieser Ansatz war durch die wilden Streiks im September 1969 befördert worden, in denen die Kampfkraft der Arbeiterklasse – unabhängig von den Gewerkschaften – neu zu erwachen schien.[117]

Nach einer Politisierung jugendlicher Beschäftigter nach 1968 zu fragen bedeutet aber nicht, allein nach revolutionären Konzepten zu schauen. In der Lehrlingsbewegung äußerte sich auch eine Unzufriedenheit mit einem autoritären Klima, die sich nicht an der revolutionären Agitationsarbeit der Studenten

116 So ein Hannoveraner Aktivist im Rückblick. Vgl. Berlit, Notstandskampagne, S. 106.

117 Dieser Gegensatz von aufrührerischer Arbeiterschaft und abwiegelnder Gewerkschaftsführung war Anlass für eine der einflussreichsten linken Schriften über die Gewerkschaften, verfasst von einem ehemaligen Pressereferenten der IG Metall: Eberhard Schmidt, Ordnungsfaktor oder Gegenmacht. Die politische Rolle der Gewerkschaften, Frankfurt a.M. 1971; gegen diese These sprachen empirische Untersuchungen in großen Stahlbetrieben, die zeigten, dass die Gewerkschaften weiterhin von einer überwältigenden Mehrheit als ihre Interessensvertretung gesehen wurde, rund zwei Drittel der Arbeiter optimistisch in die Zukunft sahen und die Lohnforderungen vom September 1969 in den folgenden Tarifverhandlungen zu höheren Lohnabschlüssen führten. Michael Schumann u.a., Am Beispiel der Septemberstreiks – Anfang einer Rekonstruktionsperiode der Arbeiterklasse?, in: Karl H. Hörning (Hrsg.), Der ›neue‹ Arbeiter. Zum Wandel sozialer Schichtstrukturen, Frankfurt a.M. 1971, S. 235-268.

oder der SDAJ orientierte. Diese Richtung kann als aktionsbereite Reformarbeit bezeichnet werden, deren populärstes Beispiel die Essener Lehrlingsbewegung war.[118] Die Geschichte der Essener Lehrlingsbewegung, von zwei führenden Protagonisten bereits 1971 ausführlich beschrieben[119], begann im November 1968. Auf Anregung des Religionslehrers Rolf Freitag setzten sich zu diesem Zeitpunkt rund 40 Lehrlinge zusammen und beschlossen, Missstände in der Berufsausbildung anzuprangern. Mit einer Pressekonferenz traten sie im Januar 1969 an die Öffentlichkeit. Der »Arbeitskreis gewerblicher Lehrlinge« kündigte eine Fragebogenaktion in der Berufsschule an.[120] Es folgten dann verschiedene Aktionen bis 1971, die allerdings fast völlig frei von politischer Brachialrhetorik waren. Die Lehrlinge forderten »[…] die Einhaltung der vertraglichen und der gesetzlichen Bestimmungen«.[121] Die Arbeit der Arbeitsgemeinschaft gewerblicher Lehrlinge (AGL), im März 1969 ergänzt durch die Arbeitsgemeinschaft kaufmännischer Lehrlinge (AKL), beide fusionierten im Juni 1969, kam ohne revolutionäre Perspektive aus. Hintergrund für die kontinuierliche Arbeit war, dass die Gruppe auf Initiative von zwei Religionslehrern an Berufsschulen gegründet wurde: Dem 29-jährigen katholischen Religionslehrer Rolf Freitag sowie dem evangelischen Religionslehrer Joachim Weiler. Freitag hatte ein erstes Treffen organisiert und blieb zusammen mit Weiler und wenigen anderen Lehrern ständiger Berater der Lehrlingsgruppe. Dieses Vorgehen rechtfertigten sie als notwendige organisatorische Unterstützung der Lehrlinge, als Moderatoren in den Sitzungen und Kontaktpersonen zu den Institutionen.[122] Zur SDAJ bestanden Kontakte, die aber eher auf eine unbefangenere Haltung gegenüber der SDAJ kurz nach ihrer Gründung verweisen als auf eine Dominanz bei den Essener Lehrlingsaktivitäten.[123]

In ihren Untersuchungen ging die Arbeitsgemeinschaft branchenbezogen vor. Nach zwei Umfragen unter Lehrlingen, die im Frühjahr 1969 erfolgten, beschäftigte sie sich mit der Ausbildung bei Krupp und im Herbst 1969 mit der Ausbildung bei Banken. Schließlich wandten sich Lehrlinge aus der Radio- und Fernsehtechnik-Branche an den Arbeitskreis. Dieser strebte zunächst ein Gespräch mit den Firmen dieser Branche in Essen an, das seitens der Lehrherren abgelehnt wurde. Daraufhin organisierte der Arbeitskreis am 6. Dezember 1969 eine Demonstration am verkaufsoffenen Samstag in der Innenstadt von Essen

118 Haug/Maessen, Lehrlinge, S. 128-132.

119 Joachim Weiler/Rolf Freitag, Ausbildung statt Ausbeutung. Der Kampf der Essener Lehrlinge, Reinbek 1971. Als knapper Rückblick über frühe Aktivitäten: Hartmut Schmeling, Die Essener AG gewerblicher Lehrlinge, in: *Amos* 41 (2008), Nr. 3, S. 9-10.

120 Kleben Stempeln Putzen. Essener Lehrlinge protestierten gegen ihren Lehrherrn, in: *Die Zeit*, 18.7.1969.

121 Weiler/Freitag, Ausbildung, S. 209.

122 Etwas abweichend schildert die Gründung der Arbeitsgemeinschaft der knappe Erinnerungsrückblick: Schmeling, Essener AG.

123 Vgl. das Interview mit einem Mitglied der AGL: Lehrlinge wehren sich, in: *Elan* Nr. 2 (1969), S. 4.

vor einigen Radio- und Fernsehfachgeschäften. In einem Flugblatt wurden sieben Firmen namentlich genannt, deren Ausbildung katastrophal sei. Kritisiert wurden ausbildungsfremde Tätigkeiten und Hilfstätigkeiten, die die Betriebe als Gesellenstunden gegenüber den Kunden abrechneten.

Da die Arbeitsgemeinschaft eine intensive Pressearbeit betrieb, fanden ihre Aktionen Beachtung in der lokalen wie bundesweiten Presse.[124] Insbesondere schoss sich die Arbeitsgemeinschaft auf den Einzelhändler Friedrich Marquardt ein. Marquardt, der selbst aus der Essener Arbeiterjugendbewegung der Weimarer Republik stammte, war Mitinhaber eines Radio- und Fernsehgeschäfts und Landtagsabgeordneter der SPD, ehemaliger Ratsherr der Stadt Essen und in vielen ehrenamtlichen Funktionen tätig.[125] Die Prominenz Marquardts garantierte mediale Aufmerksamkeit. Dazu trug auch Marquardts Verhalten selbst bei. Kritik an seiner Ausbildung wies er zurück und reichte nach der Demonstration vom Dezember 1969 mehrere Privatklagen ein, u.a. gegen Rolf Freitag wegen Beleidigung. Durch die daraus resultierenden Prozesse blieb das Thema im öffentlichen Bewusstsein.[126] Als im Frühsommer 1970 ein Landtagswahlkampf anstand, attackierte die Arbeitsgemeinschaft Marquardt auf mehreren Veranstaltungen, einige lokale Gruppen der Jungsozialisten in der SPD (JUSO) forderten seine Absetzung, erreichten aber keine Mehrheit in der Essener SPD.[127] Neben Marquardt hatten drei weitere Einzelhändler Klagen gegen Rolf Freitag als den für das Flugblatt presserechtlich Verantwortlichen eingereicht. Bis zum Juni 1970 wurden vor dem Zivilgericht Essen die sogenannten »Lehrlingsprozesse« geführt und rund 39 Lehrlinge als Zeugen vernommen, die ihre schlechte Ausbildung darstellen sollten. Entsprechend bezog sich die Verurteilung Freitags auf diffamierende Formulierungen oder ungenaue Behauptungen, in der Sache stimmte das Gericht dem Vorwurf einer mangelhaften Ausbildung zu. Die Lehrlinge hätten, so Weiler und Freitag, die Prozesse als Chance gesehen, ihre Kritik rechtsstaatlich bewiesen zu bekommen. Die hohen Kosten für die Prozessführung und die Schmerzensgeldzahlungen an Marquardt wurden durch Spenden aufgebracht, unter anderem durch eine Solidaritätsfeier mit der Politrock-Gruppe Floh de Cologne.[128] Auch Spenden von Essener Lehrlingen brachten mehrere Tausend Mark ein. Die Arbeitsgemeinschaft bewertete die Prozesse als Erfolg: »So haben die Prozesse bewirkt, daß – unseres Wissens

124 Weiler/Freitag, Ausbildung, S. 69-74.

125 Vgl. die anonymisierten Interviewangaben bei: Heidi Behrens, ›Mehr wissen – mehr können‹. Bildungsanstrengungen der sozialdemokratischen Jugend in der Weimarer Republik und ihre Wirkungen, in: Eppe/Herrmann, Sozialistische Jugend, S. 69-84, S. 79; sowie direkt zu den belastenden Folgen der Lehrlingsproteste für Marquardt: Heidi Behrens-Cobet, Abschiede vom Proletariat? Lebenslagen und Bildungsgeschichten ehemaliger Mitglieder der Essener SAJ, Bonn 1996, S. 165f.

126 Junger Schnösel, in: *Der Spiegel* Nr. 6, 2.2.1970, S. 74f.

127 Marquardt ohne Ende, in: *Rheinruhrspiegel, Magazin der Jungsozialisten in Nordrhein-Westfalen* (1970), Nr. 4, S. 24f.

128 Todtenberg/Ploog, Bossen, S. 70f.

erstmals in der Bundesrepublik – durch ein ordentliches Gerichtsverfahren festgestellt wurde, daß es in der Lehrlingsausbildung der Betriebe erhebliche Mißstände gibt.«[129] Die IG Metall Essen spendete ebenfalls Geld und beantragte eine größere Summe beim Vorstand der IG Metall. Dabei hob der Bevollmächtigte der Essener Verwaltungsstelle hervor, dass Freitag GEW-Mitglied sei und die meisten der Lehrlinge in der Arbeitsgemeinschaft auch mit Freitags Hilfe in die IG Metall eingetreten seien und sich der gewerkschaftliche Organisationsgrad im Handwerk deutlich verbessert habe.[130] Während in Essen die Ortsverwaltung 100 DM spendete, konnte die Abteilung Jugend generöser sein. Siegfried Müller beantragte 2.500 DM bei Georg Benz als Spende oder die Übernahme von Druckkosten, um eine Querfinanzierung zu ermöglichen.[131]

Die Besonderheiten der Essener Lehrlingsaktionen lassen sich vor allem auf die Initiatoren zurückführen. Denn Weiler und Freitag sorgten für eine institutionelle Anerkennung. Zudem garantierten sie personelle Kontinuität, während die Lehrlinge aufgrund ihrer Konzentration auf einzelne Branchen häufiger wechselten. Es wurden intensive Untersuchungen angestellt und versucht, Behauptungen über Missstände möglichst umfassend zu belegen. Es ging um die Modernisierung der Ausbildung, linke Politisierungsversuche hingegen wurden skeptisch beurteilt: »Von den Studenten kamen nur einige Male Vertreter linker Gruppen aus Bochum. Sie sahen hier eine Chance, an einen Teil der arbeitenden Bevölkerung heranzukommen, verscherzten sich allerdings sofort alle Sympathien bei den Lehrlingen, als sie ihre bis dahin durchgeführten Aktionen als ›systemstabilisierend‹ abtaten und von ihnen verlangten, sie sollten die Betriebe zerschlagen und nicht verbessern.«[132] Ebenfalls verbat sich die Arbeitsgemeinschaft auf ihren Aktionen Rote Fahnen, da diese die Bevölkerung hätten verschrecken können; mit der SDAJ überwarf man sich, weil diese die Konzentration auf Kleinbetriebe als politisch perspektivlos kritisierte.[133] Allerdings unterstützten die meisten politischen Jugendgruppen in Essen die Arbeitsgemeinschaft der Lehrlinge, die Christliche Arbeiterjugend (CAJ) entsandte immer einige Mitglieder.[134]

Die Gewerkschaften und insbesondere die IG Metall in Essen standen der Arbeitsgemeinschaft zwiespältig gegenüber. Anfangs unterstützte der Erste Bevollmächtigte der IG Metall in Essen die Arbeitsgemeinschaft. Als allerdings die Lehrlingsausbildung bei Krupp untersucht wurde, zog sich die IG Metall im Herbst 1969 zurück, da die meisten Ausbilder bei Krupp in der Gewerkschaft waren und sich die Kritik – die sich vor allem auf den rüden Umgangston in der

129 Rundbrief des AKGL, Sprecher Hartmut Limbeck, am 16.6.1970 an Interessierte, in: AdsD, 5/IGMA-22-0153.

130 Vwst. Essen, Karl-Heinz Völker und Willi Hartenstein, an Abteilung Jugend beim Vorstand der IG Metall, 12.12.1970, in: AdsD, 5/IGMA-22-0231.

131 Aktennotiz Siegfried Müller an Georg Benz, 18.9.1970, AdsD, 5/IGMA-450-20016.

132 Weiler/Freitag, Ausbildung, S. 190.

133 Ebd., S. 116 und S. 207.

134 Ebd., S. 187.

Ausbildung bezog – verbaten.[135] Als dann mit Marquardt auch die SPD in die Kritik geriet, unterstützte die IG Metall zeitweilig nur noch im Hintergrund, übernahm allerdings die Rechtsschutzkosten für entlassene Lehrlinge.[136] Die IG Metall gründete schließlich ein »Zentrum Kritischer Auszubildender«, in dem mehrere Jugendgruppen zusammenarbeiteten, welches aber in Essen nicht die Bedeutung der Arbeitsgemeinschaft erlangte.[137]

Die Essener Lehrlinge setzten Demonstrationen ein, wenn Gespräche und Vermittlungsversuche im Vorwege gescheitert waren. Diese Aktions-Zurückhaltung wurde mit Verweis auf die Studentenunruhen begründet: »Aus der Studentenbewegung haben die Lehrlinge gelernt, daß bei zu häufigem Einsatz eine Demonstration schließlich nicht mehr wirkt, weil sie dann eine alltägliche Angelegenheit ist. [...] Jede Demonstration der Arbeitsgemeinschaft war deshalb Höhepunkt und in gewissem Sinne auch Abschluß einer Arbeit von mehreren Monaten.«[138] Die Gruppe organisierte mehrmals Diskussionsrunden mit Kammervertretern oder Lehrherren; sie nutzte Leserbriefe in Tageszeitungen, um Themen öffentlich zu setzen und schließlich institutionelle Einrichtungen wie die Gewerbeaufsicht, der Informationen über Missstände vermittelt wurden.[139] Das Selbstbewusstsein der Lehrlinge sollte gestärkt werden, indem konkrete Missstände aufgegriffen und abgeschafft wurden.[140]

Die Zunahme öffentlicher Aktionen von Lehrlingen wurde ab 1970 von einer kleinen Welle sympathisierender Literatur begleitet. Es fällt aber auf, dass meist nur auf einige Aktionen verwiesen wurde. Neben den Aktionen in Hamburg, Essen und bei Siemens in München gehörte dazu auch eine Demonstration von rund 300 Lehrlingen des Kfz-Gewerbes in Westberlin im März 1969, die von ihrer Berufsschule in Charlottenburg ausging und sich gegen schlechte Ausbildungsbedingungen richtete.[141] Diese Aktion war von einem Mitglied der trotzkistischen Spartacus-Gruppe organisiert worden. An der gruppeninternen Diskussion um diese Aktion zeigt sich, dass es oft politische Zufallskonstellationen waren, die Aktionen ermöglichten. Ein Spartacus-Mitglied hatte an seiner Berufsschule ein »Aktionskomitee der Porsche-Oberschule« initiiert, welches die Demonstration organisierte. Diese zog am 10. März 1969 zum Bezirksbürgermeister in Charlottenburg. Gefordert wurden bessere Bezahlung und eine

135 Todtenberg/Ploog, Bossen, S. 18 f.

136 Weiler/Freitag, Ausbildung, S. 167-170.

137 In der offiziellen Geschichtsdarstellung der Verwaltungsstelle Essen werden die Lehrlingsaktivitäten und Konflikte nicht erwähnt. Vgl. Elisabeth Kosok unter Mitarbeit von Leonie Wannenmacher, Hundert Jahre Gewerkschaft Metall Essen 1891-1991. Im Auftrag der IG Metall Verwaltungsstelle Essen und in Zusammenarbeit mit dem Ruhrlandmuseum Essen, Essen 1991.

138 Weiler/Freitag, Ausbildung, S. 125.

139 Ebd., S. 171.

140 Ebd., S. 209.

141 Haug/Maessen, Lehrlinge, S. 119; Noch ein Jahr später war ein Foto der Demonstration abgedruckt in: Nach den Studenten – Aufstand der ›Stifte‹, in: *Süddeutsche Zeitung*, 21.3.1970.

fundierte Ausbildung im Handwerk.[142] Kurz darauf rief das Aktionskomitee zu einer allgemeinen Lehrlingsdemonstration Ende April in Westberlin auf mit der Forderung nach staatlichen Lehrwerkstätten und einem gesetzlichen Verbot von Ausbildungen in Kleinbetrieben.[143] Allerdings führte dieser Aufruf innerhalb von Spartacus zu einer wohl auch zeittypischen Diskussion über das richtige politische Vorgehen. Streitpunkt war die Frage, ob in den Flugblättern »gewerkschaftliche« Forderungen oder »revolutionäre« aufgestellt werden sollten, und ob es entscheidend sei, bereits »Kader« an den Berufsschulen zu haben oder ob Aktionen diese hervorbringen würden. Der Organisator der ersten Lehrlingsdemonstration vertrat die Ansicht, dass die »physische Repräsentanz« an den Berufsschulen nicht unbedingt notwendig sei, denn wenn die Lehrlinge mit gewerkschaftlichen Forderungen mobilisiert seien, würden sie sich bald politisieren.[144] Diese Haltung wiesen mehrere Gruppenmitglieder zurück, da es »Verschwörertum« und Opportunismus sei, wenn man nicht offen als revolutionäre Gruppe auftrete.[145] Die zweite Demonstration Ende April brachte nicht den gewünschten Erfolg, und später resümierte einer der Befürworter der Demonstration, dass die Unruhe unter den Lehrlingen überschätzt worden sei: »So stellte sich heraus, daß das Porsche-Komitee im wesentlichen aus einem Spartakisten und zwei seiner Kollegen bestand, die mehr mit ihm als mit der politischen Position von SPARTACUS sympathisierten. Außerdem waren die Berichte über die Unruhe in der Berufsschule schlicht übertrieben.«[146] Übertrieben waren gewiss die Erwartungen, mit unzufriedenen Handwerkslehrlingen zügig zur Revolution zu schreiten; aber die erste Demonstration hatte gezeigt, dass unter Lehrlingen Unzufriedenheit herrschte, die in kurzer Zeit zu Aktionen führen konnte.

Trotz der unterschiedlichen Ausrichtungen von SDAJ, Basisgruppen oder einem aktionsbereiten Reformismus wiesen die skizzierten politischen Strömungen Gemeinsamkeiten auf. Erstes Ziel war eine Politisierung. Lehrlinge sollten sich engagieren und in den Betrieben Kritik äußern. Sich für die eigenen Interessen einzusetzen wurde dabei mal als revolutionäres, mal als demokratisches Lernziel ausgegeben. Aufhänger war die Ausbildungsituation. Damit verband sich die Hoffnung, dass derjenige, der seine Ausbildung als Ausbeutung erkenne, sich bald auch in anderen gesellschaftlichen Bereichen politisch engagiere.

142 Flugblatt »Kollegen«, hs. Notiz verteilt 10.3.69, ca. 300 Demonstranten, in: FU Berlin, UA-APO, KJO-Spartacus-Betriebszeitungen.

143 Vgl. die beiden Flugblätter des Aktionskomitees ohne Datum, in: FU Berlin, UA-APO, KJO-Spartacus-Betriebszeitungen.

144 W. Terner, Zur Frage der Schaffung einer Lehrlingsbewegung und deren organisatorischer Fassung, in: FU Berlin, UA-APO, Nr. 1100-Spartacus.

145 Rainer Borchart u.a., Eine Stellungnahme, in: In: FU Berlin, UA-APO, Nr. 1100 Spartacus.

146 Antwort des Genossen Hajo Schrankel auf den Artikel »Der 26. April, die Lehrlinge und SPARTACUS« des Gen. Zeller in Spartacus Nr. 4./5, in: FU Berlin, UA-APO, Nr. 1101 Spartacus Juli-Dez. 1969.

Für die IG Metall war diese Entwicklung positiv, da die Verbesserung der Berufsausbildung zu den zentralen Themen der IG-Metall-Jugend gehörte. Die 8. IG-Metall-Jugendkonferenz hatte im Mai 1968 gefordert, die Reform der Berufsausbildung zu einem Schwerpunkt der Arbeit zu machen.[147] Der Jugendausschuss der IG Metall hatte entsprechend für den Jugendmonat 1968 den inhaltlichen Schwerpunkt auf die Forderung nach einem einheitlichen Berufsausbildungsgesetzes gelegt.[148] Damit sollte insbesondere die Verabschiedung eines Gesetzes im Bundestag forciert werden. Die IG Metall ließ Hunderttausende von Flugblättern verteilen und Anstecker – sogenannte »Meinungsknöpfe« – drucken. Mit ihrer Gestaltung grenzte man sich von der radikalisierten Studentenbewegung ab: Parolen wie »Hohler Kopf verdient nicht viel – darum fordern wir bessere Bildungschancen« oder »Ich bin kein Bildungsmuffel – IG Metall für bessere Berufsausbildung« sollten unterstreichen, dass es um die Gestaltung der Berufsausbildung ging und nicht darum, Protestaktionen um ihrer selbst willen zu führen. Auf einem Stand der IG-Metall-Jugend in Kiel stand auf einem Transparent die Forderung: »Bildung beginnt nicht erst beim Abitur – Der Staat ist auch für die berufliche Bildung verantwortlich«.[149] Die Modernisierung der Berufsausbildung durch öffentliche Aktionen zu unterstützen, lag strategisch im Sinne der IG Metall, einen gewissen revolutionären Überschwang waren die Funktionäre in den Führungsetagen bereit hinzunehmen. Dies galt auch für den DGB, der ebenfalls eine Kampagne zum Thema initiierte. Die DGB-Abteilung Jugend vermutete im Dezember 1968, dass die Unruhe der Jugend sich allgemein auf die Betriebe ausweiten würde und die schnelle Verabschiedung des Berufsbildungsgesetzes hier Schlimmeres verhindern könne.[150] Im Frühjahr 1969 erfolgte die Aufforderung an die DGB-Kreise, zum Berufsbildungsgesetz mehr Aktionen zu organisieren.[151] In einem Konzeptpapier aus der DGB-Abteilung Jugend wurden unter anderem Störungen von Freisprechungsfeiern von Lehr-

147 Antrag 52: Aktionen zum Berufsausbildungsgesetz. Darin wurde der Vorstand aufgefordert, Aktionen für die Durchsetzung des Berufsausbildungsgesetzes zu organisieren. Protokoll 8. Ordentliche Jugendkonferenz der IG Metall, S. 270. Vgl. Die Zeitung der IG Metall-Vwst. Bremerhaven: IG Metall Jugendkurier, 1. Ausgabe, Jahrgang 1968 (Februar 1968), S. 2-4, in: AdsD, 5/IGMA-22-0661; Antrag 51: Berufsausbildungsgesetz, Protokoll 8. Ordentliche Jugendkonferenz der IG Metall, S. 269 f. darin hieß es bereits: »Die Berufsausbildung ist eine öffentliche Aufgabe.«

148 Rundschreiben der Abteilung Jugend des Vorstandes der IG Metall an alle Verwaltungsstellen und Bezirksleitungen, 1.7.1968, in: AdsD, 5/IGMA-22-0163; Protokoll des Jugendausschusses beim Vorstand der IG Metall, 19/20.1.1968, in: AdsD, 5/IGMA-22-0157.

149 Für die Parolen und das Transparent vgl. Horst Klaus, ›Hohler Kopf verdient nicht viel …‹, in: *Der Gewerkschafter* 17, Nr. 1, Januar 1969, S. 35.

150 Berufsausbildungsgesetz und Arbeitsförderungsgesetz müssen zusammen verabschiedet werden, Pressemeldung des DGB-Bundesvorstandes, in: Nachrichtendienste Bundespressestelle des DGB, 4. Dezember 1968, Nr. 391/68, S. 258-260.

151 Günther Stefan und Walter Haas an Abteilung Jugend der Einzelgewerkschaften, Abteilung Jugend der DGB-Landesbezirke und DGB-Kreise, 4.2.1969, in: AdsD, 5/IGMA-07-1850.

lingen vorgeschlagen und die Slogans der IG Metall mit vom DGB produzierten Ansteckern aufgegriffen.[152] Diese Kampagne formulierten DGB-Jugendfunktionäre vor dem Hintergrund von Spannungen, die seit 1968 zwischen dem DGB-Bundesvorstand und dem Bundesjugendausschuss aufgetreten waren.[153] Die Vorstandsmitglieder befürchteten Bestrebungen, die Gewerkschaftsjugend könne sich als unabhängiger Verband etablieren. Im November 1968 wurden deshalb bei einem Treffen beider Gremien grundsätzliche Fragen anhand eines Entwurfes der Leitsätze für die Gewerkschaftsjugend diskutiert. Dabei traten die unterschiedlichen Positionen des BJA des DGB und des Vorstandes deutlich hervor. Hinrich Oetjen erinnerte daran, dass der BJA »die Mittlerrolle zwischen Aussprüchen der Jugend und Aussprüchen der Organisation zu übernehmen« habe.[154] Die BJA-Mitglieder rechtfertigten ihren Entwurf mit dem Hinweis, dass aus der Gewerkschaftsjugend noch viel weitergehende Forderungen kommen würden. Daher sollten Freiräume ermöglicht werden, ohne dass ein vom DGB unabhängiger Verband zu gründen sei. Einige Vorstandsmitglieder äußerten Bedenken, so wurde die Formulierung »Aktionen im gesellschaftlichen Bereich« durchzuführen ebenso kritisch hinterfragt wie die geforderte Zusammenarbeit mit »progressiven demokratischen Kräften« oder die Forderung, das »Selbstbestimmungsrecht der Arbeitnehmer« durchzusetzen.[155] Hinrich Oetjen wie auch Christian Götz von der HBV und Horst Klaus von der IG Metall schwächten die Formulierungen ab, verteidigten sie aber als notwendige Anpassungen der Jugendarbeit an die politische Entwicklung. Der Berliner DGB-Vorsitzende Walter Sickert fragte nach, warum die Abgrenzung nach rechts so betont werde, aber dies nicht gegenüber der APO, dem SDS oder der DKP geschehe. Die Vertreter des BJA kamen hier etwas ins Schwimmen und bezeichneten die Gewerkschaften als Teil der APO, die Auslassung einer Abgrenzung zum Kommunismus, der in den alten Grundsätzen noch enthalten war, legitimiere sich durch die Politik der Öffnung gegenüber sozialistischen Ländern. Es waren Otto Brenner und Georg Benz, die schließlich eingriffen und sich die Kritik an allzu linken und missverständlichen Formulierungen zu eigen machten. Brenner widersprach explizit, dass er die Gewerkschaften als Teil der APO bezeichnet habe, diese agiere allein im außerparlamentarischen Raum. Die umstrittenen Begriffe wurden schließlich aus den Grundsätzen gestrichen, eine explizite Abgrenzung gegenüber kommunistischen Tendenzen aber nicht mehr aufgenommen. Mehr-

152 Walter Haas und Günther Stephan: Betr. Aktionen zur Bildungspolitik, undatiert (Frühjahr 1969), in: AdsD, 5/IGMA-22-0158.

153 Zum Beispiel über die Frage, ob der Abteilung Jugend des DGB eigenständige Kontakte zu Studenten unterhalten solle. Die Abstimmung aller Presseerklärungen mit dem Geschäftsführenden Vorstand des DGB betrachtete der Bundesjugendausschuss als »Vorzensur«. Otmar Günther an Georg Benz, 14.6.1968, in: AdsD, 5/IGMA-450-20015.

154 Aussprache mit dem Bundesjugendausschuß über die Leitsätze der Gewerkschaftsjugend (5. November 1968), S. 8, in: AdsD, 5/IGMA-07-1849.

155 Ebd., S. 3.

mals beklagten Mitglieder des Bundesjugendausschusses auch, die Gewerkschaftsjugend sei »zu zahm« bei konkreten gewerkschaftlichen Forderungen, auch von Maria Weber, dem für Berufsbildung zuständigen Vorstandsmitglied im DGB-Bundesvorstand, erwartete man mehr Initiative in der Berufsbildung.[156] Das Ergebnis dieser hitzigen Diskussion zeigte Spannungen zwischen den für Jugend zuständigen Funktionären und den Vorstandsmitgliedern, die sich 1969 im Rahmen der Kampagne für ein Berufsbildungsgesetz fortsetzen sollten. Die Kampagne für ein neues Berufsbildungsgesetz war daher auch der Versuch, der Stimmung in der Mitgliedschaft Rechnung zu tragen.

Es war nicht ungewöhnlich, dass die IG Metall oder der DGB die Kampagnenfähigkeit der Organisation zur Unterstützung von parlamentarischen Initiativen nutzten. Aber die beschriebenen verschiedenen linken Strömungen dynamisierten zum Jahreswechsel 1968/69 die Kritik an der Ausbildung und belegten eine wachsende Unruhe in der berufstätigen Jugend. Die SDAJ hatte im Dezember 1968 – vermutlich in Reaktion auf die Aktivitäten der IG Metall – die Berufsausbildung ebenfalls zum Schwerpunkt ihrer Arbeit erklärt. Die SDAJ fokussierte auf die technische Innovationskraft, denn im »Zeitalter der Raumflüge« würden die Lehrlinge noch nach einer Gewerbeordnung von 1869 ausgebildet. Daher nutzten sie die zeitliche Spanne und stellten ihre Aktionen unter das Motto: »Omas Gewerbeordnung ist tot«.[157] Zudem hatte sie Jugendvertreter und Gewerkschaftsmitglieder in ihren Reihen, durch die eine Verbindung zur Gewerkschaftsjugend vorhanden war. Den Slogan von »Omas Gewerbeordnung« griffen auch gewerkschaftliche Gruppen auf. Die Berufsausbildung wurde als staatliche Aufgabe verstanden, die den Profitinteressen einzelner Unternehmen entzogen werden sollte. Dazu gehörte auch das Mitbestimmungsrecht für Gewerkschaften, eine breite Grundlagenausbildung, wie sie von der IG Metall mit ihrem Plan für eine Stufenausbildung gefordert wurde, überbetriebliche Lehrwerkstätten, fachliche und pädagogische Qualifikation der Ausbilder und Perspektiven für die Weiterqualifizierung.[158] Mit *Elan* besaß die SDAJ ein monatliches Magazin, das sie für ihre Zwecke nutzen konnte. Ab der Februar-Ausgabe 1969 erschien die Rubrik »Unternehmer-Sündenregister«. Die SDAJ-Gruppen waren aufgefordert, Missstände in der Lehrlingsausbildung öffentlich zu machen. Wenn es zum Teil auch länger zurückliegende Vorfälle waren, trug die Kampagne dazu bei, betriebliche Vorgänge zu thematisieren. Dies führte auch zu Erfolgen. Bei der Dortmunder Maschinenbaufirma Holstein & Kappert befragte die örtliche SDAJ-Gruppe Lehrlinge, die Ergebnisse wurden in einem Flugblatt skandalisiert, die vorherige Reinigung der sanitären Anlagen

156 Aussprache mit dem Bundesjugendausschuß über die Leitsätze der Gewerkschaftsjugend (5. November 1968), S. 11, in: AdsD, 5/IGMA-07-1849.

157 Rolf-Jürgen Priemer, »Schwerpunkte unserer weiteren Arbeit«, Rolf-Jürgen Priemer, Bundesvorsitzender, *SDAJ-Info* Nr. 4, 20.12.1968, in: HISA, Bestand SDAJ, Ordner 2.

158 Berufsausbildung, Das Thema des Monats!, in: *SDAJ-Info*, Nr. 7, 10.3.1969, in: HISA, Bestand SDAJ, Ordner 2.

durch Lehrlinge daraufhin eingestellt.[159] Das »Unternehmer-Sündenregister« veröffentlichte *Elan* das gesamte Jahr 1969 hindurch. Diese Form öffentlicher Markierungen führte später die DGB-Jugendzeitung *ran* unter der Rubrik »ran nennt Namen« noch bis in die Mitte der 1970er Jahre fort.

In Hamburg organisierte die SDAJ am 14. März 1969 ein Tribunal zur Berufsausbildungsreform. Ein martialisch auftretendes »Arbeiterjugendgericht« tagte im Haus der Jugend am Stintfang. Als Rollenspiel mit Ankläger, Verteidiger und Gericht inszeniert, wurden die Bundesregierung, die Parteien, die Unternehmer und ihre Verbände sowie die Springerpresse angeklagt, ein einheitliches Berufsausbildungsgesetz zu verschleppen. Eine Reform habe die Bundesregierung nicht umgesetzt, die Parteien keinen Druck gemacht, die Unternehmer hätten eine Reform verhindert und die Springer-Presse die Situation verschleiert, indem sie die Bildungssituation als gut bezeichne.[160] Die SDAJ griff ihren technischen Modernisierungsdiskurs auf: »Es ist logisch, dass ein Gesetz, welches im Zeitalter der Dampfmaschinen entstand, nicht den Anforderungen der wissenschaftlich-technischen Revolution, nicht den Anforderungen von elektronischen Steuerungsgeräten und Computern entspricht. [...] Heute und noch mehr morgen kann nur der Arbeiter bestehen, der vielseitig gebildet ist und der sich aufgrund seiner Ausbildung der technischen Entwicklung anpassen kann und welcher in der Lage ist, gesellschaftliche Vorgänge kritisch einzuordnen« hieß es in der Schlussresolution, die als Urteil verkündet wurde.[161] Als Zeugen der Anklage traten Lehrlinge auf, einer mit verhülltem Gesicht, um über schlechte Behandlungen zu berichten. Das »Urteil« wurde für die Bundesregierung zur Bewährung ausgesetzt.[162] Allerdings war die Mobilisierungsfähigkeit der SDAJ begrenzt: Die beim Arbeiterjugendgericht beschlossene Demonstration für ein Berufsbildungsgesetz wurde zwar von 60 Jugendvertretern und Lehrlingen unterstützt, allerdings kamen gerade 40 Personen am 18. April 1969 in der Hamburger Innenstadt zusammen. Auch rief die Aktion Spott bei anderen linken Gruppierungen hervor.[163]

Im Frühjahr 1969 mobilisierte die SDAJ zu einer zentralen Demonstration mit der Gewerkschaftsjugend am 21. Juni in Bonn, zur hundertjährigen Verabschiedung der preußischen Gewerbeordnung.[164] Der Bundesjugendausschuss

159 Zum Beispiel Holstein & Kappert, in: *Elan* Nr. 3 (März 1969), S. 7; Dortmund, in: *SDAJ-Info* Nr. 7, 10.3.1969, in: HISA, Bestand SDAJ, Ordner 2; ›Wir haben ruhiges Gewissen‹. Firma reagiert gelassen auf SDAJ-Beschuldigung, *Ruhr-Nachrichten* 19.2.1969.

160 Ausführliche Schilderung bei Haug/Maessen, Lehrlinge, S. 120-125; SDAJ-Bundesvorstand (Hrsg.), Jugend contra Monopole, Dortmund 1970, S. 14-23; vgl. auch Dampf machen, in: *Der Spiegel* Nr. 12, 17.3.1969, S 65.

161 Haug/Maessen, Lehrlinge, 121.

162 Das Arbeiterjugendgericht tagt, in: *Elan* Nr. 4 (April 1969), unpaginierte Einlage.

163 Das Arbeiterjugendgericht tagte in Hamburg, AJG-Info-Paper März '69, in: STAHH, 136-3, 507.

164 Vgl. die Flugblätter »Wir können ... nicht nur kehren«, SDAJ Offenbach; »Jetzt müssen wir uns selber helfen«, SDAJ Hessen, in denen im Frühjahr 1969 mit Aktionen

des DGB und der Jugendausschuss der IG Metall hatten im März 1969 beschlossen, dieses Datum für einen Sternmarsch zu nutzen.[165] Als Ende April bekannt wurde, dass der Gesetzesentwurf bereits Anfang Juni im Bundestag verabschiedet werden sollte, verlegten die Veranstalter den Termin für die Kundgebung auf den 7. Juni 1969.[166] Allerdings führte diese Planung der Jugendausschüsse zum Konflikt mit dem geschäftsführenden DGB-Bundesvorstand. Dieser hatte im Mai 1969 festgelegt, dass statt einer Demonstration in Bonn allein eine Pressekonferenz organisiert werden sollte. Der Beschluss wurde dem am selben Tag tagenden Bundesjugendausschuss des DGB mitgeteilt. Der Bundesjugendausschuss vertagte sich aus Empörung auf unbestimmte Zeit und hielt fest: »Dem BJA wurde bisher ausdrücklich das Recht auf selbstverantwortliche Tätigkeit gerade auf dem Gebiet der Jugendsozialpolitik zugestanden, dazu gehören in erster Linie Probleme der Berufsausbildung. Der BJA sieht sich nach dem genannten Beschluß in seinem Aktionsspielraum derartig eingeengt, daß er berechtigte Interessen der Lehrlinge im Besonderen und der Gewerkschaftsjugend im Allgemeinen nicht mehr mit angemessenen öffentlichkeitswirksamen Mitteln vertreten kann. Unter den gegebenen Umständen beschließt der BJA, seine Sitzung auf unbestimmte Zeit zu vertagen.«[167] Angesichts dieses Affronts einigten sich die DGB-Spitzengremien schließlich darauf, am 7. Juni in Köln eine große Veranstaltung in der Stadthalle durchzuführen. Die SDAJ bedauerte die Verlegung, aber um »der Einheit der Bewegung willen und um einen machtvollen Höhepunkt der Bewegung zu unterstützen« mobilisierte sie nach Köln.[168] Bis 1975 blieb diese Demonstration die einzige bundesweite Großdemonstration, die von der Gewerkschaftsjugend durchgeführt wurde; auch im Rahmen der Lehrlingsbewegung kam es nicht mehr zu einer zentralen Großkundgebung, sondern nur zu einer Vielzahl von lokalen Demonstrationen und Kundgebungen. Für die Kölner Veranstaltung wurden Eintrittskarten ausgegeben, es nahmen gut 10.000 Personen teil.[169] Den überwältigenden Anteil stellte dabei die IG Metall. Die Verwaltungsstellen meldeten 8.573 Teilnehmer, die von der IG Metall fünf DM Essensgeld erhielten.[170] Insgesamt zahlte die IG Metall 135.560

für eine Demonstration in Bonn mobilisiert wurde. HISA, Sammlung Tripp, Mappe Lehrlingsbewegung 60er Jahre; 21. Juni Geburtstagsfeier in Bonn, in: *Elan* Nr. 5 (1969), S. 2.

165 Protokoll des Jugendausschusses der IG Metall, 13.-14. März 1969, in: AdsD, 5/IGMA-22-0157.

166 Haug/Maessen, Lehrlinge, S. 148.

167 Protokoll 75. Sitzung des Bundesjugendausschusses am 12.5.1969 Bochum, in: AdsD, 5-DGAU-74.

168 Chronik einer Kampagne, in: *Elan* Nr. 7 (1969), S. 12.

169 Zehntausend gegen Bonn, in: ebd., S. 10; Davon organisierte die IG Metall mehrere Tausend. Vgl. die Schriftwechsel und Abrechnungen in: AdsD, 5/IGMA-22-0145 (Aktion Berufliche Bildung 1969).

170 Siegfried Müller an Georg Benz, 10.11.1969: Abrechnung über die Demonstration zum Berufsbildungsgesetz am 7. Juni 1969 in Köln, in: AdsD, 5/IGMA-450-20015.

DM für Essensgeld, Busmiete und Werbung an die 122 Verwaltungsstellen, die Teilnehmer entsandt hatten.[171]

Trotz aller Vorsorgemaßnahmen kam es in der Stadthalle zu Störungen. Maria Weber, Bundesvorstandsmitglied des DGB und CDU-Mitglied, wurde niedergeschrien mit Parolen wie »Brecht die Macht der Gewerkschaftsbürokraten« oder »Was wir wollen – Arbeiterkontrollen«. Erst Georg Benz und zwei Lehrlinge konnten ihre Beiträge relativ ungestört abhalten. Benz kritisierte, dass Jugendliche vom Staat alleingelassen würden während einer Zeit, in der ein »entscheidender Teil der persönlichen Entwicklung zum jungen demokratischen Bürger« erfolgen müsste.[172] Zum Ende der Veranstaltung führten auch organisatorische Mängel, denn als das Mikrofon für Diskussionsbeiträge aus dem Saal geöffnet wurde, leerte sich die Halle, da die Busse kurz darauf abfuhren.[173] Die SDAJ verurteilte die Störungen, die nur die »Kluft zwischen Arbeiterjugend und Studenten« vertieften. Allerdings wurde auch kritisiert, dass Benz an die Parlamentarier nur moralisch appelliert habe, statt eine Kampfperspektive aufzuzeigen.[174] Die Zahl der Störer wurde auf 200-300 geschätzt, aber nachträglich dominierten sie das Bild von der Veranstaltung. Sie kamen aus dem Spektrum der antiautoritären und frühen maoistischen Gruppen.[175] Die Industriegewerkschaft Bergbau und Energie (IGBE) nahm die Vorfälle zum Anlass, in ihrem Verbandsorgan *Einheit* gegen einen vermeintlichen »APO-Terror« zu wettern und den Ausschluss der SDAJ aus der Gewerkschaftsjugend zu fordern.[176] Die SDAJ konnte hier widersprechen, denn es waren gerade nicht ihre Mitglieder, die an den Störungen beteiligt gewesen waren.[177] Auf der Sitzung des DGB-Bundesjugendausschusses Ende Juni wurden die Vorfälle und Spannungen diskutiert. Der im Mai 1969 gewählte neue DGB-Vorsitzende Heinz Oskar Vetter nahm an der Sitzung in programmatischer Absicht teil. Das Protokoll vermerkt: »Er ist der Meinung, daß die Jugendarbeit nicht allein vom dafür zuständigen Vorstandsmitglied, sondern vom gesamten GBV [hier gemeint: geschäftsführenden Bundesvorstand des DGB] getragen werden muß. Dabei werde es der GBV nie zulassen, daß sich der BJA tatsächlich oder geistig zu weit von ihm entfernt. Gemeinsame Gespräche müssen geführt werden, da Kollege Vetter glaubt, daß das,

171 Abrechnungsliste »Großkundgebung Aktion Berufliche Bildung 69, 7.6.1969 in Köln«, in: AdsD, 5/IGMA-450-20015.

172 Georg Benz, Kundgebung des DGB zum Berufsbildungsgesetz am 7. Juni 1969 in Köln, (Redemanuskript), in: AdsD, 5/IGMA-22-0145.

173 Mit Mao-Bibeln gegen DGB-Sprecher, in: *Westdeutsche Allgemeine Zeitung*, 9.6.1969; Haug/Maessen, Lehrlinge, S. 148-151.

174 In Köln haben wir gelernt. *SDAJ-Info* Hessen, Juni 1969, S. 2-3, in: HISA, Bestand SDAJ, Ordner 2.

175 Vgl. die Berichte über die Teilnahme: DGB-Veranstaltung zum Ausbildungsgesetz in Köln, *APO-Press* (Hamburg) Nr. 11, 16.6.69, S. 13 und Flugblatt der Betriebsbasisgruppe Bochum zur DGB-Veranstaltung, ebd. 13-15, in: HISA.

176 Stoppt den APO-Terror! DGB-Jugend muß sich schützen, in: *Einheit* vom 16.6.1969.

177 Kopie: Ulrich Sander (Redaktion *Elan*) an die Redaktion der *Einheit*, 13.6.1969, in: AdsD, 5/IGMA-22-0634.

was sich zur Zeit in der Jugend vollzieht, etwas mehr ist als nur die gelegentliche Solidarisierung jugendlicher Massen mit extremen Kräften«. Für Vetter war die Kölner Kundgebung ein Erfolg, da es gut sei, wenn »die organisierte Jugend ständig von außenstehenden Kräften ›in die Mangel‹ genommen werde, um in der Auseinandersetzung Profil, Kraft und Einfluß zu gewinnen«.[178] Eine gewisse Verunsicherung der gewerkschaftlichen Funktionäre über eine jugendliche Unruhe kam in der Sitzung zum Ausdruck. Gegen den Artikel in der *Einheit* über den angeblichen »APO-Terror« wurde auf Anregung von Georg Benz beschlossen, einen ablehnenden Brief zu schreiben. Diese Aufgabe übernahm Christian Götz, Jugendsekretär der HBV und einer der profiliertesten innergewerkschaftlichen Befürworter einer Zusammenarbeit mit der APO.[179] Die DGB-Führung hatte Mitte 1969 ihre Position gegenüber der APO noch einmal dahingehend bekräftigt, dass es keine »Bündnisse mit Extremisten, Anarchisten, ganz gleich, aus welcher politischen Wetterecke sie auch kommen« geben könne.[180] Zugleich wurden Aktionen von Lehrlingen und der Gewerkschaftsjugend als berechtigt betrachtet. Der IG-Metall-Jugendsekretär der Verwaltungsstelle Berlin, Horst Wagner, hatte auf dem Bundeskongress des DGB im Mai 1969 die geplante Fassung des Berufsbildungsgesetzes als unzureichend kritisiert: »Übersehen wir nicht die Zeichen der Zeit. In Hamburg, Essen und auch in Berlin gingen nach den Studenten nun auch die Lehrlinge auf die Straße. Achten wir darauf, daß sie nicht neben den Gewerkschaften stehen. Noch haben sie Vertrauen zu uns.«[181] Die Verunsicherung über die unruhige Jugend trug mit dazu bei, dass es zu einer auf Gewerkschaftskongressen eher unüblichen Erfahrung kam: einer Kampfabstimmung um einen Vorstandsposten. Überraschend wurde Franz Woschech als Kandidat für den DGB-Bundesvorstand für den Bereich Jugend vorgeschlagen und gegen den Kandidaten des DGB-Bundesvorstandes auch gewählt.[182] Der fünfzigjährige Woschech kam von der GEW und etablierte sich als ein der Unruhe der Jugend gegenüber aufgeschlossener DGB-Spitzenfunktionär. Denn die von Wagner erwähnten »Zeichen der Zeit« drehten innerhalb der Gewerkschaften an einigen Orten auf Sturm, was sich insbesondere am 1. Mai 1969 gezeigt hatte. In 37 Städten war es zu Störungen der Mai-Kundgebungen durch linke Kräfte gekommen.[183] Die größte Störung erfolgte auf der zentralen

178 Protokoll der Sitzung des BJA am 25. Juni 1969 in Frankfurt a.M. beim IG Metall-Vorstand, in: AdsD, 5/IGMA-07-1850.

179 Christian Götz, Opposition der Jugend als Herausforderung unserer Gesellschaft, in: *Gewerkschaftliche Monatshefte* Nr. 9 (1968), S. 536-543; Christian Götz (HBV): Gewerkschaften begrüßen Protest der Opponierenden Jugend, in: *Gewerkschaftsspiegel* (1968), Nr. 8, 14.3.1968, S. 7f.

180 So DGB-Bundesvorstandsmitglied Günther Stephan auf dem DGB-Bundeskongress 1969. Protokoll 8. Ordentlicher Bundeskongreß München, 18. bis 23. Mai 1969, hrsg. vom DGB-Bundesvorstand o.O., o.J. (Düsseldorf 1969), S. 146.

181 Ebd., S. 231.

182 Protokoll 8. Ordentlicher Bundeskongreß München, 18. bis 23. Mai 1969, S. 351-356.

183 Ein Auswertungspapier des DGB-Bundesvorstands zählte insgesamt 41 Vorkommnisse, davon zwei im Zusammenhang mit der NPD. Vgl. Schwierigkeiten und Störun-

Hauptkundgebung des DGB in Hamburg. Die Leitfunktion der Hamburger Ereignisse wurde 1971 in einer DGB-Broschüre betont: »In Hamburg sind die Lehrlingsproteste und -aktionen am fortgeschrittensten«.[184] Auch wenn sich Proteste von Lehrlingen an vielen Orten zeigten – allein die *Elan* vermeldete im Jahr 1969 rund 75 Flugblatt-Aktionen vor Betrieben und Demonstrationen im Bundesgebiet –,[185] hatte die Entwicklung in Hamburg für die Gewerkschaften Modellcharakter.[186] Daher soll sie hier ausführlicher entfaltet werden.

2.2.2. *Der Hamburger Jour Fix und sein Zerfall 1969-1971*

Das organisatorische Zentrum der Lehrlingsbewegung in Hamburg war der Jour Fix, der im September 1969 aus einem ungeplanten Zusammenwirken der unterschiedlichen politischen Strömungen entstand. Der schnell bundesweit bekannt gewordene Jour Fix hatte nicht allein Modellcharakter für den gewerkschaftlichen Umgang mit der Unruhe unter Lehrlingen, er war auch symptomatisch in seinem Verfall, der aus einer Mischung von Fraktionskämpfen verschiedener linker Strömungen und Konflikten mit den lokalen Funktionären resultierte. In Hamburg konnte man sich rühmen, die erste gezielte Protestaktion von Lehrlingen organisiert zu haben. Am 25. September 1968 war eine Freisprechungsfeier der Handelskammer gestört worden. Von der Empore des Börsensaals der Handelskammer wurden Flugblätter geworfen, in denen die rund 3.000 Absolventen verschiedener Metallberufe zur Diskussion aufgerufen wurden. Die Aktion war von drei Lehrlingen aus der IG Metall zusammen mit gewerkschaftlich organisierten Studenten der Hamburger Akademie für Wirtschaft und Politik innerhalb von wenigen Tagen vorbereitet worden.[187] Vorbild waren studentische Störaktionen, die Feier sollte in eine Diskussionsrunde umfunktioniert werden. Allerdings kam es nur zu etwas Unruhe, Ausbilder und Handelskammerleitung sprachen die Verteiler an und baten sie zu einem Gespräch in das Nebenzimmer, in dem die Vertreter der Handelskammer erklärten, auch sie seien für eine Reform der Berufsausbildung.[188] Eine nachhaltige Störung wurde nicht erreicht.[189] Das verteilte Flugblatt, das von drei Lehrlingen

gen bei den Maiveranstaltungen, in: FZH 554-5-0 Gewerkschaften Hamburg 1. Mai 1969.

184 Todtenberg/Ploog, Bossen, S. 71.

185 Eigene Durchsicht der *Elan,* Jahrgang 1969.

186 Die Hamburger Lehrlingsbewegung ist neben den Schriften ehemaliger Aktivisten auch historiographisch ausgeleuchtet worden: vgl. Templin, Lehrzeit.

187 Bericht über die Aktion der Lehrlinge anläßlich ihrer Freisprechung in der Hamburger Börse am 25.9.1968, ohne Verfasser (vmtl. die Initiatoren und beteiligte Studenten), in: AdsD, 5/IGMA-22-0153.

188 Ebd. Auch die Lehrlinge kritisieren ihre Berufsausbildung, in: *Hamburger Abendblatt,* 26.9.1968.

189 Bericht über die Aktion der Lehrlinge anläßlich ihrer Freisprechung in der Hamburger Börse am 25.9.1968, ohne Verfasser (vmtl. die Initiatoren und beteiligte Stu-

der Hamburger Firma Heidenreich&Harbeck namentlich unterzeichnet war, forderte in moderater Form die Reform der Berufsausbildung. Sie sei »das Stiefkind der deutschen Bildungspolitik«, veraltet und unmodern. Genannt wurden Elemente der Kritik, die bald zum Standardrepertoire bei Lehrlingsaktionen wurden: unqualifizierte Ausbilder, zu geringe Zahl von Berufsschulstunden, die schlechte Rechtsstellung der Lehrlinge, zu viele unmoderne Berufe und Ausbeutung als billige Arbeitskräfte im Handwerk.[190] Die Forderung nach Diskussion war ebenfalls moderat gefasst: »Ihr habt ein Recht darauf, auf ruhige Fragen vernünftige Antworten zu bekommen« schrieben die Verfasser. Gewerkschaftsjugend, SDAJ und andere linke Gruppierungen führten am 8. November 1968 eine Demonstration für eine Reform der Berufsausbildung durch, an der 500 bis 1.000 Lehrlinge und Jungarbeiter teilnahmen.[191] Sprecher war unter anderem ein Vertreter der SDAJ.[192] Die bereits erwähnten Aktionen der SDAJ im Frühjahr 1969 in Hamburg setzten die Kampagne fort. Manfred Wilke, der an der Akademie für Wirtschaft und Politik auf dem zweiten Bildungsweg studierte, schrieb im April 1969 an Siegfried Müller in der Abteilung Jugend der IG Metall: »Du weißt sicher, daß der Vorstand der IG Metalljugend in Hamburg einige Veränderungen erfahren hat. Der neue Vorsitzende Michael Rote (Hamburger Flugzeugbau) hat vor, eine aktivere Jugendarbeit zu machen. Als erstes plant er, Lehrlingsdemonstrationen in Hamburg oder sogar in ganz Norddeutschland zu organisieren; anschließend will er einen Tarifvertrag für Lehrlinge durchdrücken. [...] Soweit die Planung, aber immerhin, ›im Prinzip‹ ist der DGB Hamburg bereits einverstanden. Aber dem DGB bleibt auch kaum etwas anderes über, die SDAJ ist in Sachen Lehrlinge so gut im Geschäft, daß der DGB jetzt Aktivitäten entwickeln muß, sollen ihm nicht alle Felle wegschwimmen.« Wilke schlug vor, am 1. Mai einen *Stern*-Artikel über die Berufsausbildung zu verteilen, da er »objektiv« wirke, und bat um Kostenübernahme.[193] Die 1.-Mai-Kundgebung wurde aber aus anderen Gründen zum Katalysator der Entwicklung: Durch Störungen von linken Gruppen. Auf dem Hamburger Rathaus-

denten), in: AdsD, 5/IGMA-22-0153; Reinhard Crusius/Oskar Söhl/Manfred Wilke, Praxis und Theorie gewerkschaftlicher Lehrlingspolitik – dargestellt am Beispiel des Hamburger Jour Fix. Offenbach/Hamburg 1971, S. 6. Vgl. die Rückschau eines der Initiatoren: Kreßin, Zukunft, S. 165. Zur Datierung der Aktion: *LZ* 1, (1970), Nr. 1, S. 16.

190 Flugblatt »Lehrjahre – oder die Jahre des Lehrherrn?« unterzeichnet Arp Kreßin, Peter Pluskat, Michael Brandt. Abgedruckt in: Crusius/Söhl/Wilke, Praxis, S. 45 f. Vgl. auch die von den drei Lehrlingen unterzeichnete, ausführlichere Argumentation »Warum wir Diskussion fordern. Unsere Kritik an der Berufsausbildung in Deutschland«, in: AdsD, 5/IGMA-22-0153.

191 Crusius/Söhl/Wilke, Praxis, S. 6.

192 Ausbildung statt Ausbeutung, Blinkfüer. *Sozialistische Wochenzeitung*, 14.11.1968; Haug/Maessen, Lehrlinge, S. 118 f.; Kreßin, Zukunft, S. 165; zur SDAJ-Beteiligung: SDAJ-Bundesvorstand (Hrsg.), Jugend contra Monopole, Dortmund 1970, S. 10.

193 Manfred Wilke, Gewerkschaftliche Studentengruppe, an Siegfried Müller, 15.4.1969, in: AdsD, 5/IGMA-22-0653.

markt sprachen am 1. Mai 1969 neben dem Hamburger DGB-Kreisvorsitzenden Adalbert Höhne und dem Hamburger Bürgermeister Herbert Weichmann auch der IG-Metall-Vorsitzende Otto Brenner und Außenminister Willy Brandt. Der Wahlkampfcharakter für die SPD war unverkennbar und wurde intern auch offen angesprochen.[194] Störungen waren schon im Vorfeld angekündigt.[195] Die antiautoritären Gruppen SLZ und AJG hatten zu einer Veranstaltung im Audimax der Universität mit anschließender Demonstration zum Rathausmarkt aufgerufen.[196] Inhaltlicher Schwerpunkt der Veranstaltung waren Rüstungsaufträge der Werft Blohm & Voss, die drei Fregatten für Portugal baute. Diese würden gegen die Befreiungsbewegungen in den portugiesischen Kolonien im südlichen Afrika eingesetzt werden. Daher wurde der IG Metall Heuchelei vorgeworfen, wenn sie einerseits gegen Rüstung auftrete und andererseits die Mitbestimmung in Rüstungsbetrieben fordere.[197] Dieser antikoloniale Schwerpunkt wurde ergänzt um die Forderung »Arbeiterkontrolle statt Mitbestimmung« und stieß damit in eine Kernforderung der Gewerkschaften zum 1. Mai. Als die linke Demonstration sich auf dem Rathausmarkt verteilte, kam es bald nach Versammlungsbeginn zu Rangeleien mit gewerkschaftlichen Ordnern. Höhne und der Hamburger Innensenator Ruhnau – ehemaliger Bevollmächtigter der IG Metall in Hamburg – entschlossen sich, die Kundgebung »durchzuziehen«, ohne ein Eingreifen der Polizei. Eine größere Eskalation konnte verhindert werden, die Reden der prominenten Sprecher gingen aber im Gepfeife und Geklatsche der Demonstranten unter.[198]

Der Hamburger DGB-Kreisvorstand berief anschließend eine Funktionärsversammlung für den 6. Mai ein, auf der die Störungen besprochen und verur-

194 Irene Knickrehm, Vorsitzende der Hamburger Sozialausschüsse der CDA an Adalbert Höhne, 5.5.1969, in: FZH 554-5-0 Gewerkschaften Hamburg 1. Mai 1969

195 Vgl. das interne Auswertungspapier der Innenbehörde: I. Ablauf 1. Mai, ohne Unterzeichner, in: FZH 554-5-0 Gewerkschaften Hamburg 1. Mai 1969.

196 Flugblatt »Aufruf an Lehrlinge, Schüler und Studenten«, unterzeichnet u.a. von SLZ, AJG und den politischen Studierendenvereinigungen, in: FZH 554-5-0 Gewerkschaften Hamburg 1. Mai 1969. Vgl. Das SALZ, Organisation der Lehrlinge und Jungarbeiter, in: *LZ* 1 (1970), Nr. 2, S. 12.

197 Diskussion der Strategie zum ersten Mai in Hamburg, in: *APO-Press* Nr. 7, 21.4.1969, 1-2. Rüstungsaktivitäten waren schon 1968 in der IG Metall thematisiert worden, als die Kieler HDW U-Boote für die griechische Militärdiktatur baute, jedoch Diskussionen auf dem Gewerkschaftstag unterblieben. Vgl. Heinz Brandt, Deutsche U-Boote für Griechenland? Über konzertiertes Schweigen, diplomatisches Schwätzen und die armen Delegierten, in: *Werkhefte. Zeitschrift für Probleme der Gesellschaft und des Katholizismus* 22 (Dezember 1968), Nr. 12, S. 339-341.

198 Vgl. das interne Auswertungspapier der Innenbehörde: I. Ablauf 1. Mai, ohne Unterzeichner, in: FZH 554-5-0 Gewerkschaften Hamburg 1. Mai 1969; Immer wieder mußte gemahnt werden: Ruhe bewahren! *Hamburger Abendblatt*, 2.5.1969; Mai-Kundgebung durch jugendliche Demonstranten gestört, in: *Die Welt* 2.5.1969; DGB-Jugend: Ganze Kuhherden, in: *Der Spiegel* Nr. 21, 19.5.1969,S. 82-89.

teilt werden sollten.[199] Der DGB-Kreisvorstand hatte eine Resolution vorbereitet, mit der Betriebsfunktionäre aufgefordert werden sollten, auf die jungen Kollegen zuzugehen: Denn es bestünde die Gefahr, dass »extreme Minderheiten nicht ausreichend informierte junge Kolleginnen und Kollegen in die Radikalität ziehen. Alle Funktionäre müssen mithelfen, daß das Gespräch am Arbeitsplatz intensiver geführt wird.«[200] Dieser Vorschlag fand keine ungeteilte Zustimmung. Trotz Kritik an den Störungen zeigte sich bei den rund 1.200 Betriebsfunktionären Verständnis für die Unzufriedenheit der Jugend, insbesondere wurde die eigene Jugendarbeit kritisch diskutiert und deren Defizite mit als Ursache für die Ausschreitungen genannt.[201] Die Gewerkschaftliche Studentengruppe (GSG) an den Hamburger Universitäten hatte zur Konferenz ein Flugblatt verteilt, in dem sie neue Formen der Jugendarbeit forderte, Verfasser war unter anderen Manfred Wilke.[202] Nach Ansicht der GSG wandten sich die Lehrlinge enttäuscht von den Gewerkschaften ab. Die Studentenunruhen dienten als Referenz für eine drohende Radikalisierung: »Noch ist die Mehrzahl der Lehrlinge und Jungarbeiter bzw. Angestellten bereit, auf eine vernünftige und gründliche Reform der Berufsausbildung zu warten. Noch ist die Reform politisch möglich.« Durch engagierte Jugendpolitik und Behebung konkreter Missstände in der Ausbildung könnten zwei Ziele erreicht werden: »Einmal wird unkontrollierten Aktionen der Grund (oder Vorwand) entzogen. Zweitens – und das ist wichtig – wird dadurch den endlich wachgewordenen Lehrlingen deutlich gemacht, daß Reformarbeit möglich und sinnvoll ist und daß die Gewerkschaften der einzige Ort für ihre aktive Interessenvertretung sind.«[203] Diese Argumentation war im Sinne der gewerkschaftlichen Funktionäre, denen eine Gewinnung der Jugendlichen ein Anliegen war.[204] Ende Juni trafen sich die DGB-Kreisvorstandsmitglieder

199 Vgl. Einladungsschreiben IG Chemie Papier Keramik, Verwaltungsstelle Hamburg an alle BR-Vorsitzenden und VL-Leitungen, 2.5.1969, in: FZH 554-5-0 Gewerkschaften Hamburg 1. Mai 1969.

200 Erklärung ohne Überschrift, 5.5.1969, (Resolutionsvorschlag für Funktionärsversammlung), in: FZH 554-5-0 Gewerkschaften Hamburg 1. Mai 1969.

201 Crusius/Söhl/Wilke, Praxis, S. 7; Bericht eines Teilnehmers der Konferenz bei: Gewerkschaftsversammlung am Dienstag, 6. Mai in Hamburg, in: *Arbeiterpolitik. Informationsbriefe der Gruppe Arbeiterpolitik* 10, Nr. 3, 20.6.1969, S. 7f.; DGB in Hamburg untersucht Demonstrationen vom 1. Mai, in: *Hamburger Abendblatt* 7.5.1969.

202 In einem undatierten Papier, das kurz nach den Ausschreitungen am 1. Mai 1969 entstanden ist, hatte Wilke bereits grundlegende Überlegungen zur Gewerkschaftsjugend festgehalten. Die Gewerkschaften sollten sich an die »Spitze der produktiven Unruhe der Jugend stellen«, andernfalls drohe ein Abwandern der Jugend. Die Jugendarbeit sollte eine zentrale Stellung in der Gewerkschaftsarbeit erhalten. Manfred Wilke, Gewerkschaftliche Jugendpolitik und Gewerkschaftsjugend, undatiert, in: Privatarchiv [PA] Wilke.

203 Beide Zitate: Flugblatt: »Unsere Forderung: Interessenpolitik für die Arbeitnehmer«, 5.5.1969, Unterzeichner Manfred Weichsel und Manfred Wilke/GSG. Abgedruckt in: Crusius/Söhl/Wilke, Praxis, S. 46f.

204 Vgl. die programmatische Parole »Die junge Generation für uns gewinnen« im Geschäftsbericht der IG Metall Bezirksleitung Küste, 1969-1971, S. 67.

zu einem Gespräch mit den Jugendsachbearbeitern der Einzelgewerkschaften, dem DGB-Kreisjugendausschuss (KJA) und zwei Vertretern der GSG, Reinhard Crusius und Manfred Wilke. Die Teilnehmer vereinbarten, »gemeinsam ein Programm für unsere zukünftige gewerkschaftliche Jugendarbeit« zu entwickeln. Vonseiten der Jugendvertreter wurden mangelnde Jugendarbeit der Einzelgewerkschaften und fehlende Jugendreferenten beklagt. Man einigte sich auf die Ausarbeitung eines Aktionsprogramms mit den Schwerpunkten Betriebliche Jugendarbeit, Berufsschulen und der Abgrenzung zur SDAJ und zum SLZ. Ziel der Jugendarbeit sollte sein, »die Jugendlichen in die Erwachsenenarbeit einzuführen und durch Schulungen und bessere Informationen das gewerkschaftliche Bewußtsein zu stärken«.[205] Personelle Entlastung brachte die von der Hamburger Bürgerschaft beschlossene Einstellung von Jugendbildungsreferenten bei Organisationen des Hamburger Jugendringes. Zum 1. Juli 1969 wurde für den DGB-Hamburg der 29-jährige Dieter Greese mit dieser Aufgabe betraut, der bald zu einem wichtigen gewerkschaftlichen Akteur in der Lehrlingsbewegung wurde.[206] Ein »Jugendpolitisches Sofortprogramm« wurde vom KJA, der GSG und Vertretern der Einzelgewerkschaften entwickelt und vom DGB-Kreisvorstand im August 1969 mit geringen Änderungen beschlossen.[207]

Ausgangspunkt des Sofortprogrammes war die Einschätzung, dass die Aktivität der Gewerkschaftsjugend nicht auf einer breiten Basis stehe und viele Lehrlinge und Jungarbeiter sich außerhalb der Gewerkschaften engagierten. Es sei eine »Organisationsmüdigkeit« festzustellen, die bis zur »Gewerkschaftsfeindlichkeit« reiche.[208] Nach einer kritischen Bestandsaufnahme folgten Forderungen für praktische Schritte. So sollte mit einer Umfrage die Situation der Lehrlinge ermittelt werden, Jugendvertretungen sollten stärker in die Arbeit der Betriebsräte einbezogen werden. Gewerkschaftsjugendliche wären künftig auch in die Gremienarbeit, zum Beispiel von Tarifkommissionen, einzubeziehen. Ältere Kollegen, insbesondere Vertrauensleute und Betriebsräte, müssten sensibilisiert werden: »Sie müssen mit den Problemen der Lehrlinge im Betrieb und in der Berufsschule vertraut gemacht werden. Jugendfeindliche Haltungen müssen abgebaut werden zugunsten einer gewerkschaftlichen Solidarisierung.«

205 Protokoll Gespräch Vorstandsmitglieder Kreisvorstand, Jugendsachbearbeitern und Mitgliedern KJA, 23.6.1969, in: FZH, 554-1-1 Gewerkschaften Hamburg Kreisvorstand Protokolle 1969.

206 Geschäftsbericht 1968-1970, DGB Landesbezirk Nordmark, o.O. o.J. (Hamburg September 1971), S. 175. Die Einstellung von Bildungsreferenten war 1964 vom Hamburger Jugendring beim Hamburger Senat beschlossen worden; 1969 wurden schließlich sechs Bildungsreferenten eingestellt. Vgl. Vorlage zur Sitzung der Koordinierungskonferenz 15.3.73, Betr. Bildungsreferenten, Unterzeichner Dieter Maul, in: FZH, 423-40, Koko.

207 Protokoll Sitzung DGB-Kreisvorstand Hamburg, 5.8.1969, in: FZH, 554-1-1 Gewerkschaften Hamburg Kreisvorstand Protokolle 1969.

208 Jugendpolitisches Sofortprogramm. Protokoll Sitzung DGB-Kreisvorstand Hamburg, 5.8.1969, in: FZH, 554-1-1 Gewerkschaften Hamburg Kreisvorstand Protokolle 1969. Abgedruckt in: Crusius/Söhl/Wilke, Praxis, S. 48-52.

Diese Punkte entsprachen den in gewerkschaftlichen Papieren häufig beschworenen Forderungen, die oft eher Absichtsbekundungen als konkrete Handlungsanleitungen waren. Der eigentliche Sprengsatz des Programms war eine kleine organisatorische Neuerung: Die Jugendetage im Hamburger Gewerkschaftshaus sollte wiederbelebt werden und einmal in der Woche einen offenen Treffpunkt anbieten.

Bereits wenige Tage nach dem Beschluss des Hamburger Kreisvorstandes meldete sich die Düsseldorfer DGB-Zentrale. Das für Jugend zuständige Bundesvorstandsmitglied Franz Woschech fand das Sofortprogramm bemerkenswert und wollte mit dem Bundesjugendsekretär Haas nach Hamburg kommen, um es als Modell für eine Aktivierung der Jugendarbeit zu prüfen.[209] Der DGB-Bundesjugendausschuss tagte Ende September 1969 in Hamburg und unterstütze das neue Projekt.[210] Franz Woschech formulierte im November 1969 seine grundsätzlichen Überlegungen für eine neue Jugendarbeit. Neue Kulturformen von Jugendlichen seien als Teil der politischen Arbeit anzusehen: »Die Jugendgruppe, auch die sich selbst organisierende Clique, der Klub, die Party, der Freundeskreis ist die neue Dimension demokratischer Selbst- und Mitverantwortung.« Dies sei für die Gewerkschaften zu nutzen, aber Woschech verstand es auch als einen gesellschaftlichen Emanzipationsprozess, den die Gewerkschaften unterstützen sollten. Offene Angebote wie den Jour Fix hielt er für sinnvoll und stellte klar: »Ich werde das Experiment fördern.«[211] Der DGB-Bundesjugendausschuss sah in den bald als Lehrlingszentren firmierenden offenen Angeboten in bundesdeutschen Städten ein erhebliches strategisches Potential.[212] Die Initiatoren des Hamburger Sofortprogramms räumten später selbst ein, dass der Erfolg des Jour Fix – der Name war übrigens bereits vom SLZ und der AJG verwendet worden –[213] auch sie überraschte. Ab Ende September 1969 fanden Treffen wöchentlich am Mittwoch in der Jugendetage des Gewerkschaftshauses statt. In den ersten Wochen kamen 20-30 junge Gewerkschafterinnen und Gewerkschafter, die sich an die Abarbeitung des Sofortprogramms

209 Adalbert Höhne an Peter Deutschland, 11.8.1969, in: FZH, 554-1-1 Gewerkschaften Hamburg Kreisvorstand Protokolle 1969.

210 Der Bundesjugendausschuß tagte in Hamburg, in: *Solidarität* Nr. 19/1969, S. 96 f.; Crusius/Söhl/Wilke, Praxis, S. 8 f.; Dumpfe Masse, in: *Der Spiegel* Nr. 53, 29.12.1969, S. 39-40. Das Protokoll vermerkte keine explizite Diskussion des Hamburger Modells. Vgl. Protokoll der 76. Sitzung des Bundes-Jugendausschusses am 25./26. September 1969 im Besenbinderhof, Hamburg, in: AdsD, 5/IGMA-97-1850.

211 Franz Woschech, Rede auf dem 7. Zentralen Jugendtag der Gewerkschaft Textil-Bekleidung, 20/21. November 1969 in Bielefeld. Abgedruckt bei: Crusius/Söhl/Wilke, Praxis, S. 125-129, hier S. 127 und S. 129.

212 Strategie-Seminar des Bundes-Jugendausschusses des DGB, Ergebnisprotokoll des Seminars vom 20.-24.4.1970; AdsD, 5/IGMA-22-0220.; abgedruckt bei: Crusius/Söhl/Wilke, S. 130-157.

213 AJG/SLZ: info-paper, Mai 1969, S. 10, in: STAHH, 136-37 507: Arbeitskreis Junger Gewerkschafter 1969.

machten.[214] Der Jour Fix war ein offenes Treffen unabhängig von gewerkschaftlichen Gremienstrukturen. Ansprechpartner war zwar der KJA des DGB, aber der Jour Fix entwickelte bald eigene Aktivitäten. Die erste öffentliche Aktion fand vor der Rolltreppen- und Aufzugfirma Rheinstahl-Eggers-Kehrhahn in Hamburg statt. Lehrlinge aus dem Betrieb hatten sich an den Jour Fix gewandt, und 25 Aktivisten verteilten Ende Oktober 1969 Flugblätter vor dem kleinen Werk. Kritisiert wurden ausbildungsfremde Arbeiten und der fehlende Ausbildungsplan. Die Reaktionen auf diese kleine Demonstration waren überraschend: Die Firma erstellte einen Ausbildungsplan und begrenzte die ausbildungsfremden Arbeiten. Die Hamburger Presse berichtete positiv und nahm die Drohung der Aktivisten auf, zukünftig auch andere Ausbildungsfirmen zu besuchen und öffentlich anzuprangern.[215] Es gehörte zu den Kennzeichen der Lehrlingsaktivitäten in der gesamten Bundesrepublik, dass Firmen, die von Lehrlingen öffentlich kritisiert wurden, häufig zügig die augenfälligsten Missstände behoben.[216] Das autoritäre Klima in manchen Ausbildungsbetrieben schien mit einfachen Mitteln beeinflussbar zu sein. Dafür reichte es oft aus, die weitgehend geschlossene Welt der Betriebe in die öffentliche Diskussion zu bringen. Hierfür wurde die mediale Öffentlichkeit von den Aktivisten gezielt gesucht, auch an den gewerkschaftlichen Strukturen vorbei.[217] Als zweite öffentliche Aktion wurde vom Jour Fixe ein »Feg-In« organisiert, bei dem etwa 50 Jour-Fixe-Aktivisten am letzten verkaufsoffenen Samstag vor Weihnachten 1969 in der Hamburger Haupteinkaufsstraße im Arbeitsanzug fegten. Die Anlehnung an studentische Aktionen wie »Sit-In« oder »Go-In« war schon im Namen der Aktion deutlich. Mit diesem »Lehrlings-Happening« sollte für die Modernisierung der Berufsausbildung geworben werden.[218] Der *Spiegel* verwendete ein Foto von der Aktion zur Illustration eines Berichtes über eine zunehmende Unruhe unter Lehrlingen.[219] Die öffentliche Resonanz war für die Initiatoren mehr als zufriedenstellend, da sie mit wenigen Personen große Aufmerksamkeit erreicht hatten. Die Initiatoren sprachen später von einer für die Medien »berechneten Aktion«, um mediale Wirkung zu erzielen und neue Interessenten zu gewinnen.[220]

214 Crusius/Söhl/Wilke, Praxis, S. 9.

215 Ebd.

216 So war es in Neustadt an der Weinstraße, wo eine Autowerkstatt u.a. die regelmäßige Toilettenreinigung durch Lehrlinge nach einer öffentlichen Aktion abschaffte. Haug/Maessen, Lehrlinge, S. 134-142.

217 Vgl. Aktennotiz für den Kollegen Saalfeld, 3.11.1969. Der Pressesprecher des DGB-Hamburg notierte darin irritiert, dass Dieter Greese und Wehrhart Otto eigenständig und ohne Rücksprache mit dem DGB die Aktion bei Rheinstahl der Presse vorher bekannt gegeben haben. Die Berichterstattung nannte er dann allerdings positiv.

218 Crusius/Söhl/Wilke, Praxis, S. 9; Flugblatt ebd., S. 56.

219 Dumpfe Masse, in: *Der Spiegel* Nr. 53, 29.12.1969, S. 39-40; abgedruckt auch bei/in: *JS-Magazin. Zeitschrift der Jungsozialisten in der SPD*, hrsg. vom Bundesvorstand der Jusos, Januar/Februar 1970, Titelseite.

220 Crusius/Söhl/Wilke, Praxis, S. 10.

Abbildung 1: »Feg-In« in der Hamburger Innenstadt im Dezember 1969, abgedruckt im Spiegel Nr. 53, 29.12.1969. Foto Kai Greiser.

Dennoch blieben es nur diese beiden Aktionen, die Aktive vom Jour Fix 1969 öffentlich in Hamburg initiierten. Neben Umfragen über die Situation der Lehrlinge, durchgeführt in einzelnen Betrieben[221], diente das Treffen vor allem dazu, konkrete Beschwerden von Lehrlingen aufzugreifen und ihnen bei der Behebung von Missständen zu helfen. Bis Ende 1969 war dies in rund 200 Fällen geschehen, viele Besucher des Jour Fix waren Jugendvertreter, die um Unterstützung bei betrieblichen Problemen baten.[222] Es waren auch Gewerkschaftssekretäre anwesend, die bei der Problemlösung halfen.[223] Es ging also nicht allein um öffentlichkeitswirksame Aktionen, sondern um konkrete Hilfe in den Betrieben. Ein Mitglied des Kreisvorstandes des DGB berichtete im Frühjahr 1970: »Er betont, daß die anwesenden Lehrlinge mit echten Anliegen in Zusammenhang mit ihrer Berufsausbildung zu diesem ›offenen Tag‹ kommen. Kollege Holst zeigt sich sehr überrascht, mit welch sachlichem Gehalt

221 Dies waren die Anfänge der sogenannten Hamburger Lehrlingsstudie, bei der schließlich im November 1970 35.000 Lehrlinge befragt wurden. Zu den Initiatoren gehörte Reinhard Crusius. Vgl. Interview mit Reinhard Crusius, 7.9.2009.

222 Dieter Greese, Tätigkeitsbericht des Jugendbildungsreferenten bei der Gewerkschaftsjugend des DGB-Hamburg für die Zeit vom 1. Juli bis 31. Dezember 1969, in: FZH 554-6-61 Gewerkschaften Hamburg Jugend KJA 1968-1970.

223 Was ist der Jour Fix, in: *LZ* 1 (1971) Nr. 3, S. 12.

über Fragen der Berufsausbildung diskutiert wird.«[224] Diese Anerkennung galt sicher nicht für alle älteren DGB-Funktionäre, denen radikale Agitation und wohl auch die kulturellen Formen der offenen Jugendarbeit fremd blieben. Die Initiatoren werteten den Jour Fix als eine offene »Selbsthilfeorganisation der Lehrlinge«.[225] Der Zulauf von Interessierten führte Anfang 1970 zu einer organisatorischen Differenzierung. Bei einer Hamburger Niederlassung der Siemens-AG und bei der Firma DURAG-Apparatebau gründeten sich eigene Betriebsgruppen. Außerdem etablierte sich eine Gruppe von Postlehrlingen. Als Branchengruppe arbeiteten Aktivisten aus dem Radio- und Fernsehhandwerk zusammen, die eine »Schwarze Liste« von auffälligen Betrieben erstellten, in denen Lehrlinge fast ausschließlich in der Produktion tätig seien.[226] Für die Lehrlingsbewegung – und für die Gewerkschaften – war die Mobilisierung von Lehrlingen in den kleinen Handwerksbetrieben ein anhaltendes Problem. Dort waren Konflikte und Nebentätigkeiten oft sehr verbreitet, gleichzeitig die Organisierung erheblich schwieriger als in Großbetrieben. Die Bildung von Branchengruppen erleichterte die gemeinsame Vorbereitung von Aktionen und stärkte das Zusammengehörigkeitsgefühl. Die regelmäßige Besucherzahl beim Jour Fix schwankte Anfang 1970 zwischen 50 und 100 Personen. Das Treffen diente dem generellen Austausch, unterschiedliche Arbeitsgruppen – z. B. Agitprop oder ein Auffangausschuss zur Einführung neuer Interessenten – teilten die Arbeit auf. Ende April 1970 erschien die erste Ausgabe der *Lehrlingszeitung (LZ)*, mit der ein überregionaler Anspruch verbunden war, da bereits in mehreren norddeutschen Städten Lehrlingszentren existierten.[227] Die Anregung zu dieser Zeitung kam von einigen Besuchern der Jungen Volkshochschule, die sich Ende 1969 an den Jour Fix gewandt hatten. Reinhard Crusius organisierte eine Finanzierung durch die Einzelgewerkschaften, allerdings ohne den KJA zu informieren. Dieter Greese beschwichtigte den daraufhin bei den DGB-Funktionären aufkommenden Unmut und hielt fest, »daß er es für sehr sinnvoll halte, diese Zeitschrift an die Gewerkschaftsjugend heranzuführen, damit nicht linksextreme Lehrlingsgruppen dort wieder ihr Geschäft betreiben«.[228] Die *LZ* war trotz Unterstützung durch die Gewerkschaften unabhängig. Ihr Schwerpunkt blieb bis zu ihrem Ende 1973 die Berichterstattung zu Hamburger und norddeutschen Ereignissen, sie erreichte aber mit einer Auflage von bis zu 6.000 Exemplaren bundesweite Bedeutung. Insofern lassen sich in der *LZ* die grundlegenden Positionen der Lehrlingsbewegung nachvollziehen.

Ihre Protagonisten standen in einem Spannungsfeld von gewerkschaftlicher Organisierung, linksradikaler Gruppen und betrieblichen Alltagskonflikten. Für die

224 Protokoll Sitzung KV-DGB-Hamburg, 7.4.1970, in: FZH, 554-1-1 Gewerkschaften Hamburg Kreisvorstand Protokolle 1970 I.

225 Crusius/Söhl/Wilke, Praxis, S. 10.

226 Crusius/Söhl/Wilke, Praxis, S. 10. Die Liste ist in Teilen abgedruckt: … an der Alster, in: *LZ* 1 (1970), Nr. 1, S. 14.

227 Crusius/Söhl/Wilke, Praxis, S. 12.

228 Sitzungsprotokoll KJA-DGB-Hamburg, 11.4.1970.

Initiatoren des Jour Fix war dabei klar, dass »Lehrlingsarbeit […] sinnvollerweise nur in den Gewerkschaften effektiv zu organisieren« ist.[229] Der Jour Fix verstand sich als Teil der Gewerkschaften, aber mit der Zeit gewann die antikapitalistische Richtung jedoch schärfere Züge. Die Kritik richtete sich dabei an zwei Adressaten: Während die Arbeitgeber Ziel des Spottes und der Empörung in Karikaturen und Artikeln waren, wurde auch die Gewerkschaftshierarchie in zunehmend scharfem Ton attackiert. Das strategische Ziel blieb, die Gewerkschaften nach links zu bewegen; im Sinne der Initiatoren des Jour Fix hieß dies vor allem die »Selbsttätigkeit« der Basis. So wurde die eigentlich erfolgreiche Aktion vor Rheinstahl-Eggers-Kehrhahn kritisiert, weil sie einer Stellvertreter-Politik entsprochen habe. Sie war nicht von Betriebsangehörigen organisiert worden, sondern von außen. Daher wurde beschlossen, Aktionen nur noch dann durchzuführen, wenn in den Betrieben bereits eine aktive Betriebsgruppe von Lehrlingen bestand.[230] Da der Jour Fix kein gewerkschaftliches Gremium war, kam es schon Ende 1969 zu Konflikten um formale Zuständigkeiten. Im Dezember richtete der DGB-Kreis Hamburg einen Ausschuss ein, der neue Perspektiven für die Lehrlingspolitik entwickeln sollte. Der DGB gestand der Gewerkschaftsjugend fünf Vertreter zu, die vom Jour Fix benannt und vom KJA des DGB bestätigt wurden. Diese Benennung lehnte der DGB-Kreisvorstand ab und wollte der Gewerkschaftjugend nur noch einen Sitz im Ausschuss zugestehen. Als Kompromiss wurden schließlich fünf Vertreter entsandt, aber nur einer hatte Stimmrecht. Ein ähnlich gelagerter Konflikt ergab sich bei der Besetzung des Berufsbildungsausschusses bei der Handelskammer, in den die Gewerkschaftsjugend einen Vertreter entsenden durfte. Der Jour Fix schlug den Studenten Reinhard Crusius von der GSG vor, da er die größte Fachkompetenz besäße.[231] Als Ersatzkandidat hatte der KJA bei den erwarteten Schwierigkeiten, Crusius durchzusetzen, den KJA-Vorsitzenden Peter Deutschland vorgeschlagen. Der Kreisvorstand verweigerte beiden Vorschlägen die Zustimmung und wählte Hubertus Schmoldt, Jugendsachbearbeiter bei der IG CPK, als Ausschussmitglied. Dabei hatte es eine Kampfabstimmung gegeben, die Hinweise auf die Sympathieverteilung im Gremium gab: zwar erhielt Schmoldt mit zwölf Stimmen eine große Mehrheit, aber immerhin drei Kreisvorstandsmitglieder hatten für Deutschland gestimmt und zwei sich enthalten.[232] Der Konflikt spitzte sich zu. Peter Deutschland lud namens des KJA den Kreisvorstand zu einer Aussprache

229 Crusius/ Söhl/Wilke, Praxis, S. 19.

230 Ebd., S. 10.

231 Crusius hatte bereits zu Fragen der Berufsausbildung publiziert. Vgl. Reinhard Crusius, Kritik des Berufsbildungsgesetzes, in: Zur Situation der Berufsausbildung. Zwei Beiträge zur Diskussion von Werner Geiling und Reinhard Crusius, hrsg. vom DGB-Bundesvorstand Abt. Berufliche Bildung, Düsseldorf 1970, S. 107-143.

232 Vgl. zu diesen Vorgängen Protokolle der Sitzungen des DGB-KV-Hamburg 4.11.1969 und 2.12.1969, in: FZH, 554-1-1 Gewerkschaften Hamburg Kreisvorstand Protokolle 1969.

ein.[233] Der Ortsvorsitzende der IG Druck und Papier [Drupa], Hans Dörhöfer, nahm dieses Schreiben zum Anlass für eine Generalabrechnung mit der neuen Jugendarbeit. Dabei standen für ihn zuerst hierarchische Fragen im Vordergrund. Eine Einladung des KJA-Vorsitzenden an den Kreisvorstand hielt er für eine »Unmöglichkeit«, vor allem, dass die Kreisvorstandsmitglieder in die Jugendetage bestellt wurden. Darüber hinaus sprach er dem Jour Fix ein gewerkschaftliches Mandat ab und das Recht, einen Kandidaten für den Berufsbildungsausschuss vorzuschlagen. Der Jour Fix sei keine »aktive Gewerkschaftsgruppe«, sondern »bestenfalls [seien, K.A.] aktive Gewerkschafter zugegen«. Dörhöfer hielt auch die GSG für kein gewerkschaftliches Gremium. Allein der DGB-Kreisvorstand hätte das Recht, Arbeitsaufträge zu erteilen.[234] Für Dörhöfer und manch andere der leitenden Gewerkschaftsfunktionäre stand die Einhaltung der formalen Organisationsvorgaben im Vordergrund. Es war nicht ganz überzogen, wenn die Aktivisten des Jour Fix dahinter einen Kontrollanspruch vermuteten, der ihre Arbeit langfristig lahmlegen würde.[235] Aber dieser Vorstoß blieb auch aus den Kreisen der Funktionäre nicht unwidersprochen. Der IG-Metall-Vertreter Siegfried Hahn und der Jugendbildungsreferent Dieter Greese hielten fest: »Offene Jugendarbeit mit all ihren Risiken müsse auch in der Gewerkschaftsjugend eingeführt werden. Dabei sei darauf zu achten, daß die Wege zu den Beschlußorganen der einzelnen Organisationen und des DGB möglichst kurzgeschaltet werden.«[236] Ähnlich argumentierte Greese gegenüber dem DGB-Kreisvorsitzenden Hans Saalfeld als er schrieb, der Jour Fix würde den gewerkschaftlichen Gremien zuarbeiten und dürfe nicht abgekanzelt werden. Greese beschwor den Mut zum Experiment: »Lieber Hans, Jugendarbeit ist dauernd im Fluß. Die Formen, die gestern eine vernünftige Basis zur Aktivierung junger Menschen in einer politischen Organisation boten, müssen heute vielfach durch andere ersetzt werden. Wenn wir nicht offen sind für eine Vielzahl der Formen und Methoden, riskieren wir, unseren Nachwuchs zu verlieren.«[237] Die Einwände Dörhöfers wurden im DGB-Kreisvorstand schließlich zurückgewiesen. Der Jour Fix erschien vielen Kreisvorstandsmitgliedern als ein geeignetes Mittel, um die Abwanderung von Lehrlingen in sogenannten gewerkschaftsfeindliche Gruppen zu verhindern, wie der KJA in den organisationsinternen Debatten immer wieder hervorhob.[238] Der

233 Peter Deutschland an die Mitglieder des KV-DGB-Hamburg, KJA und Jugendsachbearbeiter, 4.12.1969, in: FZH 554-6-61 Gewerkschaften Hamburg Jugend KJA 1968-1970.

234 Hans Dörhöfer an Hans Saalfeld, 9.12.1969, in: FZH, 554-1-1 Gewerkschaften Hamburg Kreisvorstand Protokolle 1969.

235 Crusius/Söhl/Wilke, Praxis, S. 9.

236 Sitzungsprotokoll KJA-DGB-Hamburg, 10.12.1969, in: FZH 554-6-61 Gewerkschaften Hamburg Jugend KJA 1968-1970.

237 Dieter Greese an Hans Saalfeld, 23.12.1969, in: FZH 554-6-61 Gewerkschaften Hamburg Jugend KJA 1968-1970.

238 Sitzungsprotokoll KJA-DGB-Hamburg, 17.11.1969 und 27.11.1969, in: FZH 554-6-61 Gewerkschaften Hamburg Jugend KJA 1968-1970; vgl. auch Brief des Jour Fix an den KV-DGB-Hamburg, 11.3.1970, abgedruckt bei Crusius/Söhl/Wilke, Praxis, S. 62-63.

DGB-Kreisvorstand behandelte Anfang Januar 1970 die Frage erneut ausführlich und hielt fest, dass der Jour Fix kein Beschlussgremium sei, sondern als wichtigstes Ziel habe, Probleme in der Berufsausbildung aufzugreifen und mit den Einzelgewerkschaften zu klären. Auf dieser Sitzung wurde Dieter Greese eine Vermittlungsrolle zugesprochen. Die Diskussion ergab, dass der Kreisvorstand mit der offenen Jugendarbeit zufrieden war. Ein Vorstandsmitglied führte aus, dass »wir seit zwei Jahren nach einem Ventil für die Jugend und ihre Probleme gesucht haben. Der ›Jour Fix‹ kann auch dazu dienen, daß sich der Unmut über viele Dinge etwas abseits der offiziellen Gremien besser austoben kann.« Durch die Anwesenheit eines hauptamtlichen Gewerkschafters sollte eine Kontrolle erfolgen, vor allem in Hinsicht auf linksradikale Bestrebungen.[239]

Um die Motive der gewerkschaftlichen Funktionäre zu verstehen ist zu bedenken, dass die Positionierung gegen die gewerkschaftliche »Bürokratie« ein gewichtiges Argument in der Lehrlingsbewegung wurde. Damit verbundene Spannungen müssten austariert werden, der DGB in Hamburg war bereit, das Experiment der offenen Jugendarbeit fortzusetzen. Eine kritische Distanz blieb allerdings bestehen, und so hieß es im Geschäftsbericht des DGB-Landesbezirks Nordmark 1970: »Die bisher geleistete Arbeit des Jour-Fix kann sicherlich als eine Bereicherung der gewerkschaftlichen Jugendarbeit in Hamburg angesehen werden. Aber auch in der Arbeit des Jour-Fix zeigt sich, daß auch diese Arbeit ständig reflektiert und den veränderten Bedingungen angepaßt werden muß.«[240] Für die Gewerkschaften bot sich mit dem Jour Fix die Möglichkeit, der Jugend ein Forum zu bieten und sie zugleich in gewerkschaftliche Bahnen zu lenken. Dies war auch das erklärte Ziel der GSG-Vertreter, die zwar die Kritik an der gewerkschaftlichen Bürokratie teilten, aber die gewerkschaftliche Anbindung nicht in Frage stellten. Insofern kann von einer gewissen Interessenkoalition linker Studierender und Lehrlinge mit Teilen der gewerkschaftlichen Funktionäre gesprochen werden, die an einer Modernisierung der Jugendarbeit interessiert waren. Die Erfolge der Mitgliederbewegung sprachen dafür, 1969 wurde in Hamburg ein kontinuierlicher Mitgliederanstieg eingeleitet.[241] Dies war ein bundesweiter Trend, gegenüber dem vierten Quartal 1969 konnte die IG Metall im zweiten Quartal 1970 einen Zuwachs von 1,4 Prozent jugendlicher Mitglieder verzeichnen.[242]

239 Sitzungsprotokoll KV-DGB-Hamburg, 6.1.1970, in: FZH, 554-1-1 Gewerkschaften Hamburg Kreisvorstand Protokolle 1970 I.

240 Geschäftsbericht 1968-1970 DGB Landesbezirk Nordmark, o. O. o. J. (Hamburg September 1971), S. 179.

241 Bis Ende 1969 seien 600 neue Mitglieder netto für die Gewerkschaften gewonnen worden. Brief des Jour Fix an den KV-DGB-Hamburg, 11.3.1970. Abgedruckt bei Crusius/Söhl/Wilke, Praxis, S. 62-63. Der IG-Metall-Bezirk Hamburg hatte 1969 durchschnittlich 6243 Lehrlinge als Mitglieder, 1970 waren es 7081, bis 1974 stieg die Zahl auf 11532 Lehrlinge. Geschäftsbericht 1972-1974 des IG Metall-Bezirks Hamburg, S. 76.

242 Der Anstieg erfolgte in nahezu allen Bezirken, wobei Hamburg mit 3,7 Prozent an dritter Stelle nach Hannover (6,2 Prozent) und Stuttgart (5,5 Prozent) lag. Verluste

In der ersten Hälfte des Jahres 1970 griff der Jour Fix die Situation an Hamburger Berufsschulen auf. Anders als bei betrieblichen Missständen konnte in diesem Bereich die Politik direkt zur Verantwortung gezogen und aufgefordert werden, der Berufsausbildung mehr Aufmerksamkeit zu schenken. Die Vorarbeit hatte ein Arbeitskreis »Berufsschule« im Jour Fix geleistet. Als Zentrum der Aktivitäten wurde die Gewerbeschule 10 (G10) in Altona gewählt, da dort besonders eklatante Schwierigkeiten vorhanden und zugleich viele Aktivisten aus Metall-Berufen dort Unterricht erhielten. Hauptkritikpunkt war der unregelmäßige Unterricht, der zudem in einem baufälligen Gebäude mit einer katastrophalen Raumsituation stattfand.[243] Die Lehrlinge versuchten, das Thema in den Hamburgischen Wahlkampf zu bringen. Ende März 1970 fanden Bürgerschaftswahlen statt, und Angehörige des Jour Fix verteilten ein Flugblatt auf einem SPD-Landesparteitag. Ab dem 10. März 1970 wurde dann am Altonaer Bahnhof Geld für die notleidenden Berufsschulen gesammelt – eine symbolisch-ironische Aktion, die heftigen Widerspruch des DGB-Kreisvorstandes hervorrief. Noch am selben Tag untersagte der Kreisvorstand die Durchführung der Sammlung, formal mit der Begründung, dass bei den Vorbesprechungen andere Termine genannt wurden und das dazugehörige Flugblatt nicht dem Kreisvorstand vorgelegen hätte.[244] Der OJA der IGM hingegen verlangte die Fortführung der Aktion,[245] der Jour Fix rechtfertigte seine Arbeit als erfolgreich.[246] Tatsächlich wurde die Aktion trotz des Beschlusses des Kreisvorstandes fortgesetzt und erst nach einigen Tagen beendet. Für einige Jour-Fix-Aktivisten war das Vorgehen ein Beweis, dass die Gewerkschaftsfunktionäre sich nicht für die Interessen der Jugendlichen einsetzen würden, sondern im Wahlkampf eine Kritik an der SPD unterbinden wollten. Dies habe bei vielen Aktivisten des Jour Fix »schlagartig« zur Erkenntnis geführt, dass die Gewerkschaftsführung sie aus

gab es in Hagen, München und Berlin. In den ersten beiden lagen sie moderat bei 1,2 Prozent und 1,9 Prozent, in Berlin hingegen – wo der Anteil jugendlicher Mitglieder mit 22 Prozent sehr hoch war – war der Verlust mit 18,9 Prozent (absolut waren es 2.355 Mitglieder) beachtlich. Absolut lag der Nettogewinn an Mitgliedern in der kurzen Zeitspanne bei 4.126 Personen. Aufstellung der Mitgliederzahlen in den Bezirken und Anteil der jugendlichen Mitglieder im II. Quartal 1970, Abtl. Jugend, 18.8.1970, in: AdsD, 5/IGMA-22-0157.

243 Diese Kritik war mehr als berechtigt. Angesichts der katastrophalen Raumsituation war eine von der Oberschulbehörde geplante Ausweitung des Unterrichts nicht möglich. Vgl. Oberschulrat Kreymann an Handelskammer, Abt. Berufsausbildung, 18.3.1970. STA HH, 361-2-VI-6173 Erweiterter Berufsschulunterricht für Starkstromelektriker und Fernmeldemonteurlehrlinge 1969-1970, unpaginiert.

244 Sitzungsprotokoll KV-DGB-Hamburg, 17.3.1970, in: FZH, 554-1-1 Gewerkschaften Hamburg Kreisvorstand Protokolle 1970 I.

245 Entschließung des OJA der IG Metall Hamburg, 11.3.1970. Abgedruckt in: Crusius/Söhl/Wilke, S. 64.

246 Brief des Jour Fix an den KV-DGB-Hamburg, 11.3.1970. Abgedruckt bei Crusius/Söhl/Wilke, Praxis, S. 62-63. Vgl. auch die Darstellung »Deutschlands Lehrlinge«, in: *LZ* 1 (1970), Nr. 1, S. 4-5.

durchsichtigen Gründen verraten würde.[247] Dass ein Entfremdungsprozess so plötzlich einsetzte, erscheint als nachträgliche Überhöhung.

Während dieser Konflikt weiterschwelte, bereitete der Jour Fix den letzten Höhepunkt der Lehrlingsbewegung in Hamburg vor, eine Großveranstaltung am 30. April 1970 im Audimax der Universität mit rund 3.000 Teilnehmerinnen und Teilnehmern. Die Veranstaltung war eine direkte Reaktion auf die Ausschreitungen am 1. Mai 1969, da auch im KJA des DGB Ängste vor neuen Ausschreitungen bestanden. Seit Herbst 1969 wurde daher eine eigene Veranstaltung der Jugend geplant: »Die Jugend (Gewerkschaftsjugend, K. A.) erhofft sich davon, Interessen der unruhigen Lehrlinge und Jungarbeiter anzusprechen und sie dadurch davon abzuhalten, die Kundgebung zu stören.«[248] Der Kreisvorstand hatte zur selben Zeit mit der Planung für das kommende Jahr begonnen und sich für eine »Kundgebung mit starker politischer Aussagekraft« ausgesprochen, aber Demonstrationen abgelehnt. Die Gewerkschaftsjugend sollte am Vorabend Feierlichkeiten im Gewerkschaftshaus verantworten.[249] Der KJA-Vorsitzende Peter Deutschland stellte die Planungen Anfang Dezember 1969 dem DGB-Kreisvorstand vor und erhielt Zustimmung für einen politisch ausgerichteten Charakter der Veranstaltung. Unter dem Titel »Junge Arbeitnehmer im Kampf für ihre Interessen« sollten linke Liedermacher und Kabarettisten auftreten. Anfang Februar 1970 erteilte der Kreisvorstand seine Zustimmung zu der Veranstaltung, auch wenn Hans Saalfeld feststellte, dass »diese Veranstaltung anscheinend einen starken literarischen Einschlag mit linksgerichteten Interpreten hat«.[250] Tatsächlich gehörten die meisten der eingeladenen Künstler zum DKP-Umfeld, so die Musiker Dietrich Süverkrüp, Fasia Jansen, Franz-Josef Degenhardt, Hamburger Songgruppe oder der Kabarettist Dietrich Kittner.[251] Die Organisation erfolgte in enger Zusammenarbeit zwischen dem KJA, dem Jour Fix und der SDAJ. Dass die Veranstaltung eine kanalisierende Funktion haben sollte, war in der gewerkschaftlichen Vorbereitung unstrittig. In der Besprechung der Mai-Kommission des DGB mit der Polizei erklärte Dieter Greese, man müsse sich »wegen der aufreizenden Thematik auf evtl. Störaktionen im Anschluß« einstellen. Hans Saalfeld hielt fest, dass die Veranstaltung auch als »eine Art Ventil für die Kundgebung am kommenden Tag« verstanden werden

247 Crusius/Söhl/Wilke, Praxis, S. 12.

248 Sitzungsprotokoll KJA-DGB-Hamburg, 17.11.1969, in: FZH 554-6-61 Gewerkschaften Hamburg Jugend KJA 1968-1970.

249 Notiz Hans Saalfeld: 1. Mai 1970, Hamburg 5.11.1969, in: FZH 554-5-0 Gewerkschaften Hamburg 1. Mai 1970.

250 Sitzungsprotokoll KV-DGB-Hamburg, 2.12.1969 und 17.2.1970. FZH 554-5-0 Gewerkschaften Hamburg Kreisvorstand Protokolle 1970 I.

251 Es traten schließlich nicht alle der vorgesehenen Künstler auf. Die Teilnahme von Dieter Süverkrüp führte mit zur Absage des NDR, die Veranstaltung aufzuzeichnen. Vgl. Dieter Greese an Franz Woschech, 16.2.1970, in: FZH 554-5-0 Gewerkschaften Hamburg 1. Mai 1970.

sollte.[252] Mit der Hamburger Maikundgebung 1970 – auf der neben dem DGB-Vorsitzenden Heinz-Oskar Vetter auch der als links geltende Bundesminister für wirtschaftliche Zusammenarbeit Erhard Eppler sprach – sollte durch Geschlossenheit der »Eindruck verdrängt werden, den der 1. Mai 1969 hinterlassen« hatte.[253] Dieser Plan ging auf, denn bei der Kundgebung am 1. Mai mit 8.000 bis 10.000 Teilnehmern vor dem Gewerkschaftshaus blieb es ruhig, im Jour Fix war beschlossen worden, keine Störungen zu organisieren.[254] Der Kreisvorstand meldete anschließend, dass »überraschend« keine Aktivitäten linker Gruppen zu beobachten waren, nur eine »Gruppe jüngerer Leute« versuchte erfolglos zu stören.[255] Das Konzept zweier getrennter Veranstaltungen war im Sinne einer Konfliktentschärfung aufgegangen.

Die Veranstaltung am 30. April 1970 war gut besucht. Zwischen 2.300 bis 3.000 Besucher kamen ins Audimax der Universität. Jour Fix und der KJA hatten sich darauf konzentriert, Diskussionen zur Politisierung zu erreichen. In den Einladungsflugblättern wurde explizit die Schilderung von Missständen in der Ausbildung in den Vordergrund gerückt, während die musikalischen Darbietungen nur Rahmenprogramm sein sollten.[256] Die Zusammenarbeit zwischen Jour Fix und Gewerkschaftssekretären funktionierte bei der intensiven Vorbereitung recht gut. Der DGB-Bundesvorstand übernahm sogar einen Teil der Kosten und unterstrich so seine Bereitschaft, die Veranstaltung als zentrale DGB-Jugendveranstaltung zu verstehen.[257]

Der Abend verlief allerdings nicht konfliktfrei, da sich innerlinke Fraktionskämpfe zeigten. Unruhe gab es bereits, als der Kabarettist Dietrich Kittner sein Programm verlängerte; eine Rede der Soziologin Annelie Keil aus Göttingen wurde kaum verstanden. Als dann Franz Woschech für den DGB-Bundesvorstand sprechen wollte, wurde er unterbrochen; nach einer Abstimmung unter den Anwesenden durfte er nicht weiterreden.[258] Diese Entscheidung traf zwar nach Ansicht des Jour Fix den Falschen, hatte Woschech das Experiment doch

252 Sitzungsprotokoll Mai-Kommission, 27.2.1970. , in: FZH 554-5-0 Gewerkschaften Hamburg 1. Mai 1970.

253 Rundschreiben KV-DGB-Hamburg an alle Funktionäre, 25.3.1970, in: FZH 554-5-0 Gewerkschaften Hamburg 1. Mai 1970.

254 Crusius/Söhl/Wilke, Praxis, S. 20; undatierte Polizeiinformation über »Agitation der MLJ zum 1. Mai hält an« sowie Aktennotiz: Aktionen zum 1. Mai 1970, Stand 20.4.1970, in: FZH 554-5-0 Gewerkschaften Hamburg 1. Mai 1970.

255 Berichtsbogen Maikundgebung 1970, in: FZH 554-5-0 Gewerkschaften Hamburg 1. Mai 1970.

256 Vgl. Information 2, Mitte April 1970. Abgedruckt bei: Crusius/Söhl/Wilke, Praxis, S. 71.

257 Walter Haas an Hans Saalfeld, 8.4.1970, in: FZH 554-5-0 Gewerkschaften Hamburg 1. Mai 1970-1971.

258 Das Referat von Woschech wurde in der *Solidarität* abgedruckt, weil es »so progressiv und wertvoll für die Arbeit der Gewerkschaftsjugend« sei. Die Störer befänden sich noch »in einer unreflektierten antiautoritären Phase« und würden überwiegend nicht den Gewerkschaften angehören. Franz Woschech, Leere Lehre – volle Taschen, in: *Solidarität* (1970), Nr. 6, S. 82-85.

nachhaltig unterstützt. Aber der Unmut der Lehrlinge erkläre sich aus einem zu großen »Konsumprogramm« und einer unglücklichen Äußerung Woschechs, der auf einen Zuruf nach gewerkschaftlichen Taten zurückrief: »Welche Taten bringt ihr denn schon?«[259] Woschech war über seinen Rauswurf vermutlich wenig überrascht, denn bereits im Vorfeld hatten Jour-Fix-Mitglieder ihn darauf hingewiesen, dass es zu Auseinandersetzungen um seine Rede kommen könne. Der Liedermacher Dieter Süverkrüp trat schließlich gar nicht mehr auf, da nach Ansicht der Veranstalter seine positive Haltung zur DKP von vielen Besuchern abgelehnt wurde.[260]

Nach diesen Turbulenzen erfolgte eine dreiviertelstündige Dokumentation von Missständen in der Ausbildung, die der Jour Fix ausführlich vorbereitet hatte.[261] Sieben Lehrlinge berichteten über ihre Erfahrungen im Betrieb, einer wollte aus Angst vor betrieblichen Repressalien anonym bleiben. Die Berichte stammten aus verschiedenen Branchen, so aus dem Außenhandel, aus Metallbetrieben, der Versicherungswirtschaft und der Gastronomie. Montiert waren ihre Schilderungen mit Statistiken und Fakten sowie mit Zitaten von Verbänden, Firmen oder Gewerkschaftern, die, von verschiedenen Sprechern vorgetragen, »ganz ›sachlich‹ die politische Agitation in die Dokumentation« bringen sollten.[262] Um diese Dokumentation hatte es im Vorfeld schon Spannungen gegeben: Ein Lehrling berichtete über Vorfälle bei der gewerkschaftseigenen Versicherung Volksfürsorge. Dabei ging es nicht um schlechte Ausbildungsbedingungen, sondern um die Beschneidung von politischen Aktivitäten gegen den Vietnamkrieg im Betrieb sowie eine Äußerung gegenüber einem Lehrling, er müsse seine Haare kürzen und die Kleidung ändern, wenn er übernommen werden wolle. Der Lehrling stand der DKP nahe.[263] In der Vorbereitungsgruppe hatte es intensive Diskussionen darüber gegeben, ob der Name der Versicherung genannt werden solle. Eine Gruppe verlangte die Nennung, da auch Probleme innerhalb der Gewerkschaften offen angesprochen werden sollten. Eine zweite

259 Crusius/Söhl/Wilke, Praxis, S. 22; vgl. auch Der DGB hatte beim Lehrling keine Chance, in: *Hamburger Abendblatt*, 2./3. 5. 1970. Der KJA des DGB-Hamburg entschuldigte sich später schriftlich bei Woschech für den Rauswurf, bat aber auch um Verständnis. Vgl. Sitzungsprotokoll KJA-DGB-Hamburg, 20.5.1970, in: FZH 554-6-61 Gewerkschaften Hamburg Jugend KJA 1968-1970.

260 Jürgen Peter Markmann, Projektbericht »Leere Taschen – Volle Taschen«, Juli 1970, S. 10-11, in: FZH 554-5-0 Gewerkschaften Hamburg 1. Mai 1970.

261 So fand ein Vorbereitungsseminar am 7./8. März 1970 statt, auf dem das Konzept ausgearbeitet wurde. Vgl. Jürgen Peter Markmann, Projektbericht »Leere Taschen – Volle Taschen«, Juli 1970, S. 5-6, in: FZH 554-5-0 Gewerkschaften Hamburg 1. Mai 1970. Markmann war Student der Fachhochschule für Sozialpädagogik, der ein dreimonatiges Praktikum beim DGB absolvierte.

262 Dokumentation über Ausbildungsmissstände für die DGB-Jugendveranstaltung »Leere Lehre – volle Taschen« für die Unternehmer, Vorbemerkungen von Reinhard Crusius, 2, in: 554-5-0 Gewerkschaften Hamburg 1. Mai 1970. Leicht geändert abgedruckt bei: Haug/Maessen, Lehrlinge, S. 169-183; Crusius/Söhl/Wilke, Praxis, S. 74-84.

263 Crusius/Söhl/Wilke, Praxis, S. 75 f.

Gruppe, vor allem SDAJ-Mitglieder, plädierten für eine Geschlossenheit der Gewerkschaftsbewegung, daher sollte – wie es auch der Kreisvorstand verlangte – der Name ungenannt bleiben. Die Abstimmung in der Vorbereitungsgruppe war denkbar knapp für die Nicht-Nennung ausgefallen.[264] Die Diskussion nach der Präsentation der Lehrlinge wurde von der SDAJ und dem SALZ dominiert. Beide Gruppen brachten ihre gegensätzlichen Auffassungen bezüglich der Gewerkschaftspolitik vor: Die SDAJ favorisierte die geschlossene Mitarbeit in den Gewerkschaften, während das SALZ auch Beiträge der Jour-Fix-Mitglieder mit Zwischenrufen störten und zum Kampf gegen die Gewerkschaftsbürokratie aufrief. Angesichts dieser Grabenkämpfe löste sich die Veranstaltung langsam auf.[265]

Die Großveranstaltung im Audimax war der organisatorische Höhepunkt der Lehrlingsbewegung in Hamburg. Die Diskussionen zwischen SALZ und SDAJ hatten gezeigt, dass die linken Fraktionierungskämpfe eine wichtigere Rolle zu spielen begannen. Dabei kann dieser Konflikt nicht – wie Crusius und Wilke es später taten – getrennt von den Entwicklungen im Jour Fix bewertet werden. Er war Ergebnis eines Differenzierungsprozesses innerhalb des Jour Fix, dem SDAJ-Mitglieder von Anfang an angehörten.[266] Nach dem 30. April 1970 begann eine Trennung zwischen SDAJ, SALZ und undogmatischen Jour-Fix-Mitgliedern. Dabei war die dritte Gruppe eine antiautoritäre Strömung, die auf eine basisorientierte Selbsttätigkeit der Lehrlinge setzte. Die Politik der SDAJ kanzelte sie als »Bevormundungspolitik« ab.[267] Aber die SDAJ erhielt Zulauf aus den Reihen des Jour Fix, und eine allzu schematische Einteilung in eine unabhängige Strömung gegenüber dogmatischen Organisationen erklärt nicht deren Attraktivität. Die SDAJ drängte auf eine Geschlossenheit der Gewerkschaftsbewegung, wohingegen die Basisaktivisten Kritik an den Gewerkschaften für eine politische Linkswende als notwendig betrachteten. An diesen Punkten eskalierte schließlich der Konflikt. Die SDAJ hatte sich schon 1969 darauf konzentriert, in den satzungsgemäßen Gewerkschaftsgremien – vor allem den Ortsjugendausschüssen –Fuß zu fassen. So war der OJA der IGM, deren Mitglieder das größte Potential für Aktionen des Jour Fix darstellten,[268] seit Mitte 1970 von der SDAJ

264 Und zwar 15:14 für die Nichtnennung. Jürgen Peter Markmann, Projektbericht »Leere Taschen – Volle Taschen«, Juli 1970, S. 5-6, in: FZH 554-5-0 Gewerkschaften Hamburg 1. Mai 1970.

265 Vgl. als Ablaufbeschreibung Jürgen Peter Markmann, Projektbericht »Leere Taschen – Volle Taschen«, Juli 1970, S. 5-6, in: FZH 554-5-0 Gewerkschaften Hamburg 1. Mai 1970, S. 13-15; sowie Stellungnahme des Jour Fix, in: *LZ* 1 (1970), Nr. 2, S. 6.

266 Nur sehr vereinzelte Hinweise über die politische Herkunft der Mitglieder bei: Crusius/Söhl/Wilke, Praxis, S. 29 f.

267 Ebd., S. 23. Vgl. LZ-Redaktionskollektiv: Der Marsch ins Ghetto. Thesen zur DKP und zur Linkssektiererei in der BRD, Hamburg Juli 1971. Gekürzt abgedruckt als: Reinhard Crusius/Manfred Wilke, Marsch ins linke Ghetto? in: *Werkhefte. Zeitschrift für Probleme der Gesellschaft und des Katholizismus* 26 (1972), Nr. 1, S. 12-19.

268 Von 79 Mitgliedern des Jour Fix bei einem Treffen mit dem Kreisvorstand waren 29 IGM-Mitglieder, alle anderen Gewerkschaften waren mit insgesamt nur 31 Mitgliedern vertreten. 19 Besucher waren ohne gewerkschaftliche Zugehörigkeit.

dominiert.[269] Deren Strategie bestand darin, möglichst nicht in Konflikt mit der Gewerkschaftsführung zu geraten. Nachdem die SDAJ erfolglos versucht hatte, den Jour Fix auf ihren Kurs zu verpflichten, begann sie im Sommer 1970 sich aus der Arbeit zurückziehen. Diese Auseinandersetzungen führten auch zu räumlichen Trennungen und dem Verlust von privater Kommunikation.[270]

Die Konflikte zwischen den jugendlichen Aktivisten und dem DGB-Kreisvorstand wurden im Mai 1970 in einem Gespräch des Kreisvorstandes mit dem Jour Fix beigelegt, bei dem über die G10-Aktion und die Rolle des Jour Fixe' im gewerkschaftlichen Gremiengefüge gesprochen werden sollte. Immerhin 79 Jour-Fix-Angehörige saßen dem Kreisvorstand gegenüber. Davon waren neun Studenten und 16 Personen über 21 Jahre alt, gut zwei Drittel waren in Gewerkschaften organisiert.[271] Während Vertreter des Jour Fix rückblickend den Verlauf des Gespräches als so erfolgreich werteten, dass der Vorstand danach lange zum Jour Fix geschwiegen habe,[272] kommunizierte der Pressesprecher des DGB das Gespräch seinerseits als Erfolg, nämlich ungewollte Alleingänge der jungen Gewerkschafter gebremst und das gegenseitige Misstrauen abgeschwächt zu haben: »Hamburgs Gewerkschaften jedenfalls geben sich die erdenklichste Mühe, jugendgerechte Gewerkschaftspolitik zu praktizieren« und weiterhin ein offenes Forum anzubieten.[273] Der Kreisvorstand betonte, der Jour Fix sei nur eine »informelle Arbeitsgruppe« der Gewerkschaften und könne daher nicht den gewünschten eigenen Vervielfältigungsapparat beanspruchen. Dies galt für alle Forderungen des Jour Fix, die auf eine stärkere Eigenständigkeit zielten, wie die Entwicklung eines eigenen Schulungsprogramms oder eines eigenen Etats. Eine formale Lösung des Jour Fix vom KJA sollte vermieden werden.[274] Besonders deutliche Unterschiede traten im Umgang mit internen Diskussionen auf. Der Jour Fix hatte gefordert, alle Schreiben zu veröffentlichen, die der Kreisvorstand mit Bezug auf den Jour Fix verschickte, was der Kreisvorstand entschieden ablehnte. Dabei suchte der Jour Fix selbst immer wieder die Öffentlichkeit. Die

Vgl. Schreiben der DGB-Pressestelle an DGB-Kreisvorstand Hamburg, 26.5.1970. FZH 554-5-0 Gewerkschaften Hamburg Kreisvorstand Protokolle 1970 I. Vgl. Crusius/Söhl/Wilke, Praxis, S. 26.

269 Von den 26 OJA-Mitgliedern gehörten laut einem undatierten Zettel (Frühjahr 1971) neun der SDAJ an. Vgl. Namensliste (Frühjahr 1971), in: HISA, Bestand SDAJ, Ordner 34.

270 Crusius/Söhl/Wilke, Praxis, S. 31.

271 Vgl. Schreiben der DGB-Pressestelle an DGB-Kreisvorstand Hamburg, 26.5.1970. FZH 554-5-0 Gewerkschaften Hamburg Kreisvorstand Protokolle 1970 I. Vgl. Crusius/Söhl/Wilke, Praxis, S. 26.

272 Crusius/Söhl/Wilke, Praxis, S. 24.

273 Wolfgang Otte, Reformer im Abseits. *Welt der Arbeit* Nr. 24, 12.6.1970, S. 7. Abgedruckt bei: Crusius/Söhl/Wilke, Praxis, S. 92.

274 Schreiben der DGB-Pressestelle an DGB-Kreisvorstand Hamburg, 26.5.1970. FZH 554-5-0 Gewerkschaften Hamburg Kreisvorstand Protokolle 1970 I; Wolfgang Otte, Reformer im Abseits. *Welt der Arbeit* Nr. 24, 12.6.1970, S. 7. Abgedruckt bei: Crusius/Söhl/Wilke, Praxis, S. 92.

Protokolle des Jour Fix wurden an den DGB-Vorsitzenden geschickt. Die Bereitschaft zur Transparenz aufseiten des Jour Fix kennzeichnete auch noch die zeitnahe Veröffentlichung von Crusius, Söhl und Wilke. Darin finden sich nicht nur Protokolle des Jour Fix, sondern auch die wichtigsten internen Schreiben der Gewerkschaften.[275]

Die Basisaktivisten des Jour Fix entsprachen in ihrem Umgang mit gewerkschaftsinternen Diskussionen einem Trend zu größerer Offenheit. Das Fehlen eines Mediums für kritische Positionen innerhalb der IG Metall wurde schon länger kritisiert.[276] Um 1970 gab es mehrere Publikationen im gewerkschaftlichen Umfeld, in denen offener als in den Verbandspublikationen Diskussionen über die gewerkschaftliche Politik geführt wurden. Insbesondere der an der Freien Universität in Berlin zwischen 1967 und 1973 herausgegebene *Gewerkschaftsspiegel* war Publikationsort für gewerkschaftsinterne Diskussionen und mitunter ein Reizthema für lokale Funktionäre, so als über die Konflikte bei der Berufsschulaktion des Jour Fixe berichtet wurde.[277] Die zweite wichtige Publikation war das *Junge Wort (JW-Dienst)*, herausgegeben von Armin Neliba, einem Mitarbeiter des Hessischen Landesjugendringes. Die Publikation richtete sich gezielt an Multiplikatoren in der Jugendarbeit. Zuerst von der KPD unterstützt, wurden die Kontakte zum *JW-Dienst* wegen des unabhängigen Kurses von Neliba 1967 abgebrochen.[278] Bis zur Einstellung 1982 war der *JW-Dienst* eines der wichtigsten Publikationsorgane zur kritischen Jugendarbeit. Schließlich erschien seit 1962 *express international.* Zuerst von linken Frankfurter Sozialdemokraten publiziert, vereinigte sich die Zeitung 1972 mit der *Sozialistischen Betriebskorrespondenz* des Sozialistischen Büros zu *express. Zeitung für sozialistische Betriebs- und Gewerkschaftspolitik* und war die führende linke undogmatische Publikation im gewerkschaftsnahen Umfeld.[279] Diese Publikationen waren, über die vielen kleinen Zeitungen und Flugblätter der Neuen Linken hinaus, auch in Funktionärskreisen gelesene Zeitungen, deren kritische Begleitung gewerkschaftlicher

275 Vgl. ebd.

276 So der OJA der IG Metall in Frankfurt gegenüber dem Chefredakteur von *metall*, Jakob Moneta, im Sommer 1968. Moneta erwartete eine Zunahme von innergewerkschaftlichen Diskussionen und schlug dem Vorstand der IG Metall vor, im *Gewerkschafter* eine Rubrik »Freie Aussprache« einzurichten, was jedoch nicht erfolgte. J(akob). Moneta an Georg Benz, 12.7.1968, in: AdsD, 5/IGMA-450-20015.

277 Wie politisch darf die Gewerkschaftsjugend sein?, in: *Gewerkschafts-Spiegel* Nr. 6, 1970, 31.3.1970, S. 17-20; vgl. Streit zwischen Hamburgs DGB und seiner Jugend, in: *Frankfurter Rundschau*, 14.3.1970. Protokoll Kreisvorstandssitzung DGB-Hamburg 22.4.1970, in: FZH, 554-1-1 Gewerkschaften Hamburg Kreisvorstand Protokolle 1970 I.

278 Arbeitsbüro, Erste Diskussionsgrundlage für eine Analyse über die politische und ideologische Einflußnahme der KPD auf die Jugend, Berlin 26.1.1968 (JK/GN), Unterzeichner Jürgen Kossack, in: BA, DY-30/IV 2/10.03/194.

279 Ferdinand Müller-Rommel, Innerparteiliche Gruppierungen in der SPD. Eine empirische Studie über informell-organisierte Gruppierungen von 1969-1980, Opladen 1982, S. 69-95.

Arbeit auch positiv gesehen wurde. Der *Gewerkschaftsspiegel* druckte oft mit Zustimmung führender Funktionäre programmatische Reden ab.[280] Aber für die gewerkschaftlichen Funktionäre gab es die bis dahin eher ungewohnte Situation, dass sich interne Papiere innerhalb kürzester Zeit in Medien widerfanden, da zum Beispiel Akteure aus der Lehrlingsbewegung für sich das Recht in Anspruch nahmen, auch interne Diskussionen zu veröffentlichen.

Der Niedergang des Jour Fix erwuchs aber nicht allein aus Konflikten mit älteren Gewerkschaftsfunktionären, sondern war das Ergebnis innerlinker Auseinandersetzungen. Im November 1970 versuchten SDAJ und SALZ gemeinsam, eine neue Struktur des Jour Fix durchzusetzen.[281] Der offene Charakter sollte aufgegeben und Gruppen von Kadern etabliert werden, während für neue Interessenten eine sogenannte Auffanggruppe gebildet werden sollte. Dieser Versuch scheiterte.[282] Ein Rückgang von Aktivitäten und eine Zunahme von Richtungskämpfen war die Folge. »Der Jour Fix der Gewerkschaftsjugend, das wußten viele, war nicht mehr der alte schwungvolle Laden. Für die Lehrlinge, die nicht ›in‹ waren, war zuletzt nicht mehr viel los dort«, berichtete das *LZ*-Redaktionskollektiv resigniert.[283] Das *LZ*-Redaktionskollektiv synthetisierte die Erfahrungen mit der SDAJ und – im geringeren Maße – mit maoistischen Gruppen in einer Broschüre *Der Marsch ins Ghetto* kurz vor der endgültigen Auflösung des Jour Fix. Darin argumentierte die Redaktion, dass eine sozialistische Bewegung in den Gewerkschaften antibürokratisch sein müsse. SDAJ, DKP und auch die maoistischen Gruppierungen hingegen würden dem Aufschwung der sozialistischen Bewegung schaden, da sie die sozialistischen Länder nicht kritisierten und durch intrigante Politik Selbstorganisierung verhinderten. Sie besetzten gezielt Gremien und biederten sich bei der bürokratischen Führung an.[284] Es war nicht von der Hand zu weisen, dass die SDAJ strategisch auf die Besetzung von Gremien zielte. Daher war es im Herbst 1971 der KJA des DGB Hamburg selbst, der die Auflösung des Jour Fix durchsetzte. Formal entbrannte der Konflikt um die Frage, ob der Jour Fix eigene Delegierte zur DGB-Kreis-

280 Zum Beispiel Franz Woschech, Die gesellschaftlichen Aufgaben der Gewerkschaften in den 70-er Jahren, in: *Gewerkschafts-Spiegel* Nr. 11, 12.6.1970, S. 21-26.

281 Vorschlag des Reformausschusses des Jour-Fix Oktober 1970, PA Wilke; abgedruckt in: Crusius/Söhl/Wilke, S. 93-96. Vgl. 6.10.1970. Protokoll – Bericht über den Stand der Arbeit des Vorbereitungsausschusses für das Seminar des Jour Fix, in: PA Wilke.

282 Protokoll des DGB-Kreisvorstandes Hamburg, 10.11.1970 sowie Abschrift NDR-Kommentar: »Krach im Jour Fix« vom 5.11.1970, Ortwin Löwa, in: FZH, 554-1-1 Gewerkschaften Hamburg Kreisvorstand Protokolle, 1970 II; Wolfgang Otte, Politisches Gerangel im Hamburger ›Jour fix‹, in: *Welt der Arbeit*, 20.11.1970; Uwe Scheer, SDAJ lässt sich nicht in die antigewerkschaftliche Ecke drängen, in: *Gewerkschafts-Spiegel* Nr. 23, 1970, S. 105-106; Ronald Krause, Zur Auseinandersetzung um die neue Konzeption des Hamburger Jour-Fix, in: *Gewerkschafts-Spiegel* Nr. 1, 1971, S. 107.

283 Alles kaputt?, in: *LZ* Nr. 4, 1971, S. 2.

284 LZ-Redaktionskollektiv: Der Marsch ins Ghetto. Thesen zur DKP und zur Linkssektiererei in der BRD, Hamburg Juli 1971. Gekürzt abgedruckt: Crusius/Wilke, Marsch ins linke Ghetto? S. 12-19.

jugendkonferenz entsenden dürfe. 1970 hatten Jour-Fix-Vertreter noch einen Delegiertenstatus erhalten.[285] Der DGB-KJA verneinte dies ein Jahr später und beantragte auf der Kreisjugendkonferenz selbst die Auflösung des bisherigen Jour Fix, stattdessen sollten alle zwei Wochen Filme gezeigt oder Diskussionsveranstaltungen durchgeführt werden. Dieser Beschluss war das faktische Ende des Jour Fix, da auch das Sofortprogramm von 1969 für beendet erklärt wurde.[286]

Die undogmatische Strömung im Jour Fix organisierte sich als DGB-Jugendgruppe Hamburg[287], konnte aber die frühere Dynamik nicht mehr entfalten. Teile des *LZ*-Redaktionskollektives veröffentlichten noch einige Jahre später Schriften zum Thema Ausbildung.[288] Reinhard Crusius und Manfred Wilke publizierten im wissenschaftlichen und politischen Kontext eine Vielzahl von Arbeiten zur Berufsbildung und der Gewerkschaftsjugend, mit denen sie das Bild der Lehrlingsbewegung zu prägen versuchten. Die *LZ* selbst stellte Anfang 1973 ihr Erscheinen ein. In den letzten Ausgaben orientierte sich das Redaktionskollektiv zunehmend auf die Jugendzentrumsbewegung: »Neben Lehrlingszentren entstehen zunehmend auch allgemeine Jugendzentren, die in erster Linie dafür kämpfen, in ihren Gemeinden, Städten oder Stadtteilen Treffpunkte (Jugendhäuser, Kommunikationszentren) zu erhalten, wo sie selbsttätig ihre Freizeit gestalten und sich der kapitalistischen Freizeitausbeutung und Abstumpfung (z.B. Discotheken) entziehen können. Für die Verbreiterung dieser politischen Arbeit hält *LZ* diese Aktivitäten für wichtig, denn diese beginnt meistens damit, daß man sich treffen und miteinander reden kann.«[289] Eine Jugendzentrumsbewegung gab es schon seit 1970/71, die insbesondere im kleinstädtischen Rahmen häufig in Verbindung mit der Lehrlingsbewegung stand.[290] Angesichts des Niederganges der Lehrlingsbewegung erwuchs für Teile der Aktivisten eine neue politische Hoffnung, die von den Gewerkschaften wegführte.[291]

285 Protokoll von der Sitzung des DGB-Kreisvorstandes Hamburg, 15.12.1970, in: FZH, 552-3-1 DGB Landesbezirk Nordmark Vorstand, Materialien 1970-1971.

286 Die Augen … links! ›Einheit‹ marsch!, in: *LZ* Nr. 7, S. 12-13; Tod eines Lehrlingszentrums, in: *LZ* Nr. 8, S. 8-10.

287 Wir helfen uns selbst, in: *LZ* Nr. 9, S. 9.

288 U.a. der für Schulabgänger und Lehrlinge verfasste Ratgeber: Wilfried Brunkhorst/Reinhard Crusius/Gesa Kahl/Kay Rehlich/Gerd Vollmer/Jürgen Voss/Astrid Wiechmann/Manfred Wilke, Ernstfall Lehre, Weinheim und Basel 1975, bis 1980 vier Auflagen.

289 Wo man sich trifft, in: *LZ* Nr. 8, S. 2; vgl. die Auseinandersetzung um das Hamburger Kulturzentrum »Fabrik« in Altona, die in der vorletzten Ausgabe der *LZ* (Nr. 11, 1973) den Schwerpunkt bildete.

290 Vgl. David Templin, ›Freizeit ohne Kontrollen‹. Die Jugendzentrumsbewegung in der Bundesrepublik der 1970er Jahre, Göttingen 2015.

291 Vgl. Albert Herrenknecht, »Kleinstadt 1968« – Die Politischen Jugendbewegungen in der Provinz von den 1950er bis 1970er Jahren, in: *Pro-Regio-Online. ZeitSchrift für den Ländlichen Raum* (2008), Nr. 5, S. 16-146. www.pro-regio-online.de/downloads/klein1968.pdf (Abruf 5.12.2008), S. 78; als Beispiel für kleinstädtische Jugendzentren: David Templin, Jugendzentrumsinitiativen und Konflikte um selbstverwaltete Frei-

2.2.3. *Die bundesweite Ausbreitung der Lehrlingsbewegung – Chancen und Gefahren für die Gewerkschaften 1970-1973*

Das Hamburger Beispiel wurde ausführlicher behandelt, weil sich an ihm mehrere Merkmale der Lehrlingsbewegung aufzeigen lassen, insbesondere die Konflikte mit der lokalen Gewerkschaftsführung und die innerlinken Auseinandersetzungen. Darüber hinaus war der Hamburger Jour Fix auch Kristallisationspunkt für eine bundesweite Forcierung der Lehrlingsbewegung durch intensive Pressearbeit, die über den regionalen Rahmen hinausging. Mit der Fege-Aktion im Dezember 1969 gelang es, bundesweit in Medien Beachtung zu erlangen. *Stern, Süddeutsche Zeitung* und der *Spiegel* berichteten im Frühjahr 1970 mit Titelgeschichten über rebellische Lehrlinge, wobei neben dem Hamburger Jour Fix vor allem die Aktionen der Essener Lehrlinge und die Störung einer Freisprechungsfeier bei Siemens in München thematisiert wurden.[292] Auch die Fernsehberichterstattung griff, insbesondere mit neuen Jugendmagazinen, die Lehrlingssituation auf. Auch hierdurch verstärkte sich eine Unruhe unter berufstätigen Jugendlichen. Wenn auch die Wirkung von Medien nur schwer messbar ist, zeigte sich in fast allen Darstellungen doch eine deutliche Sympathie gegenüber den Anliegen der Lehrlinge. Der »Aufstand der Stifte« war aber in den Aktionsformen weit weniger radikal als manche es befürchteten oder erhofften.

Die Ausbreitung von Lehrlingszentren erklärt sich vor allem aus neuen Wahrnehmungen und Interpretationen der Verhältnisse. Der Begriff *Lehrling* erhielt mit der Lehrlingsbewegung für kurze Zeit eine spezifische Deutung: er galt als Angehöriger einer vernachlässigten und unterdrückten Gruppe, der in gemeinsamen Aktionen seine Interessen und zugleich die Allgemeinheit seiner Erfahrungen erkennen sollte. Das Interesse an der Berufsausbildung war nicht nur in den Gewerkschaften gestiegen, sondern fast alle Jugendverbände versuchten, die Lehrlingsausbildung und damit verbundene Missstände zu thematisieren. Der Bundesjugendring organisierte – auch auf Betreiben der gewerkschaftlichen Vertreter, 1970 war der DGB-Sekretär für Jugend, Walter Haas, turnusgemäß Vorsitzender des Bundesjugendringes – eine Tagung zu Berufsausbildung und Lehrlingsmobilisierung im November 1970.[293] Eine auf Dauer angelegte überregionale Struktur konnte die Lehrlingsbewegung aber zu keiner Zeit ausbilden. Allerdings gibt es Indizien für die Ausbreitung der Bewegung. Eine Quelle sind

zeiträume im Kreis Pinneberg während der 1970er Jahre, in: Zeitgeschichte in Hamburg 2010, hrsg. v. der Forschungsstelle für Zeitgeschichte, Hamburg 2011, S. 71-87.

292 Lehrlinge sind auch Menschen. Die Einrichtung des sogenannten Jour Fix zeigt schon Wirkungen, in: *Hamburger Abendblatt*, 17.1.1970; Die Stifte schlagen zurück, in: *Stern* Nr. 14, 29.3.1970, S. 82-86; Nach den Studenten – Aufstand der ›Stifte‹, in: *Süddeutsche Zeitung*, 21.3.1970; Lehrlinge: Tiefes Dunkel, in: *Der Spiegel* Nr. 18, 27.4.1970, S. 54-78; Überall im Revier proben Lehrlinge den Aufstand, in: *Westdeutsche Allgemeine Zeitung*, 28.3.1970.

293 Protokoll 79. Sitzung des Bundesjugendausschusses des DGB am 1. und 2. Oktober 1970 in Düsseldorf, in: AdsD, DGB-Archiv, Abt. Jugend, 5/DGAU-74.

die Adressenverzeichnisse, die ab 1970 in verschiedenen Publikationen aus dem Umfeld der Bewegung erschienen. In diesen Veröffentlichungen, die sich als Handlungsaufrufe und Beiträge zur Verbreiterung der Bewegung verstanden, waren meist auch Gruppenadressen angegeben.[294] Diese Listen sollten Kontaktaufnahmen ermöglichen und zugleich das Anwachsen der Bewegung dokumentieren. Der Höhepunkt war Mitte 1971 erreicht. Eine erste Adressenliste druckte die *LZ* ab. In der Nummer vier wurden nach dem Juso-Lehrlingskongress im November 1970 36 Adressen genannt; zwei Ausgaben später, nach einem bundesweiten Treffen von Lehrlingszentren im Februar 1971, waren es 81 Adressen.[295] Insgesamt wurden bis 1973 in acht Veröffentlichungen 117 Adressen genannt. Dazu gehörten vier Bücher, die alle 1971 erschienen: zuerst von den Journalisten Haug und Maessen *Was wollen die Lehrlinge?* im März 1971, noch im selben Monat – aber kurzfristig aktualisiert – von den Hamburger Jour-Fix-Aktivisten Reinhard Crusius, Oskar Söhl und Manfred Wilke *Praxis und Theorie gewerkschaftlicher Lehrlingspolitik – dargestellt am Beispiel des Hamburger Jour Fix*; die Abteilung Jugend des DGB veröffentlichte mit Stand vom April 1971 *Du gehörst dir und nicht den Bossen,* sowie im Oktober 1971 von den Essener Religionslehrern Rolf Freitag und Joachim Weiler *Der Kampf der Essener Lehrlinge*. Im Juli 1971 veröffentlichte die neue gewerkschaftliche Jugendzeitschrift *ran,* ebenfalls eine Liste von Lehrlingsgruppen. Ende 1971 brachte der Berliner Wagenbach Verlag den *Roten Kalender für Schüler und Lehrlinge,* der bis 1974 unter diesem Titelzusatz jährlich erschien. Der Kalender 1974 nannte nur noch eine Sammeladresse. Die Nennung von Gruppen in allen Veröffentlichungen verweist auf seit mindestens Ende 1970 dauerhaft arbeitende Gruppen, die bis Ende 1972 aktiv waren. Es kann von 72 Gruppen ausgegangen werden, die zwischen 1970 und 1972 bestanden und sich an einer überregionalen Vernetzung beteiligten. Die Anzahl der Gruppen, die nur in Veröffentlichungen bis 1971 aufgenommen wurden, betrug 25. Sie stellten ihre Arbeit vermutlich schon im Laufe des Jahres 1971 ein. Auffällig ist, dass der Lehrlingskalender 1973 noch 23 neue Gruppen erwähnte, die 1972 hinzugekommen sein müssen. Es handelt sich dabei fast ausschließlich um Gruppen in kleineren Städten wie Cochem, Berghausen, Idar-Oberstein, Landau oder Weilburg-Leun. Mit weiteren Belegen über einzelne Nennungen und Gruppen, die nicht in den veröffentlichten Listen auf-

294 Haug/Maessen, Lehrlinge, S. 241-245 (1971); Crusius/Söhl/Wilke, Praxis, S. 199-202 (1971); Weiler/Freitag, Ausbildung, S. 225-227 (1971); Todtenberg/Ploog, Bossen, S. 138-142. Ein »Roter Kalender für Lehrlinge und Schüler« erschien ab 1972 im Verlag Klaus Wagenbach in Berlin und nannte in drei Ausgaben bis 1974 in seinem Adressenteil Lehrlingsgruppen, ebenfalls *ran* Nr. 7, Juli 1971, S. 30. Adressenlisten auch in: Anlage II zum Protokoll der Regionalkonferenz Nord der Lehrlingszentren am 13./14.3.1971, PA Wilke.

295 Juso-Lehrlingskongress in Düsseldorf, *Lehrlingszeitung* Nr. 4, (Ende 1970), S. 13; Adressen, *Lehrlingszeitung* Nr. 6, (Frühjahr 1971), S. 14.

tauchten, können insgesamt 142 Gruppennennungen belegt werden.[296] Auf dem ersten bundesweiten Treffen der Lehrlingszentren im Februar 1971 waren 40 »arbeitende« Gruppen vertreten.[297] Ein Jahr später waren auf dem zweiten – und letzten – bundesweiten Treffen der Lehrlingszentren in Frankfurt a. M. im Mai 1972 Delegierte aus rund hundert Zentren anwesend.[298]

Diese statistischen Beobachtungen lassen nur bedingt Rückschlüsse auf die qualitative Ausrichtung der einzelnen Gruppen zu. Es ist nicht auszuschließen, dass die Listen gegenseitig abgeschrieben und nicht immer eigene Recherchen vorgenommen wurden. Dennoch lassen sich über die Konturen der Lehrlingsbewegung einige Hinweise gewinnen. In 18 Fällen wurde unter Kontaktpersonen eine DGB-Anschrift notiert. 24 Gruppen führten mit »DGB« oder »IGM« einen Gewerkschaftsbezug bereits im Namen. Andere institutionelle Bindungen sind nur selten zu erkennen: Für Aachen wurde jeweils ein katholisches und ein evangelisches Lehrlingszentrum genannt, drei Gruppen waren von Jusos initiiert. Bei den restlichen 66 Gruppen ist über den Namen zumindest keine sichere Zuordnung zu den Gewerkschaften möglich. Dies spricht nicht unbedingt dafür, dass es sich um eigenständige oder gar gewerkschaftsablehnende Gruppen handelte. Dies dürften insgesamt nur wenige gewesen sein. Es ist davon auszugehen, dass sich mit der Zeit die meisten Gruppen den Gewerkschaften enger anschlossen und am Anfang Gruppen aktiv waren, die außerhalb der Gewerkschaften standen. Zum Teil ist bei der Namensnennung ein Wechsel vermerkt: In drei Fällen wurde aus »Jour Fix« oder »Lehrlingsgruppe« 1972 eine DGB-Lehrlingsgruppe.

Einen Hinweis liefern die Adressenlisten über die geschlechtliche Verteilung. Es ist davon auszugehen, dass Frauen zahlenmäßig eine Minderheit in den Gruppen darstellten, was auch für die Gewerkschaftsmitgliedschaft insgesamt galt. Bei 90 Adressen sind Kontaktpersonen geschlechtlich zuzuordnen. Davon waren 79 Männer und elf Frauen. Dieser Anteil von 8,69 Prozent dürfte nicht weit entfernt vom realen Frauenanteil in den Gruppen gewesen sein. Dies lag zum einen an den geschlechtlichen Verteilungen in der Ausbildungsstruktur. Im industriellen wie handwerklichen Bereich waren Frauen in einem weitaus geringeren Maße vertreten. Zum anderen war in den Lehrlingsgruppen eine männliche Perspektive dominierend. Bemühungen der Essener Arbeitsgemeinschaft, Ende 1971 im Bereich der Arzthelferinnen die Ausbildungssituationen zu skandalisieren, machen diesen Blick deutlich: »Auch hier war der Arbeitsgemeinschaft bereits durch Schwestern oder Freundinnen der Lehrlinge zugetragen worden, daß es dort erhebliche Mißstände geben müsse.« Als besondere Schwierigkeit wurde

296 Eigene Zusammenstellung nach den veröffentlichten Listen sowie: Liste der Sozialpolitischen Arbeitsgemeinschaft, ca. 1972, aus Rote-Hilfe-Archiv, APO-Archiv FU Berlin, SB RH Box 2 AG Spak sowie einzelnen Nennungen aus dem Bestand der IG Metall und des DGB im AdsD.

297 Gegen den Kapitalismus – für Gewerkschaftsdemokratie, Erste Bundesarbeitskonferenz der Lehrlingszentren, in: *LZ* Nr. 5, S. 11-12.

298 Demokratisiert die Gewerkschaften, Aufgaben der gew. Jugendpolitik, in: *LZ* Nr. 10/11, S. 5-6.

eine vorgebliche Passivität ausgemacht: »Den Beruf der Arzthelferin ergreifen ausschließlich Mädchen, die in der Mehrzahl weniger leicht für Aktionen zur Verbesserung ihrer Situation zu gewinnen sind als Jungen.«[299] Bei der dann von einigen Arzthelferinnen mit Unterstützung der Essener Arbeitsgemeinschaft durchgeführten Umfrageaktion gab die Mehrzahl zudem an, mit ihrem Beruf zufrieden zu sein.[300] Eine in München 1971 aktive Siemensfrauengruppe entstammte dem studentischen Milieu und versuchte, weibliche Arbeiterinnen zu agitieren, einige ihrer Mitglieder arbeiteten zeitweilig bei Siemens. Im Ausbildungs- bzw. Jugendbereich waren sie jedoch nicht engagiert.[301]

Welche Merkmale lassen sich neben statistischen Angaben über die Gruppen der Lehrlingsbewegung feststellen? In der frühen Phase 1969/70 waren es neben Essen und Hamburg einige wenige prominente Ereignisse, die in der zeitgenössischen Literatur genannt wurden. Einige hiervon sollen näher betrachtet werden. Dazu gehörte ein Lehrlingsarbeitskreis in der kreisfreien Stadt Neustadt an der Weinstraße in Rheinland-Pfalz. Der Impuls für Aktivitäten ging hier von Mitgliedern der Naturfreunde und der IG-Metall-Jugend aus, die im Mai 1969 eine Diskussionsveranstaltung unter dem Titel »Der Lehrling als Sklave des Lehrherrn?« organisierten und anschließend einen Arbeitskreis Lehrlinge mit ca. 25 Beteiligten gründeten.[302] Sie verteilten Fragebogen vor der Berufsschule. Allerdings war der Rücklauf so gering, dass die Aktion wiederholt werden musste; die Schülermitverwaltung der Berufsschule hatte die Aktion nicht unterstützt. Auf den rund 200 Bögen, die schließlich ausgewertet werden konnten, schienen die gravierendsten Probleme im KfZ-Handwerk bei einer Volkswagen-Verkaufsstelle zu bestehen. Ein IG-Metall-Vertreter wurde gebeten, ein Gespräch mit der Geschäftsleitung zu führen, zusätzlich wurde ein Informationsstand in der Innenstadt organisiert. Diese Form der Öffentlichkeit führte zu Irritationen, es gab ein gemeinsames Gespräch von IG Metall, Handwerkskammer, Arbeitskreis und Geschäftsleitung des Betriebes; Ergebnis war unter anderem, dass der kritisierte Toilettenreinigungsdienst der Lehrlinge abgeschafft wurde.[303] Der Lehrlingsarbeitskreis bestand überwiegend aus IG-Metall-Jugendlichen, er organisierte Bildungsseminare und gab eine eigene Zeitschrift heraus.[304] Bald prägten Konflikte mit Betriebsräten und der Ortsverwaltung der IG Metall die Arbeit des Kreises, bei denen typische Konfliktmuster zutage traten. Von der von dem Ar-

299 Weiler/Freitag, Ausbildung, S. 146.

300 Ebd., S. 146-152.

301 Eine instruktive Darstellung der Gruppe bei: Elisabeth Zellmer, Töchter der Revolte? Frauenbewegung und Feminismus der 1970er Jahre in München, München 2011, S. 110-121.

302 Dokumentation Gewerkschaftspolitik im Fall Obermaier, hrsg. Ad-Hoc-Gruppe Neustadt zum Gewerkschaftsfall Obermaier, S. 3, in: AdsD, 5/IGMA-22-0637; Haug/Maessen, Lehrlinge, S. 135.

303 Haug/Maessen, Lehrlinge, S. 132-142.

304 Edmund Möller, Kontrolliert die Unternehmer, in: *Der Gewerkschafter* 17, Nr. 12, Dezember 1969, 474 f.

beitskreis herausgegebenen Zeitung *Der Stachel* erschienen die ersten drei Ausgaben unter der Verantwortung der Ortsverwaltung. Als sich die Freigabe der vierten Ausgabe im Herbst 1970 durch den Bevollmächtigten hinzog, veröffentlichte der Arbeitskreis sie in eigener Verantwortung. Man habe von Anfang an gesagt, sich nicht »verbiegen« lassen zu wollen; da aber vor allem Betriebsräte Kritik an einigen Artikeln geübt hätten, wolle man nun ohne die Ortsverwaltung der IG Metall, aber weiterhin mit den Gewerkschaften zusammenarbeiten.[305] Ausgangspunkt der Konflikte waren Auseinandersetzungen in der Textilmaschinenfabrik Obermaier & Cie. in Neustadt/Weinstraße, die fast 50 Lehrlinge beschäftigte. Der kaufmännische Lehrling Kurt Rössler war Ende 1968 zum Jugendvertreter gewählt worden, kurze Zeit später der gewerbliche Lehrling Fritz Bohrmann. Sie waren an der Gründung des Arbeitskreises für Lehrlinge beteiligt und erarbeiteten eine Reihe von Forderungen in ihrem Betrieb. In direkten Gesprächen mit der Geschäftsleitung, die sich Neuerungen gegenüber aufgeschlossen zeigte, wurden die Abschaffung der ausbildungsfremden Arbeiten, mehr inhaltliche Schulungen, Abfassen der Berichtshefte während der Arbeit, ein Ausbildungsplan und die Bezahlung der betrieblichen Ausbildungsmittel vereinbart. Der Betriebsrat hielt sich bei diesen Gesprächen zurück.[306] Rössler kritisierte den Betriebsrat auf einer Betriebsversammlung im November 1969, in der Folge war das Verhältnis zwischen den beiden Interessenvertretungsgremien nachhaltig gestört. Eine Beobachterin der IG Metall aus Frankfurt notierte über die Vorkommnisse: »Das Verhalten des Betriebsrates, der befangen in Gewohnheit und Unsicherheit nur unzureichend seine gesetzliche Funktion erfüllte, und das Vorgehen einer kompromißlosen Jugend im Betrieb, die zwar echte Mißstände aufdeckte, sich aber durch die Wahl ihrer Mittel wieder ins Unrecht setzte, bestimmten das Spannungsverhältnis zwischen Betriebsrat und Jugendlichen in der Fa. Obermayer & Cie.«[307] Im Februar 1970 verteilten Rössler und Bohrmann einen offenen Brief vor dem Werk, in dem sie Betriebsrat und Geschäftsleitung angriffen, die neuen Bestimmungen des BBiG nicht umzusetzen. Die Geschäftsleitung kündigte Rössler mit Zustimmung des Betriebsrates einige Tage später. Die Kündigung wurde vom Arbeitsgericht Ludwigshafen bestätigt, da Rössler mit seinen Aktivitäten große Unruhe in die Belegschaft getragen habe. Verschärfend kam hinzu, dass der Offene Brief auch an Werksfremde verteilt worden sei. »Ohne gesicherte Disziplin und in der öffentlichen Meinung abgewertet, vermag aber kein Betrieb seine wirtschaftlichen und sozialen Aufgaben wahrzunehmen« hieß es in der Urteilsbegründung.[308] Die IG Metall in Frankfurt hatte einen Rechtsbeistand

305 In eigener Sache, in: *Der Stachel* Nr. 1 (Nr. 4) Berichte und Informationen für Lehrlinge und Jungarbeiter, Oktober 1970, S. 2, in: AdsD, 5/IGMA-22-0637.

306 Dokumentation Gewerkschaftspolitik im Fall Obermaier, hrsg. Ad-Hoc-Gruppe Neustadt zum Gewerkschaftsfall Obermaier, S. 3 f., in: AdsD, 5/IGMA-22-0637.

307 Ursula Soch (hs.), Probleme der Zusammenarbeit zwischen Jugend und Betriebsrat in der heutigen Arbeitswelt aufgezeigt am ›Fall Rössler‹, S. 3, in: AdsD, 5/IGMA-22-0231.

308 Urteil 2 Ca 192/70 des Arbeitsgerichtes Ludwigshafen Rößler/Fa. Obermaier & Cie., verkündet 27. April 1970, S. 12, in: AdsD, 5/IGMA-22-0231

entsandt, während die Ortsverwaltung, in der Betriebsräte von Daimler-Benz und Obermaier & Cie. dominierten, die Entlassung begrüßte.[309] Rössler plante nach der Entlassung ein Studium an einer Wirtschaftsfachschule, engagierte sich 1970 aber noch in der Lehrlingsgruppe Neustadt. Der zuständige Jugendsekretär Helmut Pairan und der OJA der IG-Metall-Jugend versuchten zu vermitteln. Die im Herbst 1970 erfolgte Trennung des *Stachels* von der Ortsverwaltung war auch auf Anregung des Bezirksjugendsekretärs Adi Ostertag erfolgt, der die Zeitung für eine der besten Jugendzeitungen hielt.[310] Die aktiven Jugendlichen suchten Unterstützung bei höheren Funktionären, die sie in ihrer kritischen Haltung meist bestärkten. In einem Grundsatzartikel erklärte der Arbeitskreis in seiner unabhängigen Ausgabe den Ausbau der »Lehrlingsbewegung« zu einem wichtigen Ziel. Als herausragende Ereignisse – und damit als Hinweis auf die auch in der Pfalz abrufbaren Signaturen der Lehrlingsbewegung – wurden der Hamburger Jour Fix, die Essener Aktionen sowie Lehrlingsgruppen im Ruhrgebiet genannt. Ziel war es, die Ausbildung der alleinigen Verfügungsgewalt der Arbeitgeber zu entziehen und Berufsschulen und Lehrwerkstätten zu stärken. Der Zustand der Berufsausbildung habe sich seit hundert Jahren kaum geändert – mit nur einem Unterschied: »Die Lehrlinge beginnen sich zu wehren.«[311] In den Texten der Gruppe wurde versucht, eine Ohnmacht des Betriebsrates und der Arbeiter mit psychologischen Begründungen zu analysieren und Verständnis zu wecken. Der Arbeitskreis konnte nach der Trennung von der Ortsverwaltung der IG Metall noch zwei weitere Ausgaben seiner Zeitung herausbringen, aber ging im Laufe des Jahres 1972 ein.

Der Arbeitskreis der Lehrlinge in Neustadt, im Wesentlichen von der IG-Metall-Jugend getragen, half einigen jugendlichen Gewerkschaftsmitgliedern in Landau, Anfang 1971 eine Umfrage durchzuführen und eine Lehrlingsgruppe im Rahmen des DGB zu etablieren, die noch 1972 bestand.[312] Die Landauer Umfrage wurde vom IG-Metall-Bevollmächtigten Julius Mehlem vorgestellt, und er betonte, es sei keine »linksextreme Absicht« dahinter, sondern ein normales Vorgehen, um Missstände aufzudecken. Die Berufsausbildung solle umgestaltet werden, die Landauer Lehrlingsgruppe forderte zum Beispiel eine Gesamtschule mit beruflicher Ausrichtung.[313] Eine medial prominente Rolle spielte die Lehr-

309 Werner A. Dietrich, In der Einigkeit liegt die Kraft. Geschichte der Arbeiterbewegung in der Region Neustadt/Südpfalz 1832-1984, Neustadt 1991, S. 203 f.

310 Dokumentation Gewerkschaftspolitik im Fall Obermaier, hrsg. Ad-Hoc-Gruppe Neustadt zum Gewerkschaftsfall Obermaier, S. 12, in: AdsD, 5/IGMA-22-0637.

311 Lehrlingsreport: ›Klassenbewußtsein unter Lehrlingen – oder gegen die ›gottgewollte‹ Unterdrückung, in: *Der Stachel* Nr. 1 (Nr. 4) Berichte und Informationen für Lehrlinge und Jungarbeiter, Oktober 1970, S. 2, in: AdsD, 5/IGMA-22-0637, S. 13-16.

312 Vgl. Ergebnis einer Befragung zur Berufsausbildung an der Berufsschule Landau/Pfalz, durchgeführt von Jugend der IG Metall, (Frühjahr 1971); Roter Kalender für Lehrlinge und Schüler 1973.

313 Ausbildungsmängel im Handwerksbetrieb, Rheinpfalz/Südpfälzische Rundschau, 14.5.1971 sowie Dokumentation der Umfrage Berufsschule Landau, beide in: AdsD, 5/IGMA-22-0153.

lingsgruppe bei Siemens in München, denn sie kritisierte die Ausbildung in einem Großbetrieb, die gegenüber kleinen Betrieben als qualifizierter galt. Die Siemens AG hatte eine Vielzahl von Produktions- und Reparaturstätten, 1974 gab es bundesweit an 82 Standorten Jugendvertretungen.[314] In München hatte Ende 1969 eine Gruppe von Siemens-Lehrlingen, darunter auch Jugendvertreter, damit begonnen, Aussagen von Lehrlingen zu sammeln. Zu einer Dokumentation aufbereitet, wurden diese bei einer Freisprechungsfeier für Siemens-Lehrlinge in München am 27. Februar 1970 verteilt. Die Mehrzahl der berichteten Vorfälle waren in den Siemens-Lehrwerkstätten Tölzer Straße und Martinsstraße registriert worden. Viele Vorkommnisse datierten aus den Jahren 1966 bis 1968 und stammten daher von Ausgelernten. Es wurden demütigende und gewalttätige Vorfälle mit Ausbildern geschildert, die grundlos Lehrlinge geschlagen oder beschimpft hätten. Die Dokumentation schien die düstere Situation in der Ausbildung zu belegen, wobei auffiel, dass nicht die fachliche, sondern die geringen pädagogischen Fähigkeiten und Übergriffe der Ausbilder kritisiert wurden.[315] Die Störung der Freisprechungsfeier verlief ohne Handgreiflichkeiten[316], und die Geschäftsleitung versicherte, den Vorwürfen nachzugehen. Die Siemens AG gab später an, 16 der 21 dargestellten Fälle hätten sich »nicht oder nicht so, wie dort geschildert« zugetragen.[317] Die Dokumentation war in einem moderaten Ton gehalten, und in der Resolution, die auf der Freisprechungsfeier verlesen wurde, hieß es: »Wir protestierten gegen eine Ausbildung, in der durch körperliche Züchtigung Angst, Minderwertigkeitskomplexe und seelische Hemmungen hervorgerufen werden, die das Selbstbewußtsein der Lehrlinge in starkem Maße mindern.«[318] Die SDAJ begrüßte die Aktion in ihrer Zeitung *Der Siemens-Lehrling*. Auf dem Titelblatt war ein Foto von drei Vorstandsvorsitzenden der Siemens-AG zu sehen, ein gezeichneter Lehrling urinierte vor ihnen auf den Tisch. Mit dieser Karikatur versuchte die SDAJ, die Kritik in der Dokumentation der Siemens-Lehrlinge in eine antikapitalistische Richtung zu lenken: Mit den Ausbildern sei es oft schwierig, aber sie seien nur kleine Angestellte, die ihren Frust an Lehrlingen auslebten und überfordert seien. Verantwortlich sei die Geschäftsleitung. »Deshalb müssen wir unser Verhalten gegenüber den Ausbildern überdenken« forderte die SDAJ.[319] Für die Abteilung Jugend der

314 Ergebnisse des GJV-Fragebogens »An die Jugendvertretungen der Standorte«, Braunschweig 13.2.1974, in: AdsD, 5/IGMA-22-0686.

315 Arbeitsgruppe Siemens-Lehrlinge: Eine Lehre bei Siemens, Dokumentation 26.2.1970, abgedruckt in: *Gewerkschafts-Spiegel* Nr. 7, 1970, S. 2-13; Todtenberg/Ploog, Bossen, S. 24-40.

316 Hingegen stellte es die *Elan* in einer für sie typischen Übertreibung der Wirkungen von Aktionen dar: »Direktoren und Ausbildungsleiter bekamen aschfahle Gesichter. Sie vergaßen ihre feierlichen Redemanuskripte in den Taschen […]«, in: Uwe Sommer, Krach vor der Haydn-Sonate, in: *Elan* Nr. 4 (1970), S. 10.

317 Leserbrief der Siemens-AG München, in: *Der Spiegel* Nr. 20, 11.5.1970, S. 7.

318 Resolution, 26.2.1970. Abgedruckt in: *Gewerkschafts-Spiegel* Nr. 7, 1970, S. 3.

319 Der Siemens-Lehrling, Ausgabe Juli '70, hrsg. von der SDAJ, ViSdP. Wolfgang Gehrcke, in: AdsD, 5/IGMA-22-0731.

IG Metall stellte sich die Frage als organisatorisches Problem: Die Siemens-Lehrlinge hatten bei der Vorbereitung der Dokumentation bewusst auf eine Information der IG Metall verzichtet, da sie befürchtete, von der Gewerkschaft an der Störung der Freisprechungsfeier gehindert zu werden. Das Verhältnis zwischen Betriebsrat und der Jugendvertretung sei sehr gespannt, der Betriebsrat bei Siemens habe sich auch nicht »in jeder Hinsicht als konsequenter Vertreter der Auszubildenden« erwiesen, stellte die Abteilung Jugend der IG Metall fest.[320]

Die Ausbreitung der Lehrlingsbewegung fand vor allem im Laufe des Jahres 1970 statt, als in vielen Orten Gruppen entstanden, die sich der Lehrlingsarbeit widmeten und gleichzeitig an den Gewerkschaften orientierten. Dabei ist anzunehmen, dass häufiger Gymnasiasten oder Realschüler den Anschub zu solchen Gruppengründungen gaben. Wolfgang Dietrich Winterhager sprach sogar von »Renommierlehrlinge(n)«, die studentisch initiierten Gruppen angehörten.[321] Ein Beispiel aus Paderborn zeigte die sich daraus ergebenden Probleme. Dort gründete sich im Juni 1970 ein »Arbeitskreis Paderborner Lehrlinge« und begann eine Umfrage unter Berufsschülern. Im Juli 1970 organisierte der Arbeitskreis eine Demonstration für eine bessere Berufsausbildung, ein typisches Vorgehen neuer Gruppen. Trotz vorheriger Diskussionen an den Berufsschulen kamen fast nur Oberschüler und so gut wie keine Lehrlinge. Die Gruppe machte den Druck der Ausbilder dafür verantwortlich.[322] Die Gruppe versuchte, die Lehrlinge über rechtliche Aspekte zu mobilisieren. In ihrem Aufruf hieß es: »Zeigt euren Ausbildern[,] das[s] ihr nicht mehr Lehrlinge ohne Verstand seid, sondern eignet euch die Gesetze und Verordnungen zu eurem Schutze an und gebraucht sie. Überwacht die Ausbildung mit und vergleicht sie mit den Berufsbildern […].«[323] Versuche, mit der Kreishandwerkerschaft Diskussionen über Ausbildungsmissstände zu führen, scheiterten. Der Arbeitskreis wandte sich im November 1970 an die Abteilung Jugend der IG Metall, da er sich nun entschlossen hatten, die brachliegende Jugendarbeit im Paderborner DGB neu aufzubauen und bat um Schulungsmaterial.[324] In den Adressenverzeichnissen der Lehrlingsbewegung wurde die Gruppe nicht erwähnt. Eine Erwähnung war wiederum keine Garantie für entsprechende Aktivitäten. Eine Lehrlingsgruppe in Osterholz-Scharmbeck hatte sich im Sommer 1970 als »Lehrlingsbasisgruppe OHZ« konstituiert und gab ein kleines Informationsblättchen heraus, anfangs finanziert durch

320 Zu Nr. 13 S. 9 Beispiele für Spannungen zwischen jung und alt in der Organisation (Anfang 1971), in: AdsD, 5/IGMA22-0220.

321 Winterhager, Lehrlinge, S. 74.

322 »11. Juli 1970. Eine Pleite«. *Die Ameise, Informationsblatt des APL* Nr. 1, November 1970, S. 2, in: AdsD, 5/IGMA-22-0626. Zu einer Demonstration in Uelzen mit ähnlichem Hintergrund im Juni 1970 vgl. *Solidarität, Uelzener Lehrlingszeitung*, Ausgabe Juni 1970, in: PA Tiedeke Heilmann.

323 »Bin ja nur Lehrling …«, in: *Die Ameise, Informationsblatt des APL* Nr. 1, November 1970, S. 5, in: AdsD, 5/IGMA-22-0626.

324 Hartmuth Donath, Arbeitsgemeinschaft Paderborner Lehrlinge, an Abt. Jugend, 22.1.1971, in: AdsD, 5/IGMA-22-0626.

Anzeigen lokaler Unternehmen. Eine geplante Umfrage unter Berufsschülern scheiterte, da auch die Namen der Lehrbetriebe genannt werden sollten, was die Lehrerschaft nicht akzeptierte. Durch diese negativen Erfahrungen frustriert löste sich die Gruppe im April 1971 wieder auf.[325] Ähnliche Probleme hatte auch das Lehrlingszentrum Lippe, welches Anfang 1970 auf Initiative der örtlichen Jusos – der auch Lehrlinge angehörten – hin gegründet worden war. Nach einer ersten Phase theoretischer Schulungen wurde mit Unterstützung des Bielefelder DGB im September 1970 eine zweitägige »Polit-Fete« organisiert, auf der neben einem musikalischen Abendprogramm mit Referaten am zweiten Tag Arbeitsgruppen gebildet wurden, zu denen auch ein Vertreter des Hamburger Jour Fix anreiste. Die 300 Besucher beteiligten sich kaum an den Diskussionen, der Gruppe gelang es nicht, sich zu vergrößern. Anfang 1971 waren zwar rund 20 Lehrlinge aktiv, aber bei der initiierenden Juso-Gruppe ergaben sich die typischen Probleme von Kleinstädten, da nicht nur die Oberschüler zum Studium in andere Städte abwanderten, sondern auch ein Teil der Lehrlinge weiterführende Schulen besuchte und wegzog.[326]

In Berichten über Lehrlingszentren wurde betont, wie wichtig konkrete Erfahrungen für eine Politisierung seien; alle Darstellungen empfahlen sich als »Aktionsmodelle« zur Nachahmung. Gerade bei Zentren, die von Gewerkschaftsfunktionären angeleitet wurden, basierte das Vorgehen zunächst auf Umfragen, einer daraus folgenden Skandalisierung von Missständen und erhofften Lernprozessen bei den Auszubildenden.[327] Das »Lehrlings- und Jungarbeiterzentrum« in Wirges im Westerwald war im Dezember 1970 eingerichtet worden. DGB-Landesjugendsekretär Rheinland-Pfalz war Dieter Greese, der bereits den Jour Fix in Hamburg als Jugendbildungsreferent begleitet hatte und im Sommer 1970 auf den neuen Posten gewechselt war. Während die Gruppe in der ersten Phase noch Material sammelte, bot sich unerwartet ein »erster Anlaß zum Engagement. Unversehens wurde die Aktion zum Lernfeld für das Erkennen kapitalistischer Strukturzusammenhänge«, betonte Greese in einem Bericht.[328] Die Firma Nieberding in Heschbach war an einen amerikanischen Konzern verkauft worden, und bei der Umstellung sollten im Januar 1971 nicht nur Mitarbeiter entlassen, sondern auch die Lehrwerkstatt geschlossen werden. Das Lehrlingszentrum nahm Kontakt zu den 18 betroffenen Lehrlingen auf; der

325 Jürgen Luschert, Hintergründe der Auflösung der Lehrlingsbasisgruppe OHZ, 18.April 1971, in: ZIB-Info. Internes Informationsblatt der Lehrlingenszentren und Jour Fixes, Nr. 1 (1971), in: PA Wilke.

326 Kurt Vollmer, Tätigkeitsbericht des Lehrlingszentrums Lippe, in: ZIB-Info. Internes Informationsblatt der Lehrlingenszentren und Jour Fixes, Nr. 1 (1971), in: PA Wilke.

327 So skizzierte es auch ein Mitarbeiter der Abteilung Jugend anhand von elf Befragungen: Siegfried Müller, Note für die Ausbildung: Mangelhaft bis katastrophal, in: *Der Gewerkschafter* 19, Nr. 8, August 1971, S. 314f.

328 Dieter Greese, Lehrlingszentrum in Aktion. Der Fall Niederding, S. 1-4, S. 1. In: ZIB-Info. Internes Informationsblatt der Lehrlingszentren und Jour Fixes, Nr. 1 (1971), in: PA Wilke; abgedruckt auch in: *LZ* Nr. 5, S. 15; ebenfalls in: Arbeiterjugendreport: Der Fall Nieberding, in: *Elan* Nr. 4 (1971), S. 14f.

Betriebsrat – dem nur ein IG Metall-Mitglied angehörte – wollte der Schließung zustimmen. Die Verhandlungen fanden zwischen der Betriebsleitung und Gewerkschaftsvertretern statt, es wurde erreicht, dass 14 Lehrlinge noch auslernen konnten, die vier Lehrlinge des ersten Lehrjahres sollten in einen anderen Betrieb versetzt werden. Dieter Greese erblickte in dieser kleinen Aktion mehrere Erfahrungswerte. Die Lehrlinge in der Gruppe wie im Betrieb hätten erlebt, wie »solidarisches Handeln« eine »scheinbar ausweglose Situation noch verändern kann«, und sie hätten Vertrauen in ihre eigenen Fähigkeiten gewonnen.[329] Die Schwierigkeiten des Lehrlingszentrums in Wirges bestünden darin, dass ein »rückständiges Bewußtsein« in der ländlichen Region verbreitet sei: »In dieser Umgebung der kleinkarierten Rechtschaffenheit wirkt der Aufstand der kleinen Bierholer revolutionär. Es gibt auch einige ältere Gewerkschaftsmitglieder und Betriebsräte, die nur schwer begreifen, was dort vor sich geht«, wurde der DGB-Kreisvorsitzende in einem Artikel über die Ereignisse zitiert.[330] Mit dem Lerneffekt von Aktionen argumentierte im November 1970 auch Walter Riester, Landesjugendsekretär des DGB in Baden-Württemberg: »Die Bedeutung einer erfolgreichen Aktion, die zur Verbesserung ihrer Berufsausbildung führte, liegt weniger in dem materiell Erreichten, sondern hauptsächlich in der durch die Aktion gewonnenen Erkenntnis, daß er, der Jugendliche, der als einzelner machtlos war, plötzlich eine Macht ist, mit der sich die bisherigen Befehlenden auseinandersetzen müssen.«[331] Riester beschrieb die Arbeit von vier Lehrlingszentren, die mit Hilfe des DGB Mitte 1970 in Baden-Württemberg initiiert worden waren. Das Mannheimer Lehrlingszentrum war im Juni 1970 gegründet worden, und Riester bezeichnete es ambitioniert als das »3. Lehrlingszentrum« nach Hamburg und Essen. Aktivitäten hatte es schon vorher gegeben. Im April 1969 war das Schlagen eines Lehrlings durch seinen Meister ein prominentes Beispiel.[332] Der geschlagene Lehrling, Wolfgang Jerrentrup, war Mitglied der SDAJ und lernte in einem kleinen Uhrmacherbetrieb mit elf Beschäftigten; Jerrentrup hängte einen Ausbildungsplan auf, was den Uhrmachermeister Hans Töpfer so empörte, dass er auf Jerrentrup einschlug. Die Mannheimer DGB-Jugend und SDAJ organisierten daraufhin eine Demonstration vor dem Betrieb mit hundert Personen. Töpfer entschuldigte sich für den Vorfall und erklärte: »Da is' mir

329 Greese, Lehrlingszentrum, S. 4. Darstellung des Ablaufes auch in einem ungezeichneten Bericht, der vermutlich ebenfalls von Greese stammte, in: AdsD, 5/IGMA-22-0153.

330 Dem Ausbilder einen Orden für Brutalität. Haarsträubende Erziehungsmethoden in der Lehrlingsausbildung, in: *Welt der Arbeit* Nr. 14, 2.4.1971, , S. 6.

331 DGB-Lehrlings-Zentrum Aktuell, Dokumentation des DGB-Landesbezirks Baden-Württemberg, Anschreiben von Walter Riester, 2.11.1970, in: AdsD, 5/IGMA-22-0153.

332 Lehrlingsausbildung: Schläge für politischen Lehrling, in: *express international*, 26.4.1969. Noch ein Jahr später wurde der Vorfall als Beleg genommen für katastrophale Zustände in der Berufsausbildung, diesmal allerdings ohne Nennung eines Datums: Dieter Mauer, Mit Kehrbesen und Putzlappen: Ausbildung für das Jahr 2000? in: *Mannheimer Allgemeine Zeitung*, 8.6.1970; Arno Ploog nahm es als Vorlage für einen Comic: Todtenberg/Ploog, Bossen, S. 64f.

halt der Gaul durch un' da hab' ich ihm ein poor gewedelt«, und ferner: »Der junge Mann ist Ostermarschierer. Der hat immer provoziert. Kürzlich hat er ein Plakat aufgehängt: Wir fordern eine Ausbildung, die auf das Jahr 2000 zugeschnitten ist, oder so. Na, und jetzt haben wir 1969 ...«.[333] Von einer Entlassung nahm Töpfer Abstand, und auf einer von der Junghandwerkerschaft organisierten Veranstaltung wurde der Uhrmachermeister für seine gute Ausbildung gelobt. Der Rechtsreferent der Handwerkskammer forderte Verständnis für das »menschliche Versagen« und warf der IG Metalljugend vor, sie würde diese Vorfälle politisch hochspielen.[334] Klaus Dieter Schröder vom SDAJ-Vorstand Mannheim verwahrte sich gegen den Instrumentalisierungsvorwurf, denn nicht die Junghandwerkerschaft, sondern Gewerkschaften und auch SDAJ traten für eine moderne Berufsausbildung ein.[335]

Aus diesen Ereignissen entwickelte sich in Mannheim 1969 kein an die Gewerkschaften gebundenes Lehrlingszentrum, es blieben Aktivitäten der politischen Gruppierungen. Erst auf Initiative des 26-jährigen DGB-Jugendbildungsreferenten Thomas Bittner wurde im Sommer 1970 ein Lehrlingszentrum gegründet. Im Februar hatte die HBV eine Umfrage unter kaufmännischen Lehrlingen durchgeführt, im Juni 1970 wurde das neugegründete Lehrlingszentrum bekannt gemacht mit einer Ausstellungsaktion auf dem Mannheimer Paradeplatz unter dem Motto »Mit WC-Bürste ins Computerzeitalter«. WC-Schüsseln, Putzlappen, Besen und Rechen wurden als Arbeitsmittel von Lehrlingen präsentiert. Sprecher waren Sekretäre der Einzelgewerkschaften. So erläuterte IG-Metall-Sekretär Walter Metz, dass im Vorwege vier Handwerksmeister bei ihm angerufen und sich beschwert hätten, dass die Gewerkschaft die Faulheit der Lehrlinge unterstützte; eine HBV-Sekretärin berichtete von monotonen Arbeiten und sexuellen Belästigungen bei kaufmännischen Lehrlingen.[336] Die Forderungen der Lehrlinge waren auf betriebliche Situationen zugeschnitten und zeigten den Einfluss von Gewerkschaftssekretären. Dazu gehörte, die »Ausbildungsbeihilfe« prozentual zum Facharbeiterlohn zu erhöhen, genaue Vorstellungen über Arbeitszeitbegrenzungen und Fahrgeld für Fahrten zur Arbeit und zur Berufsschule.[337] Die Gründung eines Lehrlingszentrums wurde auch als Absage an politische Radikalisierungen verstanden: »Was bisher nur von extrem linken Gruppen politisch ausgeschlachtet wurde, soll nun in großem Rahmen für alle Betriebe in Angriff genommen werden«, hieß es in der Lokalpresse.[338] Entsprechend waren die Mannheimer Aktionen weniger politisch aufgeladen als in anderen Städten. Im September 1970 wurde eine Diskussionsveranstaltung

333 Ohrfeigen für Plakat in der Werkstatt, in: *Mannheimer Morgen*, 15.4.1969.

334 Ohrfeigen politisch hochgespielt, in: *Mannheimer Morgen*, 17.4.1969.

335 Leserbrief Klaus Dieter Schröder: Veraltete Lehrlingsausbildung, in: *Mannheimer Morgen*, 2.5.1969.

336 »Lehrlinge protestierten mit der WC-Bürste«, in: *Allgemeine Zeitung*, 9.6.1970.

337 Flugblatt: Wir Lehrlinge fordern, in: AdsD, 5/IGMA-22-0153.

338 Mit Kehrbesen und Putzlappen: Ausbildung für das Jahr 2000?, in: *Mannheimer Allgemeine Zeitung*, 8.6.1970.

mit der Handwerkskammer organisiert, an der rund 200 Lehrlinge teilnahmen. Der Vertreter der Handwerkskammer sprach von einigen »Schwarzen Schafen« und hob hervor, dass sie an Berichten über Missstände in der Ausbildung interessiert seien.[339] Trotz dieser Zusagen wurde eine Woche später der Handwerkskammer ein »Goldener Besen« überreicht, eine Aktion, an der rund 50 Personen teilnahmen. Sprecher war der DGB-Jugendbildungsreferent Thomas Bittner[340], der auch Lehrlingszentren in Heidelberg, Weinheim und Tuttlingen initiierte. Bittner und Walter Riester erläuterten in einem Hintergrundgespräch im *Heidelberger Tageblatt* die Arbeit des Mannheimer Lehrlingszentrums und kündigten eine weitere Gründung in Heidelberg an.[341] Konfliktträchtiger als in Mannheim verlief die Gründung eines Lehrlingszentrums in Weinheim. Dies ergab sich aus der dominierenden Stellung der Freudenberg-Werke in der Stadt, die im Organisationsbereich der Gewerkschaft Leder lag.[342] Auf einer von Bittner initiierten Lehrlingsversammlung wurde am 13. Oktober 1970 das Lehrlingszentrum Weinheim gegründet, im Wesentlichen von Lehrlingen der Firma Freudenberg. Diese kritisierten die als vorbildlich geltende Ausbildung in ihrer Firma und forderten ein Ende von Reinigungsarbeiten und Straßenpflege.[343] Bittner hob in seinem Referat hervor: »Die Zeit der geselligen Tanzabende als einzigem Ausdruck gewerkschaftlicher Jugendarbeit sei nun vorbei. Stattdessen wolle man an die Lösung der dringend anstehenden Lehrlingsprobleme gehen.« Die Lehrlinge forderten eine Auseinandersetzung mit dem »Mythos« der guten Ausbildung bei Freudenberg.[344] Der Betriebsratsvorsitzende von Freudenberg er-

339 Aufrufflugblatt Schluss jetzt mit der Lehrlingsausbeutung sowie undatierter Zeitungsartikel Streikrecht und eigene Tarifkommissionen gefordert. Beide in: AdsD, 5/IGMA-22.0153.

340 Aufrufflugblatt Lehrlinge in Aktion, Lehrlingszentrum Mannheim sowie undatierter Zeitungsartikel Einen ›goldenen Besen‹ für die Handwerkskammer. Beide in: AdsD, 5/IGMA-22-0153.

341 Gespräch mit Thomas Bittner und Walter Riester, in: *Heidelberger Tageblatt*, 2.9.1970; Aufrufflugblatt zur Gründung eines Lehrlingszentrums: Lehrlinge haltet zusammen, DGB, Thomas Bittner, in: AdsD, 5/IGMA-22-0153. Vgl. die undatierten Flugblätter: 13 Monate Berufsbildungsgesetz, ViSdP. Thomas Bittner sowie Lehrlinge haltet zusammen, ViSdP. Thomas Bittner. Beide Flugblätter nannten keine Heidelberger Vorkommnisse, auf die sich ein Lehrlingszentrum hätte berufen können, in: AdsD, 5/IGMA-22-015.

342 Zur dominierenden Stellung Freudenbergs in Weinheim vgl. Matthias Freese, Betriebsrat und Betriebsrätetätigkeit zwischen 1920 und 1969. Handlungsspielräume und -muster betrieblicher Interessenvertretung am Beispiel der Carl-Freudenberg-Werke in Weinheim a. d. Bergstraße, in: Karl Lauschke/Thomas Welskopp (Hrsg.), Mikropolitik im Unternehmen. Arbeitsbeziehungen und Machtstrukturen in industriellen Großbetrieben des 20. Jahrhunderts, Essen 1994, S. 161-185, S. 163-165.

343 Gemeinsam gegen Freudenberg, Einleitungstext von Thomas Bittner, in: AdsD, 5/IGMA-22-0153 sowie Aufrufflugblatt zur Versammlung Schluss jetzt mit der Lehrlingsausbeutung! In: AdsD, 5/IGMA-22-0153.

344 Undatierter Zeitungsartikel »Die Lehrlinge proben den Aufstand«, in: *Weinheimer Nachrichten*, in: AdsD, 5/IGMa-0153.

schien zur nächsten Sitzung und ging auf einige Forderungen ein. So wurde das Führen der Berichtshefte während der Arbeitszeit geregelt, die Jugendvertretung sollte in die Betriebsratsarbeit eingebunden und eine Jugendkommission im Betrieb eingesetzt werden.[345] Die Weinheimer SDAJ sah in Freudenberg ihren Schwerpunktbetrieb und gewann Einfluss in der Jugendvertretung.[346] Im Falle Mannheims nahmen Ende 1970 Konflikte innerhalb der Gewerkschaften und des Lehrlingszentrums zu, die sich an politischen Radikalisierungen von Lehrlingen entzündeten. Die in Mannheim aktive trotzkistische GIM hatte mit der Revolutionär-Kommunistischen Jugend (RKJ) eine eigene Jugendorganisation gegründet, einige Mitglieder waren in den Mannheimer Motorenwerken beschäftigt. Diese waren auch Mitglieder der IG Metall und im Lehrlingszentrum engagiert und attackierten auf einer Jugendversammlung im November 1970 den Vorsitzenden der Jugendvertretung und OJA-Vorsitzenden von Mannheim. Zwei Lehrlingen wurde daher die Nicht-Übernahme nach Ende ihrer Ausbildung im Februar 1971 angekündigt. Nach Darstellung der RKJ erfolgte dies auf Betreiben des sozialdemokratischen Betriebsratsvorsitzenden und des JV-Vorsitzenden. Dieser Konflikt wurde für das Mannheimer Lehrlingszentrum zur Zerreißprobe. Die IG Metall zog sich angesichts der Vorwürfe aus dem Lehrlingszentrum zurück, und den beteiligten DGB-Funktionären gelang es nicht, das Lehrlingszentrum zusammenzuhalten. Die RKJ organisierte eine Demonstration und glaubte, auch Unruhe bei den älteren Arbeitern festzustellen: »Die Wirkung des Konflikts ging über die Lehrlinge hinaus und begann einen Teil der Arbeiter zu beschäftigen. Das zeigt, daß es keine Mauer zwischen der Betriebs- und der Lehrlingsarbeit gibt.«[347] Diese Deutung des Konfliktes war zwar in der Manier revolutionärer Gruppen überzogen, untermauerte aber zugleich den Anspruch, für die gesamte Arbeiterklasse zu sprechen.

Allerdings waren solche Konflikte nicht die Regel. Neue Gruppen starteten ihre Aktivitäten meist mit einer lokalen Umfrage an den Berufsschulen. Dieses Vorgehen wurde von den Gewerkschaften empfohlen, die DGB-Abteilung Jugend versandte Musterfragebögen für Umfragen.[348] Schon 1969 versuchte Horst

345 Am kritiklosen Nachwuchs hat niemand ein Interesse, in: *Weinheimer Nachrichten*, 29.10.1970.

346 So der SDAJ-Delegierte Sigi Groß, der über seine Aktivitäten im Betrieb gegen die Stufenausbildung berichtete. Vgl. 3. Bundeskongress der SDAJ, 31.3-2.4.1972 in Stuttgart, hrsg. vom Bundesvorstand der SDAJ, S. 101 f., in: HISA, Bestand SDAJ, Ordner 0.

347 Lehrlingsentlassungen aus politischen Gründen, in: *Was Tun* Nr. 2, Mannheim Februar 1971, S. 15, in: http://www.mao-projekt.de/BRD/BW/KAR/Mannheim_MWM.shtml, (Abruf 20.7.2010).

348 Haug/Maessen, Lehrlinge, S. 203-205; DURAG, in: *LZ* Nr. 4, S. 4; Siegfried Müller, Note für die Ausbildung: Mangelhaft bis katastrophal, in: *Der Gewerkschafter* 19, Nr. 8, August 1971, S. 314 f. Zur Versendung: Hanshorst Viehof, DGB-Abt. Jugend, an Vorstände der Einzelgewerkschaften, Abteilungen Jugend, Bundesjugendausschuß und Haus der Gewerkschaftsjugend zur Kenntnis, 29.12.1970, in: AdsD, 5/IGMA-07-1851.

Klaus von der Abteilung Jugend der IG Metall mehrmals eine bundesweite Umfrage im Zusammenhang des Jugendmonates der IG Metall oder durch den DGB anzuregen.[349] Zu einer bundesweiten Umfrage zur Berufsausbildung kam es jedoch nicht. Als Siegfried Müller in der Abteilung Jugend im September 1970 erneut den Gedanken ins Spiel brachte, da die CAJ angeblich eine bundesweite Umfrage plante, räsonierte Georg Benz über den Sinn: »Nur ›Wehklage‹ oder Aktionsgrundlage? Wer kann wo Aktionen machen auf d. Grundlage v. Befragungen?«[350] Der positive Aspekt von Umfragen lag für die lokalen Gruppen auf mehreren Ebenen. Zunächst gab es eine konkrete Aufgabenstellung, an der sich die Arbeit orientieren konnte. Zum zweiten war angestrebt, die Kritik an Missständen mit Zahlen zu belegen, die auf Äußerungen möglichst vieler Lehrlinge beruhten. Daher war die anschließende öffentliche Präsentation der Ergebnisse im lokalen Rahmen wichtiges Element des Vorgehens. Dass die Umfragen nicht wissenschaftlichen Standards entsprachen und meist suggestive Fragen und erwartbare Ergebnisse präsentierten, galt als unproblematisch, da ihre Funktion in der Mobilisierung gesehen wurde. »Lehrlingsumfragen, die nicht empirisch einwandfreie Ergebnisse erzielen können […] sind eine notwendige Voraussetzung zur praktischen Arbeit«, formulierten Haug und Maessen.[351] In der Hamburger Lehrlingsstudie hieß es rückblickend über die Befragungswelle 1969/70: »Gleichzeitig schockierten Lehrlinge und manchmal auch Berufsschullehrer die Öffentlichkeit damit, daß sie in Eigenregie und sicher unvollkommen das Leerfeld Empirie besetzten und in Fragebogenaktionen in Betrieben und Berufsschulen – oft mit Unterstützung der Gewerkschaft – Fakten ermittelten, die insgesamt und im Detail ein unerträgliches Bild zeigten.«[352] Denn neben der scheinbaren Objektivierung von Kritik diente eine Umfrage auch dazu, eine aktive Gruppe bei Lehrlingen bekannt und Erfahrungen verallgemeinerbar zu machen.

Bei 28 belegten größeren Umfragen zwischen 1969 und 1971 wurden rund 40.000 Lehrlinge befragt, überwiegend in Berufsschulen.[353] Veröffentlicht wurden die Umfragen zumeist mit Unterstützung des DGB oder der IG Metall, von ihnen unabhängige Gruppen hatten größere Schwierigkeiten, die Auswertungen der zum Teil mehrere Tausend Bögen umfassenden Befragungen vorzunehmen. In Hessen waren Befragungen von der DGB-Jugend vorbereitet worden und erfolgten in Marburg, Gießen und Darmstadt mit den gleichen Fragebögen.

349 Protokoll der Sitzung des Jugendausschusses beim Vorstand der IG Metall, 13/14.3.1969, S. 6, in: AdsD, 5/IGMA-22-0157; Protokoll der 76. Sitzung des Bundes-Jugendausschusses des DGB am 25./26. September 1969 im Besenbinderhof, Hamburg, in: AdsD, 5/IGMA-07-1850.

350 Siegfried Müller an Georg Benz, Horst Klaus, Gert Lütgert, 18.9.1970, in: AdsD, 5/IGMA-450-20016.

351 Haug/Maessen, Lehrlinge, S. 205.

352 Crusius, Berufsschule und Lehrling, Band 1, S. 55.

353 Eigene Berechnung aus Akten der IG Metall und DGB sowie Presseveröffentlichungen.

Ausgewertet wurden allein in diesen drei Orten 5.200 Fragebögen.[354] Die Ergebnisse zeigten, dass Klagen der Lehrlinge über zu viele Nebentätigkeiten, unfähige Ausbilder, entwürdigende Behandlungen und Ausbeutung als billige Arbeitskräfte verbreitet waren. Zugleich wurden auch wissenschaftliche Untersuchungsprojekte über die Ausbildungssituationen 1970 angeschoben. Eine Untersuchung im Auftrage der Landesregierung Rheinland-Pfalz, die Ende 1970 durchgeführt wurde, bestätigte die öffentliche Debatte um Missstände und die lokalen Umfragen implizit, hielt aber auch fest: »Die Gesamtheit der Auszubildenden wird weder überwiegend mit Nebentätigkeiten beschäftigt, noch ausschließlich als billige Arbeitskraft ausgebeutet; ebensowenig richtet sich das Hauptinteresse der Lehrlinge auf eine Erhöhung der Ausbildungsvergütung, Verkürzung der Ausbildungszeit oder Zuerkennung eines Streikrechtes.« Sie ging von einer »Vielfalt von Ausbildungssituationen« aus, kennzeichnend sei bei den Lehrlingen, dass vor allem eine qualitativ gute Ausbildung gefordert werde.[355] Eine Zusammenfassung der lokal durchgeführten Umfragen erfolgte zu keiner Zeit. Bedeutsam waren sie vor allem im lokalen Rahmen, da auf die öffentliche Präsentation Diskussionen mit Unternehmen oder Vertretern von Handwerks- oder Handelskammer erfolgten. Die institutionelle Einbindung der Gewerkschaften wurde durch solche Veranstaltungen gestärkt, offensichtliche Missstände zum Teil zügig abgestellt. Die Umfragen waren Ausdruck einer Demokratisierung der Empirie, um persönlichem Unbehagen eine objektivierbare Grundlage zu geben.

Entlassungen von Jugendvertretern oder aufmüpfigen Lehrlingen betrafen nicht allein politisch radikale junge Beschäftigte. Wie für Neustadt an der Weinstraße gezeigt, konnten Entlassungen ein Ergebnis innerbetrieblicher Konflikte sein, an denen Betriebsräte beteiligt waren. Um 1970 war eine Entlassung angesichts guter Aussichten, erneut eine Beschäftigung aufzunehmen, noch weniger stark von der Angst vor Arbeitslosigkeit geprägt als einige Jahre später. Die Anlässe zur Entlassung konnten relativ belanglos sein und hatten oft längere Auseinandersetzungen in den Betrieben zum Vorlauf. Da Jugendvertreter im Rahmen des Betriebsverfassungsgesetzes keine besondere Schutzbedürftigkeit genossen, wie es bei Betriebsräten der Fall war, unterlagen Kündigungen nur den üblichen rechtlichen Restriktionen. Ein Beispiel war die Entlassung des Jugendvertreters Hans-Jürgen Kühn, beschäftigt beim Zentralinstitut für Forschung und Entwicklung bei der Krupp AG in Essen, der Anfang Juni 1970 auf

354 Auswertungsergebnisse der DGB-Fragebogenaktion an den Berufsschulen im DGB-Kreis Darmstadt, (Ende 1970); Leere Lehre oder »Die Aufnahmefähigkeit des einzelnen Lehrlings ist begrenzt«. Josef Wild, Präsident des Zentralverbandes des Deutschen Handwerks, in: *Der Spiegel* Nr. 32, 3.8.1970. Dokumentation der Gewerkschaftjugend Gießen (Ende 1970); Lehrlinge Zusammenhalten. Dokumentation der Gewerkschaftsjugend Marburg (Ende 1970). Alle in: AdsD, 5/IGMA-22-0637.

355 Jürgen Heinen/Gerhard Welbers/Beate Windzus, Lehrlingsausbildung – Erwartung und Wirklichkeit. Eine empirische Studie zur Situation der beruflichen Bildung in Schule und Betrieb, Mainz 1972, S. 4f.

einem von der SDAJ organisierten »Tribunal« über die Ausbildungsbedingungen bei Krupp gesprochen hatte.[356] Der Werkzeugmacher Kühn war Mitglied der IG Metall und gehörte der Essener Ortsverwaltung an. Die Personalabteilung des Zentralinstitutes, die aus der Zeitung von seiner Rede erfuhr, kündigte ihm fristlos am 14. Juli 1970, da er trotz Krankschreibung öffentlich aufgetreten sei.[357] Der Betriebsrat und die Ortsverwaltung der IG Metall unterstützten den Widerspruch Kühns gegen die Kündigung und versuchten, in Gesprächen mit der Personalabteilung eine Rücknahme zu erreichen. Die Personalvertreter von Krupp waren dazu bereit, wenn Kühn erklären würde, dass sich seine Kritik nicht auf die Ausbildung bei Krupp, sondern nur allgemein gegen schlechte Ausbildungsbedingungen gerichtet habe. Kühn gab eine entsprechende Distanzierung ab, die im Werk ausgehängt wurde, und wurde wieder eingestellt.[358]

Die unterschiedlichen Beispiele zeigen den lokalen Charakter der Lehrlingsbewegung. Es gab anfänglich keine bundesweite Struktur. Zwar hatte der Bundesjugendausschuss des DGB im April 1970 die Gründung von Lehrlingszentren zu einem wichtigen Element in der gewerkschaftlichen Jugendarbeit erklärt, damit aber nicht eine bundesweite Vernetzung gemeint. Erst im Laufe des Jahres 1970 verdichteten sich Bestrebungen, eine bundesweite Koordination zu organisieren. Ein wichtiger Markstein hierbei war eine Initiative der Jusos, die im November 1970 in Düsseldorf einen »Lehrlingskongress« abhielten. Die Jusos wurden zu einem wichtigen Unterstützer der Forderungen nach einer Integration der beruflichen Ausbildung in eine Gesamtschulkonzeption.[359] Mitglieder des Bundesjugendausschusses des DGB hatten im Frühjahr 1970 mit Juso-Vorstandsmitgliedern gesprochen und nachdrücklich auf die problematische Situation der Ausbildung hingewiesen und damit den Kongress mit angeregt[360], Horst Klaus schrieb sogar davon, dass der BJA es auf die Jusos »abgeschoben« habe, da angesichts von linken Gruppierungen Befürchtungen bestanden, es als

356 Tribunal gegen Krupp behauptet: Auch heute noch Zwangsarbeiter, in: *Westdeutsche Allgemeine Zeitung*, 4.7.1970; Ausbildung zum Hilfsarbeiter. Arbeiterjugend-Tribunal gegen Krupp, in: *Elan* Nr. 8 (1970), S. 12.

357 Personalabteilung Zentralinstitut (Westkamp) an Betriebsrat Th. Mittmann, 7.7.1970 sowie Personalabteilung Zentralinstitut (Westkamp) an Hans-Jürgen Kühn, 14.7.1970, in: AdsD, 5/IGMA-22-0153.

358 Aktennotiz undatiert, IG Metall Ortsverwaltung Essen, über ein Gespräch mit der Personalabteilung Krupp am 23. 7.1970 und Aktennotiz über Gespräch am 24.7.1970 mit dem Gesamtbetriebsrat, Betriebsrat, IG Metall-Vertretern, Personalabteilung Krupp und Kühn; Aushang vom 28.7.1970. Alle in: AdsD, 5/IGMA-22-0153.

359 Juso-Bundesvorstand (Hrsg.), Ausbildung statt Ausbeutung. Vorschläge zur Veränderung der beruflichen Bildung, Aktionsmodelle, Materialien, Bonn 1970; zum Ablauf des Kongresses siehe auch: Karlheinz Schonauer, Die ungeliebten Kinder der Mutter SPD. Die Geschichte der Jusos von der braven Parteijugend zur innerparteilichen Opposition, Bonn 1982, S. 299 f.

360 Franz Woschech an die Mitglieder des DGB-Bundesvorstandes, 23.11.1970, in: DGB-Archiv im AdsD, DGB-BV Abt. Jugend, 5/DGAU-402.

Kongress der Gewerkschaftsjugend zu organisieren.[361] Der Kongress war zwar mit rund 1.500 Teilnehmerinnen und Teilnehmern gut besucht, ging aber in innerlinken Fraktionskämpfen unter, da insbesondere trotzkistische und maoistische Gruppen den Verlauf störten. Daher zeigten sich die meisten Teilnehmer aus Gewerkschaften und Lehrlingszentren enttäuscht über die fruchtlosen Streitereien.[362] Die Ausbeutungssituation der Lehrlinge unterstrich der stellvertretende Juso-Vorsitzende Norbert Gansel, der die Lehrlinge als die »Neger der Bundesrepublik« bezeichnete.[363] Der DGB-Bundesjugendausschuss hatte die Teilnahme der Gewerkschaftsjugend im Oktober 1970 beschlossen, allerdings nicht mit dem DGB-Bundesvorstand abgesprochen. Die späte Information wurde insbesondere von den CDU-Vertretern im Bundesvorstand kritisiert.[364] Auch die IG Metall entsandte eine Delegation, die Abteilung Jugend entwarf eine Diskussionsgrundlage für ihre Kongressteilnehmer. Strategisch sollte auf die Zusammenarbeit mit älteren Kollegen und jungen Arbeitern Wert gelegt werden, um sich nicht als Lehrlinge zu isolieren. Insbesondere sollten die IG-Metall-Teilnehmer auf den Vorrang der parlamentarischen Arbeit verweisen, öffentlichkeitswirksame Aktionen sollten nur als sinnvolle Unterstützung verstanden werden. Ziel sollte sein, die rechtlichen Bestimmungen zur Ausbildung in den Betrieben umzusetzen. Aktionen dürften keine Märtyrer schaffen, sondern es seien »die Verhältnisse zu verändern bei möglichst geringer Gefährdung des einzelnen Betroffenen. Erfolgserlebnisse sind für die weitere Mobilisierung wichtiger als unfreiwillige Helden.«[365] Die IG Metall entsandte rund 150 Mitglieder, vor allem aus Hamburg, Heidelberg, Neustadt an der Weinstraße sowie Nordrhein-Westfalen, die aufgefordert wurden,

361 Aktennotiz Horst Klaus an Georg Benz, 5.10.1970: Juso-Lehrlingskongreß am 28./29.11.1970, in: AdsD, 5/IGMA-450-20016.

362 Block gegen rote Fahnenschwenker. Die Lehren des Juso-Lehrlingskongresses, in: *Welt der Arbeit* Nr. 49, 4.12.1970, S. 7; Juso-Lehrlingskongress in Düsseldorf, in: *LZ* Nr. 4 (Ende 1970), S. 13; Eberhard Schmidt, Ausbildung statt Ausbeutung. Zum Lehrlingskongress der Jungsozialisten, in: *express international*, Nr. 111, 11.12.1970, S. 4. Eine informative Ablaufschilderung bei: 29/30. November 1970: Lehrlingskongress der JUSO in Düsseldorf, in: *Das Junge Wort* 11 (1970), Rubrik 13, S. 341, in: FZH; Linke Sektierer probten Aufstand – Lehrlinge kamen nicht zu Wort, *nacht-depesche* 1.12.1970, Informationsdienst 4. Übersicht November 1970 sowie Presseerklärung der SDAJ, 29.11.1970 (Informationsdienst 4. Übersicht November 1970) zu ihrer Teilnahme an dem Kongress. Beide Berichte in: HISA, Bestand SDAJ, Ordner 2, Informationsdienst Bundesvorstand.

363 Linke Sektierer probten Aufstand – Lehrlinge kamen nicht zu Wort, *nacht-depesche* 1.12.1970, Informationsdienst 4. Übersicht November 1970, in: HISA, Bestand SDAJ, Ordner 2, Informationsdienst Bundesvorstand.

364 Protokoll 79. Sitzung des DGB-Bundesjugendausschusses 1.-2. Oktober 1970 in Düsseldorf, in: AdsD, DGB-BV Abt. Jugend, 5/DGAU-74; Protokollauszug Bundesvorstand DGB, 3.11.1970, in: DGB-Archiv im AdsD, DGB-BV Abt. Jugend, 5/DGAU-402.

365 Diskussionsunterlage für die IG-Metall-Teilnehmer am Juso-Lehrlings-Kongress, o. D., o.Uz, in: AdsD, 5/IGMA-22-0624.

für politisch durchsetzbare Reformen zu plädieren.[366] Durch den chaotischen Verlauf des Kongresses war aber für eine Koordination der Lehrlingsbewegung wenig zu erreichen. Die Abteilung Jugend der IG Metall resümierte, der Kongress habe die Erwartungen nicht erfüllt und durch die Störungen der »ultralinken Gruppierungen« hätten sich vor allem Lehrlinge und Berufsschullehrer frustriert zurückgezogen. Allerdings würden die Störungen auf ihre Verursacher zurückfallen, denn Jusos und Gewerkschaftsjugend seien langfristig gestärkt worden: »Das ist allerdings auch hinsichtlich der SDAJ anzunehmen, deren praktische Aktivität an der Basis ihr überall beträchtliches Echo verschafft hat« befürchtete man in der IG Metall.[367] Trotz der inhaltlich und personell vorhandenen Verbindungen von Gewerkschaftsjugend und Jusos forderten Gewerkschaftsvertreter die Jusos häufiger auf, sich nicht als eine Art Ersatzgewerkschaft zu begreifen. Für die Jusos sollte es sich in den 1970er Jahren als problematisch erweisen, dass in ihren Reihen kaum Lehrlinge waren, sondern es überwiegend ein Verband von Oberschülern, Studenten und Angestellten blieb. Juso-Gruppen hatten in den Betrieben kaum Einfluss. Auf dem Juso-Bundeskongress in Oberhausen 1972 waren nur zwei Lehrlinge und elf Arbeiter und Handwerker, die 5,7 Prozent der Delegierten stellten.[368]

Am Rande des Kongresses verabredeten sich Angehörige von Lehrlingszentren zu einem Treffen, das im Februar 1971 in Frankfurt stattfand. Das »Frankfurter Lehrlingscentrum« übernahm die Koordination und richtete ein Zentrales Informationsbüro der Lehrlingszentren ein, als dessen Ansprechpartner der 22-jährige Frankfurter DGB-Jugendbildungsreferent Dietmar Hexel fungierte, der aus der IG CPK kam. Das Treffen finanzierte der DGB, aber Vorbereitung und Durchführung lag bei Aktiven aus den Lehrlingszentren. Eingeladen wurden 46 Lehrlingszentren, es kamen 70 Delegierte aus über vierzig Gruppen zusammen. Von den vier bekanntesten Gruppen wurden zum Einstieg Erfahrungsberichte geliefert: dem Hamburger Jour Fix, dem Essener Arbeitskreis Lehrlinge, den Siemens-Lehrlingen aus München und dem Frankfurter Lehrlingscenter.[369] Ein Bericht von Mitgliedern des Hamburger Jour Fix über die Konferenz hob hervor, dass eine Ausbreitung der Bewegung zu konstatieren sei, die eine bundesweite Koordination erforderlich mache. Als Gründe hätten die Delegierten herausgearbeitet, dass die Gewerkschaften nicht in der Lage seien, adäquat die Interessen der Lehrlinge zu vertreten, und der Juso-Kongress gezeigt

366 Aktennotiz Horst Klaus an Georg Benz, 5.10.1970: Juso-Lehrlingskongreß am 28./29.11.1970, in: AdsD, 5/IGMA-450-20016.

367 Vorlage zur Sitzung des Jugendausschusses am 4./5.1.1971 in München, o.D., ohne Unterzeichner, in: AdsD, 5/IGMA-22-0160. Zur Sitzung des Jugendausschusses wurde auch einiges Material der maoistischen und trotzkistischen Gruppierungen versandt, um ihre Argumentationen bekannt zu machen. Es waren Gruppen der des KJVD der KPD/ML, die Revolutionäre Kommunistische Jugend der GIM, Jugendorganisation Spartacus, Junge Garde der IV. Internationalen, die maoistischen »Roten Panther« sowie die Freie sozialistische Jugend.

368 So die Selbstangaben der Delegierten. Zitiert nach Schonauer, Kinder, S. 301.

369 Koordinierungstagung der Lehrlingszentren in der BRD am 13/14. Febr. 71 in Frankfurt, Tagesordnung, in: DGB-Archiv im AdsD, DGB-BV Abt. Jugend, 5/DGAU-402.

habe, dass »die repräsentativ-parteipolitische Organisierung der Lehrlinge, egal wer sie vornimmt, die Interessen der Lehrlinge anderen Interessen unterordnet«. Die Lehrlingszentren verstünden sich als »Selbsthilfeorganisation« und ihre Perspektive sei, Selbstbestimmung auch gegen die gewerkschaftliche Bürokratie zu stärken. Fast alle Gruppen hätten nach Umfragen unter Lehrlingen öffentliche Aktionen zu konkreten Missständen in den Betrieben vorgenommen. Allerdings sei die Perspektive weiterhin die gewerkschaftliche Arbeit, auch wenn einige Gruppen neben den Gewerkschaften stehen würden. Eine isolierte Lehrlingsarbeit sei fruchtlos, denn trotz aller Spannungen sei es ein allgemeiner Kampf der Arbeiterklasse und damit ein gewerkschaftlicher Kampf.[370] Es wurde vereinbart, dass sich neben einem bundesweiten Austausch auch Regionalgruppen mit eigenen Treffen konstituieren sollten. Die Hamburger Lehrlingszeitung sollte weiter bundesweit vertrieben werden, die Frankfurter Gruppe einen internen Informationsbrief erstellen und verschicken.[371]

Bereits vier Wochen nach dem Frankfurter Treffen fand ein erstes Regionalseminar Nord der Lehrlingszentren statt, organisiert vom Hamburger Jour Fix. Da von den anwesenden 45 Teilnehmern aus 22 »Gruppen bzw. Aufbaukomitees« viele nicht in Frankfurt gewesen waren, wurden die dortigen Diskussionen überwiegend wiederholt. Die Lehrlingszentren sollten als »gesamtgewerkschaftliche Basisorganisation« neben den KJAs und der Arbeit in den Einzelgewerkschaften bestehen. In den gewerkschaftlichen Gremien sollte unbedingt – trotz vielfältiger negativer Erfahrungen – mitgearbeitet werden. Inhaltlicher Schwerpunkt der Diskussion war der Umgang mit dem 1. Mai. Die meisten Gruppen wollten auf eine Demonstration in ihren Städten drängen, da viele DGB-Kreisorganisationen angesichts eines Rückganges von Teilnehmern und Auseinandersetzungen mit linken Demonstranten für Veranstaltungen in Sälen plädierten.[372] Versuche, zu den bestehenden gewerkschaftlichen Gremienstrukturen eine parallele Struktur von Lehrlingszentren aufzubauen, wurde schon Mitte 1971 zunehmend schwieriger. Der Hamburger Jour Fix, organisatorisch und inhaltlich einer der Antriebskräfte für eine bundesweite Koordination, hatte nach den oben beschriebenen internen Auseinandersetzungen seine Anziehungskraft auf Jugendliche verloren und arbeitete vorwiegend als fester Kern älterer

370 Michael Böhnert/Heinz Gotto/Peter Minte/Kay Rehlich, Erste Arbeitskonferenz der Lehrlingszentren in Frankfurt. *Gewerkschafts-Spiegel* 4 (1971), abgedruckt bei: Crusius/Söhl/Wilke, Praxis, S. 120-122; vgl. auch: Gegen den Kapitalismus – für Gewerkschaftsdemokratie. Erste Bundesarbeitskonferenz der Lehrlingszentren, *LZ* Nr. 5, 1971, S. 11-12; Monika Held, Lehrlingstreffen in Frankfurt, in: *express international*, Nr. 115, 19.2.1971, S. 3 und Monika Held, Appetit auf Lehrlinge verderben, in: *express international*, Nr. 116, 5.3.1971, S. 4f.

371 Im Frühsommer 1971 erschien das ZIB-Info – Internes Informationsblatt der Lehrlingszentren und Jour Fixes in der Bundesrepublik, hrsg. vom Zentralen Informationsbüro der *LZ* (c/o Frankfurter LehrlingsCenter der Gewerkschaftsjugend) mit der Zählung I/1971 für Mai-August 1971), in: PA Wilke.

372 Protokoll des Regionalseminars Nord der Lehrlingszentren in Hamburg am 13./14.3.1971, in: ZIB-Info Nr. 1 (1971), Mai-August 1971, in: PA Wilke.

Aktiver.[373] Der zweiten Regionalkonferenz Nord war seitens des DGB-Landesbezirks Nordmark die Finanzierung verweigert worden, da die Gremien im Vorwege nicht informiert worden waren. Franz Woschech begründete die Idee der Regionalkonferenzen gegenüber dem DGB-Landesbezirksvorsitzenden Jan Sierks strategisch: »Regionale Lehrlingskonferenzen, durch die wir im Gegensatz zu offenen Veranstaltungen oder bundesweiten Demonstrationen sicherstellen wollen, daß eine antigewerkschaftliche Umfunktionierung der Tagung nicht möglich ist, gehören zu dem vom Geschäftsführenden Bundesvorstand verabschiedeten Maßnahmenkatalog [...].«[374] Sierks blieb aber bei seiner Ablehnung, da er dem Redaktionskollektiv der *LZ* nicht traute.[375] Eine vom DGB finanzierte zweite Regionalkonferenz fand in Norddeutschland nicht mehr statt. Auch der Arbeitskreis Lehrlinge der Gewerkschaftsjugend Ostfrieslands geriet mit offiziellen Gremien bald in Konflikt. Dort hatte sich, nach einer längeren Phase der Inaktivität der gesamten Gewerkschaftsjugend, im November 1970 der Arbeitskreis Lehrlinge als Unterausschuss des ebenfalls neugegründeten Kreisjugendausschusses etabliert. Im März 1971 löste der DGB-Kreisvorstand Leer den Arbeitskreis auf. Zwar betonten die DGB-Funktionäre das positive politische Engagement, aber ohne Anleitung eines Sekretärs sei der Arbeitskreis über das Ziel hinausgeschossen und richte sich gegen die Organisationen.[376] Einer der beteiligten Jugendlichen sprach auf der DGB-Veranstaltung zum 1. Mai 1971 in Leer und forderte die Gewerkschaften auf, ihren Charakter als Gegenmacht im kapitalistischen System nicht aufzugeben. Die Rede sei oft von Beifall, »auch erstaunlich vieler gerade älterer Kollegen«, unterbrochen worden, notierte der DGB-Kreisvorsitzende. Der Arbeitskreis wurde daraufhin wieder zugelassen.[377] Nun konzentrierte man sich vor allem auf gewerkschaftliche Bildungsarbeit und betriebliche Arbeit, aber durch Erkrankungen und Fluktuation geriet die Arbeit bald wieder ins Stocken.[378]

Mit dem Kurswechsel der DGB-Führung wurden auch die Aktionen geordneter. Der OJA der IG Metall Frankfurt griff – unter dem Dach des Frankfurter Lehrlingscentrums – 1971 die schlechte Raumversorgung in der Frankfurter Werner-von-Siemens-Berufsschule für Elektrotechnik auf. Nach einer Aufstellung, die auch in Zusammenarbeit mit dem Lehrerkollegium erstellt wurde, fehlten 32 Unterrichtsräume, die Versorgung mit Lehrkräften sei katastrophal. Eine Demonstration im Oktober 1971 wurde sorgfältig vorbereitet. In einer Presseerklärung bat der OJA um Verständnis: »In Sorge um die weitere berufliche Zukunft unserer Mitglieder und Schüler, sehen wir uns gemeinsam mit der Schülervertretung genötigt[,] mit Protestaktionen an die Öffentlichkeit zu tre-

373 Templin, Lehrzeit, S. 109-111.
374 Franz Woschech an Jan Sierks, 4.8.1971, in: FZH 552-3-1 DGB Landesbezirk Nordmark Vorstand, Materialien 1970-1971.
375 Ebd.
376 DGB-Geschäftsbericht 1969/1970/1971, Kreis Leer, Leer 1971, S. 32.
377 Ebd.
378 Ebd., S. 37-39.

ten«, um auch mit »Bedauern« festzustellen, dass die vorherigen Anfragen kein Ergebnis gebracht hätten.[379] Für die Demonstration am 18. Oktober 1971 wurde ein detaillierter Ablaufplan erstellt und Verantwortliche für Transparente, Busse, Ordner und Megaphone benannt.[380] Die rund 700 Demonstranten wurden mit Bussen von Frankfurt nach Wiesbaden gefahren, um dort vor dem Kultusministerium zu demonstrieren. Zwar war es nach Zeitungsberichten die »lauteste Demonstration, die es in der Landeshauptstadt je gegeben hat«. Aber Staatssekretär Gerhard Moos, der eine Resolution zur Verbesserung der Situation an der Berufsschule von einer Delegation entgegennahm, äußerte Verständnis für den Protest, man würde an der Behebung der Mängel arbeiten.[381] Die Demonstration verlief geordnet und wurde in der Presse mit Sympathie dargestellt, da die Probleme an der Schule schon lange bestünden.[382] Auffällig war der moderate Ton des OJA der IG Metall, die Demonstration verstand sich eher als Hilferuf. Das Frankfurter Lehrlingscentrum war hierbei organisatorische Hilfe. Zwar wurden weiterhin – insbesondere von der SDAJ – Aktionen gegen Lehrlingsausbeutung durchgeführt und Firmen öffentlich gebrandmarkt, aber ihre Wirkung war nicht mehr vergleichbar mit den Störungen von Freisprechungsfeiern oder Demonstrationen 1969 und 1970.

Die gewerkschaftlichen Führungen gingen unterschiedlich mit den Lehrlingszentren um. Die IG-Metall-Abteilung Jugend hatte von Anfang an versucht, Aktivitäten der Lehrlingsbewegung für ihre Jugendarbeit zu nutzen, sie ansonsten aber mehr oder weniger ignoriert, auch wenn viele IG-Metall-Mitglieder in Lehrlingszentren aktiv waren. Georg Benz hielt im Februar 1971 in einem programmatischen Artikel im *Gewerkschafter* fest, dass die Gewerkschaftsjugend neue Wege und Formen beschritten habe: »Wo die Mißstände unerträglich wurden, gingen die Auszubildenden auf die Straße. Junge Vertrauensleute der IG Metall und Jugendvertreter, in der konsequenten Interessenvertretung ihrer jungen Kollegen geübt, hatten am Gelingen solcher Aktionen wesentlichen Anteil.«[383] So hatte Benz zwar den hohen Anteil von jungen Metall-Mitgliedern an der Lehrlingsbewegung aufgegriffen, zugleich aber die Lehrlingszentren mit keinem Wort erwähnt. In der Abteilung Jugend der IG Metall begrüßte man die Politisierung der Jugend, sah aber Bestrebungen zur Eigenständigkeit einer

379 Presseerklärung des Ortsjugendausschusses der IG Metall Verwaltungsstelle Frankfurt (ohne Datum), in: AdsD, 5/IGMA-22-159.

380 Personalverteilung und Ablaufplan 18.10.1971, in: ebd.

381 Lehrlinge wollen nicht mehr vertröstet werden, in: *Frankfurter Rundschau* 19.10.1971. Dort auch das Zitat.

382 700 Schüler forderten in Wiesbaden Hilfe, in: *Neue Presse* (Frankfurt a.M.), 19.10.1971; Mit Spruchbändern und Resolution nach Wiesbaden, in: *Frankfurter Allgemeine Zeitung*, 19.10.1971.

383 Georg Benz, 1971. Jahr des jungen Arbeitnehmers, in: *Der Gewerkschafter* 19, Nr. 2, Februar 1971, S. 42-43, S. 42. In einem Artikel der IGM-Mitgliederzeitschrift *metall* wurde über den Hamburger Jour-Fix berichtet, ohne den Begriff Lehrlingszentrum zu verwenden. Vgl. Hamburger Modell des ›jour fix‹ macht schon Schule. Treff für Aktionen, in: *metall* (1970), Nr. 17, 18.8.1970.

Lehrlingsbewegung neben den Gewerkschaften kritisch. Im Februar 1971 traf sich der Jugendausschuss der IG Metall zu einer längeren Diskussion mit dem Vorstand über die Unruhe in der Jugend. Auf diesem ausführlich von der Abteilung Jugend vorbereiteten Treffen wurden die Gefahren für die IG Metall skizziert. Zwar seien kaum »Gewerkschaftsgegner« unter den »engagierten jungen Arbeitnehmern«.[384] Aber zwei Entwicklungen schienen bedenklich. Zum einen wurden die Gewerkschaften in der Lehrlingsunruhe kaum wahrgenommen: »Während wir mit den Experten um die Formulierungen im BBG [Berufsbildungsgesetz, K.A.] diskutierten, mobilisierten die anderen die Lehrlinge zur unmittelbaren Auseinandersetzung mit den Lehrherren. Diese relativ wenigen, aber in aller Öffentlichkeit geführten, z.T. von spektakulären Aktionen begleiteten Auseinandersetzungen hatten immerhin den Effekt, daß die Gewerkschaften und ihre Aktivität in der Presse u(nd) den Massenmedien praktisch nur noch am Rande erwähnt wurden.«[385] Angesichts langfristiger parlamentarischer Planungswege zöge sich die Umsetzung von Reformen hin, wodurch engagierte Jugendliche sich abwenden würden. Zum anderen sei insbesondere die SDAJ mit ihrer kämpferischen Rhetorik darin erfolgreich, Anhänger zu gewinnen. Zwar seien SDAJ und andere linke Gruppierungen insgesamt eine überschaubare Größe, aber ihr Zulauf werde wachsen, wenn die IG Metall nicht gegensteuere. Darunter verstand die Abteilung Jugend insbesondere eine offensive Öffentlichkeitsarbeit und eine härtere Tonart in den Auseinandersetzungen, denn: »Eines können wir jedoch von der SDAJ lernen: Sie macht immer und konsequent den politischen Gegner, den Kapitalismus und seine Helfer, verantwortlich für das nicht Erreichte.«[386] Darüber hinaus sollten Auszubildende und Jugend stärker in die Tarifpolitik eingebunden und ein gleichberechtigter Umgang innerhalb der Organisation angestrebt werden. In der Diskussion hielten mehrere Vorstandsmitglieder fest, dass die Unruhe der Jugend positiv zu werten sei.[387] Schwerpunkt bei dem Treffen war die Diskussion von vier Thesen zur Jugendarbeit, die Benz vorher versandt hatte, um langwierige Debatten um »Kleinigkeiten« zu vermeiden.[388] Die Thesen waren ein Versuch, die Politik der IG Metall gegenüber der Lehrlingsbewegung und einer unruhigen Jugend zu definieren und geben Einblick in die strategischen Vorstellungen der Abteilung Jugend der IG Metall. Der Vorstand kritisierte weniger die inhaltliche Ausrichtung als vielmehr die seiner Ansicht nach teils unverständliche Sprache der Thesen. Benz hatte die Thesen bereits an die zuständigen Bezirks- und Verwaltungsstellensekretäre für Jugend-

384 Probleme gewerkschaftlicher Jugendarbeit, o.D., o.UZ (Mappe Gespräch Vorstand-Jugendausschuss 9.2.71), in: AdsD, 5/IGMA22-0220.

385 Hs. Manuskript: »9.2.71«, Mappe Gespräch Vorstand-Jugendausschuss 9.2.71, in: AdsD, 5/IGMA-22-0220.

386 Stichpunkte zum Gespräch Jugendausschuß – Vorstand am 9.2.1971, in: AdsD, 5/IGMA-22-0220.

387 Hs. Mitschriften »9.2.71«, in: AdsD, 5/IGMA-22-0220.

388 Georg Benz an Otto Brenner, 4.2.1971, in: AdsD, 5/IGMA-33-0221.

arbeit übersandt zur Vorbereitung der nächsten IG Metall-Jugendkonferenz.[389] Adressaten der Thesen waren ältere Funktionäre, denen erklärt wurde, dass die Jugend ein »integrierter Bestandteil der Gesamtorganisation« sei.[390] Sämtliche Formen aktiver Mitarbeit seien zu unterstützen, aber eine Verselbstständigung der Jugend und eine »Zersplitterung von Arbeitnehmerinteressen« zu vermeiden. Ausgangspunkt sei die Arbeit im Betrieb, und hier sollten Betriebsräte, Vertrauensleute und Jugendvertretung eng zusammenarbeiten. Die Ziele orientierten sich an den verrechtlichten Konfliktstrukturen der industriellen Arbeitsbeziehungen, da die Kontrolle und Durchsetzung von gesetzlichen und tarifvertraglichen Bestimmungen ebenso im Vordergrund stehen sollten wie ein »(s)tändiger Kampf um die Verbesserung und Erweiterung vertraglicher und gesetzlicher Bestimmungen zugunsten der jungen Arbeitnehmer«. Während die Organisations- und Betriebsaufgaben relativ knapp erläutert wurden, wurde die Frage nach dem gewerkschaftlichen Demokratieverständnis ausführlich behandelt. Die »Demokratisierung aller Lebensbereiche« stelle auch Fragen an die innergewerkschaftliche Demokratie. Die verbreitete Kritik an Bürokratisierungstendenzen in den Gewerkschaften sei berechtigt. Allerdings dürften die Kritiker nicht gegen die demokratischen Grundsätze verstoßen: »Kritik an möglichen organisationsinternen Manipulationsversuchen wird unglaubwürdig, wenn die Kritiker selbst demokratische Prinzipien mißachten, sich andererseits aber unablässig auf diese berufen.« Der längste Abschnitt widmete sich den »Neuen Formen politischer Proteste«, die unterstützt werden sollten, solange keine Gewalt ausgeübt oder rechtsstaatliche Grundsätze verletzt würden. Die eigene Organisation wurde zur Speerspitze emanzipatorischer Prozesse erklärt: »Fast zwei Jahrzehnte lang stand die Jugend der IG Metall und des DGB als politisch führende Kraft unter den Jugendverbänden aktiv an der Spitze des Kampfes gegen die reaktionären Kräfte in der Bundesrepublik.« Nach 1968 seien Studenten in den Vordergrund gerückt, die aber von dem »überkommenen Ordnungsdenken« vieler Bundesbürger abgelehnt würden. Aber so entstünden neue Bündnispartner: »Die politisch aktiven jungen Arbeitnehmer nehmen in diesen Jahren mehr und mehr mit der jungen kritischen Intelligenz, politischen Jugendverbänden usw. Verbindung auf und bringen die in diesem Kommunikationsprozeß entstehenden Vorstellungen und Forderungen in den gewerkschaftlichen Wirkungsbereich ein. Auch diese Tendenzen müssen wir ertragen können, verarbeiten und die sich daraus entwickelnden Aktivitäten in das organisatorische Leben integrieren.« Die Thesen enthielten Integrationsangebote an die unruhige Jugend unter antikapitalistischen Vorzeichen. Die Vorstandsabteilung und lokale Funktionäre wollten die nach ihrer Meinung linke Haltung aktiver junger Mitglieder aufgreifen, an die betriebliche Arbeit der Gewerkschaften binden

389 Georg Benz an die für die Jugendarbeit zuständigen Bezirkssekretäre und Sachbearbeiter in den Verwaltungsstellen, 8.2.1971, in: AdsD, 5/IGMA-22-0220.

390 Die folgenden Zitate nach: Vier Thesen zur Jugendarbeit in der IG Metall, (Anfang 1971), in: AdsD, 5/IGMA-22-0220.

und auf diese Weise entradikalisieren. Die Lehrlingszentren wurden – anders als im DGB-Bundesjugendausschuss – nicht als eigenständige Form propagiert, sondern die Aktivitäten seitens der IG-Metall-Führung hingenommen und nach möglichen positiven Effekten für die Organisationsarbeit befragt.

Der Ort, an dem die unterschiedlichen Ansätze und Aktivitäten innerhalb der IG-Metall-Jugend aufeinandertrafen war die 9. Jugendkonferenz der IG Metall im April 1971 in Saarbrücken, die noch eine »ungeordnete Nachfolge der APO« gewesen sei, wie der Berliner IG-Metall-Sekretär Horst Wagner später bemerkte.[391] Denn gleich zu Beginn der Konferenz wurde deutlich, dass eine Reihe der 145 Delegierten und 73 Gastdelegierten erhebliche Skepsis gegenüber den hauptamtlichen Funktionären hatte. Dies äußerte sich zuerst in formalen Anträgen. Die vom Jugendausschuss vorgeschlagene Konferenzleitung wurde um Arp Kreßin vom Jour Fix aus Hamburg ergänzt.[392] Im Anschluss daran beantragte Otto König aus Neustadt an der Weinstraße, die Geschäftsordnung zu ändern: Die Einschränkung, dass jeder Redner nur einmal zu einem Referat sprechen durfte, sollte gestrichen werden, und den Referenten – in der Regel Mitarbeiter der Abteilung Jugend – sollte kein Schlusswort zugestanden werden. Diese Regelung habe einen »autoritären Charakter«, Referenten dürften sich nur an der Diskussion beteiligen. Obwohl Horst Klaus von der Abteilung Jugend dagegen sprach, wurden die Restriktionen von der Konferenz mit Mehrheit angenommen.[393] Dann beantragte der Bremer Delegierte Rolf-Jürgen Brüß[394] zur Tagesordnung, das geplante Referat von Eugen Loderer, dem damals stellvertretenden Vorsitzenden der IG Metall, nur schriftlich zu verteilen, damit mehr Zeit für die Diskussion der Anträge bliebe. Georg Benz beschwörte die Konferenzteilnehmer, nicht gleich zu Beginn eine solche »Eskalation« vorzubereiten. Bei der Vorbereitung habe man schon versucht, viel Raum für Diskussionen zu schaffen,[395] eine Absage an Loderer sei kein guter Einstieg. Die Mehrheit sprach sich dann auch gegen den Bremer Antrag aus. Diese Konflikte vermitteln etwas von der

391 Auszug Protokoll Vorstand der IG Metall vom 18-21.6.74, Nr. 13/74, in: AdsD, 5/IGMA-22-0101.

392 Zu diesem und folgenden: Protokoll 9. Ordentliche Jugendkonferenz der Industriegewerkschaft Metall für die Bundesrepublik Deutschland, Saarbrücken 15. bis 17. April 1971, o.O., o.J. (Frankfurt a.M. 1971), S. 23-30.

393 Auf der Folgekonferenz 1974 gab es zwar noch einen Antrag auf Streichung des Schlusswortes für Referenten, aber diesmal war die Mehrzahl der Delegierten dagegen. Vgl. 10. Ordentliche Jugendkonferenz, S. 41-49.

394 Brüß war Vorsitzender des Bremer Ortsjugendausschusses und gehörte dem Kommunistischen Bund Bremen an. Er wurde 1974 aus der IG Metall ausgeschlossen. Vgl. Arne Andersen/Uwe Kiupel, IG Metall in Bremen. Die ersten 100 Jahre, Bremen 1991, S. 114.

395 Unter anderem waren es drei statt – wie noch 1968 – nur zwei Konferenztage. Da der dritte Konferenztag auf einen Samstag gelegt wurde, entfielen die Kosten für Lohnausfall der Delegierten. Vgl. Siegfried Müller an Georg Benz, 25.5.1970: Voranschlag der Tagungskosten für einen weiteren Konferenztag [Termin wie Ort waren in der frühen Planung noch für Mai 1971 in München vorgesehen. K.A.], in: AdsD, 5/IGMA-450-20016.

angespannten Atmosphäre, sie waren ebenso von praktischer wie symbolischer Natur. Einerseits kollidierte die enge Zeitplanung und Regie gewerkschaftlicher Konferenzen mit dem Wunsch nach ausführlichen Diskussionen; andererseits wurde ein deutliches Misstrauen gegenüber den hauptamtlichen Funktionären artikuliert und egalitäre Bedingungen eingefordert. Entsprechend begrüßte die *LZ* die Beschlüsse: Die Geschäftsordnung sei von ihrem »autoritären Inhalt« befreit worden und es entwickle sich ein »[k]ollektives Selbstbewußtsein« gegen die Ohnmacht auf Konferenzen.[396]Dies kam für die Funktionäre nicht unbedingt überraschend. Eugen Loderer akzeptierte den Beschluss, kein Schlusswort zu halten und reihte sich in die Warteschlange der Diskussionsredner ein. Er sei »stolz und glücklich, daß unsere Jugend mit einem solchen Engagement, ohne Hemmungen und mit so viel Redegewandtheit vor aller Öffentlichkeit sagt, was sie denkt und was sie bewegt«. Nach diesem Zuspruch folgte jedoch die Kritik: Häufig seien Vorwürfe nicht belegt und es werde zu wenig über die konkrete betriebliche Arbeit berichtet. Der Forderung nach Unterstützung der Lehrlingszentren erteilte Loderer eine Absage, »wenn sie sich außerhalb der Organisation bewegen«.[397] Hingegen erklärte Franz Woschech in seinem Grußwort, der DGB sehe die Lehrlingszentren als »konkretes Mittel gewerkschaftlicher Jugendarbeit« an und wolle sie weiter fördern.Unter lebhaftem Beifall der Delegierten betonten Woschech wie Loderer, dass die Gewerkschaften einen humanen und demokratischen Sozialismus anstrebten, wozu die gewerkschaftliche Jugendarbeit einen Beitrag leisten solle. Gerade der Jugend schrieb Woschech eine wichtige Rolle bei der gesellschaftlichen Veränderung zu. Daher solle die »Solidarisierung von arbeitender und akademischer Jugend« ausgebaut werden.[398] Woschech zielte damit auf einen Prozess, der innerhalb der Gewerkschaftsjugend als ambivalent galt. Denn die Solidarisierung zwischen beiden Gruppen bedeutete weniger die Proletarisierung der Akademiker, obwohl Formen der Selbstproletarisierung gerade innerhalb der linksradikalen Gruppen vorkamen[399], als vielmehr die Akademisierung der Gewerkschaftsjugend. Es wird zu zeigen sein, dass nicht wenige Gewerkschaftsjugendliche durch ihr Engagement akademische Ausbildungswege beschritten. Auf der Jugendkonferenz wurde eine größere Selbstständigkeit der Jugend gefordert. Allerdings scheiterten Anträge, die auf eine funktionsgebundene Beteiligung von Vertretern der Jugend in den Ortsvertreterversammlungen oder dem Gewerkschaftstag abzielten ebenso wie Versuche, eigenständige Jugendtarifkommissionen zu bilden. Auch die Forderung nach einem einheitlichen »Lehrlingslohn« von 500 DM wurde zurückgewiesen.

396 Jugendkonferenz der IGM April 71 in Saarbrücken, in: *LZ* Nr. 6 (1971), S. 5-6.

397 Protokoll 9. Ordentliche Jugendkonferenz der Industriegewerkschaft Metall für die Bundesrepublik Deutschland, Saarbrücken 15. bis 17. April 1971, o. O., o. J. (Frankfurt a. M. 1971), S. 131 und S. 136.

398 Ebd.

399 Vgl. den Interviewband mit Spontis und K-Gruppenmitgliedern, die in den 1970er Jahren betriebliche Arbeit aufnahmen: Arps, Frühschicht, sowie die Lebenserzählungen linker Gewerkschafter in Gester/Hajek, 1968.

Gegen einen einheitlichen Lehrlingslohn von 500 DM sprachen vor allem ältere Sekretäre mit dem Hinweis, dass Tarifpolitik in den Bezirken gemacht werde. Erhöhungen sollten sich an den Lebenshaltungskosten orientieren, nicht an möglichen produktiven Leistungen der Lehrlinge, wie die IG Metall bisher vor allem in Tarifverhandlungen argumentiert hatte.[400]

Am letzten Konferenztag eskalierte die angespannte Stimmung. Der OJA der Verwaltungsstelle Wetzlar hatte einen Antrag »Gewerkschaftliche Jugendarbeit in der IG Metall« vorgelegt, worin die Entwicklung von der Jugendpflege zur politischen Interessenvertretung als notwendig dargestellt wurde. Die OJAs sollten verpflichtet werden, in allen Gremien darauf hinzuwirken, dass »die Gewerkschaften eine Kampforganisation gegen die Herrschaft des Kapitals« sein sollten.[401] Es wurden aber auch Konflikte mit älteren Funktionären angesprochen. Georg Benz griff eine Formulierung hierzu heraus, die er als Diffamierung betrachtete. Er zitierte aus dem Antrag: »Die kritischen jugendlichen Mitglieder sind der Meinung, daß ihre spezifischen und überhaupt die Probleme der Arbeiterschaft nicht ernstgenommen beziehungsweise mit allem Nachdruck vertreten werden. Die gewählten Funktionäre in Betrieb und Gewerkschaft fürchten angeblich um die Einheit der Vertretung der Arbeiter innerhalb und außerhalb der Betriebe und tatsächlich um ihre Autorität, nicht unter dem Aspekt der Sachautorität, sondern im Sinne autoritärer Verhaltensnormen.«[402] Benz plädierte dafür, Andersdenkende nicht pauschal zu attackieren. Als Michael Böhnert vom Hamburger Jour Fix den Antrag als Ergebnis der Reflexion der letzten Jahre bezeichnete, wurde er Zielscheibe verschiedener Attacken. Eugen Loderer unterbrach Böhnerts Rede mehrmals mit Zwischenrufen, woraufhin Böhnert äußerte, dies zeige die Situation der Konferenz, dass man hinterher Repressalien zu befürchten habe. Einige jüngere Delegierte warfen ihm vor, er habe in seinem Betrieb kaum neue Mitglieder organisiert. Als schließlich der Hamburger Bevollmächtigte ankündigte, mit Böhnert zu sprechen und gegebenenfalls ein Ordnungsverfahren gegen ihn einzuleiten, tobte der Saal. Georg Benz nahm in einer persönlichen Stellungnahme die Androhung eines Verfahrens zurück.[403] Der Antrag aus Wetzlar wurde schließlich mit einer abgeschwächten Formulierung – dass »manche« Funktionäre um ihre Autorität fürchteten – angenommen.[404] Die Konflikte zeigten die Stimmung und die Mehrheitsverhältnisse auf der Jugendkonferenz. Viele Forderungen aus der Lehrlingsbewegung stießen auf Resonanz, aber einer Struktur neben den gewerkschaftlichen Gremien wurde eine Absage erteilt. Hinzu kam, dass eine Reihe von Beschlüssen nur deklamatorischen Charakter hatte. Die von der Konferenz beschlossene Forderung

400 Protokoll 9. Ordentliche Jugendkonferenz der Industriegewerkschaft Metall für die Bundesrepublik Deutschland, S. 206-218.
401 Ebd.
402 Ebd., S. 264.
403 Ebd. , S. 264-271.
404 Text ebd. , S. 369-371.

nach Verstaatlichung der Schlüsselindustrien war eine wirkungslose Absichtserklärung. Der Antrag führte in der medialen Öffentlichkeit zur Wahrnehmung der Konferenz als radikal, wobei vor allem der IG-Metall-Führung vorgeworfen wurde, verbalradikalen Forderungen zu weit entgegenzukommen zu sein.[405] Aber die Ablehnung einer eigenständigen Lehrlingsbewegung zeigte, dass nach einer Zeit der Verunsicherung die Jugendarbeit wieder mehr von der Organisation kontrolliert wurde.

Dies war das Ziel der Abteilung Jugend gewesen. Folgenschwerer für die Lehrlingsbewegung war der Kurswechsel von offener Jugendarbeit zur betrieblichen Orientierung im DGB, der sich Ende des Jahres 1971 abzeichnete.[406] Der DGB- Bundesjugendausschuss und lokale Jugendsekretäre waren zeitweilig Unterstützer der Lehrlingsbewegung gewesen und hatten versucht, Lehrlingszentren zu etablieren. Oswald Todtenberg verteidigte in der *Welt der Arbeit* noch im März 1971 die Aktionen von Lehrlingszentren: »Nicht selten kommen dabei auch Betriebsräte schlecht weg, in der Regel jene, die ihr Mitbestimmungsrecht vernachlässigen – und das sind leider nicht wenige. So verlagern sich manchmal optisch die Konflikte und es hat für ältere Betriebs- und Gewerkschaftsfunktionäre den Anschein, als ginge es den Lehrlingsgruppen in erster Linie um eine Kritik der Betriebsräte und der Gewerkschaften.« Todtenberg forderte die Gewerkschaftsfunktionäre auf, die Arbeit trotz solcher Überschüsse zu unterstützen, damit linksradikale Gruppen keinen Einfluss gewännen.[407] Dieter Greese, DGB-Jugendsekretär für Rheinland-Pfalz, verteidigte die Lehrlingszentren gerade in einem Flächenstaat, da die Einzelgewerkschaften nicht in allen DGB-Kreisen präsent seien. Lehrlingszentren hätten die Funktion, mit »ihrer unbürokratischen Offenheit« Jugendliche anzusprechen, die kaum über die Einzelgewerkschaften zu erreichen seien.[408] So argumentierten auch Oswald Todtenberg und Walter Riester, DGB-Landesjugendsekretär für Baden-Württemberg, noch im November 1971.[409] Allerdings konnte dies nicht verdecken, dass innerhalb der Gewerkschaften die Kritik an der Lehrlingsbewegung zunahm. Sie zielte auf die mangelnde Verankerung in den Betrieben, die Konzentration auf Missstände

405 Vgl. Ernst Günter Vetter, Verwirrer der Jugend, in: *Frankfurter Allgemeine Zeitung*, 22.4.1971; Junge Kapitalismus-Komplexe, in: *Die Welt*, 20.4.1971; Gewerkschaftsjugend gibt sich radikal, in: *Handelsblatt*, 19.4.1971; Metall-Jugend, Vergesellschaften, in: *Frankfurter Rundschau*, 19.4.1971.

406 Eine gute Übersicht über die Diskussionen in der Abteilung Jugend des DGB bei: Stefan Remeke, Gewerkschaften und Sozialgesetzgebung. DGB und Arbeitnehmerschutz in der Reformphase der sozialliberalen Koalition, Essen 2005, S. 289-295.

407 Oswald Todtenberg, Sauer auf die Bremser. DGB-Lehrlingszentren: Eine Zwischenbilanz, in: *Welt der Arbeit* Nr. 11, 12.3.1971, S. 7.

408 Dieter Greese, Die gewerkschaftlichen Lehrlingszentren, in: *Gewerkschaftliche Monatshefte* Nr. 11 (1971), S. 665-669.

409 Oswald Todtenberg, Neue Formen gewerkschaftlicher Jugendarbeit, in: *Gewerkschaftliche Monatshefte* Nr. 11, (1971), S. 656-661. Walter Riester, Zielvorstellung, Methoden und praktische Erfahrungen in Lehrlingszentren, in: *Gewerkschaftliche Monatshefte* Nr. 11 (1971), S. 669-673.

in der Ausbildung, die vor allem in kleineren Handwerksbetrieben eine Rolle spielten, und die mangelnde Zusammenarbeit mit älteren Gewerkschaftern im Betrieb, wodurch die gemeinsame Interessenvertretung der lohnabhängig Beschäftigten gefährdet sei.

Dieser Kurswechsel wurde bei der zweiten bundesweiten Tagung der Lehrlingszentren Ende April 1972 in Frankfurt deutlich. Die Durchführung der Tagung war von der Bundesjugendkonferenz des DGB im November 1971 beschlossen worden. Daraus abgeleitet, übernahm der DGB nicht allein die Kosten, sondern der Bundesjugendausschuss organisierte die Tagung auch inhaltlich, wodurch sich der Charakter gegenüber der ersten Tagung grundlegend änderte. Es nahm nun eine Vielzahl von gewerkschaftlichen Funktionären teil und die Auswahl der Delegierten erfolgte in Absprache mit den DGB-Landesbezirken.[410] Bereits im Vorfeld zeichnete sich ab, dass niedersächsische Delegierte und Mitarbeiter der Bundesjugendschule in Oberursel für einen strategischen Kurswechsel plädierten, um die vorgebliche Perspektivlosigkeit der Lehrlingsbewegung durch Gremien- und Betriebsarbeit zu ersetzen. Niedersächsische Teamer des DGB kritisierten das Modell des Hamburger Jour Fix: »Die Praxis solcher Lehrlingszentren enthält notwendigerweise eine antigewerkschaftliche Komponente, weil ihre Arbeit außerhalb der Gewerkschaften stattfindet [...].«[411] Die Diskussion konzentrierte sich auf die Frage, wie die Lehrlingszentren in die Betriebs- und Gremien-Arbeit überführt werden können.[412] Ein bundesweiter Informationsaustausch der Lehrlingszentren, wie noch nach der ersten Konferenz beschlossen, wurde nicht weiterverfolgt.[413] Das Hamburger Redaktionskollektiv der *LZ* und andere Vertreter von Lehrlingsgruppen plädierten für die Beibehaltung von offenen Lehrlingszentren, um gewerkschaftliche Betriebs- und Gremienarbeit überhaupt zu initiieren und Anlaufpunkte für interessierte Jugendliche zu haben. Sie erwarteten nach der Tagung altbekannte Probleme der Gewerkschaftsjugend[414]: »Die Folge: Fortbleiben der Kollegen, mangelnde Perspektive, Aktionismus, mangelnde Verbindung zur Gewerkschaft, fehlende Verbindung zu älteren Kollegen und Auseinandersetzung mit politischen Gruppen.«[415] Mit

410 Protokoll 87. Sitzung des Bundesjugendausschusses 16/17.2.1972 in Sprockhövel, in: DGB-Archiv im AdsD, DGB-BV Abt. Jugend, 5/DGAU-74.

411 Ergebnis einer Teamer-Tagung in Rieseberg zur Frage der Neuorientierung gewerkschaftlicher Jugendbildungsarbeit, undatiert (Ende 1971), in: AdsD, 5/IGMA-22-0159.

412 Vgl. den Bericht Demokratisiert die Gewerkschaften, Aufgaben der gew.[erkschaftlichen] Jugendpolitik, in: *LZ* Nr. 10/11 (1972), S. 5-6.

413 DGB-Jugendgruppe Kreis Hamburg, Gesa Kahl, Rundbrief und Arbeitsmaterial an alle gewerkschaftlichen Lehrlingszentren, Betriebsgruppen und Arbeitskreise, S. 2, in: PA Wilke.

414 Papier des LZ-Redaktionskollektivs: Bundestagung der Lehrlingszentren, in: *express international*, Nr. 146, 30.5.1972, S. 7.

415 Vom Regen in die Traufe? Zur DGB-Lehrlingskonferenz in Frankfurt im April 1972, in: Rundbrief und Arbeitsmaterial an alle gewerkschaftlichen Lehrlingszentren, Betriebsgruppen und Arbeitskreise, hrsg. von der DGB-Jugendgruppe Kreis Hamburg, S. 3-9, S. 7, in: PA Wilke.

der strategischen Neuausrichtung war das Ende der Lehrlingsbewegung eingeläutet. In der *Solidarität* wurde als Ergebnis festgehalten, dass sich die Jugendarbeit auf die Bewusstseinslage aller Gewerkschaftsmitglieder zu beziehen habe, bei vielen Lehrlingsprotesten sei dies zu wenig berücksichtigt worden. Dies sei ein Lernprozess: »Es kommt also darauf an, Forderungen auf das Bewußtsein der Kollegen abzustimmen und gleichzeitig durch ständige Diskussionen und durch die Kämpfe für diese Forderungen ihr Bewußtsein um die eigene Klassenlage zu schärfen.« Die Tagung habe deutlich gemacht, dass die Jugendarbeit sich nicht allein um die Verbindung zu älteren Kollegen zu bemühen habe, sondern auch die Arbeit in größeren Betrieben auszurichten sei und über Lehrlingsfragen hinausgehen müsse, um eine Isolierung der Jugend zu verhindern. Dazu müsse man sich auf langwierige Prozesse einstellen: »Die Arbeit in und mit den Organen der betrieblichen Interessenvertretung und der überbetrieblichen Organe der Gewerkschaften beinhaltet, daß man bei fast jeder Entscheidung Kompromisse schließen muß.«[416] Für Vertreter der Bundesjugendschule in Oberursel war die Neuausrichtung Ergebnis eines Diskussionsprozesses innerhalb der Gewerkschaftsjugend, in der die Grenzen der Lehrlingszentren-Strategie erkannt wurden. Die »Ausbildungskritik« habe sich an strategischen »Nebensächlichkeiten« wie Fegen und Bierholen festgemacht, und so seien nur die »zurückgebliebensten Kapitalfraktionen« unbeweglich gewesen, während die Aktionen bei Groß- und Mittelbetrieben ins Leere gelaufen seien. Die strategische Ausrichtung sei daher in der Integration in die Gesamtorganisation zu sehen und nicht in einer Orientierung auf Ausbildung und Jugend.[417] Diese Argumentation war nicht allein eine »mechanistische Denke«, wie das Redaktionskollektiv der *LZ* behauptete. Vielmehr zeichneten sich hierin die Integrationsfähigkeit der gewerkschaftlichen Organisierung und spezifische Traditionen der Gewerkschaftsbewegung ab. Die Beschwörung der gemeinsamen sozialen Lage der Arbeitnehmer und eine damit verbundene Negierung von generationellen Konflikten ermöglichte, lokale Auseinandersetzungen zu entschärfen und zugleich eine neue Perspektive zu bieten, nämlich eine langfristige Überzeugungsarbeit zur Neukonstituierung der Arbeiterklasse als politisch-emanzipativer Bewegung. Dass damit zugleich die generationellen Konfliktlinien innerhalb derselben Klasse, und damit die Erfahrungen vieler Jugendlicher, analytisch negiert wurden, sollte negative Auswirkungen auf die Attraktivität der Gewerkschaftsjugendarbeit haben.

Der Jugendhauptausschuss der IG CPK formulierte Anfang 1972 die neue Linie. Die Lehrlingsbewegung wurde zu einer notwendigen Phase erklärt, ein bald verbreitetes Narrativ in den Gewerkschaften. Sie habe zur Reaktivierung der gewerkschaftlichen Jugendarbeit geführt und viele Jugendliche wieder an

416 Anne Büssow, Gewerkschaftliche Jugendarbeit. Bilanz und Perspektive, in: *Solidarität* Nr. 7 (1972), S. 2-6, erstes Zitat S. 4, zweites S. 5.

417 Gudrun Kalms/Norbert Trautwein, Gewerkschaftsjugend und Strategie, in: *express international* Nr. 149, 11.7.1972, S. 4. Das *LZ*-Redaktionskollektiv antwortete auf einer theoretischen Ebene den Vorwürfen: LZ-Redaktionskollektiv: Viel Aufwand für tote Pferde, in: *express international* Nr. 153, 26.9.1972, S. 6.

die Gewerkschaften herangeführt. Trotz dieser wichtigen Ergebnisse seien die Lehrlingszentren als ein »Entwicklungsstadium« zu verstehen, da die eigentliche Arbeit in den satzungsgemäßen Gremien und den Betrieben zu leisten sei. Zwar sollten Gremien und Lehrlingszentren nicht gegeneinandergestellt werden, aber die vom Jugendhauptausschuss vorgeschlagenen Konsequenzen zielten auf einen Ausbau von Betriebsgruppen und Gremien; von den Lehrlingszentren sollte vor allem die »Spontanität« bei »Vermittlungen von Informationen als Bestandteil einer aktiven und aktuellen Gewerkschaftspolitik« übernommen werden.[418] Eine ähnliche Rolle wies Todtenberg zur selben Zeit den Lehrlingszentren in einer Vorlage an den Bundesjugendausschuss des DGB zu. Spektakuläre Aktionen und »machtvolle Demonstrationen« sollten weiterhin eingesetzt werden, aber die Lehrlingszentren sollten von den Kreisjugendausschüssen kontrolliert werden und dürften kein »Selbstzweck« sein, sondern hätten einen »grundsätzlich instrumentalen Charakter«.[419] Der Bundesjugendausschuss bündelte seine Argumentationen für einen Leitantrag an den DGB-Bundeskongress im Juni 1972. Die dort ohne weitere Diskussion angenommene Fassung erwähnte die Lehrlingszentren nicht mehr, sondern erteilte jeder Bestrebung nach organisatorischer Eigenständigkeit der Gewerkschaftsjugend eine Absage.[420] Dieser »Antrag 300« setzte formal einen gewerkschaftlichen Schlusspunkt unter die Lehrlingsbewegung. Zwar gab es noch lokale Initiativen, aber vorwiegend in kleineren Städten, oft in Verbindung mit Jugendzentrumsinitiativen.[421] Das Auslaufen der Lehrlingsbewegung stieß auch deswegen nur auf geringen Widerstand, weil es der politischen Strategie vieler linker Gruppen entsprach, die mit der Lehrlingsbewegung verbunden waren oder aus ihr stammten. Sie wandten sich von Lehrlingsfragen und einer generationellen Frontstellung ab.[422] Auch Crusius und Wilke kritisierten die bisherigen Aktionsformen und forderten: »Unser Kampf muß für eine umfassende und für alle gleichmäßig hohe polytechnisch-politische Qualifikation geführt werden, wenn ernsthaft

418 Die Bedeutung der Lehrlingszentren als Form gewerkschaftlicher Jugendarbeit, Jugendhauptausschuss der IG CPK, o. D. (Anfang 1972), in: DGB-Archiv im AdsD, DGB-BV Abt. Jugend, 5/DGAU-402.

419 Abteilung Jugend, Inhalt und Aufgabenstellung gewerkschaftlicher Jugendarbeit als Teil der Gewerkschaftsarbeit, Ju-Tg/Kw, Düsseldorf 12.1.1972, in: DGB-Archiv im AdsD, DGB-BV Abt. Jugend, 5/DGAU-402, Zitate S. 7. und S. 9.

420 Entwurf des Antrages mit tw. schärferen Formulierungen: Antrag 5: Inhalt und Aufgabenstellung gewerkschaftlicher Jugendarbeit als Teil der Gewerkschaftsarbeit, in: DGB-Archiv im AdsD, DGB-BV Abt. Jugend, 5/DGAU-402. Text des Antrages: Protokoll 9. Ordentlicher Bundeskongreß Berlin, 25. bis 30. Juni 1972, hrsg. vom DGB-Bundesvorstand, (Düsseldorf 1972), S. 253-258.

421 Den Übergang von der Lehrlings- zur Jugendzentrumsbewegung in Kleinstädten skizziert: Herrenknecht, Kleinstadt, S. 73-80.

422 Gerd Mrak, Thesen zur Lage der Arbeiterjugend und Lehrlinge in Betrieb und Gewerkschaften, in: Harald Wieser (Hrsg.), Jahrbuch zum Klassenkampf 1973 – Sozialistische Initiativen im kapitalistischen Deutschland, Berlin 1973, S. 87-95, S. 90.

der Anspruch auf Selbstbestimmung erhoben werden soll.«[423] Es ging aber nicht allein um eine Berufsbildungsreform, sondern die »Organisationsgläubigkeit« in der Arbeiterbewegung – die Stalinismus wie Sozialdemokratie historisch für sie verkörperten – solle überwunden werden, die »Interessenpolitik des Proletariats [....muss] vom Einzelinteresse des Lohnabhängigen« ausgehen.[424] Die Selbsttätigkeit sollte als neue Form des kollektiven Handels in einer individualisierten Gesellschaft dienen.

Die maoistischen K-Gruppen und die SDAJ begründeten ihre Kritik an der Lehrlingsbewegung anders. Ab 1970 verlagerten beide Strömungen ihre strategische Orientierung auf Großbetriebe. Die SDAJ hatte 1969 die Parole »Das Übel an der Wurzel packen – Großkonzerne knacken« ausgegeben. Damit sollte der »Hauptstoß« gegen das Monopolkapital geführt werden, hingegen seien die kleinen Handwerksbetriebe potentielle Verbündete in diesem Kampf.[425] Die Aktivitäten der Lehrlingsbewegung wurden daher nur noch als Vorspiel für andere Aktivitäten verstanden. Werner Stürmann, Mitglied des Hamburger Landesvorstandes der SDAJ, skizzierte Mitte 1970 die angestrebte Abkehr von der Lehrlingsbewegung. Die Aktionen gegen Missstände hätten einen breiten Nachhall gehabt, dies führte dazu, dass »derartige Missstände in den großen Betrieben unwesentlich geworden sind«. Die neue Qualität der Politik müsse sich nun auf den Inhalt der Ausbildung, auf Mitbestimmungsrechte und soziale Belange konzentrieren. Die Aktivitäten sollten sich »hauptsächlich auf Großbetriebe« beziehen. Gegen die Bedenken, dass 80 Prozent der Lehrlinge in Klein- und Mittelbetrieben arbeiten würden, erläuterte Stürmann die Linie: »Wir müssen dort vorrangig arbeiten, wo die Macht des Monopolkapitals am stärksten konzentriert ist, in den Industrien, wo die produktivste und zukunftsträchtigste Produktion vorhanden ist«, die kleinen Betriebe seien von der Großindustrie abhängig.[426] Ein Manuskript der Hamburger SDAJ hob hervor, dass gerade in Großbetrieben ein Klassenbewusstsein entstehe: »Die jungen Kolleginnen und Kollegen aus den Großbetrieben zeichnen sich also einmal durch ihr relativ hohes Kampfbewußtsein und zum anderen durch ihr solidarisches Vorgehen aus. Das ist bedingt infolge ihrer materiellen Situation in den Betrieben. Sie entwickeln schon früh das Bewußtsein, nur in kollektiven Handlungen ihre Situation verändern zu können. Das zeigt sich in den Streikkämpfen, die erfolgreich nur von einer geschlossenen Kampffront geführt werden kann. Zum anderen ist die Kollektivität Voraussetzung im Produktionsprozeß der Konzerne und Monopole. Die Arbeitsteilung ist inzwischen soweit vorangeschritten,

423 Reinhard Crusius/Manfred Wilke, Gewerkschaftliche Selbstorganisation und emanzipatorische Berufsausbildung, in: *Deutsche Jugend 19* (1971), Nr. 9, S. 399-409.

424 Ebd., S. 407.

425 SDAJ-Bundesvorstand (Hrsg.), Arbeiterjugend contra Monopole, Dortmund 1970, S. 68-70, Zitat S. 70. Vgl. Gegen kleine Krauter oder große Bosse, in: *Elan* Nr. 6 (1970), S. 13.

426 W. S. (d. i. Werner Stürmann), Arbeiterjugendpolitik, *SDAJ-Info* IV/70, August-September 1970, in: StAHH, 136-3, 338.

daß jeder Kollege, der sich nicht in eine Akkordkolonne oder Arbeitsgruppe einfügt, den ganzen Arbeitsablauf gefährdet. Somit werden die jungen Arbeiter und Lehrlinge in den großen Betrieben zur Kollektivität erzogen. Das gleiche trifft in zunehmendem Maße auch auf die großen Büros zu, wo der klassische Angestellte, wie es ihn vor 50 Jahren noch gab, kaum mehr anzutreffen ist. [...] Anders dagegen die Situation in den Mittel-, Klein- und Handwerksbetrieben. Dort herrscht eine ganz andere Produktionsweise vor, die auch im Bewußtsein der dort Beschäftigten ihren Niederschlag findet.«[427] Mit dieser schematischen Deduktion wurde der Kurswechsel klassenanalytisch begründet. Daher sollten mehr als bisher SDAJ-Mitglieder aus Großbetrieben für Leitungsaufgaben gewonnen werden. Entsprechend war die SDAJ bemüht, Betriebszeitungen für Großbetriebe zu erstellen, wobei es häufiger vorkam, dass Betriebszeitungen ohne Mitarbeit von Beschäftigten erstellt wurden. 1970 gab der Bundesvorstand der SDAJ an, dass 40 Betriebszeitungen erscheinen würden und betrachtete diese Arbeit als eine der wichtigsten Aufgaben zur Bewusstseinsbildung.[428] Im gleichen Jahr organisierte die SDAJ im Ruhrgebiet vier »Tribunale« gegen Großkonzerne: Thyssen in Duisburg, Krupp in Essen, Karstadt in Recklinghausen und Hoesch in Dortmund. In einer Auswertung wurde die richtige Politik der SDAJ betont, zugleich aber auch deutlich, dass die meiste Arbeit von hauptamtlichen SDAJlern geleistet worden war und in den Betrieben selbst kaum SDAJ-Mitglieder vorhanden waren.[429]

Auch die maoistischen K-Gruppen versuchten nun, in größeren Betrieben Positionen, insbesondere in den Jugendvertretungen, zu erlangen. Daher waren bald in größeren Werftbetrieben in Hamburg und Kiel, bei Automobilkonzernen wie Opel in Bochum und Rüsselsheim oder Volkswagen die Jugendvertretungen Schauplätze innerlinker Fraktionskämpfe.[430] An der Idee eines »eigenständigen Gewerkschaftssektors« für die Jugend hielt allein die trotzkistische Spartacus-Gruppe noch einige Zeit fest.[431] Damit reflektierten die Trotzkisten

427 Hs. Manuskript »Liebe Genossinnen und Genossen«, vmtl. zur III.-LV-Sitzung am 2/3. Oktober oder 4. Sitzung am 7/8 Dezember 1971, Unterzeichner: Genosse Jan, in: HISA, Bestand SDAJ, Ordner 34, ohne Titel.

428 Aus der Arbeit des Bundesvorstandes der SDAJ, in: Informationsdienst, hrsg. vom Bundesvorstand der SDAJ, ohne Zählung, Sommer 1970, in: HISA, Bestand SDAJ, Ordner 2, Infodienst Bundesvorstand.

429 SDAJ-Landesverband Nordrhein-Westfalen: Einschätzung der Tribunale gegen Thyssen, Krupp, Karstadt und Hoesch, o.D, in: HISA, SDAJ-Bestand, Ordner 39: Arbeiterjugendtribunale; dort finden sich auch die »Anklageschriften«. Zum Ablauf vgl. auch: Hans-Jochen Michels/Wolfgang Pfeifer u. Mitarbeit von Paul Matzner, Lehrlingsbuch, Frankfurt a. M. 1971, S. 36-42.

430 So beispielsweise auf der Hamburger Werft Blohm & Voß, Opel in Bochum und Rüsselsheim, Volkswagen in Wolfsburg oder der Howaldt-Deutsche-Werft AG in Kiel.

431 Die Forderung umfasste die Einrichtung überbetrieblicher Lehrwerkstätten und eines Lehrlingsstipendiums, beides sollte in einem ›eigenständigen Gewerkschaftsjugendsektors‹ umgesetzt werden. Vgl. Beginnen wir mit dem Aufbau der Kommunistischen Jugendorganisation, hrsg. Internationalen Kommunisten Deutschlands, Gruppe NRW, April 1970, S. 5, in: FU Berlin, UA-APO, Nr. 1111-Spartacus; noch im Juni

noch am deutlichsten, dass linke Aktivitäten vor allem unter jungen Beschäftigten anzutreffen waren. Hingegen versuchten die K-Gruppen in einem voluntaristischen Sprung, sich als Teil der Arbeiterklasse zu verstehen und – analog zur Liquidierung der antiautoritären Phase in der zerfallenden APO 1969 – von einem spezifisch jugendkulturellen Impuls Abstand zu nehmen. Dies geschah unter den Vorzeichen zugespitzter Konflikte in den Betrieben. Nach den wilden Streiks im September 1969 erfolgten bis 1973 mehrere Streikwellen. Die Streiks zu Beginn der 1970er Jahre waren mehr von migrantischen Arbeiterinnen und Arbeitern geprägt als die Septemberstreiks 1969, aber auch kommunistische Jung-Kader beteiligten sich.[432] Die Erwartung eines gemeinsamen Kampfes von jungen und älteren Arbeitern erhielt hier Nahrung.

Sich nicht länger als jugendliche Spielwiese in den Gewerkschaften zu verstehen, hatte jedoch auch ihren Preis. Die K-Gruppen gingen zu schrillen und überzogenen, meist fiktionalen Deutungen von sozialen Konflikten und Protesten über, bei der jede betriebliche Unruhe sogleich als Nukleus der kämpfenden Arbeiterklasse verstanden wurde.[433] Die Gewerkschaften wurden, nicht allein bei den K-Gruppen, zur größten Organisation der Arbeiterklasse verklärt und daher Adressat für die Agitation und Gewinnung von Arbeitern. Daraus entstehende Konflikte zwischen K-Gruppen und den Gewerkschaften führten mit zu den Unvereinbarkeitsbeschlüssen der Einzelgewerkschaften und Ausschlüssen. Für die verantwortlichen Funktionäre des DGB und der IG Metall waren die maoistischen Gruppierungen zunächst eine Randerscheinung. Auf die Unruhe der Lehrlinge reagierte die Führung mit neuen Angeboten. Der DGB-Bundesjugendausschuss hatte 1971 zum »Jahr des jungen Arbeitnehmers« erklärt.[434] Der bereits skizzierte Kurswechsel des DGB bezüglich der Lehrlingsaktivitäten kündigte sich mit diesem Label bereits an. Ziel war es, jugendliche Anliegen stärker zur Sprache zu bringen und eine organisationspolitische Selbstverständnisdiskussion zu führen. Inhaltlicher Schwerpunkt des Jahres sollte daher die Diskussion eines Entwurfes eines jugendpolitischen Aktionsprogramms sein. Es war ein umfangreiches Reformprogramm für das Bildungswesen, die Jugendhilfe und den Jugendarbeitsschutz. Mehr Rechte für die Jugendvertreter,

1972 begründete die Westberliner Spartacus-Gruppe die Notwendigkeit eines eigenständigen Gewerkschaftsjugendsektors. Zur Wahl des IGM-Jugendausschusses, in: *Kommunistische Gewerkschaftspolitik*, hrsg. von Spartacus Kommunistische Jugendorganisation Ortsgruppe Westberlin, Juni 1972, Jg. 2, Nr. 5, S. 1-8, S. 2, in: FU-Berlin, UA-APO, KJO-Spartacus-Betriebszeitungen.

432 Birke, Streiks, S. 274-292.

433 Am Beispiel der Zeitungen der Roten Hilfen, die von K-Gruppen initiiert wurden, ist dieses Phänomen der von fiktionalen Elementen durchsetzten Sprache dargestellt: Knud Andresen, »Aber all dieser Terror zeigt nur umso mehr den Arbeitern deutlich das Gesicht des DGB-Apparats«: Politische Entlassungen, Gewerkschaftsausschlüsse und Berufsverbote, in: Bambule (Hrsg.), Das Prinzip Solidarität. Zur Geschichte der Roten Hilfe in der BRD, Band 2, Hamburg 2013, S. 83-99.

434 Jahr des jungen Arbeitnehmers. Pressemeldung vom 16. September 1970, ND 259/70, S. 172.

Bildungsurlaub und Volljährigkeit mit 18 Jahren wurden angestrebt. Der DGB-Bundesjugendausschuss drängte darauf, vor einem Beschluss des DGB-Bundesvorstandes das Aktionsprogramm von vielen Mitgliedern diskutieren zu lassen, um Kritik aus den Lehrlingsgruppen vorzubeugen. Franz Woschech erarbeitete schließlich einen Kompromiss: Der DGB-Bundesvorstand beschloss das Aktionsprogramm im Herbst 1970 als Diskussionsgrundlage, eine endgültige Verabschiedung sollte aber erst auf der DGB-Jugendkonferenz Ende 1971 erfolgen.[435] Das »Jahr des jungen Arbeitnehmers« war im Wesentlichen ein zusammenfassendes Label für die verschiedensten Aktivitäten der Gewerkschaftsjugend.[436] Woschech hatte bei der Planung betont, dass zwar viele Aktivitäten entfaltet werden sollten, diese jedoch nur wenig kosten dürften. Die Aktionsdynamik der Lehrlingsbewegung sollte nicht gefördert werden, allerdings erwartete er intensive Kritik aus den »Basisgruppen«.[437] Woschech hielt fest: »Es sollen keine Massenaufmärsche oder riesige Plakatwerbung organisiert werden.«[438] Gegenüber dem DGB-Bundesvorstand erläuterte er die Konzeption: »Entsprechend den Erfahrungen, die die Gewerkschaftsjugend mit verschiedenen Großveranstaltungen gemacht hat, sind im ›Jahr des jungen Arbeitnehmers – 1971‹ in erster Linie regionale und lokale Aktivitäten vorgesehen.«[439] Publizistisch wurde das Jahr mit markigen Worten begleitet und vom DGB der Zusammenhang mit der Lehrlingsbewegung betont. »Trommelfeuer gegen Ausbeuter« schrieb Oswald Todtenberg in der *Welt der Arbeit*.[440] Das jugendpolitische Aktionsprogramm wurde schließlich wie geplant auf der Bundesjugendkonferenz des DGB im November 1971 beschlossen.

Stefan Remeke hat das Label als »Agitationsjahr« gewertet, mit dem die Gewerkschaften Anschluss an die Aktionsfähigkeit der Lehrlingsbewegung finden wollten.[441] Sicherlich ist es richtig, dass die gewerkschaftliche Führungsebene

435 Protokoll 79. Sitzung des DGB-Bundesjugendausschusses 1.-2. Oktober 1970 in Düsseldorf, in: AdsD, DGB-BV Abt. Jugend, 5/DGAU-74, S. 2-3.

436 Vgl. Abt. Jugend: Jahr des jungen Arbeitnehmers – Strategiekonzept, Düsseldorf 24. Februar 1971, in: PA Wilke.

437 Die bereits zuvor vom Bundesvorstand beschlossenen »Leitsätze der Gewerkschaftsjugend« riefen bereits Kritik hervor. Vgl. Klaus Orth, Die ›Leitsätze der Gewerkschaftsjugend‹ sind im alten Organisationsschema nicht zu verwirklichen, in: *Gewerkschafts-Spiegel* Nr. 16, 24.8.1970, S. 7; Reinhard Crusius/Manfred Wilke, Zur Funktion der Gewerkschaftsjugend: Kritik der neuen ›Leitsätze‹ für die DGB-Jugend, in: ebd., S. 8-11.

438 Protokoll 79. Sitzung des DGB-Bundesjugendausschusses 1.-2. Oktober 1970 in Düsseldorf, in: AdsD, DGB-BV Abt. Jugend, 5/DGAU-74, S. 4.

439 Franz Woschech an die Mitglieder des Bundesvorstandes, 23.11.1970, in: DGB-Archiv im AdsD, DGB-BV Abt. Jugend, 5/DGAU-402.

440 Oswald Todtenberg, Trommelfeuer auf Ausbeuter. 1971 – das Jahr des jungen Arbeitnehmers, in: *Welt der Arbeit* Nr. 47, 20.11.1970, S. 7; Rücken kräftig gestärkt. 1971 – Jahr des jungen Arbeitnehmers, in: *Welt der Arbeit* Nr. 3, 15.1.1971, S. 6; ohne expliziten Bezug auf die Lehrlingsbewegung: Georg Benz, 1971. Jahr des jungen Arbeitnehmers, in: *Der Gewerkschafter* 19, Nr. 2, Februar 1971, S. 42-43.

441 Remeke, Gewerkschaften, S. 296.

zwar eine Mobilisierung und auch Politisierung der Mitgliedschaft anstrebte, aber nicht mit dem Ziel offener Konfrontationen in den Betrieben. Ziel war vielmehr die Aufdeckung von Missständen sowie die Information über Rechte von Lehrlingen im Betrieb.[442] Das prägende Bild für das Jahr war das Plakat »Du gehörst Dir – nicht den Bossen«, welches in einer ersten Auflage von 30.000 Exemplaren gedruckt wurde.[443] Der Bildaufbau mit einem gezeichneten Lehrling, der den Betrachter direkt ansprach und aufforderte, aktiv zu werden, drückte Dynamik und Zuversicht aus. Die Parole fand sich, zum Teil variiert, für mehrere Jahre in gewerkschaftlichen Publikationen wieder.[444] Damit waren auf eingängige Weise zwei Motive eines Politisierungsprozesses aufgegriffen. Mit dem ersten Halbsatz waren Selbstfindung und Autonomie angesprochen; der zweite Halbsatz zielte auf eine Abgrenzung gegenüber den als Gegnern ausgemachten Arbeitgebern. Der Begriff der »Bosse« lehnte sich zum einen an umgangssprachliche Traditionen an wie auch an einer auf Klassenzugehörigkeit orientierte Zuspitzung der Reformdebatte. Georg Benz stützte dies argumentativ: »Die Arbeitgeber und ihre Kammern werden mehr und mehr als die eigentlich Schuldigen an der Misere in der beruflichen Bildung erkannt«, schrieb er zum Jahr des jungen Arbeitnehmers.[445] Von der DGB-Broschüre *Deine Rechte in Betrieb und Verwaltung* verteilte allein die IG Metall 80.000 Exemplare.[446] Die Aktionsbilanz des Jahres sah für den DGB positiv aus, mehr als 200 Jugendkonferenzen des DGB und der Einzelgewerkschaften hatten sich mit dem Jahr des jungen Arbeitnehmers und den jugendpolitischen Forderungen befasst, wobei unklar blieb, inwieweit es nur ein Label für satzungsgemäß stattfindende Veranstaltungen war. Georg Benz nannte die Jugendkonferenz der IG Metall im April 1971 in seinem Schlusswort zwar einen »Beitrag unserer Organisation zum Jahr des jungen Arbeitnehmers«, aber das glich einer Floskel, in den Diskussionen spielte sie keine Rolle.[447] Die IG Metall stellte ein eigenes jugendpolitisches Programm auf, welches sich weitgehend am DGB-Vorschlag orientierte, jedoch auch die Abschaffung der Wehrpflicht und tarifpolitische Aspekte aufgriff.[448] Die Erfolge des Jahres der jungen Arbeitnehmer lagen aus Sicht des DGB in zwei Punkten: Die als »perspektivlos« bezeichneten lokalen Aktionen der Lehrlingsgruppen hätten nun im Rahmen der Gewerkschaften wieder mit langfristigen Zielen verbunden werden können, die für eine tägliche Arbeit hilfreich seien. Zum zweiten betrug der Nettogewinn an Mitgliedern unter 25 Jahren bei den DGB-Gewerk-

442 Abt. Jugend: Jahr des jungen Arbeitnehmers – Strategiekonzept, Düsseldorf 24. Februar 1971, in: PA Wilke.

443 Oswald Todtenberg, Abteilung Jugend: Bilanz Jahr des jungen Arbeitnehmers 1971, 25. Mai 1972, S. 3, in: AdsD, 5/IGMA-07-1853.

444 Z. B. Todtenberg/Ploog, Bossen.

445 Georg Benz, 1971. Jahr des jungen Arbeitnehmers, in: *Der Gewerkschafter* 19, Nr. 2, Februar 1971, S. 42-43, S. 42.

446 Aktennotiz Horst Klaus an Georg Benz, 6.5.1971, in: AdsD, 5/IGMA-450-20016.

447 Protokoll 9. Ordentliche Jugendkonferenz, S. 349.

448 Ebd., S. 356-359.

schaften 16.459 Personen von Ende 1970 bis Ende 1971. Insbesondere in ländlichen Gegenden, in denen vorher kaum Jugendarbeit stattgefunden habe, seien signifikante Mitgliederzuwächse zu verzeichnen, so in Rheinland-Pfalz allein 3.400 zusätzliche Mitglieder.[449] Die Aktion habe das Selbstbewusstsein der jugendlichen Mitglieder und die Zusammenarbeit mit den älteren Kollegen gefördert. Damit sei eine Politisierung erreicht worden, die zur Überwindung der jugendpflegerischen Phase beigetragen habe.[450]

Abbildung 2: Plakat des DGB zum Jahr des jungen Arbeitnehmers, aus: Geschäftsbericht des Bundesvorstandes des Deutschen Gewerkschaftsbundes 1969 bis 1971, Düsseldorf o. J., S. 355.

Ende 1972 stellte sich die Jugendarbeit der IG Metall und auch des DGB aus organisationspolitischer Sicht positiv dar. Die zum Teil unkontrollierte Dynamik der Lehrlingsbewegung schien kanalisiert, die Mehrzahl der aktiven Gewerkschaftsjugendlichen begrüßte die enge Verbindung mit der Gesamtorganisation. Viele Gremien der IG-Metall-Jugend waren wieder personell aufgefüllt und handlungsfähig. Allerdings blieb ein Teil aus der Lehrlingsbewegung dem antibürokratischen Impuls verhaftet, und insbesondere die Reste des alten Hamburger Jour Fixe entfalteten eine rege Publikationstätigkeit, so mit Ratgebern für Schulabgänger[451], und sparten nicht mit Kritik an den Gewerkschaften über die Eliminierung der Lehrlingsbewegung und einer daraus folgenden fehlenden

449 Oswald Todtenberg, Abteilung Jugend: Bilanz Jahr des jungen Arbeitnehmers 1971, 25. Mai 1972, S. 2 und S. 4, in: AdsD, 5/IGMA-07-1853.

450 Holger Balke, Jahr des jungen Arbeitnehmers. Eine Zwischenbilanz, in: *Gewerkschaftliche Monatshefte* Nr. 11 (1971), S. 673-676. Vgl. dazu auch Remeke, Gewerkschaften, S. 296; DGB hat starken Zugang an jungen Mitgliedern, in: *Welt der Arbeit* Nr. 22, 2.6.1972, S. 8.

451 Bereits 1972 plante die »DGB-Jugendgruppe Hamburg« eine Lehrlingsfibel. (Vgl. Vorläufige Gliederung der Schulabgänger- und Lehrlingsfibel, in: Rundbrief und Arbeitsmaterial an alle gewerkschaftlichen Lehrlingszentren, Betriebsgruppen und Arbeitskreise, hrsg. von der DGB-Jugendgruppe Kreis Hamburg, S. 23 f., in: PA Wilke.). Später erschienen Lehrlingshandbücher aus dem Kreis: Brunkhorst u. a. Ernstfall Lehre; als Erweiterung war konzipiert: Michael Böhnert/Reinhard Crusius/Hans-Jürgen Haug/Gisela Haug-Gassner/Dierk Hoppe/Gesa Kahl/Sabine Müller/Kay Rehlich/Gerhard Vollmer/Jürgen Voss/Astrid Wiechmann, Lehrlings-Handbuch. Alles über Lehre, Berufswahl, Arbeitswelt. Für Lehrlinge, Schüler, Eltern, Jungarbei-

Beteiligung der Mitglieder.[452] Eine Zeit lang firmierten sie noch als DGB-Jugendgruppe Kreis Hamburg.[453] Zudem sollten die Auseinandersetzungen mit linksradikalen Gruppierungen innerhalb der Gewerkschaftsjugend erst 1973 und später ihren Höhepunkt erreichen. Eine linke Radikalisierung, wenn auch in gebremster Form, kennzeichnete die Gewerkschaftsjugend auch in den folgenden Jahren. Die Lehrlingsbewegung war insofern nicht folgenlos geblieben. Innerhalb der Gewerkschaften war eine erhöhte Sensibilität für jugendliche Anliegen zu beobachten, in die Tarifverhandlungen wurden die Auszubildenden nach und nach integriert, und mit dem neuen Betriebsverfassungsgesetz, das zum 1. Januar 1972 in Kraft trat, wurden die Arbeitsmöglichkeiten der Jugendvertretungen ausgeweitet.

Das Auslaufen der Lehrlingsbewegung 1972/73 resultierte nicht allein aus dem gewerkschaftlichen Kurswechsel, sondern auch aus einem nachlassenden Interesse an Missständen in der Ausbildung. Der Begriff ›Lehrling‹ als Objekt der Ausbeutung wie auch als Hoffnungsträger einer unruhigen Jugend verlor an medialer und politischer Strahlkraft. Weiterhin wurden zwar Betriebe öffentlich besucht, Ausbildungsmissstände angeprangert oder Kündigungen gegen Jugendvertreter ausgesprochen, aber die hohen Erwartungen und Befürchtungen einer sich ausbreitenden politischen Unruhe unter den Lehrlingen hatten sich nicht erfüllt. Ermüdungstendenzen zeigten sich auch in der zu stark auf Lehrlingsprobleme abgestellten Agitation unter Jugendlichen selbst. Die seit November 1971 erscheinende Jugendzeitschrift *ran* des DGB publizierte 1972 eine Comic-Serie von Arno Ploog unter dem Titel *Ossi, der Super-Lehrling*.[454] In zwölf Geschichten agitierte der Superlehrling für gemeinsame Aktionen. Dabei wurden meist reale Vorfälle zum Anlass genommen, um zur Durchsetzung der Rechte aufzufordern. Die ›Bosse‹ verzweifelten regelmäßig an der Geschlossenheit der

ter, Ausbilder, Lehrer, Reinbek bei Hamburg 1976, (überarbeitete Neuauflagen 1979 und 1984).

452 Insbesondere Reinhard Crusius und Manfred Wilke publizierten vielfältige Kritik an den Gewerkschaften in den folgenden Jahren, in denen sie vor allem die Nichtbeteiligung der Betroffenen als Hauptgrund für gewerkschaftliche Mobilisierungsprobleme anführten. Vgl. Reinhard Crusius/Manfred Wilke, Gewerkschaftliche Berufsbildungspolitik nach dem Scheitern der Berufsbildungsreform, in: *Deutsche Jugend* 24 (1976), Nr. 9, S. 399-407; Dies.: Gewerkschaft ohne Jugend? Zu aktuellen Problemen der gewerkschaftlichen Jugendpolitik, in: *Deutsche Jugend* 26 (1978), Nr. 7, S. 305-315; Dies., Ein neuer Anstoß zur Berufsbildungsreform. Nach der Annullierung des Ausbildungsplatzförderungs-Gesetzes, in: *Deutsche Jugend* 29 (1981), Nr. 2, S. 65-72.

453 Vgl. DGB-Jugendgruppe Kreis Hamburg, Gesa Kahl, Rundbrief und Arbeitsmaterial an alle gewerkschaftlichen Lehrlingszentren, Betriebsgruppen und Arbeitskreise, in: PA Wilke. Der Rundbrief war auf eigene Kosten nach der DGB-Lehrlingskonferenz im April 1972 erstellt worden.

454 Erstmals erschienen in *ran* Nr. 1, (1972), S. 44 f. Der Name ist vermutlich eine Anspielung auf den DGB-Sekretär Oswald Todtenberg, der intern den Spitznamen »Onkel Ossi« trug. Vgl. Interne Notiz Dieter Schmidt (Chefredakteur von ran) an Abteilung Jugend des DGB, undatiert, mit dem Zusatz »etwas für Onkel Ossi«, in: AdsD, DGB-Archiv, Abt. Jugend, 5/DGAU-269: Allgemeiner Schriftwechsel 1971-1973.

Lehrlinge: »Es ist immer wieder das Gleiche: wenn die Leute gemeinsam ihre Interessen vertreten, kommt unsereiner nicht mehr weiter«, resignierte einer von ihnen, als Lehrlinge gemeinsam das Führen von Berichtsheften während der Arbeitszeit fordern.[455] Aber gegen Ende des Jahres 1972 mehrten sich Leserbriefe, in denen der Comic-Serie primitive Stereotypen vorgeworfen wurden.[456] Mit der ersten Ausgabe 1973 wurde die Serie eingestellt. Ploog reagierte auf die Kritik mit einer selbstironischen Wendung: In der letzten Geschichte verschluckt ein Mädchen den Superlehrling mit den Worten »Weißt du, was ich finde: Es gibt genug solche Figuren, ich glaube, wir brauchen dich nicht mehr.«[457] In derselben Ausgabe waren noch vier Leserbriefe abgedruckt, die sich gegen den Comic aussprachen. Ein Jugendvertreter der IG Metall kritisierte das Vorgehen, die gesellschaftliche Manipulation mit einer Gegenmanipulation zu beantworten: »Bestes Beispiel und eine Sache, über die ich mich jedesmal schwarzärgere, ist Euer ›Superlehrling Ossi‹.«[458] Karikaturen von Ploog waren seit 1969 innerhalb der gewerkschaftlichen Publikationen häufig eingesetzte Bildelemente, deren Attraktivität abnahm. Etwas geschickter hatte die Hamburger SDAJ populäre Comics umgedeutet, als zwei Comicgeschichten für ein neues Betriebsverfassungsgesetz aus *Asterix*-Heften montiert wurden.[459] Die jeweils vierseitigen Comics riefen zu Veranstaltungen auf, in den Geschichten waren die Gallier die Lehrlinge und die Römer die ›Bosse‹; die Sprechblasen wurden zumeist neu geschrieben. Die Hauptforderung war, einen Kündigungsschutz für Jugendvertreter in das Betriebsverfassungsgesetz mit aufzunehmen. Diese Umdeutung populärer Geschichten war nicht allein ein Versuch von Funktionären, sich einer vermeintlichen Jugendsprache anzubiedern. Sie verwies auch auf ironische Selbstdefinitionen. Der Rückgang der Lehrlingsbewegung ergab sich zudem aus personellen Engpässen. Der Arbeitskreis Ausbildung der SJD-Falken in Essen löste sich nach seinem zweiten Treffen 1973 auf, da die fünf Mitglieder ohnehin in den Gewerkschaften engagiert seien: »Ein anderes Konzept des Arbeitskreises erscheint uns im Sinne der SJD nicht durchführbar, ohne zwangsläufig eine Zweigstelle der Gewerkschaft zu eröffnen. Denn das entspräche einer Spaltung der Arbeiterklasse, was sich nicht mit dem sozialistischen Gedankengut vereinbaren läßt.«[460]

455 *ran* Nr. 3 (1972), S. 44 f.

456 Vgl. Leserbriefe in *ran* Nr. 11 (1972), S. 46; Leserbriefe in *ran* Nr. 12 (1972), S. 46.

457 *ran* Nr. 1 (1973), S. 44 f.

458 Leserbriefe *ran* Nr. 1, 1973, S. 46.

459 Asterix als Jugendvertreter (Verantwortlich: Hans-Werner Krumbein) sowie Asterix und der Kampf der Lehrlinge, beide Ende 1971, in: FZH, 814-6, SDAJ 1969-1978.

460 Bericht des Arbeitskreises Auszubildende, 2. Sitzung, Essen 8.11.1973, in: Hintergrund, Organ der sozialistischen Jugend Deutschlands – die Falken Essen, Nr. 4/1973, S. 16, in: AdsD, 5/IGMA-22-0627.

2.2.4. *Die Lehrlingsbewegung – eine soziale Bewegung im unvollendeten Gründungsprozess*

Umstritten waren bald die Deutungen der Lehrlingsbewegung. Insbesondere die Hamburger Initiatoren Crusius und Wilke propagierten eine Lesart, in der die Kritik an der bürokratischen Struktur der Gewerkschaften in den Vordergrund stand. »Die Jugend ging, die Ordnung kam« resümierten sie 1980.[461] Der Erziehungswissenschaftler Hellmut Lessing hatte den Gewerkschaften vorgeworfen, die Chance für eine Rekonstruktion der Arbeiterklasse verpasst zu haben: »Die Liquidation [der Lehrlingsbewegung, K.A.] hatte schwerwiegende Konsequenzen für die weitere Entwicklung der gewerkschaftlichen Jugendarbeit. Sie bedeutete gegenüber den Jugendlichen, daß die in der kapitalistischen Gesellschaftsstruktur verankerte Realität ihrer besonderen Situation zum Schein erklärt wurde; es wurde gegenüber den Lehrlingszentren und der Bewegung selbst nicht versucht, eine Perspektive zu entwickeln, […]«[462] Es war wenig überraschend, dass einige der enttäuschten Aktivisten bald alle Probleme der gewerkschaftlichen Jugendarbeit auf die ausgebliebene Weiterentwicklung der Lehrlingsbewegung zurückführten, insbesondere undogmatische Linke in den Gewerkschaften teilten diese Auffassung. In der Deutung der IG Metall wurde die Lehrlingsbewegung, sofern sie erwähnt wurde, als Element der Mobilisierung verstanden, mit der die gewerkschaftliche Gremienarbeit gestärkt wurde. So hieß es noch in einer 1977 erstellten Ausstellung zur Geschichte der Arbeiterjugendbewegung: »Eine sich verselbständigende Lehrlingsbewegung ist jedoch, da sie nur allzu schnell von den älteren Kollegen zu isolieren ist, genauso unproduktiv wie eine Jugend, die ständig gegängelt wird und kein Feld zur eigenen Meinung und Willensbildung hat.«[463] Peter Stelzer, der im hessischen Bebra ein Lehrlingszentrum mit aufgebaut hatte und im DGB aktiv war, schrieb Ende der 1970er Jahre, es sei nahezu unmöglich, sich innerhalb der Gewerkschaften positiv auf die Lehrlingsbewegung zu beziehen; man müsse sich immer gleich distanzieren.[464] Auch DGB-Funktionäre wie Oswald Todtenberg rückten von ihrer einst positiven Beurteilung ab. Schon Anfang 1972 schrieb Todtenberg an die Mitglieder des Bundesjugendausschusses des DGB: »Es zeigt sich immer deutlicher, daß die Aktivitäten der Gewerkschaftsjugend nach einer Phase der breiten Mobilisierung, die starken Aktionscharakter hatte, zunehmend in eine Phase der Stabilisierung und Qualifizierung im Sinne einer stärkeren gewerkschaftlichen Arbeit in den Betrieben und Verwaltungen mündet. Dieser Trend muß inten-

461 Ossip K. Flechtheim/Wolfgang Rudzio/Fritz Vilmar/Manfred Wilke, Der Marsch der DKP durch die Institutionen, Frankfurt a. M. 1980, S. 94.

462 Lessing, Selbsttätigkeit, S. 209.

463 Vorwärts – und nicht vergessen. Broschüre zur Ausstellung, hrsg. vom Vorstand der IG Metall Abteilung Jugend, Text Udo Achten, Frankfurt a. M. 1977, S. 50.

464 Peter Stelzer, Gewerkschaftliche Jugendarbeit im Zeichen gewerkschaftlichen Funktionswandels. Dargestellt am Beispiel der Lehrlingszentren ab 1970, ca. 1980 (undatiertes Manuskript, Privatarchiv Crusius), S. 2.

siviert und systematisiert werden.«[465] Wichtiger waren die Verzahnung mit den Gewerkschaften, der Ausbau der politischen Jugendbildung und betriebliche Aktivitäten. Die Lehrlingsbewegung galt bald nach ihrem Auslaufen als »eine notwendige Phase der gewerkschaftlichen Jugendarbeit und ein wichtiger Faktor für die Politisierung der Gewerkschaftsjugend«, fand aber ihre Vollendung erst in der Stärkung der Gewerkschaften.[466]

Bei den beiden Deutungslinien ›notwendige Mobilisierungsphase‹ versus ›bürokratischer Verrat‹ ging es auch darum, in den andauernden Debatten innerhalb der Gewerkschaftsjugend Positionen zu besetzen. Als Erklärung für das historische Phänomen Lehrlingsbewegung eigneten sich beide nicht, da nur jeweils ein Aspekt betont wurde. Um das Phänomen zu erklären, erscheint ein Blick in die Forschung zu sozialen Bewegungen ertragreicher.

Bereits zeitgenössisch war umstritten, ob es sich bei den Protesten der Lehrlinge überhaupt um eine Bewegung handelte. Der von den Aktivisten verwendete Begriff »Lehrlingsbewegung« war eine Anlehnung an Studenten- und Schülerbewegung und sollte eine einheitliche Erfahrung ausdrücken. Angesichts der lokalen Struktur und der inneren Fraktionskämpfe urteilte 1972 der gewerkschaftliche Bildungsexperte Adolf Brock: Es »kann von einer einheitlichen Lehrlingsprotestbewegung nicht gesprochen werden. Die Lehrlingsbewegung, die ja zurzeit noch von einer Minderheit getragen wird, spiegelt die Zerrissenheit der Linken in der BRD.«[467] Der Politologe Hermann Terhorst begründete seine Skepsis 1979 mit der lokalen Disparität: Die »sog. Lehrlingsbewegung [stellte] lediglich eine unkoordinierte, z. T. unverbundene Ansammlung einzelner Gruppierungen verschiedenster Zielrichtungen dar.«[468] Dagegen verwendeten die deutungsstarken Akteure der Lehrlingsbewegung die Bezeichnung Bewegung, um diese Phase der Gewerkschaftsjugend als dynamisch zu markieren.[469] War nach sozialwissenschaftlichen Kriterien überhaupt von einer sozialen Bewegung zu sprechen? Nach der grundlegenden Definition von Joachim Raschke ist eine soziale Bewegung ein »mobilisierender Akteur, der mit einer gewissen Kontinuität auf der Grundlage hoher symbolischer Integration und geringer Rollenspezifikation mittels variabler Organisations- und Aktionsformen das Ziel verfolgt, grundlegenden sozialen Wandel herbeizuführen, zu verhindern

465 Oswald Todtenberg an die Mitglieder des Bundesjugendausschusses des DGB, 12.1.1972, in: AdsD, DGB-Archiv, Abt. Jugend, 5/DGAU-402.

466 So Walter Haas, Bundesjugendsekretär des DGB Anfang 1973 auf einer Tagung zur beruflichen Bildung. Walter Haas, Begrüßungsrede zur Bundesarbeitstagung in Solingen (Manuskript), in: AdsD, 5/IGMA-07-1854. Für die NGG wurden die Erfolge der Lehrlingsbewegung ebenfalls vor allem in der Stärkung der Organisation, insbesondere auf lokaler Ebene, gewertet. Vgl. Buschak, Menschen, S. 474.

467 Adolf Brock, Lehrlingshandbuch. Orientierung für die Ausbildung in Lehre und Berufsschule, Darmstadt 1972, S. 145.

468 Hermann Terhorst, Initiatoren politischer Arbeiterjugendgruppen. Ein Beitrag zur Analyse der sog. Lehrlingsbewegung 1968-1972, München 1979, S. 18.

469 Crusius, Berufsbildungs- und Jugendpolitik, S. 158 f.

oder rückgängig zu machen.«[470] Elemente dieser klassischen Definition lassen sich in der Lehrlingsbewegung ausmachen, aber es bleibt ein analytisches Unbehagen. Die Lehrlingsbewegung war durch die Bindung an die Gewerkschaften, mit ihrer kurzen Dauer und den wenigen herausragenden Ereignissen schwerer zu fassen und wird bis heute unter den Neuen Sozialen Bewegungen der 1970er Jahre nur selten rubriziert. Treffender ist es, die Lehrlingsbewegung als eine soziale Bewegung zu verstehen, die über eine Gründungsphase nicht hinauskam.

Ein in der Politikwissenschaft verbreiteter Erklärungsansatz für das Entstehen von sozialen Bewegungen in demokratischen Gesellschaften sind die ›politischen Gelegenheitsstrukturen‹. Vier Mobilisierungsfaktoren spielen hier eine Rolle: eine Offenheit der Institutionen, zurückgehende Bindungen der Wählerschaft, verbündete Institutionen und Spaltungen in den Eliten.[471] Diese Faktoren sind für den Kontext der Lehrlingsbewegung gut zu identifizieren: Bereits die Große Koalition, aber mehr noch die sozialliberale Koalition strebten eine Reform der Berufsausbildung an, die Forderung nach einer Modernisierung der Ausbildung war anschlussfähig an die Diskussionen der wirtschaftlichen und politischen Eliten. Mit den Gewerkschaften stand ein mächtiger Verbündeter zur Seite, der politische und materielle Ressourcen mobilisieren konnte. Neben dieser Elitengruppe exisierte im Arbeitgeberlager, dem erklärten ›Gegner‹ der Lehrlingsbewegung, eine hohe Bereitschaft, Reformen in der Berufsausbildung umzusetzen. Es ist daher einsichtig, dass in einer solchen Umbruchsituation eine soziale Mobilisierung erfolgte. Aber für die innere Motivation der Akteure reicht die Annahme von Gelegenheitsstrukturen nicht aus. Diskussionen der Eliten über notwendige Änderungen der Berufsbildung setzten sich fort, ohne dass es soziale Bewegungsmobilisierungen über die Gewerkschaften hinaus gab. Es ist evident, dass zur Ausbreitung einer sozialen Bewegung mehr gehört als eine politische Gelegenheit, es müssen soziale Bedürfnisse damit verbunden sein. Für die Verbindung der Akteure, ihre Bereitschaft, sich für die Bewegung einzusetzen erscheint der Erklärungsansatz der ›kollektiven Identität‹ ertragreicher. Dabei geht es um die innere Dynamik der sozialen Bewegungen als handlungsstimulierende Dimension. Kollektive Identitäten sind Aushandlungsprozesse innerhalb von Bewegungen, die darüber Auskunft geben, wie sie sich konstituieren, ihre Tätigkeit auf Dauer zu stellen versuchen und neue Wert- und Normvorstellungen entwickeln.[472] »Der Prozess kollektiver Identität soll auf einer intermediären

470 Joachim Raschke, Zum Begriff der sozialen Bewegung, in: Roland Roth/Dieter Rucht (Hrsg.), Neue soziale Bewegungen in der Bundesrepublik Deutschland, Bonn 1987, S. 19-29, S. 21.

471 Sidney Tarrow, Kollektives Handeln und politische Gelegenheitsstruktur in Mobilisierungswellen: Theoretische Perspektiven, in: *Kölner Zeitschrift für Soziologie und Sozialpsychologie* 43 (1991), Nr. 4, S. 647-670, S. 652.

472 Zur Konzeption der kollektiven Identitäten vgl. Alberto Melucci, Challenging Codes. Collective Action in the Information Age, Cambridge 1996; Sebastian Haunss, Identität in Bewegung. Prozesse kollektiver Identität bei den Autonomen und in der Schwulenbewegung, Wiesbaden 2004.

Ebene beschreiben, wie Individuen erkennen und bewerten, was sie gemeinsam haben, und wie sie zusammen handeln.«[473] Dabei definiert Alberto Melucci drei Dimension des kollektiven Handelns als Voraussetzung, um von einer sozialen Bewegung sprechen zu können. Dies seien eine spezifische Solidarität, ein Konflikt mit einem Gegner um Aneignung und Kontrolle von Ressourcen sowie Aktionen mit regelüberschreitendem Charakter.[474] Zu diesen drei Handlungsdimensionen gehören drei Prozessdimensionen: »kognitive Definitionen« von Zielen, Mitteln und Aktionsfeldern der Bewegung, zu denen auch rituelle Praktiken und kulturelle Artefakte gehören; »aktive Beziehungen« zwischen den Akteuren, die interagieren, kommunizieren, verhandeln und entscheiden, und schließlich »emotionale Investitionen«, die eine Zugehörigkeit des Individuums ermöglichen.[475] Sebastian Haunss hat auf der Grundlage von Meluccis Arbeiten ein Analyseraster entwickelt, mit dem er in den von ihm untersuchten Bewegungen nach Prozessen der kollektiven Identität fragt. Dabei geht es ihm um a) Grenzziehungsprozesse sowohl nach innen als auch nach außen, um b) Bewusstseinsbildungsprozesse und schließlich c) eine subkulturelle Dimension, mit der nach der Verbindung von Lebensweisen der individuellen Akteure mit der politischen Ausrichtung gefragt wird.[476]

Es geht also um Prozesse der Wir-Konstruktion in sozialen Bewegungen und damit um grundlegende Konstitutions- und Verlaufsmechanismen einer sozialen Bewegung. Die kollektiven Identitäten können im Sinne von Snow und Benford über Frames analysiert werden. Damit sind Interpretationsrahmen gemeint, die dem Individuum ermöglichen, sich an einem Ort der Gesellschaft zu positionieren und gesellschaftliche Prozesse zu identifizieren. Sie bieten Deutungskompetenz und Definitionsmacht an. Die Reichweite ist jedoch unterschiedlich. Snow und Benford unterscheiden zwischen »collective-action-frames«, die in einer Bewegung verbreitet sind und handlungsstimulierend wirken, und »Master-Frames«, die über die Bewegung hinaus gesellschaftliche Akzeptanz besitzen und generative Funktionen für die Frames einer Bewegung haben können.[477] Als Master-Frame steht die ›Demokratisierung‹ im Raum, die im Zuge der Reformbemühungen und Revolutionserwartungen ab Ende der 1960er Jahre für die meisten gesellschaftlichen Bereiche auszumachen war. Das erste Frame in der Lehrlingsbewegung diente der Bestimmung des Bewegungssubjekts und kann als »Lehrlings-Frame« bezeichnet werden. Der Lehrling galt als ausgebeutet, unterdrückt und ohne Entscheidungsmöglichkeiten. Mit dieser negativen Zuschreibung war es möglich, ein gemeinsames Interesse zu formulieren. Die lokalen Umfragen hatten das Ziel, die gemeinsame Lage zu erkunden und damit eine kollektive Identität zu begründen. Dieses Frame gab der Bewegung ihren Namen, erwies sich aber als sperrig für eine dauerhafte

473 Haunss, Identität, S. 64.
474 Melucci, Codes, S. 29f.
475 Ebd., S. 70-71.
476 Haunss, Identität, S. 75f.
477 Snow/Benford, Master Frames, S. 133-155, S. 138f.; Haunss, Identität, S. 76.

Mobilisierung. Der zweite wichtige Frame war Selbstbestimmung, mit dem von enger Organisationsdisziplin abgerückt wurde. Ab 1970/71 rückte der Integrations-Frame in den Vordergrund. Lehrlingsarbeit sollte nicht isoliert durchgeführt werden, sondern in die Gewerkschaften und die Arbeiterklasse eingebunden sein. Dazu war eine antikapitalistische, keine generationelle Frontstellung nötig. SDAJ und maoistische Gruppierungen nahmen Abstand vom Lehrlings-Frame als Zuschreibung einer kollektiven Identität.[478] Die Aufgabe eines eigenständigen Bewegungscharakters wurde daher von Akteuren zum Teil selbst vorgenommen und politisch gewünscht. Ein in der Lehrlingsbewegung implizit verbreitetes Frame war mit Bildung verbunden. Die Modernisierung der Berufsausbildung wurde gefordert, um langfristig bessere soziale Mobilitätschancen zu erlangen. Auch wenn dies in der gewerkschaftlichen Bildungsarbeit immer wieder als ›Illusion‹ gebrandmarkt wurde, war es ein implizites Motiv vieler Jugendlicher. Dieses Deutungsmuster ließ sich in die gewerkschaftliche Jugendarbeit gut integrieren.

Die Annäherung an die Lehrlingsbewegung über den Erklärungsansatz der kollektiven Identitäten hilft zu verstehen, warum sie letztlich nur eine soziale Bewegung in den Anfängen blieb. Insbesondere das Integrationsframe stärkte die Anbindung an die Gewerkschaften. Diese Integration kann aus verschiedenen Perspektiven gedeutet werden. Zuallererst ist sie als Entradikalisierung einer Unruhe unter den Lehrlingen zu verstehen. Denn trotz mancher Vorstellungen über eine Radikalisierung der Gewerkschaften oder, abgeschwächter, die Hoffnungen auf die Gewerkschaften als emanzipatorische Kraftquelle zur Gesellschaftsveränderung war angesichts des hohen Verrechtlichungsgrads der industriellen Beziehungen die Erwartung, die Gewerkschaften würden gewissermaßen als Parteiersatz fungieren, eine wenig realistische Perspektive. Sozialistisch und kommunistisch inspirierte Utopien erlebten zwar innerhalb der Gewerkschaftsjugend einen Aufschwung und blieben die 1970er Jahre hindurch Referenzen für jugendliche Aktivisten und einige Funktionäre; eine klassenkämpferische Rhetorik erlebte in den Gewerkschaften eine Renaissance. Antikapitalistische Deutungsmuster, die in der IG Metall immer eine Rolle gespielt hatten, wurden insbesondere in der Jugend und der Bildungsarbeit verbreitete Standards. Damit etablierte sich in Teilen der Gewerkschaftsjugend wieder eine Deutung der Gesellschaft als Klassengesellschaft. Die Integration einer allgemeinen Unruhe und Unzufriedenheit unter jungen Beschäftigten in die Gewerkschaften gelang gerade unter Verweis auf langfristige antikapitalistische Perspektiven und die Notwendigkeit, den Bewusstseinsstand der älteren Mitglieder zu berücksichtigen. Damit war der Weg zu spektakulären Aktionen und Tendenzen zu Regelüberschreitungen in den Betrieben zwar nicht ganz versperrt, wurde aber unwahrscheinlicher. Die Auswirkungen der Lehrlingsbewegung bestanden vor allem in einem Aufschwung der Jugendarbeit mit radikaler politischer Auf-

478 Vgl. für die SDAJ: Wilhelm Schwettmann/Ulrich Sander, Jugend und Klassenkampf oder Antikapitalistische Jugendarbeit heute, Dortmund 1972, bes. S. 21-23.

ladung. Dieser Aufschwung ging einher mit einem breiten gesellschaftlichen Demokratisierungsstrom. In lokalen Aktionen gegen autoritäres Betriebsklima, mit neuen, selbstbewusst vorgebrachten Forderungen nach Akzeptanz jugendkultureller Lebensstile und einer Orientierung an einem Schülerdasein trug die Lehrlingsbewegung dazu bei, kulturelle und gesellschaftliche Liberalisierungsprozesse zu initiieren. Die klassenkämpferische Rhetorik verdeckte jedoch, dass der inhaltliche Kern der Lehrlingsbewegung die Modernisierung der Berufsausbildung war und so die Reformbemühungen aus Politik, Wirtschaft und Wissenschaft letztlich unterstützte. Es ging um Anerkennung und Mitsprache von Jugendlichen im betrieblichen Alltag und bessere Qualifizierung. So erhöhten sich mittelfristig die sozialen Aufstiegschancen. Zudem hieß gewerkschaftliche Arbeit, verrechtlichten Pfaden der Konfliktaushandlung zu folgen.

2.3. Verrechtlichung – Zur Pfadabhängigkeit gewerkschaftlicher Jugendarbeit im Betrieb

Die Zunahme an Mitgliedern seit 1970 und ein aufgeschlossenes gesellschaftliches Klima, so ließe sich vermuten, standen in einem Zusammenhang mit der Politisierung der Gewerkschaftsjugend. Allerdings war die Pfadabhängigkeit der gewerkschaftlichen Arbeit ausgeprägter als manch junger Revolutionär es erhoffte. Dieser Pfad war die Rechtsförmigkeit der industriellen Beziehungen.[1] Das etablierte System industrieller Beziehungen sicherte den Gewerkschaften Einfluss und Mitgestaltungsmöglichkeiten.[2] Gerade die Einfluss- und Gestaltungsmöglichkeiten durch das Arbeitsrecht, welches in der Bundesrepublik vorrangig zu einem Schutzinstrument für Beschäftigte wurde, waren immens. Die sozialliberalen Bestrebungen, die Mitbestimmung im Betrieb auszubauen, sind als eine Institutionalisierungsphase der industriellen Beziehungen verstanden worden.[3] Es war unter Gewerkschafterinnen und Gewerkschaftern zwar die Ansicht verbreitet, dass rechtliche Erfolge in Machtkämpfen errungene Zugeständnisse seien. Organisationsgrad und Mobilisierungsfähigkeit von Beschäftigten waren Gradmesser für die Durchsetzungskraft der Gewerkschaften in einzelnen Betrieben oder Branchen. Dennoch ist nicht zu übersehen, dass Arbeitsgerichtsprozesse und das Betriebsverfassungsgesetz betriebliche Alltagskonflikte mehr prägten und entsprechende Gesetzgebungen – insbesondere das Betriebsverfassungsgesetz von 1972 – wichtige Wegmarken darstellten. Welche Auswirkungen hatte die rechtliche Rahmung für die politisierte Jugendarbeit in den Betrieben? Dieser Aspekt der Verrechtlichung soll für die Jugendarbeit in den Blick genommen werden.

Die legalistische Linie der gewerkschaftlichen Arbeit reichte weit zurück. Mit dem Begriff der Verrechtlichung war schon Ende der Weimarer Republik die Gefahr einer Entpolitisierung, einer ›Versteinerung‹ (Ernst Fraenkel) der gewerkschaftlichen Arbeit beschrieben worden.[4] Insbesondere von linken Autoren

1 Mit »Pfadabhängigkeit« ist gemeint, dass eine Umgestaltung etablierter institutionalisierter Aushandlungsprozesse nur selten vollzogen wird, da es mit hohen Kosten und politischer Unsicherheit verbunden ist. In der Ökonomie wird dieser Begriff auch verwandt, um Fehlentscheidungen zu begründen. Diese Bedeutung ist hier nicht gemeint. Vgl. Jürgen Beyer, Pfadabhängigkeit. Über institutionelle Kontinuität, anfällige Stabilität und fundamentalen Wandel, Frankfurt a. M. 2006.

2 Zu der Diskussion um die historischen Ursprünge und die Einordnung des deutschen Wirtschaftssystems, die vor allem mit dem Schlagwort ›rheinischer Kapitalismus‹ verbunden sind, vgl. Volker R. Berghahn/Sigurt Vitols (Hrsg.), Gibt es einen deutschen Kapitalismus? Tradition und globale Perspektiven der deutschen Marktwirtschaft, Frankfurt a. M. 2006.

3 Werner Plumpe, Kapital und Arbeit. Konzept und Praxis der industriellen Beziehungen im 20. Jahrhundert, in: Reinhard Spree (Hrsg.), Geschichte der deutschen Wirtschaft im 20. Jahrhundert, München 2001, S. 178-199, hier S. 184 f.

4 Gunther Teubner, Verrechtlichung – Begriffe, Merkmale, Grenzen, Auswege, in: Friedrich Kübler (Hrsg.), Verrechtlichung von Wirtschaft, Arbeit und sozialer Solidarität.

wurde dies in den 1970er Jahren als ein negativer Grundzug der gewerkschaftlichen Arbeit herausgestellt. Verrechtlichung sei eine Folge von Entpolitisierungen, in denen die Organisation zwar auch gestärkt werde, aber politische Konflikte seltener geführt würden. Allerdings zielten auch Gewerkschafter, die einem legalistischen und kooperativen Stil kritisch gegenüberstanden, mit ihren Forderungen meist auf gesetzlich abgesicherte Verbesserungen[5], Beobachtungen, die auch für die allgemein als kämpferisch geltende französische Gewerkschaftsbewegung gemacht wurden.[6] Das in Deutschland seit der Weimarer Republik ausgebaute System hatte eine hohe »Erzwingbarkeit« von Rechtsfolgen, womit der korporatistische Charakter der Arbeitsbeziehungen gefestigt wurde.[7] Jenseits der arbeitsrechtlichen Debatten dominierten in der – auch international – geführten Diskussion um Verrechtlichung juristische und zum Teil konservative Zugriffe, die in dem Eindringen rechtlicher Normen in nahezu alle Lebensbereiche einen Verlust persönlicher Freiheit sahen. Die Regelungen sozialer Konflikte der Moderne hätten ein »Eigenleben« entwickelt, das in seinen bürokratischen Auswirkungen niemand gewollt habe.[8] Die von Jürgen Habermas beschriebene »Kolonisierung der Lebenswelten« stehe geradezu idealtypisch mit der Verrechtlichung in Verbindung, da über gesetzliche Regelungen Eingriffe in die Lebenswelten vorgenommen würden. Dadurch könnten zum Beispiel »Schutzmechanismen in Bevormundungsmechanismen« umschlagen.[9] Jürgen Habermas hatte in seiner Theorie des kommunikativen Handelns der Verrechtlichung einen empirisch hohen Stellenwert eingeräumt. Vor dem historischen Panorama von Verrechtlichungsschüben in der bürgerlichen Gesellschaft sei die »Umstellung

Vergleichende Analysen, Baden-Baden 1984, S. 289-344, S. 298; Michael Bock, Recht ohne Mass. Die Bedeutung der Verrechtlichung für Person und Gemeinschaft, Berlin 1988, S. 24, FN. 36.

5 Rainer Erd, Verrechtlichung industrieller Konflikte. Normative Rahmenbedingungen des dualen Systems der Interessenvertretung (Projektgruppe Gewerkschaftsforschung, Forschungsberichte des Instituts für Sozialforschung Frankfurt a. M.), Frankfurt a. M./New York 1978; Klaus Moritz, Begrenzung gewerkschaftlicher Politik durch Arbeitsrecht, in: Rüdiger Voigt (Hrsg.), Verrechtlichung. Analysen zur Funktion und Auswirkung von Parlamentarisierung, Bürokratisierung und Justizialisierung sozialer, politischer und ökonomischer Prozesse, Königsstein/Taunus 1980, S. 170-184; knapp mit historischer Herleitung: Lutz Unterseher, Arbeitsrecht – eine deutsche Spezialität, in: Otto Jacobi/Walther Müller-Jentsch/Eberhard Schmidt, Gewerkschaften und Klassenkampf. Jahrbuch '72, Frankfurt a. M. 1972, S. 190-201.

6 Mit Fokus auf Verrechtlichung siehe: Peter Jansen, Die gescheiterte Sozialpartnerschaft. Die französische Gewerkschaftsbewegung zwischen Tarifautonomie und Staatsinterventionismus, Frankfurt a. M./New York 1987.

7 Klaus von Beyme, Gewerkschaften und Arbeitsbeziehungen in kapitalistischen Ländern, München/Zürich 1977, S. 198-214, Zitat S. 204.

8 Diese Deutung ausgeprägt bei: Bock, Recht, S. 261; vgl. zur Diskussion auch: Voigt, Verrechtlichung; Rüdiger Voigt (Hrsg.), Gegentendenzen zur Verrechtlichung, Opladen 1983; Kübler, Verrechtlichung.

9 Spiros Simitis, Zur Verrechtlichungen der Arbeitsbeziehungen, in: Kübler, Verrechtlichung, S. 73-165, hier S. 116-121, Zitat S. 121.

von Sozial- auf Systemintegration« in der »Gestalt von Verrechtlichungsprozessen« erfolgt.[10] Nach Habermas werden die Systeme von Wirtschaft und Staat immer komplexer und sind weiterhin auf kapitalistisches Wachstum ausgerichtet; daher dringen sie immer tiefer in die »symbolische Reproduktion« aller Lebensbereiche ein. In diesem Prozess sei der »Klassenantagonismus« nur verdeckt worden; Konflikte sah er aber nicht nur im ökonomischen Bereich, sondern alle Lebensbereiche würden vom Mechanismus der Verdinglichung, der Akkumulation, erfasst. Verrechtlichungsprozesse im Sozialstaat seien ambivalent, da sie »Freiheitsverbürgung und Freiheitsentzug« gleichermaßen bedeuten.[11]

Für die gewerkschaftliche Jugendarbeit in den Betrieben ist die Verrechtlichung ein fast alle Handlungen überformender Aspekt. Innerhalb der Gewerkschaften diskutierte man um 1970 den gesellschaftlichen Basisprozess der Verrechtlichung vor allem unter der Frage, ob dieser revolutionär oder reformistisch zu handhaben sei. Der gewerkschaftsnahe Jurist und Politikwissenschaftler Jürgen Seifert machte dabei zwei konkurrierende Linien aus: »Hier ein Festklammern und ein Beschränktbleiben auf den gesetzlichen Aktionsraum (Ausnutzung der durch ›Verrechtlichung‹ gegebenen Möglichkeiten, Legalismus); dort eine Fixierung auf Regelverletzungen, auf das Ausweiten des Aktionsraumes unabhängig von der konkreten Situation (Politik der ›Entrechtlichung‹, Illegalitätsromantik).«[12] In der Tradition Theo Pirkers galten die Gewerkschaften als Teil des Systems, die von links auf einen antibürokratischen Kurs zu bringen seien. Dabei wurde meist unterschieden zwischen angeblich kampfbereiter Basis und anpassungsbereiter Führung.[13] Aber in der politischen Praxis war die Arbeit von Betriebsräten auf Durchsetzung oder Ausweitung von gesetzlichen und tariflichen Bestimmungen gerichtet, und oft auch nur auf die Anwendung längst bestehender rechtlicher Normen, mit denen im Machtraum Betrieb der Einfluss der Beschäftigten erweitert werden sollte.[14] In vielen Betrieben waren in den 1950er und 1960er Jahren häufig noch mündliche Absprachen zwischen Betriebsräten und Unternehmensvertretern Handlungsgrundlage, mit einem zunehmenden »Grad der internen ›Verrechtlichung‹ und Formalisierung der

10 Jürgen Habermas, Zur Kritik der funktionalistischen Vernunft. Theorie des kommunikativen Handelns, Band 2, Frankfurt a. M. 1981, S. 524.

11 Ebd., S. 539 und S. 531.

12 Jürgen Seifert, Die Spaltung der Notstandsopposition und ›verrechtlichte‹ oder ›entrechtlichte‹ Gewerkschaftspolitik, in: Küsel, APO, S. 48-54, S. 48.

13 Theo Pirker, Die blinde Macht, Band 1: 1945-1952: Vom ›Ende des Kapitalismus‹ zur Zähmung der Gewerkschaften; Band 2: 1953-1960: Weg und Rolle der Gewerkschaften im neuen Kapitalismus, beide Bände München 1960; vgl. die an den Reaktionen auf die Septemberstreiks 1969 entwickelte Theorie bei: Schmidt, Ordnungsfaktor.

14 1968 vertrieb die gewerkschaftsnahe Europäische Verlagsanstalt eine Schrift zur Legitimation der rechtsförmigen Strategie, in der die positive Ausweitung von Gesetzen im Sinne von Arbeitnehmern als strategisches Ziel analysiert wurde: Reinhard Hoffmann, Rechtsfortschritt durch gewerkschaftliche Gegenmacht, Frankfurt a. M. [4]1969.

Betriebsratsarbeit«.[15] Die Lehrlingsbewegung war, ungeachtet aller Kritik an Bürokratie und Reformismus, geprägt von Verweisen auf gesetzliche Vorschriften und Forderungen nach neuen gesetzlichen Regelungen, wodurch sie ihren Teil zu stärker formalisierten Betriebsratsroutinen beitrug. Auch wenn Jugendvertretungen neue Aktionsformen erprobten, blieb bestimmendes Element ihrer Tätigkeiten die Integration ihrer Forderungen in verrechtlichte betriebliche Abläufe. Ein Jurist urteilte über diese strukturelle Bedingung: »Den Arbeitnehmern müssen die in Rechtsformen übersetzten Ziele deutlich gemacht werden, ebenso die Komplexheit des parlamentarischen und justitiellen Verfahrens. Damit einher geht der Verzicht auf Spontaneität«.[16] Typische Formulierungen in dieser Hinsicht waren in einem Reader mit Terminankündigungen der Verwaltungsstelle Heidelberg der IG Metall zu lesen: der soziale Fortschritt kann »nur durch Kontrolle der Einhaltung vertraglicher und gesetzlicher Vorschriften und permanenten Kampf um tarifliche Verbesserungen und Rechtsfortschritte« gelingen.[17]

Wie übersetzte sich jugendliches Aufbegehren in die Rechtsförmigkeit betrieblicher Konfliktregulierung? Diese Frage zielt nicht vordergründig auf eine vermeintlich entpolitisierende Wirkung. Die Verrechtlichung stärkte in der subjektiven Wahrnehmung das Selbstbewusstsein jugendlicher Akteure, da sie Beschäftigte strukturell entlastete und Handlungsmöglichkeiten bot.[18] Wurde zum Beispiel die Abfassung der Berichtshefte während der Arbeitszeit als geltendes Recht verstanden, so konnte es im betrieblichen Alltag eher umgesetzt werden, als wenn die Frage nur als politischer Machtkampf definiert wurde. Gleichfalls begrenzte der Pfad der Rechtsförmigkeit die Handlungsoptionen bei Konflikten im Betrieb. Die Funktionäre befürchteten negative Folgen für einzelne Beschäftigte, wenn diese bei nicht rechtlich legitimierten Aktionen wie spontanen Streiks, Besetzungen oder Verweigerungshandlungen entlassen wurden. Die Gewerkschaften hatten hier einen doppelten Effekt auf die jugendliche Unruhe: Sie waren einerseits eine Sozialisationsinstanz zur Gesetzeskonformität, die andererseits das Selbstbewusstsein jugendlicher Beschäftigter stärken konnte. Für die Jugendfunktionäre war die Politisierung ein Teil der gewerkschaftlichen Sozialisation, daher verbanden sich mit diesem Begriff unterschiedliche Vorstel-

15 Werner Milert/Rudolf Tschirbs, Die andere Demokratie. Betriebliche Interessenvertretung in Deutschland 1848-2008, Essen 2012, S. 490.

16 Moritz, Begrenzung, S. 182.

17 Terminspiegel I. 1973 (Verwaltungsstelle Heidelberg der IG Metall), in: AdsD, 5/IGMA-22-0661.

18 Die Distribution von Rechtskenntnissen ist in nahezu allen Quellen aus der Lehrlingsbewegung anzutreffen. So bei der SDAJ Hamburg, die anhand des BBiG aufzählte, welche Forderungen ihrer Ansicht nach rechtlich durchsetzbar waren: Führung des Berichtsheftes während der Arbeitszeit, Bezahlung aller Arbeitsmittel, Verbot von Nebenarbeiten, fachlich und pädagogisch qualifizierte Ausbilder und Facharbeiterentlohnung direkt nach der Abschlussprüfung. »Wusstest du schon, dass auf Grund des Berufsbildungsgesetzes …«, in: *Heisses Eisen. Zeitung für Hamburger Berufsschüler* o. D. (Juni 1970), in: FZH, 814-6, SDAJ 1969-1978.

lungen. Unter jungen Gewerkschaftern war die Politisierung mit Erwartungen an revolutionäre oder gesellschaftsverändernde Bewegungen verbunden, für führende Funktionäre und in der gewerkschaftlichen Publizistik hieß es vor allem, die Arbeit im verrechtlichten Rahmen der Arbeitsgesetzgebung zu leisten. Gert Lütgert, einer der gegenüber der unruhigen Jugend überaus aufgeschlossenen Funktionäre der Abteilung Jugend der IG Metall, hatte schon 1966 prägende Elemente des gewerkschaftlichen Diskurses zu nonkonformen Verhalten und Politisierung aufgegriffen. Sein Artikel befasste sich mit der Negativfigur des Gammlers, die seitens der Gewerkschaften als Projektionsfläche von Kleinbürgern gesehen wurde.[19] Allerdings konnte jugendliches Protestverhalten auch für die gewerkschaftliche Arbeit Folgen haben: »Wir meinen, ins Leere gehende, sinnlose Aktionen und Proteste werden an dieser Gesellschaft nichts ändern. Wer sich in eine Traumwelt flüchtet, wer durch Beat-Musik in Ekstase gerät, wer meint, mit dem Entschluß, sich lange Haare wachsen zu lassen allein sei es getan, wessen Protest sich in Veranstaltungskrawallen erschöpft, wer gammelt, anstatt Solidarität zu üben und politisch zu handeln, mit dem kann man nur schwer die Gesellschaft verändern.«[20] Entscheidend sei die aktive Mitarbeit, die Bereitschaft zum Engagement und zum Einsatz für gewerkschaftliche Ziele als Ausweis einer »fortschrittlichen« Haltung. Jugendprotest sollte daher in die Gewerkschaften integriert und produktiv gemacht werden, dann, so Lütgert, sei es nicht mehr entscheidend, ob man lange Haare habe oder nicht.

Bei allem Verständnis für die Unruhe der Jugend blieb die IG Metall auf die verrechtlichte Jugendarbeit im Betrieb konzentriert. Die Basis waren hier die Jugendvertretungen. Zwar wurde eine höhere Zahl von jugendlichen Vertrauensleute als auch von betrieblichen Jugendgruppen ständig gefordert, aber die gewünschte Bedeutung erhielten sie zu keiner Zeit, dominierend blieben Jugendvertretungen.[21] Für linke Gewerkschafter galten Vertrauensleute und Betriebsgruppen als strategische Notwendigkeiten, um basisdemokratische Strukturen auszubauen und die örtlichen Funktionäre unter Druck zu setzen; dieser Anspruch führte immer wieder zu lokalen Konflikten.[22] Vertrauensleute wie

19 Neben den Gewerkschaften nahmen auch die meisten staatlichen Stellen gegenüber diesem kurzzeitigen Phänomen eine abgewogene Haltung ein: Siegfried, Time, S. 411-413.

20 Gert Lütgert, Gammler-Beat und Bundeskanzler, *aufwärts* 8, 15.8.1966, S. 3. Hierzu auch Schlüter, S. 340-346.

21 Während Jugendliche unter 21 Jahren 1970 rund 13 Prozent der Mitgliedschaft ausmachte, lag der Anteil jugendlicher Vertrauensleute 1965 bei 3 Prozent, 1967 bei 1,9 Prozent und 1970 bei 3,1 Prozent aller Vertrauensleute. Dabei ist zu berücksichtigen, dass Jugendvertreter zudem meist als Vertrauensleute gezählt wurden. Papier »Probleme Gewerkschaftlicher Jugendarbeit« undatiert und ohne Unterzeichner (Abt. Jugend der IG Metall), in: AdsD, 5/IGMA 22-220.

22 So beschwerte sich eine Jugendvertretung Anfang 1973 darüber, dass der Betriebsrat sich gegen die Richtlinien der IG Metall stelle und die Wahl von jugendlichen Vertrauensleuten verhindere. Vgl. Jugendvertretung Bosch Feuerbach an Bundesvorstand der IGM, Abtl. Jugend, 6.4.73, in: AdsD, 5/IGMA-22-0475.

Betriebsgruppen waren gewerkschaftliche Akteure im Betrieb ohne rechtlich gesicherte Einflussmöglichkeiten. Diese besaßen die Jugendvertretungen, die nach dem Betriebsverfassungsgesetz von 1952 bundesweit eingerichtet wurden. Sie wurden alle zwei Jahre von den unter 18-jährigen Beschäftigten im Betrieb gewählt. Zur Wahl stellen konnten sich Arbeitnehmer bis 21 Jahre. Von 1967 bis 1971 war ein leichter Rückgang zu beobachten, von 5.036 auf 4.807 Jugendvertreter, die im Organisationsbereich der IG Metall in etwas mehr als 2.800 Betrieben gewählt wurden. Der Anteil von Mitgliedern der IG Metall unter den Jugendvertretern lag zwischen 83 und 84,5 Prozent.[23] Die Mehrzahl der Nicht-IG-Metall-Mitglieder waren in der Regel unorganisierte Personen, die häufig im Laufe ihrer Amtszeit der IG Metall beitraten, während konkurrierende Gewerkschaften wie Deutsche Angestellten Gewerkschaft (DAG) oder der Christliche Metallarbeiterverband (CMV) in der Jugendarbeit nahezu bedeutungslos waren.[24] Jugendvertretungen gab es vor allem in größeren Betrieben der Metallindustrie. 1968 waren von über 3,5 Millionen Arbeitnehmern in Metallindustrie und -handwerk 57,5 Prozent in Betrieben mit mehr als 1.000 Beschäftigten tätig. Der gewerkschaftliche Organisationsgrad war – nach Angaben der IG Metall – in Betrieben mit mehr als 5.000 Beschäftigten mit 62,4 Prozent am höchsten, während ansonsten der Gesamtdurchschnitt von 46,3 Prozent unterschritten wurde. Am geringsten war der Organisationsgrad bei Betrieben mit 50 bis 500 Beschäftigten, er lag dort knapp über 37 Prozent.[25] Der Organisationsgrad bei der Jugend war noch geringer und lag nur bei rund zehn Prozent. Allerdings sah die Rechnung anders aus, wenn allein auf die Großbetriebe geschaut wurde. So beschäftigten 1971 78 Großbetriebe mit mehr als 200 Jugendlichen 26.907 Jugendliche bis 18 Jahre, von denen 58,9 Prozent Mitglieder der IG Metall waren. Dabei gab es erhebliche Schwankungen: einige Betriebe waren geschlossen organisiert, wie die Stahlwerke in Peine, andere fielen fast komplett aus, so bei Klöckner-Humboldt-Deutz in Ulm, wo es unter 330 jugendlichen Beschäftigten nur ein Mitglied der IG Metall gab.[26] Die IG Metall zählte 1970 295.613 Mitglieder bis 21 Jahre, davon 79.909 Auszubildende.[27] Bei den Mitgliedern handelte es sich in der Mehrzahl um ausgelernte Facharbeiter, während Ungelernte und Angestellte nur einen kleinen Teil der Mitgliedschaft stellten.[28] Regionale und betriebliche Schwankungen gehörten zum Erscheinungsbild der Gewerkschaften,

23 Angaben nach Geschäftsberichten der IG Metall 1968-1970, S. 357 und 1971-1973, S. 255.

24 1967 waren unter den erfassten Jugendvertretern 717 Unorganisierte, 75 Mitglieder der DAG und 19 Mitglieder der CGM. Abtl. Jugend, Zusammenstellung Jugendvertreterwahlen, 27.9.1967, in: AdsD, 5/IGMA-22-0164.

25 Angaben nach: Ergebnisse der Betriebsratswahlen 1972, hrsg. von der IG Metall, Frankfurt a. M. (1972), S. 20.

26 »Betriebe mit mehr als 200 jugendlichen Beschäftigten«, undatiert (1971), in: AdsD, 5/IGMA-22-0162.

27 Geschäftsbericht des Vorstandes der IG Metall 1968-1970, S. 355.

28 Vgl. Geschäftsbericht des Vorstandes der IG Metall 1971-1973, S. 463.

sie waren ein Indikator dafür, dass für die gewerblichen Auszubildenden, die in kleinen Betrieben oder im Handwerk ausgebildet wurden, die Mitgliedschaft eine geringere Attraktivität besaß. Denn die Verrechtlichung als Merkmal der Arbeitsbeziehungen ließ sich in Kleinbetrieben ungleich schwieriger gestalten. Dies bestätigten auch sozialwissenschaftliche Umfragen, die das Verhältnis von Betriebsrat zur Jugendvertretung erkundeten. Während in Großbetrieben mit mehr als 1.000 Beschäftigten auch die Jugendvertretung als Ansprechpartner bekannt war und in Konfliktfällen auch angesprochen wurde, sprachen die Befragten in kleineren Betrieben oft die Ausbilder, die Eltern oder auch die Arbeitgeber selbst als erste an.[29]

Die Jugendvertretung war im Betriebsverfassungsgesetz von 1952 nur in einem Absatz behandelt worden, in dem die Regelungen zur Wählbarkeit und die Anzahl der Jugendvertreter festgelegt wurden. Die Jugendvertretung hatte nur eine geringe Handlungsfähigkeit im betrieblichen Machtgefüge, sie konnte allein über den Betriebsrat wirken und ihn in Fragen der jugendlichen Arbeitnehmer beraten. Pädagogische Aspekte standen im Betriebsverfassungsgesetz von 1952 gegenüber einer rechtlichen Interessenvertretung im Vordergrund.[30] Das neue Berufsbildungsgesetz von 1969 griff nur indirekt in die rechtliche Struktur der betrieblichen Interessenvertretung ein, ermöglichte aber für Jugendvertretungen eine Reihe neuer Ansatzpunkte. Die Abteilung Jugend der IG Metall skizzierte in einer Broschüre die Interventionsmöglichkeiten: »Jede einzelne Vorschrift ist bis zum äußersten zugunsten der Arbeitnehmer und ihrer Kinder zu nützen. Wenn schon die Berufsausbildung weiterhin unter den Bedingungen der Produktion, der Reparatur und des Verkaufs, also unter den Bedingungen der Gewinnmaximierung erfolgt, müssen wir die gesetzlichen Bestimmungen verwirklichen, die wenigstens gewisse Verbesserungen für den Arbeitnehmer bringen.«[31] Für Jugendvertretungen und Betriebsräte beschrieb die Abteilung Jugend der IG Metall mögliche Ansatzpunkte. Der Berufsausbildungsvertrag, hieß es, müsse vor Beginn der Ausbildung abgeschlossen sein; der Ausbildungsvertrag dürfe keine Entschädigung durch den Auszubildenden vorsehen oder einen zwangsweisen Verbleib im Lehrbetrieb; insbesondere sei zu überprüfen, ob ein Ausbildungsplan vorliege. Bei der Umsetzung sei darauf zu achten, dass

29 Eine ältere Umfrage in dieser Hinsicht zusammenfassend: Reinhard Kwetkus, Jugendliche ohne Mitbestimmung. Zur Situation Auszubildender in der Bundesrepublik Deutschland, Frankfurt a. M. o. J. (1981), S. 33-36.

30 Es war in § 20 Abs. 2 BetrVG von 1952 allein die Wählbarkeit (16-24 Jahre) und die Anzahl der Jugendvertreter geregelt. Fragen der Geschäftsführung, Einflussmöglichkeiten auf betriebliche Prozesse oder Aufgabenrichtung waren nicht aufgeführt. Vgl. Karl Fitting/Walter Kraegeloh/Fritz Auffarth, Betriebsverfassungsgesetz nebst Wahlordnung, Handkommentar für die Praxis, Berlin/ Frankfurt a. M. 1966, S. 177 und S. 184-188; Moritz, Stellung, S. 13 f.; mit einigen Beispielen aus den 1950er Jahren Eisenbach, Berufsausbildung, S. 332-335.

31 Für eine bessere Berufsbildung, Arbeitshilfen zum Berufsbildungsgesetz, hrsg. von der IG Metall Abt. Jugend, 5.12.1969, S. 1, in: FZH, 11/P17 Bd. 3, NL Piehl, IG Metall 1967-1971.

keine ausbildungsfremden Nebenarbeiten erfolgen. Ausbildungsmittel müssten kostenlos gestellt werden, in der Arbeitszeit seien alle Ausbildungstätigkeiten abzuleisten, darunter fielen nach Ansicht der Abteilung Jugend der IG Metall auch Berufsschule und Berichtsheftführung. Auch die fachliche und pädagogische Qualifikation der Ausbilder sei durch die Jugendvertretung zu kontrollieren.[32] Dieser umfangreiche Katalog wies den Jugendvertretungen eine Schutzfunktion für die Beschäftigten zu. Allerdings waren sie zur Durchsetzung der rechtlichen Normen auf den Betriebsrat angewiesen, denn dieser allein war berechtigt, Betriebsvereinbarungen abzuschließen. Im vorigen Kapitel wurden einige Beispiele erwähnt, in denen Jugendvertreter Absprachen mit Geschäftsführungen trafen; diesen folgten meist Konflikte mit dem Betriebsrat, der fürchtete, bei einem eigenständigen Vorgehen übergangen zu werden.

Auch revolutionär auftretende Gruppen propagierten rechtliche Normen. Im Roten Kalender für Lehrlinge und Schüler von 1972 wurde eine »kleine Rechtshilfe für Lehrlinge und junge Arbeiter« abgedruckt, in der die wesentlichen Bestimmungen des BBiG und des Jugendarbeitsschutzgesetzes (JASchG) aufgezählt wurden. Dies wirkte neben Texten über das Rote-Armee-Fraktions (RAF)-Mitglied Horst Mahler, möglichen linken Bewaffnungsstrategien und der Selbstorganisierung in Lehrlingsgruppen zwar etwas deplaciert, verwies aber auf die Bedeutung, die Rechtsvorschriften bei der Entwicklung sozialer Praktiken in den Betrieben zugeschrieben wurde. Damit konturierten die Autoren einen Handlungsrahmen, der von linksradikaler Seite als Schritt zur Selbstorganisierung und Verteidigung verstanden wurde.[33] Dieses Vorgehen war typisch für linke Gruppierungen in der Lehrlingsagitation. In einer Broschüre der Jusos aus Schleswig-Holstein hieß es einschränkend, die Vermittlung von Rechtskenntnissen bedeute nicht, »daß wir uns mit diesen Gesetzen zufrieden geben«. Die Reform des Berufsbildungsgesetzes sei das Ziel, welches nur mit »massivem Druck« zu erreichen sei.[34]

Die Erwartung, mit der Anwendung der Rechtsnormen gesellschaftsverändernde Perspektiven zu entwickeln, war jedoch nur eine Seite der Verrechtlichung. Als soziale Praxis war die Durchsetzung von Rechtsansprüchen und -normen auch von spezifischen Mitbestimmungskulturen in den Betrieben geprägt. Konfliktpartner der Jugendvertretungen oder Jugendgruppen waren in größeren Betrieben nicht unbedingt die Arbeitgeber, sondern die Betriebsräte. Peter Kurbjuweit, Jugendvertreter im Hüttenwerk Salzgitter, skizzierte die Problematik auf der Vertrauensleutekonferenz der IG Metall 1969 anhand zweier gegensätzlicher Erfahrungen. In einem Betrieb mit 80 Auszubildenden sei der Betriebsrat nur bei der Gründung der Jugendvertretung dabeigewesen. Als die Jugendvertretung eine Aktion gemacht habe, »die vielleicht nicht ganz

32 Ebd., S. 1.

33 Roter Kalender für Schüler und Lehrlinge, hrsg. vom Klaus Wagenbach-Verlag, Berlin 1972, S. 101f.

34 Laßt euch nichts gefallen! Lehrlingsfibel der Jungsozialisten, hrsg. vom Landesverband der Jungsozialisten Schleswig-Holstein, o.J. (1970), in: PA Wilke.

richtig war«, hätte der Betriebsrat sofort mit Kündigung gedroht. Dagegen sei in einem Großbetrieb mit 800 Auszubildenden – gemeint waren die Stahlwerke Peine-Salzgitter – der Vorsitzende der Jugendvertretung freigestellt und nehme an den Sitzungen des Betriebsrates teil. Man könne sich gegenseitig anhören und unterstützen. Ein solch integratives Verhalten sei notwendig, denn: »es gibt im Betrieb für uns nun mal nur einen Gegner« beschwor Kurbjuweit die Einheit.[35] Die Vertrauensleute verstanden sich nach 1968 stärker als zuvor als Kontroll- und Gegenmacht zu den Betriebsräten.[36] Innerhalb größerer Betriebe erfolgte, stimuliert durch das neue BBiG, die Etablierung von Ausschüssen von Unternehmensvertretern und Betriebsräten, die sich mit der Berufsausbildung befassten. So entstanden neue Vermittlungsinstanzen und Konfliktregulierungsstellen. Kurbjuweit forderte die Vertrauensleute auf, für die Beteiligung von Jugendvertretern in diesen neuen Ausschüssen einzutreten.[37] Die IG CPK kam 1970 nach einer Umfrage unter 200 Betrieben zu dem Ergebnis, dass lediglich in 30 Prozent der Betriebe Kommissionen eingerichtet worden, aber nur in rund neun Prozent Jugendvertreter beteiligt seien. Als positiv wurde vermeldet, dass 60 Prozent der Betriebsräte Jugendvertreter zu ihren Sitzungen hinzuzögen.[38] Dem von dem Gesamtbetriebsrat der Volkswagen AG 1973 gebildeten Berufsbildungsausschuss gehörten auch Vertreter der Gesamtjugendvertretung an. Allerdings war das Verhältnis zwischen den Gremien gespannt, da die Jugendvertreter nicht an Gesprächen mit dem Vorstand beteiligt wurden. Der Gesamtbetriebsratsvorsitzende wies ein solches Ansinnen entschieden zurück und verteidigte so sein Arkanwissen.[39]

An einem Konfliktthema lassen sich die Schwierigkeiten anschaulich erläutern: Der Führung des Berichtsheftes während der Arbeitszeit. Die Formulierung des BBiG von 1969 war hierbei nicht eindeutig. Die Ausbilder sollten die Lehrlinge dazu anhalten, ein Berichtsheft zu führen, aber es war nicht festgelegt, ob dies während oder nach der Arbeitszeit zu führen sei. Zwar hatte Staatssekretär Helmut Rohde im Bundesarbeitsministerium im Februar 1970 erklärt: »Das Führen der Berichtshefte ist vielmehr als Ausbildungsmaßnahme

35 Beitrag Peter Kurbjuweit, in: 7. Konferenz der Industriegewerkschaft Metall für Vertrauensleute und Betriebsratsmitglieder, 26. und 27. November 1969, Stadthalle Braunschweig, o. O. und o. J. (Frankfurt a. M. 1970), S. 151 f., Zitat S. 152.

36 Als Skizze aus der Dortmunder Stadtverwaltung: Karl Lauschke, Der Wandel in der betrieblichen und gewerkschaftlichen Interessenvertretung nach den westdeutschen Septemberstreiks, in: Gehrke/Horn, 1968 und die Arbeiter, S. 76-91; Loke Mernizka/Siegfried Dreher, Stellung und Aufgaben gewerkschaftlicher Vertrauensleute, in: Otto Jacobi/Walther Müller-Jentsch/Eberhard Schmidt, Gewerkschaften und Klassenkampf. Jahrbuch '72, Frankfurt a. M. 1972, S. 162-170.

37 Ebd., S. 154.

38 Adalbert Kuhlwein, Mit zweierlei Zungen. Arbeitgeber halten nichts von Jugendvertretern, in: *Welt der Arbeit* Nr. 34, 21.8.1970, S. 3.

39 Protokoll über die gemeinsame Sitzung des Gesamtbetriebsrats und der Gesamtjugendvertretung (der Volkswagen AG), 10.1.1974 Werk Wolfsburg, in: AdsD, 5/IGMA-22-0724.

zu bewerten, die während der Arbeitszeit – richtig: Ausbildungszeit – zu erledigen ist.« Dennoch sei es »Quelle ständiger Auseinandersetzungen«, und allein Erfolg von Jugendvertretungen und Betriebsräten, wenn die rechtliche Bestimmung durchgesetzt werde, hieß es im *Gewerkschafter*.[40] Die Grenzen der Verrechtlichung lagen aus gewerkschaftlicher Sicht in einem Machtverhältnis, da auch rechtliche Bestimmungen nur auf Druck, so Horst Klaus, umgesetzt würden.[41] Diese Feststellung war nicht völlig von der Hand zu weisen, aber sie diente auch innergewerkschaftlich als Mobilisierungsmittel. So war im Manteltarifvertrag in der Metallindustrie im Bezirk Hamburg festgelegt, dass die Berichtshefte während der Arbeitszeit zu führen seien. Die Regelungen wurden oft aber erst umgesetzt, wenn Jugendliche sie einforderten.[42] Allzu offensiv vorgetragene Forderungen führten allerdings auch zu Konflikten in der spezifischen betrieblichen Mitbestimmungskultur. Der Betriebsratsvorsitzende des bereits erwähnten Hüttenwerks Salzgitter der Salzgitter AG beklagte sich im Dezember 1970, zwei Jugendvertreter hätten ein Flugblatt mit der Aufforderung zum Boykott der Berichtshefte ausgehängt, ohne ihn zu informieren. Seiner Ansicht nach seien die beiden Jugendvertreter während einer Dienstreise nach Hamburg von »linksradikalen Kräften« aufgewiegelt worden. Sie hätten die Frage der Berichtshefte nie in den Betriebsratssitzungen angesprochen, und die Regelungen für Auszubildende seien gut, sie müssten nur sieben Stunden und 40 Minuten arbeiten und könnten in der gewonnenen Zeit das Berichtsheft führen.[43] Im Geschäftsbericht der IG Metall Salzgitter für 1971 wurde von einer »Vertrauenskrise« zwischen jungen und älteren Funktionären über diese wie andere Fragen gesprochen.[44]

Das Ziel in den Lehrlingszentren wie den meisten Jugendvertretungen war, die Berichtshefte in der Arbeitszeit zu verfassen und damit ihre Freizeit von der Tätigkeit zu entlasten. So weigerten sich Lehrlinge, Berichtshefte abzugeben oder schrieben sie demonstrativ während der Arbeitszeit.[45] Ein Starkstromelek-

40 Zitat Rohde und die Wertung bei: E. M, Ein Jahr Berufsbildungsgesetz – das ist keine Feier wert, in: *Der Gewerkschafter* 19, Nr. 1, Januar 1971, 36 f.

41 Horst Klaus, Jugend fordert – Reformen jetzt! in: *Der Gewerkschafter* 18, Nr. 10, Oktober 1970, S. 372 f.

42 Hamburg: Berichtsheft Ping-Pong bei AEG Hamburg, in: *LZ* Nr. 8, S. 4.

43 Aktennotiz Horst Klaus an Georg Benz, 7.12.1970: Anruf des Kollegen Seewald, Betriebsratsvorsitzender des Hüttenwerks Salzgitter betreffend Verhalten der Jugendvertretung in Sachen Berichtsheftführung, in: AdsD, 5/IGMA-450-20016.

44 Verfasst von dem späteren Bevollmächtigten der IG Metall Verwaltungsstelle Hameln, Peter Kurbjuweit, in: IGM Verwaltungsstelle Salzgitter (Hrsg.), Ein halbes Jahrhundert: Beiträge zur Geschichte der IG Metall in Salzgitter, ein Lese-Bilder-Buch, Hamburg 2003, S. 106, Geschäftsbericht zitiert ebd. S. 107.

45 Desgleichen Vorfälle in drei Betrieben in Mannheim. Lehrlinge in Aktion, Flugblatt des Lehrlingszentrum Mannheim (Oktober 1970), in: AdsD, 5/IGMA-22-0153; bei der Firma Schiesser in Radolfzell weigern sich zehn Lehrlinge, die Hefte in der Freizeit auszufüllen, in: *Elan* Nr. 6 (1971), S. 8; in Essen führte die SMV einer Berufsschule die Aktion »Wahres Berichtsheft« durch, um Routinearbeiten aufzudecken. Michels/Pfeifer, Lehrlingsbuch, S. 17; bei den Frankfurter Lehrlingsausbildungsstätten war die

triker bei einem Betrieb der AEG berichtete, er nutze das Berichtsheft dazu, Nebentätigkeiten zu dokumentieren. Vier Wochen lang habe er »Baugerüst geschoben, Baugerüst geschoben« geschrieben.[46] Mit gewerkschaftlicher Unterstützung klagte schließlich ein Betriebsschlosser darauf, das Berichtsheft in der Arbeitszeit zu verfassen. Das Arbeitsgericht Hagen gab dieser Klage im Mai 1971 statt, da trotz unklarer Gesetzeslage die Berichtsheftführung eine Vertragspflicht sei und zudem im Betrieb besser ein Abschreiben aus alten Berichtsheften verhindert werden könne.[47] Das Frankfurter Lehrlingscentrum versuchte Anfang 1971, eine grundlegende Position zu klären, nachdem die Handelskammer Offenbach plante, die Berichtshefte ganz abzuschaffen. Dagegen sprach man sich aus, obwohl man die verbreitete Form der Heftführung für unsinnig hielt. Vielmehr sollte das Berichtsheft dazu genutzt werden, Lernfortschritte zu dokumentieren. Täglich sollte ein detailliertes Blatt mit Tätigkeitsbeschreibungen ausgefüllt werden, um die Einhaltung des Ausbildungsplans zu überwachen. Hiervon versprach man sich im Frankfurter Lehrlingscentrum auch eine Kontrolle über ausbildungsfremde Tätigkeiten[48], ein Vorschlag, den bereits der Deutsche Bildungsrat gemacht hatte.[49] Bei lokalen Umfragen zeigte sich, dass die überwiegende Mehrheit der Auszubildenden die Berichtshefte nicht in der Arbeitszeit führte. Im September 1970 machten über 70 Prozent der Dortmunder Berufsschüler diese Angabe.[50] Gerade in kleineren Betrieben wurde das Berichtsheft häufig gar nicht systematisch geführt und konnte daher nur bedingt zur Kontrolle eingesetzt werden.[51] Aber die Frage der Berichtshefte bot sich für gemeinsame Aktionen an. Jeder Auszubildende war damit konfrontiert, und es wurde als ein legitimer Rechtsanspruch vertreten, mit dem mehr Freizeit erreicht werden konnte.

Ein gut dokumentiertes Beispiel für die Erfolge und Grenzen einer engagierten Betriebsgruppe war bei der DURAG-Apparatebau GmbH in Hamburg zu beobachten. Die Firma produzierte mit rund 100 Mitarbeitern und 60-80 Lehrlingen, die überwiegend den Beruf des Elektronik-Mechanikers lernten. Unter den Lehrlingen gab es 1968/69 Sympathien für die Studentenunruhen und

Berichtsheftausfüllung während der Arbeitszeit nach einem Warnstreik im Mai 1970 eingeführt worden: Klaus Kolb, Lehrlingsstreik, in: *LZ* Nr. 5 (Sommer 1971), S. 4.

46 Wolfgang E., in: Tscheliesnig, Lehrlingsprotokolle, S. 85-92, S. 89.

47 Arbeitsgericht Hagen 1 Ca 288/71, 17. Mai 1971. Urteil abgedruckt in: *ZIB-Info. Internes Informationsblatt der Lehrlingenszentren und Jour Fixes* Nr. 1 (1971), in: PA Wilke.

48 Frankfurter Lehrlingscentrum, Thema Berichtsheft, in: *ZIB-Info. Internes Informationsblatt der Lehrlingenszentren und Jour Fixes* Nr. 1 (1971), in: PA Wilke.

49 Deutscher Bildungsrat, Empfehlungen der Bildungskommission. Zur Verbesserung der Lehrlingsausbildung, Verabschiedet auf der 19. Sitzung der Bildungskommission am 30./31.1.1969, Bonn [2]1970, S. 27.

50 Der Fragebogen mit Ergebnissen abgedruckt bei: 23. November 1970: Umfragebogen der DGB-Jugend Dortmund und Schülermitverwaltung Berufliche Schulen Dortmund, in: *Das Junge Wort* 11/13/0339; Zur Durchführung der Umfrage, bei der 8.983 Bögen ausgefüllt wurden, vgl. Söder, Leben, S. 110 f.

51 Winterhager, Lehrlinge, S. 23-26.

DURAG-Lehrlinge nahmen an der Demonstration im November 1968 und den Störungen am 1. Mai 1969 teil, im Spätsommer 1969 gründete sich eine Betriebsgruppe, die auch im Hamburger Jour Fix und in der IG Metall aktiv war.[52] »Die Basis für eine Betriebsgruppe sind die Mißstände in der Firma. Darauf muß sich ein Konzept aufbauen« hielt die Betriebsgruppe in einem konzeptionellen Papier fest. Die Gewerkschaften und auch die Eltern sollten möglichst einbezogen werden.[53] Zuerst gab die Gruppe *Info-Paper* heraus, in dem betriebliche Vorfälle und Probleme angesprochen wurden. Ziel war es, die Solidarität unter den Lehrlingen zu stärken. Als Ansatzpunkt wählten die Akteure das bei der Firma seit 1966 installierte Prämiensystem, bei dem nach Schulnoten gestaffelte Gratifikationen gezahlt wurden. Im Dezember 1970 legte etwas mehr als die Hälfte der damals 80 Lehrlinge ihre unterschiedlichen Prämien zusammen und verteilte an jeden 93 Mark. Euphorisch hielten die Aktivisten fest: »Diese Aktion, und das ist für die Strategie des gewerkschaftlichen Kampfes gleichfalls wichtig, griff direkt eines der übelsten Mittel der Unternehmer an, die Lohnabhängigen zu disziplinieren und auseinanderzubringen, indem sie zuerst zu wenig bezahlen, um dann einen winzigen Teil dieser Ausbeutungsprofite den Betrogenen zurückzuerstatten, dabei dann auch noch verlangen, daß diese dafür ›Männchen machen‹. Das kaputtzumachen heißt also, direkt das Allerheiligste der Unternehmer anzugreifen, nämlich ihre unumschränkte Befugnis, alles im Betrieb nach ihrem Gutdünken und ihren Launen zu regeln.«[54] Die Aktion wurde häufiger als hervorstechendes Merkmal der Lehrlingsbewegung zitiert, verbreitete sich aber nicht so, wie es die Initiatoren sich erhofften.[55] Die DURAG-Betriebsgruppe organisierte bald nach der Umverteilungsaktion einen »Fegestreik«, bei dem sich die Lehrlinge gemeinsam weigerten, nach Arbeitsschluss noch die Werkhalle zu fegen. Danach wurden die Lehrlinge nicht mehr zum Fegen verpflichtet.[56] Aber die Betriebsgruppe organisierte nicht nur spektakuläre Aktionen, sondern konkrete Vorschläge zur Verbesserung der Ausbildung. Nicht »schnelles und sicheres Arbeiten« sei wichtig zu lernen, dies würden bald Maschinen übernehmen. Wichtiger sei die fachliche Qualifikation, daher sollten in einem Ausbildungsplan verbindliche Zeiten für anspruchsvollere Tätigkeiten festgelegt werden.[57] Ein im Februar 1971 von den Lehrlingen vorgelegter Entwurf für einen Ausbildungsplan diente als Verhandlungsgrundlage mit dem Geschäftsleiter über einen eigenen Tarif-

52 Die Aktivitäten der Betriebsgruppe sind von den Aktivisten dokumentiert in: *LZ* – Zeitung für Lehrlinge und Jungarbeiter (Hrsg.), Lehrlingskampf in den Betrieben. Praktiziert und aufgeschrieben von Lehrlingen für Lehrlinge, Offenbach September 1971, S. 22 f. Rückblickend dargestellt von einem Beteiligten: Jürgen Voss/Reinhard Crusius, Lehrlingsarbeit, in: Hans-Dieter Bamberg/Manfred Bosch, Politisches Lesebuch, Starnberg 1973, S. 98-103.

53 DURAG, in: *LZ* Nr. 4, S. 4.

54 Weihnachtswunder bei der DURAG, in: *LZ* Nr. 5, S. 6.

55 So die darauf fußende Aktionsanregung in einer Comicdarstellung von Arno Ploog in: Todtenberg/Ploog, Bossen, S. 101 f.

56 Fegestreik gegen Ausbeutung, in: *LZ* Nr. 7, S. 13.

57 Lehrlingskampf, in: *LZ*, S. 52-54.

vertrag für Lehrlinge. Kurz vor Abschluss dieses Haustarifvertrages erklärte der Geschäftsleiter im November 1971, die Firma werde die Ausbildung einstellen. Trotz Demonstrationen und Versammlungen mit den Eltern hielt die Firmenleitung, offenbar erschöpft von den bald zweijährigen Auseinandersetzungen, an dem Ende der Ausbildung fest. Damit waren die »Grenzen des betrieblichen Lehrlingskampfes« erreicht, wie die Betriebsgruppe resigniert feststellte.[58] Der hohe Anteil von Auszubildenden und die fehlende Tarifbindung des Betriebes eröffneten den Lehrlingen bei der DURAG spezifische Handlungsspielräume. Gemeinsame Verweigerungshandlungen von Jugendlichen in Betrieben können aber nicht als eine allgemeine Bewegung verstanden werden. Insbesondere nicht in der antikapitalistischen Deutung, die zum Beispiel die Verweigerung der Berichtsheftführung als Beginn einer politischen Bewusstseinsbildung verstand. Für viele Jugendliche handelte es sich um selbstbewusste Alltagspraktiken, in denen sie sich Handlungsräume vor dem Hintergrund politisch aufgeladener Debatten schufen.

2.3.1. Die Auswirkungen des neuen Betriebsverfassungsgesetzes von 1972

Eine erhebliche Ausweitung von Einflussmöglichkeiten der Jugendvertretungen erfolgte mit dem reformierten Betriebsverfassungsgesetz. Es gehörte zu den wichtigen Reformprojekten der sozialliberalen Koalition, dass trotz einiger parlamentarischer Hürden nach dem Regierungswechsel relativ zügig umgesetzt wurde. Der DGB hatte 1965 eine Kampagne für eine Reform gestartet, 1967 wurde im Bundestag ein erster Gesetzesentwurf der CDU/CSU-Fraktion verhandelt. Strittig waren vor allem die individuellen Rechte der einzelnen Arbeitnehmer, welche die Konservativen stärken, und die Mitbestimmungsrechte der Interessenvertretungen, welche die Gewerkschaften ausbauen wollten. Ende 1971 wurde im Bundestag ein Gesetzesentwurf angenommen, der ab dem 1. Januar 1972 Geltung hatte.[59] Trotz der Kritik vonseiten der Gewerkschaften an dem neuen Gesetz – insbesondere die IG Metall störte sich an der Verpflichtung der Betriebsräte auf das Betriebswohl – kann die Wirkung der Novellierung auf die Arbeit der Interessenvertretungen kaum unterschätzt werden. Die Betriebsratsarbeit differenzierte sich in der Folge erheblich aus.[60] Dies galt neben der Personalpolitik und bei strategischen Unternehmensentscheidungen gerade

58 Grenzen des betrieblichen Lehrlingskampfes, in: *LZ* Nr. 9, S. 5 f.

59 Zur Vorgeschichte und Verabschiedung vgl. Milert/Tschirbs, Demokratie, S. 462-473; Schneider, Geschichte, S. 344-346.

60 Für die Personalpolitik als Fallbeispiel vgl. Ruth Rosenberger, Von der ›Bayer-Familie‹ zum paritätisch getragenen Personalmanagement? Mitbestimmung und Personalpolitik nach 1945, in: Klaus Tenfelde u. a. (Hrsg.), Stimmt die Chemie? Mitbestimmung und Sozialpolitik in der Geschichte des Bayer-Konzerns, Essen 2007, S. 245-269, zur Auswirkung BetrVG S. 258 f.

für den Bereich der Jugend.[61] Wahlberechtigt waren die unter 18-Jährigen im Betrieb, ältere Auszubildende besaßen kein Wahlrecht. Wählbar waren Personen bis zum 21. Lebensjahr. Zu den Neuerungen gehörte die Erhöhung der Anzahl der Jugendvertreter und das Recht, an Betriebsratssitzungen mit einem Vertreter teilzunehmen. Die Jugendvertretung konnte sich eine eigene Geschäftsführung wählen, wöchentliche Sprechstunden einrichten und eigene Jugendversammlungen durchführen. Allerdings blieb die Jugendvertretung weiterhin unmittelbar an den Betriebsrat gebunden, sie konnte keine eigenständigen Betriebsvereinbarungen mit dem Unternehmen abschließen. Die Aufgaben waren im Gegensatz zum alten Gesetz klarer definiert: Dazu zählten die Überwachung der Einhaltung gesetzlicher Vorschriften und die Unterstützung der Auszubildenden in ihren Belangen. Die Jugendvertretung sollte »die speziellen Interessen der jugendlichen Arbeitnehmer unter 18 Jahren gegenüber dem Betriebsrat« vertreten. Bei Fragen, die jugendliche Arbeitnehmer betrafen, besaßen die JV-Mitglieder im Betriebsrat Stimmrecht und konnten, falls sie mit einem Beschluss nicht einverstanden waren, die Aussetzung von einer Woche verlangen.[62] Allerdings erhielten die Jugendvertreter keinen Kündigungsschutz analog zu dem der Betriebsräte. Dieser wurde erst Anfang 1974 nach Forderungen der Gewerkschaften dahingehend ergänzt, dass eine geplante Nicht-Übernahme in engen Fristen mitgeteilt werden musste.[63] Die Forderungen der IG Metall und des DGB für den Bereich Jugend waren im Gesetz weitgehend übernommen worden.[64] Nicht berücksichtigt wurden einige Forderungen der IG-Metall-Jugend wie die Freistellung vom Grundwehrdienst bei Jugendvertretern oder – in der Organisation selbst umstritten – die Bildung von Jugendvertretungen auch in Betrieben, in denen es keinen Betriebsrat gab. Auch die Beteiligung von über 18-jährigen Auszubildenden an der Wahl der Jugendvertretung gehörte dazu, die die Kommission des DGB-Bundesvorstand aber ablehnte, da sie eine zu starke Konzentration auf Ausbildungsfragen befürchtete.[65] Die Ablehnung der Regierungsnovelle durch die Jugendkonferenz der IG Metall im April 1971 bezog sich auf die im Gesetz enthaltene Verpflichtung zum Betriebswohl und Einschränkungen für die Gewerkschaften, im Betrieb zu agieren. Die Bestimmungen zu

61 Gerhard Etzel, Betriebsverfassungsrecht. Eine systematische Darstellung, Neuwied und Darmstadt 1977, §§ 60-73 BetrVG, S. 323-327; Synopse zum Betriebsverfassungsgesetz, Vergleichende Gegenüberstellung des bisher gültigen BetrVG 1952 und des BetrVG 1972, mit Hinweisen von Peter G. Meisel, Köln 1972, S. 100-113.

62 Etzel, Betriebsverfassungsrecht, S. 263.

63 § 78a vom 18.1.1974, BGBl. I .S. 85, hier zitiert nach Etzel, Betriebsverfassungsrecht, S. 331.

64 Als Abriss des legislativen Vorganges vgl. Wolfgang Borgmann, Reformgesetz in der Bewährung. Theorie und Praxis des Betriebsverfassungsgesetzes von 1972, Opladen 1987, S. 33-38.

65 Vgl. Vorlage zur Sitzung des Jugendausschusses am 29./39.12.1969, Betr.: Novellierung des Betriebsverfassungsgesetzes; Zusammensetzung, Tätigkeit und Aufgabenbereich der Jugendvertretung, in: AdsD, 5/IGMA-22-0158.

Jugendvertretungen selbst waren dafür nicht ausschlaggebend.[66] Im Gegenteil, wie Rudi Behrendt 1974 auf der Jugendkonferenz bemerkte: »Die Regelung der Jugendvertreterrechte im Betriebsverfassungsgesetz gehört jedoch zu den Bereichen des Gesetzes, in denen die gewerkschaftlichen Forderungen am weitestgehenden erfüllt worden sind.«[67]

Allerdings war die Schaffung von Rechtsnormen in der Arbeitswelt nur bedingt mit deren Implementierung verbunden.[68] Zum Teil waren schon vor der Kodifikation, insbesondere in größeren Betrieben, Einflussmöglichkeiten über das gesetzliche Maß hinaus vorhanden[69], für Georg Benz Ergebnis des unermüdlichen Einsatzes von Jugendvertretungen vor einer rechtlichen Regelung.[70] Zum anderen lag die Umsetzung auch nach der Kodifikation vor allem an dem jeweiligen Einfluss der Arbeitnehmervertretungen. Der größte kurzfristige Effekt des Gesetzes war der Anstieg von Jugendvertretern im Organisationsbereich der IG Metall. Die im Frühjahr 1972 durchgeführten Jugendvertretungswahlen zeigten beeindruckende Ergebnisse. Dabei stiegen die Betriebe, in denen gewählt wurden, von 1971 bis 1972 um etwas mehr als 1.100, aber die Zahl der Wahlberechtigten stieg nur um knapp 16.000, hingegen verdoppelte sich die Zahl der Jugendvertreter um fast die Hälfte von 4.807 auf 9.611 Personen. Der Anstieg erfolgte vor allem aus dem höheren Verteilungsschlüssel für Jugendvertretungen.[71] Der relativ geringe Anstieg von Wählern und demgegenüber die um ein Drittel höhere Anzahl der Betriebe belegt, dass es gelungen war, in einer Reihe von kleineren Betrieben Jugendvertretungen zu wählen. Ein etwas gerin-

66 Protokoll 9. Ordentliche Jugendkonferenz, S. 381.

67 Bericht Rudi Behrendt auf der 10. Ordentlichen Jugendkonferenz der IG Metall im Mai 1974, in: Protokoll 10. Ordentliche Jugendkonferenz, S. 70.

68 Für die Rechtspraxis des BetrVG von 1972 zeigt dies für die Betriebsratsarbeit eine politikwissenschaftliche Arbeit anschaulich: Borgmann, Reformgesetz.

69 Zum Beispiel bei Volkswagen, vgl. Günther Koch, Arbeitnehmer steuern mit. Belegschaftsvertretung bei VW ab 1945. Köln 1987, S. 190 f.

70 Redebeitrag Georg Benz in: 8. Konferenz der Industriegewerkschaft Metall für Vertrauensleute und Betriebsratsmitglieder, 25. und 26. Oktober 1973, Travemünde, hrsg. vom Vorstand der Industriegewerkschaft Metall, Abteilung Vertrauenskörper/Betriebsräte, Frankfurt a. M. 1974, S. 103.

71 Im alten Betriebsverfassungsgesetz von 1952 wurde ein Jugendvertreter gewählt bei 5 bis 50 Beschäftigten, drei Jugendvertreter bei 51 bis 100 und fünf Jugendvertreter ab 101 Beschäftigten. Mit dem neuen Betriebsverfassungsgesetz war die Verteilung gestiegen. Bei 5 bis 20 jugendlichen Beschäftigten wurde ein Jugendvertreter gewählt, bei 21 bis 50 waren es drei, 51 bis 200 wählten fünf, mehr als 200 Jugendliche wählten sieben Jugendvertreter, ab 300 Jugendlichen waren sogar neunköpfige Gremien vorgesehen. Vgl. § 20 Abs. 2, BetrVG (1952), in: Betriebsverfassungsgesetz, Wegweiser und Erläuterungen für die Praxis, hrsg. vom DAG-Hauptvorstand, Hamburg 1953, S. 34; 62, Abs. 1 BetrVG (1972), in: Hans Bohn/Klaus Dutti, Betriebsverfassungsgesetz vom 15. Januar 1972 in der Fassung vom 18. Januar 1974 und Wahlordnung vom 16. Januar 1972 nebst Erläuterungen für die betriebliche Praxis, S. 80. Dies entsprach dem Entwurf des neuen Betriebsverfassungsgesetzes von 1970, nur die neunköpfigen Gremien waren dazu gekommen. Entwurf des neuen Betriebsverfassungsgesetzes, hrsg. vom Bundesminister für Arbeit- und Sozialordnung, Bonn 1970, S. 30.

gerer Organisationsgrad der Jugendvertreter erklärte sich auch aus einem höheren Anteil von Betrieben, in denen erstmals gewählt wurde.[72] Positiv vermerkte die Abteilung Jugend bei einer Auswertung der Wahl, dass der Anteil weiblicher Jugendvertreter sich seit den 1960er Jahren kontinuierlich gesteigert habe und 1972 bei 16 Prozent lag.[73]

Tabelle 5: Wahlergebnisse zu den Jugendvertreterwahlen 1967-1972 in absoluten Zahlen[74]

Jahr	Betriebe	Wähler	Gewählt	davon IGM/ Organisiert	erstmals gewählt
1967	2.822	132.415	5.036	83%	71%
1969	2.896	129.246	4.938	81%	84%
1971	2.836	130.457 davon IGM.63.354	4.807	84,5%	84,9%
1972	3.945	146.221 davon IGM 73.087	9.611	78,6%	80%

Die steigende Zahl der Jugendvertreter erforderte nach Ansicht der IG Metall, einen Schwerpunkt auf deren Schulung zu legen, waren doch über 80 Prozent erstmals gewählt und eine Vielzahl neuer Bestimmungen zu berücksichtigen.[75] Diese Entwicklung war absehbar gewesen, und schon 1971 wurden 25 einwöchige Schulungen für Jugendvertreter eingeplant.[76] Aber die neuen rechtlichen Einflussmöglichkeiten mussten durch die Funktionäre vermittelt werden, wozu die Sachbearbeiter in Bezirken und Verwaltungsstellen extra geschult werden mussten.[77] Ende Oktober 1972 wurde eine Arbeitstagung für Jugendvertreter organisiert, zu der alle JV-Vorsitzenden aus Großbetrieben mit mehr als 200 Jugendlichen kommen sollten, während Mittelbetriebe und Handwerk nur anteilig vertreten waren.[78] 1972 fanden 13 Seminare für Referenten statt, die örtliche Schulungen der Jugendvertretungen durchführen sollten, zudem waren über 1.000 Jugendvertreter auf zentralen Seminaren geschult worden.[79] Dieser Anstieg stand im Zusammenhang mit einem Kurswechsel der IG

72 Bericht über die Jugendarbeit 1971-1973, in: Protokoll 10 ordentliche Jugendkonferenz 1974, S. 20f.

73 Zahlen nach: Jugendvertreterwahl 1972 im Vergleich zu 1971 und 1969, in: AdsD, 5/IGMA-22-0176.

74 Angaben nach: Geschäftsberichte IG Metall 1968-1970, S. 357; 1971-1973, S. 255.

75 Geschäftsbericht IG Metall 1971-1973, S. 264f.

76 Siegfried Müller an Georg Benz, 11.1.1971: Wochenschulungen für Jugendvertreter, in: AdsD, 5/IGMA-450-20016.

77 Materialien für die Jugendsachbearbeitertagung 2-4.2.1972 in Sprockhövel, in: AdsD, 5/IGMA-22-0162.

78 Vorlage zur Sitzung des Jugendausschusses am 28/29.12.1972 TOP 4. AdsD, 5/IGMA-22-0176.

79 Bericht über die Jugendarbeit 1971-1973, in: Protokoll 10 ordentliche Jugendkonferenz 1974, S. 21.

Metall in der Bildungsarbeit, der sich 1972 vollzogen hatte. In den Vordergrund rückte nun gegenüber der Politisierung und Aufklärung über die kapitalistische Gesellschaft die Vermittlung von Rechtskenntnissen für die betriebliche Praxis. Schon länger gab es in der Organisation Forderungen, mehr organisationsbezogene Themen in den Schulungen zu behandeln; ebenso war im Vorstand der IG Metall eine Unzufriedenheit über nur schwer zu kontrollierende studentische Lehrkräfte vorhanden.[80] Heinz Dürrbeck, der die Bildungsarbeit in den 1960er Jahren mit neu ausgerichtet hatte, wurde 1972 die Zuständigkeit für die Bildungsarbeit im Vorstand der IG Metall entzogen. Unter dem Vorstandsmitglied Hans Preiss lag in den folgenden Jahren der Akzent deutlich stärker auf »Zweckbildung« und Schulung des Funktionärsnachwuchses, ohne jedoch die antikapitalistische Grundierung aufzugeben.[81] Diese Trendumkehr fiel mit der Kritik an der Lehrlingsbewegung und einer Konzentration auf betriebliche Jugendarbeit zusammen. Neben politischen Konflikten innerhalb der IG Metall müssen als Grund für die Neuausrichtung der Bildungsarbeit auch die erheblich erweiterten Einflussmöglichkeiten für die Gewerkschaften im Betrieb gesehen werden, die eine stärker verrechtlichte Schulung notwendig machten. Die schon 1971 absehbare Ausweitung von Jugendvertretungen erforderte mehr personelle und finanzielle Ressourcen. Schon für die Jugendvertreterwahlen 1971 wurde der Etat für Werbemaßnahmen und örtliche Schulungsveranstaltungen um ein Drittel auf 120.000 DM erhöht, um »linke Sekten« besser abwehren und über die anstehende Novellierung ausführlich berichten zu können, für 1972 wurde der gleiche Betrag verwendet.[82] Von der DGB-Broschüre zum Jahr des jungen Arbeitnehmers *Deine Rechte in Betrieb und Verwaltung* verteilte die IG Metall über die Verwaltungsstellen rund 80.000 Exemplare.[83]

2.3.2. Konflikte um Gesamtjugendvertretungen

Eine für die Arbeit in Großbetrieben wichtige Neuerung war 1972 die Schaffung von Gesamtjugendvertretungen. Die Betreuung der Gesamtjugendvertretungen erfolgte nicht mehr über örtliche Sekretäre, sondern überwiegend zentral organisiert über die Abteilung Jugend der IG Metall. Das neue Betriebsverfassungsgesetz regelte, dass eine Gesamtjugendvertretung zu bilden sei, wenn ein Unternehmen mehrere Betriebsstätten und damit mehrere Jugendvertretungen habe. An den Konflikten um die Einrichtung dieser Gremien kann die Zusammenarbeit zwischen der Jugend und den Betriebsräten näher beleuchtet werden. Bestrebungen, solche Gremien in Unternehmen mit mehreren Standorten zu

80 Mit vielen Quellenbelegen aus IG-Metall-Vorstandsakten: Müller, Gewerkschafter, S. 362-392.

81 Müller, Gewerkschafter, S. 401-409.

82 Horst Klaus an Georg Benz, 12.11.1970: Jugendvertreterwahl 1971; Horst Klaus an Georg Benz, 21.1.1972: Jugendvertreterwahl 1972. Beide in: AdsD, 5/IGMA-450-20016.

83 Aktennotiz Horst Klaus an Georg Benz, 6.5.1971, in: AdsD, 5/IGMA-450-20016.

schaffen gab es schon Ende der 1960er Jahre. Allerdings waren es keine rechtlich legitimierten Zusammenschlüsse, sondern informelle Treffen von Jugendvertretungen. Es lag an der Bereitschaft von Gesamtbetriebsräten, diese Frage betrieblich zu regeln. Dabei war das Verhältnis zwischen den Betriebsräten und den Jugendvertretungen häufig angespannt, da allzu viel Einfluss den Jugendvertretern nicht zugestanden werden sollte. So wandten sich Jugendvertretungen der Friedr. Krupp GmbH im Sommer 1969 an die Abteilung Jugend der IG Metall. Sie beklagten das schlechte Verhältnis zum Gesamt-Betriebsrat und forderten für die einzelnen Jugendvertretungen der Werke eine regelmäßige Teilnahme an den Betriebsratssitzungen. Da die Jugendvertreter die Betriebsräte von morgen seien, müsse eine einvernehmliche Zusammenarbeit erfolgen. »Das ›Nicht-in-die-Karten-gucken-lassen‹ und der ›Verdacht einer Rivalität‹ seien der notwendigen Zusammenarbeit zwischen Betriebsrat und Jugendvertretung genauso abträglich wie ungestümer, unsachlicher jugendlicher Elan« resümierten sie in einem Schreiben an die Betriebsräte.[84] Horst Klaus räumte in seinem Antwortschreiben ein, dass die Abteilung Jugend selbst keine Übersicht über die existierenden Formen von werkübergreifender Zusammenarbeit habe. Mit der Novellierung des Betriebsverfassungsgesetzes solle aber die Einrichtung von Gesamtjugendvertretungen möglich werden; Klaus empfahl, die regelmäßige Teilnahme an Betriebsratssitzungen durchzusetzen.[85] Bei der AEG zum Beispiel wurde ein Verfahren praktiziert, in dem die Jugendvertretungen der Werke einen Gruppensprecher wählten, der an Sitzungen des Gesamtbetriebsrats (GBR) teilnehmen durfte.[86] Bei der Robert Bosch GmbH forderten die Jugendvertreter 1970 die Einrichtung einer Gesamtjugendvertretung; im Frühjahr 1971 organisierte der Gesamtbetriebsrat in Stuttgart-Schillerhöhe ein Treffen mit Jugendvertretern und Betriebsräten aus rund 50 Standorten. Der GBR-Vorsitzende Richard Rau hob hervor, dies sei das erste Treffen dieser Art, letztlich diente es dem Austausch über Spannungen in den Betrieben. Eine Gesamtjugendvertretung sollte nicht eingerichtet, allerdings der Austausch verstetigt werden. Als Vertreter der IG Metall kritisierte Horst Klaus, dass der GBR bei der Berufsausbildung zu zurückhaltend sei. Die Gesamtjugendvertretung werde bald gesetzlich geregelt sein, und der GBR solle entsprechende Verhandlungen in die Wege leiten.[87] Die Gesamtjugendvertretung wurde bei Bosch, nachdem die rechtlichen Voraussetzungen geschaffen waren, im September 1972 gegründet. Dieser Gründung waren längere Auseinandersetzungen um die Anzahl der Mitglieder vorausgegangen, da der Gesamtbetriebsrat nur neun, die Jugendver-

84 Gesamtjugendvertretung Fried. Krupp GmbH an den Gesamt-BR der Fried. Krupp GmbH, Essen 30.6.1969. Abschrift in: AdsD, 5/IGMA-22-0351.

85 Horst Klaus an Manfred Abt, 14.8.1969, in: AdsD, 5/IGMA-22-0351.

86 Richard Neusinger, Vwst. Nürnberg, an Horst Klaus, 2.9.1969, in: AdsD, 5/IGMA-22-0351.

87 Protokoll über die Jugendvertreter-Tagung am 23.3.1971 auf der Schillerhöhe, S. 5; sowie Handschriftliche Mitschrift einer Gesamt-Jugendvertreter-Versammlung, ohne Datum, (23.3.1971). Beide in: AdsD, 5/IGMA-22-0475.

tretungen aber 17 Mitglieder in dem Gremium haben wollten. Die Abteilung Jugend unterstützte die Forderung nach einer höheren Mitgliederzahl, und nach der konstituierenden Sitzung zeigte sich der GBR-Vorsitzende »von den Sachkenntnissen und dem Diskussionsstil der Jugendvertreter positiv überrascht«. Allerdings hatte der 1925 geborene Richard Rau, auch Stadtrat der SPD in Zuffenhausen und Betriebsratsvorsitzender von 1964 bis 1987 in dem größten Bosch-Werk in Stuttgart-Feuerbach, die Wahl der dortigen Vorsitzenden der Jugendvertretung zur GJV-Vorsitzenden verhindert.[88] Konflikte mit der Jugendvertretung, die zum Teil unter Einfluss von KABD und dem KJVD der KPD/ML(ZB) standen, gab es seit 1971. Die Maoisten forderten den Kampf gegen Rau und die »sozialdemokratischen Spalter der Arbeiterjugend«.[89] Noch Anfang 1973 beschwerte sich die Jugendvertretung des Feuerbacher Werkes über hinhaltende Taktiken des Betriebsrates, obwohl sie um eine »gute Zusammenarbeit« bemüht seien.[90] Raus autoritärer Führungsstil galt auch unter Vertrauensleuten und Betriebsräten in den Folgejahren als schwierig.[91]

Solch atmosphärische Störungen begleiteten eine Reihe von Gründungen von Gesamtjugendvertretungen. Häufige Streitpunkte waren die Anzahl der Mitglieder, die Teilnahme von GJV-Mitgliedern bei GBR-Sitzungen oder Freistellungen von Jugendvertretern. Horst Klaus hielt daher schon im Frühjahr 1972 fest, dass die Abteilung Jugend von Muster-Betriebsvereinbarungen für die Einrichtung der GJV Abstand genommen habe, da die Gesamtbetriebsräte sich nach ihren bestehenden Strukturen richten würden. Wichtig sei vor allem, bestimmte formale Punkte zu berücksichtigen. Die GJV-Mitglieder müssten sich aus den Jugendvertretungen selbst rekrutieren und sollten nicht gewählt werden, bei größeren Firmen seien regionale Treffen zu vereinbaren und mindestens eine jährliche Versammlung aller Jugendvertreter durchzuführen.[92] Die Abteilung Jugend versuchte in den Konflikten zu vermitteln und unterstützte zumeist die Beteiligungsforderungen der Jugendvertreter, war aber zugleich

88 Vorstehendes Zitat und zur Verhinderung Siegfried Müller an Horst Klaus, 29.9.1972: Konstituierende Sitzung der Gesamtjugendvertretung bei Bosch, Zitat S. 5, in: AdsD, 5/IGMA-22-0475.

89 Bosch-Stuttgart: Kampf für eine proletarische Jugendvertretung gegen die sozialdemokratischen Spalter der Arbeiterjugend, in: Der Kampf der Arbeiterjugend Nr. 6, Bochum Juni 1971, S. 4; sowie KJO Spartacus-OG Stuttgart: Ergebnisse und Perspektiven der Arbeit der Stgt. OG, Stuttgart 17.12.1972 mit Berichten über kommunistische Gruppen bei Bosch-Feuerbach (Quelle für beide: http://www.mao-projekt.de/BRD/BW/S/Stuttgart_Bosch.shtml [Abruf 17.11.2013]).

90 Jugendvertretung Bosch Feuerbach an Bundesvorstand der IGM, Abtl. Jugend, 6.4.73, in: AdsD, 5/IGMA-22-0475.

91 Dies wird deutlich in einer Darstellung des Betriebsrates von Bosch aus dem Jahr 2009, in dem einige Ausgeschlossene zu Wort kommen und das Bemühen erkennbar ist, die konfliktbeladenen 1970er Jahre in die Betriebsratsgeschichte zu integrieren. Betriebsrat Bosch Feuerbach (Hrsg.), … auch beim Bosch gibt's nichts umsonst. 100 Jahre Arbeit und Leben in Feuerbach aus Sicht der Beschäftigten, Ludwigsburg 2009, S. 115-117.

92 Aktennotiz Horst Klaus (Abt. Jugend) an Dieter Sommer (Abt. Betriebsräte) 14.3.1972. Er bezog sich auf einen Konflikt bei AEG-Telefunken, in: AdsD, 5/IGMA-22-0468.

um Kompromisse bemüht. Die Betriebsräte hingegen orientierten sich an betrieblich etablierten Umgangsformen. Die Forderung nach größtmöglicher Beteiligung von Jugendvertretern an Sitzungen und Kommissionen führte nicht nur aus politischen Befürchtungen zu Irritationen, sondern bedrohte auch etablierte Austauschstrukturen zwischen Betriebsräten und den Unternehmen. Da die Fluktuation unter den Jugendvertretern hoch blieb, erschien vielen Betriebsräten eine restriktive Handhabung effektiv. Dass dabei auch Drohungen eingesetzt wurden, kann nicht überraschen. So weigerte sich der GBR von AEG-Telefunken Anfang 1973, die GJV-Mitglieder an Besprechungen mit dem Unternehmen teilnehmen zu lassen. Man drohte, die Treffen mit der GJV insgesamt abzusagen, wenn die Jugendvertreter auf ihrem Recht bestünden. Die GJV verzichtete schließlich, da sie »keine Gesetzesreiter« seien, und stimmten der alleinigen Entsendung der beiden Vorsitzenden zu.[93]

Konflikte um Gründungen von Gesamtjugendvertretungen vermehrten das in der Gewerkschaftsjugend latent vorhandene Gefühl, lediglich Spielwiese der Organisation zu sein. Die Jugendvertretungen der sechs westdeutschen Standorte der Volkswagen AG forderten eine stärkere Vertretung der kleineren Werke in der Gesamtjugendvertretung. Die Bezirksleitung der IG Metall Hannover schloss mit dem Unternehmen im August 1972 einen eigenen Tarifvertrag über die Gesamtjugendvertretung.[94] Die Verhandlungen hatte der zuständige Bezirkssekretär Hasso Düwel ohne die Jugendvertretungen geführt. Die Jugendvertretung des VW-Werkes Hannover schrieb, sie fühle sich übergangen und in einem »demokratischen Sandkasten«, da Düwel nicht alle ihre Voten berücksichtigt habe.[95] Der Gesamtbetriebsrat von Volkswagen weigerte sich eine Zeit lang, den Vorsitzenden der Gesamtjugendvertretung zu ihren Sitzungen hinzuziehen, da er als DKP-Mitglied als nicht vertrauenswürdig galt.[96] Mit den erweiterten Rechten von Jugendvertretungen nahmen nach Beobachtungen der Abteilung Jugend die Konflikte mit Betriebs- und Gesamtbetriebsräten zu. Es ging dabei meist um Informationsflüsse in Unternehmen und die Teilnahme von Jugendvertretern an Sitzungen des Betriebs- oder Gesamtbetriebsrates.[97] Die IG Metall-Jugendfunktionäre vertraten eine schlichtende Position und plädierten dafür, dass mindestens ein Jugendvertreter an Sitzungen teilnahm, bei Fragen die Jugend betreffend jedoch alle Jugendvertreter. Die Arbeitsweise aber

93 Protokoll der GJV-Sitzung vom 22.3.1973 und 23.3.1973 (AEG-Telefunken), S. 4, in: AdsD, 5/IGMA-22-0468.

94 Tarifvertrag zur Regelung der Mitgliederzahl der Gesamtjugendvertretung zwischen der IG Metall Bezirksleitung Hannover und der Volkswagen AG, 16.8.1972, in: AdsD, 5/IGMA-22-0724.

95 Jugendvertretung Hannover an Bezirksleitung Hannover der IG Metall, 7.9.1972, in: AdsD, 5/IGMA-22-0724.

96 Jugendausschuss-Sitzung am 13. und 14. Juni 1973, hs. Stichpunkte, in: AdsD, 5/IGMA-22-0176.

97 Protokoll der gemeinsamen Besprechung der Abteilungen Jugend und Betriebsräte/Betriebsverfassungsrecht am 6.12.1974, in: AdsD, 5/IGMA-22-0369.

sollte eigenständig geplant werden. Seitens der Unternehmen gab es gegen die Einrichtung von Gesamtjugendvertretungen nur selten prinzipielle Bedenken.

2.3.3. *Integration der Jugend in Tarifverhandlungen und das Streikrecht für Auszubildende*

Eines der gewerkschaftlichen Kerngeschäfte war die Aushandlung der Tarifverträge, die für die Akzeptanz in der Mitgliedschaft eine wichtige Rolle spielten. Jugendvertretungen wie Betriebsräte hatten hieran theoretisch keinen Anteil, da die Verhandlungen zwischen Gewerkschaften und Arbeitgeberverbänden geführt wurden; allerdings waren betriebliche Interessenvertreter in Tarifverhandlungen eingebunden. Die Tariflandschaft war hochgradig zerklüftet, da Verträge für einzelne Branchen, Regionen oder auch größere Firmen ausgehandelt wurden und die Tarifgebiete sich selten mit den Bezirkseinteilungen der IG Metall deckten, sondern sich an den regionalen Zuschnitten der Arbeitgeberverbände orientierten. Zu diesem bereits schwer zu durchschauenden Geflecht kamen noch Tarifverträge für Auszubildende, die bis Anfang der 1970er Jahre meist getrennt von allgemeinen Tarifverhandlungen ausgehandelt wurden. Im industriellen Bereich wurden sie als Lehrlings- oder Ausbildungstarifverträge abgeschlossen. Noch schwieriger sah es im Handwerk aus, wo es erst 1969 gelang, eigene Tarifverträge für die Auszubildenden abzuschließen.[98] Eine Reihe von Handwerkskammern bzw. Innungen verstand die Auszubildenden nicht als Arbeitnehmer, sondern ging von einem Erziehungsverhältnis aus; daher wurde im Handwerk kein Lohn, sondern eine Erziehungsbeihilfe gezahlt. Diese Position wurde allerdings schon 1970 von Schlichtern und Gerichten abgelehnt.[99]

Zwei Besonderheiten prägten die Tarifverträge für Auszubildende in der Metallindustrie: Es galten 1970 noch Altersstaffelungen, die für Minderjährige unter 18 Jahren geringere Entlohnungen vorsahen, und unterschiedliche

98 Bericht über die Jugendarbeit 1968-1970, in: Protokoll 9. Ordentliche Jugendkonferenz, S. 19; Übersichtstabellen S. 106-109; vgl. die Zusammenstellung der Abt. Jugend: Entwicklung tarifpolitischer Diskussionen auf Jugendkonferenzen und Gewerkschaftstagen der IG Metall, o. D. und o. U. (nach 1977), in: AdsD, 5/IGMA-22-0818. Für den Hinweis auf diese Quelle bin ich Paul Ryan zu Dank verpflichtet.

99 In einem Schlichtungsverfahren zwischen IG Metall Bezirksleitung Frankfurt und dem Landesinnungsverbänden des Elektro-, Radio- und Fernsehtechniker-Handwerks Rheinland-Rheinhessen, des Klempner-, Installateur-, Heizungsbauer- und Kupferschmiedehandwerk – jetzt Sanitär- und Heizungstechnik – Rheinland-Rheinhessen sowie des Fachverbandes Metall-Handwerk Rheinland-Rheinhessen bestätigte der Schlichtungsausschuss die Arbeitnehmerposition der Auszubildenden und forderte die Beteiligten auf, bis zum 1.1.1972 einen Tarifvertrag abzuschließen. Protokoll über die Sitzung des Schlichtungsausschusses zur Durchführung eines Verfahrens nach dem Landesgesetz über das Ausgleichs- und Schiedsverfahren in Arbeitsstreitigkeiten am 9.7.1971 im Großen Sitzungssaal des Landwirtschaftsministeriums Rheinland-Pfalz, in: AdsD, 5/IGMA-22-0159.

Ortsklassen nach Lage des örtlichen Arbeitsmarktes. Beides führte zu einem deutlichen Gefälle bei der Entlohnung gleicher Ausbildungsbereiche. Die Aufhebung dieser Ungleichheiten war ein erklärtes Ziel der IG Metall.[100] Aber solche Ziele konnten nicht bundesweit administriert, sondern mussten in den Verhandlungen der Bezirke durchgesetzt werden. Tarifpolitische »Zentralfigur« bei Tarifverhandlungen war der jeweilige Bezirksleiter, der in der Regel als Verhandlungsführer gegenüber den Arbeitgeberverbänden auftrat. Als Angestellter des Vorstandes war er zur Loyalität nach oben ebenso verpflichtet wie gegenüber den Interessen der Mitglieder im Bezirk. Das Scharnier zwischen Mitgliederforderungen, die in betrieblichen Versammlungen aufgestellt wurden, und den Erwartungen des Vorstandes bildete die Tarifkommission, zumeist bestehend aus Bevollmächtigten der Verwaltungsstellen und Betriebsräten wichtiger, und dies hieß in der Regel großer, Betriebe des Tarifgebietes. Jedes Verhandlungsergebnis musste zudem vom IG-Metall-Vorstand bestätigt werden. Tarifforderungen wurden jedoch nicht einfach vom Vorstand administriert, es waren »vielmehr vielfältige Abstimmungsprozesse und ein dynamisches Zusammenwirken beider Ebenen« darin wirksam.[101] Jugendliche gehörten den Tarifkommissionen nicht an, und in den 1960er Jahren waren die Tarifverträge für Auszubildende meist ohne großes Aufsehen ausgehandelt worden. Eine Dynamisierung erfolgte erst mit der Politisierung in der Lehrlingsbewegung. Bereits Anfang 1970 hatte die IG CPK einen eigenen Forderungskatalog für Jugendtariffragen aufgestellt.[102] Es wurde eine eigene Tarifkommission mit jungen Gewerkschaftern gebildet, die im Mai 1970 für den Bereich Rheinland-Pfalz allein mit den Arbeitgebern über ihre Forderungen verhandelte.[103] Allerdings scheiterten die Verhandlungen und wurden durch einen Schlichterspruch entschieden.[104] Das Vorgehen der IG CPK war für den Jugendausschuss der IG Metall Anlass, im April 1970 über ein eigenes tarifpolitisches Jugendprogramm nachzudenken. In Niedersachsen, so berichtete Hasso Düwel von der Bezirksleitung Hannover, sei es Anfang 1970 gelungen, eine Reihe von Forderungen – wie Anrechnung der Vorbildungszeit, die Zahlung von einem Facharbeitergehalt direkt nach der Prüfung und Anrechnung der Wegezeiten – im Rahmentarifvertrag zu regeln.[105] Die IG-Metall-Jugendfunktionäre waren sich einig, dass Tariffragen für die Ausbildung in die allgemeinen Verhandlungsabläufe integriert werden sollten. Für die IG Metall waren Ausbildungsfragen in der Tarifrunde 1970 allerdings erst

100 Protokoll 8. Ordentliche Jugendkonferenz, S. 265.

101 Günter Könke, Arbeitsbeziehungen in der hamburgischen Metallindustrie 1918-1974, Berlin 2004, erstes Zitat S. 377, zweites S. 378. Das Buch ist die bisher umfangreichste Analyse von Tarifverhandlungen.

102 Jugend-Tarifpolitisches Programm, beschlossen vom Jugend-Hauptausschuß der IG Chemie-Papier-Keramik, Hannover März 1970, in: PA Wilke.

103 Endlich sattfressen, in: *Der Spiegel* Nr. 26, 22.6.1970, S. 68 f.

104 Lehrlinge setzten Forderung durch, in: *Gewerkschaftspost* Nr. 7 (1970).

105 Protokoll über die Sitzung des Jugendausschusses der IG Metall am 16. und 17. April 1970 in Nürnberg, in: AdsD, 5/IGMA-22-0157.

kein wichtiges Thema.[106] Dies änderte sich im Herbst des Jahres. Horst Klaus resümierte im Oktober 1970: »In der gegenwärtigen Tarifbewegung haben sich die Auszubildenden (Lehrlinge) und ihre gewerkschaftlichen Vertrauensleute erheblich stärker engagiert als in früheren Zeiten. Sie sind nicht nur aktiv bei Flugblattaktionen und Demonstrationen. Vielfach haben sie ihre Forderungen in Jugendvertretungen sowie in Orts- und Bezirksjugendausschüssen formuliert und in den Tarifkommissionen durchgesetzt.«[107] Diese Feststellung erfolgte angesichts mehrerer Tarifverhandlungen im Herbst 1970, in denen sich Jugendgruppen in die tarifpolitischen Diskussionen eingemischt hatten. Insbesondere in Hamburg eskalierten im Spätsommer 1970 die Konflikte zwischen gewerkschaftlichen Jugendgruppen und Funktionären. Der OJA der IGM hatte mit dem stellvertretenden Bezirksleiter von Hamburg, Otto von Steeg, im August 1970 Forderungen für die Lehrlinge ausgearbeitet, die weit über dem lagen, was schließlich erreicht wurde. Statt der geforderten 250 DM für das erste Lehrjahr bis zur 350 DM im vierten, handelte Steeg Ende August 160 DM für das erste und 270 DM für das vierte Lehrjahr aus. Dieses Ergebnis lag noch unter den von der Großen Tarifkommission als Mindestabschluss geforderten 200 bzw. 350 DM. Der Jour Fix erklärte daraufhin die Tarifverhandlungen zur augenblicklichen »Hauptaufgabe«.[108] Obwohl erste Verhandlungen bereits stattgefunden hatten, wurde nun noch die Forderung nach einem tarifvertraglich abgesicherten Bildungsurlaub erhoben.[109] Eine »Arbeitskonferenz der Metall-Jugend« am 9. September 1970 in Hamburg, an der rund 200 Personen teilnahmen, beschloss die Ablehnung des Verhandlungsergebnisses und die Durchführung einer Demonstration. Der lokalen IG-Metall-Führung sprachen die Konferenzteilnehmer das »Mißtrauen« aus, da sie über die Köpfe der Lehrlinge hinweg verhandelt hätten.[110] Die Demonstration wurde vom Jour Fix, dem OJA der IG Metall, aber auch von SDAJ, SALZ und Revolutionärer Kommunistischer Jugend vorbereitet und durchgeführt. Die SDAJ begleitete die Vorbereitung der Demonstration mit publizistischem Aufwand.[111] Am 18. September 1970 demonstrierten rund 1.000 Personen, aber zu dem Zeitpunkt waren die Tarifver-

106 In eine Darlegung der tarifpolitischen Ziele im Juni 1970 fanden Themen der Jugend überhaupt keine Erwähnung. Vgl. Beilage »Tarifbewegung '70«, in: *Der Gewerkschafter* 18, Nr. 6a, Juni 1970.

107 Horst Klaus, Jugend fordert – Reformen jetzt! in: *Der Gewerkschafter* 18, Nr. 10, Oktober 1970, 372 f., S. 372.

108 Protokoll des Jour Fix vom 26.8.1970, in: PA Wilke, S. 2 f.

109 Aktennotiz Siegfried Müller an Georg Benz, 2.9.1970: Tarifverhandlungen im Bezirk Hamburg, in: AdsD, 5/IGMA-450-20016.

110 Resolution der Arbeitskonferenz der Metall-Jugend am 9.9.70, Hamburg, in: PA Wilke.

111 *Elan* druckte ein *Elan-Extra* mit den Forderungen ab und einem Interview mit dem Vorsitzenden des Hamburger OJA der IG Metall, Michael Gerber, unter dem Titel »Wir meinen es ernst«. Auch die Betriebszeitungen der Hamburger *SDAJ Heisses Eisen – Zeitung für Hamburger Berufsschüler*, *Der Siemens-Lehrling* und *Rot-Stift – Werft-Lehrlingszeitung* riefen zur Demonstration auf. Alle in: PA Wilke.

handlungen bereits abgeschlossen. Die *LZ* folgerte anschließend, sich intensiver mit tariflichen Fragen auseinandersetzen zu müssen, um den »alten Tarifhasen« der Gewerkschaft entgegentreten zu können. Wichtig sei auch, »schonungslos Öffentlichkeit her[zu]stellen, um Gemauschel zu verhindern« und zugleich der Verhandlungsgruppe den Rücken zu stärken.[112]

Ihre Enttäuschung über die Vorgänge formulierten drei Mitglieder des Hamburger OJA der IG Metall in einem Schreiben an Otto Brenner. Sie griffen eine Formulierung von ihm über hauptamtliche Sekretäre auf, die in der frühen Bundesrepublik geprägt worden seien. »Diese Zeit hat diplomatische Haltungen gefördert, nicht kämpferische«, solle Brenner gesagt haben. Die Verfasser beklagten sich bei Brenner über die defensive Haltung der lokalen Verhandlungsführer. So seien die Forderungen nach einem Bildungsurlaub gegenüber den Arbeitgebern nur nebenbei erwähnt, andere Forderungen wie ein 13. Monatsgehalt oder Sprechstunden für Jugendvertreter ebenfalls ohne Nachdruck vorgetragen worden. »Während der Tarifverhandlungen haben wir den Eindruck gewonnen, daß wir mehr gegen unsere hauptamtlichen Funktionäre verhandelten, obwohl wir beim Beginn der Tarifverhandlungen angenommen hatten, unsere Forderungen nur bei den Unternehmern durchsetzen zu müssen.«[113] Dieser Eindruck war nicht ganz von der Hand zu weisen, allerdings auch wenig überraschend. Die verhandelnden Funktionäre mussten bei Tarifverhandlungen die Erwartungen der Gegenseite immer mit austarieren. Zwar waren Demonstrationen Teil von Tarifverhandlungen und konnten von den verhandelnden Funktionären als symbolische Drohungen in die Verhandlungen einfließen, aber im Herbst 1970 waren Konflikte um Machtbalancen innerhalb der gewerkschaftlichen Gruppen entscheidender als die Verhandlungsergebnisse. Der Jour Fix forderte eine vollständige Transparenz der Verhandlungen. Die Funktionäre verwahrten sich dagegen. In einer Informationsschrift des Bezirks Hamburg über die Tarife für Auszubildende vom Mai 1971 wurden sechzehn Tarifverträge aufgelistet. Neben den allgemeinen einige regionale – wie für die Metallindustrie Cuxhaven, oder betriebsbezogene, so für die Hochseefischerei Nordstern AG oder Klöckner-Werke AG in Bremen. Die Bezirksleitung hob im Vorwort hervor, dass es in der Tarifrunde 1970 zu erheblichen Erhöhungen gekommen sei. Es wurde darauf hingewiesen, dass Tarifverhandlungen im »Rahmen unserer Rechtsordnung« erfolgen und die Willensbildung nur innerhalb der Gewerkschaften geschehen könne. Es war noch kein spätes Echo, wenn es hieß: »Daraus ergibt sich, daß jeder Versuch außergewerkschaftlicher Einflußnahme von der IG Metall mit Entschiedenheit zurückgewiesen wird.« Wer sich beteiligen wolle, müsse Mitglied sein.[114]

112 Erfolg mit Schlagseite, in: *LZ* Nr. 4, S. 6.

113 Beide Zitate in: Gerd Vollmer, Michael Böhnert und Arp Kreßin (OJA-IGM-Hamburg) an Otto Brenner, 25.9.1970, in: AdsD, 5/IGMA-22-161.

114 Bezirksleitung Hamburg der IG Metall: Informationsschrift für Auszubildende in der Metallindustrie und im Metallhandwerk der 4 Küstenländer des Bezirks Hamburg, Hamburg 1971 (FZH-II-Nm-19), S. 1. und S. 31.

Als ein strategisches Nahziel kristallisierte sich in den Tarifverhandlungen heraus, die Angleichung der Laufzeiten von Tarifverträgen im Auszubildenden- und Erwachsenbereich zu erreichen. Diese Forderung wurde von der IG Metall aufgegriffen und bis 1972 in den meisten Tarifgebieten erreicht. Damit war es möglich, nicht nur die Tarifverhandlungen zusammenzuführen, sondern auch die Auszubildenden in die Unterstützung mit einzubinden und eine gesonderte Verhandlungsphase zu verhindern. Diese Integrationsforderung setzte sich auch auf der Saarbrückener Jugendkonferenz im April 1971 durch, auf der die Bildung von Jugendtarifkommissionen ebenso abgelehnt wurde wie die Forderung nach 500 DM Lehrlingslohn für alle Ausbildungsstufen; Unterstützung fand aber die Forderung nach einer existenzsichernden Entlohnung[115], eine Forderung, die auch vom DGB erhoben wurde.[116] Die Metallindustrie gehörte zu den Branchen, in denen der Lohn für Auszubildende im oberen Bereich der Vergütungen lag. Bereits zwischen 1968 und 1970 hatten die Vergütungssätze in der Metallindustrie für Auszubildende um 52 Prozent zugenommen, während die allgemein sehr hohen Lohnsteigerungen in diesem Zeitraum nur 36 Prozent betrug.[117] In sechs Tarifgebieten der Metallindustrie konnten 1971 Entgelterhöhungen von durchschnittlich 15 Prozent erreicht werden. Allerdings wurden in den vier Tarifgebieten Bayern, Hessen, Saarland und Nordrhein-Westfalen noch Altersstaffellungen beibehalten, nur in Berlin und den Volkswagen-Werken, die ein eigenes Tarifgebiet bildeten, waren sie bereits vollständig abgeschafft. Die niedrigste Vergütung im ersten Lehrjahr erhielten Unter-18-Jährige in Bayern mit 200 DM, die höchste ein Volkswagenlehrling mit 270 DM.[118] Bis 1973 erfolgten weitere Steigerungen, als in 16 Tarifgebieten der Metallindustrie der niedrigste Verdienst im ersten Lehrjahr bei 260 DM in Berlin und Nordrhein-Westfalen lag und der höchste bei 300 DM in den Tarifgebieten Baden-Württembergs.[119] Altersstaffellungen waren bis 1973 in den Tarifverträgen der Industrie und auch in den allermeisten Handwerksbranchen abgeschafft.[120]

Ebenfalls positiv verliefen bis 1973 die Tarifabschlüsse im Metallhandwerk, die in den meisten Regionen vereinbart wurden. Allerdings blieben die Altersstaffelungen hier oft noch wirksam und beachtliche regionale Schwankungen.

115 Vgl. die Diskussion auf der Jugendkonferenz in: Protokoll der 9. Jugendkonferenz, S. 206-229.

116 Holger Balke, 9. Jugendkonferenz der IG Metall, 23.4.1971, in: AdsD, DGB-Archiv im AdsD, DGB-BV Abt. Jugend, 5/DGAU-74.

117 Bericht über die Jugendarbeit 1968-1970, in: Protokoll 9. Ordentliche Jugendkonferenz, S. 18.

118 Tarifbewegung 1971. Veränderung der Vergütungen für Auszubildende, in: AdsD, 5/IGMA-22-0159.

119 Bericht über die Jugendarbeit 1971-1973, in: Protokoll 10. Ordentliche Jugendkonferenz, S. 126.

120 Eine Übersicht für 1973 nannte noch vier Sonderregelungen in der Metallindustrie, die aber ausliefen. In verschiedenen Handwerksbranchen waren Altersgrenzen ebenfalls nur noch eine Ausnahme. Vgl. Bericht über die Jugendarbeit 1971-1973, in: Protokoll 10. Ordentliche Jugendkonferenz der IG Metall, S. 126-131.

So erhielt ein Auszubildender im ersten Lehrjahr im Elektrohandwerk in Baden-Württemberg und Berlin 300 DM, in Westfalen-Lippe aber nur 165 DM; im Schlosserhandwerk lag die Spanne zwischen 300 DM im ersten Lehrjahr in Baden-Württemberg, Berlin und Nordrhein-Westfalen gegenüber 150 DM in Schleswig-Holstein.[121] Gewerkschaftliches Tarifziel war deshalb nicht nur die Erhöhung der Entlohnung, sondern auch, Einkommensunterschiede zwischen den Lohngruppen zu nivellieren.[122] Zwar gelang es nicht, die 1971 geforderte Angleichung der Entlohnung zwischen den Ausbildungsjahren an die Bedürfnisse der Auszubildenden zu erreichen.[123] Aber der Anstieg der Entlohnung in der Ausbildung hielt auch nach 1973 – trotz der »Trendumkehr« bei Tariferhöhungen durch die Wirtschaftskrise ab Mitte der 1970er Jahre – weiter an.[124] Damit waren in der Metallindustrie und zum Teil auch im Metallhandwerk innerhalb weniger Jahre erhebliche strukturelle Ungleichheiten zumindest minimiert. Wie bei der IG Metall stand auch für den DGB die Aufhebung von Ungleichheiten im Vordergrund, aber dessen Einflüsse auf die Tarifpolitik waren gering. Die 8. Bundesjugendkonferenz des DGB hatte 1972 tarifpolitische Forderungen beschlossen, die von den Bundesjugendsekretären der Einzelgewerkschaften in einem strategischen Entwurf weiterentwickelt wurden.[125] Bei der Bestandsaufnahme zeigte sich, dass immense Spannen zwischen den Ausbildungsvergütungen bestanden. Am wenigsten wurde in der Ledererzeugenden Industrie Nürnberg im ersten Lehrjahr gezahlt, gerade 65,- DM, hingegen lag der Spitzensatz im Metallhandwerk, nämlich 500,- DM in den Mühlenbetrieben Nordrheinwestfalen. Generelles Ziel sollte es sein, die »Vergütungen für Auszubildende [...] auf einen Satz zu erhöhen, der es ihnen erlaubt, ihr Leben unabhängig von Dritten zu gestalten«.[126] Dazu sollten die Ortsklassenunterschiede und Altersstaffelungen abgeschafft werden, durch lineare Erhöhungen die Vergütungen steigen und Urlaubsgeld und 13. Monatsgehalt vereinbart werden. Dies war nicht als eigenständige »Jugendtarifpolitik« geplant, sondern sollte in die Tarifpolitik der Einzelgewerkschaften integriert werden.

Als Ergebnis der tarifpolitischen Auseinandersetzungen 1971/72 war schon nach kurzer Zeit der Integrationsprozess weitgehend abgeschlossen. Den Tarif-

121 Bericht über die Jugendarbeit 1971-1973, in: Protokoll 10. Ordentliche Jugendkonferenz, S. 127 und S. 129.

122 Gerhard Brandt/Otto Jacobi/Walther Müller-Jentsch, Anpassung an die Krise: Gewerkschaften in den siebziger Jahren, Frankfurt a. M./New York 1982, S. 100.

123 Bericht über die Jugendarbeit 1971-1973, in: Protokoll 10. Ordentliche Jugendkonferenz, S. 25.

124 Brandt u. a., Anpassung, S. 103.

125 Vorlage zur Sitzung des BJA-DGB am 27./28.9.1972 (Entwurf): Tarifpolitik für junge Arbeitnehmer, o. D. und o. V. Erstellt worden war das Papier auf einem Treffen aller Bundesjugendsekretäre der Einzelgewerkschaften am 4./5.7.1972 in Oberursel. (Walter Haas an die Jugendabteilungen der Einzelgewerkschaften, 9.6.1972). Beide Dokumente in: AdsD, 5/IGMA-07-1853.

126 Vorlage zur Sitzung des BJA-DGB am 27./28.9.1972 (Entwurf): Tarifpolitik für junge Arbeitnehmer, o. D. und o. V, in: AdsD, 5/IGMA-07-1853.

kommissionen in den Bezirken gehörten nun Vertreter der IG-Metall-Jugend an; die Altersstaffelungen wurden nach und nach abgeschafft und die Laufzeiten synchronisiert. Durch diese Integration verringerten sich jugendliche Dynamiken durch den Wegfall eigenständiger Verhandlungsrunden. Innerhalb der gewerkschaftlichen Jugendgruppen und in der Lehrlingsbewegung war ein Streitpunkt, ob ein einheitlicher Lehrlingslohn für alle Ausbildungsbereiche zu fordern sei oder die prozentuale Bindung der Ausbildungsvergütung an die niedrigste Facharbeiterlohnstufe. Hinter den Forderungen standen unterschiedliche politische Konzeptionen. Während ein einheitlicher Lehrlingslohn insbesondere von undogmatischen Linken und Trotzkisten gefordert wurde und wohl auch bei vielen Jugendlichen einen positiven Nachhall fand – denn damit sollte eine elternunabhängige Existenz gesichert werden, meist lag die Forderung bei 500 DM –, wurde die Forderung nach einer prozentualen Bindung an den Facharbeiterlohn vor allem von der SDAJ und gewerkschaftlichen Gruppen erhoben, die damit eine engere Bindung an die Gesamtorganisation erreichen wollten.[127] In der Abteilung Jugend der IG Metall wurde der Streit zwar eher belächelt, aber das Engagement auch als Gefahr gesehen. Besonders SDAJ und linke Gruppierungen »laufen uns auch auf unserem ureigensten Gebiet den Rang ab. [...] Abgesehen von der Fehde, die sie unter sich austragen über den ›Prozenttarif‹ oder ›gleiches Ausbildungshonorar‹ treten sie den Auszubildenden gegenüber als die Aktivsten und konsequentesten Interessenvertreter in Erscheinung«, notierte nicht ohne Sorge ein Mitarbeiter der Abteilung Jugend.[128] Ein Antrag aus der Verwaltungsstelle Velbert zum Gewerkschaftstag der IG Metall 1971, einen Prozentlohn bei der Ausbildungsvergütung einzuführen, wurde als Material an den Vorstand verwiesen.[129] Die Forderung nach einem Lehrlingslohn oder einem Ausbildungsstipendium zielte auf eine Angleichung der Entlohnungen über Branchen und Regionen hinweg und sollte eine eigenständige Lebensgestaltung schon in der Ausbildungszeit ermöglichen. Die gewerkschaftlichen Tarifexperten in den Bezirken unterstützten diese Forderung jedoch nicht, und bald verschwand dieses Thema aus den gewerkschaftlichen Debatten. Verfolgt

127 Vgl. Reinhard Crusius/Manfred Wilke, Gleiches Ausbildungshonorar für alle Lehrlinge. Anmerkungen zur beginnenden tarifpolitischen Bewegung für Lehrlinge. Die beiden Aktivisten des Hamburger Jour Fixe hatten ihre Überlegungen – explizit gegen die prozentuale Bindung an den Facharbeiterlohn gerichtet – an eine Vielzahl von Zeitungen geschickt, u.a. an *Solidarität, Aufwärts, Gewerkschaftliche Monatshefte, Frankfurter Hefte, Blätter für deutsche und internationale. Politik, Was tun?, Links* sowie Redaktionen Verbandsorgane von IGM, IGCPK und IG Druck und Papier, Dokument in: AdsD, 5/IGMA-22-0157.

128 Handschriftliches Manuskript: »9.2.71« (der Abteilung Jugend), in: AdsD, 5/IGMA-22-0220.

129 Anträge – Materialien. Zehnter ordentlicher Gewerkschaftstag der Industriegewerkschaft Metall für die Bundesrepublik Deutschland, Frankfurt a.M. 1972, S. 444. Eine Diskussion hatte es über den Antrag nicht gegeben.

wurde die Strategie, durch lineare Lohnerhöhungen die Einkommensnachteile für Auszubildende und auch für untere Lohngruppen auszugleichen.[130]

Ein zweites wichtiges Thema und indirekt mit Tarifverhandlungen verbunden war die Diskussion um ein Streikrecht für Lehrlinge.[131] Die Aktionen der Lehrlinge und zunehmende Streikaktivitäten ab Ende 1969 warfen die Frage auf, inwieweit Lehrlinge überhaupt ein Streikrecht besaßen; die Teilnahme an Streiks wurde auch gefordert, um die Verbindung zur Gesamtorganisation zu verbessern.[132] Die gängige Rechtsprechung neigte dazu, ein Streikrecht von Auszubildenden zu verneinen, hingegen ging die Mehrzahl der DGB-Juristen schon Ende der 1960er Jahre davon aus, dass Lehrlinge ein Streikrecht hatten, da ihr Entgelt eine Vergütung sei, deren Erhöhung sie mit Arbeitskampfmaßnahmen durchsetzen könnten.[133] Bis heute ist die Rechtsprechung nicht einig, ob Auszubildende ein Streikrecht haben; anerkannt wird es meist bei Warnstreiks. Die widersprüchliche Behandlung Anfang der 1970er Jahre resultierte daraus, dass die verneinende juristische Position davon ausging, Lehrlingen sei nicht der Status eines Arbeitnehmers zuzugestehen, da sie sich in einer Erziehungsmaßnahme befänden. Auch wenn Teile des Ausbildungsverhältnisses tarifvertraglich regelbar seien, überwiege in der »Rechtsnatur« des Ausbildungsverhältnisses die Berufsausbildung, in der ein Streik schädlich und daher abzulehnen sei.[134] Die vor allem von den Gewerkschaften vertretene Position hingegen sah Lehrlinge als Arbeitnehmer, die sich in einem Arbeitsverhältnis befänden und daher ein Streikrecht analog dem Arbeitnehmer nach § 9 GG Abs. 3 (Koalitionsfreiheit) hätten. Allerdings hatte diese Auffassung gewisse Tücken. Insbesondere die Argumentation, dass Lehrlinge produktive Arbeit leisten und daher ihre Vergütung

130 Vorlage zur Sitzung des BJA-DGB am 27./28.9.1972 (Entwurf): Tarifpolitik für junge Arbeitnehmer, o. D. und o.V, S. 5, in: AdsD, 5/IGMA-07-1853.

131 Bericht über die Jugendarbeit 1971-1973, in: Protokoll 10. Ordentliche Jugendkonferenz, S. 24 f. Als Forderung des OJA der IG Metall in Frankfurt dokumentiert in: Streikrecht für die Lehrlinge, *Frankfurter Neue Presse*, 16.1.1971, in: AdsD, 5/IGMA-22-0220.

132 Antrag »Streikrecht für Lehrlinge«, Protokoll der 9. Ordentlichen Jugendkonferenz, S. 356; Lehrlinge als Streikbrecher, in: *LZ* Nr. 4, S. 7; 45 Streikrecht für Lehrlinge – Ausarbeitung für den Gewerkschaftsspiegel vom Arbeitsrechtskollektiv im Lehrlingszentrum Heidelberg, *Gewerkschaftsspiegel* Nr. 1 (1971), abgedruckt bei: Crusius/Söhl/Wilke, Praxis, S. 180-182. Zur Position der SDAJ vgl. Auszüge aus dem Referat des Genossen Herwart Prudlo auf der 9. Bundesvorstandstagung in Mülheim/Ruhr am 9./10. Januar 1971, Informationsdienst, ohne Zählung, Januar 1971, in: HISA, Bestand SDAJ, Ordner 2 Infodienst BV; Referat Rolf-Jürgen Priemer auf dem 3. Bundeskongress der SDAJ, in: Protokoll 3. Bundeskongress der SDAJ 31.3-2.4.1972 in Stuttgart, hrsg. vom SDAJ-Bundesvorstand, S. 33 f., in: HISA, Bestand SDAJ, Ordner (Box) 0.

133 Dr. Gester an Hanshorst Viehof, im Hause DGB, 17.10.1969, in: AdsD, 5/IGMA-22-0158.

134 Mit diesem Ergebnis diskutiert die zeitgenössische juristische Literatur: Helga Elisabeth Griesheimer, Das Streikrecht der Lehrlinge: zugleich eine Untersuchung über die Rechtsnatur des Lehrlingsverhältnisses, Würzburg 1971.

für geleistete Arbeit erfolge, erschien gefährlich, da auf diese Weise die produktiven Tätigkeiten neben der Ausbildung legitimiert wurden. Die Rechtsposition, die das Streikrecht bejahte, zielte darauf, dass mit dem BBiG die Berufsausbildung eine eigene Rechtsform erhalten habe und weder ein reines Erziehungs- noch ein Arbeitsverhältnis sei. Hier greife aber dennoch die Wirksamkeit der grundgesetzlich garantierten Koalitionsfreiheit, um mit einem Streik die eigene Situation zu verbessern.[135] In ähnliche Richtung argumentierte auch der linke Arbeitsrechtler Thomas Blanke, der seine juristische Argumentation jedoch um dezidiert polit-ökonomische Aspekte erweiterte. Für Blanke war der Streik als Element der Lohnaushandlung staatlich reglementiert worden, aber die Lehrlingsbewegung und die Zunahme wilder Streiks zeigten seiner Ansicht nach eine »Repolitisierungstendenz«, die sich »als Konsequenz der fortschreitenden Liquidierung des Scheins der Privatheit gesellschaftlicher Verhältnisse beschreiben läßt«.[136] Das Streikrecht als Möglichkeit zur Durchsetzung gemeinsamer Interessen ergäbe sich nicht allein aus der in der Verfassung garantierten Koalitionsfreiheit, sondern insbesondere aus dem radikaldemokratisch begründeten Recht, auch die Ausbildungssituation zu verbessern, wie es bei der Lehrlingsbewegung deutlich geworden sei.[137] Dieser weitgesteckte Horizont war eine letztlich überhöhte Interpretation einiger Aktionen der Lehrlingsbewegung, in der es zwar zu Protestaktionen wie der Verweigerung von spezifischen Arbeitshandlungen gekommen war, aber kaum zu größeren Streikaktionen. Die einzige streikähnliche Aktion war im November 1970 der »Lehrlingsstreik« der gewerblichen Lehrlinge der Stadt Frankfurt. Diese Aktion, die rechtlich ein wilder Streik war und keine Lohnauseinandersetzungen zum Thema hatte, war in der Folgezeit das prominenteste Beispiel für einen erfolgreichen Lehrlingsstreik.[138] Die rund 120 gewerblichen Lehrlinge der Stadt Frankfurt arbeiteten zusammen in der Lehrlingsausbildungsstätte (LAW) der Stadt Frankfurt, organisatorisch zuständig war die ÖTV. Bereits im Mai 1970 gab es eine Auseinandersetzung über die Arbeitsbedingungen, bei der nach einer kurzen Arbeitsniederlegung erste Veränderungen eingeführt wurden. Dazu gehörten das Führen der Berichtshefte während der Arbeitszeit, eine zehnminütige Pause und die Anwesenheit von Jugendvertretern bei Konfliktgesprächen.[139] Anlass für den Streik im November

135 So Andreas Lehmann, Der Arbeitskampf im Berufsausbildungsverhältnis, Augsburg 1972, mit ausführlicher Darstellung der juristischen Literatur.

136 Thomas Blanke, Funktionswandel des Streiks im Spätkapitalismus. Am Beispiel des Lehrlingsstreikrechts, Frankfurt a. M. 1972, S. 201.

137 Ebd., S. 60-69.

138 Z. B. Todtenberg/Ploog, Bossen, S. 41-49; Zum Streikrecht der Auszubildenden. Dokumentation für die Gewerkschaftsjugend im DGB-Kreis Hannover, Verantwortlich: OJA der IG-Metall-Hannover, o. D. (1973), S. 2, in: AdsD, 5/IGMA-22-0364; Blanke, Funktionswandel, S. 12, FN. 16; Bezirksjugend-Ausschuß der Gewerkschaft Holz/Kunststoff Schleswig-Holstein/Hamburg: Streikrecht für Lehrlinge, in: *LZ – Zeitung für Lehrlinge und Jungarbeiter* Nr. 10/11 (1972), S. 6.

139 Darstellung der Abläufe nach: Klaus Kolb, Lehrlingsstreik, *LZ* Nr. 5 (Sommer 1971), S. 4; Todtenberg/Ploog, Bossen; S. 41-49.

1970 war schließlich, dass die Lehrlinge in der Probezeit noch in andere als gewünschte Berufe versetzt werden konnten. Als dies im Herbst 1970 erfolgte und zudem drei Lehrlinge aus der Probezeit entlassen werden sollten, beschlossen 121 Lehrlinge aus vier Lehrjahren einen Streik. Dieser dauerte eine Woche und war mit der faktischen Besetzung der Lehrlingsausbildungswerkstatt verbunden. Er endete für die Lehrlinge erfolgreich, da die Stadt Frankfurt die Entlassungen zurücknahm und das Verfahren der Berufszuweisungen überprüfen ließ. Die Aktion ist in dem einzigen Roman zur Lehrlingsbewegung angedeutet worden, dessen Verfasser Otmar Hitzelberger als Lehrling und Jugendvertreter am Streik beteiligt war. Allerdings legte er den Schwerpunkt in seiner Darstellung auf das Lebensgefühl der Lehrlinge, die von linken Studenten umworben wurden und sich gleichzeitig mit kleinkriminellen Aktionen und intensiven Feiern beschäftigten.[140] In seiner Erzählperspektive wurden die Aktivitäten der Lehrlinge zu einer rauschhaften Selbsterfahrung, die politischen Aufladungen bildeten nur eine Begleitmusik. Diese Wahrnehmung deckt sich auch mit anderen Berichten über die Folgen des Streiks. Nach dem Streik wurde ein wöchentlicher Bildungstag für die Lehrlinge eingerichtet, den die Volkshochschule Frankfurt organisierte. Der Streik wurde mehrere Monate durchgesprochen, den Lehrlingen hing dies bald zum Halse heraus. »So mußte er, nachdem er vorbei war, als Karneval, Ferien, Jux usw. interpretiert werden. ›Das war doch gar kein Streik, wir haben doch nur gefeiert‹«, hätten die Lehrlinge später ihre Erfahrungen relativiert, berichtete einer der Dozenten der Volkshochschule.[141]

Ein zweiter Lehrlingsstreik fand im Juni 1972 in Kiel statt. Dieser Konflikt hatte zwar Tarifauseinandersetzungen zum Anlass, war aber im Wesentlichen eine Folge des Einflusses maoistischer Gruppen, insbesondere der KPD/ML in Kiel und eine innergewerkschaftliche Auseinandersetzung. Ausgangspunkt waren die Tarifverhandlungen für Auszubildende in Norddeutschland 1971/72. Der Kieler OJA hatte im November 1971 eine Arbeitsgruppe Tarife gebildet. Sie erhob die Forderung nach 500 DM als Lehrlingslohn für alle Lehrjahre. Eine Vorbereitungsgruppe für den Bezirk Hamburg, der auch Vertreter des Kieler OJA angehörten, nahm aber weder diese noch die von der SDAJ erhobene Forderung nach der prozentualen Bindung an den Facharbeiterlohn an, sondern empfahl der Großen Tarifkommission, die Forderung von 100 DM pauschaler

140 Hitzelberger gab seinen Lehrberuf als Automechaniker auf und wurde schließlich 1975 an der Berliner Filmakademie aufgenommen. Otmar Hitzelberger, Schritt für Schritt ins Paradies, Frankfurt a. M. 2003. Eine ähnliche Perspektive hat Bernhard Ka, der 1969 seine Betonbauer-Lehre in Berlin aufgab und mit den Roten Steinen und später Ton Steine Scherben in einem Lehrlingstheater spielte; mit steigendem Drogenkonsum und Kleinkriminalität und gleichzeitigem politischen Aktionismus führte sein Weg ebenfalls weg von den Gewerkschaften. Bernhard Ka, … denn die Freiheit ist unser Ziel. Eine autobiographische Dokumentation eines Gründungsmitglieds des proletarischen Lehrlingstheaters Rote Steine Berlin über die Ereignisse zwischen 1969-74, Norderstedt 2008.

141 Thomas von Freyberg, Ausspioniert und angeschmiert. Das Bewußtsein der Arbeiterjugend als Objekt von Forschung und Erziehung, Gießen 1978, S. 114-126, Zitat S. 121.

Erhöhung aufzustellen.[142] Die zuerst in Hamburg beendeten Tarifverhandlungen erfolgten ohne größere Aktionen jugendlicher Gewerkschafter, anders als noch im September 1970. Offenbar war die jugendliche Mobilisierungsfähigkeit in Hamburg angesichts der Streitereien um den Jour Fix erheblich gesunken.[143] Als Ergebnis der Tarifverhandlungen in Hamburg wurde die Synchronisation der Laufzeiten zwischen Auszubildenden und normalem Tarifvertrag und eine Erhöhung um 50 DM Erhöhung für jedes Lehrjahr vereinbart. Trotz Protesten und einiger Aktionen von Lehrlingen in Bremen und Cuxhaven erfolgte die Übernahme des Hamburger Abschlusses auch für das Tarifgebiet Bremen/Nördliches Niedersachsen im Mai 1972, auch wenn nach maoistischen Angaben fast 1.000 Lehrlinge vor der Berufsschule für einen höheren Abschluss demonstriert hatten.[144] Als letztes standen im Juni 1972 Verhandlungen zwischen der IG Metall und dem Arbeitgeberverband für Schleswig-Holstein an. Die Verhandlungen wurden am 21.6.1972 in Lübeck geführt. Verhandlungsführer war erneut der stellvertretende Hamburger Bezirksleiter Otto von Steeg. Der Kieler OJA warf ihm später vor, er sei gleich mit den Ergebnissen aus Hamburg und Bremen in die Verhandlungen gegangen. Nicht mit der Verhandlungskommission, sondern in einem Hintergrundgespräch habe er die Arbeitgeberseite dazu gebracht, den Abschluss zu akzeptieren. Formal war es notwendig, das Verhandlungsergebnis von der Großen Tarifkommission bestätigen zu lassen.[145] Dessen Sitzung fand am 27. Juni statt, und der Kieler OJA organisierte einen »Lehrlingsstreik«, um die Tarifkommission zur Ablehnung des Verhandlungsergebnisses zu bewegen. Dabei war dem Streikkomitee schon im Vorfeld klar, dass eine Ablehnung äußerst unwahrscheinlich war, aber man könne zeigen, dass die »Gewerkschaftsbasis […] keine willenlose ›Masse‹ (sei), mit der die Bonzen machen können, was sie wollen«.[146] Das vom OJA der IG Metall gegründete Streikkomitee schaffte es, in zwei Tagen 391 Unterschriften in vier Betrieben zu sammeln, davon waren 115 »Gesellen«, also ausgelernte Beschäftigte. Die innerlinken Fraktionskämpfe

142 Darstellung nach: Lehrlingsstreik, Kiel 1972. Dokumentation, Kiel Dezember 1972, S. 5-8, in: FU Berlin, Universitätsarchiv (UA)-APO, 554: KPD/ML Wasserkante; Metall-Nachrichten für die Auszubildenden in der Metallindustrie Norddeutschlands, IGM-Bezirksleitung Hamburg, März 1972, in: ebd. S. 9f. Darin hieß es übrigens, mit der Forderung nach 100 DM soll eine Ausbildungsvergütung erreicht werden, »die zur selbständigen Lebensführung ausreicht«.

143 Die *LZ* nannte einige kleinere Unterstützungsaktionen in Hamburg. Über die Kieler und Bremer Vorfälle wurde nicht berichtet, ein weiterer Hinweis darauf, dass die Aktionen maoistisch inspiriert waren. IGM. Nachricht aus der Tarifbewegung, in: *LZ* Nr. 9 (Frühjahr 1972), S. 6.

144 Vgl. zu der Demonstration: Lehrlingsstreik in Bremer Rüstungsbetrieben, in: *Rote Fahne* 19 (1972), S. 9. Es kam in fünf Bremer und einem Cuxhavener Betrieb zu Protesten. Bsp. in: Lehrlingsstreik, Kiel 1972. Dokumentation, Kiel Dezember 1972, S. 26-2818, in: FU Berlin, Universitätsarchiv (UA)-APO, 554: KPD/ML Wasserkante.

145 Zum zentralistischen Aufbau der Tarifverhandlungsstrukturen bei der IG Metall vgl. Könke, Arbeitsbeziehungen, S. 377f.

146 Lehrlingsstreik, Kiel 1972. Dokumentation, Kiel Dezember 1972, S. 18, in: FU Berlin, Universitätsarchiv (UA)-APO, 554: KPD/ML Wasserkante.

zeigten sich am Verhalten der SDAJ. Anfangs am Streikkomitee beteiligt, distanzierte sich ein SDAJ- und OJA-Mitglied von den Streikvorbereitungen, die SDAJ-Mitglieder in den Betrieben beteiligten sich überwiegend nicht am Streik, da sie die Stoßrichtung gegen den »Verrat« der Gewerkschaftsführung nicht mittragen wollten.[147] Am 27. Juni zogen dann von den vier Betrieben Howaldtswerke-Deutsche Werft (HDW), Fa. Hell sowie der Apparatebaugesellschaft Hagenuk und Elac Lehrlinge in zwei Demonstrationszügen zur Berufsschule. Es gelang jedoch nicht, dort viele weitere Mitstreiter zu gewinnen, und rund 180 Lehrlinge zogen zum Gewerkschaftshaus, wo die Tarifkommission tagte und das Verhandlungsergebnis schließlich annahm.[148] Die beteiligten Lehrlinge wurden von ihren Betrieben nur wegen unerlaubten Fernbleibens verwarnt, gegen die OJA-Mitglieder jedoch ein Ausschlussverfahren wegen gewerkschaftsschädigendem Verhalten eingeleitet. Die Betroffenen antworteten in einem offenen Brief, in dem sie die Notwendigkeit ihres Vorgehens skizzierten: »Grundsätzlich sind wir der Meinung, daß ein kämpferischer Streik ein Ausdruck der Einheit der Arbeiterklasse ist. Die Lehrlinge sind objektiv dadurch, daß sie gestreikt haben, für die Arbeiterschaft und deren Einheit eingetreten.«[149] Die Diktion der jungen Gewerkschafter in Kiel war, wie die maoistischer Gruppen insgesamt, von einer martialischen Frontstellung gegen die Gewerkschaftsführung geprägt. Der Streik sollte das Bewusstsein der Beschäftigten schärfen, dass die Bezirksleitung ihre Forderungen nicht umsetze. Die Politik der IG Metall und des DGB werde von vielen Mitgliedern als falsch bewertet, und auch gegenüber der Verwaltungsstelle Kiel wurde betont, die Parole von Streikenden sei richtig gewesen: »Arbeiterverräter seit eh und je, Bürokraten im DGB«.[150] Solche Attacken auf Funktionäre verschärften Spannungen innerhalb der Gewerkschaften und führten 1973 schließlich mit zum Unvereinbarkeitsbeschluss gegenüber maoistischen Gruppen.[151]

147 Flugblatt »Lehrlingsstreik« des OJA und der Betriebsgruppen HDW und Hagenuk der IGM. Darin hieß es am Ende: »Auf besonderen Wunsch stellen wir hier fest, daß Dietmar Koselitz, Mitglied des OJA und der SDAJ, sich mit der Stoßrichtung dieses Streiks, Kritik an dem Verfahren der Bezirksleitung, nicht solidarisiert.« Lehrlingsstreik, Kiel 1972. Dokumentation, Kiel Dezember 1972, S. 19, in: FU Berlin, Universitätsarchiv (UA)-APO, 554: KPD/ML Wasserkante. Vgl. auch Aktennotiz Siegfried Müller an Georg Benz, 6.7.1972, in: AdsD, 5/IGMA-22-0165.

148 Darstellung nach: ebd., S. 19-23.

149 Ingrid Peters und acht weitere Unterzeichner an die IG Metall, Vwst. Kiel, 12.7.1972, in: Lehrlingsstreik, Kiel 1972. Dokumentation, Kiel Dezember 1972, S. 41, in: FU Berlin, Universitätsarchiv (UA)-APO, 554: KPD/ML Wasserkante.

150 Ingrid Peters und acht weitere Unterzeichner an die Vwst. Kiel, o.D, in: ebd., S. 44-47, S. 46.

151 In der Kieler HDW war bis 1976 die Jugendvertretung von maoistischen Gruppierungen geprägt, dann wurde eine von SDAJ und ›Nur-Gewerkschaftern‹ geprägte Jugendvertretung gewählt. Vgl. aus maoistischer Sicht: JV-Wahlen. Niederlage für die Linke, in: *Blinkfüer – Zeitung des KB für Schleswig-Holstein* Nr. 6 (Juni 1976), S. 8. Als Reprint in: http://mao-projekt.de/BRD/NOR/S-H/KB_Blinkfuer/KB_Blinkfuer_1976_06.shtml (22.3.2012)

Beide Lehrlingsstreikaktionen zeigten zwar, dass Mobilisierungen junger Beschäftigter möglich waren, die auch die Bereitschaft zu Regelverstößen umfassen konnten. Aber angesichts der verrechtlichten Konfliktstruktur blieben es Ausnahmen.[152] Die Forderung nach einem Lehrlingsstreikrecht hatte allerdings zwei Bedeutungen. Zum einen waren damit gemeinsame demonstrative Handlungen von Lehrlingen gemeint; zum anderen zielte sie darauf, Lehrlinge in die Streikaktivitäten der Gesamtorganisation mit einzubeziehen. Die IG Metall versuchte in der Regel, wilde Streiks in ihrem Organisationsbereich rhetorisch zu vereinnahmen und in rechtlich sichere Bahnen zu lenken.[153] Daher war es nicht ihr Interesse, streikartige Aktionen von Lehrlingen zu fördern, sondern die Verbindung zu Aktionen der älteren Arbeitnehmer zu stärken. Der auf dem DGB-Bundesjugendkongress 1972 beantragte »Lehrlingsstreik«, mit dem politische Aktionen gemeint waren, wurde auch auf Initiative der IG Metall abgelehnt, da er zu einer Spaltung zwischen älteren und jüngeren Arbeitnehmern führen würde.[154] Trotz der in der Gewerkschaftsjugend geforderten Beteiligung zögerte die IG Metall, Auszubildende in reguläre Streiks einzubeziehen. Daher war die Situation Anfang der 1970er Jahre, dass bei Streiks die Lehrlinge in den Betrieben erscheinen mussten und an Urabstimmungen nicht teilnahmen. Selbst bei den wilden Streiks im September 1969 blieben die Lehrlinge überwiegend in den Lehrwerkstätten[155], sie leisteten vor allem symbolische Unterstützung.[156] Wenn sich Auszubildende an Streikaktionen der IG Metall beteiligten[157], führte dies

152 So reklamierte die KPD/ML im Mai 1970 den Streik in einem KfZ-Betrieb in Gelsenkirchen für sich, musste aber einräumen, dass nur ein Mitglied der KPD/ML im Betrieb aktiv war. Der Betrieb hatte nur wenige Beschäftigte, nach der Aktion wurden die Reinigungsarbeiten der Lehrlinge neu verteilt und der Acht-Stunden-Tag eingehalten. Vgl. http://www.mao-projekt.de/BRD/NRW/MUE/Gelsenkirchen_PolitBew_1a.shtml, Stichtag 13.5.1970 (Abruf 7.11.2013).

153 Zu der Welle ›wilder Streiks‹ zwischen 1970 und 1973 und den Reaktionen der Gewerkschaften vgl. Birke, Streiks, S. 274-304.

154 Zur Einschätzung der 8. Bundesjugendkonferenz des DGB vom 17.-19.11.1972 in Dortmund, o. V., S. 6, in: AdsD, 5/IGMA-07-1852a.

155 Dies berichtete der Jugendvertreter von Mannesmann, Harald Schartau. Vgl. Unser erster Streik, in: *Elan* Nr. 10 (1969), S. 23-25.

156 So bei Streikauseinandersetzungen um Entlassungen bei den Mannesmann-Hüttenwerken in Duisburg-Huckingen im Oktober und November 1973, als Lehrlinge zum Beispiel die Sprechstunde der Jugendvertretung nutzten und Demonstrationen zur Unterstützung des Streikes organisierten. Vgl. Als die Bosse das Fürchten lernten, in: *Elan* Nr. 12 (1974), S. 4-7.

157 So im September 1970, als sich die Auszubildenden der Lehrwerkstatt einem spontanen Streik von Beschäftigten der Krupp-AG mit einem eintägigen Streik anschlossen; ihr Verhalten wurde nicht sanktioniert. die Jugendvertretung hielt sich dabei zurück, die Initiative ging von jugendlichen Vertrauensleuten aus. Vgl. den Bericht eines Beteiligten: Klaus-Peter Volkmann, Der Beweis wird erbracht, in: Werkkreis Literatur der Arbeitswelt (Hrsg.), Dieser Betrieb wird bestreikt. Berichte über die Arbeitskämpfe in der BRD, Frankfurt a. M. 1974, S. 14-16.

auch zu Konflikten mit den Betriebsräten.[158] Der erste von der IG Metall offiziell getragene Streik mit Auszubildenden fand erst 1973 in einem Kleinbetrieb statt. Die Paderborner Automatenfirma Heinrich Hecker AG wurde von ihren 30 Beschäftigten, von denen 14 Auszubildende waren, im März 1973 bestreikt. Die Auszubildenden hatten sich bereits an der Urabstimmung beteiligt. Anlass für den Konflikt war, dass der Betrieb nicht dem Arbeitgeberverband angehörte und mit dem Streik ein Haustarifvertrag erkämpft werden sollte.[159] 1973 beschloss der Gewerkschaftstag der IG Metall, eine finanzielle Streikunterstützung für Auszubildende in die Satzung mit aufzunehmen.[160]

Obwohl eine regelmäßige Beteiligung von Auszubildenden an Streiks der IG Metall rechtlich umstritten blieb, waren doch Änderungen im Selbstverständnis jugendlicher Gewerkschaftsmitglieder zu beobachten. Sie traten offensiver auf. In der öffentlichen Argumentation gingen IG Metall-Vertreter davon aus, dass Auszubildenden ein Streikrecht zustehe. Erleichtert wurde diese Position durch die Integration der Tarifverhandlungen über Ausbildungsvergütungen in die allgemeinen Tarifrunden, da in diesem Falle die Auszubildenden von dem Tarifabschluss direkt betroffen waren. Die IG Metall beharrte aber auf ihrer Position, nur rechtlich legitimierte Streikbeteiligungen zu akzeptieren und demonstrative Aktionen, die nicht tarifrechtlich legitimiert waren, abzulehnen.

2.3.4. Die Rote Zange zwickt – Verrechtlichung als Aktionsstrategie

Eine Verbindung zwischen verrechtlichten Konfliktstrukturen und Mobilisierungsdynamiken kann an der Kampagne Rote Zange gezeigt werden, die von der Abteilung Jugend der IG Metall 1973 initiiert wurde. Die Mobilisierungserfolge der Lehrlingsbewegung in Kleinbetrieben sollten in dieser Kampagne in neuer Form weitergeführt werden. Thema waren Verstöße gegen das Jugendarbeitsschutzgesetz. Das Jugendarbeitsschutzgesetz (JASchG), 1960 in erster Fassung im Bundestag verabschiedet[161], war von den Gewerkschaften schon bei der Verabschiedung als unzureichend angesehen worden. Der DGB erarbeitete

158 So 1971 in der Verwaltungsstelle Schweinfurt, als die Jugendvertretung unter Druck geriet, weil sie die Beteiligung von Auszubildenden an einem Warnstreik organisiert hatte. Vgl. Manfred Stetter, OJA Schweinfurt, an IG Metall, Abteilung Jugend, 4.1.1971, in: AdsD, 5/IGMA-22-0626.

159 Vgl. Der Streik endete nach fünf Monaten ergebnislos, zum Paderborner Streik: Zum Streikrecht der Auszubildenden. Dokumentation für die Gewerkschaftsjugend im DGB-Kreis Hannover, verantwortlich: OJA der IG-Metall-Hannover, o.D. (1973), S. 2, in: AdsD, 5/IGMA-22-0364; als Erfahrungsbericht eines Auszubildenden: Peter Meier, Keiner ging vor Heckers üblen Tricks in die Knie, in: Werkkreis Literatur der Arbeitswelt (Hrsg.), Dieser Betrieb wird bestreikt. Berichte über die Arbeitskämpfe in der BRD, Frankfurt a.M. 1974, S. 33-36.

160 Geschäftsbericht des Vorstandes der IG Metall 1971 bis 1973, S. 258f.

161 Gesetz zum Schutz der arbeitenden Jugend (Jugendarbeitsschutzgesetz) vom 9. August 1960.

1973 einen eigenen Gesetzesvorschlag. Arbeit von unter 16-Jährigen, außer zur Berufsausbildung, sollte vollständig verboten werden, Wege- und Pausenzeiten auf die Arbeitszeit angerechnet und die Kontrollen der Ausbildungsbetriebe durch die Gewerbeaufsichtsämter verstärkt werden. Der DGB-Entwurf forderte eine vollständige Revision des Jugendarbeitsschutzes auf der Grundlage arbeitsmedizinischer und pädagogischer Erkenntnisse.[162] Die gesetzlichen Regelungen des Jugendarbeitsschutzgesetzes griffen direkt in die betriebliche Alltagsorganisation ein. Aber gerade in diesem Feld erwies sich die Kluft zwischen Rechtsnormen und sozialer Praxis als besonders groß. In einer Studie von 1972 aus Nordrhein-Westfalen hieß es paradigmatisch, nicht die mangelhafte Umsetzung des Jugendschutzes müsse noch belegt werden, sondern die geringe Wirksamkeit des Gesetzes. Die Verfasser sahen die Gründe in den geringen Sanktionen und dem fehlenden Unrechtsbewusstsein der Verantwortlichen, aber auch bei den Jugendlichen selbst.[163] Neben strukturellen Schwierigkeiten der Gewerbeaufsichtsämter – dazu zählten eine zu geringe Personaldecke und fehlende Effizienz – wurde das Desinteresse von Eltern und Jugendlichen selbst ausgemacht. Viele empfänden die Schutzvorschriften als störend. Daher sollten alle beteiligten Stellen das Problembewusstsein stärken.[164] Die Gewerkschaften forderten zum einen den verstärkten Einsatz der Gewerbeaufsichtsämter und die Einführung verpflichtender ärztlicher Untersuchungen; dies hatte schon in den 1960er Jahren zu dramatisch wirkenden Anstiegen von Verstößen gegen das JASchG geführt, die zum Teil auf Ausweitungen der gesetzlichen Vorschriften zurückzuführen waren.[165] Von 1967 bis 1971 waren die von den Gewerbeaufsichtsämtern festgestellten Verstöße von 46.279 auf 52.403 gestiegen.[166] Die Hälfte davon betraf unterbliebene ärztliche Untersuchungen der Lehrlinge. In

162 Remeke, Gewerkschaften, S. 272-282; das Bundesministerium der Arbeit folgte dem DGB-Entwurf zwar in vielen Punkten, machte aber den Vorbehalt geltend, dass die Bestimmungen in den Betrieben »praktikabel« sein müssten. Vgl. Aktennotiz Horst Klaus an Georg Benz, 22.3.1973: Öffentliche Anhörung beim Bundesarbeitsminister zum Jugendarbeitsschutzgesetz (19.3.1973), in: AdsD, 5/IGMA-450-20016.

163 Karl-Heinz Diekershoff/Gundolf Kliemt/Sybille Diekershoff, Jugendarbeitsschutz aus der Sicht Jugendlicher. Eine Repräsentativuntersuchung im Auftrag des Ministers für Arbeit, Gesundheit und Soziales und des Ausschusses für Jugendarbeitsschutz im Land Nordrhein-Westfalen in Verbindung mit dem Landesjugendring, Essen 1972, S. 6.

164 So die Argumentation des Hamburger Amtes für Arbeitsschutz: Novellierung des Jugendarbeitsschutzgesetzes. Aufstellung der im Amt für Arbeitsschutz bekanntgewordenen Vorschläge und Kritiken, S. 7 und 13. Stand: Dezember 1971, in: FZH, 556-6-5, Gewerkschaften, Jugend, Jugendarbeitsschutz.

165 Remeke, Gewerkschaften, S. 213-220. Exemplarisch die dramatische Wertung der sich ständig verschlechternden Lage der Arbeiterjugend anhand von Verstößen gegen das JASchG bei: Elke Stark-von der Haar, Die Lage der Arbeiterjugend in der Bundesrepublik nach 1960, Neuwied/Darmstadt 1977 (Erstauflage Frankfurt a. M. 1974).

166 Vgl. die Zusammenstellung nach den Jahresberichten der Gewerbeaufsichtsämter bei: Hanshorst Viehof (DGB-Abteilung Jugend) an die Hauptvorstände der Gewerkschaften und Industriegewerkschaften, DGB-Landesbezirke Abt. Jugend, DGB-Kreise und

den Publikationen der Gewerkschaften wurde daher meist von jährlich rund 50.000 Verstößen geschrieben, die aber nur die Spitze des Eisberges seien.

Auf der Suche nach Möglichkeiten, über die großen Betriebe hinaus Mitglieder in Klein- und Handwerksbetrieben zu gewinnen, erschien der IG Metall die Skandalisierung von Verstößen gegen das JASchG eine erfolgversprechende Strategie. Für den DGB hat Stefan Remeke den Jugendarbeitsschutz als »Vehikel einer adaptierten Protestbewegung« bezeichnet, in der Aktionen mit einer generationsübergreifender Perspektive und erhofften Mitgliederzuwächsen verbunden waren.[167] 1972 hatte der DGB-Hessen die »Aktion Jugendarbeitsschutz« mit anderen DGB-Landesbezirken initiiert, mit der vor allem Aufklärung über Flugblätter und Broschüren betrieben werden sollte[168], die Abteilung Jugend des DGB koppelte die Diskussionen über eine Neufassung des Jugendarbeitsschutzgesetzes mit Aktionen.[169] Allerdings ging es nicht allein um einen organisationspolitischen Trick der Gewerkschaftsführungen, wie es bei Remeke anklingt, sondern es war auch eine Suche nach öffentlichkeitswirksamen Aktionen, die über die Lehrlingsbewegung hinausgingen und dem Bedürfnis der jungen Mitglieder entgegenkamen, aktiv zu werden. Die Abteilung Jugend der IG Metall arbeitete seit 1972 an einer Kampagne, in der Mobilisierungsstrategien der Lehrlingsbewegung und gewerkschaftliche Zielvorstellungen verbunden werden sollten. Die 9. Jugendkonferenz in Saarbrücken hatte die IG Metall aufgefordert, sich verstärkt um Auszubildende im Metallhandwerk zu kümmern.[170] Mit dem Jugendarbeitsschutz griffen die Gewerkschaften ein Thema auf, mit dem Verstöße skandalisiert werden sollten. In diesem Aktionsfeld schoben sich die verrechtlichten Konfliktstrategien geradezu idealtypisch ineinander. Ein Flugblatt der Abteilung Jugend des DGB-Baden-Württemberg von 1972 symbolisiert dies eindrücklich. Eine Gruppe von Auszubildenden, vielleicht auch von älteren Arbeitern strömt aus einer Fabrik und schiebt dabei den Unternehmer – als Kapitalist mit Zigarre, Aktentasche und Melone markiert – vor einen Richter. Der Richter wird von zwei Auszubildenden ebenfalls in Richtung des Kapitalisten geschoben. Beide sind durch ihre schwarze Kleidung hervorgehoben aus der Masse der Arbeiter, sie weichen voreinander zurück. Die Zeichnung symbolisiert das Bemühen, Justiz wie Unternehmern durch Druck dazu zu bringen, gesetzliche Bestimmungen einzuhalten.

DGB-Bundesjugendausschuß, Düsseldorf 30.3.1971, in: FZH, 565-6-5 Gewerkschaften, Jugend, Jugendarbeitsschutz.

167 Remeke, Gewerkschaften, S. 298.

168 Vgl. das Konzeptpapier: Aktion Jugendarbeitsschutz DGB-Hessen 1972, zusammen mit den DGB-Landesbezirken Baden-Württemberg, Nordrhein-Westfalen und Rheinland-Pfalz, in: FZH, 556-6-5, Gewerkschaften, Jugend, Jugendarbeitsschutz.

169 Vgl. Remeke, Gewerkschaften, S. 299-314.

170 Antrag Nr. 6: Aktion Auszubildende im Metallhandwerk. Protokoll 9. Ordentliche Jugendkonferenz , S. 353.

Wir setzen unser Recht durch!

Nichts tun ist lebensgefährlich!

DGB-Jugend informiert über „Aktion Jugendarbeitsschutz"

Für die meisten Jugendlichen beginnt das Berufsleben bereits mit 15. In diesem Alter ist die körperliche Entwicklung noch lange nicht abgeschlossen, viele Jugendliche wachsen noch über 10 cm im Jahr. Seit 1960 gilt ein Jugendarbeitsschutzgesetz, das die arbeitende Jugend vor körperlichen und geistigen Schäden bei der Arbeit schützen soll.

Tatsache ist:

– *daß über die Hälfte aller Betriebe gegen das Jugendarbeitsschutzgesetz verstoßen. Jugendliche werden geschlagen, dürfen keine Arbeitspausen machen, obwohl diese vorgeschrieben sind, müssen Überstunden leisten, müssen im Akkord und nachts arbeiten, obwohl das verboten ist (Untersuchung des Arbeits- und Sozialministeriums Baden-Württemberg 1971).*

Diese Verstöße führen dazu, daß sich bei vielen Jugendlichen bereits nach einem Jahr Veränderungen an der Wirbelsäule und an dem Skelett der Arme und Beine einstellen.

Für jeden dritten, der sich in der Berufsausbildung befindet, besteht die Gefahr, daß er bestimmte Tätigkeiten später überhaupt nicht mehr ausüben kann.

Trotz des Jugendarbeitsschutzgesetzes, trotz der darin enthaltenen 76 Paragraphen, ist die arbeitende Jugend immer noch der Unternehmerwillkür ausgesetzt.

Doch nicht nur die Jugendlichen erleiden durch die vorherrschenden Ausbildungs- und Produktionsbedingungen schwere gesundheitliche Schäden.

Tatsache ist:

– *daß in der Bundesrepublik Deutschland im Jahre 1970 4451 Arbeitnehmer bei Arbeitsunfällen getötet wurden.*
1969 mußten 281 000 Arbeiter und Angestellte frühzeitig in Rente gehen.

Abbildung 3: Flugblatt DGB-Landesbezirk Baden-Württemberg, 1972, im Besitz des Verfassers.

Die IG Metall bereitete 1972 die »Aktion Auszubildende im Handwerk« vor.[171] Ziel war es, den Organisationsgrad im Metallhandwerk zu erhöhen. Die OJAs sollten durch Agitation mit gewerkschaftlichen Forderungen und Fragebogenaktionen über die Einhaltung des JASchG Jugendliche im Handwerk für die Gewerkschaften gewinnen. Nach ersten Planungen entwickelte die Abteilung ein Aktionsprogramm für 1973, dessen Ziele vor allem in der Verbreitung der Kenntnisse des JASchG lagen: »Über Inhalte des Gesetzes und über Wege, die Einhaltung der gesetzlichen Bestimmungen zu erzwingen, informieren. Lage- bzw. Problembewußtsein bei den Jugendlichen schaffen«, hielt ein Konzeptpapier fest.[172] Ziel sollte des Weiteren sein, den Aktivisten ein Aktionsangebot zu machen: »Den Jugendfunktionären einen Schwerpunkt konfliktorientierter Praxis erkennbar machen; den Interessengegensatz zwischen Profitmotiv des Unternehmers und der Erhaltung von Gesundheit und Arbeitskraft des jugendlichen Arbeitnehmers als Ausgangspunkt von Maßnahmen zur Politisierung

171 »Entwurf Aktion Auszubildende im Metallhandwerk, Abtl. Jugend beim Bundesvorstand der IG Metall, Frankfurt a.M.20.6.1972, in: AdsD, 5/IGMA-22-0236.

172 Aktion Jugendarbeitsschutz (Entwurf), undatiertes Papier, in: AdsD, 5/IGMA-22-0237.

und Mobilisierung Jugendlicher nutzen«, hieß es im Entwurf.[173] Im Januar 1973 hatte der Jugendausschuss der Kampagne zugestimmt.[174] Allerdings fehlte noch ein wesentliches Instrument der ein halbes Jahr später initiierten Kampagne: Die Sammlung von Verstößen gegen das JASchG durch die IG Metall selbst. Der Impuls hierzu kam vermutlich durch einen Professionalisierungsschub. Die Frankfurter Werbe-Agentur *wir:* hatte von der Abteilung Jugend den Auftrag erhalten, eine Konzeption für die Kampagne zu erstellen. Im März 1973 legte sie einen Entwurf vor, in dem die flächendeckende Verbreitung von Meldezetteln vorgeschlagen wurde, mit dem Jugendliche Verstöße gegen das JASchG an die IG Metall melden sollten. Die Kampagne erhielt hier auch ihren Namen: Die Werbe-Profis schlugen vor, sie »Rote Zange« oder »Melde rot« zu nennen.[175] Die von der Agentur entwickelten umfangreichen PR-Maßnahmen, für die sie unter anderem Prominente als Fürsprecher verpflichten wollten, wurden von der Abteilung Jugend schließlich nicht aufgegriffen. *Wir:* schlug im September 1973 vor, bei der Aktion nicht die IG Metall in den Vordergrund zu rücken, sondern eine scheinbar unabhängige Bürgerinitiative, deren Aushängeschild die Moderatorin und Journalistin Wibke Bruhns sein sollte. Nach einer Auftaktveranstaltung sollte das Thema von Gesetzesverstößen in den Betrieben durch Bruhns publizistisch unterstützt und verbreitet werden.[176] Die letztlich hohen Kosten und die Entfernung von der IG Metall haben dazu beigetragen, dieses Konzept nicht weiter zu verfolgen. Im April 1973 fasste der Vorstand der IG Metall dann auf Antrag des Jugendausschusses den Beschluss für eine Kampagne unter dem Namen *Rote Zange*. Für die Arbeit vor Ort wurden Materialien erstellt. Dazu gehörten ein umfangreiches Arbeitsbuch für die OJAs, in dem Handlungsanleitungen und Praxisbeispiele gegeben wurden[177], eine Vielzahl von Buttons und Aufkleber mit dem Symbol der Roten Zange und schließlich der Meldezettel. Dieses vierseitige Flugblatt informierte über Jugendarbeitsschutzbestimmungen und attackierte die »Profitgier« der Unternehmer als Ursache für die Nichteinhaltung der gesetzlichen Bestimmungen. Auf dem Meldezettel konnte angekreuzt werden, welche Verstöße erlebt wurden. Diese bezogen sich insbesondere auf zu lange Arbeitszeiten, fehlende ärztliche Untersuchungen, Arbeit vor oder

173 Aktion Jugendarbeitsschutz (Entwurf), undatiertes Papier, in: AdsD, 5/IGMA-22-0237.

174 Horst Klaus an Georg Benz, 31.1.1973: ›Aktion Jugendschutz‹ der Jugend der IG Metall, in: AdsD, 5/IGMA-450-20016.

175 Wir: an IGM Hauptvorstand: Kampagne Jugendarbeitsschutz: Die Rote Zange, Grundvorschlag, Diskussionspapier, 12.3.1973, in: AdsD 5/IGMA-22-0146.

176 Wir: an IG Metall-Vorstand: Die Rote Zange, Öffentlichkeitsarbeit in Zusammenarbeit mit Wibke Bruhns, 11.9.1973, in: AdsD 5/IGMA-22-0236. Bruhns, die erste Fernsehmoderatorin in den Nachrichten, engagierte sich für Willy Brandt und war regelmäßige Kolumnistin in der DGB-Zeitung *ran.* Vgl. »Eigentlich möchte ich Politik machen«, in: ran Nr. 3, 1973, S. 20 f.

177 Die Rote Zange der IG Metall, IG Metall-Aktion zum Jugendarbeitsschutz. Arbeitsbuch, hg. vom Vorstand der IG Metall Abteilung Jugend, o. O. o. J. (Frankfurt a. M. 1973), in: IGM-ZB, GFL 742.

nach der Berufsschule, fehlende Aufklärung über Unfallgefahren oder den Nichtaushang des JASchG im Betrieb. In zwei Kästen konnte frei formuliert werden, ob es Verstöße gegen die Würde des Menschen gab oder ob Arbeitgeber gesetzliche Bestimmungen umgehen würden.[178] Der Jugendliche sollte seinen Namen und den seiner Firma mit angeben, wobei Vertraulichkeit zugesichert wurde. Anonyme Meldungen sollten nicht verfolgt werden.[179]

Vor der bundesweiten Verteilung erfolgte ein Testlauf im Juni/Juli 1973 in sechs ausgesuchten Verwaltungsstellen. Über 300.000 Meldezettel wurden versandt, die vor allem vor Berufsschulen verteilt werden sollten.[180] Die IG Metall versprach sich davon auch, von jugendlichen Beschäftigten im Handwerk als »Anwalt der Betroffenen« wahrgenommen zu werden. Einzelfälle sollten an die Gewerbeaufsichtsämter weitergeleitet werden, auch »um dem Betroffenen zu zeigen, daß man mit gewerkschaftlicher Hilfe sein Recht durchsetzen und seine Lage verbessern kann«.[181] Daneben, so die Planungen, sollten die jeweiligen Bundestagsabgeordneten über Einzelfälle informiert werden, um die Notwendigkeit der Novellierung des JASchG zu unterstreichen. Dabei vertrat die Abteilung Jugend die Ansicht, mindestens zehn bis 15 Meldungen müssten in den Verwaltungsstellen eingehen, andernfalls trete ein gegenteiliger Effekt ein.[182] Bereits der Testlauf zeigte große Schwierigkeiten beim Rücklauf. Denn neben der umfangreichen Information über das JASchG sollten die zurückgeschickten Meldezettel zur Enthüllung tausendfacher Verstöße und der Skandalisierung von Einzelfällen beitragen. Die auf ein Jahr angelegte Aktion wurde von Georg Benz Anfang Oktober 1973 auf einer Pressekonferenz vorgestellt. Sie wurde mit dem Jugendmonat der IG Metall verbunden, der nun ganz im Zeichen des Jugendschutzes stehen sollte. Die *Rote Zange* sei ein Werkzeug, mit dem eine taktische Zangenbewegung ausgeführt werde: Jugendliche und Eltern melden die Verstöße, die Gewerbeaufsichtsämter werden zu mehr Kontrollen und härteren Strafen animiert und dies führe langfristig zu einer Novellierung des JASchG.[183]

178 Flugblatt »Die Rote Zange der IG Metall«, in: AdsD, 5/IGMA-22-0236.

179 IGM-Vorstand, Abt. Jugend: Arbeitspapier »Zielsetzung und Ablauf der Jugendarbeitsschutzaktion ›Die Rote Zange in der IG Metall‹«, 22.7.1973, in: AdsD 5/IGMA-22-0236.

180 Abtl. Jugend der IG Metall: Zum Stand der Massnahmen im Rahmen der Jugendarbeitsschutzaktion, 19.6.1973, in: AdsD 5/IGMA-22-0236. Die Verwaltungsstellen waren Heidelberg/Mannheim, Wetzlar, Gießen, Marburg, Würzburg/Schweinfurt und Herborn/Hameln.

181 IGM-Vorstand, Abt. Jugend: Arbeitspapier Zielsetzung und Ablauf der Jugendarbeitsschutzaktion ›Die Rote Zange in der IG Metall‹, 22.7.1973, in: AdsD 5/IGMA-22-0236.

182 IGM-Vorstand, Abt. Jugend: Arbeitspapier Zielsetzung und Ablauf der Jugendarbeitsschutzaktion ›Die Rote Zange in der IG Metall‹, 22.7.1973, in: AdsD 5/IGMA-22-0236.

183 Metallpressedienst XXI/168, 4.10.1973: IG Metall Jugendmonat im Zeichen des Jugendarbeitsschutzes, in: AdsD 5/IGMA-22-0236.

Die OJAs und die Bezirksleitungen verteilten die Meldezettel möglichst flächendeckend in ihren Bereichen.

Letztlich erfüllte die Kampagne nicht die mit ihr verbundenen Erwartungen, was sich auch daran zeigte, dass keine zusammenfassende Auswertung der Meldungen erfolgte.[184] Zwar führten eine Reihe von OJAs Aktionen durch und verteilten Hunderttausende Meldezettel vor allem vor Berufsschulen. In Großbetrieben, in denen es Betriebsrat und Jugendvertretungen gab, sollten die Meldezettel nach negativen Erfahrungen im Testlauf explizit nicht verteilt werden.[185] Die im IG Metall-Archiv nach Verwaltungsstellen sortierten Rückläufe belegen, dass in den meisten Verwaltungsstellen kaum einzelne Verstöße gemeldet wurden. Zudem waren bei vielen Einzelfällen nicht die IG Metall, sondern andere Gewerkschaften zuständig.[186] Wohl symptomatisch war ein Bericht aus Düsseldorf: 5.000 Meldezettel waren vor Berufsschulen und auf Veranstaltungen verteilt worden, nur zwei kamen ausgefüllt zurück; von 1.200 Meldezetteln, die in der Metallgewerblichen Berufsschule I mit der Hilfe von Vertrauenslehrern und der Schülermitverwaltung verteilt wurden, kamen 73 zurück, von denen aber nur sieben belastbare Angaben enthielten, der einzige Fall in ihrem Zuständigkeitsbereich wurde schnell geklärt. Der Bevollmächtigte hielt aber fest: »Trotz dieser niederschmetternden Ergebnisse führen wir die Aktion selbstverständlich weiter.«[187] Auch die in Husum vom OJA der IG Metall durchgeführte Verteilung im Oktober 1973 vor der Kreisberufsschule brachte nicht den gewünschten Erfolg. Viele hätten den Bogen nicht ausgefüllt, die Verstöße lagen im nur schlecht skandalisierbaren Bereich von fehlenden ärztlichen Untersuchungen oder mangelnder Aufklärung über Unfallgefahren.[188] Bernhard Wurl berichtete der Jugendkonferenz der IG Metall im Mai 1974, dass eine Million Meldezettel verteilt worden seien, der Rücklauf allerdings nur ca. 5.000 Fälle umfasste. Zudem seien 95 Prozent der Melder nicht bereit, öffentlich über die Missstände zu berichten. Für Wurl war dies kein Beleg für einen Misserfolg der Kampagne, sondern für die »Abhängigkeit der Jugendlichen im Betrieb«.[189]

Am deutlichsten zeigte sich der Fehlschlag, wenn, wie eigentlich geplant, die Gewerbeaufsichtsämter eingeschaltet wurden. Die Aachener Gewerbeaufsicht hatte über den DGB Aachen 480 Meldebögen erhalten, die Anlass zu einer Überprüfung gaben, bei der 70 Betriebe mit 180 Jugendlichen ins Visier genom-

184 Dies antwortete Balke auf eine Anfrage der SPD. Vgl. Holger Balke an Klaus Thüsing, SPD-Bundestagsfraktion, 10.11.1975, in: AdsD, 5/IGMA-22-1038.

185 IGM-Vorstand, Abt. Jugend: Arbeitspapier »Zielsetzung und Ablauf der Jugendarbeitsschutzaktion ›Die Rote Zange in der IG Metall‹, 22.7.1973, in: AdsD 5/IGMA-22-0236

186 Vgl. AdsD 5/IGMA-22-0225 und 226, in den beiden Akten sind die Rückläufe bei der Abteilung Jugend abgelegt.

187 W.J. Lauer, Verwaltungsstelle Düsseldorf, an die Abteilung Jugend der IG Metall, 7.2.1974, in: AdsD 5/IGMA-22-0225.

188 Fragebogenaktion war nicht sehr erfolgreich, *Husumer Nachrichten* vom 9.11.1973, in: AdsD 5/IGMA-22-0214.

189 Bericht Bernhard Wurl, Protokoll 10. Ordentliche Jugendkonferenz, S. 59.

men wurden. Der zuständige Regierungsgewerbedirektor hielt in einem Bericht an den DGB Aachen fest, dass die Angaben auf den Meldebögen sehr vorsichtig zu beurteilen seien. Insbesondere Angaben über körperliche Misshandlungen träfen in der Regel nicht zu. Viele Angaben lägen auch schon lange zurück, die Betroffenen fielen nicht mehr unter das Jugendschutzgesetz. Letztlich sei nur ca. ein Viertel der Angaben zutreffend gewesen, sie stellten 17 Verstöße fest, zumeist bezogen sie sich auf lange Arbeitszeiten oder die Nichtbeachtung von Formvorschriften wie Belehrungen über Unfallschutz.[190] Zudem überprüften die Gewerbeaufsichtsämter eher selten Industriebetriebe der Metallbranche, sondern meist Dienstleistungsbereiche mit unregelmäßigen Arbeitszeiten wie Hotels, Gastronomie oder Einzelhandel. Im Bereich der IG Metall waren es nur kleinere KfZ-Werkstätten, bei denen Verstöße zu erwarten waren.[191]

Als problematisch erwies sich auch, dass die Aktion *Rote Zange* von verschiedenen Seiten scharf kritisiert wurde. So verboten die meisten Kultusministerien die Verteilung von Meldezetteln in den Berufsschulen.[192] Aus dem Kultusministerium Rheinland-Pfalz hieß es nach Übersendung der Unterlagen zur Kampagne: »Zu unserem Bedauern müssen wir feststellen, daß insbesondere das Arbeitsbuch in keiner Weise geeignet ist, die Kooperation der gesellschaftlichen Gruppen in unserem Lande zu fördern, sondern im Gegenteil versucht wird, die Jugendlichen in eine totale Konfrontation gegenüber der Arbeitgeberschaft zu treiben.« Die IG Metall würde mit ihrer Aktion dem Jugendarbeitsschutz keinen Dienst erweisen.[193] Ähnlich war auch die Reaktion im Arbeitgeberlager. Die Aktion fordere zur Denunziation auf und argumentiere tendenziös, die Verteilung sollte in den Betrieben unterbunden werden, forderte zum Beispiel der Verband der Metallindustrie in Baden-Württemberg.[194] Diese Angriffe waren für die IG Metall noch einfach abzuwehren. Horst Klaus schrieb für die *metall* eine Antwort mit dem eingängigen Titel *So lauthals bellen nur getroffene Hunde.* Klaus referierte einige Reaktionen der Arbeitgeber und wies insbesondere den

190 Staatliches Gewerbeaufsichtsamt Aachen Terberger, Regierungsgewerbedirektor, an DGB Aachen, 19.7.1974, in: AdsD 5/IGMA-22-0225. Auch einige Verwaltungsstellen wiesen auf unklare Formulierungen hin und darauf, dass viele Angaben nicht mehr überprüfbar seien, da sie zu lange zurücklägen. Vgl. IG Metall-Vwst. Gummersbach an Aktion Rote Zange, IG Metall-Vorstand, 4.12.1973, in: AdsD 5/IGMA-22-0225.

191 So die Aufschlüsselung bei einer »Sonderaktion« der Gewerbeaufsicht in Baden-Württemberg. Pressemitteilung Ministerium für Arbeit, Gesundheit und Sozialordnung Baden-Württemberg, 18.6.1974, übersandt von Walter Riester an den Bundesjugendausschuss des DGB, 5.7.1974, in: AdsD, DGB-BV Abt. Jugend, 5/DGAU-123.

192 Kultusminister Nordrhein-Westfalen an Fritz Wirtz, Mitglied des Landtages, 19.2.1974, in: AdsD 5/IGMA-22-0225; Fragebogenaktion war nicht sehr erfolgreich, *Husumer Nachrichten* vom 9.11.1973, in: AdsD 5/IGMA-22-0214.

193 Rheinland-Pfalz, Kultusministerium (Schade), 13.11.1973 an IGM-Bezirksleitung Frankfurt, in: AdsD 5/IGMA-22-0146.

194 Verband der Metallindustrie Baden-Württemberg e.V., an unsere Mitgliedsfirmen, Stuttgart 8.8.1973; Pressedienst der deutschen Arbeitgeberverbände, PDA Nr. 24, 3.8.1973; ›Rote Zangen‹ sollen ›böse Bosse‹ zwicken, *Handelsblatt*, 9.8.73. Alle in: AdsD 5/IGMA-22-346.

Vorwurf des Denunziantentums zurück. Wer Gesetzesverstöße öffentlich mache, sei kein Denunziant, sondern handele moralisch richtig.[195] Aber solche Abgrenzung verdeckte nicht ein Dilemma der IG Metall: Ihre Zangenstrategie sollte gesetzliche Rechtsnormen im Alltag der Beschäftigten besser verankern. Damit verbundene Angriffe auf die Arbeitgeber gehörten zur Mobilisierung der Basis, die mit der juristischen und politischen Auseinandersetzung in den parlamentarischen Gremien jedoch nur wenig zu tun hatte. Entsprechend hatte der *Arbeitgeber* argumentiert, in dem die Aktion als eine Anbiederung nach links verstanden wurde, um die Auseinandersetzung mit der SDAJ und anderen linken Gruppierungen zu vermeiden. Die Arbeitgeber würden als »Sündenböcke« abgestempelt, da keine hohen Lohnabschlüsse erreicht worden seien.[196] Solche Angriffe aus dem Arbeitgeberlager hatten allerdings nicht zuletzt eine gruppenstabilisierende Wirkung.[197] Problematischer waren die Bedenken, die von Gewerkschaftsmitgliedern selbst vorgebracht wurden. Einige kritisierten die Aktion als Aufruf zur Denunziation, aber insbesondere die Verwendung der Farbe Rot fand keine ungeteilte Zustimmung, da sie zu Verwechslungen mit maoistischen Gruppierungen führen könne.[198] Horst Klaus rechtfertigte die Entscheidung für die Farbe mit ihrer Symbolkraft: »Die rote Farbe symbolisiert Wirksamkeit, Aggressivität, Gefahr für den, der von der Roten Zange angepackt wird. Eine ganze Reihe anonymer Briefe, aber auch Äußerungen von Unternehmern, Arbeitgeber-Vereinigungen und ihrer politischen und publizistischen Helfer beweisen uns, daß wir ›ins Schwarze‹ getroffen haben.«[199] Zwar würden auch Maoisten die Farbe verwenden, aber es meine nicht das Gleiche.[200]

Die Kampagne mobilisierte jedoch mehr, als die wenigen Rückläufe vermuten lassen. Zunächst hatte die IG Metall für ihren Jugendmonat einen Aufhänger, und die Wahrnehmung der Arbeitgeber als Verantwortliche für Verstöße gegen das JASchG fand einen Nachhall in der Organisation. Auf der Jugendkonferenz der IG Metall im Mai 1974 kritisierten zwar mehrere Redner die Kampagne als wenig hilfreich, da die gewerkschaftliche Arbeit im Betrieb gemacht werde und die Aktion »nichts anderes als ein Stupfer« sei.[201] Es widersprachen mehrere

195 Horst Klaus, »So lauthals bellen nur getroffene Hunde«, in: *metall*, 4.9.1973. In gleicher Richtung argumentierend: Bericht Bernhard Wurl, Protokoll 10. Ordentliche Jugendkonferenz, S. 120.

196 Dr. Burkhard Wellmann, Köln: Rote Zangen kneifen besser, in: *Der Arbeitgeber* 25 (1973), Nr. 17, S. 734-736.

197 Rote Zange zwickte die Unternehmer, in: ran Nr. 11 (1973), S. 33; Rudi macht Rummel, in: *ran* Nr. 12 (1973), S. 42.

198 IG Metall-Vwst. Grevelsberg/Westf. an die Abteilung Jugend beim Hauptvorstand der IG Metall, 13.7.1973; Betriebsrat der Firma Deutsche Star Kugelhalter GmbH, Schweinfurt an Eugen Loderer, 2.8.1973. Alle in: AdsD 5/IGMA-22-0236.

199 Horst Klaus an die Vwst. Grevelsberg/Westf., 19.7.1973, in: AdsD 5/IGMA-22-0236.

200 Horst Klaus an Betriebsrat der Firma Deutsche Star Kugelhalter GmbH, 27.8.73, in: AdsD 5/IGMA-22-0236.

201 So Peter Diemer, Vwst. Ludwigsburg. Protokoll 10. Ordentliche Jugendkonferenz, S. 81. Weitere kritische Beiträge: ebd., S. 82

Delegierte, nicht die Rücklaufquote sei entscheidend, sondern die Information über die rechtlichen Grundlagen. Die Reaktionen der Arbeitgeber hätten gezeigt, dass mit der Kampagne wichtige Öffentlichkeit geschaffen worden sei. Auch Bernhard Wurl rückte in den Vordergrund, dass die Gewerkschaft mit ihrem »Informationsstoß« über gesetzliche Bestimmungen ein »größeres Problembewußtsein« geschaffen habe.[202] Die Gießener Songgruppe der IG Metall entwarf ein Lied zur Kampagne, in dem die Arbeitgeber für fehlende Sicherheit und Unfälle aus Profitgier verantwortlich gemacht wurden. Nach der Beschreibung von Arbeitsunfällen hieß es in der letzten Strophe:

»Die Folge solcher blutgen Taten
ist eigentlich nicht schwer zu raten
sechs Wochen lang im Krankenhaus
und wie sieht die Zukunft aus?
Die Hand ist ab, das Auge fehlt
jedoch die Bosse das nicht quält
es kommt ein neuer Arbeitsmann
dein Platz ist hin, was machst du dann?

Da wird man selbst zur Roten Zange
kämpft dann gemeinsam vielleicht lange
Profit muß weg, weils uns nichts nutzt
wir wolln dafür mehr Arbeitsschutz.«[203]

Es ging hier nicht allein um Agitation. Das Lied zeigt die politischen Aufladungen und Erwartungen, die bei den jugendlichen Aktivisten auch mit trocken wirkenden rechtlichen Themen verbunden sein konnten. Dazu gehörte die Aufforderung zu einem langen Atem in der politischen Auseinandersetzung; ein Bewusstsein über die Ausbeutung, die sich aus dem kapitalistischen Grundprinzip der Kapitalakkumulation ergäbe. Allerdings bestand in dieser Argumentation für eine alltägliche soziale Praxis der Rechtskonformität die Gefahr, dass sie an der praktischen Umsetzung insbesondere in kleineren Betrieben scheiterte. Im Ergebnis brachte die Kampagne *Rote Zange* wenig: die Novellierung des JASchG 1975 wurde von der Kampagne nicht beeinflusst.[204] Im Bereich der Mitgliedergewinnung im Handwerk waren ebenfalls kaum größere Erfolge zu verzeichnen. Allein bei der Mobilisierung der eigenen aktiven Mitglieder und dem Agenda-Setting war ein gewisser Erfolg zu verbuchen. Es gab Zuspruch von Jugendlichen, die sich von der Aktion Mobilisierungschancen versprachen oder das Ar-

202 Vgl. Protokoll 10. Ordentliche Jugendkonferenz, S. 85,f, 89 f., 98; Wurls Äußerungen ebd., S. 120.

203 »Die Rote Zange«-Text der Songgruppe Gießen (Elu Melge), in: AdsD 5/IGMA-22-0146.

204 Die verschiedenen Entwürfe und Vorlagen zur Reform des JASchG des DGB waren im schließlich 1976 verabschiedeten Gesetz eine »Chronik gewerkschaftlichen Scheiterns«. Vgl. Remeke, Gewerkschaften, S. 324-342, S. 325.

beitsbuch zur Vorbereitung für einen Werksbesuch nahmen[205], auch berichtete das ZDF über die Aktion.[206] Noch einige Jahre später waren die Aktion und der von ihr ausgelöste »Wirbel« Referenz für die Forderung nach erneuten Aktionskampagnen mit betrieblichem Bezug.[207] Aber der durch Verstöße benachteiligte und ausgebeutete Jugendliche blieb weitgehend eine Kunstfigur. Das Scheitern bestärkte die Abteilung Jugend, sich auf die Arbeit in größeren Betrieben zu konzentrieren; Versuche, mithilfe einer solch groß angelegten Aktion in Kleinbetrieben und im Handwerk zu mobilisieren, wurden nicht wiederholt.

Die gewerkschaftliche Jugendarbeit im Betrieb blieb auch in Zeiten des Aufschwungs klassenkämpferischer Rhetorik auf eine verrechtlichte Konfliktstrategie orientiert. Dabei ging es nicht allein um Integration. Auch unter jungen Gewerkschaftern dominierte die Haltung, mit Rechtsnormen gesellschaftliche Veränderungsprozesse einzuleiten. Die Pfadabhängigkeit wurde auch durch die Lehrlingsbewegung nicht geändert. Die Verhaltensroutinen von Jugendvertretungen führten mit zu einer Verrechtlichung der sozialen Beziehungen. Jugendvertreter und gewerkschaftlich Engagierte standen in den Betrieben als Sozialtypus für die Einhaltung von rechtlichen Vorgaben, politisch überhöht als Streben für die Rechte der gesamten Arbeiterklasse. Die umfangreichen Schulungen, die Unterstützung jugendlicher Unruhe durch höhere Funktionäre und die mit Mobilisierungskampagnen verbreiteten Rechtskenntnisse dienten dazu, Rechtsnormen in soziale Praktiken umzusetzen. Dies war der langfristig wirksamste Effekt gewerkschaftlicher Jugendarbeit. Aber Spannungsfelder zwischen Jugendlichen und der Organisationen bestanden in mehrerlei Hinsicht. Zum einen waren viele Konflikte um betriebliche Machtressourcen mit Betriebsräten und Gewerkschaftsfunktionären zu beobachten, die sich aus selbstbewussten Mitspracheforderungen von Jugendvertretern ergaben. Zum anderen ergaben sich Konfliktfelder aus einer jugendkulturell geprägten Politisierung. Im nächsten Kapitel soll daher der Frage nachgegangen werden, wie sich diese auch in alltäglichen Konflikten zeigte und welche Verbindungen zum Individualisierungsprozess sich darin ausdrückten.

205 Vgl. Schülervertretung Herschelschule Hannover, 16.2.1974 an IG Metall »Rote Zange«, in: AdsD 5/IGMA-22-0225; Horst Muschall, Mellendorf/Falken Hannover, an die Rote Zange IG Metall, in: AdsD 5/IGMA-22-0627.

206 So wurde in der ZDF-Jugendsendung *Direkt* über die Aktion in der Vwst. Heidelberg berichtet. Vgl. Die Rote Zange der IG Metall der schnelle Informationsdienst zur Aktion (Vordruck), Vwst. Kassel, 8.10.1973, in: AdsD 5/IGMA-22-0240.

207 Redebeitrag Peter Fuß, Vwst. Offenbach in: Protokoll 11. Ordentliche Jugendkonferenz, S. 53.

2.4. Politisierung des Alltags – Jugendkulturelle Individualisierungselemente in der Gewerkschaftsjugend?

Im vorangegangenen Kapitel wurde darauf eingegangen, dass eine Integration jugendlicher Gewerkschafter in den Betrieben vor allem auf den verrechtlichten Pfaden der industriellen Beziehungen verlief. Aber diese Integration war keine Einbahnstraße, denn die Politisierung in der Gewerkschaftsjugend wirkte in alltägliche Abläufe und Konflikte hinein. Eine Vielzahl von Auseinandersetzungen in den Betrieben hatte jugendkulturelle Aspekte, und Jugendliche deuteten solche Alltagskonflikte politisch. Es ging um Demokratisierungsbegehren, um eine Akzeptanz in den betrieblichen Hierarchien und schließlich auch ein neues Selbstbewusstsein der Jugendlichen. Daher soll im Folgenden die Frage diskutiert werden, ob sich in dem Spannungsfeld von gewerkschaftlicher Integration und jugendlicher Distinktion Elemente eines gesellschaftlichen Individualisierungsprozesses erkennen lassen, in denen alte Selbstverständlichkeiten des betrieblichen und gewerkschaftlichen Milieus ins Wanken gerieten.

Jugendkulturellen Milieus wurde in den Sozialwissenschaften häufiger eine Avantgarde-Funktion zugesprochen.[1] Zeitgenössisch war insbesondere die Subkultur als Träger einer politischen Veränderung mit hoffnungsvollen Aufladungen versehen. Rolf Schwendter definierte 1971 zwei progressive Subkulturbegriffe: die rationale Subkultur mit großem Drang zur Analyse und der Berücksichtigung der technischen Entwicklung und mit Einflussversuchen auf die »kompakte Majorität«; als zweites die emotionale Subkultur, mit großem Interesse an individueller Freiheit und Selbstverwirklichung.[2] Die Jugend der IG Metall in ihrer Politisierungsphase war eher von den rationalen Strömungen geprägt. Die emotionale Subkultur, für die Schwendter unter anderem Hippies, Beatniks oder esoterische Gruppen anführte, wurde auch von Arbeiterjugendlichen gespeist, die aber seltener in der Gewerkschaftsjugend aktiv waren.[3] Allerdings war die Verbindung von politischer Radikalität und hedonistischen Lebensstilen weit verbreitet, für die Jugend der IG Metall, wie auch für die verschiedenen Fraktionen der Neuen Linken, aber eine ambivalente Entwicklung. Die Gewerkschaftsjugend forderte selbst, in alter Tradition der Arbeiterjugendbewegung stehend, eine sinnvolle Freizeitgestaltung. Darunter waren eher politische Analysen und Diskussionen zu verstehen als Lebensstilexperimente. Zugleich changierten auch die Kader und Aktivisten zwischen propagierter

1 Vgl. Inglehart, Silent revolution.

2 Rolf Schwendter, Theorie der Subkultur, Köln/Berlin 1971, S. 40.

3 Siegfried beschreibt die Frankfurter Provos aus den Jahren 1966-67, eine überwiegend aus Lehrlingen bestehende Gruppe, die nach Abschluss der Lehre sich meist mit Gelegenheitsjobs über Wasser hielt. Sie bildeten zwischen den unpolitischeren Gammlern und der politisierten Hippiekultur eine Übergangsstation. Vgl. Siegfried, Time, S. 413-428.

Konsumverweigerung und neuen Aneignungsformen des Konsums.[4] Für radikale Perspektiven erschien es doppelbödig, gesellschaftliche Individualisierungstendenzen in einer Konsumgesellschaft faktisch zu unterstützen und gleichzeitig die Rekonstruktion der Arbeiterklasse zu fordern. Der engagierte Jugendliche in der IG-Metall-Jugend vertrat oft selbst einen hohen Arbeitsethos, einerseits als Facharbeiter, andererseits als lernender und agitierender Aktivist. Aber eine allzu strikte Trennung zwischen politischem und hedonistischem Lebensstil, oder, mit Schwendters Worten, rational und emotional, ist eher irreführend. Denn es ging um Mischungen von politischem Aktivismus, neuen Konsumpraktiken und persönlicher Lebensführung. Dies galt für politische Aktivisten ebenso wie für jugendkulturelle Konflikte in den Betrieben. Die Milieuforscher um Michael Vester ordneten den Jahrzehntewechsel um 1970 in einen längeren Modernisierungsprozess ein, wobei sie einem »symbolischen ›Fundamentalismus‹« in jugendlich geprägten Milieus eine wichtige Rolle zuschrieben: »Zu den typischen Praktiken von Jugendkulturen gehört es, das sich mit der Modernisierung abzeichnende Mögliche und Erstrebte zunächst vorpolitisch, nichtdiskursiv und symbolisch überhöht realisieren zu wollen; so etwa in Stil- und Rhetorikformen von Kleidung, Haartracht und Sprache bis hin zur Musik. Das soziale Handeln blieb dabei gleichsam auf den symbolischen Ausdruck von Wünschen beschränkt, was sich insbesondere auch in der häufig ›revolutionären‹ Integrationsideologie der neuen Milieus ausdrückte und in seiner Bedeutung nicht von allen Seiten sogleich immer erkannt wurde.«[5] Etwas einfacher drückte es Christian Semler aus, der als Vorsitzender der KPD/AO einer der bekanntesten Maoisten der 1970er Jahre war. Nicht nur maoistische Studenten verließen nach kurzer Zeit die Betriebe wieder, auch die mobilisierten Lehrlinge und Jugendlichen kehrten ihrer Klassse häufig über den zweiten Bildungsweg den Rücken. »So gestaltete sich, was einst als Mobilisierung des Proletariats gedacht war, als Beitrag der K-Gruppen zur sozialen Mobilität in Westdeutschland von unten nach oben« beschrieb Semler einen nicht-intendierten Effekt der linken Politisierung.[6]

Um 1970 war eine Politisierung von Alltagspraktiken zu beobachten. Hierunter sind dem organisationspolitischen Raum vorgängige soziale Praktiken zu fassen. Unter Politisierung ist daher ein größeres Spektrum an Aktivitäten und

4 Vgl. als theoretischen Einwurf, hierin eine wichtige Folge von ›1968‹ zu sehen Stephan Malinowski/Alexander Sedlmaier, ›1968‹ als Katalysator der Konsumgesellschaft. Performative Regelverstöße, kommerzielle Adaptionen und ihre gegenseitige Durchdringung, in: *Geschichte und Gesellschaft* 32 (2006), S. 238-267.

5 Michael Vester u. a., Soziale Milieus im gesellschaftlichen Strukturwandel. Zwischen Integration und Ausgrenzung, Köln 1993, S. 137.

6 Christian Semler, Wiedergänger. Versuch über das Nachleben der K-Gruppen-Motive, in: Christiane Landgrebe/Jörg Plath (Hrsg.), '68 und die Folgen. Ein unvollständiges Lexikon, Berlin 1998, S. 133-137, S. 135. Vgl. auch den postum veröffentlichten Sammelband mit instruktiven Essays: Christian Semler, Kein Kommunismus ist auch keine Lösung. Texte und Essays, Berlin 2013.

Einstellungen zu verstehen als allein politisch verhandelbare Forderungen. Dazu gehören auch Konflikte um Aussehen und nonkonformes Verhalten, das in politische Wahrnehmungs- und Deutungsmuster übersetzt wurde. Nonkonformes Verhalten in der Jugend war ganz überwiegend eine Sozialisationsphase, aus der nicht zwangsläufig dauerhaft neue Wertvorstellungen und -normen entstehen mussten. Der Basisprozess der Individualisierung, verstanden auch als Herauslösen aus engen Normen der sozialen Lebenswelten, vollzog sich in vielen Lebensbereichen, und im Sinne dieser Untersuchung gehört dazu auch die Sphäre des gewerkschaftlichen und betrieblichen Lebens. Zu den Kennzeichen in der gewerkschaftlichen Jugend gehörten Kritik und Skepsis gegenüber Institutionen und Autoritäten, Forderungen nach eigener Lebensgestaltung und soziale Aufstiegsambitionen. Eine »Politisierung des Lebensstils« zeigte sich daher in alltäglichen Situationen, in Konflikten um Aussehen, Verhalten oder als demütigend empfundenen Behandlungen ebenso wie in sozialen Absetzungsbewegungen oder Forderungen nach mehr Freizeit. Elemente der Aufsässigkeit verbanden sich mit einem Politisierungsschub; die soziale Position von Jugendlichen in den Betrieben wurde implizit auch über politisch radikale Forderungen verhandelt. Die betrieblichen Funktionäre der Gewerkschaften waren dabei bestrebt auf vertraute verrechtlichte Lösungsstrategien zu setzen. Dies konnte zur Folge haben, dass politisierte Jugendliche sich abwandten, da sie sich von den gewerkschaftlichen Regularien eingeengt fühlten. Denn die verrechtlichten Lösungen fielen zusammen mit altersheterogenen Strukturen in den Betrieben, aus denen sich spezifische Probleme ergaben.

Die französische Soziologin Nicole de Maupeou-Leplâtre hatte Ende der 1950er Jahre bei französischen Arbeiterjugendlichen unter 18 Jahren einige bemerkenswerte Beobachtungen gemacht. Sie hob hervor, dass insbesondere die altersheterogene Struktur der Arbeitswelt mit der engen Verbindung zu älteren Kollegen die Ausbildung von »Alterskulturen« erheblich erschwere und bei Jugendlichen Erfahrungen von Machtlosigkeit verbreitet seien. Anders war die Situation in Lehrwerkstätten, in denen Jugendliche weitgehend in altershomogenen Gruppen arbeiteten. So war die Bewunderung für James Dean, die sie als Element der Jugendkultur verstand, bei Arbeiterjugendlichen aus Großbetrieben mit 25 Prozent erheblich höher als bei Jugendlichen in Betrieben mit stark altersheterogener Struktur, von denen nur sieben Prozent die Bewunderung teilten. Auch waren Fehlzeiten und eine kritische Einstellung gegenüber Erwachsenen bei altershomogenen Gruppen signifikant höher.[7] Diese Bedingungen galten auch in der Bundesrepublik der späten 1960er Jahre. Für die große Mehrheit der Auszubildenden in Klein- und Mittelbetrieben war es erheblich schwieriger, im betrieblichen Alltag nonkonformistisches Verhalten zu praktizieren und sich mit anderen Jugendlichen auszutauschen. Die alters-

7 Nicole de Maupeou-Leplâtre, Der jugendliche Arbeiter im Betrieb, in: Ludwig von Friedeburg (Hrsg.), Jugend in der modernen Gesellschaft, Köln/Berlin [6]1969 (Erstausgabe 1965), S. 486-498, hier S. 489-491.

heterogene Struktur in Betrieben bedingte Kontakte und Konfrontationen mit älteren Gesellen und Ausbildern. Den Jugendlichen begegnete daher oft ein »Konservatismus« bei den älteren Facharbeitern, für die Auszubildende auch eine »Entlastungsfunktion« hatten.[8] Hinzu kam ein gegenüber der Schule sehr viel rigidere Zeitregime mit weniger persönlich gestaltbarer Zeit, nicht nur im Alltag, sondern zum Beispiel auch in der Länge des Urlaubs. Diese strukturellen Rahmenbedingungen erschwerten es Jugendlichen im Betrieb, jugendkulturelle Stile zu erproben. Die gemeinsam verbrachte Zeit war wichtig für die Entwicklung spezifischer sozialer Praktiken.[9] Daher überrascht es nicht, dass frei disponible Zeit ein allgemeines Begehren in jugendlichen Kreisen war. Das Treffen in der Clique oder in eigenen Räumlichkeiten waren wichtige Momente einer jugendspezifischen Vergemeinschaftung. Für beschäftigte Jugendliche bot vor allem die Zeit außerhalb des Betriebes einen Raum für jugendkulturelle Praktiken. Eine Untersuchung zu jugendlichen Geselligkeitsformen in einer Mittelstadt – Friedrichshafen am Bodensee – kam bei den 1972 erhobenen Daten zum Schluss, dass Lehrlinge sich gegenüber Schülern mehr in Gruppen von Gleichaltrigen in der Freizeit träfen, auch weniger Fernsehen und Zeit mit der Familie verbringen würden. »Die Clique ist sehr eindeutig eine Gesellungsform berufstätiger Jugendlicher« resümierte die Studie, da 55 Prozent der Lehrlinge, aber nur 24 Prozent der Schüler einer solchen angehörten.[10] Die Dynamik mancher Lehrlingszentren, wie überhaupt eigener Jugendräume, ergab sich auch aus dem Bedürfnis, in altershomogenen Gruppen zusammenzukommen. Ein im Sommer 1970 im hessischen Dietzenbach gegründeter Jour Fix skizzierte die Problematik eigener Jugendräume: »Nach der Gründung des Schüler- und Lehrlingszentrums ›Jour Fix‹ im Sommer 1970 begann unsere Arbeit in Hinterzimmern von Kneipen. Oft bediente man uns nicht, weil zu viele Langhaarige dabei waren.« Zusammen mit der DGB-Jugend und den Jusos wurde schließlich ein Haus renoviert: »Innen strotzt das Haus voller Popfarbe, Figuren, Sprüche und Ornamenten.« Die Bevölkerung sei durch Renovierung überzeugt worden, dass es keine »Bums- und Haschbude« sei.[11] Der letzte Satz verweist darauf, dass diese in der gewerkschaftlichen Jugendzeitschrift *ran* publizierte Darstellung zugleich ein Angebot an ältere Gewerkschafter enthielt, ein typisches Merkmal gewerkschaftlicher Jugendarbeit. Auch bei enger Bindung an die Organisation blieben eigene Jugendräume – im doppelten Wortsinne – ein wichtiges Anliegen. Dadurch entstanden in der Freizeit altershomogene Strukturen und lebensweltliche Experimentierfelder.

Die Einrichtung von Clubs und damit verbundene Gruppenbildungen war von der KPD-Jugend schon Mitte der 1960er Jahre als politische Strategie

8 Kruse, Qualifikation, S. 313.

9 Tenbruck, S. 74-76.

10 Johannes Schilling, Freizeitverhalten Jugendlicher. Eine empirische Untersuchung ihrer Gesellungsformen und Aktivitäten, Weinheim und Basel 1977, Zitat S. 206, vgl. S. 102 f.

11 Dietzenbach ist aufgewacht, in: *ran* Nr. 2 (1972), 14 f.; Zitate S. 14 und S. 15.

verfolgt worden und wurde von der SDAJ fortgesetzt. Den Gruppen wurde empfohlen, Konsumangebote zu machen, um Jugendliche zu erreichen.[12] Dazu gehörten praktische Tipps, wie man aus alten Radiogeräten und Plattenspielern eine kostengünstige Musikanlage für größere Räume erstellen konnte.[13] Das Treffen in Lehrlings- oder Jugendzentren und auch in politischen Gruppen, die soziale Komponenten hatten, die sich nicht allein um Politik gruppierten, erinnerte ein ehemaliger SDAJler aus Koblenz: »Wir trafen uns an der Wende der 60er und 70er Jahre täglich und hörten Rockmusik, schmusten und tanzten miteinander, diskutierten, verteilten Pamphlete, tranken Lambrusco, sangen amerikanische Protestsongs und schauten, dass wir attraktive Partner(innen) fanden.«[14] Auch gewerkschaftliche Jugendgruppen suchten Angebote für die gemeinsam verbrachte Zeit zu machen. Viele Gewerkschaftshäuser hatten Jugendräume, die aber als wenig attraktiv galten. In Hamburg zum Beispiel wurde die Jugendetage im Gewerkschaftshaus erst mit dem Jour Fix Ende 1969 reaktiviert, in Frankfurt bot der 1968 gegründete Club »U 68« – ein Akronym für die Straße Untermainkai und die Hausnummer, dem Sitz der Frankfurter DGB-Zentrale neben der IG-Metall-Vorstandsverwaltung – einen regelmäßigen Treffpunkt. Die Räume boten Möglichkeiten, die alltäglichen Konflikte mit Ausbildern und Gesellen ebenso wie familiäre Enge hinter sich zu lassen. Die Grundempfindung vieler der jugendlichen Auszubildenden war der Konflikt mit älteren Vorgesetzten. Die populäre Rock-Theater Gruppe *Floh de Cologne* drückte es in dem 1969 aufgeführten Lied *Fließbandbaby* dialogisch aus: Ein Lehrling singt gegen seine eintönige Zukunft: er möchte nicht nur arbeiten, konsumieren, heiraten, ein Haus bauen. Hinter ihm steht der Meister, der als Antwort immer nur »ruhig bleiben, arbeiten«, »heiraten«, »Autos kaufen« antwortet.[15] Hier sprachen *Floh de Cologne* betriebliche Konflikte zwischen den Generationen an.

Für die mit der Jugendarbeit betrauten gewerkschaftlichen Funktionäre, aber auch für linke Aktivisten in der Gewerkschaftsjugend erschien eine generationelle Konfliktlinie der politisch falsche Weg. Es wurde versucht, die Gesamtschuld den Unternehmern zuzuweisen. Oswald Todtenberg formulierte für den DGB, dass die von Lehrlingen aufgegriffenen Konflikte »keine Generationskonflikte« seien, sondern ihre »Ursache in der kapitalistischen Produktionsweise« hätten.[16] Die *Elan* startete 1971 einen Diskussionsaufruf, um das Verhältnis der Jugendlichen zu ihren Eltern zu erkunden. Zwar berichteten manche Jugendliche über Konflikte, aber die Redaktion machte deutlich, dass

12 Ulrich Sander, Das Rezept: Gruppe+Club+Aktion, *Elan* Nr. 5 (1969), S. 17.

13 Reinhard Vedder, Do It Yourself. Die Discothek, *Elan* Nr. 6 (1969), S. 33.

14 Wilfried Reckert, Kommunismus-Erfahrung. Zwanzig Jahre als DKP-Funktionär. Analytische Reflexionen, Münster u. a. 2006, S. 51.

15 LP Fließbandbabys Beat-Show, erschienen 1970. Textabdruck in: Floh de Cologne, Profitgeier und andere Vögel. Agitationstexte, Lieder und Berichte, Berlin 1971, S. 74. Filmaufnahme eines Auftrittes unter: http://www.youtube.com/watch?v=8j8zGNOAvGI (Abruf 12.3.2010).

16 Todtenberg/Ploog, Bossen, S. 124.

die Frontstellung gegen die Eltern eine Frage der bürgerlichen Klasse sei, denn in der Arbeiterklasse würden jung und alt gleichermaßen ausgebeutet; problematisch sei, dass vor allem die Väter ihre Unterdrückung im Betrieb in der Familie weitergäben.[17] Eine positive Grundhaltung vieler Jugendlicher zu ihren Eltern war zwar verbreiteter als häufig angenommen, wenn man Umfragen heranzieht. 1970 gaben immerhin 87 Prozent der Jugendlichen an, zu ihren Eltern ein gutes Verhältnis zu haben. Die ältere Generation erlernte in den 1960er Jahre eine auf Verständnis zielende Haltung gegenüber Jugendlichen und ihren neuen Konsum- und Verhaltensmustern.[18] Die gewerkschaftliche Argumentation, dass auch die Ausbilder unter Druck stünden und nicht die eigentlichen Gegner seien, konnte vor diesem Hintergrund auf Zustimmung rechnen. Aber liest man die Umfragen und Statements von Lehrlingen, dann wurden gerade Konflikte mit Ausbildern und Gesellen als entwürdigend und demütigend empfunden. Es waren Konflikte innerhalb derselben sozialen Klasse und auch innerhalb der gewerkschaftlichen Mitgliedschaft. Deshalb war es den verantwortlichen Funktionären so wichtig, um Verständnis für jugendkulturelle Distinktionen zu werben. Ihre Bemühungen verweisen auf Vorbehalte unter älteren Gewerkschaftsmitgliedern in den Betrieben, die es gegenüber einer selbstbewusster auftretenden Jugend gab.

2.4.1. Konflikte in der Klasse

Diese Entwicklung soll anhand einiger Aspekte konturiert werden. Dazu gehören das Aussehen, insbesondere die Haarlänge, Rauchen im Betrieb und Umgangsformen zwischen Ausbildern und Lehrlingen. Grundlage für die Darstellung sind Publikationen von Betroffenen und von der IG Metall behandelte Fälle. Insbesondere die lokalen Umfragen gewerkschaftlicher Gruppen im Zuge der Lehrlingsbewegung bieten eine Vielzahl von Hinweisen. Diese waren zwar häufig durch suggestive Fragestellungen geprägt. Aber es wurde meist auch Raum für qualitative Aussagen angeboten. Aus den qualitativen Antworten sind die sozialen Herkünfte der Sprecher meist nicht bestimmbar, da nur der Ausbildungsberuf angegeben wurde. Aber das gehäufte Auftreten mancher Klagen deutet darauf hin, dass die Anpassung an tradierte betriebliche Hierarchien auf zunehmenden Widerspruch stieß. Siegfried Müller erwähnte 1971, dass die Umfragen – er wertete elf für den *Gewerkschafter* aus – zwar nicht wissenschaftlichen Kriterien entsprächen, aber das »Elend unserer Berufsausbildung« doch

17 Trau' keinem über 30? oder: Unsere Eltern sind besser als ihr Ruf, in: *Elan* Nr. 6 (1971), S. 10 f.; Trau' keinem über 30? in: *Elan* Nr. 7 (1971), S. 14-16.

18 Detlef Siegfried, ›Trau keinem über 30‹? Konsens und Konflikt der Generationen in der Bundesrepublik der langen sechziger Jahre, in: *Aus Politik und Zeitgeschichte* B 45 (2003), S. 25-32, Umfrageergebnis S. 29.

sehr deutlich zeigen würden.[19] Wenngleich politisch intendierte Ziele mit den Umfragen verbunden waren[20], so lassen sich doch Hinweise auf Stimmungen von jugendlichen Beschäftigten herauslesen. Ein wichtiger Konfliktpunkt war die Frage der Haarlänge. Schon Mitte der 1960er Jahre hatte sich dies zu einem Kulturkampf ausgeweitet, in dem der »Kampf um jeden Millimeter« Haarlänge alltägliche Konflikte prägte. Linke Protagonisten sahen die Ablehnung als Element reaktionärer Gesinnungen in der Gesellschaft.[21] Eine zunehmende Akzeptanz von längeren Haaren zeigte sich Anfang der 1970er Jahre, als Kündigungen wegen langer Haare abgelehnt wurden, auch durch Institutionen wie Handwerkskammern.[22] Wie sehr lange Haare unter jungen Männern verbreitet waren, zeigte im Februar 1971 der Haarerlass des Verteidigungsministers Helmut Schmidt für die Bundeswehr. Den Wehrpflichtigen wurde erlaubt, lange Haare zu tragen, sofern ein spezielles Haarnetz benutzt wurde. Diese Öffnung wurde jedoch schon nach einem Jahr wieder zurückgenommen. Zum einen gab es von Wehrpflichtigen Kritik an den unförmigen Haarnetzen, die auch bei Stubendiensten zu tragen waren.[23] Andererseits waren die Befürchtungen bei der Armeeführung zu groß, das Soldaten mit langen Haaren dem Ansehen der Bundeswehr schaden könnten.[24]

Längere Haare, die unter dem Schlagwort der Langhaarigen zu einem Pars pro toto für die jugendkulturelle Unruhe wurden und zum »Kampfanzug« der »romantischen Revolutionäre«[25], waren auch in den Betrieben ein Reibungspunkt. Aus gewerkschaftlicher Sicht ein weiches Thema. Da durch die altersheterogenen Strukturen der Zugriff auf den einzelnen Lehrling oder Jugendlichen direkter war als in der Schule oder Universität, musste die Entscheidung für längere Haare gegen den sozialen Druck von Gesellen oder Ausbildern

19 Siegfried Müller, Note für Ausbildung: Mangelhaft bis katastrophal, *Der Gewerkschafter* 19, Nr. 8, August 1971, S. 314-315.

20 Reinhard Crusius gab in einem Interview an, dass die große Hamburger Lehrlingsstudie von ihnen als Agitationsmaterial konzipiert wurde, um die Lehrlinge zu politisieren. Interview Knud Andresen mit Reinhard Crusius am 7.9.2009, Transkript S. 5, in: Projektarchiv.

21 Siegfried, Time, S. 388-398. Das Zitat stammt von dem Zeitzeugen Roland Neuwirth, Meine haarige Zeit. Eine Abrechnung, in: Willi Resetarits/Hans Veigl (Hrsg.), Beatles, Bond und Blumenkinder. Unser Lebensgefühl in den sechziger Jahren, Wien u. a. 2003, S. 103-109, zitiert nach Siegfried, Time, S. 388.

22 17jähriger Lehrling bekam Ärger und Werksverbot, in: *ran* Nr. 2 (Februar 1972), S. 29; Lange Haare sind kein Kündigungsgrund, in: *ran*, Nr. 3 (März 1972), S. 15.

23 Vgl. Diese Haarnetze sind ein Skandal, in: *Links um! Zeitung für Soldaten* 1 (1972) (SDAJ-Soldatenzeitung), S. 1, in: FZH, 814-6, SDAJ 1969-1978.; Siegfried, Time, S. 394 f.

24 Vgl. dazu Sandro Wiggerich, Der Körper als Uniform. Die Normierung der soldatischen Haartracht in Preußen und in der Bundesrepublik, in: Ders./Steven Kensy (Hrsg.), Staat Macht Uniform. Uniformen als Zeichen staatlicher Macht im Wandel? Stuttgart 2011, S. 161-183, bes. S. 175-182.

25 So ein Leserbrief in der *Welt der Arbeit*: Leserbrief: Hagen muß Haare lassen, *Welt der Arbeit* Nr. 24, 12.6.1970, S. 12.

durchgehalten werden. In einer qualitativen Untersuchung berichteten Lehrlinge Anfang der 1970er Jahre, wie sie sich in der Frage der Haarlänge gegen ihre Vorgesetzen und ältere Kollegen durchsetzten. Dies wurde als persönlicher Erfolg erlebt. So schilderte ein Maurerlehrling sein Aufbegehren und zugleich den Anpassungsdruck: »Wenn der Geselle gesagt hast, jetzt gehst zum Friseur, dann ist der brave Lehrbub am anderen Tag zum Friseur gegangen. Und jetzt bin ich halt mehr oder weniger kein braver Lehrbub mehr und habe mir einen eigenen Stil zugelegt. [...] Wenn sie dich den ganzen Tag mit den Haaren aufzwicken, da wirst dann selber narrisch und läßt sie dir dann gerne wieder ein bißchen schneiden. Die schimpfen: ›Gammler, und du mit solchen Haaren herumroasen, das ist doch kein Haarschnitt nicht.‹ Und dann packen sie dich da [...].«[26] Auch in den *Lehrlingsprotokollen* aus dem Umfeld des Werkkreises Literatur der Arbeitswelt wurden Konflikte um Haare mehrfach angesprochen. Ein Lehrling der Badischen Stahlwerke, der zusammen mit 14 anderen Jugendlichen lernte, schrieb, dass er gleich zu Beginn der Lehre aufgefordert wurde, sich die Haare schneiden zu lassen. »Ich habe die Haare eben wachsen lassen und andere eben auch. Nach einer gewissen Zeit kamen dann massivere Drohungen.« Er ging zum Friseur, sein Meister war aber mit dem Haarschnitt nicht zufrieden und fragte drohend: »›Wann möchtest du zum Friseur gehen?‹ Ich gab ihm zur Antwort: ›Ich war letzte Woche!‹ Darauf brüllte er mich an: ›Ich hab nicht gefragt, wann du warst, sondern wann du gehst!‹«[27] Als Provokation – und symbolische Entmännlichung – schlug der Meister vor, sie sollten ein Kopftuch tragen. Man einigte sich schließlich darauf, dass Langhaarige ein Haarnetz tragen sollten, was aber meist nicht befolgt wurde. Auch andere berichteten von selbstbewusster Verteidigung ihrer langen Haare.[28] Dies erfolgte auch als ironische Umdrehung von Vorschriften. In einer kleinen Lehrwerkstatt in Wiesbaden hatte ein Meister wochenlang versucht, den Lehrlingen ihre langen Haare zu verbieten und forderte sie auf, sich die Haare zu schneiden oder Schutzbedeckung auf dem Kopf zu tragen. »Am folgenden Morgen erschienen die Lehrlinge ›gehorsam‹ mit den verschiedensten Kopfbedeckungen, vom Feuerwehrhelm über den alten Hut bis zu karnevalistischen Schmuckstücken; die langen Haare hatte sich keiner von ihnen scheren lassen.«[29] Anfang 1970 beschrieben Siemens-Lehrlinge Konflikte um Haarlänge. »Es wurde starker moralischer Druck auf die Lehrlinge mit modischer Kleidung oder mit zu langen Haaren ausgeübt, denen auch mit zwangsweisem Haarschnitt gedroht wurde.«[30] Die Relevanz von Haarlänge und Kleidung unterstrich eine Mannheimer Lehrlingsgruppe 1970, indem ironisch

26 Gerlinde Seidenspinner, Lehrlinge im Konfliktfeld Betrieb, München 1974, S. 68-81, Zitat S. 72 f.. Die Daten wurden zwischen 1970 und 1973 erhoben.

27 Richard F., Maschinenschlosser, in: Tscheliesnig, Lehrlingsprotokolle, S. 93-98, S. 95.

28 Peter L, Feinmechaniker, in: ebd., S. 62-76, S. 69.

29 Hendrich, Lehrlinge, S. 35.

30 Arbeitsgruppe Siemens-Lehrlinge: Eine Lehre bei Siemens, Dokumentation 26.2.1970. Abgedruckt in: *Gewerkschaftsspiegel* Nr. 7/1970, S. 2-13, S. 5; vgl. Todtenberg/Ploog, Bossen, S. 31.

gewendet eine bessere Ausbildung beschrieben wurde. Diese erfolge mit modernen Geräten, es gäbe keine Überstunden. Auch das angenehme Klima wurde beschrieben: »An Deinem Äußeren (lange Haare, Minirock, Hosenanzug)« werde kein Anstoß genommen, »Du erhältst keine Ohrfeige, Dich zieht man nicht an den Haaren und Ohren!«.[31] Die Konflikte konnten aber auch eskalieren. Ein Starkstromelektriker berichtete aus Gießen: »Die Arbeiter in unserem Betrieb haben etwas gegen längere Haare und schneiden sie uns einfach ab.«[32]

Eine Quantifizierung solcher Vorfälle ist nicht möglich, da es zu solchen alltäglichen Konflikten keine Erhebungen gab. Allerdings wurden diese Themen in lokalen Erhebungen der Gewerkschaftsjugend angesprochen, woraus Tendenzen erkennbar sind. Konflikte um Haare und Aussehen galten den Aktivisten als Einschränkungen der »persönlichen Freiheit«.[33] In Bochum gaben bei einer Umfrage 1970 an vier Berufsschulen 19 Prozent von 2.737 Lehrlingen an, sie hätten tägliche Auseinandersetzungen um Haare und Kleidung, 38 Prozent erlebten dies selten, und immerhin 42 Prozent gaben an, noch nie Probleme in dieser Hinsicht gehabt zu haben.[34] Bei einer Umfrage in Landau/Pfalz wurde resümiert, bei rund 50 Prozent der Lehrlinge werde die »persönliche Freiheit« eingeschränkt: »Der Mehrzahl nach sind dies lange Haare, Kleidung, Rauchen und die Meinung.«[35] Die von dem Berufsschulpfarrer Geiling im Frühjahr 1968 unter Düsseldorfer Metalllehrlingen erhobenen Daten zeigen, dass von 1364 Lehrlingen knapp neun Prozent – 121 Lehrlinge – Konflikte um ihre Haarlänge erwähnte.[36] Diese Angaben erfolgten in qualitativen Antworten, in denen das Verhältnis zu den Ausbildern beschrieben werden sollte.

Das gesellschaftliche Reizthema der Haarlänge war im Juni 1971 auch Thema des Allensbacher Meinungsforschungsinstituts. Den Befragten wurden sechs

31 Abgedruckt in: Dokumentation »DGB-Lehrlings-Zentrum Aktuell«, DGB-Rheinland-Pfalz, in: AdsD, 5/IGMA-22-0153.

32 Leere Lehre oder »Die Aufnahmefähigkeit des einzelnen Lehrlings ist begrenzt«. Josef Wild, Präsident des Zentralverbandes des Deutschen Handwerks, *Spiegel* 32 (1970). Dokumentation der Gewerkschaftsjugend Gießen (Ende 1970), Anhang 6, in: AdsD, 5/IGMA-22-1053.

33 Z. B. Ergebnis einer Befragung zur Berufsausbildung an der Berufsschule Landau/Pfalz, durchgeführt von Jugend der IG Metall, (Frühjahr 1971) S. 7; Auswertungsergebnisse der DGB-Fragebogenaktion an den Berufsschulen im DGB-Kreis Darmstadt (1970), S. 3, in: AdsD, 5/IGMA-22-0153.

34 Ergebnisse der Umfrage unter Bochumer Lehrlingen, hrsg. vom Kreisvorstand der Jusos, (Bochum 1970), in: AdsD, 5/IGMA-22-0153. Auch Beispiele für Konflikte um Haarlänge in: Lehrlings-Report, Hrsg. vom Arbeitskreis Lehrlinge Neustadt an der Weinstraße, 1970, in: AdsD, 5/IGMA-22-0153.

35 Ergebnis einer Befragung zur Berufsausbildung an der Berufsschule in Landau/Pfalz, durchgeführt von der Jugend der IG Metall, Ortsjugendausschuß der Verwaltungsstelle Landau/Pfalz in Zusammenarbeit mit DGB-Jugendgruppe Landau, S. 7, in: AdsD, 5/IGMA-22-0637.

36 Werner Geiling, Notstand der Berufsausbildung? In: Zur Situation der Berufsausbildung. Zwei Beiträge zur Diskussion von Werner Geiling und Reinhard Crusius, hrsg. vom DGB-Bundesvorstand Abt. Berufliche Bildung, Düsseldorf 1970, S. 5-106, S. 11.

Frisuren vorgelegt, von denen die ersten drei längere Frisuren zeigten. Diese wurden von knapp 7 Prozent der befragten Männer selbst getragen, sie erhielten auch in der Altersgruppe der 16-29-Jährigen mit 26 Prozent die höchsten Zustimmungswerte. Allerdings bevorzugten in dieser Altersgruppe auch 48 Prozent einen moderaten Kurzhaarschnitt, noch 27 Prozent den klassischen Scheitel und sieben Prozent den Bürstenhaarschnitt. Bei allen älteren Befragten erhielten die drei jugendlichen Langhaarfrisuren Zustimmungswerte von gerade einem Prozent.[37] Diese statistische Momentaufnahme zeigte eine wachsende Akzeptanz von längeren Haaren in der jüngeren und fortbestehende Ablehnung in der älteren Generation. Es ging jedoch nicht allein um eine individuelle Entscheidung über das Aussehen, sondern um ein jugendkulturelles Distinktionsmerkmal, mit dem die Liberalität der Gesellschaft gemessen wurde. Für Klaus Tscheliesnig, Herausgeber der *Lehrlingsprotokolle*, war die ablehnende Haltung vieler Erwachsener Ausdruck einer »gesellschaftlichen Moral«, die Anpassung fordere und Unterdrückung ausübe: »Wer diese langen Haare hat, der kann ja gar nichts anderes sein als ein Verbrecher, Faulenzer, verweichlichter Homo – und bei Frauen eine Schlampe oder Nutte, aber keine Dame!«[38] Entsprechend dieser Deutung wurden die Auswertungen der lokalen Umfragen fast immer mit Hinweisen auf das autoritäre Klima in den Betrieben eingeleitet. »Materielle Ausbeutung unserer Arbeitskraft, wie sie Gymnasiasten und Studenten niemals erfahren haben, bilden die Grundlage unserer Ausbildung. Wir sollen zur Folgsamkeit erzogen werden und uns vor keiner Arbeit drücken und müssen uns zum Aufsuchen der Toilette beim Ausbilder ab- und zurückmelden«, klagte der OJA der IG Metall im pfälzischen Landau.[39] Längere Haare oder auffällige Kleidung waren eine jugendkulturelle Distinktion, die auch in der IG-Metall-Jugend politisch gedeutet wurde. Es wurde so auch zu einer alltäglichen symbolischen Demonstration, um einem als repressiv empfundenen Klima des sozialen Drucks zu entkommen und eine eigene Individualität zu unterstreichen.

Habituelle Wandlungen in der Bekleidung und im Auftreten der gewerkschaftlichen Aktiven zeigen anschaulich einige Fotos von den IG-Metall-Jugendkonferenzen 1968 und 1971. Waren 1968 bei den Delegierten noch Anzüge und Krawatten sowie Kurzhaarschnitte verbreitet waren 1971 nicht allein die Haare länger geworden. Krawatten fehlten fast ganz bei den jugendlichen Delegierten, auch dominierten statt Anzügen nun Sakkos und Pullover.[40] Es waren nicht un-

37 Jahrbuch der öffentlichen Meinung 1968-1973, hrsg. von Elisabeth Noelle-Neumann und Erich Peter Neumann, Allensbach und Bonn 1974, S. 158 f.

38 Klaus Tscheliesnig, Einige besondere Aspekte zu Lehrlingsfragen, in: Ders., Lehrlingsprotokolle, S. 110-142, hier S. 110.

39 Ergebnis einer Befragung zur Berufsausbildung an der Berufsschule in Landau/Pfalz, durchgeführt von der Jugend der IG Metall, Ortsjugendausschuß der Verwaltungsstelle Landau/Pfalz in Zusammenarbeit mit DGB-Jugendgruppe Landau, S. 3, in: AdsD, 5/IGMA-22-0637.

40 Vgl. auch die Protokollbände der Konferenzen, in denen Fotos von Rednern mit abgedruckt sind, die diese Beobachtung unterstützen.

Abbildung 4: Drei Delegierte auf der Jugendkonferenz der IG Metall 1968. Quelle: AdsD.

bedingt modische Trends, die sich hier widerspiegelten, sondern eine Lockerung von habituellen Normen. Der Sonntagsstaat und formelle Kleidung zu besonderen Anlässen war gerade in der Arbeiterbewegung lange verbreitet, auch um sich von der schmutzigen Arbeitskleidung abzusetzen. Die jugendkulturellen Distinktionen führten auch im gewerkschaftlichen Umfeld zu einer lockeren Bekleidung.

Diese Entwicklungen waren für die IG Metall an sich nicht problematisch. Schwieriger war es, dass sich die von jungen Beschäftigten erlebten Alltagskonflikte auch innerhalb der eigenen Mitgliedschaft abspielten. Die Abteilung Jugend der IG Metall konzentrierte sich daher auf zwei Argumentationsstränge gegenüber den älteren Mitgliedern: Zum einen sollte auffälliges Aussehen akzeptiert werden, wenn die Jugendlichen gute Arbeitsleistungen, auch im gewerkschaftlichen Sinne, erbrachten.[41] Zum anderen erfolgten Verweise auf gesetzliche Bestimmungen, insbesondere des Grundgesetzes. In einem Bericht über die Jugendvertretung bei Ford in Köln unter dem launigen Titel »Junge Leute Heute« hieß es 1968: »Die meisten jungen Leute wollen lange Haare tragen. Warum? Das geht doch eigentlich niemand etwas an.« Gegen das in den Betrieben häufig geäußerte Argument des Unfallschutzes wurde darauf verwiesen, dass bei Mädchen Hauben ja auch möglich seien. Diese androgyn wirkende Argumentation wurde durch einen zivilen Habitusaspekt ergänzt, denn kurze Haare bei Männern sind »seit Wilhelms Zeiten Symbol des autoritätsgläubigen Untertanen gewesen«.[42] Für die rechtliche Strategie wurde auf eine Regelung der Klöcknerwerke verwiesen. In den Lehrverträgen sollte zuerst stehen, dass die

41 Der Beatle-Skalp. Trotz langer Haare anerkannter Betriebs-Jugendvertreter, *Welt der Arbeit* Nr. 12, 24.3.1967, S. 3.

42 Junge Leute Heute, *Der Gewerkschafter* 16, Nr. 5, Mai 1968, S. 176-178, S. 178. Ebenfalls mit dem Hinweis auf den Zusammenhang von Militarismus und langen Haaren in einer historischen Perspektive bei: Winrich Frosch, Wie die alten Germanen. Löwenmähne und Petrusbart: So neu ist die Langhaarigkeit nicht; *Welt der Arbeit* Nr. 35, 28.8.1970, S. 4.

Abbildung 5: Delegiertengruppe auf der Jugendkonferenz der IG Metall 1971. Quelle: AdsD.

Lehrlinge einen unfallsicheren »Haarschnitt« tragen sollten, aber der Betriebsrat änderte es dahingehend, dass die Haare »unfallsicher zu tragen« seien. Der zuständige Betriebsrat wurde zitiert mit dem Hinweis auf Artikel 1 GG. Daher gehe es niemanden etwas an, wie lang die Haare seien.[43] Mit solchen Beiträgen wurden Ausbilder und ältere Gewerkschafter aufgefordert, Lehrlinge mit mehr Respekt und Würde zu behandeln, um den Kreislauf der fortgesetzten schlechten Behandlung, die dann an die nachfolgenden Generationen weitergegeben werde, zu durchbrechen.[44] Das höhere Eintrittsalter ins Berufsleben sollte dazu beitragen, so eine in der *Welt der Arbeit* geäußerte Hoffnung, dass Lehrlinge psychisch und physisch stärker gegenüber den Ausbildern auftreten könnten; diese wiederum sollten sich mehr auf rechtliche Vorgaben konzentrieren. »Es ist leider häufig zu beobachten, daß junge Menschen, die auf ihrem Recht bestehen, als Querulanten oder Faulenzer diffamiert werden, weil ihre Ausbilder es nicht einmal geschafft haben, sich dem Stand der heutigen Gesetzgebung anzupassen« klagte der Journalist Fritz Mörschbach in der *Welt der Arbeit.*[45] Horst Klaus referierte im April 1970 auf einer Tagung der Aktion Jugendschutz Baden-Württemberg in Reutlingen über den »Arbeitsplatz als Feld sozialer Erziehung«. Der Leiter der Abteilung Jugend der IG Metall zeichnete ein autoritäres Klima in den Betrieben. So würde die überwältigende Mehrheit der Jugendlichen im Betrieb keinen sozialen Aufstieg erleben, und durch die Missachtung von Gesetzen durch Lehrherren und Ausbilder würde ein negativer pädagogischer Effekt eintreten. Der Arbeitsplatz »erweist sich nicht als Bereich, in dem die persönliche Entfaltung des jungen Menschen bei seiner Arbeit erfolgt, sondern als ein Ort, an dem übergroßer Anpassungsdruck und vielerorts regelrechte Unterdrückung der freien Entfaltung der Persönlichkeit zu verzeichnen sind«. Diese Unter-

43 Der leidige Haarschnitt, *Der Gewerkschafter* 15, Nr .5, Mai 1968, S. 195.
44 Edmund Möller, Lehrlingsausbildung – Erziehung zur Diktatur? *Der Gewerkschafter* 17, Nr. 6, Juni 1969, 206-207.
45 Fritz Mörschbach, Das haben wir aber immer so gemacht! Die Lehrlingsausbildung muß fachgerechter werden, in: *Welt der Arbeit* Nr. 33, 14.8.1970, S. 3.

drückung illustrierte er an Konflikten um Haarlänge und Kleidung, die er als Verstöße gegen die grundgesetzlich garantierte freie Entfaltung der Persönlichkeit betrachtete.[46] Vor den Jugendschützern forderte er, gewerkschaftliche Arbeit müsse sich gegen diese Disziplinierung richten.

Problematisch war bei dieser Forderung – und das sprach Klaus auf der Tagung nicht an –, dass gerade in den Großbetrieben Ausbilder und Gesellen häufig selbst Gewerkschaftsmitglieder waren. Die Abteilung Jugend berichtete 1971 dem Vorstand der IG Metall über einen Vorfall aus der Verwaltungsstelle Schweinfurt: »In einem Großbetrieb scheren drei Arbeitskollegen einem jüngeren gewaltsam die langen Haare ab. Reaktion des Betriebsrats auf Intervention der Jugendvertretung: ›Da kann man nichts machen.‹ Reaktion der Geschäftsleitung auf Intervention der Jugendvertretung: Verwarnung der drei Beteiligten, die sich bei dem Betroffenen entschuldigen müssen. Dieser Fall ist ein Beispiel dafür, wie Betriebsräte selbst in Angelegenheiten, wo sie nicht in Konfrontation zur Geschäftsleitung geraten, die J[ugend]V[ertretung] zu praktisch illegitimen Alleingängen zwingen.«[47] Daher war das Ziel der Abteilung Jugend der IG Metall, Betriebsräte und lokale Funktionäre zu Akzeptanz und Unterstützung der Jugendlichen in solchen Konflikten zu bringen. Der immer wieder betonte Bezug auf das Grundgesetz war auch ein Angebot an die betrieblichen Funktionäre, auf einen vertrauten verrechtlichten Rahmen zurückzugreifen. In den Verlautbarungen der Abteilung Jugend wurden ältere Kollegen selten kritisiert, es war von Missverständnissen und Unstimmigkeiten die Rede.[48] Aber in den Konflikten zwischen jugendlichen Beschäftigten mit Ausbildern und Gesellen zeigten sich Bruchlinien in der sozialen Formation der Belegschaft und der Gewerkschaftsmitgliedschaft.

Haarlänge und Kleidung dienten Jugendlichen in den Betrieben auch zur sozialen Distinktion und dazu, eigene Ausdrucksformen auszuprobieren. Weniger an materiale Signaturen gebunden waren Konflikte, in denen jugendliche Auszubildende ihre soziale Position gegenüber älteren Kollegen oder den Lehrherren stärken wollten. »Die Lehrlinge der Arbeitsgemeinschaft wünschen zunächst nichts anderes, als nicht mehr ›letzter Mann‹ im Betrieb zu sein« hielten die beiden Religionslehrer Weiler und Freitag für die Essener Lehrlinge fest.[49] Als »letzter Mann« empfanden sich viele durch statusbedingte Hierarchien, autoritäre Disziplinierungen und entwürdigende Behandlungen. Die Münchner Siemens-Lehrlinge schrieben Anfang 1970: »Wir durften vor der Arbeit und in der Pause nicht Zeitung lesen oder, die über 16-Jährigen ebenso, nicht rauchen. Man durfte nicht so häufig die Toilette besuchen und musste vorher fragen. Das Benehmen außerhalb der Lehrwerkstatt wurde auch vorgeschrieben (Siemens-

46 Horst Klaus, Der Arbeitsplatz als Feld sozialer Erziehung, Vortragsmanuskript, Reutlingen 29.4.1970, in: AdsD, 5/IGMA-22-0624.

47 Abteilung Jugend beim IG Metall-Vorstand: Zu Nr. 13 S. 9 Beispiele für Spannungen zwischen jung und alt in der Organisation, ohne Datum, in: AdsD, 5/IGMA-22-0220.

48 Vgl. den Antrag auf der Jugendkonferenz der IG Metall im April 1971.

49 Weiler/Freitag, Ausbildung, S. 209.

Lehrlinge rauchen außerhalb der Lehrwerkstatt nicht usw.).«[50] Neben den Konflikten um Nebentätigkeiten und der Forderung nach pädagogischen Ausbildern gehörten drei Themenfelder zu den häufiger genannten negativen Erfahrungen von Lehrlingen: Dies waren Rauchen, Siezen/Duzen und Beschimpfungen.

Rauchen, insbesondere Zigarettenkonsum, war Ende der 1960er und Anfang der 1970er Jahre ein Element jugendkultureller Umbrüche und erlebte einen erheblichen Anstieg in der Gesellschaft.[51] Dabei blieb eine gewisse soziale Schichtung kennzeichnend, so rauchten Ende der 1970er Jahre 24 Prozent der Gymnasiasten, aber 52 Prozent der Berufsschüler, auch der Anteil von rauchenden Arbeitern lag mit 65 Prozent höher als der von Angestellten mit 53 Prozent.[52] Für die Schülerbewegung waren Raucherlaubnisse an den Schulen eine wichtige Forderung, die meist zur Einrichtung von Raucherecken führte, in denen der Schülerinnen und Schüler ab 16 Jahren mit Erlaubnis der Eltern rauchten durften.[53] An den Universitäten kam es zu einem erneuten Boom des Rauchens auch in Seminarräumen und während der Veranstaltungen. Dass Rauchen zu den hervorstechenden Signaturen der industriellen Arbeitswelt gehörte, war ein Ergebnis von Entwicklungen des 20. Jahrhunderts. Die Zigarette hatte den Nimbus eines Genussmittels der Oberschicht verloren und war seit dem Ersten Weltkrieg zum Massenkonsumartikel geworden. Der Tabakkonsum in der Arbeiterschaft war schließlich höher als bei anderen Statusgruppen. Dies galt auch für das gewerkschaftliche Milieu. Bei Konferenzen, Tagungen oder Jugendgruppen-Sitzungen wurde selbstverständlich geraucht. Die Arbeiterjugendverbände führten im Kaiserreich und der Weimarer Republik zwar Feldzüge gegen Tabak und Alkoholkonsum, erreichten damit aber nur einen kleinen Teil ihrer Mitgliedschaft.[54] Nach dem Zweiten Weltkrieg wurde der Kampf gegen Tabak- und Alkohol-Konsum nicht wieder aufgegriffen.

Für viele Lehrlinge ging es um 1970 nicht um gesundheitliche Fragen, sondern um eine als unwürdig empfundene Kontrolle des persönlichen Konsumverhaltens und damit verbundene Statusungleichheiten. In vielen Betrieben war

50 Arbeitsgruppe Siemens-Lehrlinge, Eine Lehre bei Siemens, Dokumentation 26.2.1970. Abgedruckt in: *Gewerkschaftsspiegel* Nr. 7 (1970), S. 2-13, S. 5. Vgl. zum Rauchen auch: Richard F., Maschinenschlosser, in: Lehrlingsprotokolle. Hrsg. von Klaus Tscheliesnig, Frankfurt a. M. 1971, S. 93-98, hier S. 94.

51 Der Zigarettenkonsum stieg von 1964/65 bis 1978 um fast ein Viertel und ging danach sehr langsam zurück. Vgl. Henner Hess, Rauchen. Geschichte, Geschäfte, Gefahren, Frankfurt a. M. 1987, S. 46.

52 Hess, Rauchen, S. 140.

53 So wurde nach den Straßenbahnkrawallen im Januar 1968 in Bremen die geforderte Raucherlaubnis für Schüler ab 16 Jahren erteilt. Michelers, Draufhauen, S. 111.

54 Vgl. als lokale Studie Christov, Garde; vgl. zur organisierten Abstinenzlerbewegung, die in der Weimarer Republik auch einen Schwerpunkt im Kampf gegen Tabakkonsums sah und von jüngeren Mitgliedern geprägt war, bei: Franz Walter, Der deutsche Arbeiter-Abstinenzler-Bund (DAAB), in: Ders./Viola Danecke/Cornelia Regin, Sozialistische Gesundheits- und Lebensreformverbände, Bonn 1991, S. 97-239, zum Tabak S. 102.

auch über 18-jährigen Lehrlingen das Rauchen verboten, wohingegen Ausbilder und Gesellen rauchen durften. Dies entsprang einer älteren Tradition, symbolisierte die Erlaubnis zum Rauchen doch im 19. Jahrhundert den Übergang vom Lehrling zum Gesellen.[55] Damit war Rauchen materieller Ausdruck einer betrieblichen Hierarchie, die auf zunehmend weniger Akzeptanz rechnen konnte. Bei einer DGB-Umfrage in Darmstadt 1970 wurde bemerkt: »Das Rauchen wird den Lehrlingen in vielen Firmen verboten, aber die Arbeit in Räumen, in denen es keine Fenster, kaum Licht und schlechte Stühle gibt, wird erlaubt, ja sogar zur Pflicht.« Dies sei fast 40-Mal von Lehrlingen notiert worden, bei 255 Fragebögen mit qualitativen Angaben.[56] In der gewerkschaftlichen Publizistik wurde diese Frage mehrmals aufgegriffen und um eine spezifische Argumentation erweitert. Die Forderung nach Aufhebung des Rauchverbotes wurde meist durch ein nichtrauchendes JV-Mitglied formuliert: »›Warum dürfen Ausbilder rauchen und Auszubildende nicht?‹« zitierte der *Gewerkschafter* einen nichtrauchenden Jugendvertreter.[57] Die Legitimität der Forderung wurde so unterstrichen. Es überrascht nicht, dass für Jugendvertretungen die Aufhebung des Rauchverbots ein wichtiges Thema bildete. Die Gesamtjugendvertretung bei Volkswagen hatte eine Regelung dazu auf ihrer konstituierenden Sitzung Ende 1972 als eines der vordringlichsten Ziele genannt.[58] Dabei ging es nicht um die vollständige Aufhebung eines Rauchverbotes, sondern um die Einführung von Raucherecken[59], die schließlich im Frühjahr 1973 in den Lehrwerkstätten von Volkswagen eingerichtet wurden; Lehrlinge ab 16 Jahren durften individuelle Rauchpausen einlegen.[60] Auch die Abteilung Jugend beim Vorstand der IG Metall trat dafür ein, jugendlichen Beschäftigten das Rauchen zu erlauben. Auf die Nachfrage eines Betriebsratsvorsitzenden aus Salzgitter an Horst Klaus über die Position der Abteilung Jugend zum Rauchen, antwortete Klaus 1970, die Raucherlaubnis im Betrieb für über 16-Jährige sei wichtig, da »diese Frage einen hohen Stellenwert im Bewußtsein der Jugendlichen habe«. Da den Jugendlichen durch Werbung und durch das Verhalten der Erwachsenen vermittelt werde, dass man rauchen müsste, um »für voll genommen« zu werden, sollte betrieblich in diesem Sinne

55 Vgl. für Österreich: Roman Sandgruber, Bittersüße Genüsse. Kulturgeschichte der Genußmittel, Wien u.a. 1986, S. 140-142.

56 Auswertungsergebnisse der DGB-Fragebogenaktion an den Berufsschulen im DGB-Kreis Darmstadt, o.D. (1970), in: AdsD, 5/IGMA-22-0153.

57 Karl-Heinz Briam, Wie die Autorität schmeckt. Jugendvertretung im Betrieb. *Der Gewerkschafter* 19, Nr. 4, April 1971, S. 132-133, S. 133; vgl. Junge Leute Heute, *Der Gewerkschafter* 16, Nr. 5, Mai 1968, S. 176-178.

58 Protokoll der 1. Sitzung der Gesamtjugendvertretung Volkswagen AG am 21.11.1972 im Werk Kassel, in: AdsD, 5/IGMA-22-0724.

59 Niederschrift über die 6. Sitzung der Gesamtjugendvertretung, 17.4.1973 im Werk Kassel, in: AdsD, 5/IGMA-22-0724.

60 Jugendversammlung am 4. und 5. April 1973: Tätigkeitsbericht der Jugendvertretung und Gesamtjugendvertretung, S. 3, in: AdsD, 5/IGMA-22-0724.

entschieden werden.[61] Klaus plädierte für eine Raucherlaubnis, um Hierarchieunterschiede zu mindern und das heimliche Rauchen zurückzudrängen.

Um Hierarchieungleichheiten ging es auch bei der Kritik mancher Jugendlicher an beleidigenden und umgangssprachlichen Formen. Es wurde zum Beispiel die Forderung erhoben, von den Ausbildern mit »Sie« angesprochen zu werden. Siezen war ein »altes und wichtiges Unterscheidungsmittel zwischen Erwachsenen und Kindern, zwischen Selbständigen und Abhängigen, zwischen Herrschenden und Dienenden. Beim Jugendlichen markiert der Wechsel der Anrede seinen Übergangsstatus.«[62] In den Betrieben wurde durch die Ausbilder häufig ein Unterschied gemacht. Während die Erwachsenen gesiezt werden mussten, wurden die Auszubildenden mit »Du« angeredet. Zudem gab es eine berufshierarchische Unterscheidung, da kaufmännische Lehrlinge meist statusadäquat mit Sie, gewerbliche Lehrlinge mit Du angeredet wurden. Aus einem Münchner Betrieb mit Ausbildungssektoren für gewerbliche Beschäftigte und Ingenieure kritisierten Jugendvertreter: »Erstere werden geduzt, letztere gesiezt. ›Ich war auf dem Gymnasium‹, beschwert sich ein Schlosser in Ausbildung, ›dort wurde ich mit Sie angesprochen, hier aber redet mich selbst ein Ausbilder mit Du an, der nur wenig älter ist als ich.‹ Die Jugendvertreter sind sich einig: Entweder werden alle geduzt oder keiner« hieß es.[63] Die Forderung, gesiezt zu werden, lag auf den ersten Blick quer zu den sich lockernden Umgangsformen nach 1968, als in linken und studentischen Kreisen das Duzen zur verbreiteten Anredeform[64] und die »Arbeitersprache« auch wegen direkter Formulierungen positiv gewertet wurde.[65] In der Gewerkschaftsbewegung war das Duzen die übliche Anrede, auch unter gewerblichen Kollegen in den Betrieben war es die Regel. Allerdings bezog sich die in Umfragen und Flugblättern von Lehrlingen geäußerte Kritik nicht auf einen kollegialen Umgang, sondern es ging um die Aufhebung von Hierarchien. Das »Duzen« durch den Ausbilder oder Meister wurde als entwürdigend empfunden, indem die Älteren eine höhere soziale Position unterstrichen. Im Alltag führte diese Kritik aber nicht zu einer neuen Welle des Siezens. Ein Ausbilder berichtete von Gegentrends: »Ich wurde oft sogar von älteren Lehrlingen gebeten, sie zu duzen, da sie sich bei dieser vertrauten Anrede wohler fühlten.«[66] Das Duzen wurde auch deswegen von manchen nicht

61 Aktennotiz Horst Klaus an Georg Benz, 7.12.1970: Anruf des Kollegen Seewald, Betriebsratsvorsitzender des Hüttenwerkes Salzgitter betreffend Verhalten der Jugendvertretung in Sachen Berichtsheftführung, in: AdsD, 5/IGMA-450-20016.

62 Mitterauer, Sozialgeschichte, S. 52. 1981 lag das Durchschnittsalter, an dem Jugendliche gesiezt wurden, bei 17,9 Jahren. Ebd., S. 48.

63 Karl-Heinz Briam, Wie die Autorität schmeckt. Jugendvertretung im Betrieb. *Der Gewerkschafter* 19, Nr. 4, April 1971, S. 132-133, S. 133.

64 Vgl. die impressiven Beobachtungen dazu bei: Klaus Laermann, Kneipengerede. Zu einigen Verkehrsformen der Berliner linken Subkultur, in: *Kursbuch* Nr. 137 (1974), S. 168-180.

65 Vgl. Janne Günter, Arbeitersprache als Ausdruck spezifischer Qualitäten. 2. Aufl. Oberhausen 1975.

66 Leserbrief, *Der Gewerkschafter* Nr. 6 , Juni 1968, S. 233.

als kollegial empfunden, weil es zu einem rüden Umgangston in den Betrieben gehörte, den Lehrlinge häufiger beklagten. Die Münchner Siemens-Lehrlinge schrieben: »Zum letzten Mal wurden wir gesiezt, als wir uns in der Firma vorstellten. Schon bei der Aufnahmeprüfung hörte die Freundlichkeit auf.«[67] In der Umfrage des Pfarrers Geiling beklagten sich 12,5 Prozent der befragten Lehrlinge explizit über Beschimpfungen, die sie erdulden mussten. Geiling ging davon aus, dass viele den rauen Ton gar nicht mehr registrierten, vermerkte besorgt die prägende Wirkung über die Generationen hinweg und fragte: »Was mag in jungen Menschen vorgehen, die sich ständig mit Schimpfworten traktieren lassen müssen?«[68] Der rüde Umgangston schien einer demokratischen Gesellschaft unangemessen, und Betriebsräte hatten gegen Beschimpfungen durch Vorgesetzte immer wieder Stellung bezogen.[69] Zugleich war die Atmosphäre in vielen Betriebsräten selbst autoritär und ruppig[70], und bei Konflikten zwischen Jugendlichen und Vorgesetzten standen Betriebsräte häufig den Vorgesetzten näher als den Jugendlichen.[71]

Die Beschimpfungen im betrieblichen Alltag unterstrichen den untergeordneten Platz der Lehrlinge. Ein Druckerlehrling berichtete: »Gleich am 1. Tag meiner Lehre gab mein Verhalten Anlaß zur Rüge. Es gehört sich nicht für einen jungen Stift, die Gesellen zu duzen, auch wenn die einen ›Ochse‹ oder ›Idiot‹ nennen, sagte man mir.«[72] Die Forderung nach einem gleichberechtigten Umgang vermischte sich mit der Klage über Beschimpfungen, die vor allem von Ausbildern und älteren Gesellen kommen würden. »Aussprache der Lehrgesellen

67 Arbeitsgruppe Siemens-Lehrlinge: Eine Lehre bei Siemens, Dokumentation 26.2.1970. Abgedruckt in: *Gewerkschaftsspiegel* Nr. 7 (1970), S. 2-13, hier S. 4.

68 Geiling, Notstand, S. 11.

69 So der Betriebsratsvorsitzende Egon Koch des Volkswagenwerkes Braunschweig, der 1965 auf einer Betriebsversammlung einen angemessenen Ton der Vorgesetzten forderte: »Es scheint, daß bei einigen wenigen unserer Führungskräfte ganz einfach das feine Gefühl dafür fehlt, Menschen richtig einzuschätzen und zu behandeln. Man sollte auch einmal den Mut dazu haben, solche Männer, die offensichtlich fehl am Platze sind, auszumerzen. Die Zeit der bloßen Befehlsempfänger, der obrigkeitsfrommen und autoritätsgläubigen Untertanen ist unwiederbringlich vorbei, und wir wünschen sie uns auch nicht zurück!«, in: Unternehmensarchiv Volkswagen, Ordner Betriebsversammlungen 1963 bis 1975, Protokoll Betriebsversammlung VW-Werk Braunschweig, 31.8.1965.

70 Milert/Tschirbs, Demokratie, S. 479; Hindrichs u. a., Abschied, S. 112.

71 Als sich 1960 die Jugendvertretung im Volkswagenwerk Braunschweig über Züchtigungen von Lehrlingen durch die Ausbilder beschwerte, verwies der Betriebsrat auf das gesetzliche Verbot, notierte aber auch im Protokoll, dass »eine Ohrfeige zur rechten Stunde schon manchem Jungen das Lehrverhältnis gerettet hätte«. In: Betriebsratsarchiv Volkswagen Braunschweig (jetzt: Unternehmensarchiv Volkswagen), Ordner Protokolle Betriebsratssitzungen von 1960 – März 1965, Protokoll der Betriebsratssitzung 29.4.1960.

72 Olaf Plotz, Lehrling »Nach neun Monaten bin ich gegangen«, in: Werkkreis Literatur der Arbeitswelt: Mit 15 hat man noch Träume. Arbeiterjugend in der BRD, Frankfurt a. M. Februar 1975, S. 55-56, hier S. 55.

sehr dürftig, wie: Idiot, Arsch, Sumpfhuhn, Wichser. Beantrage Sprachunterricht für Lehrgesellen« notierte ein sechzehnjähriger Starkstromelektriker 1970 aus Frankfurt.[73] Ein Werkzeugmacher aus Heidelberg forderte qualifizierte Ausbilder und die Verstaatlichung der Betriebe, weil er damit die Hoffnung verband, die Ausbilder würden einen anderen Ton anschlagen: »Weil eben der Ausbilder seine Stellung immer ausnutzte und dem Lehrling sagte: ›Das ist Scheiße, was du machst! Wer bist du denn? Was kannst du? Nichts. Sieh mich doch an!‹«[74] Der Arbeitskreis Essener Lehrlinge überschrieb ein Flugblatt zur Ausbildung Krupp in Essen mit den Worten »Ihr Schwachsinnigen, Idioten, Scheißkerle, Wichser, Hurensöhne …«, Beschimpfungen, die sie tagtäglich zu hören bekämen.[75] Etwas moderater hieß es auf der Jugendversammlung eines sauerländischen Metallbetriebes im Herbst 1969 von den Jugendvertretern: »Wie aber manchmal von Erwachsenen mit unseren Jugendlichen gesprochen wird, halten wir oft für sehr bedauerlich. Wir versuchen, das auszugleichen, fragen uns aber manchmal, ob der ältere Arbeitskollege so mit seiner Ehefrau oder mit seinen Kindern sprechen würde.«[76] In den Beschimpfungen, so sahen es die Lehrlinge, drückte sich ihre inferiore Stellung in den Betrieben aus. Aber diese Phänomene lagen in nur schwer regelbaren Bereichen zwischenmenschlicher Kommunikation und prägten auch Umgang unter älteren Beschäftigten. In seinen abgewogenen Beobachtungen über Lehrlingsaktivitäten im Rhein-Main-Gebiet kam der Industriepfarrer Klaus Hendrich zum Schluss: »Die schlimmsten Kennzeichnungen für sie [die Lehrlinge, K. A.] mochten damals von Seiten ihrer Ausbilder, Eltern und Lehrer den Unmut über Rauchverbote betreffen, das trotzige Tragen langer Haare, Lässigkeit in Kleidung und Auftreten sowie fast gelangweilte Hinnahme alles Gebotenen in Freizeit und Beruf, von Familie und Gesellschaft.«[77] Wulf Schönbohm resümierte zwei Jahre später über den linksradikalen Einfluss bei Lehrlingen: »Gerade im Bereich der zwischenmenschlichen Beziehungen zwischen jüngeren und älteren Arbeitnehmern scheint der Schwerpunkt der Probleme zu liegen.« Die Lehrlinge würden oft in einem »rüden Umgangston« behandelt, sodass sich »viele Auszubildende ungerecht, oft schikanös, teilweise menschenunwürdig behandelt fühlen«.[78] Bei Schönbohms Einschätzung schien politische Erleichterung darüber auf, dass solche Konflikte nicht zu einer politischen Radikalisierung geführt hätten. Dies lag zum einen daran, dass es Alltagskonflikte waren, die politisch angereichert werden konnten,

73 Dokumentation des Frankfurter Lehrlingscentrums über die Fragebogenaktion zur Situation in der Berufsausbildung (durchgeführt im Sommer 1970, Broschüre im April 1971 veröffentlicht), S. 50, in: AdsD, 5/IGMA-22-0153.

74 Tscheliesnig, Lehrlingsprotokolle, S. 14.

75 Abgedruckt in: Weiler/Freitag, Ausbildung, S. 105.

76 Abschrift der Jugendvertretung eines Metallbetriebes im Verwaltungsstellen-Bereich Olsberg, Betriebliche Jugendversammlung – Jugendmonat 1969, in: AdsD, 5/IGMA-22-0388.

77 Hendrich, Lehrlinge, S. 31.

78 Schönbohm, Gruppen, S. 6.

aber nicht mussten. Zum anderen, dass die Gewerkschaften – und aus einem anderen Grunde SDAJ und die entstehenden K-Gruppen – zwar solche Konflikte als politische Lernprozesse verstanden, sich aber ab 1970 zunehmend gegen eine generationelle Deutung aussprachen. Dafür musste für das Verhalten von Ausbildern und Gesellen eine höhere Verantwortung benannt werden: Nicht die Ausbilder seien die Feinde, sondern die Kapitalisten für den Druck im Betrieb verantwortlich.[79] Mit diesem verbreiteten Deutungsmuster wurden selbst lokale Konflikte zu prinzipiellen Gefechten. So schrieb die *Uelzener Lehrlingszeitung*, herausgegeben vom Sozialistischen Zentrum und den Jungdemokraten, über Schikanen eines Ausbilders in einer Lehrwerkstatt, der Lehrlinge schikaniere. Im Bericht wird die örtliche Handelskammer attackiert und geschlussfolgert: »Darum muß sich unser Protest nicht gegen Herrn Schenk richten, der selbst nur ausführen muß, was die Handwerkskammer ihm vorschreibt, sondern gegen die Unternehmer.«[80] Eine solche Deduktion des Verhaltens aus den kapitalistischen Verhältnissen sollte helfen, den gewerkschaftlichen Zusammenhalt über die Generationen hinweg zu stärken.

Aber es ging nicht immer darum, den Kapitalismus in die Pflicht zu nehmen. Denn es waren auch selbstbewusster auftretende jugendliche Beschäftigte, die sich vor Kritik an autoritären Strukturen nicht scheuten. Hendrich als Beobachter der Lehrlingsbewegung vermerkte optimistisch, dass die Jugendlichen Autoritäten nicht mehr einfach hinnehmen würden, sondern nur fachlich begründete Autoritäten anerkannten.[81] In der Lehrlingsbewegung und der Gewerkschaftsjugend waren soziale Praktiken verbreitet, die auf eine Lockerung kultureller und habitueller Umgangs- und Verhaltensformen abzielten. Dies war im Übergang vom Jugend- zum Erwachsenenalter an sich keine Besonderheit. Auffällig war aber um 1970, dass jugendliche Distinktionen politisch gedeutet wurden. Lange Haare oder Mini-Röcke waren nicht nur persönliche Vorlieben, sondern erhielten politische Beimischungen.

Diese Durchmischung zeigte sich im August 1970 bei einer kurzzeitigen Kampagne für Mini-Röcke in Dortmund. Anlass war die Ankündigung einiger Modehäuser, ab der Wintersaison 1970/71 vor allem Maxi- und Midi-Röcke in den Verkauf zu bringen. Die 25-jährige Sekretärin Marie-Louise Hoppe organisierte mit ihrem Mann und einigen Kolleginnen eine Demonstration für den Mini-Rock, an der rund 6.000 Personen teilnahmen.[82] Die Dortmunder DGB-Jugend unterstützte das Vorgehen, sie verschickte bundesweit ein »Dortmunder Mini-Manifest«. Darin wurde vor einer »Mode-Manipulation« der Industrie gewarnt, die Frauen durch den Verkauf zwingen würden, nun wieder längere Röcke zu tragen.[83] Es war vor allem die in Dortmund starke SDAJ, die versuchte,

79 Vgl. Todtenberg/Ploog, Bossen.
80 Was ist los mit der Lehrwerkstatt? In: *Solidarität, Uelzener Lehrlingszeitung*, Ausgabe Juni 1970, in: PA Tiedeke Heilmann.
81 Hendrich, Lehrlinge, S. 35-37.
82 Front der bloßen Beine, *Die Zeit*, 7.8.1970.
83 »Minidamen geben bei zuviel Maxi kein Pardon«, *Westfälische Rundschau*, 7.8.1970.

die Konsumkritik politisch zu deuten. In einer Erklärung des Bundesvorstandes der SDAJ zu den Ereignissen hieß es: »Der Protest der 20.000 (sic!) Jugendlichen in Dortmund gegen die Nötigung der Kaufhausbesitzer, [...] dürfte den Konzernen ein Anzeichen dafür sein, daß nicht nur der junge Arbeiter in den Betrieben, sondern auch der junge Verbraucher anfängt, sich zu wehren.«[84] Die Teilnehmerzahlen waren SDAJ-typisch übertrieben, um aus einer spontanen Aktion sogleich eine Bewegung abzuleiten. Die Dortmunder SDAJ kündigte an, Kaufhäuser daraufhin zu kontrollieren, ob sie weiterhin Mini-Röcke verkauft. Auch saarländische Jugendverbände – darunter die Jusos und Judos – unterstützten die Kritik an den »Mode-Bossen«.[85] In dieser Episode verbanden sich zwei Elemente: Kritik am Profitinteresse mit der Signatur des Mini-Rockes als Zeichen einer Distinktion junger Frauen. Der Mini-Rock würde zu einem Symbol jugendlicher Unruhe werden wie die Jeans, wurde schon zeitgenössisch gemutmaßt.[86] Der Mini-Rock wurde zu einer Ikone der 1960er Jahre und der aufbegehrenden Jugend, mit der sich bei Frauen auch neue Darstellungen von Bewegungsfreiheit verbanden.[87] Mit dem Fokus auf das Profitinteresse von Modehäusern wurde 1970 ein antikapitalistisches Deutungsmuster konturiert. Wenn es auch nicht zu einer Bewegung wurde, so zeigen sich in dieser Episode verbreitete Politisierungsmuster. Aber es wuchs auch das Unbehagen an der sexualisierten Aufladung des Mini-Rocks. Die *Welt der Arbeit* berichtete irritiert über die Dortmunder Demonstration und verstand den Mini-Rock als jugendkulturellen Ausdruck, bemerkte aber auch, es lasse sich nicht »leugnen, daß vielen Frauen der superkurze Minirock über geworden ist. Sie wollen nicht mehr nur Schauobjekt für taxierende Männeraugen sein.«[88] Getreu einer konsumkritischen Linie wurde daher gefordert, sich überhaupt nicht an Modetrends zu orientieren.

Die politischen Aufladungen alltäglicher Konflikte konnten auch einfach provozierenden Charakter haben, so wenn junge Bewohnerinnen eines Heimes in Frankfurt a. M. »Ho Ho Ho Chi Minh« und »bei Mao-Tse-tung gibt es besseres Essen als hier« skandierten, um gegen schlechte Versorgung zu protestieren. Ein Aktivist einer Stadtteilbasisgruppe berichtete, dass sie abends die Parole

84 Zitiert nach: Mini-Mode-Killer. Aktionen gegen Oma-Look, in: *Das Junge Wort* 11/7/0643, 2.September 1970, in: FZH, JW-Dienst. Vgl. auch Ulrich Sander, Mini-Fans gegen Maxi-Profite, *Elan* Nr. 9 (1970), S. 17.

85 Blick in die Pupille, *Der Spiegel* Nr. 41, 5.10.1970, S. 255.

86 Mini-Mode-Killer. Aktionen gegen Oma-Look, in: *JW* 11/7/0643, 2.September 1970, in: FZH, JW-Dienst.

87 Viola Hoffmann, Their own teenage look? Der Minirock als Gegenstand von Jugendmode, Modeindustrie und historischer Rekonstruktion, in: Jürgen Kramer, Anette Pankratz und Claus-Ulrich Viol (Hrsg.), Mini & Mini. Ikonen der Popkultur zwischen Dekonstruktion und Rekonstruktion, Bielefeld 2009, S. 35-50, S. 43; als Teil der Ikonographisierung des Mini-Rocks die deskriptive Darstellung: Bianca Lang/Tina Schraml/Lena Elster, Der Mini. Die Revolution, die Macher, die Ikonen, Hamburg 2009.

88 Ein Ende der Modediktatur, in: *Welt der Arbeit* Nr. 34, 21.8.1970, S. 7.

»Wer hat uns verraten? – Sozialdemokraten« riefen, um den sozialdemokratischen Heimleiter zu ärgern.[89] Bei den mit Jugendarbeit befassten Gewerkschaftsfunktionären galten politisch radikale Signaturen eher als Modeerscheinungen, die einer Integration in die Organisationsarbeit nicht dauerhaft entgegenstehen mussten. Ein kleiner Konflikt Mitte 1967 erzählt viel über damit verbundene Empfindlichkeiten. Der Betriebsratsvorsitzende der Kieler Howaldt-Werft hatte sich auf einer IG-Metall-Vorstandssitzung über ein Mao-Bild in der Berliner Bildungsstätte der IG-Metall in Pichelssee beschwert. Der Leiter der Bildungsstätte und Mitbegründer des Republikanischen Clubs in Berlin, Lothar Pinkall, versuchte den Vorfall gegenüber dem IG-Metall-Vorstand abzuschwächen. Einige Teilnehmer eines Ost-West-Seminars hätten sich über ältere Kollegen geärgert und ein Mao-Bild aus einer Zeitung ausgeschnitten und aufgehängt. Heinz Dürrbeck antwortete daher dem Kieler Betriebsrat: Es haben »einige junge Kollegen des Ost-West-Seminars II – wie sie es ausgedrückt haben – ›einen Jux machen wollen‹«. Aber das Bild sei »nicht nur unverzüglich entfernt, sondern es ist auch über die politische Gefährlichkeit solcher ›Spässe‹ diskutiert worden«.[90] Dürrbeck hatte die Formulierungen von Pinkall übernommen, der auch dazu riet, die Sache nicht allzu ernst zu nehmen, da Mao-Bibeln oder Plaketten bei Jugendlichen Mode sei und politisch nicht überbewertet werden sollten.[91] Diese Haltung war nicht nur in dieser frühen Phase bei Funktionären anzutreffen, die mit Jugendlichen zu tun hatten, sondern war ein durchgängiges Reaktionsmuster. Bei einer Diskussion am Rande eines IG Metall-Seminars in Lohr Anfang Dezember 1970 kritisierten einige hauptamtliche Sekretäre aus den Bezirken gegenüber Horst Klaus die Jugendbildungsarbeit, da die Teilnehmer mit überzogenen linken Ideen zurückkämen und keine Neuaufnahmen organisieren würden. Zwar betonten einige auch positive Auswirkungen der Politisierung. Allerdings argumentieren fast alle, dass die Jugendlichen besser kontrolliert und integriert werden müssten.[92] Wie schnell aus dieser Skepsis gegenüber der jugendlichen Unruhe Unterstellungen werden konnten, zeigt ein Vorfall im März 1972. Eugen Loderer hatte eine Beschwerde an die pädagogische Leitung des IG-Metall-Bildungszentrums Sprockhövel gerichtet. Es sei die »Internationale« gesungen und ein Betriebsrat von einer Mitarbeiterin des Hauses gefragt worden, ob er Genosse sei und wie sie für den Kommunismus in Deutschland sei. Eine Festanstellung der dieser Aussage verdächtigten Teamerin wurde daraufhin vom IG-Metall-Vorstand zurückgestellt. Wohl auch wegen dieser konkreten Auswirkung fuhr der Leiter der Bildungsstätte, Adi Ostertag, mit der Betroffenen und einer weiteren Teamerin zum Betriebsratsvorsitzenden der Düsseldorfer Mannesmann-Röhrenwerke und konfrontierten ihn mit der Behauptung. Dieser zeigte sich von der Beschwerde überrascht, denn er hatte Sprockhövel

89 Bsp. bei: Fritz, Proletarier, S. 257.

90 Heinz Dürrbeck an Otto Böhm, Kiel, 14.11.1967, in: AdsD, 5/IGMA-22-2063.

91 Lothar Pinkall an Heinz Dürrbeck, 12.10.1967, in: AdsD, 5/IGMA-22-2063.

92 Aktennotiz Horst Klaus an Georg Benz, 9.12.1970: Gespräch mit hauptamtlichen Kollegen im Rahmen des Seminars in Lohr am 1.12.1970, in: AdsD, 5/IGMA-450-20016.

in positiver Erinnerung, die beschuldigte Teamerin hatte er noch nie gesehen. Er sei nach einer Abschiedsfeier am Kamin vorbeigekommen, wo jugendliche und erwachsene Lehrgangsteilnehmer die »Internationale« sangen. Er sang erst mit und führte dann eine intensive politische Diskussion, wobei ihn ein junger Kollege fragte, ob er auch Genosse sei; dies bejahte er als SPD-Mitglied. Diese Episode habe er beiläufig einem anderen Betriebsratsvorsitzenden geschildert. Als dieser am Rande einer Sitzung Eugen Loderer und einen Betriebsratsvorsitzenden aus Mühlheim traf, der sich bei Loderer darüber beschwerte, dass auf Schulungen zu viel über Kommunismus diskutiert werde, wurde das Singen der »Internationale« als Beispiel herangezogen.[93] Diese Episode mag als Indiz für eine antikommunistischen Grundhaltung bei vielen Betriebsräten gelten; es ist auch ein Hinweis auf die Dynamik von Gerüchten vor dem Hintergrund der politisierten Gewerkschaftsjugend und der häufig der Indoktrination verdächtigten Bildungsarbeit.[94] Von gewerkschaftlichen Funktionären gab es eine immer wieder vorgebrachte Kritik an der Jugendbildungsarbeit, auf der zuviel über allgemeine Politik, aber zu wenig über »praktische Organisationsarbeit« geredet werde.[95]

Trotz linker Ideen wurden in der Gewerkschaftsjugend immer auch soziale Aufstiegsambitionen jugendlicher Beschäftigter verhandelt. Es ist bereits darauf eingegangen worden, dass die Lehrlingsbewegung als eine Modernisierungsbewegung der beruflichen Ausbildung agierte. Das Ziel war auch, mit einer fachlich fundierten Ausbildung die beruflichen Mobilitätschancen zu erhöhen. Für manche Auszubildende verband sich dies mit Absetzungen gegenüber anderen Statusgruppen: Männliche Auszubildende kritisierten die Behandlung als Hilfsarbeiter, so ein Frankfurter Karosseriebauer: »Die fachliche Ausbildung in meinem Beruf, speziell in meinem Betrieb, ist völlig unzureichend. Die Lehrlinge werden fast nur zu primitiven Arbeiten, die auch von Hilfsarbeitern ausgeübt werden können, eingesetzt.«[96] Ein sechzehnjähriger Elektromechaniker im zweiten Lehrjahr klagte: »Der Lehrling sollte eine gute Stellung als angehender Facharbeiter haben. Dieses trifft jedoch nicht bei dem Betrieb zu, bei dem ich arbeite. Ich und die anderen Lehrlinge werden dort mehr als Hilfsarbeiter anstatt wie

93 Aktennotiz Betr.: Abenddiskussion in Sprockhövel am Freitag, 3.3.1972, Sprockhövel 14.3.1972, unterzeichnet von Heinz Beck, Adi Ostertag, Sybille Koeppler und Antje Thewes, in: AdsD, 5/IGMA-07-0507.

94 Vgl. die Bitte von Eugen Loderer an Hans Preiss, der Beschwerde über radikale Haltungen bei Teamern nachzugehen, die zwei Betriebsräte von Volkswagen geäußert hatten. Eugen Loderer an Hans Preiss, 4.7.1973, in: AdsD, 5/IGMA-453-20007; allgemein zur Kritik an einer zu linken Bildungsarbeit, die sich gegen Heinz Dürrbeck als Verantwortlichen richtete, Müller, Gewerkschafter, S. 362-392.

95 So Zusammenfassung und Zitat bei einer Geschäftsführerkonferenz in Essen. Vgl. Hagen Breitinger an Hans Preiss, 27.5.1974: Geschäftsführerkonferenz in Essen; Detlef Haag an Hans Preiss, 9.5.1975. Beide in: AdsD, 5/IGMA-453-2007.

96 Befragung der Ortsverwaltung der IG Metall Frankfurt in den Berufsschulen für Elektrotechnik und Maschinenbau, 30.9.1970, in: AdsD, 5/IGMA-22-0153.

Lehrlinge behandelt.«[97] Bei der Umfrage des Pfarrers Werner Geiling im Frühjahr 1968 benutzten etwas mehr als 17 Prozent Bezeichnungen wie »Mädchen für alles«, »Laufjunge« oder »Hilfsarbeiter«, um den Charakter ihrer Arbeit zu illustrieren.[98] Bei einer vom Frankfurter OJA der IG Metall organisierten Demonstration gegen Unterversorgung mit Räumen und Lehrern an einer Frankfurter Berufsschule im Oktober 1971 wurde eine Resolution im Kultusministerium überreicht, in der es hieß: »Wir wollen nachdem wir die Schule verlassen haben nicht aufgrund unserer Qualifikation als Hilfsarbeiter eingestellt werden«, als Spruch für die Demonstration war unter anderem »Geht das Dilemma noch so weiter, sind wir alle Hilfsarbeiter« zu hören.[99] Die Lehrlingsgruppe der IG Metall in Neustadt an der Weinstraße charakterisierte die Lehrlingsbewegung als Versuch, nicht nur als »Hilfsarbeiter«, »Straßenfeger« oder »Putzfrau« während der Ausbildung beschäftigt zu werden.[100] Bei weiblichen Auszubildenden tauchte die Degradierung zur Putzfrau auf: »Wir haben überhaupt keinen Pausenraum, sondern müssen unser Frühstücksbrot auf der Nähmaschine essen. Wir werden wie Putzfrauen behandelt«, klagte eine sechzehnjährige Damenschneiderin aus Kaiserslautern.[101] Die Negativfiguren Hilfsarbeiter und Putzfrau waren nicht allein als eine soziale Distinktion der Kommentatoren zu verstehen, sondern auch als eine befürchtete soziale Deklassierung in ungelernten Tätigkeiten. Dies stand in einem gewissen Gegensatz zur politischen Rhetorik in der Lehrlingsbewegung und auch in den Gewerkschaften, ein gemeinsames Handeln aller jugendlichen Beschäftigten zu erreichen. Aber ungelernte Arbeiterinnen und Arbeiter bildeten nur einen kleinen Teil der jugendlichen Mitglieder in den Gewerkschaften, und es gab für diese Gruppe seitens der Gewerkschaften kaum konkrete Angebote. Sie prägten, soweit erkennbar, auch nicht die gewerkschaftlichen Jugendgruppen und die Lehrlingsbewegung.

Aber trotz der politischen Zielsetzung ist unverkennbar, dass in der Lehrlingsbewegung Motive des eigenen sozialen Aufstiegs verhandelt wurden. Die Modernisierung der Berufsausbildung zielte auf höhere Qualifikationsniveaus der Ausgebildeten und somit einen höheren Verkaufswert der eigenen Arbeitskraft. Der Sozialwissenschaftler Wilfried Kruse interpretierte die Veränderungen in den Qualifikationsprozessen bei der Berufsausbildung 1975 im marxistischem Sinne optimistisch, da die »Gesellschaftlichkeit der Arbeit« deutlicher hervortrete: »Mit den Veränderungen in der gesellschaftlichen Arbeit und den in sie eingeschlossenen Entwicklungen von Lehrfähigkeit der individuellen Arbeits-

97 Geiling, Notstand S. 16.

98 Ebd.

99 Siehe »Sprüche und Sprechchöre« sowie »Resolution«. AdsD, 5/IGMA-22-159.

100 Lehrlingsreport: ›Klassenbewußtsein unter Lehrlingen – oder gegen die ›gottgewollte‹ Unterdrückung, in: *Der Stachel* Nr. 1 (Nr. 4) Berichte und Informationen für Lehrlinge und Jungarbeiter, Oktober 1970, S. 2, in: AdsD, 5/IGMA-22-0637, S. 13-16. S. 14.

101 Lehrlingsbefragung an den Berufsschulen in Kaiserslautern, Landstuhl und Kusel, durchgeführt vom DGB-Schüler- und Lehrlingszentrum Kaiserslautern, S. 4, in: AdsD, 5/IGMA-22-0153.

kräfte wird darüber hinaus die massenhafte Entfaltung der Persönlichkeit zum ersten Mal in der Geschichte reale gesellschaftliche Möglichkeit.«[102] Ein solcher Horizont als eine Folge von Modernisierungen der industriellen Fertigung war im Feld der Berufsforschung allerdings die Ausnahme. Die meisten Sozialwissenschaftler beurteilten die sozialen Aufstiegsambitionen als Illusion. Symptomatisch war die 1972 erschienene Untersuchung von Helga Deppe-Wolfinger über die politische Bildungsarbeit bei der IG Metall.[103] Sie urteilte über ihr gegenüber bei Befragungen von IG-Metall-Mitgliedern auf Jugendlehrgängen geäußerte Aufstiegswünsche, die überwiegend auf erreichbare berufliche Ziele orientiert waren: »Diese Hoffnung muß jedoch enttäuscht werden, sobald sie erfahren, daß sich ihre soziale Lage durch einen Arbeitsplatzwechsel oder Berufswechsel kaum verändert. Weder können sie in anderen Betrieben oder Berufen Abhängigkeit entfliehen noch verbessert sich ihr Lohn und damit ihr Lebensstandard wesentlich [...].«[104] Die »illusionären Hoffnungen«, so Deppe-Wolfinger, sollten den Jugendlichen in der gewerkschaftlichen Bildungsarbeit genommen werden. Auch niedersächsische Teamer des DGB kritisierten Ende 1971, dass die gewerkschaftliche Bildungsarbeit zu stark den »individuellen sozialen Aufstieg« fördere, mit dem die Kollegen den Konflikten am Arbeitsplatz zu entrinnen suchten. Es müsse jedoch »Aufklärung über den Klassencharakter unserer Gesellschaft« und eine betriebsbezogene Arbeit erfolgen.[105]

Die Politisierung bedingte aber auch Lernprozesse, die individuelle Aufstiege ermöglichten. Die Berliner Rote Zelle Germanistik hielt Ende 1969 über ihre Erfahrungen in der Betriebsarbeit fest, dass angesichts von Faschismus- und Stalinismuserfahrungen, von »Manipulationstechniken des Spätkapitalismus« und dem täglichen Zwang zur entfremdeten Arbeit die Arbeiter sich ohnmächtig fühlten. Die Schulung müsste daher auf Herausbildung von Arbeiterkadern in den Betrieben zielen. Allerdings resümierten sie, dass »diejenigen Arbeiter, die durch Studentenaktionen mobilisiert wurden, nicht in der Arbeiterklasse verankert waren, sondern danach drängten, aus der Arbeiterklasse herauszuwachsen«.[106] Dies würde vor allem in drei Formen geschehen: Durch den Besuch von Ingenieursschulen, einer Freizeitgestaltung mit Studenten und schließlich das Aufgehen in der studentischen Subkultur. Hinter dieser theoretisch aufgeladenen Analyse verbarg sich letztlich die Attraktivität des sozialen Status und der großzügiger verfügbaren Zeit von Studierenden und Schülern. Eine von manchen Revolutionären übersehene Wirkung der Politisierung war die Eröffnung neuer Lebensperspektiven außerhalb der Betriebe. Lehrlinge in den Basisgruppen waren häufig daran interessiert, ihr Abitur zu machen und

102 Kruse, Qualifikation, S. 265.
103 Deppe-Wolfinger, Arbeiterjugend.
104 Ebd., S. 188.
105 Ergebnis einer Teamer-Tagung in Rieseberg zur Frage der Neuorientierung gewerkschaftlicher Jugendbildungsarbeit, o. D. (1971), in: AdsD, 5/IGMA-22-0159.
106 Rotzeg, Zur Vorbereitung der Betriebsarbeit, in: *APO-Press, Informationsblatt der Studenten, Schüler und Arbeiter in Hamburg*, Nr. 1, 13.1.1970, S. 1-6, S. 2.

»durch die privilegierte Stellung der Schüler und Studenten ihre Fähigkeiten zu entfalten«.[107] Die Betriebsgruppe der Hamburger DURAG begründete ihre Forderung nach mehr Urlaub bzw. Erholungsmöglichkeiten in einem Tarifvertrag so: »Dazu bedarf es wohl keiner großen Erklärung. Es ist nicht einzusehen, warum wir weniger Erholungszeit benötigen sollen als gleichaltrige Schüler oder Studenten.«[108] Dass unter Lehrlingen ein größeres Interesse an Qualifikation bestand, belegte eine Befragung Hamburger Lehrlinge 1970. Dabei spielten neben betrieblichen Aufstiegen zum Meister oder Vorarbeiter auch die Perspektive auf ein Studium eine Rolle. Vier von zehn Lehrlingen hatten angegeben, dass sie sich auf den »Hindernislauf« von Berufsaufbauschule, Fachoberschule und Hochschule begeben wollten. Allerdings lagen die Motive nicht allein in einer höheren beruflichen Positionierung. Denn angesichts des leichteren Lebens als Schüler oder Student hofften nicht wenige, auf diese Weise ihre eigene Jugendphase zu verlängern.[109] Im Hamburger ›Jour Fix‹ wurden die Möglichkeiten für einen Besuch an der HWP durch Beratungsangebote für die Aufnahmeprüfung unterstützt, mit Reinhard Crusius, Manfred Wilke und anderen GSG-Mitgliedern waren Studierende der HWP am ›Jour Fix‹ beteiligt.[110] Sie waren auf dem zweiten Bildungsweg an die Hochschule gekommen und gaben diese Erfahrungen nun weiter. Zwei Aktivisten des Hamburger Jour Fix, Arp Kreßin und Jürgen Voß, hoben in Interviews hervor, dass von ihren Mitstreitern keiner in seinem erlernten Beruf verblieb, sondern sich alle weiterqualifizierten.[111] Diese Entwicklung war für politische Aktivisten zweischneidig, da mit dem sozialen Aufstieg – oder dem Umstieg – der Kampfplatz Betrieb verlassen wurde. Einem Jugendvertreter bei Krupp in Essen war gekündigt worden, nachdem er im Herbst 1969 auf einer Kundgebung über die schlechten Ausbildungsbedingungen gesprochen hatte. Seine Kündigung konnte auch mithilfe des IG-Metall-Bevollmächtigten verhindert werden, aber der Betreffende kündigte kurz darauf selbst und studierte Sozialarbeit an einer Höheren Fachschule. Oswald Todtenberg nannte ihn als abschreckendes Beispiel für individualisiertes Verhalten, da er nicht die Anbindung an Lehrlingsgruppen gesucht hätte.[112] Für manche Jugendliche verbanden sich mit der Politisierung der Gewerkschaftsjugend neue Perspektiven, die für eigene soziale Aufstiege genutzt werden konnten. Damit entkamen sie auch dem Druck, dem sie möglicherweise als Nonkonformisten in den Betrieben ausgesetzt waren. Der Jugendvertreter Kurt Rössler aus Neu-

107 Frankfurt: Stadtteilbasisgruppen, *SDS-Info* Nr. 20 (September 1969), S. 14.

108 Lehrlinge im Tarifkampf, *LZ* Nr. 8, S. 11.

109 Eskamp, S. 45.

110 So organisierten ÖTV und Jour Fixe 1971 ein Wochenendseminar, um interessierte »Jungarbeiter und -angestellte« auf die Aufnahmeprüfung an der HWP vorzubereiten. Bekanntmachungen! *LZ* Nr. 4, S. 11.

111 Gespräch mit Arp Kreßin in der Forschungsstelle für Zeitgeschichte, Hamburg, am 14.11.2008; Gespräch mit Jürgen Voß in der Forschungsstelle für Zeitgeschichte, 26.03.2009.

112 Todtenberg/Ploog, Bossen, S. 18 f.

stadt an der Weinstraße berichtete, dass er 1969 häufiger mit »Ho-ho-ho-Tschiminh«-Rufen von älteren Arbeitern bedacht wurde, wenn er durch den Betrieb ging. Rössler war kaufmännischer Lehrling und wurde nach einem Konflikt mit dem Betriebsrat gekündigt. Er begann ein Studium und veröffentlichte einen Erfahrungsbericht über seine Zeit als Jugendvertreter. Darin wird sein Bemühen erkennbar, mit einem politischen Duktus die Konflikte zu rationalisieren, die älteren Kollegen werden als *Bild*-Leser zu Objekten im Spätkapitalismus.[113] Hiermit setzte sich Rössler gegenüber Anfeindungen im Betrieb analytisch ab und beschritt zugleich den Weg der sozialen Mobilität durch ein Studium.

Soziale Aufstiegsambitionen standen quer zu den politischen Erwartungen in der politisierten Gewerkschaftsjugend von solidarischen Aktionen im Betrieb. Es war aber nur eine scheinbar paradoxe Situation, denn gewerkschaftliche Aktivisten nutzten Chancen zur Weiterqualifizierung, die auch von den Gewerkschaften selbst angeboten wurden. Die Forderung nach einer besseren Berufsausbildung enthielt bereits das Versprechen einer damit verbundenen sozialen Mobilität.

2.4.2. *Neue Probleme in den Jugendheimen?*

Auf den mehrwöchigen Funktionärslehrgängen der Gewerkschaftsjugend zeigten sich ebenfalls neue Ansprüche an Konsum-, aber auch an Vergemeinschaftungsformen. Auf den Lehrgängen erlebten die jungen Gewerkschafter eine intensive gemeinsame Zeit. Die Mehrzahl der zentralen Lehrgänge wurde in drei gewerkschaftseigenen Schulungsheimen durchgeführt: Usseln im hessischen Rothaargebirge, Schliersee im oberbayrischen Landkreis Miesbach sowie der Jugendbildungsstätte Pichelssee in West-Berlin.[114] Im September 1971 wurde das neue Bildungszentrum der IG Metall in Sprockhövel eröffnet, in dem auch Jugendseminare durchgeführt wurden.[115] Die Schulen in Usseln und Schliersee prägten eine rigide Hausordnung und Herbergseltern, während in Pichelssee

113 Dokumentation Gewerkschaftspolitik im Fall Obermaier, hrsg. Ad-Hoc-Gruppe Neustadt zum Gewerkschaftsfall Obermaier, S. 9, in: AdsD, 5/IGMA-22-0637.

114 In Usseln wurden 1972/73 41 Seminare für Jugendvertreter abgehalten und nur noch eine Jugendfreizeit. Vgl. »vorläufiger Belegungsplan vom 2.7.1972 bis 30.6.1973« von der Abteilung Jugend, 13.12.1972«, in: AdsD, 5/IGMA-07-2062. Es gab noch mehrere kleinere Heime, in denen auch Jugendseminare durchgeführt wurden, allerdings meist nicht die zentralen Jugendfunktionärs-Seminare. Die Häuser waren: Heidehof bei Dortmund, Gewerkschaftsjugendheim Pappelhof in Rieseberg; Karl-Kloß-Gewerkschaftsjugendheim in Stuttgart; Bildungs- und Freizeitstätte Dietzenbach; Jugendbildungsstätte Kurt-Gerstein-Haus in Berchum in Hagen; Franz-Spliedt-Gewerkschaftsjugendheim in Lütjensee. Aufstellung nach AdsD, 5/IGMA-22-503.

115 Vgl. Leistungsbilanz des Bildungszentrums Sprockhövel vom 1971 bis 3. Quartal 1978, f. d. geschäftsführenden Vorstandsmitglieder anläßlich der Sitzung am 23.10.1978, überreicht von der pädagogischen Leitung, in: AdsD, 5/IGMA-07-0507; zur Entstehungsgeschichte von Sprockhövel seit 1968: Müller, Gewerkschafter, S. 333-362.

und später Sprockhövel ein Aufbruchs- und Reformgeist vorherrschte. Aus diesen Widersprüchen lassen sich Hinweise auf geänderte Erwartungen bei Jugendlichen finden. Das 1961 gegründete Schulungsheim in Pichelssee, das bis 1968 unter der Leitung des Linkssozialisten Lothar Pinkall stand, der schon bei seiner Berufung 1961 in Berlin politischen Wirbel verursacht hatte[116], kam ohne rigide Hausordnung aus. Im Sommer 1967 hoben dies Teilnehmer mehrmals lobend hervor, in einem Bericht an die Abteilung Jugend hieß es: »Wir haben es als angenehm empfunden, daß wir hier als erwachsene Kollegen behandelt wurden und nicht formal in einer Hausordnung gegängelt wurden, was bewies, daß man großes Vertrauen in uns setzte.«[117] Die Lage des Bildungszentrums in West-Berlin ermöglichte jungen IG-Metall-Funktionären auch Kontakte zur Neuen Linken. Dabei war Lothar Pinkall in der Hochphase der APO-Proteste bemüht, kritischen IG-Metall-Mitgliedern Zugang zum Republikanischen Club zu eröffnen.[118] Auch unter Pinkalls Nachfolger, Manfred Knopf, blieb das Haus einem offenen Ansatz verpflichtet. Ende 1970 hieß es in einem gegenüber der IG Metall ansonsten kritischen Bericht von jungen Gewerkschaftern: »(d)ie antiautoritäre und selbstbestimmte Ordnung im Heim war eine große Hilfe in der Arbeit. Die fehlende Hausordnung erwies sich im Zuge der Übung in Selbstverantwortung und Selbstkritik als unerläßlich.«[119] In Berlin kam es, vermutlich häufiger als in den ländlich gelegenen Schulungsheimen, auch zum Konsum von Drogen. Zwei Lehrgangsteilnehmer aus der Verwaltungsstelle Fürth beschwerten sich darüber im Juni 1970 bei Eugen Loderer. Auch wenn beide einschränkten, sie hätten nichts gegen »Hasch-Rauchen« – eine Formulierung, die zumindest auf eine gewisse Akzeptanz verweist, in einem solch offiziellen Schreiben ungewöhnlich –, aber einige aus dem Seminar seien mit dem Vorsatz nach Berlin gekommen, um sich mit Haschisch zu versorgen. Die Betroffenen hätten zwar nicht das Seminar gestört, aber der Eindruck bei den Beschwerdeführern war, die Kollegen würden »nur zu ihrem Vergnügen« auf die Berliner Seminare fahren.[120] Die Denunziation zielte im gewerkschaftlichen

116 Pinkall war Mitglied im SDS und der Berliner Falken gewesen. Da die IG Metall Gelder von der Deutschen Klassenlotterie zum Bau der Bildungsstätte erhielt, wurde aufgrund von Berichterstattung über Gelder an ›Kommunisten‹ die letzte Rate erst nach einem Gespräch Otto Brenners mit dem Innensenator Heinrich Albertz ausgezahlt. Pinkall, später Schwiegersohn von Otto Brenner, exponierte sich auch mit Reisen in Osteuropa zu Vernichtungsstätten der Nationalsozialisten. Vgl. Becker/Jentsch, Brenner, S. 229-231.

117 Lehrgang BE 10, JuFu I vom 7.-20. Mai 1967, an IGM-Vorstand, Abt. Bildungswesen, 18.5.1967, in: AdsD, 5/IGMA-07-2063.

118 Interview mit Werner Holzwarth, 30.6.2011, S. 39 f., in: FZH, Projektarchiv. Holzwarth, geboren 1945, war Jugendfunktionär in Aalen/Baden-Württemberg und 1967/1968 mehrmals zu Seminaren in Pichelssee.

119 Lehrgang BS 10 Jugendfunktionäre II vom 29.11.-12.12.1970 in Berlin, 11.12.1970, Bernd Weiland, in: AdsD, 5/IGMA-07-2064.

120 A. Ehrhardt (Fürth) an Eugen Loderer, 28.6.1970; Walter Keßler an Kollege (vmtl. A. Ehrhardt), 29.6.1970. Beide in: AdsD, 5/IGMA-07-2064.

Duktus auf mangelnde Leistungs- und Arbeitsbereitschaft der Angeschuldigten, die beide mit vollem Namen genannt wurden. Heinz Dürrbeck, dem der Vorgang vorgelegt wurde, bat Manfred Knopf als Leiter von Pichelssee um eine Stellungnahme. Knopf bemühte sich um eine abgewogene Darstellung und zitierte Veröffentlichungen des Berliner Senats zur Drogenproblematik. Konsum von Haschisch sei »keine schichtenspezifische Einzelerscheinung« mehr, sondern ein alltägliches Phänomen, die Zahl der konsumierenden Schüler werde zwischen 10 und 40 Prozent geschätzt. Eine direkte Suchtgefahr bestünde nicht, aber vorhandene psychische Dispositionen negativer Art könnten verstärkt werden; zudem sei der Erwerb von Drogen strafbar. Als problematisch sah er die Gefahr eines Eskapismus und damit ein Rückgang des gewerkschaftlichen Engagements. Daher formulierte er ein gewerkschaftliches Nüchternheitsethos: »Diese Folge ist besonders gefährlich für junge Gewerkschafter, deren Aufgabe es ist, politisch und gesellschaftlich tätig zu werden.«[121] Andererseits sei die Nutzlosigkeit von Strafen belegt, die keine Änderung des Verhaltens erzwingen könnten. Für die Bildungsstätte ging Knopf davon aus, dass der Konsum »zur Zeit in einem sehr geringen Maße« erfolge, wenn auch die Dunkelziffer sicherlich höher sei. Da aber meist in den Abendstunden konsumiert werde, sei kein negativer Effekt auf die Seminararbeit zu beobachten. Gerade die beiden in dem Schreiben aus Fürth benannten Personen waren »die aktivsten Kollegen im Lehrgang«.[122] Da Knopf das Problem für gering hielt, verzichtete er auch darauf, die Besucher der Seminare besonders vor Drogenkonsum zu warnen. Wenn der Konsum bei Teilnehmern bemerkt wurde, würde man versuchen, durch Hinweise auf die politischen Gefahren für die Gewerkschaftsarbeit zu wirken. In der *Welt der Arbeit* wurde um 1970 die Problematik von Haschisch-Konsum mehrmals aufgegriffen und neben dem Rückzug in eine Traumwelt auch die Geschäftemacherei der Rauschgifthändler in den Vordergrund gerückt. Ob junge Gewerkschafter auch Konsumenten waren, erfuhr man in diesen Veröffentlichungen jedoch nicht.[123] Verbreiteter als illegale Drogen war unter aktiven Gewerkschaftsjugendlichen ein höherer Alkoholkonsum. Ein Rückzug in angebliche Scheinwelten, seien sie von Drogen, ästhetischen Optionen oder Filmen geprägt, galt in Kreisen

121 Manfred Knopf an Heinz Dürrbeck (Stellungnahme), 30.7.1970, S. 2, in: AdsD, 5/IGMA-07-2064.

122 Ebd., S. 3.

123 Vgl. Pop-Festival als soziale Zeiterscheinung. Haschisch ist nicht das Problem des Festivals, sondern das einer Gesellschaft, *Welt der Arbeit* Nr. 16, 17.4.1970, S. 9; Fritz Mörschbach, Mit Hunden auf Rauschgiftjagd. Ist »die« Jugend auf der Flucht in eine Scheinwelt? *Welt der Arbeit* Nr. 43, 23.10.1970, S. 3; Da war selbst die Polizei sprachlos. Rauschgifthändler machen in Deutschland das große Geschäft, *Welt der Arbeit* Nr. 44, 30.10.1970, S. 3; Paul Schallück, Warum wurden sie rauschgiftsüchtig? *Welt der Arbeit* Nr. 40, 1.10.1971, S. 9; Heute mal Abseits von den Zwängen. Haschisch will Alkohol und Nikotin verdrängen, *Welt der Arbeit* Nr. 43, 6.11.1970, S. 3; Kampf den Drogen. Ein neues Gesetz – aber die Jugend muß sich auch selbst helfen, *Welt der Arbeit* Nr. 43, 22.10.1971, S. 1; Das Haschisch war im Gipsbein. Die Situation auf dem deutschen Drogenmarkt, *Welt der Arbeit* Nr. 46, 12.11.1971, S. 7;

der Aktivisten als Eskapismus und damit als illegitim. Ein Delegierter der IG-Metall-Jugendkonferenz 1974 meinte, eine Flucht in Drogen bei beschäftigten Jugendlichen, als Reaktion auf die Abhängigkeitsverhältnisse im Betrieb, zu beobachten: »Das äußert sich konkret im steigenden Bierkonsum, bei Haschisch paßt man auf, aber Alkohol, damit darf man sich die Leber versauen.«[124]

Weniger Verständnis war bei Konflikten in den Bildungsstätten vorhanden, die noch traditionelle Heimordnungsvorstellungen hatten. Bei einer Besprechung der Heimleitung Schliersee mit der Abteilung Jugend und Georg Benz im November 1968 kamen Probleme zur Sprache. Der junge pädagogische Assistent Volkmar Heusel, der vom Bezirk Frankfurt nach Schliersee entsandt worden war[125], setzte sich dafür ein, dass die Seminarteilnehmer bei Bedarf Schlüssel für das Haus erhielten, um sich freier bewegen zu können. In der Runde wurde vorgeschlagen, die Hausordnung von 1955 zu überarbeiten und »auf die neue Unterrichtsmethode« umzustellen.[126] Mitte 1969 gab es mehrere Beschwerden von Seminarteilnehmern über das Verhalten des Heimleiters in Usseln. So wurde nächtliches Tischtennisspielen vom Heimleiter ebenso unterbunden wie Diskussionsrunden auf den Schlafzimmern oder zu lautes Musikhören. »Der Koll. Weller hat unserer Meinung nach nicht genügend, um nicht zu sagen zu wenig Verständnis für die Jugendlichen«, hieß es in einem Bericht von Lehrgangsteilnehmern.[127] Der Heimleiter von Usseln verwahrte sich gegen solche Vorwürfe. In seiner Stellungnahme wurde deutlich, dass er die nächtlichen Aktivitäten für ein politisches Problem hielt. Er argumentierte, dass die Nachtruhe Teil der Ordnung sei, um das Zusammenleben zu regeln und damit das Küchenpersonal zu ihrem Schlaf komme. In mindestens einem Fall habe sich das Küchenpersonal geweigert, Frühstück vorzubereiten, da es während der Nacht zu laut gewesen sei. Den Teilnehmern galt diese Aktion als Bestrafung, für den Heimleiter stellte es eine berechtigte Notwehr der Hausangestellten dar.[128] Die nächtlichen Diskussionen waren seiner Ansicht nach »Saufgelage«. Insbesondere das mangelnde Engagement der jüngeren pädagogischen Assistenten in Usseln ärgerte ihn: »Und die Frage zu klären warum gut bezahlte Teams nicht auch Mitverantwortung tragen dürfen, d.h. den Kollegen auch einmal mit pädagogi-

124 10. Jugendkonferenz der IG Metall, Protokoll, S. 93; ähnlich die Beobachtung über Drogenkonsum auf Lehrgängen bei: Udo Achten, Gemeinsam lernen, solidarisch handeln. Ein Beitrag zum Selbstverständnis gewerkschaftlicher Jugendbildungsarbeit, Köln und Frankfurt a.M. 1976, S. 153 f.

125 Die Assistenten wurden für die zentralen Lehrgänge der IG Metall in die Bildungsstätten mit entsandt, vgl. Aktennotiz Gert Lütgert an Georg Benz, 7.11.1968, in der er die Teammitglieder für vier Lehrgänge in Schliersee und Usseln nennt, in: AdsD, 5/IGMA--450-20015.

126 Kurzprotokoll über die Besprechung in Schliersee am 13.11.1968, in: AdsD, 5/IGMA-07-2065.

127 Lehrgangsbericht Jugendfunktionäre I US 09 vom 26.5.69 bis 7.6.69; Vgl. Vermerk Usseln, d. 4.5.69. Beide in: AdsD, 5/IGMA-07-2061;

128 Anmerkungen des Kollegen Weller zum Lehrgangsbericht US 09 Jugendfunktionäre I – vom 26.5.-7.6.1969, in: AdsD, 5/IGMA-07-2061.

schem Empfinden einige Wahrheiten zu sagen. Aber in dieser Hinsicht überlässt man den schwarzen Peter ja wohl lieber dem Heimleiter.«[129] Er wollte weiterhin eine Hausordnung haben, ergänzte aber, »um das von den Teilnehmern anstößige Wort ›Ordnung‹ zu vermeiden [sic!]« besser von einem »Merkblatt« zu sprechen.[130] Die für Jugendheime nicht ungewöhnlichen Konflikte – Weller betonte, nächtliche Feiern »sind keine Einzelfälle und hat es auch immer gegeben und wird es wieder geben«[131] –, wurden von ihm politisch verstanden. Auch die jüngeren pädagogischen Assistenten waren für ihn mit verantwortlich, da sie ihn nicht bei der Durchsetzung der Hausordnung unterstützten. Aus seinen Darstellungen sprach auch ein Unverständnis darüber, dass für ihn selbstverständliche Ordnungsvorstellungen in den Heimen nun nicht mehr gelten sollten. Ein Mitarbeiter der Abteilung Bildungswesen bat noch im Juni 1969 Georg Benz um ein Gespräch, da die Betreiberehepaare in Usseln und in Schliersee kurz davor stünden, ihre Tätigkeit aufzugeben.[132] Trotz der zeitweilig angespannten Situation blieben die Heimleitungen in Schliersee und Usseln im Amt[133], zudem hielten sich 1970 Kritik an ihnen wie auch Lob seitens jugendlicher Teilnehmer die Waage. Unter allgemeine Kritik fiel aber die räumliche Ausstattung der älteren Häuser, die von jugendlichen Seminarteilnehmern zunehmend als unzulänglich empfunden wurde.[134] Dabei wurde die Enge der Unterbringung kritisiert, aus einem Bericht aus Pichelssee hieß es, dass »die Zimmer zur Unterbringung von 4 Personen einfach zu klein sind«.[135] Auch für Schliersee und Usseln wurde immer wieder gefordert, statt vier nur noch zwei Personen in einem Zimmer unterzubringen.[136] Usseln war für eine bauliche Modernisierung nicht geeignet

129 Ebd.

130 Erläuterungen zum Lehrgangsbericht des Lehrganges – US 06 vom 13.4.-26.4.1969 von Seiten der Heimleitung und im Auftrage des Hauspersonals – Lehrgangsbericht Absatz III, in: AdsD, 5/IGMA-07-2061

131 Anmerkungen des Kollegen Weller zum Lehrgangsbericht US 09 Jugendfunktionäre I – vom 26.5.-7.6.1969, in: AdsD, 5/IGMA-07-2061.

132 Aktennotiz Karl-Heinz Helbing an Georg Benz, im Hause, 19.6.1969, in: AdsD, 5/ IGMA-07- 2061.

133 Kritik an der unwirschen Art eines Herbergsvaters wurde auch später noch geäußert. Vgl. Betr. Jugendfunktionsträger II Seminar SC 01 im Jugendheim Schliersee vom 30.11 -13.12.1975, in: AdsD, 5/IGMA-07-2066.

134 Vgl. Lehrgang US 10, Usseln 10. April 1970, Lehrgangskritik, in: AdsD, 5/IGMA-07-2062.

135 Lehrgang BS 10 Jugendfunktionäre II vom 29.11.-12.12.1970 in Berlin, 11.12.1970, Bernd Weiland, in: AdsD, 5/IGMA-07-2064.

136 So für Schliersee IG Metall Lehrgangsteilnehmerbericht des Jugendfunktionäre II-Seminars, Lehrgang SC 11 vom 11.3.-23.3.1973, Schliersee 23.3.1973, in: AdsD, 5/IGMA-07-2066. Dort auch weitere Berichte mit gleicher Intention. Eine Untersuchung des Deutschen Jugendherbergswerk hatte 1965 noch festgestellt, dass Jugendliche zwar eine etwas geringere Bettenzahl in den Schlafräumen forderten, aber sich im Mittel mit fünf Betten zufriedengeben wollten; der Regelfall waren zu der Zeit noch acht Betten. Vgl. Georg Benz, Jugend und Jugendherberge. Über die Einstellung der Jugend zu Jugendherbergen, München 1967, 108-110.

und wurde auch aus diesem Grund im Juni 1973 als Bildungsstätte aufgegeben.[137] Die jungen gewerkschaftlichen Funktionsträger waren immer weniger bereit, Gemeinschaftsunterkünfte und räumliche Enge hinzunehmen. Schlafsäle und Mehrbettzimmer wurden in den 1970er Jahren in den Bildungsstätten umgestaltet. Das Gebäude der Bildungsstätte Pichelssee, obwohl erst 1961 eröffnet, wurde bereits 1981 abgerissen und durch einen Neubau ersetzt. Dieser hatte 69 Einzel- und 16 Doppelzimmer.[138] Die von Teilnehmern vorgebrachte Kritik an Unterbringungsform und Hausordnungen war Bestandteil einer als modern verstandenen Bildungsarbeit. Hier wurden Ansprüche an Komfort und individuelle Räume formuliert, die tieferliegende Erwartungen ebenso offenlegten wie die Schwierigkeiten mit traditionellen Verhaltensroutinen der Heimleitungen. Wenn – wie in Sprockhövel und Pichelssee – auf Heimordnungen verzichtet wurde, war der Zuspruch der jugendlichen Seminarteilnehmer höher. In den Konflikten äußerten sich neue Ansprüche an eine persönliche Lebensführung. Die Schulungsorte wurden von der IG Metall gesteuert, und hier trafen traditionelle Vorstellungen von Disziplin und räumlicher Enge mit neuen Konsumansprüchen der jugendlichen Teilnehmer zusammen. Daher wurden nicht nur Hausordnungen überholt, sondern langfristig auch die Unterbringung, die an sich wandelnde Vorstellungen von einer Privatsphäre angepasst wurden.

2.4.3. Musikstile als politische Distinktion

Ein letzter Bereich, mit dem der Zusammenhang von Politisierung und sozialen Praktiken diskutiert werden soll, ist die Aneignung von Musik. Für alle Jugendkulturen waren musikalische Stile Ausdruck von Distinktionen gegenüber Erwachsenen oder anderen, nicht zugehörigen Gruppen. Die Jahre um 1968 waren, wenn sie primär als Jugendrevolte verstanden werden, von musikalischen Präferenzen und ästhetischen Aneignungen geprägt, die sich mit politischen Aussagen mischten. Es gab keine ausgeprägt exklusive Musikpräferenz in der Gewerkschaftsjugend; dazu war die Mitgliedschaft zu disparat. Gerade bei den einfachen Mitgliedern ist davon auszugehen, dass aktuelle Trends zwischen Rock- und Schlagermusik konsumiert wurden.[139] Allerdings wurden für den Kreis der aktiven Mitgliedschaft und seitens der gewerkschaftlichen Funktionäre

137 Das Gebäude wurde an die Betreiber eines Kinder- und Jugendheimes vermietet. Da diese Einrichtung innerhalb der Ortschaft umstritten war, kündigten die Mieter 1980 vorzeitig. Die IG Metall-Verwaltung ließ das Gebäude schließlich abreißen. Norbert Fischer, Vorstandsbereich Finanzen: Vorlage zur Sitzung des Vorstandes am 22. Dezember 1980, 22.12.1980, in: AdsD, 5/IGMA-07-2062.

138 *Metallpressedienst*, 21.10.1985: IG Metall eröffnet neue Bildungsstätte in Berlin, in: AdsD, 5/IGMA-07-0510.

139 Auf diese Präferenz bei Jugendlichen der IG Bergbau und Energie hat hingewiesen: Holger Heith, Arbeiterjugend und 68er im Ruhrgebiet, in: *Mitteilung des Archivs der Arbeiterjugend*, 2008, Nr. 1, S. 12-17.

Versuche unternommen, musikalische Stile für politische Agitation einzusetzen. Gleichzeitig zeugen diese Versuche auch von spezifischen musikalischen Präferenzen und Auseinandersetzungen.

Dies soll zuerst anhand des mit großem Aufwand betriebenen Jugendmonats der IG Metall konturiert werden. Seit 1967 war dieser Veranstaltungszyklus nicht mehr auf den Oktober begrenzt, sondern umfasste Veranstaltungen im letzten Jahresviertel in den Verwaltungsstellen.[140] Das wesentliche Ziel für die Abteilung Jugend der IG Metall war die Gewinnung neuer Mitglieder, öffentliche Musikveranstaltungen sollten als »Lockvogel« für Jugendliche aus den Betrieben dienen.[141] Die IG Metall zahlte zwischen 1968 und 1972 jeweils 180.000 DM für die Veranstaltungen, ab 1973 erhöhte sich der Betrag auf 200.000 DM aufgrund allgemeiner Kostensteigerungen.[142] Anfänglich wurden die meisten Gelder für die zentrale Tournee aufgewendet, die in bis zu dreißig Städten Station machte. 1968 wurde zum letzten Mal eine Jugend-Show mit einem durchkomponierten Programm von Kabarettisten und Folksängern durchgeführt. Diese Form galt aber nicht mehr als zeitgemäß.[143] Anfang 1969 diskutierte der Jugendausschuss über neue Gestaltungsmöglichkeiten des Jugendmonats. Veranstaltungen sollten nur noch dezentral organisiert werden, auf eine zentral konzipierte Show wurde für drei Jahre verzichtet.[144] Stattdessen wurden den Verwaltungsstellen Angebote zur Vermittlung verschiedener Künstler gemacht, darunter eine israelische Folkloregruppe, eine englische Jazzband oder die Berliner Pop-Kabarettgruppe Insterburg & Co.[145] Schwerpunkt sollten nicht Musik-, sondern Diskussionsveranstaltungen sein. Dies galt auch als Abkehr von der früheren Jugendpflege: »Nur wenige Veranstaltungen sind der Unterhaltung gewidmet, und wo Beatabende auf dem Programm stehen, dienen sie meist dazu, Besucher mit der IG-Metall-Jugend bekanntzumachen und mit ihnen ins Gespräch zu kommen« wurde für den Jugendmonat 1970 im *Gewerkschafter* die Neujustierung der Angebote hervorgehoben. Auch zwei Schauspielensembles aus der DDR waren im selben Jahr mit Brecht-Stücken eingeladen worden.[146] Allerdings war schon in den Jahren zuvor der Jugendmonat mit Diskussionsveranstaltungen verbunden, so hieß es für 1968: »Es waren u.a. gemeinsame Arbeitstagungen mit Klassenspre-

140 Aktennotiz Otmar Günther an Georg Benz, 29.7.1967, in: AdsD, 5/IGMA-450-20015.

141 Aktennotiz Gert Lütgert an Georg Benz, 5.8.1971: Bewilligung der Mittel für den Jugendmonat 1971, in: AdsD, 5/IGMA-450-20016.

142 Aktennotiz Gert Lütgert an Georg Benz, 10.5.1973: Jugendmonat 1973, in: AdsD, 5/IGMA-450-20016.

143 Bericht über die Jugendarbeit 1968-1970, in: 9. Ordentliche Jugendkonferenz der IG Metall, S. 45.

144 Protokoll der Sitzung der Kleinen Kommission des Jugendausschusses beim Vorstand der IG Metall, 11./12.3.1969, in: AdsD, 5/IGMA-22-0157.

145 Aktennotiz Gert Lütgert an Georg Benz, 5.8.1971: Bewilligung der Mittel für den Jugendmonat 1971, in: AdsD, 5/IGMA-450-20016; Protokoll über die Jugendausschußsitzung am 9./10. September 1971, in: AdsD, 5/IGMA-22-0176.

146 Edmund Möller, Jugendmonat 1970: Freibier, Suppe, Diskussionen, in: *Der Gewerkschafter* 18, Nr. 11, November 1970, S. 435.

chern, Berufsschullehrern, Berufsausbildern, Jugendvertretern und Betriebsräten, Forumsgespräche über die Notstandsgesetzgebung, Berufsausbilder-Tagungen, Film- und Kabarettveranstaltungen sowie Gedenkfeiern in ehemaligen Konzentrationslagern«, die durchgeführt wurden.[147] Anfang 1970 sollten Diskussion und Musik gemischt werden. Über eine Veranstaltung zum 1. Mai 1970 aus der kleinen DGB-Nebenstelle Hamburg-Harburg liegt der ausführliche Bericht eines Jugendbildungsreferenten vor. Die Jugendlichen wollten eine Dokumentation über Missstände in der Ausbildung organisieren und die aus Harburg stammende Jazzrockband *Thrice Mice* auftreten lassen. »Die Begründung für diese Entscheidung läßt sich auf die Formel reduzieren, daß der größte Teil des Publikums in diese Veranstaltung mit der ›üblichen‹ Konsumhaltung hineingehe, die bis zu einem gewissen Grad auch zu befriedigen sei, um nach einem Prozeß der ›Auflockerung‹ durch diesen Programmteil das Publikum mit konkreten politischen Aspekten zu konfrontieren.« Allerdings kam die Band bei den rund 300 Besuchern nicht gut an, eine Dokumentation über die Ausbildungssituation hingegen fand größeres Interesse.[148] 1972 wurde noch einmal eine bundesweite Tournee unter dem Motto »Lehrlings-Report '72 – Lehrlingshitparade« organisiert, die erneut von der Münchner Dramaturgin Therese Angeloff vorbereitet wurde. Zugpferd sollte die junge Schlagersängerin Juliane Werding sein, die im August 1972 mit 16 Jahren ihren ersten großen Erfolg mit dem Lied *Am Tag, als Conny Kramer starb* gehabt hatte. Aber auch der DKP-nahe Kabarettist Dietrich Kittner, das Münchner Kabarett *Hammersänger* und die politische Folksängerin Fasia Jansen gehörten zum Ensemble.[149] In Berlin störten nicht nur Mitglieder eines »Kampfausschuß zur Jugendmetall-Tarifrunde« die Veranstaltung, indem sie lautstark über einen Existenzlohn von 600 DM diskutieren wollten. Auch die sozialdemokratische *Berliner Stimme* resümierte: »Der onkelhafte Ton, in dem die Sketche vorgetragen wurden, und die Reaktion auf Zwischenrufe trugen auch nicht zum Ausgleich bei, schon gar nicht derart abgedroschene ›Aufklärungssketche‹.«[150] Insbesondere Juliane Werding erhielt in Berlin nur wenig Applaus oder wurde ausgepfiffen, hingegen erhielt Fasia Jansen für politische Protestsongs viel Beifall.[151] Auch in ihrer Heimatstadt Essen wurde Juliane Werding ausgepfiffen, nur noch auf dem

147 Protokoll des Jugendausschusses beim Vorstand der IG Metall, 19/20.11.1968, S. 6 des Protokolls, in: ADSD, 5/IGMA-22-0157.

148 Ronald Kraus,: Zwei Modellveranstaltungen des Jugendbildungsreferenten zum 1. Mai 1971, Zitat S. 3, in: FZH 554-6-69 Gewerkschaften Hamburg/Nordmark Jugend Aktionen 1. Mai.

149 Organisiert wurde es erneut von der Münchner Dramaturgin Therese Angeloff. Zum Programm vgl. Lehrlings-Report '72, in: AdsD, 5/IGMA-22-0162.

150 Nichts zum Lachen. *Berliner Stimme*, 4.11.1972.; ähnliche Kritik an niveauloser Agitation, die auch bei den jugendlichen Besuchern nicht ankam: Ihr könnt alles …, nur nicht …!, *Gießener Anzeiger*, 23.10.1972; Gekonnte Satire und falsches Pathos, *Rhein-Neckar-Zeitung*, 18.10.1972. (alle in: AdsD, 5/IGMA-22-1013).

151 Jugendreport 72: Vom armen Stift über das Grundgesetz bis Vietnam, *Bielefelder Tageblatt*, 26.10.1972; Bei Lehrlings-Hitparade kamen 1000 Jugendliche in Stimmung, *Ruhr-Nachrichten*, 23.10.1972.

Lande komme sie besser an, vermutete ein Journalist.[152] Das Programm wurde in 17 Klein- und Großstädten gezeigt[153], mit sehr unterschiedlichen Reaktionen. In den Kleinstädten seien die Hallen ausverkauft gewesen, in den Großstädten füllten sich die Hallen nicht wie erhofft. IG-Metall-Mitglieder aus Salzgitter schrieben in einem Leserbrief an *ran*, aufgrund der Teilnahme von Juliane Werding seien viele politische Jugendliche nicht zur Veranstaltung gekommen.[154] Hatte die Redaktion von *ran* vorher noch betont, dass mit dem Jugendmonat junge Auszubildende angesprochen und politisiert werden sollten, die bereits Engagierten aber weniger im Zentrum stünden,[155] wurde einige Monate später Juliane Werding in der Zeitung als politische Enttäuschung porträtiert.[156] Zwischen 500 und 1000 Besucher kamen zu den Veranstaltungen, manchmal verbunden mit einer örtlichen Jugendkonferenz.[157] Es war eine Mischung aus zum Teil sehr jungen Beschäftigten und älteren Aktivisten. Das aus dem zweiten Kreis – und eher in Großstädten – eine Schlagersängerin wie Juliane Werding auf Ablehnung stieß war ein Hinweis, dass es weniger um den musikalischen Stil als um die inhaltliche Ausrichtung ging. Die Musiker sollten ein politisches Lebensgefühl verkörpern und politische Bestätigung vermitteln. 1973 wurde das Programm wieder neu ausgerichtet und als Hauptattraktion das Münchner Theaterkollektiv *Rote Rübe* mit dem Stück *Stifte mit Köpfen* in 18 Städte der Bundesrepublik geschickt.[158] Das Theaterkollektiv war von Münchner Schauspielschülern Ende 1971 gegründet worden und vertrat einen dezidiert linken Aufklärungsimpetus mit professioneller Schauspielerei. Die Gruppe erhielt mediale Aufmerksamkeit als erfolgreiche freie Theatergruppe.[159] Das aufgeführte Stück war als Mitmachstück konzipiert und griff Probleme der Ausbildung auf, deren Lösung im gemeinsamen und solidarischen Handeln lag.[160] 1973 wurden bei den Ruhrfestspielen in Recklinghausen ebenfalls mehrere solcher Lehrlingstheaterstücke aufgeführt.[161]

152 *Neue Ruhr-Zeitung*, Ausgabe Essen, 24.10.1972, in: AdsD, 5/IGMA-22-0661.

153 Die Tourdaten vom Oktober 1972: Ingolstadt, Nürnberg, Ebingen, Heidelberg, Gaggenau, Herborn, Kassel, Gießen, Essen, Remscheid, Münster, Bielefeld, Sprockhövel, Kiel, Bremen, Salzgitter, Berlin. Vgl. Jugendmonat 1972, *ran* Nr. 12 (1972), S. 37.

154 Leserbrief Reinhard Marktworth und Karin Junge (IGM Salzgitter), *ran* Nr. 3 (1973), S. 47.

155 Jugendmonat 1972, *ran* Nr. 12 (1972), S. 37.

156 Ruth Leder, Julianes heile Welt, *ran* Nr. 4 (1973), S. 12 f.

157 Gemeinsam mit den Alten kämpfen, *Neue Ruhr-Zeitung*, 7.10.1972; Bei Lehrlings-Hitparade kamen 1000 Jugendliche in Stimmung, *Ruhr-Nachrichten*, 23.10.1972.

158 Bericht über die Jugendarbeit 1971-1973, in: Protokoll der 10. Ordentlichen Jugendkonferenz der IG Metall, S. 38.

159 Ungeheurer Druck, in: *Der Spiegel* Nr. 27, 18.3.1974, 1.7.1974, S. 97; Das lädierte Wunder, in: *Die Zeit* Nr. 27, 25.6.1976.

160 Über die positive Wirkung beim Publikum vgl. Was Lehrlinge prima finden, in: *Saarbrücker Zeitung*, 28.10.1973; über eine Adaption von Stiften mit Köpfchen 1974 vgl. Wilfried Schneider, Im Publikum sitzen endlich einmal die Betroffenen. Hamburger Jugendtheater für Lehrlinge, in: *Welt der Arbeit* Nr. 36, 06.09.1974, S. 11.

161 Junges forum macht Nägel mit Köpfchen für Stifte mit Köpfchen, in: *Welt der Arbeit*, Nr. 17, 01.05.1973, S. 36.

Es hatte sich nicht bewährt, prominente Schlagersänger zu verpflichten, und nach 1972 organisierte die IG Metall solche Angebote auch nicht mehr. Daraus lässt sich nicht schließen, dass Schlagermusik nicht gehört wurde, aber für das politisierte Publikum der Gewerkschaftsjugend kamen solche Veranstaltungen eher einer Zumutung gleich. Die Ablehnung speiste sich aus einer Kritik an der Kommerzialisierung von Rockmusik und Schlagern. Daher wurden ab 1973 für die zentrale Tournee Gruppen engagiert, die aufklärerische Theaterstücke oder politische Rockrevuen aufführten. Höchstes Ansehen in der Lehrlingsbewegung und der Gewerkschaftsjugend genoss vermutlich die Kölner Polit-Rock-Gruppe *Floh de Cologne.* 1966 als Studentenkabarett in Köln gestartet und bei den Essener Kabaretttagen 1968 noch auf Publikumsprovokation aus, traten sie ab 1969 mit Konzeptshows auf, die jugendliche Beschäftigte ansprechen sollten.[162] Auf der 1. Mai-Veranstaltung 1971 der Hamburger Gewerkschaftsjugend hatten sie ihr Stück *Profitgeier* im Audimax der Hamburger Universität aufgeführt, vor fast 4000 Schülern und Lehrlingen. Die Hamburger *Lehrlingszeitung* schrieb über begeisterte Zuhörer und dass es »50 ›Floh de Cologne‹ geben müßte heute, daß Erfahrungen formuliert werden müssen als erste Stufe zum Klassenbewußtsein. Der Besuch zeigt, neben der Anziehungskraft des Rock, daß konsequente gewerkschaftliche Arbeit […] auch mobilisiert.«[163] *Elan* berichtete über einen Auftritt der Band auf dem Festival »Love and Peace« auf Fehmarn im September 1970: »Einen Ausgleich für die vielen drittklassigen Bands erreichte das (musikalisch leider noch viertklassige) politische Kabarett ›Floh de Cologne‹. Ihre Stücke über *Fließband Babys Leben und Arbeit* könnten vor keinem Publikum treffender und passender sein.«[164] Die Gruppe absolvierte bevorzugt Auftritte in kleineren Städten und veröffentlichten ihre Einkünfte, um sich gegen den Vorwurf einer Kommerzialisierung zu wehren.[165] Sie verteilten am Ende ihrer Auftritte in der Regel ein Flugblatt mit der Aufforderung »Schließt Euch zusammen«. Ihre Zuhörer sollten in sozialistische Lehrlingsgruppen gehen oder sich bei der SDAJ oder den Jusos engagieren. Durch Eintritt in die Gewerkschaften sollten diese wieder zu einem »Instrument der Arbeiterbewegung« werden.[166] An ihrem Programm *Fließbandbaby* von 1969 übten die Musiker bald Selbstkritik, da sie

162 Zur Geschichte der Gruppe vgl. Siegfried, Time, 699-701; ihr Bekenntnis zur Lehrlingsbewegung in: Profitgeier am Spieß. Kurz-Interview mit »Floh de Cologne« zum neuen Programm, in: *Welt der Arbeit* Nr. 49, 4.12.1970, S. 7.

163 Regen im Mai – April vorbei. 1. Mai Report 71, *LZ – Zeitung für Lehrlinge und Jungarbeiter* Nr. 6, 2. Jg. 1971, S. 15.

164 Fehmarn-Festival Love and Peace, *Elan* Nr. 10 (1970), S. 4-7.

165 Floh de Cologne, Profitgeier und andere Vögel. Agitationstexte, Lieder und Berichte, Berlin 1971, S. 18.

166 Flugblatt abgedruckt in: Floh de Cologne, Profitgeier, S. 28; vgl. Profitgeier am Spieß. Kurz-Interview mit »Floh de Cologne« zum neuen Programm, in: *Welt der Arbeit* Nr. 49, 4.12.1970, S. 7; Als bedeutsam für die eigene linke Politisierung beschreibt einen Auftritt von Floh de Cologne 1969: Steve. B. Peinemann, Die Wut, die du im Bauch hast. Politische Rockmusik: Interviews, Erfahrungen, Reinbek bei Hamburg 1980, S. 12 f.

noch geglaubt hätten, »über die Befreiung des Individuums zur Befreiung der Gesellschaft zu kommen«.[167] Das Programm *Profitgeier* von 1971 enthielt zwar noch ein »Bekenntnis der unpolitischen Väter« und es wurden Missstände in der Ausbildung dargestellt. Aber die beiden Protagonisten des Stückes, zwei Lehrlinge, lernen, dass die Kapitalisten verantwortlich für ihre Misere sind und man sich gegen diese nur durch Organisierung wehren kann. Dies war als Absage an einen Generationskonflikt zu verstehen.[168] Trotz einer Tendenz der Gruppe zur DKP – der die fünf Mitglieder um 1973 herum beitraten – spielte sie weiterhin bei gewerkschaftlichen Veranstaltungen. Im April 1975 spielten sie auf der Veranstaltung »Berufsbildungsreform Jetzt! – Contra Jugendarbeitslosigkeit« der DGB-Jugend in Hamburg vor 4.000 Besuchern. Ihr neues Stück »TILT«, das in Hamburg uraufgeführt wurde und die »miserable Situation der Jugendlichen zwischen 14 und 20 Jahren« aufgriff, sei gut angekommen. »Auch bei denen, die bisher gewerkschaftliche Arbeit noch nicht aktiv unterstützen«, glaubte die Jugendsekretärin des DGB Hamburg.[169]

Die von *Floh de Cologne* und anderen Gruppen wie *Lokomotive Kreuzberg* oder der österreichischen Formation *Schmetterlinge* aufgeführten Rockrevuen stießen auf größere Sympathien als die früheren Kabarettrevuen. Die Rockrevuen bildeten keine generationsübergreifende Vergemeinschaftung, sondern verstärkten eher die generationelle Abgrenzung, trotz anderer Intentionen. Peter Birke hat für die Gruppe *Ton, Steine, Scherben*, die sich 1970 als Teil der Lehrlingsbewegung verstand, beobachtet: »Ihre Angriffe galten nicht nur dem autoritären Chef oder Meister, sondern auch den passiven und kaputten Arbeiter-Vätern. Während die *Scherben* noch von der Klasse und von der Revolution sangen, sich mit allen alten Symbolen und Fahnen der historischen Arbeiterbewegung umgaben, jagten sie diese Spuren der ›Einheit‹ doch zugleich in die Luft.«[170] *Ton, Steine, Scherben* galt als authentischer und radikaler als andere politische Rockgruppen und hatte seit Herbst 1970 in der politisierten Subkultur großen Zuspruch, sie waren »die Berliner Polit-Rock-Band schlechthin«.[171] Damit einher ging eine Distanz zu den Gewerkschaften. Während *Floh de Cologne* sich immer auch um die politische Aktivierung ihrer Zuhörer für die Gewerkschaften bemüht zeigten, war ihre Berliner Konkurrenz zwar in Lehrlingskreisen beliebt, wurde aber von der IG Metall selbst nicht für Veranstaltungen eingesetzt. *Ton Steine Scherben* war als Spaltprodukt von *Hoffmanns Comic Theater* entstanden.

167 Ebd., S. 71.
168 Abdruck einiger Stücke aus dem Programm in: ebd., S. 7-26.
169 Irene Börjes, Mit den ›Flöhen‹ für eine bessere Berufsausbildung, in: *Solidarität* Nr. 6 (Juni 1975), S. 16.
170 Peter Birke, Der Traum von der ›kämpfenden Arbeiterklasse‹. Lohnarbeit und Arbeitskämpfe in der Agit 883, in: rotaprint 25 (Hrsg.), Agit 883. Revolte Underground in Westberlin 1969-1972, S. 171-183, S. 181.
171 Siegfried, Times, S. 702. Zur Geschichte der Band aus Sicht einiger Beteiligter: Kai Sichtermann u. a., Keine Macht für niemand. Die Geschichte der Ton Steine Scherben, Berlin 2000.

Die Gruppe hatte Straßentheater gespielt und die Zuschauer aufgefordert, selbst mitzumachen; Mitglieder der späteren Band begleiteten die Aufführungen musikalisch. Ende 1969 bildete sich als Untergruppe von *Hoffmanns Comic Theater* aus Lehrlingen die Theatergruppe *Rote Steine,* die ein Stück einübte, in dem es um Lehrlingsprobleme wie Berichtsheftführung und die Entlassung eines Lehrlings ging, dessen Wiedereinstellung gemeinsam durchgesetzt wurde.[172] Mitte 1970 verselbstständigten sich Teile der *Roten Steine* und gründeten *Ton Steine Scherben.* Die Band führte selbst eine subkulturell geprägte Existenz mit gemeinsamen Diebstählen in Supermärkten und vielen Auftritten, die wenig Geld einbrachten; angefangene Berufsausbildungen hatten die Mitglieder schon 1969 aufgegeben. In einer Selbstdarstellung schrieben sie, dass keiner von ihnen unter einem Chef arbeite. »Und wenn wir das jemals wieder tun sollten, dann nur, um im Betrieb Putz zu machen.«[173] Ihre Aufrufe an die Lehrlinge, sich zu organisieren, forderten eher nonkonforme Lebensführungen als durch betriebliche Zugehörigkeiten strukturierte Gewerkschaftsarbeit. Zugleich waren sie mit der 1971 veröffentlichten Langspielplatte *Keine Macht für niemand* populäre Streiter für eine radikale linke Politik, die mit Liedern wie *Ich will nicht werden, was mein Alter ist* dem Lebensgefühl eines Teils der politisierten Jugendlichen entsprach.[174]

Verbreitet in der aktiven Gewerkschaftsjugend war aber ein anderes Genre, nämlich Protestlieder in Verbindung mit Folkmusik. Beeinflusst von amerikanischen Interpreten wie Joan Baez, Pete Seeger oder Bob Dylan wuchs das Interesse in der Bundesrepublik Mitte der 1960er Jahre, bald wurde von einer Renaissance der Folksongs gesprochen. Protestlieder hätten einen gewichtigen Anteil an der Distribution von Inhalten gehabt, aber auch zur Identitätsbildung der sozialen Bewegungen.[175] Internationale Folksongs hatten einen spezifischen Resonanzboden in Deutschland, der sich aus älteren jugendbewegten Traditionen, sogenannten demokratischen Volksliedern, der Ostermarschierer und Arbeiterliedern bilden sollte. Ein »zentraler Ort« für die Diskussionen unter politischen Liedermachern waren die sechs Festivals auf der Burg Waldeck im Hunsrück, die dem bündischen Nerother Wandervogel gehörte. Die von 1964 bis 1969 zu Pfingsten durchgeführten Festivals waren ein wichtiger Katalysator für die Ausprägung gegenkultureller Diskussionen. Wie konnte mit Liedern eine Politisierung erreicht werden, und wie weit sollte diese gehen?[176] Die Karrieren

172 Ka, Freiheit, S. 41-43; die Memoirenliteratur der Bandmitglieder zusammenfassend: Florian Tobias Kreier, Die Band Ton Steine Scherben. Subpolitiker einer Gegenkultur? Hamburg 2012, S. 85-89.

173 Wolfgang Bergmann u. a. (Hrsg.), Arbeitersongbuch, Frankfurt a. M. 1973, S. 91.

174 So auch der Titel der Rückschau eines ehemaligen Aktivisten: Vadim Riga (Pseudonym), … ich will nicht werden, wie mein Alter ist! Die Lehrlingsbewegungen der 60er und 70er Jahre in der BRD und West-Berlin, in: http://www.trend.infopartisan.net/trd1007/t201007.html (Abruf 12.12.013)

175 So für die amerikanische Bürgerrechtsbewegung: Ron Eyerman/Andrew Jamison, Music and Social Movements, Cambridge 1998.

176 Die beste und quellengesättigte Darstellung bei: Siegfried, Time, S. 571-601, Zitat S. 571.

von bald prominenten linken Liedermachern begannen auf der Burg Waldeck, so von Dieter Süverkrup, Franz-Josef Degenhardt, Reinhard Mey oder Walter Mossmann. Bündische Liedtraditionen, neue Protestsongs aus Deutschland, internationale Folksongs und Lieder aus dem politischen Widerstand in Griechenland, Spanien oder Südamerika, vermischten sich mit musikalischen Traditionen der Arbeiterbewegung. Diese Mischung generierte die Frage nach dem Charakter des Volksliedes im postnationalsozialistischen Deutschland. Da auch in den kommunistischen Spielarten der Neuen Linken bald ein positiver Bezug auf das Volk vorherrschte, ging es auch darum, Begriffe wie Heimat und Volk von links positiv zu besetzen. Der internationale Einfluss erleichterte eine Diskussion darüber.[177] Eine Wiederaneignung des »demokratischen deutschen Volksliedes« durch eine neue Folkbewegung schien möglich.[178] Demokratische Volkslieder war ein Sammelbegriff, unter dem neben Liedern von Aufständen seit den Bauerkriegen auch Lieder der Arbeiterbewegung des 20. Jahrhunderts fielen. Geprägt hatte den Begriff der Ostberliner Volkskundler und Linguist Wolfgang Steinitz, der 1954 den ersten Band einer Liedsammlung herausgab.[179] Das Werk fand als »großer Steinitz« in den 1970er Jahren auch im Westen Verbreitung. Im DGB wurden für Jugendliche in den 1950er und 1960er Jahren im Rahmen der Jugendpflege auch Singekreise angeboten, die Arbeiter-, aber auch Volkslieder sangen. Der Soziologe und Gewerkschaftsaktivist Karl Adamek vermutete, gemeinsames Singen sei in den Gewerkschaften durch den »Traditionsbruch der Arbeiterkultur« während des Nationalsozialismus sowie in Abgrenzung zur DDR in Misskredit geraten sei.[180] Diese Vermutung scheint allerdings zu kurz gegriffen, da in einzelnen Ortsjugendausschüssen oder politischen Verbänden wie den Falken oder Naturfreunden auch politische Arbeiterlieder weiterhin ihren Platz hatten. So trat eine Gruppe junger Gewerkschafter in Ahlen am 1. Mai mit Arbeiterliedern auf, die bei älteren Zuhörern Zustimmung fanden, der IG-Metall-Jugendchor trat regelmäßig bei Gewerkschaftsveranstaltungen auf.[181] Dennoch war der Bedeutungsrückgang von politischen Arbeiterliedern bei den Erben der Arbeiterbewegung unübersehbar. Die SPD hatte 1960 noch *Wenn wir*

177 So der Fokus in der Berichterstattung bei: Man sollte alle Menschen lieben. Pete Seeger, der berühmteste Folksinger, in: *Welt der Arbeit* Nr. 2, 13.1.1967, S. 7; Sie haßt jede Gewalt. Joan Baez, »Ich will kein politischer Dummkopf sein«, in: ebd. Nr. 40, 6.10.1967, S. 10.

178 Zitat bei dem positiven Bericht: Heinz Hauser, Buntes Folksong-Festival ohne Drogen Szenerie. Weltkritische Lieder erklangen in Mannheim, in *Welt der Arbeit* Nr. 18, 04.05.1973, S. 11.

179 Vor allem Wolfgang Steinitz, Deutsche Volkslieder demokratischen Charakters aus sechs Jahrhunderten. Bd. 1 Berlin 1954, Bd. 2. Berlin 1962. Vgl. zu seiner Biographie: Annette Leo, Leben als Balance-Akt. Wolfgang Steinitz, Kommunist, Jude, Wissenschaftler, Berlin 2004.

180 Vgl. Karl Adamek, Politisches Lied heute. Zur Soziologie des Singens von Arbeiterliedern, Essen 1987, S. 55-61, Zitat S. 56.

181 Transkript des Interviews mit Werner Holzwarth am 30.6.2012 in Mühlheim/Main, FZH-Werkstatt der Erinnerung, S. 48-51; Klaus, Arbeit, S. 86 f.

schreiten Seit' an Seit' auf ihrem Parteitag zum Abschluss gesungen, 1964 erstmals das Deutschlandlied und dann bis 1982 ganz auf ein Abschlusslied verzichtet.[182] Die Jugendkonferenzen der IG Metall endeten 1971 und 1974 ohne Lied, erst 1977 wurde *Brüder, zur Sonne, zur Freiheit* intoniert.[183]

Siegfried Müller von der Abteilung Jugend der IG Metall, unter anderem zuständig für Jugendgruppenarbeit, versuchte 1968, eine Sammlung von europäischen Arbeiterliedern gemeinsam mit den Naturfreunden zu konzipieren, um eine Anthologie für die Gewerkschaftsjugend vorzulegen. Es kam allerdings keine Übereinstimmung bei der Auswahl der Lieder zustande, die in der Entwurfsform neben Arbeiterliedern des Kaiserreichs und der Weimarer Republik auch neue amerikanische Protestsongs und Lieder aus dem Spanischen Bürgerkrieg enthielt.[184] 1972 erschien im Oberhausener ASSO-Verlag eine Anthologie politischer Lieder aus fünf Jahrhunderten, deren Erscheinen auf das Wirken von Siegfried Müller zurückging und die »vor allem für die Gewerkschaftsjugend konzipiert« war.[185] Die historische Linie des demokratischen Volksliedes wurde von den Bauernkriegen bis zu Protestliedern der 1960er Jahre gezogen, die einzelnen Abschnitte mit kurzen Einleitungstexten versehen, in denen ein beständiger Kampf des Volkes gegen die Herrschenden als Hintergrund erläutert wurde. Die Zusammenarbeit mit dem ASSO-Verlag gestaltete sich für die Abteilung Jugend der IG Metall offenbar einfacher als für den DGB eine Kooperation mit dem DKP-nahen Pläne-Verlag. Zwar wurde der Verlag in der *ran* als linker Schallplattenverlag positiv beschrieben.[186] Aber eine »Schallplatte der Gewerkschaftsjugend«, die der DGB-Bundesjugendausschuss 1974 bei *Pläne* herausgeben wollte, wurde vom geschäftsführenden Bundesvorstand des DGB untersagt.[187] 1970 hatte der Pläne-Verlag die Platte *Hören Sie mal rot* veröffentlicht, ein Mitschnitt eines »Arbeiterliederfestivals« in Essen, auf dem politische Liedermacher ältere, zumeist kommunistische Arbeiterlieder vortrugen. Das laute Klatschen bei dem von Dieter Süverkrüp vorgetragenen Lied *Wir schützen die Sowjetunion* zeigte die Emotionen, und wohl auch die Distinktion, die die Zuhörer empfanden,

182 Tillmann Bendikowski, Öffentliches Singen als politisches Ereignis. Die Herausforderung einer historischen Quelle für die Geschichtswissenschaft, in: Ders./Sabine Gillmann/Christian Jansen/Markus Leniger/Dirk Pöppmann (Hrsg.), Die Macht der Töne. Musik als Mittel politischer Identitätsstiftung im 20. Jahrhundert, S. 23-37, S. 31.

183 Protokoll der 10. Ordentlichen Jugendkonferenz, S. 362.

184 Ernst Voggenreiter, Voggenreiter Verlag Bad Godesberg an Siegfried Müller, 14.101968 und Antwortschreiben von Müller vom 28.10.1968, in: AdsD, 5/IGMA-22-0052. Dort auch Auswahllisten der vorgesehenen Lieder.

185 Annemarie Stern, Lieder gegen den Tritt. Politische Lieder aus fünf Jahrhunderten, Oberhausen 1972, Vorwort ohne Paginierung.

186 Warum linke Platten teuer sind, in: *ran* Nr. 1 (1972), S. 14f.; Platten, die sich links 'rumdrehen, in: ebd., S. 40f.

187 Protokoll der 97. Sitzung des Bundesjugendausschusses des DGB vom 9-10.4.1974 in Düsseldorf, in: AdsD, 5/DGAU-74; Protokoll der 98. Sitzung des Bundesjugendausschusses des DGB am 27/28.6.1974 in Düsseldorf, in: AdsD, 5/DGAU-123.

wenn ein offenes Bekenntnis zu den sozialistischen Staaten erfolgte.[188] Denn die wiederaufgenommene Spur von Arbeiterliedern in den politischen Jugendszenen war radikaler und wirkte als Absetzung von älteren politischen Generationen.[189] Die Platte war eine Reaktion auf ein neues Interesse an politischen Arbeiterliedern, deren Verwendung zu Friktionen mit älteren Gewerkschaftern führen konnte. Der 1966 gegründete Kölner IG-Metall-Chor durchlief um 1970 eine Politisierung, verbunden jedoch mit einem Mitgliederrückgang. Hatten dem Chor zeitweilig bis zu 50 Personen angehört, ging – laut einer Selbstdarstellung der Gruppe – mit der linken »Politisierung« die Mitgliederzahl auf die Hälfte zurück. Am 1. Mai 1971 trat der Chor in Köln mit dem *Einheitsfrontlied* und dem *Solidaritätslied* auf. Zum Repertoire gehörten auch neu verfasste Lieder, so *Im Kapitalismus*, in dem Arbeitshetze und Akkord beklagt wurden und die Mitbestimmung als Weg beschrieben wurde, die Kapitalisten zu vertreiben. Ähnlich optimistisch war *Der 1. Mai hat 365 Tage:* Am 1. Mai spüre man Solidarität und die Hoffnung der Zukunft, aber jeder Tag müsse Kampftag sein, um die »Bosse« zu vertreiben.[190] Als Mittel der Distinktion waren politische Arbeiter- und neue Protestlieder eher ideelle Bindungen an vorherige Generationen, als dass sie Gemeinsamkeiten stifteten. Auf der DGB-Kundgebung im Juni 1969 in Köln für ein Berufsbildungsgesetz kritisierten Hamburger Teilnehmer, die Veranstaltung wurde mit »Beatmusik eingeleitet, dadurch sollten die Lehrlinge schon von vornherein in eine Konsumhaltung gedrängt werden. Ein größerer Teil der Lehrlinge reagierte mit Pfeifkonzerten und mit dem Absingen der Internationalen, so daß die Band aufhören mußte zu spielen.«[191] Bei der Störung einer Frankfurter Freisprechungsfeier am 25. April 1969 sangen Lehrlinge ebenfalls die »Internationale«.[192] In Neumünster hatte der Kreisjugendausschuss des DGB beim Kreisvorstand 1973 beantragt, auf der Kundgebung zum 1. Mai auch Arbeiterlieder zu singen. »Trotzdem wurde vom Gewerkschaftssängerchor volkstümliche Lieder geboten«, notierte ein kommunistischer Beobachter irritiert.[193] Die politischen Arbeiterlieder waren Signaturen einer Absetzung und Kritik an einem vermeintlich unpolitischen Konsum von Musik. Allerdings spricht wenig

188 Pläne-Verlag »Hören Sie mal rot!«, 1970. Das Lied wurde 1931 von Willi Karsch für eine KPD-Agitpropgruppe geschrieben.

189 Geschichte der deutschen Literatur von 1945 bis zur Gegenwart, hrsg. von Wilfried Barner, München 2006, S. 443.

190 Bergmann, Arbeitersongbuch, S. 26. Texte von »Im Kapitalismus« (Günter Hinz, Werkstatt Essen, Musik: Luca Lombardi) und »Der 1. Mai hat 365 Tage« (Text Werkstatt Köln, Musik Luca Lombardi), ebd., S. 26-29; das Lied »Der 1. Mai hat 365 Tage« ist auch abgedruckt bei: Annemarie Stern (Hrsg.), Lieder aus dem Schlaraffenland. Politische Lieder der 50er – 70er Jahre, Oberhausen 1976, S. 296.

191 DGB-Veranstaltung zum Ausbildungsgesetz in Köln, APO-Press Hamburger Informationsdienst, hrsg. von SDS Hamburg, Nr. 11, 16.6.1969, S. 13.

192 Handwerker schritten zur Selbsthilfe, *Neue Presse* (Frankfurt a. M.), 26.4.1969; Statt Händels ›Suite‹ die ›Internationale‹, *Offenbach Post*, 28.4.1969.

193 Neumünster, in: *Arbeiterpolitik. Informationsbriefe der Gruppe Arbeiterpolitik* 14, Nr. 2, 26. Mai 1973, S. 20.

dafür, dass damit die musikalischen Präferenzen abgedeckt waren. Für Angehörige der K-Gruppen ist es als ambivalenter Umgang beschrieben worden, da zumindest unter der Hand auch andere Musik als nur politische Kampflieder konsumiert wurden.[194] In der Gewerkschaftsjugend waren solche Vorgaben weder möglich noch erwünscht. Arbeiterlieder, Liedermacher und Rockmusik boten weniger Gegensätze als dass sie parallel konsumierte Musikstile meinten. Verbindendes Merkmal war die politische Aussage der Musik.

Zusammengefasst ist zu erkennen, dass soziale Praktiken in der Gewerkschaftsjugend mit zu Entselbstverständlichungen sozialer Anpassungen im betrieblichen Umfeld führten. Im alltäglichen Verhalten von Jugendlichen ging es um die Durchsetzung von als selbstgewählt verstandenen Kleidungen, Haartrachten und Verhaltensweisen. Diese Phase war begleitet von politischen Überformungen, die Distinktionsgewinne und Deutungsmuster anboten, mit denen die generationelle Absetzung in einem paradoxen Zugriff aufgehoben schien. In wiederentdeckten Arbeiterliedern oder der ubiquitären Betonung von Solidarität wurde den Gewerkschaften eine positive Rolle als Organisation der Arbeiterklasse zugeschrieben. Das war nicht allein ein Missverständnis gegenüber älteren Generationen. Die Politisierungsphase beförderte auch soziale Ausstiegsmöglichkeiten in zwei Richtungen. Zum einen als soziale Aufstiegsambition; zum anderen als Ausstieg aus dem Betrieb. Politisierte Lehrlinge erkundeten in subkulturellen großstädtischen Szenen, vielleicht verbunden mit einem Studium, neue Erfahrungsräume jenseits betrieblicher Enge. Dass auch ein Studium mit linkem politischem Engagement verbunden sein konnte, änderte nichts daran, dass es langfristig die Erosion der Arbeiterbewegung als sozialer Formation mit beförderte.

Jugendkulturelle Distinktionen waren auch ein politisches Begehren nach Anerkennung und Akzeptanz. Routinen der Statusanpassung und von hierarchischer Autorität sollten aufgebrochen und damit die Individualität des Einzelnen anerkannt werden. In der Lehrlingsbewegung, auch in der IG Metall und im DGB wurde dieses politische Begehren als eine kollektive Angelegenheit verstanden. Daher waren in alltäglichen sozialen Konflikten Koalitionen zwischen unruhiger Jugend und den für die Jugendarbeit zuständigen Funktionären zu beobachten. Die Funktionäre waren bemüht, Verständnis aufzubringen und dieses auch von älteren Funktionären zu verlangen. Dies fiel in dieser Gruppe mit der Hoffnung zusammen, aus der kritischen Jugend erwüchsen neue Impulse für gesellschaftliche Veränderungen. Allerdings gab es die Prämisse, dass eine Politisierung in gewerkschaftlicher Aktivität münden solle. Die in dieser

194 So weist Detlef Siegfried darauf hin, dass die musikalischen Präferenzen bei kommunistischen Kadern zeitweilig überdeckt waren; Kühn hingegen referiert bizarr anmutende Versuche des KBW, Chöre der Weimarer Republik nachzubilden, fragt aber nicht nach den tatsächlichen Stilen. Siegfried, Einstürzende Neubauten, Andreas Kühn, Musik in den Lebenswelten der K-Gruppen, in: Arnold Jacobsen/Markus Leniger (Hrsg.), Rebellische Musik. Protest und kultureller Wandel, Köln 2007, S. 157-168.

Phase hochschießenden neu-alten Symbole der Arbeiterbewegung wie auch politische Utopien konnten von traditionellen Vorstellungen in der IG Metall abweichen und diese in Frage stellen. Grenzen fand ein Verständnis in dem Pfad der Verrechtlichung, der grundsätzlich nicht zur Disposition stand. Trotz dieser Limitation bot sich die Gewerkschaftsjugend in ihren verschiedenen Schattierungen als ein Aktionsraum für politisch engagierte Jugendliche an, die eine soziale Durchmischung zumindest beförderte.

3. Nach dem Boom: Resignierte Jugend und strategische Krisen 1973-1979

In der zeitgeschichtlichen Forschung der letzten Jahre wird das Ende des »goldenen Zeitalters des Kapitalismus« (Eric Hobsbawm) meist mit dem Jahr 1973 und der Ölpreiskrise verbunden, auch wenn die Suche nach einem markanten Jahr für langfristige gesellschaftliche Wandlungsprozesse seit den 1970er Jahren immer etwas in die Irre führt.[1] Kaum eine Studie kommt ohne den Hinweis aus, dass die gesellschaftlichen Wandlungen für die Zeitgenossen oft nur schwer zu erkennen waren.[2] Allerdings wird mit der Ölpreiskrise 1973 meist ein zumindest markantes Ereignis genannt, auch wenn die folgende ökonomische Krise mit steigender Arbeitslosigkeit nicht auf die Energiekrise zurückzuführen war.[3] Gesellschaftsverändernde Reformen, wie die Gewerkschaften sie anstrebten, waren ökonomisch und politisch immer schwieriger zu realisieren.[4] Die favorisierten keynesianischen Lösungsmodelle – wie eine staatliche Investitionslenkung – verloren mit dem Strukturbruch ebenso an Zustimmung wie die aus steigendem Wohlstand gespeiste Planungseuphorie.[5] Die von den Gewerkschaften lange Zeit positiv verstandene Rationalisierung wurde nun vermehrt als Bedrohung von Arbeitsplätzen wahrgenommen, in der Tarifpolitik ging es nicht mehr vorrangig um Lohnsteigerungen, sondern um die Humanisierung der Arbeit oder den Schutz vor Rationalisierungsfolgen.[6]

1 Dies zeigt zum Beispiel der Versuch, anhand internationaler Ereignisse 1979 als ein Jahr mit bedeutsamen Wandlungen zu konturieren: Frank Bösch, Umbrüche in die Gegenwart. Globale Ereignisse und Krisenreaktionen um 1979, in: Zeithistorische Forschungen/Studies in Contemporary History, Online-Ausgabe, 9 (2012), H. 1. URL: http://www.zeithistorische-forschungen.de/16126041-Boesch-1-2012 (Abruf 23.12.2013).

2 Doering-Manteuffel/Raphael, Strukturbruch, S. 12.

3 Grundlegend: Jens Hohensee, Der erste Ölpreisschock 1973/74. Die politischen und gesellschaftlichen Auswirkungen der arabischen Erdölpolitik auf die Bundesrepublik Deutschland und Westeuropa, Stuttgart 1996, bes. S. 218-228.

4 Schneider, Geschichte, S. 363-365 und S. 370-375.

5 Dies ist in vielerlei Hinsicht zu beobachten. Für den Korporatismus vgl. Andrea Rehling, Konfliktstrategie und Konsenssuche in der Krise. Von der Zentralarbeitsgemeinschaft zur Konzertierten Aktion, Baden-Baden 2011; zur Prognosefähigkeit vgl. Tim Schanetzky, Die große Ernüchterung. Wirtschaftspolitik, Expertise und Gesellschaft in der Bundesrepublik 1966 bis 1982, Berlin 2007; für die ökonomische Entwicklung vgl. Abelshauser, Wirtschaftsgeschichte.

6 Das bekannteste Beispiel war der Lohnrahmentarifvertrag II, der im Oktober 1973 für den Tarifbereich Nordwürttemberg/Nordbaden abgeschlossen wurde und die berühmte »Steinkühler-Pause« ermöglichte, vor allem aber für Entlohnung von Akkordarbeitern günstige Festlegungen traf. Vgl. aus Sicht der IG Metall: Werktage werden besser. Der Kampf um den Lohnrahmentarifvertrag II, hrsg. vom Vorstand der IG Metall für die Bundesrepublik Deutschland, Köln/Frankfurt a.M. 1977; vgl. Hachtmann, Gewerkschaften.

Diese allgemeine Entwicklung spiegelte sich in den Diskussionen der Gewerkschaftsjugend. Auch wenn das in der Politisierungsphase aufgekommene Ziel einer evolutionären Umgestaltung der bundesdeutschen Gesellschaft viele der jugendlichen Aktivisten weiter beflügelte, schoben sich die ökonomische Krise und die (Jugend-)Arbeitslosigkeit als Wahrnehmungsfolie in den Vordergrund. Bernhard Wurl, Leiter der Abteilung Jugend beim Vorstand der IG Metall, hielt 1977 fest: »Die Bedingungen unserer Arbeit innerhalb und außerhalb der Betriebe und Verwaltungen haben sich selten zuvor zwischen zwei Jugendkonferenzen so radikal verändert [....] In diesen drei Jahren haben sich Lern- und Ausbildungs-, die Arbeits- und Lebensbedingungen in unserem Lande erheblich verschlechtert.« Das Scheitern grundlegender Reformen lastete er den Unternehmern und Arbeitgebern an: Ihr »Klassenkampf hat sich in den letzten drei Jahren verschärft«, folgerte Wurl.[7] Das Scheitern ambitionierter Reformprojekte sowie eine mancherorts beschworene konservative Tendenzwende[8] wirkten ebenso wie ökonomische Einschnitte auf den gewerkschaftlichen Handlungsspielraum, verdunkelten vielleicht auch die utopischen Horizonte, die nach 1968 Verbreitung in der Gewerkschaftsjugend gefunden hatten. Detlef Siegfried charakterisierte die Jahre von 1973 bis 1977 als einen Rückzug von der »großen Politik« in den Jugendkulturen, erst langsam entwickelte sich eine neue Politisierung unter den Vorzeichen einer jugendlich geprägten Alternativkultur und der Neuen Sozialen Bewegungen.[9] Für die Jugend der IG Metall stellte diese Entwicklung vor allem ein Mobilisierungsproblem dar, das sich ab 1976 in der sogenannten Strategie-Debatte unter Aktivisten und Funktionären niederschlug. Bereits in der Diagnose bestand Uneinigkeit – waren die von Wurl genannten ökonomischen Entwicklungen oder selbstverschuldete Strukturprobleme ur-

7 Bernhard Wurl auf der Jugendkonferenz der IG Metall in Augsburg, in: Protokoll 11. Ordentliche Jugendkonferenz der Industriegewerkschaft Metall für die Bundesrepublik Deutschland, Augsburg 12. bis 14. Mai 1977, Frankfurt (1977), Zitate S. 29 und S. 30. Wurl, der 1976 Mitglied des Bundesvorstandes der Jusos wurde, mahnte in der Partei 1976 eine grundlegende Berufsbildungsreform an, um echte Chancengleichheit zu erreichen: Bernhard Wurl: Bewältigung der Jugendarbeitslosigkeit – Aufgabe der Partei, in: *Neue Gesellschaft* 23 (1976), S. 134-137.

8 Als Signatur der 1970er Jahre trägt die »Tendenzwende« allerdings nur bedingt. Es war zwar ein Versuch konservativer Intellektueller und Politiker, gegen einen linken Zeitgeist wieder an Hegemonie zu gewinnen, aber der Begriff wurde vor allem von seinen Gegnern aufgegriffen. Vgl. Peter Hoeres, Von der »Tendenzwende« zur »geistig-moralischen Wende«. Konstruktion und Kritik konservativer Signaturen in den 1970er und 1980er Jahren, in: *Vierteljahrshefte für Zeitgeschichte* 61 (2013). 2013, S. 93-119; Axel Schildt, »Die Kräfte der Gegenreformation sind auf breiter Front angetreten.« Zur konservativen Tendenzwende in den 70er Jahren, in: *Archiv für Sozialgeschichte* 44 (2004), S. 449-478.

9 Siegfried, »Einstürzende Neubauten«, S. 41; mit eher impressiver Argumentation: Volker Brand, Jugendkulturen und jugendliches Protestpotential. Sozialgeschichtliche Untersuchung des Jugendprotestes von der Jugendbewegung zu Beginn des Jahrhunderts bis zu den Jugendkulturen der gegenwärtigen Risikogesellschaft, Frankfurt a. M. u. a. 1993, S. 155-173.

sächlich für die Mobilisierungsprobleme? Zum Streit führte die Frage nach der angemessen Antwort: Sollte die gewerkschaftliche Jugendarbeit – wie es vor allem die IG Metall vertrat – im Betrieb stattfinden oder sollte die offene Jugendarbeit mehr berücksichtigt werden? Die zweite Position vertraten Teile des DGB, vor allem aus der Bundesjugendschule in Oberursel um den Schulleiter Hinrich Oetjen. Sie bildeten Koalitionen mit der IG CPK und der IG Bergbau und Energie, die gegenüber einer weitreichenden Politisierung in der Bildungsarbeit skeptisch blieben.[10] Die Krise der Gewerkschaftsjugend war in der zweiten Hälfte der 1970er Jahre nicht nur ein verbreitetes Schlagwort in den Gewerkschaften, sondern bestimmte auch die öffentliche Wahrnehmung. Die 1970er Jahre waren für die Gewerkschaften anscheinend ein »goldenes Jahrzehnt«. So stiegen die Mitgliederzahlen an, die IG Metall erlebte von 1969 bis 1974 einen Anstieg um über 25 Prozent. Die Mitgliedschaft verjüngte sich, da viele der neu aufgenommenen Mitglieder jünger als 25 Jahre waren; der Anteil jugendlicher Mitglieder unter 25 Jahren stieg von 14,8 Prozent 1970 auf 16,2 Prozent 1974 in allen DGB-Gewerkschaften.[11] Aber diese Erfolge verdeckten, dass die Aktivitäten der einfachen Gewerkschaftsmitglieder nicht unbedingt zunahmen. Die während der Lehrlingsbewegung zu beobachtende politisierte Wahrnehmung alltäglicher Konflikte verlor an Bedeutung. Die Jugend, so schien es manchen Beobachtern, sei unpolitisch geworden oder verliere als »überflüssige Generation« ihren Gestaltungswillen.[12] Diese Entwicklung hatte Auswirkungen auf die Jugend der IG Metall. Diese blieb von ihrem spezifischen Doppelcharakter zwischen Organisation und Bewegung in Zeiten einer scheinbaren Entpolitisierung geprägt.

In diesem Kapitel steht der Zeitraum von Mitte bis Ende der 1970er Jahre iim Mittelpunkt. Zuerst folgt ein Abriss der politischen und wissenschaftlichen Debatte um eine grundlegende Berufsbildungsreform, deren endgültiges Scheitern 1976 besiegelt war. Die Enttäuschung darüber verband sich ab 1974 mit der Angst vor steigender Jugendarbeitslosigkeit. Beide Entwicklungen prägten eine Krisenwahrnehmung, die in der Gewerkschaftsjugend gegenüber utopischen Erwartungen in den Vordergrund rückte. Die Prozesse von vorgeblicher Entpolitisierung der Jugend, die sich auch als eine Verschiebung des Diskurses über die Jugend deuten lassen, machte die Jugend immer weniger zum Träger

10 Zur IG Bergbau und Energie vgl. als erste Hinweise: Holger Heith, Arbeiterjugend und 68er im Ruhrgebiet, in: *Mitteilung des Archivs der Arbeiterjugend* Nr. 1 (2008), S. 12-17.

11 Klaus Mertsching, Die Politik des DGB in den sozial-liberalen Reformjahren, in: Quellen zur Geschichte der deutschen Gewerkschaftsbewegung im 20. Jahrhundert, Band 16: Der Deutsche Gewerkschaftsbund 1969-1975, eingeleitet und bearbeitet von Klaus Mertsching, Bonn 2013, S. 9-72, Zitat S. 9, Prozentzahlen S. 17.

12 Claus Richter (Hrsg.), Die überflüssige Generation. Jugend zwischen Apathie und Anpassung, Königsstein/Ts. 1979; als impressive Rückschau eines 1955 geborenen linken Akteurs: Reinhard Mohr, Zaungäste. Die Generation, die nach der Revolte kam, Frankfurt a. M. 1992.

utopischer Hoffnungen. Jugend wurde eher zu einem mit Sorge betrachteten Krisenobjekt.[13] Sich aus dieser Entwicklung ergebende Mobilisierungsprobleme für die IG-Metall-Jugend und Reaktionen darauf werden in Kapitel 3.2. diskutiert: Waren es ökonomische und gesellschaftliche Umbrüche, die eine Krise der Gewerkschaftsjugend bedingten, oder lag es an einer problematischen inneren Struktur, die Veränderungen in den lebensweltlichen Praktiken der Gewerkschaftsmitglieder nicht mehr entsprach? In den folgenden Ausführungen werden betriebliche Entwicklungen und Einflussnahmen zudem am Beispiel der betrieblichen Beurteilungsbögen nachgezeichnet. Im Abschnitt 3.4. werden der Konflikt zwischen den einzelnen Gewerkschaften um die Jugendarbeit und die angebliche kommunistische Unterwanderung analysiert, was Ende der 1970er Jahre die öffentliche Wahrnehmung der Gewerkschaftsjugend prägen sollte.

13 Dies bemerkte anhand der Jugendarbeitslosigkeit: Raithel; Jugendarbeitslosigkeit (2012), S. 92.

3.1. Die Berufsbildungsreform – Hoffnungen und Scheitern eines Reformprojektes

Die politischen Debatten um eine Berufsbildungsreform und schließlich ihr Scheitern Mitte der 1970er Jahre waren eine wichtige Rahmung für Wahrnehmungen und Deutungen in der Jugend der IG Metall. Die Einführung des Berufsbildungsgesetzes 1969 galt innerhalb der Gewerkschaften als ein Schritt hin zu einer grundlegenden Umgestaltung der beruflichen Ausbildung. Der Reformhorizont war weit gesteckt; erwartet wurde – und dies schien mit dem Regierungsantritt der sozial-liberalen Koalition in greifbare Nähe zu rücken – der Aufbau eines integrierten Ausbildungssystems, mit dem nicht allein die Durchlässigkeit für eine höhere Schulbildung vergrößert, sondern eine emanzipatorische Bildungspolitik für alle Teile der Gesellschaft möglich werden sollte. In der Gewerkschaftsjugend wurde die umfassende Reform zu einem herausragenden Punkt der politischen Ziele.[1] Insofern war in der intensiven und angesichts der Länderhoheit in Bildungsfragen zerklüfteten Reformdebatte die Gewerkschaftsjugend eine mobilisierungsfähige Pressure-Group, die ihren Forderungen mit Demonstrationen Ausdruck verleihen und zugleich über die Beteiligung gewerkschaftlicher Funktionäre in Gremien und Kommissionen Einfluss nehmen konnte. Andererseits verbanden viele Gewerkschaftsjugendliche weitreichende gesellschaftliche Änderungen mit einem integrierten Bildungssystem, das eine umfassende und moderne Ausbildung und damit persönliche Flexibilität ermöglichen sollte, bis hin zu einer »antikapitalistischen Ausbildung«, wie der Mitarbeiter der Abteilung Jugend des DGB, Josef-Werner Wintjes, es für eine Arbeitstagung im März 1973 formulierte. Damit drückte Wintjes auch die utopischen Hoffnungen aus, die sich mit einer Reform verbanden. Für ihn stand fest, dass die Unternehmer allein die Verwertbarkeit der Qualifikationen in ihrem Betrieb interessiere. Für die Auszubildenden war jedoch die möglichst breite Grundlagenqualifikation anzustreben. Aber Wintjes ging es nicht nur um individuelle Aufstiegschancen. Er machte deutlich, dass »wenn die Gewerkschaften den Anspruch stellen, das kapitalistische Herrschaftssystem verändern zu wollen, dann müssen sich die Lohnabhängigen auch so qualifizieren können, daß sie bessere Voraussetzungen für den kollektiven Kampf um die Veränderungen des augenblicklichen Herrschaftssystems haben«.[2] Dies hieße, nicht allein eine umfassende technische Ausbildung zu gewährleisten, sondern auch polit-ökonomische Inhalte zu vermitteln. Die Ausbildung sollte weiterhin in der Produktion verbleiben, aber nicht länger in alleiniger Verfügungsgewalt

1 Keine halben Sachen! Politische Forderungen der DGB-Jugend, in: *Welt der Arbeit* Nr. 31, 30.7.1971, S. 8; Hochschulreife – egal ob an Goethe oder Metall erworben. DGB-Jugend: Weg mit der Kluft zwischen beruflicher und allgemeiner Bildung!, in: *Welt der Arbeit* Nr. 32, 6.8.1971, S. 8.

2 Ju-Wt (das ist Jugend-Wintjes) Düsseldorf 26.1.1973: Allgemeine Probleme der beruflichen Bildung. Zusatzpapier zu den Arbeitsgruppenpapieren, in: AdsD, 5/IGMA-07-1854, S. 3. Dort auch das Folgende.

der Unternehmer stehen. Zwar räumte Wintjes ein, dass eine »antikapitalistische Ausbildung« im Kapitalismus nicht möglich sei, aber mit den geforderten Veränderungen könnten »bessere Ausgangsbedingungen für den gewerkschaftlichen Kampf geschaffen werden«.[3] Wintjes formulierte in seinem Papier ein grundlegendes Selbstverständnis.

Eine solche antikapitalistische Perspektive einer Reform war in der Gewerkschaftsjugend der IG Metall wie des DGB zwar Beschlusslage, es galt aber nicht für die Gewerkschaften in Gänze. Dies zeigte sich insbesondere an der Diskussion um die Zukunft des Dualen Systems. Zwar hatte das DGB-Bundesvorstandsmitglied Franz Woschech 1970 die Forderung erhoben, dass »(a)lle jungen Menschen [...] bis zum 18. Lebensjahr in betriebsunabhängigen Ausbildungsstätten zu unterrichten« seien, und zwar unter öffentlicher Kontrolle, um so eine »innere Demokratisierung des gesamten Bildungsprozesses« zu ermöglichen.[4] In den 1970/71 diskutierten Jugendpolitischen Forderungen des DGB war in ersten Entwürfen noch die vollständige Abschaffung des Dualen Systems gefordert worden. So sollte Chancenungleichheit reduziert werden, denn die jungen Gewerkschaftsmitglieder gehörten »zu dem großen Kreis der Bürger [...] die auf Grund unseres Bildungssystems nach wie vor die im Grundgesetz formulierte Chancengleichheit nur als Farce empfinden können, denn ihre Chance ist durch das duale Bildungssystem praktisch seit ihrer Geburt nicht mehr existent«.[5] Zum ersten Entwurf der Jugendpolitischen Forderungen der Gewerkschaftsjugend schrieb Maria Weber, zuständiges DGB-Vorstandsmitglied für Bildung und CDU-Mitglied: »Die Bundeskongresse haben eine Beseitigung der dualen Form der beruflichen Bildung, um dieses unglückliche Wort zu verwenden, noch nie verlangt, wohl aber eine grundlegende Reform derselben.«[6] Als die jugendpolitischen Forderungen Ende 1971 verabschiedet wurden, gehörte die Abschaffung des dualen Ausbildungssystems nicht mehr dazu, allerdings eine ausgeweitete berufliche Grundschulung, die Aufhebung der Trennung zwischen beruflicher und allgemeiner Bildung in einer Gesamtschule und ein erleichterter Zugang zum Studium ohne Abitur, um den »Klassencharakter der Bildung« zu überwinden.[7] Diese Forderungen waren ein Kompromiss innerhalb der Gewerkschaften. Der Gewerkschaftstag der IG Metall hatte im Herbst 1971 auf Anregung des Jugendausschusses zwar das Gewinnstreben der Unternehmen kritisiert und »geeignete Ausbildungseinrichtungen« in einem öffentlichen Bildungssystem gefordert,

3 Ebd., S. 10.

4 Zitiert nach: Günther Heyder, Herumdoktern an Symptomen. Berufsbildung ohne Bonner Zielkonzeption, in: *Welt der Arbeit* Nr. 5, 29.1.1971, S. 7.

5 Manuskript Sachbericht Politische Bildung, Abt. Jugend, Holger Bahlke, 19.4.1971, in: AdsD, DGB-Archiv, Abt. Jugend, 5/DGAU-172.

6 Maria Weber an Franz Woschech, 30.9.1970. AdsD, DGB-Archiv, Abtl. Jugend, 5/DGAU-265. Zu Weber vgl. Stefan Remeke, Anders links sein. Auf den Spuren von Maria Weber und Gerd Muhr, Essen 2011.

7 Walter Haas, Jugendpolitische Forderungen der Gewerkschaftsjugend, in: *Gewerkschaftliche Monatshefte* Nr. 11 (1971), S. 643-661, Zitat S. 646.

aber einen Wegfall der betrieblichen Ausbildung nicht in den Forderungskatalog aufgenommen.[8] Nach Vorstellungen des DGB sollte die betriebliche Ausbildung in ein »Gesamtbildungssystem« integriert werden. Georg Benz plädierte für eine Zentralisierung der Gesetzgebung in einem »Bundesbildungsgesetz«.[9] DGB wie IG Metall blieben in dieser zentralen Frage aber undeutlich. »Der DGB«, so hieß es aus der DGB-Abteilung Berufliche Bildung 1973, »vertritt für die Zukunft die Auffassung, daß die gesamte berufliche und allgemeine Bildung in einer integrierten Gesamtschule stattfinden muß, wobei notwendige Praktika und Unterweisungen in Betrieben oder Verwaltungen im Zuge eines berufsbezogenen Bildungsganges als Teile des Unterrichts der Gesamtschule von dieser geregelt und überwacht werden.«[10] Dieser gewundene Satz ließ Unbehagen ahnen, das auch aufgrund von Vorbehalten in den Gewerkschaften selbst formuliert wurde. Während Jugendfunktionäre und die Gewerkschaftsjugend faktisch auf eine Verschulung der Berufsausbildung setzten, waren es ältere Funktionäre und betriebliche Vertreter, die eine solche Forderung ablehnten. Eine integrierte Gesamtschule hätte das Ende des Auszubildendenstatus bedeutet – wohl auch deswegen war es eher Zukunftsmusik. Die Verantwortlichkeit von Maria Weber im DGB-Bundesvorstand für Bildungsfragen führte mancherorts zur Kritik, da befürchtet wurde, die »vorwiegend CDU-orientierte Abteilung Berufliche Bildung beim DGB« geriete in Konflikte, wenn sie grundlegende Reformen unterstützen würde.[11] Solche Vorwürfe wurden innerhalb der Gewerkschaften jedoch nur selten offen geäußert, und sie waren auch nicht der wesentliche Grund für die vorsichtige Haltung vieler Funktionäre. Ihnen ging es vielmehr darum, die Mitbestimmung in den bestehenden Institutionen zu stärken.

Im Arbeitgeberlager herrschten auch deshalb Befürchtungen vor, weil sich mit den Reformdiskussionen andere Ziele verbanden. Den Vorschlag des Deutschen Bildungsrates zur Reform der Sekundarstufe II mit dem Ziel einer gemeinsamen Oberstufe für alle Schüler[12] kommentierte 1974 Fritz Arlt vom Institut der deutschen Wirtschaft bissig mit der Überschrift »Lernort Betrieb. Im

8 Entschließung XV: Reform des Bildungswesens, in: Anträge-Materialien. Zehnter Ordentlicher Gewerkschaftstag der Industriegewerkschaft Metall für die Bundesrepublik Deutschland, Frankfurt a. M. 1972, S. 601-606.

9 Georg Benz an Hans Preiss, 30.3.1972: Forderungen des DGB zur beruflichen Bildung, in: AdsD, 5/IGMA-453-20007.

10 Horst Kowalak, Zur Tätigkeit der Abteilung Berufliche Bildung beim DGB-Bundesvorstand und des DGB-Bundesausschusses für berufliche Bildung, in: *Gewerkschaftliche Monatshefte* Nr. 3 (1973), S. 194-197,hier S. 196; vgl. zu dieser Position auch: Maria Weber, Forderungen des DGB zur beruflichen Bildung, in: ebd., S. 137-146.

11 Hans-Joachim Petzold, Materialreicher Reader, Rezension zu: Reinhard Crusius/Wolfgang Lempert/Manfred Wilke (Hrsg.), Berufsausbildung – Reformpolitik in der Sackgasse? in: *Betrifft: Erziehung* 7 (1974), Nr. 7., S. 66-67, S. 67.

12 Deutscher Bildungsrat: Empfehlungen der Bildungskommission ›Zur Neuordnung der Sekundarstufe II – Konzept für eine Verbindung von allgemeinem und beruflichem Lernen‹, Bonn 1974.

Stahlgewitter der Reformen«.[13] Die vorgeschlagene Integration würde vor allem zu einer Demotivation von Ausbildern wie Auszubildenden führen. Leitziele wie »Chancengerechtigkeit, Durchlässigkeit, gleiche Bewertung von beruflicher und allgemeiner Bildung, Integration von Arbeit und Bildung, Ausbildung und Bildung, Praxis und Theorie« seien längst selbstverständlich. Arlt berief sich auf sowjetische Pädagogen wie Anton Makarenko oder den polnischen Reformpädagogen Janusz Korczak, um schließlich Marx selbst ins Gefecht zu führen: Die Verschulung löse »ebensowenig [...] das von Karl Marx und Friedrich Engels zur Recht angesprochene Problem des Menschen und seiner Entfremdung von der Arbeit«. Seiner Befürchtung nach sollte mit der Reform eine »Systemüberwindung mit systemkonformen Mitteln« angestrebt werden.[14] Ob die von Arlt erwähnten Leitziele alle längst erreicht waren, dürften Zeitgenossen skeptisch beurteilt haben. Die Arbeitgeberverbände waren gegenüber Modernisierungen der Berufsausbildung nicht verschlossen, fürchteten aber einen größeren Einfluss der öffentlichen Hand und damit steigende Kosten und Machtverluste. Schätzungen im Jahr 1975 ergaben, dass eine stärkere Verschulung der Ausbildung die Unternehmen über 2,6 Milliarden DM kosten würde – davon 1,7 Milliarden für den Ausfall an produktiver Leistung. Für die IG Metall war dies eine Steilvorlage, denn aus ihrer Sicht sollten Auszubildende nicht produktiv arbeiten. Vielmehr belegte die genannte Summe ihrer Ansicht nach die Ausnutzung der Lehrlinge.[15] 1975 räumte Otto Semmler von der Abteilung Bildung des DGB zwar ein, dass eine Reform die »legitimen Interessen« der Unternehmen zwar nicht übergehen dürfe, aber durchgesetzt werden könne sie nur »gegen die Organisationen der Kammern«.[16] Diese Wertung kam nach fünf Jahren Reformdebatte, in der sich die »hohe Resistenz der Institutionen« gezeigt hatte.[17]

Die sozialliberale Koalition zielte anfänglich auf eine einheitliche Bildungsplanung vom Kindergarten bis zur Erwachsenenbildung. Der Stab von Staatssekretärin Hildegard Hamm-Brücher erarbeitete 1970 den Bildungsbericht '70, in dem es programmatisch hieß: »Berufliche Bildung ist eine öffentliche Auf-

13 Fritz Arlt, Lernort Betrieb, Im Stahlgewitter der Reformen, in: *Der Arbeitgeber, Offizielles Organ der Bundesvereinigung der Deutschen Arbeitgeberverbände*, Köln Nr. 10 (1974), S. 380-381. Alle folgenden Zitate aus dem Artikel. Arlt, der SS-Obersturmbannführer gewesen war, war aufgrund seiner NS-Vergangenheit umstritten, 1966 trat er vom stellvertretenden Vorsitz des Deutsch-Französischen Jugendwerks zurück. Im Institut der Deutschen Wirtschaft war er von 1954-1975 zuständig für Bildungsarbeit und gewerkschaftliche Fragen. Vgl. Ernst Klee, Das Personenlexikon zum Dritten Reich. Wer war was vor und nach 1945? Frankfurt a. M. 2003, S. 18 f.

14 Vgl. zur strategischen Begründung der Demokratisierungsforderung: Fritz Vilmar, Strategien der Demokratisierung, Band 1: Theorie der Praxis, Darmstadt und Neuwied 1973.

15 Gewer, Vom unwert der lehrlinge und dem wert, den sie schaffen, in: *Der Gewerkschafter* 24, Nr. 2, Februar 1976, S. 22.

16 Otto Semmler, Die Position des DGB bei der Reform der beruflichen Bildung, in: *Gewerkschaftliche Monatshefte* Nr. 9 (1975), S. 566-572, hier S. 569.

17 So die Wertung von Busemeyer, Wandel, S. 15.

gabe.« Die »Unruhe in der berufstätigen Jugend und die öffentliche Kritik an der beruflichen Bildung« wolle die Bundesregierung ernst nehmen.[18] Im Aktionsprogramm Berufliche Bildung im selben Jahr legte die Bundesregierung ihre Ziele dar. Die Lehre sollte mit einem Berufsgrundbildungsjahr in Berufsschulen oder überbetrieblichen Ausbildungsstätten beginnen, um danach in eine verkürzte Lehre zu münden.[19] Zwar war nach einer Grundgesetzänderung 1969 die Möglichkeit der zentralen Bildungsplanung und Forschungsförderung durch den Bund geschaffen worden, aber die Länder behielten die Hoheit.[20] Die sozialliberale Regierung hatte die berufliche Bildung als »öffentliche Aufgabe« definiert, war aber im Kräftefeld zwischen Unternehmen, Gewerkschaften und den Sozialwissenschaften nicht zu allzu offensiven Veränderungen in der Lage.[21] Hildegard Hamm-Brücher bedauerte schon Anfang 1973, dass die Ziele des Bildungsberichts '70 angesichts des »Kulturföderalismus« von der Bundesregierung vergessen zu sein schienen.[22] In seiner Regierungserklärung vom Januar 1973 hatte Willy Brandt bereits abgeschwächt von einer notwendigen Verflechtung von beruflicher und allgemeiner Bildung und der Vermittlung allgemeiner Wissensgrundlagen gesprochen, um die Chancengleichheit zu erhöhen. Der neue Bundesbildungsminister Klaus von Dohnanyi, wegen seiner früheren privatwirtschaftlichen Tätigkeiten von der SDAJ als »Minister der Millionäre« attackiert[23], legte im November 1973 »Markierungspunkte« für eine Berufsbildungsreform vor.[24] Er verdeutlichte in einem Interview mit dem *Gewerkschafter*, es ginge nicht um die Überführung des Dualen Systems in die öffentliche Hand, sondern um die »Gleichwertigkeit« von betrieblicher und überbetrieblicher Ausbildung.[25] Damit reagierte Dohnanyi bereits auf die sich abzeichnende Skepsis der wirtschaftlichen Interessenverbände. Zwar sprach sich die CDU 1973 auch für Reformen aus, sah aber in der betrieblichen Ausbildung die wesentliche Stärke des Ausbildungssystems.[26]

18 Bildungsbericht '70. Bericht der Bundesregierung zur Bundespolitik, hrsg. vom Bundesminister für Bildung und Wissenschaft, Bonn 1970, S. 57 und S. 64; zur Entstehung vgl. Anweiler, Bildungspolitik, S. 713.

19 Aktionsprogramm Berufliche Bildung, hrsg. vom Bundesminister für Arbeit und Sozialordnung, Bonn 1970.

20 Anweiler, Bildungspolitik, S. 713. Der GG § 91b war im Mai 1969 eingeführt worden.

21 Stratmann/Schlösser, System, S. 181 f.

22 Hildegard Hamm-Brücher, Vorwort, in: Bildungswesen: mangelhaft. BRD-Bildungspolitik im OECD-Länderexamen. Eine Veröffentlichung der OECD, dt. herausgegeben und eingeleitet von Klaus Hüfner, Frankfurt a. M. u. a. 1973, S. 5-7, S. 7. Hamm-Brücher war zu diesem Zeitpunkt als Staatsekretärin bereits ausgeschieden.

23 Der neue Bildungsminister Klaus von Dohnanyi, Kriegserklärung gegen Arbeiterjugend, *Elan* Nr. 2 (1973), S. 12 f.

24 Stratmann/Schlösser, System, S. 176; Busemeyer, Wandel, S. 81 f.

25 Das Interview: »Es darf nicht so bleiben, daß zwei Drittel der Auszubildenden immer wieder ausbildungsfremd beschäftigt werden, sagt Bundesminister Dr. Klaus von Dohnanyi in dem Interview mit unserem Redakteur Edmund Möller, in: *Der Gewerkschafter* 21, Nr. 3, März 1973, S. 88-91, S. 88.

26 Busemeyer, Wandel, S. 84.

Der dominierende Begriff in dieser Diskussion war »Chancengleichheit«. Die Berufsforschung hob hervor, dass die Berufsausbildung von immensen sektoralen und regionalen Unterschieden und Ungleichheiten geprägt sei. Diese aufzuheben galt als wichtiges Ziel. 1971 hatte die Bundesregierung eine Sachverständigenkommission berufen, in der die Finanzierungsfrage der Berufsausbildung geprüft werden sollte. Die nach ihrem Vorsitzenden, dem Direktor des Max-Planck-Instituts für Bildungsforschung, Friedrich Edding, genannte »Edding-Kommission« schlug die Einrichtung eines Fonds vor, aus dem eine Erstausbildung zu finanzieren sei. Dieser Fonds sollte aus einer Abgabe aller Betriebe gespeist werden.[27] Die Diskussion um die Finanzierung wurde schließlich eines der zentralen politischen Konfliktfelder in der Reformdebatte. Die CDU verständigte sich auf ihrem Parteitag im Juni 1975 darauf, ausbildende Unternehmen steuerlich zu entlasten, einen »Mammutfonds« lehnte sie ab.[28] Im Januar 1975 intervenierten fünf Spitzenvertreter der Arbeitgeberverbände in einem Schreiben an Bundeskanzler Helmut Schmidt und forderten ihn auf, in die Reformdiskussionen einzugreifen. Sie forderten die Ausbildung im Betrieb und bessere Qualifikationschancen zum Beispiel in Berufsakademien. Stellung bezogen sie vor allem gegen die Anrechnungsverordnung für das Berufsgrundschuljahr und die Einführung überbetrieblicher Lehrwerkstätten. Da auch angeboten wurde, die Zahl der Ausbildungsplätze – »unter bestimmten Voraussetzungen« – um zehn Prozent zu erhöhen[29], wurde das Schreiben auf Seiten der Gewerkschaften und politischer Jugendgruppen als »Erpressung« kritisiert.[30] Weiterhin forderte der DGB eine grundlegende Reform mit sicherer Finanzierung.[31] Einen ersten Gesetzesentwurf legte das Bundesministerium für Bildung und Wissen-

27 Sachverständigenkommission Kosten und Finanzierung der beruflichen Bildung (Hrsg.), Kosten und Finanzierung der außerschulischen beruflichen Bildung (Abschlußbericht). Bielefeld 1974, S. 439-441 zur Umlagefinanzierung.

28 So Oppositionsführer Helmut Kohl gegenüber der IG Metall. Vgl. Das Interview: Unsere Fragen – ihre Antworten, in: *Der Gewerkschafter* 24, Nr. 9, September 1976, S. 4-7.

29 Verfasst hatten das Schreiben Hans-Günther Sohl (Bundesverband der Deutschen Industrie), Hans Martin Schleyer (Bundesvereinigung der Deutschen Arbeitgeberverbände), Otto Wolf von Amerongen (Deutscher Industrie- und Handelstag), Fritz Conzen (Hauptgemeinschaft des Deutschen Einzelhandels) und Paul Schnitker (Zentralverband des Deutschen Handwerks). Vgl. den Text des Schreibens sowie Auszüge aus dem Erläuterungspapier in: Die Berufsbildung muß neu geordnet werden. Wirtschaftsverbände legen der Regierung ihr Konzept vor, in: *Hamburger Abendblatt*, 21.1.1975.

30 Wirtschaftsverbände wenden sich an den Bundeskanzler, in: *FAZ*, 18.1.1975; SPD weist ›Erpressung‹ zurück, *FR*, 18.1.1975; Erpressung: nein! Ausbildung: ja!, in: *Elan* Nr. 3 (1975), S. 10; Landesjugendring Baden-Württemberg: An die Mitglieder der Landespressekonferenz Baden-Württemberg: Gegen die Erpressungsversuche der Unternehmerverbände – für eine Reform der Berufsbildung, 31.1.1975, in: FZH, 423-40, Aktionen gegen Jugendarbeitslosigkeit 1975.

31 Stellungnahme des Bundesausschusses des DGB zur Berufsbildungsreform und die Jugendarbeitslosigkeit, Düsseldorf 6. März 1975, ND 81/75, in: FZH, 423-40, Aktionen gegen Jugendarbeitslosigkeit 1975; Otto Semmler, Die Position des DGB bei der

schaft schließlich im April 1975 vor. Ziel war nicht länger eine grundlegende Reform, sondern die Sicherung der Ausbildungsplätze. Dies sollte über eine an Bedingungen geknüpfte Umlagefinanzierung erreicht werden: Wenn die Bundesregierung feststelle, dass das Ausbildungsangebot die Nachfrage dauerhaft nicht befriedigen könne.[32] Der Bundesrat mit einer Mehrheit von CDU/CSU lehnte am 30. Mai 1975 den Entwurf ab. Im Juni 1975 legte die Bundesregierung daraufhin einen entschärften Entwurf vor. Die Lernorte Betrieb und Schule sollten beibehalten werden, auch blieben die Kammern zuständig für Ausbildungsordnungen und -prüfungen. Die öffentliche Hand sollte die Durchführung der Berufsausbildung stärker kontrollieren, mit dem »Bundesinstitut für Berufsbildung« eine zentrale Aufsichtsbehörde eingerichtet werden. Die am Bundesinstitut wie auch in den Ländern zu bildenden Ausschüsse sollten paritätisch von Arbeitgebern, Arbeitnehmern und Regierung besetzt sein und vor allem die Planung und Abstimmung der Berufsausbildung koordinieren. Die Kammern hätten so einen Teil ihrer Gestaltungsautonomie verloren.[33] Da auch dieses Gesetz am Bundesrat scheiterte, legte die Bundesregierung im April 1976 schließlich dem Bundestag ein »Ausbildungsplatzförderungsgesetz« vor. Nach mehreren Runden im Vermittlungsausschuss wurde im Juni 1976 eine Fassung beschlossen, die nicht mehr den Bundesrat passieren musste.[34] Das Gesetz enthielt nur noch Regelungen für die geplante konditionale Umlagefinanzierung und die Erstellung eines jährlichen Berufsbildungsberichtes durch das Bundesinstitut für Berufsbildung, um Planung und Steuerung der Berufsausbildung wissenschaftlich und mit exakten Zahlen zu begleiten. Das »Ausbildungsplatzförderungsgesetz« wurde schließlich im Dezember 1980 vom Bundesverfassungsgericht wegen formaler Mängel aufgehoben. Geklagt hatte der Freistaat Bayern. Zwar bestätigte das Gericht, dass eine Sonderabgabe von Unternehmen erhoben werden dürfe, aber die Ausführungsbestimmungen im Gesetz verletzten die Rechte der Länder.[35] Das greifbarste Ergebnis des Ausbildungsplatzförderungsgesetzes war schließlich die jährliche Herausgabe des Berufsbildungsberichtes durch das Bundesministerium für Bildung und Wissenschaft, sodass sich die statistische Erfassung erheblich verbesserte. Das Anfang 1981 von der Bundesregierung vorgelegte »Berufsbildungsförderungsgesetz« enthielt keine Regelungen zur Finan-

Reform der beruflichen Bildung, in: *Gewerkschaftliche Monatshefte* Nr. 9 (1975), S. 566-572, hier S. 569 f.

32 Stratmann/Schlösser, System, S. 219 f.

33 Entwurf des Berufsbildungsgesetzes (BbiG), Drucksache 7/3714, Deutscher Bundestag 7. Wahlperiode, übersandt an den Präsidenten des Deutschen Bundestages am 2. Juni 1976, in: http://dipbt.bundestag.de/doc/btd/07/037/0703714.pdf [27.12.2013].

34 Vgl. zu diesen Vorgängen Lipsmeier, Berufsbildung, S. 451 f.; Gesetz zur Förderung des Angebots an Ausbildungsplätzen in der Berufsausbildung (Ausbildungsplatzförderungsgesetz) vom 7. September 1976, in: Bundesgesetzblatt 1976, S. 2658-2666.

35 Stratmann/Schlösser, System, S. 222; Lipsmeier, Berufsbildung, S. 452. Vgl. zum Urteilstext und gewerkschaftlicher Kritik: Michael Kittner, Berufliche Qualifikation in der Rechtsordnung (Schriftenreihe der IG Metall 94), Frankfurt a. M. 1982.

zierung mehr, sondern diente allein der Sicherung der statistischen Erhebungen und definierte die Aufgaben des Bundesinstituts.[36]

Die langjährigen Reformdebatten galten als Lehrstück über Einflussgruppen und -verhältnisse in der Politik. Den Politologen Claus Offe inspirierte das absehbare Scheitern schon 1975 zu einer politikwissenschaftlichen Untersuchung, in der er anhand der verschiedenen Einflussgruppen die tendenzielle Schwäche des Staates skizzierte und sich zugleich gegen linke polit-ökonomische Verkürzungen wandte, den Staat nur als Erfüllungsgehilfen des Kapitals zu verstehen. Vielmehr habe der Staat ein »Selbst-Interesse« an Ordnungssystemen, das sich nicht nach den Interessen des Kapitals richte. Die »Macht des Kapitals« ziele darauf, das »System staatlicher Ordnungsmittel […] beständig zu desorganisieren«.[37] Die Gewerkschaften sah Offe als »Sprecher der ›vergessenen Majorität‹ außerhalb gymnasialer Bildungsgänge«.[38] Seine Sympathie für gewerkschaftliche Positionen und eine integrierte Bildungskonzeption war die Regel bei wissenschaftlichen Stellungnahmen zur Berufsausbildung, in den Reformdebatten waren Vorschläge aus den Sozialwissenschaften oft weitgehender als die pragmatischen Forderungen des DGB oder der IG Metall. Der Einfluss wissenschaftlicher Expertise gegenüber betrieblichen Praktiken und Interessenverbänden blieb, trotz aller Publikationskraft, letztlich schwach.

Die Enttäuschung über die ausbleibende Reform war bei vielen Sozialwissenschaftlern mindestens so groß wie in den Gewerkschaften.[39] Denn die Mehrzahl der in die Diskussionen involvierten Berufspädagogen und Sozialwissenschaftler plädierte für grundlegende Reformen. Dies war in den Sachverständigenkommissionen der Bundesregierung ebenso zu beobachten wie bei internationaler Begutachtung des deutschen Dualen Systems.[40] In die festgefahrene Debatte sollte eine politische Intervention von Bildungsforschern und Bildungssoziologen Bewegung bringen. Im Sommer 1973 konzipierten mehrere Wissenschaftler eine »Streitschrift« für die Berufsbildungsreform. Federführend waren mit Manfred Wilke und Reinhard Crusius zwei ehemalige Aktivisten der Lehrlingsbewegung, die an der Hamburger HWP zur Berufsbildung forschten. Erste Entwürfe eines umfangreichen Papiers entwarf Wolfgang Dietrich Winterhager, den Text erarbeiteten schließlich mehrere Wissenschaftler.[41] Am 30. Oktober

36 Der Bundesminister für Bildung und Wissenschaft (Hrsg.), Berufsbildungsbericht 1981, Bonn 1981, S. 2.

37 Offe, Berufsbildungsreform, S. 18.

38 Ebd., S. 184.

39 Das begründet wohl auch den etwas traurigen Grundton, der in späteren Publikationen der Reformbefürworter immer wieder anzutreffen ist. So spricht Stratmann von der »erstaunliche(n) Reformresistenz« des Dualen Systems. Stratmann/Schlösser, System, S. 175.

40 Vgl. Bildungswesen: mangelhaft. BRD-Bildungspolitik im OECD-Länderexamen. Eine Veröffentlichung der OECD, herausgegeben und eingeleitet von Klaus Hüfner, Frankfurt a. M. u. a. 1973.

41 Dies waren u. a.: Martin Baethge, Ullrich Boehm, Siegfried Braun, Adolf Brock, Reinhard Crusius, Norbert Fenger, Klaus J. Fintelmann, Wolfgang Lempert, Ingo

1973 wurde das »Manifest zur Reform der Berufsausbildung« der Öffentlichkeit vorgestellt, als Beilage der *deutschen jugend* im November 1973 veröffentlicht und einige Monate später eine Publikation im Rowohlt-Verlag nachgereicht.[42] Hier war die Verbindung zwischen politischer Intention und wissenschaftlicher Reputation sehr eng. Die Wissenschaftler mahnten eine grundlegende Reform an. Die Kernforderung im Manifest war eine durchgreifende Demokratisierung der Berufsausbildung und eine Qualifikation für alle Jugendlichen. Dafür sollten allgemeine und berufliche Bildung eng verwoben werden. Die Autoren stellten sich hinter gewerkschaftliche Forderungen nach Selbstverwaltung in der Berufsausbildung und forderten eine zentrale »Berufs-Bildungs-Verwaltung«. Als Finanzierung forderten die Verfasser eine nach Umsatz gestaffelte Umlage der Betriebe.[43] Ende Oktober 1973 unterschrieben das Manifest 27 Wissenschaftler, darunter ältere wie Theo Pirker und Hans Paul Bahrdt, aber auch jüngere Berufs- und Industriesoziologen wie Antonius Lipsmeier, Horst Kern, Horst Schumann, Wolfgang Lempert, Walter Hornstein und Urs Jaeggi, die sich bereits einen Namen gemacht hatten.[44] Die mediale Resonanz auf den Reformvorschlag war beachtlich, auch SPD-Politiker wie Jochen Steffen oder die FDP-Bildungspolitikerin Helga Schuchardt signalisierten Zustimmung, wie auch der DGB-Hamburg oder der Bundesvorstand der GEW.[45] Das Manifest zeigte nicht allein das Streben, politisch mit wissenschaftlicher Reputation zu intervenieren; es machte auch deutlich, dass dem wissenschaftlichen Einfluss auf politische Entscheidungen Grenzen gesetzt waren.

Grundlegende Wandlungen der Berufsausbildung waren gegen die Interessen unterschiedlicher gesellschaftlicher Akteursgruppen kaum durchzusetzen, und hier standen die Unternehmerverbände – und auch Teile der Gewerkschaften – grundsätzlichen Umgestaltungen ablehnend gegenüber. Hinzu kam, dass manche wissenschaftlichen Beiträge von einem linken Alarmismus geprägt waren. Wolfgang Dietrich Winterhager warnte 1972 vor einem »Altersproletariat für das Jahr 2000«, welches durch die falsche Berufsausbildung und fehlende Chancengleichheit heranwachsen werde.[46] Marxistische Jugendforscher wie Hellmut

Richter, Manfred Wilke und Wolfgang Dietrich Winterhager. Vgl. Rundschreiben Reinhard Crusius/Manfred Wilke, Betr. Manifest zur Reform der beruflichen Bildung, 15.10.1973, in: PA Wilke.

42 Betrifft: Manifest zur Reform der Berufsausbildung, Einladung zu einer Pressekonferenz, in: PA Wilke; die Publikation vom Juni 1974: Reinhard Crusius, Wolfgang Lempert und Manfred Wilke (Hrsg.), Berufsausbildung – Reformpolitik in der Sackgasse? Alternativprogramm für eine Strukturreform, Reinbek bei Hamburg (Juni) 1974.

43 Manifest zur Reform der Berufsausbildung, Hamburg Ende Oktober 1973, in: PA Wilke.

44 Manifest der Unterzeichner, Stand vom 26.10.1973, in: PA Wilke; zum Manifest auch Stratmann/Schlösser, System, S. 176.

45 Vgl. die Zusammenstellung von Zeitungsartikeln und Schreiben an Manfred Wilke, in: PA Wilke.

46 Wolfgang Dietrich Winterhager, Lehrlinge – die vergessene Majorität, Weinheim u.a. ²1972, (Erstauflage 1970), Aufdruck Titelseite.

Lessing und Manfred Liebel sahen Gefahren in einem Reformismus, da erst nach der Vergesellschaftung der Produktion eine umfassende Berufsausbildung möglich sei. Reformansätze wie das Berufsgrundbildungsjahr (BGJ) oder das zehnte Schuljahr hielten sie 1976 für manipulative Tricks zur Verschleierung von Arbeitslosigkeit.[47] Wenn auch mit Nuancen, verstanden viele die Demokratisierung der Berufsausbildung als einen Schritt hin zu einer egalitären Gesellschaft.[48]

Mitte der 1970er Jahre wurden allerdings sozialwissenschaftliche Stimmen lauter, die Skepsis gegenüber allzu hohen Erwartungen und ideologiegesättigten Deutungen bei einer Berufsausbildungsreform äußerten. Dies zeigte sich zum Beispiel an der langen Entstehungsgeschichte des Jugendberichtes der Bundesregierung von 1978. Eine vom Bundesministerium für Jugend, Familie und Gesundheit eingesetzte Kommission nahm im Mai 1972 ihre Arbeit auf; sie sollte als Schwerpunkt – durchaus zeittypisch – über die Situation der arbeitenden Jugend berichten. Ein Entwurf des Abschlussberichtes lag erst im November 1976 vor, der jedoch durch Umfang und unterschiedliche Positionen der Kommissionsmitglieder noch überarbeitet werden musste und erst fast zwei Jahre später dem Bundestag als vierter Jugendbericht der Bundesregierung zugeleitet wurde.[49] Der Sachverständigenkommission gehörten sieben Mitglieder an. Der Vorsitzende Hans-Jürgen Daheim war Professor der Soziologie in Regensburg, Helmut Heid Professor für Pädagogik ebendort. Auch der Hannoveraner Jugendforscher Walter Jaide war Mitglied der Kommission. Für die Gewerkschaften nahm Walter Riester, zu der Zeit Landessekretär des DGB in Baden-Württemberg, an den Sitzungen teil. Hinzu kamen der Geschäftsführer der Evangelischen Jugendsozialarbeit, Landesarbeitsgemeinschaft Bayern, Rudolf Laerum, sowie Paula Maeder-Eigen, Direktorin für soziale Betriebsgestaltung bei der Firma Sprengel, und der Regierungsdirektor Gunter Wildangel vom Kultusministerium Nordrhein-Westfalen. Die Geschäftsstelle wurde am Deutschen Jugendinstitut in München eingerichtet, wo eine neunköpfige Arbeitsgruppe die Berichterstellung unterstützte. Als Leitbild formulierte die

47 Hellmut Lessing/Manfred Liebel, Die Herausbildung der proletarischen Jugendphase ist ein aktuelles und praktisches Problem, in: Ingeborg Schumann/Hans-Jürgen Korff/Michael Schumann, Entstehungsbedingungen proletarischer Kindheit und Jugend, mit einem Vorwort von H. Lessing und M. Liebel, Westberlin 1976, S. 7-15, S. 11. Vgl. als polit-ökonomische Analyse und starker ideologischer Deduktion: Dirk Axmacher, Kritik der Berufsausbildung, Offenbach 1975.

48 Vgl. Crusius/Lempert/Wilke, S. 192.

49 Abgedruckt in: Drucksache 8/2110 19.9.1978: Unterrichtung durch die Bundesregierung: Sozialisationsprobleme der arbeitenden Jugend in der Bundesrepublik Deutschland. Konsequenzen für Jugendhilfe und Jugendpolitik – Vierter Jugendbericht, in: Verhandlungen des Deutschen Bundestages, 8. Wahlperiode, Drucksachen Band 246, Drucksachen 8/2091-8/21909, Bonn 1978. Eigenständig veröffentlicht unter: Bundesministerium für Jugend, Familie und Gesundheit (Hrsg.), Sozialisationsprobleme der arbeitenden Jugend in der Bundesrepublik Deutschland: Konsequenzen für Jugendliche und Jugendpolitik; Vierter Jugendbericht; Stellungnahme der Bundesregierung, Bonn 1978. Zitiert wurde nach der Drucksache 8/2110.

Kommission im Sinne der Demokratisierung den »mündigen Bürger« als Ziel der Berufsausbildung. Dieser sei dadurch gekennzeichnet, »daß er sich nicht unreflektiert in die gegebenen gesellschaftlichen Verhältnisse schickt und ihnen anpaßt, sondern sich selbstbewußt als Subjekt der sozialen Beziehungen betätigt, in die er hineingestellt ist […]«.[50] Die arbeitende Jugend habe gegenüber der Jugend in der Schule den Nachteil, bereits früh in die Leistungsprozesse der Privatwirtschaft eingebunden zu sein. Die Kommissionsmehrheit empfahl daher, das Fach »Arbeitslehre« bereits in den allgemeinbildenden Schulen einzuführen. Um den staatlichen Einfluss zu stärken, schlug die Kommission vor, dass Ausbildungsplätze mit vom Arbeitsamt zu besetzen seien. Die »einseitige Abhängigkeit der Planung und Durchführung beruflicher Bildung von unkoordinierten *einzel*wirtschaftlichen und *kurz*fristigen Dispositionen« sollte so durch die »öffentliche Verantwortung« aufgehoben werden.[51] Die Fertigstellung des Jugendberichtes hatte auch deswegen so lange gedauert, weil drei Kommissionsmitglieder diesen Forderungen widersprachen. In einem Sondervotum stellten Walter Jaide, Paula Maeder-Eigen und Gunter Wildangel ihre abweichenden Positionen dar. Sie kritisierten vor allem den Grundtenor des Berichtes. Sie sahen keine prinzipielle Benachteiligung der arbeitenden gegenüber der schulischen Jugend, da Motivationen und Eigenschaften individuell unterschiedlich seien. Neben einem kritischen Bewusstsein und Rechtskenntnissen sollten auch Pflichten und Aufgaben vermittelt werden. Die Koordinierung von Lehrstellen über die Arbeitsämter war für sie eine »total-bürokratische Vermittlung«, die der liberalen Wirtschaftsordnung und dem Grundgesetz widerspräche.[52] Der Abschlussbericht kam zu spät, um noch Einfluss auf die Reformdebatten zu haben, da eine grundlegende Berufsbildungsreform bereits im Bundesrat gescheitert war. Das Sondervotum des Jugendforschers Jaide ließ zudem erkennen, dass die Hochzeiten, in denen sozialwissenschaftliche Expertise fast zwangsläufig von einer Krisensituation in der Berufsbildung ausging und grundlegende Reformen anmahnte, vorbei waren. Vorbehalte gab es natürlich auch Anfang der 1970er Jahre. Gegen eine linke Hegemonie gerichtet, wertete 1976 der Arbeitspsychologe Theodor Scharmann ältere Befragungen unter jungen Metallarbeitern – die er bereits 1962/63 durchführen ließ – erneut aus, um gegen eine angebliche Ausbeutung der Lehrlinge zu argumentieren. Scharmann wandte sich explizit gegen neomarxistische Forschungen. Die Arbeiterjugend sei nicht entrechtet und depriviert, sondern im Gegenteil gesellschaftlich integriert und arbeite auf einen sozialen Aufstieg hin, durch steigende Qualifikationsanforderungen würden neue Beschäftigungschancen entstehen.[53] Mit seinem Titel *Vom Proletarier zum Industriebürger* noch den soziologischen Diskussionen der späten 1950er Jahre

50 Ebd., S. 12.

51 Ebd., S. 107, Hervorhebung im Original.

52 Ebd., S. 118.

53 Theodor Scharmann, Vom Proletarier zum Industriebürger – Ideologie und Empirie, in: Ders./Erwin Roth (Hrsg.), Vom Proletarier zum Industriebürger, Bern u. a. 1976, S. 175-215.

verhaftet, verwies Scharmann auf einen Widerspruch zwischen den theoretisch und politisch ambitionierten, aber empirisch deduktiven Arbeiten, in denen die Unterdrückung und Benachteiligung der arbeitenden Jugend nur belegt zu werden brauchte. Ingrid Lisop, seit 1972 Professorin für Wirtschaftspädagogik und zeitweise Mitglied des Bildungsrates, konstatierte rückblickend die weitgehende Wirkungslosigkeit vieler Reformgutachten, aber immerhin hätten sie die »Funktion einer konkreten Utopie gesellschaftspolitischer Modernisierung« gehabt und so zu einem Bewusstseinswandel in der Berufsbildung beigetragen.[54]

In den Diskussionen um ein neues Berufsbildungsgesetz waren in den Institutionen, insbesondere auf Arbeitergeberseite, Beharrungskräfte wirksam. Es konnte oft scheinbare Nebenaspekte sein, an denen sich Widerstände entzündeten. An der Entwicklung des Berufsgrundbildungsjahres soll dies gezeigt werden. Das 1971 eingeführte BGJ, welches überwiegend an Berufsschulen durchgeführt wurde, stand im Zusammenhang mit Diskussionen um ein verpflichtendes zehntes Schuljahr. Diese bildungspolitischen Maßnahmen waren in den Augen der Gewerkschaften Vorbereitungen für ein integriertes Gesamtschulsystem. Die Mehrzahl der Bundesländer versuchte, über den Weg eines Berufsgrundbildungsjahrs ein faktisches zehntes Schuljahr für diejenigen einzuführen, die keinen Ausbildungsplatz gefunden hatten.[55] Seitens der Gewerkschaften wurde dieser Schritt begrüßt, denn auf diese Weise sollte das Berufsgrundbildungsjahr ein neuer und sicherer Weg in die Berufstätigkeit werden. Dabei zeigte sich jedoch bald, dass dieser Weg vor allem aufgrund von Vorbehalten bei den Unternehmen nicht gangbar war. Um das Berufsgrundbildungsjahr zu stärken, hatte 1972 der Bundesminister für Wirtschaft und Finanzen eine Verordnung erlassen, die in elf Berufsfeldern eine Anrechnung des BGJ als erstes Ausbildungsjahr möglich machen sollte.[56] Dies betraf auch den Metallbereich, der den höchsten Anteil von Schülern im BGJ hatte.[57] Vor allem Vertreter der Handwerksverbände zeigten sich obstruktiv. Absolventen des BGJ hatten daher meist Probleme, eine Lehrstelle zu finden, oder sie verzichteten auf die vorgesehene Anrechnung. So betrug die Nichtanrechnung bei männlichen BGJ-Absolventen

54 Ingrid Lisop, Zur Rolle der Berufsbildung in den bildungspolitischen Reformgutachten der Bundesrepublik Deutschland, in: Rolf Arnold u.a. (Hrsg.), Weiterungen der Berufspädagogik. Von der Berufsbildungstheorie zur internationalen Berufsbildung, Stuttgart 1997, S. 97-113, hier S. 110.

55 Vgl. die Übersicht zu den einzelnen Bundesländern: Frank Braun, Einführung, in: Ders., Die Kontroversen um das zehnte Bildungsjahr, München 1982, S. 8-42, hier S. 9-14.

56 Bundesminister für Wirtschaft und Finanzen: Berufsgrundbildungsjahr-Anrechnungs-Verordnung vom 4.7.1972, in: Bundesgesetzblatt Nr. 63 vom 8.7.1972, S. 1151-1154; vgl. Stratmann/Schlösser, System, S. 189-191.

57 Für das Schuljahr 1976/77 besuchten 7.460 männliche und 172 weibliche Jugendliche ein BGJ mit der Richtung Metall, bei der Elektrotechnik waren es 2.477 männliche Jugendliche. Zusammen bildeten sie 36,6 Prozent aller BGJ-Teilnehmer. Vgl. Berufsbildungsbericht 1978, S. 47.

1976 rund 66,5 Prozent, bei weiblichen 75,3 Prozent.[58] Dieser Weg erwies sich so als »Bumerang«.[59] Ende 1977 einigten sich Vertreter der Interessenverbände auf eine neue Anrechnungsverordnung, die im Juli 1978 in Kraft trat.[60] Bei den meisten handwerklichen Ausbildungsberufen war die Anrechnung des BGJ nicht mehr zwingend vorgeschrieben.[61] Die neue Anrechnungsverordnung dokumentierte das Scheitern, mit dem BGJ einen neuen Weg in die Berufsausbildung zu etablieren. Für Bernhard Wurl war sie der »Todesstoß« für das BGJ.[62]

Das BGJ wurde Ende der 1970er Jahre vor allem von Schülern besucht, die keine Lehrstelle gefunden hatten. Seit der Einführung 1971 stiegen die Schülerzahlen kontinuierlich an und erreichten 1975 etwas über 30.000, was immer noch eine recht kleine Zahl gegenüber rund 1,3 Millionen Ausbildungsplätzen war.[63] Der absolute Höhepunkt wurde 1983 erreicht, als 103.572 Schüler das Berufsgrundbildungsjahr besuchten und 47.253 das weniger ambitionierte Berufsvorbereitungsjahr.[64] 1983 war auch das Jahr, in dem die Jugendarbeitslosigkeit mit etwas mehr als elf Prozent einen Höchststand erreichte. Bis 1988 gingen die Schülerzahlen wieder auf 87.324 zurück.[65] Es wurde zudem die sogenannte kooperative Form des BGJ ausgebaut, bei der ein Teil der Ausbildung im Betrieb erfolgte, 1987/88 besuchten fast 30.000 Schüler diese Form des BGJ, die auch von der Arbeitgeberseite befürwortet wurde.[66] Der Anstieg von Teilnehmern des BGJ in den 1980er Jahren dokumentierte vor allem die schwierige Entwicklung auf dem Lehrstellenmarkt. Die Funktion einer Grundlagenbildung für

58 Wolfgang Blut, Zum Einfluss des Handwerks auf die Änderungen der Regelungen für die Berufsbildung im Jahre 1978, Wissenschaftliche Hausarbeit im Rahmen der Ersten Staatsprüfung für das Amt des Studienrats, Berlin 1979, S. 82, FN 2. (Privatarchiv Crusius).

59 Mit Beispielen aus einer Frankfurter Berufsschule: Versuch mit Berufsgrundschuljahr droht zu scheitern. Verordnung verhindert Einstellung, in: *FAZ*, 1.4.1977.

60 Bundesminister für Wirtschaft: Berufsgrundbildungsjahr-Anrechnungs-Verordnung vom 17. Juli 1978, in: Bundesgesetzblatt Teil I, Nr. 40, S. 1061 vom 25.7.1978; vgl. Antwort der Bundesregierung auf die Kleine Anfrage der Abgeordneten Dr. Wilms, Pfeifer, Schedl, Rühe, Frau Benedix, Daweke, Prangenberg, Dr. Hornhues und der Fraktion der CDU/CSU – Drucksache 8/1360 – Weiterentwicklung der beruflichen Grundbildung und Änderung der Anrechnungsverordnung, Drucksache 8/1441, 20.1.1978.

61 Blut, Einfluss, S. 91 f.; Neuer Anfang in der Berufsbildung. Die umstrittene Anrechnungsverordnung tritt im August in Kraft, in: *FAZ*, 27.7.1978.

62 Protokoll gemeinsame Sitzung Jugend- und Berufsbildungsausschuss der IG Metall, 2.10.1978, in: AdsD, 5/IGMA-22-0165.

63 Beide Zahlen nach: Jens Naumann, Entwicklungstendenzen des Bildungswesens der Bundesrepublik Deutschland im Rahmen wirtschaftlicher und demographischer Veränderungen, in: Max-Planck-Institut für Bildungsforschung: Projektgruppe Bildungsbericht, Bildung in der Bundesrepublik Deutschland, Daten und Analysen, Band 1: Entwicklungen seit 1950, Stuttgart 1980, S. 21-102, S. 59.

64 Berufsbildungsbericht 1985, S. 116.

65 Berufsbildungsbericht 1989, S. 191.

66 Stratmann/Schlösser, System, S. 197.

alle Auszubildenden erfüllte das BGJ zu keiner Zeit.[67] Ein ähnliches Ergebnis brachte auch die Debatte um das zehnte Schuljahr. Die meisten Bundesländer boten an Hauptschulen ein freiwilliges zehntes Schuljahr an oder erließen eine Vollzeitschulpflicht von zehn Jahren, auf die aber Berufsgrundbildungsjahre oder Berufsausbildungen angerechnet werden konnten.[68] Niedersachsen führte 1976 ein Berufsgrundbildungsjahr ein, es entwickelte sich aber nicht zum gängigen Einstieg in die Arbeitswelt, da viele Ausnahmen möglich waren.[69] Das BGJ und das zehnte Schuljahr waren als Bausteine einer grundlegenden Reform konzipiert, aber erfüllten die Erwartungen nicht, sondern blieben Ausweichmöglichkeiten bei der Lehrstellensuche. Der mangelnde Erfolg war aber nicht allein den Arbeitgebern zuzuschreiben, sondern zum Teil auch den betrieblichen Gewerkschaftsvertretern und lokalen Funktionären, die einer Verschulung der Berufsausbildung skeptisch gegenüberstanden. Hier ist eine Lücke zu erkennen, die zwischen Teilen der Gewerkschaftsjugend und Jugendfunktionären auf der einen und den stärker betrieblichen Routinen verhafteten lokalen und betrieblichen Funktionären auf der anderen Seite bestand.

Allerdings blieb eine grundlegende Reform für die Gewerkschaftsjugend bis in die 1980er Jahre hinein Synonym für die Hoffnung auf eine bessere Berufsausbildung, aber Diskussionen darum waren nur noch ein politisches Hintergrundrauschen. Die Idee einer grundlegenden Reform entstammte der Aufbruchsstimmung der frühen 1970er Jahre in Zeiten der Vollbeschäftigung. Das Schwinden der Reformeuphorie und der Hoffnung auf staatliche Regelungen brachten die Gewerkschaften in die Defensive.[70] Es verbreitete sich das Schlagwort, sich wieder auf die eigene Kraft zu verlassen. Dies hieß vor allem, mittels tariflicher Politik Verbesserungen in den Betrieben zu erreichen. Die IG Metall versuchte zum Beispiel bereits im Streik in der nordrheinwestfälischen Eisen- und Stahlindustrie 1978/79 eine weitere Arbeitszeitverkürzung durchzusetzen.[71] Der Jugendausschuss der IG Metall brachte auf dem Gewerkschaftstag

67 Kannze (sic!) nur Kanalarbeiter werden. Die Misere der beruflichen Bildung in der Bundesrepublik II: Das Berufsgrundbildungsjahr, in: *Der Spiegel* Nr. 28, 11.7.1983, S. 118-126.

68 Eine Übersicht der Bundesländer bei: Frank Braun, Die Kontroversen um das zehnte Bildungsjahr, München 1982, S. 9-14. Die von ihm erstellte Bibliographie nennt 904 Titel zu dieser Frage seit 1974. Für die Zeit vorher als Bibliographie: Ulf Homann, Die Diskussion um die Schulpflichtverlängerung in der Bundesrepublik Deutschland 1949 bis 1979. Eine annotierte Bibliographie, Berlin 1981.

69 Immerhin führte es in Niedersachsen zu einem Rückgang von Schulentlassungen um zwölf Prozent von 1975 auf 1976. Berufsbildungsbericht 1978, S. 20. 1980 hatte Niedersachsen mit 21.071 Schülern im BGJ den höchsten Anteil, gefolgt von Bayern mit 11.187 und Nordrhein-Westfalen mit 10.239. In Hessen und Rheinland-Pfalz waren es etwas über 5.000 Schüler, in den anderen Bundesländern waren es unter 2.000. Der Bundesminister für Bildung und Wissenschaft: Berufsbildungsbericht 1982, Bonn März 1982, S. 29.

70 Kempter, Gefolgschaft, S. 289.

71 Schneider, Geschichte, S. 370-375 allgemein, zur Tarifpolitik und dem Streik S. 387-396.

der IG Metall 1978 den Antrag »Durchsetzung gewerkschaftlicher Forderungen zur Berufsbildung im Rahmen von vertraglichen Regelungen« ein. Da die Berufsbildungsreform gescheitert war, sollten nun auf der betrieblichen Ebene Fortschritte festgeschrieben werden.[72]

3.1.1. Eine neue Bedrohung – steigende Jugendarbeitslosigkeit seit 1974

Für die Gewerkschaftsjugend war nicht allein das Scheitern der Berufsbildungsreform enttäuschend, bald wurde die seit 1974 steigende Jugendarbeitslosigkeit als immenses gesellschaftliches Problem erkannt. Es gab Versuche, beide Aspekte miteinander zu verbinden, insbesondere in der Kampagne zur Reform 1975. Georg Benz äußerte im Oktober 1976 gegenüber Journalisten, eine Berufsbildungsreform würde gegen die Jugendarbeitslosigkeit helfen.[73] Die Jugendarbeitslosigkeit veränderte die Wahrnehmung der Jugend in erstaunlichem Tempo. Galt Jugend in der Politisierungsphase als Hoffnungsträger, als Vorbote einer neuen Zeit, die selbstbewusst gegen schlechte Behandlung und für eine moderne Ausbildung in den Betrieben ankämpfte, rückte nun die Sicherung von Ausbildungs- und Arbeitsplätzen in den Vordergrund. Jugend stand nicht mehr als Metapher für die Gestaltungskraft einer neuen Generation, sondern wandelte sich vor allem zu einem Krisenbegriff in der Gesellschaft, und auch in der Gewerkschaftsjugend. Denn als Folge einer zunehmenden Jugendarbeitslosigkeit dominiere Resignation und Anpassungsdruck. Zwar gab es auch Deutungen in der gewerkschaftlichen Debatte, dass sich nun die Krisenhaftigkeit des Kapitalismus bestätige und daraus neue politische Chancen erwachsen könnten.[74] Aber waren die Befürchtungen berechtigt, oder entstammten sie auch eigenen Problemen, die sich in der IG-Metall-Jugend aus der Konzentration auf verrechtlichte Konfliktformen ergaben?

Jugendarbeitslosigkeit war – mit Ausnahme der Nachkriegsjahre und der frühen Bundesrepublik – lange Zeit kein sozialpolitisch bedeutsames Thema gewesen. Selbst die Entlassungen von Jugendvertretern wurden bis 1973 weniger als soziale Gefährdung der Betroffenen denn als politische Maßregelung verstanden. Die Quote der jugendlichen Arbeitslosen lag zwischen 1967 und 1973 unterhalb oder parallel zur allgemeinen Arbeitslosenquote, die bis 1973 unter einem Prozent lag. Allerdings stieg die Zahl der jugendlichen Arbeitslosen bereits in diesem Zeitraum schneller als die allgemeine Arbeitslosigkeit, was jedoch angesichts der geringen Zahlen – 1971 waren es knapp 29.000 Jugendliche

72 Protokoll der Sitzung des Jugendausschusses beim Vorstand der IG Metall am 23. Mai 1977 in Frankfurt, in: AdsD, 5/IGMA-22-0172.

73 Vermerk Bernhard Wurl an Georg Benz, 5.10.1976: Rundfunkgespräch, in AdsD, 5/IGMA-450-20016; vgl. Bernhard Wurl, Bewältigung der Jugendarbeitslosigkeit – Aufgabe der Partei, in: *Neue Gesellschaft* 23 (1976), S. 134-137.

74 Erste Daten über Jugendarbeitslosigkeit. Kapitalismus in der Krise, in: *Solidarität* Nr. 1 (1975), S. 3-7.

unter 25 Jahren – zu keinen nennenswerten politischen Reaktionen führte. Im Herbst 1974 schnellten die Arbeitslosenzahlen um 210 Prozent gegenüber 1973 in die Höhe. Nun waren 158.000 Personen unter 25 Jahren arbeitslos gemeldet. Bis 1975, auf dem Tiefpunkt der Beschäftigungskrise, verlief der Anstieg ähnlich dem allgemeinen Anstieg der Arbeitslosigkeit.[75] Allerdings entspannte sich schon 1976 die Situation wieder etwas, da der saisonale Aufschwung zu einem signifikanten Rückgang der Jugendarbeitslosigkeit auf 96.000 Personen unter 20 Jahren führte.[76] Bis 1978 glichen sich die Quoten jugendlicher Arbeitsloser und Gesamtarbeitslosenzahlen ungefähr an, mit Schwankungen nach oben und unten und zwischen 3,8 und 5,5 Prozent.[77] Ein Anstieg erfolgte wieder ab 1980 und kletterte in der zweiten Wirtschaftskrise bis auf 11 Prozent 1983, fiel aber in der zweiten Hälfte – vor allem demographisch bedingt – erneut ab und lag nun wieder unter der allgemeinen Arbeitslosenquote.[78]

Anders als in den meisten anderen europäischen Ländern bewegte sich die Jugendarbeitslosigkeit in der Bundesrepublik in den 1970er und 1980er Jahren auf einem niedrigen Niveau. Im europäischen Vergleich stand die Bundesrepublik gut dar.[79] Zwar ist bei internationalen Vergleichen eine Reihe von statistischen Untiefen zu berücksichtigen, die sich aus unterschiedlichen Erhebungsmodi oder im Vergleich Frankreich und Deutschland im Unterschied von Dualem und verschultem System finden lassen. In Deutschland wurden zum Beispiel Auszubildende mit zur Erwerbsbevölkerung gezählt, hingegen in Frankreich zur Schulbevölkerung, was für die Bundesrepublik einen positiven Effekt hatte.[80] Dennoch sprach die Tendenz für das deutsche Modell der Dualen Ausbildung, da es Übergänge in den Beruf erleichterte. Thomas Raithel hat darüber hinaus weitere Faktoren herausgearbeitet, die die Unterschiede zwischen Deutschland und Frankreich erklären helfen. Erstens war in Frankreich der Anteil von Jugendlichen in der Bevölkerung höher, zweitens machte Raithel eine gewisse Ghettobildung unter den jugendlichen Migranten aus, drittens konstatierte er einen höheren Stellenwert von Jugendfragen in der bundesdeutschen Gesellschaft und viertens schärfere Kündigungsvorschriften in Frankreich. Im Ver-

75 Karen Schober, Arbeitslosigkeit in Zahlen: Ausmaß und Entwicklungstendenzen, in: Gero Lenhardt (Hrsg.), Der hilflose Sozialstaat. Jugendarbeitslosigkeit und Politik, Frankfurt a. M. 1979, S. 173-201, S. 175 f.

76 Und zwar 4,3 Prozent arbeitslose Jugendliche gegenüber 4,8 Prozent allgemeine Arbeitslosenquote. Schober, Arbeitslosigkeit, S. 186.

77 Gero Lenhardt, Jugendliche Arbeitslose zwischen Arbeitsmarkt und Bildungspolitik, in: Ders. (Hrsg.), Der hilflose Sozialstaat. Jugendarbeitslosigkeit und Politik, Frankfurt a. M. 1979, S. 203-283, hier S. 204.

78 Thomas Raithel, Jugendarbeitslosigkeit in der Bundesrepublik Deutschland und in Frankreich in den 1970er und 1980er Jahren, in: Ders./Thomas Schlemmer (Hrsg.), Die Rückkehr der Arbeitslosigkeit. Die Bundesrepublik Deutschland im europäischen Kontext 1973 bis 1989, München 2009, S. 67-80, hier S. 68 f.

79 Hans-Christian Harrten, Jugendarbeitslosigkeit in der EG, Frankfurt a. M./New York 1983, S. 212.

80 Raithel, Jugendarbeitslosigkeit (2012), S. 17.

gleich beider Staaten erwies sich das Duale System als vorteilhaft im Hinblick auf die Ausbildung von Jugendlichen. Während in Frankreich die Berufsausbildung staatlicherseits und verschult erfolgte, war in der Bundesrepublik der Übergang ins Arbeitsleben nach einer Lehre oft einfacher, zudem waren die Ausgebildeten fachlich qualifizierter und erfahrener.[81] Das »Arbeitsplatzförderungsgesetz« hatte mit dem ab 1977 jährlich erscheinenden Berufsbildungsbericht einen wichtigen Schritt zur Vereinheitlichung der Ausbildungsstatistik gemacht.[82] Dennoch blieben die statistischen Angaben zur Jugendarbeitslosigkeit von vielen Unsicherheiten geprägt. Die über die Arbeitsämter ermittelten Zahlen arbeitsloser Jugendlicher – in den 1970er Jahren wurden damit zumeist unter 20-Jährige verstanden – zeigten immer nur das Minimum. Bewerber auf Lehrstellen wurden zum Beispiel nur erfasst, wenn sie sich arbeitslos meldeten.[83] Die IG-Metall-Jugend untersuchte auf lokaler Ebene die Arbeitslosenstatistiken oder nahm Erhebungen vor, um eigene Zahlen präsentieren zu können.[84] Es wurde ein Rückgang an Ausbildungsplätzen befürchtet, der 1975 tatsächlich eintrat. Innerhalb der Gewerkschaftsjugend machte das Wort vom angeblichen Ausbildungsboykott der Unternehmer die Runde. Allerdings zeigte sich mittelfristig eine hohe Aufnahmefähigkeit, gerade vom oft gescholtenen Handwerk. In den geburtenstarken Jahrgängen, die ab Mitte der 1970er Jahre auf den Ausbildungsmarkt drängten, fanden erstaunlich viele noch Ausbildungsstellen. Die Zahl der Ausbildungsverhältnisse war von 1976 bis 1980 um 153.000 gestiegen, 1,64 Millionen Jugendliche waren in Ausbildungsverhältnissen beschäftigt.[85] Auch war die Verweildauer Jugendlicher in der Arbeitslosigkeit geringer als bei älteren Arbeitslosen.[86] Allerdings ging dieser Vorteil des Dualen Systems mit

81 Raithel: Jugendarbeitslosigkeit (2009), S. 70-72; Raithel, Jugendarbeitslosigkeit (2012), S. 41-57.

82 Vgl. die Problematisierung der statistischen Tücken bei der Arbeitslosenstatistik für Jugendliche, die erst ab März 1976 kontinuierlich geführt wurde. Schober, Arbeitslosigkeit, S. 174 und S. 181-185; Alois Weidacher, Jugendarbeitslosigkeit und ihre Darstellung in den Statistiken der Bundesanstalt für Arbeit (BA), in: Braun/Weidacher, Materialien, S. 5-15; Raithel, Jugendarbeitslosigkeit (2009); als Beispiel für die politische Kritik der Gewerkschaften: »Schönfärberei nutzt der Jugend nichts. Statistiken verschleiern das wahre Ausmaß der Berufsnot unserer Jugendlichen, in: *Welt der Arbeit* Nr. 26, 28.06.1979, Wirtschaft in Hessen, S. 6.

83 Raithel, Jugendarbeitslosigkeit (2012), S. 29.

84 Vgl. Studie Jugendarbeitslosigkeit der IG Metall-Verwaltungsstelle München, Oktober 1977, in: AdsD, 5/IGMA-22-0187; Jugendarbeitslosigkeit – eine Tonbildschau des IGM-OJA Marburg, in: AdsD, 5/IGMA-22-0170; Bezirksleitung Hamburg der IG Metall an die Bevollmächtigten der Verwaltungsstellen, 14.7.1978, AdsD, 5/IGMA-22-0179; Gerd Holler, Ein windiges politisches Manöver, *Der Gewerkschafter* 26, Nr. 1, Januar 1978, 28 f.

85 Berufsbildungsbericht 1981, hrsg. vom Bundesminister für Wissenschaft und Forschung, Bonn 1981, S. 7.

86 Waren es 1970 noch 1,3 Monate, waren es 1977 bereits 5,4 Monate, während die allgemeine Verweildauer auf 8 Monate 1977 angestiegen war. Harten, Jugendarbeitslosigkeit, S. 27; Raithel, Jugendarbeitslosigkeit (2012), S. 20.

einer Entwicklung einher, die Thomas Raithel treffend als »Normalisierung der Krise« bezeichnet hat, das langfristige Arrangement mit einer allgemeinen »Sockelarbeitslosigkeit«, wie es heute zu beobachten ist.[87] In den 1970er Jahren war eine solche Entwicklung für die meisten Gewerkschafter nicht vorstellbar. Vollbeschäftigung war ja die vorherige langjährige Erfahrung. Vor diesem Hintergrund verschärfte sich die Wahrnehmung einer Krise, deren Bekämpfung zum bestimmenden Mobilisierungsthema für die Gewerkschaftsjugend wurde. Der Wert der Arbeitskraft der abhängig Beschäftigten drohte verloren zu gehen, dies bestimmte auch die Wahrnehmungen eines »Klassenkampf[s] von oben«. Aber die Aktivitäten und die ebenfalls auftretenden Probleme der Organisation sollten eines nicht zeigen, ein neu sich bildendes Klassenbewusstsein unter betroffenen Jugendlichen.

87 So der treffende Begriff von Raithel, Jugendarbeitslosigkeit (2012), S. 129.

3.2. Die »Krise der Gewerkschaftsjugend« als Krise politisierter Jugendkulturen – Die IG-Metall-Jugend zwischen Jugendarbeitslosigkeit und neuer Kultur- und Freizeitarbeit

In der Folge der Lehrlingsbewegung und der positiven Auswirkungen der Reform des Betriebsverfassungsgesetzes 1972 sah sich die IG Metall mit ihrer Politik der Einbindung der Jugend in die Gesamtorganisation und der betriebsbezogenen Ausrichtung bestätigt. Allerdings war bereits einige Jahre später zu erkennen, dass der Politisierungsschwung der frühen 1970er Jahre ins Stocken geriet. Eine Reihe von Funktionären, und bald auch die Öffentlichkeit, diskutierte eine Krise der Gewerkschaftsjugend, ja, die Jugendarbeit der Gewerkschaften galt manchen als »tot«.[1] Indikatoren waren ein Rückgang der DGB-Jugendarbeit und weniger Engagement in den Betrieben durch die einfachen Mitglieder. Diese Krise, so vermuteten viele Funktionäre und aktive junge Gewerkschafter, habe zwei wesentliche Ursachen: Extern, da durch die ökonomische Krise seit 1973/74 die Zahl der Beschäftigten – auch in der Metallindustrie – zurückgehe und Lehrstellenmangel und Jugendarbeitslosigkeit zur politischen Resignation bei vielen Jugendlichen führe. Intern, da durch Gremienarbeit und Verrechtlichung die gewerkschaftliche Jugendarbeit an Attraktivität verliere. Diese interne Problemdiskussion reflektiere Wandlungen in den politischen Jugendkulturen. Der Aufschwung der Jugendarbeit hatte sich auch aus den marxistischen Konzeptionen und Schlagwörtern ergeben, die um 1970 jugendkulturelle Entwicklungen dominierten. Als Ausprägungen von linken Suchbewegungen nach 1968 verloren K-Gruppen, SDAJ, aber auch die undogmatische Linke angesichts der Alternativbewegung, der Suche nach »Wärme« in kleineren Gruppen und einer zunehmenden Skepsis gegenüber linken und marxistischen Theorieangeboten an Bedeutung. Die Alternativbewegung, die zwar von Jugendlichen geprägt, aber keine spezifische Jugendkultur war, war insbesondere mit der Kritik an der Technisierung der Gesellschaft seltener an der Seite der Gewerkschaften zu finden. Vor diesem Hintergrund verloren die Gewerkschaften im alternativen Milieu den Nimbus der Klassenorganisation, in der es zu wirken galt.[2] Es ergab sich eine eigentümliche Entwicklung. Die Durchmischungen mit traditionellen Gruppen der Neuen Linken – insbesondere der SDAJ, den K-Gruppen und undogmatischen Linken – ermöglichten noch Mobilisierungserfolge, während aus den unteren Gliederungen die Klagen über mangelnden Zuspruch der einfachen Mitglieder in den Betrieben zunahmen. Daher sollen zunächst die Durch-

1 So Peter Stelzer, Gewerkschaftliche Jugendarbeit im Zeichen gewerkschaftlichen Funktionswandels. Dargestellt am Beispiel der Lehrlingszentren ab 1970, unveröffentlichtes Manuskript (Privatarchiv Crusius), S. 95.

2 Als Überblick zu den Neuen Sozialen Bewegung vgl. Roland Roth/Dieter Rucht (Hrsg.), Die sozialen Bewegungen in Deutschland seit 1945. Ein Handbuch, Frankfurt a. M. 2007. In den beiden neueren umfangreichen Sammelbänden zum »alternativen Milieu« tauchen Gewerkschaften nicht auf, vgl. Reichardt/Siegfried, Milieu; Baumann/Gehrig/Büchse, Milieus.

mischungen zwischen Gewerkschaftsjugend und linken Gruppen analysiert werden, um dann ausführlicher auf Mobilisierungsprobleme und Gegenstrategien der IG-Metall-Jugend einzugehen.

3.2.1. Bündnisse mit der Neuen Linken – Die Kampagne gegen Jugendarbeitslosigkeit 1975

1975 hatte es noch so ausgesehen, dass die Gewerkschaftsjugend in Bündnis mit anderen Jugendverbänden in der Lage war, in einer großen Protestwelle Hunderttausende für eine Berufsbildungsreform und gegen Jugendarbeitslosigkeit auf die Straße zu bringen. Aber dieser Mobilisierungserfolg erklärte sich aus der politischen Durchmischung von Neuer Linker und Gewerkschaftsjugend und markierte kein neu erwachendes Klassenbewusstsein von Jugendlichen in den Betrieben. Die Berufsbildungsreform war 1973 ein auf gewerkschaftlichen Konferenzen und Gremiensitzungen zwar präsentes Thema, aber führende Gewerkschaftsfunktionäre waren selbst nicht mehr überzeugt, dass es noch zu einer grundlegenden Reform kommen würde. Der DGB hatte auf einer Bundesarbeitstagung im Frühjahr 1973 in Solingen vor allem hauptamtliche Funktionäre zu dieser Frage zusammengerufen. Hans Preiss attackierte zwar den DIHT für seine Obstruktionspolitik, dämpfte aber allzu hohe Erwartungen: »Selbst wenn dabei die Integration der Berufsbildung in das öffentliche Bildungssystem und die Gleichbewertung beruflicher und allgemeiner Bildung nicht voll gelingt, wird es doch zu wesentlichen Veränderungen der betrieblichen Berufsausbildung kommen.«[3] Ähnlich skeptisch urteilte Oswald Todtenberg gegenüber dem Bundesjugendausschuss des DGB im Sommer 1974, als er die Berufsbildungsreform für gescheitert erklärte: »[D]ie Forderungen der Gewerkschaften nach Integration der allgemeinen beruflichen Bildung werden also nicht erfüllt«, resümierte er. Zu der Zeit bestand kein aktueller Beschluss des geschäftsführenden Bundesvorstandes des DGB zum Thema. Man behalf sich im Bundesjugendausschuss pragmatisch damit, dass der DGB weiterhin die alten Kernforderungen auf Plakaten und in Broschüren verbreiten sollte.[4] Führende IG-Metall-Funktionäre äußerten im Dezember 1974 gegenüber einem Sozialwissenschaftler, dass die Berufsbildungsreform als »Fachfrage« gesehen werde und nicht als Mobilisierungspotential, ein Scheitern der Berufsbildungsreform an der Finanzierungsfrage wäre auch nicht das Schlimmste, da dann die Möglichkeit bestände, neue Reformkonzepte zu entwickeln.[5] Im *Kritischen Jahrbuch* linker Gewerkschafter und Sozialwissenschaftler hieß es im Oktober 1974, dass

3 Hans Preiss, DIHT will Berufsbilder für dumm verkaufen, in: *Der Gewerkschafter* 21, Nr. 3, März 1973, 86 f., Zitat ebd.

4 Protokoll 98. Sitzung Bundesjugendausschuss des DGB am 27/28.6.1974 in Düsseldorf, S. 15, in: AdsD, DGB-Archiv, Abteilung Jugend, 5/DGAU-123.

5 Jürgen Hörnke, Zum gewerkschaftlichen Verhalten in der Diskussion um die Reform der beruflichen Bildung, unveröffentlichte Diplomarbeit am Fachbereich Gesellschafts-

die Berufsbildungsreform wohl scheitern werde.[6] Die Skepsis lag nicht nur am Unwillen der führenden Funktionäre. Oswald Todtenberg hatte lange für eine grundlegende Reform gestritten, rückte aber angesichts der parlamentarischen Mehrheitsverhältnisse und der Obstruktion wirtschaftlicher Verbände von dem Ziel ab. Die Reformeuphorie der ersten Kanzlerschaft Willy Brandts war auch hier abgeklungen.

Trotz dieser Skepsis beschloss der Bundesjugendausschuss des DGB im Frühsommer 1974, »Schwerpunktaktionen« zur Berufsbildungsreform durchzuführen. Diese sollten nicht von »oben« administriert werden, sondern »von den örtlichen Jugendausschüssen und -gruppen organisiert werden«.[7] Dieser basisorientierte Ansatz war nicht nur Camouflage, sondern sollte an betriebliche Erfahrungen der Jugendlichen anschließen. Darunter verstand der DGB-Jugendausschuss bereits zu Slogans geronnene Sozialwissenschaft wie »Integration von allgemeiner und beruflicher Bildung«.[8] Die Schwerpunkt-Aktionen zu organisieren oblag den Landesjugendsekretären des DGB. Der DGB-Jugend-Bezirkskonferenz in Kiel im September 1974 folgte eine Demonstration, an der 2.500 Personen teilnahmen. Sie wurde als besondere Aktion hervorgehoben, da dieses soziale Ereignis den Zusammenhalt gestärkt habe. Allerdings ging es nicht allein um die Berufsbildung, auch die Solidarität mit Chile – der Putsch jährte sich im September 1974 – war Thema der Demonstration und beförderte die Dynamik. Etwas resigniert vermerkten die beiden Bezirkssekretäre, dass zwar theoretisch diskutiert wurde, aber »(b)is auf wenige Ausnahmen« sei weder von »älteren Kollegen« noch den gewerkschaftlichen Gremien eine »aktive Unterstützung« geleistet worden.[9] Auch aus anderen Landesbezirken berichteten die zuständigen Sekretäre, dass die Unterstützung der DGB-Gremien und älterer Kollegen zu wünschen übrig lasse.[10] Da die Bundesregierung 1974 einen neuen Entwurf des BbiG angekündigt hatte, sollte mit Aktionen auch Druck auf die Bundesregierung ausgeübt werden. Für die Jugendsekretäre ging es nicht allein um die Frage der Erfolgschancen. Die politisch unruhige Stimmung in manchen

wissenschaften der Johann Wolfgang Goethe-Universität Frankfurt a. M., Januar 1975, S. 88-91 (Privatarchiv Crusius).

6 Jochen Reuling, Zur Situation der Jugendlichen in der Ausbildung, in: Otto Jacobi/Walther Müller-Jentsch/Eberhard Schmidt (Hrsg.), Gewerkschaften und Klassenkampf. Kritisches Jahrbuch '74, Frankfurt a. M.1974, S. 191-204, hier S. 204.

7 Schwerpunkt-Aktionen zur Berufsbildung, in: *Solidarität* Nr. 5 (1974), S. 5-10, S. 5.

8 Vgl. ebd.

9 Aktivitäten der Gewerkschaftsjugend zum Bereich ›Berufliche Bildung‹ im DGB-Landesbezirk Nordmark von Jan. bis Dez. 1974, unterzeichnet von Hinrich Feddersen und Irene Börjes, (ohne Datum), in: Staatsarchiv Hamburg 364-15/1 Asta, 763: Aktivitäten der Gewerkschaftsjugend; vgl. das Flugblatt »Das Berufsbildungsgesetz ist tot, Aufruf zur Demo in Kiel am 14.9.« (1974), in: HISA, Bestand SDAJ, Ordner 14 Zeitungen OV Harburg und Altona.

10 Protokoll der Sitzung der Landesjugendsekretäre des DGB vom 27-28.5.1974 in Oberursel, in: AdsD, DGB-Archiv, 5/DGAU-74, Sitzungen Bundesjugendausschuss 1974.

Gruppen und der Einfluss linksradikaler Strömungen sollten mit der Kampagne auch ein Ventil bekommen.

Dass bei den Jugendlichen Handlungsbereitschaft bestand, war dann auf der Bundesjugendkonferenz des DGB im November 1974 nicht zu übersehen. Es wurde eine Kampagne zu Jugendarbeitslosigkeit und Berufsbildungsreform beschlossen, die in einer Großdemonstration des DGB gipfeln sollte. Die Kampagne sollte fast ein Jahr dauern. Bei regionalen Demonstrationen in der ersten Jahreshälfte 1975 und der zentralen Demonstration im November 1975 in Dortmund waren angeblich rund zweihunderttausend Jugendliche auf die Straße gegangen.[11] Aber Demonstrationen und Kundgebungen verdeckten, dass die Gewerkschaften – über die richtige Strategie selbst nicht unbedingt einig – nur noch einen Teil der Mobilisierung stellten und sich ein großes Spektrum linker Gruppierungen an der Kampagne beteiligte. Trotz beeindruckend hoher Teilnehmerzahlen zeigte die Kampagne 1975 vor allem die Durchmischung der Gewerkschaftsjugend mit Gruppen der Neuen Linken. Angeheizt wurden die Aktionen Anfang 1975 durch den von der Gewerkschaftsjugend so genannten »Ausbildungsboykott« der Unternehmer. Darunter wurden zum einen der Rückgang der Zahl von Ausbildungsplätzen, zum anderen das bereits erwähnte Schreiben von fünf Spitzenvertretern der Arbeitergeberverbände an Bundeskanzler Helmut Schmidt vom 13. Januar 1975 verstanden, in dem die Arbeitgebervertreter eine Erhöhung der Ausbildungsplätze mit ihren Vorstellungen einer Reform verbanden. Seitens der politischen Jugendverbände, der Gewerkschaften und Teilen der SPD wurde diese Passage als Erpressung verstanden, mit der die Arbeitgeber eine Reform verhindern wollten.[12] Für die Kampagne war das Schreiben ein positiver Impuls[13]

Anhand der Vorbereitungen auf eine Demonstration in Hamburg, die im Februar 1975 stattfand, können die politischen Durchmischungen näher beleuchtet werden. Die Gewerkschaftsjugend des DGB bereitete die Kampagne vor und war organisatorische Schnittstelle, beteiligt waren weitere Jugendverbände, die sich eine Zeit lang als Koordinierungskonferenz neben dem Landesjugendring konstituiert hatten. Im Herbst 1974 plante der Arbeitskreis Berufliche Bildung der Koordinierungskonferenz Aktivitäten zur Reform der Berufsbildung im Rahmen der DGB-Schwerpunktkampagne. Dazu gehörten größere Diskus-

11 Peter Katzer, Zur Gewerkschaftsjugendbewegung – Probleme und Entwicklungen seit Ende der sechziger Jahre, Frankfurt a. M. 1977 (Soziale Bewegungen – Analyse und Dokumente des IMSF, Nachrichten-Reihe, Band 6), S. 9; zu den Zahlen vgl. Bericht über die Jugendarbeit 1974-1976, in: Protokoll 11. Jugendkonferenz der IG Metall, S. 33; für die erste Jahreshälfte siehe auch *Solidarität* Nr. 6, Juni 1975 mit ausführlichen Berichten über einzelne Aktionen.

12 Oswald Todtenberg, Aus der Reform wurde bisher nur ein ›Reförmchen‹, in: *Solidarität* Nr. 6 (1975), S. 2-5, S. 4.

13 Vgl. den Aufruf der Evangelischen Jugend Hamburg zu einer Demonstration. Vgl. Lehrstellenverknappung durch Lehrstellenboykott?, (Anfang Februar 1975), in: FZH, 423-40, Aktionen gegen Jugendarbeitslosigkeit 1975.

sionsveranstaltungen, begleitet von Musikgruppen, und eine Demonstration. Im Forderungsprogramm wurde die grundlegende Reform der Berufsausbildung angemahnt. Insbesondere der »Ausbildungsboykott« der Unternehmen und der hohe Anteil von Auszubildenden im Handwerk würde zeigen, dass nicht die »Interessen der Jugendlichen«, sondern allein das »Profitinteresse der Unternehmer« ausschlaggebend sei, wie es in einem ersten Entwurf hieß. Begründet wurde der Begriff »Ausbildungsboykott« mit rückläufigen Ausbildungsplätzen in Hamburg, die von 1969 bis 1974 um mehr als 5.000 auf 28.379 zurückgegangen waren.[14] Daher sollten alle Befugnisse für die Ausbildung den Kammern der Wirtschaft entzogen werden, statt der Stufenausbildung eine breite Grundlagenbildung erfolgen und die Entlohnung müsse den »Lebensunterhalt der Auszubildenden abdecken«.[15] Einige Vertreter von Jugendverbänden schwächten die Forderungen ab, die Berufsausbildung sollte nicht mehr den Unternehmen komplett entzogen werden.[16] Mit Informationsständen und einer Lehrlingsfete mit Musik und Diskussionen im Gewerkschaftshaus war Ende Dezember 1974 die erste Mobilisierungsphase abgeschlossen, eine Demonstration war für den 19. Februar 1975 angesetzt. Auf das oben erwähnte Schreiben der Spitzenfunktionäre der Arbeitgeberverbände im Januar 1975 reagierten sechs Funktionäre von Hamburger Jugendverbänden mit einer Strafanzeige wegen Nötigung eines Verfassungsorgans bei der Staatsanwaltschaft Bonn. Hierbei fehlte jedoch die DGB-Jugend, nur der KJA-Vorsitzende Harry van Bargen hatte unterzeichnet, er war jedoch zugleich ein führendes SDAJ-Mitglied in Hamburg.[17] Der DGB-Kreisvorstand distanzierte sich von der Strafanzeige. Angemeldet wurde die De-

14 Dagegen war in Hamburg die Zahl der Schulabgänger von 15.742 auf 20.399 im selben Zeitraum gestiegen. Vgl. Große Anfrage der Abg. Saalfeld u.a. vom 9.1.1975 Betr.: Mangel an Ausbildungsplätzen für Schulabgänger und Antwort des Senats vom 28.1.1975. Bürgerschaft der Freien und Hansestadt Hamburg, 8. Wahlperiode, Drucksache 8/475, in: FZH, 423-40, Aktionen gegen Jugendarbeitslosigkeit 1975.

15 Entwurf: Forderungsprogramm der Hamburger Jugendverbände zur Berufsausbildung (Oktober 1974), in: FZH, 423-40, Aktionen gegen Jugendarbeitslosigkeit 1975.

16 Presseerklärung Koordinierungskonferenz Hamburger Jugendverbände, 5.12.1974. Unterzeichner waren: Arbeitsgemeinschaft freier Jugendverbände, Arbeitsgemeinschaft Hamburger Pfadfinderverbände, Christliche Arbeitnehmerjugend, DAG-Jugend, DGB-Jugend, Evangelische Jugend Hamburg, Hamburger Sportjugend, Evangelische methodistische Jugend, Jungdemokraten, Katholische Jugend Hamburg, Sozialistische Deutsche Arbeiterjugend, Sozialistische Jugend Deutschlands – Die Falken, Verband Christlicher Pfadfinder. Zur Diskussion um die verschiedenen Entwürfe und die Unterschriften – schließlich hatte die DBB-Jugend nicht unterschrieben – vgl. Protokoll der Sitzung der Koordinierungskonferenz Hamburger Jugendverbände ›KoKo‹ am 7.11.74, 18.00 Uhr, beim DGB. Beide Dokumente in: FZH, 423-40, Aktionen gegen Jugendarbeitslosigkeit 1975.

17 Presseerklärung 20.1.1975: Funktionäre Hamburger Jugendverbände stellen Strafantrag gegen Vertreter der Unternehmerverbände, in: FZH, 423-40, Aktionen gegen Jugendarbeitslosigkeit 1975. Die Unterzeichner waren neben van Bargen Dieter Huber von der Evangelischen Jugend, Wolfgang Kirstein von den Falken, Bernd Strubel vom VCP, Ralf Wegner von der DAG-Jugend und Werner Stürmann von der SDAJ.

monstration schließlich vom AStA der Universität Hamburg, in dem der MSB Spartacus dominierte. Viele Aufgaben – wie die Organisation von 1.000 Fackeln und eines Spielmannzuges – übernahmen die emsigen SDAJ-Vertreter.[18]

Neben den Gruppen der Koordinierungskonferenz gab es in Hamburg noch ein zweites Bündnis, die vom maoistischen KB dominierte »Aktionseinheit«. Hier versammelten sich Gruppen aus dem maoistischen Spektrum und undogmatische Linke. Im November 1974 und Januar 1975 organisierte dieser Kreis Demonstrationen gegen Jugendarbeitslosigkeit und die allgemeine Bildungspolitik mit etwas über 2.000 Teilnehmern. Versuche der »Aktionseinheit«, mit der SDAJ und der Gewerkschaftsjugend eine gemeinsame Demonstration zu organisieren, scheiterten. Nach Ansicht des KB lag es daran, dass der Kreisjugendausschuss des DGB von der SDAJ dominiert wurde.[19] In diesen innerlinken Fraktionskämpfen war Gewerkschaftsjugend eher ein Synonym für die SDAJ, und es waren faktisch linke Gruppen, die ihre Konflikte bei der Demonstrationsvorbereitung austrugen. Es gab in diesem lokalen Konflikt eine eigentümlich negative Bindung an die jeweils bekämpfte Gruppe. Die umstrittenen Forderungen – der KB versuchte vor allem, radikalere durchzusetzen – waren weniger inhaltlich bedeutsam, sondern dienten der politischen Distinktion. Die Demonstration der Koordinierungskonferenz gegen Einsparungen in der Bildungspolitik und für eine Berufsbildungsreform am 19. Februar 1975 hatte mit 7.000 bis 11.000 Personen mehr Teilnehmer als die der »Aktionseinheit«.[20] Die Organisatoren selbst sprachen von »fast 15.000«, die demonstriert hätten.[21] Wurde die Teilnehmerzahl danach in gewerkschaftlichen Darstellungen erwähnt, war das »fast« verschwunden. Nun war es die »Demonstration der 15.000«, wie es die SDAJ verkündete.[22] Diese Zahl wurde vermutlich nie erreicht. Dies lässt Skepsis gegenüber den Gesamtzahlen aufkommen, so wenn es in der *Solidarität* hieß, dass im ersten Halbjahr 1975, »(f)ast 100.000 […] auf die Straße« gingen[23] oder der Geschäftsbericht der Abteilung Jugend schließlich

18 Protokoll der Sitzung am 27.1.75 der Koordinierungskonferenz Hamburger Jugendverbände, in: : FZH, 423-40, Aktionen gegen Jugendarbeitslosigkeit 1975.

19 Flugblatt Aufruf zur Gründung einer Aktionsgruppe Demokratischer Kampf, unterzeichnet von Unorganisierten, SSB (Sozialistischer Studentenbund, KB-nah) und BDJ (Bund demokratischer Jugendverbände). Darstellungen aus Sicht des KB bei: Kampf gegen Lehrstellenverknappung und Jugendarbeitslosigkeit, in: *Rebell. Jugendzeitung des Kommunistischen Bundes* Nr. 4, Januar 1975. Beide in: FZH, 423-40, Aktionen gegen Jugendarbeitslosigkeit 1975. Dort auch eine Reihe weiterer Flugblätter der ›Aktionseinheit‹.

20 Demonstration gegen Sparmaßnahmen, *Hamburger Abendblatt*, 20.2.1975; Senator Apel, Es gibt wieder mehr Lehrstellen, *Hamburger Morgenpost*, 20.2.1975.

21 So in einer Zusammenstellung zur Demonstration durch die KoKo: Information der KoKo: Stoppt den Ausbildungs-Boykott! (Februar 1975), S. 3, in: FZH, 423-40, KoKo. Darin auch Aufrufflugblätter vieler verschiedener Gruppierungen zur Demonstration.

22 Z. B.in den SDAJ-Lokalzeitungen RotStift Jugendzeitung für die Hamburger Werften, Nr. 3, März 1975; *Is' was? Zeitung der SDAJ für die Wilhelmsburger Jugend* 2, Nr. 4, Mai 1975. In HISA, Bestand SDAJ, Ordner 13 und Ordner 14.

23 Fast 100.000 gingen auf die Straße, in: *Solidarität* Nr. 6 (1975), S. 12.

von »mehr als 200.000 Teilnehmern« an Kundgebungen und Demonstrationen berichtete.[24] Die SDAJ behauptete bald, die Demonstrationsbewegungen 1975 sei die »breiteste und machtvollste der Jugend zu sozial- und bildungspolitischen Fragen seit Bestehen der Bundesrepublik« gewesen.[25] Aber dies war nicht nur aufgrund geschätzter Teilnehmerzahlen gewagt. Bei dieser Deutung entfiel auch, dass die Demonstrationen zwar meist von der DGB-Gewerkschaftsjugend organisiert wurden, aber die Protagonisten zu einem großen Teil aus unterschiedlichen linken Gruppen stammten. Die Gewerkschaftsjugend diente in dieser Konstellation primär als organisatorische Schnittstelle. Viele Schüler und Studenten beteiligten sich an den Demonstrationen, und wohl nicht ganz ohne Grund warf der KB in Hamburg den Organisatoren vor, sie hätten den Demonstrationstermin in die Semesterferien verlegt.[26] So verwies er unabsichtlich darauf, dass seine Rekrutierungsbasis an der Universität besonders hoch war. Die Organisatoren der Koordinierungskonferenz betonten, dass nicht allein Jugendliche, sondern viele »Gewerkschafter, Betriebsräte, Elternvertreter und weitere Hamburger Bürger« demonstriert hätten.[27]

Auch die Demonstrationen in anderen Städten – bis Juni 1975 fanden in zehn Großstädten Demonstrationen statt, dazu kamen Kundgebungen in kleineren Orten – waren nicht allein auf die Berufsbildung ausgerichtet, sondern meist von lokalen jugendpolitischen Akteuren mit geprägt. In einem Bericht zur Demonstration am 1. Februar 1975 in Mainz, an dem 2.000 Personen teilgenommen hätten, hieß es in der *Solidarität* aus gewerkschaftlicher Sicht, viele »junge Arbeitnehmer und Schüler« hätten daran teilgenommen.[28] Während der KB vor allem in Norddeutschland auftrat, waren es bundesweit andere maoistische Gruppierungen, die sich neben der SDAJ an den Demonstrationen beteiligten. Dabei konnte es auch passieren, dass zum Beispiel auf der zentralen Kundgebung der DGB-Jugend für Ostfriesland nur 80 Personen zusammenkamen und die DGB-Jugend Leer, welche die Kundgebung organisiert hatte, sich das Megaphon bei einer örtlichen KBW-Gruppe leihen musste.[29] Dies ist aber auch

24 Bericht über die Jugendarbeit 1974-1976, in: Protokoll 11. Ordentliche Jugendkonferenz der IG Metall, S. 33.

25 Katzer, Gewerkschaftsjugendbewegung, S. 9.

26 Am Ball bleiben! War die Politik der Aktionseinheit richtig? in: *Rebell. Jugendzeitung des Kommunistischen Bundes* Nr. 5, Februar 1975, S. 4, in: FZH, 423-40, Aktionen gegen Jugendarbeitslosigkeit 1975.

27 Information der KoKo: Stoppt den Ausbildungs-Boykott, (Februar 1975), S. 4, in: FZH, 423-40, KoKo. Diese Formulierungen wie manche Zitate im Vorwort der Information waren zum Teil textidentisch mit einem Beitrag aus der UZ über die Demonstration: Vgl. »Gemeinsam aktiv werden und Erfolg bleibt nicht aus«, *UZ* (ohne Datum), abgedruckt in: Information der KoKo: Stoppt den Ausbildungs-Boykott!, (Februar 1975), S. 35, in: FZH, 423-40, KoKo.

28 Demonstration der Gewerkschaften in Mainz, in: *Solidarität* Nr. 3/4 (1975), S. 6.

29 *Kommunistische Volkszeitung* Nr. 21, Mannheim 29.5.1975, zitiert nach: Jürgen Schröder, Jugendarbeitslosigkeit. Materialien zur Analyse von Opposition, in: http://www.mao-projekt.de/BRD/KJA/Jugendarbeitslosigkeit.shtml (Abruf 3.5.2013).

ein Hinweis auf die lokalen Verbindungen. An fast allen Demonstrationen waren K-Gruppen beteiligt, ohne allerdings ein Rederecht zu erhalten. Gesprochen wurde meist von höheren DGB-Funktionären wie Karl Schwab vom Bundesvorstand des DGB, Oswald Todtenberg oder regionalen DGB-Funktionären wie dem als linker Sozialdemokrat bekannten DGB-Vorsitzenden von Rheinland-Pfalz, Julius Lehlbach. In Dortmund mobilisierte die zentrale Kundgebung des DGB für das Gebiet Rhein/Ruhr am 19. April 1975 mit 20.000 bis 25.000 Teilnehmern. Karl Schwab unterstrich in seiner Rede, dass die Politiker den Protest ernst nehmen sollten.[30] Auch hier nahmen Blocks von K-Gruppen-Mitgliedern teil, und die SDAJ sowie die DKP mobilisierten für die Kundgebung. Die K-Gruppen versuchten die Forderungen des DGB zu überbieten und zum Beispiel einen existenzsichernden Lehrlingslohn, eine Arbeitsplatzgarantie oder das volle Streikrecht für Lehrlinge auf die politische Agenda zu bringen.[31]

Dass Bündnisse unter Federführung der Gewerkschaftsjugend mehr Erfolg hatten als Aktionen einzelner Gruppen, zeigte ein Bericht von Ulrich Mignon, Leiter der Abteilung Berufliche Bildung beim Vorstand der IG Metall, an seinen zuständigen Vorstand Hans Preiss. Mignon besuchte im April 1975 eine Kundgebung der Jusos in Köln zum Thema berufliche Bildung. Die Veranstaltung war bestens von Kölner Gewerkschaftsfunktionären organisiert worden. Gleichwohl kamen nur 20 Zuhörer, darunter einige DKP-Mitglieder. Die Organisatoren hielten kurze Redebeiträge und zogen sich dann zur Diskussion in eine Gaststätte zurück.[32] Die immer wieder beklagte Schwäche der Jusos in den Gewerkschaften, deren Mitgliedschaft überwiegend aus Gymnasiasten und Studenten bestand, zeigte sich hier anschaulich. Aber es zeigte sich ein weiterer Aspekt: Kundgebungen und Demonstrationen waren insbesondere dann erfolgreich, wenn sie von einem Bündnis organisiert wurden. Dabei ging es nicht nur um einen größeren Personenkreis. Wichtig war vielmehr, dass Konflikte zwischen den verschiedenen Gruppen die Dynamiken der Vorbereitung erhöhten und damit die Attraktivität der Demonstrationen als soziales Ereignis. Die Gewerkschaftsjugend war dabei eingebunden in Ensembles unterschiedlicher politischer Gruppen und Jugendverbände.

Der Höhepunkt der Kampagne war schließlich eine bundesweite Demonstration im November 1975. Es hatte darüber Auseinandersetzungen gegeben, da der DGB-Bundesvorstand Bedenken äußerte und erst im September 1975 einer Großdemonstration zugestimmt hatte. Am 8. November 1975 kamen schließlich 40.000-50.000 Personen nach Dortmund. Der Bericht in der *Soli-*

30 Berufsbildungs-Reform: 25.000 demonstrierten in Dortmund, in: *Solidarität* Nr. 6, 1975, S. 6-7.

31 *Kommunistische Volkszeitung* Nr. 16, Mannheim 24.4.1975; *Rote Fahne* Nr. 19, Dortmund 14.5.1975; zitiert nach: http://www.mao-projekt.de/BRD/KJA/Jugendarbeitslosigkeit.shtml (Abruf 3.5.2013).

32 Ulrich Mignon, Abt. Berufliche Bildung, an Kollegen Hans Preiss: Kundgebung: Berufliche Bildung, Jungsozialisten Köln, 21.4.1975, Frankfurt a. M. 24.4.1974, in: AdsD, 5/IGMA 453-20007.

darität begann mit den Worten: »Die ›Chaoten‹ wurden von den zahlreichen DGB-Ordnern daran gehindert, die Kundgebung wesentlich zu stören.«[33] Drei Demonstrationen zogen zur Westfalenhalle. Dort fand die Kundgebung statt, auf der neben dem DGB-Vorsitzenden Heinz Oskar Vetter auch Karl Schwab als Zuständiger für Jugend und Maria Weber als zuständiges Vorstandsmitglied für Bildung sprachen. Alle drei forderten eine grundlegende Berufsbildungsreform und riefen zum geschlossenen Kampf auf.[34] Wahrgenommen wurden auch die vielen maoistischen Gruppen, die sich an der Demonstration beteiligten, wobei es auch zu Auseinandersetzungen über einzelne Transparente kam. Ordner des DGB entfernten Transparente, die ihnen als parteipolitische Darstellungen galten. Faktisch waren es die K-Gruppen, die darunterfielen.[35]

Kritik an der gesamten Kampagne kam von ehemaligen Akteuren der Lehrlingsbewegung. »Zu wenig und zu spät – das ist, wieder einmal, das bittere Resümee gewerkschaftlicher Aktivität« schrieben Reinhard Crusius und Manfred Wilke Ende 1975.[36] Die Demonstration sei zu einem Zeitpunkt organisiert worden, an dem die »gesetzliche Reform praktisch schon gescheitert war«. Daher sollten die Gewerkschaften einerseits zu den Aktionsstrategien der Lehrlingsbewegung zurückkehren und andererseits über Tarifverträge und Betriebsvereinbarungen Maßnahmen gegen die Jugendarbeitslosigkeit einleiten.[37] Positiv fiel hingegen die Einschätzung der SDAJ aus, die eine politische Entschlossenheit der Gewerkschaften entdeckt zu haben glaubte. Die Demonstration war nicht der »Abschluss« im »Kampf um eine bessere Bildung«, sondern deren Beginn, hieß es.[38] Die Demonstrations- und Kundgebungsbewegung des Jahres 1975 war aber nicht Startpunkt für eine neue soziale Bewegung, sondern Ausdruck der Mobilisierungsfähigkeit verschiedener linken Gruppierungen im Umfeld der Gewerkschaftsjugend. Es markierte einen aktivistischen Abschluss der langjährigen Reformdebatten. Das für Jugend zuständige DGB-Bundesvorstandsmitglied Karl Schwab hatte auf einer Demonstration in Dortmund im April 1975

33 Über 50.000 demonstrierten in Dortmund, in: *Solidarität* Nr. 12, Dezember 1975, S. 2-5, S. 2.

34 Mit abgedruckten Passagen der Reden: Über 50.000 demonstrierten in Dortmund, in: *Solidarität* Nr. 12, Dezember 1975, S. 2-5.

35 Eine kritische Diskussion über das Vorgehen der Demo-Ordner in: Ergänzung zum Protokoll der KJA-Sitzung vom 20. Nov. 1975, in: FZH, 554-6-61 Gewerkschaften Hamburg Jugend Kreisjugendausschuß 1974-1979.

36 Reinhard Crusius/Gerd Vollmer/Jürgen Voss/Astrid Wichmann/Manfred Wilke, Fragwürdiger DGB-Protest, in: *Deutsche Jugend* 23 (1975), Nr. 12, S. 569 f., S. 570.

37 Reinhard Crusius/Manfred Wilke, Reform der Berufsausbildung – Bilanz einer Niederlage und die Verantwortung der Gewerkschaften, in: *Vorgänge. Zeitschrift für Gesellschaftspolitik* 15 (1976), Nr. 5, S. 75-80, hier S. 78. Vgl. für dieses Vorgehen: Reinhard Hoffmann, Berufsausbildungsreform durch Tarifverträge? In: *Kooperation, Arbeitsstelle, Arbeitskammer der Universität Bremen* 2 (1974), Nr. 9.

38 Harry van Bargen, 8.11.75: Demonstration des DGB ein Erfolg: Mehr als 50.000 in Dortmund, in: info. Informationen Hamburger Jugendverbände, 10.12.1975, hrsg. von der Koordinierungskonferenz Hamburger Jugendverbände, S. 16.

betont, dass die Gewerkschaften die Finanzierungsfrage für das »Kernstück« einer Reform hielten.[39] Wie bereits gezeigt, war aber dieser Punkt politisch nicht mehr konsensfähig. Die Wirkung der Demonstrationswelle 1975 lag in einer sozialen Dynamik für die Beteiligten selbst, nicht in einer Einflussnahme auf parlamentarische Entscheidungen. Der Anteil von Haupt- und Realschülern, der von Jugendarbeitslosigkeit am meisten betroffenen Gruppe, an den Demonstrationen wurde positiv vermerkt, aber es war keine Bewegung dieser Gruppe.[40] Sie entstammte vor allem der Mobilisierungsfähigkeit der SDAJ und der K-Gruppen. Diese Dynamik hatte auch destruktive Wirkungen. Der Hamburger Ortsjugendausschuss der IG Metall bestand 1975 aus 25 Personen, verlor sich aber bald in Fraktionskämpfen zwischen SDAJ und Anhängern von K-Gruppen. 1976/1977 war er fast vollständig inaktiv, der Ortsvorstand der IG Metall in Hamburg löste den OJA schließlich auf und gewann einige Jugendvertreter dafür, im Oktober 1977 einen neuen zu gründen, der sich um rechtliche und betriebliche Aspekte kümmern sollte. Es gab in Hamburg keine koordinierte Jugendarbeit der IG Metall, nur einige Betriebsgruppen, die immerhin ein Konzert mit *Lokomotive Kreuzberg* organisieren konnten.[41] Es sei ein Fehler, so der Bevollmächtigte in Hamburg, wenn einzelne Ausschüsse meinen, ihre Sitzungen seien Aktivität genug. Vielmehr müssten sie sich in der betrieblichen Gewerkschaftsarbeit engagieren.[42]

In den Gewerkschaften war bald eine resignative Deutung über den Einfluss der Gegenseite verbreitet: »Der Brief der Arbeitgeberverbände von 1975 hat offensichtlich mehr Wirkung gezeigt als die Demonstration von 50.000 Gewerkschaftern im November 1975 in Dortmund«, resümierte Bernhard Wurl einige Jahre später.[43] Aus dem IG-Metall-Bezirk Hannover hieß es 1979: »Es wagt schon kaum noch jemand, das Wort ›Reform der Berufsausbildung‹ in den Mund zu nehmen. Waren noch 1975 Zehntausende in allen regionalen Bereichen des Landes ›auf der Straße‹, so kehrt nunmehr eine beinahe beängstigende Ruhe ein – und das, wo sich nichts Wesentliches verändert hat.«[44] Diese Rückblicke ließen bereits erahnen, dass die zweite Jahrzehnthälfte als eine Krise der Gewerkschaftsjugend in den Gewerkschaften selbst wahrgenommen wurde. Dass es Angehörige der IG Metall waren, die negative Wertungen vornahmen, hatte

39 Zusammenfassung der Rede in: 25.000 demonstrierten in Dortmund, in: *Solidarität* Nr. 6, Juni 1975, S. 6-7.

40 Katzer, Gewerkschaftsjugendbewegung, S. 57 f. mit ausführlichen Aufstellungen.

41 Erste Überlegungen für die Struktur eines Geschäftsberichtes zur 14. KJK, Vorlage für die KJA-Sitzung am 22.9.1977, in: FZH, 554-6-62 Gewerkschaften Hamburg Jugend Kreisjugendkonferenzen 1977-1978.

42 Unsere Arbeit 1975-1977, Geschäftsbericht der IG Metall Verwaltungsstelle Hamburg, Hamburg 1977, S. 56, in: FZH-Bibliothek II Nm 2.

43 Dokumentation Schwerpunkte der Diskussion auf der 2. Bundesarbeitstagung »Berufschancen der arbeitenden Jugend« in Osnabrück, in: *Solidarität* Nr. 9 (1979), S. I-VIII, S. IV.

44 metall Jugend-Information 1 (Herbst 1979, Bezirk Hannover), in: AdsD, 5/IGMA220-0141.

einen Grund auch in den seit 1975 zunehmenden Spannungen zwischen den Gewerkschaften. Dabei versuchte der DGB im Sommer 1977 mit einer Kampagne gegen Jugendarbeitslosigkeit, unter dem Label »Stop Jugendarbeitslosigkeit«, neue Angebote für die lokalen Gewerkschaftsgruppen zu machen. Durch Aktionen sollte der politische Druck für neue Ausbildungsplätze und überbetriebliche Ausbildungsstätten erhöht werden.[45] Geplant waren eine »Informationskampagne« und eine möglichst differenzierte, lokale Bestandsaufnahme der Jugendarbeitslosigkeit, um daraus Handlungsmöglichkeiten zu gewinnen.[46] Die Kampagne war von den Abteilungen Jugend des DGB und der IG Metall gemeinsam erarbeitet worden. Sie wandte sich explizit gegen eine Resignationserfahrung, die aus der Krise, aber auch einer Medienlandschaft resultiere, die nicht »gewerkschaftsfreundlich« sei. Der wesentliche Grund für die Arbeitslosigkeit liege in der Rationalisierung, die sich aus dem Akkumulationszwang des eingesetzten Kapitals ergäbe, und nicht in hohen gewerkschaftlichen Lohnforderungen oder der Weltwirtschaft.[47] Ziel sei vorrangig die Vollbeschäftigung und eine an »den Interessen und Bedürfnissen der abhängig Beschäftigten« orientierte Wirtschaftspolitik. Diese bedeutete vor allem staatliche Investitionen, eine gleichberechtigte Mitbestimmung und mehr staatliche Unternehmen.[48] Neben der Umlagefinanzierung sollte auch gegen den Vorwurf der Faulheit von Arbeitslosen, besonders der Jugendlichen vorgegangen werden. Wenn auch in einem antikapitalistischen Grundton, ging es auch um die Abwehr von Vorurteilen gegenüber einer angeblich nicht mehr leistungsbereiten Jugend.

In der Kampagne sollte auch über die Veränderungen des Jugendarbeitsschutzes informiert werden, die zum 1. Mai 1976 in Kraft getreten waren. Gewerkschaftliche Forderungen nach einem völligen Verbot der Kinderarbeit – dies betraf den landwirtschaftlichen Bereich und Tätigkeiten wie Zeitungsaustragen – waren ebenso wie Wochenendarbeit in gastronomischen oder pflegenden Berufen noch in Ausnahmefällen möglich und nicht, wie vom DGB gefordert, vollständig verboten. Positiv wurde im DGB die Festlegung auf die 5-Tage-Woche und die 40-Stunden-Woche, ein verlängerter Urlaub und die Anhebung des Beschäftigungsalters von 14 auf 15 Jahre vermerkt.[49] Die Ausnahmeregelungen galten den Gewerkschaften – bei aller Zurückhaltung gegenüber den regierenden Sozialdemokraten – als eine Verschlechterung. Es ging aber in der Kampagne nicht allein um eine Skandalisierung, sondern auch darum, durch Aufklärung die Durchsetzung von Jugendschutzbestimmungen überhaupt zu

45 DGB-Aktion »STOP Jugendarbeitslosigkeit« bringt Argumente statt Parolen, in: Nachrichtendienste Bundespressestelle des DGB, 30.8.1977, 232/77, S. 165 f.

46 Hans Plück, 120.000 Jugendliche bald arbeitslos. Gewerkschaftsjugend startet bundesweite Kampagne, in: *Welt der Arbeit* Nr. 36, 7.09.1977, S. 5.

47 Stop Jugendarbeitslosigkeit. DGB Gewerkschaftsjugend, Argumente statt Parolen 1, Düsseldorf 1977, S. 5 und S. 6-10, in: FZH 555-6-0 Gewerkschaften Jugend Allgemeines, 1968-1984.

48 Ebd., S. 42.

49 Remeke, Gewerkschaften, S. 338 f. und S. 357.

erreichen.[50] Auf einem Aufkleber der Abteilung Jugend des DGB war neben dem Slogan »Zerstörung Jugendarbeitsschutz – Nicht mit uns« eine Ratte zu sehen, die an dem Wort »Jugendarbeitsschutz« knabberte.[51] An diesem Aufkleber entzündete sich Kritik. Der OJA der IG Metall Rendsburg resümierte seine Erfahrungen mit dem Aufkleber, er würde nur Leute ansprechen, die schon Bescheid wüssten, ansonsten würde die Ratte als Werbemittel »mehr negative als positive Stimmen« hervorrufen.[52] Karl Schwab nahm zu der Kritik auf der Sitzung des Bundesjugendausschusses des DGB am 14. September 1977 Stellung. Anlass für seine vor Eintritt in die Tagesordnung abgegebene Erklärung war die Entführung des Arbeitgeberpräsidenten Hanns Martin Schleyer durch die RAF am 5. September in Köln. Schwab gab sich nachdenklich. Den Gewerkschaften werde vorgeworfen, auch ihre Sprache sei gegenüber Schleyer zu aggressiv gewesen, und die Funktionäre sprächen aufgeregter als die Basis. Die Diskrepanz zwischen gewerkschaftlichen Funktionären und der Mitgliederbasis sei auch bei der Kampagne »Stop Jugendarbeitslosigkeit« zu beobachten, führte er aus. Die Aktion finde nur wenig Unterstützung, und vielleicht sei ihre Sprache zu aggressiv, wie die Kritik an der Ratte gezeigt habe. Schwab hob zu einer Generalrevision an: »Vertreten wir so – wie wir das tun – wirklich die Interessen der Jugendlichen? Ist die Absicht – das Jugendarbeitsschutzgesetz in bestimmten Punkten zu verändern – etwa die Arbeitszeitbestimmungen durch Ausnahmeregelungen – nur in unserer Sicht ein unmöglicher Vorgang – warum denken weite Teil der Bevölkerung, auch Gewerkschaftsfunktionäre und Mitglieder darüber anders als wir – haben vor diesem Hintergrund unsere Aktionen eigentlich reale Chancen, helfen wir dem Jugendlichen damit wirklich?«[53] Schwab stand unter dem Schock der Schleyer-Entführung und der vier ermordeten Begleiter. Daher fragte er, ob auch der von den Gewerkschaften gepflegte Stil mit Kampfmetaphern oder Feinderklärungen wie der Ratte nicht auch zur Polarisierung beitrage. Sein Wunsch nach einer Diskussion über solch grundsätzliche Fragen wurde im Bundesjugendausschuss aber nicht aufgegriffen, die Weiterführung der Aktion »Stop Jugendarbeitslosigkeit« einstimmig beschlossen.[54] Die Abteilung Jugend der IG Metall sah in der Ratte, für deren Verwendung sie von Zustimmung bis Ablehnung ein breites Spektrum an Reaktionen notiert hatte, schließlich kein geeignetes Symbol, da es die Unternehmer persönlich angreife.

50 Aktion Jugendarbeitsschutz 1977/78, in: *Solidarität* Nr. 4 (1977), S. III-IV.

51 Das Motiv wurde auch als Layoutmaterial eingesetzt. Vgl. Flugblatt der DGB-Jugend Frankfurt a. M.: Veranstaltung zum Jugendarbeitsschutzgesetz 26.10.1977, in: AdsD, 5/IGMA-22-0364; attention Information für junge Arbeitnehmer, hrsg. vom OJA der IG Metall-Verwaltungsstelle Augsburg, Nr. 3/1977, in: AdsD 5/IGMA-22-0365.

52 Auswertung Jugendmonat '77 OJA-Arbeitsprogramm. Jugend der IG Metall, Ortsjugendausschuß Rendsburg, in: AdsD, 5/IGMA-22-0189.

53 Anlage zum Protokoll der 111. DGB-Bundesjugendausschuss-Sitzung am 14.9.1977, in: AdsD, 5/IGMA-22-1855.

54 Protokoll der 111. DGB-Bundesjugendausschuss-Sitzung am 14.9.1977, in: AdsD, 5/IGMA-22-1855.

Die »Gesamtorganisation« müsste über verwendete Symbole diskutieren, um sie gemeinsam vertreten zu können.[55]

Die lokalen Aktionen entsprachen dem erprobten Handlungsrepertoire, welches die gewerkschaftlichen Jugendgruppen schon lange verwendete: Info-Stände, Diskussionsveranstaltungen und Kundgebungen. Neu war die Aufforderung, die lokale Ausbildungsplatzsituation zu untersuchen und damit konkrete Zahlen an die Hand zu bekommen.[56] Die von einigen Ortsjugendausschüssen erstellten Studien waren umfangreiche Untersuchungen über die lokale Ausbildungssituation. Der Ortsjugendausschuss München stellte im Oktober 1977 eine auf eigenen Untersuchungen in der Münchner Metallindustrie beruhende Studie vor. Programmatisch hieß es in der Einleitung, dass das »vielbeschworene Unternehmerrisiko in erster Linie ein Arbeitnehmerrisiko« sei, da im Kapitalismus das »Gewinnprinzip vor Arbeitsplatzsicherheit, Menschenwürde und gesellschaftlicher Bedürfnisbefriedigung« stehe.[57] Die Altersgrenze bis 20 Jahre als Kriterium für Jugendarbeitslosigkeit betrachteten die jungen IG Metaller als irreführend, in München waren es nur 4,5 Prozent der Arbeitslosen. Wenn jedoch die Altersgruppe bis 30 Jahre genommen wurde, und damit der Übergang nach einer Ausbildung in eine Beschäftigung, waren die Zahlen dramatischer, diese Altersgruppe stellte über ein Drittel der Münchner Arbeitslosen. Als bedrohlich wurde vor allem die steigende Zahl der Schulabgänger bewertet, die keinen Ausbildungsplatz finden würden. Die aus bundesweiten und lokalen Statistiken zusammengetragenen Ergebnisse wurden durch eine lokale Umfrage bei 300 Münchner Metallbetrieben ergänzt. Festgestellt wurde ein Rückgang bei den Ausbildungsplätzen nach 1976, als Neueinstellungen um fast fünfhundert auf 1096 sanken. Die Hauptlast der Ausbildung trugen dreizehn Großbetriebe, in denen über 3.000 der 4.496 Auszubildenden 1977 in München beschäftigt waren.[58] Positiv wurde vermerkt, dass BMW, Webasto und MAN die Zahl ihrer Ausbildungsplätze erhöhten. Dies sei vor allem auch dem Einsatz von Jugendvertretungen und Betriebsräten zu verdanken. Der OJA München sah nicht allein industrielle Ausbildungsplätze bedroht. Insbesondere Schulabgänger ohne Abschluss und ausländische Jugendliche, die sich häufig nicht beim Arbeitsamt meldeten, galten ihnen als bedroht.[59] Die wirksamste

55 Arbeitsplan Jugendmonat 1978, IG Metall-Vorstand Abt. Jugend, Frankfurt im Mai 1978, S. 35, in: AdsD, 5/IGMA-22-0170.

56 Ebd.

57 Gegen Jugendarbeitslosigkeit – für eine sichere Zukunft. Dokumentation zur Münchner Situation der Jugendarbeitslosigkeit. Allgemeine Lage, Ergebnisse der Umfrageaktion in der Münchner Metallindustrie, hrsg. IG Metall Ortsverwaltung München (Oktober 1977), S. 2, in: AdsD, 5/IGMA-22-0187.

58 Ebd., S. 33.

59 Dies war die allgemeine Argumentation des DGB, vgl. Stop Jugendarbeitslosigkeit. DGB Gewerkschaftsjugend, Argumente statt Parolen 1, Düsseldorf 1977, S. 12, in: FZH 555-6-0 Gewerkschaften Jugend Allgemeines, 1968-1984.

Bekämpfung war die Schaffung von Ausbildungsplätzen in den Betrieben und nicht Berufsvorbereitungskurse. Eine solch umfangreiche Dokumentation, wie sie in München erstellt worden war, war hilfreich für die Diskussion vor Ort, zugleich verstärkte der konstatierte Rückgang von Ausbildungsplätzen auch die Krisen-Wahrnehmung. Der OJA der Verwaltungsstelle Ludwigsburg stellte für die Zeit von 1970 bis 1976 einen Verlust von über einem Drittel der industriellen Ausbildungsplätze in 92 Betrieben fest.[60]

Die Kampagne sollte neben der Sensibilisierung der Öffentlichkeit die Arbeit der Betriebsräte und Jugendvertretungen unterstützen. In Hamburg organisierte die DGB-Jugend im November 1977 eine Aktionswoche mit Diskussionsveranstaltungen und Infotischen. Daran waren zwar nur 40 Gewerkschaftsjugendliche beteiligt, aber die Themen seien öffentlich wahrgenommen und einige Jugendgruppen reaktiviert.[61] Zusammen mit dem Landesjugendring wurde erneut eine große Demonstration vorbereitet, zu der am 8. Dezember 1977 über 20.000 Teilnehmerinnen und Teilnehmer kamen. Für die Gewerkschaftsjugendlichen »widerlegte (die Demonstration, K.A.) gleichzeitig die Behauptung, es gäbe einen Widerspruch zwischen betrieblicher und örtlicher Arbeit«.[62] Das Label »Stop Jugendarbeitslosigkeit« wurde auch für andere Veranstaltungen in den Jahren 1978 und 1979 verwendet. Allerdings war der Mobilisierungserfolg etwas eingetrübt, denn vor allem wurden frühere Aktivisten gewonnen. So hieß es aus Hamburg: »Die Teilnehmer hatten in der Regel sehr viel Spaß, es wurden zahlreiche inaktive Kollegen wieder neu einbezogen, die Aktivitäten haben Ansporn gegeben für neue und weitergehende Initiativen; der Mangel ist jedoch, daß kaum völlig neue, bisher nicht bekannte Kollegen für die regelmäßige Arbeit gewonnen werden konnten.«[63]

Die Aktionen wurden von der IG-Metall-Jugend mitgetragen, die Abteilung Jugend der IG Metall plädierte dafür, sich in den Betrieben für Ausbildungsplätze und Übernahmen der Ausgebildeten einzusetzen.[64] Diese betriebliche Aktivität wurde durch öffentlichen Druck begleitet, mehr Ausbildungsplätze bereitzustellen[65], Infostände durchgeführt[66] oder es wurden Demonstrationen organisiert, so in Nürnberg Ende 1979 zur Zentrale der Bundesanstalt für Ar-

60 »Durchschlag«, Zeitung für Lehrlinge und Jungarbeiter des OJA der IG Metall-Verwaltungsstelle Ludwigsburg (Frühjahr 1977), in: AdsD, 5/IGMA–22-0187.

61 Geschäftsbericht des Kreisjugendausschusses zur 15. Kreisjugendkonferenz des DGB Kreis Freie und Hansestadt Hamburg, 15.10.1978, in: FZH, 554-6-62 Gewerkschaften Hamburg Jugend Kreisjugendkonferenzen 1977-1978.

62 Ebd.

63 Ebd.

64 Arbeitsplan 1979/80 IG Metall Vorstand, Abteilung Jugend, Frankfurt im Juni 1979, in: AdsD, 5/IGMA-22-0339, zu dieser betrieblichen Kampagne siehe Kapitel 3.3.

65 Flugblatt »Die IG Metall fordert«, IG Metall-Verwaltungsstelle Kassel, Aktion Stop Jugendarbeitslosigkeit (an das Volkswagenwerk gerichtet, Ausbildungsplätze zu erhöhen, Ende 1978), in: AdsD, 5/IGMA-22-0190.

66 Bericht über die Arbeit, Jugendkonferenz 1979 der IG Metall-Jugend, IG Metall-Verwaltungsstelle Völklingen, in: AdsD, 5/IGMA-22-1106.

beit.[67] Auch die DGB-Abteilung Jugend ging davon aus, dass die zweite Kampagne zu mehr Aktivitäten geführt habe und Jugendarbeitslosigkeit vermehrt als gesellschaftliche Gefahr wahrgenommen werde. Einzelne konkrete Lösungen, wie die Einrichtung überbetrieblicher Ausbildungsstätten, wurden als Erfolge der Kampagne präsentiert.[68]

Ein Erfolg war »Stop Jugendarbeitslosigkeit« auch in den Augen der SDAJ. Ihr Bundesvorstand gab detaillierte Hinweise für ihre Leitungskader, wie die Kampagne zu unterstützen sei.[69] Auch die Hamburger Demonstration vom 8. Dezember 1977 unter dem Motto »Für ein Recht auf Arbeit und Bildung« war maßgeblich von der Hamburger SDAJ vorbereitet worden, Norbert Grosz vom SDAJ-Landesvorstand nannte die Demonstration »den größten Erfolg in der jetzt fast 10jährigen Geschichte der Hamburger SDAJ«.[70] Selbst einen Veranstaltungstag der DGB-Jugend im November 1977 reklamierte die SDAJ für sich. Die Kampagne »Stop Jugendarbeitslosigkeit« sollte nun fortgeführt werden, und manche Mobilisierungen der Gewerkschaftsjugend wurden offensichtlich intensiv von den engagierten SDAJ-Kadern getragen. In ihren internen Rundschreiben berichtete der Bundesvorstand von vielen Aktionen, so legten sich im Juni 1978 Jugendliche vor den Eingang der Fa. Merck in Darmstadt unter dem Motto »Wir wolln nicht auf der Straße liegen, sondern eine Stelle kriegen«, oder fünf Jugendliche machten einen Sitzstreik vor dem Amtssitz des hessischen Wirtschaftsministers Heinz-Herbert Karry.[71] Die SDAJ hatte seit 1976 eine weitere öffentlichkeitswirksame Aktionsform praktiziert, die öffentliche Nahrungsverweigerung. Diese symbolischen Hungerstreiks wurden vor Betrieben oder öffentlichen Institutionen abgehalten, und zum Teil gelang es, mit solchen Aktionen Lehrstellen zu schaffen.[72] Der Bundesvorstand der SDAJ propagierte die Aktionsform »Sitz- oder Hungerstreik« als ein Aktionsmodell für lokale

67 Tätigkeitsbericht 1979 der IG Metall Jugend IG Metall-Verwaltungsstelle Nürnberg, in: AdsD, 5/IGMA-22-1106; »Der Marsch auf die Bundesanstalt«, in: *Welt der Arbeit* Nr. 49, 6.12.1979, S. 3.

68 Dieter Gaarz (DGB-Abteilung Jugend), DGB-Nachwuchs geht gestärkt in die zweite Runde. Bilanz nach zehn Monaten: In vielen Orten realisierbare Alternativen aufgezeigt, in: *Welt der Arbeit* Nr. 29, 20.07.1978, S. 9; Hans Plück, »Betriebsräte gehen jetzt viel härter ran«. Oberhausens DGB-Jugend mobilisiert gewerkschaftliche Gegenwehr in den Betrieben, in: *Welt der Arbeit* Nr. 16, 20.04.1978, S. 3.

69 Profil, Informationen für Funktionäre und Leitungen, Oktober 1977: »Aktion ›Stop Jugendarbeitslosigkeit‹«, in: HISA, Bestand SDAJ, Ordner 38: II 7Bc, Infodienst H, S, BW, F/o, SB, B.

70 Protokoll VII. Landesvorstand-Sitzung (SDAJ-Hamburg) am 18. Dez. 1977, S. 1, in: HISA, Bestand SDAJ, Ordner 41.

71 Mit weiteren Aktionsbeispielen: Informationsdienst (SDAJ Hessen) 19/1978 und 20/1978, beide in: HISA; Bestand SDAJ, Ordner 38: II 7Bc, Infodienst H, S, BW, F/o, SB, B.

72 Zum Beispiel Lehrlingswerkstatt der Post besetzt, *Osnabrücker Zeitung*, 11.6.1976; Ein Staffellauf für neue Lehrstellen, *Unsere Zeit*, 13.8.1976; Party im Zwielicht. Proteste gegen eine Arbeitslosen-Aktion, *Rheinische Post*, 9.2.1977.

Abbildung 6: Auszubildende von Thyssen auf einer Demonstration in Essen am 10. Dezember 1977 gegen Jugendarbeitslosigkeit, Quelle: AdsD.

Gruppen, versehen mit dem Hinweis, vorher einen Arzt zu konsultieren. Ein Hungerstreik sollte begrenzt sein, um ernsthafte Gefährdungen zu vermeiden.[73]

Der Einsatz des eigenen Körpers, mit der existentiellen Drohung des Verhungerns verbunden, war eine dramatische Aktionsform, die eine lange Tradition hatte. Meist von Gefangenen eingesetzt, war es eine der letzten Möglichkeiten des Protestes, der auf öffentliche Empörung setzte. Insbesondere die Hungerstreiks der Angehörigen der RAF hatten seit 1974 – als das RAF-Mitglied Holger Meins starb – die bundesdeutsche Öffentlichkeit mit dieser Form der Konfrontation bekannt gemacht. Seit den späten 1960er Jahren war öffentliche Nahrungsverweigerung als Aktionen eines »gewaltfreien Widerstandes« häufiger eingesetzt worden.[74] Auch wenn der Verweis auf RAF-Hungerstreiks denkbar scheint, spricht wenig dafür, dass die SDAJ oder andere Gruppen darauf Bezug nahmen. Die symbolischen Hungerstreiks waren nicht existentiell angelegt. Unter den Bedingungen einer demokratischen Öffentlichkeit ging es darum,

73 Aktionsbeispiele für Betrieb und Schule, hrsg. vom Bundesvorstand der SDAJ, Dortmund, September 1978, S. 21, in: FZH, 814-6, SDA 1969-1978.

74 Vgl. zur Diskussion insbesondere von Aktionen der Gefangenen aus der RAF und mit Verweisen auf den Kontext: Marcel Streng, ›Hungerstreiks‹. Eine politische Subjektivierungspraxis zwischen ›Freitod‹ und ›Überlebenskunst‹ (Westdeutschland, 1970-1990), in: Jens Elberfeld/Marcus Otto (Hrsg.), Das schöne Selbst. Zur Genealogie des modernen Subjekts zwischen Ethik und Ästhetik, Bielefeld 2009, S. 333-365, bes. S. 338.

die eigene Opferbereitschaft und vor allem den Verzweiflungsgrad der eigenen Situation zu dokumentieren und Aufmerksamkeit für die Jugendarbeitslosigkeit zu schaffen. Die IG Metall hielt sich gegenüber solchen Aktionsformen zurück. Zwar hatte sie einen Hungerstreik im Juni 1975 unterstützt, als acht Betriebsräte eines von Schließung bedrohten Werkes in Kalldorf/Ostwestfalen einen dreitägigen symbolischen Hungerstreik in Düsseldorf vor der Konzernzentrale der Mannesmann-AG durchführten.[75] DGB und IG Metall unterstützten auch einen längeren Hungerstreiks von chilenischen Flüchtlingen in Hamburg und Frankfurt im Frühsommer 1978, die in Gewerkschaftshäusern stattfanden. Hintergrund war eine Hungerstreikkampagne in Chile, mit der Aufklärung über seit dem Putsch 1973 vermisste Personen erreicht werden sollte, die von chilenischen Flüchtlingen in Europa aufgegriffen wurde. In Hamburg führten 14 Chilenen die Aktion zwei Wochen lang im Gewerkschaftshaus durch, unterstützt von der DGB-Jugend und Stipendiaten der Hans Böckler-Stiftung. Deren Chile-Arbeitskreis gab namens des DGB-Bezirkes Nord eine Dokumentation dazu heraus[76], auch der DGB-Landesbezirksvorsitzende Jan Sierks unterstützte die Aktion der Chilenen.[77] In Frankfurt a.M. nutzten Chilenen ebenfalls das Gewerkschaftshaus für ihre Aktion, unterstützt vom DGB in Frankfurt, der in seinem Gebäude eine Ausstellung über vermisste Chilenen organisierte.[78] Der Jugendausschuss der IG Metall übersandte Protesttelegramme an die chilenische Regierung und bat den deutschen Botschafter, sich für die Forderungen einzusetzen.[79]

Aber die Versuche, durch lokale Hungerstreikproteste Ausbildungsplätze zu erzwingen, wurden nur von lokalen gewerkschaftlichen Gruppen unterstützt. Die SDAJ wählte öffentliche Orte, in denen sich die Beteiligten für mehrere Tage einrichteten, Besuche empfingen und Aufmerksamkeit erhielten. Es waren keine einsamen Handlungen, sondern eher sinnstiftende Gemeinschaftserlebnisse. Peter True aus Bremen berichtete, wie er seinen Arbeitsplatz verlor und Kontakt zu SDAJ-Mitgliedern bekam, von denen er sich ernst genommen fühlte. Daher beteiligte er sich mit vier anderen an einem Hungerstreik vor einem Bremer Betrieb und war überzeugt, durch die Aktion und die Arbeit in

75 Die Aktivitäten bis zum Hungerstreik werden, überwiegend durch Berichte der lokalen Presse, dokumentiert in: Wir kämpfen um unsere Arbeitsplätze, Dokumentation der Belegschaft DEMAG-Kunststofftechnik, Kalldorf (Lippe) 1969-1975, hrsg. von der Bezirksleitung Münster der IG Metall, Juli 1975 sowie Das Ende im Kalletal, Teil 2. Dokumentation der Belegschaft DEMAG-Kunststofftechnik, Kalldorf (Lippe) 1969-1975, hrsg. von der Bezirksleitung Münster der IG Metall, Münster 1977.

76 Josef Wegener, Hungerstreik in Hamburg. Eine Dokumentation, Hamburg 1978.

77 Hungerstreik: Schmidt soll helfen, *Hamburger Abendblatt*, 30.5.1978.

78 Hungerstreik im DGB-Haus, *FAZ*, 29.5.1978; Exil-Chilenen beenden Hungerstreik, *FAZ*, 9.6.1978.

79 Eugen Loderer und Georg Benz an den deutschen Botschafter in Chile, Herr Strätlin, 30.51978, in: AdsD, 5/IGMA-22-0370.

der SDAJ seinen »Lebenssinn« wiedergefunden zu haben.[80] Das saarländische SDAJ-Mitglied Herbert Berger berichtete von einer Hungerstreik-Aktion mit sechs anderen Arbeitslosen im März 1978 vor dem Hüttenwerk in Neunkirchen. Nach 42 Stunden hätten sie Zusagen für Arbeitsplätze erhalten. Die Aktion hätte viel Zustimmung gefunden, es gab in der Nacht eine »große Feier«.[81] Es ist weniger die Frage, ob tatsächlich Arbeitsplätze auf diese Art erzwungen werden konnten, auch wenn die öffentlichen Aktionen für die Unternehmen unangenehm waren. Es war vor allem ein lokales soziales Ereignis, in dem der Zusammenhalt untereinander gestärkt wurde. Die Hungerstreiks für Ausbildungsplätze waren auf wenige Tage befristete Aktionen. Fünf arbeitslose Jugendliche aus mehreren Städten Niedersachsens ketteten sich im September 1978 vor dem Volkswagen-Werk in Emden zwei Tage lang vor den Toren an und forderten die Aufstockung der Ausbildungsplätze auf fünf Prozent der Beschäftigten, eine Quote, die auch von der Gesamtjugendvertretung von Volkswagen gefordert wurde. Mit den fünf Demonstranten solidarisierten sich die Vorsitzende des DGB-Kreisjugendausschusses von Emden sowie der örtliche SDAJ-Vorsitzende, die am Hungerstreik teilnahmen. Der zuständige Personalverantwortliche von Volkswagen lehnte es aber ab, mit den Jugendlichen zu reden.[82] Es wurden auch gezielt zentrale Orte aufgesucht, so am 21./22. März 1977, als von »12 arbeitslosen Jugendlichen und SDAJ'lern« die Bundeszentrale des BDI in Köln als Ort für einen symbolischen Hungerstreik von zwei Tagen genutzt wurde. Parallel dazu fanden in der gesamten Bundesrepublik Aktionen der SDAJ bei Industrie- und Handelskammern und Handwerkskammern statt, von der *Elan* wurden Sonderdrucke verteilt.[83] Auch wenn einzelne Arbeitslose sich an den symbolischen Hungerstreiks beteiligten, war es doch eine im Wesentlichen von der SDAJ getragenen Aktionsform, die sie auch in den 1980er Jahren fortsetzte. 1984 hieß es im Hamburger Landesverband der SDAJ, die Organisation sei bei »Lehrstellenhungerstreik« immer beteiligt gewesen sei.[84] Trotz des hohen symbolischen Gehalts, den eigenen Körper als Träger einer Demonstration zu nutzen, waren solche Aktionen nicht von einer überregionalen medialen Aufmerksamkeit begleitet gewesen. Sie bestärkten insbesondere die SDAJ selbst und demonstrierten ihre Handlungsfähigkeit. Nach eigenem Selbstverständnis fester Teil der

80 True war Delegierter auf einem SDAJ-Bundeskongress. Sein Bericht siehe: Protokoll des VI Bundeskongresses der SDAJ am 5/6.5.1979 in Hamburg, S. 42f., in: HISA, Bestand SDAJ, Ordner 0.

81 Ebd., S. 56f.; An der Saar: Protest junger Leute gegen Arbeitslosigkeit, in: *FAZ*, 16.3.1979.

82 Hungerstreik vor VW-Werk für mehr Ausbildungsplätze, *Die Neue*, 28.9.1978.

83 Dieses offene Bekenntnis in: Wer sich nicht wehrt, lebt verkehrt! Rechenschaftsbericht des SDAJ-Landesvorstandes Hamburg 1976-89, VI. Landeskonferenz, Hamburg 1979, S. 4f., in: FZH, 814-6, SDAJ, Junge Pioniere; Die verlorene Ehre des Herrn Schleyer. Nach Hungerstreik in Köln: Gespräch mit Arbeitslosen abgesagt, *Deutsche Volkszeitung*, 31.3.1977.

84 Konzeption zur Vorbereitung und Durchführung er 8. Landeskonferenz der SDAJ-hamburg, GF/LV 14.6.1984, Thomas K., in: HISA, Bestand SDAJ, Ordner 30.

Gewerkschaftsjugend, erwies sie sich als aktive Kraft, um die gewerkschaftliche Kampagnenpolitik in den öffentlichen Raum zu tragen.

Dies wirft die Frage auf, wie die Gewerkschaften und wie die IG Metall auf diesen Einfluss reagierte. Wie war der Umgang mit den in der Politisierungsphase ebenfalls einflussreichen maoistischen Gruppierungen?

3.2.2. Zwischen Akzeptanz und Ausschluss – Linke Gruppen in den Gewerkschaften

Dass die IG Metall, trotz unbestrittener enger Verflechtung mit der Sozialdemokratie, offen war für Gruppierungen auch links von der Partei, war seit der APO-Zeit unverkennbar. Unmissverständlich waren das Bekenntnis zum Grundgesetz und die Ablehnung bewaffneter Strategien. In der Gewerkschaftsjugend wurden Sympathien für Aktionen von Roter Armee Fraktion oder 2. Juni nicht geäußert, selbst in den frühen Phasen nicht, als einige militante Aktionen Bezüge auf Arbeitskonflikte aufwiesen[85], oder als revolutionäre Schwärmerei über bewaffnete Strategien diskutiert wurde.[86] Aber es kam hinzu, dass die maoistischen und orthodox-kommunistischen Gruppen, die Einfluss in der Gewerkschaftsjugend besaßen, terroristische Strategien ebenfalls ablehnten. Dies war nicht als Pazifismus zu verstehen, denn die Gruppen bedienten eine martialische Kampfmetaphorik, und zumindest unter den Anhängern der K-Gruppen war eine Bereitschaft zum Einsatz von Gewalt auf Demonstrationen vorhanden. Verbreitet war die Deutung, dass allein in Klassenkämpfen Veränderungen durchgesetzt werden könnten, und diese unter spezifischen Gegebenheiten auch Gewalt einschloss – allerdings unter der meist undeutlichen Voraussetzung, die Arbeiterklasse befürworte diese dann auch.[87]

Während die undogmatischen Strömungen in der Schnittstelle zur linken Sozialdemokratie mit Sympathien auch aus dem meist jüngeren Funktionärsapparat rechnen konnte, in einem gewissen Maße auch DKP und SDAJ, pflegten die maoistischen Gruppen von Anfang an einen Konfrontationskurs gegenüber den Gewerkschaften. Die Kritik an bürokratischen Strukturen und der Sozialpartnerschaft erhielt aggressive Ausprägungen, Schlagworte wie »Arbeiterverräter«, »Bonzen« oder »Kapitalistenknechte« waren gängige Bezeichnungen für gewerkschaftliche oder betriebliche Funktionäre. Folglich empfanden IG-Metall-Funktionäre diese Gruppen als Belastung. Dass gerade die IG Metall für maoistische Gruppen interessant war, hatte seinen Grund in der strategischen Orientierung dieser Gruppen – wie auch der SDAJ – auf

85 Vgl. Birke, Traum.

86 So berichtete Arp Kreßin über Diskussionen um 1970 über die Bewaffnung der Vertrauensleute als eine mögliche Strategie. Transkript des Gespräches mit Arp Kreßin, 14.11.2008, S. 22f.

87 Hierzu der impressive, aber eindrucksvolle Bericht über den KBW bei: Koenen, Jahrzehnt, S. 415-466.

die industrielle Facharbeiterschaft in Großbetrieben als vermeintlicher Kern der Arbeiterklasse. Damit ging eine politische Überhöhung der männlichen Industriearbeiterschaft einher. Es waren zum Teil Studierende, die in die Betriebe gegangen waren. Aber nicht nur. In den frühen 1970er Jahren bestand eine Attraktivität von radikalen und »konsequenten« Forderungen und Parolen in den Betrieben, die vor allem junge Beschäftigte ansprach. Für 1975 hat der Verfassungsschutz geschätzt, dass von rund 200.000 Betriebsräten rund 800, also 0,4 Prozent, der Betriebsräte DKP-Mitglieder waren. Die Mehrzahl der Betriebsräte wurde jedoch in kleineren Betrieben gewählt, in denen weder DKP noch die K-Gruppen vertreten waren. Daher sah die Relation in den Großbetrieben anders aus. In 1240 Betrieben mit mehr als 1000 Beschäftigten waren von 25.000 Betriebsräten rund 500 in der DKP. Bei 22 Großbetrieben waren von 494 Betriebsräten sogar 107 (21,7 Prozent) in der DKP oder einer anderen linken Gruppe.[88] Die KPD/ML erreichte mit oppositionellen Listen bei den Betriebsratswahlen 1978 in sechs größeren Betrieben noch mehr als 20 Prozent.[89]

Auch wenn die K-Gruppen vereinzelte betriebliche Wahlerfolge sogleich als Aufschwung einer kommunistischen Bewegung deuteten, so spielten vermutlich lokale und persönliche Konflikte eine größere Rolle als ideologische Festigkeit der Beschäftigten. Unzufriedenheit mit scheinbar wenig effizienter Betriebsratsarbeit, Forderungen nach höherer Bezahlung oder besseren Sanitäreinrichtungen bedingten in manchen Betrieben ein Stimmungsumfeld, in dem kommunistische Aktivisten Zuspruch erhalten konnten. Die Wahl zu Jugendvertretern und ab 1975 vermehrt in den Betriebsrat entsprang aber nicht unbedingt einer Zustimmung zu weitgesteckten Zielen als vor allem einer Unzufriedenheit mit etablierten Betriebsräten.[90] Die Gewerkschaften hatten gegenüber einzelnen Akteuren aus den K-Gruppen bereits mit Sanktionen reagiert, die bis hin zum Ausschluss aus der Organisation gehen konnten. Die Satzung der IG Metall sah dies bei »gewerkschaftsschädigendem Verhalten« vor, welches zum Beispiel

88 Horst-Udo Niedenhoff, Auf dem Marsch durch die Institutionen – Die kommunistische Agitation im Betrieb und in den Gewerkschaften, Köln 1979, S. 60.

89 RGO-Zeitung bei FKH (Friedrich-Krupp-Hüttenwerke AG), in: AdsD, 5/IGMA-22-0190.

90 Diese Beobachtung schon bei: Wilhelm Bauch/Uwe Schmidt/Herbert Steinke, Emanzipatorische Arbeiterbildung. Überlegungen und Materialien zur gewerkschaftlichen Bildungsarbeit, Berlin 1972, S. 17; mit weniger politischer Aufladung hat den Aufschwung oppositioneller Betriebsratsgruppen für Bayer Leverkusen nachgezeichnet: Stefan Moitra, Oppositionelle Betriebsratsarbeit bei Bayer: Zwischen parteipolitischer, persönlicher und struktureller Konfrontation, in: Klaus Tenfelde u. a. (Hrsg.), Stimmt die Chemie? Mitbestimmung und Sozialpolitik in der Geschichte des Bayer-Konzerns, Essen 2007, S. 217-243; lange erfolgreich als undogmatisch-linke Gruppe die ›Plakat-Gruppe‹ bei Daimler-Benz in Untertürkheim, die zeitweilig bis zu 30 Prozent der Stimmen erhielt. Vgl. die Autobiographie eines der Mitbegründer: Willi Hoss, Komm ins Offene, Freund. Autobiographie, hrsg. von Peter Kammerer, Münster [2]2006.

in der Aufstellung einer eigenen Betriebsratsliste begründet sein konnte.[91] Die Einzelfallprüfung erschien angesichts der Zunahme des Phänomens hinderlich, und 1973 wurde von den Vorständen der meisten Gewerkschaften ein grundsätzlicher Unvereinbarkeitsbeschluss gegen maoistische Gruppen gefasst. Zuerst Anfang März 1973 von der IG Drupa, bis Ende des Jahres von den meisten Einzelgewerkschaften.[92] Bei der IG Metall fasste der Beirat der IG Metall, zwischen den Gewerkschaftstagen das höchste beschlussfassende Gremium mit einer Reihe von ehrenamtlichen Mitgliedern, am 16. April 1973 einen entsprechenden Unvereinbarkeitsbeschluss. Er richtete sich allein gegen die maoistischen Gruppierungen. Als Grund wurde genannt, die K-Gruppen würden eine gewerkschaftsfeindliche Politik mit dem Aufbau einer Revolutionären Gewerkschaftsopposition (RGO) betreiben. Aktivitäten in den Gruppierungen konnten zu einem Ausschluss führen, mussten es aber nicht.[93] Der Bundesvorstand des DGB folgte am 1. Oktober 1973 den einzelgewerkschaftlichen Beschlüssen und orientierte sich in seinem Beschluss an dem der IG Metall.[94] Der DGB stützte damit die einzelnen Gewerkschaften, eine formale Mitgliedschaft im DGB war für Einzelpersonen nicht möglich, die Regelungen mussten von den einzelnen Gewerkschaften selbst geschaffen werden. Die wichtige Neuerung bei dem Unvereinbarkeitsbeschluss der IG Metall war eine verfahrenstechnische Änderung. Der Vorstand konnte nun ohne Untersuchungsverfahren über einen Ausschluss befinden, wie es sonst nur bei finanziellen Unterschlagungen vorgesehen war. Allerdings war dagegen Widerspruch möglich. Auf dem Gewerkschaftstag der IG Metall im September 1974 wurde diese Änderung mit nur wenigen Gegenstimmen angenommen. In der Diskussion wurde das neue Verfahren zwar von

91 In der Rechtsprechung und der juristischen Literatur war dieser Punkt umstritten, da es gegen die betriebsverfassungsrechtliche Rechtsnorm der freien Wahl verstieß. Trotz dieser Bedenken hielten die Gewerkschaften daran fest, Kandidaturen auf ›gegnerischen Listen‹ zum Anlass für Ausschlussverfahren zu nehmen. Vgl. Wolfgang Sachse, Das Aufnahme- und Verbleiberecht in den Gewerkschaften der Bundesrepublik. Unter besonderer Berücksichtigung der Unvereinbarkeitsbeschlüsse des Deutschen Gewerkschaftsbundes, Köln 1985, S. 232. Der Unvereinbarkeitsbeschluss hingegen galt als rechtlich einwandfrei, da es als politische Abwehrmaßnahme gewertet wurde, die einem Verband zustehe.

92 Übersicht über die einzelnen Unvereinbarkeitsbeschlüsse bei: Wolfgang Thalmann, Der politisch motivierte Ausschluss aus Gewerkschaften, Freiburg im Breisgau 1974, S. 20-27.

93 Geschäftsbericht des Vorstandes der IG Metall 1971-1973, S. 23. Die genannten Gruppen waren: KPD, KPD/ML, KB, KPD/AO, Arbeiter-Basis-Gruppen, Kommunistischer Arbeiterbund und Kommunistische Arbeiterpresse. Der KBW kam erst später hinzu, da er erst im Juni 1973 gegründet wurde.

94 Rainer Erd, Gewerkschaftsausschlüsse in den 70er Jahren, in: Otto Jacobi/Walter Müller-Jentsch/Eberhard Schmidt (Hrsg.), Gewerkschaftspolitik in der Krise/Kritisches Gewerkschaftsjahrbuch 1977/78, Berlin 1978, S. 166-175, hier S. 168. Geschäftsbericht des Vorstandes der IG Metall 1971-1973, S. 26. Text des DGB-Beschlusses: DGB grenzt sich gegen politische Extremisten ab, in: Nachrichtendienste Bundespressestelle des DGB, 3. Oktober 1973 Nr. 315/73, S. 203 f.

einigen als undemokratisch bezeichnet. In den Antworten einiger Delegierter auf diesen Vorwurf wurden auch Verletzungen deutlich, die mit Auseinandersetzungen verbunden waren. Der Delegierte Helmut Ziethoff aus Mühlheim hob hervor, dass wenn Rechte und Pflichten bei einem Verfahren nicht sofort ruhen würden, das Verfahren sich über Wochen erstrecken würde, »[...] und in dieser Zeit geht dieser Kollege – in Anführungsstrichen – hin und bezeichnet unsere Funktionäre im Betrieb, in der Ortsverwaltung und im Vorstand als Arbeiterverräter – und ist noch weiter Mitglied dieser Organisation«.[95] Wenn auch Angriffe auf Funktionäre das Klima der Auseinandersetzung prägten, war der sachliche Vorwurf der RGO-Politik falsch. Zwar operierten KPD/ML und KPD/AO mit diesem Begriff, der an die Gewerkschaftspolitik der KPD ab 1928 erinnerte, aber beide Parteien zielten auf die Bildung von Fraktionen innerhalb der Gewerkschaften. KB und KBW sprachen sich gegen eine solche Politik aus und forderten ihre Mitglieder auf, in den Gewerkschaften zu bleiben.[96] Dies galt der IG Metall als Hinweis, dass die Maoisten sich tarnen würden, ein weiteres Argument für ein verkürztes Verfahren.[97] Der pauschale Vorwurf einer RGO-Politik war für die linken Kritiker hingegen der Beleg für das bürokratische Verständnis der Gewerkschaftsvorstände. Die Unvereinbarkeitsbeschlüsse richteten sich ihrer Ansicht nach gegen alle Linke in den Gewerkschaften und müssten entsprechend bekämpft werden, hieß es in der letzten Ausgabe der Hamburger *Lehrlingszeitung*.[98] Diese Wahrnehmung speiste sich auch aus anderen Entwicklungen, die Anzeichen für ein repressives Klima nahmen zu.

Insbesondere die ein Jahr zuvor von den Ministerpräsidenten der Länder am 28. Januar 1972 beschlossenen »Grundsätze zur Behandlung von öffentlichen Bediensteten, die verfassungsfeindliche Bestrebungen verfolgen«, dem sogenannten Radikalen-Erlass, galt als Symbol eines repressiven innenpolitischen Klimas[99], die Umsetzung verursachte Verunsicherung in der jüngeren Bevölkerung.[100] Es sollte niemand ins Beamtenverhältnis übernommen werden, der einer Gruppierung angehörte, die verfassungsfeindliche Ziele verfolge. Die IG-Metall-Jugend gehörte zu den Kritikern des Beschlusses, den sie als Mittel der »politischen Dis-

95 Vgl. Protokoll 11. Gewerkschaftstag 1974, Band 1, S. 771. Zur geänderten Satzung: § 12 der Satzung der IG Metall, in: Protokoll 11. Gewerkschaftstag 1974, Band 2, S. 701.

96 Vgl. Michael Steffen, Geschichten vom Trüffelschwein. Politik und Organisation des Kommunistischen Bundes 1971 bis 1991, Berlin u. a. 2002, S. 139 f.

97 Geschäftsbericht des Vorstandes der IG Metall 1971-1973, S. 25 f.

98 RGO-Beschlüsse von IG Druck und Papier: Kreuzzug gegen Linke!, *LZ* Nr .12/13, Juni 1973, S. 16-18.

99 Vgl. als Gesamtdarstellung mit Betonung der personellen Kontinuität der Staatsschützer zum Nationalsozialismus Dominik Rigoll, Staatsschutz in Westdeutschland. Von der Entnazifizierung zur Extremistenabwehr, Göttingen 2013.

100 Alexandra Jäger, Der Radikalenbeschluss in Hamburg in den 1970er Jahren, in: Forschungsstelle für Zeitgeschichte (Hrsg.), Zeitgeschichte in Hamburg 2011, Hamburg 2012, S. 55-72.

ziplinierung« verstand.[101] Es gelang ihr, auf dem Gewerkschaftstag der IG Metall 1974 zumindest eine vorsichtige Distanzierung vom »Radikalen-Erlass« zu erreichen.[102] Allerdings bestanden zwischen dem Unvereinbarkeitsbeschluss und dem Ministerpräsidenten-Beschluss in Wirkung und Begründung einige wesentliche Unterschiede. Als gegnerische Organisation definierte die IG Metall – neben rechtsradikalen Gruppierungen, deren Mitgliedschaft seit 1964 nicht mit einer Gewerkschaftsmitgliedschaft vereinbar war – allein maoistische Gruppen, die in den Betrieben eine aggressive Politik gegenüber den Gewerkschaften betrieben. Unter die Unvereinbarkeitsbeschlüsse fiel nicht die Mitgliedschaft in SDAJ oder DKP, die wiederum die Hauptgruppe der von Maßnahmen im öffentlichen Dienst Betroffenen bildete. Der Grund lag darin, dass sich SDAJ- und DKP-Mitglieder in den Gewerkschaften weitgehend loyal verhielten. Zudem erfolgte im öffentlichen Dienst eine Regelabfrage, bei der IG Metall war der Antrag einer unteren Gliederung notwendig – eine systematische Überprüfung von Gewerkschaftsmitgliedern fand nicht statt. Gewerkschaftsausschlüsse waren ökonomisch nicht unbedingt bedrohlich, da der Beruf weiter ausgeübt werden konnte. Verschärfend war jedoch, wenn einer politisch motivierten Entlassung ein Gewerkschaftsausschluss folgte. Dann verlor der Betreffende den Rechtsschutz der Gewerkschaften. Die Jugend der IG Metall verhielt sich in der Frage der Unvereinbarkeitsbeschlüsse vorsichtiger als bei dem Radikalen-Beschluss. Zum Beschluss des Beirates wurde von der Jugendkonferenz der IG Metall 1974 nur eine schwache Warnung vor einem Missbrauch verabschiedet, Anträge auf Aufhebung des Unvereinbarkeitsbeschlusses jedoch mit großer Mehrheit abgelehnt.[103] Dies deutet daraufhin, dass zumindest Teile der Delegierten nicht unglücklich waren, wenn die maoistischen K-Gruppen an Einfluss verloren.

Zwischen den Gewerkschaften bestanden Unterschiede im öffentlichen Umgang mit Ausschlüssen. Die IG Metall führte Ausschlussverfahren meist ohne öffentliche Begleitung durch.[104] Anders die IG CPK, die offensiv gegen linke Gewerkschaftsmitglieder vorging und Aufklärungsschriften verbreitete.[105] Für den KB waren es nur zwei unterschiedliche Strategien mit demselben Ziel: »Während z. B. die IG Chemie-Führung in Hamburg und Westberlin mit mas-

101 Im Antrag 87 der 9. ordentlichen IG-Metall-Jugendkonferenz im Mai 1974 wurde dem Beschluss der Kampf angesagt, da er die Grundrechte einschränke. Allerdings wurde nicht pauschal die Abschaffung, sondern ein rechtsstaatskonformer Umgang gefordert. Vgl. »Ministerpräsidentenbeschluß vom 28. Januar 1972«, Protokoll 10. ordentliche Jugendkonferenz, S. 457 f.

102 Protokoll 11. Gewerkschaftstag 1974, Band 2, S. 279 und S. 547 f.

103 Diskussion über die Anträge: Protokoll 10. ordentliche Jugendkonferenz, S. 234-245, angenommener Antrag S. 427.

104 Eine Ausnahme war die Verwaltungsstelle der IG Metall in Berlin, die von 1974 bis 1976 dreimal Namenslisten von ausgeschlossenen Mitgliedern in der Mitgliederzeitung *metall* veröffentlichte. Vgl. Rotbuch zu den Gewerkschaftsausschlüssen. Hrsg. vom j. reents-verlag, Hamburg 1978, S. 129-131.

105 Wer und was steckt dahinter? Eine Information der IG CPK Vwst. Hamburg, o. J. (1973), in: StAHH, 136-3 (Landesamt für Verfassungsschutz), 125.

siver, bis ans faschistische heranreichender antikommunistischer Hetze Unterdrückungsmaßnahmen und Ausschlußverfahren ›vorbereitete‹, haben die IGM-Oberen der rein-bürokratischen Ausschlußpolitik den Vorzug gegeben« urteilte der KB 1978.[106] Das Vorgehen der IG Metall ergab sich aber weniger aus einer spezifischen Strategie als vielmehr dem Bestreben, einen linksradikalen Einfluss nach außen hin möglichst herunterzuspielen. Auch gegenüber SDAJ und DKP war diese Haltung für die IG Metall kennzeichnend. Sie war von der Haltung Georg Benz' und der Abteilung Jugend geprägt, die linksradikale Einflüsse für die IG Metall als geringes Problem ansahen und auf eine langfristige Integration setzten. Nach der 10. ordentlichen Jugendkonferenz im Mai 1974 in Oberhausen waren Georg Benz und die Abteilung Jugend zufrieden mit dem Verlauf, da die Integration der Jugendarbeit in die Gesamtorganisation unterstrichen wurde und es – anders als in Saarbrücken 1971 – keine »Apparat-Diskussion« gegeben hätte.[107] Eugen Loderer hingegen kritisierte die Konferenz im IG-Metall-Vorstand als von der SDAJ dominiert. Anlass war die Ablehnung einer Solidaritätsadresse an den kurz zuvor zurückgetretenen Bundeskanzler Willy Brandt[108], eine Reaktion auf die aus diesem Anlass nicht erfolgte Begrüßung der DDR-Delegation, und schließlich ein Chile-Solidaritätsabend, der für Loderer ein kommunistischer Aufmarsch mit rhythmischen Klatschen und gereckten Fäuste gewesen war. Georg Benz hingegen relativierte die Ereignisse, wichtig sei, dass gewerkschaftliche Probleme der Tarifpolitik im Vordergrund gestanden hätten. Der Chile-Abend sei Ausdruck von Emotionen gewesen, der Initiativantrag zu Willy Brandt sei unglücklich gelaufen, meinte Benz. Zwar stützten einige Vorstandsmitglieder Loderers Einschätzung zur SDAJ, die durch engagierte Mitarbeit Einfluss gewännen. Allerdings würden die SDAJ-Mitglieder auch helfen, gegen die »Chaoten« – gemeint waren die maoistischen Gruppen – vorzugehen. Die ergebnislose Diskussion fasste Loderer zusammen: »Man müsse deutlich die Taktik der DKP sehen, für die die Vorgänge in Oberhausen einen Beweis darstellten. Insgesamt sei es erforderlich, die aus dem gesamten Vorgang sichtbar gewordenen Probleme der Jugendarbeit einmal umfassend zu diskutieren.«[109] Solche Forderungen nach umfassender Diskussion versandeten zumeist innerhalb der Organisation, eine grundsätzliche Beschäftigung mit der SDAJ ist zumindest in den Folgejahren bei der IG Metall nicht geführt worden. Vielmehr prägte den

106 Rotbuch zu den Gewerkschaftsausschlüssen, S. 44.

107 Zitat in: Auswertung der Jugendkonferenz 1974, o. V. o. D. [Abt. Jugend, 1974], in: AdsD, 5/IGMA-22-0101; ebenfalls als inhaltlichen Erfolg argumentiert: Volkmar Heusel, Bezirksleitung Frankfurt der IG Metall, an Abt. Jugend beim Vorstand der IG Metall vom 28.6.74, in: Ebd.

108 In einem Initiativantrag wurde Willy Brandt Solidarität der IG-Metall-Jugend zugesichert, aber einige Redner verwahrten sich gegen eine »Glorifizierung und Heiligsprechung« von Brandt und betonten die parteipolitische Neutralität. 56 stimmten für, 77 Delegierte gegen den Initiativantrag. Vgl. Protokoll 10. ordentliche Jugendkonferenz, S. 396-400, Zitat S. 397.

109 Auszug Protokoll Vorstand vom 18-21.6.74, Nr. 13/74, in: AdsD, 5/IGMA-22-0101.

Umgang die von der Abteilung Jugend der IG Metall und Benz vertretene Haltung, dass die SDAJ auf die IG-Metall-Jugend keinen nennenswerten Einfluss habe. Die dagegen von linken Gewerkschaftern wie Reinhard Crusius und Manfred Wilke immer wieder beschworene »Seelenverwandtschaft« von IG-Metall-Funktionären und SDAJ/DKP war von den Vorgängen um die Auflösung des Hamburger Jour Fix geprägt.[110] Eine »Seelenverwandtschaft« benannte aber nur ungenau die Haltung der IG Metall gegenüber der SDAJ. Die Skepsis mancher Funktionäre äußerte sich in atmosphärischen Vorbehalten und der Nichteinstellung orthodoxer Kommunisten als hauptamtliche Funktionäre. Die von Georg Benz und der Abteilung Jugend vertretene Einschätzung blieb trotz Vorbehalte älterer Funktionäre für die IG Metall dominierend. In den Vordergrund wurde immer wieder die Einheitsgewerkschaft gestellt, womit nicht nur die Einheit der früheren Richtungsgewerkschaften, sondern auch der verschiedenen politischen Strömungen der Arbeiterbewegung gemeint war. Nur so seien Erfolge der IG Metall zu erreichen. Und hier lag der Unterschied zwischen der SDAJ und den K-Gruppen: Letztere bedrohten diese Einheit und drängten auf eine Radikalisierung der IG Metall und griffen dabei Funktionäre an, wohingegen sich die SDAJ solcher Attacken weitestgehend enthielt.

Der Unvereinbarkeitsbeschluss führte zu einem Anstieg der Verfahren und der Ausschlüsse ab 1973, wobei es nicht allein Mitglieder der K-Gruppen traf, denn bereits eine Unterschrift unter einem Flugblatt konnte zu einem Verfahren führen. Die quantitative Dimension lässt sich durch die Angaben in den Geschäftsberichten und zeitnaher Forschung aufzeigen. Wolfgang Sachse hatte Anfang der 1980er Jahre für seine juristische Dissertation bei den Vorständen der Einzelgewerkschaften um Auskünfte gebeten. Er kam auf dieser Grundlage auf mindestens 2664 vollzogene Ausschlüsse zwischen 1960 und 1980 in den Einzelgewerkschaften. Davon erfolgten 854 aufgrund von Verstößen gegen Unvereinbarkeitsbeschlüsse. Dazu gehörten 36 Ausschlüsse wegen NPD-Mitgliedschaft, die Mehrzahl lag aber bei 800 Ausschlüssen wegen Zugehörigkeit zu linksextremen Organisationen zwischen 1970 und 1979. Allerdings verweist nicht allein diese Zahl auf linke Aktivitäten in den Betrieben. Hinzu kam die vor allem von der KPD und KPD/ML betriebene Aufstellung von »Roten Betriebsräten«, die zum Ausschluss wegen der Kandidatur auf einer gegnerischen Liste führen konnte. Dies waren von 1970 bis 1979 weitere 227 Fälle, ebenso konnte gewerkschaftsschädigendes Verhalten auf linke Aktivitäten hindeuten, die 930 Ausschlüsse im selben Zeitraum umfasste. Andere Ausschlussgründe waren Streikbruch, Beitragsrückstände und Unterschlagungen von Gewerkschaftsgeldern, die aber von 1970 bis 1979 nur rund 255 Ausschlüsse zur Folge hatte und damit gegenüber den politischen Ausschlüssen eine vernachlässigbare Größe

110 Vgl. zum Begriff Crusius/Wilke, Jugend, S. 29; als frühe Deutung in dieser Richtung: LZ-Redaktionskollektiv, Der Marsch ins Ghetto. Thesen zur DKP und zur Linkssektiererei in der BRD, Hamburg Juli 1971.

bildeten.[111] Der zeitliche Schwerpunkt der Ausschlusstätigkeiten lag zwischen 1973 und 1977. Prozentual die meisten Ausschlüsse erfolgten bei der GEW, die zwischen 1973 und 1982 von 10.000 Mitgliedern 17,81 ausschlossen. Bei den Industriegewerkschaften stand die IG CPK mit 8,85 Ausschlüssen auf 10.000 Mitgliedern an der Spitze, danach IG Drupa mit 2,59 und ÖTV mit 2,31. Die IG Metall hatte 1,67 Mitglieder auf 10.000 gerechnet im selben Zeitraum ausgeschlossen.[112] Absolut lag die IG CPK mit 569 Ausschlüssen ab 1973 an der Spitze, gefolgt von der IG Metall mit 436 Ausschlüssen. Hohe Ausschlusszahlen hatten auch die GEW mit 272 und ÖTV mit 271 Fällen ab 1973. DPG, HBV und IG DruPa hatten zwischen 30 und 40 Ausschlüsse. Für einige kleinere Gewerkschaften wie NGG, GTB, IG BSE oder Gewerkschaft Leder spielten Ausschlüsse keine Rolle. Die Zahlen lassen annehmen, dass neben dem Sonderfall der GEW, deren Mehrzahl der Mitglieder Lehrerinnen und Lehrer waren und bei der sich der gestiegene Einfluss linker Studierender spiegelte, und der ÖTV mit einem großen Bereich der Sozialen Arbeit sich vor allem in Großbetrieben im Organisationsbereich der Industriegewerkschaften einflussreichere maoistische Gruppen bilden konnten. KPD und KPD/ML erlebten bei den Betriebsratswahlen 1975 noch Erfolge, so als bei der Howaldt Deutsche Werft AG in Kiel 1975 vier »Rote Betriebsräte« der KPD/ML gewählt wurden, immerhin von gut 25 Prozent der Beschäftigten. Allerdings wurde ihnen ein Jahr nach der Wahl verboten, die Werft zu betreten und ihre Entlassung eingeleitet. Im September 1976 kam es auf dem Werftgelände zu Auseinandersetzungen mit der Polizei, da die vier Betriebsräte den Zutritt zum Werksgelände zu erzwingen versuchten.[113] Solche offenen Konfrontationen waren für maoistische Betriebsaktivisten kein ungewöhnliches Vorgehen. Sie entsprachen einem gewissen Bekenntniszwang. Als 1975 bei der Hamburger Werft Blohm & Voss zwei KPD-Mitglieder auf einer oppositionellen Liste als Betriebsräte gewählt wurden, kündigten sie an, sich nicht an die gesetzliche Schweigepflicht über betriebliche Vorgänge im Gremium halten zu wollen. Der Betriebsrat strengte daraufhin einen Arbeitsgerichtsprozess gegen den Betriebsrat Gerd Stamer an, um ihm sein Mandat zu entziehen. Stamer hielt im September 1975 vor dem Arbeitsgericht in Hamburg ein flammendes Plädoyer für den Kommunismus und bekannte sich dazu, die gesetzliche Schweigepflicht weiterhin im Sinne der Arbeiterklasse zu brechen, das Arbeitsgericht bestätigte daraufhin die Mandatsentziehung.[114] Bald nach diesem Prozess wurde Gerd Stamer von der Werft selbst entlassen. Mithilfe

111 Sachse, Aufnahme- und Verbleiberecht, S. 86. Eine frühe Zusammenstellung bis 1976 bei: Erd, Gewerkschaftsausschlüsse, S. 167.

112 Sachse, Aufnahme- und Verbleiberecht, S. 86.

113 Tendenziöse Darstellung bei: Zentralkomitee der KPD/ML (Hrsg.), 10 Jahre Kampf für ein vereintes, unabhängiges, sozialistisches Deutschland, Dortmund 1979, S. 215 f.

114 Vgl. Gegen Entlassung oppositioneller Betriebsräte bei Blohm und Voss: Klassensolidarität! *Rote Hilfe Zeitung* Nr. 6, Juli 1975, S. 5; Arbeitsgericht bestätigt Entlassung von revolutionären Betriebsräten, *Rote Hilfe Zeitung* Nr. 7, September 1975, S. 4. Zeitungen im Besitz des Verfassers.

einiger Kollegen versuchte er eine Protestkundgebung auf dem Werftgelände durchzuführen, wurde aber, begleitet durch ein angeblich »empörtes Pfeifkonzert« der Kollegen aus dem Betrieb gebracht. Für die KPD skizzierte er sein weiteres Kampfprogramm: Neben der Verlängerung der Waschzeiten und dem Stopp von Rationalisierungsmaßnahmen sei es wichtig, die Arbeiter zum Kampf für die Freiheit von Horst Mahler und gegen die aggressiven Supermächte USA und Sowjetunion zu mobilisieren. Der Gewerkschaftsausschluss gegen ihn erfolgte schließlich ohne ein weiteres Verfahren.[115] Dieses Konfliktmuster von offensiv vertretener revolutionärer Politik und Konfrontation mit dem lokalen Betriebsrat war ein Kennzeichen insbesondere von KPD/ML und KPD. Damit erleichterten sie zugleich einen Gewerkschaftsausschluss. Allerdings war dies nur eine Seite, denn für die Maoisten in den Betrieben war es auch schwierig, Anforderungen ihrer Parteien an ein offensives Auftreten und die praktische Alltagsarbeit im Betrieb miteinander zu vereinen. Einige maoistische Betriebskader haben später zu Protokoll gegeben, dass sie aus Sicht der Partei eigentlich »opportunistische Rechtsabweichler« gewesen seien.[116] Zudem war die Konzeption einer RGO-Position nicht ganz so verrückt, wie es scheinen mochte, zumindest nicht, wenn es als eine Art Fraktion in den Gewerkschaften verstanden wurde. Die KPD/ML gründete erst 1978 eine bundesweite RGO, deren Ziel es aber blieb, in den Gewerkschaften zu wirken.[117] Den Attraktivitätsverlust der K-Gruppen hielten aber auch repressive Maßnahmen nicht auf. Bei der Auswertung der JV-Wahlen 1978 kam die IG Metall zu dem Schluss, dass der Einfluss von »gegnerischen Gruppen« fast völlig zurückgegangen sei.[118] Dies ergab sich daraus, dass die noch aktiven K-Gruppenmitglieder getreu ihrer Linie eher versuchten, Betriebsräte zu werden als mit der Jugendvertretung eine altershomogene Gruppe zu führen. Auch war es ein Hinweis darauf, dass ihre Partei älter wurde. Zahlen hierzu liegen für den KBW vor. Dieser gab 1974 das Durchschnittsalter seiner Mitglieder mit 24 Jahre an. 1981, als sich der KBW bereits in Auflösung befand, waren noch 55 Prozent der Parteimitglieder seit der Grün-

115 Interview mit Gerhard Stamer, entlassener Betriebsrat bei Blohm und Voss, *Rote Hilfe Zeitung* Nr. 9, September 1975, S. 6. Zeitung im Besitz des Verfassers.

116 Arps, Frühschicht, S. 110-114 mit einigen Zitaten ehemaliger Maoisten über mangelnde Perspektiven einer revolutionären Arbeit im Betrieb.

117 In einer Betriebszeitung der KPD/ML aus Bochum hieß es zur Gründung der RGO-Gruppe bei der Friedrich-Krupp-Hüttenwerk AG, man wolle als »Gewerkschaftsmitglieder unter unseren Kollegen, als Vertrauensleute und auch als Betriebsräte organisiert einen wirklichen Arbeiterkurs steuern«. RGO-Zeitung FKH (1978), in: AdsD, 5/IGMA-22-0190; vgl. Arbeitereinheit gegen Bosse und Bonzen. Gründungsdokumente der Revolutionären Gewerkschafts-Opposition, hrsg. vom Vorstand der RGO, Kassel 1978, in: http://www.mao-projekt.de/BRD/DGB/GRM/RGO_Gruendungsdokumente.shtml (Abruf 10.4.2013).

118 Bernd Wurl, ›Massenmobilisierung gegen Kaderpolitik‹ – eine naive Fehleinschätzung, *Der Gewerkschafter* 26, Nr. 3, März 1978 S. 46-47, S. 47.

dung 1973 dabei.[119] Gewerkschaftsausschlüsse waren nicht allein ein Phänomen in der Jugendarbeit, hatten aber dort erhebliche Auswirkungen. Der KB resümierte 1979, als angesichts der Krise der K-Gruppen Bilanz gezogen wurde, dass die Gruppe im norddeutschen Raum kontinuierliche Betriebsarbeit betrieben, durch die Ausschlüsse aber die meisten ihrer »Betriebskader« verloren habe. 1972 hätten sie 30 Betriebsräte in ihren Reihen gehabt, 1975 sogar über einhundert, worunter auch die Jugendvertreter fielen.[120] Die SDAJ, geübt in der Gegnerbeobachtung, notierte 1975, der KB stelle in neun Hamburger Metallbetrieben immerhin 15 Jugendvertreter und verfüge in zehn weiteren Betrieben über Betriebsgruppen. Gegenüber anderen K-Gruppen habe der KB erheblichen Einfluss auf Jugendliche in Hamburg.[121] Der KB selbst resümierte, in den ersten Jahren hätten sie eine konfrontative Politik gegenüber der Gewerkschaftsführung verfolgt, sich aber mit zu vielen Betriebs- und Branchenzeitungen verzettelt. Die »Ausschlusswelle« führte zu einem vorsichtigeren Agieren der »Betriebskader«, und außerhalb der Hochburg Hamburg waren nach 1975 kaum noch Aktive in Betrieben. Eine Reihe von Gründungsgruppen des KB war in Betrieben verankert und hatte eine Basis in der Gewerkschaftsjugend, so in Flensburg, Kiel, Eutin sowie Bremerhaven und Oldenburg. Die Frankfurter Gruppe sei überwiegend aus dem Metallbereich gekommen. Aber diese betriebliche Basis ging verloren: »Wir waren in starkem Maße vor allem in Schleswig-Holstein und Oldenburg von politischen Entlassungen und Gewerkschaftsausschlüssen betroffen. Am härtesten trafen uns aber die Schläge in der Jugendarbeit, wo durch Nichtbeschäftigung, Entlassungen in und nach der Lehre sowie die Zerschlagung der gewerkschaftlichen Jugendarbeit durch die DGB-Führer keine Kontinuität in der Betriebsarbeit hergestellt werden konnte und wir aus den meisten Betrieben rausflogen.« Seit dem Aufschwung der Anti-Atom-Bewegung, die 1976/77 einer der politischen Schwerpunkte des KB war, hätte es keine »(n)ennenswerte Betriebsansätze« mehr gegeben.[122]

119 Erste Zahl: Aus der Organisation, *Kommunistische Volkszeitung* Nr. 2, 23.1.1974, S. 15, in: Bibliothek HIS; zweite: Langguth, Protestbewegung, S. 99.

120 KB-Unser Weg Nr. 26, Rechenschaftsbericht des Leitenden Gremiums und andere Dokumente für den 1. KB-Kongress, Berichte und Dokumente des Vorkongresses im Dezember 1978 (Teil 2), Hamburg, März 1979, S. 8. Neben dem Metallbereich hatte der KB in der Chemischen Industrie in Hamburg mehrere Hochburgen. Vgl. Steffen, Geschichten, S. 142-146.

121 Die Firmen waren u.a. HDW, AEG-Werftbau, MBB, Kolbenschmidt, Rheinstahl. Vgl. Zur organisatorischen und politischen Entwicklung maoistischer Gruppierungen, Geschäftsführung/Landesvorstand der SDAJ, 16.6.1975, S. 6, in: HISA, Bestand SDAJ, Ordner 25.

122 KB-Unser Weg Nr. 26, Rechenschaftsbericht des Leitenden Gremiums und andere Dokumente für den 1. KB-Kongress, Berichte und Dokumente des Vorkongresses im Dezember 1978 (Teil 2), Hamburg, März 1979, S. 24. Steffen nennt auch eine politische Orientierung zu den neuen sozialen Bewegungen als Aspekt der KB-Politik, mit der das politische Interesse an der (Fach-)Arbeiterschaft zurückging. Steffen, Geschichten, S. 149f.

Allerdings war der Umgang mit dem Unvereinbarkeitsbeschluss auch unterschiedlich, ein Ausschluss aus der Gewerkschaft war nicht das unabwendbare Ende eines Untersuchungsverfahren, sondern es wurden auch Funktionsverbote oder schriftlichen Rügen verhängt. Zwischen 1974 und 1979 wurden von der IG Metall mindestens 977 Untersuchungsverfahren gegen Mitglieder durchgeführt, die in 460 Fällen zum Ausschluss führten, davon 251 wegen Unterstützung einer gegnerischen Organisation. In 197 Fällen wurden Betroffene aus Funktionen abberufen oder mit einem Funktionsverbot belegt und 184 Personen mit schriftlichen Rügen bedacht. Eingestellt wurden nur 31 Verfahren, die restlichen Verfahren endeten mit Niederschlagungen, aufgrund von Formfehlern oder waren seltene Wiederaufnahmeverfahren.[123] Diese Verfahren lagen nicht allein im Bereich der Jugend. Anhand einiger Untersuchungsverfahren im Bereich Niedersachsen sollen einzelne Verläufe genauer geschildert werden.

Der prominenteste Fall von Maoisten im hauptamtlichen Apparat der Gewerkschaften war im März 1973 die Entlassung der beiden Jugendbildungsreferenten des DGB-Landesbezirks Niedersachsen, Udo Bergmann und Hartmut Heine.[124] Hierbei handelte es sich nicht um ein Ausschlussverfahren, sondern um ein arbeitsrechtliches Verfahren. Es war aber ein prominenter Fall und der einzige bekannte, bei dem Maoisten bei den Gewerkschaften beschäftigt waren. Sie standen einer Vorläuferorganisation des KBW nahe und entwickelten Mitte 1972 eine eigene Bildungskonzeption, die vom DGB nicht getragen wurde. Auf einer Arbeitstagung des LBJA-DGB Niedersachsen mit Kreisjugendausschüssen im September 1972 erarbeiteten sie mit einigen Jugendlichen, insbesondere aus der ÖTV, eine Absage an überbetriebliche Ausbildungsstätten, wie es große Teile der Gewerkschaftsjugend forderten. Da die Bundesrepublik eine Klassengesellschaft sei, würde nur die Ausrichtung auf die Profitinteressen des Kapitals erfolgen, der Staat sei hierbei keine neutrale Instanz. Zudem würde mit überbetrieblicher Ausbildung die Spaltung der Arbeiterklasse zwischen der Jugend und den älteren Kollegen vertieft werden, die Jugendlichen verlören auch die Erfahrung der Ausbeutung. »Klassenbewußtsein entsteht allein in den solidarischen und gemeinsamen Kämpfen der gesamten Arbeiterklasse, der Lehrlinge und Arbeiter zur Verbesserung ihrer Arbeits- und Lebensbedingungen«, hieß es in der Vorlage. Die Ausbildung sollte daher durch den gemeinsamen Kampf im Betrieb möglichst weitgehend dem Profitinteresse entzogen werden. Andere Forderungen wurden als illusionär bezeichnet.[125] Diese Argumentation radikalisierte die Diskussionen der Gewerkschaftsjugend. Problematisch war aus gewerkschaftlicher Sicht aber die Haltung, im kapitalistischen Staat sei keine Verbesserung

123 Eigene Berechnungen nach Geschäftsberichte des Vorstandes der IG Metall 1974-1976, S. 423 f., und 1977-1979, S. 149 f.

124 Noch Ende 1979 verwies Hasso Düvel auf diesen Konflikt, um zu demonstrieren, wie die DGB-Jugendarbeit dadurch zusammengebrochen sei. IG Metall, Bezirksleitung Hannover, Dü(vel), 5.11.1979, S. 1 f., in: AdsD, 5/IGMA-22-0859.

125 KJA/LBJA Niedersachsen – Arbeitstagung in Steinkimmen am 16./17. September 1972, in: AdsD, 5/IGMA-22-665.

möglich und das Ziel vor allem sein müsse, die Arbeiterklasse zu Kampfmaßnahmen zu motivieren. Heine trug ihre Thesen auf der Bundesarbeitstagung des DGB im März 1973 in Solingen vor. Wenige Tage später wurden beide aufgrund unüberbrückbarer Gegensätze durch den DGB-Landesvorstand Niedersachsen von ihren Aufgaben entbunden und entlassen.[126] Sie klagten erfolglos dagegen. Der DGB konnte darauf verweisen, dass er als Tendenzbetrieb eine fristlose Kündigung aussprechen könne, wenn massiv gegen die Ziele der Organisation verstoßen werde.[127] Hasso Düvel berichtete dem IG-Metall-Jugendausschuss über die Absetzung, die einige Unruhe im DGB-Landesbezirk Niedersachsen hervorgerufen hatte. Heine hätte bei seiner Einstellung politische Positionen nicht offengelegt. Der LBJA-DGB habe sich gespalten in Ehrenamtliche und Hauptamtliche. Heine und Bergmann hätten als Legalität nur die »Belegschaften« anerkannt und wollten den Staat bekämpfen, wo es nur ginge.[128] Dieser prominente Fall zeigte die Grenzen der Radikalisierung in der Gewerkschaftsjugend auf. Wenn sich in revolutionärer Perspektive gegen die Bundesrepublik gewandt wurde, war der Verbleib in der Organisation wohl noch möglich, aber kaum eine hauptamtliche Anstellung. Eugen Loderer hatte auf der IG-Metall-Jugendkonferenz 1974 in Oberhausen solche Vorstellungen zurückgewiesen: »Die Gewerkschaften von heute sind nicht revolutionär. Was nicht in Frage kommt sind Spekulationen auf eine einmalige und abrupte Umwälzung der gesellschaftlichen Machtverhältnisse. So können wir nicht vorgehen. Und ich setze hinzu: Wir wollen es auch gar nicht. Weil wir in der Vergangenheit zuviel erreicht haben, um es in der Zukunft leichtfertig aufs Spiel zu setzen.«[129] Gewerkschaftliche Analysen zur Klassengesellschaft und Ausbeutung waren zwar in manchen Begriffen anschlussfähig an linke Radikalisierungen, aber die politisch konstitutive Grundlage der Gewerkschaften blieben Parlamentarismus und die Idee eines evolutionären Gesellschaftswandels. Trotz des Nachhalles sozialistischer und kommunistischer in der Gewerkschaftsjugend war diese Grundlage zu keiner Zeit bedroht.

In Niedersachsen gab es weitere Vorfälle mit KBW- und KB-Mitgliedern. Knapp ein Jahr nach der Entlassung von Bergmann und Heine kam es in Wolfsburg im Mai 1974 zu einem größeren Ausschlussverfahren von KBW-Mitgliedern bei Volkswagen. Diese hatten den OJA der IG Metall dazu gebracht, den Aufruf des KBW zum 1. Mai 1974 in Wolfsburg zu unterstützen. Daraufhin leitete die

126 DGB-Abt. Jugend, Td/Mey, 9.4.1973: Situation der gewerkschaftlichen Jugendarbeit im DGB-Landesbezirk Niedersachsen, in: DGB-Archiv im AdsD, DGB-BV Abt. Jugend, 5/DGAU-0196.

127 Rae Dres. Achim von Winterfeld an Bundesvorstand DGB und Landesbezirksvorstand DGB Niedersachsen, 22.5.1973, in: DGB-Archiv im AdsD, DGB-BV Abt. Jugend, 5/DGAU-0196.

128 »Zur Einleitung der JA-Sitzung«… [Hs. Stichpunkte zur Sitzung Jugendausschuss am 5.4.1973], in: AdsD, 5/IGMA-22-0176.

129 10. Jugendkonferenz der IG Metall, Protokoll, S. 30.

Verwaltungsstelle Wolfsburg ein Untersuchungsverfahren ein.[130] Bei der Aufstellung der Liste für die Jugendvertreterwahl im Juni 1974 wurden auch sechs vom Ausschluss bedrohte KBW-Mitglieder auf die Liste gewählt, neben Angehörigen der SDAJ. Die IG-Metall-Verwaltungsstelle forderte in einem offenen Brief die Jugendlichen bei Volkswagen auf, von der Liste mit 21 Personen nur 15 zu wählen und distanzierte sich vom KBW, allerdings hielten die meisten anderen Kandidaten an einer gemeinsamen Liste fest.[131] Schließlich wurden drei Personen in die Jugendvertretung gewählt, gegen die parallel ein Ausschlussverfahren lief. Der für Jugend zuständige Sekretär in Wolfsburg schätzte den Einfluss des KBW in der Jugendvertretung als »erheblich« ein.[132] Die IG Metall in Wolfsburg schloss die 10 Betroffenen jedoch nicht aus, sondern erteilte vier befristete Funktionsverbote und Ausschluss von Versammlungen, ein Funktionsverbot, vier Rügen und stellte ein Verfahren ein.[133] Ergebnis der Verfahren konnte also auch eine Sanktion unterhalb des Ausschlusses sein um auf eine langfristige Integration zu setzen. Die Betroffenen blieben – soweit bekannt – alle bei Volkswagen beschäftigt. Ein anderer Vorgang drehte sich um Unterzeichnung eines Flugblattes, welches auch vom KBW getragen wurde, durch den Vorsitzenden des DGB-Kreisjugendausschuss in Braunschweig, Siegfried Audritz (ÖTV), sowie vier IG-Metall-Mitglieder. Der Konflikt entzündete sich an Demonstrationen zum Jahrestag des Putsches in Chile 1974. Der DGB-KJA Braunschweig hatte mit anderen linken Gruppen geplant, am 14. September 1974 eine Demonstration in Braunschweig durchzuführen. Gleichzeitig sollte eine bundesweite Demonstration in Frankfurt stattfinden, die u. a. vom KBW organisiert wurde. Als Audritz den Aufruf zur bundesweiten Demonstration unterzeichnete und sich damit gegen die Braunschweiger Demonstration stellte, entzog ihm der DGB-KJA das Vertrauen, der Kreisvorstand belegte ihn mit einem Funktionsverbot.[134] Audritz argumentierte zusammen mit den vier IG-Metall-Mitgliedern, dass eine Nennung der gewerkschaftlichen Funktion nur zu Information diene und dieses Verfahren auch bei dem IG-Metall-Bevollmächtigten von Wolfsburg üblich sei, der bei seiner Kandidatur für die SPD im Stadtrat ebenfalls seine gewerkschaft-

130 Bode Sause, Vwst. Wolfsburg, an Abt. Jugend beim IG Metall-Vorstand, zhd. Rudi Behrens, 3.Mai 1974 sowie *Die Zündkerze, Betriebszeitung der Betriebszelle VW des KBW* Nr. 4, 6.Mai 1974, beide in: AdsD, 5/IGMA-22-0724.

131 Rundschreiben an die wahlberechtigten Jugendlichen zur Jugendvertreterwahl in der Volkswagen AG am 18. und 19. Juni 1974, Bernhard Tyrakowski und Bodo Sause, 12.6.1974; sowie Offener Brief, unterzeichnet von 14 Kandidaten der Einheitsliste. Beide in: AdsD, 5/IGMA-22-0724.

132 Bodo Sause an Abt. Jugend beim IG Metall-Vorstand, 12.7.1974, in: AdsD, 5/IGMA-22-0724.

133 Beschlüsse der Feststellungsverfahren vom 6.7.74 in den nachstehend aufgeführten Fällen, Wolfsburg 8.7.1974, in: AdsD, 5/IGMA-22-0724.

134 DGB-Kreis Braunschweig-Wolfenbüttel (Günter Kasten) an Siegfried Audritz, 17.9.1974: In: DGB-Archiv im AdsD, DGB-BV Abt. Jugend, 5/DGAU-395.

liche Funktion angäbe.[135] Diese Argumentation verfing jedoch nicht; der Kreisjugendausschuss hatte ihm das Vertrauen entzogen, da er mit seinem Aufruf gegen die gewerkschaftliche Demonstration gehandelt habe.[136] Auch die Abteilung Jugend beim DGB-Bundesvorstand, an die sich Audritz schließlich wandte, rechtfertigte dieses Vorgehen. Walter Haas schrieb ihm: »Letzten Endes hast Du es Dir selbst zuzuschreiben, wenn Du, in Kenntnis des Abgrenzungsbeschlusses des DGB-Bundesvorstandes und einschlägiger Beschlüsse von Beiräten der Einzelgewerkschaften, gemeinsam mit gewerkschaftsfeindlichen Gruppierungen Flugblätter unterschreibst, wenn dann die Organisation über ihre Organe die entsprechenden Konsequenzen zieht.« Wenn er sich an die Beschlüsse halte, würde es jedoch kein Ausschlussverfahren geben.[137] Ein solches ist für die Folgezeit nicht nachweisbar. Die Reaktionen auf maoistische Aktivitäten – auch unterhalb einer Mitgliedschaft – waren unterschiedlich. Nicht jeder Fall wurde öffentlich diskutiert, und wie an dem Wolfsburger VW-Beispiel gezeigt, hieß es nicht unbedingt Ausschluss.

Dies zeigt auch ein weiterer KBW-Fall in Braunschweig, bei dem sich die Auseinandersetzung über mehrere Jahre hinzog. Der Gesamtjugendvertretung von Siemens gehörte ab 1973 auch der Braunschweiger Rolf Bietig (Pseudonym) an. Der 1952 geborene Bietig war seit 1968 im Braunschweiger Siemens-Werk beschäftigt und Jugendvertreter. 1970 hatte er ein Papier zur politischen Gruppenarbeit verfasst, in dem er als Fernziel den Aufbau einer revolutionären Partei der Arbeiterklasse nannte, aber zuvor müsse zwischen den Gruppenmitgliedern ein »echtes Vertrauensverhältnis« geschaffen werden, um sich gegenseitig kontrollieren zu können und die »Verbindung der persönlichen Konflikte zur kapitalistischen Gesellschaft« zu erkennen. Dafür könne man in Wohngemeinschaften zusammenleben.[138] Vermutlich gehörte Bietig einer Vorläufergruppe des KBW an. 1974 kandidierte er für den Vorsitz der Gesamtjugendvertretung, verlor aber die interne Abstimmung und wurde Stellvertreter.[139] Da er sich zu dem Zeitpunkt zum KBW bekannte, wurde schon Ende 1974 ein Ausschlussverfahren eingeleitet, aber bald niedergeschlagen. Bietig trat von seinem Amt als stellvertretender GJV-Vorsitzender zurück[140], auch als Vorsitzender der Braunschweiger Jugendvertretung legte er sein Amt nieder. Bietig erhielt zwischen 1974 und 1976

135 Siegfried Audritz an DGB-Kreis Braunschweig/Wolfenbüttel, 11.9.1974, in: DGB-Archiv im AdsD, DGB-BV Abt. Jugend, 5/DGAU-395.

136 Stellungnahme zum Offenen Brief des Kollegen Siegfried Audritz, BS. 7.10.74, Karin Walck i.A. KJA, in: DGB-Archiv im AdsD, DGB-BV Abt. Jugend, 5/DGAU-395.

137 Walter Haas an Siegfried Audritz, 11.10.74, in: DGB-Archiv im AdsD, DGB-BV Abt. Jugend, 5/DGAU-395.

138 Salzgitter Barum, 7.12.1970: Standpunkte zur politischen Gruppenarbeit, unterzeichnet Rolf Bietig, in: AdsD, 5/IGMA-22-0707.

139 Bericht über die konstituierende Sitzung der Gesamtjugendvertretung der Siemens Aktiengesellschaft am 4. Juli 1974 in München, in: AdsD, 5/IGMA-22-0686.

140 Vwst. Braunschweig (1. Bevollmächtigter) an IGM-Vorstand Abt. Jugend, 4.10.1974 sowie Bericht über die 5. Sitzung der Gesamtjugendvertretung der Siemens Aktiengesellschaft am 5. Juni 1974 in München. Beide in: AdsD, 5/IGMA-22-0686.

insgesamt drei Verwarnungen, weil er betriebsinterne Informationen an die KBW-Zeitung der Betriebszelle Siemens weitergegeben habe.[141] In der Jugendvertretung war er weitgehend isoliert, nachdem die Jugendvertretung im Mai 1977 den Betriebsrat gebeten hatte, ihn um seinen Rücktritt als Jugendvertreter zu bitten. Eine Kündigung zu beantragen wurde im Betriebsrat abgelehnt, aber ein Verfahren zur Amtsenthebung eingeleitet. Die Entlassung wurde allerdings von der Geschäftsleitung betrieben, welcher der Betriebsrat zuvor zustimmte.[142] Bietig hatte sich über mehrere Jahre in der Jugendvertretung halten können, obwohl er sich schon früh zu seiner KBW-Mitgliedschaft bekannte. Die Entlassung bei Siemens – die durch eine Schwerbehinderung des Betreffenden zudem rechtliche Probleme aufwarf – erfolgte schließlich auf Initiative der Jugendvertretung. Eine nicht unerhebliche Rolle spielte in den Verfahren, wie öffentlich und aggressiv die Konflikte ausgefochten wurden. Im April 1975 leitete die IG-Metall-Verwaltungsstelle Oldenburg gegen vier Mitglieder – davon drei aus dem örtlichen OJA – Ausschlussverfahren ein, da sie im KB aktiv seien. Zwei Betroffene nutzen die Publikationen des KB für Angriffe auf Funktionäre, vor allem auf andere Jugendvertreter. So wurde einem Mitglied der AEG-Gesamtjugendvertretung vorgeworfen, er hätte nichts für die Basis-Arbeit getan und sich nur um seine Karriere bei der AEG kümmern. Hingegen hätte der OJA unter aktiver Mitarbeit der Betroffenen ein Programm entwickelt, mit dem die Basis aktiviert werden sollte.[143] Aber die Vorwürfe lassen sich auch anders lesen: den KB-Aktivisten war es gelungen, im OJA in Oldenburg Einfluss gewinnen, und der von ihnen attackierte Jugendvertreter hatte sich aus der Arbeit zurückgezogen. Die Attacken gegen »IGM-Fürsten« und einen Gesamtjugendvertreter verweisen darauf, dass die politischen Konflikte nicht zuletzt von persönlichen Animositäten bestimmt waren.

Die Hochphase von Ausschlüssen und Auseinandersetzungen mit maoistischen Gruppierungen lag im Zeitraum 1973 bis 1975. Danach verloren die maoistischen Gruppierungen weitgehend ihre betrieblichen Einflüsse. Die K-Gruppen waren Teil eines lebensweltlichen Milieus, welches sich bei aller Heroisierung der Arbeiterklasse letztlich als Element der Neuen Sozialen Bewegung erweisen sollte. Zwar waren die K-Gruppen, entgegen allgemeiner Wertungen in der Literatur, keine rein studentischen Parteien. Aber der studentische Habitus dieser Gruppen bot Auszubildenden und jungen Beschäftigten neue Erfahrungsräume an, die sie – wie Schulungen und Diskussionszirkel – für

141 BR-Info 1/77, Siemens AG UB D Braunschweig, in: AdsD, 5/IGMA-22-0707.

142 Vgl. Niederschrift über die ordentliche Sitzung des Betriebsrates am 13.05.1977 mit Dokumenten, in: AdsD, 5/IGMA-22-0707.

143 Ausführliche Fallschilderung aus Sicht der KB-Aktivisten in: Mehrere IG Metall-Mitglieder vom Ausschluss bedroht! in: *Die Barrikade, Stadtzeitung des Kommunistischen Bundes/Gruppe Oldenburg* Nr. 1, April 1975, S. 1 f., sowie Erklärung zweier IG Metall-Mitglieder (Flugblatt), beides in: AdsD, 5/IGMA-22-0470.

einen Ausstieg aus den betrieblichen Arbeitswelten nutzen konnten.[144] Ein Blick auf die quantitativen Dimensionen von Ausschlüssen macht deutlich, dass es ein Phänomen der mittleren 1970er Jahre war. Wurden von 1974 bis 1979 ohne Verfahren wegen Mitgliedschaft oder Unterstützung einer gegnerischen Organisation 251 IG-Metall-Mitglieder ausgeschlossen, waren es von 1980 bis 1982 noch 41, von 1983 bis 1988 nur noch 28 Personen.[145] Diese Entwicklung korrespondierte mit den Erosionsprozessen der K-Gruppen seit den späten 1970er Jahren, die sich entweder ganz auflösten wie die KPD/AO, spalteten wie der KBW und der KB oder nur noch eine Randexistenz führten wie die KPD/ML.[146] Eine neue politische Heimat fand eine Reihe von Aktivisten in der neuen Partei Die Grünen.[147] Die Unvereinbarkeitsbeschlüsse sind als Verdrängung kritischer Stimmen aus den Gewerkschaften gewertet worden, obwohl sie den Organisationen zu keiner Zeit hätten gefährlich werden können. Es zeigte vielmehr eine »gewisse Dünnhäutigkeit dieser Machtträger als eine reale Gefährdung der organisatorischen Einheit«.[148] Für diese Sicht spricht, dass oppositionelle Akteure, die im Betrieb blieben, nach einiger Zeit zu den Gewerkschaften zurückkehrten.[149] Aber die »Dünnhäutigkeit« in der soziologischen Analyse übersieht, dass es den lokalen Funktionsträgern große Toleranz abverlangte, Angriffe und Beleidigungen auszuhalten. Die Atmosphäre zugespitzter innergewerkschaftlicher Konfrontationen war in einem Verband, in dem trotz politischer Differenzen die Einheit als Referenz immer bemüht wurde, schwierig. Die Unvereinbarkeitsbeschlüsse waren eine scharfe Reaktion des gewerkschaftlichen Apparates, die ihren Grund auch in den verbal aggressiven Angriffen der maoistischen Gruppen hatte. Diese bildeten Teile einer politisierten Jugendkultur, die Jugendvertretungen und

144 Vgl. die immer noch eindrucksvollen und informativen Erfahrungsberichte aus den K-Gruppen: wir warn die stärkste der Partein, Berlin 1978.

145 Vgl. zu den Zahlen: Geschäftsbericht des IG Metall-Vorstandes 1974-76: S. 423 f.; 1977-1979, S. 149 f.; 1980-1982, S. 137 f.; 1983-1985, S. 172; 1986-1988, S. 171.

146 Die Mitglieder der K-Gruppen waren vielerorts am Gründungsprozess der Grünen beteiligt. Die KPD löste sich 1979 explizit auf, um in der Alternativen Liste in Berlin aufzugehen. Der KB in Hamburg verlor eine Vielzahl der Mitglieder an die GAL. Der KBW spaltete sich 1980, wobei nur ein kleiner Rest als BWK an der alten Konzeption festhielt. Die KPD/ML hielt sich nach mehreren Spaltungen noch bis 1986, als sie mit den Resten der trotzkistischen GIM zur VSP verschmolz. Der vor allem im süddeutschen Raum aktive KABD erklärte sich 1982 zur MLPD und behielt seine strikte Orientierung auf betriebliche Arbeit bis heute bei und hat einen festen Kern von rund tausend Mitgliedern. Sie sind auch heute noch vom Unvereinbarkeitsbeschluss der IG Metall betroffen.

147 Mende, Geschichte, S. 214-240; Kühn, Stalins, S. 278-285.

148 Rudi Schmiede, Grundlagen und Grenzen ›abstrakter Vereinheitlichung‹: Tarifpolitik in der metallverarbeitenden Industrie 1970-1979, in: Ulrich Billerbeck u. a., Neuorientierung der Tarifpolitik? Veränderungen im Verhältnis zwischen Lohn- und Manteltarifpolitik in den siebziger Jahren, Frankfurt a. M./New York 1982, S. 49-269, S. 217; Erd, Gewerkschaftsausschlüsse, S. 170-172.

149 Für die IG Chemie siehe: Moitra, Betriebsratsarbeit; für die Rückkehr der Plakat-Gruppe in die IG Metall Hoss, Offene, S. 91-102.

gewerkschaftliche Jugendgruppen beeinflussten. Zugleich verdeutlichten die Ausschlüsse die Grenzen der gewerkschaftlichen Utopien. Denn der Ausschluss von K-Gruppenmitgliedern limitierte auch eine rückprojizierte Diskussion und Heroisierung der Arbeiterklasse als revolutionäres Subjekt. Zumindest in der Variante, die Weimarer Verhältnisse als Farce zu wiederholen. Die 1970er Jahre waren ein Konfliktjahrzehnt der gewerkschaftlichen Betriebspolitiken, von denen die Unvereinbarkeitsbeschlüsse die schärfste Form bildeten.

Die Entwicklung der K-Gruppen war auch Teil eines Transformationsprozesses in der politisierten Jugend. Die verschiedenen kommunistischen Gruppen brachten die Arbeiterklasse als politische Referenz mit Vehemenz in die gewerkschaftlichen Diskussionen. Dies erfolgte nicht nur in hermetischen Parteikonzeptionen, sondern auch über rigorose Anforderungen an ihre Mitglieder, die zu einem großen zeitlichen und persönlichen Engagement verpflichtet waren. Die damit verbundenen Anforderungen an Disziplin, an ein hohes Arbeitsethos und die Hingabe an die politische Arbeit verloren nicht nur durch das Ausbleiben der Revolution an Attraktivität.[150] Wenngleich die mythenhafte Verklärung der Strenge und Disziplin die faktischen Konsumstrategien der K-Gruppenmitglieder verdecken konnte, so erschienen angesichts des Aufstiegs von Spontis und dem alternativen Milieu Parteikonzeptionen zunehmend überholt, auch in ihrer Simulation von Macht und Staatlichkeit, den heroischen Metaphern und dem offenkundigen Widerspruch zwischen Agitation und realen Lebenswelten. Der Distinktionsgewinn einer Mitgliedschaft nahm weniger aufgrund der Unvereinbarkeitsbeschlüsse ab, sondern weil die Analysen und Welträtselungen, die mit dem Partei-Maoismus verbunden waren, gemessen an den realen Ereignissen an Überzeugungskraft verloren. Der weitere Lebensweg von Maoisten, die im Betrieb und in den Gewerkschaften verblieben, lässt annehmen, dass die Unvereinbarkeitsbeschlüsse eine zeitweilige Verschärfung bedeuteten, aber eine Entradikalisierung und Integration an vielen Stellen auch ohne dieses scharfe Schwert erfolgt wären.

Aber es gab zwischen Maoisten, den Aktivisten in der Gewerkschaftsjugend und der SDAJ eine verbindende Linie, die sich aus der Form politischer Arbeit ergab. Wenn die sozialen Praktiken der Beteiligten auch nicht ständig von ideologischen Begründungen geprägt waren[151], so war ein Kennzeichen der K-Gruppen revolutionäre Disziplin und Einsatzbereitschaft, in weniger martialischer Form aber auch bei der SDAJ, Jusos und in Teilen der IG-Metall-Jugend. Ein solches Verständnis kann als eine spezifische Ausprägung von Arbeit und Leistungsbereitschaft gelesen werden. Der politische Aktivismus brachte eine

150 Vgl. Steffen, Geschichten, S. 136. Aus den Schriften der K-Gruppen: Andreas Kühn, Stalins Enkel, Maos Söhne. Die Lebenswelt der K-Gruppen in der Bundesrepublik der 70er Jahre, Frankfurt a. M. 2005, S. 137-142.

151 Vgl. Siegfried, »Einstürzende Neubauten«; Arps, Frühschicht; auf die ideologischen Begründungen der K-Gruppe gestützt: Kühn, Stalins; dieser Umstand wird auch betont bei: Karl Schlögel, Willi Jasper, Bernd Ziesemer, Partei kaputt. Das Scheitern der KPD und die Krise der Linken, Berlin 1981, S. 8 f.

eigene Form der Arbeit hervor, trotz unterschiedlicher politischer Ziele verband die Aktivisten ein Interesse am politischen Geschehen und an der Reaktivierung der Arbeiterklasse als politische Bewegung. Das Arbeitsethos von revolutionärer Disziplin oder einer Aufopferung für die Beschäftigten schuf zwischen den politischen Aktivisten eine unsichtbare Verbindungslinie. Seit Mitte der 1970er Jahre verloren solche Politikkonzeptionen an Zuspruch unter Jugendlichen. Diese Beobachtung galt auch für die SDAJ. Bis Mitte der 1970er Jahre hatten DKP und SDAJ wachsende Mitgliederzahlen und eine intellektuelle Ausstrahlung. Georg Fülberth vermutete, dass die DKP mit der Ausbürgerung Wolf Biermanns im Herbst 1976 und der Unbeweglichkeit in der Frage der sozialistischen Atomkraftwerke ihre anfängliche Bedeutung in den linken Milieus verlor.[152] Auch ehemals führende Mitglieder der KPD sahen um 1975 ihre politische Isolation am größten, da sich ihre Konzeptionen als zu abgeschlossen erwiesen.[153] Im KB wurde 1978 offen in der Organisation über die Erschöpfung durch die politische Arbeit gesprochen und sich der eigentlich abgelehnten Sponti-Szene angenähert.[154] Bei den Jusos setzte eine Zermürbung über den Richtungsstreit zwischen den Flügeln von Stamokap, den antirevisionistischen Linken und moderaten Flügeln ein. Auch für sie galt 1975 als Krisenjahr. Die jungen Sozialdemokraten waren auf der Ebene der Funktionäre zwar mit IG-Metall- und DGB Jugend verbunden, aufgrund ihrer sozialen Zusammensetzung aber vor allem von Schülern und Studierenden geprägt, die 1977 – bei einer Erhebung in mehreren norddeutschen und hessischen Bezirken – über fünfzig Prozent der Mitgliedschaft stellten, hingegen Auszubildende nur 8,2 Prozent, Arbeiter nur 7,4 Prozent. Bei den Bezirksvorständen der Jusos waren nur 5,3 Prozent aus der Gruppe der Beschäftigten.[155]

Der Niedergang der K-Gruppen, der Übergang der SDAJ zu immer neuen Mitgliederkampagnen und die Spannungen bei den Jusos weisen darauf hin, dass die Krise der Gewerkschaftsjugend im Zusammenhang mit einer allgemeinen Krise der sozialistischen und orthodox-kommunistischen Linken stand. Die Attraktivität der Arbeiterklasse als politischer Referenz ging unter Jugendlichen und jungen Erwachsenen zurück. Jugend bekam zudem einen anderen Stellenwert in der Diskussion. Sie war nicht mehr wie um 1970 Träger eines hoffnungsfrohen linken Zukunftsentwurfes, sondern wurde – insbesondere angesichts der steigenden Jugendarbeitslosigkeit – zu einer mit Sorge betrachteten Altersgruppe.[156] Georg Benz meinte, die Leistungsgesellschaft würde sich mit der

152 Vgl. Georg Fülberth, KPD und DKP 1945-1990. Zwei kommunistische Parteien in der vierten Periode kapitalistischer Entwicklung, 2. Aufl. Heilbronn 1992, S. 117-120. Dies wird auch in einigen biographischen Rückblicken deutlich, die ehemalige SDAJ- und DKP-Funktionäre verfassten. Vgl. Andresen, Möglichkeiten.

153 Schlögel u. a., Partei kaputt, bes. S. 29, S. 33 f. und 85 f.

154 Mende, Geschichte, S. 224-226.

155 Dieter Stephan, Jungsozialisten: Stabilisierung nach langer Krise? 1969-1979, Bonn 1979, S. 107.

156 Vgl. hierzu Raithel, Jugendarbeitslosigkeit (2012), S. 87-103.

Jugendarbeitslosigkeit ihre eigenen Gegner heranziehen: »Jugendarbeitslosigkeit fördert passive Hinnahmebereitschaft, Gleichgültigkeit und Apathie und damit die Gefahr unkontrollierter Ausbrüche. Die damit verbundenen Möglichkeiten irrationaler Politisierung schaffen neue Ansatzpunkte für politische Demagogie.«[157] In dieser Aussage Benz' bündelten sich nicht nur Erfahrungen mit einem zurückgehenden Engagement von Jugendlichen in den Gewerkschaften, sondern sie drückte auch die politischen Erwartungen an die Jugend in der IG Metall aus. Für Benz war gewerkschaftliche Aktivität auch mit Werten wie Disziplin und Einordnung verbunden. Eine Abnahme solcher Pflichtwerte war besonders unter Jugendlichen seit den späten 1960er Jahren auszumachen.[158]

Auch für die SDAJ bestanden in der zweiten Hälfte der 1970er Jahre spezifische Probleme. In den Betrieben aktive Mitglieder zu finden war auch für die Avantgarde der Arbeiterklasse nicht einfach. Ihre eigenen Statistiken betonten zwar den Anteil der Real- und Hauptschüler und der Lehrlinge, aber die Angaben wurden selektiv ausgewählt und in der Regel übertrieben. In Hamburg seien 20 Prozent der SDAJ-Mitglieder Arbeiterjugendliche, davon die Hälfte Lehrlinge, hieß es 1978. Hoffnungen wurden darauf gesetzt, dass unter den Neuaufnahmen viele Haupt- und Realschüler waren, die man mit einer »politische(n) Berufsberatung« für Lehrstellen bei Großbetrieben gewinnen wollte.[159] Ausgestattet mit guten finanziellen und organisatorischen Ressourcen blieb die SDAJ – anders als die K-Gruppen – zwar mobilisierungsfähig, aber der Charakter ihrer Mitgliedschaft begann sich zu ändern. Ab 1977 prägten jährliche Werbekampagnen zur Mitgliedergewinnung die SDAJ, die so gewonnenen Mitglieder blieben aber häufig inaktiv. Dies hing auch mit den Werbestrategien zusammen, die die SDAJ verfolgte. In einer bayerischen SDAJ-Zeitung wurde berichtet, dass bei anfänglicher Abwehrhaltung eines Gesprächspartners nicht gleich aufgegeben wurde, sondern mit dem Angebot, man könne unterschreiben und nach einem Gruppenabend auch wieder wegbleiben, die Person für einen Eintritt gewonnen werden konnte.[160] SDAJ-Mitglieder aus dem Volkswagenwerk Kassel berichteten von Erfolgen durch die Haltung, alle einzuladen und

157 Georg Benz, Jugend in unserer Gesellschaft – bleibt ihr nur die Skepsis? *Der Gewerkschafter* 25, Nr. 12, Dezember 1977, S. 6-7, S. 7; so auch Bernhard Wurl auf einer Veranstaltung in Mühlheim/Ruhr: Bernd (sic!) Wurl vor IG-Metall-Jugend: Übersteigertes Leistungsprinzip für Systemgegner verantwortlich, in: *Westdeutsche Allgemeine Zeitung/Mühlheimer Zeitung*, 27.10.1977, in: AdsD, 5/IGMA-22-0187.

158 Vgl. hierzu als Überblick: Sven Reichardt, Große und sozialliberale Koalition, in: Roland Roth/Dieter Rucht (Hrsg.), Die sozialen Bewegungen in Deutschland seit 1945. Ein Handbuch, Frankfurt a. M./New York 2008, S. 71-92, bes. S. 74-77.

159 Referate zur 9. Landesvorstandssitzung 28.6.1978, mindestens nach dem Festival der Jugend, (Entwurfsmaterialien), in: HISA, Bestand SDAJ, Ordner 22, Korrespondenzen A-K (Enthält: Geschäftsberichte an den Landesvorstand und Material dazu 1978/1979).

160 Aufgeben nach dem ersten Widerstand?, in: Informationen der SDAJ-Südbayern, 6/77, in: HISA, Bestand SDAJ, Ordner 38: II 7Bc, Infodienst H, S, BW, F/o, SB, B.

anzusprechen, zum Beispiel zu gemeinsamen Schwimmbadbesuchen.[161] Der SDAJ-Landesverband Niedersachsen führte 1977 den Wettbewerb an, und der Landesvorsitzende Farim erläuterte die Adressaten ihrer Mitgliederwerbung: »Die einen, die schon gewerkschaftlich aktiv sind, als Jugendvertreter und so, wollen unbedingt was machen, gegen Jugendarbeitslosigkeit und den ganzen Scheiß. Die sind sehr schnell zu gewinnen dafür, sich zu organisieren.« Die anderen werden mit der Parole »Bei der SDAJ ist immer was los« angelockt.[162]

Durch Gruppenwettbewerbe zur Mitgliedergewinnung wurde ein solches Verhalten von der SDAJ-Leitung seit 1978 explizit gefördert und galt bald als Hauptaufgabe des Verbandes. Über politische Themen hinaus sollte ein attraktives Gruppenleben stattfinden, damit die neuen Mitglieder die SDAJ als solidarische Gemeinschaft erlebten.[163] Die SDAJ hatte schon bald nach der Gründung auf Freizeitangebote gesetzt, um Interessierte zur erreichen. Hilfreich war, dass die ressourcenträchtige Verbindung zur DDR es ermöglichte, Großereignisse zu organisieren. 1976 richtete die SDAJ – zusammen mit dem MSB Spartacus – erstmals das *Festival der Jugend* in Dortmund aus, auf dem populäre Künstler auftraten. Als Zeitpunkt wurde Pfingsten gewählt, um sich in die Tradition der Pfingstjugendtreffen der Arbeiterjugend zu stellen. Zum ersten Festival kamen 85.000 Besucher[164], zwei Jahre später waren es bereits 180.000.[165] Es finden sich hier auch Hinweise auf die tatsächliche Anzahl der aktiven SDAJ-Mitglieder, die weit unter den meist angegebenen rund 20.000 Mitgliedern lag. Werbung für das Festival und vor allem die praktische Durchführung vor Ort wurde fast ausschließlich von SDAJ- und MSB-Mitgliedern übernommen. 1978 waren es rund 4.500, die auf dem Festival arbeiteten.[166] Da die Teilnahme für SDAJ-Mitglieder mehr oder weniger verpflichtend war, ist es nicht unbegründet anzunehmen, dass die Zahl der aktiven Mitglieder nur knapp über dieser Zahl lag. Um das Interesse an dem Festival zu nutzen, wurde 1978 vom SDAJ-Bundesvorstand als

161 Festivalstaffette, Informationsdienst Nr. 19/1978 (SDAJ-Hessen), in: HISA, SDAJ-Bestand, Ordner 38.

162 So machen's die Niedersachsen, in: Informationen der SDAJ-Südbayern 5/1977, in: HISA, Bestand SDAJ, Ordner 38: II 7Bc, Infodienst H, S, BW, F/o, SB, B.

163 Vgl. unkorrigiertes Redemanuskript: Bericht des Geschäftsführenden Bundesvorstandes an die 5. Bundesvorstandssitzung der SDAJ am 4./5.3.1978 in Dortmund, Berichterstatter: Wilfried Reckert, Mitglied GBV, S. 39-45, in: HISA, Bestand SDAJ, Ordner 41: Protokolle LV-Sitzungen; Unkorrigiertes Redemanuskript – Bericht des Bundesvorstandes an den VI. Bundeskongreß der Sozialistischen Deutschen Arbeiterjugend. Berichterstatter: Werner Stürmann, Mitglied des Geschäftsführenden Bundesvorstandes (Hamburg, 5. Mai 1979), S. 60 f., in: FZH, 814-6, SDAJ VI. Bundeskongress Hamburg 5.-6.5.1979.

164 Protokoll des V. Bundeskongresses 4/5. 12.1976 in Frankfurt, hrsg. vom SDAJ-Bundesvorstand, S. 46, in: HISA, Bestand SDAJ, Ordner 0.

165 II. Festival der Jugend verlief erfolgreich, in: JW-Dienst/Informationsdienst, 5/0135, Nr. XIX/19-18.5.1978, S. 1 f., in: FZH, 814-6 SDAJ 1969-1978.

166 Entwurf: Bericht des Geschäftsführenden Bundesvorstandes an die 6. Bundesvorstandssitzung der SDAJ am 25.6.1978. Berichterstatter: Hans Kluthe, Mitglied GBV, in: HISA, Bestand SDAJ, Ordner 41: Protokolle LV-Sitzungen.

Mitgliederwerbeaktion die »Festivalstafette« ins Leben gerufen. Zwar hatte die *Elan* nach eigenen Angaben eine Auflage von 50.000 Exemplaren, ihre jugendlichen Abonnenten zählten 1978 aber nur 11.000 Personen. Ein Abonnement der *Elan* sei daher der erste Schritt, um ein neues Mitglied zu gewinnen.[167] Die Festivalstaffette war der »bisher erfolgreichste Abschnitt in der 10-jährigen Geschichte unseres Jugendverbandes«, wie Bundesvorstandsmitglied Hans Kluthe mitteilte. Mehrere Tausend neue Mitglieder und über 80.000 verkaufte *Elan*-Ausgaben im Mai 1978 hätten das »Vertrauen« der Jugend in die SDAJ gezeigt.[168] Allerdings wurde auch festgestellt, dass politische Diskussionen weniger attraktiv waren als kulturelle Angebote. Bei einem Münchner Festival waren 15 Prozent der Besucher zu den politischen Foren gekommen.[169] Klagen über das mangelnde politische Interesse der Besucher auf Großveranstaltungen häuften sich.[170] Dies hing vielleicht auch mit hochgesteckten Erwartungen in der SDAJ zusammen; denn die Festivals erhöhten zwar die Akzeptanz von SDAJ und DKP in der jungen Bevölkerung, aber die Mitgliederfluktuation blieb hoch. Von großer Bedeutung waren die Festivals der Jugend vor allem für die Mitglieder selbst, die ein intensives Zusammenleben erfuhren. Schwierig wurde es, wenn in den angesteuerten Großbetrieben kein SDAJ-Mitglied vorhanden war. Aus Hannover berichtete 1974 eine SDAJ-Delegierte auf dem Bundeskongress über die Schwierigkeiten, einen Siemens-Betrieb zu agitieren: »betriebsbezogene Artikel sollten überwiegend aufgenommen werden, das war uns schon klar. Nur ist das nicht so einfach, wenn man keinerlei Informationen über die Situation in der Lehrwerkstatt hat, nicht weiß, was die Lehrlinge interessiert und inwieweit sie politisch ansprechbar sind.« Mit einer Fragebogenaktion erhielten sie mehr Informationen aus der Lehrlingswerkstatt und konnten einen Lehrling zur Mitarbeit in der Redaktion gewinnen, der, so hoffte sie, bald auch in die SDAJ eintreten würde.[171] Mehrere Diskussionsredner berichteten von ähnlichen Schwierigkeiten, es war meist schon viel erreicht, wenn ein SDAJ-Mitglied tatsächlich im Betrieb arbeitete. Die Verantwortlichen für die »Arbeiterju-

167 Unkorrigiertes Redemanuskript: Bericht des Geschäftsführenden Bundesvorstandes an die 5. Bundesvorstandssitzung der SDAJ am 4./5.3.1978 in Dortmund, Berichterstatter: Wilfried Reckert, Mitglied GBV, S. 37f., in: HISA, Bestand SDAJ, Ordner 41: Protokolle LV-Sitzungen.

168 Entwurf: Bericht des Geschäftsführenden Bundesvorstandes an die 6. Bundesvorstandssitzung der SDAJ am 25.6.1978. Berichterstatter: Hans Kluthe, Mitglied GBV, S. 2f., in: HISA, Bestand SDAJ, Ordner 41: Protokolle LV-Sitzungen.

169 Unkorrigiertes Redemanuskript: Bericht des Geschäftsführenden Bundesvorstandes an die 5. Bundesvorstandssitzung der SDAJ am 4./5.3.1978 in Dortmund, Berichterstatter: Wilfried Reckert, Mitglied GBV, S. 41., in: HISA, Bestand SDAJ, Ordner 41: Protokolle LV-Sitzungen

170 Ulrich Völklein, Wir sind keine finsteren Typen. 180.000 Besucher feierten mit Jung-Kommunisten, *Die Zeit*, 19.5.1978.

171 Beitrag der Delegierten Ilse Bode, Hannover, in: Protokoll des IV. Bundeskongresses der SDAJ, 18/19. Mai 1974 in Hannover, hg. vom SDAJ-Bundesvorstand, S. 86, in: HISA, Bestand SDAJ, Ordner 0.

gendpolitik« in der SDAJ berichteten immer wieder von ähnlichen Problemen, zumal die Gründung von SDAJ-Betriebsgruppen Probleme bereitete, wenn bereits eine Betriebsgruppe der IG-Metall-Jugend bestand. Da diese die gleichen Mobilisierungsprobleme hatten, war es aus Sicht der SDAJ meist sinnvoller, wenn die gewerkschaftliche Jugendgruppe am Leben gehalten werden konnte. Der SDAJ-Bundesvorsitzende Wolfgang Gehrcke sprach noch 1976 von »ersten Erfahrungen«, die in der SDAJ mit Betriebsgruppen gesammelt werden; sie seien »aktive Partner der betrieblichen Gewerkschaftsjugendgruppen«.[172] Die Schwierigkeiten blieben die 1970er Jahre hindurch bestehen. 1979 berichtete Landesvorstandsmitglied Gero von Randow dem Hamburger Landesvorstand der SDAJ, dass die Stadtteilgruppen Großborstel und Wandsbek Metall nun als Betriebsgruppen Deutsche Lufthansa und Rudolf Otto Meyer firmierten, bei der HDW sei ein Einstieg nicht gelungen. Erfolge gab es bei der Werft Blohm und Voss. Dort vermeldete von Randow vier Neuaufnahmen, darunter eine »qualifizierte«, nämlich den Vorsitzenden der Betriebsgruppe der IG-Metall-Jugend. »Kampfziel« sei nun, eine SDAJ-Betriebsgruppe aufzubauen.[173] Lange zog sich auch der Aufbau einer Betriebsgruppe bei Volkswagen in Kassel. Über sechs Jahre gab die SDAJ Kassel monatlich eine Betriebszeitung für Volkswagen heraus, bis sich 1978 schließlich eine Betriebsgruppe der SDAJ gründete. Aus den Diskussionen hatte sich ergeben, dass man vor allem mehr gemeinsame Freizeitaktivitäten entfalten wollte.[174]

Die Gewerkschaftsjugend und ihre Aktivitäten wurden nicht nur von Auszubildenden und jungen Beschäftigten getragen, an Aktionen beteiligten sich oft auch Gymnasiasten und Studierende.[175] Intensiv waren insbesondere die Verbindungen zu Universitäten und linken Studierenden. Dies hatte mehrere Gründe. Zum einen waren die Gewerkschaften Ressourcenträger für Gruppen der Neuen Linken und den Neuen Sozialen Bewegungen. An den Universitäten dominierten linke Gruppierungen, von denen insbesondere die orthodox-marxistischen Gruppen die Gewerkschaften als Organisationen der Arbeiterklasse und potentielle Träger einer emanzipatorischen Politik betrachteten und eine Politik der »gewerkschaftlichen Orientierung« verfolgten. Auf der anderen Seite war gewerkschaftliche Jugendarbeit ein Katalysator für Aktivisten, um ein Studium aufzunehmen. Hierbei spielte die die gewerkschaftliche »Stiftung Mitbestimmung« mit ihren Studienstipendien eine wichtige Rolle. Das Sozialprofil

172 Protokoll des V. Bundeskongresses 4/5. 12.1976 in Frankfurt, hrsg. vom SDAJ-Bundesvorstand, S. 42, in: HISA, Bestand SDAJ, Ordner 0.

173 Referat Geschäftsführender-Landesvorstand für die 11. LV-Sitzung 18.3.1979, Berichterstatter: Gero von Randow, S. 14 und Material Arbeiterjugendpolitik S. 2, in: HISA, Bestand SDAJ, Ordner 22, Korrespondenzen A-K.

174 Fragen und Antworten: Betriebsgruppe VW Kassel, in: Treffpunkt Gruppenleiter 2, hrsg. vom SDAJ-Bundesvorstand, (Frühjahr 1979), S. 3, in: FZH, 814-6, SDAJ, Junge Pioniere.

175 Bernd Löser, Fotoarbeit im gewerkschaftlichen Freizeitbereich, in: *Arbeiterfotografie* Nr. 13/14, März 1978, S. 32.

der Stipendiaten ist gut dokumentiert und soll hier knapp skizziert werden. Das Ziel der 1954 vom DGB gegründeten Stiftung, die 1977 mit der forschungsorientierten Hans-Böckler-Gesellschaft zur Hans-Böckler-Stiftung fusionierte, war die Förderung des Studiums von Arbeitnehmerkindern.[176] In den ersten Jahren wurden begabte Arbeiterkinder gefördert, die nicht unbedingt aus den Gewerkschaften kommen mussten. Waren es erst nur einige Hundert Personen, die gefördert wurden, waren es 1978 1.328 Personen, davon gut die Hälfte an Universitäten.[177] Der Ausbau der Förderung erfolgte im Zuge der Bildungsexpansion, und im Zusammenhang mit dem Politisierungsschub um 1968 änderte sich auch das Anforderungsprofil. Die Stiftung Mitbestimmung sollte die Bindung der Stipendiaten an die Gewerkschaften fördern.[178] Auswahlkriterien waren ab 1971 nicht mehr allein eine höhere Begabung, sondern auch das politische und gesellschaftliche Engagement, möglichst in den Gewerkschaften. Daher kam es zu einem signifikanten Anstieg von Stipendiaten, die die Hochschulberechtigung über den zweiten Bildungsweg erworben hatten.[179] Der Anteil von rund 1.300 jährlich Geförderten in den 1970er Jahren erscheint gering angesichts der steigenden Studierendenzahlen. Die Stiftung eröffnete aber Aufstiegschancen, was angesichts von rund einer Million Gewerkschaftsmitgliedern unter 25 Jahren und einer sehr viel kleineren Zahl an aktiven Gewerkschaftsjugendlichen einen anderen Stellenwert hatte. Das Sozialprofil der Stipendiaten war von Personen geprägt, die sich vor dem Studium gewerkschaftlich engagiert und den zweiten Bildungsweg absolviert hatten. Während der Anteil von Absolventen des Zweiten Bildungsweges an den Universitäten 1976 etwas mehr als 12 Prozent lag, hatten von den Geförderten der Stiftung diesen Weg 70,1 Prozent absolviert.[180] Die regionale Verteilung der gewerkschaftlichen Stipendiaten lag nördlich der Main-Linie, bedingt durch die starke Stellung der Hamburger HWP, an der 1978 rund 13,8 Prozent aller Stipendiaten der Hans-Böckler-Stiftung eingeschrieben waren, aber auch aufgrund gewerkschaftlicher Hochburgen im Ruhrgebiet und unterschiedlicher Möglichkeiten in den Bundesländern, über den zweiten Bildungsweg ein Studium aufzunehmen. In Nordrhein-Westfalen, Hessen,

176 Heinz Seidel, Über die Hans-Böckler-Gesellschaft, in: Borsdorf/Hemmer, Gewerkschaften, S. 17-30.

177 Erhard Lenk, Stiftung Mitbestimmung – von der Stipendienkasse zum Studienförderungswerk, in: Ulrich Borsdorf/Hans-Otto Hemmer, Gewerkschaften, Wissenschaft, Mitbestimmung, Köln 1979, S. 31-56, S. 37.

178 Zum politischen Selbstverständnis der Stipendiaten vgl. Siegmar Krafczyk/Helmut Steis, Rolle und Funktion der Stipendiatengruppe, in: Borsdorf/Hemmer, Gewerkschaften, S. 210-217.

179 Jürgen Büssow/H.-J. Kröger, Auswahlkriterien und gesellschaftlicher Auftrag, in: Borsdorf/Hemmer, S. 191-209, S. 196-201; vgl. Axel Funke/Dirk Hartung/Beate Krais/Reinhard Nuthmann, Karrieren außer der Reihe. Bildungswege und Berufserfolg von Stipendiaten der gewerkschaftlichen Studienförderung, Köln 1986, S. 208.

180 Büssow/Kröger, Auswahlkriterien, S. 204-206; Lenk, Stiftung, S. 34f.; Funke u. a., Karrieren, S. 12.

Hamburg, Berlin, Niedersachsen und Bremen studierten Mitte der 1970er Jahre 87 Prozent der Stipendiaten.[181]

Von den Stipendiaten ohne Abitur waren 87 Prozent vorher gewerkschaftlich organisiert; von diesen waren rund zwei Drittel in gewerkschaftlichen Funktionen wie Jugendvertreter oder Vertrauensmann aktiv gewesen. Allerdings waren dies nicht nur Facharbeiter, sondern auch viele Angestellte und einfache Beamte fanden sich unter denjenigen, die unkonventionelle Wege zum Studium beschritten hatten.[182] Bei den Stipendiaten nach 1970 war die Gewerkschaftszugehörigkeit erheblich höher als zuvor, sie lag bei 94 Prozent, wohingegen es bei der Stipendiatengeneration vor 1970 nur 69 Prozent waren.[183] Eine weitere Verschiebung war bei dem steigenden Frauenanteil zu beobachten. Erst 1980 entsprach der Anteil von aufgenommenen Frauen mit 40 Prozent dem Frauenanteil an den Universitäten.[184] Die Gründe für den lange Zeit deutlich geringeren Frauenanteil lagen vor allem in dem sehr viel geringeren gewerkschaftlichen Organisationsgrad von Frauen, der 1978 in allen DGB-Gewerkschaften 20 Prozent erreichte.

Unter dem Negativschlagwort der »Akademisierung der Gewerkschaften« wurde der steigende Anteil von akademisch Vorgebildeten in den Gewerkschaften kritisiert. Theo Pirker hatte schon 1970 geschrieben, dass Gewerkschaften und Sozialdemokratie nicht mehr die Arbeiterbewegung repräsentierten, da ihr die strukturellen Elemente einer sozialen Bewegung fehlten und allein der Erhalt der Organisation im Vordergrund stünde.[185] Pirkers daraus abgeleitete These vom Ende der Arbeiterbewegung werde auch davon gestützt, so Manfred Wilke 1982, dass die Gewerkschaften zum »Arbeitsmarkt für Akademiker« verkämen.[186]

181 Büssow/Kröger, Auswahlkriterien, S. 208.

182 Funke u. a., Karrieren, S. 41.

183 Funke u. a., Karrieren, S. 194f. Diese Daten, die bei nachträglichen Befragungen erhoben wurden, mit leichten Abweichungen aber im selben Trend auch bei: Dana Frohwieser u. a., Die etwas andere Bildungselite. Eine empirische Untersuchung zur gewerkschaftlichen Studienförderung, Bad Heilbrunn 2009, S. 225.

184 Funke u. a., Karrieren, S. 21-25. In den 1980er Jahren lag der Anteil von aufgenommenen Frauen bei 38,5 Prozent, nach 1990 dann bei 49 Prozent. Damit hatte die Böckler-Stiftung den Frauenanteil an den Universitäten erreicht. Frohwieser u. a., Bildungselite, S. 35.

185 Theo Pirker, Die westdeutschen Gewerkschaften, in: Karl Dietrich Bracher (Hrsg.), Nach 25 Jahren. Eine Deutschlandbilanz, München 1970, 280ff.

186 Manfred Wilke, Gewerkschaftsjugend in der Krise, in: Rolf Ebbighausen/Dieter Tiemann (Hrsg.), Das Ende der Arbeiterbewegung in Deutschland. Ein Diskussionsband zum 60. Geburtstag von Theo Pirker, Opladen 1984, S. 491-512, hier S. 505. Wie sehr Pirker selbst Akademiker in den Gewerkschaften fürchtete, zeigt ein Schreiben von ihm an den Vorsitzenden der IG Bergbau und Energie, Adolf Schmidt, in dem er ein Gutachten über die Auswirkungen der Neue-Heimat-Affäre vorschlug und ergänzte: »Im zweiten Teil unserer Analyse werden wir uns mit der gewerkschaftspolitischen Verarbeitung des Komplexes NH innerhalb des DGB beschäftigen, insbesondere auch mit der Rolle der akademischen ›Kulturrevolutionäre‹ in den Apparaten der Einzelgewerkschaften und mit ihrer Politik, die sie mit Hilfe gezielter, ideologisch gestimm-

Die These basierte auf Beobachtungen, in denen die sozialen Veränderungen in der Gewerkschaftsmitgliedschaft mit der politischen Institutionalisierung verbunden wurden. Es mischten sich aber auch antiintellektuelle Töne in die Ausführungen.[187] Die Kritik blieb einem fast schon romantisch anmutenden Zugriff verhaftet. Angesichts von Professionalisierungsschüben in den Gewerkschaften war nicht zu erwarten, dass diese die Chancen, die sich aus einem steigenden Qualifikationsniveau der Mitglieder ergaben, nicht nutzen würden, zumal die Gewerkschaften wissenschaftliche Expertise immer für sich genutzt hatten. Die Hans-Böckler-Stiftung war in diesem Prozess eine wichtige Ressource, da sie Zugänge an die Universitäten ermöglichte.

Das studentische Milieu und die Selbstvertretungsorgane an den Hochschulen waren in den 1970er Jahren von linken Gruppen dominiert.[188] Dabei vertraten insbesondere zwei Gruppen eine Politik der »gewerkschaftlichen Orientierung«: Der MSB Spartakus, die Studentenorganisation der DKP, sowie der Sozialistische Hochschulbund (SHB). Beide stellten in den 1970er Jahren jeweils rund 10 Prozent der Mandate in den Studentenparlamenten mit regionalen Schwerpunkten.[189] Dem MSB gehörten 1977 in rund 210 Gruppen rund 6.000 Mitglieder an.[190] Der SHB, 1960 von der SPD gegen den SDS gegründet, entwickelte sich zu einem dezidiert marxistischen Verband, die SPD-Führung stellte im März 1971 die Zahlungen ein und verbot schließlich die Bezeichnung

ter Kampagnen innerhalb des DGB und bestimmter Einzelgewerkschaften durchzusetzen versuchen. Als geradezu klassisches Beispiel sei in diesem Zusammenhang auf das Thema Frieden verwiesen. Auf die Politik dieser ›Kulturrevolutionäre‹ bezog sich meine Feststellung, daß wir an einem Wendepunkt der Nachkriegsentwicklung des DGB stehen. Die Themen, die diese ›fortschrittlichen Akademiker‹ pflegen, zielen alle auf Arbeitsplatzpolitik für Lehrer; diesmal bezahlt von den Gewerkschaften. Schau Dir die Anträge des 1. Blocks des DGB-Kongresses in Berlin an, dann weißt Du was ich meine.« Theo Pirker an Adolf Schmidt, 1.7.1982, in: AfsB, IGBE-Archiv, Nr. 2334A.

187 Aus Sicht der Arbeiterbewegung war es vor allem eine lange Geschichte der Verachtung gegenüber den ›Malochern‹ seitens der Akademiker, die erst in den 1960er Jahren zurückgegangen sei, aber als Skepsis präsent blieb. Vgl. die Rede des DGB-Vorsitzenden zur 350-Jahr-Feier der Universität Marburg, in der diese Perspektive eindrücklich reklamiert wird: Heinz Oskar Vetter, Was erwarten die Gewerkschaften von den Hochschulen? In: *Blätter für deutsche und internationale Politik* 22 (1977) Nr. 8, S. 969-981.

188 Mit ausführlichen Angaben zu Bayern und Hessen, allerdings ganz überwiegend nach Angaben der Landesämter für Verfassungsschutz: Anne Rohstock, Von der ›Ordinarienuniversität‹ zur ›Revolutionszentrale‹? Hochschulreform und Hochschulrevolte in Bayern und Hessen 1957-1976, München 2010, bes. S. 364-378 mit Angaben zu einzelnen Universitäten; stärker an den Quellen der studentischen Gruppen orientiert: Andreas Keller, Hochschulreform und Hochschulrevolte. Selbstverwaltung und Mitbestimmung in der Ordinarienuniversität, der Gruppenhochschule und der Hochschule des 21. Jahrhunderts, Marburg 2000, als Überblick der linken Gruppen der 1970er und 1980er Jahre bes. S. 240-259.

189 Keller, Hochschulreform, S. 257.

190 Ebd., 259 f.; Rohstock, Ordinarienuniversität, 365 f.

sozialdemokratisch. 1973 nannte sich der SHB daher »Sozialistischer Hochschulbund«, zu der Zeit mit rund 3.000 Mitgliedern.[191] Die »gewerkschaftliche Orientierung« beider Gruppen speiste sich theoretisch aus der These des staatsmonopolistischen Kapitalismus. Diese auf Lenin zurückgehende Theorie sollte die Verschmelzung des imperialistischen Staates mit den Großkonzernen nachweisen. Nicht mehr die freie Konkurrenz der Unternehmer untereinander war die treibende Kraft im kapitalistischen Entwicklungsprozess, sondern ein Monopolisierungsprozess von großen Konzernen und staatlichen Institutionen. Als »Stamokap«-Theorie wurde diese Deutung populär und führte insbesondere bei den Jungsozialisten zu organisatorischen Zerreißproben in den 1970er Jahren. 1977 eskalierte der Konflikt zwischen der Mutterpartei und den Jusos, als deren Vorsitzender Klaus-Uwe Benneter ausgeschlossen wurde. Benneter, der erste Stamokap-Vertreter im Vorstand der Jusos, hatte Bündnisse mit der DKP für denkbar gehalten, hingegen die CDU/CSU als Feinde bezeichnet.[192] Für die DKP und dem ihr folgenden MSB Spartakus markierte die Stamokap-Theorie auch eine historische Epoche, gewissermaßen den höchsten Entwicklungsstand des Kapitalismus vor seinem Verfall. Daher bedeutete die »gewerkschaftliche Orientierung«, dass Bündnisse mit der Arbeiterklasse angestrebt wurden – faktisch den Gewerkschaften –, und tagespolitische Forderungen gegenüber radikalen im Vordergrund stehen sollten.[193] Mit einem langen revolutionären Atem sollte sozialistische Bewusstseinsarbeit geleistet werden. Viele studentische Teamer für die gewerkschaftliche Bildungsarbeit waren dem MSB Spartakus oder dem SHB verbunden, die Hans-Böckler-Stiftung war orthodoxen Kommunisten nicht versperrt und ermöglichte so einen Weg zur Finanzierung des Studiums. Insbesondere die Hamburger HWP galt als Hochburg der gewerkschaftlichen Orientierung.[194] Das linke studentische Milieu war eine Schnittstelle zwischen Gewerkschaftsjugend und Neuer Linker.

191 Keller, Hochschulreform, S. 242 f.

192 Als Quellensammlung: Freimut Duve (Hrsg.), Der Thesenstreit um ›Stamokap‹. Die Dokumente zur Grundsatzdiskussion der Jungsozialisten, Reinbek bei Hamburg 1973; zum Stamokap-Flügel bei den Jusos die ältere Darstellung Schonauer, Kinder, S. 323-327; zum Ausschluss Benneters auch: Wolfgang R. Krabbe, Parteijugend in Deutschland, Wiesbaden 2002, S. 222-224; eine abgewogenere Wertung der Jusos nicht allein vor ihren theoretischen Debatten, sondern praktischen Einflüssen in der Kommunalpolitik siehe Dietmar Süß, Die Enkel auf den Barrikaden. Jungsozialisten in der SPD in den Siebzigerjahren, in: *Archiv für Sozialgeschichte* 44 (2004), S. 67-104.

193 Mit ausführlicher Darstellung der theoretischen Begründungen und Auswirkungen auf die Hochschulpolitik: Keller, Hochschulreform, S. 268-298; als sozialdemokratische Warnschrift zur gewerkschaftlichen Orientierung: Helmut Bilstein u. a., Organisierter Kommunismus in der Bundesrepublik. DKP – SDAJ – MSB Spartakus – KPD – KPD(ML) – KBW. Materialien zur politischen Auseinandersetzung mit kommunistischen Parteien und Gruppen, Hamburg ²1974, S. 94 f.

194 Vgl. den etwas kryptischen Beitrag über die Fraktionierungen der Linken in den 1970er und 1980er Jahren an der HWP: Ulla Ralfs, Grabenkämpfe und Fraktionsbildungen. Geschichten aus der Doppelwirklichkeit, in: Wulf D. Hund (Hrsg.), Von

3.2.3. Funktionäre unter sich – Die Strategiedebatte 1976-78

Die Kampagne gegen Jugendarbeitslosigkeit und für die Berufsbildungsreform von 1975 bewirkte keinen dauerhaften Aktivitätsschub in der Gewerkschaftsjugend, zugleich nahmen Konflikte zwischen den Gewerkschaften, besonders über die Bildungsarbeit, zu. Dabei traten zwei unterschiedliche Linien hervor: Sollte gewerkschaftliche Bildungsarbeit vor allem dem gewerkschaftlichen Funktionärsnachwuchs dienen – die IG Metall nannte es 1972 »Zweckbildung für die sozialen Auseinandersetzungen«[195] – und sollten daher die Bildungsziele vorher festgelegt werden, oder sollten Formen des exemplarischen Lernens im Vordergrund stehen, bei denen die Seminarteilnehmer von ihren Erfahrungen ausgehend gesellschaftliche Analysen vornehmen? Zugespitzt wurde es auf die Begriffe der leitfadengestützten Bildung oder des Erfahrungsansatzes. Anfang der 1970er Jahre galt das »exemplarische Lernen« als wichtiges Mittel der gewerkschaftlichen Bildungsarbeit. Die sozialen Erfahrungen der einzelnen Teilnehmer sollten Ausgangspunkt für gesellschaftskritische Erkenntnisse sein.[196] Auch die Stufenbildungskonzeption der IG Metall hatte diesen Ansatz 1970 noch verfolgt, aber bereits gegenüber den Konzeptionen der IG CPK und des DGB die betriebliche Praxis und die Vermittlung von Rechtskenntnissen stärker berücksichtigt.[197] Gegenüber einem »Freizeitansatz« setzte sich in der IG Metall der »Betriebsansatz« durch.[198] Es ging vorrangig nicht mehr um Bewusstseinsbildung anhand von Freizeiterfahrungen, sondern im Vordergrund der Bildungsarbeit sollten der Betrieb und die in ihm erfahrenen Konflikte und Widersprüche stehen.[199] Personell markierte der Wechsel des Aufgabenbereiches Bildung von Heinz Dürrbeck zu Hans Preiss 1972 im Vorstand der IG Metall den Wendepunkt. Während Dürrbeck für eine Bildungsarbeit mit dem Ziel einer kritischen Haltung auch gegenüber der IG Metall plädierte, legte Preiss im Oktober 1972 dem Vorstand 17 Thesen zur Bildungsarbeit vor, mit denen die Bildungsarbeit als »Zweckbildung« festgeschrieben wurde. Antikapitalismus

der Gemeinwirtschaft zur Sozialökonomie. 50 Jahre Hochschule für Wirklichkeit und Politik Hamburg, Hamburg 1998, S. 77-82.

195 17 Thesen der IG Metall für die Bildungsarbeit, These 1, in: *Der Gewerkschafter* Nr. 10 (1972), S. 425.

196 Diese Konzeption war theoretisch von Oskar Negt geprägt worden. Vgl. Negt, Phantasie; Adolf Brock/Hans-Dieter Müller/Oskar Negt (Hrsg.), Arbeiterbildung. Soziologische Phantasie und exemplarisches Lernen in Theorie, Kritik und Praxis, Reinbek bei Hamburg 1978.

197 Deppe-Wolfinger, Arbeiterjugend, S. 274-290; Wilhelm Dammeyer, Das alternative Bildungskonzept. Die Leitfäden der gewerkschaftlichen Jugendbildungsarbeit und die Probleme ihrer Entwicklung, ihrer Inhalte und Methoden, Oberhausen 1980, S. 35f.

198 Wolfgang Hindrichs, Betriebsnahe gewerkschaftliche Bildungsarbeit, in: Dieter Görs (Hrsg.), Gewerkschaftliche Bildungsarbeit. Kontroversen und Konzepte, München, Wien, Baltimore 1982, S. 147-165, hier S. 148.

199 Dammeyer, Bildungskonzept, S. 40-44.

und der Interessengegensatz von Arbeit und Kapital als gesellschaftliches Grundproblem bildete den Kern der Bildungskonzeptionen, und diese und ähnliche Formulierungen haben zur langen Wirkung der Thesen in der gewerkschaftlichen Bildungsarbeit beigetragen. Der bewusstseinsbildende Ansatz wurde zugunsten der Organisation verschoben und die Zusammenarbeit mit Betriebsrat und älteren Kollegen zu einem wichtigen Vermittlungsziel.[200] Erfahrungen aus der Lehrlingsbewegung und der bisherigen Bildungsarbeit wurden in der These 10 resümiert: »Die gewerkschaftliche Bildungsarbeit darf die Kritik an der Organisation nicht verstärken, indem sie die Skepsis der Kritiker bewußt vertieft. Sie muß mögliche Ursachen feststellen und Fehleinschätzungen korrigieren.«[201] Auch der DGB folgte 1973 dem Betriebsansatz und dem Schwerpunkt auf die Berufsausbildung in der Konzeption für den Funktionärslehrgang Stufe I (FS I).[202] Während die IG Metall die Konzeption von 1973 die 1970er Jahre hindurch für verbindlich erachtete[203], wurden im DGB, der ÖTV und der IG CPK bald neue Konzeptionen diskutiert, eine einheitliche Bildungskonzeption für alle Gewerkschaften wurde zu keiner Zeit erreicht. Die ÖTV erklärte Ende 1974 ihre Abkehr von der Konzeption Stufe 1, da sie im Aufbau zu starr sei und aktuelle Probleme nicht genügend berücksichtige.[204] Die ökonomischen Krisenerfahrungen von Jugendarbeitslosigkeit und schwindenden Ausbildungsplätzen mache es erforderlich, diese Probleme ebenso zu behandeln wie einen zunehmenden Konkurrenzdruck und politische Resignation. Insbesondere das pädagogische Team der Bundesjugendschule des DGB in Oberursel trat für eine Neuorientierung der gewerkschaftlichen Bildungsarbeit ein. Angesichts der Krisenerfahrungen müsse es darum gehen, die Ursachen aufzuzeigen und über die betrieblichen Ansätze hinaus Bewusstsein bei Jugendlichen zu schaffen, dass ihre Lage nicht individuell, sondern aus den kapitalistischen Krisenprozessen zu erklären sei. Um dieses Ziel zu erreichen, sei der Erfahrungsansatz besser geeignet als vorgegebene Leitfäden. Die auf Gremien ausgerichtete Schulung befördere eine »Stellvertreterpolitik«, da nicht die gewerkschaftlichen Mitglieder, sondern lediglich eine kleine Zahl von Funktionären Entscheidungen treffe.

200 Mit weiterführender Literatur zur Entstehung der Thesen Müller, Gewerkschafter, S. 401-409; die Thesen sind veröffentlicht in: *Der Gewerkschafter* Nr. 10 (1972), S. 425; kritische Darstellung eines Seminars für Jugendvertreter der IG Metall vom Mai 1973: Bauch/Schmidt/Steinke, Arbeiterbildung, S. 189-203.

201 These 10 der These zur Bildungsarbeit, IG Metall-Vorstand 1972, hier zitiert nach: Christoph Weischer, Politische Bildungsarbeit und gewerkschaftliche Organisation: Aspekte der Bildungsdebatte in der IG Metall, Münster 1996, S. 37.

202 DGB-Bundesvorstand Abteilung Jugend, Leitfaden Stufe I der gewerkschaftlichen Jugendbildung, Redaktion Franziska Wiethold, Frankfurt a. M. 1973; Franziska Wiethold/Oswald Todtenberg, Gewerkschaftliche Jugendbildung – Rahmenkonzeption, Frankfurt a. M. 1973.

203 IG Metall, Bezirksleitung Hannover, Dü(vel), 5.11.1979: Bemerkungen zu unserer gewerkschaftlichen Jugendarbeit und der Auseinandersetzung in der DGB-Jugendarbeit, S. 3, in: AdsD, 5/IGMA-22-0859.

204 Dammeyer, Bildungskonzept, S. 60-65; dort auch das Folgende.

Hans Preiss wies solche Überlegungen für die IG Metall zurück.[205] Die beiden didaktischen Begriffe Erfahrungsansatz und Leitfadenansatz wurden zu Schlagwörtern einer politischen Kontroverse. Für die IG Metall skizzierte Udo Achten, seit 1970 Lehrer an der IG-Metall-Schule in Sprockhövel, die Grundüberzeugung, dass gewerkschaftliche Bildungsarbeit planmäßig und zielgerichtet verlaufen müsse und nicht nur spontan erfolgen könne.[206] Sie müsse, so ein Wort von Hans Preiss, die Gewerkschaftsmitglieder für den »konkreten Klassenkampf« bilden.[207]

Vor diesem Hintergrund entwickelte sich auch die Strategiedebatte. Auf einer Tagung des DGB-Bundesjugendausschusses, die bereits als »Strategietagung« deklariert war, hatte der Arbeitsrechtler und Politologe Ulrich Mückenberger, auch Mitarbeiter in Oberursel, die bisherige Bildungsarbeit ebenso wie die »Stellvertreterpolitik« kritisiert.[208] Angesichts verfahrener Diskusionen wurde vom Bundesjugendausschuss im Sommer 1976 eine Strategiedebatte ausgerufen. Wichtiges Medium hierfür sollte die *Solidarität* sein, die dafür mit einem eigenen Logo – das Wort Strategie-Diskussion in einer poppigen Schrift, von Punkten umrandet – versehen wurde.[209] Das für Jugend zuständige DGB-Bundesvorstandsmitglied Karl Schwab, Nachfolger des im November 1973 überraschend verstorbenen Franz Woschech, sprach von einer Krise der Gewerkschaftsjugend und forderte zur Diskussion auf. Als innere Krisensymptome nannte er die rückläufige Zahl jugendlicher Mitglieder und einen Misserfolg der betrieblichen Orientierung, die nicht zu einer breiten Verankerung der gewerkschaftlichen Aktivitäten unter Jugendlichen geführt habe.[210] Walter Haas, Bundesjugendsekretär des DGB, nahm als Ausgangspunkt eine verbreitete Krisenwahrnehmung einer resignierten und politisch apathischen Jugend, die für eine »wirksame Interessenvertretung« nur schwer zu gewinnen sei. Daher sei die Strategiediskussion notwendig und müsse offen geführt werden, da die Gewerkschaftsjugend nicht nach dem »Muster leninistischer Massenorganisationen« von oben administriere, sondern eine solidarische Willensbildung anstrebe. In der Bildungsarbeit müsse bei dem Bewusstseinsstand der Jugendlichen angesetzt werden, es gehe nicht um die Vermittlung richtiger Positionen, sondern um Anregungen für die Praxis. Haas verband seinen Diskussionsbeitrag mit der Er-

205 Darstellung des Konzeptes und Kritik von Preiss bei Dammeyer, Bildungskonzept, S. 69-73; vgl. zur nachträglichen Begründung Hinrich Oetjen, Gewerkschaftliche Strategien in der Krise. Eine Diskussion über die Bildungsarbeit in den siebziger Jahren, in: Jürgen Seifert u. a. (Hrsg.), Soziale oder sozialistische Demokratie? Beiträge zur Geschichte der Linken in der Bundesrepublik (Freundesgabe für Peter von Oertzen zum 65. Geburtstag), Marburg 1989, S. 127-134.

206 Achten, Beitrag, S. 11.

207 Hans Preiss, Vorbereitung auf den konkreten Klassenkampf, in: *Metall* Nr. 20 (1974), zitiert nach Achten, Beitrag, S. 40.

208 Dammeyer, Bildungskonzept, S. 74.

209 Gewerkschaftsjugend, Strategiediskussion beginnt!, in: *Solidarität* Nr. 8-9 (1976), Titelseite.

210 Karl Schwab, Kritische Bilanz – Neue Impulse, in: *Solidarität* Nr. 8-9 (1976), S. 9.

wartung, dass die Debatte zeitlich nicht ausufern sollte.[211] Dies war aber eher ein frommer Wunsch, denn die Strategiedebatte wurde bis 1978 geführt und hatte keine greifbaren Ergebnisse, sondern vertiefte die unterschiedlichen Ansätze zwischen den Gewerkschaften. Vor allem die mit der Jugendarbeit betrauten Funktionäre der Einzelgewerkschaften führten den Streit. Ulrich Mückenberger hatte seine Thesen im selben Heft der *Solidarität* wie Schwab ausgeführt. Die Jugendarbeitslosigkeit sei ein Krisenelement des Kapitalismus, und es sei ein Fehler, wenn die Gewerkschaften der Gewinnorientierung der Unternehmen folgten. Nicht staatliche Investitionslenkung, wie es die IG Metall fordere, sei die richtige Antwort, sondern die Gewerkschaften sollten sich eine »alternative Rationalität« aneignen, die eine Selbstorganisation der Betroffenen ermögliche.[212] Diese Überlegungen stießen bei der IG Metall auf erbitterte Ablehnung. Nicht eine allgemeine Analyse über die Krisenhaftigkeit des Kapitalismus sei hilfreich, sondern allein Vorschläge für eine konkrete betriebliche Arbeit und effektive Maßnahmen gegen die Jugendarbeitslosigkeit. Bernhard Wurl sah ebenso wie Norbert Römer vom Hauptvorstand der IG BE – bald darauf einer der Hauptkontrahenten der IG Metall – die Notwendigkeit von Gewinnen in Unternehmen, um mit neuen Investitionen Arbeitsplätze zu schaffen.[213] Aber Wurl war nicht nur mit den Vorschlägen aus Oberursel unzufrieden. Er fand eine Strategiediskussion insgesamt nicht hilfreich. Wichtig seien Antworten auf konkrete Probleme – wie die Jugendarbeitslosigkeit, die Verdrängung von Hauptschülern, Ausbildungs- oder Tariffragen. Von der Orientierung auf die betriebliche Jugendarbeit mochte er nicht abweichen, diese sei als Ergebnis der Politisierungsphase beschlossen worden.[214] Die Diskussion kreiste um mehrere Pole. Dem von Norbert Römer in die Diskussion gebrachte Hinweis, das Grundgesetz sei auf die soziale Marktwirtschaft festgelegt, wurde von mehreren Seiten widersprochen, da in der gewerkschaftlichen Jugendarbeit auch politische Alternativen diskutiert werden sollten, die mit dem Grundgesetz vereinbar seien.[215] Verhandelt wurden so auch Möglichkeiten für politische Utopien in den Gewerkschaften. Zuspruch zu den Überlegungen von Mückenberger kam aus der mittleren Ebene der Landesjugendausschüsse des DGB, da die Möglichkeit einer Utopie zur kapitalistischen Wirtschaftskrise aufrechterhalten werden

211 Walter Haas, Bildungsarbeit: Theorie und Praxis aus einem Guß, in: *Solidarität* Nr. 10 (1976), S. 9.

212 Ulrich Mückenberger, Krise und Arbeitslosigkeit – Warum?, in: *Solidarität* Nr. 8-9 (1976), S. 12-14.

213 Bernhard Wurl, Von (Krisen-)Gespenstern und (Betriebs-)Realitäten, in: *Solidarität* Nr. 11 (1976), S. 10 f.; Norbert Römer, Antwort auf ›Krise und Arbeitslosigkeit – Warum?‹, in: *Solidarität* Nr. 12 (1976), S. 11.

214 Bernhard Wurl, Von (Krisen-)Gespenstern und (Betriebs-)Realitäten, in: *Solidarität* Nr. 11 (1976), S. 10 f.

215 Lorenz Schwegler, DGB-Bundesvorstand Abteilung Gesellschaftspolitik, Kritik am Römer-Beitrag, in: *Solidarität* Nr. 1-2 (1977), S. 12 f.; Klaus Müller, Nochmals: Kritik am Römer-Beitrag, in: ebd., S. 13;

sollte, auch in der Gewerkschaftsjugend.[216] Der Landesjugendausschuss des DGB Nordrhein-Westfalen forderte eine stärkere Einbeziehung von jungen Arbeitern und eine kämpferische Mitbestimmung in den Betrieben. Es sei eine »gefährliche Illusion« zu glauben, dass bei einer paritätischen Besetzung der Aufsichtsräte die Probleme im Betrieb gelöst seien, wie auch die enge Bindung an die regierende Sozialdemokratie nicht förderlich sei. Sie erinnerten an die »kampflose Niederlage vor dem Faschismus« 1933, dessen Lehre es sei, einer »kämpferischen Interessenvertretung ihrer Mitglieder« verpflichtet zu bleiben.[217] Solchen Überlegungen hatte der Jugendhauptausschuss der IG Bergbau und Energie scharf widersprochen. Die Antwort auf die allgemeinen Krisenerscheinungen sei nicht die »Überwindung der kapitalistischen Produktionsweise«, solche Überlegungen seien schlichtweg keine »Diskussionsgrundlage«.[218]

Für IG-Metall-Funktionäre waren Ideen einer alternativen Logik, wenn sie einer kapitalistischen Logik gegenübergestellt wurden, ebenso bedrohlich wie die Kritik an der Stellvertreterpolitik, eine Kritik, die in der IG Metall als gewerkschaftsfeindlich galt. Peter Vetter, Leiter der Bildungsabteilung der IG Metall, hatte im August 1976 in einem internen Papier die Oberurseler Konzeption verrissen. Seiner Ansicht nach enthalte sie eine grundlegende Kritik an der bisherigen Gewerkschaftsarbeit, die der kapitalistischen Logik folge. Denn mit der einsetzenden wirtschaftlichen Krise seien die Gewinne der Unternehmen als materielle Grundlage für Gestaltungsspielräume verloren gegangen. »Nur diejenigen können nach dieser Theorie richtige Gewerkschaftsarbeit machen, die die sozialistische Perspektive haben […].« Dies sei aber für die Einheitsgewerkschaft eine äußerst gefährliche Haltung.[219] Trotz des immer wieder beschworenen Erfahrungsansatzes blieb die Oberurseler Konzeption nach Vetters Ansicht völlig abstrakt. Die Kritik an der Stellvertreterpolitik der Gremien sei nur eine Scheinradikalität, die bei den jungen Funktionären Frustrationen zur Folge haben werde. Horst Richter und Holger Balke bündelten die Kritik in einem Positionspapier für die Abteilung Jugend Anfang 1977. Ausgangspunkt war ein Rückgriff auf APO-Aktivitäten und die Lehrlingsbewegung. Richter und Balke betonten, dass die Studenten immer allgemeinpolitische Ziele mit ihren Protesten verfolgten, während die »Aktionen der Gewerkschaftsjugend konkrete

216 Dietmar Thieser, Weiterhin: Kritik am Römer-Artikel, in: *Solidarität* Nr. 1-2 (1977), S. 14-15; ÖTV-Bezirksjugendausschuß Berlin, Ein weiterer Beitrag, in: *Solidarität* Nr. 3 (1977), S. 10 f.

217 Stellungnahme des LJA Nordrhein-Westfalen, in: *Solidarität* Nr. 7 (1977), S. 9-13, hier S. 11.

218 Beschluß des Jugendhauptausschusses der IG Bergbau und Energie zur Strategie-Diskussion, in: *Solidarität* Nr. 4 (1977), S. 11-13, hier S. 12; in ähnlicher Argumentation: Gewerkschaft Leder, Stellungnahme zur Strategiediskussion der Gewerkschaftsjugend, in: *Solidarität* Nr. 7 (1977), S. 13 f.

219 Abt. Bildungswesen/Bildungspolitik, Peter Vetter, Kritik am Seminarmodell FS I des Hauses der Gewerkschaftsjugend in Oberursel, 2.8.1976 (Abschrift), in: AdsD, 5/IGMA-22-0983.

betriebliche Probleme aufgriffen«.[220] Dieser grundlegende Unterschied werde verdeckt, wenn von einer »Strategiediskussion« gesprochen werde. Die Orientierung auf konkrete betriebliche Probleme sei Grundlage gewerkschaftlicher Jugendarbeit. Statt einer abstrakten Diskussion über eine Krise in der Gesellschaft wie in den Gewerkschaften müsse um Perspektiven der Arbeit gestritten werden. Dabei lehnten sie einen größeren Einfluss der Alternativbewegung auf gewerkschaftliche Politik ab. »Wer die derzeitige gesamtwirtschaftliche Situation der Bundesrepublik unter Rückgriff auf die Landflucht oder gar auf die Logik einer Mickey Mouse reduziert, scheint mir an der Komplexität wirtschaftlicher Zusammenhänge allzu weit vorbeizugehen«, hieß es im Entwurf. Entscheidend sei die Frage, welchen praktischen Nutzen die einzelnen Gruppen für ihre Arbeit aus der Diskussion ziehen können. Denn die »bisherige Diskussion mag für ›Krisenstrategen‹ befriedigend sein, für die Gewerkschaftsjugend ist sie unbrauchbar, weil sie abgehoben von der Mitgliedschaft geführt wird und nicht einmal ansatzweise praktische Alternativen für die gewerkschaftliche Jugendarbeit beinhaltet«.[221] Dieses Argument sollte sich als eines der dauerhaftesten der IG Metall erweisen: Gegen Kritik an der Jugendarbeit wurde eine prinzipiell richtige Orientierung auf die Betriebe gestellt und insbesondere der Bundesjugendschule in Oberursel vorgeworfen, keine Hilfe mehr für die betriebliche Arbeit zu leisten. Die IG Metall beharrte auf einem Unterschied zwischen der gewerkschaftlichen Jugendarbeit und der von politischen Gruppierungen. Schon in der Weimarer Republik hatte Walter Maschke vom Zentralverband der Angestellten und ab 1922 Reichssekretär des ADGB für Jugendfragen, den Vorrang der gewerkschaftlichen gegenüber der politischen Arbeit betont: »[…] denn wer nicht weiß, wie er in den nächsten 24 Stunden seinen Hunger stillen kann, wird sicher nichts für Volkstänze oder gar für das Studium des wissenschaftlichen Sozialismus übrig haben.«[222] Die IG-Metall-Funktionäre verstanden sich auch in dieser Tradition. Ziel der IG-Metall-Funktionäre in der Strategie-Debatte war aber auch, eine Generalrevision der bisherigen Arbeit zu verhindern. Die gesellschaftlichen Problemfelder lagen ihrer Ansicht nach nicht in einem Wertewandel, sondern in ökonomischen und sozialen Entwicklungen. Die Stichworte hier waren Jugendarbeitslosigkeit, Abbau sozialer Sicherungen durch die Arbeitgeber, höheres Alter der Auszubildenden und Probleme der beruflichen Qualifikation. Gelang den betrieblichen Gremien noch die Mobilisierung der Jugendlichen? War die Jugendbildungsarbeit noch zielführend, gab es neue Aktionsfelder durch die veränderte Berufsausbildung, war die Tarifpolitik noch dasselbe Konfliktfeld wie zu Zeiten der Lehrlingsbewegung und – dies sollte sich

220 2. Entwurf »Die Krise der Krisenstrategen«, Horst Richter und Holger Balke, o. D. (Anfang 1977), in: AdsD, 5-IGMA-22-0369.

221 Ebd.

222 Von Weimar bis Bielefeld, Ein Jahr Arbeiterjugendbewegung, bearbeitet von Erich Ollenhauer, Berlin 1921, S. 105.

als äußerst relevantes Problem herausstellen – »ist das Gewicht der Freizeit und Kulturarbeit in der Gewerkschaftsjugend ausreichend berücksichtigt?«[223]

In der Strategiedebatte wurde über offene oder betriebsbasierte Jugendarbeit als Gegensatz verhandelt. Es ging dabei nicht mehr wie in den 1950er Jahren um die Gefahren eines Betriebsegoismus oder Möglichkeiten einer allgemeinen Jugendpflege; gerade letztere war nicht nur bei der IG Metall zu einem argumentativen Schreckgespenst geworden. Der hohe Politisierungsgrad der Jugendarbeit, der seit der Lehrlingsbewegung die Gewerkschaftsjugend bestimmte, sollte aufrechterhalten und für die IG Metall genutzt werden. Dieses Ziel galt auch für die Kritiker einer »Stellvertreterpolitik«, die sich eine Politisierung durch eine Ausweitung der anzusprechenden Jugendlichen versprachen. Der Doppelcharakter der Gewerkschaftsjugend war implizite Referenz der Debatten: Einerseits eine politische Organisation mit zunehmenden Mobilisierungsproblemen, andererseits eine institutionell einflussreiche Organisation mit sozialen Aufstiegsangeboten. In der Strategiediskussion reflektierte sich eine Verschiebung des Charakters der Politisierung. Die »Fundamentalpolitisierung« (Bernd Faulenbach) der Gesellschaft kam Mitte der 1970er Jahre ins Stocken. Dieses Jahrzehnt ist vor einiger Zeit etwas vorschnell als »sozialdemokratisches« oder »rotes« Jahrzehnt bezeichnet worden.[224] Zwar waren Begriffe wie »Demokratisierung« bis ins konservative Lager hegemonial und wurden nicht prinzipiell in Frage gestellt.[225] Partizipation und Teilhabe an gesellschaftlichen Entscheidungsprozessen gehörten zu den bleibenden Ergebnissen des allgemeinen Politisierungsschubes. Aber die politischen Deutungsmuster verschoben sich. Die Gewerkschaftsjugend hatte von der neomarxistischen Renaissance und politisierten Jugendkulturen profitiert. Die damit verbundenen Versuche, die Gewerkschaften von links zu stärken, verloren in den neuen Jugendgenerationen an Bedeutung. Beim Wahlverhalten der Jugend war von einer konservativen Tendenzwende zwar wenig zu bemerken, einflussreichste Parteien blieben die SPD und ab 1977 die grün-alternativen Wahlbündnisse, deren Erfolge bei der Jungwählerschaft höher lagen, während die Unionsparteien an Zustimmung verloren.[226] Aber mit den Grünen und

223 Alle vorhergehenden Zitate ebd.

224 Bernd Faulenbach, Das sozialdemokratische Jahrzehnt. Von der Reformeuphorie zur Neuen Unübersichtlichkeit 1969-1982, Bonn 2011; Koenen, Jahrzehnt; für die internationale Diskussion siehe die konzise Zusammenfassung von Jacco Pekelder, Towards another Concept of the State: Historiography of the 1970s in the USA and Western Europe, in: Baumann/Gehrig/Büchse, Milieus, S. 61-83.

225 Prägend für die strategische Aufladung in sozialdemokratischer und gewerkschaftlicher Perspektive: Fritz Vilmar, Strategien der Demokratisierung. Band 1: Theorie der Praxis, Darmstadt u.a. 1973, Band 2: Modelle und Kämpfe der Praxis, Darmstadt u.a. 1973. Von einer »Demokratisierungsbewegung« sprach: Ulrich von Alemann: Einleitung, in: Ders. (Hrsg.), Partizipation – Demokratisierung – Mitbestimmung. Problemstellung und Literatur in Politik, Wirtschaft, Bildung und Wissenschaft. Eine Einführung. Opladen 1975, S. 13-40, hier S. 13.

226 Eckehart Hagen, Wahlverhalten und politische Einstellungen von Jugendlichen, in: Wilhelm von Ilsemann (Hrsg), Jugend zwischen Anpassung und Ausstieg. Ein Sym-

den Neuen Sozialen Bewegungen, aus denen sie überwiegend stammten, verbanden sich neue politische Deutungsmuster, an die die Gewerkschaften nicht umstandslos anknüpfen konnten. Diese Verschiebungen deuteten sich in der Strategiedebatte bereits an. Während Oberursel und Teile der DGB-Funktionäre eine Öffnung gegenüber alternativen Jugendkulturen ins Auge fassten und die Gewerkschaftsjugend hierbei als Katalysator fungieren sollte, hielt die IG Metall an dem Ziel einer Funktionärsbildung in der Bildungsarbeit fest. In einem Resümee der Strategiediskussion kurz vor der Bundesjugendkonferenz des DGB im Dezember 1977 schrieb Bernhard Wurl daher: »Jede Betriebsvereinbarung über die Erhöhung von Ausbildungsplätzen und jeder Tarifvertrag über die grundsätzliche Abschaffung persönlicher Kriterien bei der innerbetrieblichen Beurteilung ist für sich ein Baustein zur wirksamen Bekämpfung des Kapitalismus in all' seinen Erscheinungsformen.«[227] Allerdings war diese Zwischenbilanz auch das vorläufige Ende der Debatte. Kurz nach der Bundesjugendkonferenz brachen zwischen den führenden Funktionären erbitterte Auseinandersetzungen aus, die zum Zerwürfnis zwischen der IG Metall und Teilen des DGB führten. Vordergründig ging es um die angebliche kommunistische Unterwanderung der Jugendarbeit durch SDAJ und DKP, aber damit verband sich auch der alte Konflikt zwischen offener und betrieblicher Jugendarbeit.

3.2.4. Die »emotionale Bindung« stärken – Wege aus der Mobilisierungskrise?

Die Strategiediskussion basierte auch auf Erfahrungen und Wahrnehmungen der lokalen und betrieblichen Ebene, wo zunehmend über einen Aktivitätsrückgang geklagt wurde. Einen Ausweg versuchte Bernhard Wurl auf der Jugendkonferenz der IG Metall im Mai 1977 in Augsburg mit einem neuen Schwerpunkt der Arbeit zu finden. Er hob zunächst hervor, dass die Konzentration auf die betriebliche Arbeit »notwendig« war und sie »nach wie vor richtig« sei, aber »die fast völlige Außerachtlassung des Freizeitbereichs, d.h. der emotionalen Bindungen unserer Kolleginnen und Kollegen an die Organisation hat sich als falsch herausgestellt (vereinzelter Beifall)«.[228] Von der Abteilung Jugend sollten Arbeitshilfen erstellt werden, ein Projekt zur Freizeit- und Kulturarbeit wurde mit Unterstützung des Bundesministeriums für Jugend und Familie aufgelegt. Diese neue Orientierung war die eigentliche Reaktion der IG Metall auf die Strategiediskussion. Wurl ging auf die Kontroverse selbst nur kurz ein und wiederholte seine Ablehnung rein theoretischer Diskussionen. Der im Protokoll bei Wurls Ausführungen notierte »vereinzelte Beifall« legt die Vermutung nahe,

posium mit Jugendlichen und Vertretern aus Wissenschaft, Wirtschaft, Politik und Verwaltung, Hamburg 1980, S. 35-46, hier S. 40.

227 Bernhard Wurl, Zwischenbilanz, in: *Solidarität* Nr. 12 (1977), S. 7 f., S. 8.

228 Protokoll 11. ordentliche Jugendkonferenz, S. 31, Antragstext S. 393 f.; Unkorrigiertes Wortprotokoll der 11. IGM-Jugendkonferenz, in: AdsD 5/IGMA-22-0098, S. 102.

dass bei den Delegierten eine Skepsis gegenüber einer – wenn auch nur vorsichtigen – Abkehr von betrieblichen Aktivitäten vorhanden war. Wurl korrigierte die implizite Selbstkritik daher sogleich in seiner Rede. »Kultur- und Freizeitarbeit« sollte zwar wieder stärker in die Jugendarbeit integriert werden, aber nicht als »reine Jugendpflegearbeit« oder in Konkurrenz zur Freizeitindustrie, sondern, so hatte es auch der BJA München in einem später angenommenen Antrag formuliert, es sei »eine Kulturarbeit zu betreiben, die informativ und aufklärend wirkt, die Probleme und Konflikte aus der Arbeitswelt sowie Inhalt der gewerkschaftlichen Arbeit mit künstlerischen Mitteln darstellt«.[229] Ein weiterer Antrag formulierte die Unterordnung von »Kulturarbeit« unter politische Anforderungen noch schärfer: »Aufgabe der Gewerkschaftsjugend ist es u.a., die durch den Faschismus verschüttete und zerstörte Arbeiterkultur in Erinnerung zu rufen und den eigenen Kulturanspruch verstärkt zu entwickeln. [...] Gewerkschaftliche Kulturarbeit ist den politischen Zielen untergeordnet und nach Bedarf mit für die Verwirklichung dieser Ziele einzusetzen.«[230]

Doch selbst ein solch instrumenteller Zugriff stieß auf Widerspruch. Ein Mannheimer Delegierter fragte kritisch, ob mit einer Freizeitarbeit nicht »eine Flucht in die heile Welt, in eine Scheinwelt« erfolge, »die wir eigentlich 1971 mit der Entschließung Nr. 35 ›gewerkschaftliche Jugendarbeit im Betrieb‹ doch eigentlich abgelegt haben, als wir gesagt haben: Unser Platz als Gewerkschaftsjugend ist der Betrieb.« Mehrere Stimmen warnten vor einem Eskapismus und forderten, die Freizeit- und Kulturarbeit solle allein aus dem Betrieb her bestimmt werden.[231] Aber es wurden auch Anträge angenommen, in denen der Ausbau von Freizeitgruppen explizit gefordert wurde. In der Abteilung Jugend der IG Metall war man überrascht, welch großen Raum die Diskussion um Kultur- und Freizeitarbeit bekommen hatte, war aber mit dem Ergebnis zufrieden, auch weil weniger der Gesetzgeber angesprochen wurde und durch das »Besinnen auf die eigene Kraft« Verbesserungen in den Betrieben erreicht

229 Protokoll 11. ordentliche Jugendkonferenz, S. 31; Unkorrigiertes Wortprotokoll der 11. IGM-Jugendkonferenz, in: AdsD 5/IGMA-22-0098, S. 103. Auch der 12. Gewerkschaftstag der IG Metall hatte den instrumentellen Charakter der Kulturarbeit unterstrichen: »Gewerkschaftliche Jugendarbeit in der Freizeit und im kulturellen Bereich ist deshalb kein Selbstzweck, sondern ebenfalls Vorbereitung zur Durchsetzung gewerkschaftlicher Interessen in Betrieb und Gesellschaft.« Entschließung »Gewerkschaftliche Jugendarbeit«, in: Entschließungen, Anträge, Materialien. 12. ordentlicher Gewerkschaftstag der Industriegewerkschaft Metall für die Bundesrepublik Deutschland, hg. vom Vorstand der IG Metall, Frankfurt a. M. 1977, S. 382.

230 B4 »Entschließung zur Kultur- und Freizeitarbeit«, angenommen als Material, in der Zusammenstellung: Angenommene Anträge und Entschliessungen, 11. Ordentliche Jugendkonferenz 12. bis 14. Mai 1977 – Augsburg, Abt. Jugend, in: AdsD, 5/IGMA-22-0176.

231 Unkorrigiertes Wortprotokoll der 11. Bundesjugendkonferenz der IG Metall, S. 183, in: AdsD, 5/IGMA-22-0098.

werden sollte.[232] Auf einer Jugendvertreterversammlung in Bremen kurz nach der Konferenz diskutierten die Mitglieder die sich »zuspitzenden Klassenauseinandersetzungen« in der Bundesrepublik. Zu neuen Aktivitäten in der Freizeit wurde hingegen festgehalten: »Die Jugend hat ein Recht und ein Interesse auf eine sinnvolle Freizeitgestaltung. In unserer gewerkschaftlichen Jugendarbeit müssen wir dieser Tatsache Rechnung tragen und im Freizeitbereich aktiv werden. Filmabende, Kulturprogramme und Aktionsfeten gehören auch zu unserer Arbeit.«[233] Nicht allein, dass Freizeitinteressen als Recht geadelt wurden, Konsens war auch, dass der Zweck in der Gewinnung neuer Mitglieder liege und es daher Teil der zu leistenden politischen Arbeit sei. Die verkündete Neubestimmung der Aktivitäten sollte im Rahmen der bisherigen Arbeit stattfinden.[234] Die IG Metall hatte in der Strategiediskussion immer wieder darauf verwiesen, dass ihre Jugendarbeit erfolgreich und in den Betrieben verwurzelt sei. Die Zahlen schienen diese Einschätzung zu bestätigen. Der Bestand an Jugendgruppen, Arbeitskreisen sowie Betriebs- und Branchengruppen war von 1973 bis 1977 von 166 auf 275 Gruppen gestiegen, die OJAs und Jugendvertretungen nicht mitgezählt. Auch die Relation von Verwaltungsstellen und Jugendgruppen hatte sich verbessert; so waren 1973 83 Verwaltungsstellen ohne Jugendgruppen, 1977 nur noch 65. Allerdings hieß dies immer noch, dass in rund 39 Prozent der 169 Verwaltungsstellen keine Jugendarbeit über die Gremien hinaus stattfand.[235] Bei den Ortsjugendausschüssen sah die Bilanz besser aus, da in den meisten Verwaltungsstellen zumindest auf dem Papier ein OJA bestand.[236] Eine Ungleichverteilung bei den Jugendgruppen zeigte sich in den Bezirken. Das Schlusslicht bildete der Bezirk Hagen, der 1973 noch fünf, 1977 jedoch nur noch eine Gruppe in Hattingen hatte. Hingegen hatten sich große Bezirke wie Frankfurt mit 60 Gruppen fast verdoppelt, ebenso München mit 59 Gruppen. Am auffälligsten war der kleine Bezirk Münster, in dem sich der Gruppenbestand von einer auf

232 Einschätzung der Konferenz, ohne Unterzeichner, von Georg Benz an die Mitglieder des geschäftsführenden Vorstands der IG Metall übersandt, in: AdsD, 5/IGMA-22-0106.

233 Handschriftliches Protokoll der Jugendvertreterversammlung der IG Metall Bremen, 11.6.1977, in: AdsD, 5/IGMA-22-0187.

234 Georg Benz, Arbeitende Jugend für Recht auf Arbeit und Bildung, in: *Der Gewerkschafter* 25, Nr. 5, Mai 1977, S. 4-5.

235 IG Metall-Vorstand, Abteilung Jugend: Bestand Jugendgruppen/Arbeitskreise bzw. Betriebsjugendgruppen (Branchengruppen), o.D. (Anfang 1977), in: AdsD, 5/IGMA-22-0364. Übersicht auch abgedruckt in: Bericht über die Jugendarbeit 1974-1976, in: Protokoll 11. Ordentliche Jugendkonferenz, S. 25. Dort sind die Angaben aus den Bezirken jedoch falsch zusammengerechnet.

236 So waren 1981 in 151 von 160 Verwaltungsstellen OJAs vorhanden. Abt. Jugend, Aufstellung der Ortsjugendausschüsse aufgeteilt nach Bezirken und Verwaltungsstellen (Stand 14.12.1981), in: AdsD, 5/IGMA-22-0493.

19 Gruppen gesteigert hatte, die sich aber auf die größeren Städte Bielefeld, Detmold, Osnabrück und Minden konzentrierten.[237]

Eine erfolgreiche Jugendarbeit schienen auch die Mitgliederzahlen zu bestätigen. Von 1971 bis 1979 war der Anteil jugendlicher Mitglieder bis 21 Jahre von 311.756 auf 394.842 Personen jeweils zum Jahresende hin angestiegen, was einem prozentualen Anteil von 14,7 Prozent an der Gesamtmitgliedschaft entsprach.[238] Würden die bis 25-Jährigen mitgerechnet werden, so waren es Anfang 1977 knapp 600.000 jugendliche Mitglieder, wie Bernhard Wurl mit Stolz auf der Jugendkonferenz vermeldete.[239] Allerdings waren die Mitgliedszahlen meist nur geschätzt und lagen real erheblich niedriger. Als 1979 die Erfassung der Mitglieder auf EDV-Systeme erfolgte, betrug die Mitgliedschaft tatsächlich nur rund 420.000 Personen bis zu 25 Jahren.[240] Diese Lücke fiel aber kaum auf, da die Aktivitäten immer nur von einer kleinen Gruppe der Mitglieder in den Jugendvertretungen, den Betriebsjugendgruppen und den Ortsjugendausschüssen getragen wurden. Die Zahl dieser Aktivisten kann nur geschätzt werden. Wenn bei den Jugendgruppen von einer mittleren Größe von zehn Personen ausgegangen wird, wären es 1977 knapp 2.800 Personen gewesen. Hinzu kamen die Jugendvertreterinnen und Jugendvertreter im Organisationsbereich der IG Metall, die 1976 mit 7602 Personen angegeben wurden.[241] Veranschlagt man die Ortsjugendausschüsse ebenfalls auf zehn Mitglieder, dann kämen 1.500 Personen hinzu.[242] Da jedoch insbesondere die Jugendvertreter meist den Ortsjugendausschuss bildeten, und auch den Jugendgruppen Jugendvertreter angehörten, dürfte die Zahl von 10.000 aktiven Personen in der gesamten Bundesrepublik vermutlich nie erreicht worden sein. Auch aus den Belegungszahlen der Seminarangebote der IG Metall lassen sich Indizien für die Zahl aktiver Jugendlicher in der IG Metall ableiten. Der Aufbau war stufenförmig, und seit 1972 wurde angestrebt, mehr regionale und damit betriebsnahe Angebote zu machen. Die regional ausgerichteten Wochenend- und Tagesseminare waren in der Gesamtzahl von 1974 bis 1976 leicht rückläufig, von 259 auf 248, allerdings war die Zahl der Teilnehmer von 5.742 auf 6.200 leicht gestiegen. Höhere Steigerungsraten hatten die regional ausgerichteten Wochenseminare für Jugendfunktionäre, die sich ebenfalls von 1974 bis 1976 von 2.949 Teilnehmern auf 4.333 erhöhten, da-

237 IG Metall-Vorstand, Abteilung Jugend: Bestand Jugendgruppen/Arbeitskreise bzw. Betriebsjugendgruppen (Branchengruppen), o. D. (Anfang 1977), in: AdsD, 5/IGMA-22-0364.

238 Zahlen nach: Geschäftsberichte des Vorstandes der IG Metall, 1971-1973, S. 265 und S. 416 sowie 1977-1979, S. 175 und S. 293.

239 Protokoll 11. Ordentliche Jugendkonferenz, S. 30.

240 Protokoll der Sitzung des Jugendausschusses beim Vorstand der IG Metall am 11. und 12. November 1980 in Frankfurt, in: AdsD, 5/IGMA-22-0441.

241 Bericht über die Jugendarbeit 1974-1976, in: Protokoll 11. Jugendkonferenz IG Metall, Statistik zwischen S. 16 und S. 17.

242 1981 waren es 1.566 Mitglieder der Ortsjugendausschüsse, vgl. Abt. Jugend, Aufstellung der Ortsjugendausschüsse aufgeteilt nach Bezirken und Verwaltungsstellen (Stand 14.12.1981), in: AdsD, 5/IGMA-22-0493.

von waren ein Drittel der Teilnehmer auf speziellen Jugendvertreterseminaren.[243] Die zentralen, ein- oder mehrwöchigen Seminare für Jugendfunktionäre waren aufgrund der regionalen Ausrichtung etwas zurückgegangen, von 1974 bis 1976 von 2.083 Teilnehmer auf 1.868 Teilnehmer.[244] Die Addition dieser Zahlen ist allerdings unzulässig, da von Mehrfachbesuchen auszugehen ist. Es zeigt aber das Potential derjenigen, die bereit waren, sich in der IG Metall zu engagieren. Bei einer simplen Addition konnten die Teilnahmezahlen bei allgemeinen Veranstaltungen hochschnellen. So erfasste der Bezirk München für 1973 50.588 Teilnehmer auf 2.163 Veranstaltungen der IG-Metall-Jugend. Dazu wurden jedoch allein 356 Sitzungen von Jugendausschüssen gezählt, fast die Hälfte der Teilnehmer kam aus der Addition aller 290 Betriebsjugendversammlungen in den 22 Verwaltungsstellen, auf denen 23.010 Besucher waren. An den 978 Gruppenabenden nahmen ebenfalls beachtliche 12.212 Personen teil, wobei dies vor allem Mehrfachzählungen der aktiven Mitglieder waren. Es ist anzunehmen, dass bei den 81 Wochenendschulungen, die im Bezirk durchgeführt wurden, mit 2.369 Teilnehmern eine Bezugsgröße für das Mobilisierungspotential vorhanden ist.[245] Dies gilt auch für die vorher angegebenen Zahlen zu den Seminarbesuchen. Das Potential von aktiven Mitgliedern in der Bundesrepublik, die jährlich zu Seminaren kamen, lag bei etwas über 6.000. Allerdings waren die Zahlen auch aus dem Grund gestiegen, weil in einigen Bundesländern Bildungsurlaubsgesetze erlassen worden waren, die für gewerkschaftliche Seminarangebote genutzt werden konnten.[246] Aber solche Zahlen sind mit einer hohen Fehlerquote anzunehmen, da sie viele Mehrfachbesuche erfassten. Zudem sagt es noch wenig über die Erfahrungen der Teilnehmer aus. Diese mussten nicht unbedingt in gewerkschaftliche Aktivitäten münden. Die Teamerin Kirsten Schröder – und spätere Jugendsekretärin des DGB Nordmark – analysierte in ihrer Examensarbeit fünf Wochenendseminare der IG-Metall-Verwaltungsstelle Flensburg, die Ende 1975 stattfanden. Gemeinsame Ideen entwickelten die Jugendlichen – meist aus größeren Betrieben mit eigenen Lehrwerkstätten – vor allem für Freizeitaktivitäten. Hingegen stießen Versuche, zum Beispiel mit dem Kurzfilm *Nur ein Pausenraum* von 1970 über die Durchsetzung von rechtlichen Ansprüchen im Betrieb auf Ablehnung, da die Jugendlichen aus größeren Betrieben berichteten, dass die gesetzlichen Bestimmungen in ihren Betrieben eingehalten würden. Die Teamer zeigten sich enttäuscht, dass ein kritisches Bewusstsein nur schwer bei

243 Bericht über die Jugendarbeit 1974-1976, in: Protokoll 11. ordentliche Jugendkonferenz, S. 50.

244 Ebd., S. 51

245 Bezirk München, Berichtsbogen für das Jahr 1973, in: AdsD, 5/IGMA-22-0590.

246 Bericht über die Jugendarbeit 1974-1976, in: Protokoll 11. ordentliche Jugendkonferenz, S. 50. Bildungsurlaubsgesetze waren 1971 in Berlin und 1974 in Hamburg und Hessen eingeführt, 1977 folgte Nordrhein-Westfalen. Vgl. Ulrich Beer, Bildungsurlaub. Erhebungen – Konzeptionen – Regelungen, Bonn 1978, S. 56 f.

den jungen Auszubildenden zu entwickeln war.[247] Auch von einer Jugendfreizeit der Verwaltungsstelle Duisburg im Juli 1978 im Jugendheim *Zum Kuhhirten* in Bremen berichtete der zuständige Sekretär von negativen Erfahrungen. Für die Sommerfreizeit hätten sich 29 Jugendliche angemeldet, das von ihm erstellte Programm für die zwei Wochen war eher großzügig gestaltet mit Neigungsgruppen, inhaltlichen Vorträgen, Filmabenden und Betriebsbesichtigungen. Aber einige Teilnehmer entzogen sich dem Programm fast vollständig, da es ihnen schwergefallen sei, die »notwendige Disziplin« für kontinuierliche Mitarbeit auch in einer Hobbygruppe aufzubringen.[248] Zu berücksichtigen ist auch, dass alle Gremien von einer relativ hohen Fluktuation betroffen waren. Es war nicht ungewöhnlich, dass Ortsjugendausschüsse in der Zeit ihres Bestehens bis zu zwei Drittel der gewählten Mitglieder verloren.[249] Statistisch hat die IG Metall dieses Phänomen nicht erfasst. Dafür waren die Gründe zu einsichtig. Neben der Einberufung zum Wehrdienst war es ein verbreitetes Phänomen, dass bei einem Teil der Gewählten das Interesse erlahmte.

Wenn auch Mitte der 1970er Jahre von einem Potential von bis zu 10.000 Personen ausgegangen werden kann, die sich in der IG Metall engagierten, ging es bei der Neuorientierung nicht allein um steigende Mitgliederzahlen. Bei der rechtlichen Schulung schien etwas verloren gegangen zu sein, was nun vermehrt zum Thema unter politisierten Jugendlichen wurde: soziale Gruppenerfahrungen und lebensweltliche Verbindungen. Der langjährige Münchner Jugendsekretär Richard Polzmacher drehte bei der Diskussion auf der Jugendkonferenz 1977 eine alte gewerkschaftliche Parole um: »Die Demokratie und die Gewerkschaftsarbeit darf vor den Fabriktoren nicht Halt machen. Ich meine, auch wenn unsere Kolleginnen und Kollegen die Fabrik verlassen, sollte gewerkschaftliche Arbeit nicht aufhören.«[250] Allerdings waren die älteren Gewerkschaftsmitglieder selbst im abnehmenden Maße an gewerkschaftlichen Freizeitangeboten interessiert. Eine Befragung Mitte der 1970er Jahre unter 800 Industriearbeitern überwiegend der Stahl- und Metallindustrie ergab für das Freizeitverhalten nur sehr geringe gewerkschaftliche Aktivitäten, obwohl 83 Prozent der Befragten

247 Kirsten Schröder, Gewerkschaftliche Jugendbildungsarbeit für Auszubildende im Bereich der Industrie-Gewerkschaft Metall, aufgewiesen an Wochenendschulungen der Verwaltungsstelle Flensburg, 14.4.1977 (Staatsexamensarbeit Universität Hamburg), S. 76, in: StaHH, 361-12, A 3538.

248 Arbeitsheft für Jugendgruppen und Ortsjugendausschüsse, Heft 3: Gewerkschaftliche Jugendfreizeitarbeit; hrsg. von der Abteilung Jugend der IG Metall, Frankfurt 1980, S. 26-32, S. Zitat S. 31.

249 Vgl. Aktennotiz Gert Lütgert an Georg Benz, 30.11.1966, in: AdsD, 5/IGMA-22-0163; Aktennotiz Horst Richter an Georg Benz, 10.12.1980, in: AdsD, 5/IGMA-22-0416; im Bezirk Köln waren bei acht Ortsjugendausschüssen 98 Mitglieder gezählt, von denen aber nur 77 als aktiv bezeichnet wurden. Vgl. Jetzt gilt's! OJA-Info Bezirk Köln, OJA/BJA-Seminar 13.34-19.3.1977 in Berlin, in: AdsD, 5/IGMA-22-0364; als weiteres Lokalbeispiel: Geschäftsbericht des Ortsjugendausschusses der Vwst. Mannheim Dezember 1983-Dezember 1986, in: AdsD, 5/IGMA-22-1093.

250 Protokoll 11. Ordentliche Jugendkonferenz, S. 186.

einer Gewerkschaft angehörten.[251] Das Potential der Jugend war zwar größer, denn hier war das Interesse an gemeinsamen Freizeitaktivitäten prinzipiell höher und die familiären Bindungen geringer. Das Innovationspotential bei kulturellen Aktivitäten lag im Umfeld der Jugendarbeit, zum Beispiel beim Einsatz neuer Medien wie Videotechniken.[252] Der von Wurl verwendete Begriff der »emotionalen Bindung« war Mitte 1976 in der IG Metall aufgekommen und hatte einen unverkennbaren sozialwissenschaftlichen Einschlag. Er lässt sich auf einer Klausurtagung der Kleinen Kommission des IG-Metall-Jugendausschusses Ende Mai 1976 erstmals für die Diskussionen der IG Metall nachweisen. Bei einer kritischen Situationsanalyse gingen die Funktionäre davon aus, dass aufgrund der »Funktionärssprache« und »schablonenhaften Verhaltensweisen« junger Funktionsträger die Distanz zu den Jugendlichen größer werde. Sie seien mit Terminen überhäuft und könnten die Erfolge in der betrieblichen Arbeit kaum vermitteln.[253] Auch in der Bildungsarbeit sei zu wenig auf Emotionen geachtet worden. Längere Schulzeiten, die zu einem späteren Eintritt ins Berufsleben und damit der Gewerkschaftsjugend führen würden, vergrößerten die Distanz. Emotionale Bindung sollte dem entgegenwirken. Diese bedeute »Engagementbereitschaft über den üblichen Verpflichtungsrahmen hinaus«, sei aber kein Selbstzweck; auch seien Aktivitäten »ausschließlich im Freizeitbereich« eine »Fluchtposition«. Mittel zur »Erzeugung emotionaler Bindung« seien u. a. kollektive Erfahrungen wie Streiks, Demonstrationen, betriebliche Aktionen, und die »Vermittlung der Geschichte der Arbeiterbewegung«.

Diese Überlegungen im Jugendausschuss zeigten, wie schwer die Suche nach der richtigen Ansprache in der gewerkschaftlichen Jugendarbeit war. Denn die Rede von der »emotionalen Bindung« war nicht so präzise, wie es der sozialwissenschaftliche Klang erscheinen ließ. Soziale Bewegungsphänomene wie die Lehrlingsbewegung ließen sich nicht initiieren, ebenso wenig wie persönlicher und emotionaler Zusammenhalt sich administrieren ließ. Organisatorisch war es schwierig, über die Betriebe hinaus neue Personenkreise anzusprechen. Bestrebungen innerhalb der IG-Metall-Jugend, arbeitslose Jugendliche für gewerkschaftliches Engagement zu gewinnen, stießen auf satzungsbedingte Grenzen. Der Eintritt in die Gewerkschaften erfolgte im Betrieb. Wer nach der Schule keine Arbeit oder einen Ausbildungsplatz fand, konnte nicht einfach in eine Gewerkschaft eintreten, eine organisatorische Hürde, die erst in den 1980er Jahren durch eine Satzungsänderung überwunden wurde.[254] Daher sollte mit dem sperrigen Begriff der »Freizeit- und Kulturarbeit« ein Erfahrungsfeld wieder

251 Hennig Schirner, Weiterbildungsverhalten und Weiterbildungseinstellungen von Industriearbeitern vor dem Hintergrund ihrer Arbeits- und Lebenssituation, Göttingen 1977, S. 186.

252 Karlfriedrich Nebel, Gewerkschaften und Video, Hamburg 1985, S. 41.

253 Protokoll Klausurtagung der Kleinen Kommission vom 30.5. bis 1.6.1976, Vorstand – Abt. Jugend, 29. Juli 1976, in: AdsD, 5/IGMA-22-0340. Dort auch das Folgende.

254 Die Jugendkonferenz 1977 versuchte mit entsprechenden Anträgen, die Satzung der IG Metall dahingehend zu ändern, dass auch Berufsgrundschüler oder Besucher von

mehr beackert werden, das nach der Politisierungsphase weniger Beachtung seitens der Organisation gefunden hatte. Allerdings ergaben sich Schwierigkeiten aus dem instrumentellen Verständnis, welches in der IG Metall verbreitet war. Die »emotionale Bindung« sollte zwar erhöht werden, aber daraus sollte für die Organisation keine Irritation erwachsen, sondern die Politik der IG Metall durch gemeinsame Freizeitaktivitäten vermittelt werden. Eher subkutan wurden andere Horizonte eröffnet. Im Arbeitsplan 1978 für den Jugendmonat hieß es: »Die Kultur- und Freizeitarbeit kann uns helfen, unseren Kampf zu organisieren und voranzutreiben, und sie gibt uns darüber hinaus die Chance, in Ansätzen schon etwas von unseren angestrebten Zielen in der Gemeinschaft der Kollegen, in unserem Leben und in unserem Umgehen miteinander zu verwirklichen. Auf diese Weise werden auch Elemente eines Zusammenlebens deutlich, die eine erstrebenswerte, wirklich humane Alternative zur kapitalistischen Gegenwartsgesellschaft aufzeigen.« Daher sollte an die »kulturellen Traditionen der Arbeiterbewegung« angeknüpft und der Zusammenhalt in politischen und sozialen Milieus gestärkt werden: »Unsere Kultur- und Freizeitarbeit soll auch den Gegensatz zwischen Gewerkschaftsarbeit und Freizeitbereich, zwischen Privat- und Arbeitskontakten, zwischen rationalen Einsichten und emotionalem Verhalten und Erleben überbrücken helfen. Sie soll uns voranbringen beim Kampf für die Überwindung des Gegensatzes von Arbeit und Kapital.«[255] Hier waren Motive formuliert, die über eine reine Hilfsfunktion für die Organisation hinausgingen. Im Gruppenleben sollten gemeinsame soziale und verbindende Erfahrungen gemacht werden. Solche Anklänge an Vorstellungen der Alternativbewegung sollten dazu beitragen, lebensweltliche Verbindungen in der Arbeiterschaft stärker auszubauen.

Wie sollte aber eine »emotionale Bindung« erreicht und gefestigt werden? War es überhaupt möglich, über verrechtlichte Konfliktformen und politische Aspekte hinaus in der Jugend der IG Metall solche Gemeinschaftserfahrungen zu stiften? Die Jugendgruppen und Ortsjugendausschüsse waren seit Mitte der 1970er Jahre zunehmend bemüht, neben politischen Veranstaltungen und Demonstrationen Angebote für Freizeitaktivitäten zu entwickeln. Die Angebote lokaler Gruppen umfassten schon in der Politisierungsphase eine Mischung aus Filmabenden, Ausflügen, Feiern und Veranstaltungen.[256] Aber Freizeitaktivitäten wurden nun mehr mit politischem Sinn versehen. Ein Fußballturnier zwischen Betriebsjugendgruppen kommentierte der OJA aus Minden mit programmatischer Ausrichtung: »Der Ortsjugendausschuß verfolgt damit auch das Ziel, klarzumachen, daß gewerkschaftliche Jugendarbeit nicht nur aus Diskussionen

überbetrieblichen Ausbildungszentren Mitglieder werden können. Vgl. Protokoll 11. ordentliche Jugendkonferenz, S. 386.

255 Arbeitsplan Jugendmonat 1978, IGM-Vorstand Abt. Jugend, Frankfurt im Mai 1978, Teil IV, S. 1 und S. 4, in: AdsD, 5/IGMA-22-0170.

256 Vgl. die Programmgestaltung Münchner Betriebsgruppen der IG Metall für 1974 in: Betr. Betriebsjugendgruppen, in: AdsD, 5/IGMA-22-0590.

besteht, sondern daß sie auch im ›Freizeit-Bereich‹ etwas bieten kann.«[257] Dies funktionierte in Minden offenbar besser mit sportlichen Aktivitäten als mit Feiern. Die Mitglieder des dortigen Ortsjugendausschusses waren unsicher hinsichtlich der musikalischen Präferenzen ihrer Zielgruppe. Mit viel Mühe hatten sie den Sitzungssaal des DGB-Hauses im November 1978 für eine Feier geschmückt. Damit sollte explizit widerlegt werden, dass die Gewerkschaftsjugend »nur Gewerkschaftsarbeit und keine reine Freizeitarbeit ohne politischen Inhalt« hinbekomme. In diesem Fall scheiterte es an der Musik: »Den Jugendlichen, die gekommen sind, gefiel wohl hauptsächlich die Musik nicht. Da wir nicht wußten, welche Musik gefallen würde, hatten wir sowohl progressive, als auch Disco-Platten besorgt. Das hatte zur Folge, daß jeweils eine Hälfte, die den Sound nicht mochte, den Raum verließ. So standen wir gegen ca. 22.30 Uhr allein auf weiter Flur – zusammen mit einer großen Wanne voll Nudelsalat und über 110 Liter Bier.«[258] Solche Niederlagen waren sicherlich nicht die Regel, aber das Beispiel gibt einen Hinweis darauf, dass die Aktivisten der IG-Metall-Jugend zwischen Politik und Spaß haben manchmal etwas hilflos agierten. Hingegen fanden größere Veranstaltungen mit politischen Rockkabaretts in der Regel ihr Publikum. Wenn *Lokomotive Kreuzberg, Floh de Cologne* oder die österreichischen *Schmetterlinge* auftraten, aber auch chilenische Gruppen oder linke Kabarettisten wie Dietrich Kittner, waren gut gefüllte Hallen keine Seltenheit.[259] In einer von der Abteilung Jugend der IG Metall Ende 1977 erstellten »Zusammenstellung von Kulturgruppen« wurden 18 Gruppen für den Jugendmonat 1978 genannt, die gebucht werden konnten. Die Gruppen waren eine Mischung aus internationalen Künstlern – drei chilenischen und einer griechischen –, sechs Kabarettisten und Liedermachern, fünf Theatergruppen, zwei Chören aus den Gewerkschaften sowie einer Folkgruppe. Die meisten lebten von ihren Auftritten, nur das neugegründete Marburger Theater »Sturmvogel«, welches das Brecht-Stück *Die Mutter* einstudierte, war nur am Wochenende verfügbar. Neben Dietrich Kittner gehörten auch Rezitationsabende von Schauspielern zum Angebot, die Texte von Heinrich Heine, Kurt Tucholsky und Bertolt Brecht vortrugen. Die angebotenen Theaterstücke waren – so vom Dortmunder Lehrlingstheater – zum Teil noch klassische Aufklärungsstücke über die Situa-

257 Großes Fußballturnier, in: *Rotkehlchen, Zeitung der IG Metall-Jugend Minden*, Juni 1977, in: AdsD, 5/IGMA-22-0186.

258 OJA-Fete, in: *Rotkehlchen, Zeitung der IGM Jugend Minden*, Januar 1979, in: AdsD, 5/IGMA-22-0366.

259 Vgl. Flöhe bissen kräftig zu, *Der Wecker* 2 (1978), Zeitung der IG Metall Kassel, in: AdsD, 5/IGMA-22-0188; zu Lokomotive Kreuzberg: Geschäftsbericht 1975-1977, IG Metall-Verwaltungsstelle Braunschweig, in: AdsD, 5/IGMA-33-0190. »Gewerkschaft macht Spaß«: Riesen-Fete zum Jugendmonat der IG Metall in Hannover, in: *Metall* Nr. 22 (1977), hier zitiert nach: Auswertung Jugendmonat '77 OJA-Arbeitsprogramm. Jugend der IG Metall, Ortsjugendausschuß Rendsburg, in: AdsD, IGMA-22-0189.

tion von Lehrlingen mit der Botschaft, dass nur gemeinsames Handeln helfe.[260] Ebenfalls wurde eine Auswahl von Filmen angeboten. Die Abteilung Jugend verwies auch auf die Landesbildstellen, um kostengünstig Filme zu erhalten. Darüber hinaus gab es zu den Schwerpunkten Jugendarbeitslosigkeit und Arbeitswelten Angebote von selbstproduzierten Filmen. Insbesondere der Münchner Filmverleih Unidoc und die beiden Regisseure Hannes Karnick und Wolfgang Richter waren mit mehreren Dokumentarfilmen vertreten. Dazu gehörten der 1977 produzierte Film *... und raus bist Du! Über Jugendarbeitslosigkeit und andere Folgen der Rationalisierung* über Entlassungen im Siemens-Werk in Bruchsal, *Grüße aus Neckarsulm* von 1975 über die erfolgreiche Abwehr der Schließung des Audi-Werkes in Neckarsulm oder *Kollegen, macht mit* über ein Sommerlager des DGB 1974 in Baden-Württemberg.[261] Aber auch Filme über größere Streiks der IG Metall in Schleswig-Holstein 1956/57 oder in Baden-Württemberg 1963 gehörten zum Standardrepertoire. Zum Schwerpunkt mit dem gewundenen Titel »Gegen Abbau demokratischer Rechte – aus der Geschichte lernen« wurden Filme über Berufsverbote[262], über Willi Bleicher[263] oder der amerikanische Spielfilm *Salz der Erde* von 1953 angeboten.[264] Neben fünf Filmen über den Putsch in Chile wurden zum Nationalsozialismus einige Spielfilme angeboten. Neben Wolfgang Staudtes *Rosen für den Staatsanwalt* von 1959 und Roberto Rossellinis *Rom – Offene Stadt* von 1945 waren es Produktionen der DEFA wie *Der Rat der Götter,* 1950 von Kurt Maetzig über die IG Farben produziert und *Nackt unter Wölfen,* der 1963 von Frank Beyer nach dem gleichnamigen Roman von Bruno Apitz produziert wurde.[265] *Nackt unter Wölfen* über die letzten Tage im Konzentrationslager Buchenwald und die umstrittene Selbstbefreiung der Häftlinge gehörte zu den am meisten von der IG-Metall-Jugend gezeigten Filmen. Der heroisierte Kampf der kommunistischen Häftlinge bot Identifikationen über das Leiden hinaus. Der häufige Einsatz hing vielleicht auch damit zusammen, dass Willi Bleicher, IG-Metall-Bezirksvorsitzender in Stuttgart bis 1972 und als

260 So auch die Theaterstücke von Theater K, in: Materialhinweis V-1: Zusammenstellung von Kulturgruppen, Abteilung Jugend der IG Metall, o.D. (Ende 1977), in: AdsD, 5/IGMA-22-0170.

261 Materialhinweis V-2, Filme und anderes Material zu den Themenschwerpunkten des Jugendmonats, Abteilung Jugend der IG Metall o.D. (Ende 1977), in: AdsD, 5/IGMA-22-0170. Die Filme konnten über die IG Metall, Abt. Bildungswesen/Bildungspolitik ausgeliehen werden, vgl. Arbeit mit Film und Video, Arbeitsheft 1 für Jugendgruppen und Ortsjugendausschüsse, hrsg. von der Abteilung Jugend beim Vorstand der IG Metall, Frankfurt 1980, S. 64f.

262 *Vera Romeyke ist nicht tragbar*, BRD 1976, von Renke Korn und Max Willutzki.

263 *Du sollst dich nie vor einem lebenden Menschen bücken!*, von Hannes Karnick und Wolfgang Richter, Deutschland 1976-1978.

264 *Das Salz der Erde*, Regie: Herbert Biebermann, USA 1953.

265 Materialhinweis V-2, Filme und anderes Material zu den Themenschwerpunkten des Jugendmonats, Abteilung Jugend der IG Metall o.D. (Ende 1977), in: AdsD, 5/IGMA-22-0170.

Kommunist in Buchenwald inhaftiert, in Apitz' Roman Erwähnung fand.[266] Im Nürnberger DGB-Haus wurde der Film 1975 anlässlich der Reichspogromnacht gezeigt, Willi Bleicher sprach über seine Erfahrungen.[267] Der häufige Einsatz des Films zeigte eine Unbefangenheit, DDR-Produktionen in der Jugendarbeit zu verwenden. 1979 wurde von einer Projektgruppe zu neuen Formen der Freizeit- und Kulturarbeit der IG Metall festgehalten, dass Filme als »Instrument in unserer gewerkschaftlichen Arbeit« eingesetzt werden sollten, um eine Gegenerzählung zum verbreiteten Filmkonsum zu bieten.[268] Daher sollten die Jugendgruppen darauf achten, dass in den Filmen betriebliche Realitäten und Probleme vermittelt würden, die für die Zuschauer Handlungsperspektiven aufzeigten. Die Aufgabe der Jugendgruppen bestand darin, den für die jeweilige Zielgruppe passenden Film zu finden. Dabei sollten »Bedürfnisse der Jugendlichen nach Spannung, Unterhaltung und Identifikation« berücksichtigt werden.[269] Insofern seien auch politische Thriller oder *Moderne Zeiten* mit Charlie Chaplin für den Einsatz geeignet, wenn die Vorführung mit Diskussionen verbunden werde.[270] Aber auch hier ging es um politische Distinktion: »Von uns ausgewählte Filme müssen auf unterhaltsame Weise dazu beitragen, daß unsere Kolleginnen und Kollegen erkennen, wie man durch solidarische Unterstützung mit gesellschaftlichen Problemen fertig wird.«[271] Die Angebote der Abteilung Jugend dokumentieren das Spektrum, in dem gewerkschaftliche Kulturarbeit in der zweiten Hälfte der 1970er Jahre verortet wurde. Es reichte musikalisch von politischen Arbeiter- und demokratischen Volksliedern in Chören oder einzelnen Interpreten über internationale Musik bis hin zu Theaterstücken mit aufklärerischem Impetus über die Lage junge Beschäftigter bis zu Rückgriffen auf linke Autoren der Weimarer Republik. Diese Angebote deckten unterschiedliche politische Felder ab und zeigten das Bestreben, mit Antifaschismus, internationaler Solidarität – hier vor allem die chilenische Situation – und betrieblichen Konflikten

266 Diese Vermutung bei: Thomas Heimann, Bilder von Buchenwald. Die Visualisierung des Antifaschismus in der DDR (1945-1990), Köln 2005, S. 100 f. Dort auch Näheres zur Entstehungs- und Rezeptionsgeschichte des Films.

267 Einladungsflugblatt zur Veranstaltung, in: AdsD, 5/IGMA-22-0590; vgl. auch zur Verwendung in Seminaren 1975 Betr. Jugendfunktionsträger II Seminar SC 01 im Jugendheim Schliersee vom 30.11 -13.12.1975, in: AdsD, 5/IGMA-22-2066.

268 Arbeit mit Film und Video, Arbeitsheft 1 für Jugendgruppen und Ortsjugendausschüsse, hrsg. von der Abteilung Jugend beim Vorstand der IG Metall, Frankfurt 1980, S. 5 und S. 6.

269 Arbeit mit Film und Video, Arbeitsheft 1 für Jugendgruppen und Ortsjugendausschüsse, hrsg. von der Abteilung Jugend beim Vorstand der IG Metall, Frankfurt 1980, S. 43.

270 Dazu gehörten *Viva Zapata* von Elia Kazan, USA 1952 über die mexikanische Revolution; *Sacco und Vanzetti* von Giuliano Montaldo, Italien 1971; Z – (Anatomie eines politischen Mordes) von Costa Gavras, Frankreich/Algerien 1969.

271 Arbeit mit Film und Video, Arbeitsheft 1 für Jugendgruppen und Ortsjugendausschüsse, hrsg. von der Abteilung Jugend beim Vorstand der IG Metall, Frankfurt 1980, S. 43.

politisch Emotionen bei Interessenten zu erzeugen, aus denen Zugehörigkeitsempfindungen und Aktionen erwachsen sollten.

Aber es ging nicht allein um Medienangebote. Erklärtes Ziel war es, eine Kulturarbeit zu stimulieren, in der jugendliche Mitglieder eigene Ausdrucksformen entwickeln konnten. Dies galt besonders für das gemeinsame Singen, Theaterspielen und einen kreativen Umgang mit neuen Medien. Zu bereits bestehenden Chören kamen seit 1978 neue Songgruppen dazu. Die Form und der Mitteleinsatz waren einfach zu gestalten. Die Salzgitteraner Songgruppe IGM vermerkte nach ihrer Gründung im Herbst 1978, dass die Idee beim »Bier« entstanden sei. Man wollte nicht nur singen, sondern die Lieder auch politisch aufladen. »Doch was hat es für einen Sinn, wenn man Lieder singt und nicht weiß warum dieses Lied entstanden ist. Wir haben uns deshalb entschlossen, zu den Liedern einen kleinen geschichtlichen Ablauf zu geben. Man kann dabei erkennen, daß einige der früheren politischen Lieder auch heute wieder aktuell sind. Einige unserer Lieder sind inzwischen zu Volksliedern geworden. (Z. B. ›Die Gedanken sind frei‹)« führte ein Mitglied der Songgruppe aus.[272] Die Vereinnahmung eines anonymen Liedes, das im Vormärz Verbreitung gefunden hatte als »unser« Lied, stand für eine historische Vorbildsuche, die mit dem Singen verbunden werden sollte. In einer Materialsammlung zum Jugendmonat 1977 verdeutlichte der OJA der IG Metall Nürnberg sein Kulturverständnis: »Kultur – wird von vielen verstanden wie Oper, Dichtkunst, Malerei usw. Kultur – darunter verstehen wir vorrangig unsere eigene Kultur. Das zu sagen, schreiben, singen, was uns berührt.«[273] Sie dokumentierten dann einige Beispiele für dieses Verständnis, so das *Lehrgangslied*, welches auf die Melodie von *Which side are you on?* von der Kabarett-Jugendgruppe, die aus der Songgruppe hervorgegangen war, umgedichtet wurde.[274] Der Refrain hieß »Wir lernen kämpfen siegen/das Ganze macht uns Mut« und griff einen in Nürnberg populären Slogan auf. Das Lied mit sieben Strophen erzählte eine Erweckungsgeschichte. Ein »schräger Vogel« meldet den Erzähler für einen Lehrgang an; die Teamer benutzen zwar viele Fremdwörter, aber der Erzähler traut sich auch zu widersprechen; am letzten Abend wird auch eine »Gaudi g'macht«, und der Erzähler kehrt mit »Durchblick« in den Betrieb zurück.[275] Dieser Text ist nicht nur als Ansprache an jugendliche Beschäftigte zu lesen, er sagt auch etwas über das Selbstverständnis der aktiven Gewerkschaftsjugendlichen aus. Die Erweckungsgeschichte hatte daher zwei Adressaten: die eigene biographische Entwicklung in der Gewerk-

272 Interview des Monats: Songgruppe IGM, in: Stifte und Co, IGM-Jugend Salzgitter, Oktober 1978, in: AdsD, 5/IGMA-22-0189. Vgl. als instrumentellen Aufruf zur Gründung einer Songgruppe: IG Metall Jugend: Jugendmonat 78, Verwaltungsstelle Berlin, in: AdsD, 5/IGMA-22-0179.

273 Mitteilungen des OJA der IG Metall-Verwaltungsstelle Nürnberg, zum Jugendmonat Oktober 1977, in: AdsD, 5/IGMA-22-0365.

274 Das Lied war 1931 im Rahmen eines Minenarbeiterstreiks in den USA entstanden.

275 Mitteilungen des OJA der IG Metall-Verwaltungsstelle Nürnberg, zum Jugendmonat Oktober 1977, in: AdsD, 5/IGMA-22-0365.

schaftsarbeit und die erhoffte Wirkung der gewerkschaftlichen Arbeit. Bis Ende 1978 gehörten rund 35-40 Mitglieder zur Nürnberger Songgruppe, von denen einige als Jugendvertreter gewählt wurden.[276]

Neben dem 1. Mai, zu dem sich insbesondere die Gewerkschaftsjugend mit der Forderung nach Demonstrationen statt Veranstaltungen im Saal einsetzte[277], bot der Jugendmonat mit seiner Abfolge von Veranstaltungen und Konzerten Möglichkeiten für die IG-Metall-Jugend, sich nach außen darzustellen und Mitglieder zu gewinnen. Die OJAs und Bezirke ebenso wie die Abteilung Jugend notierten dabei akribisch, wie viele Neuaufnahmen erreicht wurden. So nahm die Verwaltungsstelle Saarbrücken im Rahmen des Jugendmonats 1975 350 neue Mitglieder auf – im gesamten Jahr 1975 waren es mit 385 nur unwesentlich mehr.[278] Die vielen Neuaufnahmen, meist von Berufsanfängern, legitimierten die hohen Kosten des Jugendmonats von rund 200.000 DM, die für die Tournee und Werbematerialien benötigt wurden; hinzu kamen noch Kosten der lokalen Gruppen.[279] 1977 wurden 275.000 DM veranschlagt, dafür 90.000 DM für eine Tournee von *Lokomotive Kreuzberg*.[280] Viele Veranstaltungen wurden als Arbeitstagungen oder Diskussionsveranstaltungen konzipiert, in denen über Themen wie Jugendarbeitslosigkeit, ökonomische oder politische Entwicklungen referiert wurden. Auftritte von im gewerkschaftlichen Umfeld bekannten Polit-Rockbands wie *Lokomotive Kreuzberg* wurden teilweise auch mit dem Argument relativiert, solche Großveranstaltungen förderten nur die Konsumhaltung der Besucher. Wichtiger sei es, mit eigener »Laienkulturarbeit« den Mitgliedern Möglichkeiten zu eröffnen, sich selbst auszudrücken. Eine Projektgruppe der IG Metall zu neuen Kultur- und Freizeitformen plädierte für eine Mischung, da auch größere Konzerte positive Impulse für Gruppen geben könnten, »kulturelle Eigentätigkeit« sei Ergänzung zur gewerkschaftlichen Arbeit und wirke vor allem in die Gruppen selbst hinein.[281] Ein häufiges Element der Außendarstellung im Jugendmonat waren Informationsstände.[282] Der neugegründete Rendsburger

276 Vgl. den Bericht mit Interviewpassagen von Mitgliedern der Songgruppe in: Arbeitsheft für Jugendgruppen und Ortsjugendausschüsse, Heft 2: Song – Spiel – Theater – unsere Jugendarbeit macht Spaß, (Frankfurt 1980), S. 41-54, S. 42. Das »Lehrgangslied« wurde ebenfalls erneut abgedruckt, ebd. S. 43.

277 Vgl. Andresen, Wandel, S. 158f.

278 Geschäftsbericht zur Jugendkonferenz der IG Metall-Verwaltungsstelle Saarbrücken am 7. Januar 1978, in: AdsD, 5/IGMA-22-0189.

279 Für 1972 sind 180.000 DM genannt: Horst Lütgert: Vorlage für den Vorstand der IG Metall, Betr. Jugendmonat 1972, 15.6.1972, in: AdsD, 5/IGMA-22-0162; für die Jahre 1974, 1975 und 1976 sind es insgesamt 780.000 DM gewesen. Vgl. Bericht über die Jugendarbeit 1974-1976, in: Protokoll 11. ordentliche Jugendkonferenz, S. 41.

280 Georg Benz, Vorlage für die Sitzung der geschäftsführenden Vorstandsmitglieder am 11. Juli 1977, 7.7.1977, in: AdsD, 5/IGMA-22-0364.

281 Ebd., S. 18f.

282 Im Jugendmonat 1977 führten sechs von sechzehn erfassten bayerischen Verwaltungsstellen Informationsstände durch; neben sechs Feiern, vier Filmvorführungen und Wochenendtagungen. Vgl. Aktivitäten im Rahmen des Jugendwerbe-Monats 1977 (des Bezirkes München der IG Metall), in: AdsD, 5/IGMA-22-0365.

OJA berichtete über seine Erfahrungen im Jugendmonat 1977 mit Info-Ständen. Sie hätten sich nicht auf die von der IG Metall und dem DGB ausgegebenen Schwerpunktthemen Jugendarbeitslosigkeit und Jugendarbeitsschutz konzentriert, sondern eine »breitgefächerte Aufklärung« über die gesamte IG Metall gemacht, um so mehr Mitglieder gewinnen zu können. Die Entscheidung sei richtig gewesen, denn »[w]ir hatten den Eindruck, daß sich praktisch niemand spontan für Material zu Jugendarbeitslosigkeit bzw. zum Jugendarbeitsschutz interessierte«. Zwar seien die zentralen Materialien gut gestaltet gewesen, aber das Desinteresse der Passanten, auch von Jugendlichen, sei groß gewesen. Die Aufkleber der IG Metall und des DGB zur Kampagne Stop-Jugendarbeitslosigkeit »wurden praktisch nur von Kindern ohne Aufforderung mitgenommen«. Noch schwieriger war die Wahl der Standorte für die Info-Stände. Der OJA organisierte diese jeweils samstagmorgens in verschiedenen Orten, aber meist abseits der städtischen Zentren. In Rendsburg selbst hatten sie einen zentralen Standort, aber auch große Konkurrenz, hatten doch auch KPD/ML, KBW, KB, die Bürgerinitiative Umweltschutz Rendsburg und die Selbsthilfeorganisation der Zivildienstleistenden Stände, mit denen sie um Aufmerksamkeit warben.[283] Der Infostand als Kommunikationsform war meist auf eine Zentralität des Standortes ausgerichtet. Damit bestand die Möglichkeit, eine größere Öffentlichkeit anzusprechen. Anfang der 1980er Jahre galt die Form zwar auch als »Info-Stand-Nostalgie« und altbackenes Kommunikationsmedium[284], aber es war und blieb eine verbreitete Aktionsform in der IG-Metall-Jugend.[285]

Als schwierig erwies sich, Lehrlinge und Jugendliche im Metallhandwerk zu erreichen. Die Handwerksarbeit der IG Metall konzentrierte sich auf Betriebe mit mehr als 20 Beschäftigten, die Hälfte der Beschäftigten im Metallhandwerk war jedoch in kleineren Betrieben tätig, die 1977 auch über die Hälfte der Auszubildenden erfasste.[286] Zwar war die Forderung nach einer Arbeit mit jugendlichen Metallhandwerkern konstitutiv auf fast allen Konferenzen, aber Erfolge gelangen der IG Metall nur in wenigen Betrieben. Ein Hannoveraner Klempnerlehrling skizzierte 1976 seine negativen Erfahrungen mit der Gewerkschaft. Als

283 Auswertung Jugendmonat '77 OJA-Arbeitsprogramm. Jugend der IG Metall, Ortsjugendausschuß Rendsburg. Erstellt auf Klausurtagung 5./6. November 1977, in: AdsD, 5/IGMA-22-0189, Zitate S. 7 und 12.

284 Gesprächsnotiz Kay Ohl an Bernhard Wurl und Heinz Hawreliuk, 30.1.1981, in: AdsD, 5/IGMA-22-0416.

285 Beispiele in: Aktionswochen der Jugend der IG Metall Vst. Hattingen September-November 1975, in: AdsD, 5/IGMA-22-0364; Dokumentation des Ortsjugendausschusses: Das war der Jugendmonat 1978 der IGM Jugend. Motto: Jetzt erst recht! Arbeit und Ausbildung für alle! Gemeinsam gegen Abbau erkämpfter Rechte!, in: AdsD, 5/IGMA-22-0189; Zur Protestdemonstration, in: *Alfelder Zeitung*, 26.10.1982;

286 142.752 waren in Kleinbetrieben, nur 107.406 Auszubildende in größeren Betrieben beschäftigt. Insgesamt gab es nach der Handwerkszählung von 1977 1.302.264 Beschäftigte im Metallhandwerk, die IG Metall zählte Ende 1978 113.842 Mitglieder im Handwerk, die Auszubildenden wurden – wie auch die Altersklassen – nicht ausgewiesen. Geschäftsbericht 1977-1979 des Vorstandes der IG Metall, S. 460f.

er Schwierigkeiten in seiner Ausbildung hatte, wandte er sich an die IG Metall: »Dort merkte ich jedoch recht schnell, daß die Gewerkschaftsjugend fast ausschließlich aus Großbetrieben kommt und für Leute wie mich (ich war in einem 6-Mann-Betrieb) nichts tun konnte oder wollte.« Der Lehrling engagierte sich in einem unabhängigen Jugendzentrum, Versuche, eine eigene Lehrlingsgruppe aufzubauen, scheiterten: »Vielmehr ist er [der Lehrling, K.A.] froh, wenn er mit diesen Jugendlichen abends sein Bier trinken kann, denn er will seine Freizeit mit anderen Dingen verbringen als mit stundenlangen Diskussionen, bei denen er sowieso keine direkte Verbesserung sieht.« Der Lehrling brach schließlich seine Ausbildung ab und war als Arbeitsloser in einem Jugendzentrum aktiv.[287] Die Angebote klangen zudem auch etwas trocken. Ein IG-Metall-Mitglied, das in einer DGB-Gruppe im schleswig-holsteinischen Wilster arbeitete, skizzierte dieses Dilemma 1975: »Da muß man eben im Freizeitbereich ansetzen, sie [die Jugendlichen, d. V.] informieren über das Jugendarbeitsschutzgesetz, Berufsausbildungsgesetz und BetrVG. Da kann man sagen: Acht Stunden dürft ihr nur arbeiten und ihr arbeitet achteinhalb, warum?«[288] Der OJA der IG Metall in Nürnberg hatte in seinem Tätigkeitsbericht für 1976 notiert, dass nach dem Scheitern der Berufsbildungsreform nun wieder die eigene Kraft im Vordergrund stehen müsse – die Jugendarbeit solle daher »in Form einer Wechselwirkung mit emotionalem und rationalem Bindungseffekt sowie mit der damit verbundenen Entwicklung des eigenen Kulturanspruches« organisiert werden. Dies sollte u.a. durch den Aufbau einer Songgruppe oder eine Ausstellung des Grafikers Klaus Staeck erfolgen.[289] Die Verbindung von Freizeitaktivitäten und gleichzeitigen Auseinandersetzung mit Rechtsnormen förderte Zugehörigkeitsgefühle jedoch eher bei bereits politisch interessierten Personen.

Bernhard Wurl übte auch Selbstkritik an der »Funktionärssprache« in der IG-Metall-Jugend. Die Wahrnehmung, einfache Mitglieder durch politische und gewerkschaftliche Fachsprachen zu überfordern, fand sich auch bei lokalen Gruppen. Die Augsburger IG-Metall-Jugend gab ab 1975 ihre eigene Zeitung *attention. Information für junge Arbeitnehmer* neu heraus und blickte zurück auf vorherige Zeitungen in der Politisierungsphase. Bereits 1970/71 habe man die Zeitung herausgegeben, aber »die Art und Weise der Gestaltung und der Inhalt [habe] nur wenige Jugendliche« angesprochen. Für die neue Ausgabe brauche man kein »Fremdwörterlexikon« mehr, um sie lesen zu können.[290] Die Zeitung wurde als Beispiel empfohlen, wie Jugendliche angesprochen werden könn-

287 Bericht eines Lehrlings übers UJZ, in: *Vor und zum Korn* Nr. 5 (1976), S. 18-20, hier S. 18, in: Infoladen Korn, Archiv, Ordner »Korngeschichte«.

288 Maria Meyer-Puschner/Rainer Hirsch, Gespräch mit der DGB-Jugendgruppe in Wilster (SH), in: Werkkreis Literatur der Arbeitswelt: Mit 15 hat man noch Träume. Arbeiterjugend in der BRD, Frankfurt a. M. Februar 1975, S. 112-122, S. 118.

289 Tätigkeitsbericht '76 IG Metall, Ortsjugendausschuß Verwaltungsstelle Nürnberg, in: AdsD, 5/IGMA-0186.

290 In eigener Sache, in: *attention. Informationen für junge Arbeitnehmer*, Nr. 2/78, in: AdsD, 5/IGMA-22-0188.

ten.[291] Für die Aktivisten der Gewerkschaftsjugend bestand ein kaum lösbares Dilemma, einerseits dem Bewusstseinsstand der jugendlichen Beschäftigten sich zuzuwenden und andererseits ihre politischen Vorstellungen adäquat zum Ausdruck zu bringen. Die Probleme hingen zum Teil mit der Politisierungsphase zusammen. Der OJA der Verwaltungsstelle Berlin berichtete Ende 1975 über die Arbeit der Betriebsgruppen in Berlin, die es in acht Firmen gab, aber: »Die Betriebsjugendgruppen finden keine neuen Mitglieder, sie stehen im Betrieb isoliert dar.« Gründe dafür seien, dass es eine Konkurrenzsituation zu den Jugendvertretungen gebe, die Betriebsjugendgruppen keine systematische Arbeit betrieben und keine konkreten Aufgaben hätten. Aber ein wesentlicher Punkt waren die Gruppenbildungsprozesse. Denn die Diskussionen innerhalb der Betriebsgruppen hätten sich von den »eigentlichen Problemen der Jugendlichen im Betrieb« entfernt, es habe sich »eine Elite« gebildet, die Interessierte gleich wieder abschrecke.[292] Der Berliner Ortsjugendausschuss schlug organisationspolitische Lösungen vor. So sollten die Betriebsjugendgruppen einen Arbeitsplan aufstellen, den Kontakt zum OJA ausbauen und mit den Jugendvertretern zumindest organisationspolitisch gleichgestellt werden, um ihrer Arbeit ein größeres Gewicht zu verleihen. Auch im Jugendmonat 1975 wurde ein Desinteresse von »älteren Kollege(n)« und der »breite(n) Masse der Jugendlichen« konstatiert. Daher sollten vor allem die Funktionäre der IG Metall für die Veranstaltungen gewonnen werden.[293] Die diskutierten Lösungsvorschläge bewegten sich im Rahmen eines politischen Organisationsverständnisses und offenbarten eher Hilflosigkeit gegenüber einem Desinteresse jugendlicher Beschäftigter. Der Berliner OJA fasste daher auch die »Freizeit« als Handlungsfeld ins Auge. Die Begründung wurde politisch abgeleitet: Die »Wirkung der Studentenbewegung auf große Teile der Jugend« habe in den letzten Jahren nachgelassen, die »politische Reaktion« habe es verstanden, mit »Unternehmerschulungen, massive[m] Einsatz der Massenmedien, Ausnutzung der Krisenangst etc. das politische Interesse wieder einzuschläfern«. Die Jugendlichen würden sich wieder verstärkt »den scheinbar unpolitischen Bereichen« zuwenden. Um den Kontakt nicht zu verlieren, sollten die Jugendgruppen dies aufgreifen, zum Beispiel mit Fußballspielen oder Motorrad-Ausflügen. Apodiktisch wurde die Forderung erhoben, Jugendarbeit müsse »mehr Spaß machen«, bald ein Standardslogan in Veröffentlichungen der Gewerkschaftsjugend.[294] Das Dilemma war jedoch, mit der

291 Peter Schönfelder, Attention – Information für junge Arbeitnehmer, *Der Gewerkschafter* 26, Nr. 12, Dezember 1978, S. 25.

292 Arbeitsbericht Jugendgruppenarbeit, o. D., (Anfang 1976), Vwst. Berlin, S. 1, das Folgende S. 3, in: AdsD, 5/IGMA-22-0364.

293 OJA-Seminar Schliersee vom 23. bis 29. Nov. 1975. Zusammenfassung der Analyse zum Jugendmonat 1975, in: AdsD, 5/IGMA-22-0364.

294 Vgl. »Gewerkschaft macht Spaß«: Riesen-Fete zum Jugendmonat der IG Metall in Hannover, in: *Metall* Nr. 22 (1977), hier zitiert nach: Auswertung Jugendmonat '77 OJA-Arbeitsprogramm. Jugend der IG Metall, Ortsjugendausschuß Rendsburg, in: AdsD, IGMA-22-0189.

»Freizeitarbeit« neue Kollegen zu gewinnen, damit sie sich politisch engagierten, und ihnen zugleich nicht das Gefühl zu vermitteln, sie sollten mit solchen Aktivitäten nur »geködert« werden.[295]

Das Muster der Gruppenbildungsprozesse verlief in vielen Orten ähnlich. Im Bezirk Münster versuchten einige Jugendliche, eine betriebliche Jugendgruppe aufzubauen; dies scheiterte jedoch, und durch Ansprache im Bekanntenkreis unter IG-Metall-Jugendlichen gründeten 13 Personen eine überbetriebliche IG-Metall-Jugendgruppe. Sie erhielten Unterstützung vom OJA aus Gütersloh, entwickelten ein Aktionsprogramm und schulten sich an Unterlagen der IG Metall. Vorwiegend unterstützten sie den OJA Gütersloh, aber das Interesse ließ nach einem Jahr nach. Um dem entgegenzuwirken, beschloss die Gruppe, »den schon lange diskutierten Freizeitbereich in die Arbeit mit einzubeziehen, damit das Zusammengehörigkeitsgefühl der Gruppe gestärkt wird«.[296] Zugleich gefährdeten allzu enge persönliche Bindungen in den Gruppen die Offenheit. War das Gruppengefühl intensiv und durch private Kontakte geprägt, drohte zum einen die Abschottung der jeweiligen Gruppe, zum anderen waren es oft nur wenige Personen, die die Arbeit trugen. Verzogen diese oder übernahmen andere Aufgaben in den Gewerkschaften, dann brach die Arbeit oft ein oder kam zum Erliegen. »Es ist meist so, daß die Jugendarbeit an eine Person gebunden ist. Stagniert die Jugendarbeit in der Verwaltungsstelle, liegt es meist daran, daß dieser Kollege keine Gewerkschaftsarbeit mehr betreibt« wurde auf einem Seminar des Bezirks Münster Mitte 1977 konstatiert.[297] Ein Jahr später war im Bezirk Münster zwar eine Reihe von OJAs aktiv, aber die Einschätzung ihrer Mobilisierungsfähigkeit charakterisierte ein etwas resignierter Unterton. »Unsere Jugendarbeit befriedigt nicht die Bedürfnisse der Jugend nach nützlicher und zielgerichteter Betätigung. Sie wirkt auf Jugendliche, die die ›Notwendigkeit‹ der gewerkschaftlichen Arbeit noch nicht einsehen, langweilig und uninteressant. Sie bleiben weg!!«[298]

Ein Strategieseminar des Bezirks Köln mit OJA-Mitgliedern – mit 17 Teilnehmern, davon fünf Frauen – im März 1977 zog ein Resümee. In acht der zwölf Verwaltungsstellen des Bezirkes bestanden Ortsjugendausschüsse mit insgesamt 98 Mitgliedern, davon siebzehn Frauen und 75 Arbeiter, von denen immerhin 77 regelmäßig mitarbeiteten.[299] Es existierten nur in fünf Verwaltungsstellen Jugendgruppen der IG Metall. Eine Diskontinuität der Arbeit zeigte sich bei dem geringen Nachhall des Vorjahresseminars: Zwei Ortsjugendausschüsse kannten

295 OJA-Seminar Vwst. Berlin in Schliersee vom 23.-29. Nov. 1975, Zusammenfassung der Arbeitsgruppenergebnisse, S. 6-7, in: AdsD, 5/IGMA-22-0364.

296 Beitrag Reiner Strotmann, Vwst. Münster, auf der 11. ordentlichen Jugendkonferenz 1977, in: Protokoll 11. ordentliche Jugendkonferenz, S. 57-59.

297 OJA/BJA-Seminar Bez. Münster, 9-15.10.1977 in Berlin, in: AdsD, 5/IGMA-22-0365.

298 Unterstreichung im Original. BJA-Seminar Münster, 5.-11.11.1978 in Pichelssee, S. 13, in: AdsD, 5/IGMA-22-0366.

299 Jetzt gilt's! OJA-Info Bezirk Köln, OJA/BJA-Seminar 13.34-19.3.1977 in Berlin, in: AdsD, 5/IGMA-22-0364.

die Ergebnisse gar nicht, zwei hatten diese nur mündlich diskutiert. Nur die vier OJAs aus Viersen, Krefeld, Bonn und Gummersbach hatten das schriftliche Arbeitsprogramm erhalten. Ziel des Seminars war es auch, die Teilnehmer zu politischen Experten zu bilden. Anhand von umfangreichen Statistiken wurde über Jugendarbeitslosigkeit diskutiert, über die gescheiterte Berufsbildungsreform und Einflussnahmen auf die Tarifpolitik. Die OJAs sollten umfangreiche eigene Untersuchungen – so über die lokale Arbeitslosigkeit – und Erhebungen über die Umsetzungen des Manteltarifvertrages für Auszubildende vornehmen. Diese inhaltlichen Schulungen bestimmte die Diskussion, die Freizeitarbeit war darauf beschränkt, bei dem Aufbau von Betriebsjugendgruppen mit »z. B. Kegeln« anzufangen, um eine »vertrauliche Basis« zu schaffen und dann gewerkschaftliche und betriebliche Themen anzuschneiden.[300] Die jugendlichen Funktionäre, die auch vielen weiteren gewerkschaftlichen Gremien wie dem KJA des DGB oder den Vertreterversammlungen der IG Metall angehörten, bewältigten ein hohes Arbeitspensum. Knapp ein Jahr später sah die Gremienbilanz im Bezirk Köln etwas besser aus, da nur noch in einer Verwaltungsstelle – Mönchengladbach – kein OJA bestand, Jugendgruppen waren nur in drei Verwaltungsstellen nicht vorhanden. Die systematische Arbeit mit Arbeitsplänen habe geholfen, die Jugendarbeit zu stabilisieren.[301]

Vor ähnlichen Problemen stand auch der OJA in Augsburg 1978. 13 Jugendvertreter – davon zwei Frauen – und der zuständige IG-Metall-Sekretär Karlheinz Hiesinger berieten die Situation auf einer Wochenendtagung kurz nach der Jugendkonferenz der IG Metall im Mai 1978. Die Jugendarbeit, so der OJA-Vorsitzende Peter Schönfelder, müsse sich auf die »Gegebenheiten ausrichten«. Die Jugendgruppen hätten nur wenige Aktivitäten in Augsburg entwickelt, da der OJA mit der Jugendkonferenz – die in Augsburg stattfand – beschäftigt war.[302] Nur einige wenige aktive Jugendliche aus dem OJA trügen die Arbeit. Um gegenzusteuern sollten die »Gruppenabende [...] persönlicher werden«. Peter Schönfelder »zeigte die verschiedenen Möglichkeiten auf (per Lied, Bild, Gedicht, Theater usw.)« und referierte den Standardkatalog zur gewerkschaftlichen Kulturarbeit.[303] Eine Songgruppe gab es in Augsburg bereits, sie hatte sich dreimal getroffen und studierte für den Jugendmonat Arbeiterlieder ein. Eine Theatergruppe hatte das Stück *Der Reststaat* mehrmals aufgeführt, benötigte aber neue Mitglieder.[304]

Die verschiedenen Bestandsaufnahmen in den Bezirken zeigten die Versuche, auf eine als unpolitisch wahrgenommene Jugend mit neuen Angeboten zu

300 Jetzt gilt's! OJA-Info Bezirk Köln, OJA/BJA-Seminar 13.34-19.3.1977 in Berlin, in: AdsD, 5/IGMA-22-0364.

301 Arbeitsplan für die Jugendarbeit in den Verwaltungsstellen des Bezirkes Köln 1978 (Frühjahr 1978), in: AdsD, 5/IGMA-22-0366.

302 Protokoll der Arbeitstagung am 20./21. Mai 1978, Ortsjugendausschuß der Verwaltungsstelle Augsburg, in: AdsD, 5/IGMA-22-0366.

303 Ebd.

304 Ebd.

reagieren. Die Bestimmung von Kultur- und Freizeitarbeit durch die OJA-Mitglieder verortete sich aber weiterhin unter politischen Vorzeichen. Die Gewerkschaftsjugend hatte in ihrer Krise, gerade auch gegenüber dem Niedergang sozialistischer oder kommunistischer Gruppen, einen ressourcenträchtigen Vorteil: Aus den Betrieben erwuchsen mit Jugendvertretern immer wieder neue Aktivisten, die an die Gewerkschaftsarbeit herangeführt wurden und sich in die komplexen rechtlichen Materien einarbeiten konnten. Dieser Vorteil schlug in dem Moment in einen Nachteil um, wenn das fachliche Expertentum zur Distanz zu den einfachen Mitgliedern führte. In Hannover stellte die Bezirksleitung die Auftaktveranstaltung für den Jugendmonat 1979 unter das Motto »Gewerkschaftsarbeit muß auch Spaß machen«.[305] Auf der Hamburger Kreisjugendkonferenz des DGB im Oktober 1978 wurde eine Arbeit über die Gremien hinaus und eine Normalität geradezu beschworen: »Denn die Mitglieder der Jugendausschüsse, Jugendgruppen, KJA, Jugendvertreter und Vertrauensleute sind nicht ›abgehoben‹, sondern ›normale‹ Jugendliche, die genauso viel Spaß und Interesse am Tanzen, Musik oder Lesen haben wie ihre Kollegen auch. Wir sind nicht selbstlos und kämpfen nur für andere: wir sind aktiv, weil wir unsere Arbeits- und Lebensbedingungen verbessern wollen – und damit auch die unserer Kollegen.«[306] Die stets etwas gewunden klingenden Beteuerungen, auch »normale« Interessen zu haben, kann als Reaktion auf Erwartungen bei den jugendlichen Beschäftigten gelesen werden. Politische Deutungen von betrieblichen und alltäglichen Konflikten und die verrechtlichte Struktur wurden nun ergänzt durch eine Minimierung des Politischen und eine Verschiebung zu subjektiven Perspektiven. Aber auch so war ein instrumentelles Verständnis von Kultur nur schwer zu überdecken. Der Schriftsteller Yaak Karsunke, politisch den Gewerkschaften eng verbunden und Mitbegründer der Literaturzeitschrift *kürbiskern*, kritisierte einen instrumentellen Kulturbegriff 1980 in einem Vortrag auf einer DGB-Kreisjugendausschuss-Sitzung in Leverkusen. Gerade die IG Metall setze zu sehr darauf, mit ihrer Kulturarbeit Jugendliche für die Gremienarbeit zu gewinnen. Vorschläge, in Theaterstücken betriebliche Probleme aufzugreifen und immer gleich Lösungen anzubieten, würden das Publikum nur »erschöpfen«. »Das szenische Abhaken inhaltlicher Problemlisten aber ist bloß ein bürokratischer, kein spielerischer Vorgang – wie denn überhaupt schon der Ausdruck Kultur*arbeit* manchmal kaum noch ahnen läßt, daß Kultur etwas mit Spaß, Vergnügen, Sinnlichkeit, spielen und feiern zu tun hat.«[307] Reaktionen auf

305 »Kampf um die Lehrstellen – noch schärfer«, Interview der *Neuen Hannoverschen Presse* mit Jugendsekretär Reinhard Schwitzer, 30.11.1979, in: AdsD, 5/IGMA-22-0179; Ein Festival der Jugend. Wettbewerb der Rock-Bands sorgten für dufte Stimmung, in: *Welt der Arbeit* Nr. 23, 07.06.1979, S. 1.

306 Geschäftsbericht des Kreisjugendausschusses zur 15. Kreisjugendkonferenz des DGB Kreis Freie und Hansestadt Hamburg (15.10.1978), in: FZH, 554-6-62 Gewerkschaften Hamburg Jugend Kreisjugendkonferenzen 1977-1978.

307 Yaak Karsunke, Ketzerisches zur Kulturarbeit, in: *Solidarität* Nr. 1-2 (1981), S. 7 f. Karsunke nahm einige Jahre später erneut Bezug auf die Beschlüsse der IG Metall,

seinen Artikel stellten ihn daher in den Zusammenhang mit »Angriffe(n) gegen die IGM-Jugend«. Karsunke habe nicht verstanden, dass »rein emotionale Bindung [...] politisch völlig ungeeignet« sei, schrieb der OJA-Erlangen.[308]

Trotz solch grundlegender Kritik wie von Karsunke verband sich mit Kultur- und Freizeitarbeit mehr als nur ein instrumentelles Agitationsmittel junger Funktionäre. Sie reflektierte, auch mit der Betonung von Spaß und lockerem Auftreten, neue Bezugspunkte: Die Überwindung von Desinteresse bei Jugendlichen durch Sinnangebote, die über die verrechtlichten Pfade hinausweisen sollten. In den Diskussionen war eine Suchbewegung zu beobachten, bei der zwischen verrechtlichten Deutungsmustern und neuen subjektiven Perspektiven um richtige Begriffe und Praktiken gerungen wurde. Im Bericht einer jungen Seminarteilnehmerin über ein Wochenendseminar der IG Metall in Minden wurde dieser Spagat deutlich. Sie beschrieb ihre anfänglichen Zweifel, ob sie nicht doch lieber eine private Feier hätte besuchen sollen, statt abends mit dem Seminar zusammenzubleiben. Aber intensive Gemeinschaftserfahrungen zerstreuten die Zweifel. Erst der gemeinsam verbrachte Abend habe den Zusammenhalt gestärkt; es wurden Arbeiterlieder gesungen und die junge Frau beschrieb, wie sie die Notwendigkeit von Gewerkschaftsarbeit empfand und nicht nur rational verstand.[309] Politik als rationales Handeln stand in dieser Erweckungsgeschichte nur scheinbar im Kontrast zu emotional berührender Freizeit. Beides verschmolz vielmehr zu einer Einheit. Im Nürnberger OJA, bei dem ein Einfluss der SDAJ unverkennbar war, wurde zur gleichen Zeit keine Selbstkritik geübt, vielmehr hieß es im Tätigkeitsbericht für 1976 selbstbewusst: »Es ist gelungen, zwar durch eine außerordentlich große Kraftanstrengung jedes Einzelnen, die IG Metall Jugendarbeit trotz schwierigster Bedingungen, entsprechend den Beschlüssen und Zielen kontinuierlich weiter zu stabilisieren.«[310] Erfolgreiche Aktivitäten stellten nicht allein Wochenendschulungen dar, sondern auch Skifreizeiten oder eine Hüttenfahrt zum Auftakt des Jugendmonats, an der 87 Personen teilnahmen. Der OJA der Verwaltungsstelle Hattingen – mit einem hohen Organisationsgrad vor allem im Stahlwerk Henrichshütte – berichtete über die Jahre 1975 bis 1977 mit großem Stolz und erwähnte hohe Besucherzahlen bei Konzerten, Feiern oder internationalen Solidaritätsveranstaltungen. Die IG-Metall-Jugend leiste »die aktivste und ansprechendste Jugendarbeit in Hattingen und Sprockhövel«.[311] Nicht

um seine Distanz zu den Gewerkschaften zu bekräftigen. Vgl. Yaak Karsunke, Ein Gedicht in einem Gewerkschaftshaus schreiben, in: *Die Zeit*, 14.3.1986.

308 Leserbrief des IGM-OJA Erlangen, *Solidarität* Nr. 4 (1981), S. 3.

309 Eindrücke einer Seminarteilnehmerin, in: *Rotkehlchen, Zeitung der IG Metall-Jugend Minden* (März 1977), in: AdsD, 5/IGMA-22-0365. Der Text ist allerdings als eine klassische Erweckungserzählung aufgebaut, sodass Zweifel bleiben, ob es sich nicht eher um eine fiktive Person handelte.

310 IG Metall, Ortsjugendausschuß Verwaltungsstelle Nürnberg: Tätigkeitsbericht '76, S. 3, in: AdsD, 5/IGMA-22-0365.

311 Geschäftsbericht der Verwaltungsstelle Hattingen-Ruhr der IG Metall 1975-1977, S. 68, in: AdsD, 5/IGMA-22-0190.

alle Verwaltungsstellen schrieben so optimistisch, insbesondere die vorgebliche Entpolitisierung der Jugend wurde häufiger als Problem benannt.[312]

1977 ging der OJA in Nürnberg von einer Zweiteilung aus. Der »aktive und aktionsfähige Teil der Gewerkschaftsjugend« habe sich durch die ökonomische Krise seit 1974 reduziert, und das Scheitern der Berufsbildungsreform habe auch im »bewußtseinsmäßig stabilen Teil der Gewerkschaftsjugend Resignationserscheinungen« aufkommen lassen.[313] Der OJA bestand 1978 aus 13 Mitgliedern, von denen sechs Frauen waren. Die 1954 geborene Vorsitzende Christine Meier war bei der IG Metall Nürnberg beschäftigt[314] und ermöglichte auch dadurch eine Kontinuität der Arbeit. Sie leitete das Gremium bis 1980. Das Durchschnittsalter im OJA betrug 21 Jahre.[315] Da in Nürnberg die Jugendarbeit als »Wechselwirkung mit emotionalen und rationellem Bindungseffekt« konzipiert wurde, hielten OJA-Mitglieder Seminare für neue Betriebsjugendgruppen ab, auf denen die jungen Funktionäre daran erinnerten, dass es »erst darum gehen muß, die Teilnehmer der Betriebsjugendgruppen gefühlsmäßig an sie zu binden, bevor sie bereit sind, gewerkschaftspolitisch im Betrieb aktiv zu werden«.[316] Da mit Horst Klaus ein langjähriger Mitarbeiter der Abteilung Jugend seit 1973 als 1. Bevollmächtigter die Aktivitäten förderte, erhielt die Gruppe Unterstützung aus der bundesweiten Jugendarbeit. Aber auch in Nürnberg war es schwierig, die Verbindung zwischen Jugend und Erwachsenen in der Organisation zu gewährleisten. Mitglieder der Ortsversammlung und Betriebsratsvorsitzende wurden im Juli 1977 zu einer Solidaritätsveranstaltung mit der Jugend eingeladen, um sie gegen den »blinde(n) Anpassungseifer und im erschreckenden Ausmaß abnehmende(n) Mut zum politischen Engagement« zu stärken.[317] Aber die Jugend blieb weitgehend unter sich: »Bedauerlich, daß die Veranstaltung so wenig Interesse bei den Betriebsräten fand, die eigentlich ihre Solidarität hätten unter Beweis stellen sollen«, schrieb ein Betriebsratsvorsitzender, der sich von den Aktivitäten beeindruckt zeigte.[318]

Die bereits angesprochene lebensweltliche Verbindung durch gemeinsame Erlebnisse wurde in Nürnberg in dem Slogan »Zusammen lernen – zusammen kämpfen – zusammen leben« gebündelt. In Nürnberg hieß es nach einer

312 Vgl. Geschäftsbericht 1975-1977 der Verwaltungsstelle Braunschweig der IG Metall, S. 33, in: AdsD, 5/IGMA-22-0190.

313 Seminarprotokoll IG Metall Jugendleiterseminar vom 16.-22. Januar 1977 in Eismannsberg/Märchenmühle, S. 2 und S. 3, in: AdsD, 5/IGMA-22-0187.

314 Tätigkeitsbericht 1978 der IG Metall-Jugend Verwaltungsstelle Nürnberg, in: AdsD, 5/IGMA-22-0188.

315 So für das Jahr 1979. Eigene Berechnung nach den Geburtsjahren in: Mitteilungen des Ortsjugendausschusses der IG Metall-Verwaltungsstelle Nürnberg, März April 1979, in: AdsD, 5/IGMA-22-0196.

316 Seminarprotokoll IG Metall Jugendleiterseminar vom 16.-22. Januar 1977 in Eismannsberg/Märchenmühle, S. 2 und S. 15, in: AdsD, 5/IGMA-22-0187.

317 Einladung an alle Mitglieder der Ortsverwaltung und BR-Vorsitzende, Verwaltungsstelle der IG Metall Nürnberg, 8.6.1977, in: AdsD, 5/IGMA-22-0187.

318 Robert Schmidt, BR-Vorsitzender BBC Büro Nürnberg an die Abteilung Jugend der Ortsverwaltung Nürnberg, 6.7.1977, in: AdsD, 5/IGMA-22-0187.

Frühjahrstagung der IG Metall-Jugend 1977 mit über 70 Teilnehmerinnen und Teilnehmern: »Alte, überholte Formen der Gruppenabende werden durch neue, attraktivere ersetzt. […] Das ›[F]eiern‹ soll nicht heißen konsumieren, sondern die selbstorganisierte, sinnvolle Freizeitgestaltung – Verwirklichung unseres eigenen Kulturanspruches.«[319] Eine Verbindung von politischen Aktivitäten und sozialen Praktiken herzustellen war für die lokalen Gruppen nicht zuletzt eine Frage der richtigen Ansprache der Mitglieder. Während in internen Diskussionen über den politischen oder unpolitischen Charakter von Freizeitarbeit gestritten wurde, waren die Außenaktivitäten vom Bemühen getragen, den politischen Anteil gewissermaßen zu minimieren. So beschrieb ein Mitglied einer Nürnberger Betriebsjugendgruppe 1977 eine Reihe von politischen Erfolgen im Betrieb, setzte sich zum Ende seines Textes aber davon wieder ab: »Das soll aber nicht heißen, daß wir nur diskutieren, gelegentlich hauen wir auch gewaltig einen drauf«, und am Ende resümierte er: »Fazit: Wir sind kein fader, intellektueller Haufen, bei uns tut sich was.«[320] Die Betriebsjugendgruppe im Berliner Werk der AEG-Telefunken schrieb in einem Flugblatt 1979 für die neuen Auszubildenden, bei ihren wöchentlichen Treffen gehe es um Freizeitaktivitäten und die Stärkung des gewerkschaftlichen Bewusstseins.[321] Solche Formulierungen gehörten zu einem verbreiteten Repertoire, mit denen Jugendliche gewonnen werden sollten. Motto wie »Bei uns ist was los«[322] waren häufig strapazierte Floskeln, um sich von einem allzu politischen Charakter abzugrenzen. Die Nürnberger Trias von lernen, kämpfen und feiern wie die Begründung im Arbeitsplan der Abteilung Jugend für Ortsjugendausschüsse, bereits neue Formen des Zusammenlebens vorwegzunehmen, deuten darauf hin, dass unter den aktiven IG-Metall-Mitgliedern eine Öffnung angestrebt wurde. Es war eine spezifische Form der Politisierung, in der die gewerkschaftliche Distinktion des politischen Engagements mit persönlichen Bedürfnissen in Einklang gebracht werden sollte.

Diskussionen um »emotionale Bindung« und eine ansprechende Freizeit- und Kulturarbeit gärten in vielen Verwaltungsstellen der IG Metall und in den DGB-Kreisen. Die Kreisjugendkonferenz des DGB-Hamburg forderte 1977 angesichts von Mobilisierungsproblemen einen Jugendclub, um einen offenen Raum für Jugendliche nutzen zu können.[323] Diese sollten für die gewerkschaftliche Arbeit genutzt werden; Schüler und Studenten aber »nur am Rande« angesprochen

319 Hans Hartmann, »IG Metall-Jugend – wohin?« in: Mitteilungen des Ortsjugendausschusses der IG Metall-Verwaltungsstelle Nürnberg, II/77, in: AdsD, 5/IGMA-22-0186.

320 Mitteilungen des Ortsjugendausschusses der IG Metall-Verwaltungsstelle Nürnberg, II/1977, in: AdsD 5/IGMA-22-0186.

321 Flugblatt der Betriebsjugendgruppe IG Metall der AEG Telefunken (1979), in: AdsD, 5/IGMA-22-1106.

322 Einladungsflugblatt der IGM-Jugend Emden zur »Fete der IG-Metall-Jugend und der Stadtjugendpflege«, am 9.12.1977 in der Nordseehalle Emden, in: AdsD, 5/IGMA-22-0187.

323 Vorlage für die Kreisvorstandssitzung am 20.9.1977, Betr. DGB-Jugendclub Takelboden, Hamburg 9.9.1977, in: FZH, DGB-Jugend Schümann 1968-1979.

werden.[324] Die Räumlichkeiten, die im Hamburger Gewerkschaftshaus eingerichtet wurden, sollten auch für eine »halboffene Arbeit« mit Jugendlichen aus den Betrieben genutzt werden; von offener Arbeit in Jugendzentren grenzte man sich ab. Das Programm enthielt regelmäßige Angebote, so zwei Filmabende pro Monat, »Disco-Abende« am Samstag und monatliche Internationale Abende, aber auch »Feten-Abende« von Betriebsgruppen der Einzelgewerkschaften. Der »Takelboden« genannte Veranstaltungsraum wurde im Oktober 1977 eröffnet, erste Erfahrungen zeigten, dass es eine Nachfrage seitens der Betriebsjugendgruppen gab, aber regelmäßige Angebote wie Literaturarbeitskreise nicht viel Zuspruch fanden. [325] Eine durchgängige Öffnung wurde nicht angestrebt, dies hätte auch die steuerliche Einstufung als »erweiterter Sitzungsraum der Gewerkschaftsjugend«, die von Zahlungen für einen Gastronomiebetrieb befreite, gefährdet.[326] Eine Teilnehmerliste vom September 1978 gibt Hinweise auf die soziale Zusammensetzung bei einer Film-Veranstaltung. Es wurde im Rahmen einer »Anti-Kriegswoche« Anfang September der Film *Z* von Costa-Gavras von 1969 gezeigt, der einen politischen Mord, angelehnt an Ereignisse während der griechischen Obristen-Diktatur, als Thriller inszenierte. Es kamen 22 Personen, um den Film zu sehen, davon ein Drittel Frauen. Das Durchschnittsalter betrug 21,8 Jahre, zehn Besucher gehörten der IG Metall an, fünf der HBV, ein Besucher notierte als Gewerkschaft »RGO«, also eine maoistische Gruppe. Zwei Studentinnen und eine Schülerin waren mit dabei, nur zwei Frauen waren nicht in einer Gewerkschaft.[327] Man trank 43 Bier und sechs nichtalkoholische Getränke – zumindest laut Abrechnung.[328] Die Zusammensetzung etwas älterer Gewerkschaftsmitglieder, die Anwesenheit mindestens eines bekannten DKP-Mitglieds und der politische Charakter des Films lassen vermuten, dass sich hier vor allem politisch interessierte und organisierte Personen trafen. Allerdings waren solche halboffenen Angebote 1978 nicht so gut besucht wie gewerkschaftsinterne Veranstaltungen, für die gezielt in den Betrieben geworben wurde.[329]

Die Abteilung Jugend hatte ein Forschungsprojekt mit Unterstützung des Bundesministeriums für Jugend, Familie und Gesundheit konzipiert. Im Oktober 1977 wurde eine Gruppe aus drei Gewerkschaftssekretären, drei Sozialwissen-

324 Angaben zu dieser Hamburger Debatte nach: Joachim Schümann, Gewerkschaftliche Jugendarbeit und der Aufbau einer DGB-Jugendclubarbeit in Hamburg – DGB-Jugendclub ›Takelboden‹. Kolloquiumsarbeit gem. der SA-PO der Fachhochschule, Fachbereich Sozialpädagogik, 14. Dezember 1977, S. 13, in: FZH, DGB-Jugend Schümann 1968-1979.

325 Ebd., S. 17-24.

326 Aktennotiz Jochen Schümann, 16.2.1978 über ein Telefonat mit dem Finanzamt, in: FZH, DGB-Jugend Schümann 1968-1979.

327 Teilnehmerliste Blatt 1-3, Veranstaltung am 6.8.1979, Film »Z«, in: FZH, 554-6-669 Gewerkschaften Hamburg/Nordmark Jugend Aktionen Antikriegstag.

328 Abrechnungsbogen DGB-Jugendclub Takelboden, in: ebd.

329 Geschäftsbericht des Kreisjugendausschusses zur 15. Kreisjugendkonferenz des DGB Kreis Freie und Hansestadt Hamburg (15.10.1978), in: FZH, 554-6-62 Gewerkschaften Hamburg Jugend Kreisjugendkonferenzen 1977-1978.

schaftlern und zwei festen Projektmitarbeitern gebildet, die über die »Erprobung und Konzipierung neuer Formen der Freizeit- und Kulturarbeit für die Jugend der IG Metall« Erhebungen vornehmen sollte. Die Gruppe verschickte Fragebögen und führte Interviews mit Ortsjugendausschüssen und lokalen Sekretären. Ziel des Projektes war es, »konzeptionelle Ansätze freizeitbezogener Formen gewerkschaftlicher Jugendarbeit zu entwickeln und in ausgewählten Organisationsgliederungen der IG Metall zu erproben«, um so neuen Bedürfnissen junger Gewerkschafter entgegenzukommen.[330] Da es um Anregungen für die Praxis ging, wurde kein Forschungsbericht veröffentlicht, stattdessen legte die Gruppe schließlich fünf Arbeitshefte vor. Ein vom DGB 1979 gestartetes Forschungsprojekt zum »Verhältnis von Offener Arbeit und Gremienarbeit«, ebenfalls vom Bundesministerium Jugend, Familie und Gesundheit gefördert, wurde von der IG Metall faktisch boykottiert.[331]

Die Ergebnisse der IG-Metall-Projektgruppe wurden Anfang 1980 in fünf *Arbeitsheften für Jugendgruppen und Ortsjugendausschüsse* publiziert, die den Themenfeldern Film und Video, Song und Theater, Jugendfreizeit, Fotoarbeit, Ausstellungen und Siebdruck sowie Jugendclubs gewidmet waren.[332] Auffällig war, dass der »Spaß« an der Jugendarbeit betont wurde. Programmatisch hieß es im Heft über Songgruppen und Theaterprojekte, dass die Elemente Diskussion, Kampf und Spaß miteinander verbunden werden müssten. Dazu gehöre auch, sich in die Tradition der Arbeiterbewegung zu stellen und deren Geschichte zu erarbeiten.[333] Kleine Spielszenen – zum Beispiel über die Arbeit des OJA bei einer Veranstaltung – einzusetzen zeige, dass die Gewerkschaftsjugend nicht nur mit »rationalen Argumenten« vorgehe, sondern sich »sinnlich darstellt und für die ›Neuen‹ auch erfahrbar« werde.[334] Dies gelte auch für Arbeiter- und aktuelle Lieder. Ohne den historischen Kontext seien sie zunächst fremd für neue Mitglieder. In der Hoffnung, erläuternde Diskussionen würden die Fremdheit

330 Zwischenbericht zum Projekt »Erprobung und Konzipierung neuer Formen der Freizeit- und Kulturarbeit für die Jugend der IG Metall«, Frankfurt 27.2.1978, an das Bundesministerium für Jugend, Familie und Gesundheit, Bonn, in: AdsD, 5/IGMA-22-0170.

331 Ergebnis war auch kein Arbeitsheft, sondern eine Publikation mit wissenschaftlichen Beiträgen und Erfahrungsberichten: Haus der Gewerkschaftsjugend, Die Wüste blüht. Neue Formen gewerkschaftlicher Jugendarbeit, Frankfurt a. M. 1982.

332 Arbeitsheft für Jugendgruppen und Ortsjugendausschüsse, Heft 1: Arbeit mit Film und Video; Heft 2: Song –Spiel – Theater – unsere Jugendarbeit macht Spaß; Heft 3: Gewerkschaftliche Jugendfreizeitarbeit; Heft 4: Fotoarbeit – Dokumentationen – Ausstellungen – Siebdruck; Heft 5: Gewerkschaftliche Jugendclubarbeit; alle herausgegeben von der Abteilung Jugend beim Vorstand der IG Metall, (Frankfurt, 1980). Redaktion für alle Hefte: Peter Gasse, Duisburg; Siggi Kleinert, Frankfurt; Otto König, Sprockhövel (alle IG Metall), Ulrich Künstler und Jürgen Prott (beide HWP, Hamburg) sowie Horst Richter.

333 Arbeitsheft für Jugendgruppen und Ortsjugendausschüsse, Heft 2: Song – Spiel – Theater – unsere Jugendarbeit macht Spaß, hrsg. von der Abteilung Jugend beim Vorstand der IG Metall, Frankfurt 1980, S. 9.

334 Ebd., S. 11.

überwinden und Lieder so zum gemeinsamen Ausdruck von Überzeugungen werden, wurden im Arbeitsheft das *Einheitsfrontlied* und *Die Moorsoldaten* abgedruckt. Aber auch selbst gedichtete Lieder seien hilfreich, um Gemeinschaftsempfindungen zu bewirken. Politische Lieder – gemeint waren »demokratische Volkslieder« vom Bauernkrieg bis ins 20. Jahrhundert – sich wiederanzueignen sei Teil der »Zurückgewinnung kultureller Traditionen der Arbeiterbewegung«, die durch den »Faschismus« abgeschnitten worden seien.[335] Wenn auch im Stil betont locker – kleine handschriftliche Notizen oder Comics tauchten im Text mit auf – kam die Kultur- und Freizeitarbeit über eine instrumentelle Rolle nicht richtig hinaus. Die Arbeitshefte bildeten ein komprimiertes Ergebnis der Diskussionen um neue Wege in der Jugendarbeit der IG Metall. Trotz der Hilfsfunktion für die politische Arbeit markierten die Arbeitshefte dennoch einen gewissen Formwandel. Größere Offenheit gegenüber Neuerungen und weniger formale Umgangsweisen wurden nun offiziell propagiert, um die Basis der aktiven Mitglieder zu vergrößern. In jedem Arbeitsheft wurde immer wieder darauf hingewiesen, dass neue Fototechniken oder Jugendclubs nur Ergänzungen zur Gremienarbeit bilden und diese nicht ersetzen könnten.[336] Aber Spannungen zwischen verrechtlichtem und politischem Expertenwissen und Bedürfnissen nach neuen lebensweltlichen Vergemeinschaftungen sollte die IG-Metall-Jugend weiterhin prägen. Die Traditionen der Arbeiterbewegung hatten angesichts eines Rückganges dieser Bindungen etwas Beschwörendes. Dem Arbeitsheft zur gewerkschaftlichen Jugendfreizeitarbeit war ein Zitat von Willi Bleicher vorangestellt, der diesen Wunsch ausdrückte: »Es waren nicht die großen Theorien, es war nicht die Ideologie, die mich mit 16 Jahren in die Gewerkschaft gebracht haben. Es war mir wichtig, eine Heimat zu finden, gemeinsam zu singen, zu diskutieren, zu wandern.«[337] Mit den Bemühungen um »emotionale Bindungen« sollten solche Erfahrungen wieder möglich werden. Aber das von Bleicher beschriebene voraussetzungslose Zugehörigkeitsgefühl, wie es mit dem Begriff Heimat verbunden war, schien um 1980 nicht mehr einfach herzustellen.

335 Ebd., S. 15.

336 Arbeitsheft für Jugendgruppen und Ortsjugendausschüsse, Heft 5: Gewerkschaftliche Jugendclubarbeit, hrsg. von der Abteilung Jugend der IG Metall, Frankfurt 1980, S. 70.

337 Arbeitsheft für Jugendgruppen und Ortsjugendausschüsse, Heft 3: Gewerkschaftliche Jugendfreizeitarbeit; hrsg. von der Abteilung Jugend der IG Metall, Frankfurt 1980, Titelseite.

3.3. Eine Feste Burg? – Die betriebliche Politik der Jugendvertretungen in der zweiten Hälfte der 1970er Jahre

Gegenüber allen neuen sozialen Bewegungen und linken politischen Gruppen war es für die IG-Metall-Jugend kennzeichnend, dass sie vorrangig Politik für die und mit den Beschäftigten in den Betrieben gestaltete. In allen Diskussionen um Mobilisierungsfähigkeit oder neue Freizeit- und Kulturarbeit blieb dieses Feld auch immer argumentative Fluchtlinie der IG-Metall-Aktivisten. Es funktionierte als Abgrenzung zu studentisch geprägten Gruppen, aber auch zwischen den Gewerkschaften. Anfang der 1970er Jahre sprach die Entwicklung der Mitgliederzahlen für die betriebliche Orientierung. Die Zahl der Jugendvertreter hatte sich bei den Wahlen nach dem neuen Betriebsverfassungsgesetz 1972 verdoppelt, auch die Zahl der betrieblichen Jugendgruppen wuchs an. Jugendvertreter zählte die IG Metall 1974 9.141 in 3.843 Betrieben, 1976 dann 7.602 in 3.500 Betrieben.[1] Die in »enger Verbindung mit dem Ortsjugendausschuß und der Verwaltungsstelle« arbeitenden Betriebsjugendgruppen und Arbeitskreise stiegen von 229 im Jahr 1973 auf 327 im Jahr 1976 an.[2] Dies hieß jedoch, dass in noch nicht einmal 10 Prozent der Betriebe mit Jugendvertretungen zusätzliche Betriebsgruppen bestanden. Zwar wurden in der Gesamtsumme auch die kleinen Betriebe mit nur einem Vertreter erfasst, wo angesichts der personellen Decke keine eigenständige Betriebsjugendgruppe zu erwarten war. Es gab 1976 221 große Unternehmen mit einer Gesamtjugendvertretung, hinter denen sich eine Vielzahl von Standorten verbargen und in denen es vor allem Betriebsjugendgruppen gab.[3] Die Machtbasis und der Kristallisationspunkt gewerkschaftlicher Aktivitäten blieben aber die Jugendvertretungen. Zudem verschwammen die Grenzen zumeist, da die Betriebsgruppen häufig von Jugendvertretern dominiert wurden bzw. sich die Jugendvertreter aus ihnen rekrutierten. Betriebsjugendgruppen sollten idealtypisch auch Druck auf die Jugendvertretungen ausüben und sie auf gewerkschaftliche Linie bringen, wie es in der Doppelstruktur für Betriebsrat und Vertrauensleute angelegt war. Vereinzelt waren es Betriebsjugendgruppen, die sich gegen Jugendvertretungen wandten.[4] In der Regel gingen sie aber ineinander auf, und weder Betriebsjugendgruppen noch Jugendvertretungen konnten politisch unabhängig agieren. So drohte ein Sekretär der Verwaltungsstelle der IG Metall Frankfurt 1977 der Betriebsjugend-

1 Bericht über die Jugendarbeit 1974-1976, in: Protokoll 11. Jugendkonferenz IG Metall, Statistik zwischen S. 16 und S. 17.

2 Ebd., S. 25.

3 Ebd., S. 18.

4 So der Bericht einer 18-jährigen Industriekauffrau, die an der JV vorbei Unterschriften sammelt: »mach mit bei uns in der IG-Metall-Jugend«, Mitteilungen des Ortsjugendausschusses der IG Metall-Verwaltungsstelle Nürnberg, September 1979, in: AdsD, 5/IGMA-22-0193.

gruppe bei AEG Telefunken mit der Auflösung, weil sich die Betriebsjugendgruppe wiederholt mit Erklärungen an die Öffentlichkeit gewandt hatte. Der Anlass war eher nebensächlich, die Jugendlichen hatten sich darüber beschwert, dass am Fasching der DGB-Jugendclub mit »ausbildungsvergütungsgemäßen Preisen« geschlossen gewesen sei, damit der Pächter des Restaurants im Gewerkschaftshaus keine Konkurrenz habe.[5] Auch wenn es immer wieder zu örtlichen Konflikten um nicht abgesprochene Aktionen von Betriebsjugendgruppen oder Jugendvertretungen kam, waren die meisten Aktivisten in der IG-Metall-Jugend mit den Organisationsroutinen vertraut. Die Auseinandersetzungen resultierten aus dem Strukturkonflikt zwischen den formalisierten Gremienstrukturen und dem Bewegungscharakter der Gewerkschaftsjugend. Solidarität wurde von den Jugendvertretungen wie Betriebsgruppen immer wieder als Grundlage gemeinsamen Handelns gegenüber den Unternehmensleitungen propagiert. In den Betrieben kam es auch zu demonstrativen Akten, wenn Auszubildende die Sprechstunde der Jugendvertretung gleichzeitig besuchten und so in die Länge zogen.[6]

Die größte Antriebskraft bei betrieblichen Aktivitäten blieben die Jugendvertretungen. Welche Themen wurden von diesen in den Betrieben gesetzt? Wie tarierte sich das Verhältnis zwischen den verrechtlichten Konfliktstrukturen und jugendkulturellen Formen aus? Setzten sich Individualisierungstendenzen der Jahre um 1970 fort? Um diese Fragen zu verfolgen, soll zuerst die Rolle der IG Metall in den Jugendvertretungen aufgerufen werden. Anschließend wird auf die Kampagnen zur Übernahme von Ausgebildeten eingegangen, die für die IG Metall konkrete Maßnahmen gegen die Jugendarbeitslosigkeit bedeuteten. Als dritter Bereich werden die Auseinandersetzungen um betriebliche Beurteilungsbögen nachgezeichnet. Dieser scheinbar nebensächliche Punkt war eins der prominenten Konfliktfelder zwischen Jugendvertretungen, Betriebsräten und Unternehmensvertretern.

Die Dominanz der IG Metall bei den Jugendvertretungen war die 1970er Jahre hindurch unverändert hoch mit rund 80 Prozent der Jugendvertreter. Andere Gruppierungen wurden von der IG Metall mehr oder weniger offensiv bekämpft. Dies galt nicht allein für maoistische Gruppierungen. Es galt auch für Jugendgruppen anderer Gewerkschaften wie der DAG und dem Christlichen Metallarbeiterverband (CMV), denen gegenüber die IG-Metall-Vertreter ihre häufig starke Stellung auszuspielen wusste. DAG und CMV erreichten in

5 Betriebsjugendgruppe der IGM AEG-Telefunken Hochhaus und AEG-Jugendvertretung an DGB, Kreis Frankfurt a. M., 27.1.1977, sowie Hermann Günkel, Verwaltungsstelle der IG Metall Frankfurt a. M., 28.1.1977 an Jugendvertretung AEG-Telefunken Hochhaus Süd, Frankfurt a. M., beide in: AdsD, 5/IGMA-22-0471.

6 Zum Beispiel bei der HDW in Kiel im Frühjahr 1977, als die Unternehmensleitung die Sprechstunden neu verteilen wollte und rund 60 Auszubildende die Sprechstunde aufsuchten und rund 60 Personen beim Warten im Treppenhaus auch »lautstark« ihren Unmut äußerten. »Es hat sich gelohnt«, *Schiffschraube*, Nr. 2, Zeitung der Betriebsjugendgruppe HDW, in: AdsD, 5/IGMA-22-0183.

den 1970er Jahren zusammen maximal ein Prozent aller Mandate und waren in Jugendvertretungen kaum vertreten.[7] 1978 sank ihr Anteil auf zusammen 0,3 Prozent, nur 18 Verwaltungsstellen der IG Metall meldeten noch Jugendvertreter dieser Gruppen.[8] Die von der IG Metall meist nur als Splittergruppen bezeichneten Konkurrenten wurden ignoriert und behindert. Auch mithilfe eines durchaus rigiden Vorgehens gegen Konkurrenzgewerkschaften gelang es, die Hegemonie der IG Metall in den Jugendvertretungen zu sichern.[9]

Risiken für die Jugendvertretungen ergaben sich aus anderen, strukturellen Entwicklungen. Vor allem die längere Verweildauer von Jugendlichen in den Bildungsinstitutionen wirkte sich aus. Nach dem Anstieg der Jugendvertretungen 1972 begann ein kontinuierlicher Rückgang. Von 1974 bis 1978 ging die Zahl der Jugendvertreter um ein Drittel von 9.141 auf 6.065 zurück. Der Grund lag in dem Rückgang der Wahlberechtigten. Waren es 1974 noch 136.763 Jugendliche, die im Organisationsbereich der IG Metall wählten, waren es 1978 nur noch 71.384.[10] Der Rückgang von ungelernten Jugendlichen in Großbetrieben war Folge der Pädagogisierung der Berufsausbildung und dem erklärten gewerkschaftlichen Ziel, möglichst allen Jugendlichen eine berufliche Ausbildung zu ermöglichen. Mit längeren schulischen Ausbildungsgängen oder Berufsvorbereitungsmaßnahmen erhöhte sich das Eintrittsalter in die betriebliche Ausbildung.[11] Diese Entwicklung sollte nicht nur in den Betrieben sondern auf die gesamte Arbeit der IG-Metall-Jugend Auswirkungen haben. Viele Ortsjugendausschüsse wurden von Jugendvertretern getragen. In Nürnberg ging die Zahl der Betriebe mit Jugendvertretungen zwischen 1972 und 1976 von 71 auf 58 zurück, die Zahl der Jugendvertreter von 183 auf 156. Der OJA schloss daraus, verstärkt Betriebsjugendgruppen aufzubauen und mit Kulturarbeit drohende Defizite aufzufangen.[12] 1978 waren es nur noch 143 Jugendvertreter, von denen

7 1972 waren es noch ein Prozent, 1976 nur noch 0,4 Prozent. Absolut waren es 1976 noch 34 von 7602 Jugendvertretern, die der DAG oder dem CMV angehörten. Bericht über die Jugendarbeit 1974-1976, in: 11. ordentliche Jugendkonferenz der IG Metall (Protokoll), nach S. 16.

8 Jugendvertreterwahlen 1978, (Entwurf der Auswertung), Auswertung IG Metall Vorstand, Abteilung Jugend, S. 11, in: AdsD, 5/IGMA-22-0354.

9 So der Konflikt um den von der DAG stammenden Vorsitzenden der Gesamtjugendvertretung der AEG Telefunken 1974, vgl. Bundesjugendleitung DAG an GJV-AEG-Telefunken, 22.11.1974 und Abteilung Jugend der IG Metall an GJV-AEG-Telefunken, 29.10.1974 sowie Protokoll der GJV-Sitzung am 4./5./.6. Dez. 1974 in Frankfurt a. M. (AEG-Telefunken). Alle in: AdsD, 5/IGMA-22-0469. Im Bosch-Werk Blaichach wurde eine Neuwahl der Jugendvertretung durchgesetzt, um das Nachrücken eines CMV-Vertreters in die Jugendvertretung zu verhindern. Vgl. IG Metall-Verwaltungsstelle Kempten an IG Metall-Vorstand, Abt. Jugend, 23.3.1977, in: AdsD, 5/IGMA-22-0513.

10 Zahlen nach: Geschäftsbericht des Vorstandes der IG Metall 1974-1976, S. 375 und 1980-1982, S. 264.

11 Jugendvertreterwahlen 1978, (Entwurf der Auswertung), Auswertung IG Metall Vorstand, Abteilung Jugend, S. 11, in: AdsD, 5/IGMA-22-0354.

12 Tätigkeitsbericht '76 IG Metall Ortsjugendausschuß Verwaltungsstelle Nürnberg, in: AdsD, 5/IGMA-22-0186.

102 erstmals gewählt wurde, 132 gehörten der IG Metall an. Die Wahlberechtigten gingen von 2.993 auf 1.966 zurück, dadurch stieg die Zahl der über 18-jährigen Auszubildenden auf fast 60 Prozent.[13] Ähnliche Verwerfungen berichteten die meisten Verwaltungsstellen. Die betriebliche Basis der Jugendarbeit schien gefährdet. Innerhalb der IG Metall begann 1976 eine Diskussion um die Reaktion auf die strukturellen Veränderungen. Zwei Lösungsvorschläge standen im Raum: Zum einen die Ausweitung des Vertretungsanspruches auf alle Jugendlichen und Auszubildenden, oder die Auflösung von jugendlichen Sonderrechten und die Teilnahme auch von Jugendlichen an der Wahl zum allgemeinen Betriebsrat und die Stärkung jugendlicher Vertrauensleute und junger Betriebsräte.

Auf der Jugendkonferenz in Augsburg im Mai 1977 war die Abteilung Jugend beauftragt worden, ein Positionspapier zu erarbeiten, in dem die Möglichkeit einer Jugend- und Auszubildendenvertretung zu prüfen sei. In der Abteilung Jugend gab es unterschiedliche Stimmen zu dem Vorgehen. Horst Richter und Rudi Behrendt sprachen sich gegen ein Gremium für alle Auszubildenden aus, da seit 1972 die Betriebsräte stärker in Fragen der Berufsausbildung – insbesondere in den Berufsbildungsausschüssen – eingebunden seien und daher die Integration zwischen Betriebsräten und Jugend sich positiv entwickelt habe. Sie befürchteten eine Trennung zwischen Jugend und älteren Kollegen.[14] Bernhard Wurl skizzierte im Juli 1977 in einer Diskussion zwischen den Abteilungen Jugend und Betriebsräte die Gründe für die Schwierigkeiten, die sich aus der abnehmenden Zahl der Minderjährigen in den Betrieben ergeben würden. Das sei zum einen auf Entwicklungen zurückzuführen, die die IG Metall selbst gefordert habe, so die Verlängerung der Schulbildung und Sondermaßnahmen der Bundesanstalt für Arbeit, zum anderen der Jugendarbeitslosigkeit geschuldet. Gegen die Forderung, die Kompetenzen der Jugendvertreter über das Betriebsverfassungsgesetz hinaus auf alle Auszubildenden auszudehnen, teilte Wurl inzwischen die Bedenken von Behrendt und Richter. Seine Befürchtung war, dass in einem solchen Falle die Jugendvertretungen nur noch für diese Gruppe sprechen würden. Dann könnte die IG Metall die Jugendarbeit langfristig in den »Schornstein schreiben«, denn: »(b)ei den Jugendvertretern ist es wie bei den Vertrauensleuten. Wir sind eine Betriebsrätegewerkschaft.«[15] Wurl fürchtete einen Bedeutungsverlust der Jugendarbeit in der Organisation und verdeutlichte zugleich, dass die Arbeit im Betrieb im Wesentlichen an den Betriebsräten und den Jugendvertretern hing. Die Rechtsexperten der Abteilungen sahen insbesondere Schwierigkeiten, da die Ausbildung nicht als Rechtsgrundlage für die Interessenvertretung definiert war. Auch sie befürchteten daher eine Sonderstellung im Betrieb für Auszubildende.[16]

13 Tätigkeitsbericht 1978 der IG Metall-Jugend Verwaltungsstelle Nürnberg, in: AdsD, 5/IGMA-22-0188.

14 Aktennotiz Rudi Behrendt/Horst Richter an Bernhard Wurl, Holger Balke, 22.2.1977, in: AdsD, 5/IGMA-22-0369.

15 Protokollnotiz, Frankfurt Main den 20.7.1977, S. 3, in: AdsD, 5/IGMA-22-0355.

16 Ebd.

Im November 1977 übersandte die Abteilung Jugend ihre Überlegungen an die Bezirksjugendausschüsse und bat um Stellungnahmen. Ergebnis war ein Kompromiss. Eine eigenständige Jugendvertretung sollte beibehalten werden, da die besondere Stellung der Jugend auch in vielen Gesetzen festgelegt sei, die Jugendvertretung sollte von allen zur beruflichen Ausbildung Beschäftigten gewählt werden.[17] Von den Bezirksjugendausschüssen widersprach nur Münster. Das Gremium plädierte für den »politisch ehrlichere(n) Weg«, eine eigenständige Jugendarbeit sollte aufgegeben und die Jugendlichen fester an den Betriebsrat gebunden werden. Dort sollten dann insbesondere jüngere Betriebsräte einrücken; der Verlust der Jugendvertretung sollte durch mehr jugendliche Vertrauensleute kompensiert werden.[18] Die Mehrzahl der Bezirksjugendausschüsse lehnte eine solche Strategie ab und unterstützte die Forderung, »Jugend- und Auszubildendenvertretungen« zu schaffen, in denen sowohl unter als auch über 18-jährige Auszubildende vertreten sein sollten. Vermehrt Jugendliche als Vertrauensleute zu gewinnen wurde schon lange gefordert, aber hatte nur geringen Erfolg. Es gab nur wenige Vertrauensleute unter 21 Jahren, die nicht auch Jugendvertreter waren. 1976 waren in 6.015 Betrieben zwar 4.434 Vertrauensleute unter 21 Jahren gemeldet, aber dies waren ganz überwiegend Jugendvertreter, nur »eine relativ unerhebliche Zahl an direkt gewählten oder von der Ortsverwaltung berufenen jugendlichen Vertrauensleuten« war darunter.[19] Ergebnis der Diskussionen 1977/78 war die Forderung nach einer Jugend- und Auszubildendenvertretung (JAV). Es wurde schließlich das politische Ziel der IG Metall, für die Einrichtung eine gesetzliche Regelung zu schaffen.[20] Es dauerte aber noch fast zehn Jahre, bis eine gesetzliche Änderung erreicht werden sollte. Daher blieb die Forderung nach einer JAV in den nächsten Jahren ein betriebliches Mobilisierungsthema. Um den Druck in den Betrieben zu erhöhen, sollten die Auszubildenden, die älter als 18 Jahre waren an Jugendversammlungen teilnehmen. Der Gewerkschaftstag der IG Metall hatte 1978 dieses Vorgehen ausdrücklich unterstützt.[21] Diese Strategie brachte

17 Georg Benz an die Bezirksleitungen zur Weiterleitung an die bezirklichen Jugendausschüsse der IG Metall, 23.11.1977, Betr.: Diskussionspapier zur betrieblichen Jugendarbeit, in: AdsD, 5/IGMA-22-0371; vgl. Positionspapier zur Weiterentwicklung der betrieblichen Jugendarbeit der IG Metall, Abt. Jugend, 2.11.1977, in: AdsD, 5/IGMA-22-0174.

18 So die Stellungnahme des BJA-Münster vom 19.4.1978. Stellungnahmen der Bezirksjugendausschüsse zum Diskussionspapier zur betrieblichen Jugendarbeit, in: AdsD 5/IGMA-22-0170.

19 Abt. Jugend, Scha(rtau), 14.9.1978: Weiterentwicklung betrieblicher Jugendarbeit, S. 8, in: AdsD, 5/IGMA-22-0590.

20 Ergebnis der Jugendvertreterwahlen, in: *attention. Informationen für junge Arbeitnehmer* Nr. 2 (1978) (OJA der IG Metall Augsburg), in: AdsD, 5/IGMA-22-0188.

21 Entschließung »Gewerkschaftliche Jugendarbeit«, in: Entschließungen, Anträge, Materialien. 12. ordentlicher Gewerkschaftstag der Industriegewerkschaft Metall für die Bundesrepublik Deutschland, hrsg. vom Vorstand der IG Metall, Frankfurt a. M. 1977, S. 380.

rechtliche Konflikte mit sich. Eine Reihe von Unternehmen akzeptierte die Teilnahme, die sachlich begründet war, wenn auch über Ausbildungsfragen gesprochen wurde. Dies war zum Teil eine langjährige Praxis, die manchmal zu Problemen führte. So hatte sich die Jugendvertretung bei AEG-Telefunken in Frankfurt bereits 1976 darüber beschwert, dass ihr Unternehmen überraschend die Teilnahme der erwachsenen Auszubildenden untersagte.[22] Im Sinne einer Strategie der »eigenen Kraft« waren es nicht nur gemeinsame Jugendversammlungen, sondern Anfang der 1980er Jahre wurden erste Betriebsvereinbarungen abgeschlossen, mit denen eine gemeinsame Vertretung eingeführt wurde. Gegenüber Vorstellungen der gemeinsamen Arbeiterklasse in der Organisation entschieden sich die mit der Jugendarbeit betrauten Funktionäre, die Verlängerung der Jugend anzuerkennen.

Aber die Frage zukünftiger Jugendvertretungen war für viele der jugendlichen Beschäftigten kein vordringliches Problem. Angesichts von Jugendarbeitslosigkeit und ökonomischer Krisen stand vor allem im Raum, ob ein Ausbildungsplatz eine dauerhafte Beschäftigung begründen würde. Wie konnten Übernahmen der Ausgelernten gesichert werden, wie war bei einem Kampf um knappere Plätze ein steigender Leistungsdruck aufzufangen? Daher war die Sicherung der Beschäftigung im kritischen Moment des Übergangs von der Berufsausbildung zur dauerhaften Beschäftigung ein wichtiges und zugleich schwieriges Aktionsfeld der Jugendvertretungen. Es kollidierten dabei zwei unterschiedliche Leitideen: War die betriebswirtschaftliche Lage des Unternehmens zu berücksichtigen und nur für einen projektierten Bedarf auszubilden, oder sollte aus sozialpolitischen Gründen möglichst vielen Jugendlichen eine Berufsausbildung ermöglicht werden, auch auf die Gefahr hin, dass die Betreffenden keine dauerhafte Beschäftigung erhielten? In der Phase des Booms war die Weiterbeschäftigung von Ausgebildeten in den großen Industriebetrieben die Regel. Rechtlich war die Übernahme eines Ausgebildeten aber die Neubegründung eines Arbeitsverhältnisses. Diese Übergangsphase ermöglichte den Unternehmen, Personal abzubauen, wenn Ausgebildete nicht übernommen wurden. Mit der steigenden Jugendarbeitslosigkeit ab 1974 und einem Personalrückgang in Betrieben der Metallindustrie nahmen Kampagnen für Übernahmen zu. Dabei hatte sich die Wahrnehmung von Nicht-Übernahmen verschoben, von einem politischen Disziplinierungsmittel hin zu einer existentiellen Bedrohung. In den frühen 1970er Jahren galt die Nicht-Übernahme in der gewerkschaftlichen Debatte vor allem als ein politisches Disziplinierungsmittel. Angesichts von gehäuften Entlassungen von Jugendvertretern wurde 1972/73 vom DGB und von der IG Metall eine Kampagne initiiert, in der eine politische Willkür der Unternehmen, nicht eine drohende Arbeitslosigkeit thematisiert wurde. In der Regel waren es linke

22 Flugblatt der Jugendvertretung AEG-Telefunken ZWF (Frankfurt a. M.), 23. September 1976, in: AdsD, 5/IGMA-22-0176; vgl. auch Jugendgruppe Siemens-Hofmannstr. informiert, München 15.9.1975, in: AdsD, 5/IGMA-22-0701.

Jugendvertreter, die nicht übernommen wurden.[23] Mit dem neuen Betriebsverfassungsgesetz stieg die Zahl der Jugendvertreter an, und es kam zu einer Reihe von Nicht-Übernahmen, bei denen zwar die Lehre, aber noch nicht die zweijährige Amtszeit in der Jugendvertretung beendet war. Für Jugendvertreter gab es im BetrVG von 1972 keine besonderen Kündigungsschutzfristen analog zu den Betriebsräten. DGB wie IG Metall gingen Anfang 1973 davon aus, dass bereits 600 Jugendvertreter aus politischen Gründen nicht übernommen oder entlassen worden seien. Der Bundesjugendausschuss des DGB beschloss im Mai 1973 eine Kampagne unter dem Motto »Von den Kollegen gewählt – von den Bossen gefeuert«, ein eingängiger Slogan, der auf einem Plakat des Landesbezirks Hessen erstmals Verwendung fand.[24] Allerdings war es der IG Metall bei Recherchen seit April 1973 nicht gelungen, die Zahl von 600 Nichtübernommenen aus den Verwaltungsstellen bestätigt zu bekommen. Georg Benz beschrieb bei der Versendung eines Fragebogens an alle Verwaltungsstellen die drohenden Gefahren: »Mit dieser besonderen Form einer Entlassung von Jugendvertretern bzw. Betriebsratsmitgliedern wollen die Unternehmer offenbar das Vertrauen in die betriebliche Interessenvertretung der Arbeitnehmer und in die Gewerkschaft zerstören.«[25] Noch im Juli 1973 hatte sich eine Vielzahl von Verwaltungsstellen nicht zurückgemeldet; offenbar war das Phänomen nicht so verbreitet, wie es vermutet wurde.[26] Der DGB hatte Ende Mai 1973 Kenntnis von 129 Fällen, bei denen 120 Jugendvertreter und 9 junge Betriebsräte betroffen waren. Davon waren 98 Personen endgültig entlassen, 20 hatten eine Weiterbeschäftigung aushandeln können, 2 auf ihr Amt verzichtet, 9 Verfahren waren noch schwebend.[27] Ende des Jahres konnte der DGB schließlich die Zahl von 162 endgültig entlassenen Jugendvertretern und jungen Betriebsräten nennen, in 27 Fällen standen endgültige Entscheidungen noch aus. Der DGB räumte ein, dass die Zahl von 600 Entlassenen auf Hochrechnungen erster Meldungen aus den DGB-Kreisen beruht hatte.[28]

23 Eine Werksleitung verpaßt Maulkörbe. Lehrlinge sollen auf das Recht der freien Meinungsäußerung verzichten, in: *Welt der Arbeit* Nr. 22, 31.5.1968, S. 10; Das Grundgesetz mit Füßen getreten. Wie Firma Boehringer in Ingelheim mit unbequemen Jugendvertretern umspringt, in: *Welt der Arbeit* Nr. 28, 12.7.1968, S. 8; Jugendvertreter brauchen endlich gesetzlichen Schutz. Großes Halali in Betrieben. Unternehmer blasen immer wieder zur Jagd auf unbequeme Leute, in: *Welt der Arbeit* Nr. 47, 21.11.1969, S. 11.

24 Protokoll der 93. Sitzung des Bundesjugendausschusses des DGB am 24/25. Mai 1973 in Recklinghausen, in: AdsD, 5/DGAU-74-1972.

25 Georg Benz an alle Verwaltungsstellen der IG Metall, Bezirksleitungen zur Kenntnis, 17.4.1973, in: AdsD, 5/IGMA-22-0661.

26 Ebd.

27 Zwischenergebnis über die Befragungsaktion »Besonderer Kündigungsschutz für solche Jugendvertreter und Betriebsratsmitglieder, deren Ausbildungszeit vor Beendigung ihrer Amtszeit ausläuft«, Stand: 22. Mai 1973, Abt. Jugend DGB, Vorlage für BJA-DGB, in: AdsD, 5/IGMA-22-0176.

28 DGB weist Behauptungen der Arbeitgeber über Entlassungen von Jugendvertretern zurück, in: *Solidarität* Nr. 11/12 (1973), S. 10.

Auch wenn die Zahl von 600 entlassenen Jugendvertretern offenbar zu hoch geschätzt war, hatte die Kampagne in zweierlei Hinsicht Erfolg. Zum einen stabilisierte sie die Frontstellung gegenüber den Unternehmern mit der eingängigen Parole von den »Bossen«.[29] In Köln, Kassel und Stuttgart gab es im Sommer 1973 Demonstrationen gegen willkürliche Kündigungen mit mehreren Tausend Teilnehmern, organisiert von der örtlichen Gewerkschaftsjugend.[30] Einige der gekündigten Jugendvertreter wurden zu Konferenzen der IG Metall eingeladen, um die Solidarität mit ihnen zu unterstreichen.[31] DGB und IG Metall verfolgten vor allem eine Gesetzesänderung. Bereits im November und Dezember 1973 diskutierte der Bundestag Anträge der CDU/CSU-Fraktion und der Regierungsfraktionen zur Frage. Auch die CDU/CSU-Fraktion sprach von einer »Lücke« im Gesetz und von Nicht-Übernahmen von Jugendvertretern, über »deren Zahl man sich allerdings streitet«.[32] Die CDU/CSU-Fraktion hatte einen Antrag in den Bundestag eingebracht, das Kündigungsschutzgesetz in dieser Frage auszubauen. Angenommen wurde aber – bei nur vier Gegenstimmen – der Antrag der Bundesregierung, der eine Ergänzung des BetrVG vorsah. Darin zeigte sich die Einigkeit der Bundestagsparteien, in dieser Frage zu einer schnellen Lösung zu kommen.[33] Drei Monate vor Ausbildungsende eines Jugendvertreters musste das Unternehmen schriftlich mitteilen, wenn eine Übernahme nicht geplant sei.[34] Nicht-Übernahmen durften sich zudem nicht auf die Abschlussnoten beziehen, sondern mussten mit der Person oder wirtschaftlichen Aspekten begründet werden.[35]

29 Vgl. Presseerklärung der Koordinierungskonferenz Hamburger Jugendverbände: Jugendverbände verurteilen Unternehmerverhalten, 20.6.1973, in: FZH, 423-40, KoKo.

30 Jugendvertreter sofort schützen, *Elan* Nr. 11 (1973), S. 9; Gemeinsam für Rechte der Jugendvertreter, *Elan* Nr. 1 (1974), S. 14. Volker Behrens, Demonstration gegen die Entlassung von Jugendvertretern, in: *Solidarität* Nr. 8/9 (1973), S. 4; Bianca auf der ›schwarzen Liste‹, in: *Solidarität* Nr. 11/12 (1973), S. 8-9. Vgl. »Wir schweigen die Sache tot«. Der Bundesverband der Arbeitgeber hat eine neue Taktik entwickelt: Kündigt die Lehrlinge, *Konkret* Nr. 27, 28.6.1973, S. 16-18.

31 8. Konferenz der Industriegewerkschaft Metall für Vertrauensleute und Betriebsratsmitglieder, 25. und 26. Oktober 1973 in Travemünde, Frankfurt a. M. 1974, S. 14.

32 Abgeordneter Adolf Müller (Remscheid) für die CDU/CSU am 8. November 1973 im Bundestag. Verhandlungen des Deutschen Bundestages, 7. Wahlperiode, Stenographische Berichte Band 85, Bonn 1973, S. 3781.

33 Vgl. Verhandlungen des Deutschen Bundestages, 7. Wahlperiode, Stenographische Berichte Band 85, Bonn 1973, S. 4213.

34 Gesetz zum Schutz von in Ausbildung befindlichen Mitgliedern der Betriebsverfassungsorgane, Bundesgesetzblatt Teil 1, 1974, Nr. 5, ausgegeben 18. Januar 1974 (Tag der Rechtsgültigkeit), S. 85 f.

35 Von den Kollegen gewählt – von den Bossen gefeuert. Arbeitshilfe gegen die Aushöhlung des § 78a BetrVG für Jugendvertreter – Betriebsräte – OJAs, hg. von der Abtl. Jugend beim Vorstand der IG Metall (Anfang 1974), in: AdsD, 5/IGMA-22-0890; Georg Benz an die Vorsitzenden der Gesamtjugendvertretungen, 10.12.1973, in: AdsD, 5/IGMA-22-0351.

Ab 1974 begann sich die Argumentation zu verschieben. Die Betroffenen von Nicht-Übernahmen galten nicht mehr vorrangig als politisch aufrührerisch, sondern als Opfer einer sozialen Verantwortungslosigkeit der Unternehmen. Es ging auch nur noch vereinzelt um exponierte Jugendvertreter, sondern um Ausgelernte, die aufgrund von Rationalisierungen oder Arbeitsplatzabbau nicht übernommen werden sollten. Einzelne symbolische Aktionen von Betriebsräten und Jugendvertretungen um Übernahmen waren Möglichkeiten, für Betroffene durch Druck – und häufig auch Entgegenkommen der Unternehmen – Arbeitsplätze zu sichern. Innerhalb der Gewerkschaftsjugend gab es auch Strömungen, die eine verpflichtende Übernahme als Forderung festschreiben wollten. Ein Antrag mit dieser Zielrichtung wurde auf der DGB-Bundesjugendkonferenz 1977 gestellt. Für die SDAJ, die diese Forderung vertrat, ging es darum, Widersprüche im kapitalistischen System auf die Spitze zu treiben und so ein »Recht auf Arbeit« zu unterstreichen. Dagegen standen mögliche Negativa einer generellen Übernahmeverpflichtung: Bei abnehmenden Ausbildungsplätzen drohte dann ein weiterer Rückgang, da Unternehmen nur so viele Auszubildende einstellen würden, wie sie später auch bräuchten. Da mit einer grundlegenden Berufsausbildung die Mobilität und der Wert der zu verkaufenden Arbeitskraft erhöht werden sollte, war die Politik der IG Metall, möglichst vielen Jugendlichen eine Ausbildung zu ermöglichen. Daher sollte im Einzelfall eher auf eine Übernahme verzichtet werden. Diese betrieblichen Auseinandersetzungen um Übernahmen sind nur schwer zu quantifizieren, da viele Unternehmen von sich aus eine Weiterbeschäftigung anstrebten. Dennoch wurden, auch mit zunehmenden wirtschaftlichen Schwierigkeiten großer Unternehmen, Auseinandersetzungen um Übernahmen zu fast alltäglichen Ereignissen für die IG-Metall-Jugend. Diese folgten zwei Vorgehensweisen. Zum einen Kampagnen, mit denen öffentliche Unterstützung gesucht und an die soziale Verantwortung der Unternehmen appelliert wurde. Zum anderen in betrieblichen Mitbestimmungsroutinen basierte interne Aushandlungen zu Übernahmen. Gesprächen mit den zuständigen Unternehmervertretern des Personal- oder Ausbildungswesens, die sich oft selbst für Übernahmen einsetzten, wurden vor allem von Betriebsräten und weniger der Jugendvertretung geführt. Die Abläufe sollen anhand einiger exemplarischer Konflikte nachgezeichnet werden.

Siemens war ein Mischkonzern mit einer Vielzahl von Zweigniederlassungen und Unternehmensbereichen. 1980 wurde in 65 Betrieben eine Jugendvertretung von 4.985 Jugendlichen gewählt.[36] Vier Jahre zuvor wurden noch von 6.782 Jugendlichen in 117 Betrieben Jugendvertretungen gewählt.[37] Die Zahl der Auszubildenden lag bei etwas mehr als zehntausend Personen.[38] Die überwie-

36 Bericht über die konstituierende Sitzung der Gesamtjugendvertretung der Siemens AG am 20. Juni 1980 in München, AdsD, 5/IGMA-22-0657.

37 Berichtsbogen über die Gesamtjugendvertretung der Siemens AG (1976), in: AdsD, 5/IGMA-22-0706.

38 Bericht über die 1. Sitzung des Gesamtbetriebsrats der Siemens AG am 19. und 20. Juli 1978 in Berlin, in: AdsD, 5/IGMA-22-0718.

gende Mehrzahl der Ausbildungsplätze war im gewerblichen Bereich. Aufgrund der vielen Standorte wurden Entlassungen von den einzelnen Unternehmensbetrieben vorgenommen. Die Schwierigkeiten begannen Mitte der 1970er Jahre. Bei Siemens in Frankfurt sollten Ende 1976 von 144 Ausgelernten 110 nicht übernommen werden. Auszubildende von Siemens sammelten Unterschriften gegen die Nicht-Übernahme, aber das Unternehmen und auch der Betriebsrat verwiesen darauf, dass Arbeiter entlassen worden seien, da könne man nicht alle Auszubildenden übernehmen.[39] Der OJA der IG Metall nannte es die »Zange der Unternehmer: Ausbildung ODER Übernahme«. Sie verwiesen auf die staatliche Schulpflicht, daher müssten die Unternehmen zur beruflichen Bildung verpflichtet werden.[40] Bei der Siemens-Zweigniederlassung in Hamburg kam es im Frühjahr und Sommer 1978 zu einer öffentlichen Kampagne für die Übernahme, nachdem schon seit 1976 Konflikte um Übernahmen bestanden. Die Jugendvertretung hatte gerüchteweise von einer drohenden Nicht-Übernahme in die zweite Ausbildungsstufe gehört und dies durch Aushänge im Betrieb bekannt gemacht..[41] Laut Presseberichten sollten über 100 Ausgelernte nicht übernommen werden, was die Leitung der Niederlassung im Februar 1978 dementierte.[42] Bei der Siemens-Niederlassung in Hamburg waren vor allem Fernmelde- und Elektroanlageinstallateure in der Stufenausbildung tätig. Im Mai 1978 wurde der Jugendvertretung bekannt, dass von 107 Auszubildenden der 1. Stufe 27 nicht bei Siemens übernommen werden sollten; 16 sollten in andere Betriebe vermittelt, 11 Auszubildende nach der 1. Stufe entlassen werden. Die Jugendvertretung organisierte zusammen mit der Hamburger DGB-Jugend Aktionen dagegen. Es wurde im NDR-Radio ein kurzer Beitrag über die Ereignisse gesendet, mehrere Flugblätter veröffentlicht, Unterschriften gesammelt und Abteilungsversammlungen durchgeführt. Dem Großkonzern Siemens hielt man vor, Ausgelernte bewusst in die Arbeitslosigkeit zu schicken und zugleich den Leistungs- und Anpassungsdruck auf die Verbleibenden zu erhöhen.[43] Daher forderte die IG-Metall-Gruppe die Abschaffung der Stufenausbildung, um allen eine Ausbildung zu ermöglichen. Dem Argument der Geschäftsführung, dies würde die Tüchtigen benachteiligen, wurde entgegnet: »Wir dagegen halten die Unterstützung der Schwachen für einen Beitrag zum Abbau des Konkurrenzdrucks.«[44] Die elf Betroffenen wurden schließlich übernommen.

39 OJA-Info der IG Metall-Jugend (Verwaltungsstelle Frankfurt) Januar 1977, in: AdsD, 5/IGMA-22-0707.

40 Ebd.

41 Information der Jugendvertretung, Januar 1978 sowie ZN Hamburg Vorstand an Betriebsrat, 20.1.1978. Beide in: AdsD, 5/IGMA-22-0725.

42 Hamburg: Mitteilung für unsere Mitarbeiter, Vorstand ZN Hamburg, 20.2.1978, in: AdsD, 5/IGMA-22-0726.

43 Kreisjugendausschuß des DGB, Kreis Freie und Hansestadt Hamburg, 7.7.1978: Übernahme in die 2. Stufe. Dokumentation der Aktivitäten der Siemens-Kollegen in Hamburg, S. 2, in: AdsD, 5/IGMA-22-0719.

44 Siemens-Lehrlingsmitteilung IV, Vwst. Hamburg, in: AdsD, 5/IGMA-22-0718.

Das Vorgehen der Jugendvertretung und der DGB-Jugend zeigte typische Merkmale: Neben der Einschaltung der Medien waren es Bemühungen, bei den Beschäftigten über den Einzelfall hinaus ein Bewusstsein über den Kapitalismus zu schaffen. So sollte auch der Eindruck vermieden werden, es ginge nur um die elf Betroffenen und die Gewerkschaften würden sich nur für die Stammbelegschaften einsetzen. Mitte Juli 1978 sah das Ergebnis der Übernahme im Gesamtkonzern von Siemens befriedigend aus, von 1.800 Ausgelernten waren 1.500 übernommen worden.[45] Auch gelang es der Gesamtjugendvertretung und dem Betriebsrat, mit Unterstützung des Unternehmens dafür zu sorgen, dass der Anteil von Auszubildenden mit Hauptschulabschluss hoch blieb. Die Interessenvertretung hatte darauf gedrungen, dass bei dem Einstellungstest von Siemens nicht die Schulnoten, sondern die fachliche Eignung geprüft werde. 1978 waren im gewerblichen Bereich 1.279 Auszubildende mit Hauptschulabschluss und 1.512 mit Mittlerer Reife eingestellt worden. Dagegen waren es nur 14 Abiturienten und 112 Frauen, von denen 32 Technische Zeichnerin lernten und 80 in gewerblichen Berufen ausgebildet wurden.[46] Bereits ein Jahr zuvor hatte ein Vertreter des Unternehmens gegenüber der Gesamtjugendvertretung ähnliche Verteilungen präsentiert und hervorgehoben, man habe einem »Verdrängungswettbewerb« von Hauptschülern durch Höherqualifizierte »bewußt entgegengesteuert«.[47] Bei Siemens war ein Zusammenspiel zwischen Unternehmensvertretern und den Interessenvertreter zu beobachten, die Ausbildung als eine soziale Verpflichtung zu verstehen.

Die Gesamtjugendvertretung der Hoesch-Werke AG verfolgte eine ähnliche Linie. 1977 galt eine Gesamtbetriebsvereinbarung, aus der eine generelle Übernahmeverpflichtung für die zu dem Zeitpunkt Beschäftigten abgeleitet wurde. Aber die neuen Auszubildenden sollten von Anfang an darauf hingewiesen werden, dass sie nicht übernommen wurden. Auch von den Mitbestimmungsvertretern als »Schulgeschädigte« bezeichnete Jugendliche ohne Schulabschluss sollten zu einem gewissen Prozentsatz einen Ausbildungsplatz erhalten.[48] Für die Einstellungen 1978 hatte die Gesamtjugendvertretung beschlossen, dass den neuen Auszubildenden von vornherein gesagt werde, dass ihre Übernahme nicht gesichert sei.[49] Es gelang aber einige Jahre später, die meisten Ausgelernten zu

45 Bericht über die 1. Sitzung des Gesamtbetriebsrats der Siemens Aktiengesellschaft am 19. und 20. Juli 1978 in Berlin.

46 Bericht über die 3. Sitzung der Gesamtjugendvertretung der Siemens Aktiengesellschaft am 5. Dezember 1978 in München, in: AdsD, 5/IGMA-22-0718.

47 Bericht über die 3. Sitzung der Gesamtjugendvertretung der Siemens Aktiengesellschaft am 17. März 1977 in Berlin, in: AdsD, 5/IGMA-22-0706. Eine von der IG Metall-Jugend immer wieder erhobene Forderung, vgl. Ortsjugendkonferenz 1980 – Rechenschaftsbericht des OJA der IG Metall-Verwaltungsstelle Stuttgart, S. 2, in: AdsD, 5/IGMA-22-1106.

48 Niederschrift der Sitzung der Gesamtjugendvertretung der Hoesch-Werke AG, 28.1.1977, in: AdsD, 5/IGMA-22-1029.

49 Burkhard Witek an alle Mitglieder Gesamtjugendvertretungen und Jugendvertretungen der Entsendungsbereiche (Hoesch-Werke AG), 12.11.1977, in: AdsD, 5/IGMA-22-1029.

übernehmen.[50] Die Mindestanforderung der IG Metall bei einer Nicht-Übernahme in die zweite Stufe war, dass das Unternehmen die fehlenden Beschäftigungsmöglichkeiten beweisen müsse und der Betriebsrat zustimme.[51] Aber gerade Betriebsräte waren für die Linie der IG Metall, die Unternehmen auf eine Gesamtverantwortung zur Ausbildung zu verpflichten, ein Schwachpunkt, wie Horst Richter an einen Düsseldorfer IG-Metall-Sekretär schrieb. Bei dem Düsseldorfer Heizungsbauer Rudolph Otto Meyer war eine Betriebsvereinbarung getroffen worden, in der die Ausbildung nur für den eigenen Bedarf festgelegt wurde. »Die IG Metall geht davon aus, daß es für die betrieblichen Funktionäre vorrangiges Ziel sein muß, alles zu tun, um die Anzahl der Ausbildungsplätze auszuweiten«, betonte Richter, aber viele würden nicht so verfahren. Als Argumentationshilfe schickte er eine Erklärung des Kuratoriums der Deutschen Wirtschaft vom März 1977 mit, in der die Schaffung von 100.000 neuen Ausbildungsplätzen versprochen wurde.[52]

Wie schwierig es für die IG Metall und die Jugendvertretungen sein konnte, auf betriebliche Abläufe Einfluss zu nehmen, zeigte sich bei der Felten & Guilleaume Carlswerk AG, die Ende der 1970er Jahre Kabel und Schaltplatten in drei Standorten produzierte. Es gelang Horst Richter erst nach langen Bemühungen, zur Sitzung der dortigen Gesamtjugendvertretung eingeladen zu werden. Im Frühjahr 1978 stellte er fest, dass eine Betriebsvereinbarung vom Oktober 1977 existierte, in der zwar die Übernahme der Ausgelernten vereinbart war, aber das Ausbildungsvolumen sich allein nach dem Bedarf des Unternehmens richte.[53] Die Gesamtjugendvertretung war an den Übernahmeverhandlungen nicht beteiligt.[54] Um den »Leistungsgedanken« bei den Auszubildenden zu fördern, hatte das Unternehmen mit Zustimmung des Betriebsrates die nach Noten gestaffelte Prämienzahlung als freiwillige Leistung beibehalten.[55] Für die Gesamtjugendvertretung ein wesentlicher Grund, warum der Zusammenhalt unter den Jugendlichen im Werk Köln nicht gut sei.[56] Auch in den Folgejah-

50 Protokoll der Gesamtjugendvertretungs-Sitzung (Hoesch-Werke AG) vom 30.01.1981, in: AdsD, 5/IGMA-22-0673.

51 So Horst Richter an den Gesamtbetriebsrat der Grundig AG, die eine Betriebsvereinbarung zur Ausbildung beschlossen hatte, in der der betriebliche Bedarf entscheidendes Kriterium sei. Horst Richter an Dietrich Vogel, GBR Grundig AG, 27.4.1978, in: AdsD, 5/IGMA-22-0354.

52 Horst Richter an Rainer Mundkowski, Vwst. Düsseldorf, 17.10.1977 sowie Erklärung der im Kuratorium der Deutschen Wirtschaft für Berufsbildung zusammengeschlossenen Spitzenorganisationen, 15.3.1977, beide in: AdsD, 5/IGMA-22-0354.

53 Betriebsvereinbarung zwischen Vorstand Felten & Guilleaume Carlswerk AG und Gesamtbetriebsrat, Köln-Mühlheim 20.10.1977, in: AdsD, 5/IGMA-22-0733.

54 Gesamtjugendvertretung an Gesamtbetriebsrat Felten & Guilleaume Carlswerk AG, 29.11.1977 Köln, in: AdsD, 5/IGMA-22-0733.

55 F&G Personalabteilung van Hulst, Interne Mitteilung an Herrn Feckler, GBR, 18.10.1977, in: AdsD, 5/IGMA-22-0733.

56 Niederschrift über die 2. Sitzung der Gesamtjugendvertretung am 5.4.1977 in Nordenham, in: AdsD, 5/IGMA-22-0733.

ren hatten die Jugendvertretungen Schwierigkeiten, vom Gesamtbetriebsrat und vom Unternehmen akzeptiert zu werden. Übernahmen von Ausgelernten waren ein jährlich wiederkehrendes Phänomen, bei dem Jugendvertretungen und Betriebsräte für junge Beschäftigte konkrete Ergebnisse erreichen konnten. Im Unterschied zu öffentlichen Aktionen einigte man sich innerhalb der Betriebe mit Betriebsvereinbarungen. Dabei wurde implizit und explizit über Leistungskriterien diskutiert. Gegenüber der allgemeinen Forderungen der IG Metall, möglichst vielen Jugendlichen einen Ausbildungsplatz zu ermöglichen und ebenso die Übernahme, akzeptierten viele Betriebsräte eine Leistungsanforderung als Kriterium für die Übernahme.

3.3.1. Lernzielkontrolle statt Beurteilungsbögen – Die Abschaffung eines Disziplinierungsinstruments?

In größeren und mittleren Betrieben mit geregelten Ausbildungsgängen wurden Beurteilungsbögen verwendet, in denen Leistungen und persönliche Charakteristika der Jugendlichen von Ausbildern notiert wurden und die über die verschiedenen Stationen im Unternehmen wanderten. Seit der Politisierungsphase erhoben Jugendvertretungen und die IG Metall gegen das Verfahren Einwände. Statt persönlicher Bewertung des Auszubildenden sollte eine Leistungskontrolle angewandt werden, die den Lernstand dokumentieren, aber keine Aussagen über persönliche Eigenschaften enthalten sollte. Diese Forderung entsprach bildungspädagogischen Trends, statt individuellen Bewertungen über eine Person idealtypische Leistungsnormen zu definieren, in denen die Vermittlung des Lernstoffes im Vordergrund stand. Allerdings war diese Lösung mit erheblichen Umsetzungsschwierigkeiten konfrontiert. Diese lagen nicht nur in einer meist zögerlichen Haltung der Personalverantwortlichen in den Unternehmen, sondern auch am Festhalten tradierter Ausbildungsmuster bei vielen älteren Betriebsräten. Die langjährige Debatte – die sich bis weit in die 1980er Jahre hinzog – lässt Argumentationsmuster für Individualisierung jugendlicher IG-Metall-Mitglieder ebenso erkennen wie Chancen und Grenzen von politischen Mobilisierungen im Betrieb. In der Lehrlingsbewegung war Kritik an den Beurteilungsbögen als Disziplinierungsmittel bereits aufgekommen. In den Beurteilungskriterien zeige sich die Erziehung zum Untertanen[57], daher hieß es in der *LZ*: »Der ›ideale Lehrling‹ ist nach diesem Beurteilungsbogen gekennzeichnet: sauber – ordentlich – hält körperliche Anstrengungen mühelos durch – tatkräftig – lebendig – Augen überall – unermüdlich – behält sehr gut – weiß sofort Bescheid – findig – ausgesprochener Praktikus – Arbeitsinteresse nie erlahmend (auch bei unangenehmer Arbeit) – schwungvoll – sehr sorgfältig – ausgesprochener Ordnungssinn – immer zur Stelle – selbstsicher – zuvorkommend – sehr

57 Kennwort: Personalakte, *LZ* Nr. 4 (Anfang 1971), S. 5.

höflich – taktvoll – aufopfernd usw.«[58] Diese Zusammenstellung sollte den Anpassungs- und Disziplinierungsdruck verdeutlichen: Ein Auszubildender sollte nicht zu sehr auffallen, sich aber auch nicht verstecken. Ein Beurteilungsbogen der Süddeutschen Metallwerke GmbH in Walldorf/Baden setzte die positive Bewertung in die Mitte: So konnte für das äußere Erscheinungsbild angekreuzt werden: »geckenhaft – auffällig gekleidet – gepflegt – ansprechend – ordentlich – legt kein Wert auf Äußeres – vernachlässigt – schlampig«, das Verhalten gegenüber Vorgesetzten hatte ebenfalls eine Spannbreite von: »anmaßend – widersetzlich – vorlaut – zwanglos – korrekt – bescheiden – verschlossen – beflissen – unterwürfig«.[59] Auch das von der Arbeitsstelle für Betriebliche Berufsbildung herausgegebene Muster für Beurteilungsbögen enthielt abwertende Begriffe und deckte 17 Bewertungsfelder mit über 85 Charakterisierungen ab.[60]

Diese auf die Normierung des Körpers und der Verhaltensweisen zielenden Kriterien galten in der IG-Metall-Jugend als autoritäre Formierung und Eingriffe in die freie Persönlichkeitsentfaltung. Der Bildungssoziologe Wolfgang Lempert bezeichnete solche Leistungskontrollen als »soziale Auslesefunktion«, die nicht zur Verbesserung »individueller Lern- und Lehrprozesse« führen würden.[61] Beurteilungsbögen erschienen daher als ein Mittel, mit der eine Normierung und Ausrichtung zum Untertan im Betrieb flankiert wurde. Für die Aktivisten der Lehrlingsbewegung waren die Beurteilungsbögen jedoch auch eine Chance zur Mobilisierung nicht nur von Jugendlichen, sondern auch innerhalb der Gewerkschaften. In der Hamburger *LZ* hieß es: »Betrieb, Betriebsrat und Gewerkschaft können bei dieser Aktion nicht kneifen bzw. kommen in eine recht beschissene Situation, da ja auch das Berufsbildungsgesetz solche Pläne vorschreibt [...].«[62] Ein IG-Metall-Aktivist hob 1975 die mobilisierende Wirkung ebenfalls hervor: »So wird ja in den Beurteilungsbögen die Anpassungsfähigkeit, Pünktlichkeit, Betragen usw. beurteilt. Das hängt dann auch noch von dem jeweiligen Ausbildungsleiter ab, ob man dem nun sympathisch ist oder nicht. So wird man eben als Lehrling von vornherein zum Untertanen erzogen. Und das kann man den Lehrlingen auch immer wieder an konkreten Beispielen klarmachen. Über diesen Weg haben wir schon viele Lehrlinge in die Gewerkschaft reingekriegt.«[63]

58 So einige Beurteilungen aus den Beurteilungsbögen der Arbeitsstelle für Betriebliche Berufsausbildung. Dies Zitat bei: Weiler/Freitag, Ausbildung, S. 32.

59 Beurteilungsbogen der Süddeutsche Metallwerke GmbH Walldorf/Baden, undatiert (Anfang 1970er Jahre), in: AdsD, 5/IGMA-22-0435.

60 Anleitung zum Gebrauch des Beurteilungsbogens, hrsg. von der Arbeitsstelle für Berufliche Bildung, Bertelsmann Verlag KG Bielefeld, undatiert (Ende 1960er Jahre), in: AdsD, 5/IGMA-22-0435.

61 Überlegungen zur Revision der Leistungskontrolle in der Berufserziehung, in: Die deutsche Berufs- und Fachschule, Bd. 67 (1971), Heft 10, S. 288-309, hier zitiert nach: Wolfgang Lempert, Berufliche Bildung als Beitrag zur gesellschaftlichen Demokratisierung, Frankfurt a. M. 1974, S. 213-256, hier S. 236.

62 *1 2 3 4 5 6, *LZ* Nr. 7 (Ende 1971), S. 4 f., S. 5.

63 Werkkreis Literatur der Arbeitswelt: Mit 15 hat man noch Träume. Arbeiterjugend in der BRD, Frankfurt a. M. Februar 1975, S. 118.

Aber es ging nicht allein eine Erziehung zum Untertan. Es war auch eine Ausrichtung auf Wert- und Normvorstellungen im sozialen Feld des Betriebes, da auch das gesamte Erscheinungsbild, Auftreten und Anpassungsfähigkeit an den Kollegenkreis bewertet wurde.

Die Abteilung Jugend der IG Metall und die Abteilung Berufliche Bildung hatten sich schon 1972 auf die Einführung von Lernzielkontrollen festgelegt. In einer Broschüre aus dem Jahre 1972 *Beurteilen und Bewerten in der Berufsausbildung* hatte die Abteilung Berufliche Bildung gefordert, persönliche Bewertungen und damit verbundene Prämienzahlungen gänzlich abzuschaffen.[64] Diese Haltung vertraten die Vorstandsabteilungen auch gegen Kritik aus der Gewerkschaft selbst. 1978 schrieben Georg Benz und Hans Preiss, nach dem Scheitern der Reform des Berufsbildungsgesetzes seien nun mit »den uns zur Verfügung stehenden gewerkschaftlichen Mitteln, vor allem im Betrieb selbst« die rechtlichen Möglichkeiten auszuschöpfen, um die persönlichen Beurteilungen zu kippen. Die Gründe für die persönlichen Beurteilungen würden zwar heute anders lauten also noch ein Jahrzehnt zuvor, man wolle nicht mehr »disziplinieren«, sondern »motivieren«. Aber die persönliche Beurteilung seien ungenau, wie auch die Praxis von Zensurvergabe belegen würde, bei denen sozial schlechter gestellte Kinder meist benachteiligt werden.[65]

Anhand einiger Betriebe sollen die Auseinandersetzungen um Beurteilungsbögen dargestellt werden, um bestimmte Konfliktverläufe zu beschreiben. Meist über viele Jahre waren Jugendvertretungen, Betriebsräte, Unternehmen und die IG Metall mit den Fragen befasst. Im Frühjahr 1971 diskutierten bei der Robert Bosch GmbH der Gesamtbetriebsrat und Jugendvertreter aus mehreren Werken über die Beurteilungsbögen. Ein Ausbildungsverantwortlicher des Unternehmens betonte, dass ein Bewertungsbogen »erforderlich sei«, um überall nach den »gleichen Bedingungen zu arbeiten«. Horst Klaus, der als Vertreter der Abteilung Jugend der IG Metall an dem Treffen teilnahm, forderte hingegen eine »Mitbestimmung der Betroffenen bei der Beurteilung, wie es auch schon in den Schulen praktiziert werde«.[66] Ende 1972 einigten sich das Unternehmen und der Gesamtbetriebsrat auf einen neuen Beurteilungsbogen für den gewerblichen Bereich, der noch eine Reihe von subjektiven Bewertungsmerkmalen enthielt, zum Beispiel über die Lernbereitschaft.[67] Der bald darauf für die kaufmänni-

64 Auf diese Broschüre berief sich die Jugendvertretung der Robert Bosch GmbH in Feuerbach, als sie vom Betriebsrat im Frühjahr 1973 eine Abstimmung im GBR über einen Beurteilungsbogen forderten. Jugendvertretung Bosch Feuerbach an den Bundesvorstand der IG Metall, Abt. Jugend, Stuttgart 6.4.1973, in: AdsD, 5/IGMA-22-0475.

65 Abteilung Bildungswesen/Bildungspolitik der IG Metall (Hg.): Erziehung und Anpassung im Betrieb, Arbeitsheft 880, Frankfurt a. M. 1978, S. 5.

66 Protokoll über die Jugendvertreter-Tagung am 23.3.1971 auf der Schillerhöhe, S. 4 und S. 5, in: AdsD, 5/IGMA-22-0475.

67 Aktennote Beurteilungsbogen für technisch-gewerbliche Auszubildende, Robert Bosch, Schillerhöhe 21.12.1972, unterzeichnet vom Gesamtbetriebsrat und dem Unternehmen, in: AdsD, 5/IGMA-22-0475.

schen Auszubildenden entworfene neue Beurteilungsbogen wurde Mitte 1973 von der Gesamtjugendvertretung abgelehnt, da er von »ausbildungsfremden Beurteilungsfaktoren« geprägt sei. Mit Verweis auf Verhandlungen zwischen der IG Metall Baden-Württemberg und den Metallarbeitgebern über einen Manteltarifvertrag für Auszubildende wurde der Gesamtbetriebsrat aufgefordert, der Vereinbarung nicht zuzustimmen.[68] Es gelang der Gesamtjugendvertretung jedoch nicht, den Gesamtbetriebsrat für dieses Vorgehen zu gewinnen, da der Berufsbildungsausschuss des Unternehmens, der paritätisch mit Unternehmensvertretern und Betriebsräten besetzt war, eine Änderung ablehnte.[69] In einem internen Protokoll einer Arbeitstagung der Gesamtjugendvertretung der Bosch GmbH im März 1975 notierte ein Vertreter der Abteilung Jugend, dass weniger über Schwierigkeiten mit der subjektiven Beurteilung als vor allem über die mit der geltenden Regelung verbundene Leistungszulage diskutiert wurde. In einer Arbeitsgruppe wurde »nach einer vertiefenden Diskussion [...] erkannt, daß der Beurteilungsbogen in weitem Maße subjektive Kriterien enthält und daß er somit willkürlich eingesetzt werden kann«. Daher sollte das Thema anhand von Fällen willkürlicher Beurteilungen skandalisiert werden.[70] Auf einer Jugendversammlung im Stuttgarter Werk Feuerbach sprachen sich 1976 200 Teilnehmer gegen und nur zwei für die benutzten Beurteilungsbögen aus.[71] Aber diese Abstimmung blieb folgenlos, noch 1979 wurde die Verbindung von Benotung und Prämienzahlung bei der Robert Bosch AG praktiziert, als der neue Manteltarifvertrag für Auszubildende in Baden-Württemberg eine solche Verbindung bereits untersagte. Die GJV stellte fest, dass zwar in fast allen Werken Auszubildende gegen Beurteilungsbögen seien, aber bis auf die Auszubildenden eines Werkes niemand auf das Geld der Prämienzahlungen verzichten wolle.[72] Horst Richter als der zuständige Betreuer der Abteilung Jugend hatte im März 1979 noch Bedenken gegen die Regelung geäußert, da sie gegen den Manteltarifvertrag verstoße.[73] Der GBR änderte die Prämienzahlung in eine übertarifliche Leistung, hielt aber an der Benotung fest. Für Horst Richter war ein solches Verfahren vertretbar, da man nun die Einführung von Leistungskontrollen anstreben könne.[74] Die Bezirksleitung Stuttgart der IG Metall stimmte trotz Bedenken zu und erwartete im August 1979 neue Verhandlungen über das Beurtei-

68 Anträge der Gesamtjugendvertretung an den Gesamtbetriebsrat, 18.6.1973, unterzeichnet von Herbert Pietsch, in: AdsD, 5/IGMA-22-0475.

69 Protokoll der 3. gemeinsamen Sitzung Gesamtbetriebsrat und Gesamtjugendvertretung der Robert Bosch GmbH am 2.7.73 im Auditorium der Schillerhöhe, in: AdsD, 5/IGMA-22-0475.

70 Abteilungsintern: Protokoll-Entwurf der Arbeitstagung der Gesamtjugendvertretung der Firma Robert Bosch GmbH, Stuttgart, (18.-21.3.1975), in: AdsD, 5/IGMA-22-0446.

71 Protokoll der 20. GJV-Sitzung vom 11.11.1976, in: AdsD, 5/IGMA-22-0446.

72 Protokoll der Arbeitstagung der GJV vom 2.4.79-6.4.79, in: AdsD, 5/IGMA-22-0512.

73 Horst Richter an Karl-Josef Meyer, 30.3.1979, in: AdsD, 5/IGMA-22-0512.

74 Aktennotiz Horst Richter an Dieter Sommer (Abt. BR), im Hause, 19.7.1979, in: AdsD, 5/IGMA-22-0446.

lungsverfahren.[75] Jugendvertretungen aus einigen Bosch-Standorten wiederum beschwerten sich, dass GBR und die IG Metall einem Verfahren zustimmten, das gegen den Manteltarifvertrag verstoße.[76]

Noch größere Schwierigkeiten zeigten sich, wenn die Forderung nach Abschaffung durch die IG Metall in die Betriebe hereingetragen wurden, ohne dass es aus dem Betrieb selbst eine größere Unterstützung dafür gab. Peter Kurbjuweit nahm als Sekretär der Verwaltungsstelle Hameln der IG Metall an einer Jugendversammlung der Bison Werke, Bähre & Greten GmbH im niedersächsischen Springe im Juli 1973 teil. Bei dem mittelständischen Maschinenbauer für den Möbelbau waren die Beurteilungen mit Geldzahlungen nach einem Prämiensystem verbunden. Kurbjuweit sprach auf der Jugendversammlung gegen Prämienzahlungen. Allerdings blieb die Unterstützung der Jugendlichen selbst gering, aus Sicht des Unternehmens habe Kurbjuweit sie »aufgehetzt und dadurch Unruhe ausgelöst«.[77] Die freiwillige Prämienzahlung wurde beibehalten, nachdem die Unternehmensleitung angedroht hatte, sie ganz auszusetzen, wenn die Auszubildenden damit nicht mehr einverstanden seien. Der nächste Konflikt entspann sich über die im Unternehmen geübte Praxis, Ausbildungszeiten vorzuholen, um so eine Betriebsruhe über Neujahr zu ermöglichen. Kurbjuweit wertete diese Maßnahme als Verstoß gegen das Jugendarbeitsschutzgesetz und beantragte eine Prüfung durch die Gewerbeaufsicht. Eine neue Jugendvertretung wurde daraufhin mit Unterstützung des Unternehmens gebildet. Als Kurbjuweit schließlich ein Seminar zu den Vorgängen in den Bison-Werken abhielt, wurde ihm Hausverbot erteilt, da er politische Unruhe in den Betrieb hineingetragen hätte. Dieser Schritt wurde vom Betriebsrat unterstützt, schließlich vor dem Arbeitsgericht bis 1976 verhandelt. Auch wenn Kurbjuweit zuerst Unterstützung von einem Jugendvertrauensmann erhielt, so war doch die Stimmung unter den anderen Jugendlichen gegen ihn gerichtet, und auch der Betriebsrat empfand das Engagement des Gewerkschaftssekretärs als Störung.

Auch wenn in manchen Großbetrieben die Mitbestimmung fest verankert war, dauerte die Einführung neuer Beurteilungsbögen mehrere Jahre, so wie bei der Volkswagen AG. Die Einführung von Lernzielkontrollen war seit 1972 ein Thema der Gesamtjugendvertretung. Der 1972 im Unternehmen neu eingeführte Beurteilungsbogen enthielt noch wertende Aussagen über die Persönlichkeit des Auszubildenden. Ende 1973 legten Jugendvertreter aus drei VW-Werken eigene Ausarbeitungen für neue Beurteilungsbögen vor, allerdings hatte sich die Wolfsburger Jugendvertretung geweigert, einen eigenen Entwurf zu erstellen, da

75 Rundschreiben Edgar Schmidt (Bezirksleitung Stuttgart) an die Verwaltungsstellen der IG Metall mit Bosch-Ausbildungsbetrieben, 8.8.1979, in: AdsD, 5/IGMA-22.0512.

76 Jugendvertretung der Firma Robert Bosch GmbH, Bühlertal, an Vorstand IG Metall, Bezirksleitung IG Metall Stuttgart, Ortsverwaltung IG Metall Offenburg, 18.9.79, in: AdsD, 5/IGMA-22-0512.

77 Fallschilderung nach: Rechtsanwälte Rüdiger Brandt/Irmtraut Brandt an das Arbeitsgericht Hannover, 21.1.1976 in dem Verfahren IG Metall/Bison Werke, Bähre & Greten GmbH, in: AdsD, 5/IGMA-22-0187.

sie auf einer völligen Abschaffung bestand.[78] Auf einer Jugendversammlung im Werk Wolfsburg hatten sich viele Redner für die Abschaffung der Beurteilungsbögen ausgesprochen, da eine objektive Beurteilung nicht möglich sei. Der Antrag wurde vom Betriebsrat, der die Versammlung leitete, nicht zur Abstimmung gebracht, da diese »sowieso einstimmig gegen den Beurteilungsbogen ausfallen würde«, wie er vermutete.[79] Der Betriebsrat hatte sich gegen eine Abschaffung ausgesprochen, da sonst Leistungsbeurteilungen nicht mehr nachprüfbar seien. Auch die Gesamtbetriebsratsmitglieder vertraten mit ähnlichen Argumenten ihre Vorbehalte, auch wenn sie wie Vertreter des Unternehmens die alten Beurteilungsbögen für überarbeitungswürdig hielten.[80] Die Jugendvertretung holte sich Unterstützung von der Abteilung Jugend[81], in Wolfsburg hielt die Jugendvertretung noch 1976 an der Forderung nach völliger Abschaffung fest, zum Teil wurden Unterschriften bei den Bögen verweigert.[82] Erst im August 1978 einigten sich der Gesamtbetriebsrat und der Vorstand auf die Einführung einer lernzielorientierten Beurteilung.[83] In dieser wurden nur noch die drei Kriterien Fertigkeiten, Fachkenntnisse und Arbeitssicheres Verhalten beurteilt. Erreichte ein Auszubildender das Lernziel nicht, mussten Maßnahmen skizziert werden, wie dieses erreicht werden konnte.[84] Noten waren nicht mehr vorgesehen. Der Berufsbildungsausschuss der IG Metall nahm diese Entwicklung zustimmend zur Kenntnis und sah die Vereinbarung als Muster für andere Verhandlungen an.[85] Akzeptiert hatte die Gesamtjugendvertretung, dass Ausbilder in einem Feld noch in freier Formulierung über die Entwicklung des Auszubildenden berichten durften.[86]

Im MAN-Konzern eskalierte der Konflikt Ende der 1970er Jahre an der Haltung des Unternehmens, die Betriebsräte waren bereit, sich für Lernzielkontrollen einzusetzen. Die MAN-AG hatte 1972 rund 140 Niederlassungen, aber häufig waren es kleinere Reparaturbetriebe, nur in 20 Werken konnten Jugendvertre-

78 Niederschrift über die 8. Sitzung der Gesamtjugendvertretung, 21.8.1973 Werk Emden, in: AdsD, 5/IGMA-22-0724.

79 Protokoll der Jugendversammlungen am 4. und 5. April 1973, Werk Wolfsburg, Sektor 4, in: AdsD, 5/IGMA-22-0724.

80 Niederschrift der Sitzung der Gesamtjugendvertretung, 27.9.1973, Werk Wolfsburg; Niederschrift über die 10. Sitzung der Gesamtjugendvertretung, 20.11.1973, Werk Hannover, beide in: AdsD, 5/IGMA-22-0724.

81 Protokoll der gemeinsamen Sitzung des GBR-Berufsbildungsausschusses und der Gesamtjugendvertretung am 9.3.1976 im Werk Wolfsburg, in: AdsD, 5/IGMA-22-0724.

82 Handschriftliches Protokoll der Arbeitstagung (VW-Jugendvertretungen) 8. bis 11. 11. 1976 in Göhrde, in: AdsD, 5/IGMA-22-0724.

83 Protokoll der Arbeitstagung der Gesamtjugendvertretung am 17./18. Mai 1978 im Werk Hannover, S. 4f., in: AdsD, 5/IGMA-22-0666.

84 VW-Betriebsvereinbarung Nr. 3/78 Lernzielorientiertes Beurteilungssystem für Auszubildende, Wolfsburg, 29.8.1978, in: AdsD, 5/IGMA-22-0666.

85 Protokoll der Sitzung des Berufsbildungsausschuss der IG Metall, 8/9.6.1978 in Kassel, in: AdsD, 5/IGMA-22-0165.

86 Neuer Beurteilungsbogen in Sicht, in: *Wecker, Info der Gewerkschaftsjugend* (Frühsommer 1978), IG Metall-Verwaltungsstelle Wolfsburg, in: AdsD, 5/IGMA-22-0190.

tungen gebildet werden, gewählt von etwas mehr als tausend Jugendlichen.[87] Die Gesamtjugendvertretung war sich 1975 einig, dass die Beurteilungsbögen subjektiv und überarbeitungsdürftig seien.[88] Angesichts der Vielzahl beschloss die Gesamtjugendvertretung, keinen zentralen Beurteilungsbogen zu entwickeln, sondern in den drei größten Werken Augsburg, Hamburg und Nürnberg einzeln vorzugehen, was jedoch nur langsam vorankam, da zum Beispiel in Nürnberg der Betriebsrat blockierte.[89] Der Augsburger Betriebsrat hingegen hatte anhand von IG-Metall-Mustervereinbarungen versucht, eine Leistungskontrolle einzuführen. Der angeschriebene Personalverantwortliche war zwar zu Gesprächen bereit, sah aber für einen solchen Schritt keine »zwingende Notwendigkeit«, da ihr System gut sei und er auch Noten für »eine durchaus geeignete Methode« halte, um Leistungen zu beurteilen.[90] Die Gesamtjugendvertretung wandte sich an den Gesamtbetriebsrat der MAN-AG mit der Bitte, eine zentrale Leistungskontrolle einzuführen, um von der »fragwürdigen reinen Notengebung wegzukommen und die Bewertung auf das vorgegebene Ausbildungsziel zu richten«.[91] Der Gesamtbetriebsrat legte 1979 einen Entwurf für eine zentrale Betriebsvereinbarung vor, der keinerlei Noten und subjektive Bewertungen mehr vorsah.[92] Aber es kam zu keinem Abschluss, und 1980 schienen alle Gesprächsversuche gescheitert[93], ein Gespräch im Februar 1981 zwischen Geschäftsführung und Gesamtbetriebsrat über das Thema blieb ebenfalls ergebnislos.[94] Daraufhin untersagte der Gesamtbetriebsrat dem Unternehmen, die bisherigen Betriebsvereinbarungen weiter zu nutzen, der MAN-Vorstand widersprach, er hielt die ganze Angelegenheit nicht für mitbestimmungspflichtig.[95] Erneut sollte versucht werden, in den einzelnen Werken zu verhandeln.[96] Hier waren keine schnellen Erfolge zu vermelden, manche Standorte verwendeten die

87 Berichtsbogen zur Errichtung der Gesamtjugendvertretung, (MAN-AG, 1972), in: AdsD, 5/IGMA-22-0479.

88 Protokoll über die Gesamtjugendvertretersitzung in Hamburg am 15.10.1975 (MAN-AG), in: AdsD, 5/IGMA-22-0479.

89 Protokoll der Gesamtjugendvertretung (MAN-AG), 16.2.1977 in München sowie Protokoll der Gesamtjugendvertretung (MAN-AG), 24.5.1977 in Nürnberg, in: AdsD, 5/IGMA-22-0479.

90 BR MAN Werk Augsburg, Klemmer, Ausschuss für Bildungsfragen, an die Herren Barnert P und Schiffner, PB 16.2.1978 sowie die Antwort von Barnert (vmtl.) an Klemmer vom 7.3.1978, beide in: AdsD, 5/IGMA-22-0479.

91 GJV (ohne Unterzeichner) an Heinz Englisch, GBR-Vorsitzender, Augsburg den 18.5.1978, in: AdsD, 5/IGMA-22-0479.

92 Gesamtbetriebsvereinbarung über eine lernzielorientierte Beurteilung der Auszubildenden der M.A.N. Entwurf (1979), in: AdsD, 5/IGMA-22-0479.

93 Addi Janssen an die Mitglieder GBR MAN, 6.11.1980, in: AdsD, 5/IGMA-22-0675.

94 Aktenvermerk von Sauter, Abt. GP, MAN, 6.2.1981, über Besprechung am 4.2.1981, in: AdsD, 5/IGMA-22-0674.

95 GBR MAN, Englisch, an Geschäftsleitung MAN Dr. Thiele, Augsburg, 19.2.1981, in: AdsD, 5/IGMA-22-1116 sowie Dr. Wolfram Thiele, Vorstand MAN, an Heinz Englisch, GBR-Vorsitz, 23.2.1981, in: AdsD, 5/IGMA-22-0674.

96 Entwurf eines Musterbriefes Betriebsrat an die Werkleitung, 13.7.1981, in: AdsD, 5/IGMA-22-0674.

bestehenden Beurteilungsbögen weiter.[97] Der Personalverantwortliche des Werkes Gustavsburg lehnte Ende 1981 nicht allein den Vorschlag des Betriebsrates ab, er drückte auch seine Skepsis aus: »Eine solche Betriebsvereinbarung wäre ein Schritt zum starren Perfektionismus, der den schon durch viele Regelungen verbliebenen geringen Handlungsspielraum von Ausbildungsleitenden noch mehr einengen würde.«[98] Er glaubte, dies würde die Ausbilder demotivieren.

Ähnliches ereignete sich bei AEG-Telefunken. Die Gesamtjugendvertretung arbeitete seit 1974 daran, die Beurteilungen abzuschaffen, da sie »der Disziplinierung von Auszubildenden dienen«.[99] Die 1976 vereinbarten erneuerten Beurteilungsverfahren wurden von der Gesamtjugendvertretung abgelehnt, eine Änderung aber nicht erreicht.[100] Da in Baden-Württemberg ab 1. Januar 1979 ein Manteltarifvertrag für Auszubildende galt, in dem persönliche Bewertungen untersagt waren, verstieß die AEG-Telefunken mit dem 1976 eingeführten Beurteilungsverfahren gegen den Tarifvertrag. Da der Gesamtbetriebsrat keine Möglichkeit zur Kündigung der Ausbildungsrichtlinien sah, kündigten Betriebsräte der einzelnen Werke Ende 1979 in Baden-Württemberg die Beurteilungsverfahren.[101] In einem Flugblatt an die Auszubildenden griff die Bezirksleitung Stuttgart die verwendeten Bewertungen als »Begriffe aus dem Sklavenhandel« an, mit denen die Auszubildenden erniedrigt werden sollten. Zum Beleg zitierten sie aus den Beurteilungsbögen: »Anforderungen nicht erfüllt – arbeitete planlos, unüberlegt und zu langsam – gibt schnell auf/scheut Belastungen/ablenkbar/wenig ausdauernd/gering belastbar – trotz wiederholter Ermahnungen keine Besserung.«[102] Diese Zusammenstellung hatte zwei Richtungen: zum einen den entwürdigenden Charakter zu unterstreichen, zum anderen die dem Thema manchmal desinteressiert gegenüber stehenden Auszubildenden selbst zu sensibilisieren. Das Unternehmen bestand aber darauf, Verhaltensmerkmale zu beurteilen. Zum einen aus der Verpflichtung des BBiG, zum anderen aus einer erzieherischen Verantwortung. Die Gespräche scheiterten daher Anfang 1980.[103] Daraufhin kündigte der Gesamtbetriebsrat für Baden-Württemberg die

97 Thomas Händel an Günter Eßing Abt. BR, Aktennotiz im Hause, 11.12.1981, in: AdsD, 5/IGMA-22-0674.

98 Geschäftsleitung Gustavsburg an BR Herrn Schmitt im Werk Gustavsburg, 19.11.1981, in: AdsD, 5/IGMA-22-0674.

99 Protokoll der Gesamtjugendversammlung AEG-Telefunken am 18./19.6.1974 in Berlin, in: AdsD, 5/IGMA-22-0469.

100 Horst Richter an Helmut Kramer, im Hause, 20.10.1978 sowie Horst Richter an Dieter Mahlberg, Bezirksleitung Köln der IG Metall, 14.9.1978, beide in: AdsD, 5/IGMA-22-0473.

101 Thomas Händel an Betriebsräte der AEG Telefunken in Baden-Württemberg, 7.12.1979, in: AdsD, 5/IGMA-22-0474.

102 Flugblatt »An die Auszubildenden des AEG-Konzerns«, IG Metall-Bezirksleitung Stuttgart, Edgar Schmidt, o.D. (1980), in: AdsD, 5/IGMA-22-0474.

103 Edgar Schmidt (Bezirksleitung IG Metall Stuttgart) an Betriebsräte und Jugendvertretungen in Baden-Württemberg, Verwaltungsstellen mit AEG-Betrieben, 18.4.1980, in: AdsD, 5/IGMA-22-0474.

Beurteilungsverfahren, das Unternehmen stellte sie in dem Bezirk schließlich ganz ein.[104] Als AEG-Telefunken 1982 in die Insolvenz geriet, wurden die GBR-Anträge in dieser Sache zurückgestellt.[105]

Bei Audi NSU war die Gesamtjugendvertretung kämpferischer. In sieben der sechzehn Betriebe gab es 1972 Jugendvertretungen.[106] Eine Frau wurde zur Vorsitzenden gewählt, auch später war der Frauenanteil – die Frauen kamen aus dem Angestelltenbereich – sehr hoch, obwohl sie nur einen kleinen Teil der Auszubildenden stellten.[107] Es wurde 1974 ein Ausschuss für Beurteilungsfragen gegründet, aber erst 1977 kam eine Betriebsvereinbarung über ein neues Beurteilungssystem zustande. Zwar waren nun die Prüfung des Ausbildungsstandes und die Beratung im Vordergrund, aber der Gesamtbetriebsrat hatte der Bewertung von sozialem Verhalten zugestimmt.[108] Die Jugendvertretung des Werkes Neckarsulm hingegen hielt das soziale Verhalten für »nicht meßbar«, einige der Bewertungskritierien hätten abwertenden Charakter.[109] Die Versuche der Gesamtjugendvertretung, eine Kündigung der Betriebsvereinbarung zu erreichen, blieben erfolglos.[110] Die Jugendvertretung in Neckarsulm hatte dazu aufgerufen, die Beurteilungsbögen nicht mehr zu unterschreiben. Diese Aktion hatte eine Überarbeitung des alten Bogens zur Folge.[111] Die gespannte Atmosphäre zwischen Gesamtbetriebsrat und -jugendvertretung ergab sich auch aus der Nähe der beiden Vorsitzenden der Jugendvertretung in Neckarsulm zur SDAJ. Der stellvertretende Betriebsratsvorsitzende informierte die Abteilung Jugend darüber, da beide auch im OJA aktiv seien. Seine Befürchtung war, dass sie den OJA als »Plattform für die SDAJ« missbrauchen könnten.[112] 1979

104 Holger Balke an Abteilung Jugend, 9.4.1981, in: AdsD, 5/IGMA-22-0672.

105 Protokoll Sitzung Kommission für Bildungsfragen (AEG-Telefunken) am 29.9.1982 in Frankfurt, Berlin 5.10.1982, in: AdsD, 5/IGMA-22-0672.

106 Berichtsbogen über die Gesamtjugendvertretung 1972 (Audi-NSU) sowie Berichtsbogen über die Gesamtjugendvertretung, Stempel 11. Juni 1975, beide in: AdsD, 5/IGMA-22-0750.

107 1975 waren es im Standort Ingolstadt 41 Frauen bei 1105 Auszubildenden insgesamt. Kurzinformation 4060, 31.3.1975, in: AdsD, 5/IGMA-22-0750.

108 Betriebsvereinbarung über ein Beurteilungssystem für Auszubildende der Audi NSU Auto Union AG, 11.7.1977, in: AdsD, 5/IGMA22-0750.

109 Ausarbeitung der Jugendvertretung Audi NSU Auto Union AG Werk Neckarsulm zur Frage des Beurteilungsbogens, 1. Entwurf, 18.8.77, in: AdsD, 5/IGMA-22-0750.

110 Protokoll über die Sitzung der Gesamtjugendvertretung der Fa. AUDI am 8./9. Mai in Ingolstadt (1978) und Antrag auf Kündigung der Betriebsvereinbarung, 6.7.78, Gesamtjugendvertretung/Helmut Späth (an den Gesamtbetriebsrat), beide in: AdsD, 5/IGMA-22-0750.

111 »Wir sind des schließlich nicht, die mit dem Mercedes kommen …« (Interview mit den JV-Vorsitzenden Susanne Klein und Rolf Klotz), in: *Auto-Scheinwerfer. Zeitung der DKP-Betriebsgruppe Audi* (Juni 1979), in: AdsD, 5/IGMA-22-0750.

112 Hermann Brändle, Stellv. Betriebsratsvorsitzender Audi Neckarsulm und Mitglied der Ortsverwaltung, an Georg Benz, 11.6.1979, in: AdsD, 5/IGMA-22-0750.

kam es zum Abschluss eines neuen Beurteilungsverfahrens ohne persönliche Bewertungen.[113]

Die Konfliktpartner bei der Umsetzung von Lernzielkontrollen waren nur zum Teil die Unternehmen. Vielmehr zeigten sich auch viele Betriebsräte unwillig, Lernzielkontrollen einzuführen.[114] Angesichts der in vielen Betrieben intensiv diskutierten Beurteilungsbögen schlug Rudi Behrendt Ende 1975 vor, Betriebsräte und Jugendvertreter aus über zwanzig großen Unternehmen zu einer Diskussion einzuladen.[115] Es kamen 44 Jugendvertreter und Betriebsräte aus 19 Großbetrieben Anfang Januar 1976 nach Frankfurt. In dieser Runde äußerte nur ein Betriebsrat von IBM offen, dass er Beurteilungsbögen für notwendig halte, um eine Grundlage für Zeugnisse zu haben.[116] Der von der Abteilung Jugend vorgelegte Entwurf für eine Lernzielkontrolle wurde von den Jugendvertretern begrüßt, aber die Betriebsräte blieben skeptisch.[117] Im Oktober 1976 trafen sich Angehörige des Gesamtbetriebsrates und der Gesamtjugendvertretung der Siemens AG mit der IG Metall Abteilung Jugend, um die Einführung von Lernzielkontrollen zu diskutieren. Das Gespräch diente vor allem Rudi Behrendt und Jürgen Heiking von der Abteilung Berufliche Bildung dazu, die Betriebsräte von den Vorteilen einer Lernzielkontrolle zu überzeugen. Die Betriebsräte sahen in einer reinen Lernzielkontrolle eine eher problematische Entwicklung. Sie insistierten darauf, dass zum Beispiel die Fähigkeit, im kaufmännischen Bereich Kundengespräche zu führen, nicht einfach gemessen werden könne, diese Fähigkeit zu benennen aber äußerst wichtig sei. Die Unterschiede zwischen den Auszubildenden müssten deutlich werden. Jürgen Heiking widersprach, da ja nicht alle später als Kundenberater eingesetzt werden müssten. Ein Betriebsrat machte daraufhin seinen Unmut deutlich: »Es gibt Leute, die könnte ich einzeln-----. Trotzdem bemühe ich mich um einen verbindlichen Ton, weil ich die Leute brauche.«[118] Der Betriebsrat beharrte darauf, es gebe Verhaltensweisen von kaufmännischen Auszubildenden, die mit einer Lernzielkontrolle nicht zu erfas-

113 Harald Schartau an Walter Riester, IG Metall-Bezirksleitung Stuttgart, 8.4.1980, in: AdsD, 5/IGMA-22-0661.

114 Mit Bezügen auf die dilatorische Haltung von Betriebsräten vgl. Horst Richter an Walter Scherb, im Hause, 22.6.1977, in: AdsD, 5/IGMA-22-0369; Aktennotiz Thomas Händel an Volkmar Heusel und Jürgen Peters, 6.2.1980, in: AdsD, 5/IGMA-22-0380.

115 Rudi Behrendt an Georg Benz, 20.11.1975, in: AdsD, 5/IGMA-22-0435.

116 Niederschrift über das Gespräch zwischen IG Metall Vorstand, Abteilung Jugend, und Vertretern der Gesamtbetriebsräte und Gesamtjugendvertretungen am 22. Januar 1976 in Frankfurt a. M., 23.1.1976, in: AdsD, 5/IGMA-22-0351.

117 Der Entwurf sah vor, dass nur »zu vermittelnde Kenntnisse« aufgeführt werden sollten und dann in fünf Stufen der Lernerfolg notiert und begründet werden sollte. Subjektive Beurteilungen fehlten ganz. Beurteilungsbogen für Auszubildende: Entwurf, undatiert, Abteilung Jugend der IG Metall, in: AdsD, 5/IGMA-22-0435.

118 Entwurf Protokoll über die Sitzung mit GBR, GJV der Siemens AG und Vertretern der IG Metall über Beurteilungsbögen, Frankfurt a. M. 26. Okt. 1977, 05/Be/bb, S. 6. In: AdsD, 5/IGMA-22-0726.

sen seien. Da die Beurteilung für eine Übernahme wichtig sei, müsse sie auch Auskünfte über das Verhalten geben. Als Rudi Behrendt soziale Gründe für eine Übernahme erwähnte, antwortete der Betriebsrat: »Das macht kein Betriebsrat. Er kann sich nicht gegen die Notwendigkeiten des Betriebes richten.«[119] Auch bei der gewerblichen Ausbildung sahen die Betriebsräte die Notwendigkeit, bestimmte Verhaltensweisen zu beurteilen. Ergebnis der Sitzung war, dass der Gesamtbetriebsrat den aktuellen Beurteilungsbogen bei Siemens AG ablehnen sollte, auch um das Unternehmen zu einer Stellungnahme in dieser Sache zu bringen.

Im September 1977 trafen sich die Angehörigen der Abteilung Jugend und Ulrich Mignon von der Abteilung Berufliche Bildung mit den für Jugend zuständigen Bezirkssekretären. Anlass war, wie Bernhard Wurl ausführte, dass Beurteilen und Bewerten seit 1975 ein Problem mit großem Konfliktpotential sei. Nun sollte eine einheitliche Sprache in allen Bezirken gefunden werden. Die drei Bezirkssekretäre aus Nordrhein-Westfalen berichteten über die Verhandlungen des Manteltarifvertrages. Willi Klöcker, Aloys Heeke und Bernhard Kolks waren zufrieden mit den Ergebnissen, da die Widerstände für reine Lernzielkontrollen zu groß gewesen seien. Es waren einerseits die Arbeitgeber, die auf Bewertungen bestanden, aber Willi Klöcker erwähnte auch: »Unsere BR [Betriebsräte] sind der Auffassung, daß irgendwo das Verhalten des Einzelnen behandelt werden muß.« Zudem würden Betriebsräte und auch manche Jugendvertretung die Prämienzahlungen für Noten akzeptieren.[120] Die Abteilung Jugend der IG Metall riet bei Anfragen immer wieder, Beurteilungsbögen abzulehnen, in denen noch Persönlichkeitsmerkmale abgefragt wurden und übersandte Musterentwürfe, um den Jugendvertretungen konkrete Vorschläge an die Hand zu geben.[121] Der erste Erfolg in einem Großunternehmen war im Dezember 1977 bei der Adam Opel AG zu verzeichnen, als Gesamtbetriebsrat und Unternehmensvorstand die Einführung einer reinen lernzielorientierten Beurteilung beschlossen. Es wurden nur messbare Ergebnisse zur Grundlage genommen, wie Toleranzen oder Maßhaltigkeit an den bearbeiteten Werkstücken. Diese wurden mit Punkten bewertet und daraus abgeleitet, ob das Lernziel erreicht sei.[122] Die Betriebsjugendgruppe hob hervor, dass sie bei der Durchsetzung strategisch vorging: erst wurde die subjektive Bewertung mit Auszubildenden diskutiert, dann die Forderung nach Abschaffung auf einer Jugendversammlung gegenüber der Geschäftsleitung erhoben. Mit Verweisen auf Betriebsverfassungsgesetz

119 Ebd., S. 13.

120 Entwurf: Protokoll über das Gespräch über §11 des MTV für NRW am 15.9.1977 in Sprockhövel, S. 5, in: AdsD, 5/IGMA-22-0339.

121 Vgl. Wilhelm Holl, Mainz, an Abteilung Jugend der IG Metall, 7.3.1974 sowie Rudi Behrendt an Wilhelm Holl, Magirus Deutz, 6.5.1974, beide in: AdsD, 5/IGMA-22-0435.

122 Betriebsvereinbarung und Vordruck des Beurteilungsbogens in: Abteilung Bildungswesen/Bildungspolitik der IG Metall (Hrsg.), Erziehung und Anpassung im Betrieb, Arbeitsheft 880, Frankfurt a. M. 1978, S. 103-117.

und Grundgesetz wurde auch der Kontakt zu den Ausbildern gesucht. Da auch einzelne Betriebsräte gewonnen wurden, gelang schließlich die Einführung, und niemand müsse Angst haben, »wegen langer Haare oder so« negativ beurteilt zu werden.[123] Bei der Adam Opel AG war die erste Lernzielkontrolle im Sinne der Abteilung Jugend der IG Metall vereinbart, die daher als Mustervereinbarung verteilt wurde.[124] Neben der Adam Opel AG wurden im August 1977 gerade in zwei weiteren Betrieben – darunter das Bildungswerk des DGB Rhein/Neckar – Lernzielkontrollen vereinbart.[125]

Bei dieser langsamen Implementierung bildeten neben betrieblichen Vereinbarungen übergreifende Regelungen durch Tarifverträge die zweite Strategie der IG Metall. Hier hatte der Bezirk Baden-Württemberg die führende Rolle. 1971 war im Kreise einiger Jugendfunktionäre die Idee aufgekommen, einen eigenen Manteltarifvertrag für Auszubildende abzuschließen, um Forderungen aus der Lehrlingsbewegung in eine verrechtlichte Form zu bringen.[126] Verhandlungen über einen Manteltarifvertrag für Auszubildende wurden seit 1973 zwischen den Tarifpartnern geführt[127], aber erst am 13. September 1978 wurde ein zum 1. Januar 1979 wirksamer Manteltarifvertrag für Auszubildende abgeschlossen, in dem auch die Lernzielkontrolle festgeschrieben wurde.[128] Der Bezirksleiter Franz Steinkühler hielt euphorisch fest: »Wir haben dieses ›Erziehungsmittel‹ der Arbeitgeber außer Kraft gesetzt. Damit darf es künftig keine Beurteilungsbögen mehr geben, die persönliche Beurteilungsmerkmale enthalten.«[129] Der Abschluss fand Beachtung innerhalb der Gewerkschaften, da er als Pilotabschluss für die anderen Bezirke galt.[130] Steinkühlers Einschätzung, der Abschluss habe die Solidarität zwischen alt und jung gezeigt, wurde von Akteuren der IG-Metall-Jugend relativiert. Der OJA der IG Metall in Bretten-Bruchsal notierte in seinem Geschäftsbericht, dass die Unterstützung der älteren Kollegen in dieser Frage nicht

123 Darstellung der Betriebsjugendgruppe Opel in: OJA-Info der Verwaltungsstelle Darmstadt der IG Metall (1977), in: AdsD, 5/IGMA-22-0364.

124 Horst Richter an Rudi Hahn, Gesamtbetriebsrat Opel, 19.1.1978, in: AdsD, 5/IGMA-22-0369.

125 Die Betriebe waren: Graubremse in Heidelberg, Olympia Thyssen Henrichshütte und Thyssen Schalker Verein, BBC, Thyssen Ruhrort, Stahlwerke Südwestfalen. Horst Richter an Anita Nickels, GJV der Neunkircher Eisenwerk AG, 2.8.1977, in: AdsD, 5/IGMA, 22-354.

126 Rainer Fattmann, Strategie Zukunft. 60 Jahre IG Metall Baden-Württemberg, hrsg. vom IG Metall-Bezirk Baden-Württemberg, Stuttgart 2010, S. 44.

127 IGM-Bezirk Stuttgart, Forderungen zum neuen Manteltarifvertrag für Auszubildende, Argumente, Hinweise, o. O. o. J. (Stuttgart 1974), S. 1; Verwaltungsstelle Esslingen, Arbeitgeber sind ›verstockt‹, *Der Gewerkschafter* 26, Nr. 6, Juni 1978, S. 25.

128 Günther Güner, Endlich geschafft! Manteltarifvertrag der IGM Baden-Württemberg unter Dach und Fach, *Solidarität* 29 (Oktober 1978), Nr. 10, S. 6 f.

129 Jugend-Info IGM der Bezirksleitung Stuttgart: Manteltarifvertrag für Auszubildende: Erfolg unserer Solidarität, Stuttgart 1979, in: AdsD, 5/IGMA-22-1106.

130 Die gewerkschaftlichen Monatshefte druckten z. B. die Passagen ab, für die es keine bundesweite gesetzliche Regelung gab. Vgl. Dokumentation, in: *zib-info* Nr. 7 (1979), S. 448-451.

sehr groß gewesen sei.[131] 1980 wurde aus dem Bezirksjugendausschuss Baden-Württemberg berichtet, dass die Umsetzung der Bestimmungen des Manteltarifvertrages zu einem Schwerpunkt der Arbeit im Bezirk Stuttgart geworden sei. Umstritten waren dabei vor allem die kostenlose Arbeitskleidung, das Fahrtgeld zur Berufsschule, präzise Ausbildungs- und Versetzungspläne sowie die Beurteilungsbögen. Etwas resigniert wurde festgehalten: »Ferner zeigte sich übereinstimmend, daß viele Betriebsräte die Durchsetzung nicht entsprechend unterstützten und daß durch die hohe Fluktuation im Ausbildungsbereich die ständige Information der Azubis zu einem Problem wird.«[132] Die Probleme bei der Umsetzung des Manteltarifvertrages sollen anhand einiger Bereiche betrachtet werden.

Es gab wohl nur wenige Rechtsbereiche, in denen zwischen Regelung und Ausführung so große Differenzen bestanden wie bei Tarifverträgen. Bei einer Überprüfung der Umsetzung in der Verwaltungsstelle Heilbronn/Neckarsulm im Juli 1979 zeigte sich, dass die Mehrzahl der untersuchten Betriebe entweder kein Beurteilungssystem hatte oder die alten einfach fortsetzte. Nur im Werk von Audi NSU in Neckarsulm war schon vorher eine Lernzielkontrolle eingeführt worden.[133] Der Bezirksjugendausschuss der IG Metall beschloss auf einem gemeinsamen Zeltlager im Sommer 1980, auf Jugendversammlungen Aktionen durchzuführen, um die Umsetzung der Vereinbarungen zusammen mit den Auszubildenden zu überprüfen.[134] Eine Aktion zu den Bewertungsbögen hatte es im Frühjahr 1980 schon bei Porsche in Stuttgart-Zuffenhausen gegeben. Dort fanden die alten Bewertungsbögen weiter Verwendung. Als negative Beurteilungen über zwei Auszubildende verfasst wurden, weigerte sich »ein ganzes Lehrjahr« von KfZ-Mechanikern, die Bögen zu unterschreiben. Allerdings wurde von der IG-Metall-Jugend Stuttgart auch notiert, dass das Interesse an dem Thema abnahm: Es sei »langsam eine leidige Geschichte«, und manche der Jugendlichen in den Betrieben »können das Wort schon nicht mehr hören«.[135] Die Lehre, die aus diesem Befund gezogen wurde, seien gemeinsame Aktionen, aber auch notfalls Klagen vor dem Arbeitsgericht.[136] Die Abschaffung der Beurteilungsbögen wurde vor allem von den Jugendvertretungen vorangetrieben, die sich eine geringere Kontrolle des individuellen Verhaltens davon erhofften.

131 Ortsjugendkonferenz 1978 IG Metall, Vwst. der IG Metall Bretten-Bruchsal, in: AdsD, 5/IGMA-22-1106.

132 Ortsjugendkonferenz 1980 – Rechenschaftsbericht des OJA der IG Metall Stuttgart, in: AdsD, 5/IGMA-22-1106.

133 Jugend IG Metall: Manteltarifvertrag für Auszubildende. Stand der praktischen Umsetzung in den Betrieben der Verwaltungsstelle, Verwaltungsstelle Heilbronn/Neckarsulm, 30.7.1979, in: AdsD, 5/IGMA-21-0179.

134 Bezirksjugendausschuß beschließt Aktion zur Durchsetzung des Manteltarifvertrages für Auszubildende im Bezirk Stuttgart, in: *Solidarität* Nr. 7, 1980, S. 6f.

135 »Beurteilungsbögen – ein Lichtblick«, in: IG Metall-Jugend Info April/Mai 1980 (Vwst. Stuttgart), S. 11-12, S. 11, in: AdsD, 5/IGMA-22-0410.

136 Ebd.

Lernzielkontrollen sollten zur Überprüfung der Ausbildungsqualität dienen, ohne das soziale Verhalten zu thematisieren. Vor diesem Hintergrund versuchte die IG-Metall-Jugend, ihren Mitgliedern die negativen Auswirkungen der Beurteilungsbögen zu verdeutlichen. Die Betriebsjugendgruppe von Thyssen in Duisburg-Hamborn entwickelte ein Rollenspiel zum Thema, welches sie auf einer Einstellungsfeier für neue Auszubildende aufführten, und »viele der 150 Kolleginnen und Kollegen bestätigten uns, daß sie nach dem Rollenspiel die Nachteile des alten Beurteilungssystems viel klarer erkannten als vorher« hieß es in einem Bericht. [137] Auf einer Jugendversammlung der Darmstädter Jakob Nohl GmbH verteilten im Mai 1981 die Jugendvertreter einen »VERurteilungsbogen«, und kamen in der Diskussion zu dem vorhersehbaren Ergebnis, dass »dieser Bogen voll von persönlicher Beurteilung ist, und dass man mit diesem Bogen den Stand seiner Ausbildung wohl kaum kontrollieren kann«. Es stimmten schließlich 33 für Lernzielkontrollen, 16 für die völlige Abschaffung und einer für die Beibehaltung des alten Bogens.[138] Zugleich berichtete die Jugendvertretung auch, dass sie mit den Betriebsräten in dieser Sache nicht zusammenarbeiten könne. In der Verwaltungsstelle Darmstadt beteiligten sich von 47 Betrieben, in denen Jugendvertretungen existierten, 25 an einer Umfrage zu Beurteilungsbögen. Acht kannten überhaupt keinen, in 16 Betriebe wurde die »Denk und Lernfähigkeit, die Belastbarkeit, die Arbeitsgüte, die Ausdauer und der Fleiß« beurteilt, bei drei Betrieben gekoppelt mit Prämienzahlungen. Allein bei der Opel AG in Rüsselsheim gebe es eine lernzielorientierte Beurteilung.[139] Die Verwaltungsstelle Ludwigsburg meldete im Sommer 1981, dass von 21 Betrieben nur sechs einen Beurteilungsbogen entsprechend dem Manteltarifvertrag hatten.[140]

Zudem verwiesen die Unternehmen auf eine unterschiedliche Auslegung des BBiG. Dieses bestimmte, dass Leistung und Führung dem Auszubildenden zu bescheinigen sei. Die meisten Unternehmen verstanden Beurteilungsbögen daher als Grundlage für ein Arbeitszeugnis.[141] Auch in Baden-Württemberg hielten viele Unternehmen nach Abschluss des Manteltarifvertrages am Beurteilungsverfahren fest. Der Verband der Metallindustrie Baden-Württemberg wandte sich im Juni 1980 an die Bezirksleitung der IG Metall, um den Streitpunkt zu besprechen. Für ein Zeugnis bräuchte man eine Grundlage, die von den Betriebsparteien zu regeln sei. Allerdings sei man nicht weit auseinander:

137 »Betriebsjugendgruppen – was machen die eigentlich?«, in: Dampf, Wenn wir nichts ändern, ändert sich nichts!«, hrsg. vom OJA der IG Metall Verwaltungsstelle Duisburg 1978, in: AdsD, 5/IGMA-22-0188.

138 Bericht von der letzten Jugendversammlung, in: Der Zollstock, für die Auszubildenden der Jakob Nohl GmbH, Mai 1981, S. 2, in: AdsD, 5/IGMA-22-0408.

139 Geschäftsbericht des OJA der Vwst. Darmstadt 1981/82, S. 17, in: AdsD, 5/IGMA-22-0493.

140 IG Metall Verwaltungsstelle Ludwigsburg (Hrsg.), IG Metall Verwaltungsstelle Ludwigsburg 1981-1983, Ludwigsburg o. J. (1984), S. 32.

141 Ulrich Mignon an Rudi Behrendt, 1.7.1975, in: AdsD, 5/IGMA-22-0435.

»Ihre Einwände betrafen nur noch verschiedene bestimmte Ausprägungen von Beurteilungsmerkmalen – Haartracht, Kleidung, Sauberkeit – und von Stufenbeschreibungen – liederlich, frech. Solche Beispiele wollten auch wir nicht zum Gegenstand eines Beurteilungsverfahrens gemacht sehen.«[142] Rechtlich blieb diese Frage in der Schwebe. Zwar hatte das Bundesministerium für Bildung und Wissenschaft seit Sommer 1981 mehrmals erklärt, dass personenbezogene Beurteilungen aufgrund der Bestimmungen im BBiG rechtlich nicht unzulässig seien, die Tarifpartner allerdings andere Regelungen vereinbaren könnten.[143] Die Abteilung Jugend der IG Metall widersprach dieser salomonischen Entscheidung und vermutet, im Ministerium werde das politische Interesse der Arbeitgeber nicht verstanden: »Durch Persönlichkeitsbeurteilung wollen die Arbeitgeber nicht, wie im Schreiben vom 19.9.1981 geschlussfolgert wird, über das bloße technokratische ›Abrichten‹ hinaus einen Beitrag zur Humanisierung des Arbeitslebens leisten, sondern genau das ›reibungslose‹ und ›roboterhafte‹ Funktionieren der Arbeitnehmer erreichen.«[144]

Bei diesem hier aufgefächerten Themenfeld ging es jugendlichen Aktivisten im Betrieb um eine spezifische Form der Selbstbestimmung: Den Ausbildern sollte die Möglichkeit genommen werden, über Persönlichkeitsmerkmale zu urteilen und so normierenden Druck auf den Einzelnen auszuüben. Leistungsbewertungen sollten nicht mehr gebunden werden an die Gesamterscheinung einer Person, sondern anhand der konkret erlernten Fähigkeiten beschrieben werden. Die Berufsausbildung erhielt durch Lernzielkontrollen und die in persönlichen Bewertungen abgeschwächten Beurteilungsbögen einen stärker pädagogisch-fachlichen Charakter, mit dem eine offensichtliche Disziplinierung durch einen »heimlichen Lehrplan des Betriebes« zurückgedrängt wurde. Dass Betriebsräte Vorbehalte äußerten und nur teilweise die gewerkschaftliche Beschlusslage umsetzten, hing nicht nur mit der oft nachgeordneten Bedeutung von Jugendthemen im Betrieb zusammen. Sie ergab sich auch daraus, dass viele Betriebsräte selbst eine persönlich geprägte Bewertung von Auszubildenden für notwendig erachteten. Eine Ausnahme war der Betriebsrat der Hapag-Lloyd GmbH in Bremen, der nicht nur den Klageweg, sondern auch einen Erziehungsauftrag der Unternehmen mit Hinweis auf die nationalsozialistische Vergangenheit zurückwies: »In diesem Zusammenhang sollte kurz auf die leidvolle Geschichte Deutschlands hingewiesen werden, in der zu einer bestimmten Zeitepoche durch staatliche Verfügung die Betriebe bereits schon einmal diesen Erziehungsauftrag hatten.«[145] Die Diskussionen um die Beurteilungsbögen zeigen

142 Verband der Metallindustrie Baden-Württemberg e.V., Stuttgart, an IGM-BL Stuttgart, 30.6.1980, in: AdsD, 5/IGMA-22-0474.

143 Bundesminister für Bildung und Wissenschaft (Fredebeul) an Vorstand IGM, 8.9.1982, in: AdsD, 5/IGMA-22-1037.

144 Georg Benz/Hans Preiss an Bundesminister Bildung und Wissenschaft Björn Engholm, 30.7.1982, in: AdsD, 5/IGMA-22-1010.

145 Vorabinformation über das Einigungsstellenverfahren zur Einführung lernzielorientierter Beurteilung in der HAPAG-LLOYD-Werft GmbH, darin Schreiben des

die Schwierigkeiten, denen Jugendvertretungen trotz der Unterstützung durch die Abteilung Jugend der IG Metall in den Betrieben begegneten. Allerdings trugen die Diskussion und zunehmende Rücknahme von persönlichen Bewertungen dazu bei, den verhaltensnormierenden Charakter der Berufsausbildung auf eine fachliche Leistungserbringung zurückzudrängen.

Betriebsrates an den Vorsitzenden der Einigungsstelle vom 14.7.1980, in: AdsD, 5/IGMA-22-0441.

3.4. Machtkämpfe der Funktionäre – Auseinandersetzungen um die kommunistische Unterwanderung 1978-1979

In der zweiten Hälfte der 1970er Jahre waren es nicht allein Veränderungen bei jugendkulturellen Vergemeinschaftungssformen und ökonomische Krisenerscheinungen, die Probleme bereiteten, Jugendliche für gewerkschaftliche Aktivitäten zu gewinnen. Auch politische Auseinandersetzungen zwischen den Gewerkschaften belasteten die Jugendarbeit vor allem auf der mittleren und höheren Funktionärsebene. Die Krise der Gewerkschaftsjugend bedrohte insbesondere die DGB-Jugendarbeit. In der öffentlichen Wahrnehmung präsentierte sich die Gewerkschaftsjugend als eine zerstrittene Organisation. Es ging in den Konflikten um die Frage, wer die eigentliche Mitgliederbasis legitim vertrete, welche Konzeption von Jugendarbeit hilfreich sei und wie auf veränderte Ansprüche der Jugend reagiert werden müsse. Die Debatte nahm verschiedene Wege, die für eine adäquate Behandlung dieses Themas unterschieden werden müssen. Die erste Phase der Auseinandersetzung lag zwischen 1975 bis 1977, als es vordergründig um die zielführende Strategie der gewerkschaftlichen Jugendarbeit ging. In diese theoretischen Diskussionen unter Funktionären waren die Kernelemente des zu Beginn des Jahres 1978 offen ausbrechenden Konflikts bereits eingeschrieben. Ein wichtiger Punkt war hierbei der Einfluss der SDAJ und damit der DKP auf die gewerkschaftliche Jugendarbeit. Hinter dieser, vor allem die öffentliche Wahrnehmung dominierenden Frage nach der »kommunistischen Unterwanderung« der Gewerkschaften, standen ältere Konfliktlinien zwischen offener und betriebsgebundener Jugendarbeit und Diskussionen um einen leitfadengestützten oder erfahrungsorientierten Ansatz in der Bildungsarbeit. Für die Erosion der politischen Arbeiterbewegung spielte diese Debatte implizit eine wichtige Rolle, da es auch um eine angemessene Modernisierung der Gewerkschaften angesichts sich ausdifferenzierender Sozialstrukturen ging. Die Konfliktpartner waren auf der Funktionärsebene relativ klar verteilt. Einen eher traditionalistischen Ansatz bei der gewerkschaftlichen Jugendarbeit und eine fast mantrahafte Beschwörung der Einheit der Gewerkschaften vertraten zuallererst die IG Metall, aber auch die HBV, die Deutsche Postgewerkschaft (DPG) sowie Teile der ÖTV und der IG Druck und Papier. Für eine stärkere Öffnung der gewerkschaftlichen Jugendarbeit und eine weniger politisierte Freizeitarbeit stand ein Bündnis der sozialpartnerschaftlich orientierten Gewerkschaften wie IG Bergbau und Energie, IG CPK und IG Bau Steine Erden (BSE) und große Teile der DGB-Jugendabteilung. Hier vor allem engagierten sich auch links-undogmatische Protagonisten, die sich um den ehemaligen Bundesjugendsekretär der IG CPK, Hinrich Oetjen, in der Bundesjugendschule des DGB in Oberursel sammelten. Die DGB-Landesbezirke waren zerstritten. Insbesondere Niedersachsen, Bayern und Hessen hielten in weiten Teilen zur IG Metall. Diese grobe Zuteilung der Kontrahenten sollte nicht verdecken, dass trotz einer zum Teil persönlich vergifteten Stimmung auf der mittleren und höheren Funktionärsebene und lokaler Konflikte der Großteil der aktiven Gewerkschaftsjugendlichen in der alltäglichen Arbeit von dem Konflikt nicht unbedingt betroffen war. Kritische Beobachter gingen schon zeitgenössisch von einem politischen Machtkampf zwischen führenden Funktionären aus.[1] Betrachtet man den Verlauf des Konfliktes ist diese Einschätzung nicht ganz von der Hand zu weisen. Dennoch lagen die Ursachen tiefer. Neben prinzipiellen Verständigungen ging es auch um die Öffnung gegenüber neuen politischen Formen in den Jugendkulturen und eine offene Jugendarbeit und darum, für die Neuen Sozialen Bewegungen auch in den Gewerkschaften mehr Resonanzraum zu schaffen.

Die IG Metall hielt dabei den Anspruch hoch, dass ihre Jugendarbeit nicht von der Gesamtorganisation abgekoppelt werde. Es ist in den vorangegangenen Kapiteln gezeigt worden, dass mit dieser Strategie die Integration von Akteuren aus der Lehrlingsbewegung gelang. Gegen eine linke Radikalisierung und vor allem die maoistischen Gruppen wirkten die verrechtlichte Struktur der industriellen Beziehungen, aber auch die Unvereinbarkeitsbeschlüsse von 1973. Anders verhielt es sich mit dem Einfluss der SDAJ und der DKP. Diskussionen um das Verhältnis zu den beiden Organisationen waren seit 1969 in den Gewerkschaften immer wieder geführt worden. Für die Gewerkschaftsfunktionäre stellte das Engagement der SDAJ eine Herausforderung dar, ihren anfänglichen Mobilisierungserfolgen stand man etwas ratlos gegenüber. 1969 hatte der DGB-Bundesvorstand die Zusammenarbeit mit der DKP untersagt, der Hamburger Kreisvorstand des DGB folgte ihm darin.[2] Aber dieses Verbot war in der alltäglichen Praxis nicht aufrechtzuerhalten, viele SDAJ-Mitglieder engagierten sich in der Gewerkschaftsjugend. 1970 hatte der Hamburger Pressesprecher des DGB Wolfgang Otte in einem Artikel in der *Welt der Arbeit* offen angesprochen, dass der stellvertretende Vorsitzende des DGB-KJA in Hamburg Mitglied der SDAJ sei und seinen Parteigremien über interne Angelegenheiten berichte.[3] Namentliche Angriffe auf SDAJ-Vertreter kamen jedoch selten vor; es wurde vor allem intern darüber diskutiert. Seitens der mit der Jugendarbeit befassten Funktionäre gab es eine implizite Anerkennung der SDAJ. So sprach Hinrich Oetjen, später einer der schärfsten Kritiker des SDAJ-Einflusses innerhalb der Gewerkschaften, im Juni 1970 auf einer Diskussionsveranstaltung des Bonner Allgemeinen Studenten Ausschusses (AStA) an, dass die SDAJ »zielbewußt innerbetriebliche Probleme aufgreife, die Jugendlichen berate und durch Aktionen für die Verbesserung der Ausbildungssituation kämpfe. Sie unterstütze damit konstruktiv

1 Karl Lauschke, Ins Schwarze getroffen?, in: *express. Zeitung für sozialistische Betriebs- und Gewerkschaftsarbeit*, 17. Jg., Nr. 10, 18.10.1979, S. 3-4.

2 Protokoll der DGB-Kreisvorstandsitzung Hamburg, 14.1.1969, in: FZH, 554-1-1 Gewerkschaften Hamburg Kreisvorstand Protokolle 1969 (DGB).

3 Wolfgang Otte, Reformer im Abseits, in: *Welt der Arbeit* Nr. 24, 12.6.1970, S. 7; Protokoll der DGB-Kreisvorstandssitzung, 24.10.1970, in: FZH, Gewerkschaften Hamburg Kreisvorstand Protokolle 1970 II.

den Kampf von Gewerkschaftsjugend und Jugendvertretern.«[4] Nicht wenige der für die Jugendarbeit zuständigen Gewerkschaftsfunktionäre respektierten den Arbeitseifer der SDAJ und scheuten gemeinsame Auftritte und lokale Zusammenarbeit nicht. Aber solches Verhalten sollte nicht als Zustimmung zu politischen Positionen der SDAJ verstanden werden. Es zeigte vielmehr, dass der antistalinistische Anti-Kommunismus in den Gewerkschaften an Rückhalt verloren hatte und die SDAJ als Sammelbecken aktiver Jugendlicher anerkannt wurde. Institutionell blieb die Abgrenzung für die Funktionäre jedoch Bedingung. Der SDAJ-Kongress »Arbeiterjugend contra Monopole« im Sommer 1971 wurde von der Gewerkschaftsjugend, anders als der Juso-Lehrlingskongress einige Monate zuvor, nicht unterstützt und auch nicht zur Teilnahme aufgerufen.[5]

Die IG Metall hatte, wie auch die anderen Gewerkschaften, die Unvereinbarkeitsbeschlüsse 1973 nicht auf die DKP und die SDAJ ausgeweitet. Das wichtigste Argument für diese Ausnahme war in fast allen Diskussionen, dass sich deren Mitglieder loyal zu Gewerkschaftsbeschlüssen stellten. Trotz mancher Irritationen bei IG-Metall-Funktionären über das SDAJ-Engagement war kein ernsthafter Versuch erkennbar, einen Unvereinbarkeitsbeschluss herbeizuführen. Dies lässt sich wohl nicht allein – wie es damals geschah – organisationssoziologisch erklären, indem die Loyalität der orthodoxen Kommunisten als innergewerkschaftlicher Ordnungsfaktor insbesondere gegenüber den maoistischen Strömungen hervorgehoben wurde.[6] Die Akzeptanz resultierte auch aus dem mit der neuen Ostpolitik gewandelten Verständnis gegenüber der DDR und wohl auch der langjährigen Zugehörigkeit von orthodoxen Kommunisten zu den Gewerkschaften. Auch in den Betrieben wurden DKP-Angehörige zumeist trotz ihrer parteipolitischen Zugehörigkeit gewählt. Die IG Metall agierte gegenüber der DKP wie auch gegenüber Ostkontakten reservierter als andere Gewerkschaften. Obwohl von der IG-Metall-Jugend häufiger gefordert, erfolgte eine offizielle Delegationsreise des IG-Metall-Vorstandes in die DDR erst im November 1973.[7] Die für die DDR-Seite überraschende Einladung zur 10. Jugendkonferenz der IG Metall in Oberhausen im Mai 1974 stand unter einem unglücklichen Stern. Bundeskanzler Willy Brandt war wenige Tage zuvor zurückgetreten, nachdem sein Referent Günter Guillaume als Stasi-Agent enttarnt worden war. Die Delegation aus der DDR bestand aus zwei Mitgliedern der IG Metall im FDGB.[8] Sie wurden nicht ausgeladen, aber – wie Georg Benz sie vor Beginn der Konferenz

4 Gewerkschafter und Studenten im Kampf gegen Formierung und Disziplin, in: *Gewerkschaftsspiegel* Nr. 12, 28.6.1970, S. 15.

5 Rundschreiben Franz Woschech/Walter Haas an die DGB-Kreise, 5.5.1971, in: FZH-555-6-0 Gewerkschaften Jugend Allgemeines, 1968-1984.

6 So die Argumentation bei Flechtheim u. a., Marsch der DKP.

7 Vgl. Abschlussbericht über den Studienbesuch einer Delegation des Vorstandes der IG Metall im DGB in der DDR, FDGB Zentralvorstand IG Metall, Berlin 29.11.1973, in: BStU-Zentralarchiv, MfS HH II Nr. 39961, Bl. 109-125; dort auch weiteres Material.

8 Es waren Dieter Bach und Günter Kriegel, vgl. Protokoll 10. ordentliche Jugendkonferenz, S. 472.

informierte – auch nicht offiziell begrüßt. Die beiden DDR-Vertreter achteten in der Folge darauf, ob sie von IG-Metall-Funktionären wahrgenommen oder ignoriert wurden und berichteten an den Zentralvorstand der IG Metall im FDGB detailliert von kleinen symbolischen Kämpfen – so um einen Wimpel mit DDR-Fahne an ihrem Platz – und dem großem Zuspruch, den sie vor allem von den jungen Delegierten erfahren hätten.[9] Zwischen den beiden deutschen Gewerkschaften gleichen Namens gab es auch in den Folgejahren kritische Situationen. Als im Juni 1975 der stellvertretende IG-Metall-Vorsitzende Hans Mayr und sein Referent Otmar Günther zu Gesprächen über neue Kontaktaufnahmen nach Riesa reisten, wurden sie wegen einer Lappalie ausgewiesen: Sie hatten in einer Werkskantine des Röhrenkombinats Riesa um 4.00 Uhr morgens einen Kaffee getrunken und mit Betriebsangehörigen ohne Begleitung gesprochen, was die IG-Metall-Vertreter der DDR als Bruch der Gastfreundschaft ansahen und daher die Gespräche beendeten.[10] Es dauerte fast ein Jahr, bis der Gesprächsfaden zur Metallgewerkschaft der DDR wieder aufgenommen wurde. Die Abteilung Jugend lud auch Wolfgang Biermann im Oktober 1976 ein, im Rahmen des Jugendmonats der IG Metall aufzutreten. Diesen Auftritt am 13. November 1976 in Köln nutzte die SED-Führung, um die bereits länger geplante Ausbürgerung Biermanns vorzunehmen. Bernhard Wurl hat im Nachhinein behauptet, die Abteilung Jugend habe mit der Einladung ein deutliches Zeichen gegen Berufsverbote in West und Ost setzen wollen, auch gegen die »dummen und platten Argumente« der SDAJ in dieser Frage.[11]

Das Verhältnis der IG Metall zur DDR wie auch zu ihren westlichen Ablegern blieb ambivalent, es war von einer pragmatischen Akzeptanz geprägt. Gegenüber orthodoxen Kommunisten gab es ein ungeschriebenes Gesetz. Sie konnten ehrenamtliche Funktionen ausüben, aber eine Festanstellung innerhalb des gewerkschaftlichen Apparates war faktisch ausgeschlossen.[12] Zwar gab es bei anderen Gewerkschaften Ausnahmen, so als bei der HBV 1979 mit Ingrid Schuster

9 Vgl. Information über die Teilnehmer einer Delegation des Jugendausschusses des Zentralvorstandes der IG Metall im FDGB an der 10. Jugendkonferenz der IG Metall im DGB vom 9.-11.5.1974 in Oberhausen, verfasst Vorsitzender FDGB Zentralvorstand IG Metall (Reinhard Sommer), Berlin 14.5.1974, in: BA, DY 34 13492.

10 Vgl. Berichte und Einschätzungen zum Vorfall bei: Harnisch, Büro der Leitung (II) an 1. Stellvertreter des Ministers, Gen. Generalleutnant Beater, Berlin 22.7.1975, in: BStU-Zentralarchiv MfS HH II Nr. 39961, Bl. 165-193. Die IG Metall wartete einige Tage, bis sie den Vorfall den Medien bekanntgab. Vgl. Besucher abgeschoben. Frankfurter Gewerkschafter betrat bei DDR-Besuch ›unbefugt‹ eine Werkskantine, in: *Nürnberger Nachrichten*, 3.7.1975; »Nach einem Kantinengespräch abgeschoben«, in: *Frankfurter Rundschau*, 3.7.1974, »Brüderlicher Fußtritt«, in: *FAZ*, 3.7.1974; »Mit Arbeitern gesprochen – aus der ›DDR‹ ausgewiesen«, in: *Die Welt*, 3.7.1974.

11 Biermann wohnte die erste Zeit in Wurls Wohnung. Bernhard Wurl: Die Einladung, in: Biermann u.a., Ausbürgerung, S. 282-286, S. 283.

12 Jühe, Herkunft, S. 49; vgl. rückblickend über den Einfluss der DKP in den Gewerkschaften: Fülberth, KPD, S. 133.

ein Mitglied des DKP-Vorstandes in den Hauptvorstand der HBV gewählt wurde.[13] Die Einstellung von SDAJ- oder DKP-Mitgliedern, auch von ehemaligen, war aber bis weit in die 1980er Jahre nahezu unmöglich.[14] Als die CDU/CSU-Bundestagsfraktion im Juli 1979 eine Kleine Anfrage zur Gewerkschaftspolitik der DKP stellte und dabei auch 26 DKP-Mitglieder namentlich mit ehrenamtlichen Funktionen aufführte, waren darunter nur vier IG-Metall-Mitglieder.[15] Allerdings waren die Namen nicht korrekt zugeordnet, wie die Abteilung Jugend der IG Metall intern vermerkte. Der stellvertretende Vorsitzende des OJA in Bremen sei nicht in der DKP, sondern in der SPD, allerdings sei der nicht in der Kleinen Anfrage erwähnte Vorsitzende des OJA in der DKP. Die in der Anfrage aufgeführte stellvertretende Vorsitzende des IGM-Frauenausschusses in Flensburg sei nach ihrer Kandidatur für die DKP nicht mehr in der Position wiedergewählt worden.[16] Auch aus diesen Gründen erschien der IG-Metall-Führung die Aufregung um eine kommunistische Unterwanderung überzogen. Die hohen Einstellungshürden galten allerdings nicht für Referententätigkeiten in der Bildungsarbeit, wodurch in diesem Bereich viele Studierende, die der DKP nahestanden, Honorartätigkeiten ausüben konnten. Trotz ihrer rigiden Einstellungspolitik bei Hauptamtlichen war die IG Metall offen für engagierte kommunistische Mitglieder.

Die zwischen den Gewerkschaften schwelende interne Auseinandersetzung wurde Ende 1977 zu einer öffentlichen Diskussion. Die Befürchtung einer kommunistischen Unterwanderung wurde dabei von dem für Jugend zuständigen DGB-Vorstandsmitglied Karl Schwab angestoßen. Schwab, 1920 geboren, gehörte nach dem Krieg eine kurze Zeit der KPD an und war über die IG Metall zum DGB gekommen. Er operierte vorsichtig und mit Selbstzweifeln und war meist um Ausgleich zwischen den verschiedenen Gewerkschaften bemüht. Schon Ende 1973 hatte Schwab in einem Gespräch mit Heinz Oskar Vetter und den Landesbezirksvorsitzenden des DGB und der Abteilung Jugend des DGB einen zu großen Einfluss der SDAJ angesprochen. Schwab wies solche Befürchtungen noch als Ausnahmen zurück, aber Anfang 1975 notierte er: »Heute muß ich feststellen, daß der Einfluß der SDAJ-DKP und anderer außerhalb der Gewerkschaften stehenden Gruppen in der Gewerkschaftsjugend stärker als innerhalb der Gesamtorganisation ist.« Insbesondere in den Kreisjugendausschüssen des DGB hätte sich die SDAJ erfolgreich etabliert. Sie könne vor allem dann Funktionen besetzen, wenn »nicht genügend andere aktive und

13 Der Unterwanderweg ist lang, in: *Der Spiegel* Nr. 3, 14.4.1980, 14.1.1980, S. 38-41.

14 So wurde 1984 ein Bewerber, der 1977/78 der DKP angehörte, nicht als DGB-Landesjugendsekretär eingestellt, da seine politische Vergangenheit als »schwerwiegend eingeschätzt« wurde. Vgl. Horst Richter an Horst Klaus, 3.12.1984, in: AdsD, 5IGMA-22-0897.

15 Drucksache 8/3070, Deutscher Bundestag, 8. Wahlperiode, 19.7.1979.

16 Aktennotiz Kay Ohl an Georg Benz, 31.7.1979, in: AdsD, 5/IGMA-22-0370.

politisch qualifizierte Kollegen da sind«.[17] Die SDAJ konzentriere sich zudem auf die Arbeiterjugend, während die Jusos kaum Einfluss in den Betrieben hätten.[18] Schwab verneinte zwar einen gestaltenden Einfluss der SDAJ auf die Politik der Gewerkschaftsjugend, aber er befürchtete eine zunehmende Beeinflussung. Darauf könne jedoch nicht mit administrativen Maßnahmen geantwortet werden, sondern die Gewerkschaftsjugend müsse mehr »gewerkschaftspolitische Initiativen zu Jugendproblemen« entwickeln.[19]

Der allgemeine Linkstrend in der Gewerkschaftsjugend bedeutete für die Einheitsgewerkschaften in mehrfacher Hinsicht eine Herausforderung. Zum Bundestagswahlkampf 1975 tauchten in gewerkschaftlichen Einrichtungen politische Plakate auf, die zum Beispiel von dem sozialdemokratischen Künstler Klaus Staeck gestaltet, häufig ironisch-politische Kampfansagen insbesondere an die CDU enthielten. Dies blieb nicht ohne Resonanz. Staeck, dessen Plakatausstellungen häufiger kontroverse Aktionen hervorriefen, war auch innerhalb der Gewerkschaften umstritten. Der IG-Metall-Bevollmächtigte von Hagen, Helmut Wagner, entfernte im März 1976 in der Jugendbildungsstätte Hattingen des DGB 15 Plakate von Staeck, die in einer Ausstellung der ÖTV gezeigt wurden. An Heinz Oskar Vetter schrieb Wagner, dass diese »einseitige Hetze gegen die CDU/CSU und Kirche […] ein eindeutiger Verstoß gegen die politische Neutralität und Unabhängigkeit der Gewerkschaften« sei. Sein Protest sei zwar in der Form nicht ganz richtig, aber »auf einen groben Klotz gehört ein grober Keil und dazu fühlte ich mich als Gewerkschafter verpflichtet«.[20] Diese und andere Beschwerden nahm Schwab zum Anlass, im Juni 1976 die DGB-Landesvorsitzenden aufzufordern, trotz allen Verständnisses für die »beißende Ironie« mancher Plakate, für das Abhängen linker sowie kommunistischer und gegen die CDU gerichteter Plakate zu sorgen, da der Erhalt der Einheitsgewerkschaft wichtiger sei als die Sympathie für Karikatur und Ironie.[21] Dieser Aufforderung wurde kaum gefolgt, linke Plakate, gerade auch von Klaus Staeck, gehörten zur Grundausstattung vieler Büros und Räumlichkeiten der Gewerkschaftsjugend.[22] Für die DGB-Führung war es notwendig, die verschiedenen Interessen abzuwägen und den christdemokratischen Flügel nicht vollständig zu verprellen. Dies trug in den folgenden Jahren mit zur Brisanz der vorgeblichen kommunistischen Unterwanderung bei, die von manchen Funktionären als Angriff auf die Einheit

17 Karl Schwab: Situation der Jugendarbeit, undatiertes Papier (am 17.1.1975 an DGB-Landesbezirke versandt), in: AdsD, 5-IGMA-07-1855.

18 Dazu auch Schonauer, Kinder, S. 301 f.

19 Karl Schwab: Situation der Jugendarbeit, undatiertes Papier (am 17.1.1975 an DGB-Landesbezirke versandt), in: AdsD, 5-IGMA-07-1855.

20 Helmut Wagner an Heinz Oskar Vetter, 19.3.1976, in: AdsD 5-IGMA-22-0190.

21 Karl Schwab an die Mitglieder des DGB-Bundesvorstandes, die Landesbezirksvorsitzenden des DGB und die Jugendsekretäre, Abt. Jugend des DGB und die Jugendbildungsstätten, 23.6.1976, in: AdsD, 5-IGMA-07-1855.

22 Vgl. die Beschreibung eines Jugendvertretungsbüro bei: Nicola Löw-Beer, Jugendvertreter bei Opel: Kämpfen muß man immer, *Der Gewerkschafter* 25, Nr. 5, Mai 1977, S. 11-13.

der Gewerkschaften und die parteipolitische Neutralität verstanden wurde. Die Bedenken von Schwab und anderen Funktionären gegenüber dem Einfluss der SDAJ waren in der Strategiedebatte 1976 und 1977 noch nicht offen verhandelt worden. Die Abteilung Jugend der IG Metall analysierte auch Schwächen in der Jugendarbeit, ging aber nicht von einer tiefen Krise aus. Für die SDAJ selbst war die Strategiedebatte ein fragwürdiges Unterfangen. So meinte Peter Katzer, Mitglied im SDAJ-Bundesvorstand, 1977 in einer Arbeit zur Gewerkschaftsjugend, die er als Beitrag zur Strategiediskussion verstand[23], dass die Aktionen der Gewerkschaftsjugend 1975 Ausdruck einer neuen und starken Arbeiterjugendbewegung gewesen seien. Dass so wenig darüber berichtet worden sei, habe einen bestimmten Grund: »Es soll verschleiert werden, daß sich in den Jahren 1974/75 die breiteste und machtvollste Bewegung der Jugend zu sozial- und bildungspolitischen Fragen seit Bestehen der Bundesrepublik entwickelt hat«.[24] Der dann folgende Abriss von der Jugendpflege über die Lehrlingsbewegung hin zur betrieblichen Orientierung – meistens nahm Katzer hierfür Organisationserfolge der IG Metall als Beleg – sollte zeigen, dass die Gewerkschaften sich als »progressive« Kraft entwickeln würden. Katzer analysierte zwei Strömungen in den Gewerkschaften: einerseits die Gewerkschaften als Ordnungsfaktor im Kapitalismus, andererseits als Kampforganisation konsequent an den Interessen der Arbeitnehmer orientiert. Diese schematische Aufteilung musste näher erläutert werden: »Dabei treten die Positionen beider Grundströmungen oft sehr widersprüchlich in der Politik und Praxis der einzelnen Gewerkschaften und ihrer Funktionäre auf.« Die Gewerkschaftsjugend sei Teil der progressiven Strömung, was sich auch in einer Öffnung zur SDAJ zeige.[25] Katzer erwähnte die SDAJ nur einmal in seiner Arbeit, ansonsten erging er sich in allgemeinen Formulierungen wie »progressive Gruppen«, »demokratische Jugendorganisationen« oder »konsequente Interessenvertretung«. Die SDAJ unterstrich immer wieder die Erfolge der Gewerkschaftsjugend, kritische Diskussionen über Mobilisierungsprobleme sollten nicht zu einem Kurswechsel führen. Es bestand zwischen der SDAJ und Teilen der IG-Metall-Funktionäre in der Strategiediskussion eine Diskurskoalition: Beide Seiten betonten die Erfolge der gewerkschaftlichen Jugendarbeit und rückten die betriebliche Arbeit und ökonomische Problematiken ins Zentrum der Darstellungen.

Die Strategiediskussion zeigte auch auf lokaler Ebene Wirkung. Der OJA der IG Metall in Augsburg erklärte im Januar 1977 seinen Rückzug aus der DGB-Arbeit, da diese nur bei einer aktiven Arbeit der Einzelgewerkschaften legitim sei. Die »bisher erfolgreiche Jugendarbeit der IG Metall erlaubt es kaum, aktive Kolleginnen und Kollegen für den KJA abzustellen«.[26] Auf einem Wochenendseminar des DGB-KJA Nürnberg im März 1977 wurde die gemeinsame Arbeit dis-

23 Katzer, Gewerkschaftsjugendbewegung, Umschlagrückseite.

24 Ebd.

25 Beide Zitate ebd., S. 11.

26 Karlheinz Hiesinger, Bevollmächtigter der IG Metall Nürnberg, an DGB-Kreis Augsburg, Max Amling, 25.1.1977, in: AdsD, 5-IGMA-22-0187. IGM-OJA: Diskussions-

kutiert. Der Nürnberger Bevollmächtigte Gerd Lobboda berichtete an Bernhard Wurl: »Die Bundesjugendschule Oberursel war durch die Kollegen Oetjen und Simon vertreten. Sie vertraten ihre – Dir ausreichend bekannten – Positionen. Nach langer hartnäckiger Bemühung der IG Metall Teilnehmer gelang es die Diskussion von der theoretisch abstrakten Ebene auf die Praxis-Theorie-Ebene zu bringen. [...] Für unsere Teilnehmer (in der Regel neue OJA-Mitglieder) war es unverständlich, daß Kollegen mit einem solchen politischen Standpunkt an einer DGB-Schule tätig sein können. Es wird auch weiterhin bei der IG Metall Jugend Nürnberg Praxis bleiben, vorerst keinen Kollegen die Teilnahme an einem Seminar in Oberursel zu empfehlen.«[27] In den Folgejahren nutzten lokale Gruppierungen der IG Metall kaum noch die Seminarangebote der Bundesjugendschule, Oberurseler zu sein galt in der IG Metall überwiegend als Negativmerkmal.

Auf der Bundesjugendkonferenz des DGB vom 1. bis 3. Dezember 1977 in Frankfurt a. M. eskalierte der Konflikt. Insbesondere die Jugendarbeitslosigkeit und ihre Auswirkungen auf die Jugendarbeit standen im Vordergrund für die 146 Delegierten, die nominal eine Million Gewerkschaftsmitglieder unter 21 Jahren vertraten. Die größte Gruppe der Delegierten stellte mit 68 Personen die IG Metall. Nach internen IG-Metall-Schätzungen gehörten davon drei bis fünf Delegierte der SDAJ an.[28] Aber zwei andere Themen bestimmten die Wahrnehmung der Konferenz. Delegierte der IG CPK hatten einen Initiativantrag gestellt, in dem die Freilassung Rudolf Bahros gefordert wurde.[29] Die Antragsberatungskommission lehnte den Antrag aus formalen Gründen ab.[30] Bereits auf der Konferenz vermuteten viele einen Einfluss von SDAJ-Vertretern, die eine Formalie als politischen Hebel nutzten, um politisch unliebsame Anträge zu verhindern. Allerdings war der Inhalt des Antrages nicht abgelehnt worden. Am letzten Konferenztag wurde eine mit dem Initiativantrag textidentische Solidaritätsadresse beschlossen. Allerdings stimmten 30 Delegierte gegen diese Solidaritätsadresse, ein Hinweis auf Delegierte, die möglicherweise der SDAJ angehörten oder ihr nahestanden.[31] Die DGB-Jugend organisierte einige Monate später eine Unter-

papier zur zukünftigen KJA-Arbeit des DGB Kreises Augsburg (März 1977), in: AdsD, 5-IGMA-22-0187.

27 Gerd Lobboda an Bernhard Wurl, 12.4.1977, in: AdsD, 5-IGMA-22-0187.

28 10. Ordentliche Bundesjugendkonferenz des DGB in Frankfurt, 3-5. Dez. 1977. Kurzbericht der Abt. Jugend, in: Georg Benz/Hans Preiss, Auseinandersetzung im DGB-Jugendbereich aus Sicht der IG Metall, 27.9.1979, in: AdsD, 5/IGMA-22-0821.

29 Rudolf Bahro (1935-1997) hatte als marxistischer Dissident mit seinem in Westdeutschland erschienen Buch *Die Alternative* großes Aufsehen erregt, in dem er die Überwindung der Klassengesellschaft in der DDR beschrieb, vor allem als Bewusstseinswandel gegen Untertanendenken. Bahro wurde 1977 verhaftet und verurteilt, 1979 dann in die Bundesrepublik abgeschoben. Vgl. Guntolf Herzberg/Kurt Seifert, Rudolf Bahro. Glaube an das Veränderbare. Eine Biographie, Berlin 2002.

30 Abfuhr für die IG-Chemie-Jugend bei Antrag zu Rudolf Bahro, in: *Frankfurter Rundschau*, 3.12.1977.

31 Brief an die DDR-Mission zugunsten Rudolf Bahros, in: *Frankfurter Rundschau*, 5.12.1977.

schriftenaktion für Rudolf Bahro, auch um gegen die Vorgänge auf der Konferenz Stellung zu beziehen.[32] Das zweite Konfliktthema bildeten die Weltjugendfestspiele in Kuba. Anlass dazu gab eine Formulierungsfrage. Die Teilnahme an den Weltjugendfestspielen wurde einerseits vom SDAJ-»Arbeitskreis-Festival«, andererseits von einer »Koordinierungsgruppe« vorbereitet, in der die großen Jugendverbände zusammenarbeiteten, die Leitung lag bei der DGB-Jugend. Der DGB-Bundesjugendausschuss hatte einen Grundsatzantrag vorgelegt, in dem es hieß, dass sich mit der imperialistischen Politik in der Dritten Welt befasst werden müsste. Dies hieße nicht allein eine Beschäftigung mit den USA, sondern auch mit den Hegemonieansprüchen der Sowjetunion.[33] Die sowjetkritische Passage wurde aus dem Antrag gestrichen, obwohl Bernhard Wurl ebenso wie andere Funktionäre die Beibehaltung forderten. Nach dem Beschluss erklärten Karl Schwab und Walter Haas, die Entscheidung über eine Teilnahme an den Weltjugendfestspielen würden die zuständigen DGB-Gremien fällen, was unter diesen Umständen negativ ausfallen werde. Die Streichung wurde schließlich rückgängig gemacht. Die Diskussionen auf der Bundesjugendkonferenz wurden äußerst erbittert geführt. Der IG-Metall-Delegierte Reinhard Schwitzer aus Hannover griff das mangelnde Engagement der IG Chemie in der DGB-Arbeit und seine KJA-Kollegin persönlich an. Die Strategiedebatte sei nur abstrakt und würdige die großen Mobilisierungserfolge nicht, insbesondere in den Betrieben. Sein Beitrag wurde laut Protokoll mit lebhaftem Beifall und rhythmischem Klatschen bedacht.[34]

Trotz der aufgeheizten Atmosphäre fiel der von der DGB-Pressestelle direkt nach dem Ende der Konferenz ausgesandte Bericht positiv aus. Im Mittelpunkt der Pressemeldung stand die ausführlich diskutierte Übernahme von Ausgelernten. Die Bundesjugendkonferenz hatte sich – auch auf Betreiben der IG Metall – gegen die Forderung einer Pflicht zur Übernahme in den Betrieben gestellt. Karl Schwab wurde in der Pressemeldung abschließend positiv zitiert: Die »konstruktiven Beschlüsse von Frankfurt« seien »eine gute Arbeitsgrundlage«.[35] Diese öffentlich verbreitete Position deckte sich nicht mit Karl Schwabs tatsächlichen Empfindungen zur Bundesjugendkonferenz.[36] Schwab verfasste am

32 Die Freiheit der Andersdenkenden. Unterschriftenaktion für Bahro und Hübner, in: *Welt der Arbeit* Nr. 36, 07.09.1978, S. 5.

33 DGB-Jugend beschloss Rückzug, als die Fahrt nach Kuba auf dem Spiel stand, in: *Frankfurter Rundschau*, 5.12.1977.

34 Diskussionsbeitrag Reinhard Schwitzer, 1. Dezember 1977, 20.29 bis 20.41 Uhr, in: AdsD, 5/IGMA-07-1855.

35 Michael Grotha, DGB-Bundesjugendkonferenz: Kampf dem ›Faustpfand‹ Arbeitslosigkeit, DGB-Forum, Info-Dienst Gewerkschaftspresse, Nr. 110, 23. Jg., 12.12.1977, in: AfsB, IGBE, Nr. 2302. In der *Welt der Arbeit* wurde ebenfalls die konstruktive Arbeit in den Vordergrund gerückt, aber der Konflikt um den Bahro-Antrag und die Weltjugendfestspiele zumindest erwähnt. Vgl. Wir müssen vom Reagieren wieder zum Agieren kommen, *Welt der Arbeit*, 8.12.1977.

36 Er habe das »intolerante und unmenschliche Vorgehen einzelner Teilnehmer« schon während der Konferenz kritisiert, berichtete ein Vertreter der IG Bergbau und Energie.

7. Dezember 1977 einen Kurzbericht für den DGB-Bundesvorstand, in dem er seine Frustration über die Konferenzatmosphäre ausdrückte, nachdem er tags zuvor bereits mündlich dem Bundesvorstand berichtet hatte. Zwar hob auch Schwab hervor, die Mehrzahl der Anträge habe sich mit gewerkschaftspolitischen Themen befasst. Aber es sei an der Zeit, »einen größeren Kreis als nur den Bundesvorstand des DGB mit den von mir gesehenen Gefahren vertraut zu machen«. Er habe ein Maß an Intoleranz bei vielen Diskussionsbeiträgen empfunden, die andere Meinungen nur abqualifizierten. »Insbesondere bei einem Kollegen hatte ich den Eindruck, daß da nicht ein junger Mensch spricht, der zwar einen eigenen politischen Standpunkt hat, sich um Verständigung bemüht, sondern daß hier im Jargon eines Politkommissars andere Meinungen verdammt und, weil im Gegensatz zur eigenen stehend, gar nicht zugelassen werden.« Schwab vermutete beim Abstimmungsverhalten einzelner Delegierter, dass sie ihre Aufträge von »politischen Gruppierungen außerhalb« und nicht aus den Gewerkschaften erhalten hätten. Dies habe sich an dem Bahro-Antrag und der Diskussion um die Weltjugendfestspiele deutlich gezeigt. Schwab schloss sein selbstkritisches Papier mit der Aufforderung, jetzt schnell zu handeln und die Einzelgewerkschaften einzubeziehen, da sonst die DGB-Jugendarbeit zusammenbreche.[37]

Der Bericht wurde noch im Dezember von Schwab innerhalb der Gewerkschaften an rund 170 Funktionäre verteilt.[38] Diese gaben ihn zum Teil weiter. So schickte Heinz-Werner Meyer, der Bundesjugendsekretär der IG BE, das Papier am 19. Dezember an alle Sekretäre der IG BE.[39] Es war daher nicht überraschend, dass die Einschätzung von Schwab bald auch in der Presse diskutiert wurde. Bereits am 16. Dezember 1977 zitierte die *Frankfurter Rundschau* ausführlich aus Schwabs Kurzbericht.[40] Das Verbandsorgan der IG Bergbau und Energie, die *Einheit*, warnte vor einer Unterwanderung der Gewerkschaftsjugend, was

Ergebnisprotokoll der Jugendhauptausschuß-Sitzung am 16. Dezember 1977 in der Hauptverwaltung in Bochum, S. 5, in: AfsB, IGBE-Archiv, 2308A.

37 Kurzbericht über die 10. Ordentliche Bundesjugendkonferenz vom 1.-3.12.1977 in Frankfurt, Berichterstatter Karl Schwab, in: AfsB, IGBE, Nr. 2308A. Vollständig abgedruckt u.a. unter dem Titel Schwab sieht Gefahren für die DGB-Jugendarbeit, in: *Flensburger Tageblatt*, 30.12.1977.

38 Auszug aus dem Protokoll der 11. Bundesausschußsitzung am 8.3.1978, in: AdsD, 5/IGMA-07-1855.

39 Heinz-Werner Meyer, IGBE Hauptverwaltung, an alle Sekretäre der IG Bergbau und Energie, 19.12.1977, in: AfsB, IGBE, Nr. 2308A.

40 Sorgen beim DGB: In der Gewerkschaftsjugend wächst der kommunistische Einfluß, in: *Frankfurter Rundschau*, 16.12.1977. Mit demselben Inhalt: Einflüsse der DKP auf Gewerkschaftsjugend, in: *Passauer Neue Presse*, 20.12.1977; Kommunisten unterwandern DGB-Jugend, in: *Berliner Morgenpost*, 28.12.1977; DGB-Funktionär: Jugendverband von Kommunisten beeinflußt, in: *Augsburger Allgemeine Zeitung*, 19.12.1977; DKP zielt auf Gewerkschaftsjugend, in: *Stuttgarter Nachrichten* 19.12.1977; Lupe und Hammer, in: *Der Spiegel* Nr. 3, 16.1.1978, S. 54-57.

noch einmal einen breiten Widerhall in der Presse erfuhr.[41] Für die Abteilung Jugend der IG Metall stellte die öffentliche Diskussion des internen Papiers einen Vertrauensbruch ihrer innergewerkschaftlichen Kontrahenten dar. Bereits in den Auseinandersetzungen um die Lehrlingsbewegung hatte sich gezeigt, dass interne Papiere zügig ihren Weg in die Öffentlichkeit fanden. Der damit verbundene Anspruch auf Transparenz der innergewerkschaftlichen Diskussionen kam in der Wahrnehmung vieler Funktionäre der IG Metall einer Bedrohung der gewerkschaftlichen Geschlossenheit gleich. Karl Schwab wies auf einer Besprechung mit Jugendsekretären der Einzelgewerkschaften Anfang Januar 1978 Vorwürfe zurück, er sei für die Veröffentlichung verantwortlich. Das Bekanntwerden seines Papieres bezeichnete er als einen Fehler. Die Mehrzahl der Sekretäre folgte ihm, aber vor allem stützten sie seine Warnung vor einem wachsenden Einfluss der SDAJ. Vorwürfe aus den DGB-Landesbezirken Hessen und Nordrhein-Westfalen an Schwab, er attackiere mit seinem Kurzbericht die IG Metall, wies er zurück. Bernhard Wurl und die Vertreter von HBV und der GTB griffen Schwab in ähnlicher Weise an, forderten aber vor allem ein Ende der öffentlichen Diskussion.[42] Dafür war es schon zu spät, denn nun überschlugen sich die Zeitungen mit Veröffentlichungen und es erschien eine Vielzahl von Artikeln und Papieren. Für die Abteilung Jugend der IG Metall besonders ärgerlich war, dass *Der Gewerkschafter* ohne ihr Wissen einen Artikel von DGB-Bundesjugendsekretär Walter Haas abdruckte. Haas kritisierte die Kaderpolitik in den Gewerkschaften: »Unbestreitbar ist nach dieser Konferenz die Existenz einer starken, DKP-orientierten Minderheit, die durch Bündnisse in einigen Fragen auf Konferenzen und Gremien mehrheitsfähig ist.« Die Gegner würden als »Agenten der SPD-Baracke« oder »vom ›sozialistischen Büro in Offenbach‹ ausgesandte Spalter denunziert«. Als Gründe für den Erfolg der SDAJ nannte Haas eine »relative Schwäche der Jugendarbeit«, den geringen politischen Spielraum und eine Jugendpolitik, »die die Masse der arbeitenden Jugend ganz offensichtlich nicht ausreichend überzeugen kann«. Durch verstärkte offene Jugendarbeit und eigene Kulturarbeit sollte nach seiner Meinung der Einfluss der SDAJ zurückgedrängt werden. Dabei zielte er auch auf die Bildungsarbeit, diese »[…] darf nicht mit Gremienkunde oder Leitfadenindoktrination verwechselt werden – sie muß emanzipatorisch angelegt sein und von den konkreten Erfahrungen der jungen Gewerkschafter ausgehen«. Dazu gehöre auch die Kritik an der eigenen Organisation.[43] Bernhard Wurl übernahm es,

41 IG Bergbau klagt über Kommunisten, in: *Neue Hannoversche Presse*, 22.12.1977; IG Bergbau warnt vor kommunistischer Unterwanderung, in: *Der Tagesspiegel*, 22.12.1977. Zu Schwabs eigener Positionierung vgl. Jugendarbeit ist kein Feld für politische Hasardeure, in: *Welt der Arbeit* Nr. 7, 16.2.1978, S. 3.

42 Besprechungsnotiz Bernhard Wurl an Georg Benz, 26.1.1978, in: AdsD, 5/IGMA-22-0471.

43 Ohne Autor (Walter Haas): Gewerkschaftliche Jugendarbeit: Massenmobilisierung gegen Kaderpolitik, in: *Der Gewerkschafter* 26, Nr. 2, Februar 1978, S. 38. Dort auch die vorstehenden Zitate.

einen vorwurfsvollen Gegenentwurf in der nächsten Ausgabe zu schreiben. Die Redaktion des *Gewerkschafters* betonte einleitend, dass sie die Positionen von Haas nicht teile. Wurl argumentierte mit der alltäglichen Arbeit: »Maßstab für Erfolg oder Nichterfolg einer Konferenz der Gewerkschaftsjugend sind Anträge oder Beschlüsse, die für die örtliche und betriebliche Arbeit unmittelbar bedeutsam sind. Fast 80 Prozent aller Anträge befaßten sich mit zentralen Problemen gewerkschaftlicher Arbeit.«[44] Die umstrittenen Beschlüsse zu Bahro und den Weltjugendfestspielen seien hingegen für die alltägliche Arbeit unbedeutend. Die gesamte öffentliche Diskussion sei eine »nicht zu entschuldigende Unverantwortlichkeit«. Die Massenmobilisierung werde durch die Arbeit der IG Metaller im Betrieb geleistet, da dort die Interessen der arbeitenden Jugend effektiv vertreten würden. Neben Wurls Brandartikel waren auch fünf Stellungnahmen abgedruckt, die sich alle gegen Haas aussprachen.[45] Einige OJAs kritisierten Haas persönlich, da er selbst die DGB-Jugendarbeit in verantwortlicher Position seit Jahren geleitet habe und betonten ihre erfolgreiche Kleinarbeit im Betrieb. Richard Polzmacher, 1947 geborener Bezirkssekretär der IG Metall in München, bestritt, dass SDAJ-Positionen in den Beschlüssen der DGB-Jugendkonferenz enthalten seien. Vielmehr würden die wirklichen Probleme vernachlässigt, so die Unterfinanzierung der Jugendarbeit durch den DGB und die häufige Überforderung der DGB-Kreisvorsitzenden mit der Jugendarbeit.

Es blieb für die IG Metall-Medien eine Ausnahme, den Konflikt in dieser Breite darzustellen. In den folgenden Jahren erschienen kritische Beiträge nicht mehr in ihren Verbandsorganen, Debatten wurden vor allem in der *Solidarität* des DGB geführt. Die Abteilung Jugend der IG Metall intervenierte publizistisch selten, vielmehr war man bemüht, die Diskussion um eine »kommunistische Unterwanderung« so gut es ging zu ignorieren. Demgegenüber entfalteten die Kritiker eine große Publikationstätigkeit. Akteure der Lehrlingsbewegung wie Manfred Wilke oder Reinhard Crusius, aber auch die meisten gewerkschaftlich orientierten Sozialwissenschaftler wie Walter Müller-Jentsch und die Gruppe um das *Kritische Gewerkschaftsjahrbuch* gingen von einem Demokratiedefizit in den Gewerkschaften aus. Ebenso richtete sich die mediale Resonanz auf die Unterwanderungsvorwürfe gegen die IG Metall, die so ungewollt in die Rolle einer Verteidigerin von SDAJ und DKP geriet. Wohl auch aus diesem Dilemma begründete sich die öffentliche Zurückhaltung der IG Metall. Auf der ersten Sitzung des Jugendausschusses der IG Metall Anfang Januar 1978 hatte Bernhard Wurl über die Veröffentlichung von Schwabs Kurzbericht kritisch bemerkt, dass sie keine Stellungnahme abgeben wollten, damit die Situation nicht weiter angeheizt werde. Einige Teilnehmer widersprachen, gerade jetzt sei zumindest eine organisationsinterne Stellungnahme notwendig. Georg Benz betonte, zunächst

44 Bernhard Wurl, ›Massenmobilisierung gegen Kaderpolitik‹ – eine naive Fehleinschätzung, in: *Der Gewerkschafter* 26, Nr. 3, März 1978, S. 46 f. Dort auch die folgenden Zitate.

45 Stellungnahmen, in: *Der Gewerkschafter* 26, Nr. 3, März 1978, S. 46 f.

seien mit dem DGB-Bundesvorstand und dessen Abteilung Jugend Gespräche zu führen, und wenn diese nicht zufriedenstellend verliefen, würde »knallhart« reagiert werden.[46] Der Artikel von Walter Haas im *Gewerkschafter* erzwang dann die erste öffentliche Stellungnahme des IG-Metall-Vorstandes.[47] Die Abteilung Jugend traf mit dem gesamten Vorstand der IG Metall am 6. März 1978 zusammen. Die Mitarbeiter wollten den Vorstand von der nachhaltigen und erfolgreichen Jugendarbeit der IG Metall überzeugen.[48] Benz forderte eine Stellungnahme des Vorstandes zur Debatte. Denn mit dem Papier von Schwab sei nicht nur er persönlich, sondern die gesamte Abteilung Jugend attackiert worden. Um die Dramatik gegenüber dem Vorstand zu unterstreichen, verwies Benz auf Vorfälle, »bei denen Arbeitgeber in einzelnen Betrieben Jugendvertreter und Betriebsräte auf die Einschätzung des Kollegen Schwab über die Gewerkschaftsjugend angesprochen hätten«.[49] Benz forderte eine sachliche interne Diskussion, an deren Ende eine einheitliche Aussage stehe, die alle nach außen zu vertreten hätten. In einem historischen Abriss leitete er zum Antrag 300 über, der 1972 von der DGB-Bundesjugendkonferenz beschlossen worden war und sich gegen eine autonome Jugendarbeit ausgesprochen hatte. Dieser Beschluss gelte immer noch. Den Erfolg ihrer Jugendarbeit belegte Benz mit der Verdreifachung von Jugend- und Betriebsgruppen in den letzten 15 Jahren. Anschließend erläuterte der zweite prominente Akteur der IG Metall in dem Konflikt, Hans Preiss, mögliche Gefahren der Debatte. Preiss, seit 1972 im Vorstand für die Bildungsarbeit zuständig, avancierte mit Benz zu den am meisten attackierten Protagonisten der IG Metall.[50] Preiss nannte auf der Sitzung mit dem Vorstand Schwab und Haas als Vertreter einer Strömung, die die Grundlagen der gewerkschaftlichen Arbeit in Frage stellten. Denn die von Haas im *Gewerkschafter* geforderten Veränderungen – Herstellung einer Massenbasis, Absage an restriktive Gremien- und Stellvertreterpolitik sowie emanzipatorische Bildung statt Leitfadenindoktrination – zielten auf eine Revolutionierung des DGB. Die grundsätzliche Reformfähigkeit des Staates werde bestritten. Wenn der Vorstand dem zustimme, wäre die bisherige Politik zu hinterfragen und der Vorstand müsste sich »konsequenterweise auflösen«.[51] Angesichts solch düsterer Szenarien war es für Benz und Preiss leicht, Zustimmung vom IG-Metall-Vorstand für ihr Vorgehen zu erhalten. Zwar gab es in der Diskussion einige kritische Nachfragen zur SDAJ, deren Bedeutung

46 Protokoll der Sitzung des Jugendausschusses beim IG Metall-Vorstand, 10.1.1978, in: AdsD, 5/IGMA-22-0171.

47 Rundschreiben des IG Metall-Vorstandes, Georg Benz, 16.2.1978, in: AdsD, 5/IGMA-22-0171.

48 Vgl. das Manuskript »Georg, in der Kleinen Kommission sollten …«, in: AdsD, 5/IGMA-22-0171.

49 Protokoll der gemeinsamen Sitzung des Vorstandes der IG Metall mit Mitgliedern des Jugendausschusses am 6. März 1978, S. 2, in: AdsD, 5/IGMA-22-0171.

50 Vgl. Flechtheim u. a., Marsch der DKP, S. 120, auf der nur von »Benz-Preiss von der IG Metall« gesprochen wird.

51 Protokoll der gemeinsamen Sitzung des Vorstandes der IG Metall mit Mitgliedern des Jugendausschusses am 6. März 1978, S. 4-6, in: AdsD, 5/IGMA-22-0171.

von Wurl und Benz jedoch heruntergespielt wurden. Konkrete Zahlen nannten sie nicht. Wichtiger war, dass der Frankfurter Jugendsekretär Volkmar Heusel, der die Bundesjugendkonferenz des DGB geleitet hatte, und Holger Balke, der der Antragsberatungskommission angehört hatte, die Vorgänge um den Bahro-Antrag auf der DGB-Bundesjugendkonferenz schilderten. Am Ende fasste der stellvertretende Vorsitzende der IG Metall, Hans Mayr, die Diskussion zusammen: Die Einschätzungen von Schwab träfen auf die IG Metall nicht zu, andere Gewerkschaften könnten das ja für sich anders sehen. Eine Stellungnahme vom Vorstand sollte erfolgen, aber: »[…] wir wollen das raus haben aus der öffentlichen Diskussion, wir wollen das intern besprechen. Das ganze darf auch nicht auf dem Bundeskongreß [des DGB] erörtert werden.«[52] Entsprechend knapp fiel die Erklärung des IG-Metall-Vorstandes aus. Die Jugend sei in die Gesamtorganisation integriert und im Betrieb verankert und es sei bedauerlich, dass die öffentliche Diskussion der Gewerkschaftsjugend den »Stempel der Radikalität« aufdrücke. Die Bundesjugendkonferenz des DGB sei in Übereinstimmung mit der Gesamtorganisation verlaufen.[53]

Zwei Tage nach der Vorstandssitzung der IG Metall kam der DGB-Bundesausschuss zusammen, um die Kontroverse zu besprechen. Eine positive Personalie hatte die IG Metall dabei zu verbuchen: Als Nachfolger von Walter Haas, der zum stellvertretenden DGB-Landesvorsitzenden in Nordrhein-Westfalen aufstieg, konnte Heinz Hawreliuk als neuer Bundesjugendsekretär des DGB begrüßt werden. Der 1947 geborene Hawreliuk hatte Maschinenschlosser gelernt und war vor seinem Wechsel bei der IG Metall Verwaltungsstelle Köln beschäftigt gewesen. Die Abteilung Jugend der IG Metall sah ihn als »unser(en) Kandidat(en)« an.[54] Auf der Sitzung verteidigte Schwab erneut seinen Kurzbericht. Zwar bedauerte er, dass er in die Öffentlichkeit gelangt sei, aber das habe auch positive Auswirkungen, da jetzt ernsthafter diskutiert werde. Der abwiegelnde Schwab räumte ein, dass er für den Umgang mit SDAJ und DKP kein Patentrezept habe; einen Unvereinbarkeitsbeschluss lehnte er weiterhin ab. Anschließend trug Benz die Sicht der IG Metall vor. Er attackierte Schwab, die Diskussion immer wieder in die Öffentlichkeit zu bringen. Benz machte deutlich, in der IG-Metall-Jugend sei die Diskussion um das Selbstverständnis »schon vor sieben Jahren geführt worden, aber nicht in der Öffentlichkeit«. Der Antrag 300 halte das Ergebnis fest.[55] An Benz' Argumentation zeigte sich eine organisationspolitische Unbeweglichkeit. Immer wieder nahmen Benz und andere Funktionäre auf einmal gefasste Beschlüsse Bezug, um Diskussionen zu unter-

52 Protokoll der gemeinsamen Sitzung des Vorstandes der IG Metall mit Mitgliedern des Jugendausschusses am 6. März 1978, S. 15, in: AdsD, 5/IGMA-22-0171.

53 Stellungnahme des Vorstandes zur Jugendarbeit der IG Metall, o. D., o. V., in: AdsD, 5/IGMA-22-0171.

54 So Georg Benz Anfang Januar 1978. Vgl. Protokoll der Sitzung des Jugendausschusses der IG Metall am 10. Januar 1978 in Frankfurt a. M., in: AdsD, 5/IGMA-22-0171.

55 Auszug aus dem Protokoll der 11. Bundesausschußsitzung am 8.3.1978, in: AdsD, 5/IGMA-07-1855.

binden und die Jugendarbeit von kritischen Diskussionen möglichst abzuschotten. Nicht Vorfälle auf der Konferenz, sondern der Umstand, dass überhaupt öffentlich über die Gewerkschaftsjugend diskutiert wurde, erschien für Benz als das eigentliche Problem. Die IG Metall pflegte einen alten Organisationsgeist der Gewerkschaften. Die immer wieder von den IG-Metall-Funktionären betonte Gegenüberstellung von gewerkschaftlicher Öffentlichkeit – die ja nicht nur einige Funktionäre umfasste, sondern Millionen von Mitgliedern – und bürgerlicher Öffentlichkeit, die nahezu durchweg als Gegner wahrgenommen wurde, offenbarte eine Art Wagenburgmentalität. Franz Steinkühler hatte als Bezirkssekretär der Bezirksleitung Stuttgart 1971 die Jugendkonferenz vor allzu offenen Diskussionen gewarnt: »Wer Zeitungen liest, weiß ja, daß im Augenblick keine Partei und keine Presse vorhanden ist, die unseren Vorstellungen besondere Sympathien entgegenbringen. Dazu sollten wir nicht noch die Munition liefern.«[56] Diese Warnung entsprach zwar nur bedingt den tatsächlichen Sympathiewerten in den Medien, lieferte aber einen Hinweis auf von Misstrauen bestimmte Haltungen innerhalb der IG Metall.

Der Bundesausschuss des DGB hörte Schwab und Benz an, diskutierte aber aus Zeitgründen nicht mehr über ihre Beiträge. Vielmehr sollte dies einem Treffen von DGB-Bundesvorstand und Bundesjugendausschusses vorbehalten bleiben. Benz verbuchte dies als Erfolg, denn auch die DGB-Führung sei bemüht, Diskussionen um die Jugendarbeit aus der Öffentlichkeit herauszuhalten.[57] Das geplante Treffen fand erst sieben Monate später am 5. Dezember 1978 statt. Schwab und Hawreliuk skizzierten im Vorwege gegenüber dem DGB-Bundesvorstand die kritischen Punkte. Dabei standen nicht mehr die inzwischen festgefahrenen Konflikte zwischen DGB und IG Metall im Vordergrund, sondern eine generelle kritische Bestandsaufnahme gewerkschaftlicher Jugendarbeit. Schwab betonte erneut, dass die gewerkschaftliche Jugendarbeit vor Ort sich vor allem in »kleinen Cirkeln« abspiele und die übergroße Mehrzahl der Jugendlichen nicht erreicht werde: »Sitzungen, Antragsfetischismus, Wochenendschulungen, Aktionswochen u.ä. sind kein Ersatz für Jugendgruppenarbeit. Die Verketzerung von jugendpflegerischen Bemühungen, von offenen Jugendgruppen, von Unterhaltung, Wärme, Jung-sein-[D]ürfen als Ablenkungsmanöver von den politischen Aufgaben ist erstens nicht die Alternative und wirkt zweitens nicht anziehend[,] sondern abstoßend auf Jugendliche.«[58] Schwab sah die gewerkschaftliche Jugendarbeit in einer grundlegenden Krise. Interessant war in seiner Darstellung, dass er eine fehlende Wärme als Problem

56 Wortbeitrag Franz Steinkühler, Stuttgart, in: Protokoll der 9. Ordentlichen Jugendkonferenz, S. 218.

57 Protokoll der Sitzung des Jugendausschusses der IG Metall am 20. April 1978 in Frankfurt, S. 5, in: AdsD, 5/IGMA-22-0170.

58 Ausführungen der Kollegen Schwab und Hawreliuk in der Sitzung des Bundesvorstandes am 7. November 1978 zur Vorbereitung des Gespräches mit dem DGB-Bundesjugendausschuß, übersandt an die Mitglieder des Bundesvorstandes im November 1978, in: AdsD, 5/IGMA-22-0343.

beschrieb. Gerade Wärme war eines der wichtigsten Begriffe innerhalb des neuen alternativen Milieus. Der Kälte von Apparaten oder bürokratischen Entscheidungen sollten gemeinsame Gruppenerfahrungen und Wärme entgegengesetzt werden.[59] Die Bestrebungen von Schwab und Hawreliuk zielten auf ein Gemeinschaftsgefühl in der Gewerkschaftsjugend; sie sollte auch für weniger politisierte Jugendliche wieder zur Heimat werden. Schwab kritisierte ferner, dass Adressaten der gewerkschaftlichen Arbeit meist nur die Auszubildenden seien, während Ungelernte oder Arbeitslose kaum Zugang zu den Gewerkschaften fänden. Anschließend ging Schwab noch auf die Bildungsarbeit ein, die stärker die Bedeutung der Gewerkschaften in der Demokratie darstellen müsse. Er forderte eine einheitliche Bildungsarbeit aller Gewerkschaften und kritisierte die zu schnelle Festanstellung von Jugendbildungsreferenten, die häufig keine gewerkschaftlichen Erfahrungen mitbrächten und als Quereinsteiger über die von Bund oder Ländern mitfinanzierten Stellen zu den Gewerkschaften kommen würden. Heinz Hawreliuk berichtete über die Situation der SDAJ. Zwar lagen keine Erhebungen zum Anteil der SDAJ-Mitglieder innerhalb der Gewerkschaften vor, sondern nur Schätzungen. Hawreliuk ging jedoch davon aus, dass in den KJAs und den LBJAs des DGB die SDAJ eine größere Rolle spiele, ebenso dort, wo die Gewerkschaften keine systematische Jugendarbeit betrieben.[60] Hawreliuk forderte »neue und offene Formen« in der Jugendarbeit, damit die Jugendlichen sich mit den Gewerkschaften »identifizieren« und »ihre emotionalen Bedürfnisse nach Anerkennung, Gemeinsamkeit etc.« einlösen können.« Als Beleg für eine sich gegen verkrustete Strukturen auflehnende Jugend verwies Hawreliuk auf erste Wahlerfolge grüner oder bunter Gruppierungen bei Landtagswahlen, die vor allem von Jugendlichen ihre Stimmen erhielten. Daher müssten auch heikle Themen offen diskutiert werden, wie das Verhältnis zur sozialdemokratischen Bundesregierung, zur Kernenergie oder zu Berufsverboten. Die Integration der Jugendarbeit in die Gesamtorganisation dürfe nicht heißen, den Dialog als Einbahnstraße zu verstehen. Hawreliuk begründete auch, warum gegen SDAJ/DKP keine administrativen Maßnahmen durchzuführen seien. Neben problematischen Koalitionen mit K-Gruppen oder Trotzkisten würde ein »Anti-DKP-Kurs« auch Märtyrer schaffen, zumal viele Kommunisten als engagierte Kollegen beliebt und akzeptiert seien. Schwab und Hawreliuk konturierten in ihren Skizzen Vorstellungen einer neuen gewerkschaftlichen Jugendarbeit: Die Gewerkschaften sollten sich öffnen für einen Einstellungswandel bei Jugendlichen, die sich politisch weniger in parteiförmigen Organisationen als in einem fluiden alternativen Milieu bewegten. Die Gewerkschaften sollten von Jugendlichen als

59 Sven Reichardt, »Wärme« als Modus sozialen Verhaltens – Vorüberlegungen zu einer Kulturgeschichte des linksalternativen Milieus vom Ende der sechziger bis Anfang der achtziger Jahre, in: *Vorgänge* 44 (2005), Nr. 171/172, S. 175-187.

60 Ausführungen der Kollegen Schwab und Hawreliuk in der Sitzung des Bundesvorstandes am 7. November 1978 zur Vorbereitung des Gespräches mit dem DGB-Bundesjugendausschuß, übersandt an die Mitglieder des Bundesvorstandes im November 1978, in: AdsD, 5/IGMA-22-0343.

mehr empfunden werden denn als ein Instrument zur rechtlichen Durchsetzung von Arbeitnehmerinteressen, nämlich als eine politische Kampforganisation mit integrierenden lebensweltlichen Bezügen. Bei dem Treffen kam es nicht zu einer Konfrontation zwischen Benz und Schwab. Benz und Schwab stellten Übereinstimmung in Grundsatzfragen fest und betonten, die Auseinandersetzungen nicht weiter öffentlich führen zu wollen.[61]

Aber der Konflikt war nur scheinbar beigelegt, denn es zeichnete sich bereits eine weitere Eskalationsstufe ab. Im September 1978 verfassten Mitarbeiter der Bundesjugendschule in Oberursel das Diskussionspapier *Zur Strategie der DKP und SDAJ im gewerkschaftlichen Jugendbereich – Ein Beitrag zur Diskussion um die gewerkschaftliche Jugendarbeit nach der 10. DGB-Jugendkonferenz.*[62] Darin wurde ein strategisches Vorgehen der DKP und der SDAJ insbesondere bei Besetzung von Gremien kritisiert. Hinrich Oetjen bezeichnete die Abfassung später als »Notwehr«, da die Bundesjugendschule in Oberursel insbesondere von der IG Metall kontinuierlich attackiert worden sei, als »Sektierer, als Chaoten, als Trotzkisten. Da hatten wir gar keine andere Möglichkeit, als aufzudecken, was die anderen im Schilde führten und worum es ihnen ging.«[63] Tatsächlich handelte es sich bei der bald nur als »Oberurseler Papier« bezeichneten Schrift um einen Angriff auf DKP und SDAJ aus links-undogmatischer Sicht. Ende 1978 erhielten Georg Benz und Hans Preiss Kenntnis von dem noch intern zirkulierenden Oberurseler Papier. Benz, Preiss und Schwab sowie die Leitung von Oberursel führten am 20. Februar 1979 ein Gespräch, in dem auch Schwab die Ansicht vertrat, dass mit dem Text nicht gearbeitet werden solle. Allerdings war der Entwurf bereits dem Bundesjugendausschuss des DGB bekannt geworden. Dort wurde Anfang April 1979 mit knapper Mehrheit beschlossen, den Text zu ignorieren, da er keine Orientierung für die Arbeit gebe. Aus Sicht der Oberurseler war dies ein Beschluss zur Verhinderung von Diskussionen.[64]

Schließlich griff die IG Bergbau die Thesen des Papiers auf und nahm darauf in ihrer Zeitung *Einheit* Bezug, bald darauf druckte es die *Frankfurter Rundschau* nahezu vollständig als Dokumentation ab. Bereits einige Tage zuvor hatte Hinrich Oetjen in der *taz* zu dem Papier Stellung bezogen. Gegenüber dem führenden Organ der Alternativbewegung rechtfertigte sich Oetjen, dass mit der IG Bergbau und Energie und anderen, wie der *FAZ,* die »Rechten« ihre Enthül-

61 Georg Benz an Heinz Oskar Vetter, 12.6.1979, in: AdsD, 5/IGMA-07-1855.

62 Verfasser waren: Lothar Kamp, Hinrich Oetjen, Heidi Piedel, Peter Syga und Nikolaus Simon. Vgl. Flechtheim u.a., Marsch, S. 232, Fußnote 3. In einem Leserbrief in der *FAZ* bekannten sich als Autoren: Hinrich Oetjen, Lothar Kamp, Seppl Kraus und Reinhard Reibsch, vgl. Oberurseler Gewerkschafts-Thesen, Leserbrief, in: *Frankfurter Allgemeine Zeitung*, 11.5.1979; ganzes Dokument abgedruckt in: in: *Frankfurter Rundschau*, 5. 5. und 7. 5. 1979.

63 Interviewmanuskript von Alfred Kolberg: Hinrich Oetjen, Politisch wollten wir rebellisch sein, kulturell nicht. Datumsstempel vom 26.2.2007. Das Manuskript wurde dankenswerter Weise von Nikolaus Simon überlassen.

64 Crusius/Wilke, Jugend, S. 105.

lungsstrategie vereinnahmt hätten. Oetjen distanzierte sich: »Das war von uns ja ganz anders gemeint! Wir wollten Linke, die an uns orientiert sind, informieren über die DKP-Strategie, die allgemein auch für ne linke gehalten wird, die aber mit den rechten Apparatschiks paktieren, linke Ansätze in den Gewerkschaften kaputtmachen.«[65] Oetjen formulierte explizit, dass ihr Ziel eine an den antiautoritären Vorstellungen der Lehrlingsbewegung orientierte Jugendarbeit sei. Die Mehrheit der jugendlichen Gewerkschafter sei passiv oder organisiere sich in anderen Gruppen. Sie sollten durch Ausweitung der gewerkschaftlichen Aktivitäten gewonnen werden: durch die »kulturellen Bedürfnisse, der Freizeitbedürfnisse, im Aufnehmen des gesamten Unbehagens gegenüber der gegenwärtigen gesellschaftlichen Entwicklung: der Kernkraftauseinandersetzung, der Auseinandersetzung um alternative Ökonomie usw.«. Oetjen konturierte hiermit eine in den Oberurseler Bildungsangeboten vollzogene Orientierung auf die Alternativbewegung. Im Juni 1979 diskutierten Mitarbeiter und Mitarbeiterinnen von Oberursel ihre neuen Bildungsangebote. Zukünftig sollte weniger die Schulung von Funktionären im Vordergrund stehen, sondern Angebote für einfache Mitglieder und Jugendliche außerhalb der Gewerkschaften. Das Konzept sah vor, durch die Einbindung von arbeitslosen türkischen oder griechischen Jugendlichen, der christlichen Arbeiterbewegung, weiblichen Jugendlichen aus offenen Jugendgruppen und Alternativprojekten und Jugendlichen aus Großbetrieben ohne Funktionen zu erreichen.[66] Zwar konnnte der große Kreis von Adressaten nie erreicht werden, aber Markenzeichen der Oberurseler Bildungsangebote wurde in den 1980er Jahren ein offenes Seminarangebot, wie zum Beispiel freie Philosophieseminare.[67] Für die Abteilung Jugend der IG Metall standen solche Ideen konträr zu ihren Vorstellungen von Bildungsarbeit. Daher sollten die Gestaltungsmöglichkeiten in Oberursel eingeschränkt werden. Die Bildungsangebote sollten über den DGB-Bundesjugendausschuss und die Einzelgewerkschaften organisiert werden, die zum Beispiel der Benennung eines Teamers zustimmen müssten.[68] Diese gegen die Entscheidungsautonomie von Oberursel gerichtete Konzeption fand keine Unterstützung bei der Abteilung Jugend des DGB, was zur Folge hatte, dass die IG Metall die Bundesjugendschule des DGB

65 Sind die Roten auf dem Marsch? Gespräch mit Hinrich Oetjen, Leiter der Bundesjugendschule des DGB, in: *taz*, 30.4.1979.

66 Ergebnisse der Diskussion mit Haus-Teamern und Arbeitstagungsreferenten über das Arbeitstagungsprogramm 1980, vom 21.6.1979, in: AdsD, 5/IGMA-22-0343.

67 Vgl. den Bericht »Spinnen ohne Netz« von Alfred Kolberg über das erste Philosophieseminar. Der Versuch, »gegen die engen Grenzen eines spießig-bornierten, kurzsichtigen und kleinkarierten Gewerkschaftsselbstverständnisses anzudenken, in einer entkrampften Atmosphäre, war mühsam und lustig zugleich«, in: *taz*, 6.7.1982, abgedruckt und ergänzt in: Rundbrief für alternative linksromantische Betriebsarbeit, hrsg. vom Haus der Gewerkschaftsjugend Oberursel, 1982, in: AdsD, 5/IGMA-07-1856.

68 IG-Metall-Vorstand Abteilungen Jugend und Bildungswesen/Bildungspolitik: Funktion des Hauses der Gewerkschaftsjugend, Frankfurt 25.6.1979, in: AdsD, 5/IGMA-22-0343.

mehr oder weniger boykottierte.[69] Die Abteilung Jugend der IG Metall notierte, dass von 1971 bis 1977 rund ein Viertel der Seminarteilnehmer in Oberursel aus der IG Metall kamen, dann sank der Anteil auf ein Fünftel. 1973 noch waren es 863 Teilnehmerinnen und Teilnehmer in Oberursel, davon 255 aus der IG Metall, 1978 waren es nur noch 342 Personen, davon 63 aus der IG Metall.[70]

Das »Oberurseler Papier« löste eine erneute Welle öffentlicher Diskussionen aus. Der IG-Metall-Vorstand ließ sich im Juli 1979 von seiner Pressestelle eine Übersicht von Zeitungsartikeln erstellen, um die Auswirkungen der Debatte einschätzen zu können. Nach der unvollständigen Aufstellung waren seit 1977 rund 150 Artikel über die Gewerkschaftsjugend erschienen. Direkt nach der Bundesjugendkonferenz 1977 handelte es sich überwiegend um sachliche Darstellungen, aber nach dem Bericht in der *Einheit* und Schwabs Kurzbericht rückte die »kommunistische Unterwanderung« in den Mittelpunkt. Mit dem »Oberurseler Papier« sei ab Ende März 1979 die Berichterstattung erneut angeschwollen. Neben der Unterwanderung waren Auseinandersetzungen um die GEW in Berlin, Austritte aus der HBV und die Rolle linksradikaler Vertrauensleute während des Stahlstreiks 1978 thematisiert worden.[71] Für Benz handelte es sich um die »zweite Welle« einer Pressekampagne gegen die Gewerkschaften. In einem ausführlichen Brief an Heinz Oskar Vetter beklagte er sich im Juni 1979 über das Verhalten insbesondere der Oberurseler und von Horst Niggemeier, Sekretär der IG Bergbau und Energie, die dazu beitrügen, dass »Gewerkschaftsgegner sowie gehässige(n), gewerkschaftsfeindliche(n) Artikelschreiber (E. G. Vetter, FAZ u. a.)« Material erhalten würden.[72] Aber auch für Schwab wurde die Situation kritisch. Da das Oberurseler Hausteam zu eigenständig agiere, verlangte er nach dem *taz*-Interview erst eine interne Stellungnahme, wartete diese aber nicht ab und entzog im Juni 1979 der Abteilung Jugend beim DGB die Kontrolle über die Schulleitung in Oberursel und unterstellte sie sich persönlich. Er erklärte zugleich Oetjen für die zentrale Bildungskonzeption des DGB verantwortlich. Oetjen erhielt Anfang 1980 ein zweijähriges Verbot, öffentlich in der Sache zu sprechen, ignorierte aber dies weitgehend, da die Einhaltung des Verbots nicht kontrolliert wurde.[73]

Die Entscheidung Schwabs, sich Oberursel persönlich zu unterstellen, bedeutete für die IG Metall eine weitere Stufe der Eskalation, da nun ihre Vertre-

69 So weigerte sich 1981 Manfred Leiss, Leiter der Abteilung Betriebsräte beim Vorstand der IG Metall, zu einer Veranstaltung der ersten Mitglieder des Bundesjugendausschusses nach dem Krieg zu fahren, die in Oberursel stattfand. Vgl. Aktennotiz Horst Richter an Georg Benz, 29.1.1981, in: AdsD, 5/IGMA-22-0416.

70 Statistik der Seminarteilnehmer in Oberursel (eigene Zusammenstellung aus der Abteilung Jugend der IG Metall), o. D. und o. V. (1979), in: AdsD, 5/IGMA-22-0983.

71 Aktennotiz an den Kollegen Loderer von Achim de Hair, Pressestelle der IG Metall, 5.7.1979, in: AdsD, 5/IGMA-22-0330.

72 Georg Benz an Heinz Oskar Vetter, 12.6.1979, in: AdsD, 5/IGMA-07-1855.

73 Crusius/Wilke, Jugend, S. 107; Interviewmanuskript von Alfred Kolberg: Hinrich Oetjen, Politisch wollten wir rebellisch sein, kulturell nicht. Datumsstempel vom 26.2.2007.

ter im DGB-Bundesjugendausschuss keinen Einfluss mehr ausüben konnten.[74] Im Jugendausschuss der IG Metall wurde im Juni 1979 darüber Empörung laut. Man war sich einig, dass es den Oberurselern um mehr gehe als die Auseinandersetzung mit der SDAJ. Horst Richter hielt fest: »[...] hinter dem TAZ-Interview mit Hinrich Oetjen stecke eine andere Gewerkschaftsstrategie. Angegriffen werden sollen wohl Gewerkschaftsbürokraten und gewerkschaftliche Strukturen, die Begriffe SDAJ und DKP werden vorgeschoben.«[75] Benz wandte sich dagegen, Entlassungen in Oberursel zu fordern, kritisierte aber die Funktionäre des DGB: »Kollege Georg Benz sagt, dass die Kurzsichtigkeit führender Funktionäre nicht zu begreifen ist und daß sie nicht verstehen, daß solche Auseinandersetzungen eine Eigengesetzlichkeit haben. Es sind verheerende Auswirkungen in den Betrieben zu erwarten.«[76] Die Auseinandersetzungen wurden mit Härte und persönlichen Diffamierungen geführt. Hinzu kam im Sommer 1979 ein Konflikt innerhalb der Abteilung Jugend des DGB. Heinz Hawreliuk kritisierte den Schaden, den das Oberurseler Papier für Gesamtorganisation bedeute.[77] Seine Kritik publizierte er auch in der *Solidarität*.[78] Mitarbeiter von Hawreliuk aus der DGB-Abteilung Jugend kritisierten diesen Artikel und distanzierten sich von ihrem Vorgesetzten.[79] Die persönlichen Spannungen in der DGB-Abteilung Jugend machten eine Zusammenarbeit nahezu unmöglich. Hawreliuk, von 1973 bis 1976 stellvertretender Juso-Bundesvorsitzender, gehörte der reformsozialistischen Strömung der Jusos an. Er wurde von seinem Parteigenossen Jürgen Walter von der Abteilung Berufsbildung der IG CPK nach dem Artikel in der *Solidarität* des politischen Opportunismus bezichtigt. Walter erinnerte an gemeinsame Diskussionen, in denen sie über einen stärkeren Einfluss der Jungsozialisten auf die Gewerkschaftsjugend debattiert hätten und bei der Einschätzung der SDAJ ebenso wie bei Personen wie Hans Preiss, Georg Benz oder Bernhard Wurl einer Meinung gewesen seien. Oetjen habe Hawreliuk als Nachfolger von Walter Haas vorgeschlagen, was Hawreliuk jetzt verrate. Walter kündigte an, künftig möglichst häufig in Gesprächen gegen ihn Stellung zu beziehen und offen seine Absetzung zu betreiben.[80] Hawreliuk galt bald als »U-

74 Georg Benz/Hans Preiss, Auseinandersetzung im DGB-Jugendbereich aus Sicht der IG Metall, 27.9.1979, Anlage VIII, S. 1-3, in: AdsD, 5/IGMA-22-0821.

75 Protokoll der Sitzung des Jugendausschusses der IG Metall, Frankfurt a. M. 19.6.1979, S. 4, in: AdsD, 5/IGMA-22-0337.

76 Ebd., S. 9.

77 Zur falschen Strategie der Oberurseler bei der Auseinandersetzung mit der DKP, in: AdsD, 5/IGMA-22-0905.

78 Heinz Hawreliuk, Wer macht was kaputt in der Gewerkschaftsjugend?, in: *Solidarität* Nr. 5/6 (1979), S. 3-4.

79 Vgl. Leserbrief von Hanns Brauser, Wolfgang Lettow und Fritz Rath, in: *Solidarität* Nr. 7-8 (1979).

80 Jürgen Walter, Abt. Berufsbildung IG CPK, an Heinz Hawreliuk, Hannover 5.6.1979, in: AdsD, 5/IGMA-22-0343.

Boot der Stamokaps«, da er nicht den Einfluss der SDAJ zurückgedrängt habe.[81] Hawreliuk verlor schließlich das Vertrauen von Karl Schwab. Auslöser für Hawreliuks Entlassung als Bundesjugendsekretär war eine Broschüre zum Antikriegstag am 1. September 1979.[82] Auf dem Antikriegstag des DGB mit 16.000 Teilnehmerinnen und Teilnehmern war es am 1. September 1979 in der Dortmunder Westfalenhalle bei der Rede von Heinz-Oskar Vetter zu Pfiffen gekommen, als er den Hitler-Stalin-Pakt als Voraussetzung für den Krieg erwähnte.[83] In einer von Hawreliuk verantworteten Broschüre, in der u. a. auch Georg Benz und der Vorsitzende der GHK, Kurt Georgi, Beiträge verfassten, wurde der Hitler-Stalin-Pakt nicht erwähnt. Dies nahm Schwab zum Anlass, den Druck der Broschüre zu stoppen und Hawreliuk seiner Funktionen zu entheben, was der DGB-Bundesvorstand bestätigte.[84] Als offizielle Begründung verwies der DGB-Bundesvorstand auf den anstehenden Historiker-Kongress der Gewerkschaften zur dreißigjährigen Gründung des DGB, aber in der Sitzung des DGB-Bundesausschusses wurde auch inhaltlich gegen die Broschüre argumentiert.[85] Hawreliuk übernahm schließlich innerhalb des DGB-Bundesvorstandes neue Aufgaben, bevor er zur IG Metall wechselte.

Die Absetzung Hawreliuks war für Georg Benz ein weiterer »Höhepunkt« der Auseinandersetzungen in der Gewerkschaftsjugend.[86] Die Abteilung Jugend der IG Metall nahm den Vorgang zum Anlass, in einer Dokumentation für die geschäftsführenden Vorstandsmitglieder der IG Metall den Verlauf der Konflikte zu schildern und die eigenen Positionen darzustellen. Auch dieses Papier gelangte, wie fast alle internen Positionspapiere in dieser Zeit, bald in die Öffentlichkeit.[87] Für linke Gewerkschafter im Umfeld des *express* ging es

81 U-Boot der Stamokaps, in: *Der Spiegel* Nr. 37, 10.9.1979, S. 17; Ernst Günther Vetter, Ärger mit Hawreliuk. Die Gewerkschaftsjugend als Einfallstor für die kommunistische Kaderarbeit, in: *FAZ*, 8.10.1979.

82 Vgl. zu diesem Vorgang: Klecha, IG Metall, S. 159-162; Flechtheim u. a., S. 37-39; Crusius/Wilke: Jugend , S. 104-106.

83 In Dortmund: Das Treffen gegen den Krieg von damals, in: *Welt der Arbeit* Nr. 36, 06.09.1979, S. 3; Flechtheim u. a., Marsch, S. 37; Nicht verkriechen – mitmachen – initiativ sein! in: *Solidarität* Nr .10 (1979), S. 5.

84 Nach Vetters Schelte muß Bundesjugendsekretär Posten räumen, in: *Frankfurter Rundschau*, 13.9.1979.

85 Georg Benz an die Mitglieder des Vorstandes und des Jugendausschusses der IG Metall, 7.9.1979, in: AdsD, 5/IGMA-07-1855. Der Kongress ist dokumentiert in: Heinz Oskar Vetter u. a. (Hrsg.), Aus der Geschichte lernen, die Zukunft gestalten. 30 Jahre DGB. Protokoll der Wissenschaftlichen Konferenz zur Geschichte der Gewerkschaften vom 12. und 13. Oktober 1979 in München, Köln 1980.

86 Benz verschickte seinen Beitrag – der einen ersten Entwurf darstellte und mit »Gewerkschaftsjugend gegen Remilitarisierung« überschrieben war – an Vorstand und Jugendausschuss der IG Metall. Georg Benz an die Mitglieder des Vorstandes und des Jugendausschusses der IG Metall, 7.9.1979, in: AdsD, 5/IGMA-09-0774.

87 Vom Stolz über das Abfangen antiautoritärer Tendenzen I, in: *Frankfurter Rundschau* (Dokumentation) vom 12.1.1980.

um »Friedhofsruhe« und gegen kritische Gewerkschafter, nicht nur in Oberursel.[88]

Benz und Preiss forderten eine Generalrevision der bisherigen Zusammenarbeit mit dem DGB in der Jugendarbeit und eine positive Stellungnahme des IG-Metall-Vorstandes für dieses Vorgehen. Eugen Loderer hatte ihnen zwar in der Regel freie Hand gelassen, sich aber im DGB-Bundesvorstand nicht immer in ihrem Sinne eindeutig ausgesprochen.[89] In der Stellungnahme wurden die wichtigsten Papiere aus Oberursel sowie das *taz*-Interview mit Oetjen herangezogen. Die IG Metall habe die Arbeit der DGB-Jugend konzeptionell und durch Mitarbeit entscheidend geprägt. Die »Einheit der DGB-Gewerkschaftsjugend« werde durch andere Kreise gefährdet: Dies seien Oberursel, die Presseorgane von IG Bergbau und Energie sowie IG CPK, Vertreter von Einzelgewerkschaften und Einzelpersonen wie Karl Schwab. Die bestehende Organisationsstruktur bildete für Benz und Preiss die Voraussetzung der gewerkschaftlichen Arbeit. Vorwürfe aus Oberursel, gerade diese beförderten einen Einfluss der SDAJ, seien infam, da so die Grundlagen erfolgreicher Organisationspolitik zerstört würden. Insofern wurde auch der Oberurseler Vorschlag abgelehnt, gegen die »kapitalistische Rationalität« eine »alternative Rationalität« in der gewerkschaftlichen Arbeit als Leitbild zu nutzen. Dahinter vermuteten Benz und Preiss einen Generalangriff auf die bisherige gewerkschaftliche Arbeit, die trotz antikapitalistischer Rhetorik auf Verhandlungen mit den Unternehmern angewiesen war. Gerade an diesem Beispiel zeigte sich, dass unter dem Begriff »Oberursel« auch Elemente einer neuen Gewerkschaftspolitik mit grundlegenden gesellschaftsverändernden Ansprüchen subsumiert werden konnten.[90] Die Ursprünge des Konfliktes lagen in der Politisierungsphase. Hasso Düwel verwies in einem Memorandum auf die Entlassung von Bergmann und Heine beim DGB-Landesbezirk Niedersachsen 1973, mit der eine Entwicklung gestoppt wurde, die »Gewerkschaftsjugend zu einer Antibürokratischen Kampforganisation« zu machen – auch vor diesem Hintergrund werde die Kritik aus Oberursel so vehement von der IG Metall

88 Horst-Dieter Zahn, Statt Diskussion Ausgrenzung. Ein skandalöses Papier von Georg Benz und Hans Preiss (IG Metall), in: *express* Nr. 1 (1980), S. 3.

89 Kempter, Loderer, S. 389 f. Vgl. auch die Kritik Loderers am Verhalten der Abt. Jugend im November 1981: Aktennotiz Horst Richter an Hans Preiss: Gespräch zwischen Eugen Loderer, Paul Flum und Horst Richter am Donnerstag, den 26. November 1981, 26.11.1981, in: AdsD, 5/IGMA-22-0456.

90 Georg Benz/Hans Preiss, Auseinandersetzung im DGB-Jugendbereich aus Sicht der IG Metall, 27.9.1979, Anlage III, Anlage III D, S. 1 f., in: AdsD, 5/IGMA-22-0821; eine zusammenfassende Kritik an der ›alternativen Rationalität‹ auch in dem Papier von Peter Vetter aus der Abteilung Bildung beim Vorstand der IG Metall: Zusammenfassung der wesentlichen Kritikpunkte in der Auseinandersetzung mit den Kollegen des Hauses der Gewerkschaftsjugend in Oberursel, 08-Ve-Ha (Peter Vetter), 8.2.1980, S. 1a – 5.

abgelehnt.[91] Der IG-Metall-Vorstand übernahm in einer Entschließung vom 3. Dezember 1979 die Positionen von Benz und Preiss vollständig.[92]

Schwab hingegen bekam die Unterstützung des DGB-Bundesvorstandes und reagierte auf die Vielzahl der Protestschreiben zur Absetzung Hawreliuks nicht, da sie seiner Ansicht nach »zum größten Teil bewußt gesteuert und inszeniert waren«.[93] Die Besetzung des nun vakanten Postens des Bundesjugendsekretärs sollte verschoben werden, bis eine Klärung zwischen DGB und IG Metall erreicht sei. Schließlich wurde Hanns Brauser aus der Abteilung Jugend des DGB kommissarisch eingesetzt und im Juni 1980 auch mit den Stimmen der IG Metall bestätigt.[94] Im Jugendausschuss der IG Metall hingegen gab es niemanden, der die Absetzung Hawreliuks befürwortete. Die Mitglieder berichteten im November 1979 vielmehr über viele Solidaritätserklärungen für Hawreliuk aus den Bezirken. Ein gewichtiges Argument der IG Metall war auch, dass die IG-Metall-Mitglieder vor Ort die Arbeit des DGB tragen würden.[95] Aufstellungen der IG Metall verwiesen darauf, dass 1979 von den 176 Vorsitzenden der Kreisjugendausschüsse 70 aus der IG Metall stammten, das waren rund 40 Prozent. IG CPK und IG Bergbau und Energie stellten zusammen nur neun KJA-Vorsitzende.[96] Anfang Dezember 1979 verschickte die Abteilung Jugend des DGB ein neues Grundlagenpapier, erstellt von Schwab und Hanns Brauser. Ziel war eine verstärkte offene gewerkschaftliche Jugendarbeit. Es seien zu wenig Gewerkschaftsmitglieder aktiv, die Gremienarbeit verschrecke Jugendliche, es bleibe »kein Spielraum für so etwas wie politische Sozialisation«, die Mobilisierung sei zu stark auf große Kundgebungen ausgerichtet, während vor Ort kaum noch Jugendgruppen existierten. Zwar habe die gewerkschaftliche Betriebsarbeit weiterhin Priorität, aber mit neuen Formen der Jugendarbeit sollten alle Lebensbereiche angesprochen und Themen wie Umweltschutz und alternative Bewegungen aufgegriffen werden.[97] Diesem Papier folgte eine längere Pause öffentlich ausgetragener Konflikte zwischen den Gewerkschaftsfunktionären, ohne dass eine interne Einigung erreicht wurde.

91 Hasso Düwel, Bemerkungen zu unserer gewerkschaftlichen Jugendarbeit und der Auseinandersetzung in der DGB-Jugendarbeit, 5. November 1979, S. 2, in: AdsD, 5/IGMA-22-0859.

92 Positionsbestimmung der geschäftsführenden Vorstandsmitglieder zur gegenwärtigen Diskussion über die Jugendarbeit und die Jugendbildungsarbeit im DGB (3. Dez. 1979), in: AdsD, 5/IGMA-97-1855.

93 Karl Schwab an die Mitglieder des Bundesvorstandes (DGB), 5.11.1979, in: AfsB, IGBE, 2312A.

94 Crusius/Wilke, Jugend, S. 110.

95 Vgl. Protokoll der Sitzung des Jugendausschusses am 27. November 1979 in Frankfurt, in: AdsD, 5/IGMA-22-0516.

96 Undatiertes Papier (1979): KJA-Vorsitzende nach Einzelgewerkschaften, in: AdsD, 5/IGMA-22-0343.

97 Thesen zur gewerkschaftlichen Jugendarbeit, Abteilung Jugend DGB-Bundesvorstand, Dezember 1979, in: AdsD, 5/IGMA-22-0581.

In diese Diskussion platzte im Dezember 1979 ein erneuter personeller Konflikt, der zur Verunsicherung der Gewerkschaftsjugend beitrug, jedoch mit dem Streit zwischen DGB und IG Metall nichts zu tun hatte: Der Chefredakteur und zwei Redakteure des DGB-Jugendmagazins *ran* wurden aufgrund eines Comics entlassen. Manfred Wilke und Reinhard Crusius sahen darin zwar einen möglichen Versuch der IG Metall, Karl Schwab zu schaden.[98] Diese Interpretation zeigt jedoch das Bemühen, ein bestehendes Konfliktraster auf eine gänzlich anders gelagerte Problematik anzuwenden. Denn betrieben hatte die Entlassung Maria Weber, im DGB-Bundesvorstand für Frauen und Berufsbildung zuständig und Mitglied der CDU. Dies vermutete zumindest der entlassene Chefredakteur Dieter Schmidt.[99] Der Comic war von jugendkultureller Ironie geprägt: In dem ersten der vier Bilder des Comics sagt Maria zu Josef: »Scheiße, Josef, ich bin schwanger!«, dieser ist entsetzt, und Maria beruhigt ihn damit, dass sie natürlich abtreiben werde. Gott ruft daraufhin »Um Gottes willen, Maria und Josef«, und Maria beschwichtigt »War doch nur Spaß«.[100] Zwar hatte *ran* seit 1970 immer wieder provokative Artikel gedruckt, die bei älteren Gewerkschaftern Widerspruch hervorriefen. Fäkalausdrücke und antireligiöse Stoßrichtung waren Ausdruck einer anderen Entwicklung als die politisch vertrauten Stellungskriege um die »kommunistische Unterwanderung«. Die Auflösung der Redaktion wurde von vielen Jugendgremien der Gewerkschaften verurteilt.[101] Die Begründung für die Auflösung der Redaktion formulierte Heinz Oskar Vetter: Einheitsgewerkschaft hieße auch, die religiösen Gefühle der Mitglieder zu respektieren.[102]

Anfang 1980 hatte sich auf der Ebene der höheren Funktionäre eine Art Stellungskrieg etabliert, die Spannungen zwischen IG Metall und DGB-Bundesführung prägten das Verhältnis zueinander. Erneuter Wirbel entstand im Sommer 1980. Ausgangspunkt war ein Konflikt, der sich an der Berichterstattung über die 12. Jugendkonferenz der IG Metall in der *Solidarität* entzündet hatte. Auf der Jugendkonferenz, die vom 24. bis 26. April 1980 in Travemünde getagt hatte, war ein Ende der öffentlichen Diskussion über die Jugendarbeit gefordert worden. In der Juli-Ausgabe der *Solidarität* hieß es zur Konferenz, die IG Metall habe die Frage der kommunistischen Unterwanderung »per Beschluß« erledigt und keinen Beitrag zur Lösung der innergewerkschaftlichen Konflikte geleistet.[103] Der Artikel war von Abteilung Jugend der IG Metall an die *Solidarität* geschickt worden. Kurz vor Drucklegung informierte jedoch Hanns Brauser die Abteilung

98 Crusius/Wilke, Jugend, S. 104.

99 Vgl. Uwe Hellner, Das DGB-Jugendmagazin 'ran im Spannungsfeld von Jugend und Gewerkschaft: eine empirische Untersuchung, Marburg 1994, S. 97; ähnlich: Strengere Kontrolle der DGB-Presse?, in: *Der Spiegel* Nr. 52, 24.12.1979, S. 16.

100 *ran*, Dezember 1979. Dokumentiert in: Hellner, DGB-Jugendmagazin, S. 98.

101 Leserbriefe zum ›Fall ran‹, in: *Solidarität* Nr. 1-2 (1980), S. 4-7.

102 Hellner, DGB-Jugendmagazin, S. 173-175.

103 Wir kämpfen für unsere Zukunft in antifaschistischer Tradition gegen reaktionäre Entwicklungen, in: *Solidarität* Nr. 7 (Juli 1980), S. 22-24.

Jugend der IG Metall, dass er und Karl Schwab die Darstellung der Diskussion um die DGB-Jugendarbeit als zu positiv empfänden, insbesondere die Ablehnung Schwabs, dessen Grußwort auf der Konferenz ohne Applaus geblieben sei, müsse erwähnt werden. Horst Richter antwortete, dass bei Änderungen die alten Kontroversen aufbrechen würden.[104] Brauser hatte den Artikel-Entwurf der IG Metall um einige Passagen ergänzt, in denen der IG Metall ein Festhalten an ihren Positionen vorgeworfen und die »Eiseskälte« gegenüber Karl Schwab als »erschreckend« bezeichnet wurde.[105] Über die *Solidarität* ergoss sich eine Flut von Leserbriefen aus IG-Metall-Kreisen. Bereits im Artikel war die Kulturveranstaltung zum Konferenzabschluss hervorgehoben worden, auf der IG-Song- und Kabarettgruppen auftraten. Im Verständnis der Abteilung Jugend der IG Metall Beleg dafür, dass sie die geforderte Kultur- und Freizeitarbeit tatsächlich praktizierten. Dieser Vorgang war der Vorlauf einer erneuten Eskalation, die durch das Referat von Georg Benz auf dem Gewerkschaftstag der IG Metall Ende September 1980 erfolgte. Benz beschwor die DGB-Spitzenfunktionäre, die IG Metall und ihre erfolgreiche Jugendarbeit nicht länger zu diffamieren. Er resümierte: »Ich sage hier klipp und klar, jetzt reicht es uns. Wir haben Jahre geschwiegen, während andere in der Öffentlichkeit Positionen bezogen haben, zu denen ich mich hier nicht noch näher äußern will.«[106] Schwab, der an der IG-Metall-Konferenz zeitweise teilnahm, stellte daraufhin am 1. Oktober 1980 seine Position im DGB-Bundesjugendausschuss zur Verfügung. In einer 14-seitigen persönlichen Erklärung zitierte er Benz' Rede ausführlich und betonte seine Enttäuschung darüber, dass Benz das Thema wieder aufgegriffen habe. Schwab habe geglaubt, es könne nun durch gemeinsame Kommissionen wieder eine Grundlage für die Jugendarbeit geschaffen werden. Wenn auch Eugen Loderer ihn verurteile, dann werde er seinen Posten zur Verfügung stellen.[107] Aus dieser persönlichen Erklärung sprach Resignation und Enttäuschung. Schwab erhielt in der darauffolgenden Woche das Vertrauen des DGB-Bundesvorstandes und verblieb im Amt. Zwischen Schwab und Benz war dies der letzte offen ausgetragene Konflikt, Ende 1982 kandidierte der dann 62-jährige Schwab aus Altersgründen nicht mehr für den DGB-Vorstand.[108]

104 (Horst Richter): Stellungnahme zum Bericht über die 12. Jugendkonferenz der IG Metall in der DGB-Jugendzeitschrift *Solidarität* vom Juli 1980, Nr. 7, Frankfurt a. M. 21.8.1980, in: AdsD, 5/IGMA-22-0457.

105 Wir kämpfen für unsere Zukunft in antifaschistischer Tradition gegen reaktionäre Entwicklungen, in: *Solidarität* Nr. 7 (Juli 1980), S. 22-24, hier S. 23.

106 Protokoll 11. Ordentlicher Gewerkschaftstag der IG Metall Berlin, 21. bis 27. September 1980, hg. vom Vorstand der Industriegewerkschaft Metall für die Bundesrepublik Deutschland, Frankfurt a. M. 1981, S. 96.

107 Sitzung DGB-Bundesjugendausschuß am 1.10.1980 in Hattingen: Erklärung des Kollegen Karl Schwab zum TOP 2, in: AdsD, 5/IGMA-07-1856. Vollständig abgedruckt in: JW-Dienst Vertraulich, JWV Nr. 27, 4.11.1980.

108 Angaben zu Schwab bei der Friedrich-Ebert-Stiftung http://www.fes.de/archiv/adsd_neu/inhalt/gewerkschaften/dgb-schwab.htm (Abruf 13.4.2012).

Seit Anfang 1980 waren eine Reihe von Versuchen zu verzeichnen, in Kommissionen die gemeinsamen Grundlagen der Jugendarbeit zu bestimmen. Als Ausgangspunkt fungierte eine Gruppe aller an der Jugendarbeit beteiligter Vorstandsmitglieder der Einzelgewerkschaften, die am 25. März 1980 erstmalig tagte. Den Entwurf von Hanns Brauser von Ende 1979 nahm die Arbeitsgruppe als Grundlage und entwickelte ein Kompromisspapier zur Jugendarbeit, das im Dezember 1980 vom DGB-Bundesvorstand angenommen wurde.[109] In den Folgejahren blieb das Verhältnis zwischen den Spitzenfunktionären der IG Metall und der Abteilung Jugend des DGB-Bundesvorstands weitgehend zerrüttet. Dies hatte auch Auswirkungen in die untersten Ebenen der Organisationen hinein. Das Klima in manchen örtlichen Gruppen und insbesondere auf der mittleren und höheren Funktionärsebene war getrübt. Insofern ist Stephan Klecha hier zu widersprechen, der annimmt, dass die »örtlichen Aktivitäten« der IG Metall sich »unbefangen von den großen Debatten« weiterentwickelten.[110] Es hing von einer Reihe von Faktoren ab, ob es lokal zu Spannungen kam. Sicherlich erfolgte die alltägliche Arbeit im Betrieb wenig beeinflusst von grundsätzlichen Debatten über gewerkschaftliche Strategien. Auch die von der IG Metall immer wieder behaupteten negativen Auswirkungen der Debatten auf ihre Arbeit spielten in der betrieblichen Praxis kaum eine Rolle.[111] Die Abteilung Jugend der IG Metall versuchte Anfang 1980 Auswirkungen des Konfliktes zu erkunden. Die zuständige Sekretärin für Jugend des Bezirks Hamburg berichtete aus einer BJA-IGM-Sitzung: »Den teilnehmenden Kollegen sind direkte Auswirkungen auf unsere Jugendarbeit nicht zu Ohren gekommen. Schriftlich ist auch nichts diesbezüglich in der Bezirksleitung angekommen. Zwar wurde erklärt, daß unsere Arbeit nicht leichter geworden ist (vor allem ältere Funktionsträger beziehen sich ab und an auf dieses Argument bei Diskussionen mit jungen Kollegen), aber das wäre auch vor der Pressekampagne nicht anders gewesen.«[112] Dramatischer war das vergiftete Verhältnis in einzelnen DGB-Landesbezirken. Eifersüchtig wurde darüber gewacht, ob Anhänger der jeweiligen Seite Funktionen besetzen konnten. Dieses Verhalten prägte das Vorgehen auf beiden Seiten und schloss auch Denunziationen ein. Im Sommer 1979 fertigte eine IG-Metall-Mitarbeiterin eine Aktennotiz an, weil sie bei einem Gespräch dreier DGB-Mitarbeiter gehört hatte, wie diese behaupteten, die IG-Metall-Jugend in Rosenheim sei von der SDAJ dominiert. In einem klärenden Gespräch hielt einer der Belauschten fest, dass es ein »Biertischgespräch« unter Freunden gewesen sei, und: »Im Übrigen brachte er seine Enttäuschung zum Ausdruck, daß solche Gespräche nicht mehr geführt werden könnten, ohne Folgen zu haben.«

109 Crusius/Wilke, S. 109.

110 Klecha, IG Metall, S. 159.

111 Auch wenn die Auseinandersetzung aufmerksam beobachtet wurde. Vgl. Emil-Peter Müller, SDAJ im Kampf um die ›breite Massenbasis‹, in: *Der Arbeitgeber* Nr. 13/14 (1978), 7.7.1978, S. 653-655.

112 Kirsten Schröder, BL-IGM-Hamburg, an Harald Schartau, Abteilung Jugend beim Vorstand der IG Metall, 27.2.1980, in: AdsD, 5/IGMA-22-0661.

Richard Polzmacher hingegen schrieb in einer Aktennotiz, dass er das Verhalten der Kollegin richtig finde.[113] Auch bei der Einstellung von zwei neuen Jugendbildungsreferenten für den DGB in Baden-Württemberg Anfang 1979 zeigten sich verhärtete Fronten. Der IG-Metall-Vertreter Uwe Bordanowicz sprach sich im Landesjugendbezirksausschuss des DGB gegen einen Bewerber der IG CPK aus, da dieser ein Praktikum in Oberursel absolviert hatte. Zugleich galt der IGM-Kandidat nicht als genügend qualifiziert. Horst Richter notierte etwas resigniert, dass den Mitarbeitern der IG-Metall-Bezirksleitung in Stuttgart der Konflikt mit Oberursel »nicht ausreichend geläufig sei«. Daher sei es ihnen schwer zu verdeutlichen, dass der Kandidat der IG CPK »die Oberurseler ›Verwirrung‹« in den Landesbezirk tragen könnte.[114]

Ein weiteres Skandalon stellte die Übersendung eines Tonbandmitschnitts an die Abteilung Jugend der IG Metall durch Studenten der Hochschule für Wirtschaft und Politik (HWP) in Hamburg über eine Veranstaltung mit Hinrich Oetjen im November 1979 dar. Die HWP galt als eine der Hochburgen von SDAJ- und DKP-Anhängern: Marxistischer Studentenbund (MSB), Sozialistischer Hochschulbund (SHB) und Juso-Hochschulgruppe, die in den 1970er und 1980er Jahren regelmäßig die Mehrheit im AStA stellten.[115] Aber es gab auch undogmatische Basisgruppen an der HWP. Oetjen hatte auf einer Veranstaltung der IG Druck und Papier am 2. November 1979 an der HWP über »Knies und Knatsch bei der Gewerkschaftsjugend« gesprochen. Einige Studenten informierten die Abteilung Jugend der IG Metall darüber, einer übersandte ein Tonbandprotokoll der Veranstaltung. Allerdings wertete die Abteilung Jugend dieses nicht aus, sondern schickte es unbenutzt zurück. Die IG Metall wurde nun für den Einsatz »geheimdienstlicher Methoden« kritisiert[116], was Horst Richter scharf zurückwies.[117] Eine weitere Zuspitzung nahm an der Akademie der Arbeit in Frankfurt Ende 1980 ihren Ausgang. Die Akademie der Arbeit, die der Universität Frankfurt angegliedert war, bildete in jährlichen Lehrgängen knapp 50 Gewerkschafterinnen und Gewerkschafter aus, die in der Regel anschließend hauptamtliche Tätigkeiten in den Gewerkschaften übernahmen. Im 46. Lehrgang 1980/81 traten von Anfang an Spannungen zwischen den unterschiedlichen politischen Strömungen auf.[118] Die von der Frankfurter DPG entsandte Mari-

113 Gedächtnisprotokoll über eine Besprechung in der Bezirksleitung München am 23.7.1979 von Richard Polzmacher, Sekretär der Bezirksleitung der IG Metall München, in: AdsD, 5/IGMA-22-0343.

114 Information für die Abteilung Jugend, Ri (Richter) 8.2.1979: Entwicklung der Auseinandersetzung um die Benennung von Jugendbildungsreferenten im DGB-Landesbezirk Stuttgart, in: AdsD, 5/IGMA-22-0354.

115 Vgl. als kritische Darstellung: Flechtheim u. a., Marsch, S. 113-120.

116 *Das junge Wort* Nr. 205 vom 5. Juli 1980, Exklusivbericht.

117 Vgl. Aktennotiz Horst Richter an Georg Benz, 1.2.1980; Lothar Pinkall, Abt. Bildungswesen/Bildungspolitik an Günther Kolbacher, AStA der HWP, 23.6.1980. Beide in: AdsD, 5/IGMA-22-0343.

118 Vgl. Aktennotiz Udo Wichert an Heinz-Werner Meyer, 7.8.1980. Wichert informierte über die Klagen zweier Teilnehmer der IG Bergbau und Energie, die über Aktivitäten

anne Scheil-Preußer versuchte im Laufe des zweiten Halbjahres 1980, Unterstützung für die freie polnische Gewerkschaft Solidarność zu erreichen.[119] Auf der Trimesterabschlussfeier am 17. Dezember 1980 wurde ein Kulturprogramm vorgetragen mit einem Sketch, in dem es hieß: »Haben Eispickel noch außerhalb Mexikos einen Nutzen? – Eispickel sind nicht nur aus Eis, sondern aus Eisen und könnten auch im Uni-Bereich Frankfurt auftauchen.« Die Anspielung auf die Ermordung Leo Trotzkis 1940 durch einen sowjetischen Agenten mit einem Eispickel lag bei dem Sketch auf der Hand. Marianne Scheil-Preußer hatte sich durch den Sketch angegriffen gefühlt und in mehreren Erklärungen eine Distanzierung verlangt, interne Gespräche führten jedoch nicht zu einer Lösung.[120] Anfang Januar 1981 machte Manfred Wilke, damals Geschäftsführer der GEW in Nordrhein-Westfalen, den Vorfall öffentlich.[121] Nun gerieten die IG-Metall-Mitglieder des 46. Lehrgangs, den sie fast zur Hälfte stellten, unter Kritik. Sie bestritten, dass sie sich als Fraktion verstanden hätten und versuchten die Entstehung des Sketches wortreich zu erklären. Marianne Scheil-Preußer habe von Anfang an versucht, »ein von toleranz getragenes zusammenleben an der ADA zu stören«.[122] Ihr störendes Verhalten hätte auch der Vorschlag gezeigt, zu einer Veranstaltung zum 17. Juni 1953 den ehemaligen Redakteur der *metall,* Heinz Brandt, einzuladen. Brandt war 1953 Bezirkssekretär der SED in Ost-Berlin gewesen und floh 1958 in den Westen, galt aber aufgrund seines Engagements in der Anti-Atom-Bewegung in der IG-Metall-Führung seit 1977 als persona non grata.[123] Marianne Scheil-Preußer hätte, so die IG-Metall-Hörer in ihrer Stellungnahme, immer wieder die Frage nach den Verbrechen des Stalinismus aufgeworfen. Sie habe auch versucht, Aktivitäten zu den Streikbewegungen der Solidarność in Polen zu initiieren und Unterschriftenlisten dazu verbreitet. In einem Schreiben an den Gewerkschaftstag der IG Metall im September 1980, forderte sie Aktivitäten zur Unterstützung der polnischen Gewerkschaften. Das Schreiben hätte kein IG-Metall-Mitglied unterschrieben.[124] Die IG-Metall-

gegen Karl Schwab und einer Orientierung auf den real existierenden Sozialismus berichteten, in: AfsB, IGBE, Nr. 2312B.

119 Flugblatt »Solidarität mit dem Kampf der Arbeiter Polens durch den DGB«, August 1980 sowie Unterschriftenliste »An den IG-Metall-Kongress«, Frankfurt 19.9.1980, beide in: AdsD, 5/IGMA-22-0343. Die Solidarność war im Sommer 1980 nach Streiks in Danzig gegründet worden.

120 Siehe die Erklärungen in: AdsD, 5/IGMA-22-0343.

121 *Frankfurter Rundschau*, 5.1.1981; Stalin läßt grüßen – Ein Sketch von Dschugaschwili, in: *taz*, 9.1.1981 mit Abdruck der Erklärungen von Marianne Scheil-Preußer; Den Einfluss der DKP diskutieren. Heinz Brandt zu den Vorfällen an der Akademie der Arbeit, in: *FAZ*, 7.1.1981.

122 Kleinschreibung im Original. Siehe: stellungnahme der ig metall-mitglieder an dem 46. Lehrgang 1980/81 der akademie der arbeit, frankfurt am Main 6.1.1981, S. 5, in: AdsD, 5/IGMA-22-0343.

123 Vgl. Knud Andresen, Widerspruch als Lebensprinzip. Der undogmatische Sozialist Heinz Brandt, Bonn 2007, S. 328-334.

124 Hörer des 46. Lehrganges der Akademie der Arbeit an den IG-Metall-Kongreß, 19.9.1980 sowie Jürgen Lerchner, an den 13. ordentlichen Gewerkschaftstag der IG

Mitglieder an der Akademie der Arbeit setzten in ihrer Stellungnahme eine argumentative Ausgrenzung Scheil-Preußers fort, die wiederum die Bedeutung einer Diskussion um den Stalinismus und die sozialistischen Länder als wichtige Aufgabe für freie Gewerkschaften unterstrich.[125] Der Sketch wurde von den IG-Metall-Teilnehmern als politische Entlarvung gerechtfertigt: Marianne Scheil-Preußer sei »als SPD-Trotzkistin von einigen Kolleginnen und Kollegen erkannt« worden. »Immer aber waren einige noch nicht dahinter gekommen, welche ideologischen Ziele MSP (d. i. Marianne Scheil-Preußer) mit ihren Flugblättern, von ihr initiierten Resolutionen und Diskussionsbeiträgen bezweckte. Aus dieser Situation heraus wollten die Verfasser des Sketches versuchen, durch die Aufführung einen Hinweis auf die trotzkistische Ideologie zu geben und damit diejenigen zum Nachdenken anzuregen, die teilweise unkritisch die Vorgehensweise der MSP unterstützten.«[126] Die Akademieführung nannte den Sketch lediglich eine »politische Entgleisung«, kritisierte aber vor allem Manfred Wilke für die Veröffentlichung des Vorganges, für dessen Untersuchung er die gewerkschaftlichen Gremien hätte nutzen können.[127]

Dieser erneute Konflikt folgte einem typischen Muster. Das Verhalten einiger IG-Metaller führte dazu, dass in der Öffentlichkeit darüber diskutiert wurde. Das zur Verteidigung vorgebrachte Beharren auf formale Gremienstrukturen und das Herunterspielen des Sketches waren wenig überzeugend. Der »Eispickel-Sketch« führte bald ein Eigenleben als Vorwurf an die IG Metall, zumindest zur Verharmlosung stalinistischer Verbrechen beizutragen. Die Tonband-Affäre und der Eispickel-Sketch zeigten nicht allein die Brisanz der Auseinandersetzungen. Sie waren auch Hinweis darauf, dass die gewerkschaftlichen Debatten in einer linken Studierendenszene verbreitet waren, in der Unterstellungen und Gerüchte schnell in ideologische Höhen getragen und zu Fraktionskämpfen wurden. Auch blieb für längere Zeit die Atmosphäre zwischen IG-Metall- und DGB-Jugendfunktionären vergiftet, die jeweils andere Seite wurde als Gegner wahrgenommen.[128]

Wie kann der Konflikt zwischen den Funktionären von der Strategiedebatte über das »Oberurseler Papier« bis zur Rücktrittsdrohung von Schwab eingeordnet werden? Karl Lauschke argumentierte 1979 in einem Beitrag im *express,* dass es sich um einen Machtkampf von sozialdemokratischen Funktionären handele, die eine stärkere Orientierung der Gewerkschaften auf die SPD errei-

Metall für die Bundesrepublik Deutschland, 19.9.1980, beide in: AdsD, 5/IGMA-22-0343.

125 Marianne Scheil-Preußer, Stellungnahme zur innergewerkschaftlichen Demokratie und zur politischen Auseinandersetzung in den Gewerkschaften des DGB und der Akademie der Arbeit, 6.1.1980, in: AdsD, 5/IGMA-22-0343.

126 Begründung für die Aufführung des Sketches, o. V. und o. D., in: AdsD, 5/IGMA-22-0343.

127 Stellungnahme, Akademie der Arbeit, o. D., in: AdsD, 5/IGMA-22-0343.

128 So ein ironischer und vorwurfsvoller Brief: Kay Ohl an Klaus Westermann, DGB-Bundesvorstand, Abt. Jugend, 15.9.1983, in: AdsD, 5/IGMA-22-1010.

chen wollten. Das aus Oberursel aufgebrachte Thema der »kommunistischen Unterwanderung« sei daher ein Nebengleis.[129] Die Mehrzahl der führenden Gewerkschaftsfunktionäre gehörte der SPD an, Karl Schwab war stellvertretender SPD-Landesvorsitzender in Baden-Württemberg. Bei hauptamtlichen Jugendfunktionären war die Juso-Mitgliedschaft nichts Ungewöhnliches, auch in führenden Positionen, so gehörten Heinz Hawreliuk, Bernhard Wurl oder Kay Ohl dem Verband an. Dass es Gespräche in diesem Kreis über die politische Situation gegeben hat, zeigte der Brief von Jürgen Walter an Heinz Hawreliuk. Aber da fast alle Konfliktpartner Sozialdemokraten waren, scheint die gemeinsame Parteizugehörigkeit keine entschärfende Wirkung in dem Konflikt gehabt zu haben. Als der Juso-Bundesvorstand sich im Sommer 1979 in die Debatte um eine kommunistische Unterwanderung einmischte und die Einheitsgewerkschaft unter Einschluss der Kommunisten forderte, führte es vor allem zu Konflikten innerhalb des Juso-Bundesvorstandes.[130] Bernhard Wurl und Kay Ohl waren bemüht, ihren politischen Verband von Einmischungen abzuhalten. Als einige Jusos die Diskussion um eine kommunistische Unterwanderung Anfang 1981 wieder aufnehmen wollten, überzeugte Ohl sie, dies zu unterlassen, denn es handele sich »bei den Auseinandersetzungen im DGB-Bereich um eine interne Auseinandersetzung der Gewerkschaften […] wo jede Partei, die versucht in den Klärungsprozeß zwischen den Gewerkschaften einzugreifen, mit Widerstand aus den Gewerkschaften rechnen muß«.[131]

Dass es sich hingegen um persönliche Machtkämpfe unter führenden Gewerkschaftsfunktionären handelte, ist nicht von der Hand zu weisen. Nicht nur semantisch wurden Georg Benz und Hans Preiss als »Benz/Preiss« zum Synonym für die Positionen der IG Metall. Beide wurden persönlich angegriffen und galten als »Panzerschrank-Kommunisten«, deren Parteibuch der DKP in einem Ost-Berliner oder Moskauer Panzerschrank liege.[132] Solche Zuschreibungen verdeckten jedoch eine historische Komponente der Auseinandersetzung. Dabei ging es um die Machtbalance zwischen den Einzelgewerkschaften und

129 Karl Lauschke, Ins Schwarze getroffen?, in: *express. Zeitung für sozialistische Betriebs- und Gewerkschaftsarbeit* 17, Nr. 10, 18.10.1979, S. 3-4.

130 9-Punkte zu Jungsozialisten und Gewerkschaftsarbeit, übersandt vom Bundessekretär Rudolf Hartung an die Mitglieder und stellv. Mitglieder des Bundesausschusses der Jungsozialisten, die Mitglieder der Kommission Betriebs- und Gewerkschaftsarbeit, 5.7.1979, in: AfsB, IGBE-Archiv, 2312A. Der stellvertretende Vorsitzende Klaus-Peter Wolf widersprach den Thesen öffentlich, da sie antikommunistisch seien und den gefährlichen Kurs von Oberursel stützten. Klaus-Peter Wolf, Einheitsgewerkschaft – wohin? Zur Strategie der Jungsozialisten, in: AfsB, IGBE-Archiv, 2312A sowie Stellungnahme des Bundesvorstandes der Jungsozialisten vom 17.7.1979, in: ebd.

131 Gesprächsnotiz Kay Ohl an Bernhard Wurl und Heinz Hawreliuk 30.1.1981. in: AdsD, 5/IGMA-22-0416. Wurl und Hawreliuk waren nicht mehr bei der Abteilung Jugend, sondern wurden als Juso-Mitglieder von Ohl informiert.

132 Der Begriff war vor allem mündlich verbreitet, ist aber gelegentlich bis heute zu lesen. Vgl. Manfred Wilke, Panzerschrankkommunisten, in: *Einheit, Zeitung der IG Bergbau* Nr. 18, 15.9.1991, S. 6.

den DGB. Für die führenden IG-Metall-Funktionäre waren die in Oberursel diskutierten Konzepte gefährlich für ihre eigenständige Jugendarbeit. Die hierarchisch gegliederte IG Metall war von einem auf Macht und Einfluss ausgerichteten Denken geprägt und hatte kein Interesse an öffentlichen Debatten über innergewerkschaftliche Probleme. Diese Haltung war jedoch in einer Mediendemokratie zunehmend schwierig durchzuhalten, meist berichteten Medien kritisch über die Haltung der IG Metall. Georg Benz hielt verbittert gegenüber Karl Schwab fest, dass Ernst Günter Vetter, Gewerkschaftsexperte der *FAZ*, aus den internen Papieren seinen Honig sauge.[133] Es mag auch mit diesem Misstrauen zu erklären sein, dass sich die IG Metall mit Veröffentlichungen zurückhielt. In einer Broschüre zum Thema, die der Chefredakteur der *metall* verantwortete, wurde der Oberursel-Konflikt nur als Ausgangspunkt genommen, um dann an Pressereaktionen auf Streiks der IG Metall zwischen 1954 und 1979 zu belegen, dass der Vorwurf der kommunistischen Unterwanderung ein Mittel von Gewerkschaftsgegnern sei.[134] Etwas ausführlicher hatte Detlef Hensche, Vorstandsmitglied der IG Druck und Papier, zur »Legende von der ›kommunistischen Unterwanderung‹« Stellung genommen.[135] Er brachte die Vorwürfe von Unternehmerseite mit geplanten Rationalisierungen in Zusammenhang, mit denen die Einheitsgewerkschaft geschwächt werden solle; eine besonders aktive Beteiligung von SDAJ oder DKP bestritt er: »Was dagegen zugenommen hat, das ist ein kritisches Potential innerhalb der Gewerkschaften; das ist der Wille, zu gewerkschaftlicher Gegenwehr; das ist die Konfliktbereitschaft; das ist die Offenheit, Grundsatzentscheidungen der gegebenen Wirtschaftsordnung in Frage zu stellen.« Eine solche »Politik der konsequenten Interessenvertretung« werde ganz überwiegend von »Nicht-Kommunisten« getragen.[136] Tatsächlich muss die Frage nach dem exakten Anteil von SDAJ- oder DKP-Mitgliedern in der Jugendarbeit ungeklärt bleiben. Trotz Recherchen in Unterlagen der SDAJ, bei der Staatssicherheit der DDR oder der FDJ war keine Aufstellung in den internen Unterlagen zu finden. Die SDAJ hielt sich mit öffentlichen Äußerungen während der Auseinandersetzungen zurück. Da die Mitarbeit in den Gewerk-

133 »Ernst Günter Vetter, seit Jahrzehnten ›Gewerkschaftsexperte‹ der *FAZ*, zitiert zuletzt am 11.12.80 zum x-ten Mal fast wörtlich Deine Ausführungen nach der Bundesjugendkonferenz 1977. In seinem 9-spaltigen Artikel ›Die Umarmung der falschen Brüder‹, wenige Tage nach dem Versand Deiner Erklärung am 15.11.80, werden mehr als 12 gewerkschaftliche Spitzenfunktionäre zitiert, darunter Du und ich 5- bzw. 9-mal. Alles, was E. G. Vetter schreibt, braucht er sich nicht aus den Fingern saugen, sondern läßt sich mühelos mit Papieren und Stellungnahmen belegen, die in den letzten Jahren in die Öffentlichkeit lanciert wurden.« Georg Benz an Karl Schwab, Frankfurt a. M., 22.12.1980, in: AdsD, 5/IGMA-07-1856.

134 Jürgen Mechelhoff, Kämpfe und Kampagnen. Die Legende von der ›kommunistischen Unterwanderung‹ – ein Mittel zur Schwächung gewerkschaftlicher Solidarität, Frankfurt a. M. o. J. (1980).

135 Detlef Hensche, Die Legende von der ›kommunistischen Unterwanderung‹. Was sie enthält und wem sie dient, in: *Gewerkschaftliche Monatshefte* Nr. 8 (1979), S. 471-483.

136 Ebd., S. 476.

schaften zu den Aufgaben der Mitglieder gehörte, ist deren Engagement unbestritten. Die SDAJ selbst zeigte sich stolz, »daß viele unserer Mitglieder von ihren Kollegen zum Jugendvertreter, Betriebsrat oder in gewerkschaftliche Funktionen gewählt wurden«.[137] Ehemalige hauptamtliche SDAJ-Beschäftigte äußerten, dass der Anteil von SDAJ-Delegierten auf gewerkschaftlichen Jugendkonferenzen gering gewesen sei. Allerdings hätten sie Einfluss auf gewerkschaftlichen Jugendkonferenzen gehabt, wenn sie als Hauptamtliche der SDAJ anwesend waren.[138] Die Frage ist daher, warum die Funktionäre für die Jugendarbeit in der IG Metall sich faktisch schützend vor die SDAJ stellten. Dies geschah weniger aus politischer Zustimmung. Vielmehr waren IG Metall und SDAJ auf dieselbe Klientel – die industrielle Facharbeiterschaft – ausgerichtet. In der IG Metall wirkte zudem ein traditionelles Organisationsverständnis der Arbeiterbewegung weiter, welches die Geschlossenheit des Handelns in den Vordergrund stellte und es mit einer antikapitalistischen Rhetorik verband. Nicht eine gemeinsame Utopie war der verbindende Punkt, sondern Übereinstimmung im gewerkschaftlichen Handeln in der Bundesrepublik.

Die Gegenseite war uneinheitlicher. Während Einzelgewerkschaften wie IG CPK oder IG Bergbau und Energie für die Stabilisierung der sozialen Marktwirtschaft eintraten und ihre Jugendarbeit weniger einer antikapitalistischen Politisierung unterordnen wollten, war für die Bundesjugendschule des DGB in Oberursel die Ausrichtung der Gewerkschaftsjugend auf alternative Einflüsse und die Selbstorganisation der Beschäftigten kennzeichnend. Die Oberurseler Attacken auf die »Gewerkschaftsbürokratie« trafen so auch ihre eigenen Bündnispartner. Allerdings verband sie die Ablehnung der Positionen der IG Metall. In der schwierigsten Situation agierte wohl die Abteilung Jugend des DGB und insbesondere Karl Schwab. Die von dieser Stelle angestrebte Neuorientierung der Jugendarbeit zielte nicht auf eine linke Politisierung, sondern es ging um angemessene Reaktionen auf neue jugendkulturelle Entwicklungen. Für die DGB-Jugendarbeit, die auf die Mitarbeit aus den Einzelgewerkschaften angewiesen war, sollten neue Möglichkeiten eröffnet werden. Allerdings trug Schwabs manchmal unsicheres Verhalten zur Dynamisierung des Konfliktes bei. In den Auseinandersetzungen hatten die Kritiker der IG Metall eine deutlich stärkere publizistische Wirkung, nicht allein in der Presse. Manfred Wilke und Reinhard Crusius konnten in zwei Büchern 1981 eine wissenschaftliche Begleitung zur Debatte um »kommunistische Unterwanderung« beisteuern.[139] Für die IG Metall war es eine Auseinandersetzung über das prinzipielle gewerkschaft-

137 Diskussionsbeitrag Birgit von Randow, Hamburg, auf dem Bundeskongress der SDAJ 5./6. Mai 1979 in Hamburg (zu datieren auf den 6. Mai 1979). Mitschrift in: FZH, 814-6, SDAJ-Junge Pioniere, 1997-1983.

138 Gespräch Knud Andresen und David Templin mit Harry van Bargen, Heino Hoffmann und Günther Hameister, Hamburg, 16.1.2013.

139 Vgl. Crusius/Wilke, Jugend; Flechtheim u.a., Marsch. Fritz Vilmar legte mit Wolfgang Rudzio und Manfred Wilke im Ullstein Verlag noch eine komprimierte Zusammenfassung vor: Fritz Vilmar, Was heißt hier kommunistische Unterwanderung?

liche Verständnis. Auch wenn die IG-Metall-Jugend vom Politisierungsschub nach 1968 profitiert hatte, blieb die Organisation gegenüber antiautoritären und links-undogmatischen Einflüssen reserviert. Die DGB-Jugendschule in Oberursel stand für eine Öffnung der gewerkschaftlichen Jugendarbeit, die neben der klassischen Arbeit im Betrieb zu einer allgemeinen Jugendbewegung führen und einen Wertewandel in der Jugend aufgreifen sollte. Zugleich war die Modernisierung der Jugendarbeit im Sinne Oberursels nicht frei von romantischen Vorstellungen über eine Revitalisierung der Arbeiterbewegung. Denn angestrebt wurde eine lebensweltliche Gemeinschaft der Gewerkschaften, in der sich die abhängig Beschäftigten auch ideell wiederfinden sollten.[140] Dies war als Reaktivierung einer früheren Radikalität der Arbeiterbewegung unter gänzlich geänderten sozialen Bedingungen zu verstehen; denn die Verbindung von gewerkschaftlich organisierten Jugendlichen mit Studierenden, marginalisierten Bevölkerungsgruppen und alternativen Strömungen sollte durch ein gemeinsames Bewusstsein und nicht aufgrund einer gemeinsamen sozialen Lage politisch wirksam werden.

Hier ist noch auf einen wichtigen Unterschied zwischen der Lehrlingsbewegung und der Auseinandersetzung um die kommunistische Unterwanderung hinzuweisen. Beides waren von außen wahrgenommene Höhepunkte der Gewerkschaftsjugend in den 1970er Jahren. Sie markieren aber zwei unterschiedliche Ausgangspunkte: Während die Lehrlingsbewegung aus spezifischen Bedürfnissen der Mitgliedschaft erwuchs, gab es bei der Auseinandersetzung Ende der 1970er Jahre keinen Handlungsdruck aus der Mitgliedschaft. Es war ein Machtkampf von höheren Funktionären und gewerkschaftsnahen Publizisten um gewerkschaftliche Selbstverständnisse. In dieser Auseinandersetzung gab es keinen Sieger. Zwischen der Abteilung Jugend des DGB, IG CPK und IG Bergbau und Energie sowie der IG Metall war in den Folgejahren eine unterkühlte Stimmung zu beobachten.[141] In der Grundstruktur gewerkschaftlicher Jugendarbeit war in einem solchen Nebeneinander alltägliche Arbeit ohne Weiteres möglich. In der sozialen Praxis waren die Unterschiede nicht so signifikant, dass Zusammenarbeit auf unteren Ebenen nicht mehr stattfinden konnte. Die 1980er Jahre brachten neue Herausforderungen für die Jugendarbeit, denn in der ersten Hälfte des Jahrzehnts entstanden mit der zweiten Jugendrevolte und der Friedensbewegung soziale Bewegungen, die andere Akzente im politischen Alltagsgeschäft der Gewerkschaftsjugend setzten.

Eine notwendige Analyse – und wie die Linke darauf reagiert, Frankfurt a. M./Berlin, 1981.

140 Dies wurde in Oberursel nicht ohne Ironie verstanden: Ihre Hauszeitschrift hieß 1982: Rundbrief – Zeitschrift für alternative linksromantische Basisarbeit, in: AdsD, 5/IGMA-07-1856.

141 Dazu impressiv Klecha, IG Metall, S. 164 f.

4. Verflüssigung der Gremienarbeit? Die IG-Metall-Jugend zwischen Verrechtlichung und neuen Gemeinschaftserfahrungen 1979-1984

In der Zeitgeschichtsforschung ist die Frage aufgeworfen worden, ob für die 1980er Jahre ein »Wandel des Politischen« zu verzeichnen sei.[1] Die zeitgeschichtlichen Dekadeneinteilungen oder die Benennung einzelner Jahre als Zäsur ist immer eine geschichtswissenschaftliche Konstruktion[2], und auch bei der Jugend der IG Metall überlagern strukturelle Probleme und neue Entwicklungen den Jahrzehntewechsel. Allerdings gibt es Gründe, für die erste Hälfte der 1980er Jahre von einer gewissen Sonderstellung in der Geschichte der Gewerkschaftsjugend auszugehen. Spezifische Probleme der zweiten Hälfte der 1970er Jahre setzten sich zwar fort, aber mit der Friedensbewegung erwuchs eine ältere soziale Bewegung zu neuer, unerwarteter Stärke, die für die Arbeit der IG-Metall-Jugend noch einmal einen großen Aufschwung bedeutete. Diese Gleichzeitigkeit von fortdauernden strukturellen Problemen und neuen Aktivitäten scheint widersprüchlich. Verständlicher wird sie, wenn die Verbindungen und Verflechtungen der Aktivisten der gewerkschaftlichen Jugendarbeit mit den Neuen Sozialen Bewegungen berücksichtigt werden. Die Krisenwahrnehmung – oder daraus folgend: Dystopien – speisten sich aus einer Reihe von ökonomischen und politischen Veränderungen. Die scheinbare Sicherheit mancher intellektueller Beiträge zur Demokratisierung, Emanzipation und sozialem Fortschritt in den 1970er Jahren geriet zunehmend unter Ideologieverdacht. Für Jürgen Habermas schienen 1985 die »utopischen Energien aufgezehrt«, die für die 1970er Jahre so prägend gewesen seien. Nicht ohne Grund nannte er seinen programmatischen Sammelband »Neue Unübersichtlichkeit« und prägte damit ein Schlagwort für die 1980er Jahre.[3] André Gorz veröffentlichte 1980 sein Buch *Abschied vom Prole-*

1 Vgl. den instruktiven Sammelband: Meik Woyke (Hrsg.), Wandel des Politischen: Die Bundesrepublik Deutschland während der 1980er Jahre. Bonn 2013.

2 Axel Schildt, Das letzte Jahrzehnt der Bonner Republik. Überlegungen zur Erforschung der 1980er Jahre, in: *Archiv für Sozialgeschichte* 52 (2012), S. 21-46, S. 27; vgl. Frank Bösch, der in einer internationalen Perspektive insbesondere das Jahr 1979 und damit zusammenhängende Ereignisse hervorgehoben hat. Dazu zählte er u. a. die islamische Revolution im Iran, den Einmarsch der Sowjetunion in Afghanistan, der mit der Wahl Margret Thatcher einsetzende Kurswechsel zur angebotsorientierten Wirtschaftspolitik, aber mit Johannes Paul II. und fundamentalen Bewegungen in den USA eine Rückkehr der Religion in den politischen Raum. In der Gesamtschau sei es als ein ›Geburtsjahr der Gegenwart‹ zumindest zu diskutieren. Vgl. Frank Bösch, Umbrüche in der Gegenwart. Globale Ereignisse und Krisenreaktionen um 1979, in: Zeithistorische Forschungen/ Studies in Contemporary History – Online-Ausgabe, 9 (2012), H. 1, URL: http:/www.zeithistorische-forschungen.de/16126041-Boesch-1-2012 (Abruf 7.11.2013).

3 Jürgen Habermas, Die Krise des Wohlfahrtsstaates und die Erschöpfung utopischer Energien, in: Ders., Die neue Unübersichtlichkeit. Kleine Politische Schriften V, Frankfurt a. M. 1985, S. 141-163, hier S. 143.

tariat, in dem der französische Intellektuelle der industriellen Arbeiterklasse ein schlechtes Zeugnis bezüglich grundlegender gesellschaftlicher Veränderungen ausstellte; seine Hoffnung lag nun eher in dem Ausstieg aus der industriellen Arbeit, die ökologische Frage rückte in den Vordergrund.[4] Gorz markierte eine Abkehr von teleologischen Aufladungen der industriellen Arbeiterklasse und der Suche nach neuen politischen Handlungsfeldern, die sich nun in einer Kritik am industriellen Wachstum zeigten. Diese sich ändernde politische Großwetterlage schlug auch auf die gewerkschaftliche Jugendarbeit durch.

Die Wahrnehmung der bundesdeutschen Situation als ökonomische und politische Krise betraf die Gewerkschaften in besonderem Maße. Wie wirkten sich diese Veränderungen auf ihre bisherige politische Kommunikation aus, änderten sich Legitimationsstrategien? Wie bereits erwähnt, war die Reaktion auf anhaltende Jugendarbeitslosigkeit und das Versanden großer Reformprojekte in den Gewerkschaften ein Besinnen auf die eigene Kraft und ein verstärktes Bemühen, mit emotionalen Bindungen lebensweltliche Verluste des sozialmoralischen Milieus aufzuhalten. Zugleich gab es in den politischen Jugendkulturen neue Entwicklungen, die die IG-Metall-Jugend tangieren sollten. Nicht mehr eine organisationspolitische und auch intellektuelle Herausforderung von linker Unterwanderung und Überhöhung der Arbeiterklasse, sondern die Abwendung von und das Desinteresse an politischen Großorganisationen wurde zum eigentlichen Problem in der Jugendarbeit.

4 André Gorz, Abschied vom Proletariat – Jenseits vom Sozialismus, Frankfurt a. M. 1980 (zuerst französisch unter dem Titel: Adieux au prolétariat: Au-delà du socialisme, Paris 1980).

4.1. Verlängerung der Jugend – Strukturelle Merkmale der Berufsausbildung

Die bedeutsamste Veränderung mit gravierenden Auswirkungen auf die Berufsausbildung war die Verlängerung der Jugend. Die längeren Bildungsverläufe – insbesondere ein gestiegener Besuch von höheren Schulen und ein daraus resultierender späterer Eintritt in das Berufsleben – waren von der Jugendforschung schon in den 1970er Jahren als »Postadoleszenz« bezeichnet worden. Hier entstand eine neue Lebensphase, »die dadurch gekennzeichnet ist, daß ihre Mitglieder in intellektueller, politischer und sexueller Hinsicht die volle Eigenständigkeit erreicht haben, ökonomisch jedoch weiter abhängig sind«.[1] Diese Lebensphase zwischen Jugend- und Erwachsenenalter verlängerte sich in allen Industrienationen. Die Jugendsoziologie sprach von einem »Strukturwandel der Jugend«, da die vorher klarer abgegrenzten Übergänge aufweichten. Dazu gehörten ein Bedeutungsrückgang der Heirat und der eigenen Familiengründung, aber auch die ausdifferenzierten Bildungsgänge, die strukturell eine Verlängerung des Jugendalters als soziales Phänomen bedingten.[2] Bei diesem Strukturwandel ist zu fragen, ob es ein klassenübergreifendes Phänomen war oder ob die soziale Herkunft spezifische Ausprägungen hervorbrachte. Der Jugendsoziologe Jürgen Zinnecker skizzierte – an Bourdieu geschult – drei jugendkulturelle Klassenfraktionen, die sich um die Oberschicht und die Vorstellung der Jugend als Moratorium, das Kleinbürgertum mit großer Bildungsbeflissenheit und die Unterschichten mit einer materialistischen Konsumkultur gruppierten. Diese amalgierten nach seiner Ansicht seit den 1970er Jahren, wobei die Unterschichten die asketische Grundhaltung des Kleinbürgertums aufbrächen. Zinnecker ging davon aus, dass der Begriff Postadoleszenz von bürgerlichen Intellektuellen geprägt worden sei, um die Hegemonie eines bürgerlichen Jugendbegriffes in diesem Verschmelzungsprozess zu retten.[3] Mit dieser Einteilung versuchte er, das Fortwirken habitueller Milieuprägungen zu erfassen, auch um daraus resultierende soziale Ungleichheiten im Blick zu behalten. Die Verlängerung der Jugend löste alte soziale Schranken zwar nicht auf, machte sie jedoch durchlässiger.

Dies lässt sich an Statistiken zu Ausbildung und Bildungsverläufen anschaulich zeigen. Die Erwerbsquote der 15- bis 21-Jährigen lag 1980 nur noch bei 40

1 Dörre/Schäfer, Straßen, S. 25; eine ähnliche Definition bei: Matthias Wissmann/Rudolf Hauck (Hrsg), Jugendprotest im demokratischen Staat. Enquete-Kommission des Deutschen Bundestages, Stuttgart 1983, 22 f.

2 Wilfried Ferchhoff/Thomas Olk, Strukturwandel der Jugend in internationaler Perspektive, in: Dies. (Hrsg.), Jugend im internationalen Vergleich. Sozialhistorische und sozialkulturelle Perspektiven, Weinheim-München 1988, S. 9-30, S. 9; Jürgen Zinnecker, Jugendkultur 1940-1985, Opladen 1987, S. 314-316; Krüger/Grunert, Geschichte, S. 20.

3 Jürgen Zinnecker, Jugend im Raum gesellschaftlicher Klassen. Neue Überlegungen zu einem alten Thema, in: Wilhelm Heitmeyer (Hrsg.), Interdisziplinäre Jugendforschung, München 1986, S. 99-130, S. 123.

Prozent, einschließlich der Auszubildenden.[4] Zwischen 1978 und 1989 stieg die Zahl der in Ausbildung befindlichen Jugendlichen und jungen Erwachsenen kontinuierlich an. Dies betraf nicht allein die Universitäten und Fachhochschulen, sondern auch die berufliche Ausbildung. Ein Grund hierfür war, dass die geburtenstarken Jahrgänge in den Ausbildungsmarkt kamen, dessen Aufnahmefähigkeit höher war als erwartet. Der Anstieg der Auszubildenden bis 1985 mit über 1.830.000 Personen erfolgte parallel zu einem Anstieg der Studierenden. Die Zahl der Studierenden stieg danach jedoch weiter kontinuierlich an, während die Zahl der Auszubildenden nach der Aufnahme der geburtenstarken Jahrgänge wieder sank (vgl. Tabelle 6), 1989 lag die Zahl von Ausbildung und Studierenden ungefähr gleich, in den Folgejahren hielt sich die Ausbildungszahl in ungefähr gleicher Höhe, während die Zahl der Studierenden auf über 2 Millionen stieg. Dieser auf den ersten Blick irritierende Befund klärt sich darüber auf, dass die berufliche Ausbildung nicht mehr vordergründig der Einstieg in ein Beschäftigungsverhältnis war, sondern als »Erstausbildung« zunehmend den Beginn einer längeren Qualifikationskarriere markierte, gerade bei Tätigkeiten, die für das Studium praktische Erfahrungen voraussetzten.[5] Längere Qualifikationskarrieren entstanden auch aus den Umbrüchen in der Metallindustrie, da viele Auszubildende, auch bei einer Übernahme, nicht in ihrem erlernten Beruf arbeiten konnten. Von 1982 bis 1984 war die Beschäftigung in der Metall- und Elektroindustrie um rund 110.000 Arbeitsplätze auf 3.231.342 zurückgegangen. Die IG Metall ging von einem beschleunigten »Trendumbruch der Beschäftigung« durch die Wirtschaftskrise 1981/82 aus, der den kontinuierlichen Rückgang der Arbeitsplätze bei gleichzeitiger Produktivitätssteigerung des einzelnen Beschäftigten zu einem unumkehrbaren Prozess machte.[6] Bildung und daraus erwachsende berufliche Berechtigungen würden von späteren Tätigkeiten »entkoppelt«, hieß es kritisch.[7] Diese Befürchtungen bestimmten politische Wahrnehmungen und Deutungen in der Jugend der IG Metall, auch wenn sich die Befürchtungen der Dequalifizierung nicht bewahrheiteten. Dazu gehörte, dass der Wechsel nach einer Berufsausbildung in eine andere Tätigkeit ein häufiges Phänomen war, auch in Zeiten geringer Arbeitslosigkeit. Eine lebenslange Bindung an einen Betrieb war auch in der Boomphase eher die Ausnahme.[8] Der längere Verbleib in der Schule, berufliche Vorbereitungsmaßnahmen oder weiterführende Qualifikationen waren Gründe, die zu einem Aufweichen, aber

4 Dörre/Schäfer, Straßen, S. 34.

5 Zum Begriff vgl. Karen Schober, Veränderungen im Übergangssystem seit 1960. Herausforderungen an die Berufsbildungs- und Arbeitsmarktpolitik, Einführung 1 zu Teil I, in: Ditmar Brock u. a. (Hrsg.), Übergänge in den Beruf. Zwischenbilanz der Forschung, Weinheim/München 1991, S. 29-34, S. 31.

6 Zahlen 1982 Geschäftsbericht 1983 bis 1985 des Vorstandes der IG Metall, S. 90, Zitat S. 71.

7 Dörre/Schäfer, Straßen, S. 35.

8 Vgl. Burkart Lutz/Friedrich Weltz, Der zwischenbetriebliche Arbeitsplatzwechsel. Zur Soziologie und Sozioökonomie der Berufsmobilität, Frankfurt a. M. 1966.

nicht zum Verschwinden der strukturierten Übergänge ins Berufsleben und damit auch der Übergänge von der Jugend in das Erwachsenenalter führten.[9] Dass es auch eine Folge der Bildungsexpansion war, ist nicht zu übersehen. Eher eine Annahme als eine empirisch gesicherte Aussage ist es hingegen, in der Bildungsexpansion eines der »zentralen Faktoren des Abschiedes von den klassenstrukturellen Bindungen sowie der Verdrängung traditioneller Orientierungen« zu sehen. Soziale Ungleichheit durch Bildung stellte sich eher dadurch ein, dass ein allgemein steigendes Bildungsniveau die niedrigeren Bildungsabschlüsse zur negativen Ausnahme machte.[10] Die Gruppe, die ohne Bildungsabschlüsse oder mit einem Hauptschulabschluss in die Berufswelt eintrat, galt bald als die am stärksten benachteiligte Gruppe, da sie länger für Berufseinstiege brauchte. Auswirkungen auf eine Klassenstrukturierung hatte dies insofern, als die Schere zwischen ausgebildeten und ungelernten Jugendlichen noch weiter aufging. Der Rückgang von jugendlichen und jungen Ungelernten in der Metallindustrie und der regelmäßige Weg in die industrielle Produktion über eine Facharbeiterausbildung erschwerten für die Gruppe der gering Qualifizierten den Zugang in die Erwerbstätigkeit. Hinzu kamen politisch motivierte Versuche, sich in Jobber-Initiativen zusammenzuschließen mit dem Ziel, auf geringem Niveau seinen Lebensunterhalt mit kurzfristigen Arbeitstätigkeiten zu bestreiten, auch wenn dies eher Randphänomene blieben.[11] Sie markierten aber zunehmende soziokulturelle Differenzierungen innerhalb der Gruppe von beruflich gering Qualifizierten, da sich unter den Beschäftigten nun auch Abiturienten fanden.

In den Sozialwissenschaften wurde diese Entwicklung mit der These von der Krise der Arbeitsgesellschaft aufgegriffen.[12] Auch wenn die gelegentlich damit verbundene Prognose vom Ende der Arbeitsgesellschaft überzogen war, wurde die Krise des (männlichen) Normalarbeitsverhältnisses nicht zu Unrecht konstatiert. Vor diesem Hintergrund entwickelte Martin Kohli Mitte der 1980er Jahre seine These von der »Entstandardisierung« des Lebenslaufes. Durch neue Anforderungen und Möglichkeiten des Arbeitsmarktes breite sich eine Individualisierung der Lebensführung aus. Dies werde unterstützt von den Ausfransungen an den Rändern des beruflichen Lebensverlaufs, insbesondere dem späteren Berufseinstieg und einem früheren Ausstieg durch Frühverrentungen. Diese Entwicklung wirkte auf die Geschlechterordnung des alleinverdienenden Mannes. Frauen waren zunehmend höher qualifiziert und nahmen Erwerbstätigkeiten auf. Faktoren wie »Ehe, Familie, Kinder als Standard des weiblichen

9 Vgl. Ditmar Brock u.a. (Hrsg.), Übergänge in den Beruf. Zwischenbilanz der Forschung, Weinheim und München 1991.

10 So kritisch: Walter Müller, Erwartete und unerwartete Folgen der Bildungsexpansion, in: Jürgen Friedrichs/M. Rainer Lepsius/Karl Ulrich Mayer (Hrsg.), Die Diagnosefähigkeit der Soziologie, Wiesbaden 1998, S. 81-112, hier S. 82.

11 Vgl. hierzu eine knappe Übersicht von Gruppen in Hamburg und Karlsruhe Mitte der 1980er Jahre bei: Arps, Frühschicht, S. 186-202.

12 Joachim Matthes (Hrsg.), Krise der Arbeitsgesellschaft. Verhandlungen des 21. Deutschen Soziologentages in Bamberg 1982, Frankfurt a. M. 1983; Offe, Arbeitsgesellschaft.

Lebenslaufes« relativierten sich seit den 1970er Jahren. Die weibliche Erwerbsquote stieg von 1974 bis 1990 von 50,6 Prozent auf knapp 58 Prozent mit erheblichen Unterschieden in den Altersklassen: in der Altersspanne 15-20 Jahre sank der Erwerbsanteil von 75 Prozent 1960 auf 34,8 Prozent 1991; stieg hingegen in der Spanne von 40-45 von 44,9 Prozent auf 70,5 Prozent im selben Zeitraum.[13] Die Veränderungen führten auch zu einer soziologischen Debatte um die Neudefinition sozialer Ungleichheit und sozialkultureller Transformationen. Nicht mehr allein die soziale Hierarchie von Macht und Kapital galt als Kennzeichen von Ungleichheit. Stefan Hradil hatte 1987 die soziale Ungleichheit analytisch neu zu fassen versucht und neben Geschlecht und ethnischer Herkunft auch die kulturellen und sozialen Differenzen innerhalb der Arbeiterschaft in den Blick gerückt. Die mit der Industrialisierung aufgekommene soziale Hierarchisierung weiche durch staatlich-administrative Einflussfaktoren ebenso wie dem konstatierten Wertewandel auf und ließe neue Dimensionen von sozialer Ungleichheit in den Fokus geraten. Die unbefristete Beschäftigung mit sozialen Absicherungen, betrieblichen Sozialleistungen und tariflichen Regelungen brachte auch Facharbeiter in höhere Positionen gegenüber von solchen Vorteilen Ausgeschlossenen.[14] Die Facharbeiterschaft als die gewerkschaftliche Kerngruppe stieg in ihren sozialen Positionierungen auf, hingegen wurde es schwieriger, industrielle Arbeitsplätze für Geringqualifizierte zu sichern.

13 Andreas Wirsching, Erwerbsbiographien und Privatheitsformen: Die Entstandardisierung von Lebensläufen, in: Thomas Raithel/Andreas Rödder/Andreas Wirsching (Hrsg.), Auf dem Weg in eine neue Moderne? Die Bundesrepublik Deutschland in den siebziger und achtziger Jahren, München 2009, S. 83-97, hier S. 89; Martin Kohli, Institutionalisierung und Individualisierung der Erwerbsbiographie, in: Ditmar Brock (Hrsg.), Subjektivität im gesellschaftlichen Wandel. Umbrüche im beruflichen Sozialisationsprozess, Weinheim und München 1991, S. 249-278; zum Anstieg der Frauenerwerbstätigkeit vgl. Monika Matthes, Krisenverliererinnen? Frauen, Arbeit und das Ende des Booms, in: Andresen/Bitzegeio/Mittag, Strukturbruch, S. 127-140; Raithel, Jugendarbeitslosigkeit (2012), S. 13 f.

14 Stefan Hradil, Sozialstrukturanalyse in einer fortgeschrittenen Gesellschaft. Von Klassen und Schichten zu Lagen und Milieus, Opladen 1987; Hradil hat später eingeschränkt, dass die »soziokulturelle Pluralität« nicht unbedingt etwas Neues sein muss, da vor den 1970er Jahren Untersuchungen meist auf die vertikale Hierarchie ausgerichtet war. Vgl. Stefan Hradil, Arbeit, Freizeit, Konsum: Von der Klassengesellschaft zu neuen Milieus? in: Raithel/Rödder/Wirsching, Weg, S. 69-82.

Tabelle 6: Erwerbstätige, Auszubildende und Studierende bis 25 Jahre 1978-1989, ohne Selbstständige und mithelfende Familienangehörige.[15]

Jahr	Erwerbstätige unter 25 Jahren	Auszubildende Zum 31.12.	Davon Männlich	Studierende Zum 31.12.	Davon weiblich
1978	5.053.000	1.517.373	950.984	945.897	334.117
1979	5.305.000	1.644.619	1.023.004	981.808	353.432
1980	5.349.000	1.712.716	1.060.472	1.044.210	383.198
1981	5.385.000	1.676.877	1.029.113	1.120.892	421.635
1982	5.257.000	1.675.861	1.021.827	1.203.121	458.374
1983	5.079.000	1.721.686	1.045.451	1.273.168	481.960
1984	5.241.000	1.800.141	1.081.264	1.314.201	496.087
1985	5.155.000	1.831.265	1.087.497	1.338.042	506.649
1986	5.412.000	1.805.247	1.059.000	1.367.699	518.432
1987		1.738.687	1.006.644	1.410.789	536.295
1988	5.189.000	1.657.960	944.147	1.399.109	409 .304
1989	4.985.000	1.552.534	883.439	1.508.241	576.943

Eines der Effekte der Verlängerung der Jugend und längeren Qualifikationskarrieren war die soziale Durchmischung in beruflichen Ausbildungsgängen, die zunehmend von Jugendlichen mit höheren Bildungsabschlüssen wahrgenommen wurden. Der Anteil der Abiturienten an einem Altersjahrgang stieg seit den späten 1960er Jahren beständig an. 1968 machten 77.032 Personen Abitur, 1989 waren es 280.000. Dabei erfolgte die Dynamisierung im Verhältnis der Schulabschlüsse vor allem in den 1980er Jahren: 1979 waren noch 11,5 Prozent ohne Abschluss und 41,5 Prozent mit einem Hauptschulabschluss abgegangen, 30,5 Prozent hatten einen Realschulabschluss und nur 17 Prozent die Fach- oder allgemeine Hochschulreife. 1989 waren es dann nur noch 6,3 Prozent ohne Abschluss und noch 25 Prozent mit Hauptschulabschluss, die Realschulabschlüsse waren auf 35,5 Prozent gestiegen, signifikant jedoch hochschulqualifizierende Abschlüsse, die nun gut 33 Prozent betrugen.[16] Parallel zu dieser Entwicklung stieg der Anteil der Abiturienten, die eine berufliche Ausbildung begannen. 1976 hatten rund 7,4 Prozent der Auszubildenden die Hochschulreife, 1983 waren es bereits 14,2 Prozent, wobei mehr als doppelt so viele weibliche wie männliche Studienberechtigte diesen Weg wählten.[17] 1988 wurde in einer Verlaufsuntersu-

15 Eigene Zusammenstellung nach: Statistisches Jahrbuch der Bundesrepublik Deutschland, Jge. 1979-1990.

16 Schulabgängerstatistik 1979: Berufsbildungsbericht 1981, hrsg. vom Bundesminister für Bildung und Wissenschaft, Bonn 1981, S. 108; 1989: Statistisches Jahrbuch für das vereinte Deutschland, hrsg. vom Statistischen Bundesamt, Wiesbaden 1991, S. 388.

17 Berufsbildungsbericht 1985, hrsg. vom Bundesminister für Bildung und Wissenschaft, Bonn 1985, S. 74.

chung festgestellt, dass 20,2 Prozent der Abiturienten des Jahrganges 1986 eine betriebliche Ausbildung machten.[18] Dabei gaben 31 Prozent in der betrieblichen Ausbildung an, anschließend noch studieren zu wollen. Die betriebliche Ausbildung wurde so in Teilen zu einer Qualifikationsstufe, die auch nach längerer Zeit noch ein Studium einschließen konnte. Bei einer Reihe von Fachhochschulen war die Ausbildung zudem Voraussetzung für das Studium, insbesondere bei Gärtner/Innen und Landwirt/Innen gab es aus diesem Grund eine hohe Frauen- und Abiturientenquote.[19]

Das steigende Niveau der schulischen Vorbildung wurde auch als Verdrängung verstanden, und schon in den 1970er Jahren versuchten Jugendvertretungen und Betriebsräte gegenzusteuern.[20] Schon früh kamen Befürchtungen auf, die Hauptschule werde zur »Restschule« verkommen, deren Besuch zum beruflichen Einstiegshindernis werden würde. Eine strukturelle Benachteiligung der Hauptschulen, an denen die Zahl der Kinder aus Arbeiterhaushalten und ausländischer Familien relational anstieg, galt schon 1975 als bedrohliche Entwicklung.[21] Dies gehörte zu den Ambivalenzen der Bildungsexpansion, denn ein höheres Bildungskapital wurde auch in der beruflichen Ausbildung zunehmend wichtiger. In der Ausbildung wandelte sich das Niveau der Vorbildung, vor allem der Realschulabschluss gewann an Bedeutung. Dies betraf zuerst die kaufmännischen Berufe. Waren 1970 noch 66 Prozent mit einem Volksschulabschluss in eine kaufmännische Ausbildung eingetreten, waren es 1978 nur noch 38,8 Prozent; der Anteil der Auszubildenden mit Realschulabschluss stieg im selben Zeitraum von 31,6 auf 49,8 Prozent, Hochschul- oder Fachhochschulreife hatten 1970 nur 2,2 Prozent, 1978 dann 9,5. Bei den gewerblichen Berufen war die Entwicklung weniger rasant. Dort hatten 1970 noch 88 Prozent einen Volksschulabschluss, 1978 immerhin noch zwei Drittel; der Anteil von Realschülern war von 11,1 auf 19,3 Prozent gestiegen. Abiturienten waren in der gewerblichen Ausbildung noch kaum vertreten, 1970 waren es gerade 0,8, 1978 dann 2,6 Prozent.[22] Im Metallbereich wurde für 1980 der Anteil von Auszubildenden über Hauptschulniveau auf 30-40 Prozent geschätzt, mit großen fachlichen Diskrepanzen: bei Betriebs- und Bauschlossern lag der Anteil bei 20 Prozent, im Elektrobereich hatten mindestens 60 Prozent einen mittleren Abschluss.[23] Dieser Trend setzte sich in den 1980er Jahren fort. So lag der Anteil von Auszubildenden mit Volksschulabschluss (einschließlich Berufs-

18 Berufsbildungsbericht 1990, hrsg. vom Bundesminister für Bildung und Wissenschaft, Bonn 1990, S. 71.

19 Berufsbildungsbericht 1984, hrsg. vom Bundesminister für Bildung und Wissenschaft, Bonn 1984, S. 44.

20 So als 1980 die Einstellung von zwei Abiturienten bei Siemens in Bremen als »Ausnahme« bezeichnet wurde. Bericht über die 2. Sitzung der Gesamtjugendvertretung der Siemens AG am 4.12.1980 in München, in: AdsD, 5-IGMA-22-0657.

21 Kruse, Qualifikation, S. 66.

22 Berufsbildungsbericht 1981, S. 14.

23 Ebd.

vorbereitungsmaßnahmen) in Industrie und Handel 1980 bei 44,9 Prozent, 1988 nur noch bei 31,8 Prozent. Realschüler und Berufsfachschüler nahmen von 43,9 auf 48,6 Prozent eher moderat zu. Den größten Sprung hatten Abiturienten bzw. Schüler mit Fachhochschulreife gemacht, ihr Anteil war von 6,4 Prozent 1980 auf 18,7 Prozent 1988 gestiegen. Im Handwerk überwog in den 1980er Jahren noch der Volksschulabschluss, den 1988 noch 63,5 der Auszubildenden als Vorbildung hatten; während Realschüler von 19,1 auf 26,4 Prozent, Fach- und Hochschulreife 1988 erst von 5,1 Prozent der Auszubildenden im Handwerk erworben waren.[24]

Tabelle 7: Auszubildende nach Ausbildungsbereichen zum 31.12. eines Jahres.[25]

Jahr	Industrie und Handel	Handwerk	Freie Berufe	Öffentlicher Dienst (ohne gewerbliche Ausbildung)	Landwirtschaft	Sonstige (Hauswirtschaft im städtischen Bereich und Seeschifffahrt)
1977	643.817	556.088	103.431	44.841	41.003	8.249
1979	748.400	676.215	110.422	53.838	46.565	9.179
1981	771.347	673.564	123.646	54.278	46.525	7.517
1983	791.895	674.903	130.269	63.723	52.003	9.623
1984	841.081	693.232	132.392	69.243	53.247	10.946
1985	874.614	687.454	131.458	72.856	53.396	11.723
1986	882.185	657.780	129.871	73.130	50.247	12.034
1987	865.963	617.823	125.055	71.675	44.553	13.618
1988	827.213	577.873	133.570	67.310	38.515	13.479

Mit dem steigenden Qualifikationsniveau in der Ausbildung stieg auch das Lebensalter. Das Durchschnittsalter von Berufsschülern – zu denen auch Ungelernte zählten – wuchs kontinuierlich. 1970 lag es für beide Geschlechter bei 16,6 Jahren, 1983 bei genau 18 Jahren, 1987 waren es schließlich 18,6 Jahre.[26] Allerdings sind auch hier Unterschiede bei den Branchen zu beachten. 1982 waren 41 Prozent der kaufmännischen, aber nur rund ein Viertel der gewerblichen Auszubildenden über 18 Jahre.[27] Bei der Verteilung der Ausbildungsbereiche waren im Zeitraum 1977 bis 1988 ebenfalls markante Verschiebungen zu beobachten (vgl. Tabelle 7). Die Ausbildungsplätze in den Bereichen Industrie

24 Berufsbildungsbericht 1984, S. 43; Zahlen für 1988: Berufsbildungsbericht 1990, S. 39.

25 Zusammenstellung nach: Berufsbildungsbericht 1983, hrsg. vom Bundesminister für Bildung und Wissenschaft, Bonn 1983, S. 25 und Berufsbildungsbericht 1990, hrsg. vom Bundesminister für Bildung und Wissenschaft, Bonn 1990, S. 34.

26 Berufsbildungsbericht 1990, S. 42. Dieser Trend setzt sich fort, 2006 lag das Durchschnittsalter von Auszubildenden bei 19,3 Jahren. BIBB Report 2/2007, S. 2.

27 Berufsbildungsbericht 1984, S. 45.

und Handel stiegen von 1977 bis 1988 um knapp 180.000. Hingegen steigerte sich das Handwerk nur bis 1984 und nahm danach wieder ab, 1988 war wieder fast der Stand von 1977 erreicht. Gestiegen waren auch, wenn auch mit einem kleineren Anteil, die Freien Berufe um gut ein Viertel und der Öffentliche Dienst – ohne die gewerbliche Ausbildung – um gut ein Drittel. Diese Zahlen deuten bereits auf eine Verschiebung in den tertiären Sektor hin. Der Anstieg in Industrie und Handel ergab sich auch aus dem Ausbau der industrienahen Angestelltenberufe.

Eine ungefähre Dimension der sozialen Mobilität in der Facharbeiterschaft wurde auf der Grundlage des Mikrozensus vom Bundesinstitut für Berufsbildungsforschung 1979 untersucht. Aus der Gesamtheit von 8,35 Millionen Facharbeitern wurde versucht, deren Bildungsverläufe nach der Erstausbildung zu berechnen. Durch Weiterbildung waren rund 16 Prozent sozial aufgestiegen. Dazu gehörten ein Prozent, die das Abitur nachgeholt hatten – absolut wurde diese Gruppe auf 62.000 Personen geschätzt; 3 Prozent hatten eine Fachhochschule besucht, die größte Gruppe stellten mit mehr als einer Million die Absolventen von Fachschulen mit Meister- oder Technikerweiterbildungen. Zu Angestellten im Betrieb waren ebenfalls gut 16 Prozent aufgestiegen. Einen Abstieg zu einfachen Arbeitern oder Hilfsangestellten hätten rund 11 Prozent vollzogen, wobei es sich hier häufig um Absolventen einer Handwerkslehre handelte, die Arbeit in der Industrie gefunden hatten. Vier Prozent waren Beamte geworden und sieben Prozent selbstständig. Als Facharbeiter war über einen längeren Zeitraum nur ungefähr die Hälfte beschäftigt geblieben.[28] Diese geschätzten Zahlen zeichnen zumindest Trends nach. Der zweite Bildungsweg zum Abitur blieb eher die Ausnahme, aber Möglichkeiten des innerbetrieblichen Aufstieges wurden von fast jedem zehnten Beschäftigten beschritten. Eine Berufsausbildung zu absolvieren erhöhte die berufliche – und damit für die Mehrzahl die soziale – Mobilität erheblich. Vor diesem Hintergrund des Form-, aber nicht des Strukturwandels der Berufsausbildung – die Abschaffung des Dualen Systems wurde in den 1980er Jahren auch von den Gewerkschaften nicht mehr gefordert – konnten sich IG Metall und Gesamtmetall 1983, nach mehrjährigen Verhandlungen, über eine Neuordnung der Berufsausbildung in der Metallindustrie einigen. Die Gespräche hatten 1975 zwischen den Tarifpartnern begonnen. Der erwartete Ausbau der Computertechnologie in der Produktion spielte von Anfang an eine wichtige Rolle. Die langjährigen Verhandlungen wurden überwiegend von Experten geführt, die von der Abteilung Berufsbildung und der Abteilung Jugend der IG Metall, von Gesamtmetall sowie von der Bundesanstalt für Arbeit kamen. Eine Mobilisierung der jugendlichen Mitglieder in dieser Frage spielte kaum eine Rolle. Dazu trug die Dauer der Verhandlungen bei, die sich über acht Jahre hinzogen. Erklärtes Ziel der IG Metall in den Verhandlungen war, die grundsätzlichen Ideen umzusetzen, die mit ihrem Vorschlag zur Stufenausbildung verbunden waren: eine breite Grundlagenbildung im ersten Ausbil-

28 Berufsbildungsbericht 1981, S. 43.

dungsjahr und eine sich daran anschließende Spezialisierung, zudem sollten Unterschiede in der Ausbildung zwischen Groß- und Kleinbetrieben ausgeglichen und eine höhere zwischenbetriebliche Mobilität möglich werden.[29] Die Bedeutung einer Neuordnung unterstrich die Abteilung Berufsbildung der IG Metall im Mai 1977. »Da die Existenzsicherung der abhängig Beschäftigten vom Verkauf ihrer Arbeitskraft abhängt, ist das Interesse aller Arbeitnehmer die langfristige Verwertbarkeit ihrer Arbeitskraft.«[30] Die Betriebsabhängigkeit der Ausbildung sollte durch eine Neuordnung verringert und weitere Lernorte – Berufsschulen und überbetriebliche Ausbildungsstätten – gestärkt werden. Für eine Zusammenfassung der unterschiedlichen Ausbildungsberufe sprach auch, dass im Metallbereich 70 Prozent der Auszubildenden sich auf nur 14 Berufe verteilten. Die von beiden Seiten 1977 vorgelegten Ziele einer Neuordnung der Metallberufe wurden im September 1978 als gemeinsame Eckdaten veröffentlicht. Die Unterschiede waren im Detail nicht so groß, wie die begleitende Rhetorik es manchmal erscheinen ließ. Gemeinsames Ziel war eine Facharbeiterqualifikation, die den Ausgebildeten befähigen sollte, in unterschiedlichen Betrieben und Branchen zu arbeiten, sich neue Produktionsstrukturen und Technologien flexibel anzueignen und durch Weiter- und Fortbildungen die »berufliche Qualifikation und Beweglichkeit« zu sichern.[31] Einig war man sich auch, dass Voraussetzung für die Facharbeiterqualifikation der Hauptschulabschluss sein solle und Modellversuche für Behinderte erprobt werden sollten. Gesamtmetall hatte durchgesetzt, dass die organisatorischen und arbeits- und berufspädagogischen Voraussetzungen der Ausbildungsbetriebe bei der Festlegung der Ausbildungsinhalte zu berücksichtigen seien und nicht allein die rechtlichen Bestimmungen des BBiG, um kleinere Betriebe vor hohen Folgekosten zu schützen. Damit waren Grenzen der Verrechtlichung markiert, die von der IG Metall akzeptiert wurden. Die Neuordnung sollte feinschlossnerische, grobschlossnerische und Werkzeugmaschinen-Berufe erfassen, bei dem Stand von 1984 betraf dies rund 155.000 Auszubildende, sowie Elektroberufe mit rund 50.000 Auszubildenden, nach Ansicht der IG Metall rund zwei Drittel der gewerblichen Auszubildenden in den beiden Bereichen.[32] Die Ausbildungsdauer sollte in der Grundausbildung ein Jahr mit einer anschließenden zweijährigen Spezialisierung betragen. Nach der Festlegung der Eckdaten wurde eine Sachverständigenkommission unter

29 Vgl. als Überblick über die ersten Verhandlungen und die Ziele der IG Metall: Ulrich Mignon, Neuordnung der Metallberufe, *Der Gewerkschafter* 24, Nr. 12, Dezember 1976, 22 f.; Stratmann/Schlösser, System, S. 258 f.

30 Abteilung Berufsbildung, Problemaufriß zur Neuordnung der Metallberufe, 9.5.1977, in: AdsD, 5/IGMA-22-0369.

31 Synopse Ausgangsposition – Gesprächsergebnis: Eckdaten zur Neuordnung der industriellen Metallberufe, 5.9.1978, in: AdsD, 5/IGMA-22-00166. Dargestellt auch in: Die Eckdaten zur Neuordnung der Metallberufe, in: *Der Gewerkschafter* 26, Nr. 12, Dezember 1978, S. 10 f.; Stratmann/Schlösser, System, S. 261f

32 Qualifizierte Ausbildung für alle. Neuordnung der industriellen Metall- und Elektroberufe (Schriftenreihe der IG Metall 106), hrsg. von der IG Metall für die Bundesrepublik Deutschland, Frankfurt a. M. 1985, S. 5.

Federführung des Bundesinstituts für berufliche Bildung eingesetzt, welche die Berufsordnungen ausarbeitete. Im April 1984 hatten sich Gesamtmetall und IG Metall auf die inhaltliche Ausgestaltung festgelegt. 42 industrielle Metallberufe wurden nun sechs Berufsfeldern mit sechzehn möglichen Spezialisierungen zugeteilt, aus 12 Elektroberufen wurden vier Berufsfelder mit acht Spezialisierungen gebildet. Die neuen Berufe waren Industrie-, Werkzeug-, Zerspanungs-, Konstruktions- und Anlagenmechaniker sowie Kraftfahrzeugmechaniker.[33] Aber erst zwei Jahre später, im Juli 1986, konnten sich Gesamtmetall, DIHK und IG Metall auf Übergangsfristen einigen und diese dem Wirtschaftsministerium in Bonn zur Abstimmung vorlegen. Die Neuordnung trat zum 1. August 1987 in Kraft.[34] Für Hans Preiss war es eine »bildungspolitische Pioniertat«, die der IG Metall gelungen sei. Beide Seiten hätten sich kompromissbereit gezeigt.[35] Mit der Neuordnung wurde zwischen den Tarifpartnern der Metallindustrie die schon lange angestrebte Grundlagenbildung und so eines der zentralen Ziele der Berufsbildungsreform verwirklicht. Die Auszubildenden hatten die Chance, erst allgemeine Fertigkeiten zu erlernen und sich dann zu spezialisieren. Auch auf Seiten von Gesamtmetall war man zufrieden. Hier wurde hervorgehoben, dass der in den 1970er Jahren so sehr gefürchteten »Verschulung« der Ausbildung »wirksam Grenzen« gesetzt worden seien, da die Neuordnung das Duale System und damit den Betrieb als Lernort festschreibe.[36] Die Neuordnung löste mehrere strukturelle und politische Konflikte im Ausbildungsbereich. Bereits während der Verhandlungen war abzusehen, dass die lange umstrittene verkürzte Stufenausbildung an Bedeutung verlieren würde, da sie in der Neuordnung nicht mehr vorgesehen war. Zugleich wurde der Beruf des Industriemechanikers mit der Fachrichtung Produktionstechnik geschaffen, mit dem die von der IG Metall lange Zeit abgelehnte Berufsausbildung direkt für die Produktion möglich wurde. Dies war auch eine Reaktion darauf, dass viele der Ausgebildeten in größeren Betrieben zwar übernommen, aber nicht ihrer Ausbildung adäquat als Facharbeiter eingesetzt wurden. In der Produktion wuchsen mit dem höheren Automationsgrad die Anforderungen, so gehörten Dateneingabe und Umgang

33 Rudolf Geer/Gerhard Bartel, Zur Neuordnung der industriellen Metallberufe (Beiträge zur Gesellschafts- und Bildungspolitik Institut der deutschen Wirtschaft 101, 7/1984) Köln 1984 mit einer Aufstellung der neuen Berufsfelder und der Fachrichtungen; aus gewerkschaftlicher Sicht: Qualifizierte Ausbildung für alle. Neuordnung der industriellen Metall- und Elektroberufe (Schriftenreihe der IG Metall 106), hrsg. von der IG Metall für die Bundesrepublik Deutschland, Frankfurt a. M. 1985.

34 Neue Berufe, anderes Lernen. Handbuch für die industriellen Metall- und Elektroberufe (Schriftenreihe der IG Metall 111), hrsg. von der IG Metall für die Bundesrepublik Deutschland, Frankfurt a. M. 1987, S. 27.

35 Rundschreiben von Hans Preiss an Verwaltungsstellen, Bezirksleitungen und Bildungsstätten der IG Metall, 1.8.1986: Information zur Neuordnung der industriellen Metallberufe, in: AdsD, 5/IGMA-22-1120.

36 Geer/Bartel, Neuordnung, S. 41.

mit Datensichtgeräten zum Ausbildungsziel.[37] Auch von der Berufspädagogik wurde der Abschluss positiv aufgenommen und als Paradigmenwechsel verstanden, weil als Ziel die Befähigung zum selbstständigen Planen, Kontrollieren und Durchführen für eine qualifizierte Tätigkeit festgeschrieben wurde. Damit wurde auch eine zu enge Berufsbezogenheit vermieden, da nun Berufsfelder angeboten wurden.[38] Das von vielen Auszubildenden noch Ende der 1970er Jahre beklagte monatelange Feilen mit der Hand an einem Werkstück war zum Beispiel in den neuen Ausbildungsbestimmungen auf acht Wochen begrenzt.[39] Allerdings setzten sich die neuen Berufszeichnungen in den Betrieben nur langsam durch. Alte Begriffe wie »Fräser« oder »Dreher« blieben lange populärer als neue Wortschöpfungen wie »Zerspanungsmechaniker der Fachrichtung Frästechnik oder Drehtechnik«.

Auch mit dem Deutschen Handwerkskammertag verhandelte die IG Metall seit 1979 über Neuordnungen im Metallhandwerk. Die Gesellenausbildung sollte ebenfalls eine grundlegende berufliche Qualifikation ermöglichen. Ein Schwerpunkt war daher die Stärkung überbetrieblicher Ausbildungsorte, um die strukturellen Schwächen kleiner Handwerksbetriebe auszugleichen.[40] Eine Umsetzung erfolgte ab 1989 und hatte aufgrund der ausdifferenzierten Betriebsstruktur im Metallhandwerk nur eine Reduzierung von 19 auf 17 Berufe zur Folge.[41] Für andere Branchen gelang es nicht, ähnliche Neuordnungen wie in der Metallindustrie umzusetzen.[42] Für den Organisationssoziologen Wolfgang Streeck war das Verhandlungsergebnis von 1984 ein Beleg dafür, dass während der mit außerordentlicher Härte geführten Tarifauseinandersetzungen um die 35-Stunden-Woche 1984 IG Metall und Gesamtmetall parallel konstruktive Verhandlungen führen und abschließen konnten: »Eine besonders für ausländische Beobachter verwirrende Eigenart der deutschen politischen Kultur liegt

37 Vgl. Qualifizierte Ausbildung für alle. Neuordnung der industriellen Metall- und Elektroberufe (Schriftenreihe der IG Metall 106), hrsg. von der IG Metall für die Bundesrepublik Deutschland, Frankfurt a. M. 1985, S. 55.

38 Günter Kutscha, ›Entberuflichung‹ und ›Neue Beruflichkeit‹. Thesen und Aspekte zur Modernisierung und Berufsbildung und ihrer Theorie, in: *Zeitschrift für Berufs- und Wirtschaftspädagogik* 88 (1992), Nr. 7, S. 535-548, hier S. 536; Konietzka, Ausbildung, S. 53; Uwe Andreas Michelsen, Neue Technologien und ihre Folgen für die betriebliche Aus- und Weiterbildung, in: Rolf Arnold/Antonius Lipsmeier (Hrsg.), Betriebspädagogik in nationaler und internationaler Perspektive (Festschrift Joachim Münch zum 70. Geburtstag), Baden-Baden 1989, S. 57-69, hier S. 60.

39 Wolfgang Lempert: Feilen, bis einem die Arme abfallen – Erinnerungen junger Facharbeiter an ihre metallhandwerkliche Grundausbildung in der Lehrwerkstatt, in: Rolf Arnold/Antonius Lipsmeier (Hrsg.), Betriebspädagogik in nationaler und internationaler Perspektive (Festschrift Joachim Münch zum 70. Geburtstag), Baden-Baden 1989, S. 197-209, hier S. 207.

40 Synopse Ausgangsposition – Verhandlungsstand: Positionspapier zur Neuordnung der Berufe des Metallhandwerks, Frankfurt a. M. 12. Januar 1982, in: AdsD, 5/IGMA-22-093; Stratmann/Schlösser, System, S. 262-265.

41 Stratmann/Schlösser, System, S. 271 f.

42 Lipsmeier, Berufsbildung, S. 457.

gerade in ihrem typischen Nebeneinander von lautstarker Konfliktrhetorik auf der einen Seite und pragmatischer gegenseitiger Respektierung und Zusammenarbeit auf der anderen.«[43] Die Neuordnung hatte diese Eigenart eindrücklich demonstriert.

Aber die Neuordnung der Ausbildungsberufe zeigte noch etwas anderes: eine politisch mobilisierende Wirkung von Ausbildungsfragen unter jungen Auszubildenden oder jungen Beschäftigten war gegenüber den frühen 1970er Jahren kaum noch vorhanden. Es bestand Einigkeit zwischen den Verhandlungspartnern, dass die Ausbildung im Metallbereich den Anforderungen neuer Produktionssysteme entsprechen müsse. Da es weniger um Hierarchie- oder Autoritätskonflikte ging, sondern um eine fachliche Qualifizierung, waren die Politisierungsphase noch prägende Deutungsmuster wie das der »Bosse«, die man gemeinsam unter Druck setzen müsse, eine im gewerkschaftlichen Diskurs seltener anzutreffende rhetorische Figur. Dies war einer der Gründe, warum eine Mobilisierung von jungen IG-Metall-Mitgliedern kaum noch angestrebt wurde. Die Verhandlungen verliefen zwar nicht völlig geräuschlos, aber doch weitgehend als Fachdiskussion. 1977 hatte die Jugendkonferenz der IG Metall ohne weitere Diskussion beschlossen, die Neuordnung solle sich auf eine breite Grundlagenqualifizierung und ein »institutionalisiertes lebenslanges Lernen« erstrecken.[44] Ein OJA-Vertreter aus Esslingen referierte 1984 die Verhandlungsergebnisse in einem Geschäftsbericht: »Unser vorrangiges Interesse an der Berufsbildung ist doch, so viel wie möglich zu lernen und eine breit qualifizierte Ausbildung zu bekommen, um später auch einmal die Möglichkeit zu haben, in einer anderen Firma oder anderen Branche zu arbeiten.« Daher sei die Neuordnung ein wichtiger Schritt, dessen Umsetzung nun kontrolliert werden sollte, der Esslinger OJA-Vertreter fuhr fort: »Unsere Aufgabe ist es nun dafür zu sorgen, dass die Neuordnung 1986 auch tatsächlich in der betrieblichen Praxis angewandt wird und nicht noch jahrelang Ausbildungsverträge mit den alten Berufsbildern abgeschlossen werden.«[45] Die Umsetzungen der neuen Berufsfelder verliefen kooperativ zwischen Betriebsräten und den Unternehmensleitungen, die Jugendvertretungen waren meist als Kommunikatoren beteiligt.[46]

Die Reduzierung der Ausbildungsberufe bedeutete keinen Rückgang des hohen Wertes, den Berufstätigkeit in Deutschland hatte. Im *Stern*-Report von 1963 war die romantische Verklärung eines Berufsmythos kritisiert worden. Die

43 Wolfgang Streeck u.a., Steuerung und Regulierung der beruflichen Bildung. Die Rolle der Sozialpartner in der Ausbildung und beruflichen Weiterbildung in der BR Deutschland, Berlin 1987, S. 81f., Zitat S. 4.

44 Protokoll 11. Ordentliche Jugendkonferenz, S. 423.

45 Bericht des OJA der IG Metall Verwaltungsstelle Esslingen von 1982 bis 1984, Ortsjugendkonferenz 1984, in: AdsD, 5/IGMA-22-0871.

46 Die Umsetzung der Neuordnung der industriellen Metall- und Elektroberufe am Beispiel der Stahlwerke Peine-Salzgitter, in: Arbeitsergebnisse Fachtagung Berufliche Bildung, 3. Juni 1986 in Hannover, hrsg. von der IG Metall Bezirksleitung Hannover, Hannover 1986, S. 74-81; für Volkswagen: Streeck, Steuerung, S. 81f.; :

Gewerkschaften hatten diese Entwicklung gefordert und unterstützt, da sie an einer Wertsteigerung der Ware Arbeitskraft interessiert waren. Die Grundlagenbildung ermöglichte durch ein breiteres Spektrum an vermittelten Fertigkeiten – so die Erwartung – eine höhere berufliche Mobilität. Die Neuordnung umfasste daher auch eine inhaltliche Anreicherung der Berufsausbildung. Es ging nicht um eine Entberuflichung im Sinne eines Verständnisses der Arbeit als Job, sondern vielmehr die Stärkung des Selbstverständnisses als Facharbeiter.[47] Diese Aufwertung ergab sich in den 1980er Jahren auch daraus, dass die Anforderungen an technische Fertigkeiten und Kenntnisse in neuen, durch Computer gesteuerte Anlagen gefragt waren. Automatisierung und Rationalisierung waren die prägenden industriepolitischen Diskussionen der 1980er Jahre. Neben einer allgemein technikkritischen Stimmung in den Neuen Sozialen Bewegungen war es in der gewerkschaftlichen Diskussion vor allem mit der Angst um Arbeitsplatzabbau, Dequalifizierung der Facharbeit und innerbetrieblichen Einflussverlusten der Mitbestimmungsorgane verbunden. Die Gewerkschaften hatten technischer Rationalisierung lange offen gegenübergestanden, aber seit der »diskursiven Unübersichtlichkeit« der 1970er Jahre bröckelte auch in den Gewerkschaften der technische Fortschrittsoptimismus.[48] Langfristig bedingte der Einzug der Mikroelektronik in die industrielle Produktion eine Nachfrage nach höherer Qualifikation. Die tayloristische Arbeitsteilung und die damit verbundene Zergliederung der Arbeitsschritte in planende und ausführende Bestandteile mit einer hierarchischen Arbeitsorganisation wurde zwar in der bundesdeutschen Industrie nie abgeschafft, aber mit der Computersteuerung von Maschinen wurden die Anforderungen an die Facharbeit größer, Anlagen nicht nur zu bedienen, sondern auch zu überwachen und zu steuern, wobei Kenntnisse der Planung und integrierter Arbeitsprozesse eine zunehmende Rolle spielten.[49] Lutz Raphael hat unterstrichen, dass die Bedeutung der Facharbeiter nach dem Boom in den industriellen Arbeitswelten zugenommen hat. Der »Abschied vom Malocher« betraf eher die Stahlindustrie oder den Rückgang ungelernter Beschäftigung in der Industrie, aber nicht die industrielle Produktion insgesamt.[50]

Die Neugestaltung der Ausbildungsberufe in der Metallindustrie erfolgte parallel zu einer diskontinuierlichen Krisensituation in der Metall- und Stahlindustrie. Dieser zeitgenössisch als Strukturwandel wahrgenommene Prozess erfolgte in den Branchen unterschiedlich. Während Stahl- und Werftindustrie einen Niedergang erlebten, konsolidierte sich der Maschinen- und Anlagenbau mit einer mittelständischen Betriebsstruktur in den 1980er Jahren, vor allem durch

47 Vgl. zu der sozialwissenschaftlichen Diskussion Konietzka, Ausbildung, S. 85-90, Kutscha, Entberuflichung.

48 Hachtmann, Gewerkschaften, S. 205.

49 Baethge/Pelull, Individualisierung, S. 29.

50 Lutz Raphael, Flexible Anpassungen und prekäre Sicherheiten. Industriearbeit(er) nach dem Boom, in: Reitmayer/Schlemmer, Anfänge, S. 51-64, S. 60.

Innovationen im spezialisierten Anlagenbau.[51] Auch die Automobilbranche erlebte einen Beschäftigungsaufbau.[52] Der Niedergang der Traditionsindustrien, der in der zeithistorischen Debatte als Hinweis auf den sektoralen Wandel zur Dienstleistungsgesellschaft verstanden wurde,[53] war seit den späten 1960er Jahren zu beobachten. Die Arbeitsplätze in der Metall- und Stahlindustrie gingen langfristig zurück, aber von einem Verschwinden kann nicht gesprochen werden. Für die IG Metall war diese Entwicklung in einigen Bereichen dramatisch, da Betriebsschließungen mittelständische Traditionsunternehmen mit hohem gewerkschaftlichen Organisationsgrad betrafen. Die Reaktionen auf Konkurse und Schließungen einzelner Unternehmen beinhalteten im Bereich der IG Metall vor allem einen Anstieg von Demonstrationen und Aktionen bei Betriebsschließungen.[54] Auf der politischen Ebene war mit der Ablehnung des Ausbildungsplatzförderungsgesetzes 1980 durch das Bundesverfassungsgericht der Schwung für eine grundlegende Berufsbildungsreform weitgehend erlahmt.[55] Die Abteilung Jugend der IG Metall hielt zwar an dem Ziel fest, eine breite Grundlagenbildung sowie eine Umlagefinanzierung einzurichten[56], das Duale System abzuschaffen war jedoch nicht mehr das Ziel. Nach dem Urteil des Bundesverfassungsgerichts wurde in der Abteilung Jugend weiterhin versucht, politische Unterstützung für eine Umlagefinanzierung zu organisieren. Man ging davon aus, dass diese rechtlich möglich sei, da das Bundesverfassungsgericht eine Sondersteuer nicht abgelehnt hatte. Obwohl die SPD entsprechende Beschlüsse in ähnliche Richtung fasste, hielt sich die sozialliberale Bundesregierung zurück und unternahm in ihren letzten beiden Amtsjahren keinen Versuch mehr, eine neue gesetzliche Regelung in Angriff zu nehmen.[57] Der DGB hatte im Mai 1982 eine Ausbildungspflicht gefordert, aber kaum Unterstützung bekommen. Die Zunahme der Ausbildungszahlen noch in der beginnenden Rezession 1980/81

51 Vgl. Ralf Ahrens, Eine alte Industrie vor neuen Herausforderungen. Aufbrüche und Niedergänge im ost- und westdeutschen Maschinenbau seit den 1960er Jahren, in: Werner Plumpe/André Steiner (Hrsg.), Der Mythos von der postindustriellen Welt. Wirtschaftlicher Strukturwandel in Deutschland 1960 bis 1990, Göttingen 2016, S. 55-119.

52 Von 523.924 im Jahr 1982 auf 533.558 im Jahr 1984. Geschäftsbericht 1983 bis 1985 des Vorstandes der IG Metall, S. 90.

53 Doering-Manteuffel/Raphael, Boom, S. 34-42; Wirsching, Abschied, S. 228-235.

54 Anschaulich für Hamburger Firmen bei: Johannes Müllner, Du bist nicht Opfer, sondern Gegenmacht. Wirtschaftlicher Strukturwandel und gewerkschaftlicher Widerstand, in: IG Metall Verwaltungsstelle Hamburg, Texte, S. 123-145.

55 Stratmann/Schlösser, System, S. 222.

56 Arbeitsplan 1979/80 IG Metall Vorstand, Abtl. Jugend, Frankfurt im Juni 1979, in: AdsD, 5/IGMA-22-0337; Gesprächsnotiz Kay Ohl an Bernhard Wurl und Heinz Hawreliuk 30.1.1981, in: AdsD, 5/IGMA-22-0416.

57 Vgl. Deutscher Bundestag 8. Wahlperiode Drucksache 8/4438, 08.08.80, Sachgebiet 806: Antwort der Bundesregierung auf die Kleine Anfrage der Abgeordneten Pfeifer, u.a. Fraktion der CDU/CSU: Finanzierung der beruflichen Bildung und Berufsgrundbildungsjahr. http://dipbt.bundestag.de/doc/btd/08/044/0804438.pdf (Zugriff 30.5.2013)

bedeutete für die sozialliberale Koalition einen Erfolg, ein neuer Vorstoß bei der Finanzierung erschien daher nicht notwendig.[58]

Nach dem Sturz der Regierung Helmut Schmidt am 1. Oktober 1982 änderte sich die politische Situation und die IG Metall startete neue Initiativen hinsichtlich der Umlagenfinanzierung. Ausgehend vom Berufsbildungsausschuss der IG Metall versuchte man, die SPD-regierten Bundesländer für eine landeseigene Regelung zu gewinnen.[59] Hessen schritt hier voran. Hans Preiss und Ulrich Mignon trafen sich im November 1982 mit dem hessischen Sozialminister Armin Clauss, um ihn von einem solchen Vorgehen zu überzeugen. Ein Gutachten aus seinem Ministerium war kurz zuvor zum Schluss gekommen, dass keine rechtlichen Hindernisse bestünden. Allerdings wurde ein Abwandern von Unternehmen bei einer Landesregelung befürchtet, das wohl schwerwiegendste Argument gegen diesen Weg.[60] Jürgen Heiking von der Abteilung Berufsbildung hielt eine Länderumlage für die einzige Möglichkeit, in dieser Frage noch etwas zu bewegen. Ein Versuch der IG Metall mit der Arbeiterkammer in Bremen war gescheitert, in Hamburg hatte die Grün-Alternative Liste 1984 einen Antrag eingebracht, aber die IG Metall hatte die Hamburger SPD noch nicht dafür gewonnen.[61] Landeseigene Regelungen waren zudem im DGB selbst umstritten. Vertreter der IG CPK und der IG BSE sprachen sich 1984 schließlich gegen Länderregelungen aus. Ohne die zweitgrößte Industriegewerkschaft an ihrer Seite waren die ohnehin geringen Realisierungschancen solcher Pläne, die von IG-Metall-Funktionären und Teilen der SPD verfolgt wurden, noch weiter gesunken[62], auch wenn unter dem Slogan »Wer nicht ausbildet, soll zahlen« weiterhin Aktivitäten für einen bundesweiten Ausbildungsfonds geführt wurden.[63] Es gab aber ein weiteres Problem. Kay Ohl musste aus dem Bundesarbeitsgemeinschaft Betrieb und Gewerkschaft der Jusos schon 1981 berichten, dass die Finanzierungsfrage nur wenige Mitglieder interessiere.[64] Diese Beobachtung ließ sich auch für die Gewerkschaftsjugend machen. Zwar tauchten Forderungen nach einer Finanzierung regelmäßig auf, aber eine Kampagne wie 1975 fand nicht

58 Deutscher Bundestag 9. Wahlperiode, Drucksache 9/1934, 25.8.1982: Bericht der Bundesregierung zu den in der Entschließung des Deutschen Bundestages vom 1. Oktober 1981 gestellten grundsätzlichen Fragen zur Berufsausbildung, S. 28. http://dipbt.bundestag.de/doc/btd/09/019/0901934.pdf (Zugriff: 30.5.2013)

59 Kay Ohl an Horst Klaus, 16.10.1984, in: AdsD, 5/IGMA-22-1009.

60 Bericht Abt. Berufsbildung (Ulrich Mignon) über Gespräch mit dem Hessischen Sozialminister, Armin Clauss, am 18.11.1982 in Frankfurt, in: AdsD, 5/IGMA-22-0672. Das Gutachten: I A 4-55b-4100 und I A 6-55e-6IIII vom 5.11.1982, Wiesbaden, an Abteilungsleiter I über Gruppenleiter IA, in: ebd.

61 Protokoll der Sitzung des Jugendausschusses beim Vorstand der IG Metall am 28. und 29. Februar 1984 in Oer-Erkenschwik, in: AdsD, 5/IGMA-22-0889.

62 Horst Richter an Lothar Pinkall, 25.10.1984, in: AdsD, 5/IGMA-22-0898 (Bericht über Diskussionen im DGB-Bundesjugendausschuß).

63 Geschäftsbericht 1983-1985 des Vorstandes der IG Metall, S. 577 f.

64 Gesprächsnotiz Kay Ohl an Bernhard Wurl und Heinz Hawreliuk 30.1.1981, in: AdsD, 5/IGMA-22-0416.

statt. Es blieb eine auf Experten aus den Gewerkschaften begrenzte Initiative. Diese Entwicklung ergab sich auch aus veränderten politischen Horizonten in der Jugend. Angesichts einer neuen Welle von Jugendprotesten und politisch dominierender sozialer Bewegungen wie der Friedens- oder Anti-Atom-Kraft-Bewegung war die Umlagefinanzierung, wie insgesamt die innere Form der Berufsausbildung, kein mobilisierendes Thema mehr. Die Koordinaten unter den politisch aktiven Gewerkschaftsjugendlichen hatten sich offenbar verschoben.

4.2. Abwendung statt Unterwanderung? – Neue politische Jugendkulturen und gewerkschaftliche Reaktionen

Im Jahre 1980 schien sich eine neue Jugendrevolte Bahn zu brechen, deren Ausmaß vorher nicht erwartet wurde. Spektakulär verbunden mit Hausbesetzungen in europäischen Großstädten, wurden Jugendkrawalle in Zürich, in Amsterdam, in Bremen im Mai 1980 und schließlich ab Dezember 1980 auch in Berlin und anderen deutschen Groß- und Universitätsstädten zum Thema geworden. Die Jugend schien außer Kontrolle zu geraten.[1] Zeitgenössisch tauchte der Begriff einer »zweiten Jugendrevolte« auf, womit der Bezug auf die Ereignisse um 1968 hergestellt wurde. Die historiographische Erforschung dieser Ereignisse, zumal in europäischer Perspektive, ist noch in den Anfängen.[2] Offensichtlich sind Kontinuitätslinien zwischen 1968, dem ›roten Jahrzehnt‹ der 1970er Jahre und einem neuen Aufblühen sozialer Bewegungen. Dass in Großstädten und einigen ländlichen Szenen Angehörige der Neuen Linken engagiert waren, die sich nach Enttäuschungen über maoistische Parteiexperimente und ökonomistische Politikansätze neue soziale Vergemeinschaftungsformen suchten, war unübersehbar. Für Kontinuitätslinien sprechen auch die Geburtskohorten des alternativen Milieus, die zwischen 1940 und 1970 lagen und nicht einfach unter Jugend subsumiert werden können, wenngleich das jugendliche Alter vieler Akteure in den Jahren zwischen 1975 und 1985 ein »gemeinsamer Nenner« blieb.[3] Aber die jugendlichen Protestierer in ihren spezifischen Subkulturen verstanden sich zum Teil auch in Abgrenzung zur Neuen Linken, dogmatischen Marxismusdebatten

1 Eine auch nur annähernd befriedigende historiographische Darstellung über diese Ereignisse gibt es nicht. Erste Deutungsversuche über europäische Protestbewegungen jetzt in: Hanno Balz/Jan-Hendrik Friedrichs (Hrsg.), »All we ever wanted …« Eine Kulturgeschichte europäischer Protestbewegungen der 1980er Jahre, Berlin 2012; die zeitgenössischen, häufig von sympathisierenden Sozialwissenschaftlern und Journalisten verfassten Bücher bieten kritisch zu lesende Überblicke: vgl. Volkhard Brandes/Bernhard Schön (Hrsg.), Wer sind die Instandbesetzer? Selbstzeugnisse, Dokumente, Analysen – Ein Lesebuch, Bensheim 1981; Michael Haller(Hrsg.), Aussteigen oder rebellieren. Jugendliche gegen Staat und Gesellschaft, Hamburg 1981; Dörre/Schäfer, Straßen; Wilfried Breyvogel (Hrsg.), Autonomie und Widerstand. Zur Theorie und Geschichte des Jugendprotestes, Essen 1983; Marlene Bock u. a., Zwischen Resignation und Gewalt. Jugendprotest in den achtziger Jahren, Opladen 1989; Hanspeter Kriesi, Die Zürcher Bewegung: Bilder, Interaktion, Zusammenhänge, Frankfurt a. M. 1984; Klaus-Jürgen Scherer, Berlin (West), Hauptstadt der Szenen. Ein Portrait kultureller und anderer Revolten der achtziger Jahre, in: Manfred Gailus u. a. (Hrsg.), Pöbelexzesse und Volkstumulte in Berlin. Zur Sozialgeschichte der Straße (1830-1980), Berlin 1984, S. 197-221. Zu den Autonomen als Erbe der Jugendrevolte siehe: Freia Anders, Wohnraum, Freiraum, Widerstand. Die Formierung der Autonomen in den Konflikten um Hausbesetzungen Anfang der achtziger Jahre, in: Reichardt/Siegfried, Milieu, S. 473-498.

2 Knud Andresen/Bart van der Steen (Eds.), A European Youth Revolt. European Perspectives on Youth Protest and Social Movements in the 1980s, Basingstoke 2016.

3 Sven Reichardt/Detlef Siegfried, Das Alternative Milieu. Konturen einer Lebensform, in: Dies., Milieu, S. 9-224, S. 13 f.

und theoretischen Überformungen. In den Jugendprotesten und den daraus entstehenden Gruppierungen wie den Autonomen haben Akteure und Beobachter schon zeitgenössisch eine »Abneigung gegen das Theoretisieren« ebenso wie eine starke Betonung von Aktionen gegenüber strategischen Diskussionen hervorgehoben.[4] »Die Aufmerksamkeit konzentrierte sich bald auf Haltungen, subjektive Bedürfnisse, zwischenmenschliche Verkehrsformen. Ethnologie, Psychologie und Anthropologie traten an die Stelle der alten Leitwissenschaften Soziologie und Ökonomie. Der Indianer rückte an die Stelle des Partisanen, der Abenteurer an die des Arbeiters« resümierten einige Beteiligte kritisch ihre Eindrücke.[5] Politisch war die Abkehr von einem disziplinierenden Parteimarxismus wie auch -maoismus formuliert in der Parole der »Politik in der ersten Person«, einem subjektiven Ansatz, der neue Handlungsräume für eine andere Gesellschaft bereits in der Gegenwart eröffnen sollte.[6]

Hervorstechende Kennzeichen der Jugendrevolte, die vor allem in nordeuropäischen Ländern wie den Niederlanden, Dänemark oder der Schweiz zu beobachten war, waren Hausbesetzungen und Gewalt auf Demonstrationen. Diese aggressive Form politischer Kommunikation war nicht neu. Demonstrationen seit den späten 1960er Jahren waren regelmäßig von Ausschreitungen begleitet, besonders bei den Anti-Atomprotesten 1977 waren einige K-Gruppen und erste autonome Gruppen militant aufgetreten. Die Gruppe der Autonomen betrachtete militante Demonstrationen und klandestine Aktionen als ein Merkmal ihres Politikverständnisses.[7] Auch wenn eine Abneigung gegen das Theoretisieren nicht als Fehlen von theoretischen Zugängen verstanden werden sollte, verlagerte sich die politische Dynamik vermehrt auf die Expression eines in mancher Hinsicht unspezifischen Leidens an der Gesellschaft. Als Grundzüge der Alternativbewegungen haben Reichardt und Siegfried herausgestellt, dass die Suche nach Authentizität und die Überschaubarkeit in kleinen Sozialgruppen

4 Zitat bei: Schreibgemeinschaft Federkiel (Nürnberger Stadtzeitung): Otto Dreiner, 20 Jahre, ZDL, Petra Rettner, 22 Jahre, Studentin, Stefan Schnabel, 17 Jahre, Schüler, Norbert Walz (18 Jahre, Schüler): Eine neue APO? In: Hermann Glaser (Hrsg.), Die Nürnberger Massenverhaftung. Dokumente und Analysen, Reinbek bei Hamburg August 1981, S. 276-277; Peter Heß, No fun, no future – Jugend '81, in: ebd., S. 271-275.

5 Mathias Horx/Albert Sellner/Cora Stephan, Einleitung, in: Dies. (Hrsg.), Infrarot. Wider die Utopie des totalen Lebens. S. 7-17, S. 10. Zum Indianerbegriff und den Rückzügen aus der Gesellschaft vgl. den immer noch instruktiven Sammelband mit Schwerpunkt auf der Frankfurter ›Szene‹: Wolfgang Kraushaar (Hrsg.), Autonomie oder Ghetto? Kontroversen über die Alternativbewegung, Frankfurt a. M. 1978.

6 Reichardt/Siegfried, Konturen, S. 22 f.

7 Vgl. als Überblick: Sebastian Haunss, Antiimperialismus und Autonomie – Linksradikalismus seit der Studentenbewegung, in: Roland Roth/Dieter Rucht (Hrsg.), Die sozialen Bewegungen in Deutschland seit 1945. Ein Handbuch, Frankfurt/New York 2008, S. 447-473; als Einzelstudie zur antiimperialistischen Gruppe »Frauen gegen den imperialistischen Krieg«, die einem politstrategischen Ansatz verpflichtet waren vgl. Patricia Melzer, »Frauen gegen Imperialismus und Patriarchat zerschlagen den Herrschaftsapparat«: autonome Frauen, linksradikaler feministischer Protest und Gewalt in Westdeutschland, in: Balz/Friedrichs, Kulturgeschichte, S. 157-177.

im Vordergrund standen und eine Kultur des Sich-Erkennens in sozialen Praktiken eine wichtige Rolle spielte.[8] Die Jugendproteste 1980/81 radikalisierten die Suche nach Authentizität in einer subjektiven Perspektive, in der neben Militanz auch Kommunikationsverweigerung und -travestie eine wichtige Rolle spielten. Kennzeichen war sprachlich ein hoher Grad an Ironie oder Umdeutungen, in der sich eine Verflüssigung von Sprachnormen zeigte.

Dies betraf auch eine Jugendkultur, die um 1980 als jugendkulturell hegemonial verstanden werden kann: die Punks. Auch wenn sich immer nur eine kleine Minderheit den gruppenspezifischen Anforderungen dieser Jugendsubkultur unterwarf[9], prägten doch Elemente wie nun wieder kurz getragene Haare, der Einfluss auf Musik- und Modestile und die Praktik, möglichst vieles selbst gestalten zu können und auf Professionalität zu verzichten, einen Teil des Diskurses über die Jugend.[10] Kennzeichen dieser sich ab 1978 in der Bundesrepublik verbreitenden Jugendkultur war eine radikalisierte Subjektivität, in der das eigene Leben in den Mittelpunkt gerückt, zugleich das Image eines Verlierers und der sozialen Randposition intensiv gepflegt wurde. Auch wenn die subkulturellen Ausprägungen der Jugend vielfältig waren, »so dominierte den Jugendprotest die subkulturelle Form des Punk. Politische Zielorientierung und subkulturelle Praxis standen im ständigen Widerstreit […].«[11] Die politisierten Jugendkulturen genossen medial große Aufmerksamkeit, aber sie gehörten auch in einen Prozess der Ausdifferenzierung von Jugendkulturen. Die Gruppenbildung von Skinheads, Mods, Teds, Fußballfans oder Punks, aber auch in betont unpolitischen Erscheinungen wie den Poppern oder der Disco-Jugend bedeutete eine habituelle und soziale Differenzierung in der Jugend. [12] Verbindungen und Unterschiede zwischen der Phase politisierter Jugendkulturen um 1970 und einem erneuten Aufschwung um 1980 wurden bereits zeitgenössisch intensiv diskutiert. Werner Lindner resümierte für die Jugend um 1980, dass »Utopieverlust, Bindungsverlust, Weltbildverlust« zugenommen hätten; weniger arbeitsbezogene Themen, sondern eher Politikfelder wie die Friedenssicherung oder Atomkraft bestimmten das politische Protestpotential. Vor allem aber verbreitete sich unter vielen Jugendlichen eine Skepsis gegenüber großen Organisationen

8 Reichardt/Siegfried, Konturen, S. 16.

9 Erhebungen über Zugehörigkeiten gibt es kaum. 1981 wurden für Hamburg zwei Prozent Punks unter Jugendlichen geschätzt.

10 Es gibt keine sozialgeschichtliche Arbeit zu Punks in Westdeutschland, nur einige theoretische Überlegungen und eine Vielzahl von stark an den Musikgruppen orientierten Darstellungen: vgl. beispielhaft Martin Büsser, If the kids are united …: von Punk zu Hardcore und zurück, Mainz 2003; Heiko Geiling, Das andere Hannover. Jugendkultur zwischen Rebellion und Integration in der Großstadt, Hannover 1996.

11 Wilfried Breyvogel, Einleitung, in: Ders./Joachim Hirsch (Hrsg.), Autonomie und Widerstand. Zur Theorie und Geschichte des Jugendprotestes, Essen 1983, S. 9-12, S. 8.

12 Einen Überblick mit eher ethnographischem Zugriff: Klaus Farin, Jugendkulturen in Deutschland 1950-1989, Bonn 2006, S. 101-119; aus jugendsoziologischer Sicht skizziert die Jugendsubkulturen: Dieter Baacke, Jugend und Jugendkulturen, Darstellung und Deutung, Weinheim und München [3]1999, S. 70-85.

und den mit ihnen verbundenen Jugendverbänden.[13] Diese Skepsis äußerte sich allerdings nicht in einer abnehmenden Verbandsjugendarbeit, im Gegenteil: die Mitgliederzahlen der Verbände blieben Anfang der frühen 1980er Jahre hoch. Davon profitierte vor allem die Sportjugend, aber auch politische Gruppierungen, die Gewerkschaftsjugend war im Vergleich zu 1955 sogar etwas gewachsen. Signifikant war auch, dass der Anteil weiblicher Mitglieder zugenommen hatte.[14] Diese Befunde widersprachen der Annahme, dass Verbandsjugendtätigkeit und Mitgliedschaft in Großorganisationen unter Jugendlichen zurückgehen würden. Allerdings sagten diese Statistiken wenig über das Engagement in den Verbänden aus.

Auf die Jugendunruhen reagierten Sozialwissenschaften und Politik mit großer Aufmerksamkeit. In beiden Feldern waren Akteure beteiligt, die manche Fehler in der gesellschaftlichen Reaktion auf eine Politisierung der Jugend gut zehn Jahre zuvor nicht wiederholen wollten; aber auch die eigene politische Biographie stand vor Augen. Die Kritik an einer entfremdeten Gesellschaft, an »kalten« und technisierten Lebensumständen oder apokalyptischen Bedrohungen erschien nicht wenigen Wissenschaftlern und manchen Politikern zumindest legitim, wenn nicht sogar zutreffend.[15] Im Sommer 1981 erschien eine Studie des Shell-Jugendwerkes.[16] Diese Jugendstudie, gewiss die bekannteste der seit den frühen 1950er Jahren erstellten Studien, avancierte bald zur »Bibel« der »Berufsjugendlichen«, wie die *Zeit* spöttisch bemerkte.[17] Die Prominenz ergab sich vor allem aus dem Umstand, dass mit der Studie versucht wurde, ein verständnisvolles Organigramm jugendlicher Lebenswelten zu erstellen. Sie ergab sich aber auch aus einer methodischen Akzentverschiebung. Erklärter Anspruch des Autorenteams unter Leitung der Marburger Professoren Jürgen Zinnecker und Werner Fuchs war es, sich in der Darstellung jugendlichen Gedankenwelten anzunähern. Bei aller Krisendiagnostik blieb ein eher beruhigender Gesamteindruck. Zwar war eine jugendliche Zukunftsangst ausgeprägt, auch eine Neugier auf alternative Lebensexperimente, aber in der Mehrheit war bei den Jugendlichen das Interesse an einer Ausbildung und geregelten Lebensführung vorherrschend. Die Shell-Jugendstudie, über 22.000-mal kostenlos verteilt und

13 Linder, Jugendprotest, S. 258.

14 Diese Zahlen beruhen auf einer Befragung von 1984, die mit gleichen Fragen von 1955 verglichen wurden. Der Anteil der Gewerkschaftsjugendlichen war mit zwei Prozent bereits 1955 klein, 1984 lag er jedoch bei 3 Prozent, vorrangig in der Altersgruppe der 18- bis 21-Jährigen. Zinnecker, Jugendkultur, S. 252 f.; Ferchhoff/Olk, Jugend. S. 25.

15 Vgl. die Thesen aus der Schweiz: Eidgenössische Kommission für Jugendfragen: Thesen zu den Jugendunruhen 1980, Zürich 1980.

16 Jugendwerk der Deutschen Shell (Hrsg.), Jugend '81. Lebensentwürfe, Alltagskulturen, Zukunftsbilder, 3 Bände, Hamburg 1981. Vgl. zur Selbsteinordnung als legendäre Studie: Shell Deutschland (Hrsg.), 50 Jahre Shell Jugendstudie. Von Fräuleinwundern bis zu neuen Machern, Berlin 2002, S. 62.

17 Wenig Hoffnung auf schöne Aussichten. In der Shell-Jugendstudie '81 offenbaren die Jugendlichen ihre Zukunftsängste, *Die Zeit*, 16.7.1982.

1982 in gekürzter Form für den Verkauf aufgelegt[18], bot mit der Kategorisierung der Jugend in die verschiedenen Jugendsubkulturen eine hilfreiche Handreichung. Auch im institutionellen Rahmen der Bundespolitik wurde versucht, systematischer Verständnis und Erkenntnis über die aufrührerische Jugend zu gewinnen. Der Bundestag hatte bereits nach Ausschreitungen bei einer Gelöbnisfeier der Bundeswehr im Mai 1980 in Bremen einen Untersuchungsausschuss eingesetzt, der sich jedoch vor allem auf polizeitaktische Fragen konzentrierte.[19] Im Mai 1980 hatte das Jugendwerk der Deutschen Shell ein Symposium in Köln organisiert, auf dem Politiker, Wissenschaftler und Jugendliche über die *Jugend zwischen Anpassung und Ausstieg* diskutierten.[20] Für den Direktor des Shell-Jugendwerkes war es der Versuch, nicht nur über die Jugend, sondern auch mit ihr zu reden.[21] Zugleich sollte erkundet werden, wie es sich mit der vermeintlich »schweigenden Mehrheit« der Jugendlichen verhielte. Geladen waren auch Vertreter von Jugendverbänden und Parteien; der DGB hatte mit Klaus Westermann und Hinrich Oetjen zwei Befürworter offener Jugendarbeit in den Gewerkschaften entsandt. Westermann beobachtete eine hohe Attraktivität der »neuen Jugendbewegung« unter potentiellen Gewerkschaftsjugendlichen.[22] Die Referate waren um Vermittlung zwischen jugendlichen Herausforderungen und institutionellen Zwängen bemüht. Dominiert wurde die Diskussion von Überlegungen zu einem Wertewandel und postmateriellen Werteinstellungen. So überwog eine optimistische Haltung, da sich in der Jugend nur ein gesellschaftlicher Trend vollziehe. Der Bundestag beschloss im Frühjahr 1981 die Einsetzung der Enquete Kommission *Jugendprotest im demokratischen Staat*. Jugendliche Militanz bildete den Anlass, um ein umfassendes Verständnis von jugendlichem Protestverhalten und seiner Motive zu fördern. Der Vorschlag der CDU/CSU-Opposition, nicht allein die protestierende, sondern die Jugend insgesamt zu untersuchen, gelangte nicht in das Arbeitsprogramm.[23] Neben Sachverstän-

18 Ebd.

19 Kritisch gegenüber dem Untersuchungsausschuss: Carl-Christoph Schweitzer, Bremer Bundeswehrkrawalle. Gefahren für unseren Staat und ihre Verschleierung im Streit der politischen Parteien im parlamentarischen Untersuchungsverfahren; Baden-Baden 1981; Rüdiger Kipke, Die Untersuchungsausschüsse des Deutschen Bundestages. Praxis und Reform der parlamentarischen Enquete, Berlin 1985, S. 166.

20 Wilhelm von Ilsemann (Hrsg.), Jugend zwischen Anpassung und Ausstieg. Ein Symposium mit Jugendlichen und Vertretern aus Wissenschaft, Wirtschaft, Politik und Verwaltung, Hamburg 1980.

21 Volker Hoffmann, Direktor der Deutschen Shell AG bei der Eröffnung. Ilsemann, Jugend, S. 13.

22 Vgl. Klaus Westermann/Dietrich Schallehn, Die »neue Jugendbewegung« als Herausforderung für die gewerkschaftliche Jugendarbeit, in: *Deutsche Jugend* Nr. 10 (1981), S. 464.

23 Christoph Böhr/Eckart Busch, Politischer Protest und parlamentarische Bewältigung. Zu den Beratungen und Ergebnissen der Enquete-Kommission »Jugendprotest im Demokratischen Staat«, Baden-Baden 1984, S. 36. Es hatte einen parlamentarischen Vorläufer gegeben, als der Landtag von Schleswig-Holstein 1968 den Sonderausschuss ›Unruhe der Jugend‹ einsetzte. Vgl. ebd., S. 44-46.

digenanhörungen suchte die Enquete-Kommission auch das Gespräch mit Hausbesetzern oder arbeitslosen Jugendlichen. Wie in der Shell-Jugendstudie sollte vor allem zugehört werden und die Jugendlichen sollten selbst zu Wort kommen.[24] Im März 1982 wurde die Prognos-AG damit beauftragt, verschiedene Gruppen wie Hausbesetzer, Alternative, Ökopaxe oder Lehrlinge zu interviewen.[25] Der Horizont der Analyse bezog sich immer wieder auf 1968. Im Abschlussbericht hieß es, die Studentenunruhen hätten Politik meist auf theoretischer Grundlage zu gestalten gesucht, der neue Jugendprotest hingegen sei in Westeuropa gefühlsmäßiger und sprunghafter. Die Proteste seien weniger ein Generationskonflikt als Ausdruck ungelöster gesellschaftlicher Probleme. Diese wurden von der Kommission in einer bürokratischen und konsumorientierten Gesellschaft gesehen, in der die Sinnfrage angesichts verfallender Familienstrukturen und fehlender Wertorientierungen gestellt werde.[26] So wurde der Wertewandel zur Deutungsfolie eines gesellschaftlichen Langzeittrends. Daneben wurde die anhaltende Jugendarbeitslosigkeit als eine wichtige Ursache gesehen, auf die u.a. mit mehr Rechten für Jugendvertreter reagiert werden sollte – auch mit der Schaffung von Jugend- und Auszubildendenvertretungen, wie es die IG Metall forderte.[27] Aber auch unpersönliche Stadtplanungen mit gigantomanischen Bauprojekten, die Abschaffung der Gewissensprüfung bei der Kriegsdienstverweigerung und politische Reaktionen auf ökologische Bedrohungen waren Forderungen im Abschlussbericht, der passagenweise dem Jugendprotest weit entgegenkam. Es war für die Parteivertreter in der Kommission jedoch schwierig, konkrete Ansatzpunkte für umsetzbare Politik zu finden. Die wichtigste Forderung der Kommission hieß daher, »Politik als Prozeß« zu gestalten. Nicht neue Gesetze seien vonnöten, sondern vielmehr ein »neues Verständnis von Politik«, bei der Politiker in die Rolle hineinwachsen sollten, »soziale Lern- und Entwicklungsprozesse anzuregen und mitzugestalten«. Daher sei eine eher weiche Einstellung wichtig, nämlich die »Bereitschaft zum Zuhören«.[28]

Im Abschlussbericht der Enquete-Kommission zeigte sich eine gewisse Hilflosigkeit der etablierten Parteien in ihrem Bemühen, die Jugendproteste in politisch vertraute Bahnen zu übersetzen. Aber Lebensqualität und Sinnerfüllung waren nur schwer in Gesetze zu fassen. Bei der Bundestagsdebatte über den Bericht wogte der Streit daher in vertrauten Bahnen zwischen Konservativen

24 Die Hintergründe der einzelnen Gespräche und den Verlauf der Arbeit der Kommission schildern Böhr/Busch, Jugendprotest, S. 52-79.

25 Vgl. zu den Hintergründen und Arbeitsweise Matthias Wissmann/Rudolf Hauck (Hrsg.), Jugendprotest im demokratischen Staat. Enquete-Kommission des Deutschen Bundestages, Stuttgart 1983, S. 19-24; ähnliche Wertungen übernimmt auch Christoph Böhr, ehemals Vorsitzender der Jungen Union und Mitarbeiter der Enquete-Kommission: Böhr/Busch, Protest, S. 19-33 mit den paraphrasierten Thesen der Enquete-Kommission.

26 Wissmann/Hauck, Jugendprotest, S. 35-45.

27 Ebd., S. 57.

28 Ebd., S. 103 f.

und Sozialdemokraten darüber, ob die Mehrheit der Jugendlichen weiterhin ihre Aufgaben und Pflichte erfülle und ein Werteverfall zur Orientierungslosigkeit führe, oder ob sich im jugendlichen Protest prinzipielle und strukturelle Probleme der Industriegesellschaft zeigten.[29] Am Ende der Untersuchungen, 1983, war die große Welle von Hausbesetzungen und Demonstrationen bereits abgeebbt, alternative Lebensvorstellungen aber waren noch verbreitet, wie eine vom Bundesministerium für Jugend, Familie und Gesundheit 1981 auf den Weg gebrachte Studie zeigte. Das Sinus-Institut unternahm Erhebungen über die »Veränderungen in der Motivationsstruktur« bei Jugendlichen. »Alternativ- und Protestbewegungen sind auch auf Grund unserer Befunde keine Randerscheinungen, sondern die politische Speerspitze viel breiterer Strömungen in der jungen Generation« bilanzierte die Untersuchung.[30] Aber diese Strömungen seien nicht extrem, sondern auf »Versöhnung« orientiert. Gruppen mit einem gewalttätigen Image wie Punks, Rocker oder Hausbesetzer erhielten nur wenig Zustimmung.[31] Der neue CDU-Bundesminister für Jugend, Familie und Gesundheit, Heiner Geißler, gab sich angesichts der Umfrageergebnisse beruhigt. Neben der Neubestimmung des Verhältnisses zur Natur empfand er die Betonung von Treue und Zuverlässigkeit in den Rollenbildern als positiv: »Sie stimmen auf eine für viele vielleicht überraschende Weise mit dem überein, was mir die Idee der Partnerschaftlichkeit in Ehe und Familie bedeutet«, führte Geißler in der Einleitung aus.[32] Die beruhigenden Worte Geißlers deckten sich mit dem Grundtenor vieler Stimmen aus Forschung und Politik, die die neue Protestwelle weder als einen ausgeprägten Generationskonflikt noch als Aufschwung eines politischen Extremismus verstanden. Mit dem Wertewandel war eine Deutungsfolie gefunden, mit der beunruhigende Entwicklungen in den Jugendkulturen erklärbar schienen.[33]

Für die gewerkschaftliche Jugendarbeit waren die neuen Jugendkulturen ein ähnlich schwierig zu fassendes Phänomen wie für die politischen Parteien. Der Ansehensverlust, den Theoriedebatten und marxistische Erklärungsmuster in den neuen Jugendszenen erlebten, erschwerte die Vermittlung von rechtsförmigen Konfliktstrukturen ebenso wie die Vertröstung auf eine ferne sozialistische Zukunft. Mit der politischen Alternativbewegung hatte eine neue Subjektbezogenheit auch die linke Politik erfasst. Detlef Siegfried hat diesen

29 Deutscher Bundestag, Plenarprotokoll, 9. Wahlperiode, 104. Sitzung, 28. Mai 1982, 6267 B-6299C.

30 Sinus-Institut: Die verunsicherte Generation. Jugend und Wertewandel. Ein Bericht des SINUS-Instituts im Auftrag des Bundesministeriums für Jugend, Familie und Gesundheit, Opladen 1983, S. 58. Ergänzend erschienen 1985 zwei Materialbände: Sinus-Institut, Die verunsicherte Generation. Jugend im Wertewandel (Schriftenreihe des Bundesministers für Jugend, Familie und Gesundheit, 200/1 und 200/2), Stuttgart 1985.

31 Sinus, verunsicherte Generation, S. 61.

32 Ebd.

33 Thesenhaft formuliert: Ebd., S. 13-21.

Wandel als »Rückkehr des Subjekts« bezeichnet: »Wesentliche Merkmale eines ›postindustriellen‹ oder ›postmodernen‹ Subjektivitätskonzepts, das sich um 1970 herausbildete und später dominierte, sind das Postulat umfassender Selbstentfaltung, das Streben nach intensiven Erfahrungen und Authentizität, die individuelle Wahlentscheidung zwischen verschiedenen Optionen der Lebensführung, das Ideal projektorientierter, kreativer Arbeit im Team.«[34] Die in der Sponti-Bewegung aufgekommene Deutung einer »Politik in der Ersten Person« verstärkte sich mit der radikalen Subjektivität der Punks und in den Hausbesetzer- und Alternativszenen mit experimentellen Lebensführungen, in denen auch das Normalarbeitsverhältnis verdächtig erschien.[35] »Politik in der Ersten Person« war eine zumindest radikal formulierte Absage auch an Stellvertreter- oder Repräsentanzpolitik, eine Haltung, die in das organisatorische Mark der IG Metall und ihr Politikverständnis traf. Dieser »subjektivistische Politikansatz« war die »Bruchlinie zwischen dem Linksradikalismus der 70er und 80er Jahre«, der auch die »Politisierung der Lebensverhältnisse« und eine »subkulturelle Orientierung« umfasste.[36] Die zeitgenössischen Interpretationsversuche einer neuen Subjektivität erfolgten vor einer kapitalismuskritischen Folie. So meinte der Frankfurter Politikprofessor Joachim Hirsch, prominenter bundesdeutscher Vertreter der Regulationstheorie[37], dass Fordismus und Taylorisierung die Lebenssphären auseinanderreißen würden. Die Hervorhebung von Subjektivität sei daher als Versuch der Akteure zu sehen, sich selbst wieder identitär zu begreifen und ihr Leben als Einheit zu führen.[38] Einen der wenigen Versuche, aus alternativen Jugendkulturen und der Arbeiterjugend einen Modus der Klassenformierung abzuleiten, unternahmen Frank Deppe und Klaus Dörre aus dem Umfeld der DKP. »Im Schnittfeld von oppositionellen Intelligenz- und Lehrlingsbewegungen und der partiellen Repolitisierung gewerkschaftlicher Bildungs- und Jugendarbeit zeichneten sich Ansätze eines neuen Modus von Klassenbildung ab, der in seinen kulturell-symbolischen Vermittlungen sowohl die Rückbesinnung auf Elemente der traditionellen Arbeiterbewegungskultur als auch das Aufgreifen von ›modernen‹ Produkten der Freizeit und Kultur-Industrie umfasste. Wenn auch in der realen politischen Ausstrahlung ungleich geringer

34 Detlef Siegfried, Die Rückkehr des Subjekts. Gesellschaftlicher Wandel und neue Geschichtsbewegung um 1980, in: Geschichte und Geschichtsvermittlung (Festschrift für Karl Heinrich Pohl), hrsg. von Olaf Hartung und Katja Köhr, Bielefeld 2008, S. 125-146, S. 128.

35 Vgl. den Rückblick von ehemaligen Aktivisten der späten 1960er und der 1970er Jahre, die aufgrund ihrer lebenspraktischen Erfahrungen einen ›neuen Realismus‹ propagierten: Horx/Sellner/Stephan (Hrsg.), Infrarot.

36 Haunss, Antiimperialismus, S. 460 sowie 461 f.

37 Joachim Hirsch/Roland Roth, Das neue Gesicht des Kapitalismus. Vom Fordismus zum Post-Fordismus, Hamburg 1986.

38 Joachim Hirsch, Jugendprotest und die Theorie ›neuer sozialer Bewegungen‹, in: Breyvogel/Hirsch, Autonomie S. 84-97, S. 87.

als vor 1933, beinhaltet die Neuformierung oppositioneller Akteure doch einen deutlich antikapitalistischen Akzent.«[39] Sie vermuteten, dass die Alternativbewegung große Sympathien in der Arbeiterjugend genieße, was meist übersehen werde. Arbeiterjugendliche hätten daher ein »intermediäres Potential« für einen Brückenschlag zwischen Alternativkultur und Arbeiterorganisationen, wenn es auch noch um »Wertmusterkonflikte(n)« wie den pflichtbetonten Arbeits- und Leistungsethos oder das Patriarchat ginge.[40] Auch der Berliner Gewerkschaftsoziologe Rainer Zoll versuchte, in einem Interviewprojekt dem Aufschwung des Individualismus unter jugendlichen Beschäftigten auf die Spur zu kommen. Anhand von Beispielen von gegenseitiger Unterstützung, von Gleichberechtigung der Geschlechter und gemeinsamen Interessen versuchte Zoll den Wechsel von der »Arbeitersolidarität« zur »Alltagsrealität« zu belegen, in der sich die Jugendlichen gegen die Kolonisierung ihrer Lebenswelten wehrten.[41] Diese politisch optimistisch zu lesenden Thesen fußten zwar auf Beobachtungen über die Verbindungen der Gewerkschaftsjugend mit den neuen sozialen Bewegungen, aber es konnte unter den jugendlichen Beschäftigten nicht von einer breiten Hinwendung zu alternativen Milieus gesprochen werden. Wenn überhaupt, war es ein Phänomen der aktiven Trägerschichten.

So blieben in den Szenen[42] der Großstädte Hauptträger weiterhin Gymnasiasten, Realschüler und Studierende, Zentren waren Metropolen wie Berlin, Frankfurt a. M. und Hamburg oder kleinere Universitätsstädte wie Göttingen oder Freiburg. Aber es war keine Studentenbewegung, Universitätspolitik spielte nur eine nachgeordnete Rolle. Student zu sein bot eher einen sozialen Raum, Lebensstilexperimente durchzuführen. Historiographische Untersuchungen über die sozialen Zusammensetzungen fehlen noch; Hinweise aus der zeitgenössischen Literatur lassen jedoch vermuten, dass der Anteil von Nicht-Akademikern höher war als bei den Unruhen 1968. Dies erklärt sich möglicherweise aus einem geringeren Lebensalter der Beteiligten, die teilweise noch minderjährig, ihre Ausbildung oder den Schulbesuch abbrachen, um sich den großstädtischen Szenen anzuschließen.[43] Klaus Westermann hatte als Bundesjugendsekretär des

39 Frank Deppe und Klaus Dörre, Klassenbildung und Massenkultur im 20. Jahrhundert, in: Klaus Tenfelde (Hrsg.), Arbeiter im 20. Jahrhundert, Stuttgart 1991, 726-771, 748.

40 Ebd., S. 768; Dörre hatte schon länger zum Thema gearbeitet, vgl. Dörre/Schäfer, Straßen; Klaus Dörre, Arbeiterjugendliche und Klassenformierung. Zum Wandel außerbetrieblicher Entwicklungsbedingungen und seinen Auswirkungen auf den Formierungsprozeß, in: Marxistische Studien, Jahrbuch des IMSF 7/1984, S. 194-212.

41 Rainer Zoll, Von der Arbeitersolidarität zur Alltagssolidarität, in: *Gewerkschaftliche Monatshefte*, Nr. 6 (1988), S. 368-381; vgl. Rainer Zoll, »Nicht so wie unsere Eltern!« Ein neues kulturelles Modell, Wiesbaden 1989.

42 Vgl. zur Systematisierung des Begriffes als sozialräumliche Verdichtung vor allem in Großstädten: Darcy K. Leach/Sebastian Haunss, Scenes and Social Movements, in: Hank Johnston (Ed.), Culture, Social Movements, and Protest, Ashgate 2009, S. 255-276.

43 Vgl. die Interviews mit und Beschreibungen von Akteuren in: Bock, Resignation; sowie Ingrid Müller-Münch u. a., Besetzung – weil das Wünschen nicht geholfen hat. Köln, Freiburg, Gorleben, Zürich und Berlin, Reinbek 1981.

DGB darauf hingewiesen, dass die neuen Jugendproteste für junge Beschäftigte attraktiv seien. Diese Beobachtung erhält ihren Sinn, wenn sie als Hinweis verstanden wird, dass die politische Attraktivität der Rebellion für junge Beschäftigte sie von der Gewerkschaftsarbeit wegbewegte. In der Alternativbewegung und den Jugendunruhen wurde nicht die Abkehr von der Arbeit, sondern eher eine neue Semantik von Arbeit verhandelt. Angestrebt wurden eine Einheit von Arbeit und Leben und eine Überwindung der entfremdeten Arbeit. Diese neue Semantik der Arbeit war einer der Gründe, die es den Gewerkschaften schwerer machten, Verbindungen zu den neuen Jugendprotesten zu schaffen. Dabei thematisierten auch die neuen Jugendkulturen Arbeit, in verschiedener Hinsicht. Zum einen war die andauernde Jugendarbeitslosigkeit ein häufiger Verweis auf eine als perspektivlos empfundene Zukunft und Legitimation für ein Gefühl der Resignation. Dieser Punkt erschien aus gewerkschaftlicher Sicht operationabel, da die Jugendarbeitslosigkeit als gesellschaftliches Menetekel galt und weiterhin Kampagnen gegen Jugendarbeitslosigkeit durchgeführt wurden.[44] Die gewerkschaftlichen Erklärungsmuster sahen in der Jugendarbeitslosigkeit das wesentliche Motiv für die Jugendrevolte. In einer anderen Hinsicht war die in alternativen Szenen propagierte neue Einheit von Leben und Arbeiten eine neue Beziehung zu den Arbeitswelten. Aber damit verband sich die Suche nach Sinnerfüllung und Lebensqualität außerhalb industrieller Arbeitsverhältnisse.

Was jedoch in den neuen Jugendsubkulturen verschwand waren Traditionslinien der Arbeiterbewegung. Die früheren Symbole wurden in den neuen Jugendkulturen meist nur noch ironisiert. Hier ging es nicht mehr um eine Aneignung alter Symbole der Arbeiterbewegung mit gegenteiligen Effekten wie bei *Ton Steine Scherben* zehn Jahre zuvor, sondern um Travestie. Die Bielefelder Punk-Band *Notdurft* veröffentlichte 1982 das Lied »Arschkriechereinheitsfront«, eine Persiflage des Einheitsfrontliedes.[45] Auch die politischen Musikgruppen distanzierten sich von ihren früheren Vorstellungen, wie der Journalist Steve Peinemann 1979/80 erkundete. Der Musiker Karlheinz Wefel der Hamburger Rockband *Oktober* – in den 1970er Jahren dem KB nahestehend – drückte es im Interview drastisch in seinem Wunsch aus, nun Rockmillionär zu werden: »Ja, siehst du, wenn du das so nebeneinander hältst, dann würde ich lieber faul in Acapulco am Bassin liegend sterben als als Held der Arbeiterklasse an der Theke. Ich will meinen Spaß haben, und so sind jetzt auch die Texte.«[46] Sein Bandkollege Peter Robert nannte auch neue Zielgruppen, es sind »Jugendliche, die zum Konzert kommen. Ich würde heute nicht mehr sagen wie früher: Ar-

44 Ausgehend vom Berufsbildungsausschuss der IG Metall wurde im Mai 1982 vom DGB-Bundeskongress ein »Sofortprogramm« für mehr Ausbildungsplätze initiiert und als Kampagne bis Ende 1983 geführt. Vgl. Recht auf Ausbildung konkret. Aktionen und Beispiele für mehr Ausbildungsplätze, hrsg. vom IG Metall-Vorstand, Abt. Berufsbildung, Oktober 1983, in: IGM-ZB.

45 Notdurft, Arschkriechereinheitsfront, veröffentlicht auf: LP Soundtracks zum Untergang 2, Aggressive Rockproduktion, Westberlin 1982.

46 Peinemann, Wut, S. 94 f.

beiterjugendliche, also Lehrlinge und so was, jeder, der hinkommt, soll irgendetwas mitnehmen.«[47] Arbeiterklasse respektive Arbeiterjugendliche verloren ihre Bedeutung als Zielgruppe politischer Musikgruppen. *Lokomotive Kreuzberg*, die ihre letzten Auftritte im Jugendmonat der IG Metall hatten, waren vor ihrer Auflösung Ende 1977 von den Geldzahlungen der IG Metall abhängig und über Eingriffe in die Programmgestaltung durch IG-Metall-Funktionäre unzufrieden. Nach der Auflösung spielten einige der Musiker mit der aus der DDR emigrierten Punk-Sängerin Nina Hagen in der *Nina Hagen Band* und ab 1980 als *Spliff* in einer der bekannteren Bands der Neuen Deutschen Welle. [48]

Die Shell-Jugendstudie hatte 1981 die Null-Bock-Generation ausgemacht, dies war die populäre und in den Medien verbreitete Zuschreibung einer neuen Jugendgeneration, der Leistungsverweigerung, Ausstiegswillen und auch eine verstärkte Militanz inhärent zu sein schienen. Die aus dem Punk übernommene Parole »No Future« drückte scheinbar das Lebensgefühl vieler Jugendlicher aus. Es ist verschiedentlich darauf hingewiesen worden, dass es sich bei der Parole um ein Missverständnis handele: Die englische Punk-Band *Sex Pistols* hatte in ihren 1978 erschienenen Lied *God save the Queen* die Textzeile »There is no future in England's dreaming, there is no future for you« und »We're the future, your future«. Am Ende des Liedes wird der Refrain »No future« mehrmals wiederholt. Es handle sich um Ironie und sei keinesfalls so zu verstehen, dass die Punks keine Zukunft hätten, sondern vielmehr die bürgerliche Gesellschaft.[49] Aber die Rezeption der Liedzeile unterschied sich von den möglichen Intentionen der Interpreten. »No Future« war das prägende Schlagwort für eine pessimistische Grundhaltung Jugendlicher bezüglich ihrer Zukunftsaussichten.[50] Die IG Metall versuchte, jugendkulturelle Elemente aufzugreifen und umzudeuten. Für den Jugendmonat 1982 wurde auf den Plakaten die Parole umgedreht: »Null Bock auf No Future«.[51] Ähnlich wie um 1970 wurde gegen eine Verweigerungshaltung Stellung bezogen, die als entpolitisierend gebrandmarkt wurde. Auf der Suche nach Erklärungen für eine solche Einstellung, war es meist die Jugendarbeitslosigkeit, die dafür herangezogen wurde. Auf einem Seminar von BJA und OJAs des Bezirkes Hamburg hieß es 1983, dass der ökonomische Druck um Ausbildungsplätze bei einigen zu Minderwertigkeitsgefühlen und »No Future – Null Bock«-Haltungen führe, bei anderen hingegen zu Überanpassung und Konkurrenzkampf.[52] Beides seien Gründe für einen Rückgang von Aktivitäten

47 Ebd., S. 95.

48 Vgl. das Interview mit dem Bandmitglied Manfred Praeker über die »Bonzen« der IG Metall: Peinemann, S. 143-146.

49 Farin, Jugendkulturen, S. 110 f.

50 Vgl. Macht kaputt, in: *Der Spiegel* Nr. 27, 30.6.1980, S. 92-96, S. 94.

51 Das Plakat ist abgedruckt in: Jugendmonat 82, hrsg. von der IG Metall Verwaltungsstelle Berlin, (1982), in: AdsD 5/IGMA 22-0493.

52 »Wir kämpfen für Frieden und Arbeit«, Arbeitsergebnisse des OJA-BJA-Seminars vom 5. bis 11. Juni 1983 in Sprockhövel, Bezirksleitung Hamburg, in: AdsD, 5/IGMA-22-0872.

in der betrieblichen Basis. Die Resignation, der Rückzug aus der Politik – und damit war nach Ansicht der Funktionäre wie der Aktiven auch die Gewerkschaftspolitik gemeint – begleitete die IG-Metall-Jugend Anfang der 1980er Jahre. Auf der Bezirksjugendkonferenz des Bezirks München hielt Horst Klaus 1984 in Augsburg fest: »›No Future‹ – dieses Gemenge aus Orientierungskrise, Perspektivlosigkeit und Resignation ist eine politisch sehr problematische, um nicht zu sagen ›gefährliche‹ Mischung – auch für unsere Organisation und ihre zukünftige Entwicklung und Handlungsfähigkeit. Mit ›politischen‹ Aussteigern, die ›Nestwärme‹ und den vermeintlichen Ausweg in religiösen Sekten, radikalen Zirkeln oder gar neofaschistischen Gruppierungen suchen, wird nur eine falsche Politik gemacht, die wir gestern bekämpft haben wie wir sie heute und morgen konsequent bekämpfen müssen. Dies ist keine Angelegenheit der nächsten drei Wochen – also keine leichte Arbeit.«[53] Gegner waren für Klaus alle, die sich einer gestaltenden Mitarbeit entzogen, wobei er Alternativbewegung, Jugendsekten und Neonazis als Gefahren ähnlich einschätzte. Zugleich betonte er die richtige Politik der Organisation, die es fortzusetzen galt, wobei er in einer umfangreichen Bildungsarbeit, insbesondere der Jugendvertretungen, den notwendigen Hebel sah, gerade auch um den Kontakt in die Betriebe zu halten. Solche Beschwörungsformeln richteten sich gegen einen Trend zur Abwendung von Institutionen und Großorganisationen – und damit auch von den Gewerkschaften. Der Journalist Reimar Oltmanns, der Reportagen über die Aussteigerjugend schrieb, vermutete über die Jugend Anfang 1980: »Sie bekämpft diesen Staat nicht mehr, sie engagiert sich auch für keine Reformen, sie ignoriert ihn, wo sie kann. Sie schottet sich in ihrer Mehrzahl gegenüber Institutionen ab, mit denen sie sich nicht identifiziert und von denen sie kaum etwas erwartet.«[54] Vor diesem Hintergrund stand die Jugendarbeit der Gewerkschaften nicht mehr vor dem Problem einer politisierten Jugend, die die Organisation intellektuell und strategisch herausforderte, sondern vor der Gefahr eines zunehmenden Desinteresses.

Georg Benz bemerkte Anfang 1982, dass von den neuen Bewegungen wichtige Impulse ausgingen. Forderungen nach einer offenen Jugendarbeit lehnte er für die IG Metall weiterhin ab, da sie die betriebliche Basis bedrohe.[55] Öffnungen gegenüber der Alternativbewegung erfolgten vor allem durch die alten Kontrahenten der IG Metall in Oberursel. Die Bundesjugendschule des DGB hatte sich schon früh bemüht, die Auswirkungen einer alternativen Jugendbewegung, die sich von den Gewerkschaften abwendete, zu untersuchen. Bereits im Oktober 1978 wurden in einem einwöchigen Seminar über neue Formen der

53 Auszüge aus dem Referat von Horst Klaus, geschäftsführendes Vorstandsmitglied der IG Metall, am 5. Oktober 1984 in Augsburg (Bezirksjugendkonferenz), in: AdsD 5/IGMA-22-0949.

54 Reimar Oltmanns, Du hast keine Chance, aber nutze sie. Eine Jugend steigt aus, Reinbek bei Hamburg, April 1981, S. 38.

55 Zusammenfassung der Ausführungen des Kollegen Georg Benz zur 11. DGB-Bundesjugendkonferenz in der Sitzung des Vorstandes der IG Metall am 08. März 1982, in: AdsD, 5/IGMA-22-0492.

gewerkschaftlichen Jugendarbeit diskutiert. Allerdings ging es weniger um neue als mehr um alte Formen: die Referate stellten die Jugendbildungsarbeit der IG CPK in den 1960er Jahren dar, Manfred Liebel und Reinhard Crusius konturierten anhand der Lehrlingsbewegung und ihrer Abwicklung eine Krise der Gewerkschaftsjugend. Als Ergebnis wurde festgehalten, dass die Jugendarbeit auch überbetrieblich zu organisieren sei und dem »Alltagshandeln der Betroffenen« Entfaltungsräume angeboten werden müssten, die über die gewerkschaftliche Gremienarbeit hinausgingen.[56] Durch Integration arbeitsloser Jugendlicher sollten in der Gewerkschaftsjugend auch eigene Beschäftigungsprojekte entwickelt werden, die neue Lebensperspektiven bieten und Ansätze zur Selbsthilfe stärken sollten. Diese Tagung war noch Teil der Strategie-Debatte. Im November 1980 wurden Vertreter von sechs Alternativprojekten zu einem Oberurseler Seminar eingeladen, ihre Arbeit vorzustellen. Zu Beginn des Seminars wurde die Frankfurter *Arbeiterselbsthilfe* besucht, ein größerer alternativer Betrieb, u. a. mit einer Druckerei und Tischlerei. Bei der Besichtigung traten Widersprüche schnell hervor. Die gewerkschaftlichen Teilnehmer kritisierten die »völlig unzureichenden Unfallschutzvorrichtungen« an den Druck- und Holzbearbeitungsmaschinen ebenso wie lange Arbeitszeiten. Dagegen argumentierten die Vertreter des Projektes, »daß ihre Produktion nicht vergleichbar sei mit industriellen Bereichen. So sei die Arbeitsintensität wesentlich geringer. Durch eine wesentlich höhere Arbeitsmotivation sei außerdem der Aufmerksamkeitsgrad bei der Arbeit an den Maschinen wesentlich höher als in der Industrie. Dadurch würden Unfälle vermieden.« Die gewerkschaftlichen Teilnehmer nahmen diese idealistische Sicht skeptisch auf. Ihrer Ansicht nach sollten Alternativprojekte auch in Fragen des Unfallschutzes vorbildlicher sein als die Industrie.[57] Der zutage tretende Voluntarismus solch alternativer Semantik der Arbeit erschien den Gewerkschaftern für eine betriebliche Praxis nicht hilfreich.

Aber zu habituellen Problemen der Gewerkschaften mit den neuen Szenen kamen politische Haltungen der Gewerkschaftsführungen, insbesondere ihr lange dominierender technischer Fortschrittsoptimismus, die ein Zusammengehen erschwerten. Kritik an ungebremstem Wachstum und einer Technikfeindlichkeit bedeutete für die Gewerkschaften eine neue Herausforderung. Der IG-Metall-Slogan »Technik muss den Menschen dienen«, das politische

56 Thesen als Ergebnis des Seminars, in: Arbeitstagung: Krise der Formen der Jugendarbeit, vom 1.10.1978 bis 6.10.1978, hrsg. vom Haus der Gewerkschaftsjugend, Oberursel 1979, S. 57-59, Zitat S. 58. In der Broschüre sind auch die vorher angegebenen Referate abgedruckt. Vgl. auch den knappen persönlichen Rückblick, in dem die Faszination, aber auch die Skepsis gewerkschaftlicher Teilnehmer gegenüber den Alternativprojekten hervorgehoben wurde: Hinrich Oetjen, Auf der Suche nach Alternativen, in: DGB-Bundesjugendschule (Hg.): Kapitalismus ohne Alternativen? Neu-Ulm 1999, S. 143-146.

57 Gewerkschaftsjugend und Alternativbewegung. Protokoll eines Forums im Haus der Gewerkschaftsjugend November 1980, hrsg. vom DGB-Bundesvorstand, Abteilung Jugend, Düsseldorf o. J. (1981), S. 9 f.

Ziel der Arbeitsplatzsicherung und die Orientierung auf industrielle Produktion setzte die IG Metall dem Verdacht aus, gegenüber ökologischen Aspekten uninteressiert zu sein. Dies war nicht ganz zutreffend, da aus den Gewerkschaften selbst Vorschläge zur Konversion militärischer in zivile Produktion aufkamen. Insbesondere bei drohenden Betriebsstilllegungen versuchten lokale Gruppen, unterstützt von Wissenschaftlern und der Abteilung »Automation und Rationalisierung« der IG Metall, Vorschläge für neue, ökologische Produkte zu entwickeln.[58] Aber die Gewerkschaftsführungen reagierten auch schnell, wenn sich Technikkritik als vermeintliche Maschinenstürmerei entpuppte. Der Mitarbeiter des Wirtschafts- und Sozialwissenschaftlichen Instituts des DGB Ulrich Briefs sollte Ende 1981 aus diesem Grund entlassen werden. Briefs hatte auf einer Tagung der Hans-Böckler-Stiftung Ende November 1981 über Personal-Informationssysteme ausgeführt, dass er gegen die Einführung von Computersystemen bei der Personalerfassung eine »Blockadehaltung« begrüßen würde und erwähnte Sabotageaktionen an Computern. Teilnehmer der Veranstaltung informierten den Vorsitzenden der IG Bergbau und Energie, dieser verlangte vom geschäftsführenden Vorstand des DGB Briefs' Entlassung. Der DGB-Vorstand folgte ihm und entließ Briefs am 22. Dezember 1981 fristlos. Briefs hatte sich gegenüber dem Vorstand gerechtfertigt, dass er Personal-Informationssysteme prinzipiell ablehne, bei den Sabotageaktionen aber nur auf Vorkommnisse überwiegend im Ausland Bezug genommen hätte; seine Absicht sei nicht gewesen, zur Sabotage aufzurufen. Da sich andere Teilnehmer der Veranstaltung für Briefs aussprachen und er sich von Sabotageaktionen distanzierte, wurde er nach einem Arbeitsgerichtsprozess weiterbeschäftigt.[59] Die sofortige Entlassung allein aufgrund eines Berichts lässt ahnen, wie eng innerhalb der gewerkschaftlichen Führungsgremien die Grenzen gegenüber radikaleren technikskeptischen Positionen waren.

Eine politische Distanz der Gewerkschaften zu den Neuen Sozialen Bewegungen wurden insbesondere im Verhalten gegenüber den Grünen deutlich. Zwar waren in den Vorläufer-Organisationen und der im Januar 1980 gegründeten Partei die Grünen eine Reihe von Gewerkschafterinnen und Gewerkschaftern vertreten, die *taz* hatte die regelmäßige Kolumne »Betrieb und Gewerkschaft«. Die Akteure waren – wie der Mitbegründer der Grünen, Willi Hoss, oppositioneller Betriebsrat bei Daimler-Benz in Untertürkheim und wohl bekanntester Vertreter der Gewerkschaftsbewegung bei den Grünen[60] – meist auf der Gewerk-

58 Vgl. Johannes Dünnwald/Peter Thomsen, Sinnvoll arbeiten. Nützliches produzieren. Ein Handbuch für Arbeitnehmer und regionale Initiativen. Frankfurt a. M. 1987; Klaus Mehrens (Hrsg), Alternative Produktion. Arbeitnehmerinitiativen für sinnvolle Arbeit, Köln 1985.

59 Falldarstellung bei: Vermerk für den Geschäftsführenden Vorstand, HA Vorsitzender (IG BE), Bochum, 20.1.1982, in: AfsB, IGBE-Archiv, 2334A; Wolfgang Spieker, WSI, an Adolf Schmidt, IG BE, 13.1.1982, in: ebd.

60 Mende, Geschichte, S. 176; zur Einstellung der oppositionellen Plakat-Gruppe zur Arbeit vgl. Neuheiser, Wertewandel.

schaftslinken angesiedelt oder stammten aus K-Gruppen, die ihre Apotheose der Arbeiterklasse aufgaben, aber weiterhin Interesse an betrieblichen Konflikten hatten. Angesichts der Hegemonie linker Strömungen bei den Grünen 1980 war das Interesse jedoch eher einseitig ausgerichtet.[61] Willi Hoss durfte 1983 nicht auf dem Gewerkschaftstag der IG Metall auftreten, obwohl die Bundestagsfraktion der Grünen ihn als Vertreter bestimmt hatte. Hoss sprach schließlich 1988 auf einem Gewerkschaftstag der IG Metall, ein spätes Symbol der Annäherung.[62]

Versuche der Vereinnahmung hatte es schon gegeben, als Eugen Loderer 1978 versuchte, Verbindungslinien von den Gewerkschaften zu den neuen kommunalen grünen Listen zu ziehen. Der Selbsthilfecharakter in der alternativen Szene entsprach seiner Ansicht nach der Tradition der Arbeiterbewegung, auch die Forderung nach Partizipation. Aber die Entscheidungsfreiheit der Parlamente dürfe nicht gefährdet werden.[63] Auch nach kommunalpolitischen Wahlerfolgen blieben die gewerkschaftlichen Führungsgruppen skeptisch, wobei weniger demokratietheoretische Überlegungen, als vielmehr politische und habituelle Differenzen zu den oft urban geprägten Alternativmilieus im Vordergrund standen. Ein grundlegender Konflikt bestand in der Frage der Atomenergie. Lange Zeit hatten sich die Gewerkschaften für die zivile Nutzung der Atomkraft ausgesprochen, der als Bundesforschungsminister von 1974 bis Anfang 1978 tätige Hans Matthöfer kam aus der IG Metall. Allerdings traf das ihm von der Protestbewegung angehängte Label des »Atomministers« nur bedingt zu, da Matthöfer angesichts der Kritik an der Atomenergie und der ungeklärten Endlagerung der Atomabfälle der Atomenergie zumindest skeptisch gegenüberstand.[64] Für die Gewerkschaften standen das industrielle Wachstum und die Sicherung von Arbeitsplätzen an erster Stelle. Von der ersten Eskalation der Anti-Atom-Proteste 1976/77 zeigten sich die Gewerkschaften »überrascht«; Betriebsräte und Beschäftigte aus dem Energiebereich reagierten mit der Gründung eines »Arbeitskreises Energie« und führten Pro-Atom-Demonstrationen durch.[65] Aber innerhalb der Gewerkschaften war die Zustimmung zur Atomkraft nicht einhellig. Auf einer Demonstration gegen das Atomkraftwerk in Brokdorf griff der ehemalige Redakteur der Zeitung *metall*, Heinz Brandt, im Februar 1977 den »Atomfilz« an, der sich in einer gemeinsamen politischen Positionierung von Betriebsräten und Energiekonzernen zeige. Diese Äußerungen führten zu einem bald niedergeschlagenen Ausschlussverfahren der IG Metall gegen Brandt, das eine Solidarisierungswelle von undogmatischen linken Gewerkschaftern zur Folge hatte und schließlich zur Gründung des »Arbeitskreis Leben« im März 1978 führte, in dem

61 Mende, Geschichte, S. 452-458.

62 Vgl. dazu die posthum veröffentlichte Autobiographie eines der führenden Vertreter der Plakat-Gruppe: Hoss, Offene, S. 102.

63 Eugen Loderer, Grüne Listen bieten keine politische Alternative, *Der Gewerkschafter* 26, Nr. 8, August 1978, S. 2-3.

64 Vgl. die instruktive Skizze hierüber bei: Abelshauser, Wirtschaftswunder, S. 330-350.

65 Markus Mohr, Die Gewerkschaften und der Atomkonflikt, Münster 2001, Zitat S. 90, Zum Arbeitskreis Energie und den Demonstrationen S. 75-88.

sich gewerkschaftliche Atomgegner sammelten.[66] Allerdings war der Arbeitskreis Leben, obwohl sich bis 1982 rund 40 Gruppen in der Bundesrepublik bildeten, eher eine »Bürgerinitiative mit Gewerkschaftern« und mehr von Angestellten aus ÖTV, GEW und HBV geprägt als von Mitgliedern der Industriegewerkschaften[67], zudem galt der Arbeitskreis Leben als trotzkistisch beeinflusst.[68] Die Ablehnung der zivilen Atomkraft-Nutzung war für die Alternativbewegung konstitutiv, und fand in weiten Teilen der jungen Generation Zustimmung.[69] Hiervon war auch die Jugend der IG Metall beeinflusst. Schon im Mai 1977, angesichts von unkontrollierbaren gesundheitlichen Risiken und der ungeklärten Endlagerung, beschloss die Jugendkonferenz, auf einen Weiterbau von Atomkraftwerken zu verzichten. Bei der für die Gewerkschaften so zentralen Frage der Arbeitsplatzsicherung wurde angezweifelt, ob mit Atomenergie überhaupt neue, dauerhafte Arbeitsplätze geschaffen würden. Schließlich forderte man die Verstaatlichung des Energiesektors, eine eher standardisierte Forderung.[70] Es war in der ersten Hochphase der Anti-Atomproteste auch zu Zwischenfällen am 1. Mai 1977 gekommen, als in Hamburg aus einer Menge von rund 3.000 Atomkraftgegnern Hans Matthöfer als Redner mit Farbbeuteln beworfen wurde. Die Atomkraftgegner hatten sich in eine Demonstration zum Kundgebungsplatz der IG Metall eingereiht und gelangten so dicht an die Tribüne.[71] In Minden trugen junge IG-Metall-Mitglieder auf der 1. Mai-Demonstration 1977 Transparente gegen Atomkraft und mussten sich anschließend gegen Vorwürfe verwahren, sie seien gar keine Gewerkschafter.[72] Die Gesamtjugendvertretung der Robert Bosch GmbH beschloss im November 1976 die Resolution »Kein KKW in Brokdorf« mit der überraschenden Begründung, dass höherer Strombedarf zur Rationalisierung in den Betrieben dienen würde.[73] Auch in den folgenden Jahren wurden in der IG-Metall-Jugend die Beschlüsse gegen Atomkraft immer wieder erneuert, und der IG-Metall-Vorstand ging auf Distanz gegenüber einem weite-

66 Vgl. Andresen, Widerspruch, S. 64-68.

67 Mohr, Atomkonflikt, S. 137-142, Zitat S. 142.

68 Uwe Göbel, Trotzkisten und Gewerkschaften, in: *Gewerkschaftsreport* Mai 1979, Hrsg. Institut der Deutschen Wirtschaft, S. 5-12.

69 1982 hielten 49,3 Prozent der 15- bis 30-Jährigen den Bau von Atomkraftwerken für ein großes Problem. Allerdings differierte es bei den Schulabschlüssen: Während 65,9 Prozent der Studenten darin ein großes Problem sahen, betrug der Anteil bei Hauptschülern mit Berufsbildung nur noch – oder immerhin – 36,9 Prozent. Vgl. Sinus-Institut, verunsicherte Generation, S. 97 und S. 114.

70 Mehrere Diskussionsbeiträge in: Protokoll 11. Ordentliche Jugendkonferenz, S. 339-344; Text der Entschließungen: ebd., S. 445-450; Rede Eugen Loderers: ebd., S. 25 f.

71 Krawalle, Schlägereien, Farbbeutel – das war die Maifeier in Hamburg, *Die Welt*, 2.5.1977; Das Vorgehen dieser Chaoten in dieser Form vom DGB nicht einkalkuliert, *Hamburger Abendblatt*, 3.5.1977; Bericht von Ph. von Kodolitsch, CPK, an Kollegen Mielke, ÖTV, 3.5.1977, in: FZH, 554-5-0-Gwerkschaften 1. Mai 1972-.

72 IG Metall-Jugend – ein kleines Grüppchen? *Rotkehlchen, Zeitung der IGM-Jugend Vwst. Minden*, Juni 1977, in: AdsD, 5/IGMA-22-0186.

73 Protokoll der 20. GJV-Sitzung vom 11.11.76 (Robert Bosch GmbH), in: AdsD, 5/IGMA-22-0446.

ren Ausbau der Atomenergie. Nach dem Reaktorunglück in Tschernobyl Ende April 1986 fassten der DGB und bald darauf die IG Metall einen Beschluss zum langsamen Ausstieg aus der zivilen Nutzung der Atomenergie.[74]

Nach 1968 drängten politisierte Jugendliche in die Gewerkschaften, die diese nach links verschieben wollten; eine solche Strömung war Anfang der 1980er Jahre nicht zu erkennen. Georg Benz hatte auf der 12. Jugendkonferenz in Travemünde erklärt: »Wir müssen die Besonderheiten im politischen Bewußtsein unserer Jugendlichen berücksichtigen. Viele Konflikte sind einfach darauf zurückzuführen, daß Jugendliche im Betrieb auf Herrschaftsstrukturen im Grunde mit einer erfreulichen Abwehrhaltung reagieren. Diese zu begrüßende Haltung gegen Unternehmerwillkür wird oft einerseits als Protest, andererseits häufig mit dem Etikett der Engstirnigkeit, Unwissenheit oder Dickköpfigkeit versehen. Dies mag daran liegen, daß sich der Protest der Jugendlichen zunächst gegen jede Form von Macht richtet. Man unterscheidet kaum, wer diese Macht trägt: Ob Unternehmer oder gewählte Betriebsratsmitglieder, ob Unternehmerverband oder Gewerkschaften.«[75] Wer den Unterschied zwischen Ausbeutung und der solidarisch generierten Macht erkannt habe, akzeptiere die demokratischen Entscheidungen und lerne Ausdauer und Disziplin, so der OJA Saarbrücken der IG Metall 1981 in einer Reflexion über die Ausführungen von Benz.[76] Solche Vorstellungen von Disziplin und Unterordnung verwiesen auf das Arbeitsethos der Arbeiterbewegungen, die trotz einer neuen Semantik von Arbeit eher Schwierigkeiten bereitete, mit alternativen Bewegungen zusammenzuarbeiten. Es gab Gemeinsamkeiten, die in der großen Bedeutung von solidarischem Zusammenhalt und gemeinsamen, gruppenbezogenen Erfahrungen in Engagement und Aktivitäten lagen. Allerdings vertraten die Gewerkschaften diesen Anspruch nicht nur für kleine und überschaubare Gruppen, sondern idealtypisch für die große Gruppe der abhängig Beschäftigten. In den neuen Jugendszenen galt die Arbeiterschaft eher als Teil einer als kalt und technokratisch empfundenen Gesellschaft.

Die Abteilung Jugend der IG Metall verarbeitete die Ergebnisse des Symposiums des Shell-Jugendwerkes im November 1980 in einem Thesenpapier.[77] Aus der »Bewusstseinslage« der Jugendlichen sollten Konsequenzen für die eigene Arbeit abgeleitet werden. Einschränkend hieß es zu Beginn, die Studie sei nur »bedingt« geeignet, da nur Meinungen abgefragt würden. Zudem sei der Auftraggeber eine »Unternehmer-Einrichtung«.[78] Der Zustand der Jugend wurde düster beschrieben: »Zurückhaltung, Desinteresse, Anpassertum, Resignation

74 Mohr, Atomkonflikt, S. 231-234.

75 Protokoll 12. Jugendkonferenz IG Metall, S. 36.

76 Kollegen packt an! Nicht ducken, aufmucken! Ortsjugendkonferenz der IG Metall, Verwaltungsstelle Saarbrücken, 16. Mai '81 in St. Ingbert, S. 6, in: AdsD, 5/IGMA-22-0430.

77 Ilsemann, Anpassung.

78 Abtl. Jugend: Zur Bewusstseinslage der Jugendlichen und Konsequenzen für unsere Arbeit, 27.11.1980, in: AdsD, 5/IGMA-22-0507. Für die DGB-Diskussion vgl. Hanns

und Perspektivlosigkeit haben sich bei der Jugend breitgemacht.« Dies sei auch in der gewerkschaftlichen Arbeit zu spüren, so sei es schwierig geworden, Kandidaten für die Jugendvertretungen zu gewinnen, die Aktivitäten der Jugendgruppen gingen zurück und auf Jugendversammlungen melde sich kaum noch jemand zu Wort, zudem sei die Zahl der Lehrgangsteilnehmer der gewerkschaftlichen Schulungen rückläufig. Als wesentliche Gründe wurden die ökonomische Krise und die Jugendarbeitslosigkeit genannt, aber auch die Gegenseite: »Die Unternehmerpolitik mit der Angst, zunehmende Disziplinierung in Betrieb und Gesellschaft ist offenbar erfolgreich.«[79] Aber sich selbst Mut zusprechend wurde betont, dass Jugendarbeit unter Einbeziehung vieler Mitglieder notwendig sei, um die Gewerkschaften zu stärken, um »gewerkschaftliche Tugenden« wie Engagement und »gemeinsames Handeln zur Durchsetzung der eigenen Interessen« zu vermitteln.[80] Aus der Shell-Jugendstudie leiteten die Mitarbeiter der Abteilung Jugend ab, dass die Gewerkschaften in den Befragungsgruppen der 17- bis 19-Jährigen und der Berufstätigen ohne Abitur – in denen die Abteilung Jugend das Mitgliederpotential vermutete – hohe Zustimmungswerte erhielten, da sie Schutz und Sicherheit organisieren könnten. Im Widerspruch dazu standen allerdings die geringen Aktivitäten. Dieses erkläre sich aus der Angst, sich für seine Interessen einzusetzen, dem Scheitern vieler Reformprojekte und nur zögerlicher Umsetzung von Manteltarifverträgen. Insbesondere die »soziale Phantasie« entwickle sich bei den jugendlichen Beschäftigten kaum noch, wozu das »Zurückweichen bzw. Ausweichen in nichtgestaltungsfähige Konsum- und Freizeitbereiche (bestimmte Modetrends, Disco, Spielautomaten)« beitrage.[81] Hinter der »sozialen Phantasie« verbarg sich eine Reflexion auf das utopische Moment, welches die politisierten Jugendkulturen Anfang der 1970er Jahre geprägt hatte, und wohl auch die Mitarbeiter der Abteilung Jugend. Allerdings erbrachten die Schlussfolgerungen kaum etwas Neues. Die gewerkschaftliche Politik galt als richtig, insbesondere die Basis im Betrieb, Defizite wurden in der Tarifpolitik und den Kultur- und Freizeitaktivitäten gesehen.

Lehrlinge galten in der öffentlichen Wahrnehmung nicht mehr als auffällige oder unruhige Gruppe. Diese Klassifizierung zeigte sich bei den von der PROGNOS-AG für die Enquetekommission des Deutschen Bundestages 1982 durchgeführten Befragungen. Sie klassifizierten ihre acht Untersuchungsfelder nach politischen und kulturellen Aktivitäten, wobei sie die befragten Auszubildenden aus dem Metallbereich als »Unauffällige« charakterisierten, die neben der katholischen Landjugend die Kontrastfolie zu protestierenden Jugendlichen bildeten. Die rebellische Jugend wurde von den PROGNOS-Befragern in Punks, Hausbesetzern, alternativer Kulturszene, Selbstverwaltungsgruppen,

Brauser: Anpassung nimmt zu! Einige Anmerkungen zur Shell-Untersuchung, in: *Solidarität* Nr. 2 (1980), S. 9.

79 Ebd., erstes Zitat S. 1, zweites Zitat S. 2.

80 Ebd., S. 3.

81 Ebd., S. 8f.

Arbeitslosen und Ökopaxen gesehen.[82] Trotz dieser Vorannahmen waren Gemeinsamkeiten in den Gruppen erkennbar. Aspekte der Arbeitsverweigerung thematisierten Angehörige der »Hausbesetzer« und der »Alternativen Kulturszene«, die sinnentleerte Arbeitswelten kritisierten; die »Arbeitslosen Jugendlichen« wünschen sich vor allem eine Arbeit, während bei den »Ökopaxen«, bei »Selbstverwaltung«, »Unauffälligen« und der »Landjugend« eine trotz Jugendarbeitslosigkeit optimistische Grundstimmung über den eigenen Berufsweg vorherrschte, bei den »Unauffälligen« und der »Landjugend« jedoch eine geringere Betonung des Selbstverwirklichungsaspektes in der Arbeit.[83] Im fünften Jugendbericht der Bundesregierung, der sich schwerpunktmäßig nicht wie fünf Jahre zuvor den Arbeitswelten, sondern strukturellen Problemen des Jugendalters und der Jugendhilfe widmete, wurde die Frage nach Partizipationsmöglichkeiten für Jugendliche aufgegriffen. Neben der Gewerkschaftsjugend wurden auch organisierte Fußballfans – deren Potential auf rund 100.000 Jugendliche geschätzt wurde – und selbstorganisierte Jugendzentren untersucht. Dabei kam die Gewerkschaftsjugend schlecht weg, da sie Jugendarbeit vorwiegend als »Verwaltungsaufgabe« verstehe und »Gefolgschaft« fordere. Eine Ausnahme sei allein die Lehrlingszentrumsbewegung gewesen. Die Gewerkschaftsjugend laufe Gefahr, an Attraktivität zu verlieren, wenn sie nicht die »wachsende Hinwendung junger Menschen zu autonomen, selbstorganisierten Partizipationsräumen« in ihre Praxis integriere.[84] Diese düsteren Wertungen im Jugendbericht der Bundesregierung erklärten sich daraus, dass die Voruntersuchungen für den Abschnitt von Reinhard Crusius und Manfred Wilke vorgelegt wurden. Darin formulierten sie eine Kritik an »Stellvertreterpolitik« und der Unfähigkeit der Gewerkschaften, Jugendliche zu motivieren. So attestierte auch der Jugendbericht der Bundesregierung einen Bedeutungsverlust der Gewerkschaftsjugend.[85] Allerdings wurden die angesprochenen Problemfelder auch in der IG Metall selbst diskutiert. In einem Thesenpapier des IG Metall Bezirksjugendausschusses Hamburg zur Jugendarbeit fasste der Bezirksjugendsekretär Wolfgang Mädel Anfang 1982 einige Beobachtungen zusammen. Die Bilanz der Arbeit sah formal gut aus, da in zwei Dritteln der 15 Verwaltungsstellen des Bezirks arbeitsfähige OJAs bestanden, hinzu kamen 37 betriebliche und örtliche Jugendgruppen. Die IG Metall werde aber von den allermeisten Jugendlichen als Interessenvertreter

82 Prognos-Bericht: Jugendprotest. Einstellungen und Motive von Jugendlichen in 8 ausgewählten Gruppen, in: Wissmann/Hauck, Jugendprotest, S. 109-242, Charakterisierung der Gruppen S. 125-130.

83 Ebd., S. 151-156.

84 Walter Hornstein u. a., Situation und Perspektiven der Jugend. Problemlagen und gesellschaftliche Maßnahmen, Fünfter Jugendbericht der Bundesregierung (korrigierter Nachdruck der Bundestagsdrucksache Nr. 8/3685 und 8/3684), Weinheim und Basel 1982, S. S. 123-126, Zitate S. 124 und S. 126.

85 Reinhard Crusius/Manfred Wilke, Partizipationsprobleme der Arbeiterjugend in den Gewerkschaften, in: Materialien zum Fünften Jugendbericht: Jugendarbeit – Mädchen in der Jugendarbeit – Gewerkschaftliche Jugendbildung, hrsg. vom Deutschen Jugendinstitut München, München 1980, S. 213-309.

der Arbeitnehmer im Betrieb gesehen, und nicht als politische Organisation. Einen »Vertrauensverlust in der Jugend« sah Mädel auch darin begründet, dass in den Gewerkschaften »unkonventionelle Aktivitäten« kaum möglich seien.[86] Zugleich wurde dabei eine argumentative Lücke erkennbar: Mädel forderte, wie andere auch, eine Öffnung für die politisch aktive Jugend, während andererseits die Mehrheit der Mitglieder in den Betrieben von einem solchen Vorgehen nicht unbedingt erreicht wurde.

Wie aber war, angesichts der negativen Beschreibungen über gewerkschaftliche Jugendarbeit, die reale Situation? Es ist auf den ersten Blick erstaunlich, dass angesichts der Krisendiagnosen über die Jugend die formale Struktur gefestigt war. Ende 1981 gab es in 151 von 160 Verwaltungsstellen der IG Metall aktive Ortsjugendausschüsse, in denen 1.632 junge IG-Metall-Mitglieder erfasst waren.[87] Auch die Zahl der Jugendgruppen stieg an. Waren es 1980 noch 400, wurden für 1983 491 Jugendgruppen gemeldet.[88] Die Gruppen gliederten sich 1983 in 155 örtliche Jugendgruppen, 180 betriebliche Jugendgruppen, 62 Song-, Kabarett- und Theatergruppen und 94 Arbeitskreise und Projekt- und Branchengruppen auf. Bei einer Erhebung der Abteilung Jugend wurde auch nach den Schwerpunkten der Arbeit gefragt. Am häufigsten mit 94 Nennungen waren Jugendarbeitslosigkeit und die Ausbildungssituation, an zweiter Stelle stand mit 91 Nennungen bereits »Frieden/Abrüstung«. Die weiteren neun Nennungen waren 35-Stundenwoche (66), Übernahme (48), Berufliche Bildung (24), JV-Arbeit/JAV (16), Jugendwerbung/Jugendmonat (15), Nicaragua (12), Tarifpolitik (11), Freizeitgestaltung und Neofaschismus mit jeweils 10 Nennungen standen am Schluss.[89] Es hatten nicht alle Gruppen ihre Arbeitsschwerpunkte angegeben, aber es ist fiel auf, dass betriebsbezogene Themen ziemlich weit hinten rangierten; das Engagement in der Friedensbewegung, aber auch Jugendarbeitslosigkeit waren Kampagnenthemen, die weniger in den Betrieben als im örtlichen Kontext und der Zusammenarbeit mit anderen Gruppen erfolgte. Dieser Befund galt auch für die DGB-Gruppen. Die Abteilung Jugend des DGB führte im Herbst 1981 eine Untersuchung in Nordrhein-Westfalen über DGB-Jugendgruppen durch, um einen Überblick über den realen Zustand zu erhalten. In zwölf von 50 DGB-Kreisen fand keine Jugendarbeit statt. Insgesamt existierten 229 Jugendgruppen in Nordrhein-Westfalen – 173 von den Einzelgewerkschaften und 56 DGB-Jugendgruppen. Befragt wurden 24 Gruppen – die Einschränkung ergab sich daraus, dass Theater-, Song- oder Videogruppen aus den eigentlichen Jugendgruppen ausgegliedert wurden, häufig bei hoher personeller Überschneidung. Als harter Kern wurde bei der Hälfte der Gruppen eine

86 Thesenpapier des Bezirksjugendausschusses zur Jugendarbeit im Bezirk Hamburg Wolfgang Mädel, 20.4.1982, in: AdsD, 5/IGMA-22-0394.

87 Aufstellung der Ortsjugendausschüsse aufgeteilt nach Bezirken und Verwaltungsstellen (Stand 14.12.1981), in: AdsD, 5/IGMA-22-0493.

88 Übersicht über 1983 bestehende Jugendgruppen, 22.3.1984 (Thomas Händel), in: AdsD, 5/IGMA-22-1092.

89 Ebd.

Zahl von acht bis zwölf Jugendlichen ausgemacht, ansonsten weniger. Mit nur zeitweilig teilnehmenden Personen seien es 10-15 Jugendliche, die sich regelmäßig trafen, davon die Mehrzahl Jugendfunktionäre aus gewerkschaftlichen Gremien.[90] Die wichtigste Arbeitsform sei die Diskussion, oft fehlten Ideen für andere Aktivitäten. Neben den beiden gewerkschaftlichen Demonstrationsterminen 1. Mai und 1. September waren »Frieden und Abrüstung« sowie »Neofaschismus und Antifaschismus« die häufigsten Themen. Betriebliche Themen hatten nur einen Anteil von 17 Prozent. Der Bericht sprach sich gegen einen Schwerpunkt auf die betriebliche Arbeit aus: »Diese Argumentation ist ganz offensichtlich durch die Praxis überholt, betriebliche Themen spielen in der praktischen Arbeit der Jugendgruppen nur eine untergeordnete Rolle.«[91] Die meisten Jugendgruppen hatten zu den örtlichen DGB-Vorständen ein gespanntes Verhältnis, bestenfalls pflegte man ein freundliches Desinteresse. Zwei Gruppen gaben an, über lokale Verbote der Zusammenarbeit mit der DKP und dem VVN verärgert zu sein.[92]

Während die DGB-Funktionäre sich darin bestätigt sahen, dass die Jugendarbeit sich in einer Krise befinde, war die Abteilung Jugend der IG Metall mit ihren Erhebungen zufrieden. Allerdings sagten die steigenden Zahlen der Gruppen noch wenig über das Engagement innerhalb der Verwaltungsstellen aus. Zum einen gab es eine Reihe von nominellen Nennungen, die keine dauerhafte Arbeit gewährleisteten. Zum anderen lagen die Mobilisierungserfolge oft auch an dem Engagement einzelner Sekretäre oder Funktionäre. Ein gut dokumentiertes Beispiel ist die kleinstädtisch-ländlich geprägte Verwaltungsstelle Bocholt der IG Metall, die 1985 im Bezirk Münster ein Drittel der Jugendgruppen stellte.[93] Der zuständige Sekretär Volker Kotnig hat in einer Arbeit für die Sozialakademie in Dortmund seine Aktivitäten dargestellt.[94] Als Kotnig 1980 als Sekretär der Verwaltungsstelle in Bocholt begann, gab es seiner Angabe nach keine aktive Jugendarbeit. Das Durchschnittsalter der OJA-Mitglieder lag bei 23 Jahren, von den sechs Mitgliedern seien nur drei aktiv gewesen, und diese seien »Vorzeigejugendliche« gewesen, da sie zwar dem Bezirksjugendausschuss angehörten, aber keine aktive Jugendarbeit vor Ort gemacht hätten.[95] Dies ergab sich auch aus der Beschäftigungsstruktur der Verwaltungsstelle. Sie zog sich gut 110 Kilometer entlang der holländischen Grenze, Bocholt war mit rund 70.000 Einwohnern der größte Ort. Die lange Zeit dominierende

90 Bestandsaufnahme zur gewerkschaftlichen Jugendgruppenarbeit, DGB-Jugend (Abteilung Jugend des DGB-Bundesvorstand, ohne Datum), S. 23 f., in: AdsD, 5/IGMA-22-1093.

91 Ebd., S. 28.

92 Ebd., S. 8-10.

93 Nämlich sieben von 25 Jugendgruppen, vgl. Übersicht über 1983 bestehende Jugendgruppen, 22.3.1984 (Thomas Händel), in: AdsD, 5/IGMA-22-1092.

94 Volker Kotnig, Darstellung gewerkschaftlicher Jugendarbeit am Beispiel der Verwaltungsstelle Bocholt, Dortmund 9.7.1984, in: AdsD, 5/IGMA-22-0949.

95 Ebd.

Textilindustrie brach Anfang der 1980er Jahre ein, mehrere Betriebe schlossen, was zu einem Anstieg der Arbeitslosigkeit führte. In der Metallindustrie gab es zwei Betriebe mit über 2.500 Beschäftigten, sieben mit mehr als hundert Beschäftigten und einen großen Anteil von Kleinbetrieben. Von den 9.700 IG Metall-Mitgliedern gehörten 2.200 zur Personengruppe der Jugend. Von den acht Jugendvertretungen hatten zwei fünf Mitglieder, zwei drei und vier nur ein Mitglied.[96] Vor Kotnigs Einstellung gehörte die Jugendarbeit zum Zuständigkeitsbereich des 1. Bevollmächtigten, der angesichts seiner Aufgabenfülle jedoch kaum dazu kam, in diesem Bereich tätig zu werden. Als Kotnig in ersten Gesprächen mit den drei aktiven OJA-Mitgliedern neue Initiativen diskutieren wollte, erklärten diese, dass sie vorwiegend eine an dem Bezirksjugendausschuss orientierte Arbeit anvisierten. Es sollten politische Fragen, auch die der kommunistischen Unterwanderung, diskutiert werden, ein neuer OJA unbedingt die Bindung zum Bezirksjugendausschuss halten. Demgegenüber vertrat Kotnig die Ansicht, eine Mobilisierung solle »an den Interessen der JL [Jugendlichen] orientiert sein und unter dem Grundsatz stehen, daß JA [Jugendarbeit] Spaß machen muß.«[97] Kotnig integrierte die alten OJA-Mitglieder dadurch, dass sie als Jugendbildungsreferenten geschult wurden und Aufgaben in der lokalen Bildungsarbeit übernahmen. Seinen Schwerpunkt legte er auf die Aktivierung der Jugendvertretungen und einer überbetrieblichen Jugendarbeit. Zu einer Delegiertenkonferenz kamen 40 Jugendliche. Da Bocholt politisch konservativ geprägt war, achtete Kotnig darauf, dass die interessierten Jugendlichen langsam an die Arbeit herangeführt wurden. Von 1981 bis 1983 bildete die Durchführung des Jugendmonats der IG Metall einen Schwerpunkt. Die jeweiligen Rockkonzerte waren gut besucht – 1983 trat die bekannte Neue-Deutsche-Welle-Band *Geier Sturzflug* auf –, aber trotz hoher Besucherzahlen kamen nur wenige Auszubildende aus den Betrieben. Die beteiligten Jugendlichen durchliefen einen Politisierungsprozess. 1981 wurde ein »alternativer Weihnachtsmarkt« organisiert, auf dem Spenden für Nicaragua gesammelt wurden. Trotz eines vorherigen Wochenendseminars zum Thema waren die Jugendlichen schnell zu verunsichern: »Auf der Standaktion selber wurden die JL [Jugendlichen] durch einige Passanten vor der Problematik Polen (sic!) gestellt, die vorher nicht in den Gesprächen diskutiert wurden. Die JL [Jugendlichen] waren noch nicht soweit aus sich heraus zu erkennen, daß konservative Politiker, die für freie Gewerkschaften in Polen eintraten, hier Gewerkschaftsrechte mit Füßen treten. Somit empfanden die JL [Jugendlichen] diese Kritiken als berechtigt und organisierten spontan noch eine zusätzliche Standaktion zur Problematik Polen.«[98] Um die Arbeit zu verstetigen wurde ein gewerkschaftliches Jugendzentrum eingerichtet. Der Jugendraum im Gewerkschaftshaus wurde gar nicht genutzt,

96 Ebd., Kapitel 2, S. 1.
97 Ebd., Kapitel 3, S. 2.
98 Volker Kotnig, Darstellung gewerkschaftlicher Jugendarbeit am Beispiel der Verwaltungsstelle Bocholt, Dortmund 9.7.1984, Kapitel 4, S. 16, in: AdsD, 5/IGMA-22-0949.

zwei Jugendgruppen trafen sich in Gaststätten. Nachdem Kotnig mit dem DGB und den Einzelgewerkschaften einen Finanzierungsplan erstellt hatte, wurde im Mai 1982 ein Gebäude angemietet. Es wurde von den Jugendlichen renoviert und in eigener Regie geleitet. Es gab offene Angebote, wobei Techniken wie Siebdruck von mehreren Jugendlichen auf kombinierten Seminarfreizeiten der IG Metall in Schliersee erlernt und angewandt wurden.[99] Hingegen waren die Seminare des Bezirkes nach Darstellung Kotnigs weniger hilfreich, da sie ältere Gewerkschaftsjugendliche mit politischer Vorbildung ansprachen, aber wenige Hinweise für konkrete Arbeiten gaben und politisch noch unerfahrene Jugendliche eher abschreckte.

Kotnigs Bericht vermittelt anschaulich, wie es unter den schwierigen Bedingungen einer kleinstädtischen und konservativ geprägten Region gelingen konnte, Jugendliche für die IG Metall zu gewinnen. Wenn Kotnig auch seine Arbeit als erfolgreich darstellen wollte, so verdeutlichte er doch, dass eine langsame Heranführung von Jugendlichen unter hohem persönlichen Einsatz von ihm als Sekretär mit Verbindungen zu den Einflussträgern der lokalen Gewerkschaften wichtig war. Seine Bemühungen hatten nachhaltigen Erfolg, sie belegten aber zugleich, wie schwach in vielen andern Orten die Arbeit war. Ende 1985 übersandte der zuständige Bezirkssekretär Karl-Ernst Schmidt einen Bericht über die Jugendgruppen im Bezirk Münster. In vier der elf Verwaltungsstellen gab es überhaupt keine Jugendgruppen, auch nicht in den größeren Städten Bielefeld oder Detmold. Das von Kotnig aufgebaute Jugendzentrum hingegen wurde in Selbstverwaltung vom OJA der IG Metall betrieben, es gab eine IG-Metall-Siebdruckgruppe und zwei Betriebsjugendgruppen in der kleinen Verwaltungsstelle. Im ganzen Bezirk gab es nur noch vier weitere Betriebsjugendgruppen, die sich vorrangig mit Frieden und Abrüstung beschäftigten. Eine kleine Gruppe in Minden gab eine Zeitung heraus, und in Münster war die Jugendgruppe »fast identisch mit dem OJA […], was viele Probleme mit sich bringt«. Die Gruppe beschäftige sich nur mit internationalen Themen wie dem Bergarbeiterstreik in England oder der Solidarität mit Nicaragua und sei auch privat so eng miteinander verbunden, dass keine Neuen dazukommen können.[100]

In Bocholt hielten die örtlichen Gruppen Distanz zur Arbeit des Bezirksjugendausschusses, die den Jugendlichen zu politisch und den alten Konflikten verhaftet war. Die Verflüssigung auf den unteren Ebenen führte auch dazu, dass scharfe Kontroversen zwischen den Jugendgruppen und lokalen Funktionären abnahmen. Von den linksradikalen Gruppierungen, die ihre Aktivitäten strategisch auf die Gewerkschaften ausrichteten, war nur die SDAJ übrig geblieben. Sie war selbst bemüht, auf die Herausforderungen der Neuen Sozialen Bewegungen zu reagieren, insbesondere ökologische Fragen und die

99 Ebd., Kapitel 6, S. 11.
100 Karl-Ernst Schmidt, BL Münster, an Horst Klaus (Kopie Horst Richter), 15.10.1985, in: AdsD, 5/IGMA-22-1014.

Einflüsse der Frauenbewegung führten zu Diskussionen und teilweisen neuen Orientierungen. Im Tätigkeitsbericht zum Bundeskongress der SDAJ 1984 – auf dem »Frauenrechten« erstmals ein eigener Abschnitt eingeräumt wurde – hieß es etwas undeutlich: »Im Verband setzten wir uns in vielen Diskussionen mit eigenem Verhalten gegenüber Mädchen und Frauen auseinander.«[101] Autonome Gruppen waren in den Gewerkschaften nicht vertreten. Die Unvereinbarkeitsbeschlüsse spielten daher im Bereich der Jugend kaum noch eine Rolle. Auch wenn es weiterhin Konflikte um politisch eigenständiges Handeln lokaler Gruppen gab, hatten sie nicht mehr die Schärfe des vergangenen Jahrzehnts. Als der OJA der IG Metall Berlin einen Offenen Brief zu Räumungen von acht besetzten Häusern versandte, der nicht mit der Ortsverwaltung abgestimmt war, wurde der OJA gerügt, er sei nur ein »beratendes Gremium«. Auf der Sitzung des Jugendausschusses nahm die Berliner OJA-Vorsitzende Angelika Klahr zu den Vorwürfen Stellung und betonte, dass man künftig nicht an der Ortsverwaltung vorbeiarbeiten wolle.[102] Dass der Berliner Ortsjugendausschuss sich mit Hausbesetzungen beschäftigte, ist nicht überraschend, denn diese waren die hervorstechendste Signatur der neuen Jugendrevolte. Dabei ging es nicht allein um Wohnraum, sondern auch um eine politisch-symbolische Aneignung des besetzten Gebäudes als Ort neuer Vergemeinschaftungsformen. Von der Jugend der IG Metall wurden Hausbesetzungen unterstützt, überwiegend mit der Begründung, die Maßnahmen seien angesichts von Wohnungsnot gerechtfertigt.[103] 1982 wurde die IG Metall selbst mit dem Phänomen konfrontiert, als die ehemalige Bildungsstätte Heidehof in Dortmund im Februar 1982 besetzt wurde. Der Schulbetrieb war 1981 eingestellt worden, um einem Neubau Platz zu machen. Am 6. Februar 1982 besetzten 35 Personen eines der Häuser und forderten Nutzungsverträge. Die meist jungen Besetzer richteten auch Werkstätten ein, um ihren Anspruch auf gemeinsames Leben und Arbeiten umzusetzen. Am 29. September 1982 wurde das besetzte Haus geräumt und abgerissen.[104] Die Lage war für den IG-Metall-Vorstand unangenehm. Der Bundesvorstand hatte beschlossen, auf dem Gelände eine neue Bildungsstätte zu errichten, und anfänglich hatte die IG Metall der Stadt Dortmund angeboten, befristete Nutzungsverträge abzuschließen, dies lehnte der Stadtrat jedoch ab. Mitte Juli 1982 wurden die Wasser- und Stromleitungen gekappt. Die Besetzergruppe betonte ihre Absicht,

101 Tätigkeitsbericht des SDAJ-Bundesvorstandes an den VIII. Bundeskongreß (Anfang 1985), S. 32, in: HISA, Ordner 46.

102 Protokoll der Sitzung des Jugendausschusses beim Vorstand der IG Metall am 4. November 1981 in Frankfurt, in: AdsD, 5/IGMA-22-0507.

103 Der Berliner OJA wurde allerdings für seine öffentliche Unterstützung von Hausbesetzungen durch die Leitung der Verwaltungsstelle gerügt. Vgl. Protokoll der Sitzung des Jugendausschusses beim Vorstand der IG Metall am 4. November 1981 in Frankfurt, in: AdsD, 5/IGMA-22-0507.

104 Vgl. die Übersicht: Daten und Fakten zum Thema: Bildungsstätte Heidehof, übersandt von Norbert Fischer (Vorstandsbereich 03 – Finanzen) an die geschäftsführenden Vorstandsmitglieder, 2. 11.1982, in: AdsD, 5/IGMA-22-0504.

ein Kulturzentrum aufzubauen, fünf der Besetzer waren IG-Metall-Mitglieder.[105] Acht Dortmunder Gewerkschafter erklärten sich als »Paten« bereit, das Haus für die Besetzer zu mieten, sie stammten aus der ÖTV und der GEW.[106] Der IG-Metall-Vorstand lehnte dieses Angebot ab. Einige Dortmunder Vertrauensleute und junge IG Metaller unterstützten die Besetzung, und der Vorsitzende der Jugendvertretung bei Hoesch-Phoenix erklärte nach der Räumung, der Heidehof hätte auch für Gewerkschaftsjugendliche als Treffpunkt dienen können: »Da gibt es noch so viele Berührungsängste. Wenn einer mal grüne Haare oder einen Irokesenschnitt hat, heißt es bei vielen Kollegen gleich, das sind doch alles wilde Indianer.«[107] Die IG Metall hatte die Chance vertan, so der Eindruck bei vielen Beobachtern und Gewerkschaftern in Dortmund, sich gegenüber jugendlichem Protest offen und dialogbereit zu zeigen.[108] Auch der Jugendausschuss der IG Metall drückte sein Unverständnis nach der Räumung aus, dass kein Vertrag mit den Besetzern abgeschlossen wurde.[109]

Die Kritik des Jugendvertreters von Hoesch-Phoenix griff die Notwendigkeit von eigenen Räumen für die IG-Metall-Jugend auf. Um jugendspezifische Angebote und die so häufig geforderte Eigeniniative zu entwickeln, waren Räume nötig. Die in den Gewerkschaftshäusern vorhandenen Räumlichkeiten galten meist als unattraktiv. Die IG-Metall-Jugendgruppe in St. Ingbert im Saarland schilderte 1981 die Problematik: Gruppenabende fänden meist in »unpersönlichen Kneipennebenräumen« statt, wo nur Diskussionen möglich seien. Das DGB-Jugendheim in Hassel sei nur mit dem Auto zu erreichen und entspräche nicht jugendlichen Vorstellungen: »Auch sind die dortigen Räume eher auf den Geschmack unserer bereits pensionierten Kollegen abgestimmt.« Dies erschwere ihre Aktivitäten, die sie auch als Ausgleich zur Arbeitswelt sahen: »Der Mangel an gemütlicher Atmosphäre, die diese fremden, unpersönlichen Räume ausstrahlten, wirkte sich störend und hemmend auf unsere Tätigkeit aus. Wir sind der Meinung, daß gerade die gewerkschaftliche Jugendarbeit nicht nüchtern sein darf, sondern daß sie leben und Spaß machen soll [...].«[110] Abhilfe sollten eigene Räumlichkeiten schaffen. Diese zu organisieren überstieg jedoch die Kräfte und finanziellen Möglichkeiten fast aller IGM-Gruppen oder Ortsjugendausschüsse. Zumeist entstanden eigene Jugendräume im Rahmen der DGB-Jugend. Die Projektgruppe der IG Metall zur Freizeit- und Kulturarbeit hatte fünf gewerkschaftliche Jugendclubs besucht, die Ende der 1970er Jahre eingerichtet worden waren: Dies waren das »Info-Treff« in Düsseldorf, der »Takelboden«

105 Schon mal fast 2 Monate ohne Strom, Wasser, Müllabfuhr und Heizung gelebt? (Flugblatt), in: AdsD, 5/IGMA-22-0504.
106 Appell an Mut, Einsicht, Solidarität der IG Metall (Flugblatt Anfang September 1982), in: AdsD, 5/IGMA-22-0504.
107 Vera Kissel, Der Fall Heidehof. Manuskript für *ran*, in: AdsD, 5/IGMA-22-0504.
108 Dieter Gaarz an Norbert Fischer, 7.10.1982, in: AdsD, 5/IGMA-22-0504.
109 Protokoll der Jugendausschuß-Sitzung am 28./29.9.1982, in: AdsD, 5/IGMA-22-0979.
110 Kollegen packt an! Nicht ducken, aufmucken! Ortsjugendkonferenz der IG Metall, Vwst. Saarbrücken am 16. Mai '81 in St. Ingbert, in: AdsD, 5/IGMA 22-0430, S. 26.

in Hamburg, der »Jugendtreffpunkt« in Braunschweig, der DGB-Jugendclub »U 68« in Frankfurt und das »Willi-Bleicher-Zentrum« in Wilhelmshaven. Alle Räume wurden von der DGB-Jugend getragen, und nur der Frankfurter Club »U 68« bestand schon seit 1968, die anderen Treffpunkte waren 1977 oder später eingerichtet worden.[111] Bei allen wurden ähnliche Probleme beschrieben. Dazu gehörte die Mehrfachnutzung als Sitzungsraum gewerkschaftlicher Einzelgruppen, Veranstaltungs- und Partyraum. Die nur ehrenamtlich mögliche Arbeit erschwerte regelmäßige Öffnungszeiten, auch gab es Konflikte um Lärm bei Feiern. Aber die Jugendclubs waren eine Möglichkeit, andere Jugendliche anzusprechen, auch wenn die Verfasser der Arbeitshefte betonten, dass sie nur eine Ergänzung zur eigentlichen Arbeit im Betrieb sein könnten.[112]

Aber um die »emotionale Bindung« zu stärken und Orte für soziale Praktiken und Vergemeinschaftungen zu schaffen, waren eigene Räumlichkeiten ein wichtiger Schritt. In Osnabrück meldete die IG-Metall-Jugend 1981, dass nun »endlich« der DGB-Jugendkeller im Gewerkschaftshaus, renoviert von Jugendlichen, eröffnet sei, mit Theke und Sofaecke zum »Klönen«. Der Keller sei nicht für »Funktionärssitzungen«, sondern »Treffpunkt für junge Arbeiter und Angestellte«, allerdings war er nur Sonntagnachmittag für Besucher zugänglich.[113] Auch war die Nachfrage, speziell in größeren Städten, oft nicht sehr groß. Im Münchner Jugendtreff »Carl-von-Ossietzky«, der im DGB-Haus in der Schwanthaler Straße ausgebaut war, kamen »in Hochzeiten 100 Interessierte«, bei 25.000 nominellen Mitgliedern der DGB-Jugend.[114] Die Jugendlichen suchten »(s)oziale Anerkennung, Selbstbestätigung und die Möglichkeit, neue Lebenserfahrungen ungezwungen ausprobieren zu können« vor allem im »geselligen Zusammensein mit Gleichaltrigen«. Dies erfolgte viel in »Cliquen, Clubs und offenen Einrichtungen der kommunalen Jugendpflege«, in denen eine selbstgestaltete und günstige Freizeitgestaltung möglich war.[115] Das verband sich auch mit Kritik an selbstreferentiellen Gremienstrukturen. Die DGB-Jugend in Neumünster konstatierte, dass aufgrund der ausufernden Diskussionen das abnehmende Interesse der Jugendlichen nicht überraschend komme. Die Eröffnung eines Jugendclubs mit dem Namen »Knotenpunkt« wurde beschlossen, beschränkte sich aber auf einen Öffnungstag pro Woche im Gewerkschaftshaus. Es wurde betont, dass Tage ohne Programmpunkte stattfinden sollten, um in »lockerer Runde« zusammen sein zu können. Da »Frieden und Abrüstung« als

111 Arbeitsheft 5 für Jugendgruppen und Ortsjugendausschüsse. Gewerkschaftliche Jugendclubarbeit, hg. von Industriegewerkschaft Metall für die Bundesrepublik Deutschland, Vorstand – Abteilung Jugend, (Frankfurt a. M. 1980), S. 10-19, in: FZH, DGB-Jugend, Schümann, 1968-1979.

112 Ebd., S. 70

113 Es ist vollbracht, in: *Die Lupe – Zeitung der IG Metall-Jugend Osnabrück* Nr. 1, Nov. 1981, in: AdsD, 5/IGMA-22-0430.

114 Hajo Schumacher, DGB-Jugend in München. Wir sind kein billiges Kino. Schwacher Zulauf trotz starkem Programm, in: *Welt der Arbeit* Nr. 32, 8.8.1985, S. 3.

115 Hornstein, Situation, S. 117.

wichtiges Thema vorherrschte, wurde als Eröffnung *Im Westen nichts Neues* gezeigt und die Teilnahme von 50 Jugendlichen als Erfolg gewertet.[116]

Eine andere Funktion hatte der Jugendtreff des DGB in Aschaffenburg. An der Gruppe waren IG-Metall-Mitglieder beteiligt,[117] und auf einem Wochenendseminar Ende 1982 des KJA des DGB war der Wunsch nach einem Jugendtreff aufgekommen. Die Finanzierung wurde zur Hälfte vom DGB, und zur anderen Hälfte von den Einzelgewerkschaften übernommen. Die beiden Räume waren jeden Tag geöffnet und lagen zentral, auch Besucher waren willkommen, denen der »Gang ins Gewerkschaftshaus, in den ›grauen Bürobunker‹« erspart bliebe.[118] Allerdings nutzten die einzelgewerkschaftlichen Gruppen die Räume kaum, und der Treff sei »Operationszentrale« der Aschaffenburger Friedensbewegung geworden und übernehme die Aufgaben eines Jugendzentrums.[119] Hier war die Durchmischung von Gewerkschaftsjugend und jugendlichen Protestkulturen anschaulich zu sehen.

Denn der formale Aufschwung gewerkschaftlicher Jugendarbeit nach 1980 erklärte sich auch daraus, dass in der alltäglichen Arbeit junger Gewerkschafter Stilmittel und Habitus der Neuen Sozialen Bewegungen Einzug hielten. Vor allem der Begriff des Selbermachens erhielt eine höhere Relevanz und fiel mit dem Bestreben zusammen, die Kulturarbeit zu beleben. Dabei ging es nicht um die Vermittlung bildungsbürgerlicher Werte, sondern ein ubiquitäres »Selbermachen« insbesondere von kulturellen Formen wurde angestrebt. Aus dem DGB-Landesbezirk Rheinland-Pfalz berichtete der Landesjugendausschuss, dass seit »vielen Jahren« nur zwei DGB-Jugendgruppen Kulturarbeit geleistet hätten. 1980 seien aber in mehreren Städten neue Gruppen hinzugekommen, so in Mainz, Koblenz und Ludwigshafen. Diese widmeten sich dem Thema »Frieden« mit Theaterstücken, der »Kultur-Arbeitskreis Mainz« erstellte eine Ton-Bild-Dia-Serie zum 1. September 1980.[120] Die u.a. von der Nürnberger Songgruppe, dem Chor Kölner Gewerkschafter und dem Dortmunder Lehrlingstheater im November 1980 aufgeführte Revue *Kollegen, packt an* – im Rahmen des Jugendmonats der IG Metall – wurde mit dem Hinweis beworben, die Gruppe bestünde nicht aus Profis, sondern Kolleginnen und Kollegen, die alltägliche Probleme ansprächen: »Dufte, selbstgeschriebene Szenen, verbunden mit Lie-

116 Uwe Schlüter, DGB-Jugend Neumünster eröffnete Jugendclub, in: *Solidarität* Nr. 4 (1981), S. 4; Die DGB-Jugend in Neumünster war die einzige Gewerkschaftsjugendgruppe, die IG Metall hatte keine eigene Gruppe mehr. Vgl. Übersicht über 1983 bestehende Jugendgruppen, 22.3.1984 (Thomas Händel), in: AdsD, 5/IGMA-22-1092.

117 Übersicht über 1983 bestehende Jugendgruppen, 22.3.1984 (Thomas Händel), in: AdsD, 5/IGMA-22-1092.

118 DGB-Jugendtreff – Ein Erfahrungsbericht, DGB-Jugend 1/1984, in: AdsD, 5/IGMA-22-1093.

119 Ebd., S. 6.

120 Geschäftsbericht DGB-Jugend. 12. DGB-Landesjugendkonferenz Rheinland-Pfalz, 8./9. August 1981 Mainz-Hechtsheim, S. 6.

dern und natürlich mit viel Spaß – das ist die Revue ›Kollegen, packt an‹«.[121] In Mannheim bestand eine Songgruppe seit Anfang 1981, in einer Selbstdarstellung hieß es: »Was wir singen? Na, Lieder, die unsere Probleme anpacken. Lieder, die uns Mut machen. Lieder, die man gewöhnlich nicht im Radio hört. Arbeiterlieder, fortschrittliche Lieder.«[122] Als Beispiel war ein von einer Jugendvertreterin der Firma Vögele verfasstes Lied abgedruckt, zu dem es hieß: »Dieses Lied ist denen gewidmet, die ihre Ängste ständig mit sich herumtragen, die das Leben nur als Pflichtakt sehen. Es soll helfen, gemeinsam zu reden, gemeinsam zu kämpfen und gemeinsam Freude zu haben.« In den fünf Strophen wurde ein unbenannter Adressat angesprochen, sein Ärger im Betrieb und schlechte Arbeitsbedingungen beschrieben. Der Refrain und die fünfte Strophe, in der man bei einem Bier zusammensitzt, greift die Hoffnung auf die Gewerkschaften auf:

> »Nimm's nicht schwer, mein Freund
> wir werden kämpfen
> die Ungerechtigkeit
> und Sorgen dämpfen.
> Die Gewerkschaft,
> die Gemeinschaft gibt uns Kraft.
> Die Gewerkschaft gibt uns Kraft.«[123]

Der Hinweis, dass mit dem Lied »Ängste« überwunden werden sollten, spricht für eine Deutung der Unsicherheit des Einzelnen, die durch eine politische Gemeinschaft aufgehoben wird. In dem Lied zeigt sich ein subjektivierter Zugang zu politischen Zielen. Im oberpfälzischen Amberg schrieb die Songgruppe der IG-Metall-Jugend 1983, die Arbeit in der Gruppe führe aus der »üblichen Konsumhaltung« heraus und helfe, »eigene gestalterische Fähigkeiten« zu entwickeln. Es würden nur Lieder gesungen, die alle inhaltlich vertreten könnten. Insbesondere Arbeiterlieder würden helfen, die Geschichte zu verstehen.[124] In einem Artikel über die Flensburger »Song- und Theatergruppe« der IG Metall hieß es 1985 programmatisch: »Statt hochsubventionierter ›Kunstgenuß‹ für die oberen Zehntausend lautet hier die Devise: ›Von Kollegen für Kollegen‹. Oder, wie es die Flensburger selbst ausdrücken: ›Schon längst haben wir die Nase voll von dem Gesülze, das uns tagtäglich aus den Medien entgegendröhnt. Jetzt fangen wir an, uns die eigene Kultur mit den uns zur Verfügung stehenden Mitteln

121 *Durchblick – Zeitung der IG Metall-Jugend Nürnberg*, Nov/Dez. 80, S. 3, in: AdsD, 5/IGMA-22-0410.

122 *Klappe, die Erste* (Zeitung der IG Metall-Jugend Mannheim), Herbst 81, in: AdsD, 5/IGMA-22-0430.

123 *Klappe, die Erste* (Zeitung der IG Metall-Jugend Mannheim), Herbst 81, in: AdsD, 5/IGMA-22-0430.

124 *Aufbruch, Zeitung der IG Metall Jugend Amberg*, II. Quartal 1983, in: AdsD, 5/IGMA-22-0875.

zu erarbeiten.‹«[125] Die eigene Kultur war hier in politischer Absicht formuliert. Für viele Gruppen verbanden sich politische Intentionen mit Selbsterfahrungen und einem gestärkten Selbstbewusstsein. 1984 war der Anteil von Songgruppen im gewerkschaftlichen Umfeld so groß, dass sich für einen von der IG Metall ausgelobten Songgruppen-Wettbewerb – nicht allein der Jugend – 55 Gruppen mit meist eigenen Liedern meldeten.[126]

Zur Unterstützung der Songgruppen und der Kulturtechnik des Singens wurde Karl Adamek, ein Stipendiat der Hans-Böckler-Stiftung, befristet eingestellt, um ein Liederbuch für die IG-Metall-Jugend zu erarbeiten. Adamek, 1952 geboren, hatte Soziologie, Psychologie und Pädagogik in Münster studiert und die Kultur Kooperative Ruhrgebiet mit gegründet, 1980 war er an der Revue *Kollegen, packt an* im Rahmen des Jugendmonats der IG Metall beteiligt.[127] Er arbeitete an seiner Doktorarbeit über die soziale Praxis des Singens, die 1987 erschien[128], und hatte bereits die Projektgruppe zu neuen Formen der Jugendarbeit beraten. Adameks Sammlung enthielt eine Reihe von Klassikern der Arbeiterlieder seit dem 19. Jahrhundert, einigen Liedern wurden zur Erläuterung Texte beigefügt. Auch eine Vielzahl von Liedern, die von Songgruppen der IG Metall oder bei Streikaktionen verfasst wurden, fanden sich im Buch wieder. Zentral war die Aufforderung zum eigenen Singen: Neben Gitarrengriffen wurden über die Bezirksleitung Frankfurt auch Musikkassetten des Chores Kölner Gewerkschafter und von Seminarteilnehmern aus Sprockhövel vertrieben, um für diejenigen, die keine Noten beherrschten, die Melodien zugänglich zu machen. Die Bezirksleitung Frankfurt hatte 1979 ebenfalls ein Liederbuch für die Gewerkschaftsjugend mit Noten herausgegeben.[129] Adamek betonte in der Einleitung, dass Lieder nicht »funktionieren«, um Geschichtsbewusstsein und Gemeinschaftserfahrungen zu vermitteln. Sie müssten gelebt werden. Durch ein steigendes Interesse an der Geschichte der Arbeiterbewegung bei jüngeren Gewerkschafterinnen und Gewerkschaftern sei auch das Interesse am gemeinsamen Singen gestiegen. Diese Entwicklung habe mehrere positive Effekte. Es mache Spaß, vermittle gemeinsame Werte der Solidarität und wecke Interesse an politischen Zusammenhängen.[130] Die Sammlung erlebte bis 1985 eine Auflage von über hunderttausend und wurde meist kostenlos über die Verwaltungsstellen abgegeben.[131] Adamek entwickelte in seiner Doktorarbeit die These, je aktiver

125 Geschäftsbericht 1984 – 1985 – 1986 des Bezirkes Hamburg der IG Metall, S. 130, in: FZH Bibliothek.

126 Gisela Niclas an Horst Klaus und Horst Richter, 23.5.1984, in: AdsD, 5/IGMA-22-0898.

127 Karl Adamek, Lieder der Arbeiterbewegung, LiederBilderLeseBuch, Frankfurt a.M. 1981, zweite Auflage 1986, S. 3.

128 Vgl. Adamek, Lied.

129 Norbert Storch, Lieder der Arbeiterbewegung, hrsg. von der IG Metall, Bezirksleitung Frankfurt, Frankfurt a.M. 1979.

130 Ebd., S. 12-14.

131 Ebd., S. 66.

soziale Bewegungen seien, desto mehr werde gemeinsames Singen von eigenen Liedern zur Ausdrucksform der Bewegung. Mit standardisierten Fragebogen wurden vom März 1979 bis Januar 1980 711 jugendliche Funktionäre aus dem Bezirk Frankfurt auf Jugendfunktionärslehrgängen interviewt, die im Durchschnitt etwas mehr als 19 Jahre alt waren, über 80 Prozent waren Männer, jeweils fast die Hälfte hatten Volksschul- oder Realschulabschluss, Abitur hatten etwas mehr als vier, keinen Abschluss etwas mehr als zwei Prozent.[132] 60 Prozent der Interviewten gaben an, gern Arbeiterlieder zu singen. Die negativen Angaben wurden von rund einem Viertel angekreuzt. Aber von 19 angegebenen Arbeiterliedern waren *Die Moorsoldaten,* die *Internationale* und *Brüder zur Sonne, zur Freiheit* nur rund einem Viertel unbekannt, während bei Liedern wie *Die Arbeiter von Wien* oder dem getragenen *Wenn wir schreiten Seit' an Seit'* fast drei Viertel der Befragten die Lieder nicht kannten.[133] Es waren daher eher höherqualifizierte junge Gewerkschaftsfunktionäre, für die gemeinsames Singen eine Rolle in der sozialen Praxis spielte. Die Verbreitung hing auch mit den Einflüssen aus den Neuen Sozialen Bewegungen zusammen – Adamek hatte 1981 auch Lieder der Frauenbewegung wie das von Angi Domdey verfasste und von der Frauenband *Schneewittchen* gesungene Stück *Unter dem Pflaster liegt der Strand* mit in die Sammlung aufgenommen.[134] Der Aufschwung, den Lieder und Liedermacher in der Friedensbewegung erlebten, wurde von der IG-Metall-Jugend mit befördert. Die historische Identitätslinie der Arbeiterbewegung vermittelte sich über eine soziale Praxis, die vor allem unter Jugendlichen und jungen Erwachsenen im Rahmen der Friedensbewegung Zuspruch fand.

Trotz der strukturellen Vorbehalte gegenüber alternativen Szenen erhielten so subjektiv geprägte politische Deutungen mehr Bedeutung in der IG-Metall-Jugend. War Individualisierung in den frühen 1970er Jahren eher eine Folge der gebremsten Radikalisierung, schob sich seit den Versuchen, die ›emotionale Bindung‹ zu stärken, eine subjektivistische Perspektive in den Vordergrund. In den selbst verfassten Liedern, in lokalen Publikationen und Schriften war in Sprache und politischen Begründungen eine Verflüssigung gegenüber einer Funktionärssprache zu beobachten. Im *Spiegel* stand in einem Artikel über Alternativzeitungen, es heiße häufiger »Verantwortlich sind wir alle«, das Impressum sei zumeist anonym gehalten.[135] Auch die Publikationen der Gewerkschaftsjugend, vor allem die Zeitungen der OJAs und der Betriebsgruppen, erlebten einen Wandel im Sprachduktus. Im Hamburger *Lehmann. Zentralorgan der Hamburger IGM-Jugend* hieß es 1981 unter dem Stichwort Redaktion: »Alle, die Bock haben mitzumachen«.[136] Bei einer unsystematischen Sammlung von

132 Adamek, Lieder, S. 84-90.

133 Der Fragebogen mit Gesamtergebnissen ist abgedruckt: Ebd., S. 206-212.

134 Ebd., S. 248.

135 Jörg Mettke, Verantwortlich: Mili Tanz und Anna Schie, in: *Der Spiegel* Nr. 13, 23.3.1981, S. 43-59, hier S. 47.

136 *Der Lehmann. Zentralorgan der Hamburger IGM-Jugend* Nr. 7 (1981), in: AdsD 5/IGMA, 22-0429.

lokalen Zeitungen der Gewerkschaftsjugend durch die Abteilung Jugend des DGB wurden 73 Jugendzeitungen ausgewertet, von denen die DPG mit 13 und die IG Metall mit zwölf an der Spitze lagen, noch vor elf Jugendzeitungen der DGB-Kreise. Die Abhandlung lässt einige Trends erkennen, so war die Mehrzahl der Zeitungen 1979 oder 1980 gegründet worden, regionale Schwerpunkte waren Nordrhein-Westfalen, Baden-Württemberg und Bayern, in denen allein 44 Zeitungen erschienen. Keine der Zeitungen war ein reines Mitteilungsblatt der Organisation, sondern meist war es eine Mischung aus allgemeinen Artikeln und Informationen der Gremien.[137] Angesichts der engen Gremienkontrolle erschienen die kleinen kopierten Blätter zwar nicht anonym, sondern wurden von unteren Gliederungen herausgegeben. Auch die Geschäftsberichte der Ortsjugendausschüsse wurden zunehmend mit Comics und eingestreuten Sprüchen gestaltet. Die Sprache wurde unpräziser, und emotionale Begriffe und Befindlichkeiten rückten stärker in den Mittelpunkt. Es ging auch weiterhin um tarifpolitische Fragen, Jugendarbeitslosigkeit oder Verbesserung der Berufsbildung, aber in einem anderen Stil. Der OJA Ludwigshafen veröffentlichte zum Herbst 1981 ein Heft für die neuen Auszubildenden, welches sich in einem durcheinandergewirbelten Layout mit Ausrissen aus Zeitungen und Cartoons präsentierte. Es wurde mit der »säzzer«-Bemerkung eine der bekanntesten Stilelemente der *taz* vom Verfasser kopiert: »haste lange Haare als Kerl, biste weg. Trägst du Jeans als Mädchen, kannste gleich vergessen. Lange Zeit gabs und gibs auch heute noch Beurteilungsbögen, die so richtig durch die Brille Deines Meisters gemacht wurden und werden. Da steht dann drin, ob Du ordentlich oder schlampig bist (was soll das denn, der langhaarige säzzer), ob Du schüchtern, unterwürfig oder sicher auftrittst, ob Du schwungvoll oder langsam bist, ob Du willig oder träge Dein Interesse zeigst.«[138] Die gewollt wirkende Annäherung an eine vermeintliche Jugendsprache reflektierte die Suche nach der richtigen Anspracheform. Allerdings kennzeichnet Jugendsprache vor allem die Distinktion gegenüber anderen Sprachwelten und einen eher innovativen Beitrag zur Sprachentwicklung. Jugendliche sind in der Regel in der Lage, situationsadäquat zwischen verschiedenen Sprachstilen zu wechseln.[139] In den 1970er Jahren wurde in der Alternativbewegung ein neuer Sprachstil beobachtet, in dem es vordringlich um »Selbstbefindlichkeit und Emotionalität« ging. Wörter wie »irgendwie« symbolisierten eine Vieldeutigkeit, gesprochene Sprache fand in der Schriftsprache mehr Verwendung.[140] Politische Botschaften der neuen Jugendkulturen in den 1980er Jahren wurden häufig in Sprüchen und Slogans

137 Eine Analyse der Jugendpresse in den Gewerkschaften, in: *Solidarität* Nr. 2-3 (1981), S. 21- 26.
138 Broschüre für Berufsanfänger in der Mittleren Neckarregion, Vwst. Ludwigshafen, in: AdsD, 5/IGMA-22-380.
139 Vgl. Eva Neuland, Jugendsprache. Eine Einführung, Tübingen und Basel 2008.
140 Ebd., S. 127.

ausgedrückt.[141] Auch in den internen Unterlagen der Abteilung Jugend ist eine Lockerung in der Kommunikation zu beobachten, ironische Wendungen nahmen intern zu. So notierte eine unbekannte Hand bei einem fehlenden Mitglied des Jugendausschusses im Protokoll: »Opfer stalinistischen Freizeitarbeitsdienstes auf der Skipiste.«[142] Diese Entwicklung bildete sich in Veröffentlichungen der IG-Metall-Jugend verstärkt ab. Das Layout der lokalen Publikationen wirkte ungeordnet. Bewusste Tippfehler, an vielen Stellen placierte Comicbilder und Zeitungsausrisse ließen die Herkunft der Hefte als Gremienorgane manchmal kaum noch erahnen.[143] Auch der Einfluss der Frauenbewegung war unübersehbar. Das biologische Frauenzeichen als Symbol der Frauenbewegung wurde seit den späten 1970er Jahren in vielen Publikationen der lokalen Gruppen als Layoutmaterial abgedruckt. Es waren kleine Änderungen, in denen sich sprachliche Sensibilitäten zeigten. In einer Veröffentlichung des OJAs Hanau wurden die Vorsitzenden geschlechtsneutral vorgestellt, obwohl die geschlechtliche Zuordnung durch die Namen eindeutig war.[144] Auch in der IG-Metall-Jugend fanden Sprachspiele mehr Verbreitung.

In einem weiteren Bereich bemühte sich die IG-Metall-Jugend nach verbindenden und gemeinschaftsstiftenden Elementen. Dazu gehörten die in der Politisierungsphase etwas in Verruf geratenen Zeltlager und Festivals. Damit wurde an ältere Traditionen angeknüpft, da Pfingstjugendtreffen der organisierten Arbeiterjugend schon in der Weimarer Republik verbreitet gewesen waren. Neben der SDAJ, die ab 1976 ihr zweijährliches Pfingstjugendtreffen der Arbeiterjugend in Dortmund durchführte, hatte auch die SJD – Die Falken nach fast zwanzigjähriger Pause 1974 wieder begonnen, »Arbeiterjugendtage« als bundesweite mehrtägige Treffen durchzuführen. Die Treffen mit einigen Tausend Mitgliedern fanden jedoch nur alle fünf Jahre statt.[145] Das erste gewerkschaftliche Pfingstreffen wurde Anfang Juni 1979 vom DGB-Landesbezirk Niedersachsen in Hannover organisiert. Der inhaltliche Schwerpunkt richtete sich gegen die Jugendarbeitslosigkeit. Aber es sollte auch gezeigt werden, dass »wir ›unverkniffen‹ unsere Jugendarbeit machen«. Das Motto war dementsprechend gewählt: »Wir machen sozusagen den Bär los!«.[146] An der Demonstration am

141 Dies führte auch zu einer Welle von populären Darstellungen, u.a. Claus Peter Müller-Thurau, Lass uns mal 'ne Schnecke angraben. Sprache und Sprüche der Jugendszene, Düsseldorf und Wien 1983.

142 Teilnehmerliste der Sitzung des Jugendausschusses der IG Metall am 17. März 1980, in: AdsD, 5/IGMA-22-0580.

143 Vgl. *Aufbruch*, Zeitung der IG Metall-Jugend Amberg, Oktober-November 1983, in: AdsD, 5/IGMA-22-0875.

144 Arbeitshilfe des OJA der IG Metall-Verwaltungsstelle Hanau (1980), in: AdsD, 5/IGMA-22-0458.

145 Vgl. die Auswertung der Berichterstattung über die Treffen: Dörte Hein, Berichterstattung über die Arbeiterjugendtage, in: Mitteilung des Archivs der Arbeiterjugend, 2013, S. 4-9.

146 Informationen Pfingstjugendtreffen '79 – Mobilisierungsphase I, hrsg. vom DGB-Landesbezirk Niedersachsen, Abt. Jugend, in: FZH, DGB-Jugend, Schümann, 1968-1979.

2. Juni nahmen rund 6.000 Gewerkschaftsjugendliche teil, am folgenden Tag traten auf dem Schützenplatz in Hannover unter anderem Hannes Wader, Lerryn, Liederjan und ›diverse Songgruppen‹ auf, am dritten Tag gab es noch einen Jazz-Frühschoppen zum Ausklang.[147] Die Re-Etablierung von Pfingstjugendtreffen und von Zeltlagern war auch durch die SDAJ und den MSB Spartakus stimuliert. Im April 1976 fand das erste »Festival der Jugend« auf dem Gelände der Dortmunder Westfalenhalle statt.[148] Pfingsten 1978 wurde das zweite »Festival der Jugend« am selben Ort durchgeführt. Diesmal kamen rund 180.000 Besucherinnen und Besucher. Die höchsten Teilnehmerzahlen erreichte das Festival zu den Hochzeiten der Friedensbewegung 1981 und 1983 mit – nach eigenen Angaben – rund 200.000 Jugendlichen. 1982 wurden zu Pfingsten regional 10 Zeltlager der SDAJ und 11 der Jungen Pioniere durchgeführt, an denen – nach Angaben der SDAJ – rund 25.000 Kinder und Jugendliche teilnahmen. Diese erklärten ihre Zeltlager zu »atomwaffenfreien Zonen« und waren inhaltlich ganz auf die Friedensbewegung ausgerichtet.[149]

Die bezirklichen Zeltlager der IG Metall hatten meist mehrere Hundert Teilnehmerinnen und Teilnehmer. Im Bezirk Frankfurt waren es 1982 knapp 200 in Rüsselsheim, 1983 dann 300 IG-Metall-Mitglieder im Odenwald. Allerdings waren die organisatorischen Vorbereitungen so aufwendig, dass man sich 1984 nur noch dem DGB-Landesjugendtag anschließen wollte.[150] Die Aktionstage, Zeltlager und Pfingstjugendtreffen seien »Kristallisationspunkte« der Bereitschaft, sich für gesellschaftliche Veränderungen einzusetzen, hieß es 1985 aus dem Bezirk Hamburg. 1984 war in Bremen ein »Aktionstag« unter dem Motto »Frieden und Arbeit für alle«, 1985 in Hamburg. Aktionen, Infostände und Spiele wurden in der ganzen Stadt zusammen mit der HBV-Jugend durchgeführt. Die Pfingstjugendtreffen des DGB wurden 1984 und 1985 nur in den Bezirken als Zeltlager auf der Insel Föhr organisiert.[151] Die Zeltlager und Aktionstage waren nicht nur politische Angebote, sondern sollten einen Zusammenhalt unter den Mitgliedern stärken.

Parallel zu diesen neuen Aktionen wurden Seminare für Kulturtechniken verstärkt angeboten. Bereits 1978 hatte der Jugendausschuss der IG Metall angesichts rückläufiger Teilnehmerzahlen beschlossen, Freizeitseminare – die vor allem im Jugendheim Schliersee in Bayern angeboten wurden – zu kombinierten Freizeitseminaren auszubauen, in denen auch neue Kulturtechniken vermittelt werden sollten. Die Projektgruppe zu neuen Kultur- und Freizeitformen hatte 1980

147 Ein Festival der Jugend. Wettbewerb der Rock-Bands sorgten für dufte Stimmung, in: *Welt der Arbeit* Nr. 23, 7.6.1979, S. 1.

148 Lothar Bewehrungen, Im Bazar kommunistischer Wohlgerüche, in: *FAZ*, 26.4.1976.

149 Pfingstfestivals '82 erfolgreich, Presseinfo 38/82 der SDAJ, Dortmund 3. Juni 1982, in: FZH, 814-6 SDAJ, 1969-1978.

150 Geschäftsbericht 1981/82 des Ortsjugendausschuß der Verwaltungsstelle Darmstadt der IG Metall, in: AdsD, 5/IGMA-22-0493; Geschäftsbericht '83 des Ortsjugendausschusses der Verwaltungsstelle Frankfurt der IG Metall, in: AdsD, 5/IGMA-22-0883.

151 Geschäftsbericht 1982-1985 der Verwaltungsstelle Hamburg der IG Metall, S. 123-127, in: FZH Bibliothek.

solche Seminarangebote in den Jugendheimen als eine Gelegenheit gesehen, den »Wunsch nach alternativen Formen der Freizeitgestaltung« befriedigen zu können. Kommerzielle Freizeitangebote seien nur ein »Verdrängungsinstrument«, und das Jugendheim Schliersee biete mehr Möglichkeiten als nur Skifahren und die bisher angebotenen reinen Freizeitseminare.[152] In einer Besprechung von Bezirkssekretären der IG Metall über die Bildungs- und Jugendbildungsarbeit im Oktober 1980 wurde eine Neukonzeption der Seminare diskutiert. Insbesondere Seminarteilnehmer, die Bildungsurlaub in Anspruch nähmen, hätten »starke Urlaubserwartungen« und geringe inhaltliche Ansprüchen, die Freizeit würde »nach unseren Maßstäben nicht sehr sinnvoll verbracht«.[153] Notwendig sei eine gezieltere Ansprache in der Bildungsarbeit: »Die in fast allen Thesen auftauchenden Vokabeln Anpassungsbereitschaft, Desinteresse, Apathie, Abschalten, Abwehrverhalten dürfen nicht zu der Schlußfolgerung führen, daß wir es mit einer neuen Abschlaffergeneration zu tun hätten, wo man sowieso nichts tun könnte. Solche Erscheinungsformen existieren nicht an sich, sondern sind immer auf etwas bezogen. Alle Erfahrungen mit Jugendlichen zeigen, daß sie durchaus bereit sind, ihre berufliche Situation zu diskutieren.«[154] Daher sollten neue politische Themen, insbesondere die Ökologie, aufgegriffen werden. Im Jugendheim Schliersee wurden sogenannte Seminarfreizeiten angeboten. Sie waren eine Mischung aus Freizeitaktivitäten und der Vermittlung von Techniken wie Videonutzung, Siebdruck, Theaterspiel oder Fotokurse. 1981 und 1982 wurden zehn dieser Seminare abgehalten. »Die 1978 vom Jugendausschuß beschlossene Grob-Konzeption für eine sinnvolle Freizeitgestaltung in Schliersee ist mit der Durchführung der Jugendleiterseminare schon konkretisiert«, schrieb der Jugendausschuss IG Metall 1982.[155] Berichte über die Jugendfreizeiten in Schliersee betonten den Erholungscharakter und die Arbeitsergebnisse gleichermaßen.[156] Problematisch blieb, dass die Vorerwartungen der Teilnehmer disparat waren und viele in den Seminaren den Freizeitcharakter in den Vordergrund stellten.[157]

152 Arbeitsheft für Jugendgruppen und Ortsjugendausschüsse, Heft 4: Gewerkschaftliche Jugendfreizeitarbeit; hrsg. von der Abteilung Jugend der IG Metall, Frankfurt 1980, S. 33.

153 Protokoll der Besprechung mit den für Bildungs- und Jugendbildungsarbeit zuständigen Bezirkssekretären, 21/22.10.1980 in Schliersee, übersandt von Lothar Pinkall, in: AdsD, 5/IGMA-22-0416.

154 Protokoll der Besprechung mit den für Bildungs- und Jugendbildungsarbeit zuständigen Bezirkssekretären, 21/22.10.1980 in Schliersee, übersandt von Lothar Pinkall, in: AdsD, 5/IGMA-22-0416.

155 Protokoll der Sitzung des Jugendausschusses beim Vorstand der IG Metall am 28. und 29. September 1982 in Frankfurt, in: AdsD, 5/IGMA-22-0979.

156 So IG Metall-Mitglieder aus Ingolstädter Betrieben, die einen Film produziert hatten: »Jugendfreizeit Schliersee – einmal anders«, in: *Info* 3 (1982), Zeitung der IG Metall-Jugend Ingolstadt, S. 7 f., in: AdsD, 5/IGMA-22-0495.

157 So bei einer Gruppe aus Niedersachsen mit 28 Teilnehmern, vgl. Protokoll Schliersee-Seminar 28.2.-13.3.1982, Nachbereitung der Teamer 23.3.1982, in: AdsD, 5/IGMA-22-0492.

41 Teilnehmerinnen und Teilnehmer aus den Verwaltungsstellen Bocholt, Bochum, Essen, Recklinghausen und Gelsenkirchen berichteten positiv von einem Seminar Ende 1981. Vormittags wurde gearbeitet, danach waren Freizeitaktivitäten möglich. Die Friedensbewegung stand im Vordergrund des zweiwöchigen Seminars, die Theatergruppe wählte das Thema, »da es für sie mehr Gewicht hatte« als die 35-Stundenwoche. »Da einige sich privat für den Frieden einsetzen und Informationsmaterial gesammelt hatten, entwickelten sich rege Gespräche über Mittelstreckenraketen und über die Folgen eines Atomkrieges. Einige Teilnehmer, die kaum Vorkenntnisse hatten, waren sehr über die Folgen eines Atomkrieges schockiert, so dramatisch hatten sie es sich nicht vorgestellt.« Aber auch eine Fahrt in die Gedenkstätte Dachau gehörte zum Programm, wo der ehemalige Häftling Adi Maislinger die Gruppe führte. Abends waren viele Teilnehmer unterwegs und klagten über weit entfernte Diskotheken, die aber bequem per Anhalter zu erreichen seien.[158] Der Künstler Nabo Gass[159] begleitete 1983 einige IG-Metall-Gruppen in Berlin und Niedersachsen, die in Schliersee Siebdrucktechniken gelernt hatten. Er besuchte Plakatwerkstätten in Nienburg, Lüneburg, Wolfsburg und Hannover. Meist waren die engagierten Druckerinnen und Drucker auch in Song- oder Theatergruppen der IG Metall aktiv.[160] Horst Richter resümierte im Mai 1985, dass sich manche Ziele mit den kombinierten Seminarfreizeiten nicht erreichen ließen. Weiterhin wurde die Zahl der Teilnehmer, die nur Freizeit machen wollten, auf gut die Hälfte geschätzt. Aber auch Siebdrucke oder Videofilme werden meist nur archiviert und selten in der lokalen Jugendarbeit eingesetzt. Die Vermittlung von Techniken laufe gut, aber in den Verwaltungsstellen fehlten Möglichkeiten, die aufwendigen Techniken umzusetzen.[161] Ein Aufkleber mit einer aufgehenden Sonne vor einer gesetzten »35-Stunden-Woche« und dem Zusatz »Leben – Lieben – Lachen – Kämpfen« war Ergebnis eines Seminars in Schliersee von Jugendlichen aus dem Bezirk Hamburg 1985.[162] Darin drückte sich eine gewisse Anverwandlung an alternative Szenen aus. Die Wörter zielten auf Emotionen, die mit der Alliteration positiv besetzt wurden, während am Schluss eine Handlungsorientierung stand. Wer emotional in einer Gemeinschaft gebunden sei, könne den Kampf aufnehmen. Dies war keine Kampfrhetorik mehr, sondern eine Reminiszenz eines gemein-

158 Oberbayerische Informationsbroschüre der Seminarfreizeit Schliersee der IGM, übersandt von Detlev Kiel, Verwaltungsstelle Bocholt der IG Metall, an Thomas Händel, Abteilung Jugend, am 29.9.1981, in: AdsD, 5/IGMA-22-0875.

159 Er veröffentlichte mit seiner Ehefrau ein Anleitungsbuch für Drucktechniken: Gabi und Nabo Gass, Wir machen Druck. Ein Handbuch für alle, die Informationen verbreiten wollen, Göttingen 1986.

160 Bericht Nabo Gass (ohne Überschrift, Ende 1983), in: AdsD, 5/IGMA-22-0872.

161 Kurzbericht über die Sitzung des Bezirksjugendausschusses Hannover am Freitag, dem 3. Mai 1985, Frankfurt 6. Mai 1985 (Horst Richter), in: AdsD, 5/IGMA-22-1014.

162 Geschäftsbericht 1984 – 1985 – 1986, Bezirksleitung Hamburg, S. 129, in: FZH Bibliothek.

samen Sinn- und Lebenszusammenhangs, in dem Emotionen einen wichtigen Platz haben.

Eine politische Skepsis, wenn nicht Ablehnung allzu großer Annäherung an die Neuen Sozialen Bewegungen blieb zwar auf der politischen Ebene noch lange bestehen. Horst Richter berichtete im Juni 1986 an das Vorstandsmitglied für Jugend Horst Klaus über die Konflikte mit dem DGB. Oberursel war für die führenden IG-Metall-Funktionäre weiterhin ein Reizwort. Es sei eine »Bildungsstätte für die Alternativszene« geworden, in der kaum noch gewerkschaftsbezogene Seminare stattfänden. Ein von Klaus Westermann im DGB-Bundesjugendausschuss vorgestelltes Projekt diene dazu, »eine politische Orientierung von Jugendgruppenarbeit auf Frauenprobleme, Probleme ausländischer Jugendlicher und Erwerbsloser« zu geben, es wurde von der IG Metall und der Mehrheit des DGB-Bundesjugendausschusses abgelehnt.[163] Gegenüber Karin Benz-Overhage, die im Herbst 1986 die Zuständigkeit im Vorstand der IG Metall für Jugendarbeit von Horst Klaus übernahm, skizzierte Richter die Fraktionen in der DGB-Arbeit. Eine gemeinsame Linie würde von IG Metall, HBV, GTB, NGG, ÖTV, Kunst, IG Drupa, GEW und GHK sowie der DPG vertreten; die Gegner waren IG CPK, BSE, IG Bergbau und Energie, Gewerkschaft Leder und GdP. Von den DGB-Landesbezirken seien Niedersachsen, Baden-Württemberg und Rheinland-Pfalz eher an der IG CPK orientiert.[164] Diese Zuordnung wird der Ehefrau von Georg Benz vermutlich bekannt gewesen sein. Aber die klare Benennung der Fraktion unterstrich die Tiefe des Grabens der innergewerkschaftlichen Zwistigkeiten und die Absicht der Abteilung Jugend, diese auch unter einem neuen Vorstandsmitglied nicht abzuschwächen.

Diese Gräben hatten sich auf der Bundesjugendkonferenz des DGB Ende 1985 noch einmal deutlich gezeigt. Eine erbittert geführte Diskussion um zwei Leitanträge zur Zukunft der Arbeit ließ den Kongress fast im Streit auseinanderbrechen. Der Jugendausschuss der IG CPK hatte einen Antrag formuliert, der zwar eine Krise der kapitalistischen Weltwirtschaft konstatierte, aber zugleich die mikroelektronische Revolution begrüßte, um neue Möglichkeiten gesellschaftlicher Arbeit zu schaffen. Der Gegenantrag kam vom Hauptjugendausschuss der HBV und wurde von den IG-Metall-Delegierten unterstützt. Auch darin wurde gefordert, die Chancen von Rationalisierungen zu nutzen, aber Beschäftigungsgesellschaften und andere »Nischen« seien nur ein Seitenzweig, keine grundsätzliche Lösung. Die anschließende Debatte war von gegenseitigen Vorwürfen geprägt. Für die IG Metall verkündete Edith Großpietsch, der Antrag der IG CPK nähre Illusionen über einen Ausstieg aus der kapitalistischen Gesellschaft. Der Antrag der HBV wurde zwar angenommen, aber dieser Sieg war ein Pyrrhussieg.[165] Er dokumentierte die vergiftete Stimmung und den Streit

163 Horst Richter an Horst Klaus, 26.6.1986, in: AdsD, 5/IGMA-22-1079.

164 Horst Richter an Karin Benz-Overhage, 12.12.1986, in: AdsD, 5/IGMA-22-1079.

165 Abdruck der Anträge und einiger Diskussionsbeiträge in: DGB-Bundesvorstand Abteilung Jugend (Hrsg.), In Zukunft. Gesellschaftliche Perspektiven der Gewerkschaftsjugend, Köln 1989, S. 22-32.

Abbildung 7: Rockkonzert der IG-Metall-Jugend Anfang 1986. Quelle: AdsD.

der ehrenamtlichen und hauptamtlichen Funktionäre um die richtige politische Orientierung[166], ohne dass dies in der Mitgliedschaft über den aktiven Kreis großen Nachhall hatte. Die Abteilung Jugend des DGB-Bundesvorstandes nahm dieses Ereignis zum Anlass, eine »Zukunftskonferenz« zu planen, die schließlich im Oktober 1988 in Saarbrücken stattfand. Erklärtes Ziel war es, eine »produktive Toleranz« innerhalb der Gewerkschaftsjugend zu erreichen, sich den neuen sozialen Bewegungen zu öffnen und unterschiedliche Positionen besser aushalten zu können.[167]

Aber der politische Druck, den die gewerkschaftliche Jugend seit den späten 1960er Jahren gerade auch innerhalb der Gewerkschaften selbst entfaltet hatte, nahm nach 1985 ab. Auf der Zukunftskonferenz ebenso wie in Veröffentlichungen klang es, als sei die gewerkschaftliche Jugendarbeit durch Bürokratismus, Starrheit und mangelnde Innovation zum Erliegen gekommen. Angesichts von Schwierigkeiten, die formale Struktur von Orts- und Bezirksjugendausschüssen überhaupt aufrechtzuerhalten, ging die IG Metall zu einer auf einzelne Projekte orientierte Arbeit über. Es dauerte aber noch einige Zeit, bis die Projektarbeit

166 Vgl. die Berichterstattung in der *Welt der Arbeit* mit Schwerpunkt auf die Frage, ob die DGB-Jugend Bündnisse schließen soll: Ulrich Aghte, Aus Zeitmangel wurde die Konferenz vertagt. DGB-Jugend beschloß Technologie-Arbeitstagung, in: *Welt der Arbeit* Nr. 46, 14.11.1985, S. 4; Ders., Streit um Bündnisfrage. DGB-Jugendkonferenz: Kontroverse Diskussionen, in: *Welt der Arbeit* Nr. 47, 21.11.1985, S. 2; Ders., DGB-Jugend sucht Kompromiß, in: *Welt der Arbeit* Nr. 50, 12.12.1985, S. 4.

167 DGB-Bundesvorstand Abteilung Jugend, In Zukunft, S. 18.

zum Regelfall der Jugendarbeit der IG Metall wurde.[168] Die Schwierigkeiten der Arbeit in den Betrieben zeichnete sich in einem widersprüchlichen Verhältnis bereits in dem wichtigsten thematischen Feld der IG-Metall-Jugend in den frühen 1980er Jahren ab, der Friedensbewegung. Die Anverwandlung der IG-Metall-Jugend an diese größte soziale Bewegung implizierte Mobilisierungserfolge und Krise zugleich.

4.2.1. »Frieden und Arbeit« – Die IG-Metall-Jugend in der Friedensbewegung

Die Friedensbewegung, die ab 1981 einen rasanten Aufschwung nahm, wurde für die Jugend der IG Metall für einige Jahre zu einem dominierenden Handlungsfeld. Es wurde ein zwischen den verschiedenen Fraktionen der Gewerkschaften mit harten Bandagen ausgekämpftes Terrain, viele Gruppen der IG-Metall-Jugend und auch des DGB verstanden sich als Bestandteil der Friedensbewegung. An den Aktivitäten in der Friedensbewegung kann die Öffnung und der politische Handlungsraum zu den Neuen Sozialen Bewegungen, aber auch die Distanz zu den beschäftigten Jugendlichen im Betrieb anschaulich nachgezeichnet werden. Die Friedensbewegung hat in letzter Zeit mehr historiographische Beachtung gefunden. Seien es professionsgeschichtliche Aspekte wie bei der Vereinigung der Ärzte gegen den Atomkrieg[169], der Einfluss der Friedensbewegung auf die Entwicklung der SPD[170], die Aktionsformen als Ausfluss eines humanistisch grundierten, gleichwohl pathetischen Menschenbildes[171] oder alltagskulturelle Praktiken auf lokaler Ebene[172], sie alle zeigen, dass die größte Massenprotestbewegung in der Bundesrepublik nicht nur als politisches, sondern auch kulturgeschichtliches Phänomen von Bedeutung ist.

Der NATO-Doppelbeschluss vom Dezember 1979 hatte, nicht zuletzt auf Betreiben von Bundeskanzler Helmut Schmidt, zwei Komponenten: Verhandlungsangebote an die Sowjetunion über Abrüstungsschritte und gleichzeitig die

168 Vgl. Martin Allespach, Gewerkschaftliche Jugendarbeit als Handlungs- und Möglichkeitsraum, Marburg 2002. Darin wird die Projektarbeit als wichtigste Neuerung der Jugendarbeit hervorgehoben.

169 Claudia Kemper, Medizin gegen den Kalten Krieg. Ärzte in der anti-atomaren Friedensbewegung der 1980er Jahre, Göttingen 2016.

170 Jan Hansen, Staat und Straße. Der Nachrüstungsstreit in der deutschen Sozialdemokratie (1979-1983), in: *Archiv für Sozialgeschichte* 52 (2012), S. 517-553. Eher polemisch, Anton Notz, Die SPD und der NATO-Doppelbeschluss. Abkehr von einer Sicherheitspolitik der Vernunft, Baden-Baden 1990.

171 Tim Warneke, Aktionsformen und Politikverständnis der Friedensbewegung. Radikaler Humanismus und die Pathosformel des Menschlichen, in: Reichardt/Siegfried, Milieu, S. 445-472.

172 Susanne Schregel, Der Atomkrieg vor der Wohnungstür. Eine Politikgeschichte der neuen Friedensbewegung in der Bundesrepublik 1970-1985, Frankfurt a.M./New York 2010.

Festlegung, bei Scheitern der Verhandlungen die Raketenarsenale der NATO-Truppen auch in der Bundesrepublik nachzurüsten. Die bald anwachsende Friedensbewegung verfolgte zuerst ein konkretes Ziel, nämlich die sich aus dem Scheitern der Verhandlungen zwischen den USA und der Sowjetunion ergebende Zwangsläufigkeit der Nachrüstung zu verhindern. Als diese im Herbst 1983 im Bundestag schließlich beschlossen wurde, implodierten die Aktivitäten der Friedensbewegung ebenso rasant wie sie begonnen hatten. Die 1980er Jahre – dafür sprechen auch andere Gründe, wie die bereits erwähnte zweite Jugendrevolte – zerfallen in eine politisch konfliktreiche erste Hälfte mit einem Aufschwung sozialer Bewegungen und der zweiten Hälfte, die das Image des Jahrzehnts in der alten Bundesrepublik – vom letzten Jahr abgesehen – als eher langweilig und ereignisarm prägten.[173] Die Friedensbewegung gilt als eine soziale Bewegung, die über einen Ausstieg aus der Logik des Wettrüstens debattierte und damit den Ausbau zivilgesellschaftlicher Konfliktregulierungen verstärkte. Erfolge hatte die Friedensbewegung trotz ihres offenkundigen Scheiterns. Der konservative Historiker Ernst Nolte sprach 1986 davon, dass »(a)lle Menschen heute Gesinnungspazifisten« seien.[174] Solch polemische Wertungen waren gewiss überzogen, belegen aber eine diskursive Hegemonie der Friedensthematik. Allerdings bleibt fraglich, ob die Friedensbewegung in einem größeren Maße zur Ausbildung einer kollektiven Identität beitrug und wie nachhaltig ihr Ertrag war. Dies scheint nicht nur angesichts der großen Heterogenität der Friedensbewegung zumindest fraglich, die von militanten Gruppen von Kriegsdienstgegnern, der DKP über christdemokratische Friedensgruppen bis zu völkischen Beiträgern reichte. Entscheidender ist, dass mit der politischen Niederlage der Raketenstationierung die Klammer schnell kleiner wurde. Auch wenn die Friedensbewegung mit der Betonung von Angst vor einem Weltuntergang einen dystopischen Charakter zu haben schien, waren der Bewegung gleichwohl zukunftsorientierte Perspektiven eingeschrieben. Nach einem utopischen Anteil zu fragen heißt daher, die Szenarien des Weltunterganges und die mit Todessymbolik angereicherten Aktionsformen auch gegen den Strich als positive Zukunftsbeschreibungen zu lesen.

Die Gewerkschaften waren in der Friedensbewegung wichtige Akteure, der DGB wie auch als Einzelgewerkschaften. Ausführlich hat sich in einer politikwissenschaftlichen Arbeit Stefan Strutz mit der IG Metall in der Friedensbewegung auseinandergesetzt und eine Darstellung der Positionen der Führungsebene erstellt. Seine These ist, dass die Gewerkschaftsführungen vor allem auf Druck unterer Gliederungen reagierten, wenn ein Thema gesellschaftliche Relevanz bekommen habe. Insbesondere die Jugend der IG Metall und des DGB seien

173 Vgl. Axel Schildt, Das letzte Jahrzehnt der Bonner Republik. Überlegungen zur Erforschung der 1980er Jahre, in: *Archiv für Sozialgeschichte* 52 (2012), S. 21-46.

174 Die Formulierung nutzte Nolte 1986 in seinem *FAZ*-Artikel, der den Historikerstreit auslöste. Ernst Nolte, Die Vergangenheit, die nicht vergehen will. Eine Rede die geschrieben, aber nicht gehalten werden konnte, *FAZ*, 6.6.1986.

wichtige Akteure für das friedenspolitische Engagement gewesen.[175] In der Forschung zur Friedensbewegung finden Gewerkschaften eher seltener Aufmerksamkeit, so lassen sich die Gewerkschaften in Andreas Wirschings anschaulicher Analyse der Friedensbewegung wohl nur im sozialdemokratischen Spektrum verorten.[176] Aber die Gewerkschaften gingen nicht völlig in der Zurechnung zur SPD auf, wenn auch die Verbindungen eng waren. Die Gewerkschaften hatten in der Bundesrepublik eine lange Tradition antimilitaristischer und friedenspolitischer Aktivitäten, auf die sich auch Teile der SPD beriefen.[177] In der ab 1980 entstehenden Friedensbewegung bildete die Jugend der Gewerkschaften eine treibende Kraft, und Anfang der 1980er Jahre standen den jungen Gewerkschafter ältere Funktionäre gegenüber, die als Jugendliche in den Kampagnen gegen die Wiederbewaffnung der 1950er Jahre erste politische Erfahrungen gesammelt hatten. Diese Traditionen sollen kurz skizziert werden.

1979 schrieben Walter Haas und Klaus-Peter Henning, Landesjugendsekretär des DGB in Nordrhein-Westfalen, in einer Broschüre zum 1. September, dem Antikriegstag: »Machen wir als Gewerkschafter nicht alle Dummheiten der Politik mit. Verstehen wir uns als Avantgarde der Friedenswilligen in der Welt.«[178] Viele Funktionäre waren traditionell antimilitaristisch und friedensbewegt, bei der jüngeren Funktionärsgeneration war die Ableistung des Zivildienstes in den 1970er Jahren keine Seltenheit mehr. Die Forderung nach einem Zivildienst wurde von der IG Metall unterstützt, der Verband der Kriegsdienstverweigerer (VDK) von ihr zeitweilig finanziell gefördert.[179] Nach der lange abgelehnten

175 Stefan Strutz, Zwischen Kommunikation und Strategie. Zu den Problemen politischer Zusammenarbeit zwischen IG Metall und Friedensbewegung von Ende der 1970er bis Anfang der 1990er Jahre, Marburg 1997, S. 135; vgl. auch den konzisen Überblick Dietmar Süß, Friedensbewegung und Gewerkschaften, in: Christoph Becker-Schaum u. a. (Hrsg.), »Entrüstet Euch«. Nuklearkrise, Nato-Doppelbeschluss und Friedensbewegung, S. 262-276, Paderborn 2012.

176 Wirsching, Abschied, S. 86-90; das gilt auch für Hansen, Staat, in dem Gewerkschaften ebenfalls nicht auftauchen.

177 Hansen, Staat, S. 528 f.

178 Vorwort, in: Antikriegstag. Nie wieder Krieg! Abrüstung – ein Gewinn für uns, hrsg. vom DGB-Landesbezirk Nordrhein-Westfalen, Abteilung Jugend. Düsseldorf Juni 1979, S. 6, in: FZH, 554-51, DGB-Hamburg, Antikriegstag 1. September, 1979-1982.

179 Ein nicht immer spannungsfreies Verhältnis. Die IG Metall kaufte zum Beispiel 1965 1.200 Exemplare einer Broschüre des VdK für 3.000 DM. Aktennotiz Gert Lütgert an Georg Benz, 8.7.1965, in: AdsD, 5/IGMA-450-20015; Der Verband der Kriegsdienstverweiger wandte sich im September 1972 an die Abteilung Jugend der IG Metall und bat um eine Spende. In einem undatierten Entwurf für das Antwortschreiben ging ein Mitarbeiter hart ins Gericht: Die letzte Spende von 10.000 DM sei nur »mit knapper Not von Eurem Schatzmeister vor ›revolutionärem‹ Zugriff bewahrt« worden. Um das Vertrauensverhältnis wieder aufzubauen, erwarteten sie jetzt Belege für die Ausgabe, zumindest eine Aufstellung über den Verwendungszweck. Der Mitarbeiter schrieb weiter: »Ich bin im allgemeinen durchaus nicht für eine kleinliche Handhabung von Spendenfragen, – aber nach den Vorfällen im VK in den letzten Jahren sind die genannten Vorschläge wohl zu verstehen.« Verband der Kriegsdienstverweigerer an die IG Metall, 22.9.1972, in: AdsD, 5/IGMA-22-0 626.

Wiederbewaffnung hatten die Gewerkschaften in den 1960er Jahren zwar weitgehend ihren Frieden mit der Bundeswehr geschlossen, aber die IG-Metall-Jugend blieb kritisch eingestellt. 1967 waren Seminare für Wehrpflichtige eingeführt worden, um gegen eine Indoktrination der Bundeswehr zu arbeiten.[180] Aber diese Seminare wurden nach kurzer Zeit wieder eingestellt. Über das zweite in der IG-Metall-Bildungsstätte Pichelssee in Berlin durchgeführte Seminar berichteten die Teamer, dass die 16 Teilnehmer meist ihre Bundeswehrzeit hinter sich gehabt hätten und der staatsbürgerliche Unterricht kaum eine Rolle gespielt habe. Stattdessen hätten die Teilnehmer Praktiken entwickelt, »wie man seine Dienstzeit am bequemsten gestaltet«. Zwar waren die Teamer zufrieden, die Bundeswehr und ihre Rolle in der »kapitalistischen Gesellschaft« kritisch dargestellt zu haben, aber die Ergebnisse waren ernüchternd, da die Teilnehmer auch positiv von den technischen Möglichkeiten sprachen, die die Bundeswehr ihnen geboten hatte.[181] Im März 1969 referierte der damalige Teamer Kurt Johannson, der mehrere Wehrdienstpflichtigen-Seminare geleitet hatte, vor der Kleinen Kommission des Jugendausschusses der IG Metall, dass »in der Einstellung der jungen Leute, die aus der Bundeswehr zurückkamen, keine ›Schäden‹ durch den Staatsbürgerkundeunterricht bei der Bundeswehr festzustellen sind«.[182] Diese Befürchtung war jedoch das wesentliche Motiv für die Seminare, und die von Johannson referierten Erfahrungen führten mit zu deren Einstellung.[183]

Diese kleine Episode verweist auf eine skeptische Haltung gegenüber der Bundeswehr und zugleich die Erfahrung, dass viele der eingezogenen Mitglieder pragmatisch mit dem Wehrdienst umgingen. Zwar prägten auch in den 1970er Jahren kritische Beschlüsse die IG-Metall-Jugend, in denen mal die Abschaffung der Bundeswehr, mal ihre Demokratisierung gefordert wurde. Allerdings war dies eher Beschlusslage als prägend für alltagspraktisches Handeln. Die Mehrzahl der männlichen IG-Metall-Mitglieder leistete auch in den 1970er Jahren den Wehrdienst bei der Bundeswehr ab. Hier kam hinzu, dass die Kritik der Bundeswehr weniger von einer pazifistischen als von einer antimilitaristischen und manchmal mit revolutionären Vorstellungen angereicherten Haltung geprägt war. SDAJ und K-Gruppen versuchten, Zellen ihrer Organisationen in der Bundeswehr aufzubauen. Die Teilnahme an gewerkschaftlichen Demonstrationen in Bundeswehruniform gehörte zu diesem Verständnis dazu.[184] Die Demokratisierung der Bundeswehr war bei den K-Gruppen auch von Vorstellungen geprägt,

180 Konzept, undatiert (ca. 1967), in: AdsD, 5/IGMA-07-2063.

181 Bericht über den Lehrgang BE 32 für Wehrdienstpflichtige und Reservisten vom 29. April bis 4. Mai 1968 in Berlin, in: AdsD, 5/IGMA-07-2063.

182 Protokoll der Sitzung der Kleinen Kommission 11/12.3.1969, S. 6, in: AdsD, 5/IGMA-22-157.

183 Protokoll der Sitzung des Jugendausschusses der IG Metall am 13/14.3.1969, in: AdsD, 5/IGMA-22-157.

184 Bereits an der Gründungsversammlung der SDAJ hatte der »Panzerschütze« Walter Listl in Uniform teilgenommen. SDAJ, *Elan* Nr. 6 (1968), S. 33.

bei einem Aufstand der Arbeiterklasse Kenntnisse von Waffentechniken zu haben und die Armee zu unterwandern. Die SDAJ befürwortete weniger solch revolutionäre Phantasien, sondern unterstützte die Wehrdienstverweigerung in den NATO-Staaten, zielte aber auch auf Durchsetzung von Arbeitnehmerrechten in der Bundeswehr.[185] Mit den beiden Kampagnen »Soldat '70« und »Soldat '74« versuchte die SDAJ, Missstände in der Bundeswehr öffentlich aufzugreifen. Gegen Beteiligte wurden zum Teil Disziplinarmaßnahmen bei der Bundeswehr eingeleitet.[186] Die IG-Metall-Jugendkonferenz 1974 hatte zwei Entschließungen zur Demokratisierung der Bundeswehr und zur Unterstützung von Soldat '74 angenommen. Die Antragsberatungskommission hatte die Ablehnung empfohlen, und in der Diskussion sprach der bayrische Bezirksjugendsekretär Richard Polzmacher gegen die Anträge, da eine Demokratisierung der Armee ausgeschlossen sei und die Kriegsdienstverweigerung unterstützt werden solle. Die meisten Diskutanten widersprachen und sahen angesichts der Mehrheit der Arbeiterjugend, die zur Bundeswehr gehe, die Notwendigkeit, auch dort zu arbeiten. Die Mehrheit der Delegierten stimmte schließlich für die Anträge.[187] Die Wehrpflicht stellte aus Organisationssicht vor allem ein praktisches Problem dar, da mit Einberufungen von Jugendvertretern oder anderen ehrenamtlich Engagierten die Fluktuation und Diskontinuität der Jugendarbeit erhöht wurde. 1976 wurde – auch auf Drängen der Gewerkschaften – vom Verteidigungsministerium ein Erlass herausgegeben, dass bereits gewählte Jugendvertreter von einer Einberufung zurückgestellt werden können.[188] Ein pragmatischer Umgang war die Möglichkeit, sich bei der Freiwilligen Feuerwehr oder dem Technischen Hilfswerk für mehrere Jahre zu verpflichten.[189]

Aber nicht allein ein ambivalentes Verhältnis zur Bundeswehr in der IG-Metall-Jugend gehörte zu den Anschlusspunkten zur Friedensbewegung. Aus den friedenspolitischen Aktivitäten der Gewerkschaften in den 1950er und 1960er Jahren waren zwei Traditionen hervorgegangen, die in der Hochphase der Friedensbewegung wieder erheblichen Zuspruch fanden: Kampagnen gegen Kriegsspielzeug und der 1. September, den die Gewerkschaften seit 1962 als Antikriegstag begingen. Aktionen gegen Kriegsspielzeug hatte es schon kurz nach

185 Vgl. als ersten Überblick über maoistische und orthodox-kommunistische Gruppen, die in der Bundeswehr in den 1970er Jahren arbeiteten und ihre strategischen Vorstellungen bei Fabian Virchow, Zur Organisationsgeschichte antimilitaristischer Soldatenarbeit in der Bundesrepublik Deutschland, in: *Mitteilungsblatt des Instituts für soziale Bewegungen* Nr. 40 (2008), S. 61-80.

186 So erwähnt der SDAJ-Funktionär Wilfried Reckert, der ›Soldat '74‹ mit herausgab, er habe dafür 14 Tage Arrest bekommen. Reckert, Kommunismus-Erfahrung, S. 10.

187 Protokoll 10. Jugendkonferenz IG Metall 1974, Diskussion S. 386-392, Entschließungen »Für die demokratischen Rechte der Soldaten« und »Soldat '74« S. 459 f.

188 Kopie des Schreibens des Verteidigungsministeriums vom 4.8.1976 an Heinz Oskar Vetter, DGB-Vorsitzende, in: AdsD, DGB-Archiv, Abt. Jugend, 5/DGAU-369; dies galt auch für den Zivildienst: Bundesministerium für Arbeit und Sozialordnung/Sonderbeauftragte für Zivildienst, 8.9.1976 (Kopie), in: ebd., 380.

189 Horst Richter an Georg Benz, 10.12.1980, in: AdsD, 5/IGMA-22-416.

dem Krieg von der Gewerkschaftsjugend gegeben.[190] In Zusammenarbeit mit den Falken/SJD wurden in den 1960er Jahren, meist in der Vorweihnachtszeit, Aktionen durchgeführt, mit denen insbesondere Eltern angesprochen werden sollten.[191] Es wurden nicht allein Appelle zum Boykott verfasst, sondern mit Umtauschaktionen auch versucht, das Konsumverhalten zu beeinflussen und als pädagogisch sinnvoll erachtetes Spielzeug gegen Kriegsspielzeug einzutauschen. In Augsburg hatten Falken und Gewerkschaftsjugend seit den 1960er Jahren dafür geworben, auf dem traditionellen Christkindlmarkt kein Kriegsspielzeug mehr zu verkaufen; dies wurde 1975 durch eine Änderung der Gemeindeordnung schließlich auch erreicht. Im Dezember 1976 organisierten die Falken, die IG-Metall-Jugend und Sozialarbeiter eine Ausstellung im Augsburger Rathaus mit dem Titel »Kinder brauchen gutes Spielzeug – kein Kriegsspielzeug in Kinderhand«. Es konnte Kriegsspielzeug umgetauscht werden, vor allem aber sollten Anregungen für pädagogisch sinnvolles Spielzeug gegeben werden. Die Organisatoren gingen von einer Kausalverbindung von Kriegsspielzeug und Gewaltbereitschaft aus, die zur Kriegsvorbereitung genutzt werden solle: »Auffallend bei den meisten Angeboten auf diesem Sektor ist die einfache und billige Herstellung, zahlbar auch für jene, die später ihren Kopf dafür hinhalten müssen – die Arbeiterkinder.«[192] Die Ableitung auf die »Arbeiterkinder« war ein spezifisches Motiv, um die Aktion politisch in eine antimilitaristische Richtung zu lenken. Dies ging weiter als die wissenschaftlich durchgängig umstrittene Diskussion um die aggressionssteigernde Wirkung von Kriegsspielzeug.[193] Es gab aber auch ein eher praktisches Motiv für Aktionen gegen Kriegsspielzeug. Unabhängig von wissenschaftlichen Debatten war die aggressionssteigernde Wirkung von Kriegsspielzeug auf den ersten Blick einleuchtend. Mit den einfach zu organisierenden Umtauschaktionen war zudem ein ansprechendes Mittel gefunden. Die Augsburger Ausstellung wurde 1980 ausführlich in den *Arbeitsheften* der Abteilung Jugend als Anregung für Aktionen behandelt.[194] Diese Würdigung unterstrich die Bedeutung dieser Ausstellung. Im Rahmen der Friedensbewegung

190 So 1948 in Dortmund. Vgl. Söder, Leben, S. 21.

191 Gert Lütgert an DGB-Bundesvorstand, Abt. Jugend, Helmut Neukirch, 6.12.1965, in: AdsD, 5/IGMA-22-1845. Zu 1967: Keine Geschäfte mit dem Krieg. DGB-Jugend: »Kauft kein Kriegsspielzeug!« In: *Welt der Arbeit* Nr. 51/52, Beilage Württemberg, 22.12.1967, S. 9.

192 Zur Ausstellung und Zitat: Manuskript über Aktion »Kinder brauchen gutes Spielzeug«, übersandt von Karlheinz Hiesinger, Gewerkschaftssekretär Vwst. Augsburg an die Abt. Jugend am 6.6.1977, S. 2, in: AdsD, 5/IGMA-22-0187.

193 Bernd Schorb, Science-Fiktion-Spielzeug – Kriegsspielzeug. Haben sie Wirkungen? Was weiß man darüber? In: *ajs-informationen. Mitteilungen der Aktion Jugendschutz Stuttgart* Nr. 6 (1985).

194 Arbeitsheft für Jugendgruppen und Ortsjugendausschüsse Nr. 4: Fotoarbeit, Dokumentationen, Ausstellungen, Siebdruck, hrsg. von der Abteilung Jugend beim Vorstand der IG Metall, Frankfurt 1980, S. 56-65.

waren Aktionen gegen Kriegsspielzeug eine von gewerkschaftlichen Jugendgruppen häufiger durchgeführte Aktion.[195]

Zum zweiten hatten die Gewerkschaften einen Gedenktag etabliert, der zu einem festen Datum der Friedensbewegung wurde und ab 1978 an Bedeutung gewann: der 1. September, den die Gewerkschaften seit 1962 als Antikriegstag begingen. Dieses Datum bot den Gewerkschaften eine Plattform, sich friedenspolitisch zu präsentieren.[196] Zwar war die Teilnahme in den 1970er Jahren zurückgegangen. 1978 wurde der Antikriegstag aber wieder in einem größeren Stil organisiert, aufgeschreckt auch durch das vermehrte Auftreten neonazistischer Gruppen.[197] Zu der zentralen Kundgebung in der Essener Gruga-Halle kamen 3.000 Teilnehmerinnen und Teilnehmer; in Hamburg wurde eine Stadtrundfahrt organisiert, die zu Stätten der Arbeiterbewegung und des Faschismus in der Hansestadt führte.[198] Die Hamburger Stadtrundfahrt wurde ein Jahr später wiederholt und blieb Bestandteil der Jugendarbeit, getragen vom Hamburger Landesjugendring.[199] Zum 40. Jahrestag des Kriegsbeginns 1979 wurde erneut im großen Umfang mobilisiert. In Dortmund organisierte die DGB-Jugend Nordrhein-Westfalen eine Kundgebung mit mehreren Tausend Teilnehmern in der Gruga-Halle, auf der es zu Pfiffen und Buhrufen kam, als Heinz Oskar Vetter in seiner Rede auch auf den Hitler-Stalin-Pakt einging. Die geschichtspolitische Perspektive war von aktuellen Konflikten überlagert. Der DGB-Bundesvorstand hatte beschlossen, dass an dem Tag in allen Landesbezirken zentrale Veranstaltungen stattfinden sollten. Dazu wurden auch geschichtsträchtige Orte ausgewählt: In Hamburg fand die Kundgebung an der zerbombten und als Mahnmal gegen den Krieg nicht wiederaufgebauten Nikolai-Kirche, für Niedersachsen am Mahnmal im ehemaligen Konzentrationslager Esterwegen statt.[200] Ein Jahr

195 So von der Betriebsjugendgruppe Opel in Rüsselsheim, *Rüsselsheimer Echo* vom 11.12.1979, in: AdsD, 5/IGMA-22-178; vom OJA der IG Metall in Völklingen, Geschäftsbericht des OJA der IG Metall Vwst. Völklingen September 1979-September 1980, in: AdsD, 5/IGMA-22-410; für den Bezirk Hamburg: Handschriftliche Notizen 30.1.1981 von der OJA-Sitzung in Hamburg, in: AdsD, 5/IGMA-22-394; für Baden-Württemberg: Die DGB-Jugend plant für Herbst Friedenswochen, *Welt der Arbeit* Nr. 29, 8.7.1982, S. 1.

196 Strutz, Kommunikation, S. 227.

197 Karl Schwab, Antikriegstag mit neuen Akzenten, in: *Solidarität* 29 (Oktober 1979), Nr. 10, S. 3.

198 Nie wieder Faschismus – Nie wieder Krieg. Veranstaltung der DGB-Jugend zum Antikriegstag '78, in: *Solidarität* 29 (Oktober 1979), Nr. 10, S. 4 f.

199 Aufrufflugblatt »Nie wieder Krieg – Nie wieder Faschismus«, zum 1. September 1979 vor der Nikolaikirche FZH DGB-Jugend Schümann, 1968-1979; auch in anderen Städten wurden von Jugendringen, der DGB-Jugend oder den Falken Rundfahrten organisiert, vgl. für Bremerhaven: Antifaschistische Stadtrundfahrt. Stätten faschistischer Verfolgung und des antifaschistischen Widerstandes in Bremerhaven, hrsg. von Sozialistische Jugend Deutschland – Die Falken, Kreisverband Bremerhaven, Bremerhaven 1983.

200 Flugblatt Antikriegstag 1979, DGB-Landesbezirk Niedersachsen und Aufrufflugblatt »Nie wieder Krieg« der DGB-Jugend Hamburg, und »Aufruf des Deutschen Ge-

später plante der Kreisjugendausschuss der DGB-Jugend in Hamburg, deren Vorsitzende Birgit von Randow eine der prominenteren SDAJ-Mitglieder in gewerkschaftlichen Wahlfunktionen war[201], eine »Antikriegswoche« um den 1. September herum, bei der neben einer Kranzniederlegung in der KZ-Gedenkstätte Neuengamme, Filmvorführungen und Diskussionen über die Rechte von Wehrdienstpflichtigen auch eine Demonstration »Gewerkschafter für den Frieden« am 1. September und ein »Friedensfest der DGB-Jugend« in der Universität organisiert wurden. Für die Demonstration konnten rund 4.000 meist junge Demonstranten gewonnen werden.[202] An den Vorbereitungen beteiligte sich auch die Hamburger Friedenskoordination, die auf eine geplante eigene Veranstaltung verzichtete.[203] Als gewerkschaftliche Experten für die Podiumsdiskussion über Abrüstung aus gewerkschaftlicher Sicht waren zwei Vertreter der IG Metall geladen: der frühere Mitarbeiter der Abteilung Jugend und damalige Bevollmächtigte aus Nürnberg, Horst Klaus[204], sowie aus Hannover der Jugendsekretär Reinhard Schwitzer. Beide sprachen über die Konversion von Rüstungs- auf Zivilproduktion. In den Folgejahren war der 1. September für die Gewerkschaften Anlass, Aktivitäten in einer »Anti-Kriegs-Woche« zusammenzufassen. In Hamburg stieg die Zahl der Teilnehmer der Demonstrationen, die von der DGB-Jugend organisiert wurden, auf weit über 10.000 Personen bis 1983, danach sank sie kontinuierlich.[205] Dennoch hielt der DGB in Hamburg an der Aktionsform einer »Anti-Kriegs-Woche« noch bis Ende der 1980er Jahre fest. Mit dem 1. September boten die Gewerkschaften ein Aktionsdatum an, das auch andere Gruppen für sich nutzen konnten. Die Demonstrationen, Feste und Veranstaltungen waren offene Foren; auch thematisch waren der sowjetische Einmarsch in Afghanistan, die Verfolgung von Gewerkschaftern in Bolivien oder die Entwicklung in Nicaragua verhandelte Themen.

Allerdings belegten die vielfältigen Aktivitäten zur Friedensbewegung auch eine Schwerpunktverlagerung in der Jugendarbeit. Während in den Betrieben angesichts zurückgehender Jugendvertretungen und Lehrstellen gewerkschaft-

werkschaftsbundes zum Antikriegstag am 1. September 1979, in: FZH, 554-51, DGB-Hamburg, Antikriegstag 1. September, 1979-1982.

201 Der Unterwanderweg ist lang, *Der Spiegel* Nr. 3, 14.1.1980, S. 37-46, S. 37.

202 4.000 demonstrierten für den Frieden in der Welt, *Hamburger Abendblatt*, 2.9.1980.

203 Martin Sielaff, ESG, an den Kreisjugendausschuss des DGB Hamburg, 19.8.1980 sowie Aufruf zum Antikriegstag, Flugblatt der Hamburger Friedenskoordination, 9.8.1980. FZH, 554-51, DGB-Hamburg, Antikriegstag 1. September, 1979-1982.

204 Für den Hamburger Bevollmächtigten war Klaus »praktisch der Abrüstungsexperte der IG-Metall«. Jochen Müllner an Horst Klaus, 23.7.1980, in: FZH, 554-51, DGB-Hamburg, Antikriegstag 1. September, 1979-1982.

205 1981 waren es rund 15.000, 1982 dann 10.000, 1983 dann wieder rund 10.000. 1984 waren es noch 8.000, 1985 nur noch 2-3.000. Vgl. 15.000 demonstrierten für den Frieden, *Hamburger Abendblatt*, 2.9.1981; Anti-Kriegstag: Scharfe Kritik an US-Regierung, *Hamburger Abendblatt*, 2.9.1982; Zehntausend folgten dem DGB-Aufruf, *Hamburger Abendblatt*, 2.9.1983; 8.000 beim Anti-Kriegstag, *Hamburger Abendblatt*, 3.9.1984; In der Ruine zum Frieden gemahnt, *Hamburger Abendblatt*, 2.9.1985.

liche Arbeit vor großen organisatorischen Problemen stand, war die Durchmischung mit den Neuen Sozialen Bewegungen zum Beispiel am 1. September sehr viel erfolgreicher. Dabei war »Frieden« ein eher ubiquitäres Label. So waren die Zeltlager der IG-Metall-Jugend Hamburg als »Friedenscamps« 1981 und 1982 ausgewiesen, auf denen neben Freizeitaktivitäten auch über Abrüstung und internationale Konflikte diskutiert wurde.[206] Der OJA-Vorsitzende in Nürnberg, Michael Buchner, forderte 1981, das Thema Frieden in die Betriebe zu tragen, damit »wir als Gewerkschaften uns an die Spitze der Friedensbewegung stellen können«.[207]

Dieses Engagement erfolgte vor einer Zustimmung in der jungen Generation zur Friedensbewegung. 1982 sahen 56,9 Prozent der 15- bis 30-Jährigen die Politik der USA als gefährlich für den Weltfrieden an, nur 19,8 Prozent hielten diese Aussage für falsch; aber auch die Sowjetunion wurde von 58,1 Prozent als bedrohlich gesehen, nur 12,3 lehnten diese Aussage ab. Deutlich waren jedoch soziale Unterschiede. Während Studierende meist die höchsten Zustimmungswerte zeigten – bei der Gefahr durch die USA waren es 80,6 Prozent – lag die Angst vor den USA bei Hauptschülern ohne Berufsausbildung bei 46,7, mit Berufsausbildung bei 52,1 Prozent sehr viel niedriger. Bei der Gefährdung des Weltfriedens durch die Sowjetunion war das Bild etwas verschoben: hier stimmten 61 Prozent der Hauptschüler mit Berufsausbildung zu, aber nur 63 Prozent der Studierenden.[208] Der Anteil von mehr als 50 Prozent berufstätiger Jugendlicher, die Befürchtungen vor den USA hatten, zeigt, dass die Zustimmung zur Friedensbewegung unter beschäftigten Jugendlichen keine Minderheitenposition war. In einer Untersuchung der Abteilung Jugend des DGB in Nordrhein-Westfalen wurde die Verlagerung zu Aktivitäten in der Friedensbewegung ebenfalls festgestellt: »Nach allen vorliegenden Informationen ist selbst bei Betriebsjugendgruppen der zentrale Schwerpunkt das Thema ›Frieden‹.«[209] Wie war es zu dieser Dominanz gekommen?

Für die internen Auseinandersetzungen der Friedensbewegung war die Frage des Verhältnisses zur DKP und zur Rüstungspolitik der Sowjetunion eine entscheidende Bruchstelle. Dies zeigte sich an dem erfolgreichsten Manifest der Friedensbewegung, dem *Krefelder Appell.* Im November 1980 auf einem Treffen aus Vertretern der Anti-Atomtod-Bewegung, den Grünen und der Deutschen Friedens-Union (DFU) beschlossen, wurde von der Bundesregierung gefordert, den Nachrüstungsbeschluss wieder aufzuheben und aus dem Rüstungswettlauf auszusteigen. Obwohl Vertreter der unabhängigen Friedensbewegung den Text

206 »Metallerjugend hält dran fest: Keine Atomraketen in Ost und West«, Einladungsflugblatt Friedenscamp 1982 des OJA-IG Metall Hamburg. FZH, 554-51, DGB-Hamburg, Antikriegstag 1. September, 1979-1982.

207 Frieden schaffen ohne Waffen, in: *Durchblick*, Zeitung der IG Metall-Jugend Nürnberg, ohne Datum (1981), in: AdsD, 5/IGMA-22-0430.

208 Sinus-Institut, verunsicherte Generation, S. 101, 106, 118 und 122.

209 Bestandsaufnahme zur gewerkschaftlichen Jugendgruppenarbeit, DGB-Jugend (Abteilung Jugend des DGB-Bundesvorstand, ohne Datum), S. 28, in: AdsD, 5/IGMA-22-1093.

verfassten, galt er durch die Teilnahme der DFU als von orthodox-kommunistischer Seite beeinflusst.[210] Der Krefelder Appell wurde von SPD und DGB abgelehnt, der DGB veröffentlichte einen eigenen Aufruf zum 1. September 1981, überschrieben mit »Frieden durch Abrüstung«. Viele Gewerkschafter wie Georg Benz unterschrieben beide Aufrufe, wie es auch viele der Friedensbewegten taten. Aber es zeichnete sich ein Konfliktfeld ab, welches die Diskussionen in den Gewerkschaften prägen sollte: Wie war das Verhältnis zur DKP und zur DDR? Wie konnte dem Vorwurf, nur nützliche Helfer des Ostens zu sein, begegnet werden? Dabei setzten sich die Konfliktlinien der Unterwanderungsdebatte fort: IG Metall, HBV und DPG standen meist gegen IG CKP und IG Bergbau und Energie. Dies markierte auch den Frontverlauf auf dem 2. Weltjugendtreffen des Internationalen Bundes Freier Gewerkschaften (IBFG) Ende August 1981 in Sevilla. An dem Treffen, ursprünglich für 1980 geplant, aber aufgrund von organisatorischen Problemen verschoben[211], sollten über 400 Delegierte des DGB teilnehmen, davon 120 aus der IG Metall.[212] Von den 5.000 Teilnehmerinnen und Teilnehmern des Treffens waren schließlich fast 1.000 aus der Bundesrepublik gekommen, von der IG Metall kamen mehr als 240 Delegierte.[213] »Frieden und Abrüstung« war auf Vorschlag des DGB in das Programm aufgenommen worden, und entsprechend stritten sich auf dem Weltjugendtreffen vor allem die Jugendfunktionäre der DGB-Mitgliedsgewerkschaften und die Landesjugendsekretäre des DGB, die fast vollzählig nach Sevilla gereist waren. Verschiedene Resolutionen wurden diskutiert und schließlich eine Version verabschiedet, in der die Aufrüstungspolitik der USA verurteilt wurde, die Passage zur Bedrohung durch die sowjetischen SS-20-Raketen jedoch wieder gestrichen worden war.[214] Zufrieden notierte ein Beobachter des FDGB, dass sich »die Kräfte in der Gewerkschaftsjugend« durchsetzten, »die antikommunistische und antisowjetische Positionen nicht zum Tragen kommen ließen«.[215] Funktionäre der IG Bergbau und aus dem DGB machten hierfür die IG-Metall-Vertreter verantwortlich; Horst Richter wurde mit einer Aussage zitiert, er halte die sowjetischen SS-20-Raketen nicht für eine Bedrohung.[216] Richter schwächte den Vorwurf später

210 Strutz, Kommunikation, S. 110-118.

211 Horst Richter an die Mitglieder des Jugendausschusses der IG Metall, 3.4.1980, in: AdsD, 5/IGMA-22-0580; Hanns Brauser, Jetzt erst recht!, in: *Solidarität* Nr. 3-4 (1980), S. 5.

212 Vgl. Protokoll der Sitzung des Jugendausschusses beim Vorstand der IG Metall am 24. und 25. Februar 1981 in Frankfurt, in: AdsD, 5/IGMA-22-0440; Beschlussprotokoll der 123. Sitzung des DGB-Bundesjugendausschusses am 10. März 1981 in Oberursel/Taunus, in: AdsD, 5/IGMA-22-0380.

213 Strutz, Kommunikation, S. 135.

214 Zur Wertung als deutsche Diskussion vgl. Strutz, Kommunikation, S. 134-137.

215 Westabteilung (des FDGB), 19.10.1981: Information zum II. Welttreffen der Gewerkschaftsjugend des IBFG vom 22.08 bis 30.08.1981 in Sevilla/Spanien, Unterzeichner: G. Schulze, in: BA-SAPMO-DY-34-13495.

216 So übrigens auch im Bericht der Westabteilung festgehalten, ein Hinweis, dass ihre Kenntnisse aus den Medien gewonnen waren. Vgl. ebd.

ab, er hätte nur von der veralteten Technik der sowjetischen Raketen gesprochen.[217] Gegenüber dem Jugendausschuss der IG Metall rechtfertigte Richter sein Auftreten in Sevilla. Der DGB-Bundesjugendsekretär Hanns Brauser sowie die Vertreter der IG CPK und der IG Bergbau hätten sich nicht an Absprachen gehalten, Papiere zu spät vorgelegt und organisatorische Probleme nicht in den Griff bekommen. Zwar fand Paul Flum, persönlicher Mitarbeiter von Eugen Loderer, dass die Erklärung »schon eine Spur ausgewogener« hätte sein können, aber dies blieb die schärfste Kritik an Richter in dem Gremium.[218] Einigkeit bestand darin, öffentliche Angriffe von anderen Gewerkschaften abzuwehren, auch wenn der IG-Metall-Vorstand nicht mit Richter übereinstimmte. Die Ereignisse wurden auch in den Medien aufgegriffen, um zu belegen, wie zerstritten die Gewerkschaften in der Frage der Abrüstung seien.[219] Kurz vor der Bundesjugendkonferenz des DGB im November 1981 einigten sich Horst Richter, Georg Benz, Karl Schwab und Hanns Brauser darauf, den Punkt Sevilla möglichst außen vor zu lassen und zu den heiklen Themen Polen und Afghanistan nur jeweils einen Antrag zuzulassen.[220]

Im Herbst, kurz nach dem Treffen in Sevilla, kam es zu einem Konflikt über die Teilnahme der Gewerkschaftsjugend an der ersten großen Demonstration der Friedensbewegung in Bonn am 10. Oktober 1981. Die Demonstration, von den christlichen Gruppen Aktion Sühnezeichen/Friedensdienste und der Arbeitsgemeinschaft für den Frieden organisiert, sollte Auftakt für Aktionen in ganz Westeuropa sein. Karl Schwab konnte im Juli 1981 im DGB-Bundesvorstand nicht durchsetzen, dass die DGB-Jugend als offizielle Unterstützer der Demonstration auftreten durfte. Viele Jugendgruppen betrachteten daher den Vorstandsbeschluss als Verbot der Teilnahme. Da die *Frankfurter Rundschau* schon am 10. Juli unter der Überschrift *Protest mit Protestanten untersagt* über den DGB-Bundesvorstandsbeschluss berichtete, setzte eine Diskussion in der Gewerkschaftsjugend ein.[221] Hanns Brauser warnte den DGB, mit der Entscheidung viele aktive Jugendliche zu verprellen, plädierte aber dafür, den Beschluss zu akzeptieren.[222] Die Mitglieder des Jugendausschusses der IG Metall hingegen beschlossen im September 1981, als Angehörige des Jugendausschusses, aber nicht als Gremium zur Teilnahme der Demonstration aufzurufen. Dabei gingen sie davon aus, dass Jugendgruppen, Vertrauenskörper oder andere untere Glie-

217 Aktennotiz Horst Richter an Georg Benz, 10.9.1981, in: AdsD, 5/IGMA-22-0394.

218 Protokoll der Sitzung des Jugendausschusses beim Vorstand der IG Metall am 15. und 16. September 1981 in Nürnberg, in: AdsD, 5/IGMA-22-0507.

219 Die Friedensdiskussion spaltet den Vorstand der Metallgewerkschaft, Loderer und Mayr widersprechen Benz, *Frankfurter Allgemeine Zeitung*, 18.09.1981.

220 Protokoll der Sitzung des Jugendausschusses beim Vorstand der IG Metall am 4. November 1981 in Frankfurt, in: AdsD, 5/IGMA-22-0507.

221 Abgedruckt in: *Solidarität* Nr. 6-7 (1981), S. 4.

222 Hanns Brauser, Die Gewerkschaftsjugend ist Teil des DGB, aber auch ein politischer Jugendverband, in: *Solidarität* Nr. 6-7 (1981), S. 4-6. Kritik an dem Beschluss auch in den Leserbriefen in *Solidarität* Nr. 8 (1981), S. 13.

derungen teilnehmen können. Diese Haltung untermauerte Georg Benz, der bei der Sitzung nicht anwesend war, noch im September in einem Rundschreiben.[223] Benz hatte das Rundschreiben mit Loderer nicht abgestimmt und damit nach Ansicht des IG-Metall-Vorsitzenden gegen die Beschlusslage und die notwendige Disziplin der Organisation verstoßen. Benz sprach trotz dieser Bedenken auf der Demonstration, zwei Tage danach wurde am 12. Oktober eine außerordentliche Vorstandssitzung einberufen, und Benz musste sich rechtfertigen. Er wurde für sein Verhalten scharf kritisiert und ein Beschluss gefasst, dass ein Vorstandsmitglied nicht als Privatperson öffentlich auftreten könne.[224]

An der Bonner Demonstration nahmen rund 300.000 Menschen teil. Von lokalen Gewerkschafts-Gruppen wurden bis zu 2.000 Busse organisiert, bis zu einem Drittel der Teilnehmer stammte aus dem gewerkschaftlichen Umfeld. Benz hatte in seiner Rede die Ablehnung der Rüstung in beiden Systemen hervorgehoben und die Einhaltung der Menschenrechte in den sozialistischen Ländern gefordert.[225] Die Teilnahme einer großen Zahl jugendlicher und junger Gewerkschafter an dieser ersten großen Demonstration der Friedensbewegung und die Teilnahme führender Funktionäre zeigte, dass die Handlungsspielräume in den Gewerkschaften größer waren, als häufig vermutet wurde. Weder der DGB- noch der IG-Metall-Vorstand konnten politisches Verhalten einfach administrieren, und wenn sie es versuchten, konnten die Reaktionen immer noch sehr unterschiedlich sein. Die Demonstration vom Oktober 1981 belegte, dass die gewerkschaftlichen Führungsgruppen politisches Verhalten der Mitglieder nur bedingt steuern konnten. Die Ereignisse markierten eine Bandbreite von gewerkschaftlichen Handlungsmöglichkeiten.

In der Friedensbewegung war die Politik des DGB-Bundesvorstandes darauf gerichtet, einen möglichst eigenständigen gewerkschaftlichen Akzent zu setzen. Anfang 1983 wurde nach langen Diskussionen die Erklärung »Abrüstung ist das Gebot der Stunde!« verabschiedet. Klaus Westermann schrieb an die Mitglieder des Bundesjugendausschusses, dass dies ein wichtiger Schritt sei, um die Friedensbewegung in den Gewerkschaften weiter zu verankern, er aber auch erwarte, dass es »über diese Erklärung hinaus keine gemeinsamen Aufrufe der Gewerkschaftsjugend mit anderen Gruppierungen zu Ostern geben« werde.[226] Der Aufruf war eine Reaktion des Bundesjugendausschusses auf die unterschiedlichen politischen Fliehkräfte, die in der Friedensbewegung wirkten. Gewerkschafter sollten »eigenständig die Positionen, die sich aus der Beschlusslage des DGB ergeben« in der Friedensbewegung vertreten. Dazu gehörte, dass man sich als Teil einer weltweiten Friedensbewegung in Ost und West verstand und hervorhob, dass im Osten das Engagement in der Friedensbewegung ungleich schwerer sei als im Westen. Die Entspannungspolitik sollte durch Abrüstungsgespräche

223 Ausführlich dargestellt Strutz, Kommunikation, S. 140-145.

224 Kempter, Loderer, S. 418-423.

225 Strutz, Kommunikation, S. 149.

226 Klaus Westermann an die Mitglieder des Bundesjugendausschusses, 18.1.1983. FZH, 554-51, DGB-Hamburg, Antikriegstag 1. September, 1979-1982.

fortgesetzt werden, die NATO, aber auch die »Nachrüstungsautomatik« aussetzen. Neben der Abrüstung war der zweite Teil des Aufrufes den »unterdrückten Völkern« gewidmet. Hierbei setzte der DGB-Bundesjugendausschuss ebenfalls auf Kritik an beiden Systemen. Neben dem Rückzug der Sowjetunion aus Afghanistan und einer Nichteinmischung in Polen stand die Forderung an die USA, die mittelamerikanischen Staaten unbehelligt zu lassen, an Israel, sich aus dem Libanon zurückziehen oder eine Kritik an undemokratischen Verhältnissen in der Türkei.[227] Die DGB-Führung befürchtete, als ein allzu unkritischer Teil der Friedensbewegung wahrgenommen zu werden. Mit einem Ende März 1983 in Köln abgehaltenen Kongress war die Abteilung Jugend des DGB daher auch zufrieden. Von den 500 Teilnehmern waren 343 Gewerkschafter, immerhin 117 davon unter 25 Jahre – die Vorgabe, dass auf dem Kongress je zur Hälfte die Gesamtorganisation und die Jugend vertreten sein sollte, sei erfüllt worden, da bei den über 25-Jährigen »zahlreiche hauptamtliche Jugendfunktionäre« dabei waren. Beruhigend war, dass Konflikte wie in Sevilla nicht aufgetreten seien, die DGB-Jugend habe sich sachlich und ernsthaft präsentiert.[228]

Im Beschluss des Bundesvorstand des DGB vom 7. Juni 1983 zum Antikriegstag und zum »Heißen Herbst« 1983 wurde erneut festgelegt, dass eine Teilnahme an Aktionen der Friedensbewegung nur empfohlen werde, wenn »dort auch die Position der Gewerkschaften vertreten werden kann und daß die Sicherheit besteht, daß es zu Gewalttätigkeiten irgendwelcher Art nicht kommt«.[229] Ernst Breit hatte auf der Sitzung Überlegungen über einen Generalstreik entschieden zurückgewiesen. Jeglicher Streikart fehle in dieser Frage die rechtliche Absicherung und bedeute daher eine Gefahr für die Beteiligten. Insbesondere wies Breit das innerhalb der Friedensbewegung aus § 20 Abs. 4 GG abgeleitete Widerstandsrecht für einen Generalstreik zurück. Auch wenn die Stationierung neuer Raketen die Kriegsgefahr erhöhe, so werde damit nicht die Demokratie in eine solche Gefahr gesetzt, dass ein Generalstreik legitim sei.[230] Die Idee zu einem Generalstreik war auf der IG-Metall-Jugendkonferenz im April 1983 diskutiert, aber auch vom IG-Metall-Vorstand abgelehnt worden. Für den 5. Oktober 1983 wurde mit der Aktion »5 vor 12« vom DGB zu einer symbolischen fünfminütigen Arbeitsruhe aufgerufen, die dort, wo sie durchgeführt wurde, weder im Öffentlichen Dienst noch in privatwirtschaftlichen Betrieben mit Sanktionen belegt wurde.[231]

227 Aufruf der DGB-Jugend zu Ostern '83. Manuskript, in: FZH, 554-51, DGB-Hamburg, Antikriegstag 1. September, 1979-1982.

228 Kongreß »Abrüstung ist das Gebot der Stunde!«, Köln, 26./27. März 1983, Auswertung (Abtl. Jugend DGB-Bundesvorstand, ohne Unterzeichner), April 1983, in: AdsD, 5/IGMA-22-0954.

229 Vorlage zur Beratung im Bundesvorstand Betreff Aktivitäten des DGB zum Antikriegstag und zum Thema ›Frieden und Abrüstung‹ im Herbst 1983, in: FZH, 554-51, DGB-Hamburg, Antikriegstag 1. September, 1983.

230 Ernst Breit, Erklärung vor dem Bundesvorstand am 7. Juni 83 zur Friedens- und Sicherheitspolitik, in: FZH, 554-51, DGB-Hamburg, Antikriegstag 1. September, 1983.

231 Strutz, Kommunikation, S. 177-180.

1983 kumulierten die Aktivitäten der Friedensbewegung, die der Bundesregierung einen »Heißen Herbst« zur Abstimmung über den Nachrüstungsbeschluss im Oktober 1983 im Bundestag versprach. Der Beschluss des DGB-Bundesvorstandes zielte darauf, dem verbreiteten Engagement auf lokaler Basis eine gewerkschaftliche Richtung vorzugeben. Zum 1. September 1983 gab es in über 170 DGB-Kreisen eigene Veranstaltungen, häufig von der Gewerkschaftsjugend organisiert.[232] Den September und Oktober über fanden sechs bezirkliche Aktionstage der IG Metall im Rahmen des Jugendmonats statt, an denen Abrüstung und Ausbildungsplätze die dominierenden Themen waren. Während in Hannover demonstriert wurde, wurden in Hamburg über die ganze Stadt verteilt Infostände aufgebaut, abends ein Konzert mit Songgruppen gegeben. Auch eine alternative Hafenrundfahrt und eine Fahrt zur KZ-Gedenkstätte Neuengamme gehörten zum Programm. Der Bezirk Frankfurt organisierte den Aktionstag in der Kleinstadt Neuwied, der Bezirk Münster in Ahlen, um den Anspruch auf »Frieden und Arbeit für alle« zu unterstreichen.[233] Die gewerkschaftlichen Aktivisten waren auch bemüht, Themen der Friedensbewegung in die Betriebe zu bringen. Eine lokale Aktionsform der Friedensbewegung war die Erklärung von Kommunen und einzelnen Orten zur »atomwaffenfreien Zone«.[234] Diese zum Jahreswechsel 1981/82 aufkommende Aktionsform bot Initiativen die Möglichkeit, friedenspolitische Diskussionen in lokale Kontexte zu tragen, der Höhepunkt lag im Jahr 1983. Susanne Schregel sieht in der Verbreitung dieser symbolischen Aktionsform einen Beleg für das Absinken friedenspolitischer Praktiken in den Raum des Alltäglichen, abseits von Großereignissen und -demonstrationen.[235] Betriebe wurden allerdings seltener »atomwaffenfrei« erklärt als Universitäten, Schulen oder Kirchen. Die zunehmend satirischen Erklärungen von Wohnungen, Toiletten oder einzelnen Seiten in Zeitschriften zu atomwaffenfreien Zonen belegen die inflationäre Verbreitung dieser Aktionsform, die durch Markierungen und Aufkleber visuell unterstützt wurden.[236]

Die betrieblichen Friedensaktivitäten in der IG Metall wurden vor allem von Jugendvertretungen und der DKP getragen. Im Jahrbuch des Instituts für marxistische Studien und Forschungen wertete Peter Müller Ende 1984 die betrieblichen Friedensinitiativen aus. Das Scheitern der Friedensbewegung erklärte sich

232 Endgültige Zusammenstellung der Aktivitäten der DGB-Kreise zum 1. September 1983. DGB-Bundesvorstand, 19.8.1983, in: FZH, 554-51, DGB-Hamburg, Antikriegstag 1. September, 1983.

233 Zusammenstellung von Presseartikeln zu den Aktionstagen in: AdsD, 5/IGMA-22-0872.

234 Umfassend über die »Kleingärten des Friedens«: Schregel, Atomkrieg, S. 267-328; als lokales Beispiel einer kommunalen Erklärung: Claudia Kemper, Als die Entrüstung begann. Bürgerprotest, atomwaffenfreie Zonen und große Politik in Hamburg in den 1980er Jahren, in: Forschungsstelle für Zeitgeschichte in Hamburg (Hrsg.), 19 Tage Hamburg. Ereignisse und Entwicklungen der Stadtgeschichte seit den fünfziger Jahren, München/Hamburg 2012, S. 233-247.

235 Schregel, Atomkrieg, S. 277.

236 Ebd., S. 310-316.

für ihn daraus, dass »aus der Arbeiterklasse und ihren Gewerkschaften [...] noch zu wenig Druck« entwickelt worden sei.[237] Der Schwerpunkt läge in Großbetrieben der Stahl- und Metallindustrie und im öffentlichen Dienst, faktisch bei der IG Metall und der ÖTV. Der Aufschwung von betrieblichen Friedensgruppen begann 1982 und erreichte seinen Höhepunkt im folgenden Jahr. Auf einem Treffen der betrieblichen Friedensinitiativen, das von der Dortmunder Hoesch-Friedensinitiative organisiert wurde, waren im September 1983 rund 130 Initiativen und über 1.000 Personen nach Dortmund gekommen, um Erfahrungen auszutauschen und über den von der Friedensbewegung ausgerufenen »Tag der Betriebe« am 19. Oktober 1983 zu debattieren.[238] Wenn auch unverkennbar ist, dass die treibende Kraft vor allem DKP-Aktivisten in den Betrieben waren – die Jusos hatten sich aus der Vorbereitung des Treffens zurückgezogen –, war das Teilnehmerspektrum größer.[239] In der DKP-Diktion hieß dies: »Den Träger betrieblicher Friedensarbeit bildet in vielen Großbetrieben ein linker Kern von Aktiven, zusammengesetzt aus fortschrittlichen Sozialdemokraten, Kommunisten und gewerkschaftlich organisierten Parteilosen.«[240] Während aus den Großbetrieben und dem öffentlichen Dienst auf dem Treffen eher positive Berichte über Resonanzen in der Belegschaft kamen, waren die Aktivisten in kleineren Betrieben meist isoliert.[241] Trotzdem war es keine reine DKP-Veranstaltung. In der Hoesch-Betriebsgruppe arbeiteten Kommunisten und Sozialdemokraten zusammen, in Abstimmung mit Betriebsrat und Vertrauenskörperleitung. Die Dortmunder Hüttenwerke wurden schließlich am 19. Oktober 1983 zur atomwaffenfreien Zone erklärt.[242] Die Mehrzahl der IG-Metall-Friedensgruppen wurde in Abstimmung mit den lokalen Funktionären und Betriebsräten organisiert. Jugendvertretungen oder -gruppen waren häufiger auslösende Kräfte für betriebliche Friedensinitiativen, so bei Daimler-Benz in Untertürkheim oder dem VW-Werk in Kassel-Baunatal.[243]

Praktische Tätigkeiten waren meist die Sammlung von Unterschriften, um einzelne Betriebsteile, insbesondere Lehrwerkstätten, zu »atomwaffenfreien Zonen« zu erklären.[244] In Hamburg waren Anfang 1983 von zehn Betrieben mit aktiver Jugendvertretung zwei Lehrwerkstätten bei der Werft Blohm + Voss und

237 Peter Müller, Betriebliche Friedensinitiativen in der Bundesrepublik, in: Jahrbuch des Instituts für marxistische Studien und Forschungen 7 (1984), S. 84-94, hier S. 84.

238 Ebd., S. 92.

239 Zur Diskussion der Vorbereitung des Kongresses vgl. Strutz, Kommunikation, S. 187-189.

240 Müller, Friedensinitiativen, S. 89.

241 Dortmund. Bundesweites Treffen der betrieblichen Friedensinitiativen, in: *Arbeiterpolitik*. Informationsbriefe der Gruppe Arbeiterpolitik 24 (30.10.1983), Nr. 6/7, S. 29 f.

242 Hoesch-Dortmund: Die Herausbildung einer politischen Kraft, in: *Arbeiterpolitik*. Informationsbriefe der Gruppe Arbeiterpolitik 24 (30.10.1983), Nr. 6/7, S. 27-29, S. 29.

243 Müller, Friedensinitiativen, S. 88 und S. 90.

244 Ebd., S. 91.

der Firma STILL zu atomwaffenfreien Zonen erklärt worden.[245] In Mannheim räumte der OJA ein, dass in »den Betrieben […] die Diskussion zu diesem Thema nicht immer einfach (war). Nur in wenigen Betrieben gelang es uns bisher, die Lehrwerkstätten zu einer atomwaffenfreien Zone zu erklären.«[246] Es war zu der Zeit nur in dem Werk BBC-Käfertal gelungen, wo auch die einzige größere Betriebsjugendgruppe der Verwaltungsstelle existierte, die Lehrwerkstatt als atomwaffenfrei zu markieren. Manche Aktionen hatten Folgen für die Akteure. Der Jugendvertreter Andreas Hameister bei der Werft Blohm + Voss in Hamburg hatte angeblich gegen den Stapellauf einer Bundeswehr-Fregatte mit Aufklebern protestiert, die die Aufschrift hatten: »Soll B+V Profit mit Fregatten raffen? Wir wollen lieber für den Frieden schaffen«. Er war daraufhin entlassen worden, mit der Begründung, er sei mehrmals zu spät gekommen. Die IG Metall gewährte Rechtsschutz, die Kündigung wurde aufgehoben.[247]

Die neue Politisierungswelle in der Friedensbewegung blieb in der IG-Metall-Jugend nicht ohne Widerspruch. Aber diese Kritik äußerte sich nicht in politischen Gegenbewegungen, sondern eher in Zurückhaltung oder dem Ignorieren von Aktionsvorschlägen der Abteilung Jugend. Zwei Jugendvertreter aus Schweinfurt formulierten im Mai 1981 Vorschläge, die »Interesselosigkeit der Jugendlichen gegenüber den Gewerkschaften« zu beheben. Die Jugendarbeit müsse explizit »unpolitisch« gestaltet werden, persönliche Meinungen respektiert und »nicht die allgemeine Gewerkschaftsmeinung in einen hineingepreßt werden (Atomkraftwerke, Frieden u. Abrüstung, Zivildienst u.s.w.)«.[248] Die drei genannten Stichworte markierten dominierende politische Themen der IG-Metall-Jugend. Es war aber in den Jugendvertretungen auch möglich, sich auf die betriebliche Arbeit zu konzentrieren und allgemeinpolitische Aktivitäten der Gewerkschaften zu ignorieren. Ein solches attentistisches Verhalten lässt sich nur schwer einschätzen, die Abteilung Jugend erhielt nur selten Zuschriften in diesem Sinne. Der Abstand zwischen den aktiven jungen IG-Metall-Mitgliedern und der einfachen Mitgliedschaft schien sich zu vergrößern, eine Politisierung des betrieblichen Alltags war zumindest nicht zu beobachten. Aber die Argumentationen der IG-Metall-Jugend konzentrierten sich nicht mehr um die Arbeiterklasse, sondern waren angeschlossen an eine soziale Bewegung, die im Selbstverständnis gerade keine spezifische soziale Schicht repräsentierte.

Trotz der nach dem Herbst 1983 zurückgehenden Demonstrationsaktivitäten blieb Frieden für die Gewerkschaftsjugend ein beherrschendes Thema. Die

245 Protokoll der OJA-Sitzung der IG Metall-Verwaltungsstelle Hamburg, 17.2.1983, in: AdsD, 5/IGMA-22-0876.

246 Geschäftsbericht des Ortsjugendausschusses der Verwaltungsstelle Mannheim, März 1981–Dezember 1983, in: AdsD, 5/IGMA-22-0873.

247 Blohm&Voss verliert Arbeitsgerichtsprozeß gegen Jugendvertreter, in: *Lehmann*, Organ der Hamburger IG Metall-Jugend Nr. 8 (Herbst 1982), in: AdsD, 5/IGMA-22-0494.

248 R. Sauer und Michaela Loske, Jugendvertretung Fichtel & Sachs Schweinfurt, an Hauptverwaltung der IG Metall, 25.5.1981. In. AdsD, 5/IGMA-22-0404.

Bremer IG-Metall-Jugend forderte, nicht nachzulassen und auf einen Abzug der stationierten Raketen zu drängen, gerade auch weil sich so viele Kollegen aus den Betrieben beteiligt hätten.[249] Aus Hamburg hieß es zum Aktionstag 1985 der IG-Metall-Jugend fast trotzig: »Frieden und Arbeit für alle! Unser Kampf geht weiter!«.[250] Die bundesweite Tournee der IG Metall zum Jugendmonat 1984 stand unter dem Motto »Frieden und Arbeit für Alle« und verschlang – wie die Jahre zuvor – gut 255.000 DM, es wurden 27 Konzerte mit den politischen Gruppen *Rocktheater Nachschicht* und der holländischen *Internationale Nieuwe Scene* organisiert, die erneut überwiegend in kleineren Städten gastierten.[251] Aber der DGB-Bundesjugendsekretär Klaus Westermann resümierte Ende 1984 das »viele Gewerkschafter und Mitglieder von Friedensinitiativen« zu Hause geblieben seien, als Grund vermutete er uneinheitliche Konzepte der Gewerkschaften.[252] Dies war wohl weniger der Auslöser, denn Beteiligungen an Aktionen waren auch Ausdruck einer Stimmung, einer Faszination der großen Demonstrationen in den Jahren 1981 bis 1983, der sich viele nicht entziehen konnten. Dies soziale Motiv war für Jugendliche ansprechender als konzeptionelle Fragen.

Aber Organisationen bleiben oft länger auf einmal eingeschlagenen Pfaden als sozial eruptive Bewegungen, wie es die Friedensbewegung auch war. Wie aber sollte die Dynamik der Friedensbewegung nach dem Stationierungsbeschluss aufrechterhalten werden? Der DGB-Bundesjugendausschuss beschloss im März 1984, den 40. Jahrestages des Kriegsendes zum Anlass zu nehmen, die Vorschläge der Palme-Kommission für eine atomwaffenfreie Zone in Europa mit dezentralen Aktionen zu verbreiten.[253] Im Oktober 1984 schlug die Abteilung Jugend vor, eine bundesweite Fahrradstafette mit einer Nord- und einer Südroute zu organisieren. Die Teilnehmer sollten einen »möglichst großen Raum für die Eigenaktivitäten« erhalten und zum Beispiel spontane Aktionen durchführen.[254] Der Jugendausschuss der IG Metall unterstützte die Aktion, die für die DGB-Jugend »höchste Priorität« besaß. Im Februar 1985 hatten sich fast alle Verwaltungsstel-

249 Gewerkschaften und Friedensbewegung – Wie geht es weiter?, in: ›Ihr seid wohl wahnsinnig‹, hrsg. von der IG-Metall-Jugend Bremen, Nr. 2/1984, in: AdsD, 5/IGMA-22-0871.

250 Geschäftsbericht 1984-1985-1986 der Bezirksleitung Hamburg der IG Metall, Hamburg 1986, S. 126.

251 Gisela Niclas, Abt. Jugend, »Frieden und Arbeit für Alle – zentrale Tournee 1984«, interner Vermerk, ohne Datum, in: AdsD, 5/IGMA22-0898; Zentrale Tournee 1984, Vorlage für die Sitzung Jugendausschuss am 7.9.1984, in: AdsD, 5/IGMA-22-0888.

252 Ulrich Aghte, Thema Frieden: Weniger aktiv, in: *Welt der Arbeit* Nr. 49, 6.12.1984, S. 4.

253 Die unabhängige Kommission für Abrüstung und Gemeinsame Sicherheit unter dem Vorsitz des schwedischen Premierministers Olof Palme legte der UNO 1982 ihre Vorschläge vor.

254 Bericht über die Friedensfahrradstafette der DGB-Jugend vom 1. bis 11. Mai 1985, ohne Autor (Abteilung Jugend des DGB), S. 1, in: AdsD, 5/IGMA-22-1082. Vgl. die vor allem um die internen Kritiken bereinigte veröffentlichte Fassung: Klaus Westermann, Nach vorn schauen …, in: *Solidarität* Nr. 6 (1985), S. 3-16, sowie zum Ablauf der Vorbereitungen Strutz, Kommunikation, S. 190-193.

len der IG Metall, die an der Route lagen, zur Unterstützung bereit erklärt.[255] Die auch von der IG Metall aufwendig organisierte Fahrradtour zeigte jedoch, dass der große Schwung der Friedensbewegung vorbei war, auch wenn die Abteilung Jugend des DGB davon sprach, dass die Aktion »stilbildend« für die Zukunft sein werde.[256] Die beiden Routen wurden jeweils von einer Kernmannschaft befahren. Diese starteten am 1. Mai, Abschluss war am 11. Mai 1985 ein großes Friedensfest in Mainz. Unterwegs wurden die Kernmannschaften – im Norden rund 100 Personen, im Süden nur 22, obwohl sich 68 angemeldet hatten – von lokalen Gruppen begleitet. Bei der Nordroute kamen so zeitweilig bis zu 500 Radfahrer zusammen. Die politische Botschaft war von Friedensmetaphorik und der Erinnerung an den Nationalsozialismus geprägt. Mancher Zwischenhalt wurde zur Ausrufung einer atomwaffenfreien Zone genutzt, es wurden auch Erinnerungsorte an nationalsozialistische Verbrechen aufgesucht. So gelang es, in die Friedensaktivitäten die Erinnerungsgeschichte einzubeziehen. Das straffe Programm mit mehreren täglichen Veranstaltungen belegte eine hohe Effizienz der organisatorischen Leistungsfähigkeit der Gewerkschaften, und die offizielle Begrüßung in den Orten zeigte die institutionelle Anerkennung, die der Aktion der Gewerkschaftsjugend entgegengebracht wurde. Es gab zwar mit CDU-Bürgermeistern intensive Diskussionen, aber problematischer waren eher kleinere atmosphärische Störungen. So als in Rennerod im Westerwaldkreis der DGB-Kreisvorsitzende zur Begrüßung der Stafette das Lied *Oh du schöner Westerwald* spielen wollte und die Jugendlichen protestierten, da das Lied »durch seine Rolle in der Hitler-Wehrmacht einseitig besetzt« sei, oder als in Limburg die jüngeren Teilnehmer in einem Jugendzentrum bei »Rockmusik« bleiben wollten, während die älteren Teilnehmer sich an einen ruhigen Ort zurückzogen.[257] Die Teilnahmezahlen entsprachen nicht den Erwartungen, insbesondere bei den Veranstaltungen waren Kerngruppen und lokale Repräsentanten häufiger unter sich oder wurden nur von einer SDAJ-Gruppe begrüßt.

Die mit großem organisatorischem Aufwand durchgeführte Stafette wurde von der Abteilung Jugend des DGB als Erfolg bewertet. Die Kernmannschaften konnten sich politisch darstellen und waren mit der Aktion – die einen sozialen Zusammenhalt förderte – sehr zufrieden. Für die lokalen Gruppen sei es Anlass gewesen, auf ein konkretes Ziel hinzuarbeiten. In die Zufriedenheit mischten sich aber auch Missklänge. In Mainz waren zum Abschlussfest statt der erwarteten 10.000 nur 3.000 Teilnehmer gekommen, mehrere geplante Sonderzüge mussten abgesagt werden. Die Friedensfahrradstafette symbolisierte einen Schlusspunkt unter die bundesweite Mobilisierung der friedensbewegten Aktivitäten der Gewerkschaftsjugend. Die Gewerkschaften blieben häufig im

255 Protokoll der Sitzung des Jugendausschusses beim Vorstand der IG Metall am 4. und 5. Dezember 1984 in Frankfurt, in: AdsD, 5/IGMA-22-0946; Protokoll der Sitzung des Jugendausschusses beim Vorstand der IG Metall am 26. und 27. Februar 1985, in: AdsD, 5/IGMA-22-1081.

256 Ebd., S. 10.

257 Ebd., S. 20 f.

lokalen Rahmen der Friedensgruppen aktiv – so war der 1. September ein festes Datum in den meisten Verwaltungsstellen der IG Metall –, aber die Dominanz der Friedensthematik in der Arbeit der Jugendgruppen und den betrieblichen Diskussionen ging zurück.[258] Diese Erkenntnis erhält ihren spezifischen Sinn, wenn sie umgedreht wird: Dass in den Hochzeiten der Friedensbewegung so viele gewerkschaftliche Jugendgruppen engagiert waren, ist ein Hinweis darauf, dass es eine vor allem anlassbezogene Mobilisierung war, an der sich weniger jugendliche Beschäftigte aus den Betrieben beteiligten. Die Friedensbewegung war kein organisationspolitischer Pyrrhussieg der Gewerkschaftsjugend, aber sie symbolisierte auch die Entfernung von betrieblichen Aktivitäten.

4.2.2. Ein praktisches Feld – Die Kampagne für Nicaragua

Ein zweites und wichtiges Thema außerhalb der Betriebe, in dem sich gewerkschaftliche Spezifika und Mischungen mit neuen sozialen Bewegungen zeigten, waren internationale Solidaritätskampagnen der IG-Metall- wie der DGB-Jugend, im Besonderen für Nicaragua. Internationale Solidarität als Auseinandersetzung und Unterstützung mit anderen Ländern hatte in der Gewerkschaftsjugend eine lange Tradition. Internationale Kontakte gab es nach 1945 zuerst zu Gewerkschaften in europäischen Nachbarstaaten, die in gegenseitigen Delegationsbesuchen und Studienreisen vor allem persönliche Eindrücke und Kontakte vermittelten. Dazu gehörten neben Dänemark und Frankreich schon früh Verbindungen nach Israel. Enge Verbindungen mit der israelischen Gewerkschaft Histadrut bestanden seit den 1950er Jahren.[259] Eine andere Ebene von Wahrnehmungs- und eher einseitigen Austauschprozessen lag in der Unterstützung von Unabhängigkeits- und Befreiungsbewegungen in der Dritten Welt. So hatten sich Mitarbeiter des DGB und der IG Metall Ende der 1950er Jahre, wie auch eine Reihe der heimatlosen und Neuen Linken, für die algerische Befreiungsbewegung FNL eingesetzt. Dazu gehörten Geldsammlungen und Aufklärung über Bundesdeutsche in der französischen Fremdenlegion, aber auch die Versorgung von Flüchtlingen und französischen Deserteuren.[260]

258 Vgl. zu den Aktivitäten nach 1985 Strutz, Kommunikation, S. 204-218.

259 Nach dem Libanonkrieg 1982 beschloss der Jugendausschuss die Verschiebung der Delegationsreise. Man war sich einig über die enge Verbundenheit mit Israel, verurteilte aber die Massaker christlicher Milizen in palästinensischen Flüchtlingslagern bei Beirut. Protokoll der Sitzung des Jugendausschusses beim Vorstand der IG Metall am 28. und 29. September 1982 in Frankfurt, in: AdsD, 5/IGMA-22-0979.

260 Die einzige kompakte Darstellung dazu: Claus Leggewie, Kofferträger. Das Algerien-Projekt der Linken im Adenauer-Deutschland, Berlin 1984; aus sympathisierender journalistischer Sicht: Werner Balsen/Karl Rössel, Hoch die Internationale Solidarität. Zur Geschichte der Dritte-Welt-Bewegung in der Bundesrepublik, Köln 1986, S. 63-91. Die *metall* unterstütze die FNL publizistisch. Andresen, Widerspruch, S. 235 f. Noch 1964 waren auf dem Spendenkonto der Gewerkschaftsjugend für Algerien 2.000 DM vorhanden, die, vom Vorstand der IG Metall um 3.000 DM erhöht,

Bald abgelöst von der Auseinandersetzung mit dem Vietnamkrieg, folgte als Schwerpunkt in den 1970er Jahren Chile. Als Bewegung, in der dichte Netzwerke von Solidaritätsgruppen und praktische Unterstützung für Flüchtlinge organisiert wurden, bildete sich ab 1973 die Chile-Solidarität, die allerdings nicht mit der Wahl des sozialistischen Präsidenten Allende in Chile 1970, sondern erst nach dem Militärputsch vom 11. September 1973 in der Bundesrepublik einen Aufschwung erlebte. Bis Ende der 1970er Jahre blieb Chile ein bestimmendes Thema der bundesdeutschen Linken in ihren unterschiedlichen Schattierungen.[261] Dies galt auch für die Gewerkschaftsjugend. Die Stipendiaten der Stiftung Mitbestimmung hatten sich 1974 dazu verpflichtet, ein Prozent ihres Stipendiums für die Chile-Solidarität zu spenden, die Stiftung Mitbestimmung verdoppelte den Betrag.[262] Bei der Chile-Solidarität ging es vor allem darum, nach dem Putsch gegen die sozialistische Regierung Unterstützung für die Flüchtlinge in Europa und den Widerstand in Chile zu organisieren. Chilenische Gruppen oder einzelne Akteure in der Bundesrepublik hatten Verbindungen zu den Gewerkschaften und traten bei Veranstaltungen auf oder nutzten die gewerkschaftliche Unterstützung für Aktionen.[263] Einem Internationalismus war immer auch eine innenpolitische Komponente zur eigenen Positionsbestimmung mit eingeschrieben. In der politischen Kommunikation über revolutionäre Phantasien und praktische Strategien, die sich mit Ländernamen wie Vietnam, Chile oder Kambodscha verbanden, ging es auch um spezifische Deutungen innerhalb der Linken. Der Versuch der chilenischen Unidad Popular unter Salvador Allende, einen Sozialismus durch Wahlen zu erreichen und einen Übergang ohne Entmachtung der alten Eliten durchzuführen, erschien nach 1973 als gescheiterte Strategie. So wurde Chile auch Synonym für Debatten über die richtige Strategie einer revolutionären Politik. Ende der 1970er Jahre war die »Internationalismusarbeit« der Neuen Linken in einer Krise. Die Entwicklungen in manchen Ländern nach dem Sieg der Befreiungsbewegungen, wie in Vietnam und Kambodscha, führten zu skeptischen Einschätzungen und zunehmender Distanz. Der auf revolutionäre Umwälzung gerichtete »Drittweltismus« war

für ein sozialistisches Zeltlager in Algerien eingesetzt wurden. Aktennotiz Otmar Günther an Georg Benz, 24.8.1964, in: AdsD, 5/IGMA-450-20015.

261 Als sympathisierender Überblick: Balsen/Rössel, S. 302-354; als Fallstudie für die katholische Unterstützungsarbeit: Barbara Rupflin, Kirche in Bewegung: Die Chile-Solidarität der katholischen Studentengemeinde Münster, in: Baumann/Gehrig/Büchse, Milieus, S. 191-209.

262 Damit wurden vor allem chilenische Flüchtlinge in Europa unterstützt. Krafczyk/Steis, Rolle, S. 213. Vgl. als parallele Erzählung über Ereignisse in Chile und den Aufbau des Solidaritätsfonds: Gabriele Eissenberger: Nicht nur ein Stück Geschichte Chiles. Solidaritätsarbeit der Hans-Böckler-Stiftung und ihrer Stipendiaten für die chilenische Gewerkschafts- und Menschenrechtsbewegung 1973-1992, Münster 2013.

263 Bericht über den Hungerstreik von Chilenen im Hamburger Gewerkschaftshaus. Dieser dauerte elf Tage im Mai/Juni 1978 und war Teil einer weltweiten Aktionskette von Chilenen. Vgl. den Erfahrungsbericht eines Fotografen: Hungerstreik für Chile, in: *Arbeiterfotografie* Nr. 16, November 1978, S. 20-23.

Ende der 1970er Jahre »tot«, da sich die revolutionären Erwartungen nicht erfüllt hatten.[264] Dies galt weniger für eine eher pragmatische Seite der internationalen Solidaritätsarbeit, die sich in kirchlichen Gruppen und in der Kritik an der Entwicklungshilfe schon in den 1970er Jahren formierte. Wenn auch von grundlegender Kritik an westeuropäischer Entwicklungspolitik geprägt, fanden revolutionäre Ambitionen weniger Zuspruch.[265]

In der Unterstützung und Auseinandersetzung mit Nicaragua kamen Überreste und Neuformationen des Drittweltismus und pragmatische Gruppen wieder näher zusammen, und auch die Gewerkschaftsjugend fand hier ein Betätigungsfeld. Was waren die Auslöser? In Nicaragua hatte die linke Frente Sandinista de Liberación Nacional (FSLN) über die Diktatur des Familienclans der Somozas im Juli 1979 gesiegt. Seit 1978 in einem Bündnis mit der bürgerlichen Opposition, war die Regierung anfangs aus dem Bündnis gebildet worden, nach verschiedenen Friktionen stellte ab März 1981 die FSLN unter Daniel Ortega allein die Regierung. 1981 begannen die Contras, zuerst aus Resten der früheren Nationalgarde gebildet und unterstützt von den USA, einen Guerillakrieg gegen die FSLN. Die dadurch ausgelöste politische Instabilität, zu der auch Konflikte um Landverteilungen und mit den Miskito-Indianern im Osten des Landes beitrugen, ließen Befürchtungen hinsichtlich einer US-amerikanischen Intervention größer werden. 1981 wurde der Notstand ausgerufen und eine Reihe von repressiven Maßnahmen – unter anderem ein Streikverbot – verkündet.[266] 1979 hatte die neue Junta soziale Kampagnen eingeleitet. Alphabetisierungskampagnen und der Aufbau einer öffentlichen Gesundheitsversorgung sollten zur Verbesserung der Lebensbedingungen beitragen. Es kam aber nicht zu einer umfassenden Verstaatlichung von Ländereien, der Staatsbesitz erhöhte sich vor allem durch Beschlagnahmungen geflohener Somoza-Anhänger. Die Sowjetunion unterstützte die linke Junta, konnte aber das Land nie vollständig an ihre Seite bringen. Der Versuch, einen Weg zwischen den Blöcken und im politischen Aufbau des Landes zu finden, trug mit zu der hohen Sympathie bei, die Nicaragua in den frühen 1980er Jahren in der Bundesrepublik und anderen westlichen Ländern genoss.

Die bundesdeutsche Solidaritätsbewegung, deren Spektrum von sozialdemokratischen und kirchlichen Gruppen bis hin zu den Autonomen reichte, hatte zwei wesentliche politische Bezugspunkte: zum einen die Unterstützung einer sich im Aufbau befindlichen sozialistischen Gesellschaft und zugleich die Ablehnung der US-amerikanischen Politik der Destabilisierung Nicaraguas. Bereits

264 Wilfried Mausbach, Von der ›zweiten Front‹ in die friedliche Etappe? Internationale Solidaritätsbewegungen in der Bundesrepublik 1968-1983, in: Reichardt/Siegfried, Milieu, S. 423-444, hier S. 439.

265 Ebd., S. S. 439-442.

266 Als Überblick vgl. Michael Förch, Zwischen utopischen Idealen und politischer Herausforderung. Die Nicaragua-Solidaritätsbewegung in der Bundesrepublik. Eine empirische Studie, Frankfurt a. M. 1995, S. 76-89; Clifford L. Staten, The History of Nicaragua, Santa Barbara (Calif.) u. a., 2010, S. 91-124.

1978 wurde in Wuppertal das »Büro Nicaragua« von einigen Gruppen gegründet, Ende 1978 fungierte es als zentrale Koordinationsstelle von Solidaritätsgruppen und behielt diese Funktion die 1980er Jahre hindurch. Die Solidaritätsbewegung in der Bundesrepublik verstand sich als anti-imperialistisch und zum Teil mit eigenen revolutionären Aspirationen versehen, aber die Größe der Unterstützung – es gab bis zu 400 lokale Gruppen und kirchliche sowie gewerkschaftliche Initiativen – resultierte aus dem Versuch, eine sozialistische Gesellschaft zwischen den Blöcken aufzubauen.[267] Schon gegen Ende der Somoza-Diktatur gab es einen Aufschwung an Solidaritätsaktivitäten. Ein Teil der ersten Aktivisten wandte sich El Salvador zu, um den dortigen Guerilla-Kampf zu unterstützen.[268] Dort hatte sich die innenpolitische Situation durch die Ermordung des Erzbischofes von San Salvador, Óscar Arnulfo Romero, im März 1980 zugespitzt. Die Unterstützung des neuen Nicaraguas und des Guerillakampfes in El Salvador wurde zu einem beherrschenden Thema der Linken in der Bundesrepublik. Die *taz* startete im November 1980 die Spendenkampagne »Waffen für El Salvador«. Damit wurde die Diskussion um die Legitimität des bewaffneten Kampfes auch in die Friedensbewegung getragen.[269] Infolge einer befürchteten Intervention der US-Regierung gab es in der Bundesrepublik 1982 vermehrt Demonstrationen – in einer Mischung von Friedensbewegung, Mittelamerikasolidarität und Anti-Imperialismus. Als im Oktober 1983 US-amerikanische Truppen die linksgerichtete Regierung des Inselstaates Grenada festnahmen, verstärkte sich die Befürchtung einer Intervention in Nicaragua. Die FSLN rief daraufhin zu internationalen Arbeitsbrigaden auf, die neben praktischer Arbeit – bei der Kaffeeernte oder in Bauprojekten – die Funktion von Schutzschilden haben sollten, um eine Intervention seitens der USA politisch zu erschweren. Bis 1990, so wurde aus Kreisen ehemaliger Aktivisten geschätzt, nahmen bis zu 15.000 Bundesdeutsche an politisch motivierten Arbeitseinsätzen in Nicaragua teil.[270] Zumeist linke Gewerkschafter organisierten ebenfalls bundesweit Aktionen und vertrieben die Zeitung *Nica-Info*. Die bis zu 40 Arbeitsbrigaden, die vor allem in der zweiten Hälfte der 1980er Jahre aus dem gewerkschaftlichen Umfeld organisiert wurden, waren von Facharbeitern geprägt, die praktische Fertigkeiten vermitteln konnten.[271]

267 Vgl. als knappen Überblick einer Beteiligten: Barbara Lucas, ›Die Solidarität ist die Zärtlichkeit der Völker …‹. Überblick über die bundesdeutsche Solidaritätsbewegung, in: Erika Harzer u. Willi Volks (Hrsg.), Aufbruch nach Nicaragua. Deutsch-deutsche Solidarität im Systemwettstreit, Berlin 2008, S. 56-62.

268 Förch, Idealen, S. 92-95 f.

269 Vgl. den knappen Rückblick eines Aktivisten: Gert Eisenbürger, Was wir uns alles vorstellen konnten. Die Solidaritätsbewegung mit El Salvador in der alten Bundesrepublik, in: *ILA* Nr. 324, April 2009, S. 41 f.

270 Lucas, Solidarität, S. 58.

271 Vgl. den impressiven Rückblick eines der Akteure: Reimar Jelkmann, Rafa oder Rada? Gewerkschaftliche Kontakte, in: Erika Harzer u. Willi Volks (Hrsg.), Aufbruch nach Nicaragua. Deutsch-deutsche Solidarität im Systemwettstreit, Berlin 2008[1], S. 152-155.

Nachdem im April 1983 der Arzt Tonio Pflaum und im Juli 1986 der Maschinenschlosser Berndt Koberstein von Contra-Rebellen im Norden des Landes ermordet worden waren, wurden die Arbeitsbrigaden nicht mehr in umkämpften Gebieten eingesetzt. Beide Ermordeten stammten aus Freiburg. Der 1956 geborene Koberstein war nach seiner Lehre in Freiburg nicht übernommen und schloss sich der SDAJ und später der DKP an und war in der IG-Metall-Jugend aktiv. Er hielt sich seit Anfang 1986 als Aufbauhelfer für längere Zeit in einem umkämpften Gebiet im Norden des Landes auf.[272] Ab 1984 gab es auch Initiativen zu Städtepartnerschaften mit Nicaragua, die meist auf kommunalpolitischer Ebene von den Grünen und Teilen der SPD getragen wurden. Bis 1989 schlossen über 20 bundesdeutsche Städte Partnerschaften mit nicaraguanischen Städten.[273] Die Unterstützungsaktivitäten der Gewerkschaften wuchsen seit 1979 an. Der Landesvorstand der Hamburger SPD beschloss schon zehn Tage vor der Flucht Somozas, den DGB Hamburg zu bitten, auf der Kundgebung zum Anti-Kriegstag 1979 eine Spendensammlung »zugunsten von Nicaragua« durchzuführen.[274] Im April 1980 wurde auf der Bundesjugendkonferenz der IG Metall die Solidaritätskampagne »Solidarität lernen – IG Metall Jugend für Nicaragua« beschlossen, mit der die Alphabetisierungskampagne unterstützt werden sollte. Der Jugendausschuss der IG Metall fasste schließlich im November 1980 einen entsprechenden Beschluss. Eine Solidaritätskampagne sollte zeitlich befristet sein und vor allem Geld für zuvor klar definierte Projekte aufbringen.[275] Auf dem Spendenkonto gingen ab April 1981 Zahlungen ein. Georg Benz reiste mit einer Delegation des DGB im Frühjahr 1981 nach Nicaragua und berichtete zuversichtlich über die Entwicklung des Landes, man hatte versucht, ein passendes Projekt für die Spenden zu finden.[276] Als im November 1981 in Nicaragua der Ausnahmezustand verhängt wurde, der auch ein Streik- und Ausreiseverbot sowie Einschränkungen der Pressefreiheit umfasste, vermutete Benz, dass die Maßnahme nur kurzfristig sei und sich aus einer besonderen innenpolitischen Situation ergebe.[277] Diese Ausnahmemaßnahmen, die längere Zeit bestanden, führten in der Bundesrepublik immer wieder zu kritischen Nachfragen, ob Menschenrechte in dem oft auch idealisierten Land eingehalten würden. Es ging dabei um eine »kritische Solidarität« gegenüber einem Land in

272 Beide stammten aus Freiburg, wo heute zwei Brückennamen an sie erinnern. Förch, S. 97 f.; zur Erinnerung an Koberstein, der eine Lehre gemacht hatte und Mitglied der SDAJ gewesen war, vgl. Vor 25 Jahren wurde Berndt Koberstein in Nicaragua ermordet, in: *Badische Zeitung*, 28.7.2011.

273 Förch, 98 f.

274 Werner Noll, Landesgeschäftsführer SPD, an Hans Saalfeld, DGB-Kreisvorsitzender, 16.7.1979, in: FZH, 554-51, DGB-Hamburg, Antikriegstag 1. September, 1979-1982.

275 Protokoll der Sitzung des Jugendausschusses beim Vorstand der IG Metall am 11. und 12. November 1980 in Frankfurt a. M., S. 6, in: AdsD, 5/IGMA-22-0441.

276 Protokoll der Sitzung des Jugendausschusses beim Vorstand der IG Metall am 19/20.5.1981 in Sulzbach-Rosenberg, in: AdsD, 5/IGMA-22-0440.

277 Protokoll der Sitzung des Jugendausschusses beim Vorstand der IG Metall am 4. November 1981 in Frankfurt, in: AdsD, 5/IGMA-22-0507.

großen politischen Schwierigkeiten.[278] In den Gewerkschaftern war durchaus die Bereitschaft vorhanden, Menschenrechtsverletzungen in Nicaragua nicht in den Vordergrund zu rücken, damit politsche Gegner sie nicht vereinnahmen könnten. Wolfgang Uellenberg-van Dawen, Mitarbeiter beim Bundesvorstand des DGB, formulierte diese Position 1985 deutlich. Die Einschränkung von Freiheitsrechten in Nicaragua finde keinen Beifall, erkläre sich aber aus der Geschichte des Landes und der aktuellen Situation. Der US-Regierung oder der Bundesregierung, die Diktaturen in aller Welt unterstützt, »sprechen wir aber das Recht ab, sich zum Zensor eines schwierigen und komplizierten Entwicklungsprozesses aufzuwerfen, der unsere kritische und tatkräftige Solidarität verdient«.[279]

Die Unterstützungskampagnen der IG-Metall-Jugend und der DGB-Jugend waren von Anfang an auf die finanzielle Unterstützung von einzelnen Projekten in Nicaragua ausgerichtet. Die DGB-Delegation hatte das landwirtschaftliche Ausbildungszentrum auf dem Insel-Archipel Solentiname im Nicaragua-See favorisiert. Dort arbeitete seit 1966 der Priester und Schriftsteller Ernesto Cardenal, ein prominenter Befreiungstheologe und damals Kulturminister in der Regierung Nicaraguas. Das Ausbildungszentrum »Daniel Guevara« sollte helfen, vor allem landwirtschaftliche Expertise zur Entwicklung des Landes auszubilden.[280] Im Mai 1982 reiste eine Delegation der DGB-Jugend zur Grundsteinlegung. Geleitet wurde sie von dem 1946 geborenen Dieter Eich, der auf dem zweiten Bildungsweg studiert und in Soziologie promoviert hatte. Seit 1980 war er beim DGB-Bundesvorstand für entwicklungspolitische Bildungsarbeit zuständig.[281] Eich hielt sich häufig längere Zeit in Nicaragua zur Kontaktpflege und als Ansprechpartner vor Ort auf.[282] Die zwölf Delegationsteilnehmer hatten sich auf vier Seminaren vorbereitet und verstanden sich nach ihrer Rückkehr als »Multiplikatoren«, zu deren Aufgaben es gehörte, auf Veranstaltungen über die Eindrücke zu berichten. Dabei war den Aktivisten vor allem die »Bewußtseinsarbeit« gegenüber den Kollegen in der Bundesrepublik wichtig, um auf die Bedrohung durch die USA hinzuweisen.[283] Die große Sympathie für die Revolution färbte die Wahrnehmung, aber auch die Nähe zu den staatlichen Institutionen. Dieter Eich hielt es für »einmalig«, dass bei der verzögerten Abreise die

278 Gespräch mit der sandinistischen Arbeiterzentrale in Masaya, in: Nicaragua-Beilage zur Zeitschrift *Arbeiterpolitik*, Nr. 6/7, 1983, S. 10-12.

279 Wolfgang Uellenberg-van Dawen, Werkzeug für Nicaragua, in: *Solidarität* Nr. 7 (1985), S. 4-5, hier S. 5.

280 Solidaritätsprojekt Nicaragua der Gewerkschaftsjugend, in: *Solidarität* Nr. 9-10 (1981), S. 30f.

281 Angaben nach: Dieter Eich, Abrüstung im Drogenkrieg – Kehrtwende aus der Sackgasse?, in: *Gewerkschaftliche Monatshefte* Nr. 11 (1989), S. 691-705, hier S. 691.

282 Protokoll der Sitzung des Jugendausschusses beim Vorstand der IG Metall am 8. und 9. Februar 1983 in Frankfurt, in: AdsD, 5/IGMA-22-0954.

283 Jelkmann, Rafa, S. 153.

Delegation in dem »Privathaus« von Ernesto Cardenal übernachten durfte.[284] Völlig unangemessene Vergleiche mit nationalsozialistischen Verbrechen kamen auch vor, die *Welt der Arbeit* titelte ihren Artikel zur Rückkehr der Delegation mit »Lager sehen aus wie Auschwitz«, eine Verbindung, die ein Teilnehmer angesichts der Lebensbedingungen von Arbeitern auf Privatplantagen gezogen hatte.[285] Der Bau des Ausbildungszentrums verzögerte sich, auch aufgrund von logistischen Schwierigkeiten, über mehrere Jahre bis 1985.[286] Die DGB-Jugend hatte Ende 1985 über eine Million DM an Spenden gesammelt, die zum größten Teil in das Ausbildungszentrum flossen.[287]

Die IG-Metall-Jugend hatte ihre Kampagne für Nicaragua vor der DGB-Jugend beschlossen und führte ein eigenes Konto. Obwohl die IG-Metall-Jugend ebenfalls für das Ausbildungszentrum in Solentiname Geld sammelte, wurden aufgrund von Unstimmigkeiten die Spendenkonten getrennt geführt.[288] Angesichts der Schwierigkeiten bei der Fertigstellung des Ausbildungszentrums beschloss der Jugendausschuss der IG Metall Anfang 1982, bereits gesammelte Gelder in Höhe von 176.000 DM auf ein anderes Projekt umzuleiten. Die IG Metall spendete für ein von der Nicaragua-Gruppe des DGB in Dietzenbach in eigener Regie unterstütztes Ausbildungsprojekt in der Stadt Massaya.[289] Ausweislich der Aufstellungen über das Spendenkonto der IG Metall ist diese Zahlung aber nicht erfolgt. Bis zum 31. Oktober 1984 notierte das Spendenkonto der IG Metall 1100 Eingänge mit einer Gesamtsumme von 507.499,06 DM. Davon waren bis zu diesem Zeitpunkt 415.608,45 DM wieder abgeflossen. 200.000 Mark gingen im Juli 1982 nach Nicaragua für das Projekt von Ernesto Cardenal[290], knapp 40.000 wurden für »Solidaritätsmaterialien« Ende 1981 eingesetzt.

284 Dieter Eich, Nicaragua braucht unsere Hilfe, in: *Solidarität* Nr. 7 (1982), S. 3-11, hier S. 11.

285 Norbert Hüssen, ›Lager sehen aus wie Auschwitz‹. DGB-Jugend in Nicaragua aktiv, in: *Welt der Arbeit* Nr. 23, 10.6.1982, S. 3.

286 Wolfgang Uellenberg-van Dawen, Zum Stand des Projekts Werkzeug für Nicaragua, in: *Solidarität* Nr. 10 (1984); Wolfgang Uellenberg-van Dawen, Werkzeug für Nicaragua, in: *Solidarität* Nr. 7 (1985), S. 4f.; Ulrich Aghte, Bonus für Nicaragua? DGB-Jugend informiert über Mittelamerika, *Welt der Arbeit* Nr. 43, 25.10.1984, S. 2; Ders., Rohstoff Mangelware. Nicaragua-Hilfe der DGB-Jugend, in: *Welt der Arbeit* Nr. 44, 1.11.1984, S. 4.

287 Die erste Million ist voll!, *Solidarität* Nr. 12 (1985).

288 Protokoll der Sitzung des Jugendausschusses beim Vorstand der IG Metall am 28. und 29. September 1982 in Frankfurt, S. 9, in: AdsD, 5/IGMA-22-0979; Horst Richter an Karin Benz-Overhage, 12.12.1986, in: AdsD, 5/IGMA-22-1079.

289 Protokoll der Sitzung des Jugendausschusses beim Vorstand der IG Metall am 2. und 3. März 1982 in der IG-Metall-Bildungsstätte Bad Orb, in: AdsD, 5/IGMA, 22-0934. Dietzenbach begründete 1985 eine Städtepartnerschaft mit Massaya, ausgehend von den Aktivitäten der DGB-Gruppe.

290 Im September 1983 wurde im Jugendausschuss berichtet, dass diese Summe an das Ausbildungsprojekt von Cardenal überwiesen worden sei. Protokoll der Sitzung des Jugendausschusses beim Vorstand der IG Metall am 20. und 21. September 1983 in Würzburg, S. 6f., in: AdsD, 5/IGMA-22-0942.

171.000 DM waren 1983 in drei Tranchen auf das DGB-Solidaritätskonto überwiesen worden, kleinere Beiträge wurden 1984 für Werkzeugeinkäufe verwendet.[291] Die beachtliche Summe war überwiegend durch Spendensammlungen bei Seminaren und Aktionen der IG-Metall-Jugend zusammengekommen, die sechs Bildungsstätten hatten über 160.000 DM überwiesen, aus den Bezirken hatten Ortsjugendausschüsse, Jugendvertretungen und Ortsverwaltungen über 253.000 DM überwiesen, immerhin kamen 99.000 DM von anderen, nicht der IG Metall zuzurechnenden Spendern. Dabei waren es oft nur geringe Summen, die eingezahlt wurden, die höchste Einzelspende war 1981 von einem Berliner Ehepaar mit 10.000 DM erfolgt.[292]

Spendensammlungen für Nicaragua waren bald fester Bestandteil vieler Aktivitäten der IG-Metall-Jugend. Ob bei einem Fußballturnier des OJA der IG Metall in Alfeld oder bei einem Zeltlager des Bezirkes in Bayern, wo durch höhere Bierpreise Geld eingenommen wurde.[293] Nicaragua, so schien es, war für viele junge Gewerkschafterinnen und Gewerkschafter in der IG Metall und im DGB ein Sehnsuchtsort geworden. Zustimmung gab es nicht nur in der Ablehnung der US-amerikanischen Politik, sondern auch dafür, den Aufbau des neuen Nicaraguas mit eigenen Hoffnungen zu verbinden. Die nach 1983 verwendete Bezeichnung »Brigaden« für die Gruppen, die befristet für einen Arbeitsaufenthalt nach Nicaragua gingen, hatte Anklänge an die Internationalen Brigaden im Spanischen Bürgerkrieg. Politisch umstritten war die langjährige Unterstützung in der IG Metall trotz linker Färbungen allerdings weniger als die Friedensbewegung. Die Kritik richtete sich eher gegen eine Dominanz linker Perspektiven. So beschwerte sich Horst Wagner, zuständiger Sekretär für Jugend der Verwaltungsstelle Berlin, bei Georg Benz über den Kalender 1982/83 für »Junge Arbeiter, Angestellte und Auszubildende«, den die IG Metall herausgegeben hatte. Ihn ärgerte eine Einseitigkeit bei der Themenauswahl, so war der 17. Juni oder die Kampagne für Wiederbewaffnung – und Wiedervereinigung – der 1950er Jahre nicht erwähnt; über Nicaragua werde geschrieben, aber nicht über Solidarnoćź in Polen.[294] Benz antwortete mit einer bemerkenswerten Argumentation. Zum einen formal. Der Kalender werde seit drei Jahren herausgegeben, finde guten Absatz und es habe nur positive Rückmeldungen gegeben. Zum anderen mit der Aktualität von Themen. Der Kalender richte sich an junge Auszubildende und sei kein Geschichtsbuch, in dem »vergessene« Themen behandelt werden. Wohl aber Themen, die die Jugendlichen beschäftigten. Dazu gehörten eben Friedensbewegung und Nicaragua, wie es sich auch

291 IG Metall Abteilung Jugend, 22.11.1984, Spendenstand Nicaragua, in: AdsD, 5/IGMA-22-0946.

292 Eigene Berechnungen nach ebd.

293 Zur Protestdemonstration, *Alfelder Zeitung* vom 26.10.1982, in: AdsD, 5/IGMA-22-0459; Nachlese Zeltlager '81, in: *Durchblick*, Zeitung der IG Metall-Jugend Nürnberg, ohne Datum (Ende 1981), in: AdsD, 5/IGMA-22-0430.

294 Horst Wagner, Verwaltungsstelle Berlin, an Georg Benz, 25.10.1982, in: AdsD, 5/IGMA-22-0872.

in den Beschlüssen der IG-Metall-Jugend widerspiegele. Wenn Ereignisse nicht erwähnt würden, sei es dem Platzproblem geschuldet, wichtiger seien ohnehin die abgedruckten rechtlichen Bestimmungen und Tarifverträge.[295]

In der *metall* war im Sommer 1983 in einem Artikel angedeutet worden, die Spendengelder könnten zum Kauf von Waffen eingesetzt werden.[296] Für den Jugendausschuss der IG Metall nahezu ein casus belli, es wurde über die drohende Bedeutungslosigkeit der *metall* diskutiert, manche meinten, die Zeitung würde sowieso niemand lesen und man solle nicht darauf reagieren. Benz antwortete schließlich mit einer Gegendarstellung und einem Rundschreiben an die Verwaltungsstellen.[297] Über den schleppenden Fortgang des Ausbildungsprojekts in Solentiname gab es Unzufriedenheiten in den Jugendgruppen. Die DGB-Abteilung Jugend lud Ende Oktober 1984 zu einer Konferenz nach Hannover ein, anschließend traten Reggae-Musiker bei einem Solidaritätskonzert auf. [298] Ilse Brusis sprach über ein Konzept der kritischen Solidarität, bei dem auch politische Missstände in Nicaragua angesprochen werden sollten. Während DGB-Vertreter die Konferenz als wichtigen Impuls empfanden, monierte Horst Richter, dass das Treffen schwach besucht gewesen sei und für die Arbeit der IG Metall keine Vorteile bringe.[299] Der Jugendausschuss der IG Metall beschloss im Dezember 1984, eine eigene Arbeitsbrigade nach Nicaragua zu entsenden, die aus KfZ-Mechanikern bestehen und in staatlichen Busunternehmen in Managua arbeiten sollte, eine Vertreterin der IG Metall sollte vor Ort längere Zeit tätig sein.[300] Früheren Delegationen des DGB hatten bereits IG Metall-Mitglieder angehört, nun legte der Jugendausschuss Wert darauf, dass die Arbeit ganz in eigener Regie vorgenommen wurde. Die neun Bezirke der IG Metall sollten je drei Mitglieder entsenden. Horst Klaus hatte als Vorstandsmitglied Nicaragua zur Vorbereitung der Arbeitsbrigade im Februar 1985 besucht und Betriebe besichtigt, in denen gearbeitet werden konnte.[301] Die 27 Teilnehmer – darunter nur eine Frau – reisten am 23. April 1985 zusammen aus Berlin ab und blieben vier Wochen im Land. In Nicaragua teilte sich die Gruppe auf; 13 arbeiteten bei dem staatlichen Busunternehmen ENABUS, zwei in einem städtischen Bus-Reparaturwerk sowie 12 in dem Stahlbaubetrieb METASA. Die Teilnehmer waren in mehreren Unterkünften untergebracht, die gesamte Gruppe traf sich nur zweimal während ihres

295 Georg Benz an Horst Wagner, 3.11.1982, in: AdsD, 5/IGMA-22-0872.

296 Vietnam im Hinterhof, *metall* Nr. 16 (1983).

297 Protokoll der Sitzung des Jugendausschusses beim Vorstand der IG Metall am 20. und 21. September 1983 in Würzburg, in: AdsD, 5/IGMA-22-0942.

298 Heißer Reggae für Nicaragua, in: *Welt der Arbeit* Nr. 42, 18.10.1984, S. 2.

299 Schwarze Vögel oder weiße Tauben über Nicaragua? Bestandsaufnahme der DGB-Jugend, in: *Solidarität* Nr. 12 (1984), S. 18; Horst Richter an Reinhold (Götz), 3.12.1984, in: AdsD, 5/IGMA-22-0898.

300 Protokoll der Sitzung des Jugendausschusses beim Vorstand der IG Metall am 4. und 5. Dezember 1984 in Frankfurt, AdSD, 5/IGMA-22-0946.

301 Protokoll der Sitzung des Jugendausschusses beim Vorstand der IG Metall am 26. und 27. Februar 1985, in: AdsD, 5/IGMA-22-1081 sowie Manuskript: Horst Klaus: Nicaragua-Reise vom 8. bis 15. Februar 1985, in: ebd.

Aufenthaltes. Bei dem ersten Treffen gab man sich den Namen »Otto-Brenner-Brigade«, um die Verbundenheit mit der IG Metall zu dokumentieren.[302] Allerdings war die Familie Brenners nicht mit der Namensgebung einverstanden, und in Berichten wurde auf die Bezeichnung verzichtet. Der Bundesjugendausschuss der IG Metall legte daraufhin fest, dass eine Namensgebung mit der Familie und dem Vorstand der IG Metall abzustimmen sei.[303]

Aus dem Bericht des Teilnehmers Andreas Wittkowski über die Arbeitsbrigade der IG Metall lässt sich ein Eindruck von den Wahrnehmungen und Schwierigkeiten der Gruppe gewinnen. Dazu gehörten klimatische Probleme und lange Diskussionen zwischen den Teilnehmern, ob man Geld auf dem Schwarzmarkt tauschen dürfe oder aus politischen Gründen den staatlichen Kurs nehmen müsse – wofür sich die Mehrheit aussprach. Die Gruppe bestand aus Facharbeitern, aber einige von ihnen hatten nach der Lehre ein Studium aufgenommen und waren nicht mehr im Produktionsprozess. Die Teilnehmer betonten wohl auch aus diesem Grunde, dass die Arbeitsatmosphäre in den Betrieben weniger auf Leistung und Disziplin ausgerichtet sei. Wenn dies auch Nachteile bringe, so wurde im Tagebuch der Gruppe notiert, »daß diese streßfreie und offene Arbeitsatmosphäre bei vielen von uns auf Sympathie stößt«.[304] Wittkowski arbeitete im Stahlbaubetrieb an der Reparatur einer Fräsmaschine, »richtige Werkzeugmacherarbeit«, wie er notierte. Es war eine positive Herausforderung für ihn, da sein Fachwissen gefragt war: »Es war gut, daß ich richtig Zeit zum Tüfteln hatte, ohne daß ständig ein Meister hinter mir stand und fragte, wann ich denn endlich fertig sei. Man konnte mit den Kollegen die Probleme bereden, ohne befürchten zu müssen, daß einem zugerufen wird: ›Hier wird nicht geschnackt, hier wird nur gearbeitet‹.«[305] Die Teilnehmer waren stolz auf ihr Fachwissen und empfanden ihre Arbeit als erfüllend. Immer wieder beschäftigte Wittkowski und andere die – meist positiv beantwortete – Frage, wie die Bevölkerung zur Revolution stehe. Fragen nicaraguanischer Gesprächspartner nach dem revolutionären Charakter der IG Metall oder einer Revolution in Westdeutschland regten zur Selbstverortungen an. Auf einer Feier zum 1. Mai im Stahlbaubetrieb formulierte die Gruppe es pathetisch. Sie seien als »Arbeiter« gekommen, um solidarisch zu sein und den »gleichen Feind« zu bekämpfen, die »Yankee-Regierung«. Daher seien sie, trotz ihrer beruflichen Kenntnisse, als »Schüler« gekommen, die nicaraguanischen Arbeiter seien für sie »Lehrer, wie man eine Revolution macht«.[306]

302 Andreas Wittkowski, Nicaragua Libre, 1. Arbeitsbrigade der IG Metall-Jugend, hrsg. von der Bezirksleitung der IG Metall Hamburg, Hamburg 1986, S. 29.
303 IG Metaller unterstützen Nicaragua, in: *Solidarität* Nr. 7 (1985), S. 5; Protokoll der Sitzung des Bundesjugendausschuss der IG Metall am 20.9.1985, in: AdsD, 5/IGMA-22-1014.
304 Zitiert nach Wittkowski, Nicaragua, S. 20.
305 Ebd., S. 86.
306 Ebd., S. 38 f.

Auch wenn es sich um revolutionäre Sonntagsreden handelte – für die Gruppe waren solche Überlegungen präsent, ließen sich aber nur schwer in die Bundesrepublik mit zurücknehmen. In einem Auswertungsbericht an den Jugendausschuss der IG Metall wurden Schlussfolgerungen für weitere Arbeitsbrigaden gezogen. Neben einer Reihe von organisatorischen Verbesserungen – längerer Planung und Vorbereitung, mehr Teilnehmer, die spanisch sprechen und rechtzeitige Versendung von Werkzeugkoffern – wurden mehr politische Veranstaltungen gefordert. Der Einsatz in den Betrieben sei sinnvoll gewesen, nicaraguanische Gewerkschafter hätten betont, dass »unsere freiwillige arbeit, unser schweiß und unsere erschöpfung auch ein gutes beispiel für einige compañeros war, denen es an disziplin mangelt«.[307] Offensichtlich war auf nicaraguanischer Seite das Interesse an deutschen Wertvorstellungen von Arbeit mindestens so hoch wie umgekehrt an einer vermeintlich entspannten Arbeitsatmosphäre. Eine zweite Arbeitsbrigade der IG Metall wurde 1986 entsandt. Der Delmenhorster Detlev Bohlmann, Teilnehmer der ersten IG Metall-Arbeitsbrigade, berichtete in einer Zeitung der IG Metall für Berufsschüler von seinen positiven Erfahrungen, illustriert war der Beitrag mit dem Foto eines anderen männlichen Brigademitgliedes, das von einer jungen Nicaraguanerin geküsst wurde. Bohlmann führte auch ein Interview mit dem SPD-Außenpolitiker Hans-Ulrich Klose. Klose betonte seine Unterstützung für Arbeitsbrigaden, betonte aber auch seine Kritik an Menschenrechtsverletzungen durch die Sandinisten. Bohlmann hielt dem entgegen, diese Haltung würde nur Reaktionären nutzen.[308]

Nicaragua war für Teile der IG-Metall-Jugend zu einer Projektionsfläche mit praktischen Bezügen geworden. Dies betraf aber vor allem etwas ältere Gewerkschaftsjugendliche, die sich in der zweiten Hälfte der 1980er Jahre bereitfanden, in das Land zu reisen. In der frühen Phase waren es vor allem Geldsammlungen, die für lokale Gruppen zu einem Bestandteil alltäglicher Arbeit wurde. Politische Deutungen bestärkten eine kritische bis ablehnende Haltung gegenüber den USA. Aber darüber hinaus lag die Bedeutung für die Gruppen eher darin, praktische Unterstützungsarbeit zu leisten und politische Hoffnungen mit dem sozialistischen Aufbau in dem mittelamerikanischen Land zu verbinden. Die von manchen erwartete Rückwirkung auf die Bundesrepublik blieb jedoch aus. Eine auf Facharbeit ausgerichtete Unterstützung Nicaraguas war trotz der politischen Beimischungen auch für einige Unternehmen akzeptabel. Die Jugend- und Auszubildendenvertretung bei Volkswagen in Hannover richtete 1988 eine Projektgruppe ein, die zwei Jahre lang Geld für einen VW-Transporter sammelte, der von Auszubildenden umgearbeitet wurde. Das Ausbildungswesen von Volkswagen unterstützte die Aktion, da die Auszubildenden in der

307 Kleinschreibung im Original. auswertungspapier der 1. otto-brenner-brigade (Regine Meyer, 20.5.1985), in: AdsD, 5/IGMA-22-1081.

308 Interview abgedruckt in: Geschäftsbericht 1984-1985-1986 der Bezirksleitung Hamburg der IG Metall, Hamburg 1986, S. 133.

Projekt- und Gruppenarbeit wertvolle Erfahrungen sammelten.[309] Auch nach der Wahlniederlage der Sandinisten 1990 entsandte die IG-Metall-Jugend noch Arbeitsbrigaden.[310]

4.2.3. Geschichte als Kompensation der verlorenen Arbeiterklasse?

Auseinandersetzungen über die Geschichte der Arbeiterbewegungen erlebten seit Mitte der 1970er Jahre einen erheblichen Aufschwung. In der Gewerkschaftsjugend war es auch der Versuch, die Traditionslinien der Arbeiterbewegung wieder aufzunehmen und auszubauen. Bereits 1976 hatte der Jugendausschuss der IG Metall in der Geschichte der Arbeiterbewegung ein Mittel gesehen, die Identifikation mit den Gewerkschaften zu stärken. Geschichte als sinnstiftende Referenz für das gegenwärtige Handeln ist für jede Organisation bedeutsam. Elemente einer gewerkschaftsgeschichtlichen Meistererzählung sind Emanzipations- und Aufstiegserzählungen, die der Mehrzahl von Darstellungen aus der Organisation eingewoben sind.[311] Die 1980er Jahre waren eine Hochzeit von gewerkschaftsgeschichtlichen Publikationen, auch lokaler Provenienz.[312] Allerdings war die Beschäftigung mit Geschichte für viele einfache Mitglieder eher ein nebensächliches Thema. Gewerkschaftsgeschichte sei »wenig präsent« im Alltag, wenn, waren es eher undeutliche Vorstellungen von kollektivem Handeln und Verbesserungen der Lebensbedingungen.[313] In der IG Metall und den Gewerkschaften dominierte das Schlagwort »Aus der Geschichte lernen«, mit dem ein instrumenteller Umgang einhergehen konnte.[314] Mit diesem Grundsatz gewerkschaftlicher Erinnerungspolitik waren Ende der 1970er Jahre zwei Ziele

309 Jugend der IG Metall: Projekt Nicaragua, o. O und o. J. (Hannover 1991), in: IGM-ZB, GFL 742/26

310 Geschäftsbericht 1990-1992 des Bezirks Küste der IG Metall, Hamburg 1992, ohne Paginierung.

311 Vgl. mit unterschiedlichen Akzentsetzungen: Gerhard Beier, Geschichte und Gewerkschaft. Politisch-historische Beiträge zur Geschichte sozialer Bewegungen, Frankfurt a. M. 1981; als kritischen Rückblick auf die Geschichtsschreibung in der IG Metall: Kurt Thomas Schmitz, Die IG Metall und ihre Geschichtsschreibung – Überblick und Ausblick, in: *Gewerkschaftliche Monatshefte* Nr. 12 (1990), S. 112-120.

312 Die Zentralbibliothek der IG Metall in Frankfurt verzeichnet allein 60 Veröffentlichungen der Verwaltungsstellen zur Geschichte. Dabei kann davon ausgegangen werden, dass gerade die graue Literatur bei Weitem nicht mit erfasst wurde.

313 Befragungen zu der Wahrnehmung von Geschichte bei: Bernd Faulenbach, Die historisch-politische Bedeutung der Arbeiterbewegung, in: Ders./Annette Leo/Klaus Weberskirch, Zweierlei Geschichte. Lebensgeschichte und Geschichtsbewußtsein von Arbeitnehmern in West- und Ostdeutschland, Essen 2000, S. 340-365, Zitat S. 353.

314 Die sozialgeschichtliche Forschung öffnete sich in den 1970er Jahren stärker den Gewerkschaften; die Kritik an dem instrumentellen Umgang wurde schon damals geäußert. Vgl. So warnte Hans Mommsen die Gewerkschaften schon 1975 davor, »konkrete Handlungsanweisungen für die Gegenwart« aus der Geschichte zu ziehen. Hans Mommsen, Gegenwartshandeln und geschichtliche Erfahrung. Die Gewerkschaften

verknüpft. Zum einen ging es um die Auseinandersetzung mit dem Nationalsozialismus und dem Weltkrieg, anfangs mit kapitalismuskritischer Färbung, bald aber auch durch Alltagsgeschichte erweitert. Zum anderen sollte die gesellschaftliche Spaltung in Oben und Unten historisch verdeutlicht werden.[315]

Eine wichtige Argumentationsfigur für die Geschichte der Arbeiterbewegung war die Kappung der kulturellen und politischen Traditionen der Arbeiterbewegung während der NS-Herrschaft. Damit wurde zum Beispiel erklärt, warum in der Bildungsarbeit Studenten eingesetzt werden müssen.[316] Stereotyp war auch die Betonung des einheitlichen Handels der Gewerkschaften und der erkämpften Erfolge. Während in der Politisierungsphase die Geschichte der Arbeiterbewegung nicht als ein Mobilisierungsinstrument eingesetzt wurde, änderte sich dies in der zweiten Hälfte der 1970er Jahre. Gewerkschaftsgeschichte wurde zu einem umkämpften Feld zwischen verschiedenen politischen Strömungen. Beeinflusst war das von einer »Erinnerungswelle«, die die bundesdeutsche Gesellschaft erfasste. Die nationalsozialistische Vergangenheit wurde verstärkt diskutiert und eine gesellschaftliche Beschäftigung mit und Suche nach Erinnerungsorten intensiviert.[317] In der IG Metall bewegte sich eine Beschäftigung in einem eher instrumentellen Geschichtsverständnis. 1976 wurde in der Kleinen Kommission des Jugendausschusses der IG-Metall-Geschichte als eine Möglichkeit gesehen, um die »emotionale Bindung« an die Gewerkschaft zu erhöhen.[318] 1977 erarbeitete Udo Achten im Bildungszentrum Sprockhövel eine Wanderausstellung zur Geschichte der Arbeiterjugendbewegung, die in Verwaltungsstellen gezeigt wurde.[319] Die Ausstellung deckte den Zeitraum von 1830 bis 1976 ab, im Vorspann distanzierte man sich von der »sonst in unserem lande üblichen geschichtsdarstellung« da nicht die »mächtigen, kaiser und staatsmänner« im Vordergrund stünden, sondern »der arbeitende mensch und sein streben nach

und die Konsequenzen des Mai 1933, in: *Gewerkschaftliche Monatshefte* Nr. 7 (1975), S. 393-398, hier S. 395.

315 Z. B. begann Rudi Behrendt auf der 11. Jugendkonferenz seine Rede mit einem Aufruf der Jugendkonferenz des deutschen Metallarbeiterverbandes von 1921. Protokoll 11. Ordentliche Jugendkonferenz, S. 37.

316 Durch Faschismus und Restauration nach 1945 »stehen nicht genügend qualifizierte Kollegen aus Betrieben und Verwaltung zur Verfügung«, daher müssten Studenten mit in die Bildungsarbeit integriert werden, hieß es in einem DGB-Papier zur Bildungsarbeit. Materialien zur gewerkschaftlichen Jugendbildungsarbeit, Nr. 1/1974, hrsg. DGB-Bundesvorstand, Abt. Jugend, S. 7, in: AdsD, 5/DGAU-123.

317 Jürgen Mittag/Berthold Unfried, Arbeiterbewegungen als Akteure und als Objekte kollektiver Erinnerungsprozesse in globaler Perspektive, in: Dies. unter Mitarbeit von Eva Himmelstoss (Hrsg.), Arbeiter- und soziale Bewegungen in der öffentlichen Erinnerung. Eine globale Perspektive, ITH-Tagungsberichte 45, Wien 2011, S. 11-30, hier S. 17. Vgl. Eric Hobsbawm/Terence Renger (Eds.), The Invention of Tradition, New York 1983.

318 Protokoll Klausurtagung der Kleinen Kommission vom 30.5. bis 1.6.1976, Vorstand – Abt. Jugend, 29. Juli 1976, in: AdsD, 5/IGMA-22-0340.

319 Vorwärts – und nicht vergessen. Broschüre zur Ausstellung, hrsg. vom Vorstand der IG Metall Abteilung Jugend, Text Udo Achten, Frankfurt a. M. 1977.

selbstverwirklichung«.[320] Bei einer Präsentation der Ausstellung im Augsburger Rathaus im April 1978 fand diese Absetzung gegenüber einer herrschenden Geschichtswissenschaft besondere Erwähnung, und Bernhard Wurl betonte, es ginge darum, die Selbstermächtigung der arbeitenden Menschen zu zeigen.[321] Allerdings war man im Jugendausschuss skeptisch, wie mit Niederlagen der Arbeiterbewegung umzugehen sei. Das Gremium entschied 1978, den Film *Du sollst dich nie vor einem lebenden Menschen bücken*, über den bereits damals legendären baden-württembergischen Bezirksleiter der IG Metall Willi Bleicher (1907-1981), vor allem für Seminare anzukaufen. Bei offenen Veranstaltungen könne er aber Frustrationen auslösen ob der Niederlagen, über die Bleicher auch sprach.[322] Er äußerte zum Beispiel Enttäuschung darüber, dass 1933 auch in Arbeiterhaushalten die Hakenkreuzfahne hing, ein Umstand, den der Jugendausschuss lieber nicht in allzu breiter Öffentlichkeit diskutieren wollte.

Eine Auseinandersetzung mit der Geschichte der Arbeiterbewegung war nicht allein ein Phänomen der Jugend, sondern innerhalb der Gewerkschaften insgesamt politisch umstritten. Die lange Zeit als »Vereinschronik«[323] kritisierten gewerkschaftlichen Darstellungen erlebten in den 1970er Jahren durchaus innovative Erweiterungen, die Gewerkschaften öffneten sich stärker wissenschaftlichen Fragestellungen und Zugängen. Die Verbindung wurde vor allem vom DGB-Vorsitzenden Heinz Oskar Vetter ab 1974 gefördert, der den Austausch mit meist jüngeren Sozialhistorikern suchte.[324] Vetter erläuterte vor der Historischen Kommission zu Berlin im März 1979 das Verhältnis von Geschichte und Gewerkschaften aus der Sicht eines »handelnden Politiker(s)«. Er blickte mit Stolz auf gewerkschaftseigene historiographische Traditionen zurück, die ein gewerkschaftliches Geschichtsbild geprägt hätten, in dem Geschichte als Wegweiser für die Zukunft verstanden werde. Aber nach 1945 seien die abgebrochenen Traditionen nicht wieder aufgenommen worden; der Nationalsozialismus läge wie ein »Wall« vor früheren Zeitabschnitten. Aber auch die Integration der

320 Kleinschreibung im Original, abgedruckt in: Zur Geschichte der Gewerkschaftsjugend, in: *Der Gewerkschafter* 25, Nr. 5, Mai 1977 Beilage S. I-VIII, S. I.

321 Ausstellung gibt Denkanstöße. Aus der Geschichte lernen, *Augsburger Allgemeine Zeitung*, 28.4.1978. Vgl. auch das Einladungsflugblatt zur Ausstellung, in: AdsD, 5/IGMA-22-0190. Die Ausstellung wurde auch in Moosburg von der Vwst. Landshut gezeigt: Die Vergangenheit nicht vergessen, *Moosburger Zeitung*, 22.11.1977.

322 Hannes Karnick/Wolfgang Richter, Du sollst dich nie vor einem lebenden Menschen bücken, Dtl. 1976-1978, 35 Minuten; Protokoll der Sitzung des Jugendausschusses am 30. Mai 1978 in Frankfurt, in: AdsD, 5/IGMA-22-0170.

323 Gerhard Beier, Glanz und Elend der Jubiläumsliteratur. Kritische Bestandsaufnahme bisheriger Historiographie der Berufs- und Industriegewerkschaften, in: *Gewerkschaftliche Monatshefte* Nr. 10 (1968), S. 607-614, hier S. 608.

324 Gerhard Beier, Die Wiederentdeckung der Gewerkschaftsgeschichte. Ein aktueller Streit und seine historischen Hintergründe, in: *Aus Politik und Zeitgeschichte* B 41 (1979), 13.10.1979, S. 19-36,hier S. 20. Dazu gehörten u. a. Gerhard Ritter, Klaus Tenfelde, Gerald D. Feldman, Hans-Josef Steinberg, Henryk Skzypczak, Hans Mommsen, Lutz Niethammer.

Gewerkschaften in staatliche Prozesse habe manches verschüttet.[325] Er freute sich über ein gestiegenes wissenschaftliches Interesse, bedauerte aber zugleich, dass die meisten Texte für Funktionäre wie Mitglieder kaum zu verstehen seien und warb für populäre Darstellungen auch aus akademischer Hand. Zugleich wandte er sich gegen ein »verbindliche(s) Geschichtsbild« und dichotomische Darstellungen: »Wir alle wissen, daß Geschichtsdarstellungen solcher Art nicht ohne Resonanz bleiben, z. B. bei Jugendlichen, die Anpassung und ›kleinkarierte Tagespolitik‹ nicht nur heute, sondern allgemein verabscheuen. Ihnen werden Geschichtsbilder in den Kopf gesetzt, die die Geschichte zu einer Abfolge versäumter Gelegenheiten und abgefeimten Verrats an der Mehrzahl der Menschen machen.«[326] Mit dieser Positionierung grenzte Vetter sich vor allem von orthodox-kommunistischen Deutungen der Gewerkschaftsgeschichte ab.

Bezugspunkt für Vetter war die 1977 erschienene *Geschichte der Gewerkschaftsbewegung*. Der DKP nahestehende Politologen und Historiker hatten sie verfasst.[327] Die deutliche Schlagseite zu kommunistisch-orthodoxen Deutungen, bei denen die Sozialdemokratie für die unvollendete Revolution 1918/19 und die Niederlage 1933 verantwortlich gemacht und die KPD-Politik auf einige Fehleinschätzungen reduziert wurde, rief insbesondere bei linken Sozialdemokraten und undogmatischen Sozialisten Widerspruch hervor.[328] Die Abteilung Jugend der IG Metall legte die umstrittene Marburger Gewerkschaftsgeschichte Anfang 1979 mit in ein Bücherpaket, das an die Jugendsekretäre in den Bezirken verschickt wurde. Diese sollten es an erfahrene Funktionäre geben, die im Jugendmonat 1978 aktiv gewesen waren. Im Anschreiben hieß es: »Wie Ihr sicher in der Presse verfolgen konntet, ist es um dieses Buch inzwischen zu heftigen Kontroversen gekommen. Da wir der Meinung sind, daß eine Diskussion nur dann möglich ist, wenn man auch den Anlaß kennt, stellen wir dieses Buch zur Verfügung.«[329] Die Einschränkungen von Benz erfolgten vor dem Hintergrund, dass der DGB sich deutlicher von der Schrift abgrenzte. Da Benz ein Interesse an dem Buch in den Jugendgruppen vermutete, sei es kontraproduktiv, wenn es nicht bekannt gemacht werde. Auf dem vom DGB organisierten Kongress *Aus der Geschichte lernen – die Zukunft gestalten – 30 Jahre DGB* im Oktober 1979

325 Heinz Oskar Vetter, Geschichte und Gewerkschaften, in: *IWK* Nr. 2, 1979, S. 253-259, hier S. 253 und S. 255. Die Konferenz befasste sich mit der Frühphase der Arbeiterbewegung bis 1918. Vgl. Elisabeth Domansky-Davidsohn, Tagungsbericht »Sozialer Wandel, Konflikt und gewerkschaftliche Organisation. Die Deutsche Gewerkschaftsbewegung von den Anfängen bis 1918. Wissenschaftliche Konferenz der Historischen Kommission zu Berlin, veranstaltet vom 22. bis 24. März 1979 in Berlin, in: *IWK* 15 (1979), S. 235-253.

326 Ebd., S. 256.

327 Frank Deppe/Georg Fülberth/Hans-Jürgen Harrer u. a., Geschichte der deutschen Gewerkschaftsbewegung, Köln 1977.

328 Einen guten Überblick über Reaktionen auf die Marburger Gewerkschaftsgeschichte bietet: Beier, Wiederentdeckung.

329 Georg Benz an die für Jugendarbeit zuständigen Kollegen in den Bezirksleitungen, 5.2.1979, in: AdsD, 5/IGMA-22-141.

in München hallte die Auseinandersetzung nach. Die Podien waren mit Sozialhistorikern besetzt, die intensive Fachdebatten führten, aber im Publikum waren gewerkschaftliche Akteure vertreten, Heinz Oskar Vetter skizzierte die Streitpunkte in den Gewerkschaften.[330] Auch Frank Deppe aus Marburg war eingeladen worden, er sprach über die Chancen der Arbeiterparteien, 1933 die Machtübernahme der Nationalsozialisten zu verhindern. Er argumentierte nuancierter als in der *Gewerkschaftsgeschichte,* die Diskussion war vor allem eine historische Fachdiskussion ohne allzu scharfe Töne, auch wenn einige Redner Deppe vorwarfen, er würde sich verstellen.[331] Der DGB-Kongress markierte einen wichtigen Meilenstein für die Verbindung zwischen historischen Wissenschaften und Gewerkschaften. Das akademische Feld war gewachsen, wozu auch einige akademische Zentren für die Geschichte der Arbeiterbewegung gehörten – so an der Universität Mannheim oder das Bochumer Institut für die Geschichte der Arbeiterbewegung –, aber im politischen Bereich auch in der Reaktivierung der Arbeitsgemeinschaft verfolgter Sozialdemokraten (AVS) 1979 und der 1981 eingerichteten Historischen Kommission beim Parteivorstand der SPD.[332]

In diesen Auseinandersetzungen zeigten sich ähnliche politische Konfliktlinien wie in der Unterwanderungsdebatte. Aber es ging auch um historische Selbstverständigungen innerhalb der Gewerkschaften. Denn die Bedeutungszunahme historischer Themen in der Gesellschaft Ende der 1970er Jahre forderte auch die Gewerkschaften. Gegen die »Preußen-« und »Hitlerwelle« sollte Geschichte im gewerkschaftlichen Rahmen verstärkt thematisiert werden. 1978 hatte der 12. DGB-Bundeskongress dazu aufgefordert, »die geschichtlichen Erfahrungen der Arbeiterbewegung auf allen Ebenen verstärkt zu berücksichtigen«.[333] Der IG-Metall-Vorstand erklärte 100 Jahre Sozialistengesetz zum zentralen Thema für 1978, ein thematischer Gleichklang mit der SPD. Die Abteilung Jugend der IG Metall schlug für den Jugendmonat 1978 eine Auseinandersetzung mit der Geschichte der Arbeiterbewegung vor Ort vor. Verbreitung fand eine Entschließung des 12. Gewerkschaftstages der IG Metall, in der es hieß: »Aus der Geschichte lernen heißt Unternehmensideologie durchschauen und Widerstand entwickeln gegen alle Versuche, die Koalitionsfreiheit einzuschränken, das Streikrecht auszuhöhlen, die gewerkschaftliche Unabhängigkeit zu gefährden

330 Heinz Oskar Vetter, Grundsatzreferat Aus der Geschichte lernen – die Zukunft gestalten, in: Ders. (Hrsg.), Aus der Geschichte lernen – die Zukunft gestalten. Dreißig Jahre DGB. Protokoll der wissenschaftlichen Konferenz zur Geschichte der Gewerkschaften vom 12. und 13. Oktober 1979 in München, Redaktion Ulrich Borsdorf und Hans O. Hemmer, Köln 1980, S. 12-23, hier S. 17.

331 Vetter, Geschichte, S. 152-203; Kritik an Deppe bei Henryk Skrzypczak, S. 190 und Fritz Vilmar, S. 195.

332 Bernd Faulenbach, Die deutsche Sozialdemokratie in den geschichtspolitischen Auseinandersetzungen der 1970er und 1980er Jahre, in: Mittag/Unfried, Arbeiter- und soziale Bewegungen, S. 95-109, hier S. 102 f.

333 Hier zitiert nach: Ludger Hinze, Die Geschichtlichen Erfahrungen berücksichtigen, *Der Gewerkschafter* 26, Nr. 9, September 1978,18 f.

und die Existenz freier Gewerkschaften in Frage zu stellen.«[334] Dieses instrumentelle Geschichtsverständnis unterstrich das Bemühen, eigene Deutungen öffentlich wahrnehmbar zu präsentieren. Aber vor dem Hintergrund des vermeintlich verschütteten Wissens über die Geschichte der Arbeiterbewegung sollten vor allem Mitglieder erreicht werden.

Bei lokalen Projekten der IG-Metall-Jugend sollte es darum gehen, Jugendlichen Identifikationsräume anzubieten. Geschichtliche Traditionslinien und Selbstverständigungen sollten auch engere Bindungen an die Gewerkschaften ermöglichen. Das aufwendigste lokale Projekt zur Geschichte wurde 1977 vom Bezirksjugendausschuss Hamburg angeregt, in der IG-Metall-Bildungsstätte Pichelssee konzipiert und von 1978 bis Anfang 1980 durchgeführt. Junge Gewerkschaftsmitglieder sollten vor Ort die Geschichte der Arbeiterbewegung erkunden. Die mit dem Projekt verbundenen Hoffnungen waren hoch: Gespräche zwischen den Generationen sollten möglich werden, Material über »die Lage der Klassen in jeweils historischen Situationen« gesichert und die Jugendarbeit stimuliert werden »auf eine Art und Weise die Spaß macht«.[335] Der Projekttitel »Auf den Spuren unserer Geschichte« und das formulierte Lernziel zeigten den identifikatorischen Ansatz. Dieser wurde in dem Vorschlag hervorgehoben: »Wirtschaftskrisen gehören zum Kapitalismus – die Opfer sind wir. Der Krieg ist ein schreckliches Ereignis – die Opfer sind wir. Politische Inaktivität der Arbeiter hat Unterdrückung, Ausbeutung, Krieg zur Folge – die Opfer sind wir. Spaltung der Arbeiterbewegung heißt Schwächung der Arbeiterbewegung – die Verlierer sind wir. Die richtigen Forderungen liegen schon lange auf dem Tisch. Für die Durchsetzung muß man gemeinsam kämpfen – die Gewinner sind wir!!!!« Diese Opferreihung unterstrich den Ansatz, über Identifikation mit historischen Ereignissen in der Gegenwart zu handeln; ein linearer politischer Vermittlungsansatz, in dem Brüche und widersprüchliche Entwicklungen nicht vorgesehen waren. Allerdings war die erhoffte Resonanz nicht allzu groß. Es beteiligten sich aus dem Bezirk Hamburg nur Jugendgruppen in Rendsburg, Lübeck und Wilhelmshaven.[336] Sie interviewten 40 ältere Kolleginnen und Kol-

334 Entschließung »Gewerkschaftliche Bildungsarbeit«, in: Entschließungen, Anträge, Materialien. 12. ordentlicher Gewerkschaftstag der Industriegewerkschaft Metall für die Bundesrepublik Deutschland, hrsg. vom Vorstand der IG Metall, Frankfurt a. M. 1977, S. 348. Als Auszug abgedruckt u. a. in: Broschüre zur Veranstaltung »100 Jahre Sozialistengesetz« zur 13. o. Jugendkonferenz der IG Metall im Bezirk Frankfurt, 6.-7. Oktober 1978, S. 1. In: AdsD, 5/IGMA-22-0839; Reader zum Jugendmonat 1978, Abt. Jugend, Materialien des Jugendausschusses, S. 3, in: AdsD, 5/IGMA-220170.

335 Auf den Spuren unserer Geschichte. Konzeptdokumentation über ein Projekt, Entwurf von Karl-Heinz Volck, 7.5.1978 (Bildungsstätte Pichelssee), in: AdsD, 5/IGMA-22-0179. Dort auch das folgende Zitat.

336 In Wilhelmshaven war ab 1978 eine Geschichtsgruppe des DGB aktiv, die von einem Sonderschullehrer und GEW-Mitglied initiiert wurde und bis mindestens 1988 arbeitete. Vgl. Hartmut Büsing, Historischer Arbeitskreis des DGB Wilhelmshaven, in: Manfred Scharrer, Macht Geschichte von unten. Handbuch für gewerkschaftliche Geschichte vor Ort, Köln 1988, S. 194-204.

legen, die Interviews wurden in der Bildungsstätte Pichelssee ausgewertet und zu einer Ausstellung zusammengestellt. Diese wurde zuerst auf der Jugendkonferenz der IG Metall im April 1980 in Travemünde präsentiert und anschließend in den beteiligten Verwaltungsstellen. Der Rendsburger Bürgermeister lobte die Arbeit der »Jungmetaller« bei der Ausstellungseröffnung: »[...] daß gerade in der heutigen Zeit, in der die Menschen auf der Flucht vor der Geschichte [sind, K.A.] und vielen die Vergangenheit geradezu lästig zu sein scheint, den Bemühungen um Stärkung des Geschichtsbewußtseins dieser jungen Menschen besondere Anerkennung zukomme«.[337]

Allerdings war die Aktion, die über zwei Jahre lief, zu langfristig angelegt und breitete sich nicht wie anfangs erwartet aus. Interviewtechniken und Recherchemöglichkeiten waren in einem Seminar geübt worden, aber es traten technische Schwierigkeiten auf, die Motivation ließ auch durch solche Erfahrungen nach. Dennoch sei, so resümierte der verantwortliche Betreuer in Pichelssee, die Jugendarbeit belebt worden.[338] Die IG-Metall-Sekretärin für Jugend in Hamburg, Kirsten Schröder, berichtete von ähnlichen Schwierigkeiten, hielt aber fest: »Die damals am Projekt Beteiligten sind heute zum größten Teil sehr aktive Kolleginnen und Kollegen und zum Teil schon in verantwortliche Positionen der Erwachsenenarbeit aufgerückt.«[339] Der 1979 aus der Hamburger Bezirksleitung zur Abteilung Jugend gewechselte Kay Ohl schlug daher vor, ein Befragungsprojekt bundesweit auszuschreiben und mit Sachgewinnen zu bewerben. Der Vorschlag wurde jedoch nicht umgesetzt.[340] Zwar war der Slogan »Aus der Geschichte lernen« seit 1978 ein fester Bestandteil der Jugendarbeit[341], aber im Jugendbereich der IG Metall kam es nicht zu bundesweit koordinierten Aktionen. Erst zum 8. Mai 1985 initiierte der DGB einen Gruppenwettbewerb »Leben nach der Stunde Null«, bei dem Jugendgruppen Interviews führen sollten.[342] Allerdings beteiligten sich lediglich dreizehn DGB-Jugendgruppen an dem Wettbewerb. 1986 initiierte der DGB das Projekt »Macht Geschichte von unten«. Zwei Mitarbeiter wurden eingestellt, um lokale Initiativen zu unterstützen. Zwar bestand Kontakt zu rund 90 historisch orientierten Projekten, aber

337 *Schleswig-Holsteinische Landeszeitung*, 29.5.1980, zitiert nach: Wilfried Kalk, Arbeiterbewegung in Rendsburg seit 1848. Die Geschichte der IG Metall Verwaltungsstelle bis 1986, Kiel 1987, S. 140.

338 Karl-Heinz Volck, Auf den Spuren unserer Geschichte – Abschlussbroschüre des Projektes, 20.3.1980, in: AdsD, 5/IGMA-22-0492.

339 Kirsten Schröder, »Auf den Spuren unserer Geschichte – IG Metall-Jugend forscht«, in: *Demokratische Erziehung* Nr. 5 (1981), S. 28 f., S. 29.

340 Aus der Geschichte lernen »IG Metall Jugend forscht«, Kay Ohl, Abt. Jugend, Projektentwurf. o. D. (1979). In: AdsD, 5/IGMA-22-0367.

341 Aktennotiz Gisela Dudenhöffer-Gaul an die Abt. Jugend, 26.1.1979, in: AdsD, 5/IGMA-22-0184.

342 Vorlage für die Sitzung des Jugendausschusses der IG Metall am 7. Sept. 1984 in Frankfurt a.M. zur Top 2a »Gruppenwettbewerb«, in: AdsD, 5/IGMA-22-1014; Protokoll der Sitzung des Jugendausschusses beim Vorstand der IG Metall am 4. und 5. Dezember 1984 in Frankfurt, in: AdsD, 5/IGMA-22-0946.

dies waren zumeist von älteren Kollegen getragene Gruppen.[343] Die anfangs im Projekt geplante Aufteilung zwischen Jugend- und Erwachsenenbereich erwies sich als dysfunktional: über einen längeren Zeitraum bestand allein die DGB-Jugendgruppe Weiden in Bayern, die intensiv die Geschichte des Konzentrationslagers Flossenbürg erarbeitete. Die meisten Jugendgruppen verloren bald nach Beginn das Interesse: »In der großen Mehrheit der Jugendgruppen, die sich mit Geschichte von unten befaßten oder befassen wollten, ist die Arbeit nicht begonnen worden, oder, wenn sie zustande kam, nicht weitergeführt worden«, resümierte einer der Projektmitarbeiter. Die Gründe lagen in ambitionierten Planungen, die sich dann als unrealistisch zeigten, in Zeit- und Ressourcenproblemen und fehlender institutioneller Unterstützung.[344] Hinzu kam, dass die IG Metall sich diesen Bemühungen gegenüber reserviert zeigte und das neue Projekt kaum auf Resonanz bei IG-Metall-Gruppen stieß.[345] Die Konflikte zwischen IG Metall und DGB wirkten hier noch nach, denn mit dem Historiker Manfred Scharrer leitete ein Protagonist der Auseinandersetzungen Ende der 1970er Jahre die DGB-Projektarbeit. Scharrer kritisierte im Abschlussbericht die Herangehensweisen der IG Metall an Geschichte als zu schematisch und wenig ergebnisoffen.[346] Eine erziehungswissenschaftliche Diplomarbeit über *Historisches Lernen in der gewerkschaftlichen Jugendarbeit* befasste sich 1990 weitgehend theoretisch mit der Frage und konnte keine konkreten Fallbeispiele aus den Ortsverwaltungen nennen.[347]

Das DGB-Projekt »Macht Geschichte von unten« war eine Reaktion auf ein im Alltag von jungen Gewerkschafterinnen und Gewerkschaftern verbreitetes Interesse an historischen Themen. Ein Beobachter des ersten »Rock gegen Rechts-Festivals« 1978 in der Essener Grugahalle berichtete: »Da liefen Rockfans mit einer IG-Metall-Fahne durch die Gegend und sammelten ›für die streikenden Stahlarbeiter‹.« Diese streikten für die 35-Stundenwoche, der Beobachter fragte rhetorisch einen der Fahnenträger, ob er die Sammlung nicht unpassend fände. »›Im Gegenteil‹, meinte der mit einer beeindruckenden Selbstverständlichkeit, ›ich weiß, wer Hitler an die Macht gebracht hat und nachher an Krieg und Millionen Toten verdient hat: Es waren dieselben Stahlbarone, gegen die heute die Kumpel mehr für sich rausholen wollen.‹«[348] Gewerkschaftliche Sym-

343 Gewissermaßen Abschlussbericht und zugleich praktisches Handbuch mit vielen Selbstdarstellungen von Gruppen: Manfred Scharrer, Macht Geschichte von unten, Handbuch für gewerkschaftliche Geschichte vor Ort, Köln 1988.

344 Lothar Kamp, Geschichte ›von unten‹ in gewerkschaftlichen Jugendgruppen, in: Scharrer, Geschichte, S. 293-299, Zitat S. 293.

345 Aktenvermerk Horst Richter an Horst Klaus, 26.6.1986. In: AdsD, 5/IGMA-22-1079.

346 Scharrer, Geschichte, S. 41 und S. 80.

347 Jörg Clees, Diplomarbeit Historisches Lernen in der gewerkschaftlichen Jugendarbeit – am Beispiel lokaler und regionaler Geschichtsbearbeitung der Industriegewerkschaft Metall, Philipps-Universität Marburg, Fachbereich Erziehungswissenschaften, 28.8.1990, in: IGM-ZB.

348 Gerd Schumann, Brennende Gitarre, fünfzackiger Stern und Rotes Dreieck, in: Floh de Cologne (Hrsg.), Rock gegen Rechts, Dortmund 1980, S. 171-200, hier S. 176.

bole waren wie selbstverständlich ausgestellt auf politischen Konzerten, und in der Antwort wurde erkennbar, welche sinnstiftende Ressource Geschichte für das politische Selbstverständnis haben konnte.

Es wäre verfehlt, allein politisch-taktische Überlegungen auszumachen, die ab 1977/78 zu einem wachsenden Interesse an der Geschichte führten. Bei den Versuchen, Arbeiterlieder populärer zu machen, gehörten historische Vermittlungen mit dazu. Örtliche Gewerkschaftsgruppen waren auch eingebunden in eine Geschichtsbewegung, die sich in Geschichtswerkstätten und lokalen Auseinandersetzungen zeigte. Der »Schülerwettbewerb Deutsche Geschichte um den Preis des Bundespräsidenten«, ausgerichtet von der Kurt A. Körber-Stiftung, hatte für 1980/81 das Thema »Alltag im Nationalsozialismus« ausgelobt und wurde in gewerkschaftlichen Publikationen beworben, damit Gewerkschaftsjugendgruppen sich daran beteiligten.[349] Die IG-Metall-Jugendgruppe im pfälzischen Frankenthal organisierte mit anderen lokalen Jugendgruppen eine Antifaschistische Jugendwoche im Frühjahr 1980. Auf Anregung des IG-Metall-Sekretärs Alfred Kuffler begab man sich in Archiven auf die Suche nach Dokumenten über die nationalsozialistische Zeit. Im März 1981 wurde eine Broschüre mit dem programmatischen Titel *Aus der Geschichte lernen. Nazis aus der Nachbarschaft* veröffentlicht. Darin waren Dokumente aus verschiedenen Archiven der Region zusammengestellt, die sich mit Ereignissen aus der Weimarer Republik und dem Nationalsozialismus befassten, darunter auch einige Dokumente über die Ausgrenzung und Deportation von Juden aus Frankenthal. Den Abschluss bildeten Artikel über die Gründung der Gewerkschaften in der Pfalz.[350] Eine Auseinandersetzung mit dem Verbleib von ehemaligen Nazis nach 1945 war, trotz des Titels, nicht das Thema. Es ging um die lokale Kontextualisierung der nationalsozialistischen Verbrechen. Die Gruppe kündigte daher weitere Aktionen gegen alte und neue Nazis an.[351]

Ein zentrales Erinnerungsjahr war 1983, als sich die Machtübernahme der Nationalsozialisten und die Besetzung der Gewerkschaftshäuser am 2. Mai 1933 zum 50. Mal jährte. Beider Ereignisse wurde in vielen lokalen Veranstaltungen gedacht, wobei sich Auseinandersetzungen um historische Deutungen und aktuelle politische Konflikte zeigten. In sieben Städten wurden am 29. und 30. Januar 1983 Kundgebungen organisiert.[352] Um eine Demonstration des DGB in Hamburg am 29. Januar 1983 hatte es im Vorfeld Konflikte gegeben, da ein Bündnis, dem auch DKP, VVN, GAL und KB angehörten, vom DGB an den

349 Alltag im Nationalsozialismus. Vom Ende der Weimarer Republik bis zum 2. Weltkrieg, in: *Solidarität* Nr. 12 (1980), S. 14.

350 Aus der Geschichte lernen. Nazis aus der Nachbarschaft. Eine Dokumentation der IG Metall-Jugend Frankenthal über die Zeit des Faschismus in Frankenthal, Frankenthal 1980, in: IGM-ZB, GFL 7341.

351 Helmut Dell, Die Nazis aus der Nachbarschaft, in: *Solidarität* Nr. 5 (1981), S. 5.

352 In Hamburg, Frankfurt a. M., Köln, Mössingen, München, Hannover und Neumünster.

Vorbereitungen beteiligt wurde.[353] Das Bündnis führte eine Kundgebung vor der DGB-Demonstration durch, auf der auch ein Vertreter des Landesjugendringes sprach; ein offenes Zerwürfnis sollte vermieden werden.[354] An der Kundgebung nahmen 25.000 Menschen teil, es sprachen der Publizist Axel Eggebrecht, der Gewerkschafter und Widerstandskämpfer Helmut Kalbitzer und Günter Döding, Vorsitzender der NGG sowie der Hamburger Bürgermeister Klaus von Dohnanyi.[355] Als Döding die KPD erwähnte, die in der NSDAP »nicht die tödliche Bedrohung« erkannt habe, sondern in ihrem »Kampf gegen die Demokratie [...] neben den Sozialdemokraten auch die Gewerkschaften« angriff, gab es laute Pfiffe und Buhrufe vieler Anwesenden.[356] Axel Eggebrecht versuchte die Teilnehmer zu beruhigen mit der Aufforderung, sich nicht wieder spalten zu lassen.[357] Die Dominanz linker Gruppierungen auf der Kundgebung räumte auch der Hamburger DGB-Kreisvorsitzende Hans Saalfeld ein, als er sich bei Döding für seine Rede bedankte und daran erinnerte, »daß sich der Teil unserer Mitgliedschaft aus den Gewerkschaften, der sich mit uns in völliger politischer Übereinstimmung befindet, in so relativ geringer Zahl an unseren Veranstaltungen beteiligt und damit den anderen in weiten Teilen das Feld überläßt. Dies wird uns sicherlich nicht von der Verpflichtung entbinden, zu besonderen Tagen und Anlässen als Gewerkschaften aufzutreten und in eigener Regie Veranstaltungen durchzuführen.«[358] Auf manchen gewerkschaftlichen Veranstaltungen waren eher Anhänger der Neuen Linken und der Neuen Sozialen Bewegungen.

Die Auseinandersetzungen mit der Geschichte der Arbeiterbewegung waren kaum möglich ohne die Geschichte des Nationalsozialismus. Da es auch um historische Identitätslinien ging, wurde der Opfergang der Gewerkschaften gegenüber dem Anpassungskurs des Frühjahres 1933 betont. Auch wenn die intensivere Beschäftigung zu Beginn der 1980er Jahre in einer Wechselwirkung mit einem neuen gesellschaftlichen Interesse an Alltagsgeschichte stand, war es für linke Aktivisten der IG-Metall-Jugend auch mit einer Art von Kompensation verbunden. Erzählungen über das Leid der Arbeiterklasse in früheren Jahren und verpasster historischer Chancen kollidierten in ihrer Eindeutigkeit mit der sozialen Situation der Arbeiterschaft in der Bundesrepublik. Arbeiterlieder, Ausstellungen und Rückblicke auf Streiks hatten in der politischen Kommunikation auch die Funktion, sich mit der Vergangenheit der eigenen politischen Position zu versichern.

353 DGB bootet Bündnis aus, *taz*, 11.1.1983.

354 Antifaschistische Initiative/Initiative gegen Rechts an DGB-Kreisvorstand Hamburg, 10.1.1983, in: FZH, Nachlieferung Adam, Ordner 30. Jan. 33/83 – 2.Mai 33/83.

355 Ein Bekenntnis zur Demokratie, *Hamburger Abendblatt*, 31.1.1983; Demonstration gegen Krieg und Faschismus, *Die Welt* (Hamburg), 31.1.1983.

356 Redemanuskript Günter Döding am 29.1.1983, in: FZH, Nachlieferung Adam, Ordner 30. Jan. 33/83 – 2.Mai 33/83.

357 Axel Eggebrecht an Günter Döding, 6.2.1983, in: FZH, Nachlieferung Adam, Ordner 30. Jan. 33/83 – 2.Mai 33/83.

358 Hans Saalfeld an Günter Döding, 2.3.1983, in: FZH, Nachlieferung Adam, Ordner 30. Jan. 33/83 – 2.Mai 33/83.

4.3. Soziale Bewegung ist außerhalb – Einflussverluste in den Betrieben?

Trotz Forderungen nach einer »frecheren« Jugendarbeit[1] und der Einbindung gewerkschaftlicher Gruppen in die Friedensbewegung und linke Szenen galt in der IG Metall die betriebliche Arbeit weiterhin als Königsweg zur Mitgliedergewinnung und eigentliche gewerkschaftliche Aufgabe. Für Aktivisten der IG Metall war die betriebliche Arbeit ein Distinktionsgewinn gegenüber linken Szenen, denn sie sprachen für die große Gruppe der Lohnabhängigen. Während aber in Feldern wie der Friedensbewegung, in internationaler Unterstützungsarbeit oder in historischen Auseinandersetzungen IG-Metall-Jugendgruppen sich engagierten, stand die Arbeit in den Betrieben vor zunehmenden Schwierigkeiten, da ein geringeres Interesse vieler Jugendlichen an einem gewerkschaftlichen Engagement bestand. Welche Einflussmöglichkeiten hatten jugendliche Gewerkschafter in den Betrieben zu Beginn der 1980er Jahre? Wie wirkte sich die Verlängerung der Jugend auf ihre Arbeit aus? Verschoben sich die politischen Kommunikationsstrategien vor diesem Hintergrund? Trotz Jugendarbeitslosigkeit und Schwierigkeiten bei den Übernahmen habe die »Bereitschaft, sich zu organisieren und aktiv mitzuarbeiten nicht abgenommen«, hieß es 1980 optimistisch in einem Bericht der Abteilungen Jugend und Bildungswesen der IG Metall an den Vorstand.[2] Die politischen Schwerpunkte der Gesamtjugendvertretungen und der Jugendvertretungen umrissen Vertreter der Abteilung Jugend in einem Gespräch mit dem Düsseldorfer Zweigbüro des Vorstandes der IG Metall im Februar 1980: Beurteilungsbögen, Übernahme in die zweite Stufe bei Stufenausbildung und von Ausgebildeten waren dominierende Themen. Auch gegen zweijährige Ausbildungsberufe, die als »Entqualifizierung der Berufsausbildung« verstanden wurden, sollte in den Betrieben gewirkt werden, wie auch für mehr Ausbildungskapazitäten. Zur faktischen Umsetzung der angestrebten Jugend- und Auszubildendenvertretungen sollte die Teilnahme der volljährigen Auszubildenden an den Jugendversammlungen sowie die Weiterbeschäftigung der Jugendvertreter geregelt werden. Gesamtjugendvertretungen und Jugendvertreter sollten stärker in die Ausschussarbeit der Betriebsräte einbezogen werden.[3] Es setzten sich die Themen der betrieblichen Arbeit fort, die bereits in der zweiten Hälfte der 1970er Jahre die Arbeit der Jugendvertretungen dominiert hatten. Da bei allen angeschnittenen Punkten bundesweite Regelungen nicht in

1 So eine Braunschweiger Aktivistin der IG Metall, die damit auch zumindest symbolische Hausbesetzungen meinte. Protokoll der Sitzung des Jugendausschusses beim Vorstand der IG Metall am 4. und 5. Dezember 1984 in Frankfurt, in: AdsD, 5/IGMA-22-0946.

2 Vorlage für die Sitzung zwischen geschäftsführenden Vorstandsmitgliedern der IG Metall und Mitgliedern des Jugendausschusses am 17.3.1980, Frankfurt, 13.3.1980, in: AdsD, 5/IGMA-22-0580.

3 Abt. Jugend beim Vorstand der IG Metall: Vorlage für das Gespräch Zweigbüro – Abt. Jugend am 4.2.1980, 23.1.1980, in: AdsD, 5/IGMA-22-0416.

Sicht waren, sollten Fortschritte in den Betrieben erzielt werden. Allerdings war der eingangs erwähnte optimistische Ton überschätzt, denn nach 1980 setzte ein Rückgang von Jugendvertretungen ein, der für die Organisation bedrohliche Ausmaße annahm.

Tabelle 8: Entwicklung der Jugendvertretungen 1980-1988 im Organisationsbereich der IG Metall[4]

Jahr der Wahl	Zahl der Betriebe	Wähler	Jugendvertreter	Davon in der IGM	Erstmals gewählt
1980	2.996	74.351	6.628	90%	77,6%
1982	2.724	65.903	5.674	88%	74,5%
1984	2.297	51.317	4.711	86%	74.1%
1986	2081	43.982	4.313	88,8	74,7%
1988	3.642	178.273	9.885	79,6	85,4 %

Der wesentliche Grund für den Rückgang lag in der Abnahme der unter 18-Jährigen in den Betrieben. 1983 hatte die IG Metall in einer Umfrage unter ihren Mitgliedern festgestellt, dass das Durchschnittsalter im ersten Lehrjahr 17,3 Jahre betrug.[5] Damit war das Durchschnittsalter der Auszubildenden im Bereich der IG Metall noch etwas niedriger als bei Berufsschülerinnen und Berufsschülern insgesamt, das 1983 bei 18 Jahren lag.[6] Die Tabelle vermittelt einen Eindruck der quantitativen Dimension des Rückganges. Bis 1986 waren es gut 900 Betriebe weniger, in denen gewählt wurde, die Zahl der Wähler ging um 40 Prozent zurück, die Zahl der Jugendvertreter um ein Drittel. Dies bedeutete, dass die Jugendvertretungen häufiger nur noch aus einer Person bestanden.[7] Da-

4 Geschäftsbericht 1980-82, S. 264, Geschäftsbericht 1983-1986, S. 459; für 1986 korrigierte Angabe: Geschäftsbericht 1989-1991, S. 719.

5 Informationen für Jugendgruppe und Ortsjugendausschüsse: Ausgabe 1.84, Hg. IG Metall Vorstand – Abt. Jugend, S. 14, in: AdsD, 5/IGMA-22-1093.

6 Berufsbildungsbericht 1990, S. 42.

7 Die Abteilung Jugend gab für 1982 einen Anteil von 60,1 Prozent von aus einer Person bestehenden Jugendvertretungen an; in absoluten Zahlen war es aber eine Minderheit, da 27,5 Prozent der Jugendvertretungen aus 3 und 10,4 Prozent aus 5 Personen bestanden. In den Großbetrieben gab es 26 Jugendvertretungen mit 7 und 20 mit 9 Personen. Jugend- und Ausbildungsvertretung. Eine Argumentations- und Arbeitshilfe, hrsg. von der Abteilung Jugend beim IG Metall-Vorstand, Frankfurt 1984, S. 6, in: ZB IGM. Der Bezirk Stuttgart der IG Metall hatte 1984 folgende Verteilung: In 443 Betrieben waren insgesamt 892 Jugendvertreter, davon waren 276 (222 IGM) Ein-Personen-Jugendvertretungen, 358 mit 2-4 Jugendvertretern (293 IGM) in 120 Betrieben und 259 mit 5 und mehr Jugendvertretern (239 IGM) in 47 Betrieben. Die Jugendvertretungen der Großbetriebe waren fast vollständig in der IG Metall organisiert, während bei den kleinen und mittleren Betrieben die Unorganisierten zugenommen hatten. Materialien zur Bezirksjugendkonferenz in Böblingen am 4.10.1984, Bezirksleitung Stuttgart der IG Metall, in: AdsD, 5/IGMA-22-0979.

durch sank die Zahl der im Betrieb Engagierten noch mehr, da diese vorwiegend aus größeren Jugendvertretungen kamen, die gemeinsam interagieren konnten. Es ist an der Tabelle auch gut zu sehen, welche quantitativen Auswirkungen die im Sommer 1988 erfolgte Einführung der »Jugend- und Auszubildendenvertretung« (JAV) durch den Bundestag schließlich hatte. Da die Beratungen bis zur Jugendvertreterwahl Anfang 1988 nicht abgeschlossen waren, wurden die Amtszeiten durch Gesetz verlängert und die JAV-Wahl auf den Herbst verlegt. Seit 1987 wurden zwei ähnliche Gesetzesentwürfe der Regierungsfraktion von CDU/CSU und FDP sowie der SPD-Fraktion im Bundestag zur Reform des Betriebsverfassungsgesetzes verhandelt, dabei war die Schaffung einer Jugend- und Auszubildendenvertretung zwischen den Fraktionen unumstritten. Bei der schließlich im Herbst 1988 durchgeführten Wahl stieg die Zahl der Jugendvertreter wieder an; die Vervierfachung der Wähler gegenüber 1986 zeigte das betriebliche Mobilisierungspotential der IG Metalljugend im Ausbildungsbereich.

Anfang der 1980er Jahre war dieser Schritt noch nicht abzusehen, und aus den Geschäftsberichten der Verwaltungsstellen und Bezirke ist der kontinuierliche Rückgang teilweise mit dramatischen Auswirkungen abzulesen. Die Abteilung Jugend hatte 1980 explizit dazu aufgefordert, die Verluste zu dokumentieren.[8] In der Verwaltungsstelle Frankfurt waren von 1974 bis 1982 die Jugendvertreter von 192 auf 100 in nur noch 50 Betrieben zurückgegangen; eine Jugendgruppe existierte 1982 gar nicht mehr, man kam nur noch zu bestimmten Anlässen zusammen.[9] Im Bezirk Hamburg wurde seit 1982 ein dramatischer Rückgang vermerkt. Waren es 1980 noch 411 Jugendvertreter in 200 Betrieben, waren es 1986 nur noch 283 Jugendvertreter in 137 Betrieben. Die Notwendigkeit einer Jugend- und Auszubildendenvertretung wurde beschworen, denn die »Jugendarbeit hängt ursächlich mit den Jugendvertretungen, die ein wesentliches Standbein unserer betrieblichen Jugendarbeit sind, zusammen«.[10] In kleineren Verwaltungsstellen wie Heidelberg waren 1984 nur noch 395 Wähler übrig, die in 18 Betrieben gerade noch 33 Jugendvertreter wählen konnten.[11] Der Rückgang hatte Folgen für die gesamte Jugendarbeit, denn die Jugendvertreter waren tragende Säulen der lokalen Gremien, die nun zunehmend schwieriger zu besetzen waren. Die große Verwaltungsstelle Augsburg klagte 1982, dass im Ortsjugendausschuss zu wenige Betriebe vertreten seien, »die OJA-Aktivitäten dringen deshalb nicht immer zu den Jugendlichen durch«, hieß es. Eine Jugendgruppe gab es seit zwei

8 Jugend- und Ausbildungsvertretung. Eine Argumentations- und Arbeitshilfe, hrsg. von der Abteilung Jugend beim IG Metall-Vorstand, (Frankfurt 1982), S. 11, in: ZB IGM.

9 Geschäftsbericht ’83 Ortsjugendausschuß der IG Metall Frankfurt a. M., S. 5, in: AdsD, 5/IGMA-22-0883; mit gleicher Tendenz: OJA/BJA-Seminar: Zur Situation der gewerkschaftlichen Jugendarbeit in der Verwaltungsstelle Köln, in: AdsD, 5/IGMA-22-0949.

10 Geschäftsbericht 1984 – 1985 – 1986, Bezirksleitung Hamburg der IG Metall, S. 124 f., in: FZH, Bibliothek.

11 Jugendvertreterwahl 1984, Liste vom 9.10.84, IG Metall-Verwaltungsstelle Heidelberg, in: AdsD, 5/IGMA-22-0871.

Jahren nicht mehr, viele Aktivitäten bezogen sich auf die Themen Frieden durch Abrüstung, Jugendarbeitslosigkeit und Nicaragua.[12] Betriebliche Schwerpunkte drohten verdrängt zu werden. In einem Seminar des Bezirks Köln sollte die Problematik diskutiert werden, um die »Gleichgewichtigkeit« beider Themenfelder zu erkennen.[13] Hinzu kam das Problem der Inaktivität auch von gewählten Jugendvertretern. Horst Richter berichtete im Oktober 1984 über den Bezirk Hagen, dass es in fünf von 16 Verwaltungsstellen zwar »eine relativ gute Jugendarbeit« gebe, mit eigenen Räumen für die Jugendlichen. In den Ortsjugendausschüssen seien formal 150 Mitglieder, aber es seien nur 35 engagiert. Richter ging davon aus, dass bei über 30.000 Mitgliedern bis 25 Jahre im Bezirk die Zahl der Aktiven maximal 200 betrage, also gerade 0,6 Prozent der Mitgliedschaft.[14]

Das soziale Profil der Jugendvertretungen war weiterhin von männlichen Auszubildenden im gewerblichen Bereich in großen Industrieunternehmen geprägt. 1982 waren 4.681 Jugendvertreter männlich, 993 weiblich. 1.047 waren Arbeiter, 284 Angestellte, die bereits ausgelernt hatten. Die größte Gruppe waren Auszubildende, die 4343 Jugendvertreter stellten. Drei Viertel der Gewählten waren 18 bis 21 Jahre alt, die bis 18-Jährigen waren mit 12,7 Prozent nur eine knapp größere Gruppe als die über 21-Jährigen mit 12,1 Prozent. 1980 waren es noch 29,2 Prozent unter 18 Jahren gewesen. Ausländische Jugendvertreter blieben weiterhin eine geringe Größe, 1980 waren es 90, 1982 dann immerhin schon 122 Personen. Der Organisationsgrad blieb in den erfassten Betrieben zwar relativ hoch, von den wahlberechtigten Jugendlichen waren 1982 57,1 Prozent Mitglied der IG Metall. Bei den Jugendvertretern lag der Organisationsgrad kontinuierlich bei fast 90 Prozent, andere Gewerkschaften wie DAG oder CGB spielten mit 0,2 und 0,1 Prozent faktisch keine Rolle mehr.[15] Die Entscheidung der IG Metall, sich für eine gemeinsame Jugend- und Auszubildendenvertretung einzusetzen, wurde bereits nachgezeichnet. Die Gruppe der jugendlichen Vertrauensleute bildete keine Kompensation für den Rückgang der Jugendvertretungen. Durch die Anhebung der Altersgrenze bei der Zählung der IG-Metall-Jugend 1981 auf 25 Jahre stieg der Anteil von Nur-Vertrauensleuten zwar auf über 3.600 an, allerdings war diese Zahl aus Sicht der Abteilung Jugend noch unbefriedigend, auch weil 1982 in über 300 Betrieben mit mehr als 500 Beschäftigten keine jugendlichen Vertrauensleute mehr gewählt wurden.[16]

12 Protokoll der OJA-Arbeitstagung am 16/17. Juli 1982, Verwaltungsstelle der IG Metall Augsburg, in: AdsD, 5/IGMA-22-0493.

13 Einladung zum OJA/BJA-Seminar 26.-31.8.1984 in Hilchenbach, Bezirksleitung Köln der IG Metall, 10.8.1984, in: AdsD, 5/IGMA-22-0949.

14 Horst Richter an Horst Klaus, 17.19.1984, in: AdsD, 5/IGMA-22-0897.

15 Alle vorstehenden Zahlenangaben nach: Jugendvertreterwahl 1982. Endergebnis, Einschätzung, Dokumentation, hrsg. von der Abteilung Jugend der IG Metall, o. O. und o. J. (Frankfurt a. M. 1982), in: IGM-ZB GFL 742/8, Anhang S. 2-4.

16 Positionspapier zur Arbeit jugendlicher Vertrauensleute, Vertrauensleutewahlen 1985, Abt. Jugend, 26.11.1984, in: AdsD, 5/IGMA-22-0946.

Die Anhebung der Altersgrenze hatte auch geholfen, einen schwerwiegenden Fehler bei der Mitgliedererhebung nach außen hin abzumildern. Ende 1980, als die Mitgliederfassung der IG Metall auf EDV-gestützten Daten beruhte, stellte sich heraus, dass seitens der Verwaltungsstellen bei den Angaben sehr unpräzise vorgegangen worden war und die Mitgliederzahlen häufig nur geschätzt wurden. Wurden zum 30. September 1979 noch 393.278 Mitglieder unter 21 Jahren angegeben, waren es zum 30. September 1980 nur noch 184.251 Mitglieder unter 21 Jahren.[17] Der rechnerische Verlust von gut 200.000 Mitgliedern wurde im Jugendausschuss der IG Metall relativ gelassen aufgenommen.[18] Statistisch konnte er durch die Erhöhung der Altersgrenze auf 25 Jahre aufgefangen werden, die von der IG-Metall-Jugendkonferenz Anfang April 1980 beschlossen und in einer Richtlinie des Vorstandes vom 14. Juli 1981 endgültig bestätigt wurde.[19] Wurden die Mitglieder bis 25 Jahre gezählt, waren es zum 30. September 1980 sogar mehr als 1979: 415.066 jugendliche Mitglieder schlugen so für die IG Metall zu Buche.[20] Durch diese Umstellung fiel der immense Mitgliederverlust im Geschäftsbericht nicht so sehr ins Auge, auch wenn vermerkt wurde: die »Zahlen für 1980 schließen die fünfundzwanzigjährigen Mitglieder der IG Metall noch nicht ein«. Es konnten mit der Altersanhebung sogar Steigerungen vermeldet werden, von 428.042 1980 auf 476.384 Mitglieder im Jahre 1981. Wirklich valide Mitgliederzahlen können daher erst für die frühen 1980er Jahre angegeben werden.[21] Bis 1984 gab es einen Rückgang auf 422.479 Mitglieder bis 25 Jahre, erst 1985 steigerte man sich wieder auf 442.945.[22] Der Mitgliederrückgang lag aus Sicht der zuständigen Funktionäre weniger in einer mangelnden Attraktivität der IG Metall, sondern vor allem in späteren Berufseinstiegen von Jugendlichen, weniger Übernahmen von Ausgebildeten und der hohen Jugendarbeitslosigkeit begründet. Dies war nicht ganz von der Hand zu weisen, denn in den Betrieben mit kontinuierlicher Beschäftigung blieben Organisationsgrad und Neueintritte weiterhin hoch.[23]

17 Übersichtstabelle »Jugendliche Mitglieder der IG Metall« (November 1980), in: AdsD, 5/IGMA-22-0442.

18 Protokoll der Sitzung des Jugendausschusses beim Vorstand der IG Metall am 11. und 12. November 1980 in Frankfurt, in: AdsD, 5/IGMA-22-0441.

19 Protokoll 12. Jugendkonferenz der Industriegewerkschaft Metall für die Bundesrepublik Deutschland, Travemünde 24-26. April 1980, Geschäftsbericht des Vorstandes der IG Metall 1980-1982, S. 284.

20 Übersichtstabelle »Jugendliche Mitglieder der IG Metall« (November 1980), in: AdsD, 5/IGMA-22-0442.

21 Ohne die Erhöhung des Zugehörigkeitsalters entsteht daher ein falscher Eindruck der Mitgliedschaft, vgl. Klecha, IG Metall, S. 23.

22 Geschäftsbericht des Vorstandes der IG Metall 1980-1982, S. 284, dort auch das Zitat; Geschäftsbericht des Vorstandes der IG Metall 1983-1985, S. 481.

23 Protokoll der Sitzung des Jugendausschusses beim Vorstand der IG Metall am 7. September 1984 in Frankfurt, in: AdsD, 5/IGMA-22-0887; Horst Richter an Horst Klaus, 15.9.1984 (Übersicht Mitgliederentwicklung seit 1953), in: AdsD, 5/IGMA-22-0897.

In dem am Anfang des Kapitels erwähnten Themenkatalog der Jugendvertretungen für 1980 war der Ausbau zur JAV als wichtiges Arbeitsfeld benannt worden. Da aber eine rechtliche Änderung noch nicht abzusehen war, sollte in den Betrieben selbst nach Lösungen gesucht werden. Die Jugendversammlungen sollten auch von Volljährigen besucht werden, auch wenn rechtliche Bedenken bestanden. Die politisch argumentierende Abteilung Jugend empfahl dieses Vorgehen, um so die Forderung nach einer JAV zu untermauern.[24] Die Rechtsabteilung der IG Metall ging davon aus, dass bei einer Behandlung von Fragen der Ausbildung auch die volljährigen Auszubildenden teilnehmen dürften. Ein anderer rechtlicher Weg war die Jugendversammlungen als Abteilungsversammlungen, zum Beispiel in einer Lehrwerkstatt, durchzuführen. Dies galt als rechtlich problematisch und war nur denkbar, wenn die Auszubildenden über völlig getrennte Räumlichkeiten verfügen würden.[25] Bei der Firma Klöckner in Bremen organisierte die Jugendvertretung 1982 zwei Wahlgänge; einen regulären und einen zweiten Wahlgang der volljährigen Auszubildenden, um ein Zeichen gegen die Trennung zu setzen.[26] Ein weiterer Weg war, in den Unternehmen durch Betriebsvereinbarungen die Zuständigkeit der Jugendvertretung für alle Auszubildenden zu regeln.[27] Mit diesen betrieblichen Mitteln sollte die Notwendigkeit einer gemeinsamen Vertretung unterstrichen werden. Diese Prozesse zogen sich aber lange hin. Erst im Januar 1982 konnte bei der SKF Kugellagerfabriken GmbH in Schweinfurt eine entsprechende Betriebsvereinbarung geschlossen werden. Geschäftsführung und Gesamtbetriebsrat hatten sich darauf geeinigt, eine »erweiterte JV« einzurichten: Die Jugendvertretung wurde nach dem Gesetz gewählt und dann um die Anzahl von Mitgliedern erweitert, die hinzukommen würden, wenn auch die volljährigen Auszubildenden wahlberechtigt wären. Die neuen Mitglieder hatten die gleichen Rechte und Pflichten wie die im normalen Verfahren Gewählten.[28] Zwar folgten im Jahre 1982 noch einige weitere Abschlüsse,[29] aber die als modellhaft propagierte Schweinfurter Betriebsvereinbarung fand erst langsam Nachahmer.

24 Jugend- und Auszubildendenvertretung. Eine Argumentations- und Arbeitshilfe, hrsg. von der Abt. Jugend beim IG Metall-Vorstand, Frankfurt a.M. 1980, zweite Auflage 1982, S. 12.

25 Michael Schumann an Harald Schartau, 15.4.1981, in: AdsD, 5/IGMA-22-0417; Thomas Händel an die Verwaltungsstelle Mainz, 11.1.1982, in: AdsD, 5/IGMA-22-0380.

26 Alle Lehrlinge gemeinsam. JV-Wahl bei Klöckner, in: AdsD, 5/IGMA-22-0979.

27 Jugend- und Auszubildendenvertretung. Eine Argumentations- und Arbeitshilfe, hrsg. von der Abt. Jugend beim IG Metall-Vorstand, Frankfurt a.M. 1980, zweite Auflage 1982, S. 13-15.

28 Abschrift: Betriebsvereinbarung zwischen der Geschäftsführung der SKF Kugellagerfabriken GmbH, Schweinfurt, und dem Gesamtbetriebsrat der SKF Kugellagerfabriken GMBH, Schweinfurt, über Verbesserung der Interessenwahrnehmung der Auszubildenden durch die Jugendvertretung, 11.1.1982, in: AdsD, 5/IGMA-22-507.

29 So Betriebsvereinbarung der Firma Opel Hoppmann GmbH, Siegen mit dem Betriebsrat der Firma, 17.5.1982, in: AdsD, 5/IGMA-22-507.

Anfang 1984 waren erst in sechs Betrieben Betriebsvereinbarungen mit einer Ausweitung auf volljährige Auszubildende abgeschlossen worden, bei sieben wurden Verhandlungen zwischen Betriebsrat und Geschäftsführungen geführt und bei neun Firmen war vermerkt, dass die IG Metall im »Diskussionsstadium« mit dem Betriebsrat sei.[30] Dazu gehörten auch große Unternehmen wie Volkswagen, Siemens oder IBM. Ein Rückschlag war, dass der DGB-Bundesvorstand im September 1982 die Forderung nach einer JAV nicht in seinen Katalog zur Überarbeitung des Betriebsverfassungsgesetzes aufnahm[31], und erst Anfang 1985 der Argumentation der IG Metall folgte.[32] Anfang 1986 bestanden schließlich in 60 Betrieben in der Bundesrepublik entsprechende Betriebsvereinbarungen zur Ausweitung der Jugendvertretungen.[33]

Zum Rückgang der Jugendvertretungen kam ein häufig ausgemachtes Desinteresse der jugendlichen Beschäftigten an der Mitbestimmung. In den Kandidatenvorstellungen zur Jugendvertretungswahl 1980 und 1982 dominierte das Bekenntnis zum gemeinsamen Handeln und die Qualifikation der Kandidaten durch den Besuch von IG-Metall-Seminaren.[34] Typisch war eine Formulierung eines Jugendvertreters aus Erlangen: »Viele Sachen stinken mir und meinen Kollegen. Aber rummotzen alleine hilft noch nichts. Um etwas zu verändern, muß man auch etwas tun.«[35] Die Kandidaten erklärten ihre Bereitschaft, sich für die Auszubildenden einzusetzen und sich in komplexe Gesetzestexte einzuarbeiten. Ein Kandidat bei Audi in Neckarsulm betonte: »Ich stelle mich deshalb zur Wahl, weil ich meine, daß es Leute geben muß, die für die Rechte der Kollegen eintreten und gemeinsam mit ihnen darum kämpfen, denn die Pflichten hört man oft genug.«[36] Dieses Bekenntnis, sich für andere einsetzen zu wollen, korrelierte manchmal mit dem Hinweis, die Arbeit als Jugendvertreter

30 Übersicht über die derzeit bekannten Initiativen zur Schaffung einer Jugend- und Auszubildendenvertretung in den Betrieben der Metallindustrie, Anfang 1984, in: AdsD, 5/IGMA-22-0890.

31 Protokoll der Sitzung des Jugendausschusses beim Vorstand der IG Metall am 28. und 29. September 1982 in Frankfurt, S. 4 sowie Protokoll der Sitzung des Jugendausschusses beim Vorstand der IG Metall am 30. November und 1. Dezember 1982 in Berlin, beide in: AdsD, 5/IGMA-22-0979.

32 Protokoll der Sitzung des Jugendausschusses beim Vorstand der IG Metall am 26. und 27. Februar 1985 o.O, in: AdsD, 5/IGMA-22-1081.

33 Geschäftsbericht des Ortsjugendausschuss der Verwaltungsstelle Mannheim der IG Metall, Dezember 1983-Dezember 1986, in: AdsD, 5/IGMA-22-1093.

34 So zählten die Kandidaten bei MBB in Ingolstadt alle besuchten Seminare in ihrer Vorstellung auf. Vgl. Wir informieren – Arbeiter, Angestellte, Auszubildende von MBB, IG Metall Ingolstadt, in: Jugendvertreterwahl 1980, hrsg. vom Vorstand der IG Metall, Abteilung Jugend, Anhang I, S. 10, in: ZB-IGM.

35 Interview zwischen der Redaktion Morgenrot und einem Jugendvertreter aus Erlangen, in: Jugendvertreterwahl 1980, hrsg. vom Vorstand der IG Metall, Abteilung Jugend, Anhang I, S. 24, in: ZB-IGM.

36 Jugendvertreter-Kandidaten '82, in: Jugendvertreterwahl 1982, hrsg. vom Vorstand der IG Metall, Abteilung Jugend, Anhang I, ohne Paginierung, in: ZB-IGM.

als Vorbereitung auf eine Betriebsratstätigkeit zu betrachten.[37] Die Verwaltungsstelle Ludwigsburg sprach 1983 von einer »Stagnation« der Jugendarbeit, die auch durch neue Angebote nicht überwunden werden konnte.[38] Ausgehend von Beobachtungen einer abnehmenden Attraktivität der gewerkschaftlichen Jugendarbeit – bei einer gleichwohl politisch aktiven Jugend – begann das Göttinger Soziologische Forschungsinstitut (SOFI), eines der führenden industriesoziologischen und gewerkschaftsfreundlichen Forschungseinrichtungen, das Projekt »Jugend und Krise« zu konzipieren, dessen Finanzierung schließlich vom Bundesministerium für Jugend, Familie und Gesundheit, dem DGB und der Hans-Böckler-Stiftung übernommen wurde. Auf der Grundlage von 170 qualitativen Interviews mit Jugendlichen zwischen 19 und 24 Jahren wurde als zentrales Ergebnis – gegen die verbreitete Annahme eines Wertewandels der Arbeit in der Jugend – festgehalten: »In den persönlichen Identitätsentwürfen hat die Erwerbsarbeit für die Mehrheit der Jugendlichen einen hohen Stellenwert, gleichzeitig aber scheint sie für immer weniger Jugendliche der Kristallisationspunkt für kollektive Erfahrungen und die Basis für soziale und politische Identitätsbildung abzugeben.«[39] Die Autoren der Studie nannten als Merkmal der Jugendlichen ein »individualistisches Verhältnis zur Arbeit«. Dennoch gab es für die Gewerkschaften beruhigende Hinweise, hielten doch 90 Prozent der Interviewten Gewerkschaften für wichtige Institutionen, denen sie selbst aber überwiegend distanziert gegenüberstanden.[40] Neben soziostrukturellen Wandlungen und der Verlängerung der Jugend führten die Autoren auch an, dass der hohe Grad der gewerkschaftlichen Institutionalisierung – es ließe sich auch sagen, der Verrechtlichung der industriellen Beziehungen – auch bei Gewerkschaftsmitgliedern zu einem Verlust von konkreten Erfahrungen führe. Die Gewerkschaften schienen auch für Mitglieder aus dem »Eigengewicht ihrer Organisation« heraus zu existieren, eine Mitgliedschaft war nicht unbedingt notwendig, um von der Interessenvertretung zu profitieren. Auch eine partielle »Entproblematisierung« der Arbeitswelten spielte für die Distanz eine Rolle, da weniger körperliche Arbeit und kürzere Arbeitszeiten auch reale Erleichterungen für die Beschäftigten gebracht hätten.[41] Die Studienergebnisse lassen sich als Synthetisierung der vielen lokalen Erfahrungen lesen. Die Jugendvertretungen verloren nicht ihren betrieblichen Einfluss als Gremium, aber ihre Unterfütterung durch aktive Mitglieder in den Betrieben und damit als Kristallisationspunkt für soziale Praktiken.

37 So bei MBB in Augsburg, vgl.: Und dann Karriere im Betriebsrat … in: *Augsburger Allgemeine*, 1.9.1982.

38 IG Metall Verwaltungsstelle Ludwigsburg (Hrsg.), IG Metall Verwaltungsstelle Ludwigsburg 1981-1983, Ludwigsburg o. J. (1984), S. 29.

39 Martin Baethge u. a., Arbeit, S. 5. Erste Ergebnisse bereits in: Dies., Jugendliche auf Distanz. Herausforderungen für die gewerkschaftliche Jugendarbeit, in: *Gewerkschaftliche Monatshefte* Nr. 2 (1986), S. 72-84.

40 Baethge u. a., *Arbeit*, S. 298 f.

41 Ebd. S. 293-295.

Entproblematisierungen der Arbeitswelten waren in der Wahrnehmung der jungen Gewerkschaftsakteure Anfang der 1980er Jahre nicht dominierend, vor allem die Jugendarbeitslosigkeit prägte das Klima. Im November 1981 bekräftigte die Bundesjugendkonferenz des DGB im sauerländischen Willingen, dass alle Möglichkeiten zur Übernahme der Ausgebildeten einzusetzen seien, sprach sich aber erneut gegen eine »pauschale Übernahmeverpflichtung« aus, um »die Fehlsteuerung der Ausbildung in Kleinbetrieben und in Teilen des Handwerks« nicht fortzuschreiben. Die IG-Metall-Jugendkonferenz im Mai 1983 in Böblingen übernahm fast wortgleich diesen Beschluss.[42] Übernahmen sollten kein alleiniges Problem der Auszubildenden sein. Daher sollten Betriebsräte und Jugendvertretung gemeinsam alle rechtlichen Möglichkeiten ausschöpfen, dies hieß zum Beispiel die Ablehnung von Überstunden, die Kontrolle von Krankenvertretungen oder den Einsatz von Springern, um den Bedarf für Weiterbeschäftigungen zu belegen. Die Jugendvertretung der Peine + Salzgitter AG führte von September 1981 bis März 1982 Aktionen gegen den Abbau von 110 der 430 Ausbildungsplätzen in ihrem Betrieb durch. Die hohe Ausbildungsqualität des bundeseigenen Unternehmens sollte ein Vorbild für andere Unternehmen sein, auch um die Wirksamkeit der Montanbestimmung zu belegen. Die IG-Metall-Jugend führte öffentlichkeitswirksame Aktionen durch, die Rücknahme des geplanten Abbaus wurde vom Gesamtbetriebsrat ausgehandelt.[43] In Mannheim engagierte sich der Ortsjugendausschuss schon Ende 1984 gegen eine drohende Nichtübernahme von 78 Auszubildenden bei dem Werk der BBC im Stadtteil Käferthal. Neben Demonstrationen und Anzeigen in der Tagespresse versuchte der Ortsjugendausschuss Ersatzarbeitsplätze zu finden. Es wurden 50 Ausgelernte von BBC übernommen, die anderen konnten in anderen Firmen untergebracht werden.[44]

Die von der IG Metall immer betonte soziale Verpflichtung besonders größerer Unternehmen schlug sich auch in den Übernahmequoten nieder. Für 1984 wurde vom Bundesinstitut für Berufsbildung ermittelt, dass eine Übernahme aller Ausgebildeten bei Betrieben bis neun Beschäftigten immerhin zu 29 Prozent erfolgte, bei einer Größe von 10 bis 99 mit 30 Prozent knapp mehr, in der Betriebsgrößenklasse bis 1.000 Beschäftigte bis zu 37 Prozent, darüber sogar zu 40 Prozent. Aussagekräftiger sind die Zahlen für die Betriebe, die überhaupt keine Ausgebildeten übernahmen. Bei den Kleinbetrieben waren dies fast fünfzig Prozent, bei über 1.000 Beschäftigten nur noch neun Prozent. Auch die

42 Antrag 221 des 11. Ordentlichen DGB-Bundeskongresses, Antragsteller: Bundes-Jugendausschuß, Betr.: Übernahmeproblematik; sowie: Antrag F 18 der 13. Jugendkonferenz der IG Metall, Übernahmeproblematik. Beide abgedruckt in: IG Metall-Vorstand Abt. Jugend/Abt. Berufsbildung: Aktionsprogramm für die Übernahme von Ausgebildeten (Frankfurt a.M. 1983), S. 17-20, in: IGM-Zentralbibliothek GFL 742.

43 IG Metall Verwaltungsstelle Peine (Hrsg.); 100 Jahre IG Metall Peine, Peine 1991, S. 109 f.

44 Geschäftsbericht des Ortsjugendausschuss der Verwaltungsstelle Mannheim Dezember 1983-Dezember 1986, in: AdsD, 5/IGMA-22-1093.

einzelnen Berufe weisen auf die Dominanz größerer Betriebe hin. Die höchste Übernahmequote – auf die Betriebe gerechnet – hatten Bankkaufleute mit 61 Prozent, gefolgt von Werkzeugmachern mit 58 Prozent sowie Mechanikern mit 40, Energieanlagenelektroniker mit 37 und Maschinenschlosser mit 34 Prozent. Dagegen gelang den überwiegend in Handwerksbetrieben ausgebildeten KfZ-Mechanikern lediglich in 14 Prozent der Betriebe eine Weiterbeschäftigung.[45] Die hohen Übernahmequoten lagen im Bereich der Metallindustrie. Dass nur 40 Prozent der Großbetriebe alle Ausgebildeten übernahmen lag auch daran, dass nach einer Ausbildung auch andere Berufswege beschritten wurden. Bei der AEG-Telefunken wurden 1981 von 853 Ausgelernten 76 Prozent übernommen. Es waren verschiedene Gründe, warum die anderen nicht beschäftigt blieben: Sieben Prozent besuchten weiterführende Bildungsgänge, sechs Prozent wechselten das Unternehmen, weitere sechs Prozent gaben »andere Gründe« an.[46]

Neben der Frage von Übernahmen der Ausgebildeten stellte die Schließung von Unternehmen eine Bedrohung der Arbeitsplätze dar. In den frühen 1980er Jahren kam es zu einem Anstieg von Betriebsbesetzungen und Kampagnen gegen Schließungen. Einzelne Gruppen der IG Metall führten symbolische Besetzungen durch, so im Dezember 1984 in Braunschweig, als am Rande eines Aktionstages des Bezirks Hannover gegen Jugendarbeitslosigkeit eine leer stehende Fabrikhalle besetzt wurde. Die Jugendlichen forderten, die Halle als überbetriebliche Ausbildungsstätte zu nutzen. Die 50 Besetzer der IG-Metall-Jugend verließen nach einem Tag das Gebäude und blieben von einer Strafanzeige verschont.[47] Die Besetzer beriefen sich auf die staatliche Verpflichtung, Ausbildungsplätze zu schaffen und betonten so in der symbolischen Regelüberschreitung zugleich ihre Rechtskonformität.[48]

Wenn auch symbolische Besetzungen wichtige Ereignisse für die Beteiligten sein konnten, war der Kern von Betriebsbesetzungen meist eine Abwehrmaßnahme, um den Erhalt des jeweiligen Standortes zu sichern. Allerdings wurden Betriebsbesetzungen nicht zu einem »allgemeinen Phänomen«, sondern ergaben sich aus der spezifischen Situation der einzelnen Betriebe.[49] Die Besetzungen wurden von der älteren Belegschaft getragen, deren Chancen auf dem Arbeitsmarkt schlechter waren als die der Jugendlichen. In der krisengeschüttelten Werftindustrie kam es 1983 zu zwei spektakulären Besetzungen. Im September

45 Angaben nach: DGB-Bundesvorstand Abteilung Jugend (Hrsg.), In Zukunft. Gesellschaftliche Perspektiven der Gewerkschaftsjugend, Köln 1989, S. 146.

46 Bericht über das Personal-, Sozial- und Bildungswesen von AEG-Telefunken anläßlich der Betriebsräteversammlung am 7. Juli 1981 in Mannheim, in: AdsD, 5/IGMA-22-0672.

47 Besetzung hatte Symbolcharakter, *Braunschweiger Zeitung*, 13.12.1984

48 Flugblatt »Arbeit und Frieden für alle«, Braunschweig, in: AdsD, 5/IGMA-22-0883.

49 Michael Brockhaus/Wolfgang Schäfer, Betriebsbesetzung. Der kurze Traum von der Solidarität. Voraussetzungen, Verlaufsformen und Auswirkungen einer spektakulären Arbeitskampfform am Beispiel der Firma Spänex Wilhelm & Sander in Uslar, Göttingen 1990, S. 248.

1983 wurde für eine Woche die Werft AG Weser in Bremen besetzt, um kurz vor der Bürgerschaftswahl Druck auf die Bremer Politik und insbesondere die regierende SPD auszuüben, die Werft durch eine Fusion mit anderen Bremer Werften noch zu retten. An der von einer großen Unterstützung durch die Bevölkerung getragenen Aktion beteiligten sich auch die Auszubildenden. Eine Jugendvertreterin resümierte aber hinterher resigniert: »Bei vielen ist es auch heute nach der Besetzung noch so, daß sie mich fragen, was aus der Ausbildung wird, aber fünf Minuten später schon wieder Karten spielen. Sie machen ihren Kram wie immer und haben die Einstellung: Wir lassen das auf uns zukommen.«[50] Die einwöchige Besetzung sei zwar eine aufregende Sache gewesen, die von den Jugendlichen unterstützt wurde, aber in Bremen gehörten sie nicht zu den treibenden Kräften. Auch die im selben Monat stattfindende Besetzung der Hamburger Werft HDW fand ohne die Auszubildenden statt. Die Arbeit in der Lehrwerkstatt wurde während der Besetzung fortgesetzt, Auszubildende beteiligten sich nur in ihrer Freizeit an den Aktionen.[51] Bei Auseinandersetzungen um Betriebsschließungen kam es auch zu Aktionen von Auszubildenden, so der kurzzeitigen Besetzung der Lehrwerkstatt im Werk Leer der Olympia-AG.[52] Dabei wurde an die Bevölkerung appelliert, sich gegen die Schließung zu engagieren, da sonst Gefahren für die Ausbildungssituation in der Region bestünden und Jugendarbeitslosigkeit noch zunehmen würde.

Ein Beispiel eines sehr aktiven Engagements von Jugendlichen war im Sommer 1982 im badischen Bretten zu beobachten, als es zu einer Kampagne gegen die drohende Schließung der Firma Neff kam. Neff, Hersteller von Küchengeräten und nach dem Zweiten Weltkrieg zum größten Arbeitgeber vor Ort aufgestiegen, gehörte seit 1969 zur AEG-Telefunken AG und geriet Anfang der 1980er Jahre mit der AEG in eine Krise. Nachdem die AEG am 9. August 1982 den Vergleich angemeldet hatte, wurde der Belegschaft von Neff eine Woche später mitgeteilt, dass die Firma ebenfalls in den Vergleich gehen würde.[53] Der Jugendvertreter Frank Misol, Sohn des IG-Metall-Sekretärs Wolfgang Misol der Verwaltungsstelle Bruchsal, erklärte noch in der Versammlung die Bereitschaft der Auszubildenden, für den Erhalt des Betriebes zu kämpfen. Rund 20 Auszubildende – von 40 gewerblichen und 12 kaufmännischen – organisierten Aktionen. Dazu gehörten Briefe an Parlamentarier oder den AEG-Vorstands-

50 Hans Ziegenfuß/Heiner Heseler/Hans-Jürgen Kröger (Hrsg.), Wer kämpft, kann verlieren, wer nicht kämpft, hat schon verloren, Hamburg 1984, S. 206.

51 So der Bericht einer 21-jährigen Auszubildenden bei der HDW, die sich politisch engagierte. Vgl. »Manchmal dachte ich, das sind doch nicht die Werftarbeiter, mit denen ich jeden Tag zusammenarbeite; die sind ja völlig verändert.« Birgit (21), Holzmechanikerlehrling, in: Hamburger Werftarbeiter schreiben ein Buch. Was der Mensch wert ist, Autoren: Birgit u.a., herausgegeben vom HDW- und Metaller-Arbeitslosenzentrum, Hamburg 1990, S. 9-14.

52 IG Metall Leer/Papenburg (Hrsg.), Olympia Leer – Eine Belegschaft wehrt sich gegen die Vernichtung von Arbeitsplätzen, Leer 1983, S. 18.

53 Zu den Hintergründen vgl. Peter Strunk, Die AEG. Aufstieg und Niedergang einer Industrielegende, Berlin 1999, zu Neff S. 148.

vorsitzenden Heinz Dürr, den die Auszubildenden baten, von seinem Gehalt 90.000 DM für die Lehrwerkstatt zu überweisen.[54] Eine erste Demonstration fand wenige Tage nach der Ankündigung des Vergleichs statt. Dabei zogen die Auszubildenden – mit Duldung der Ausbilder – aus der Lehrwerkstatt zu einem Zweigwerk. Allerdings blieben die Auszubildenden unter sich, andere Beschäftigte schlossen sich nicht an. Die Aktion war eine neue Erfahrung, »so einfach bei einer Demonstration mitzumachen, und einige hatten auch ein mulmiges Gefühl, aber für jeden war klar, daß er trotzdem mitmachte«.[55] Die Gruppe hängte ein Transparent mit der Forderung nach Erhalt in der Lehrwerkstatt aus und war bemüht, andere Gewerkschafter und die Bevölkerung zu informieren. Sie hob hervor, dass die Ausbildung bei Neff vorbildlich sei und fast die Hälfte der industriellen Ausbildungsplätze in Bretten wegfallen würde. Die Drohung mit der auf der Straße stehenden Jugend war fast unvermeidlich.[56] Nach den ersten Demonstrationen der Auszubildenden entwickelte sich eine Kampagne der IG Metall und der Belegschaft gegen die drohende Schließung. Verkaufsstände, Auftritte einer Songgruppe der Auszubildenden oder Solidaritätsfeste gehörten dazu. Da der AEG-Vorstandsvorsitzende Heinz Dürr seine Stammfirma in Stuttgart hatte, fuhren die Auszubildenden am 10. September 1982 zu seinem Werk, um dort zu demonstrieren. Der Betriebsrat von Dürr unterstützte sie dabei ebenso wie die Bezirksleitung der IG Metall, die einen Tagungsraum zur Verfügung stellte. Adressat einer Störaktion war auch die Stuttgarter Redaktion der Illustrierten *Stern*, da der Herausgeber Henri Nannen in einer Kolumne gefordert hatte, der AEG keine staatliche Unterstützung zukommen zu lassen.[57] Diese Aktion hatte den Charakter einer Büro-Besetzung, ein Redakteur verwickelte die über 50 Auszubildenden jedoch in ein längeres und freundliches Gespräch.[58] Dieser Zuspruch des Redakteurs war charakteristisch für die Reaktionen. Die Sympathie für die Betroffenen war innerhalb wie außerhalb von Bretten hoch. Der Brettener Bürgermeister sprach besorgt davon, dass bei einer Schließung Bretten zum »Notstandsgebiet« werden würde und eine Arbeitslosigkeit von 20

54 Die Aktivitäten sind ausführlich mit Quellen dokumentiert in: Man muss nicht immer bei Null anfangen! Anregungen, Möglichkeiten, Kampfformen und Perspektiven beim Kampf um den Erhalt von Ausbildungsplätzen bei Betriebsschließung, IGM-Jugend Bruchsal (Bruchsal 1983), in: Bibliothek der Friedrich-Ebert-Stiftung, Nr. 2317. Der Brief an Dürr vom 18.8.1982 ebd., ohne Paginierung.

55 Ebd., ohne Paginierung. Ebenfalls wird die »kleine Demonstration« der Auszubildenden erwähnt in »Ja, wenn wir ein Saftladen wären«. In: *Der Spiegel* Nr. 34, 23.8.1982, S. 27-28.

56 Flugblatt »Hände weg von unserer Lehrwerkstatt«, ohne Datum, ebd., ohne Paginierung.

57 Henri Nannen, Laßt sie doch pleite gehen, in: *Der Stern*, 26. August 1982.

58 Die ›Dürre-Aktion‹, in: Man muss nicht immer bei Null anfangen! Anregungen, Möglichkeiten, Kampfformen und Perspektiven beim Kampf um den Erhalt von Ausbildungsplätzen bei Betriebsschließung, IGM-Jugend Bruchsal (Bruchsal 1983), in: Bibliothek der Friedrich-Ebert-Stiftung, Nr. 2317.

Prozent zu erwarten sei.[59] Die Unterstützung von lokaler Politik und Gesellschaft war ein Kennzeichen bei den meisten Kampagnen gegen drohende Schließungen. Die Auszubildenden sammelten in kurzer Zeit vielfältige Erfahrungen mit Medien und öffentlichen Auftritten. Die Songgruppe der Auszubildenden – die eigene und bekannte Melodien mit Texten auf die Situation in Bretten versah –[60] trat mehrmals auf. So unter anderem bei der 11. Bundesfrauenkonferenz der IG Metall, in der Verwaltungsstelle Heilbronn und einem Solidaritätsabend der badischen Landesbühne in Bretten. Die Gruppe schuf sich auch ein bedeutungsträchtiges Symbol: Die Auszubildenden des zweiten Lehrjahres bauten einen kleinen Roboter, der als »Maskottchen« die Gruppe bei Auftritten begleitete. Die knapp 80 cm große Figur war beweglich und mit einem Tonband versehen. Der so sprechende Roboter gab Forderungen der Gruppe wieder.[61] Hier verbanden sich mehrere Aspekte der Kampagne: Das Maskottchen repräsentierte die technischen Fähigkeiten der Auszubildenden ebenso, wie es besondere Aufmerksamkeit hervorrief in einer Kampagne, die mediale Aufmerksamkeit suchte und nutzte.

In parallelen Verhandlungen zwischen Konkursverwalter, Geschäftsleitung und IG Metall-Vertretern mit der Bosch-Siemens-Gruppe konnte ein Käufer der traditionsreichen Marke Neff gefunden werden. Neff wurde als GmbH im Oktober 1982 neu gegründet. Die Lehrwerkstatt blieb erhalten. Auch erfolgte die Übernahme nur unter der Bedingung, dass die Beschäftigten einen Tag arbeitslos gemeldet wurden, sodass die betrieblichen Rentenansprüche nicht von Bosch übernommen werden mussten.[62] Damit waren auch Planungen der Auszubildenden hinfällig, bei einer Schließung die Lehrwerkstatt in eigener Regie zu übernehmen. Im September 1982 lag ein Entwurf für eine Vereinssatzung vor.[63] Die Auszubildenden hatten eine Reihe von Aktionsmodellen entwickelt, die sie in ihrer Broschüre als Anregungen für andere verstanden wissen wollten. Auffällig ist, dass die Ausbildung nicht mehr kritisiert, sondern als qualitativ besonders gut bezeichnet wurde. In der Defensive während der ökonomischen

59 »Ja, wenn wir ein Saftladen wären.« In: *Der Spiegel* Nr. 34, 23.8.1982, S. 27-28.

60 Dazu gehörte u.a. das Lied der Gruppe Trio »Da da da« oder von Hannes Wader »Heute hier, morgen dort«. Abgedruckt in: Man muss nicht immer bei Null anfangen! Anregungen, Möglichkeiten, Kampfformen und Perspektiven beim Kampf um den Erhalt von Ausbildungsplätzen bei Betriebsschließung, IGM-Jugend Bruchsal (Bruchsal 1983), in: Bibliothek der Friedrich-Ebert-Stiftung, Nr. 2317.

61 Maskottchen ›Robby‹, in: ebd. ohne Paginierung.

62 Die Annahme dieses Angebotes war in der IG Metall sehr umstritten, obwohl die Mehrheit der Beschäftigten es akzeptierte. Darauf hat der damalige Bevollmächtigte der IG Metall Verwaltungsstelle Bruchsal, Werner Holzwarth, in einem Interview hingewiesen. Vgl. Interview mit Werner Holzwarth, 30.6.2011, in: FZH, Projektarchiv, S. 104-106.

63 Modell Lehrwerkstatt, in: Man muss nicht immer bei Null anfangen! Anregungen, Möglichkeiten, Kampfformen und Perspektiven beim Kampf um den Erhalt von Ausbildungsplätzen bei Betriebsschließung, IGM-Jugend Bruchsal (Bruchsal 1983), in: Bibliothek der Friedrich-Ebert-Stiftung, Nr. 2317, ohne Paginierung.

Krise war dies eine allgemeine Verschiebung: Berufsausbildung galt in der IG-Metall-Jugend weniger als Ort der Ausbeutung, als vielmehr der guten Vorbereitung auf das Berufsleben.

Besetzungsaktionen gegen Betriebsschließungen wurden von der IG Metall, in deren Organisationsbereich fast alle Besetzungen vorkamen, zwar in der Regel praktisch unterstützt, aber aus rechtlichen Gründen nicht als gewerkschaftliches Kampfmittel verstanden. Diese Haltung bekräftigte 1985 der IG-Metall-Vorstand aus rechtlichen und ökonomischen Überlegungen.[64] Die Besetzungen waren Abwehrkämpfe gegen Konkurse, Stilllegungen oder Massenentlassungen. Bei ihnen ging es nicht um eine Übernahme der Produktion, sondern um die Suche nach privaten oder staatlichen Investoren. In der Regel handelte es sich um Firmen, die unter Absatz- und Strukturproblemen oder unternehmerischen Fehlentscheidungen litten. Die sozialen Erfahrungen der Beschäftigten waren intensiv, bildeten aber keine Grundlage für neue soziale Konstituierungen der Arbeiterklasse als politischer Bewegung[65], sondern waren Krisenphänomene des industriellen Strukturwandels der 1980er Jahre.[66] Für die gewerkschaftliche Linke waren Besetzungen mit Hoffnungen auf neue Radikalisierungen der Arbeiterschaft verbunden. Angesichts der Konfliktverläufe hatten jedoch Ideen einer Selbstverwaltung – oder wie in Bretten die Übernahme der Lehrwerkstatt – zwar stimulierende Wirkungen für die Wahrnehmungen der Betroffenen, aber sie bildeten nicht das strategische Ziel. Die Auseinandersetzungen führten eher zu Kompetenzerweiterungen auf Seiten der Gewerkschaften und der Beschäftigten, in dem versucht wurde, meist in Kooperation mit gewerkschaftsnahen Wissenschaftlern oder der Abteilung Automation/Rationalisierung beim IG-Metall-Vorstand, neue Produktideen für die angeschlagenen Betriebe zu entwickeln. In den Werften waren dies Vorschläge, statt Rüstungsgütern zivile Produkte zu entwickeln. Auch für das schließlich geschlossene Schreibmaschinenwerk Olympia in Leer wurden Vorschläge erarbeitet, die auf einen Einstieg

64 Die Diskussionen um die Haltung der IG Metall stellen dar: Brockhaus/Schäfer, Betriebsbesetzung, S. 251-275.

65 So die deutliche Hoffnung im DKP-Umfeld und bei linken Gewerkschaftern. Vgl. Fritz Fiehler/Holger Geißelbrecht, Werftbesetzung und Umbruchperiode der Arbeiterbewegung, in: Jahrbuch für Marxistische Studien und Forschungen 7 (1984), S. 60-72.

66 Zwischen 1972 und Ende 1982 werden in einer Aufstellung 35 Betriebsbesetzungen und Tor-Blockaden genannt, davon waren zwei Drittel zwischen 1980 und 1982. Vgl. Gert Hautsch/Bernd Semmler, Betriebsbesetzung. Adler, VDM. Demag-Pokorny, Rockwell-Golde. Vier Beispiele aus Frankfurt, Frankfurt a. M. 1983, S. 101-103. Als Einzelbeispiele: IG Metall Leer/Papenburg: Olympia Leer – Eine Belegschaft wehrt sich gegen die Vernichtung von Arbeitsplätzen, Leer 1983; Wolf-Dietrich Weißbach, 117 Tage. Die Betriebsbesetzung der Maschinenfabrik Gebrüder Hofmann, Hamburg 1985; Wolfgang Franz/Johannes Müllner, Das Kämpfen nimmt Dir keiner ab. Schiffbaukrise und Gegenwehr am Beispiel HDW-Hamburg, Düsseldorf 1985; Otto König/Adi Ostertag/Hartmut Schulz (Hrsg.), ›Unser Beispiel könnte ja Schule machen!‹. Das ›Hattinger Modell‹ – Existenzkampf an der Ruhr, Köln 1985; für eine Besetzung aus dem Jahre 1987 und den Versuch einer sozialwissenschaftlichen Systematisierung: Brockhaus/Schäfer, Betriebsbesetzung.

in ökologische Produktion setzten.[67] Diese Vorschläge wurden jedoch in der Regel aufgrund unzureichender Finanzmöglichkeiten und rechtlicher Problematiken nicht umgesetzt, da sich die zuständigen Landesstellen vor größeren Investitionen zur Anschubfinanzierung scheuten.

Die Kampagnen stärkten das Selbstbewusstsein der Beteiligten.[68] Allerdings traten Gewerkschaftsjugendliche bei Besetzungen eher selten hervor. Im politischen Raum wurde dabei stärker auf die gute Ausbildung Bezug genommen und die Argumentation insgesamt defensiver: Die Schließung eines Betriebes hätte erhebliche Auswirkungen auf die Region und müsse daher verhindert werden. Diese Argumentation ging einher mit einer in den Publikationen der IG Metall zunehmend positiven Bewertung der Ausbildung. Die Jugendarbeitslosigkeit führte spiegelbildlich zu einer positiven Zeichnung einer guten Berufsausbildung. Ein positiver Bezug auf die Arbeit hatte die IG Metall und die Arbeiterbewegung immer geprägt. Ein Wandel erhellt sich jedoch vor dem Hintergrund der politisch zugespitzten Argumentationen der 1970er Jahre. Ausbildung war nicht mehr primär Ausbeutung oder ein von Missständen geprägter Bereich. Jugendvertreter sprachen über Probleme mit Ausbildungsplänen oder fehlenden sanitären Einrichtungen, betonten meist aber auch das gute Niveau von Ausbildungen. »Bei Krupp – da lernt man wirklich was« war 1982 kein Werbespruch des Unternehmens, sondern das Schlusszitat eines Interviews mit vier Jugendvertretern der Krupp AG in Essen.[69] In den Selbstdarstellungen von Jugendvertretern waren politisch scharfe Formulierungen nun seltener zu finden. Ein junger Auszubildender der Phönix-Werke in Detmold meinte, »alle Arbeiter müssen gegen die Unternehmer zusammenhalten«. Als Jugendvertreter beschäftigte er sich mit einem Angebot für Betriebssport und vollständigen Ausbildungsplänen. Er wollte zuerst nicht kandidieren, denn die Tätigkeit »roch nach Arbeit«, aber er hatte sich schließlich in die rechtliche Materie vertieft und die Notwendigkeit von Jugendvertretungen erkannt.[70]

Die Abteilung Jugend der IG Metall startete zusammen mit der Abteilung Berufsbildung im Sommer 1981 die Kampagne »Hier stimmt was nicht«. Mit sechs thematischen Flugschriften sollte über betriebliche und gesellschaftliche Forderungen der IG Metall informiert werden. Die Themen waren sachlich und zeitlich gegliederte Ausbildungspläne, mehr Ausbilder für pädagogische Qualität, gegen ausbildungsfremde Arbeit und Übernahme in der Stufenausbildung. Gefordert wurden auch mehr Ausbildungsplätze für benachteiligte Gruppen,

67 Vgl. für Olympia in Leer: IG Metall Leer/Papenburg: Olympia Leer – Eine Belegschaft wehrt sich gegen die Vernichtung von Arbeitsplätzen, Leer 1983.

68 Vgl. die kurzen Skizzen von Beschäftigten der HDW, die sich an einer Besetzung im September 1983 beteiligten: Hamburger Werftarbeiter schreiben ein Buch. Was der Mensch wert ist, Autoren: Birgit u. a., mit herausgegeben vom HDW- und Metaller-Arbeitslosenzentrum, Hamburg 1990.

69 Wir sind die Splitter im Unternehmerauge, *Westdeutsche Allgemeine Zeitung*, 27.3.1982.

70 *Kneifzange* – Zeitung der IG Metall-Jugend Detmold Nr. 6, April 1982, in: AdsD, 5/IGMA-22-0979.

unter die Mädchen, ausländische Jugendliche und Sonderschüler gezählt wurden.[71] Als letztes erschien das Faltblatt »Keine Arbeit für die Schrottkiste«.[72] Die Aktion solle wieder den Fokus auf Mängel in der Ausbildung richten, nachdem lange die Beurteilungsbögen im Vordergrund gestanden hätten, wie Kay Ohl im Jugendausschuss im Mai 1981 erläuterte. Allerdings wurde in der Diskussion darauf hingewiesen, die Aktion solle eher »Was wir wollen« heißen, da gewerkschaftliche Forderungen behandelt würden.[73] Referenz für die Aktion waren die Umfragen der Lehrlingsbewegung und die Aktion »Rote Zange« aus den frühen 1970er Jahren. Konkrete Forderungen sollten die Mobilisierung in den Betrieben unterstützen.[74] Georg Benz versandte Anfang August 1982 noch einmal die Plakate und ein Arbeitshandbuch an alle Verwaltungsstellen und stellte es den lokalen Gruppen frei, die Themen aussuchen, die jugendliche Beschäftigte interessieren könnten.[75] Vor allem Materialien zu »Keine Arbeit für die Schrottkiste« wurden häufig nachgefragt.[76] Die Nachfrage begründete sich darin, dass das Thema eine für viele Auszubildende nachvollziehbare Argumentation enthielt: Nicht langwieriges Feilen an Metallstücken, sondern in gemeinsamer Projektarbeit konzipierte Werkstücke sollten in der Ausbildung erstellt werden, die einen Nutzen hätten. Bei Daimler-Benz in Untertürkheim und dem Stahlwerk Peine-Salzgitter gab es bereits solche Projektarbeit, die als Beispiele von anderen IG-Metall-Gruppen propagiert wurden.[77] Solche Initiativen belegten, dass der Wunsch nach als sinnhaft empfundener Tätigkeit in der Ausbildung stieg. Dies ergab sich auch aus den steigenden Anforderungen in der Ausbildung: 1980 interviewten JV-Mitglieder der Münchner Firma Wacker einen Betriebsrat, der sie in Forderungen nach einer besseren Ausbildung und gegen persönliche Schikanen unterstützte. Auszubildende dürften nicht als »persönliche Diener von Einzelnen« gesehen werden, und Sprüche über die eigene Lehrzeit würden nicht weiterhelfen. Er resümierte: »Wir leben aber Gott sei Dank im Jahre 1980 und nicht im Jahre 1960. Es wird mehr verlangt, darum soll man auch Azubis das

71 Vgl. zu diesen drei Gruppen auch: Stellungnahmen zu Grundsatzfragen der Berufsbildung III, hrsg. vom Vorstand der IG Metall, Frankfurt a. M. 1983, S. 251-279; sowie Ingrid Drexel, Problemgruppen des Ausbildungsmarktes, unterwertige Wege ins Erwerbsleben und einige gesellschaftlichen Konsequenzen, in: Finanzierung der beruflichen Bildung, hrsg. vom Vorstand der IG Metall, Frankfurt a. M. 1983, S. 86-112.

72 Aktennotiz Abt. Jugend, Kay Ohl, an Jürgen Heiking, 28.4.1981, in: AdsD, 5/IGMA-22-0417.

73 Protokoll der Sitzung des Jugendausschusses beim Vorstand der IG Metall am 19/20.5.1981 in Sulzbach-Rosenberg, in: AdsD, 5/IGMA-22-0440.

74 Kurzbeschreibung der Aktion »Hier stimmt was nicht«, Abtl. Jugend, in: AdsD, 5/IGMA-22-0440.

75 Rundschreiben Georg Benz an alle Verwaltungsstellen, Bezirksleitungen, Bildungsstätten und geschäftsführenden Vorstandsmitglieder zur Kenntnis, 6.8.1982, in: AdsD, 5/IGMA-09-0274.

76 Protokoll der Sitzung des Jugendausschusses beim Vorstand der IG Metall am 30. November und 1. Dezember 1982 in Berlin, S. 5, in: AdsD, 5/IGMA-22-0979.

77 *Die Lupe* – Zeitung der IG Metall-Jugend Osnabrück Nr. 1, November 1981, S. 1 und S. 3, in: AdsD, 5/IGMA-22-0430.

Wissen vermitteln, welches vom Unternehmen später als Selbstverständlichkeit erwartet wird.«[78] Der Verweis auf 1960 markierte eine Grenze zwischen alter und neuer Zeit in den betrieblichen Erfahrungen.

Die Beschäftigungsgefahren wuchsen Anfang der 1980er Jahre vor allem für Unqualifizierte. »Die Chancen für Ungelernte und Angelernte sinken ständig« wurde 1989 als Trend dieser Entwicklung resümiert.[79] Die IG Metall und die Ausgebildeten befürchteten lange Zeit eine Abqualifizierung der Facharbeiter zu bloßen Maschinenbedienern.[80] Daher war eine der Gegenstrategien in den Betrieben die Modernisierung der Maschinenparks in den Lehrwerkstätten, die bei Jugendvertretungen und IG Metallgruppen nun häufiger auftauchte. Insbesondere die Schulung an CNC-gesteuerten Maschinen (Computerized Numerical Control) wurde zum Kennzeichnen einer qualifizierten Ausbildung, da diese Technik zur vorherrschenden Steuerungstechnik von Werkzeugmaschinen wurde. Der OJA der Verwaltungsstelle Esslingen untersuchte 1984 25 Firmen auf betriebliche Leistungen; eine Schulung an CNC-gesteuerten Maschinen erfolgte immerhin schon in 15 Firmen.[81] Auch in Augsburg oder Hamburg wurde die Forderung nach moderner, Maschinen insbesondere an die Großbetriebe gerichtet.[82] Solche Forderungen standen in der Tradition der Modernisierungsforderung für die Berufsausbildung. Der Diskurs wurde pragmatischer, da OJAs oder Jugendvertretungen auf mögliche Defizite hinwiesen, aber diese nicht mehr als Ergebnis kapitalistischer Ausbeutung verstanden. In den Vordergrund rückte die notwendige technische Modernisierung der Berufsausbildung, um den erwarteten Anforderungen einer stärker wissensbasierten Arbeitswelt begegnen zu können.

Zur partiellen Entproblematisierung trug auch die Entwicklung der Entlohnung im Ausbildungsbereich bei. Diese war seit den 1970er Jahren steigend und an die allgemeinen Tarifverhandlungen gebunden. Trotz bestehender Spreizungen bei Ausbildungsvergütungen gehörte der finanzielle Zuwachs in der

78 Interview mit Betriebsrat, in: Der Wackerhammer, Verwaltungsstelle München der IG Metall, 1. Ausgabe 1980, in: AdsD, 5/IGMA-22-0410.

79 Winfried Schlaffke, Strukturwandel und Schlüsseltechnologien – Neue Qualifikationsanforderungen an die Mitarbeiter, in: Rolf Arnold/Antonius Lipsmeier (Hrsg.), Betriebspädagogik in nationaler und internationaler Perspektive (Festschrift Joachim Münch zum 70. Geburtstag), Baden-Baden 1989, S. 43-56, hier S. 46.

80 Als anschauliche Einzelstudie für die Implementierung neuer Fertigungsanlagen im Volkswagenwerk Baunatal und dem Einfluss des Betriebsrates in den 1980er Jahren, die befürchtete Herabstufung zu verhindern siehe: Bruno Cattero, Lavorare alle Fiat – Arbeiten bei VW. Technologie, Arbeit und soziale Regulierung in der Automobilindustrie, Münster 1998.

81 Bericht des Ortsjugendausschusses der IG Metall Verwaltungsstelle Esslingen 1982 bis 1984, Ortsjugendkonferenz 1984, in: AdsD, 5/IGMA-22-0871.

82 Protokoll der OJA-Arbeitstagung am 16./17. Juli 1982, Verwaltungsstelle Augsburg, in: AdsD, 5/IGMA-22-0493; »Ausbildung im Großbetrieb besser als im Kleinbetrieb?«, *Lehmann* Nr. 13 (Zeitung des OJA-IG Metall Verwaltungsstelle Hamburg), in: AdsD, 5/IGMA-22-0876.

Ausbildung zu den Faktoren größerer Selbstständigkeit von Jugendlichen.[83] Entgelterhöhungen hatten zur Folge, dass nach dem Tarifabschluss vom März 1982 für die Eisen-, Metall-, Elektro- und Zentralheizungsindustrie in Nordrhein-Westfalen die Ausbildungsvergütung für das vierte Ausbildungsjahr auf 757 DM Brutto stieg – damit ging der Anspruch auf Kindergeld verloren.[84] Im Tarifgebiet Schleswig-Holstein, Hamburg und Nordwestliches Niedersachsen lagen die Ausbildungsvergütungen in der Metallindustrie zwischen 541 DM und 744 DM im ersten und vierten Lehrjahr; zum April 1986 stiegen sie auf 596 DM bzw. 804 DM in den jeweiligen Lehrjahren.[85] Die Forderungen aus den Kreisen der IG-Metall-Jugend lagen in der Regel höher als die schließlich abgeschlossene Vergütung; diese wurde meist als Festbetrag vereinbart, d. h. die ersten Lehrjahre profitierten am meisten.[86] Im Tarifgebiet Nordbaden-Nordwürttemberg erhielten die Auszubildenden 1982 eine prozentuale Tariferhöhung, 1983 war es mit 15 DM erstmals weniger als bei den sonstigen Beschäftigten.[87] Durch das steigende Lebensalter der Auszubildenden wuchsen aber auch die Ansprüche, und trotz des Entgeltanstiegs blieben nach Ermittlungen der IG Metall die Ausgaben vieler Lehrlinge höher als die Vergütung. In einer Umfrage ermittelte die Abteilung Jugend 1982/83 die durchschnittlichen Verdienste und Ausgaben bei 423 Personen, die über Verwaltungsstellen und Bezirke angesprochen wurden und vor allem IG-Metall-Mitglieder erfasste. Von diesen gaben zu ihrem Verdienst und zu den Ausgaben an:

Tabelle 9: IG-Metall-Untersuchung Einkommen Auszubildende im Metallbereich 1982/83:[88]

Lehrjahr	Nettoeinkommen	Ausgaben
1. Lehrjahr	477 DM	592 DM
2. Lehrjahr	503 DM	601 DM
3. Lehrjahr	535 DM	670 DM
4. Lehrjahr	556 DM	767 DM

Diese Zahlen können nur als Hinweise verstanden werden. Sie zeigen aber die weiterhin bestehende Notwendigkeit für die Mehrzahl der Auszubildenden, mit der Unterstützung durch Eltern oder Verwandte über die Runden zu kommen.

83 Dörre/Schäfer, Jugend, S. 54.
84 Rundschreiben 10/82 der Bezirksleitung Köln der IG Metall (Hans Polcyn) an die Vwst. Bezirk Köln, 15.3.1982, in: AdsD, 5/IGM-22-0661.
85 Geschäftsbericht der Bezirksleitung Hamburg der IG Metall 1981-1983, S. 23 und Geschäftsbericht 1984-1986, S. 68.
86 Geschäftsbericht '83 Ortsjugendausschuss der Verwaltungsstelle IG Metall Frankfurt a. M., S. 7, in: AdsD, 5/IGMA-22-0883.
87 Geschäftsbericht des Ortsjugendausschusses der Verwaltungsstelle Mannheim, März 1981-Dezember 1983, S. 20 f. in: AdsD, 5/IGMA-22-0873.
88 Informationen für Jugendgruppen und Ortsjugendausschüsse: Ausgabe 1.84, Hrsg. IG Metall Vorstand – Abt. Jugend, S. 13, in: AdsD, 5/IGMA-22-1093.

Allerdings gab nur noch knapp die Hälfte der Befragten Geld bei den Eltern ab, im Durchschnitt 104 DM. Ausgezogen war nur eine Minderheit von 4,7 Prozent im ersten Lehrjahr, im vierten Lehrjahr waren es knapp 19 Prozent.[89]

Anfang der 1980er Jahre verlor ein weiteres erprobtes Mobilisierungselement der Gewerkschaftsjugend an Bedeutung: der Jugendarbeitsschutz. Dies vor allem, weil die Bestimmungen den Bereich der industriellen Arbeit meist nur noch am Rande betrafen. Das 1976 geänderte Jugendarbeitsschutzgesetz war seitens einiger Arbeitgeberverbände kritisiert worden, insbesondere das Verbot der Wochenendarbeit war für gastronomische und pflegerische Berufe schwierig einzuhalten. 1982 wurde vom Bundesrat ein neuer Gesetzesentwurf vorgelegt, den der neue Bundesarbeitsminister Norbert Blüm im August 1983 durch Rechtsverordnung in Kraft setzte. Im Oktober 1984 wurde eine Novellierung beschlossen. Die Gewerkschaften hatten seit 1982 gegen die ihrer Ansicht nach deutlichen Verschlechterungen ohne sichtbaren Erfolg protestiert.[90] Die Basis wurde bei den Protesten jedoch weniger mobilisiert. Den Vorschlag, die alten Materialien von 1977 mit dem damals umstrittenen Motiv der Ratte, die am Wort »Jugendarbeitsschutz« knabbert, wieder aufzulegen[91], wurden ebenso wenig umgesetzt wie die Idee von Kay Ohl, Aktionen zum Jugendarbeitsschutz wie die »Rote Zange« neu zu beleben. Der Jugendausschuss der IG Metall lehnte es ab, da die Einstellungen vieler Jugendlicher in den Betrieben zu dieser Frage indifferent seien.[92] Die Änderungen des Jugendarbeitsschutzgesetzes wurden seitens der Gewerkschaften als Verschlechterungen bezeichnet, die sich in dem Schlagwort von Sozialabbau und Angriffen auf Errungenschaften der sozialliberalen Reformperiode darstellen ließen.[93] Viele der Ausnahmeregelungen betrafen Wirtschaftsbereiche wie das Bäckereihandwerk oder Hotel- und Gastronomiebetriebe, für die die IG Metall nicht zuständig war. Die meisten Änderungen wirkten sich in der Praxis der Metallindustrie kaum aus. Allein die nun wieder erlaubte Samstagsarbeit im Kfz-Bereich und die Regelung, dass nach einem Berufsschultag mit weniger als fünf Stunden Unterricht der Betrieb aufgesucht werden musste, war auch im Metallbereich für die Auszubildenden spürbar. Skandalisierbar war eine Äußerung von Paul Schnitker, Präsident des

89 Ebd. S. 14f.

90 Vgl. Georg Benz und Hans Preiss (IGM-Vorstand) an alle Ministerpräsidenten, 30.6.1982, in: AdsD, 5/IGMA-22-1010. 1984 wurden alle Bundestagsabgeordneten angeschrieben. Die SPD war für, die CDU/CSU-Abgeordneten in der Regel gegen die Vorstellungen der IG Metall. Vgl. die diversen Antworten in: AdsD, 5/IGMA-22-1091.

91 Protokoll der Sitzung des Jugendausschusses beim Vorstand der IG Metall am 28. und 29. Februar 1984 in Oer-Erkenschwik, in: AdsD, 5/IGMA-22-0889.

92 Protokoll der Sitzung des Jugendausschusses beim Vorstand der IG Metall am 7. September 1984 in Frankfurt, S. 5, in: AdsD, 5/IGMA-22-0887.

93 So Jugendarbeitsschutzgesetz – Kurzkommentar. Aus der Praxis – für die Praxis, hrsg. vom DGB-Bundesvorstand Abt. Jugend, Düsseldorf 1984, bes. S. VI, in: FZH, 565-6-5, Gewerkschaften, Jugend, Jugendarbeitsschutz; Protokoll der Sitzung des Jugendausschusses beim Vorstand der IG Metall am 28. und 29. Februar 1984 in Oer-Erkenschwik, in: AdsD, 5/IGMA-22-0889.

Zentralverbandes des Deutschen Handwerks, dessen Ausspruch »Die Jugend in der Bundesrepublik kann mit noch mehr Freizeit gar nichts anfangen. Die jungen Leute reiben sich doch jetzt schon an zu viel Freizeit blutig und wund!« zitiert wurde.[94]

Anders verhielt es sich mit der Arbeitszeitverkürzung, die von der IG Metall seit 1978 auf die Agenda gesetzt wurde. Die Verkürzung auf 35-Stunden wöchentlicher Arbeitszeit wurde als Beitrag zur Senkung der Jugendarbeitslosigkeit verstanden. Für die Jugend sollte es Übernahmen sichern, die sich in Betrieben auch durch das Ausscheiden von Beschäftigten vor dem Rentenalter ergeben würden. Der im Sommer 1984 mit großer Härte geführte siebenwöchige Arbeitskampf um die 35-Stunden-Woche endete mit einem gestaffelten Einstieg in die Arbeitszeitverkürzung. Das Ergebnis brachte ein Schlichterspruch des ehemaligen Bundesministers und Gewerkschafters Georg Leber, der eine 38,5-Stunden-Woche ab 1985 vorsah.[95] Problematisch für die Mobilisierung der IG Metall war, dass selbst in ihrer Mitgliedschaft die Zustimmung zur Verkürzung der Wochenarbeitszeit nicht so groß war wie erwartet. In Umfragen, aber auch im Funktionärskörper favorisierten viele eher eine Verkürzung der Lebensarbeitszeit.[96] Horst Klaus äußerte auf der Bezirksjugendkonferenz des Bezirkes München im Oktober 1984 Sorge über das »Bewußtsein« auch der jugendlichen IG-Metall-Mitglieder, von denen viele die Arbeitszeitverkürzung nicht für bezahlbar hielten.[97] Zwar hatte sich die IG Metall viel Mühe gegeben, auch ihrer Jugend Anregungen für Aktionen, Lieder und Argumentationen an die Hand zu geben[98], und für die Gewerkschaftsaktiven war die Unterstützung des Streiks ein wichtiges Anliegen. Aber der schließlich vereinbarte Einstieg in die 35-Stundenwoche galt nicht für Auszubildende. Die Umsetzung der Arbeitszeitverkürzung musste in Betriebsvereinbarungen geregelt werden. In diesem langwierigen Prozess spielten die Auszubildenden bei vielen Betriebsräten keine große Rolle, wie der Jugendausschuss verbittert feststellte, nur im Stahlbereich wurden Auszubildende schon früh mit einbezogen. Da sich viele junge IG-Metall-Mitglieder an Aktionen beteiligt hatten, führte dieser Umgang nach Ansicht des Jugendausschusses zu Enttäuschungen unter den Aktiven.[99] Im Februar 1985 meldete der Jugendausschuss der IG Metall, dass bereits in 188 Firmen

94 Zitiert in: *Aufbruch*. Zeitung der IG Metall-Jugend, Vwst. Amberg, September 1984, in: AdsD, 5/IGMA-22-0871.

95 Vgl. als zeitgenössische Ereignisübersicht: Reinhard Bahnmüller, Der Streik. Tarifkonflikt um Arbeitszeitverkürzung in der Metallindustrie 1984, Hamburg 1985, S. 139-145 zu Ablauf und Ergebnis der Schlichtung.

96 Dazu allgemein Bahnmüller, Streik, S. 59-61.

97 Auszüge aus dem Referat von Horst Klaus, geschäftsführendes Vorstandsmitglied der IG Metall, am 5. Oktober 1984 in Augsburg (Bezirksjugendkonferenz), in: AdsD, 5/IGMA-22-0949.

98 Vgl. die Broschüre 35 Stunden sind genug, hrsg. vom IG Metall-Bezirk Hamburg (1984), in: AdsD, 5/IGMA-22-0889.

99 Protokoll der Sitzung des Jugendausschusses beim Vorstand der IG Metall am 7. September 1984 in Frankfurt, in: AdsD, 5/IGMA-22-0888.

Betriebsvereinbarungen zur Arbeitszeitverkürzung bestünden, nur bei elf seien die Auszubildenden explizit ausgenommen.[100] Diesen Weg der Nachverhandlungen hielt Horst Richter für geeigneter, als die grundsätzliche Einbeziehung von Auszubildenden in die Arbeitszeitverkürzung zu fordern. Bis Ende 1986 waren in über 50 Prozent der Metallbetriebe die Auszubildenden in die Arbeitszeitverkürzung einbezogen.[101] Eine Lücke zwischen gewerkschaftlichen Prinzipien und eher pragmatischen Einstellungen von Jugendlichen bestand auch bei der in einigen Betrieben praktizierten Form der Übernahme von Ausgebildeten in eine Teilzeitbeschäftigung. Die Maßnahme begrüßten viele Jugendliche, während der Jugendausschuss der IG Metall seine »Ratlosigkeit« feststellte, dagegen vorzugehen. Gegen eine Entscheidung von Ausgelernten, ein Angebot für Teilzeitbeschäftigung anzunehmen, könne mit gewerkschaftlichen Mitteln nicht vorgegangen werden.[102]

Ebenfalls wenig hoffnungsfroh erschienen Beobachtungen bei dem lange umkämpften Blockunterricht in der Berufsschule. 1976/77 war nach einer Übersicht der Abteilung Berufsbildung allein in Hamburg der Anteil von Blockunterricht in den Berufsschulen über fünfzig Prozent, in allen anderen Bundesländern lag er mit drei bis fünfzehn Prozent im unteren Bereich. Die IG-Metall-Vorstandsabteilungen nahmen gegenüber der Einführung des Blockunterrichts in den 1980er Jahren keine prinzipielle Haltung mehr ein. 1984 wurde in der Abteilung Berufliche Bildung resümiert, dass emanzipatorische Effekte des Blockunterrichtes nicht eingetreten seien: »Die erwarteten intensiven sozialen Beziehungen und neue, wirksame Formen der Schülervertretungen entwickelten sich nicht. Sogar scheint das Desinteresse und die Entfremdung gegenüber Mitschülern, Interessenvertretung und Berufsschulen als Lernorte durch die langen Betriebsphasen gewachsen zu sein.«[103] Sie plädierten dafür, die Betriebsphase nicht länger als drei, die Berufsschulphase nicht länger als zwei Wochen anzusetzen, um nachteilige Effekte auf die sozialen Beziehungen zu vermeiden. Dieses Resümee war ein Zeichen von politischer Uneindeutigkeit der IG Metall. Der Blockunterricht beförderte weniger die Gruppenerfahrung als eher die Individualisierung.

Die aktive Mitarbeit in der Gewerkschaftsjugend war immer nur von einem kleinen Teil der Mitglieder erfolgt.[104] Dennoch war seit den 1970er Jahren ein Wandel zu beobachten. Die Gewerkschaftsjugend verlor – nach der Politisierungsphase um 1970 – an Bedeutung für die individuelle Wahrnehmung und Deutung der Beschäftigten. Jugendvertretungen wurden vorrangig das Betäti-

100 1081 Protokoll der Sitzung des Jugendausschusses beim Vorstand der IG Metall am 26. und 27. Februar 1985, in: AdsD, 5/IGMA-22-1081.

101 Horst Richter an Horst Klaus, 28.11.1986, in: AdsD, 5/IGMA-22-1079.

102 Protokoll der Sitzung des Jugendausschusses beim Vorstand der IG Metall am 29. und 30. November 1983 in Frankfurt, in: AdsD, 5/IGMA-22-0917.

103 Positionspapier zum Blockunterricht an Berufsschulen, Abt. Berufliche Bildung 9.2.1984, in: AdsD, 5/IGMA-22-1091.

104 Baethge u.a., Arbeit, S. 291f.

gungsfeld von Jugendlichen und jungen Erwachsenen, die sich für die verrechtlichte Arbeit bereitfanden und als Gestalter wirken wollten. Es ging vorrangig um die Hilfs- und Schutzfunktion für Auszubildende und die Durchsetzung ihrer Rechte. Der individualisierte Zugang zur Arbeit, den die soziologische Forschung ausmachte, machte einen Zugriff auf die Arbeiterklasse als politische Referenz zu einem Anachronismus. Eine politisierte Grundstimmung war unter jungen Beschäftigten in den Betrieben seltener anzutreffen. Die politischen Aktivitäten der IG-Metall-Jugend Anfang der 1980er Jahre lagen meist außerhalb der Betriebe in der Friedensbewegung, dem Engagement für Nicaragua oder neuen sozialen Vergemeinschaftungsformen. Die politischen Deutungs- und Wahrnehmungsmuster und die kommunikativen Strategien der Politisierungsphase, die lange nachgewirkt hatten, verloren auch unter Jugendvertreterinnen und Jugendvertretern an Zuspruch.

Fazit

Jugend als Katalysator – Von der Transformation der Arbeiterbewegung

Kim Christian Priemel hat den Gewerkschaften in der Bundesrepublik wie in Großbritannien vor kurzem attestiert, dass sie sich »[…] in den Jahrzehnten zuvor nicht ausreichend mit der Verbürgerlichung vieler Mitglieder und den Konsequenzen für ihre eigene Mobilisierungsfähigkeit auseinandergesetzt« hätten. Auch gegenüber den »[…] Neuen Sozialen Bewegungen und ihren modernen, offeneren Repräsentations- und Aktionsformen verloren die Gewerkschaften an Boden […]«[1] Eine anders grundierte, aber ähnliche Schlussfolgerung zog Wolfgang Schroeder, als er die linken Politisierungsschübe der 1970er Jahre langfristig als ein Modernisierungshemmnis für die Gewerkschaften betrachtete.[2] Beide Befunde zielen in dieselbe Richtung: Die Gewerkschaften hätten gesellschaftliche Entwicklungen verpasst und sich dadurch selbstverschuldete Nachteile erworben. Dieser Vorwurf ist nicht neu. Ralf Dahrendorf schrieb den europäischen Gewerkschaften schon 1984 ins Stammbuch, sie seien »Verteidigungsorganisationen absteigender sozialer Gruppen geworden«.[3] Dieser Gruppe können industrielle Facharbeiter und Angestellten jedoch im Untersuchungszeitraum nicht mehr zugerechnet werden. Schwerer wiegt die Feststellung von Dietmar Süß und Meik Woyke, dass die lineare Erzählung einer »Entproletarisierung« als Erfolgsgeschichte für die Zeit nach dem Boom nicht mehr zutreffend ist. Die Gewerkschaften, seit den 1980er Jahren in einer »Dauerdefensive«, hätten nicht über ihre Kernklientel der Facharbeiter hinaus die neu entstehenden sozialen Unterschichtungen in prekären Beschäftigungsverhältnissen in ihre Organisationsstrukturen integrieren können.[4]

Nun steht es zeithistorischen Arbeiten nur bedingt zu, Diagnosen für eine politische Gegenwart zu stellen, auch wenn die Auseinandersetzung mit den 1970er Jahren als Erkundung der Vorgeschichte der Gegenwart verstanden werden darf. Sicher wäre es wünschenswert, wenn bei zunehmender sozialer Ungleichheit in den Arbeitswelten die Gewerkschaften sozial Benachteiligte und prekär Beschäftigte besser vertreten könnten.[5] Versuche dazu gab und gibt es viele. Insbesondere die große Sammelgewerkschaft Verdi ist bemüht, mit »Or-

1 Kim Christian Priemel, Gewerkschaftsmacht? Britische und westdeutsche Gewerkschaften im Strukturwandel, in: Thomas Raithel/Thomas Schlemmer (Hrsg.), Die Rückkehr der Arbeitslosigkeit, München 2009, S. 107-120, S. 117.

2 Schroeder, Beziehungen.

3 Ralf Dahrendorf, Verhindern statt vorantreiben, *Die Zeit*, 18.5.1984.

4 Dietmar Süß/Meik Woyke, Schimanskis Jahrzehnt? Die 1980er Jahre in historischer Perspektive, in: *Archiv für Sozialgeschichte* 52 (2012), S. 3-46, hier S. 4.

5 Vgl. die streitbare Schrift: *Hans-Ulrich Wehler, Die neue Umverteilung* – Soziale Ungleichheit in Deutschland, München 2013.

ganizing« neue Mitgliedsgruppen zu erschließen, während die IG Metall sich weiterhin auf Betriebe konzentriert und dort vor allem die Leiharbeit einzugrenzen versucht.[6] Das eigentlich Erklärungsbedürftige ist aber nicht eine fehlende Modernisierung – die meist sehr unbestimmt bleibt[7] –, sondern der gegenüber dem beständig prognostizierten Niedergang erstaunlich hohe und kontinuierliche Einfluss der Gewerkschaften in der bundesdeutschen Arbeitswelt. Dieser scheint, und das hatte in den 1970er Jahren von den jungen Akteuren und den meisten Gewerkschaftsforschern kaum jemand erwartet[8], weniger in einer korporatistischen deutschen Tradition oder einer mangelnden Konfliktbereitschaft der Gewerkschaften begründet zu sein, sondern im handlungsleitenden Pfad der verrechtlichten Konfliktstrukturen der industriellen Beziehungen. Faktisch bilden die Gewerkschaften durch die Betriebs- und Personalräte in den betrieblichen Machtbeziehungen feste und einflussreiche Institutionen. Zugespitzt formuliert schiene es denkbar, dass die Gewerkschaften auch mit sehr viel geringerer Mitgliedschaft über die Besetzung von Mitbestimmungsorganen weiterhin einflussreiche Akteure blieben. Es wäre ein Problem der Legitimität und der Verhandlungsmacht, nicht unbedingt des rechtlich abgesicherten Einflusses. Der Rückgang des gewerkschaftlichen Organisationsgrades und der Mitgliedschaft seit den 1990er Jahren kann aber nicht allein der Behäbigkeit des gewerkschaftlichen Apparates zugeschrieben werden, sondern hatte vielfältige Ursachen. Bei aller Kritik darf dabei der Kern gewerkschaftlicher Politik nicht übersehen werden: Als Interessenvertreter der abhängig Beschäftigten lag und liegt ihr Betätigungsfeld zuallererst in den betrieblichen und überbetrieblichen Machtbeziehungen zwischen abhängig Beschäftigten und Arbeitgebern. Strukturell waren die Voraussetzungen in größeren Betrieben günstiger als in kleineren, die IG Metall organisierte zu keiner Zeit alle Beschäftigten, sondern hatte ihren Schwerpunkt in mittleren und großen industriellen Betrieben. Für diese kleiner werdende Gruppe ist sie weiterhin bedeutsam und eine wichtige Referenz. Der DGB – und seine Einzelgewerkschaften wie die IG Metall – präsentierte zu

6 Vgl. zum ›Organizing‹ in den bundesdeutschen Gewerkschaften: Birke, Wut.

7 Für Prott und Keller (Hauptamtliche, S. 16) hieß Offenheit der Funktionäre: »Organisatorische Modernisierung meint vor allem die Verflüssigung erstarrter Strukturen als Versuch, sich mentalen Besonderheiten unterschiedlicher Mitgliedergruppen zu öffnen und nicht zu verschließen.« Zugleich ist die Verflüssigung unspezifisch, da es Offenheit gegenüber Hartz-IV-Empfängern und hochqualifizierten Angestellten meint, die in ihren Forderungen und Interessen äußerst heterogen sind. Diese Argumentation auf die Spitze treibt Lorenz, Gewerkschaftsdämmerung mit dem Vorwurf, die Gewerkschaften hätten sich seit den 1970er Jahren vom Arbeitsmarkt »abgekoppelt« und seien nicht in der Lage, das Prekariat und die technische Intelligenz gleichzeitig zu organisieren. In dieser polemischen und in sich widersprüchlichen Schrift wird das Argument eines abgeschotteten gewerkschaftlichen Funktionärskörpers überstrapaziert.

8 Wolfgang Streeck wurde 1979 für seine organisationssoziologischen Theorien gescholten, mit denen er dem tatsächlichen Charakter der Gewerkschaften näher kam als alte Arbeiterbewegungsmodelle. Vgl. Streeck, Organisationssoziologie.

keiner Zeit eine Bewegung aller sozial Benachteiligten, sondern einen sozialpolitischen Interessenverband mit hoher Legitimität als Mitgliederorganisation.

Diese grundsätzlichen Überlegungen sind für die leitende Frage der Arbeit nach der Rolle der Gewerkschaftsjugend in einem Transformationsprozess der politischen Arbeiterbewegung von Bedeutung. Zuallererst, da mit der Geschichte einer Gewerkschaft nicht eine umfassende soziostrukturelle Ausprägung der Arbeiterklasse analysiert wird. Auch die IG Metall ermöglicht vor allem, eine Geschichte der industriell Beschäftigten und der meist männlichen Facharbeiterschaft zu schreiben. Zum zweiten, weil sie den Charakter der IG Metall als intermediäre Organisation unterstreichen. Das Spannungsverhältnis zwischen Bewegung und Mobilisierung gegenüber Institutionalisierung und Expertenwissen wurde in einer politisierten Jugend besonders deutlich. In der Untersuchung wurde die Jugend der IG Metall, ihre politischen Selbstverständigungen und Aktivitäten in drei Feldern nachgezeichnet: der Berufsbildung allgemein und in der Metallindustrie, der betrieblichen Verankerung und den politischen und sozialen Praktiken der Jugend der IG Metall.

Zu den Wandlungen in der beruflichen Bildung zwischen den 1960er und 1980er Jahren gehörten in der der Metallindustrie steigende theoretische Anforderungen für die Auszubildenden, ein größeres Gewicht pädagogischer Fähigkeiten der Ausbilder und eine fachliche Grundlagenbildung, die aus der Lehre eine »Erstausbildung« machte. Die Reform der beruflichen Bildung war ein Teil der Bildungsdebatten, die seit den 1960er Jahren in Wissenschaft, Politik und Gesellschaft geführt wurden. Die Gewerkschaften übernahmen Reformforderungen aus der Berufspädagogik und Industriesoziologie und trieben sie mit voran. Die weitreichendsten Ziele bestanden in einem integrierten Ausbildungssystem, um Bildungsunterschiede zu nivellieren, den Einfluss der Selbstverwaltungsorgane der Unternehmer zu minimieren und den staatlichen Einfluss zu erhöhen. Das faktische Scheitern dieser Reformpläne 1975 bedeutete keinen Stillstand in den Veränderungen der beruflichen Bildung. Zu den Wandlungen gehörte ein steigendes Lebensalter der Auszubildenden, höhere Qualifikationsanforderungen und in den Großbetrieben die Konzentration auf die fachliche Ausbildung in Lehrwerkstätten. Die Ausweitung der schulischen Vorqualifikationen, die in den 1980er Jahren auch Abiturienten in gewerbliche Metallberufe brachte, bedeutete nicht die völlige Verdrängung von Hauptschülern. Allerdings kamen un- und angelernte Jugendliche immer seltener in die Betriebe. Für diese Gruppe bedeuteten die höheren Qualifikationsanforderungen in der Metallindustrie langfristig abnehmende Chancen für eine industrielle Beschäftigung. Mit der Neuordnung der Metall- und Elektroberufe 1986 wurde eine Grundlagenausbildung zwischen der IG Metall und Gesamtmetall vereinbart, ein mit wenig medialer Aufmerksamkeit erfolgtes Ergebnis der beruflichen Fachdebatten.

Für die jungen Mitglieder der IG Metall war die Berufsbildungsreform nach 1968 ein Mobilisierungs- und Referenzpunkt. Dabei ging es nicht allein um die Integration von allgemein- und berufsbildender Schule und die Modernisierung der Berufsausbildung; auf die Agenda setzten Auszubildende und junge Beschäftigte auch unwürdige Behandlungen in den Betrieben, verbunden mit jugendkulturellen Distinktionen und neuen habituellen Ausdrucksformen im betrieblichen Alltag. In der Lehrlingsbewegung vermischten sich politische Forderungen und jugendkulturelles Aufbegehren. Der DGB und die IG-Metall-Jugend boten einerseits Ressourcen und politische Entfaltungsräume für die jungen Aktivisten, aber die damit verbundene Integration in die Organisationsstrukturen bedingte eine gebremste Radikalisierung, wie auch die verrechtlichten Konfliktbeziehungen in den Arbeitswelten. Der Pfad der Verrechtlichung ermöglichte Einflüsse in den Betrieben und stärkte das selbstbewusste Auftreten der jungen Beschäftigten. Aber die damit verbundene Unterordnung unter die örtlichen Gremien der IG Metall und des DGB führten zu Konflikten und Enttäuschungen unter jungen Aktivisten. Die um 1970 häufig rasche Behebung von Missständen, vor allem wenn sie öffentlich thematisiert wurden, deutet auf die Überlebtheit von autoritären Betriebsstilen hin. Dabei waren es nicht allein Konflikte mit Arbeitgebern, die die jugendlichen Beschäftigten austrugen, sondern vor allem habituelle Konflikte in derselben sozialen Klasse.

Auch wenn sich die in den frühen 1970er Jahren formulierten hohen Erwartungen an eine Berufsbildungsreform nicht erfüllten, wandelte sich der Charakter der Berufsausbildung. Mit der ab 1974 steigenden Jugendarbeitslosigkeit verschob sich der Diskurs über die Jugend, die von einem zukunftsträchtigen Hoffnungsträger in der Wahrnehmung auch der gewerkschaftlichen Aktivisten und Funktionäre zu einer bedrohten und resignierten Gruppe zu werden drohte. Diese Wahrnehmung verstärkte sich in intensiven Debatten über Jugendarbeitslosigkeit in Deutschland, zu der die IG-Metall-Jugend mit Kampagnen und Aktionen ihren Teil beitrug. Der Ausbildungsmarkt erwies sich jedoch als aufnahmefähiger als erwartet, und die Duale Ausbildung war einer der Gründe für eine in Deutschland niedrigere Jugendarbeitslosigkeit gegenüber Ländern mit verschulter Berufsausbildung. In größeren Betrieben war die Übernahme der Ausgebildeten und die Schaffung von Ausbildungsplätzen ein gemeinsames Anliegen von Jugendvertretungen und Betriebsräten. Mit Manteltarifverträgen zur Ausbildung und spezifischen Betriebsvereinbarungen sollten Veränderungen durchgesetzt werden, da staatliche Reformprojekte in manchen Bereichen politisch nicht mehr durchsetzungsfähig waren. Diese Entwicklung war Ausdruck einer in der IG Metall propagierten Besinnung auf die eigene Kraft, d. h., betrieblichen Regelungen gegenüber staatlichen Interventionen den Vorrang zu geben. Zum Teil waren es Vorgriffe auf spätere gesetzliche Änderungen, so bei der Ausweitung der Jugendvertretung zur Jugend- und Auszubildendenvertretung 1988. Eine Aufhebung der Dualen Ausbildung wurde in den 1980er Jahren von der IG Metall nicht mehr angestrebt. Dies bedeutete keinen Rückzug des Staates, weiterhin versuchte die IG Metall – so bei der Umlagefinanzierung –, staatliche Regulationen in der Berufsausbildung zu stärken. Allerdings waren in diesen politischen Expertendebatten die jungen IG-Metall-Mitglieder nicht mehr treibende Akteure wie noch während der Lehrlingsbewegung, sondern eher unterstützende Kampagnenträger in einzelnen Fragen, die von gewerkschaftlichen Funktionären mit Vertretern der Arbeitgeber oder staatlichen Stellen ausgehandelt wurden. Die IG-Metall-Jugend war ein verdichteter Kommunikationsraum für Forderungen der jugendlichen Mitglieder. Diese zielten zum einen auf einen Druck von links auf die Gesamtorganisation, zum anderen auf eine Ausweitung von Freizeit und einen Rückgang betrieblicher Belastungen. Hier waren es vor allem die Jugendvertretungen, die im betrieblichen Machtgefüge Einfluss nehmen konnten. Als langwieriges Thema wurde anhand der Auseinandersetzungen um Beurteilungsbögen in der Ausbildung gezeigt, dass als diskriminierend empfundene persönliche Bemerkungen über Auszubildende aus dem Ausbildungssystem zurückgedrängt werden sollten. Die Kontinuität wurde von den hauptamtlichen Jugendfunktionären gewahrt, die radikale Forderungen in politisch verhandelbare Positionen zu übersetzen suchten, während nachwachsende jugendliche Aktivisten und junge Beschäftigte über das Verfahren immer wieder neu aufgeklärt werden mussten. Das zwischen berufspädagogischen Erkenntnissen und Forderungen aus der Lehrlingsbewegung changierende Ziel einer reinen Leistungskontrolle benötigte zur Umsetzung eine institutionelle Zähigkeit. Die von der IG-Metall-Jugend mit eingeleiteten Wandlungen in der Berufsausbildung markierten allerdings auch einen Bedeutungsverlust der gewerkschaftlichen Sozialisationsinstanz Betrieb. Durch jugendkulturelle Distinktionen, in der Politisierungsphase politisch überformt und aufgeladen, erfolgte eine Absetzung von Normen und Werten auch innerhalb der industriellen Arbeiterschaft. Diese Individualisierungstendenz wurde durch das steigende Lebensalter und ein selbstbewussteres Auftreten der Auszubildenden und der Jugendvertreter ebenfalls gefördert.

Diese Entwicklung hatte erhebliche Auswirkungen auf politische und soziale Praktiken der IG-Metall-Jugend. Ihre Entwicklung war in den 1970er Jahren eng an die politisierten Jugendkulturen nach 1968 gebunden, sowie die Verbreitung der Neuen Linken und ihrer Schattierungen. Die inhaltlichen Unterschiede zwischen K-Gruppen, orthodoxen Kommunisten und undogmatischen und antiautoritären Linken sollten bei einer grundsätzlichen Betrachtung nicht in den Vordergrund gestellt werden. Denn diese Gruppen besaßen einen gemeinsamen politischen Verweisungszusammenhang, der sich in anlassbezogenen Bündnissen, gegenseitigen Abgrenzungen und personellen Verflechtungen ausdrückte. Die Jugend der IG Metall und anderer Einzelgewerkschaften war in dieser Hinsicht Agitationsobjekt und Schnittstelle. Die Unvereinbarkeitsbeschlüsse von 1973 gegenüber den maoistischen Gruppen, aber auch die Akzeptanz der SDAJ/DKP in ehrenamtlichen Funktionen, prägten den Eindruck der 1970er Jahre als Konfliktjahrzehnt der gewerkschaftlichen Betriebspolitiken. Die aus der Lehrlingsbewegung stammenden antiautoritären Einflüsse bildeten mit dem Ziel der Selbstorganisation und Kritik an bürokratischen Entscheidungsprozessen und der sogenannten Stellvertreterpolitik ebenfalls eine politische Grundströmung in den 1970er Jahren. Allerdings blieb die IG Metall deutlich reservierter gegenüber Strömungen, die verrechtlichte Konfliktstrukturen und die als notwendig erachtete Gremienarbeit kritisierten, als Teile des DGB. Als politisch aufeinander bezogene Gruppen war die IG-Metall-Jugend für die unterschiedlichen linken Strömungen ein gemeinsamer politischer Handlungsraum. Werden also weniger die Abgrenzungen in den Vordergrund gestellt, so wird ein Aspekt des Transformationsprozesses der politischen Arbeiterbewegung nachvollziehbarer. Denn Maoisten wie orthodoxe Kommunisten, und auch undogmatische Linke, vertraten ein Politikverständnis, bei dem Tugenden wie Disziplin und Engagement dominierten. Auch das gewerkschaftliche Politikverständnis beruhte auf der Legitimation durch einen hohen zeitlichen Einsatz für andere Beschäftigte und der Bereitschaft zur Unterordnung in die Organisation und damit verbundener politischer Disziplin. Diese Eigenschaften bildeten eine lange Tradition in der politischen Arbeiterbewegung. Für die gewerkschaftlichen Aktivisten waren es Pflichteinstellungen und Legitimationsstrategien, mit der eigene Arbeitsbelastungen gerechtfertigt wurden. Verflechtungen bestanden zunehmend auch zu studentischen Aktivisten, die vor allem in der Bildungsarbeit eingesetzt wurden. Zum Teil waren es selbst Gewerkschaftsmitglieder, die den zweiten Bildungsweg beschritten hatten und von gewerkschaftlichen Einrichtungen gefördert wurden. Sie verband nicht allein die inhaltliche Orientierung auf die Arbeiterklasse, sondern auch eine ähnlich politisierte Deutungsperspektive, die Grundlage für einen Aufschwung der gewerkschaftlichen Arbeit war, unterstützt durch die Reform des Betriebsverfassungsgesetzes von 1972 und der Zunahme von Jugendvertretungen. Der gesellschaftliche Rahmen war angesichts der marxistischen Renaissance in den Sozialwissenschaften förderlich für eine positive Wahrnehmung der Gewerkschaften auch unter Jugendlichen. Aber die auf Disziplin und Unterordnung gegründeten politischen Deutungs- und Wahrnehmungsmuster erlebten seit Mitte der 1970er Jahre einen Legitimationsverlust in neuen, jugendlich geprägten Gruppen des alternativen Milieus und den Neuen Sozialen Bewegungen. Leitmotiv der Linken in einem weiten Sinne war nicht mehr die revolutionäre Disziplin, sondern subjektivistische Politikansätze von Selbstverwirklichung oder der »Politik in der Ersten Person«. Die Umwelt- und die Frauenbewegung ebenso wie subkulturelle Lebensstilexperimente ließen die Apotheose der männlichen Facharbeiterschaft als revolutionäre Arbeiterklasse, die Teile der Neuen Linken vertraten, nicht nur unglaubwürdig erscheinen. Sie widersprachen auch zunehmend den politischen Orientierungen unter Jugendlichen.

Damit verstärkten sich Mitte der 1970er Jahre Mobilisierungsschwierigkeiten unter den nominellen Mitgliedern. Die Politisierungsphase hatte zu einem fast völligen Verlust der früheren Jugendpflege geführt, und die vermehrt politisch ausgerichteten Aktivitäten sprachen politisierte Jugendliche an. Diese Entwicklung führte als »Krise der Gewerkschaftsjugend« zu langjährigen Konflikten zwischen den Gewerkschaften, die bis weit in die 1980er Jahre zu Spannungen führten. Die IG Metall stützte sich weiterhin auf die betriebliche Orientierung und lehnte einen Wandel hin zur offenen Jugendarbeit ab. Gegen die Mobilisierungsschwierigkeiten versuchte sie aber, mit der »emotionalen Bindung«

neue Angebote zu schaffen, um Mitgliedern wieder einen auch lebensweltlich geprägten Raum zu ermöglichen. Die Politisierung an Rechtsfragen und die Unterordnung unter die Organisation sollte damit nicht aufgegeben, aber neue, vor allem kulturelle Aktivitäten generiert werden. An solchen Bemühungen zeigte sich eine Öffnung zu den Neuen Sozialen Bewegungen, sei es in künstlerischen Ausdrucksformen, eigenen Jugendräumen oder Feiern, Mitglieder sollten neue Entfaltungsräume über eine Politisierung hinaus erhalten. In den 1980er Jahren waren die Friedensbewegung oder die Nicaragua-Solidarität dominierende politische Themen in der IG Metall-Jugend, viele Aktivitäten verlagerten sich aus den Betrieben heraus. Die Gremienstruktur konnte aber schwieriger gefüllt werden. Bei den Jugendvertretungen war durch den Rückgang der jugendlichen Wählerschaft ein dramatischer Einbruch zu verzeichnen, der die wichtigste personelle Ressource ausdünnte. Der Aufschwung von neuen IG-Metall-Gruppen resultierte aus der Friedensbewegung und Aktivitäten außerhalb der Betriebe. Die schwindende Mobilisierungsdynamik der Friedensbewegung seit 1984 traf daher auch die IG-Metall-Jugend erheblich.

Aber es war nicht allein die politische Anverwandlung an die Friedensbewegung und Neue Soziale Bewegungen, sondern auch die Verflüssigung von politischer Sprache und gewerkschaftlichen Umgangsformen, die ironischer und lockerer wurden. Der Aufschwung politischer Jugendkulturen nach 1980, als über die alternativen Milieus hinaus auch militante Gruppen auftraten, war für die IG Metall und die Gewerkschaften insgesamt eine besondere Herausforderung, da politisch engagierte Jugendliche sich von den Gewerkschaften als Großorganisation häufig abwandten. In der IG-Metall-Jugend gab es Versuche, sich diesen neuen Strömungen in Formen und Inhalten anzunähern. Auch die Sprache und Symboliken in der Gewerkschaftsjugend orientierten sich weniger an klassenkämpferischen Deutungen als an subjektiven Perspektiven. In der Bildungsarbeit reagierte die IG Metall mit kombinierten Freizeiten, in denen Medientechniken vermittelt werden sollten in Verbindung mit gemeinsamen Freizeitaktivitäten. Nur scheinbar widersprüchlich dazu war das von der Abteilung Jugend der IG Metall seit 1977 geförderte Interesse an der Geschichte der Arbeiterbewegung. Diese Entwicklung stand einerseits im Zusammenhang mit einem allgemein wachsenden Interesse an Geschichte – vor allem der nationalsozialistischen – in der Gesellschaft, andererseits wurden Identifikationsangebote für die Jugendlichen zur historischen Orientierung gemacht. Aber die Massen der Beschäftigten waren davon nicht erfasst, den aktiven Gewerkschafterinnen und Gewerkschaftern diente es als Legitimations- und Identifikationsressource angesichts einer abnehmenden lebensweltlichen Verbindung in der Arbeiterschaft. Die Beschäftigung mit der Geschichte der Arbeiterbewegung war – wie auch die systematisch verbreiteten Arbeiterlieder – eher Kompensation einer verlorenen Welt als Aufschwung eines neuen Klassenbewusstseins. Dabei war eine Tendenz zur Verklärung vergangener Zeiten ebensowenig zu übersehen wie der gesellschaftliche Zusammenhang mit einem neuen Interesse am Alltag und den Opfern des Nationalsozialismus. »Class Doing« im Sinne der politischen Arbeiterbewegung hieß zunehmend, auf vergangene Zeiten zu verweisen. Das steigende Interesse an der Geschichte begleitete den Transformationsprozess der Arbeiterbewegung.

Die Gewerkschaftsjugend war im gesamten Untersuchungszeitraum nicht abgeschottet, sondern öffnete sich der Neuen Linken wie den Neuen Sozialen Bewegung. Es ist daher sinnvoll, die Geschichte der IG-Metall-Jugend in Verbindung zur Entwicklung der Neuen Linken allgemein zu setzen. Aber gegenüber deren Niedergang – in den K-Gruppen mit ihren revolutionären Pflichtwerten und später der Friedensbewegung – war die Struktur der Gewerkschaften auf Dauer gestellt. Elemente der sozialen Bewegung im Sinne von Dynamik und Mobilisierung waren nur eine Ausprägung der Gewerkschaften. Daher konnte auch nach dem Niedergang der Friedensbewegung die IG-Metall-Jugend ihre Reihen durch Nachwuchs aus den Betrieben füllen. Aber die politische Dynamik der Politisierungsphase erreichte die Gewerkschaftsjugend damit nicht mehr.

Die Gewerkschaften waren im Untersuchungszeitraum schon eher Erben und Traditionswahrer der politischen Arbeiterbewegung als politische Repräsentanten eines sozialen Milieus. Dabei ist an Tenfeldes Auffassung der »relativen Eigenständigkeit der politischen Geschichte« der Arbeiterklasse zu erinnern. Die relative Eigenständigkeit der gewerkschaftlichen Funktionäre und Aktiven gegenüber der Mitgliedschaft hatte in den 1970er Jahren erheblich zugenommen. Während die Erosion und Ausdifferenzierung der Arbeiterklasse als sozialer Formation sich fortsetzte, versuchten politisierte Teile der Gewerkschaftsjugend nach 1968 Radikalität und Selbstverständigungen der Arbeiterbewegung der Zwischenkriegszeit mit linken Einflüssen wiederzubeleben und vor dem Hintergrund jugendkultureller Distinktionen umzuformen. Insbesondere die IG Metall als Gewerkschaft der industriellen – und meist männlichen – Facharbeiterschaft war dabei auch Ziel dogmatischer und undogmatischer linker Gruppen. In sozialen Praktiken beförderten sie aber nicht die so häufig beschworene Einheit der Arbeiterklasse über die Generationen hinweg, sondern beförderten in den Symbolen und Deutungen der alten Arbeiterbewegung eher eine Distanz zu ihren älteren Kolleginnen und Kollegen.

Allerdings kollidierten die strategischen Überlegungen der Aktiven und der hauptamtlichen Funktionäre mit manchen Vorstellungen der Mitglieder. Das galt für die Masse der einfachen Mitglieder, die zum Beispiel Seminarangebote der IG Metall nutzten, aber es auch für eine persönliche Freizeitgestaltung nutzen konnten, ohne die Lernziele allzu ernst zu nehmen. Aber auch die aktiven IG-Metall-Mitglieder nutzten individuelle Chancen, um einem betrieblichen Alltag durch ein Studium oder einen Ausstieg aus den sozialversicherungspflichtigen Arbeitswelten zu entkommen. Ein Studium – auch mit Unterstützung der Gewerkschaften – eröffnete soziale Aufstiege und trug zum Anstieg der Akademiker unter den hauptamtlichen Funktionären bei. Bei der zentralen Abteilung Jugend der IG Metall wurde ein Studium zunehmend zum Regelfall der dort beschäftigten Funktionäre. Eine weitere Perspektive war der Aufstieg in den Betriebsrat, was zumindest in Großbetrieben eine berufliche Karriere eröffnen konnte. Die politischen Diskussionen eröffneten neue Erfahrungsräume und -horizonte für jugendliche Beschäftigte. Neben sozialen Aufstiegen zeigten sich jugendkulturelle Distinktionen als ein Phänomen, mit dem ein sozialer Wandel der Arbeiterschaft eher befördert als aufgehalten wurde. Trotz mancher Versuche, die Einheit von älteren und jüngeren Arbeitnehmern gegenüber den »Bossen« zu beschwören, waren es in der Lehrlingsbewegung gerade Alltagskonflikte mit älteren Facharbeitern, die ihre Erfahrungen prägten. Jugendliche Beschäftigte gewannen Selbstbewusstsein und verlangten, in der betrieblichen Hierarchie ernst genommen zu werden. Diese Auseinandersetzungen nahmen bei zunehmender Akzeptanz von jugendkulturellen Distinktionenn ab, vor allem aber ging die Politisierung von Alltagskonflikten um Rauchen oder Haarlänge zurück.

Die Gewerkschaften waren dabei weder, wie es manche der linken Aktivisten erhofften, die Kraft der organisierten Arbeiterklasse oder eine soziale Bewegung aller Unzufriedenen noch die von Konservativen befürchtete mächtige pressure-group eines gewerkschaftlichen Interventionsstaates. Sie blieben Interessenvertreter der abhängig Beschäftigten, in der eine unruhige Jugend die alte Arbeiterbewegung der Zwischenkriegszeit noch einmal laut nachhallen ließ. Im Organisationsalltag war aber die Verrechtlichung des Sozialen das prägende Muster. Trotz Beimischungen sozialer Bewegungselemente blieb der Fluchtpunkt für junge Aktive die Durchsetzung von Rechtsnormen im Betrieb. Diese Orientierung war Stärke und Schwäche der Gewerkschaftsjugend zugleich. Die Stärke lag für die IG Metall darin, dass eine institutionelle Verankerung in den Betrieben langfristige Einflüsse und Gestaltungsmöglichkeiten eröffnete und individuelle Konflikte arbeitsrechtlich geklärt werden konnten. Dieser Rahmen stärkte das Selbstbewusstsein der aktiven Jugendlichen, da die Verrechtlichung Handlungsoptionen in den Betrieben ermöglichten. Die Schwäche lag jedoch in der eingegrenzten Mobilisierungskraft und einem hemmenden Einfluss auf jugendkulturelle Vergemeinschaftungsformen. Dies war ein Grund für die bald zu einem Dauerthema ausufernde Krise der Gewerkschaftsjugend; denn das Funktionärsgehabe auch jüngerer Gewerkschafter ergab sich aus den Machtstrukturen innerhalb der Organisation wie den verrechtlichten Konfliktstrukturen im betrieblichen Machtgefüge. Hier bestand das prägende kollektive Handlungsmuster, auch in Zeiten von Individualisierung und sozialen Ausdifferenzierungen. Aus diesem Grund sind die Gewerkschaften trotz des Basistrends Individualisierung nicht zerfallen. Eine qualitative Untersuchung über die Mitgliedschaftsloyalität belegte 2005, dass weniger zweckrationale als wertorientierte Einstellungen als Grund für die Mitgliedschaft angegeben wurden.[9]

Der wichtigste Transmissionsriemen zwischen der Jugend und den Gewerkschaften waren die mit Jugendarbeit befassten Funktionäre. Trotz Verpflichtung auf die verrechtlichten Pfade der Organisation waren sie oft den Jugendlichen

9 Jörn Pyhel, Gewerkschaftliche Mitgliedschaftsloyalität. Eine empirische Analyse der IG Metall-Mitgliederbindung in der Fahrzeugindustrie und im Maschinenbau, Kassel 2008.

näher als ältere Funktionäre und Betriebsräte. Meist selbst erst Ende 20 oder Anfang 30, bestand ihre Aufgabe nicht nur in der Bewältigung der vielfältigen organisatorischen Anforderungen, sondern auch in der Vermittlung jugendlichen Aufbegehrens. Ihre Konfliktpartner waren häufig Betriebsräte, die mit jugendkulturellen Ausdrucksformen überfordert waren. Das Mittel zur wechselseitigen Integration war die Verrechtlichung: Politisch konnten Abweichungen mit dem Grundgesetz gerechtfertigt, andererseits Ziele in Rechtsförmigkeit übersetzt werden.

In einem Interview bekannte 2011 der damalige Vorsitzende der IG Metall, Berthold Huber, der trotz Abitur und einer Möglichkeit zum Jurastudium als Mitglied einer kommunistischen Gruppe 1971 eine Lehre zum Werkzeugmacher bei Kässbohrer in Ulm begann: »Ich wollte die Weltrevolution, das ist doch klar. Aber das können Sie ja in einer Fabrik nicht bewerkstelligen. Das hat sich dann schnell gegeben, ich hab begonnen, die Lehrlinge für die IG Metall zu organisieren.«[10] Die Entradikalisierung erfolgte bei ihm, der vermutlich erst 1979 endgültig die kommunistische Gruppe verließ, wie bei vielen in den betrieblichen Verhältnissen. Auch sein weiterer Lebensverlauf wies typische Elemente der unruhigen Gewerkschaftsjugend in den 1970er Jahren auf: Huber wurde jung Betriebsrat und begann in den 1980er Jahren ein Studium, das er jedoch nicht beendete, da er 1990 den gewerkschaftlichen Aufbau in der ehemaligen DDR mit übernahm. Hubers Biographie steht exemplarisch für die Phasen, die viele der Gewerkschaftsjugendlichen seit den 1970er Jahren durchliefen. Dabei ist Hubers Entradikalisierung typisch für viele Lebensverläufe. Dies ist an sich keine überraschende Entwicklung. Aber der Betrieb als Ort für solche Anpassungsleistungen war eher dafür prädestiniert als Universitäten oder urbane Subkulturen. Jugendkulturelle Radikalisierungen konnten in den betrieblichen Alltagspraktiken häufig nur um den Preis des Ausstieges verlängert werden.

Ein »class happens« gelang mit der endemischen Beschwörung der Arbeiterklasse jedoch kaum noch. Dafür gab es eine Reihe von Faktoren. Zuerst bot der bekämpfte Kapitalismus – im Sinne von Monty Pythons »What have the Romans ever done for us?« – auch für aktive Gewerkschafterinnen und Gewerkschafter mit Klassenbewusstsein soziale Aufstiegsmöglichkeiten. Mit der Jugendarbeitslosigkeit war ein Krisenphänomen bestimmend für Deutungen und Wahrnehmungen, aber die soziale Lage der jugendlichen Arbeiterschaft verschlechterte sich nicht so dramatisch, wie es zeitweilig erwartet wurde. Weder kam es zur befürchteten Dequalifizierung der Facharbeit durch Automatisierung, noch zeigte sich die Berufsausbildung vorrangig als ein Disziplinierungselement. Die Pädagogisierung der Berufsausbildung mit höherer Qualifikation der Ausbilder und geregelten Ausbildungsgängen gipfelte in der Metallindustrie in der Neuordnung ab 1986, die eine Grundlagenbildung ermöglichte. An die-

10 Reden wir über Geld: Berthold Huber, »Ich wollte die Weltrevolution«, Süddeutsche.de, 11.02.2011, http://www.sueddeutsche.de/geld/reden-wir-ueber-geld-berthold-huber-ich-wollte-die-weltrevolution-1.1058429 (Abruf 10.4.2012).

ser Entwicklung im Betrieb hatte die Jugend der IG Metall einen gewichtigen Anteil. Unterstützt von der Abteilung Jugend und der Abteilung Berufsbildung ihres Verbandes wurden Defizite der Berufsausbildung von der Jugend der IG Metall öffentlich thematisiert und in betrieblichen Gremien ausgehandelt. Die Arbeiter im Organisationsraum der IG Metall verschwanden nicht, sondern setzten ihren sozialen Aufstiegsprozess auch in den 1970er und 1980er Jahren fort. Verschwunden ist ein lebensweltlicher Zusammenhang in den Betrieben, der sich als politische Ressource nutzen lässt.

Mit den revitalisierten Ritualen und Merkmalen der alten Arbeiterbewegung wurden Forderungen nach Unabhängigkeit beschworen, die einen Individualismus beförderten. Gemeinschaftserfahrungen gab es weiterhin, vom sozialen Zusammenhalt im Betrieb bis hin zu Demonstrationen und Zeltlagern. Aber die Individualisierung der Lebensführung – ob es nun kritisch als Verbürgerlichung oder positiv als Fahrstuhleffekt verstanden wurde – war damit nicht aufzuhalten. Die List der Geschichte wirkt, wenn die sozialen Grundlagen dafür vorhanden sind – nicht als reiner Voluntarismus. Eine Forschergruppe um Martin Baethge nannte in den 1980er Jahren die Auflösung des lebensweltlichen Zusammenhanges und individualisierte Grundeinstellungen als wichtige Gründe für die Schwierigkeiten der Gewerkschaftsjugend. Zu dieser Entwicklung hatte die gewerkschaftliche Politik der Modernisierung der Berufsausbildung, der Verlängerung des Jugendalters und höherer Entlohnung mit beigetragen. Baethge u.a. sahen Verbesserungen nur, »wenn die Gewerkschaften ihr eigenes Organisationsverhalten und ihre Politik auf diese Verhaltensdispositionen einstellen, haben sie eine Chance, die Distanz zu verkürzen«.[11] Der Übergang von Gremienstrukturen zu einer eher projekt- und anlassbezogenen Jugendarbeit fiel allen Gewerkschaften schwer, er erfolgte erst in den 1990er Jahren. Eine Rückkehr zu proletarischen Lebensweisen war damit aber weder möglich noch gewünscht. Die Versuche in der Jugend der IG Metall und der DGB-Jugend in den 1970er Jahren, mit der Wiederaufnahme von klassenkämpferischen Deutungen und alten Kulturformen der Arbeiterbewegung eine neue proletarische Vergemeinschaftung zu schaffen, blieb überwiegend auf die Aktivisten begrenzt, die sich auch den Neuen Sozialen Bewegungen öffneten. Aber die jugendlichen und jungen Beschäftigten in den Betrieben gingen zu den Gewerkschaften als Lebenswelt zunehmend auf Distanz, sie sahen in ihnen zwar eine sozialpolitische Interessenvertretung, aber keine politische und persönliche Heimat mehr.

11 Baethge u.a., Jugendliche, S. 83.

Anhang

Abkürzungsverzeichnis

Vorbemerkung: Die Gremienstruktur der Gewerkschaften produzierte eine Vielzahl von Abkürzungen. Dies ist für eine Arbeit, die eine bundesweite Perspektive einnimmt, eine besondere Herausforderung. Als prinzipieller Schlüssel wird daher folgende Gremienabkürzung eingeführt: Gremium-Gewerkschaft-Ort

Beispiele:
OJA-IGM-Hamburg: Ortsjugendausschuss der IG Metall-Verwaltungsstelle Hamburg
KJA-DGB-Hamburg: Kreisjugendausschuss des Deutschen Gewerkschaftsbundes Kreis Hamburg
LBJA-DGB-LBZ-Nordmark: Landesbezirksjugendausschuss des Deutschen Gewerkschaftsbundes Landesbezirk Nordmark
BJA-DGB: Bundesjugendausschuss des Deutschen Gewerkschaftsbundes
BJA-IGM-Stuttgart: Bezirksjugendausschuss IG Metall Stuttgart

Solche zusammengesetzte Abkürzungen sind in diesem Abkürzungsverzeichnis nicht mehr gesondert aufgeführt, sondern können über die einzelnen Abkürzungen aufgeschlüsselt werden.

Für die Auflösung der Decknamen der KPD in der DDR wurde mit dem Klarnamenschlüssel des Bundesarchivs gearbeitet (http://startext.net-build.de:8080/barch/MidosaSEARCH/by1/index.htm Zugriff 24.10.2010)

ADGB	Allgemeiner Deutscher Gewerkschaftsbund
AGEJD	Arbeitsgemeinschaft der Evangelischen Jugend Deutschlands
AGL	Arbeitsgemeinschaft gewerblicher Lehrlinge
AJG	Arbeitsgemeinschaft junger Gewerkschafter
AKL	Arbeitsgemeinschaft kaufmännischer Lehrlinge
BBiG, BBG	Berufsbildungsgesetz
BDA	Bundesvereinigung deutscher Arbeitgeberverbände
BDI	Bundesverband der Deutschen Industrie
BDKJ	Bund der Deutschen Katholischen Jugend
BJA	Bundesjugendausschuss (DGB) etc.
BJA	Bezirksjugendausschuss (IGM)
CAJ	Christliche Arbeiterjugend
CMV	Christlicher Metallarbeiter-Verband
DAG	Deutsche Angestellten-Gewerkschaft
DBJR	Deutscher Bundesjugendring
DFU	Deutsche Friedens-Union
DGB	Deutscher Gewerkschaftsbund
DIHT	Deutscher Industrie- und Handelstag
DJI	Deutsches Jugendinstitut
DJO	Deutsche Jugend des Ostens
DKP	Deutsche Kommunistische Partei

DPG	Deutsche Postgewerkschaft
Drupa	Industriegewerkschaft Druck und Papier
EJD	Evangelische Jugend Deutschland
FAZ	Frankfurter Allgemeine Zeitung
FLN	Front de Libération Nationale (Algerien)
FR	Frankfurter Rundschau
FS I	Funktionärslehrgang Stufe I
FSLN	Frente Sandinista de Liberación Nacional
GBV	Geschäftsführender Bundesvorstand (DGB)
GdED	Gewerkschaft der Eisenbahner Deutschland
GEW	Gewerkschaft Erziehung und Wissenschaft
GHK	Gewerkschaft Holz und Kunststoff
GIM	Gruppe Internationaler Marxisten
GSG	Gewerkschaftliche Studentengruppe
HBV	Gewerkschaft Handel, Banken und Versicherung
hs.	handschriftlich
IG BE	Industriegewerkschaft Bergbau und Energie
IG BSE	Industriegewerkschaft Bau-Steine-Erden
IG CPK	Industriegewerkschaft Chemie Papier Keramik
IGM	Industriegewerkschaft Metall
IMSF	Institut für Marxistische Studien und Forschungen
JA-IGM	Jugendausschuss beim Vorstand des Vorstandes der IG Metall
JaSchG	Jugendarbeitsschutzgesetz
JAV	Jugend- und Auszubildendenvertretung
JV	Jugendvertretung
KABD	Kommunistischer Arbeiterbund Deutschland
KB	Kommunistischer Bund
KBW	Kommunistischer Bund Westdeutschland
KJA	Kreisjugendausschuss
KK	Kleine Kommission (des Jugendausschusses beim Vorstand der IG Metall)
KoKo	Koordinierungskonferenz Hamburger Jugendverbände (1971-1976)
KPD	Kommunistische Partei Deutschland
KPD/AO	Kommunistische Partei Deutschland/Aufbau-Organisation
KPD/ML	Kommunistische Partei Deutschland/Marxisten-Leninisten
KV	Kreisvorstand
MSB	Marxistischer Studentenbund - Spartacus
LBJA	Landesbezirksjugendausschuss
LBZ	Landesbezirk
LJR	Landesjugendring
LZ	Lehrlingszeitung (Hamburg 1970-1973)
OJA	Ortsjugendausschuss
ÖTV	Gewerkschaft Öffentliche Dienste, Transport und Verkehr
OV	Ortsvorstand
RGO	Revolutionäre Gewerkschafts-Opposition
RSJ	Revolutionär-sozialistische Jugend
SALZ	Sozialistisches Arbeiter- und Lehrlingszentrum
SDAJ	Sozialistische Deutsche Arbeiterjugend
SHB	Sozialistischer (vorher: Sozialdemokratischer) Hochschulbund

SLZ	Sozialistisches Lehrlingszentrum (mehrere Organisationen mit diesem Namen)
taz	Die Tageszeitung
vds	Verband Deutscher Studentenschaften, ab 1975: Vereinigte Deutsche Studentenschaften
VwSt.	Verwaltungsstelle (der IG Metall)

Archive

Abkürzungen der benutzten Archive:

AdsD	Archiv der sozialen Demokratie, Friedrich-Ebert-Stiftung, Bonn
FZH	Archiv der Forschungsstelle für Zeitgeschichte, Hamburg
HISA	Archiv des Hamburger Instituts für Sozialforschung, Hamburg
APO-Archiv	Archiv der Außerparlamentarischen Opposition, FU Berlin, Berlin
AfsB	Archiv für soziale Bewegungen, Stiftung Geschichte des Ruhrgebiets, Bochum
BA	Bundesarchiv
BA-SAPMO	Bundesarchiv, Stiftung Archiv der Parteien und Massenorganisationen der ehemaligen DDR
PA Wilke	Privatarchiv Manfred Wilke, im Besitz des Verfassers
StaHH	Staatsarchiv Hamburg
ZB IGM	Zentralbibliothek IG Metall in Frankfurt a. M.

Archiv der Forschungsstelle für Zeitgeschichte in Hamburg
552-3-1 DGB Landesbezirk Nordmark Vorstand, Materialien
555-6-0 Gewerkschaften Jugend Allgemeines
556-6-4 Gewerkschaften Jugend Bildung
556-6-5 Gewerkschaften Jugend Jugendarbeitsschutz
554-5-0 Gewerkschaften Hamburg 1. Mai
554-6-69 Gewerkschaften Hamburg/Nordmark Jugend Aktionen 1. Mai
554-3-9 Gew. Hbg. DPG Allgemein
11/P17 NL Otto Piehl

Archiv im Hamburger Institut für Sozialforschung
Bestand SDAJ
Sammlung Tripp, Mappe Arbeitskämpfe, 1. Mai, Sozialpolitik, 60er Jahre
Graue Literatur, Lehrlingszeitungen

Archiv für soziale Bewegungen, Stiftung Geschichte des Ruhrgebiets, Bochum
IG Bergbau und Energie-Archiv, Akten der Abteilung Jugend der IGBE.

Archiv der sozialen Demokratie, Friedrich-Ebert-Stiftung, Bonn
DBG-Archiv im AdsD, DGB-BV Abt. Jugend, 5/DGAU
IGM-Archiv im AdsD, 5/IGMA-22

IGM-Archiv im AdsD, 5/IGMA-07
IGM-Archiv im AdsD, 5/IGMA-09
Fotoarchiv der IGM im AdsD, FOTI/P

Behörde für die Unterlagen der ehemaligen Staatssicherheit der DDR
Die BStU stellte anlässlich einer Anfrage zur SDAJ und zur IG-Metall-Jugend mehrmals eine Vielzahl von Akten, zum Teil in ausgewählter Kopie zur Verfügung. Insgesamt handelte es sich um 160 Akten und Aktenauszüge verschiedener Abteilungen der Staatssicherheit.

Bundesarchiv Berlin, Stiftung Archiv der Parteien und Massenorganisationen der DDR (SAPMO)
DY 24 FDJ
DY 30 SED
DY 34 FDGB
DY 46 Zentralvorstand IG Metall

Bundesarchiv Berlin, Bundesrepublik Deutschland
BY 1 Kommunistische Partei Deutschland

FU Berlin, Universitätsarchiv (UA)-APO:
Gruppen Bonn SDS; 554: KPD/ML BRD, Wasserkante Kiel; 1281: Berlin Betriebsgruppen Süd 1969-1973; 1291: Betriebsgruppen Nord 1969-1973; 468: KPD 1970-1985; 210 und 211: DGB-Metall; 037: AKW Hamburg/ SH 1, 1976-1981; 223: Falken Berlin / KV's/Zeitungen; 224: Falken Hessen/B-W; 301: GIM 1969-71; 309: GIM Berlin 1972-1974; 308: Rundbriefe der GIM 1969-1974; 008: Arbeiter-Basis-Gruppen; 1117: Spartacus KJO Broschüren 7, 1970-1976; 1110: Spartacus KJO 1969-1975; 1111: Spartacus KJO 1 1969-1973; 1112: Spartacus KJO 2, 1972-1973; 1113 Spartacus KJO Broschüren 1971-80; 1099: Spartacus 1960-1968; 1100 Spartacus Jan. 69-Juni 69; 1101 Spartacus Juli-Dez. 69; 1102: Spartacus Dez. 69-Mai 70; 1104 Spartacus Okt. 70-Feb. 71; 1105 Spartacus März 71-Juli 71; 1106 Spartacus Aug.-Dez. 1971

Privatarchiv Wilke
ohne Verzeichnis, im Besitz des Verfassers

Staatsarchiv Hamburg
136-3 Landesamt für Verfassungsschutz
331-3 Polizei-Staatsschutz
361-2-VI Oberschulbehörde
364-15/1 ASTA
361-12 Examensarbeiten

Zentralbibliothek IG Metall in Frankfurt a. M.

Literatur

In die Literaturliste sind Zeitungs- und Zeitschriftenartikel nicht mit aufgenommen, sie sind in den Fußnoten vollständig nachgewiesen. Dies gilt ebenfalls für Publikationen der IG Metall, die nicht über Bibliothekskataloge recherchierbar sind, sondern im Archiv gefunden wurden.

Periodika

Arbeiterpolitik. Informationsbriefe der Gruppe Arbeiterpolitik

Der Gewerkschafter, Monatszeitschrift für die Funktionäre der IG Metall, 1969 ff.

Elan, Monatszeitschrift der SDAJ, ab 1968 ff.

LZ – Zeitung für Lehrlinge und Jungarbeiter, Hamburg 1971-1973.

ran, Monatszeitschrift der DGB-Jugend 1971 ff.

Solidarität, Jugendfunktionärszeitschrift, hrsg. vom DGB-Bundesvorstand, 1969 ff.

Welt der Arbeit, DGB-Wochenzeitung 1949-1990.

Gedruckte Konferenzbände, Geschäftsberichte und zeitgenössische Studien

Aktionsprogramm Berufliche Bildung, hrsg. Vom Bundesminister für Arbeit und Sozialordnung, Bonn 1970.

Bildungsbericht '70. Bericht der Bundesregierung zur Bundespolitik, hrsg. vom Bundesminister für Bildung und Wissenschaft, Bonn 1970.

Berufungsbildungsbericht, hrsg. vom Bundesminister für Bildung und Wissenschaft, Bonn 1978 ff.

Bundesministerium für Jugend, Familie und Gesundheit (Hrsg.), Sozialisationsprobleme der arbeitenden Jugend in der Bundesrepublik Deutschland: Konsequenzen für Jugendliche und Jugendpolitik; Vierter Jugendbericht; Stellungnahme der Bundesregierung, Bonn 1978.

Deutscher Bildungsrat, Empfehlungen der Bildungskommission. Zur Verbesserung der Lehrlingsausbildung, Verabschiedet auf der 19. Sitzung der Bildungskommission am 30./31.1.1969, Bonn ²1970.

Deutscher Bildungsrat, Empfehlungen der Bildungskommission ›Zur Neuordnung der Sekundarstufe II – Konzept für eine Verbindung von allgemeinem und beruflichem Lernen‹, Bonn 1974.

Geschäftsberichte des Vorstandes der IG Metall 1950 ff.

Infas-Report: Informationsbedürfnisse von Mitgliedern und Funktionären der Industriegewerkschaft Metall, Bonn-Bad Godesberg Dezember 1977/Januar 1978. Jahrbuch der öffentlichen Meinung 1968-1973, hrsg. von Elisabeth Noelle-Neumann und Erich Peter Neumann, Allensbach und Bonn 1974.

Konferenz zur Besprechung von Fragen der gewerkschaftlichen Jugendarbeit. Abgehalten am 19. und 20. August 1921 in Kassel, Berlin 1921.

Statistische Jahrbücher für die Bundesrepublik Deutschland, 1969 ff.

Protokolle der Jugendkonferenz der IGM, hrsg. vom Vorstand der IG Metall, Abteilung Jugend, 1968 ff.

Internetquellen

http://www.bundestag.de/dokumente/
http://www.mao-projekt.de/

Interviews

Interview Werner Holzwarth am 29.6.2011 mit Knud Andresen, Transkript im Projektarchiv.
Interview Reinhard Crusius am 7.9.2009 mit Knud Andresen in Hamburg, Transkript im Projektarchiv.
Interview Arp Kreßin am 14.11.2008 mit Knud Andresen in Hamburg, Transkript im Projektarchiv.
Interview Jürgen Voß am 26.03.2009 mit Knud Andresen in Hamburg, Transkript im Projektarchiv.

Literatur

Abel, Heinrich, Berufsausbildung in der industriellen Gesellschaft, Schriftenreihe der IG Metall Nr. 37, Frankfurt a. M. [2]1960.
Abel, Heinrich, Berufsausbildung und beruflicher Bildungsweg. Eine Dokumentation, Schriftenreihe der IG Metall Nr. 51, Frankfurt a. M. o. J. (1966).
Abelshauser, Werner, Deutsche Wirtschaftsgeschichte seit 1945, München 2004.
Abelshauser, Werner, Die langen fünfziger Jahre. Wirtschaft und Gesellschaft der Bundesrepublik Deutschland 1959-1966, Düsseldorf 1987.
Abelshauser, Werner, Nach dem Wirtschaftswunder. Der Gewerkschafter, Politiker und Unternehmer Hans Matthöfer, Bonn 2009.
Abteilung Bildungswesen/Bildungspolitik der IG Metall (Hrsg.), Erziehung und Anpassung im Betrieb, Arbeitsheft 880, Frankfurt a. M. 1978.
Achten, Udo, Gemeinsam lernen, solidarisch handeln. Ein Beitrag zum Selbstverständnis gewerkschaftlicher Jugendbildungsarbeit, Köln und Frankfurt a. M. 1976.
Adamek, Karl, Lieder der Arbeiterbewegung, LiederBilderLeseBuch, Frankfurt a. M. 1981, zweite Auflage 1986.
Adamek, Karl, Politisches Lied heute. Zur Soziologie des Singens von Arbeiterliedern, Essen 1987.
Adamski, Jens, Ärzte des sozialen Lebens. Die Sozialforschungsstelle Dortmund 1946 bis 1968, Bochum 2011.
Ahlheit, Peter u. a., Gebrochene Modernisierung – Der langsame Wandel proletarischer Milieus. Eine empirische Vergleichsstudie ost- und westdeutscher Arbeitermilieus in den 1950er Jahren, Band 1: Soziologische Rekonstruktionen, Bremen 1999.
Ahrens, Ralf, Eine alte Industrie vor neuen Herausforderungen. Aufbrüche und Niedergänge im ost- und westdeutschen Maschinenbau seit den 1960er Jahren, in: Werner Plumpe/André Steiner (Hrsg.), Der Mythos von der postindustriellen Welt. Wirtschaftlicher Strukturwandel in Deutschland 1960 bis 1990, Göttingen 2016, S. 55-119.
Alemann, Ulrich von, Einleitung, in: Ders. (Hrsg.), Partizipation – Demokratisierung – Mitbestimmung. Problemstellung und Literatur in Politik, Wirtschaft, Bildung und Wissenschaft. Eine Einführung, Opladen 1975.
Allespach, Martin, Gewerkschaftliche Jugendarbeit als Handlungs- und Möglichkeitsraum, Marburg 2002.

Allespach, Martin, Gewerkschaftliche Jugendarbeit als Handlungs- und Möglichkeitsraum, Marburg 2002.

Ambrosius, Gerold/Kaelble, Hartmut, Einleitung: Gesellschaftliche und wirtschaftliche Folgen des Booms der 1950er und 1960er Jahre, in: Hartmut Kaelble (Hrsg.), Der Boom 1948-1973. Gesellschaftliche und wirtschaftliche Folgen in der Bundesrepublik Deutschland und in Europa, Opladen 1992, S. 7-32.

Anders, Freia, Wohnraum, Freiraum, Widerstand. Die Formierung der Autonomen in den Konflikten um Hausbesetzungen Anfang der achtziger Jahre, in: Reichardt/Siegfried, Milieu, S. 473-498.

Andersen, Arne/Kiupel, Uwe, IG Metall in Bremen. Die ersten 100 Jahre, Bremen 1991.

Andresen, Knud/Bitzegeio, Ursula/Mittag, Jürgen (Hrsg.), Nach dem Strukturbruch? Kontinuität und Wandel von Arbeitsbeziehungen und Arbeits(welten) seit den 1970er Jahren, Bonn 2011.

Andresen, Knud, »Aber all dieser Terror zeigt nur umso mehr den Arbeitern deutlich das Gesicht des DGB-Apparats«: Politische Entlassungen, Gewerkschaftsausschlüsse und Berufsverbote, in: Bambule (Hrsg.), Das Prinzip Solidarität. Zur Geschichte der Roten Hilfe in der BRD, Band 2, Hamburg 2013, S. 83-99.

Andresen, Knud, Vier Möglichkeiten, die Geschichte der DKP zu erzählen: politische Erinnerungen ehemaliger DKP-Funktionäre, in: Jahrbuch für historische Kommunismusforschung 2014, S. 29-45.

Andresen, Knud, Wandel einer sozialen Bewegung. Gewerkschaftliche Mai-Kundgebungen in Hamburg. Stichtag: 1. Mai 1969, in: Forschungsstelle für Zeitgeschichte (Hrsg.), 19 Tage Hamburg. Ereignisse und Entwicklungen der Stadtgeschichte seit den fünfziger Jahren, Hamburg 2012, S. 145-159.

Andresen, Knud, Widerspruch als Lebensprinzip. Der undogmatische Sozialist Heinz Brandt, Bonn 2007, S. 328-334.

Andresen, Knud, Zwischen Protest und Mitarbeit. Die widersprüchlichen Potentiale gewerkschaftlicher Friedenspolitik 1950-1955, in: Detlef Bald/Wolfram Wette (Hrsg.), Alternativen zur Wiederbewaffnung. Friedenskonzeptionen in Westdeutschland 1945-1955, S. 53-70.

Anfänge westdeutscher Sicherheitspolitik 1945-1956, Band 3: Die NATO-Option, verf. von Hans Ehlert u. a., München 1993.

Angeloff, Therese, Meine Seele hat ein Holzbein. Ein Werdegang mit Gedichten, Liedern, Bildern und Kabarett-Texten, München 1982.

Anweiler, Oskar, Bildungspolitik, in: Geschichte der Sozialpolitik in Deutschland seit 1945, Band 5: 1966-1974. Bundesrepublik Deutschland: Eine Zeit vielfältigen Aufbruchs, Bandherausgeber Hans Günter Hockerts, Baden-Baden 2006, S. 709-753.

Arbeiterjugendbewegung in Frankfurt 1904-1945. Materialien zu einer verschütteten Kulturgeschichte, eine Ausstellung im Historischen Museum Frankfurt, Frankfurt a. M. 1978.

Arbeitstagung: Krise der Formen der Jugendarbeit, vom 1.10.1978 bis 6.10.1978, hrsg. vom Haus der Gewerkschaftsjugend, Oberursel 1979.

Arps, Jan Ole, Linke Fabrikintervention in den 70er Jahren, Berlin/Hamburg 2011.

Autorenkollektiv, Wir warn die stärkste der Partein. Erfahrungsberichte aus der Welt der K-Gruppen, Berlin 1977.

Axmacher, Dirk, Kritik der Berufsausbildung, Offenbach 1975.

Baacke, Dieter, Jugend und Jugendkulturen, Darstellung und Deutung, Weinheim und München [3]1999.

Baethge, Martin, Ausbildung und Herrschaft. Unternehmerinteressen in der Bildungspolitik, Frankfurt a. M. 1970.

Baethge, Martin u. a., Jugendliche auf Distanz. Herausforderungen für die gewerkschaftliche Jugendarbeit, in: *Gewerkschaftliche Monatshefte* Nr. 2 (1986), S. 72-84.

Baethge, Martin u. a., Jugend: Arbeit und Identität, Lebensperspektiven und Interessenorientierungen von Jugendlichen, Opladen 1988.

Bahnmüller, Reinhard, Der Streik. Tarifkonflikt um Arbeitszeitverkürzung in der Metallindustrie 1984, Hamburg 1985.

Balke, Holger, Jahr des jungen Arbeitnehmers. Eine Zwischenbilanz, in: *Gewerkschaftliche Monatshefte* Nr. 11 (1971), S. 673-676.

Balsen, Werner/Rössel, Karl, Hoch die Internationale Solidarität. Zur Geschichte der Dritte-Welt-Bewegung in der Bundesrepublik, Köln 1986.

Balz, Hanno/Friedrichs, Jan-Hendrik (Hrsg.), ›All we ever wanted …‹ Eine Kulturgeschichte europäischer Protestbewegungen der 1980er Jahre, Berlin 2012.

Bauch, Wilhelm/Schmidt, Uwe/Steinke, Herbert, Emanzipatorische Arbeiterbildung. Überlegungen und Materialien zur gewerkschaftlichen Bildungsarbeit, Berlin 1972.

Baumann, Cordia/Gehrig, Sebastian/Büchse, Nicolas (Hrsg.), Linksalternative Milieus und Neue Soziale Bewegungen in den 1970er Jahren, Heidelberg 2011.

Beck, Ulrich, Jenseits von Stand und Klasse. Soziale Ungleichheit, gesellschaftliche Individualisierung und die Entstehung neuer sozialer Formationen und Identitäten, in: Reinhard Kreckel (Hrsg.), Soziale Ungleichheiten. Sonderband 2 der Sozialen Welt, Göttingen 1983, S. 35-74.

Beck, Ulrich, Risikogesellschaft. Auf dem Weg in eine andere Moderne, Frankfurt a. M. 1986.

Bednarik, Karl, Der junge Arbeiter von heute. Ein neuer Typ, Stuttgart 1953.

Beer, Ulrich, Bildungsurlaub. Erhebungen – Konzeptionen – Regelungen, Bonn 1978.

Beez, Georg, Jugend und Jugendherberge. Über die Einstellung der Jugend zu Jugendherbergen, München 1967.

Behrens, Heidi, ›Mehr wissen – mehr können‹. Bildungsanstrengungen der sozialdemokratischen Jugend in der Weimarer Republik und ihre Wirkungen, in: Eppe/Herrmann, Sozialistische Jugend, S. 69-84.

Behrens-Cobet, Heidi, Abschiede vom Proletariat? Lebenslagen und Bildungsgeschichten ehemaliger Mitglieder der Essener SAJ, Bonn 1996.

Beier, Gerhard, Glanz und Elend der Jubiläumsliteratur. Kritische Bestandsaufnahme bisheriger Historiographie der Berufs- und Industriegewerkschaften, in: *Gewerkschaftliche Monatshefte* Nr. 10 (1968), S. 607-614.

Beier, Gerhard, Die Wiederentdeckung der Gewerkschaftsgeschichte. Ein aktueller Streit und seine historischen Hintergründe, in: *Aus Politik und Zeitgeschichte* B 41 (1979), 13.10.1979, S. 19-36.

Beier, Gerhard, Geschichte und Gewerkschaft. Politisch-historische Beiträge zur Geschichte sozialer Bewegungen, Frankfurt a. M. 1981.

Bell, Daniel, Die nachindustrielle Gesellschaft, Reinbek bei Hamburg 1979.

Bendikowski, Tillmann, Öffentliches Singen als politisches Ereignis. Die Herausforderung einer historischen Quelle für die Geschichtswissenschaft, in: Ders./Sabine Gillmann/Christian Jansen/Markus Leniger/Dirk Pöppmann (Hrsg.), Die Macht der Töne. Musik als Mittel politischer Identitätsstiftung im 20. Jahrhundert, S. 23-37.

Benicke, Jens, Von Adorno zu Mao. Über die schlechte Aufhebung der antiautoritären Bewegung, Freiburg 2012.

Benz, Georg, ›Wer in der Politik Verantwortung trägt, kann nicht bequem sein‹. Gespräche mit und Texte von Georg Benz, hrsg. von Manfred Heckenauer, Dietmar Hexel, Horst Klaus und Werner Vitt, Marburg 1994.

Benz, Georg, 1971 Jahr des jungen Arbeitnehmers, in: *Der Gewerkschafter* 19, Nr. 2, Februar 1971, S. 42-43.

Berghahn, Volker R./Vitols, Sigurts (Hrsg.), Gibt es einen deutschen Kapitalismus? Tradition und globale Perspektiven der deutschen Marktwirtschaft, Frankfurt a. M. 2006.

Bergmann, Wolfgang u. a. (Hrsg.), Arbeitersongbuch, Frankfurt a. M. 1973.

Berlit, Anna Christina, Notstandskampagne und Roter Punkt. Die Studentenbewegung in Hannover 1967-1969, Bielefeld 2007.

Bernhard, Patrick, Zivildienst zwischen Reform und Revolte. Eine bundesdeutsche Institution im gesellschaftlichen Wandel 1961-1982, München 2005, S. 51-59.

Betriebsrat Bosch Feuerbach (Hrsg.), … auch beim Bosch gibt's nichts umsonst. 100 Jahre Arbeit und Leben in Feuerbach aus Sicht der Beschäftigten, Ludwigsburg 2009.

Beyer, Jürgen, Pfadabhängigkeit. Über institutionelle Kontinuität, anfällige Stabilität und fundamentalen Wandel, Frankfurt a. M. 2006.

Beyme, Klaus von, Gewerkschaften und Arbeitsbeziehungen in kapitalistischen Ländern, München/Zürich 1977.

Bierhoff, Oliver, Organisation und generationale Ordnung. Zur Organisationsgeschichte der Gewerkschaftsjugend, Münster 2007. (Dissertation im Internet: http://miami.uni-muenster.de/servlets/DerivateServlet/Derivate-3711/diss_bierhoff.pdf, Abruf 16.5.2008).

Biermann, Wolf u. a., Die Ausbürgerung. Anfang vom Ende der DDR, hrsg. von Fritz Pleitgen, Berlin 2001.

Bildungsbericht '70. Bericht der Bundesregierung zur Bildungspolitik, hrsg. vom Bundesminister für Bildung und Wissenschaft, Bonn 1970.

Bildungswesen: mangelhaft. BRD-Bildungspolitik im OECD-Länderexamen. Eine Veröffentlichung der OECD, dt. herausgegeben und eingeleitet von Klaus Hüfner, Frankfurt a. M. u. a. 1973.

Bilstein, Helmut u. a., Organisierter Kommunismus in der Bundesrepublik. DKP – SDAJ – MSB Spartakus – KPD – KPD(ML) – KBW. Materialien zur politischen Auseinandersetzung mit kommunistischen Parteien und Gruppen, Hamburg [2]1974.

Birke, Peter, Der Eigen-Sinn der Arbeitskämpfe. Wilde Streiks und Gewerkschaften in der Bundesrepublik vor und nach 1969, in: Bernd Gehrke/Gerd-Rainer Horn (Hrsg.), 1968 und die Arbeiter. Studien zum ›proletarischen Mai‹ in Europa, Hamburg 2007, S. 53-75.

Birke, Peter, Der Traum von der ›kämpfenden Arbeiterklasse‹. Lohnarbeit und Arbeitskämpfe in der Agit 883, in: rotaprint 25 (Hrsg.), Agit 883. Revolte Underground in Westberlin 1969-1972, S. 171-183.

Birke, Peter, Die große Wut und die kleinen Schritte. Gewerkschaftliches Organizing zwischen Protest und Projekt, Hamburg 2010.

Birke, Peter, Wilde Streiks im Wirtschaftswunder. Arbeitskämpfe, Gewerkschaften und soziale Bewegungen in der Bundesrepublik und Dänemark, Frankfurt a. M./New York 2007.

Blanke, Thomas, Funktionswandel des Streiks im Spätkapitalismus. Am Beispiel des Lehrlingsstreikrechts, Frankfurt a. M. 1972.

Bock, Marlene u. a., Zwischen Resignation und Gewalt. Jugendprotest in den achtziger Jahren, Opladen 1989.

Bock, Michael, Recht ohne Maß. Die Bedeutung der Verrechtlichung für Person und Gemeinschaft, Berlin 1988.

Boeßenecker, Karl-Heinz, Der DGB und seine Jugendarbeit in Köln nach 1945. Eine Lokalstudie gewerkschaftlicher Organisationsprozesse, Bonn 1985.

Böhnert, Michael u. a., Lehrlings-Handbuch. Alles über Lehre, Berufswahl, Arbeitswelt. Für Lehrlinge, Schüler, Eltern, Jungarbeiter, Ausbilder, Lehrer, Reinbek bei Hamburg 1976 (überarbeitete Neuauflagen 1979 und 1984).

Böhr, Christoph/Busch, Eckart, Politischer Protest und parlamentarische Bewältigung. Zu den Beratungen und Ergebnissen der Enquete-Kommission »Jugendprotest im Demokratischen Staat«, Baden-Baden 1984.

Boll, Friedhelm, Jugend im Umbruch vom Nationalsozialismus zur Nachkriegsdemokratie, in: *Archiv für Sozialgeschichte* 37 (1997), S. 482-520.

Bolte, Karl Martin, Wertewandel – Lebensführung – Arbeitswelt, München 1993.

Borgmann, Wolfgang, Reformgesetz in der Bewährung. Theorie und Praxis des Betriebsverfassungsgesetzes von 1972, Opladen 1987.

Borowsky, Peter/Nicolaysen, Rainer, Politische Geschichte, in: Hans-Jürgen Goertz (Hrsg.), Geschichte. Ein Grundkurs, Hamburg [3]2007, S. 527-541.

Borsdorf, Ulrich/Hemmer, Hans-Otto, Gewerkschaften, Wissenschaft, Mitbestimmung, Köln 1979.

Borsdorf, Ulrich, Historische Wandlungsprozesse im gewerkschaftlichen Führungspersonal, in: *Gewerkschaftliche Monatshefte* Nr. 19 (1978), S. 602-616.

Bösch, Frank, Umbrüche in der Gegenwart. Globale Ereignisse und Krisenreaktionen um 1979, in: Zeithistorische Forschungen/Studies in Contemporary History – Online-Ausgabe, 9 (2012), H. 1, URL: http:/www.zeithistorische-forschungen.de/16126041-Boesch-1-2012.

Bothien, Horst-Pierre, Protest und Provokation. Bonner Studenten 1967/1968, Essen 2007.

Boyer, Christoph/Schlemmer, Thomas, ›Handwerkerland Bayern‹? Entwicklung, Organisation und Politik des bayerischen Handwerks, in: Thomas Schlemmer/Hans Woller (Hrsg.), Bayern im Bund, Band 2: Gesellschaft im Wandel 1949 bis 1973, München 2002, S. 87-178.

Brand, Karl-Werner/Büsser, Detlef/Rucht, Dieter, Aufbruch in eine andere Gesellschaft. Neue Soziale Bewegungen in der Bundesrepublik, Frankfurt a. M. 1983.

Brand, Karl-Werner, Kontinuität und Diskontinuität in den neuen sozialen Bewegungen, in: Roland Roth/Dieter Rucht (Hrsg.), Neue soziale Bewegungen in der Bundesrepublik Deutschland, Bonn [2]1991, S. 40-53.

Brand, Volker, Jugendkulturen und jugendliches Protestpotential. Sozialgeschichtliche Untersuchung des Jugendprotestes von der Jugendbewegung zu Beginn des Jahrhunderts bis zu den Jugendkulturen der gegenwärtigen Risikogesellschaft, Frankfurt a. M. u. a. 1993.

Brandes, Volkhard/Schön, Bernhard (Hrsg.), Wer sind die Instandbesetzer? Selbstzeugnisse, Dokumente, Analysen – Ein Lesebuch, Bensheim 1981.

Brandt, Gerhard/Jacobi, Otto/Müller-Jentsch, Walther, Anpassung an die Krise: Gewerkschaften in den siebziger Jahren, Frankfurt a. M./New York 1982.

Braun, Frank, Die Kontroversen um das zehnte Bildungsjahr, München 1982.

Breyvogel, Wilfried (Hrsg.), Autonomie und Widerstand. Zur Theorie und Geschichte des Jugendprotestes, Essen 1983.

Breyvogel, Wilfried, Einleitung, in: Ders./Joachim Hirsch (Hrsg.), Autonomie und Widerstand. Zur Theorie und Geschichte des Jugendprotestes, Essen 1983, S. 9-12.

Brock, Adolf/Müller, Hans-Dieter/Negt, Oskar (Hrsg.), Arbeiterbildung. Soziologische Phantasie und exemplarisches Lernen in Theorie, Kritik und Praxis, Reinbek bei Hamburg 1978.

Brock, Adolf, Lehrlingshandbuch. Orientierung für die Ausbildung in Lehre und Berufsschule, Darmstadt 1972.

Brock, Ditmar u. a. (Hrsg.), Übergänge in den Beruf. Zwischenbilanz der Forschung, Weinheim und München 1991.

Brock, Ditmar, Der schwierige Weg in die Moderne. Umwälzungen in der Lebensführung der deutschen Arbeiter zwischen 1850 und 1980, Frankfurt a. M./New York 1991.

Brockhaus, Michael/Schäfer, Wolfgang, Betriebsbesetzung. Der kurze Traum von der Solidarität. Voraussetzungen, Verlaufsformen und Auswirkungen einer spektakulären Arbeitskampfform am Beispiel der Firma Spänex Wilhelm & Sander in Uslar, Göttingen 1990.

Brücher, Bodo, Der steinige Weg der Annäherung von ›Falken‹ und FDJ in den 60er Jahren, in: Eppe/Herrmann, Jugend, S. 275-319.

Bruchhäuser, Hanns-Peter, Heinrich Abel. Eine deutsche Karriere, Magdeburg 2009.

Brülls, Klaus, Neuaufbau oder Wiederaufbau, Gewerkschaftjugend in der britischen Zone 1945-1950, Marburg 1985.

Brunkhorst, Wilfried u. a., Ernstfall Lehre, Weinheim und Basel 1975, bis 1980 vier Auflagen.

Bude, Heinz, Die Ausgeschlossenen. Das Ende vom Traum einer gerechten Gesellschaft, München 2008.

Buschak, Willy, Arbeit im kleinsten Zirkel. Gewerkschaften im Widerstand gegen den Nationalsozialismus, Essen 2015.

Buschak, Willy, Von Menschen, die wie Menschen leben wollten. Die Geschichte der Gewerkschaft Nahrung-Genuss-Gaststätten und ihrer Vorläufer, Köln 1985.

Busemeyer, Marius R., Wandel trotz Reformstau. Die Politik der beruflichen Bildung seit 1970, Frankfurt a. M. 2009.

Büsser, Martin, If the kids are united …: von Punk zu Hardcore und zurück, Mainz 2003.

Büssow, Jürgen/Kröger, H.-J., Auswahlkriterien und gesellschaftlicher Auftrag, in: Borsdorf/Hemmer, Gewerkschaften, S. 191-209.

Cassau, Theodor, Das Führerproblem innerhalb der Gewerkschaften, Berlin 1925.

Castel, Robert/Dörre, Klaus (Hrsg.), Prekarität, Abstieg, Ausgrenzung. Die soziale Frage am Beginn des 21. Jahrhunderts, Frankfurt a. M./New York 2009.

Cattero, Bruno, Lavorare alle Fiat – Arbeiten bei VW. Technologie, Arbeit und soziale Regulierung in der Automobilindustrie, Münster 1998.

Christov, Alexander, ›Wir sind die junge Garde des Proletariats!‹ Arbeiterjugendbewegung im Kölner Raum 1904-1919, Siegburg 2007.

Clees, Jörg, Diplomarbeit Historisches Lernen in der gewerkschaftlichen Jugendarbeit – am Beispiel lokaler und regionaler Geschichtsbearbeitung der Industriegewerkschaft Metall, Philipps-Universität Marburg, Fachbereich Erziehungswissenschaften, 28.8.1990, in: IGM-ZB.

Crusius, Reinhard, Kritik des Berufsbildungsgesetz, in: Zur Situation der Berufsausbildung. Zwei Beiträge zur Diskussion von Werner Geiling und Reinhard Crusius, hrsg. vom DGB-Bundesvorstand Abt. Berufliche Bildung, Düsseldorf 1970, S. 107-143.

Crusius, Reinhard/Lempert, Wolfgang/Wilke, Manfred (Hrsg.), Berufsausbildung – Reformpolitik in der Sackgasse? Alternativprogramm für eine Strukturreform, Reinbek bei Hamburg (Juni) 1974.

Crusius, Reinhard/Söhl, Oskar/Wilke, Manfred, Praxis und Theorie gewerkschaftlicher Lehrlingspolitik – dargestellt am Beispiel des Hamburger Jour Fix, Offenbach/Hamburg 1971.

Crusius, Reinhard/Vollmer, Gerd/Voss, Jürgen/Wichmann, Astrid/Wilke, Manfred, Fragwürdiger DGB-Protest, in: *Deutsche Jugend* 23 (1975), Nr. 12, S. 569-570.

Crusius, Reinhard/Wilke, Manfred, Gewerkschaftliche Selbstorganisation und emanzipatorische Berufsausbildung, in: *Deutsche Jugend* 19 (1971), Nr. 9, S. 399-409.

Crusius, Reinhard/Wilke, Manfred, Marsch ins linke Ghetto? in: *Werkhefte*. Zeitschrift für Probleme der Gesellschaft und des Katholizismus 26 (1972), Nr. 1, S. 12-19.

Crusius, Reinhard, Der Lehrling in der Berufsschule: fachliche Unterweisung und politische Bildung im Urteil der Lehrlinge (unter Mitarb. von W. Laatz), München 1973; Fünf Bände: Band 1: Der Lehrling in der Berufsschule; Band 2: Der Lehrling im Betrieb (1973); Band 3: Berufswahl und Berufszufriedenheit der Lehrlinge (1974); Band 4: Fortbildungsinteresse und Zukunftserwartung der Lehrlinge (1974); Band 5: Krankenpflegeschüler in der Ausbildung (1974).

Crusius, Reinhard/Wilke, Manfred, Reform der Berufsausbildung – Bilanz einer Niederlage und die Verantwortung der Gewerkschaften, in: *Vorgänge*. Zeitschrift für Gesellschaftspolitik, 15 (1976), Nr. 5, S. 75-80.

Crusius, Reinhard/Wilke, Manfred, Gewerkschaftliche Berufsbildungspolitik nach dem Scheitern der Berufsbildungsreform, in: *Deutsche Jugend* 24 (1976), Nr. 9, S. 399-407.

Crusius, Reinhard/Wilke, Manfred, Gewerkschaft ohne Jugend? Zu aktuellen Problemen der gewerkschaftlichen Jugendpolitik, in: *Deutsche Jugend* 26 (1978), Nr. 7, S. 305-315.

Crusius, Reinhard/Wilke, Manfred, Partizipationsprobleme der Arbeiterjugend in den Gewerkschaften, in: Materialien zum Fünften Jugendbericht: Jugendarbeit – Mädchen in der Jugendarbeit – Gewerkschaftliche Jugendbildung, hrsg. vom Deutschen Jugendinstitut München, München 1980, S. 213-309.

Crusius, Reinhard/Wilke, Manfred, Jugend ohne Beruf – Gewerkschaft ohne Jugend. Gewerkschaftliche Jugend- und Berufsbildungspolitik von 1977 bis 1981, Frankfurt a. M. 1981.

Crusius, Reinhard/Wilke, Manfred, Ein neuer Anstoß zur Berufsbildungsreform. Nach der Annullierung des Ausbildungsplatzförderungs-Gesetzes, in: *Deutsche Jugend* 29 (1981), Nr. 2, S. 65-72.

Crusius, Reinhard, Berufsbildungs- und Jugendpolitik der Gewerkschaften. Struktur und Verlauf bei DGB und einigen Einzelgewerkschaften 1945-1981, Frankfurt a. M./New York 1982, S. 99-102.

Dahrendorf, Ralf, Soziale Klassen und Klassenkonflikt in der industriellen Gesellschaft, Stuttgart 1957.

Damberg, Wilhelm, Abschied vom Milieu? Katholizismus im Bistum Münster und den Niederlanden 1945-1980, Paderborn 1997.

Dammeyer, Wilhelm, Das alternative Bildungskonzept. Die Leitfäden der gewerkschaftlichen Jugendbildungsarbeit und die Probleme ihrer Entwicklung, ihrer Inhalte und Methoden, Oberhausen 1980.

Daviter, Jürgen, Der Lehrling im Betrieb (mit einem Beitrag von Reinhard Crusius und Manfred Wilke), München 1973.

Deppe, Frank u. a., Geschichte der deutschen Gewerkschaftsbewegung, Köln 1977.

Deppe, Frank/Dörre, Klaus, Klassenbildung und Massenkultur im 20. Jahrhundert, in: Klaus Tenfelde (Hrsg.), Arbeiter im 20. Jahrhundert, Stuttgart 1991, 726-771.

Deppe-Wolfinger, Helga, Arbeiterjugend – Bewußtsein und politische Bildung, Frankfurt a. M. 1972.

DGB-Bundesvorstand (Hrsg.), Arbeitslosigkeit und Berufsnot der Jugend, 2 Bände, erarbeitet von der Sozialwissenschaftlichen Arbeitsgemeinschaft zur Erforschung von Jugendfragen unter der wissenschaftlichen Leitung von Professor Dr. Helmut Schelsky, Köln 1952.

DGB-Bundesvorstand Abteilung Jugend (Hrsg.), In Zukunft. Gesellschaftliche Perspektiven der Gewerkschaftsjugend, Köln 1989.

DGB-Bundesvorstand Abteilung Jugend, Leitfaden Stufe I der gewerkschaftlichen Jugendbildung, Redaktion Franziska Wiethold, Frankfurt a. M. 1973.

DGB-Bundesvorstand, Abt. Jugend (Hrsg.), Treffen der Gründer der Gewerkschaftsjugend. Protokoll eines Treffens im Haus der Gewerkschaftsjugend April 1981, Düsseldorf 1981.

DGB-Bundesvorstand Abteilung Jugend (Hrsg.), In Zukunft. Gesellschaftliche Perspektiven der Gewerkschaftsjugend, Köln 1989.

Diekershoff, Karl-Heinz/Kliemt, Gundolf/Diekershoff, Sybille, Jugendarbeitsschutz aus der Sicht Jugendlicher. Eine Repräsentativuntersuchung im Auftrag des Ministers für Arbeit, Gesundheit und Soziales und des Ausschusses für Jugendarbeitsschutz im Land Nordrhein-Westfalen in Verbindung mit dem Landesjugendring, Essen 1972.

Dietrich, Werner A., In der Einigkeit liegt die Kraft. Geschichte der Arbeiterbewegung in der Region Neustadt/Südpfalz, Neustadt 1991, 1832-1984.

Dietz, Bernhard/Neumaier, Christopher, Vom Nutzen der Sozialwissenschaften für die Zeitgeschichte. Werte und Wertewandel als Gegenstand historischer Forschung, in: *Vierteljahreshefte für Zeitgeschichte* 60 (2012), Nr. 2, S. 293-304.

Dirks, Walter, Der lange Streik. *Frankfurter Hefte*, 12. Jg., Heft 4, April 1957, S. 234.

Dittrich, Irene/Kalk, Wilfried, Wir wollen nicht länger Menschen zweiter Klasse sein – Der Metallarbeiterstreik in Schleswig-Holstein 1956/57, in: *Demokratische Geschichte.* Jahrbuch für Schleswig-Holstein 2 (1987), S. 351-394.

Doering-Manteuffel, Anselm/Raphael, Lutz, Nach dem Boom. Perspektiven auf die Zeitgeschichte seit den 1970er Jahren, Göttingen, 2008.

Dörre, Klaus, Arbeiterjugendliche und Klassenformierung. Zum Wandel außerbetrieblicher Entwicklungsbedingungen und seinen Auswirkungen auf den Formierungsprozeß, in: *Marxistische Studien*, Jahrbuch des Institut für Marxistische Studien und Forschungen 7/1984, S. 194-212.

Dörre, Klaus/Schäfer, Paul, In den Straßen steigt das Fieber. Jugend in der Bundesrepublik, Köln 1982.

Dortans, Johann-Ludwig, Arbeiterjugend zwischen Revolution und Reform, Die Radikalisierungsversuche der Neuen Linken und der Kommunisten, Köln 1970.

Drexel, Ingrid/Nuber, Christoph, Qualifizierung für die Industriearbeit im Umbruch. Die Ablösung von Anlernung durch Ausbildung in Großbetrieben von Stahl und Chemie, Frankfurt a. M. u. a. 1979.

Drexel, Ingrid, Problemgruppen des Ausbildungsmarktes, unterwertige Wege ins Erwerbsleben und einige gesellschaftliche Konsequenzen, in: Finanzierung der beruflichen Bildung, hg. vom Vorstand der IG Metall, Frankfurt a. M. 1983, S. 86-112.

Dubet, François/Lapeyronnie, Didier, Im Aus der Vorstädte. Der Zerfall der demokratischen Gesellschaft, Stuttgart 1994.

Dünnwald, Johannes/Thomsen, Peter, Sinnvoll arbeiten. Nützliches produzieren. Ein Handbuch für Arbeitnehmer und regionale Initiativen, Frankfurt a. M. 1987.

Duve, Freimut (Hrsg.), Der Thesenstreit um ›Stamokap‹. Die Dokumente zur Grundsatzdiskussion der Jungsozialisten, Reinbek bei Hamburg 1973.

Eberts, Erich, Arbeiterjugend 1904-1945. Sozialistische Erziehungsgemeinschaft – Politische Organisation, Frankfurt a. M. 1980.

Eidgenössische Kommission für Jugendfragen, Thesen zu den Jugendunruhen 1980, Zürich 1980.

Eisenbach, Ulrich, Duale Berufsausbildung in Hessen. Entstehung und Entwicklung seit dem 19. Jahrhundert, Darmstadt 2010.

Eisenbürger, Gert, Was wir uns alles vorstellen konnten. Die Solidaritätsbewegung mit El Salvador in der alten Bundesrepublik, in: *ILA* Nr. 324, April 2009, S. 41 f.

Eppe, Heinrich/Herrmann, Ulrich (Hrsg.), Sozialistische Jugend im 20. Jahrhundert. Studien zur Entwicklung und politischen Praxis der Arbeiterjugendbewegung in Deutschland, Weinheim/München 2008.

Eppe, Heinrich, Selbsthilfe und Interessenvertretung: Die sozial- und jugendpolitischen Bestrebungen der sozialdemokratischen Arbeiterjugendorganisationen 1904-1933, Oer-Erkenschwik 1983.

Erd, Rainer, Gewerkschaftsausschlüsse in den 70er Jahren, in: Otto Jacobi/Walter Müller-Jentsch/Eberhard Schmidt (Hrsg.), Gewerkschaftspolitik in der Krise/Kritisches Gewerkschaftsjahrbuch 1977/78, Berlin 1978, S. 166-175.

Erd, Rainer, Verrechtlichung industrieller Konflikte. Normative Rahmenbedingungen des dualen Systems der Interessenvertretung (Projektgruppe Gewerkschaftsforschung, Forschungsberichte des Instituts für Sozialforschung Frankfurt a. M.), Frankfurt a. M./New York 1978.

Erlinghagen, Karl, Katholisches Bildungsdefizit in Deutschland, Freiburg 1965.

Eskamp, Heinz, Fortbildungsinteresse und Zukunftserwartungen der Lehrlinge, Band 4 der Hamburger Lehrlingsstudie, München 1974, S. 43-45.

Etzel, Gerhard, Betriebsverfassungsrecht. Eine systematische Darstellung, Neuwied und Darmstadt 1977.

Eyerman, Ron/Jamison, Andrew, Music and Social Movements, Cambridge 1998.

Falkenberg, Rudolf u. a. (Autorenkollektiv): Geschichte der deutschen Arbeiterjugendbewegung 1904-1945, Dortmund 1973 (Lizenz der DDR-Ausgabe).

Fantasia, Rick/Stepan-Norris, Judith, The Labor Movement in Motion, in: David A. Snow, Sarah A. Soule and Hanspeter Kriesi (Eds.), The Blackwell Companion to Social Movements, Malden MA/Oxford 2006, S. 555-575.

Farin, Klaus, Jugendkulturen in Deutschland 1950-1989, Bonn 2006.

Fattmann, Rainer, Strategie Zukunft. 60 Jahre IG Metall Baden-Württemberg, hrsg. vom IG Metall-Bezirk Baden-Württemberg, Stuttgart 2010.

Faulenbach, Bernd, Die DGB-Bundesschulen in der Nachkriegszeit, in: Paul Ciupke/Franz-Josef Jelich (Hrsg.), Ein neuer Anfang. Politische Jugend- und Erwachsenbildung in der westdeutschen Nachkriegsgesellschaft, Essen 1999, S. 179-190.

Faulenbach, Bernd, Die historisch-politische Bedeutung der Arbeiterbewegung, in: Ders./Annette Leo/Klaus Weberskirch, Zweierlei Geschichte. Lebensgeschichte und Geschichtsbewußtsein von Arbeitnehmern in West- und Ostdeutschland, Essen 2000, S. 340-365.

Faulenbach, Bernd, Die deutsche Sozialdemokratie in den geschichtspolitischen Auseinandersetzungen der 1970er und 1980er Jahre, in: Mittag/Unfried, Arbeiter- und soziale Bewegungen, S. 95-109.

Faulenbach, Bernd, Das sozialdemokratische Jahrzehnt. Von der Reformeuphorie zur Neuen Unübersichtlichkeit 1969-1982, Bonn 2011.

Ferchhoff, Wilfried/Olk, Thomas, Jugend im internationalen Vergleich. Sozialhistorische und sozialkulturelle Perspektiven, Weinheim-München 1988.

Ferchhoff, Wilfried/Olk, Thomas, Strukturwandel der Jugend in internationaler Perspektive, in: Dies. (Hrsg.), Jugend im internationalen Vergleich. Sozialhistorische und sozialkulturelle Perspektiven, Weinheim/München 1988, S. 9-30.

Fiehler, Fritz/Geißelbrecht, Holger, Werftbesetzung und Umbruchperiode der Arbeiterbewegung, in: Jahrbuch für Marxistische Studien und Forschungen 7 (1984), S. 60-72.

Flechtheim, Ossip K./Rudzio, Wolfgang/Vilmar, Fritz/Wilke, Manfred, Der Marsch der DKP durch die Institutionen, Frankfurt a. M. 1980.

Floh de Cologne, Profitgeier und andere Vögel. Agitationstexte, Lieder und Berichte, Berlin 1971.

Förch, Michael, Zwischen utopischen Idealen und politischer Herausforderung. Die Nicaragua-Solidaritätsbewegung in der Bundesrepublik. Eine empirische Studie, Frankfurt a. M. 1995.

Fourastié, Jean, Die große Hoffnung des 20. Jahrhunderts, Köln 1954.

Franz, Wolfgang/Müllner, Johannes, Das Kämpfen nimmt Dir keiner ab. Schiffbaukrise und Gegenwehr am Beispiel HDW-Hamburg, Düsseldorf 1985.

Freese, Matthias, Betriebsrat und Betriebsrätetätigkeit zwischen 1920 und 1969. Handlungsspielräume und -muster betrieblicher Interessenvertretung am Beispiel der Carl-Freudenberg-Werke in Weinheim a. d. Bergstraße, in: Karl Lauschke/Thomas Welskopp (Hrsg.), Mikropolitik im Unternehmen. Arbeitsbeziehungen und Machtstrukturen in industriellen Großbetrieben des 20. Jahrhunderts, Essen 1994, S. 161-185.

Frei, Norbert, 1968. Jugendrevolte und globaler Protest, München 1968.

Frese, Matthias, »Samstags gehört Vati mir«. Arbeit und Freizeit von Frauen und Männern in der gewerkschaftlichen Diskussion der frühen Bundesrepublik Deutschland (1949-1965), in: *Westfälische Forschungen* 45 (1999), S. 73-101.

Frevert, Ute, Neue Politikgeschichte: Konzepte und Herausforderungen, in: Dies./Heinz-Gerhard Haupt (Hrsg.), Neue Politikgeschichte. Perspektiven einer historischen Politikforschung, Frankfurt a. M./New York 2005, S. 7-26.

Freyberg, Thomas von, Ausspioniert und angeschmiert. Das Bewußtsein der Arbeiterjugend als Objekt von Forschung und Erziehung, Gießen 1978.

Frieden – Arbeit – Menschenwürde, Leben für die Zukunft. Spurensicherung: Die IG Metall Nürnberg zwischen 1945 und 1983. Geschichte erlebt und erzählt von Horst Klaus und Paul Ruppert, hrsg. von der Verwaltungsstelle der IG Metall Nürnberg, Hamburg 2010.

Fritz, Helmut, Wir jungen Proletarier. Lehrlinge und Jungarbeiter organisieren sich in ›Stadtteilbasisgruppen‹ – Ein Bericht in Selbstzeugnissen, in: *Deutsche Jugend* Nr. 6 (1969), S. 255-262.

Frohwieser, Dana u. a., Die etwas andere Bildungselite. Eine empirische Untersuchung zur gewerkschaftlichen Studienförderung, Bad Heilbrunn 2009.

Fuhlert, Lonny/Weblus, Margot, Lehrlingsbewegung in der BRD, Berlin 1974.

Fülberth, Georg, KPD und DKP 1945-1990. Zwei kommunistische Parteien in der vierten Periode kapitalistischer Entwicklung, 2. Aufl. Heilbronn 1992.

Funke, Axel u. a., Karrieren außer der Reihe. Bildungswege und Berufserfolg von Stipendiaten der gewerkschaftlichen Studienförderung, Köln 1986.

Gallus, Alexander, Heimat Weltbühne. Eine Intellektuellengeschichte im 20. Jahrhundert, Göttingen 2012.

Gass, Gabi und Nabo, Wir machen Druck. Ein Handbuch für alle, die Informationen verbreiten wollen, Göttingen 1986.

Geer, Rudolf/Bartel, Gerhard, Zur Neuordnung der industriellen Metallberufe, Köln 1984.

Geiling, Heiko, Das andere Hannover. Jugendkultur zwischen Rebellion und Integration in der Großstadt, Hannover 1996.

Geiling, Werner, Notstand der Berufsausbildung? In: Zur Situation der Berufsausbildung. Zwei Beiträge zur Diskussion von Werner Geiling und Reinhard Crusius, hrsg. vom DGB-Bundesvorstand Abt. Berufliche Bildung, Düsseldorf 1970, S. 5-106.

Geiß, Immanuel/Ulrich, Volker, 15 Millionen beleidigte Deutsche oder Woher kommt die CDU? Reinbek bei Hamburg 1970.

Geißler, Rainer, Das mehrfache Ende der Klassengesellschaft, in: Jürgen Friedrichs/M. Rainer Lepsius/Karl Ulrich Mayer (Hrsg.), Die Diagnosefähigkeit der Soziologie, Wiesbaden 1998, S. 207-233.

Geschichte der deutschen Literatur von 1945 bis zur Gegenwart, hrsg. von Wilfried Barner, München 2006.

Gester, Jochen/Hajek, Willi (Hrsg.), 1968 – und dann? Erfahrungen, Lernprozesse und Utopien von Bewegten der 68er Revolte, Berlin 2002.

Gewerkschaftsjugend und Alternativbewegung. Protokoll eines Forums im Haus der Gewerkschaftsjugend November 1980, hrsg. vom DGB-Bundesvorstand, Abteilung Jugend, Düsseldorf o. J. (1981).

Gewerkschaftsjugend und Alternativbewegung. Protokoll eines Forums im Haus der Gewerkschaftsjugend November 1980, hrsg. vom DGB-Bundesvorstand, Abteilung Jugend, Düsseldorf o. J. (1981).

Gillis, John. R., Geschichte der Jugend, Tradition und Wandel im Verhältnis der Altersgruppen und Generationen in Europa von der zweiten Hälfte des 18. Jahrhunderts bis zur Gegenwart, Weinheim/Basel 1980.

Glaser, Hermann (Hrsg.), Die Nürnberger Massenverhaftung. Dokumente und Analysen, Reinbek bei Hamburg August 1981.

Göbel, Uwe, Trotzkisten und Gewerkschaften, in: Gewerkschaftsreport Mai 1979, hrsg. Institut der Deutschen Wirtschaft, S. 5-12.

Goldthorpe, John H. u.a., The affluent worker: industrial attitudes and behaviour, Cambridge ^{2}1970.

Görtemaker, Manfred, Geschichte der Bundesrepublik Deutschland. Von der Gründung bis zur Gegenwart, München 1999.

Gorz, André, Strategie der Arbeiterbewegung im Neokapitalismus, Frankfurt a. M. 1967.

Gorz, André, Abschied vom Proletariat – Jenseits vom Sozialismus, Frankfurt a. M. 1980.

Götz, Christian, Gewerkschaften und Bundeswehr, in: *Gewerkschaftliche Monatshefte* Nr. 10 (1965), S. 592-599.

Götz, Christian, Opposition der Jugend als Herausforderung unserer Gesellschaft, in: *Gewerkschaftliche Monatshefte* Nr. 9 (1968), S. 536-543.

Graf, Georg Engelbert: Jung und Alt in der proletarischen Jugendbewegung, Heft 4, Proletarische Jugend. Sammlung Sozialistischer Jugendschriften, 3. Aufl., Berlin 1922.

Graf, Rüdiger/Priemel, Kim Christian, Zeitgeschichte in der Welt der Sozialwissenschaften. Legitimität und Originalität einer Disziplin, in: *Vierteljahreshefte für Zeitgeschichte* 59 (2011), Nr. 4, S. 479-508.

Grebing, Helga, Geschichte der deutschen Arbeiterbewegung. Von der Revolution 1848 bis ins 21. Jahrhundert, Berlin 2007.

Greese, Dieter, Die gewerkschaftlichen Lehrlingszentren, in: *Gewerkschaftliche Monatshefte* Nr. 11 (1971), S. 665-669.

Greinert, Wolf Dietrich, Berufsqualifizierung und dritte Industrielle Revolution. Eine historisch-vergleichende Studie zur Entwicklung der klassischen Ausbildungssysteme, Baden-Baden 1999.

Greinert, Wolf-Dietrich, Geschichte der Berufsausbildung in Deutschland, in: Rolf Arnold/Antonius Lipsmeier (Hrsg.), Handbuch der Berufsbildung, Opladen 1995, S. 409-417.

Griesheimer, Helga Elisabeth, Das Streikrecht der Lehrlinge: zugleich eine Untersuchung über die Rechtsnatur des Lehrlingsverhältnisses, Würzburg 1971.

Gröschel, Roland, ›… wir kämpfen, weil wir gläubig sind …‹. Notizen zur Geschichte der Berliner Arbeiterjugendbewegung, in: Gert-Joachim Glaessner/Detlef Lehnert/Klaus Sühl (Hrsg.), Studien zur Arbeiterbewegung und Arbeiterkultur in Berlin, Berlin 1989, S. 147-170.

Groser, Manfred/Sack, Detlef/Schroeder, Wolfgang, Die Industrie- und Handelskammern im politischen System Deutschlands, in: Wolfgang Schroeder/Bernhard Weßels (Hrsg.), Handbuch Arbeitgeber- und Wirtschaftsverbände in Deutschland, Wiesbaden 2010, S. 66-84.

Großbölting, Thomas, Der verlorene Himmel. Glaube in Deutschland seit 1945, Göttingen 2013.

Großewinkelmann, Johannes, Zwischen Werk- und Schulbank. Duales System und regionale Berufsausbildung in der Solinger Metallindustrie 1869-1945, Essen 2004.

Grünewald, Paul, Solidarität im weißen Kragen. Die ZdA-Jugend Frankfurt, in: Franz Neuland/Albrecht Werner-Cordt (Hrsg.), Die junge Garde. Arbeiterjugendbewegung in Frankfurt a. M. 1904-1945, Gießen 1980, S. 175-184.

Günter, Janne, Arbeitersprache als Ausdruck spezifischer Qualitäten. 2. Aufl. Oberhausen 1975.

Haacke, Wilmont, Deutsche Wochenblätter der Gegenwart, in: *Aus Politik und Zeitgeschichte*, B 40/79, 6. Oktober 1979, S. 3-27.

Haase, Horst/Richard, Heinz/Wagner, Horst, Berufsbildungsgesetz (BBiG), mit schriftlichem Bericht des Bundestagsausschusses und mit Erläuterungen, Köln [2]1974.

Habermas, Jürgen, Die Krise des Wohlfahrtsstaates und die Erschöpfung utopischer Energien, in: Ders.: Die neue Unübersichtlichkeit. Kleine Politische Schriften V, Frankfurt a. M. 1985, S. 141-163.

Habermas, Jürgen, Zur Kritik der funktionalistischen Vernunft. Theorie des kommunikativen Handelns, Band 2, Frankfurt a. M. 1981.

Hachtmann, Rüdiger, Gewerkschaften und Rationalisierung: Die 1970er Jahre – ein Wendepunkt?, in: Andresen/Bitzegeio/Mittag, Strukturbruch, S. 181-209.

Hagen, Eckehart, Wahlverhalten und politische Einstellungen von Jugendlichen, in: Wilhelm von Ilsemann (Hrsg.), Jugend zwischen Anpassung und Ausstieg. Ein Symposium mit Jugendlichen und Vertretern aus Wissenschaft, Wirtschaft, Politik und Verwaltung, Hamburg 1980, S. 35-46.

Haller, Michael (Hrsg.), Aussteigen oder rebellieren. Jugendliche gegen Staat und Gesellschaft, Hamburg 1981.

Hamburger Werftarbeiter schreiben ein Buch. Was der Mensch wert ist, Autoren: Birgit u. a., herausgegeben vom HDW- und Metaller-Arbeitslosenzentrum, Hamburg 1990.

Hamm-Brücher, Hildegard, Vorwort, in: Bildungswesen: mangelhaft. BRD-Bildungspolitik im OECD-Länderexamen. Eine Veröffentlichung der OECD, dt. herausgegeben und eingeleitet von Klaus Hüfner, Frankfurt a. M. u. a. 1973, S. 5-7.

Hansen, Jan, Staat und Straße. Der Nachrüstungsstreit in der deutschen Sozialdemokratie (1979-1983), in: *Archiv für Sozialgeschichte* 52 (2012), S. 517-553.

Harro, Jens, Jugendarbeitsschutz. Von den Anfängen der Industrialisierung bis zur Gegenwart, Frankfurt a. M./New York 1980.

Harrten, Hans-Christian, Jugendarbeitslosigkeit in der EG, Frankfurt a. M./New York 1983.

Haug, Hans-Jürgen/Maessen, Hubert, Was wollen die Lehrlinge? Frankfurt a. M./Hamburg 1971.

Haunss, Sebastian, Identität in Bewegung. Prozesse kollektiver Identität bei den Autonomen und in der Schwulenbewegung, Wiesbaden 2004.

Haunss, Sebastian, Antiimperialismus und Autonomie – Linksradikalismus seit der Studentenbewegung, in: Roland Roth/Dieter Rucht (Hrsg.), Die sozialen Bewegungen in Deutschland seit 1945. Ein Handbuch, Frankfurt a. M./New York 2008, S. 447-473.

Haus der Gewerkschaftsjugend, Die Wüste blüht. Neue Formen gewerkschaftlicher Jugendarbeit, Frankfurt a. M. 1982.

Haus der Gewerkschaftsjugend (Hrsg.), Mit Hordentopf und Rucksack. Zur Geschichte der Gewerkschaftsjugend in Nürnberg und Coburg nach 1945, Oberursel 1986.

Haus der Gewerkschaftsjugend Oberursel (Hrsg.), Zwischen Kooperation und Konfrontation. Beiträge zur Geschichte von außerparlamentarischer Bewegung und Gewerkschaften, Redaktion Hans-Hermann Hertle/Wolfgang Günther, Marburg 1988.

Hautsch, Gert/Semmler, Bernd, Betriebsbesetzung. Adler, VDM. Demag-Pokorny, Rockwell-Golde. Vier Beispiele aus Frankfurt, Frankfurt a. M. 1983.

Heimann, Thomas, Bilder von Buchenwald. Die Visualisierung des Antifaschismus in der DDR (1945-1990), Köln 2005.

Hein, Dörte, Berichterstattung über die Arbeiterjugendtage, in: *Mitteilung des Archivs der Arbeiterjugend*, 2013, S. 4-9.

Heinen, Jürgen/Welbers, Gerhard/Windzus, Beate, Lehrlingsausbildung – Erwartung und Wirklichkeit. Eine empirische Studie zur Situation der beruflichen Bildung in Schule und Betrieb, Mainz 1972.

Heith, Holger, Arbeiterjugend und 68er im Ruhrgebiet, in: *Mitteilung des Archivs der Arbeiterjugend*, 2008, Nr. 1, S. 12-17.

Hellner, Uwe, Das DGB-Jugendmagazin 'ran im Spannungsfeld von Jugend und Gewerkschaft: eine empirische Untersuchung, Marburg 1994.

Hemmer, Hans Otto/Schmitz, Kurt Thomas Schmitz (Hrsg.), Geschichte der Gewerkschaften in der Bundesrepublik Deutschland. Von den Anfängen bis heute, Köln 1990.

Hendrich, Klaus, Lehrlinge und Politik, in: *Aus Politik und Zeitgeschichte* 41 (1970), 10.10.1970, S. 3-48, S. 22-24.

Hensche, Detlef, Die Legende von der ›kommunistischen Unterwanderung‹. Was sie enthält und wem sie dient, in: *Gewerkschaftliche Monatshefte* Nr. 8/1979, S. 471-483.

Herms, Michael/Popp, Karla, Westarbeit der FDJ 1946 bis 1989. Eine Dokumentation, Berlin 1997.

Herrenknecht, Albert, »Kleinstadt 1968« – Die Politischen Jugendbewegungen in der Provinz von den 1950er bis 1970er Jahren, in: *Pro-Regio-Online. ZeitSchrift für den Ländlichen Raum*, Heft Nr. 5, 2008, S. 16-146. www.pro-regio-online.de/downloads/klein1968.pdf (Abruf 5.12.2008)

Herrmann-Stojanov, Irmgard, Die Entstehung einer neuen Zeitinstitution, in: Friedrich Fürstenberg/Irmgard Herrmann-Stojanov/Jürgen P. Rinderspacher (Hrsg.), Der Samstag. Über Entstehung und Wandel einer modernen Zeitinstitution, Berlin 1999, S. 69-100.

Herzberg, Guntolf/Seifert, Kurt, Rudolf Bahro. Glaube an das Veränderbare. Eine Biographie, Berlin 2002.

Hess, Henner, Rauchen. Geschichte, Geschäfte, Gefahren, Frankfurt a.M. 1987.

Hindrichs, Wolfgang u.a., Der lange Abschied vom Malocher. Sozialer Umbruch in der Stahlindustrie und die Rolle der Betriebsräte von 1960 bis in die neunziger Jahre, Essen 2000.

Hindrichs, Wolfgang, Betriebsnahe gewerkschaftliche Bildungsarbeit, in: Dieter Görs (Hrsg.), Gewerkschaftliche Bildungsarbeit. Kontroversen und Konzepte, München/Wien/Baltimore 1982, S. 147-165.

Hirsch, Joachim/Roth, Roland, Das neue Gesicht des Kapitalismus. Vom Fordismus zum Post-Fordismus, Hamburg 1986.

Hirsch, Joachim, Jugendprotest und die Theorie ›neuer sozialer Bewegungen‹, in: Breyvogel/Hirsch, Autonomie S. 84-97.

Hitzelberger, Otmar, Schritt für Schritt ins Paradies, Frankfurt a.M. 2003.

Hobsbawm, Eric/Renger, Terence (Eds.), The Invention of Tradition, New York 1983.

Hodenberg, Christina von/Siegfried, Detlef (Hrsg.), Wo »1968« liegt. Reform und Revolte in der Geschichte der Bundesrepublik, Göttingen 2006.

Hoeres, Peter, Von der »Tendenzwende« zur »geistig-moralischen Wende«. Konstruktion und Kritik konservativer Signaturen in den 1970er und 1980er Jahren, in: *Vierteljahrshefte für Zeitgeschichte* 61 (2013). 2013, S. 93-119.

Hoffmann, Reinhard, Rechtsfortschritt durch gewerkschaftliche Gegenmacht, Frankfurt a.M. [4]1969.

Hoffmann, Viola, Their own teenage look? Der Minirock als Gegenstand von Jugendmode, Modeindustrie und historischer Rekonstruktion, in: Jürgen Kramer/Anette Pankratz/Claus-Ulrich Viol (Hrsg.), Mini & Mini. Ikonen der Popkultur zwischen Dekonstruktion und Rekonstruktion, Bielefeld 2009, S. 35-50.

Hohensee, Jens, Der erste Ölpreisschock 1973/74. Die politischen und gesellschaftlichen Auswirkungen der arabischen Erdölpolitik auf die Bundesrepublik Deutschland und Westeuropa, Stuttgart 1996.

Holtwick, Bernd, Der zerstrittene Berufsstand. Handwerker und ihre Organisationen in Ostwestfalen-Lippe (1929-1953), Paderborn 2000.

Homann, Ulf, Die Diskussion um die Schulpflichtverlängerung in der Bundesrepublik Deutschland 1949 bis 1979. Eine annotierte Bibliographie, Berlin 1981.

Horn, Gerd-Rainer, Arbeiter und ›1968‹ in Europa. Ein Überblick, in: Bernd Gehrke/Gerd-Rainer Horn (Hrsg.), 1968 und die Arbeiter. Studien zum ›proletarischen Mai‹ in Europa, Hamburg 2007, S. 27-50.

Horn, Gerd-Rainer, The Spirit of 68. Rebellion in Western Europe and North America. 1956 – 1976, Oxford 2007.

Hornstein, Walter u.a., Situation und Perspektiven der Jugend. Problemlagen und gesellschaftliche Maßnahmen, Fünfter Jugendbericht der Bundesregierung (korrigierter Nachdruck der Bundestagsdrucksache Nr. 8/3685 und 8/3684), Weinheim/Basel 1982.

Horx, Mathias/Sellner, Albert/Stephan, Cora, Einleitung, in: Dies. (Hrsg.), Infrarot. Wider die Utopie des totalen Lebens. Zur Auseinandersetzung mit ›Fundamentalopposition‹ und ›neuem Realismus‹, Berlin 1983, S. 7-17.

Hoss, Willi, Komm ins Offene, Freund. Autobiographie, hrsg. von Peter Kammerer, Münster [2]2006.

Hradil, Stefan, Arbeit, Freizeit, Konsum: Von der Klassengesellschaft zu neuen Milieus? in: Raithel/Rödder/Wirsching, Weg, S. 69-82.

Hradil, Stefan, Sozialstrukturanalyse in einer fortgeschrittenen Gesellschaft. Von Klassen und Schichten zu Lagen und Milieus, Opladen 1987.

Hradil, Stefan, Vom Wandel des Wertewandels. Die Individualisierung und eine ihrer Gegenbewegungen, in: Wolfgang Glatzer/Roland Habich/Karl Ulrich Mayer (Hrsg.), Sozialer Wandel und gesellschaftliche Dauerbeobachtung, Opladen 2002, S. 31-47.

Hunn, Karin, ›Nächstes Jahr kehren wir zurück …‹ Die Geschichte der türkischen ›Gastarbeiter‹ in der Bundesrepublik, Göttingen 2005.

IG Metall – Vorstand (Hrsg.), Kampf um soziale Gerechtigkeit, Mitbestimmung, Demokratie und Frieden. Die Geschichte der Industriegewerkschaft Metall seit 1945, Köln 1989.

IG Metall – Vorstand, Fünfundziebzig Jahre Industriegewerkschaft 1891 bis 1966. Vom Deutschen Metallarbeiter-Verband zur Industriegewerkschaft Metall, Frankfurt a.M.1966 (Text Fritz Opel und Dieter Schneider); 90 Jahre Industriegewerkschaft 1891 bis 1981. Vom Deutschen Metallarbeiter-Verband zur Industriegewerkschaft Metall, Köln 1981 (Text Fritz Opel und Dieter Schneider, der Fortschreibung: Kurt Thomas Schmitz).

IG Metall Leer/Papenburg (Hrsg.), Olympia Leer – Eine Belegschaft wehrt sich gegen die Vernichtung von Arbeitsplätzen, Leer 1983.

IG Metall Verwaltungsstelle Hamburg (Hrsg.), »Wartet nicht auf andere, packt jetzt selbst mit an«: Texte, Dokumente und Fotos der IG Metall in Hamburg 1945 bis 1995, Hamburg 1995.

IG Metall Verwaltungsstelle Ludwigsburg (Hrsg.), IG Metall Verwaltungsstelle Ludwigsburg 1981-1983, Ludwigsburg o. J. (1984).

IG Metall Verwaltungsstelle Peine (Hrsg.), 100 Jahre IG Metall Peine, Peine 1991.

IG Metall-Vorstand (Hrsg.), Qualifizierte Ausbildung für alle. Neuordnung der industriellen Metall- und Elektroberufe (Schriftenreihe der IG Metall 106), Frankfurt a. M. 1985.

IG Metall-Vorstand (Hrsg.), Neue Berufe, anderes Lernen. Handbuch für die industriellen Metall- und Elektroberufe, hrsg. von der IG Metall für die Bundesrepublik Deutschland, Frankfurt a. M. 1987.

IG Metall-Vorstand (Hrsg.), Werktage werden besser. Der Kampf um den Lohnrahmentarifvertrag II, Köln/Frankfurt a. M. 1977.

IGM Verwaltungsstelle Salzgitter (Hrsg.), Ein halbes Jahrhundert: Beiträge zur Geschichte der IG Metall in Salzgitter, ein Lese-Bilder-Buch, Hamburg 2003.

IGM-Bezirk Stuttgart, Forderungen zum neuen Manteltarifvertrag für Auszubildende, Argumente, Hinweise, o. O. o. J. (Stuttgart 1974).

Inglehart, Ronald, The Silent Revolution. Changing Values and Political Styles, Princeton 1977.

Ilsemann, Wilhelm von (Hrsg.), Jugend zwischen Anpassung und Ausstieg. Ein Symposium mit Jugendlichen und Vertretern aus Wissenschaft, Wirtschaft, Politik und Verwaltung, Hamburg 1980.

Jaide, Walter, Jugend und Demokratie. Politische Einstellungen der westdeutschen Jugend, München 1970.

Jaide, Walter, Junge Arbeiterinnen. Eine Analyse der Einstellungen und Verhaltensweisen einer unterprivilegierten Schicht unserer Gesellschaft, München 1969.

Jansen, Peter, Die gescheiterte Sozialpartnerschaft. Die französische Gewerkschaftsbewegung zwischen Tarifautonomie und Staatsinterventionismus, Frankfurt a. M./New York 1987.

Jarausch, Konrad H. (Hrsg.), Das Ende der Zuversicht? Die siebziger Jahre als Geschichte, Göttingen 2008.

Jelkmann, Reimar, Rafa oder Rada? Gewerkschaftliche Kontakte, in: Erika Harzer u. Willi Volks (Hrsg.), Aufbruch nach Nicaragua. Deutsch-deutsche Solidarität im Systemwettstreit, Berlin 2008[1], S. 152-155.

Joho, Michael, Die Geschichte der Metallarbeiterbewegung und ihrer Gewerkschaften in Flensburg, hrsg. von der IG Metall Verwaltungsstelle Flensburg, Flensburg/Hamburg 1992.

Jugendwerk der Deutschen Shell (Hrsg.), Jugend '81. Lebensentwürfe, Alltagskulturen, Zukunftsbilder, 3 Bände, Hamburg 1981.

Jühe, Reinhard, Soziale Herkunft und Aufstieg von Gewerkschaftsfunktionären. Eine empirische Untersuchung, Köln 1977.

Jühe, Reinhard u. a., Gewerkschaften in der Bundesrepublik Deutschland. Daten, Fakten, Strukturen, Köln 1982.

Ka, Bernhard, … denn die Freiheit ist unser Ziel. Eine autobiographische Dokumentation eines Gründungsmitglied des proletarischen Lehrlingstheaters Rote Steine Berlin über die Ereignisse zwischen 1969-74, Norderstedt 2008.

Kaase, Max, Die politische Mobilisierung von Studenten in der BRD, in: Klaus R. Allerbeck/Leopold Rosenmayr (Hrsg.), Aufstand der Jugend? Neue Aspekte der Jugendsoziologie, München 1971.

Kaelble, Hartmut, Soziale Mobilität und Chancengleichheit im 19. und 20. Jahrhundert, Göttingen 1983.

Kaelble, Hartmut, Sozialgeschichte Europas. 1945 bis zur Gegenwart, Bonn 2007.

Kaiser, Josef, Jetzt erst recht! Dokumente zur Geschichte der Arbeiterbewegung in Mannheim 1945-1990, Mannheim 1992.

Kaiser, Josef, »Der politische Gewinn steht in keinem Verhältnis zum Aufwand«. Zur Westarbeit des FDGB im Kalten Krieg, in: Jahrbuch für Kommunismusforschung 1996, S. 106-131.

Kalk, Wilfried, Arbeiterbewegung in Rendsburg seit 1848. Die Geschichte der IG Metall Verwaltungsstelle bis 1986, Kiel 1987.

Kamp, Lothar, Gewerkschaftsjugend in der Nachkriegszeit. Zwischen Tradition und Neuorientierung, Frankfurt a. M. 1986. (Endbericht des Projektes Geschichte der Gewerkschaftsjugend 1945-1956, Projektleiter Dr. Iring Fetscher, gefördert von der Stiftung Volkswagenwerk, Band 1).

Kantowsky, Detlef, Zur Typologie jugendlicher Berufswechsler, in: Theodor Scharmann (Hrsg.), Schule und Beruf als Sozialisationsfaktoren, Stuttgart 1966, S. 222-235.

Katzer, Peter, Zur Gewerkschaftsjugendbewegung – Probleme und Entwicklungen seit Ende der sechziger Jahre, Frankfurt a. M. 1977.

KB-Unser Weg Nr. 26, Rechenschaftsbericht des Leitenden Gremiums und andere Dokumente für den 1. KB-Kongress, Berichte und Dokumente des Vorkongresses im Dezember 1978 (Teil 2), Hamburg, März 1979.

Kell, Adolf, Die Vorstellungen der Verbände zur Berufsausbildung, Band 1, Berlin 1970.

Keller, Andreas: Hochschulreform und Hochschulrevolte. Selbstverwaltung und Mitbestimmung in der Ordinarienuniversität, der Gruppenhochschule und der Hochschule des 21. Jahrhunderts, Marburg 2000.

Kemper, Claudia, Als die Entrüstung begann. Bürgerprotest, atomwaffenfreie Zonen und große Politik in Hamburg in den 1980er Jahren, in: Forschungsstelle für Zeitgeschichte in Hamburg (Hrsg.), 19 Tage Hamburg. Ereignisse und Entwicklungen der Stadtgeschichte seit den fünfziger Jahren, München/Hamburg 2012, S. 233-247.

Kemper, Claudia, Medizin gegen den Kalten Krieg. Ärzte in der anti-atomaren Friedensbewegung der 1980er Jahre, Göttingen 2016.

Kempter, Klaus, Eugen Loderer und die IG Metall. Biografie eines Gewerkschafters, Filderstadt 2003.

Kempter, Klaus, Gefolgschaft, Kooperation und Dissens. Die Gewerkschaften in der sozialliberalen Ära 1969-1982, in: Oliver von Mengersen u. a. (Hrsg.), Personen – Soziale Bewegungen – Parteien, Beiträge zur Neuesten Geschichte (Festschrift für Hartmut Soell), Heidelberg 2004, S. 281-298.

Kentler, Helmut, Jugendarbeit in der Industriewelt – Bericht von einem Experiment, München 1959.

Kern, Horst, Proletarisierung, Polarisierung oder Aufwertung der Erwerbsarbeit. Der Blick der deutschen Industriesoziologie seit 1970 auf den Wandel der Arbeitsstrukturen, in: Jürgen Friedrichs/M. Rainer Lepsius/Karl Ulrich Mayer (Hrsg.), Die Diagnosefähigkeit der Soziologie, Wiesbaden 1998, S. 113-129.

Kern, Horst/Schumann, Horst, Industriearbeit und Arbeiterbewusstsein, Frankfurt a. M. 1970 (zwei Teile).

Kersting, Franz-Werner, ›Unruhediskurs‹. Zeitgenössische Deutungen der 68er-Bewegung, in: Mathias Frese/Julia Paulus/Karl Teppe (Hrsg.), Demokratisierung und gesellschaftlicher Aufbruch. Die sechziger Jahre als Wendezeit der Bundesrepublik, Paderborn ²2005, S. 715- 740.

Kipke, Rüdiger, Die Untersuchungsausschüsse des Deutschen Bundestages. Praxis und Reform der parlamentarischen Enquete, Berlin 1985.

Klages, Helmut, Wertorientierungen im Wandel. Rückblick, Gegenwartsanalyse, Prognosen, Frankfurt a. M. 1984.

Kittner, Michael, Berufliche Qualifikation in der Rechtsordnung, Frankfurt a. M. 1982.

Klages, Helmut, Traditionsbruch als Herausforderung. Perspektiven der Wertewandelgesellschaft, Frankfurt a. M. 1993.

Klaus, Horst, Arbeit – Frieden – Menschenwürde. Ein politischer Lebenslauf, in: Frieden – Arbeit – Menschenwürde: Leben für die Zukunft. Spurensicherung: Die IG Metall Nürnberg zwischen 1945 und 1983. Geschichte erlebt und erzählt von Horst Klaus und Paul Ruppert, hg. von der Verwaltungsstelle der IG Metall Nürnberg, Hamburg 2010, S. 65-163.

Klecha, Stephan, Die IG Metall und ihre Jugendarbeit. Generationskonflikte, Netzwerke, Wirkungen, Berlin 2010.

Klee, Ernst, Das Personenlexikon zum Dritten Reich. Wer war was vor und nach 1945? Frankfurt a. M. 2003.

Klipstein, Michael von/Strümpel, Burkhard (Hrsg.), Der Überdruss am Überfluss. Die Deutschen nach dem Wirtschaftswunder, München 1984.

Kluth, Heinz: Arbeiterjugend. Begriff und Wirklichkeit, in: Schelsky, Arbeiterjugend, S. 16-174.

Kniesburges, Maria, Die Funktion der Gewerkschaftspresse im Rahmen innergewerkschaftlicher Diskussion und Willensbildung – Am Beispiel der IG Metall-Mitgliederzeitung Metall, Göttingen 1984.

Koch, Günther, Arbeitnehmer steuern mit. Belegschaftsvertretung bei VW ab 1945, Köln 1987.

Kocka, Jürgen, Thesen zur Geschichte und Zukunft der Arbeit, in: *Aus Politik und Zeitgeschichte B 21* (2001), S. 8-13.

Koenen, Gerd, Das rote Jahrzehnt. Unsere kleine deutsche Kulturrevolution 1967-1977, Köln 2001.

Kohli, Martin, Institutionalisierung und Individualisierung der Erwerbsbiographie, in: Ditmar Brock (Hrsg.), Subjektivität im gesellschaftlichen Wandel. Umbrüche im beruflichen Sozialisationsprozess, Weinheim/München 1991, S. 249-278.

Kohlmorgen, Lars, Regulation, Klasse, Geschlecht. Die Konstituierung der Sozialstruktur im Fordismus und Postfordismus, Münster 2004.

Konietzka, Dirk, Ausbildung und Beruf. Die Geburtsjahrgänge 1919-1961 auf dem Weg von der Schule in das Erwerbsleben, Opladen/Wiesbaden 1999.

König, Fritz/Grünewald, Paul, Arbeit um den Preis eines Brötchens. Gewerkschaftsjugend gegen Lehrlingsausbeutung, in: Franz Neuland/Albrecht Werner-Cordt (Hrsg.), Die junge Garde. Arbeiterjugendbewegung in Frankfurt a. M. 1904-1945, Gießen 1980, S. 163-174.

König, Otto/Ostertag, Adi/Schulz, Hartmut (Hrsg.), ›Unser Beispiel könnte ja Schule machen!‹. Das ›Hattinger Modell‹ – Existenzkampf an der Ruhr, Köln 1985.

König, Wolfgang, Die siebziger Jahre als konsumgeschichtliche Wende in der Bundesrepublik, in: Jarausch, Ende, S. 84-99.

Könke, Günter, Arbeitsbeziehungen in der hamburgischen Metallindustrie 1918-1974, Berlin 2004.

Köpper, Ernst-Dieter, Gewerkschaften und Außenpolitik. Die Stellung der westdeutschen Gewerkschaften zur wirtschaftlichen und militärischen Integration der Bundesrepublik in die Europäische Gemeinschaft und die NATO, Frankfurt a. M./New York 1982.

Korn, Karl, Die Arbeiterjugendbewegung. Eine Einführung in ihre Geschichte, Ausgabe in einem Band, Berlin 1924.

Kosok, Elisabeth unter Mitarbeit von Leonie Wannenmacher, Hundert Jahre Gewerkschaft Metall Essen 1891-1991. Im Auftrag der IG Metall Verwaltungsstelle Essen und in Zusammenarbeit mit dem Ruhrlandmuseum Essen, Essen 1991.

Kössler, Till, Abschied von der Revolution. Kommunisten und Gesellschaft in Westdeutschland, 1945-1968, Düsseldorf 2005.

Kössler, Till/Stadtland, Helke (Hrsg.), Vom Funktionieren der Funktionäre. Politische Interessenvertretung und gesellschaftliche Integration in Deutschland nach 1933, Essen 2004.

Köster, Michael, Holt die Kinder aus den Heimen! – Veränderungen im öffentlichen Umgang mit Jugendlichen in den 1960er Jahren am Beispiel der Heimerziehung, in: Frese/Paulus/Teppe (Hrsg.), Demokratisierung, S. 667-681.

Krabbe, Wolfgang R, Parteijugend in Deutschland, Wiesbaden 2002.

Krafczyk, Siegmar/Steis, Helmut, Rolle und Funktion der Stipendiatengruppe, in: Borsdorf/Hemmer, Gewerkschaften, S. 210-217.

Kramper, Peter, NEUE HEIMAT. Unternehmenspolitik und Unternehmensentwicklung im gewerkschaftlichen Wohnungs- und Städtebau 1950-1982, Stuttgart 2008.

Kramper, Peter, Das Ende der Gemeinwirtschaft. Krisen und Skandale gewerkschaftseigener Unternehmen in den 1980er Jahren, in: *Archiv für Sozialgeschichte* 52 (2012), S. 111-138.

Krapf, Manfred/Zizler, Karl-Heinz, ›Lieber keine Jugendarbeit als eine, die nicht unter unserer Kontrolle steht‹, in: Otto Jacobi/Eberhard Schmidt/Walther Müller-Jentsch (Hrsg.), Moderne Zeiten – alte Rezepte. Kritisches Gewerkschaftsjahrbuch 1980/81, S. 155-160.

Kraushaar, Wolfgang (Hrsg.), Autonomie oder Ghetto? Kontroversen über die Alternativbewegung, Frankfurt a. M. 1978.

Kraushaar, Wolfgang (Hrsg.), Frankfurter Schule und Studentenbewegung. Von der Flaschenpost zum Molotowcocktail, 1946 bis 1995, Hamburg 1998, Band 2: Dokumente.

Krebs, Mario, Ulrike Meinhof. Ein Leben im Widerspruch, Reinbek bei Hamburg 1989.

Kreier, Florian Tobias, Die Band Ton Steine Scherben. Subpolitiker einer Gegenkultur? Hamburg 2012.

Kreßin, Arp, Mit uns die Zukunft? Die Jugendarbeit, in: IG Metall Verwaltungsstelle Hamburg (Hrsg.), »Wartet nicht auf andere, packt jetzt selbst mit an«: Texte, Dokumente und Fotos der IG Metall in Hamburg 1945 bis 1995, Hamburg 1995, S. 160-169.

Kriesi, Hanspeter, Die Zürcher Bewegung: Bilder, Interaktion, Zusammenhänge, Frankfurt a. M. 1984.

Kruke, Anja, Sonderfall Europa – Skizze einer kleinen Geschichte der Arbeiterbewegung, in: *Aus Politik und Zeitgeschichte* 40-41 (2013), S. 3-11.

Kruse, Wilfried/Kühnlein, Gertrude/Müller, Ursula, Facharbeiter werden – Facharbeiter bleiben. Betriebserfahrungen und Berufsperspektiven von gewerblich-technischen Auszubildenden in Großbetrieben, Frankfurt a. M. 1981.

Kruse, Wilfried, Die Qualifikation der Arbeiterjugend. Eine Studie über die gesellschaftliche Bedeutung ihrer Veränderung, Frankfurt a. M. 1976.

Kudera, Werner u. a., Gesellschaftliches und politisches Bewußtsein von Arbeitern. Eine empirische Untersuchung, Frankfurt a. M. 1979.

Kühn, Andreas, Musik in den Lebenswelten der K-Gruppen, in: Arnold Jacobsen/Markus Leniger (Hrsg.), Rebellische Musik. Protest und kultureller Wandel, Köln 2007, S. 157-168.

Kühn, Andreas, Stalins Enkel, Maos Söhne. Die Lebenswelt der K-Gruppen in der Bundesrepublik der 70er Jahre, Frankfurt a. M. 2005.

Kurme, Sebastian, Halbstarke. Jugendprotest in den 1950er Jahren in Deutschland und den USA, Frankfurt a. M./New York 2006.

Küsel, Gudrun (Hrsg.), APO und Gewerkschaften. Von der Kooperation zum Bruch, Berlin-West 1978.

Kutscha, Günter, ›Entberuflichung‹ und ›Neue Beruflichkeit‹. Thesen und Aspekte zur Modernisierung und Berufsbildung und ihrer Theorie, in: *Zeitschrift für Berufs- und Wirtschaftspädagogik* 88 (1992), Nr. 7, S. 535-548.

Kwetkus, Reinhard, Jugendliche ohne Mitbestimmung. Zur Situation Auszubildender in der Bundesrepublik Deutschland, Frankfurt a. M. o. J. (1981), S. 33-36.

Laclau, Ernesto/Mouffe, Chantal (Hrsg.), Hegemonie und radikale Demokratie. Zur Dekonstruktion des Marxismus, Wien 1991.

Laermann, Klaus, Kneipengerede. Zu einigen Verkehrsformen der Berliner linken Subkultur, in: *Kursbuch* Nr. 137, 1974, S. 168-180.

Lang, Bianca/Schraml, Tina/Elster, Lena, Der Mini. Die Revolution, die Macher, die Ikonen, Hamburg 2009.

Langguth, Gerd, Protestbewegung: Entwicklung, Niedergang, Renaissance: Die neue Linke seit 1968, Köln 1983.

Lauschke, Karl, Ins Schwarze getroffen?, in: *express. Zeitung für sozialistische Betriebs- und Gewerkschaftsarbeit* 17, Nr. 10, 18.10.1979, S. 3-4.

Lauschke, Karl, Weder Kämpfer noch Bürokrat oder Dienstleister. Zum Wandel der Gewerkschaftsfunktionäre in der zweiten Hälfte des 20. Jahrhunderts, in: Kössler/Stadtland, Funktionäre, S. 221-238.

Lauschke, Karl, Der Wandel in der betrieblichen und gewerkschaftlichen Interessenvertretung nach den westdeutschen Septemberstreiks, in: Gehrke/Horn, 1968, S. 76-91.

Leach, Darcy K., The iron law of what again? Conceptualizing oligarchy arcoss organizational forms, in: *Sociological Theory* 23 (2005), S. 312-337.

Leach, Darcy K./Haunss, Sebastian, Scenes and Social Movements, in: Hank Johnston (Ed.), Culture, Social Movements, and Protest, Ashgate 2009, S. 255-276.

Leggewie, Claus, Kofferträger. Das Algerien-Projekt der Linken im Adenauer-Deutschland, Berlin 1984.

Lehmann, Andreas, Der Arbeitskampf im Berufsausbildungsverhältnis, Augsburg 1972.

Lempert, Wolfgang, Leistungsprinzip und Emanzipation. Studien zur Realität, Reform und Erforschung des beruflichen Bildungswesens, Frankfurt a. M. 1971.

Lempert, Wolfgang, Berufliche Bildung als Beitrag zur gesellschaftlichen Demokratisierung, Frankfurt a. M. 1974.

Lempert, Wolfgang, Feilen, bis einem die Arme abfallen – Erinnerungen junger Facharbeiter an ihre metallhandwerkliche Grundausbildung in der Lehrwerkstatt, In: Rolf Arnold/Antonius Lipsmeier (Hrsg.), Betriebspädagogik in nationaler und internationaler Perspektive (Festschrift Joachim Münch zum 70. Geburtstag), Baden-Baden 1989, S. 197-209.

Lenhardt, Gero, Jugendliche Arbeitslose zwischen Arbeitsmarkt und Bildungspolitik, in: Ders. (Hrsg.), Der hilflose Sozialstaat. Jugendarbeitslosigkeit und Politik, Frankfurt a. M. 1979, S. 203-283.

Lenk, Erhard, Stiftung Mitbestimmung – von der Stipendienkasse zum Studienförderungswerk, in: Borsdorf/Hemmer, Gewerkschaften, S. 31-56.

Lessing, Hellmut, Jugendpflege oder Selbsttätigkeit. Eine historische Untersuchung zum Verhältnis von Reformismus und Jugendarbeit, Frankfurt a. M. 1976.

Lessing, Hellmut/Liebel, Manfred, Die Herausbildung der proletarischen Jugendphase ist ein aktuelles und praktisches Problem, in: Ingeborg Schumann/Hans-Jürgen Korff/Michael Schumann: Entstehungsbedingungen proletarischer Kindheit und Jugend, mit einem Vorwort von H. Lessing und M. Liebel, Westberlin 1976, S. 7-15.

Levi, Giovanni/Schmitt, Jean-Claude (Hrsg.), Geschichte der Jugend. Von der Aufklärung bis zur Gegenwart, Frankfurt a. M. 1997.

Liebel, Manfred/Swoboda, Herbert/Bott, Heinz/Knöpp, Elisabeth (Hrsg.), Jugendwohnkollektive. Alternative zur Fürsorgeerziehung? München 1972.

Lindner, Rolf, Teenager – Ein amerikanischer Traum, in: Willi Bucher/Klaus Pohl (Hrsg.), Schock und Schöpfung. Jugendästhetik im 20. Jahrhundert, Darmstadt/Neuwied 1986, S. 278-283.

Lipsmeier, Antonius, Berufsbildung, in: Handbuch der deutschen Bildungsgeschichte, Band VI: 1945 bis zur Gegenwart, Erster Teilband: Bundesrepublik Deutschland, hrsg. von Christoph Führs/Carl-Ludwig Franck, München 1998, S. 447-489.

Lisop, Ingrid, Zur Rolle der Berufsbildung in den bildungspolitischen Reformgutachten der Bundesrepublik Deutschland, in: Rolf Arnold u. a. (Hrsg.), Weiterungen der Berufspädagogik. Von der Berufsbildungstheorie zur internationalen Berufsbildung, Stuttgart 1997, S. 97-113.

Lohmar, Ulrich, Die arbeitende Jugend im Spannungsfeld der Organisationen in Gesellschaft und Staat, in: Schelsky, Arbeiterjugend, S. 175- 262.

Lorenz, Robert, Gewerkschaftsdämmerung. Geschichte und Perspektiven deutscher Gewerkschaften, Bielefeld 2013.

Lucas, Barbara, ›Die Solidarität ist die Zärtlichkeit der Völker …‹. Überblick über die bundesdeutsche Solidaritätsbewegung, in: Erika Harzer/Willi Volks (Hrsg.), Aufbruch nach Nicaragua. Deutsch-deutsche Solidarität im Systemwettstreit, Berlin 2008, S. 56-62.

Lutz, Burkart/Bauer, Leo/Kornatzki, Jürgen von, Berufsaussichten und Berufsausbildung in der Bundesrepublik. Eine Dokumentation des Stern, 2 Bände, Hamburg 1964.

Lutz, Burkart/Bauer, Leo/Kornatzki, Jürgen von, Berufsaussichten und Berufsbildung in der Bundesrepublik, Band 3: Ergebnisse der neuen Stern-Untersuchung 1966, Hamburg 1966.

Lutz, Burkart/Weltz, Friedrich, Der zwischenbetriebliche Arbeitsplatzwechsel. Zur Soziologie und Sozioökonomie der Berufsmobilität, Frankfurt a. M. 1966.

Lutz, Egon, Ist die APO am Ende? Ein paar bittere Bemerkungen über die Studentenrebellion der letzten Monate, in: *Gewerkschaftliche Monatshefte* Nr. 9 (1968), S. 546-551.

LZ-Redaktionskollektiv, Der Marsch ins Ghetto. Thesen zur DKP und zur Linkssektiererei in der BRD, Hamburg Juli 1971.

Maase, Kasper, BRAVO Amerika. Erkundungen zur Jugendkultur der Bundesrepublik in den fünfziger Jahren, Hamburg 1992.

Maase, Kasper, Grenzenloses Vergnügen. Der Aufstieg der Massenkultur 1850-1970, Frankfurt a. M. 1997.

Malinowski, Stephan/Sedlmaier, Alexander, ›1968‹ als Katalysator der Konsumgesellschaft. Performative Regelverstöße, kommerzielle Adaptionen und ihre gegenseitige Durchdringung, in: *Geschichte und Gesellschaft* 32 (2006), S. 238-267.

Markovits, Andrei S./Gorski, Philipp, Grün schlägt Rot. Die deutsche Linke nach 1945, Hamburg 1997.

März, Michael, Linker Protest nach dem Deutschen Herbst. Eine Geschichte des linken Spektrums im Schatten des ›starken Staates‹ 1977-1979, Bielefeld 2012.

Maschke, Walter, Jugendbewegung und Jugendfürsorge (Freie Gewerkschaften in Deutschland), in: Ludwig Heyde (Hrsg.), Internationales Handwörterbuch des Gewerkschaftswesens, Berlin 1932, 2. Band, Teil 1, S. 881-886.

Mason, Siegfried, Betriebliche Aktionen – Studentischer Protest. Ereignisse in einem Berliner Großbetrieb während der APO-Zeit, in: Küsel, APO, S. 96-105.

Matthes, Joachim (Hrsg.), Krise der Arbeitsgesellschaft. Verhandlungen des 21. Deutschen Soziologentages in Bamberg 1982, Frankfurt a. M. 1983.

Matthes, Monika, Krisenverliererinnen? Frauen, Arbeit und das Ende des Booms, in: Andresen/Bitzegeio/Mittag, Strukturbruch, S. 127-140.

Matthias, Erich/Schönhoven, Klaus (Hrsg.), Solidarität und Menschenwürde. Etappen der deutschen Gewerkschaftsgeschichte von den Anfängen bis zur Gegenwart, Bonn 1984.

Maupeou-Leplâtre, Nicole de, Der jugendliche Arbeiter im Betrieb, in: Ludwig von Friedeburg (Hrsg.), Jugend in der modernen Gesellschaft, Köln/Berlin [6]1969 (Erstausgabe 1965), S. 486-498.

Mausbach, Wilfried, Von der ›zweiten Front‹ in die friedliche Etappe? Internationale Solidaritätsbewegungen in der Bundesrepublik 1968-1983, in: Reichardt/Siegfried, Milieu, S. 423-444.

Mayer, Werner, Bildungspotential für den wirtschaftlichen und sozialen Wandel. Die Entstehung des Hochschultyps ›Fachhochschule‹ in Nordrhein-Westfalen, Essen 1997.

Mechelhoff, Jürgen, Kämpfe und Kampagnen. Die Legende von der ›kommunistischen Unterwanderung‹ – ein Mittel zur Schwächung gewerkschaftlicher Solidarität, Frankfurt a. M. o. J. (1980).

Mehrens, Klaus (Hrsg.), Alternative Produktion. Arbeitnehmerinitiativen für sinnvolle Arbeit, Köln 1985.

Melucci, Alberto, Challenging Codes. Collective Action in the Information Age, Cambridge 1996.

Melzer, Patricia, »Frauen gegen Imperialismus und Patriarchat zerschlagen den Herrschaftsapparat«: autonome Frauen, linksradikaler feministischer Protest und Gewalt in Westdeutschland, in: Balz/Friedrichs, Kulturgeschichte, S. 157-177.

Mende, Silke, ›Nicht rechts, nicht links, sondern vorn‹. Eine Geschichte der Gründungsgrünen, München 2011.

Mergel, Thomas, Überlegungen zu einer Kulturgeschichte der Politik, in: *Geschichte und Gesellschaft* 28 (2002), S. 574-606.

Mernizka, Loke/Dreher, Siegfried, Stellung und Aufgaben gewerkschaftlicher Vertrauensleute, in: Otto Jacobi/Walther Müller-Jentsch/Eberhard Schmidt, Gewerkschaften und Klassenkampf. Jahrbuch '72, Frankfurt a. M. 1972, S. 162-170.

Mertsching, Klaus, Die Politik des DGB in den sozial-liberalen Reformjahren, in: Quellen zur Geschichte der deutschen Gewerkschaftsbewegung im 20. Jahrhundert, Band 16: Der Deutsche Gewerkschaftsbund 1969-1975, eingeleitet und bearbeitet von Klaus Mertsching, Bonn 2013, S. 9-72.

Meyer-Puschner, Maria/Hirsch, Rainer, Gespräch mit der DGB-Jugendgruppe in Wilster (SH), in: Werkkreis Literatur der Arbeitswelt: Mit 15 hat man noch Träume. Arbeiterjugend in der BRD, Frankfurt a. M. Februar 1975, S. 112-122.

Michelers, Detlef, Draufhauen, Draufhauen, Nachsetzen! Die Bremer Schülerbewegung, die Straßenbahndemonstrationen und ihre Folgen 1967/70, Bremen 2002.

Michels, Robert, Soziologie des Parteiwesens in der modernen Demokratie. Untersuchungen über oligarchische Tendenzen des Gruppenlebens, Leipzig 1911.

Michelsen, Uwe Andreas, Neue Technologien und ihre Folgen für die betriebliche Aus- und Weiterbildung, in: Rolf Arnold/Antonius Lipsmeier (Hrsg.), Betriebspädagogik in nationaler und internationaler Perspektive (Festschrift Joachim Münch zum 70. Geburtstag), Baden-Baden 1989, S. 57-69.

Mielke, Siegfried (Hrsg.), Gewerkschafter in den Konzentrationslagern Oranienburg und Sachsenhausen. Biographisches Handbuch, Band 1, Berlin 2002.

Mielke, Siegfried/Heinz, Stefan (Hrsg.), Funktionäre des Deutschen Metallarbeiterverbandes im NS-Staat. Widerstand und Verfolgung, Berlin 2012.

Mies, Herbert, Mit einem Ziel vor Augen. Erinnerungen, Berlin 2009.

Milert, Werner/Tschirbs, Rudolf, Die andere Demokratie. Betriebliche Interessenvertretung in Deutschland 1848-2008, Essen 2012.

Mittag, Jürgen/Unfried, Berthold, Arbeiterbewegungen als Akteure und als Objekte kollektiver Erinnerungsprozesse in globaler Perspektive, in: Dies. unter Mitarbeit von Eva Himmelstoss (Hrsg.), Arbeiter- und soziale Bewegungen in der öffentlichen Erinnerung. Eine globale Perspektive, ITH-Tagungsberichte 45, Wien 2011, S. 11-30.

Mitterauer, Michael, Sozialgeschichte der Jugend, Frankfurt a. M. 1986.

Mohr, Markus, Die Gewerkschaften und der Atomkonflikt, Münster 2001.

Mohr, Reinhard, Zaungäste. Die Generation, die nach der Revolte kam, Frankfurt a. M. 1992.

Moitra, Stefan, Oppositionelle Betriebsratsarbeit bei Bayer: Zwischen parteipolitischer, persönlicher und struktureller Konfrontation, in: Klaus Tenfelde u. a. (Hrsg.), Stimmt die Chemie? Mitbestimmung und Sozialpolitik in der Geschichte des Bayer-Konzerns, Essen 2007, S. 217-243.

Mommsen, Hans, Gegenwartshandeln und geschichtliche Erfahrung. Die Gewerkschaften und die Konsequenzen des Mai 1933, in: *Gewerkschaftliche Monatshefte* Nr. 7 (1975), S. 393-398.

Mooser, Josef, Abschied von der ›Proletarität‹. Sozialstruktur und Lage der Arbeiterschaft in historischer Perspektive, in: Werner Conze/Rainer M. Lepsius (Hrsg.), Sozialgeschichte der Bundesrepublik Deutschland. Beiträge zum Kontinuitätsproblem, Stuttgart 1983, S. 143-186

Mooser, Josef, Arbeiterleben in Deutschland 1900-1970. Klassenlagen, Kultur und Politik, Frankfurt a. M. 1984.

Moritz, Heinz Peter, Die Stellung der Jugendvertretung im Rahmen der Betriebsverfassung, Berlin 1973.

Moritz, Klaus, Begrenzung gewerkschaftlicher Politik durch Arbeitsrecht, in: Rüdiger Voigt (Hrsg.), Verrechtlichung. Analysen zur Funktion und Auswirkung von Parlamentarisierung, Bürokratisierung und Justizialisierung sozialer, politischer und ökonomischer Prozesse, Königsstein/Taunus 1980, S. 170-184.

Mrak, Gerd, Thesen zur Lage der Arbeiterjugend und Lehrlinge in Betrieb und Gewerkschaften, in: Harald Wieser (Hrsg.), Jahrbuch zum Klassenkampf 1973 – Sozialistische Initiativen im kapitalistischen Deutschland, Berlin 1973, S. 87-95.

Müller, Carl Wolfgang/Kentler, Helmut/Mollenhauer, Klaus/Giesecke, Helmut, Was ist Jugendarbeit? Vier Versuche zu einer Theorie, München 1964.

Müller, Hans-Peter/Wilke, Manfred, SED-Politik gegen die Realitäten. Verlauf und Funktion der Diskussion über die westdeutschen Gewerkschaften in SED, KPD und DK 1961 bis 1972, Köln 1991.

Müller, Jochen, 1967/68: Das Ende einer erfolgreichen Kooperation, in: Küsel, APO, S. 45-47.

Müller, Peter, Betriebliche Friedensinitiativen in der Bundesrepublik, in: Jahrbuch des Instituts für marxistische Studien und Forschungen 7 (1984), S. 84-94.

Müller, Stefan, Gewerkschafter, Sozialist und Bildungsarbeiter. Heinz Dürrbeck 1912-2001, Essen 2010.

Müller, Walter, Erwartete und unerwartete Folgen der Bildungsexpansion, in: Jürgen Friedrichs/M. Rainer Lepsius/Karl Ulrich Mayer (Hrsg.), Die Diagnosefähigkeit der Soziologie, Wiesbaden 1998, S. 81-112.

Müller-Jentsch, Walther, Gewerkschaften als intermediäre Organisation, in: Ders., Arbeit und Bürgerstatus. Studien zur sozialen und industriellen Demokratie, Wiesbaden 2008, S. 51-78; zuerst erschienen unter demselben Titel in: *Kölner Zeitschrift für Soziologie und Sozialpsychologie*, Sonderheft 24 (1982), S. 408-432.

Müller-Münch, Ingrid u. a., Besetzung – weil das Wünschen nicht geholfen hat. Köln, Freiburg, Gorleben, Zürich und Berlin, Reinbek 1981.

Müller-Rommel, Ferdinand, Innerparteiliche Gruppierungen in der SPD. Eine empirische Studie über informell-organisierte Gruppierungen von 1969-1980, Opladen 1982.

Müller-Thurau, Claus Peter, Lass uns mal 'ne Schnecke angraben. Sprache und Sprüche der Jugendszene, Düsseldorf und Wien 1983.

Müllner, Johannes, Du bist nicht Opfer, sondern Gegenmacht. Wirtschaftlicher Strukturwandel und gewerkschaftlicher Widerstand, in: IG Metall Verwaltungsstelle Hamburg, Texte, S. 123-145.

Münchmeier, Richard, Die Vergesellschaftung der Jugendverbände. Von den fünfziger Jahren bis zur Politisierung, in: Lothar Böhnisch/Hans Gängler/Thomas Rauschenbach (Hrsg.): Handbuch Jugendverbände. Eine Ortsbestimmung der Jugendverbandsarbeit in Analysen und Selbstdarstellungen, Weinheim und München 1991, S. 86-92.

Nachtwey, Oliver, Im Westen was Neues? Die Entstehung der Wahlalternative Arbeit & soziale Gerechtigkeit, in: Tim Spier u. a. (Hrsg.), Die Linkspartei – Zeitgemäße Idee oder Bündnis ohne Zukunft? Wiesbaden 2007, S. 155-184.

Naumann, Jens, Entwicklungstendenzen des Bildungswesens der Bundesrepublik Deutschland im Rahmen wirtschaftlicher und demographischer Veränderungen, in: Max-Planck-Institut für Bildungsforschung: Projektgruppe Bildungsbericht: Bildung in der Bundesrepublik Deutschland, Daten und Analysen, Band 1: Entwicklungen seit 1950, Stuttgart 1980, S. 21-102.

Nebel, Karlfriedrich, Gewerkschaften und Video, Hamburg 1985.

Negt, Oskar, Soziologische Phantasie und exemplarisches Lernen. Zur Theorie der Arbeiterbildung, Frankfurt a. M. 1968.

Neuheiser, Jörg/Rödder, Andreas, Eine Geschichte vom Werteverfall? Die Deutschen und ihre Einstellungen zur Arbeit, in: Stiftung Haus der Geschichte der Bundesrepublik (Hrsg.), Hauptsache Arbeit. Wandel der Arbeitswelt nach 1945. Begleitbuch zur Ausstellung, Bonn 2009, S. 30-37.

Neuheiser, Jörg, Der ›Wertewandel‹ zwischen Diskurs und Praxis. Die Untersuchung von Wertvorstellungen zur Arbeit mit Hilfe von betrieblichen Fallstudien, in: Bernhard Dietz/Christopher Neumaier/Andreas Rödder: (Hrsg.): Gab es den Wertewandel? Neue Forschungen zum gesellschaftlich-kulturellem Wandel seit den 1960er Jahren, München 2014, S. 141-167.

Neuland, Eva, Jugendsprache. Eine Einführung, Tübingen und Basel 2008.

Neumann, Arnt, Kleine geile Firmen. Die Entwicklung der Alternativprojekte im Widerspruch zwischen Revolte und Anpassung, Hamburg 2008.

Neuwirth, Roland, Meine haarige Zeit. Eine Abrechnung, in: Willi Resetarits/Hans Veigl (Hrsg.), Beatles, Bond und Blumenkinder. Unser Lebensgefühl in den sechziger Jahren, Wien u. a. 2003.

Niedenhoff, Horst-Udo, Auf dem Marsch durch die Institutionen – Die kommunistische Agitation im Betrieb und in den Gewerkschaften, Köln 1979.

Niedenhoff, Horst-Udo, Die Bundesvorstände des DGB und seiner 16 Einzelgewerkschaften. Eine empirische Studie über Zukunft, Bildung und Karriere der Spitzenrepräsentanten des DGB (Beiträge zur Gesellschafts- und Bildungspolitik 190), Köln 1993, S. 27.

Nieß, Ulrich/Caroli, Michael (Hrsg.), Geschichte der Stadt Mannheim, Band 3: 1914-2007, Heidelberg u. a. 2009.

Noelle-Neumann, Elisabeth/Strümpel, Burkhard, Macht Arbeit krank? Macht Arbeit glücklich? Eine aktuelle Kontroverse, München 1985².

Noelle-Neumann, Elisabeth, Werden wir alle Proletarier? Wertewandel in unserer Gesellschaft, Zürich ²1979.

Notz, Anton, Die SPD und der NATO-Doppelbeschluss. Abkehr von einer Sicherheitspolitik der Vernunft, Baden-Baden 1990.

Oetjen, Hinrich, Die Zusammenarbeit von Studenten und Gewerkschaftern in der Jugendbildung und der Notstandsbewegung, in: Küsel, APO, S. 29-44.

Oetjen, Hinrich, APO, Gewerkschaften und Intellektuelle, in: Hans-Erich Bremes/Maria Schumacher (Hrsg.), Mit der Vergangenheit in die Zukunft. Felder gewerkschaftlicher Politik seit 1945, Münster 1989, S. 51-67.

Oetjen, Hinrich, Gewerkschaftliche Strategien in der Krise. Eine Diskussion über die Bildungsarbeit in den siebziger Jahren, in: Jürgen Seifert u. a. (Hrsg.), Soziale oder sozialistische Demokratie? Beiträge zur Geschichte der Linken in der Bundesrepublik (Freundesgabe für Peter von Oertzen zum 65. Geburtstag), Marburg 1989, S. 127-134.

Oetjen, Hinrich, Auf der Suche nach Alternativen, in: DGB-Bundesjugendschule (Hrsg.), Kapitalismus ohne Alternativen?, Neu-Ulm 1999, S. 143-146.

Offe, Claus, ›Arbeitsgesellschaft‹: Strukturprobleme und Perspektiven, Frankfurt a. M. 1980.

Offe, Claus, Berufsbildungsreform. Eine Fallstudie über Reformpolitik, Frankfurt a. M. 1975.

Oltmanns, Reimar, Du hast keine Chance, aber nutze sie. Eine Jugend steigt aus, Reinbek bei Hamburg, April 1981.

Papcke, Sven Gustav (Hrsg.), Anpassung oder Widerstand? Gewerkschaften im autoritären Staat, Frankfurt a. M. 1969.

Parisius, Bernd, Arbeiter zwischen Resignation und Integration. Auf den Spuren der Soziologie der 50er Jahre, in: Lutz Niethammer (Hrsg.), ›Hinterher merkt man, daß es richtig war, daß es schiefgegangen ist‹. Nachkriegserfahrungen im Ruhrgebiet. Lebensgeschichte und Sozialkultur im Ruhrgebiet 1930-1960, Bonn 1983, S. 107-147.

Peinemann, Steve. B., Die Wut, die du im Bauch hast. Politische Rockmusik: Interviews, Erfahrungen, Reinbek bei Hamburg 1980.

Pekelder, Jacco, Towards another Concept of the State: Historiography of the 1970s in the USA and Western Europe, in: Baumann/Gehrig/Büchse, Milieus, S. 61-83.

Peukert, Detlef, Jugend zwischen Krieg und Krise, Lebenswelten von Arbeiterjungen in der Weimarer Republik, Köln 1987.

Pirker, Theo, Die blinde Macht, Band 1: 1945-1952: Von ›Ende des Kapitalismus‹ zur Zähmung der Gewerkschaften; Band 2: 1953-1960: Weg und Rolle der Gewerkschaften im neuen Kapitalismus, beide Bände München 1960.

Pirker, Theo, Die westdeutschen Gewerkschaften, in: Karl Dietrich Bracher (Hrsg.), Nach 25 Jahren. Eine Deutschlandbilanz, München 1970, 280 ff.

Platz, Hannes, ›Die White-Collars in den Griff bekommen.‹ Industrieangestellte im Spannungsfeld wissenschaftlicher Expertise und gewerkschaftlicher Politik, in: Archiv für Sozialgeschichte 50 (2010), S. 271-288.

Plogstedt, Sybille, ›Wir haben Geschichte geschrieben‹. Zur Arbeit der DGB-Frauen (1945-1990), Gießen 2013.

Plumpe, Werner, Kapital und Arbeit. Konzept und Praxis der industriellen Beziehungen im 20. Jahrhundert, in: Reinhard Spree (Hrsg.), Geschichte der deutschen Wirtschaft im 20. Jahrhundert, München 2001.

Popitz, Heinrich/Bahrdt, Hans Paul u. a., Das Gesellschaftsbild der Arbeiter. Soziologische Untersuchungen in der Hüttenindustrie, Tübingen 1957.

Prinz, Detlef/Rexin, Manfred (Hrsg.), Gewerkschaftsjugend im Weimarer Staat, Köln 1983.

Priemel, Kim Christian, Gewerkschaftsmacht? Britische und westdeutsche Gewerkschaften im Strukturwandel, in: Thomas Raithel/Thomas Schlemmer (Hrsg.), Die Rückkehr der Arbeitslosigkeit, München 2009, S. 107-120.

Prognos-Bericht, Jugendprotest. Einstellungen und Motive von Jugendlichen in 8 ausgewählten Gruppen, in: Matthias Wissmann/Rudolf Hauck (Hrsg.), Jugendprotest im demokratischen Staat. Enquete-Kommission des Deutschen Bundestages, Bonn 1982, S. 109-242.

Pross, Helge, Über die Bildungschancen von Mädchen in der Bundesrepublik, Frankfurt a. M. 1969.

Prott, Jürgen, Gewerkschaftspresse: Gegenöffentlichkeit durch Mitgliederzeitschriften, Marburg 1991.

Prott, Jürgen/Keller, Axel, Hauptamtliche – Zerreißproben örtlicher Gewerkschaften, Münster ²2002.

Prott, Jürgen, Funktionäre in den Gewerkschaften, in: Schroeder/Weßels, Gewerkschaften, S. 223-242.

Pütt, Heinz, Stufenausbildung. Anspruch und Wirklichkeit einer beruflichen Ausbildungsform, Essen 1976.

Pyhel, Jörn, Gewerkschaftliche Mitgliedschaftsloyalität. Eine empirische Analyse der IG Metall-Mitgliederbindung in der Fahrzeugindustrie und im Maschinenbau, Kassel 2008.

Raithel, Thomas, Jugendarbeitslosigkeit in der Bundesrepublik Deutschland und in Frankreich in den 1970er und 1980er Jahren, in: Ders./Thomas Schlemmer (Hrsg.), Die Rückkehr der Arbeitslosigkeit. Die Bundesrepublik Deutschland im europäischen Kontext 1973 bis 1989, München 2009, S. 67-80.

Raithel, Thomas, Jugendarbeitslosigkeit in der Bundesrepublik. Entwicklung und Auseinandersetzung während der 1970er und 1980er Jahre, München 2012.

Ralfs, Ulla, Grabenkämpfe und Fraktionsbildungen. Geschichten aus der Doppelwirklichkeit, in: Wulf D. Hund (Hrsg.), Von der Gemeinwirtschaft zur Sozialökonomie. 50 Jahre Hochschule für Wirklichkeit und Politik Hamburg, Hamburg 1998, S. 77-82.

Raphael, Lutz, Flexible Anpassungen und prekäre Sicherheiten. Industriearbeit(er) nach dem Boom, in: Reitmayer/Schlemmer, Anfänge, S. 51-64.

Raphael, Lutz, Transformations of Industrial Labour in Western Europe: Intergenerational Change of Life Cycles, Occupation and Mobility 1970-2000, in: *German History* 30 (March 2012), S. 100-119.

Raschke, Joachim, Soziale Bewegungen. Ein historisch-systematischer Grundriß. Frankfurt a. M. 1985.

Raschke, Joachim, Zum Begriff der sozialen Bewegung, in: Roland Roth/Dieter Rucht (Hrsg.), Neue soziale Bewegungen in der Bundesrepublik Deutschland, Bonn 1987, S. 19-29.

Reckert, Wilfried, Kommunismus-Erfahrung. Zwanzig Jahre als DKP-Funktionär. Analytische Reflexionen, Münster u. a. 2006.

Rehling, Andrea, Die konzertierte Aktion im Spannungsfeld der 1970er Jahre: Geburtsstunde des »Modell Deutschland« und Ende des modernen Korporatismus, in: Andresen/Bitzegeio/Mittag, Strukturbruch, S. 65-86.

Rehling, Andrea, Konfliktstrategie und Konsenssuche in der Krise. Von der Zentralarbeitsgemeinschaft zur Konzertierten Aktion, Baden-Baden 2011.

Reichardt, Sven, »Wärme« als Modus sozialen Verhaltens – Vorüberlegungen zu einer Kulturgeschichte des linksalternativen Milieus vom Ende der sechziger bis Anfang der achtziger Jahre, in: *vorgänge* 44 (2005), Nr. 171/172, S. 175-187.

Reichardt, Sven, Große und sozialliberale Koalition, in: Roland Roth/Dieter Rucht (Hrsg.), Die sozialen Bewegungen in Deutschland seit 1945. Ein Handbuch, Frankfurt a. M./New York 2008, S. 71-92.

Reichardt, Sven, Authentizität und Gemeinschaft. Linksalternatives Leben in den siebziger und frühen achtziger Jahren, Frankfurt a. M. 2014.

Reichardt, Sven/Siegfried, Detlef (Hrsg.), Das Alternative Milieu. Antibürgerlicher Lebensstil und linke Politik in der Bundesrepublik Deutschland und Europa 1968-1983, Göttingen 2010.

Reitmayer, Morten/Schlemmer, Thomas (Hrsg.), Die Anfänge der Gegenwart. Umbrüche in Westeuropa nach dem Boom, München 2014.

Remeke, Stefan, Anders links sein. Auf den Spuren von Maria Weber und Gerd Muhr, Essen 2011.

Remeke, Stefan, Gewerkschaften und Sozialgesetzgebung. DGB und Arbeitnehmerschutz in der Reformphase der sozialliberalen Koalition, Essen 2005.

Retzlaff, Birgit, Mitglieder der Sozialistischen Arbeiterjugend SAJ im Widerstand gegen den Nationalsozialismus, in: Eppe/Herrmann, Jugend, S. 225-244.

Reuling, Jochen, Zur Situation der Jugendlichen in der Ausbildung, in: Otto Jacobi/Walther Müller-Jentsch/Eberhard Schmidt (Hrsg.), Gewerkschaften und Klassenkampf. Kritisches Jahrbuch '74, Frankfurt a. M. 1974, S. 191-204.

Richter, Claus (Hrsg.), Die überflüssige Generation. Jugend zwischen Apathie und Anpassung, Königsstein/Ts. 1979.

Riester, Walter, Zielvorstellung, Methoden und praktische Erfahrungen in Lehrlingszentren, in: *Gewerkschaftliche Monatshefte* Nr. 11 (1971), S. 669-673.

Riga, Vadim (Pseudonym), … ich will nicht werden, was mein Alter ist! Die Lehrlingsbewegungen der 60er und 70er Jahre in der BRD und West-Berlin, in: http://www.trend.infopartisan.net/trd1007/t201007.html (Abruf 12.12.2013).

Rigoll, Dominik, Staatsschutz in Westdeutschland. Von der Entnazifizierung zur Extremistenabwehr, Göttingen 2013.

Rödder, Andreas/Elz, Wolfgang (Hrsg.), Alte Werte – Neue Werte. Schlaglichter des Wertewandels, Göttingen 2008.

Rödder, Andreas, Wertewandel in historischer Perspektive: Ein Forschungskonzept, in: Dietz/Neumaier/Rödder, Wertewandel, S. 17-39,

Rohstock, Anne, Von der ›Ordinarienuniversität‹ zur ›Revolutionszentrale‹? Hochschulreform und Hochschulrevolte in Bayern und Hessen 1957-1976, München 2010.

Rosenberger, Ruth, Von der ›Bayer-Familie‹ zum paritätisch getragenen Personalmanagement? Mitbestimmung und Personalpolitik nach 1945, in: Klaus Tenfelde u. a. (Hrsg.): Stimmt die Chemie? Mitbestimmung und Sozialpolitik in der Geschichte des Bayer-Konzerns, Essen 2007.

Rotbuch zu den Gewerkschaftsausschlüssen. Hrsg. vom J. Reents-Verlag, Hamburg 1978.

Roth, Roland/Rucht, Dieter (Hrsg.), Die sozialen Bewegungen in Deutschland seit 1945. Ein Handbuch, Frankfurt a. M. 2007.

Rucht, Dieter/Blattert, Barbara/Rink, Dieter, Soziale Bewegungen auf dem Weg zur Institutionalisierung. Zum Strukturwandel ›alternativer‹ Gruppen in beiden Teilen Deutschlands, Frankfurt a. M./New York 1997.

Rudloff, Wilfried, Bildungspolitik als Sozial- und Gesellschaftspolitik. Die Bundesrepublik in den 1960er- und 1970er-Jahren im internationalen Vergleich, in: Friedhelm Boll/Anja Kruke (Hrsg.), Der Sozialstaat in der Krise. Deutschland im internationalen Vergleich, Bonn 2008, S. 237-268.

Rudolph, Hedwig, Sozialisierung zum Lohnarbeiter. Die Berufsbildungspolitik der fünfziger Jahre, in: Gero Lenhardt (Hrsg.), Der hilflose Sozialstaat. Jugendarbeitslosigkeit und Politik, Frankfurt a.M. 1979, S. 95-129.

Ruff, Edward, Die Transformation der katholischen Jugendarbeit im Erzbistum Köln 1945-1965, in: Klaus Tenfelde (Hrsg.), Religiöse Sozialisationen im 20. Jahrhundert. Historische und vergleichende Perspektiven, Essen 2010, S. 59-73.

Ruhnau, Heinz, Jugend und Klasse, in: Werden. Jahrbuch für die Deutschen Gewerkschaften, Köln 1959, S. 124-129.

Rupflin, Barbara, Kirche in Bewegung: Die Chile-Solidarität der katholischen Studentengemeinde Münster, in: Baumann/Gehrig/Büchse, Milieus, S. 191-209.

Sachse, Wolfgang, Das Aufnahme- und Verbleiberecht in den Gewerkschaften der Bundesrepublik. Unter besonderer Berücksichtigung der Unvereinbarkeitsbeschlüsse des Deutschen Gewerkschaftsbundes, Köln 1985.

Saldern, Adelheid von, Häuserleben. Zur Geschichte städtischen Arbeiterwohnens vom Kaiserreich bis heute, Bonn [2]1997.

Sander, Tobias, Der Wertewandel der 1960er und 1970er Jahre und soziale Ungleichheit – Neue Befunde zu widersprüchlichen Interpretamenten, in: *Comparativ*. Zeitschrift für Globalgeschichte und vergleichende Gesellschaftsforschung 17 (2007), Nr. 1, S. 101-118.

Sandgruber, Roman, Bittersüße Genüsse. Kulturgeschichte der Genußmittel, Wien u.a. 1986.

Schäfer, Hans/Vogel, Monika, Die gewerkschaftliche Jugendbildung hat sich festgefahren, in: *Deutsche Jugend*, August 1975, S. 368-374.

Schanetzky, Tim, Die große Ernüchterung. Wirtschaftspolitik, Expertise und Gesellschaft in der Bundesrepublik 1966 bis 1982, Berlin 2007.

Scharmann, Theodor, Vom Proletarier zum Industriebürger – Ideologie und Empirie, in: Ders./Erwin Roth (Hrsg.), Vom Proletarier zum Industriebürger, Bern u.a. 1976, S. 175-215.

Scharrer, Manfred, Macht Geschichte von unten. Handbuch für gewerkschaftliche Geschichte vor Ort, Köln 1988.

Schelsky, Helmut (Hrsg.), Arbeiterjugend Gestern und Heute. Sozialwissenschaftliche Untersuchung von Heinz Kluth, Ulrich Lohmar und Rudolf Tartler, Heidelberg 1955.

Schelsky, Helmut, Einführung, in: Schelsky, Arbeiterjugend, S. 9-15.

Schelsky, Helmut, Die skeptische Generation. Eine Soziologie der deutschen Jugend, Düsseldorf/Köln 1957.

Schelsky, Helmut, Die Bedeutung des Schichtungsbegriffs für die Analyse der gegenwärtigen Gesellschaft, in: Ders., Auf der Suche nach der Wirklichkeit. Gesammelte Aufsätze, Düsseldorf/Köln 1965, S. 331-336.

Scherer, Klaus-Jürgen, Jugend und soziale Bewegung, Opladen, Berlin 1988.

Scherer, Klaus-Jürgen, Berlin (West): Hauptstadt der Szenen. Ein Portrait kultureller und anderer Revolten der achtziger Jahre, in: Manfred Gailus u.a. (Hrsg.), Pöbelexzesse und Volkstumulte in Berlin. Zur Sozialgeschichte der Straße (1830-1980), Berlin 1984, S. 197-221.

Schildt, Axel, Von der Not der Jugend zur Teenager-Kultur: Aufwachsen in den 50er Jahren, in; Ders./Arnold Sywottek (Hrsg.), Modernisierung im Wiederaufbau. Die westdeutsche Gesellschaft der 50er Jahre, Bonn 1993, S. 335-348.

Schildt, Axel, Moderne Zeiten. Freizeit, Massenmedien und ›Zeitgeist‹ in der Bundesrepublik der 50er Jahre, Hamburg 1995, S. 110.

Schildt, Axel, »Heute ist die Jugend skeptisch geworden«. Freizeit und Jugendförderung in Hamburg in den 1950er Jahren, in: *Zeitschrift des Vereins für Hamburgische Geschichte* 82 (1996), S. 123-160.

Schildt, Axel, »Die Kräfte der Gegenreformation sind auf breiter Front angetreten. Zur konservativen Tendenzwende in den 70er Jahren, in: *Archiv für Sozialgeschichte* 44 (2004), S. 449-478.

Schildt, Axel, Das letzte Jahrzehnt der Bonner Republik. Überlegungen zur Erforschung der 1980er Jahre, in: *Archiv für Sozialgeschichte* 52 (2012), S. 21-46.

Schildt, Axel, Das letzte Jahrzehnt der Bonner Republik. Überlegungen zur Erforschung der 1980er Jahre, in: *Archiv für Sozialgeschichte* 52 (2012), S. 21-46.

Schildt, Axel/Siegfried, Detlef (Eds.), Between Marx and Coca-Cola. Youth Cultures in Changing European Societies, 1960-1980, New York/Oxford 2006.

Schildt, Gerhard, Die Arbeiterschaft im 19. und 20. Jahrhundert, München 1996.

Schilling, Johannes, Freizeitverhalten Jugendlicher. Eine empirische Untersuchung ihrer Gesellungsformen und Aktivitäten, Weinheim/Basel 1977.

Schirner, Hennig, Weiterbildungsverhalten und Weiterbildungseinstellungen von Industriearbeitern vor dem Hintergrund ihrer Arbeits- und Lebenssituation, Göttingen 1977.

Schlaffke, Winfried, Strukturwandel und Schlüsseltechnologien – Neue Qualifikationsanforderungen an die Mitarbeiter, in: Rolf Arnold/Antonius Lipsmeier (Hrsg.), Betriebspädagogik in nationaler und internationaler Perspektive (Festschrift Joachim Münch zum 70. Geburtstag), Baden-Baden 1989, S. 43-56.

Schlögel, Karl/Jasper, Willi/Ziesemer, Bernd: Partei kaputt. Das Scheitern der KPD und die Krise der Linken, Berlin 1981.

Schlüter, Harald, Vom Ende der Arbeiterjugendbewegung. Gewerkschaftliche Jugendarbeit im Hamburger Raum 1950-1965, Frankfurt a.M. u.a. 1994.

Schmeling, Hartmut, Die Essener AG gewerblicher Lehrlinge, in: *Amos* 41 (2008), Nr. 3, S. 9-10.

Schmidt, Eberhard, Ordnungsfaktor oder Gegenmacht. Die politische Rolle der Gewerkschaften, Frankfurt a.M. 1971.

Schmidt, Eberhard, Arbeiterbewegung, in: Roland Roth/Dieter Rucht (Hrsg.), Die sozialen Bewegungen in Deutschland seit 1945. Ein Handbuch, Frankfurt a.M./New York 2008, S. 157-186.

Schmidt, Michael, Die Auseinandersetzung mit dem Nationalsozialismus in der politisch-pädagogischen Praxis der Sozialistischen Jugend Deutschlands – Die Falken. Am Beispiel der Gedenkstättenfahrten des Landesverbandes Berlin in den 1950er und 1960er Jahren, in: Eppe/Herrmann, Jugend, S. 245-267.

Schmiede, Rudi, Grundlagen und Grenzen ›abstrakter Vereinheitlichung‹: Tarifpolitik in der metallverarbeitenden Industrie 1970-1979, in: Ulrich Billerbeck u.a., Neuorientierung der Tarifpolitik? Veränderungen im Verhältnis zwischen Lohn- und Manteltarifpolitik in den siebziger Jahren, Frankfurt a.M./New York 1982, S. 49-269.

Schmitz, Kurt Thomas, Die IG Metall und ihre Geschichtsschreibung – Überblick und Ausblick, in: *Gewerkschaftliche Monatshefte* Nr. 12 (1990), S. 112-120.

Schneider, Michael, Demokratie in Gefahr? Der Konflikt um die Notstandsgesetze, Bonn 1986.

Schneider, Michael, Unterm Hakenkreuz. Arbeiter und Arbeiterbewegung 1933 bis 1939, Bonn 1999.

Schneider, Michael, Kleine Geschichte der Gewerkschaften. Ihre Entwicklung in Deutschland von den Anfängen bis heute, Bonn 2000.

Schober, Karen, Arbeitslosigkeit in Zahlen: Ausmaß und Entwicklungstendenzen, in: Gero Lenhardt (Hrsg.), Der hilflose Sozialstaat. Jugendarbeitslosigkeit und Politik, Frankfurt a. M. 1979, S. 173-201.

Schober, Karen, Veränderungen im Übergangssystem seit 1960. Herausforderungen an die Berufsbildungs- und Arbeitsmarktpolitik, Einführung 1 zu Teil I, in: Ditmar Brock u. a. (Hrsg.), Übergänge in den Beruf. Zwischenbilanz der Forschung, Weinheim/München 1991, S. 29-34.

Schonauer, Karlheinz, Die ungeliebten Kinder der Mutter SPD. Die Geschichte der Jusos von der braven Parteijugend zur innerparteilichen Opposition, Bonn 1982.

Schönbohm, Wulf, Linksradikale Gruppen im Lehrlingsbereich, in: *Aus Politik und Zeitgeschichte* Nr. 51 (1972), S. 3-29.

Schönhoven, Klaus, Expansion und Konzentration. Studien zur Entwicklung der Freien Gewerkschaften im Wilhelmischen Deutschland 1890 bis 1914, Stuttgart 1980.

Schönhoven, Klaus, Aufbruch in die sozialliberale Ära. Zur Bedeutung der 60er Jahre in der Geschichte der Bundesrepublik, in: *Geschichte und Gesellschaft* 25 (1999), S. 123-145.

Schregel, Susanne, Der Atomkrieg vor der Wohnungstür. Eine Politikgeschichte der neuen Friedensbewegung in der Bundesrepublik 1970-1985, Frankfurt a. M./New York 2010.

Schröder, Kirsten, »Auf den Spuren unserer Geschichte – IG Metall-Jugend forscht«, in: *Demokratische Erziehung* Nr. 5 (1981), S. 28 f.

Schroeder, Wolfgang/Weßels, Bernhard (Hrsg.), Die Gewerkschaften in Politik und Gesellschaft der Bundesrepublik Deutschland, ein Handbuch, Wiesbaden 2003.

Schroeder, Wolfgang, Gewerkschaften als soziale Bewegung – soziale Bewegung in den Gewerkschaften in den Siebzigerjahren, in: *Archiv für Sozialgeschichte* Nr. 44 (2004), S. 243-265.

Schubert, Karl-Heinz, Aufbruch zum Proletariat, in: *Kalaschnikow – Das Politmagazin*, Ausgabe 10, Heft 1/98, S. 87-99.

Schulenburg, Lutz, Das Leben ändern, die Welt verändern! 1968 Dokumente und Berichte, Hamburg 1998.

Schulze, Wolfgang, Die Erlebnisgesellschaft, Frankfurt a. M. 1992.

Schumann, Gerd, Brennende Gitarre, fünfzackiger Stern und Rotes Dreieck, in: Floh de Cologne (Hrsg.), Rock gegen Rechts, Dortmund 1980, S. 171-200.

Schumann, Michael u. a., Am Beispiel der Septemberstreiks – Anfang der Rekonstruktionsperiode der Arbeiterklasse?, Frankfurt a. M. 1971.

Schumann, Michael u. a., Am Beispiel der Septemberstreiks – Anfang einer Rekonstruktionsperiode der Arbeiterklasse?, in: Karl H. Hörning (Hrsg.), Der ›neue‹ Arbeiter. Zum Wandel sozialer Schichtstrukturen, Frankfurt a. M. 1971.

Schütt, Peter, Antinotstandskampagne. Die Gewerkschaften an der Grenze zur Staatsbejahung?, in: Sven Gustav Papcke (Hrsg.), Anpassung oder Widerstand? Gewerkschaften im autoritären Staat, Frankfurt a. M. 1969, S. 96-114.

Schweitzer, Carl-Christoph, Bremer Bundeswehrkrawalle. Gefahren für unseren Staat und ihre Verschleierung im Streit der politischen Parteien im parlamentarischen Untersuchungsverfahren, Baden-Baden 1981.

Schwendter, Rolf, Theorie der Subkultur, Köln/Berlin 1971.

Schwettmann, Wilhelm/Sander, Ulrich, Jugend und Klassenkampf oder Antikapitalistische Jugendarbeit heute, Dortmund 1972.

SDAJ-Bundesvorstand (Hrsg.), Jugend contra Monopole, Dortmund 1970.

Seidel, Heinz, Über die Hans-Böckler-Gesellschaft, in: Borsdorf/Hemmer, Gewerkschaften, S. 17-30.

Seidenspinner, Gerlinde, Lehrlinge im Konfliktfeld Betrieb, München 1974.

Seifert, Jürgen, Die Spaltung der Notstandsopposition und ›verrechtlichte‹ oder ›entrechtlichte‹ Gewerkschaftspolitik, in: Küsel, APO, S. 48-54.

Semler, Christian, Kein Kommunismus ist auch keine Lösung. Texte und Essays, Berlin 2013.

Semler, Christian, Wiedergänger. Versuch über das Nachleben der K-Gruppen-Motive, in: Christiane Landgrebe/Jörg Plath (Hrsg.), '68 und die Folgen. Ein unvollständiges Lexikon, Berlin 1998, S. 133-137.

Semmler, Otto, Die Position des DGB bei der Reform der beruflichen Bildung, in: *Gewerkschaftliche Monatshefte* Nr. 9 (1975), S. 566-572.

Shell Deutschland (Hg.), 50 Jahre Shell Jugendstudie. Von Fräuleinwundern bis zu neuen Machern, Berlin 2002.

Sichtermann, Kai u. a., Keine Macht für niemand. Die Geschichte der Ton Steine Scherben, Berlin 2000.

Sieger, Walter, Das erste Jahrzehnt der deutschen Arbeiterjugendbewegung 1904-1914, Berlin (DDR) 1958.

Siegfried, Detlef, ›Trau keinem über 30‹? Konsens und Konflikt der Generationen in der Bundesrepublik der langen sechziger Jahre, in: *Aus Politik und Zeitgeschichte* B 45 (2003), S. 25-32.

Siegfried, Detlef, ›Einstürzende Neubauten‹. Wohngemeinschaften, Jugendzentren und private Präferenzen kommunistischer ›Kader‹ als Formen jugendlicher Subkulturen, in: *Archiv für Sozialgeschichte* 44 (2004), S. 39-66.

Siegfried, Detlef, Time is on my Side. Konsum und Politik in der westdeutschen Jugendkultur der 60er Jahre, Göttingen 2006.

Siegfried, Detlef, Die Rückkehr des Subjekts. Gesellschaftlicher Wandel und neue Geschichtsbewegung um 1980. in: Geschichte und Geschichtsvermittlung (Festschrift für Karl Heinrich Pohl), hrsg. von Olaf Hartung und Katja Köhr, Bielefeld 2008, S. 125-146.

Simitis, Spiros, Zur Verrechtlichungen der Arbeitsbeziehungen, in: Kübler, Verrechtlichung, S. 73-165.

Sinus-Institut, Die verunsicherte Generation. Jugend und Wertewandel. Ein Bericht des SINUS-Instituts im Auftrag des Bundesministeriums für Jugend, Familie und Gesundheit, Opladen 1983.

Sinus-Institut, Die verunsicherte Generation. Jugend im Wertewandel, Stuttgart 1985.

Snow, David A./Benford, Robert D., Master Frames and Cycles of Protest, in: Aldon D. Morris/Carl McClurg-Mueller (Eds.), Frontiers in Social Movement Theory. New Haven and London 1992.

Söder, Ernst, Dein Leben ist mehr als Arbeit. Von den Anfängen bis ins Jahr 2000, Essen 2001.

Speitkamp, Winfried, Jugend in der Neuzeit. Deutschland vom 16. bis zum 20. Jahrhundert, Göttingen 1998.

Spernol, Boris, Notstand der Demokratie. Der Protest gegen die Notstandsgesetze und die Frage der NS-Vergangenheit, Essen 2008.

Stambolis, Barbara, Mythos Jugend. Leitbild und Krisensymptom. Ein Aspekt der politischen Kultur im 20. Jahrhundert, Schwalbach 2003.

Stamp, Friedrich, Arbeiter in Bewegung. Die Geschichte der Metallgewerkschaften in Schleswig-Holstein, Malente 1997.

Stark-von der Haar, Elke, Die Lage der Arbeiterjugend in der Bundesrepublik nach 1960, Neuwied/Darmstadt 1977 (Erstauflage Frankfurt a. M. 1974).

Staten, Clifford L., The History of Nicaragua, Santa Barbara (Calif.) u. a. 2010.
Steffen, Michel, Geschichten vom Trüffelschwein. Politik und Organisation des Kommunistischen Bundes 1971 bis 1991, Berlin u. a. 2002.
Steinacker, Sven, »... daß die Arbeitsbedingungen im Interesse aller verändert werden müssen!!!« Alternative Pädagogik und linke Politik in der Sozialen Arbeit der sechziger und siebziger Jahre, in: Reichardt/Siegfried, Milieu, S. 353-372.
Steinitz, Wolfgang, Deutsche Volkslieder demokratischen Charakters aus sechs Jahrhunderten. Bd. 1 Berlin 1954, Bd. 2. Berlin 1962.
Stephan, Dieter, Jungsozialisten: Stabilisierung nach langer Krise? 1969-1979, Bonn 1979.
Stern, Annemarie (Hrsg.), Lieder gegen den Tritt. Politische Lieder aus fünf Jahrhunderten, Oberhausen 1972.
Stern, Annemarie (Hrsg.), Lieder aus dem Schlaraffenland. Politische Lieder der 50er – 70er Jahre, Oberhausen 1976.
Storch, Norbert, Lieder der Arbeiterbewegung, hrsg. von der IG Metall, Bezirksleitung Frankfurt, Frankfurt a. M. 1979.
Stoß, Friedemann, Übergangsmuster im Wandel – von der einen Berufswahl zur gestuften Abfolge von Entscheidungen über Ausbildung und Beruf, in: Ditmar Brock u. a. (Hrsg.), Übergänge in den Beruf. Zwischenbilanz der Forschung, Weinheim/München 1991, S. 56-68.
Stratmann, Karlwilhelm, ›Zeit der Gärung und Zersetzung‹. Arbeiterjugend im Kaiserreich zwischen Jugend und Beruf. Zur berufspädagogischen Analyse einer Epoche im Umbruch, Weinheim 1992.
Stratmann, Karlwilhelm, Die historische Entwicklung der GewerbelehrerInnenausbildung, in: Josef Rätzel (Hrsg.), Gesellschaftlicher Wandel und Gewerbelehrerausbildung. Analysen und Beiträge für eine Studienreform, Asbach/Bergstraße 1994, S. 6-9.
Stratmann, Karlwilhelm/Schlösser, Manfred, Das Duale System der Berufsausbildung. Eine historische Analyse seiner Reformdebatten, Frankfurt a. M. 1990.
Streeck, Wolfgang, Gewerkschaftliche Organisationsprobleme in der sozialstaatlichen Demokratie, Königsstein/Taunus 1981.
Streeck, Wolfgang u. a., Steuerung und Regulierung der beruflichen Bildung. Die Rolle der Sozialpartner in der Ausbildung und beruflichen Weiterbildung in der BR Deutschland, Berlin 1987.
Stremmel, Ralf, Weder Politprotest noch Krawall, weder Halbstarker noch 68er. Auf der Suche nach dem Selbstverständnis der schweigenden Jugend, in: Detlef Briesen/Klaus Weinhauer (Hrsg.), Jugend, Delinquenz und gesellschaftlicher Wandel. Bundesrepublik Deutschland und USA nach dem Zweiten Weltkrieg. Essen 2007, S. 27-41.
Streng, Marcel, ›Hungerstreiks‹. Eine politische Subjektivierungspraxis zwischen ›Freitod‹ und ›Überlebenskunst‹ (Westdeutschland, 1970-1990), in: Jens Elberfeld/Marcus Otto (Hrsg.), Das schöne Selbst. Zur Genealogie des modernen Subjekts zwischen Ethik und Ästhetik, Bielefeld 2009, S. 333-365.
Strunk, Peter, Die AEG. Aufstieg und Niedergang einer Industrielegende, Berlin 1999.
Strutz, Stefan, Zwischen Kommunikation und Strategie. Zu den Problemen politischer Zusammenarbeit zwischen IG Metall und Friedensbewegung von Ende der 1970er bis Anfang der 1990er Jahre, Marburg 1997.
Stützt, Gisela, Das Handwerk als Leitbild der deutschen Berufserziehung, Göttingen 1969.
Süß, Dietmar, Kumpel und Genossen. Arbeiterschaft, Betrieb und Sozialdemokratie in der bayerischen Montanindustrie 1945 bis 1976, München 2003.

Süß, Dietmar, Die Enkel auf den Barrikaden. Jungsozialisten in der SPD in den Siebzigerjahren, in: *Archiv für Sozialgeschichte* 44 (2004), S. 67-104.

Süß, Winfried/Süß, Dietmar, Zeitgeschichte der Arbeit: Beobachtungen und Perspektiven, in: Andresen/Bitzegeio/Mittag, Strukturbruch, S. 345-365.

Syga, Peter, Protokoll einer Tagung mit gewerkschaftlichen Jugendsekretären der Nachkriegszeit im November 1984 in der DGB-Bundesjugendschule Oberursel, Frankfurt a.M. 1986, S. 68-85.

Tarrow, Sidney, Kollektives Handeln und politische Gelegenheitsstruktur in Mobilisierungswellen: Theoretische Perspektiven, in: *Kölner Zeitschrift für Soziologie und Sozialpsychologie* 43 (1991), Nr. 4, S. 647-670.

Tartler, Rudolf, Die soziale Gestalt der heutigen Jugend und das Generationsverhältnis in der Gegenwart, in: Schelsky, Arbeiterjugend, S. 263-338.

Templin, David, ›Lehrzeit – keine Leerzeit!‹ Die Lehrlingsbewegung in Hamburg 1968-1972, Hamburg 2011.

Templin, David, Jugendzentrumsinitiativen und Konflikte um selbstverwaltete Freizeiträume im Kreis Pinneberg während der 1970er Jahre, in: Zeitgeschichte in Hamburg 2010, hrsg. v. der Forschungsstelle für Zeitgeschichte, Hamburg 2011, S. 71-87.

Templin, David, ›Freizeit ohne Kontrollen‹. Die Jugendzentrumsbewegung in der Bundesrepublik der 1970er Jahre, Göttingen 2015.

Tenfelde, Klaus (Hrsg.), Arbeiter im 20. Jahrhundert, Stuttgart 1991.

Tenfelde, Klaus, Jugend und Gewerkschaften in historischer Perspektive, in: *Gewerkschaftliche Monatshefte* Nr. 3-4 (1981), S. 129-143.

Tenfelde, Klaus, Proletarische Provinz. Radikalisierung und Widerstand in Penzberg/Oberbayern 1900-1945, München u.a. 1982.

Tenfelde, Klaus, Vorwort, in: Ders. (Hrsg.), Arbeiter im 20. Jahrhundert, Stuttgart 1991, S. 9-14.

Terhorst, Hermann, Initiatoren politischer Arbeiterjugendgruppen. Ein Beitrag zur Analyse der sog. Lehrlingsbewegung 1968-1972, München 1979.

Teuber, Gunther, Verrechtlichung – Begriffe, Merkmale, Grenzen, Auswege, in: Friedrich Kübler (Hrsg.), Verrechtlichung von Wirtschaft, Arbeit und sozialer Solidarität. Vergleichende Analysen, Baden-Baden 1984, S. 289-344.

Thalmann, Wolfgang, Der politisch motivierte Ausschluss aus Gewerkschaften, Freiburg im Breisgau 1974.

Thelen, Kathleen, How Institutions Evolve. The Political Economy of Skills in Germany, Britain, The United States, and Japan, Cambridge 2004.

Theunert, Franz, Die Arbeiterjugend als soziale Gruppe, in: *Gewerkschaftliche Monatshefte* Nr. 8 (1956), S. 488-491.

Thien, Hans-Günter (Hrsg.), Klassen im Postfordismus, Münster 2010.

Thompson, Edward P., Die Entstehung der englischen Arbeiterklasse, Frankfurt a.M. 1987.

Tilsner-Gröll, Rotraut, Die Jugendbildungsarbeit in den freien Gewerkschaften 1919-1933, Frankfurt a.M. 1982.

Todtenberg, Oswald/Ploog, Arno, Du gehörst dir und nicht den Bossen, ein Buch für Lehrlinge, Frankfurt a.M. 1971.

Todtenberg, Oswald, Neue Formen gewerkschaftlicher Jugendarbeit, in: *Gewerkschaftliche Monatshefte* Nr. 11 (1971), S. 643-661.

Tolomelli, Marica, ›Repressiv getrennt‹ oder ›organisch verbündet‹. Studenten und Arbeiter 1968 in der Bundesrepublik Deutschland und in Italien, Opladen 2001.

Tscheliesnig, Klaus, Einige besondere Aspekte zu Lehrlingsfragen, in: Ders., Lehrlingsprotokolle, S. 110-142.

Tully, Claus J., Rationalisierungspraxis. Zur Entideologisierung eines parteilichen Begriffs, Frankfurt a. M./New York 1982.

Ubbelohde, Julia, Der Umgang mit jugendlichen Normverstößen, in: Ulrich Herbert (Hrsg.), Wandlungsprozesse in Westdeutschland. Belastung, Integration, Liberalisierung, Göttingen 2002, S. 402-435.

Unterseher, Lutz, Arbeitsrecht – eine deutsche Spezialität, in: Otto Jacobi/Walther Müller-Jentsch/Eberhard Schmidt, Gewerkschaften und Klassenkampf. Jahrbuch '72, Frankfurt a. M. 1972, S. 190-201.

Vester, Michael u. a., Soziale Milieus im gesellschaftlichen Strukturwandel. Zwischen Integration und Ausgrenzung, Köln 1993.

Vester, Michael u. a., Soziale Milieus im gesellschaftlichen Strukturwandel. Zwischen Integration und Ausgrenzung, vollst. über., erw. u. akt. Aufl., Frankfurt a. M. 2001.

Vetter, Heinz Oskar, Was erwarten die Gewerkschaften von den Hochschulen? In: *Blätter für deutsche und internationale Politik* 22 (1977) Nr. 8, S. 969-981.

Vetter, Heinz Oskar, Geschichte und Gewerkschaften, in: *Internationale Wissenschaftliche Korrespondenz zur Geschichte der Arbeiterbewegung* Nr. 2 (1979), S. 253-259.

Vetter, Heinz Oskar u. a. (Hrsg), Aus der Geschichte lernen, die Zukunft gestalten. 30 Jahre DGB. Protokoll der Wissenschaftlichen Konferenz zur Geschichte der Gewerkschaften vom 12. und 13. Oktober 1979 in München, Köln 1980.

Vilmar, Fritz, Strategien der Demokratisierung. Band 1: Theorie der Praxis, Darmstadt u. a. 1973, Band 2: Modelle und Kämpfe der Praxis, Darmstadt u. a. 1973.

Vilmar, Fritz, Was heißt hier kommunistische Unterwanderung? Eine notwendige Analyse – und wie die Linke darauf reagiert, Frankfurt a. M./Berlin, 1981.

Virchow, Fabian, Zur Organisationsgeschichte antimilitaristischer Soldatenarbeit in der Bundesrepublik Deutschland, in: *Mitteilungsblatt des Instituts für soziale Bewegungen* Nr. 40 (2008), S. 61-80.

Voigt, Rüdiger (Hrsg.), Gegentendenzen zur Verrechtlichung, Opladen 1983.

Volkmann, Klaus-Peter, Der Beweis wird erbracht, in: Werkkreis Literatur der Arbeitswelt (Hrsg.), Dieser Betrieb wird bestreikt. Berichte über die Arbeitskämpfe in der BRD, Frankfurt a. M. 1974, S. 14-16.

Voss, Jürgen/Crusius, Reinhard, Lehrlingsarbeit, in: Hans-Dieter Bamberg/Manfred Bosch, Politisches Lesebuch, Starnberg 1973, S. 98-103.

Walter, Franz, Der deutsche Arbeiter-Abstinenzler-Bund (DAAB), in: Ders./Viola Dancke/Cornelia Regin, Sozialistische Gesundheits- und Lebensreformverbände, Bonn 1991, S. 97-239, zum Tabak S. 102.

Warneke, Tim, Aktionsformen und Politikverständnis der Friedensbewegung. Radikaler Humanismus und die Pathosformel des Menschlichen, in: Reichardt/Siegfried, Milieu, S. 445-472.

Wasmuht, Ulrike C., Zur Untersuchung der Entstehung und Entwicklung sozialer Bewegungen. Ein analytischer Deskriptionsrahmen, in: Dies. (Hrsg.), Alternativen zur alten Politik? Neue soziale Bewegungen in der Diskussion, Darmstadt 1989, S. 159-176.

Wehler, Hans-Ulrich, Deutsche Gesellschaftsgeschichte, Vierter Band: Vom Beginn des Ersten Weltkrieges bis zur Gründung der beiden deutschen Staaten 1914-1949, München 2008.

Wehler, Hans-Ulrich, Die Bundesrepublik: das einzige Land der Welt ohne Unterschichten? In: Ders., Land ohne Unterschichten, neue Essays zur deutschen Geschichte, München 2010, S. 13-18.

Wehler, Hans-Ulrich, Die neue Umverteilung – Soziale Ungleichheit in Deutschland, München, 2013.

Weichlein, Siegfried, Milieu und Mobilität: Generationelle Gegensätze in der gespaltenen Arbeiterbewegung der Weimarer Republik, in: Klaus Schönhoven/Bernd Braun (Hrsg.), Generationen in der Arbeiterbewegung, München 2005, S. 165-192.

Weidacher, Alois, Jugendarbeitslosigkeit und ihre Darstellung in den Statistiken der Bundesanstalt für Arbeit (BA), in: Braun/Weidacher, Materialien, S. 5-15.

Weiler, Joachim/Freitag, Rolf, Ausbildung statt Ausbeutung. Der Kampf der Essener Lehrlinge, Reinbek 1971.

Weischer, Christoph, Politische Bildungsarbeit und gewerkschaftliche Organisation: Aspekte der Bildungsdebatte in der IG Metall, Münster 1996.

Weißbach, Wolf-Dietrich, 117 Tage. Die Betriebsbesetzung der Maschinenfabrik Gebrüder Hofmann, Hamburg 1985.

Welskopp, Thomas, Mißglückte Bildungsromane, Naturgeschichten, inverse Heldenepen und Reiseberichte aus dem Land der ›guten Wilden‹: Zur ›Poetik‹ der älteren Arbeitergeschichte, in: Jan-Otmar Hesse/Christian Kleinschmidt/Karl Lauschke (Hrsg.), Kulturalismus, Neue Institutionenökonomik oder Theorienvielfalt. Eine Zwischenbilanz der Unternehmensgeschichte, Essen 2002, S. 87-116.

Welskopp, Thomas, Der Wandel der Arbeitsgesellschaft als Thema der Kulturwissenschaften – Klassen, Professionen und Eliten, in: Handbuch der Kulturwissenschaften, Band 3: Themen und Tendenzen, hrsg. von Friedrich Jaeger und Jörn Rüsen, Stuttgart 2004, S. 225-246.

Werkkreis Literatur der Arbeitswelt, Mit 15 hat man noch Träume. Arbeiterjugend in der BRD, Frankfurt a. M. Februar 1975.

Werner, Michael, Die ›Ohne mich‹-Bewegung, Münster 2006.

Westermann, Klaus/Schallehn, Dietrich, Die »neue Jugendbewegung« als Herausforderung für die gewerkschaftliche Jugendarbeit, in: *Deutsche Jugend* Nr. 10 (1981), S. 464.

Westphal, Heinz/Gerull, Jürgen, Das ›Referat Mitteldeutschland‹ der Sozialistischen Jugend Deutschlands – Die Falken, in: Eppe/Herrmann, Jugend, S. 268-274.

Wichert, Udo, Gewerkschaften und Jugend in der Weimarer Republik, in: Prinz/Rexin, Gewerkschaftsjugend, S. 23-44.

Wiethold, Franziska/Todtenberg, Oswald, Gewerkschaftliche Jugendbildung – Rahmenkonzeption, Frankfurt a. M. 1973.

Wiggerich, Sandro, Der Körper als Uniform. Die Normierung der soldatischen Haartracht in Preußen und in der Bundesrepublik, in: Sandro Wiggerich/Steven Kensy (Hrsg.), Staat Macht Uniform. Uniformen als Zeichen staatlicher Macht im Wandel?, Stuttgart 2011, S. 161-183.

Wildt, Michael, Das Ende der Bescheidenheit. Wirtschaftsrechnungen von Arbeitnehmerhaushalten in der Bundesrepublik Deutschland 1950-1963, in: Klaus Tenfelde (Hrsg.), Arbeiter im 20. Jahrhundert, Stuttgart 1991.

Wilke, Manfred, Die Funktionäre. Apparat und Demokratie im Deutschen Gewerkschaftsbund, München 1979.

Wilke, Manfred, Gewerkschaftsjugend in der Krise, in: Rolf Ebbighausen/Dieter Tiemann (Hrsg.), Das Ende der Arbeiterbewegung in Deutschland. Ein Diskussionsband zum 60. Geburtstag von Theo Pirker, Opladen 1984, S. 491-512.

Winterhager, Wolfgang Dietrich, Lehrlinge – die vergessene Majorität, Weinheim u.a. [2]1972, Erstauflage 1970.
Wirsching, Andreas, Abschied vom Provisorium. Geschichte der Bundesrepublik 1982-1990, München 2006.
Wirsching, Andreas, Erwerbsbiographien und Privatheitsformen: Die Entstandardisierung von Lebensläufen, in: Thomas Raithel/Andreas Rödder/Andreas Wirsching (Hrsg.), Auf dem Weg in eine neue Moderne? Die Bundesrepublik Deutschland in den siebziger und achtziger Jahren, München 2009, S. 83-97.
Wirsching, Andreas, Konsum statt Arbeit? Zum Wandel von Individualität in der modernen Massengesellschaft, *Vierteljahrshefte für Zeitgeschichte* 57 (2009), Nr. 2, 171-199.
Wissmann, Matthias/Hauck, Rudolf (Hrsg.), Jugendprotest im demokratischen Staat. Enquete-Kommission des Deutschen Bundestages, Stuttgart 1983.
Witjes, Claus Winfried, Gewerkschaftliche Führungsgruppen. Eine empirische Untersuchung zum Sozialprofil, zur Selektion und Zirkulation sowie zur Machtstellung gewerkschaftlicher Führungsgruppen, Berlin 1976.
Wolf, Hans-Otto, Die ›reine‹ Theorie hilft uns nicht, in: Küsel, APO, S. 106-114.
Wolfgang E., in: Tscheliesnig, Klaus (Hrsg.), Lehrlingsprotokolle, Frankfurt a.M. 1971, S. 85-92.
Woyke, Meik (Hrsg.), Wandel des Politischen: Die Bundesrepublik Deutschland während der 1980er Jahre, Bonn 2013.
Wurl, Bernhard, Die Einladung, in: Biermann u.a., Ausbürgerung, S. 282-286.
Zellmer, Elisabeth, Töchter der Revolte? Frauenbewegung und Feminismus der 1970er Jahre in München, München 2011, S. 110-121.
Zimmer, Jochen (Hrsg.), Lagerfeuer im Atomzeitalter. Gewerkschaftliche und sozialdemokratische Jugendgruppen unter Einfluss der APO, Duisburg 2009.
Zimmer, Jochen, »… an der grauen Stadt vorüberzieh'n!« Kurzer Lehrgang der Geschichte der sozialdemokratischen Jugendgruppen, in: Zimmer, Lagerfeuer, S. 13-78.
Zinnecker, Jürgen, Jugend im Raum gesellschaftlicher Klassen. Neue Überlegungen zu einem alten Thema, in: Wilhelm Heitmeyer (Hrsg.), Interdisziplinäre Jugendforschung, München 1986, S. 99-130.
Zinnecker, Jürgen, Jugendkultur 1940-1985, Opladen 1987.
Zinnecker, Jürgen, Milieuauflösung und Generationenwandel. Zwei Deutungsmuster der Wende in den sechziger Jahren und deren Verknüpfung, in: Mathias Frese/Julia Paulus/Karl Teppe (Hrsg.), Demokratisierung und gesellschaftlicher Aufbruch. Die sechziger Jahre als Wendezeit der Bundesrepublik, Paderborn [2]2005, S. 759-775.
Zoll, Rainer, Von der Arbeitersolidarität zur Alltagssolidarität, in: *Gewerkschaftliche Monatshefte* Nr. 6 (1988), S. 368-281.
Zoll, Rainer, »Nicht so wie unsere Eltern!« Ein neues kulturelles Modell, Wiesbaden 1989.

Dank

Bei der vorliegenden Arbeit handelt es sich um eine gekürzte Fassung meiner Habilitationsschrift, die im März 2015 von der Fakultät für Geisteswissenschaften der Universität Hamburg angenommen wurde. Das Buch hätte ohne die Unterstützung vieler Personen und Institutionen nicht erscheinen können. Die Förderung durch die Deutsche Forschungsgemeinschaft ermöglichte die notwendige Zeit, die Otto-Brenner-Stiftung hat erste konzeptionelle Überlegungen unterstützt. Die Forschungsstelle für Zeitgeschichte in Hamburg hat nicht nur die Arbeit in ihre Reihe aufgenommen, sondern vieles überhaupt erst möglich gemacht. Allen Kolleginnen und Kollegen möchte ich meinen Dank für Unterstützung und produktive Auseinandersetzungen sagen. Alle kann ich nicht namentlich nennen. Axel Schildt hat als Leiter der Forschungsstelle für Zeitgeschichte die Arbeit begleitet und gefördert, ebenso Kirsten Heinsohn als kommissarische Leiterin. Claudia Kemper, Christoph Strupp, Malte Thiessen und David Templin haben Teile gelesen und mir viele Anregungen gegeben, Angelika Voss verdanke ich viele Quellenhinweise, Joachim Szodrzynski hat die Arbeit hervorragend lektoriert, Anna Tartakovskij letzte Korrekturen übernommen. Auch Praktikantinnen und Praktikanten haben beigetragen, Carmen Smyrtacz, Max Ruhland, Martin Schneider, Gabriele Witt, Judith Fritz, Alexander Konrad und Jenny Lindner möchte ich für ihre Hilfe danken.

Forschung bedeutet Austausch, und bei vielen Gelegenheiten konnte ich das Projekt vorstellen und diskutieren, besonders die Friedrich-Ebert-Stiftung und die Hans-Böckler-Stiftung boten hervorragende Bedingungen, um nicht nur mein Projekt, sondern das Feld der Arbeiterbewegungsforschung insgesamt neu zu vermessen. Hier hieße einen Namen nennen viele andere weglassen, aber Ursula Bitzegeio, Stefan Müller, Michaela Kuhnhenne und Johannes Platz möchte ich erwähnen. Im Institut für soziale Bewegungen in Bochum konnte ich mich häufiger der Kritik stellen, besonders möchte ich dem verstorbenen Klaus Tenfelde danken, ebenso Stefan Berger, der als externer Gutachter für die Habilitationskommission fungierte, sowie Jürgen Mittag. Markus Mohr hat mich mit vielen Quellenhinweisen und anregenden Perspektiven versorgt.

Viele Gesprächspartner halfen mir, die Atmosphäre einer unruhigen Gewerkschaftsjugend besser zu verstehen. Namentlich erwähnen möchte ich Arp Kreßin, Jürgen Voß, Werner Holzwarth, Reinhard Crusius und Manfed Wilke. Ohne hilfsbereite und engagierte Archivarinnen und Archivare wäre Forschung verloren. Stellvertretend möchte ich Petra Giertz vom AdsD danken, die einiges möglich gemacht hat. Hajo Gevers und dem Wallstein Verlag danke ich für die umsichtige Betreuung.

Gewidmet ist diese Arbeit meinen Kindern Carla, Ruben und Len.

Hamburg, im April 2016 Knud Andresen

Namens- und Ortsregister

Kursive Seitenzahlen beziehen sich auf Nennungen ausschließlich in den Fußnoten.

Firmen- und Organisationsregister

Aufgrund der ständigen Nennung sind IGM, DGB und Jugendgremien wie OJA oder JV nicht mit aufgeführt). Kursive Seitenzahlen beziehen sich auf Nennungen ausschließlich in den Fußnoten.